COMENTARIO EXEGÉTICO AL TEXTO GRIEGO DEL NUEVO TESTAMENTO

2ª CORINTIOS

COMENTARIO EXEGÉTICO AL
TEXTO GRIEGO DEL NUEVO TESTAMENTO

2ª CORINTIOS

editorial clie

Samuel Pérez Millos, Th.M.

EDITORIAL CLIE
C/ Ferrocarril, 8
08232 VILADECAVALLS (Barcelona) ESPAÑA
E-mail: clie@clie.es
Internet: http://www.clie.es

COMENTARIO EXEGÉTICO AL TEXTO GRIEGO DEL NUEVO TESTAMENTO

2ª CORINTIOS

ISBN: 978-84-16845-92-7
ISBN obra completa: 978-84-8267-547-3

Impreso en Estados Unidos de América / *Printed in United States of America*

Depósito Legal: B 2878-2020
Clasifíquese:
REL006070
Comentarios bíblicos
Nuevo Testamento
Referencia: 225048

DEDICATORIA

A mi hermano y amigo *Eliseo Martínez Pascali*, uno de los pastores de la Iglesia Evangélica en Gijón, España, que ha colaborado en la lectura de cada uno de los volúmenes de esta serie, velando por la correcta referencia de los textos bíblicos y sugiriendo la rectificación de frases que no resultasen claras.

Su inestimable ayuda en esta tarea me ha liberado de una notable carga adicional, demostrando con ello, no solo un afecto entrañable como hermano, sino un amor profundo por la exposición de la Escritura.

Del Señor recibirá la recompensa por el bien hecho.

Con mi reconocimiento personal.

ÍNDICE

II CORINTIOS

PRÓLOGO

Con gran alegría, a la vez que cierto pudor, recibí la invitación de escribir el prólogo al comentario de la segunda epístola a los Corintios escrita por quien a esta altura es indiscutiblemente un referente muy reconocido y consultado de la exégesis bíblica tanto como un profundo pensador y analista teológico que en nuestro idioma español era más que necesario.

Esta alegría no solamente estriba en la importancia de la obra literaria a la que podemos tener acceso, sino también a que Samuel, además de ser un autor profundo, erudito y muy respetuoso del cuidado y excelencia que demanda un tratado teológico, doctrinal, inspiracional y de gran provecho práctico para el auxilio ministerial, suma su vasta experiencia pastoral y de orador internacional lo que le otorga un considerable conocimiento de las vivencias, riquezas, carencias y necesidades de las iglesias en todas partes. Pero aún hay algo más y es el hecho que además de ser mi "hermano en la común fe en Jesucristo", por esos inescrutables caminos que el Señor va delineando en nuestras vidas, en la madurez de nuestra existencia terrenal, también comparto con él un parentesco muy cercano que me ha permitido el disfrute de la charla distendida de una sobremesa como de la satisfacción de cederle el púlpito de la congregación que pastoreo casi como una misión ineludible cada vez que nos visita y que siempre es muy agradecida por la membresía.

Obviamente no cometeré en este prólogo la imprudencia de hacer comentarios de la carta en cuestión que son el trabajo experto del autor, sino que en mi condición de pastor accedo a su lectura como un ávido buscador de conocimiento, inspiración y sabiduría práctica y como tal no puedo soslayar el hecho que la epístola discurre en temas propiamente de situaciones relacionadas con la vida ministerial y su interacción con la iglesia, sus victorias, sus luchas, sus peligros y amenazas, la necesidad de orden y disciplina y la inevitable y siempre presente lucha de egos que distorsionan el propósito del Creador y roban Su gloria.

Me deleito en pasajes donde resaltan palabras de esperanza, consuelo y salvación destacando la preeminencia del amor, la misericordia y la gracia de nuestro Señor Jesucristo; reflexiono con la firmeza y determinación que la iglesia y sus líderes deben tener a la hora de cuidar el rebaño aplicando sabia disciplina que lejos de ser una condena o escarmiento, constituya un ejercicio de perdón y restauración.

Los ministros y líderes debemos tener siempre presente que no será la historia de los hombres la que preserve nuestra memoria ni el bronce en donde perdure nuestra gloria, sino en la vida de aquellos que el Señor nos da como lienzo donde delinear simples y a la vez significativos trazos, imperfectos pero cuidados, para servir al propósito de nuestro llamado como instrumentos de bendición, colaborando en la obra final que Dios desea plasmar en sus vidas; siendo cumplidores de la responsabilidad que se nos ha confiado, honrando al Dador de tal gracia y siendo conscientes de que tal cometido será evaluado. (Lucas 12:48).

El apóstol Pablo abre su corazón de par en par, tanto para mostrar su denodado amor por los corintios como su profundo malestar por las contradicciones de creyentes problemáticos y aún más por un liderazgo espurio, que ex profeso procura enemistar a la congregación con su fundador para debilitar su credibilidad e influencia y poder imponer sus mezquinos criterios. Semejante conducta me remite a similares amenazas antiguas y actuales con las que los pastores nos solemos enfrentar periódicamente. Las filosofías del mundo proliferan intentando seducir la mente y el espíritu de los hijos de Dios, es uno de los artilugios que el enemigo de nuestras almas utiliza y perfecciona adaptando su metodología según varían los usos y costumbres. Pero quizá lo más peligroso para un cristiano y la comunidad de fe, no sea tanto el fascinante canto de sirenas que aquel ofrece, sino el insípido y por lo tanto desapercibido riesgo que propone una doctrina que tiene visos de consistencia escritural pero veladamente teñida de prejuicios religiosos, históricos y culturales. Así el embate de teorías legalistas que pretenden anular la libertad de la Gracia exigiendo al creyente acciones meritorias ante el riesgo de no ser merecedores del favor y salvación divinos.

Ahora sólo me queda seguir disfrutando la lectura mesurada y reflexiva de este excelente comentario al que te invito a degustar con el mismo deleite para beneficio personal y ministerial.

Pr. José F. Colacilli
Iglesia Bautista de Villa Pueyrredón
Buenos Aires

CAPÍTULO I

DIFICULTADES Y CONSUELO

Introducción

La *Segunda Epístola a los Corintios* es, a diferencia de la primera, un escrito relativamente poco comentado, por tanto, es de suponer que tampoco sea uno de los más estudiados del Nuevo Testamento. Al igual que la *Primera Epístola*, descubre el mundo de la iglesia en tiempos de los apóstoles, no exento de dificultades y problemas, manifestando la imperfección terrenal de la iglesia de Jesucristo.

Es, por tanto, un escrito de permanente actualidad. Los problemas de aquella iglesia son, en gran parte, los de la actual, más o menos marcados, según el lugar y la sociedad de su entorno. En la *Epístola* se manifiesta la ética que Dios demanda para Su pueblo; el modo de actuar ante los que sirven al Señor en la congregación; la identificación que debiera haber por los que predican el evangelio; y, lo que es muy importante, las consecuencias que, un mal comportamiento, puede ocasionar en la vida del cristiano y en su congregación.

Tiene la carta, como todo escrito bíblico, un fuerte contenido doctrinal, rodeado de *exhortaciones prácticas*, ya que la Biblia no es, como muchas veces se ha dicho, un tratado de *información*, sino de *formación*, es decir, no se estudia para conocer doctrina o historia de la iglesia, sino para vivir conforme a las demandas consecuentes a la doctrina y al ejemplo de la historia. Toda la Escritura es inspirada y, por esa razón, es el único medio eficaz para la edificación, enseñanza y corrección del creyente (2 Ti. 3:16). La *Segunda Epístola a los Corintios* es Palabra de Dios, por lo que el creyente debe estudiarla y obedecerla, como el resto de la Escritura.

Muchos de los datos que serían necesarios aportar en esta *introducción*, han sido tratados en la correspondiente a la *Primera Epístola*, por lo que simplemente se harán síntesis de ellos. Esto tiene que ver especialmente con los datos arqueológicos, la religión, situación moral, costumbres sociales, el entorno social de la iglesia, etc. etc. Con todo, no será posible reducir más allá de lo necesario algunos datos que ya aparecen en la *Primera Epístola*, puesto que habrá algunos lectores que no puedan acceder a ese texto.

Introducción a la Segunda Epístola a los Corintios

La fundación de la iglesia

Una ciudad como la de Corinto generó una cierta tensión emocional en el apóstol Pablo, haciéndole sentir una cierta inquietud por ese ministerio, como recordará en la *Epístola*, cuando escribe: *"Y estuve entre vosotros con debilidad, y mucho temor y temblor"* (1 Co. 2:3). El apóstol tenía le estrategia de predicar en las grandes ciudades, para que una vez consolidada la iglesia, pudiera alcanzar las poblaciones dentro del radio de influencia. Por eso predicó en Corinto que era la capital de la provincia romana de Acaya. Luego de la reunión en Jerusalén para resolver el problema judaizante, empezó su segundo viaje misionero visitando las iglesias establecidas en el Asia Menor, después de la discusión a causa de Juan Marcos, con Bernabé, su compañero del primer viaje (Hch. 15:36-40). Luego de cruzar el Egeo viajó hasta Filipos, Tesalónica, Berea y Atenas (Hch. 16:8-17:33). Luego de evangelizar en Atenas, llegó a Corinto (Hch. 18:1), donde encontró al matrimonio Aquila y Priscila, del mismo oficio que el apóstol con quienes se quedó durante dieciocho meses, en compañía de Silas y Timoteo (Hch. 18:11). Allí se convirtieron judíos y también gentiles. Es probable que durante el tiempo que estuvo en Éfeso, hiciese una corta visita a Corinto (1 Co.16:7). Un año después de la salida del apóstol de la ciudad, estuvo allí Apolos, conocido por su elocuencia y conocimiento de la Palabra (Hch. 18:27; 19:1).

El comienzo de la evangelización en Corinto, tuvo lugar, como era habitual en el método de Pablo, mediante la predicación en la sinagoga de los judíos (Hch. 18:4-5). La oposición por parte de los judíos hizo que saliese de la sinagoga y siguiese el ministerio desde casa de Justo, que estaba junto a la sinagoga (Hch. 18:7). Allí fue convertido Crispo, el principal de la sinagoga (Hch. 18:8). Por lo que se puede deducir del relato de Lucas, la situación anímica de Pablo necesitó de la ayuda del Señor en una visión de noche, mandándole continuar la predicación del evangelio, prometiéndole estar a su lado en el ministerio, y comunicándole que tenía *"mucho pueblo en esta ciudad"* (Hch. 18:10). La oposición de los judíos le llevó a comparecer ante Galión, el procónsul de Acaya, siendo absuelto de las acusaciones y permitiéndole seguir su trabajo durante un tiempo (Hch. 18:16). De Corinto salió hacia Siria, acompañado de Priscila y Aquila, para detenerse un tiempo en Éfeso (Hch. 18:18-19).

La membresía de la iglesia local en Corinto tenía una representatividad de todos los niveles sociales de la ciudad, aunque probablemente había un número mayor de personas de los socialmente más bajos (1 Co. 1:26 ss.). Con todo, gente de posición elevada como Sóstenes (Hch. 18:17; 1 Co. 1:1) y Erasto (Ro. 16:23). Parece ser que algunos miembros de la iglesia, habían tenido una vida licenciosa y corrupta propia de la sociedad en Corinto (1 Co. 6:11).

Relación de Pablo con la iglesia

Después de los dieciocho meses de permanencia en Corinto, dejó allí una iglesia establecida. El apóstol estuvo en Éfeso por espacio de dos años (Hch. 19:10), el ministerio más largo en un solo lugar. La presencia de Apolos en Corinto, debió permitir un tiempo de bonanza en la congregación. Sin embargo, Pablo no dejó sola a la iglesia en ningún momento, sino que estaba comunicado con ella e informado de lo que ocurría. En momentos envió a sus colaboradores más directos, como Tito (2:13; 7:6; 8:6, 16, 23; 12:18), Timoteo (1 Co. 16:10). Del mismo modo la iglesia envió a visitar a Pablo a alguno de sus miembros, como Estéfanas, Fortunato y Acayo (1 Co. 16:17).

Aunque los creyentes en Corinto estaban asistidos, debido a la condición del apóstol como fundador de la iglesia, buscaron su ayuda en los momentos que fueron necesarios. La familia de Cloé le informó sobre la falta de armonía en la iglesia (1 Co. 1:11). La misma iglesia le envió una carta formulándole algunas preguntas (1 Co. 7:1, 25; 8:1; 12:1; 16:1, 12). El apóstol prometió una visita a la iglesia (1 Co. 4:19; 16:5). Esta visita no podía ser hasta después de Pentecostés (1 Co. 16:8). De manera que la relación del apóstol con la iglesia en Corinto fue continuada.

La correspondencia corintia

Varios escritos del apóstol a la iglesia se aprecian en la lectura de las dos *Epístolas*. Inicialmente les escribió una carta de la que hace mención (1 Co. 5:9). Esa sería la primera. Dicho escrito no se conserva.

Después de esa primera carta, escribió la *Epístola*, que se está considerando y que conocemos como la *Primera Epístola a los Corintios*, que realmente es la segunda de las escritas por el apóstol.

Debido a serios problemas surgidos en la iglesia, posiblemente de un grupo opositor a Pablo y, tal vez, por una determinada persona, Pablo escribió una carta que tampoco se conserva. El escrito debió haber sido muy fuerte, ya que al recordarlo el apóstol da este testimonio: *"Porque por la mucha tribulación y angustia del corazón os escribí con muchas lágrimas, no para que fueseis contristados, sino para que supieseis cuán grande es el amor que os tengo"* (2:4). Esta es la *tercera carta* a los corintios.

Finalmente, hay un cuarto escrito que es esta *Segunda Epístola a los Corintios.*

Autor

Nadie pone en cuestión que se trata de una *Epístola* del apóstol Pablo, con notorias evidencias. Incluso el mundo de la *Crítica Humanista*, no pone prácticamente objeciones al escrito. La autenticidad paulina es universalmente admitida.

Ya en la introducción al escrito, se presenta el autor como *"Pablo apóstol de Jesucristo por la voluntad de Dios"* (1:1). Ningún otro sino Pablo, el perseguidor de la Iglesia, alcanzado por la gracia en el camino a Damasco, podría identificarse con quien se presenta de este modo. La Iglesia ha considerado el escrito como de Pablo, sin cuestionarlo, a lo largo de los siglos.

Unos datos personales son suficientes para identificar al apóstol. Era de la tribu de Benjamín, y miembro del grupo de los fariseos (Hch. 23:6; Ro. 11:1; Fil. 3:5). Natural de Tarso tenía, por esa razón la ciudadanía romana (Hch. 16:37; 21:39; 22:25ss), lo que lleva aparejado que los padres de Pablo habían residido allí bastante tiempo antes del nacimiento de su hijo. Tarso era una ciudad con un alto nivel cultural, por lo que Pablo llegó a conocer bien la filosofía y la cultura del mundo greco-romano. Probablemente fue trasladado por sus padres, profundamente religiosos a la ciudad de Jerusalén cuando todavía era muy joven a fin de que estudiase la Escritura con uno de los más afamados maestros de entonces, el Rabí Gamaliel (Hch. 22:3). No se dice la causa, pero se pone de manifiesto en el relato de Hechos que Pablo fue miembro del Sanedrín y probablemente uno de los más jóvenes, llegando a dar su voto a favor de la muerte de Esteban y de la persecución y muerte de los cristianos (Hch. 26:10). La apariencia personal, según los relatos canónicos, no era destacable, e incluso un hombre de discurso pesado y extenso (10:10).

No hay ninguna evidencia bíblica que Pablo hubiese conocido personalmente a Jesús, a pesar de una referencia a tal suposición (5:16), que más bien debe entenderse como una consideración de Jesús desde el punto de vista humano. Es probable que tuviese parientes cristianos (Ro. 16:7), pero, a pesar de ello, su condición anticristiana era evidente. La muerte de Esteban por apedreamiento, su discurso ante el Sanedrín y su aspecto personal en aquella ocasión debieron impactar profundamente a Pablo (Hch. 7:1). Sin embargo, el decisivo encuentro con el Resucitado, fue lo que impactó definitivamente y condujo a Pablo a la conversión (Hch. 26:14). Luego de un tiempo en Transjordania donde, recicló su teología y recibió las instrucciones de Cristo mismo, mediante revelación, para su apostolado, pasó a la zona de Damasco, predicando el evangelio (Hch. 9:19ss; Gá. 1:17). Bernabé lo presentó a los primeros cristianos en Jerusalén que, como era propio, sospechaban de él. Su ministerio allí fue muy breve, debido a que los judíos helenistas, procuraban matarle, por lo que volvió a Tarso. Fue también Bernabé quien lo fue a buscar a ese lugar para que le ayudase en la obra de fundación y consolidación de la iglesia en Antioquia (Hch. 11:25-26).

Pablo fue llamado por el Espíritu y encomendado por la iglesia en Antioquia para la obra misionera (Hch. 13:1-3). Su estrategia se convirtió en el modelo para las misiones lideradas por él, consistente en predicar en la sinagoga a los judíos para establecer un núcleo de creyentes que fuesen también conocedores de la Escritura. Cuando era rechazado, se volvía directamente a la evangelización a los gentiles (Hch. 13:46ss). Los judaizantes procuraron desde el principio de la evangelización, que los cristianos fuesen una extensión de judaísmo, para lo que visitaban las iglesias fundadas dentro del mundo gentil a fin de conminarlos a circuncidarse y guardar la Ley, especialmente la ceremonial de limitaciones. Tal situación condujo a lo que se llama el *primer concilio de la iglesia*, que tuvo lugar en Jerusalén, al enviar desde Antioquia a Pablo y Bernabé, para conferenciar con los apóstoles y ancianos sobre ese asunto y alcanzar un consenso que se hizo extensivo a toda la iglesia mediante carta circular, en la que no se respaldaban tales propuestas, sino que se insistía en la libertad con unos condicionantes que eran necesarios para mantener la unidad entre judíos y gentiles (Hch. 15:28-29).

En el segundo viaje misionero, Pablo acompañado por Silas, visitó las iglesias del sur de Galacia y en Listra se agregó a ellos Timoteo. El Espíritu les prohibió misionar hacia el oeste, por lo que viajaron hacia el norte. Desde Troas recibió la visión de un varón macedonio que lo llamaba, por lo que pasó con su equipo a Macedonia y allí comenzó la evangelización de Grecia, estableciendo las iglesias en Filipos, Tesalónica y visitando Atenas y Corinto, donde Pablo permaneció dos años fundando la iglesia. De ahí nace lo que se puede llamar *el ministerio egeo*, en la provincia de Asia, con la fundación de las iglesias en el área, a quienes dirige alguno de sus escritos.

Más adelante el apóstol fue con una ofrenda para los pobres de Jerusalén, llegando a la ciudad en Pentecostés (Hch. 21:14s). Con mucho tacto observó los ritos del templo, los judíos procedentes de Éfeso, lo acusaron de violar el templo, e incitaron a la multitud para que lo apedreasen, tal vez pensando que había introducido en el lugar reservado a los judíos a alguno de sus compañeros gentiles. Para evitar su muerte Pablo fue llevado a Cesarea, donde Felix, el gobernador romano lo mantuvo en prisión durante dos años (Hch. 23-26). Dadas las circunstancias difíciles y la insinuación por parte de Festo, sucesor de Felix, que entregaría a Pablo a los judíos para que lo juzgasen, lo que sin duda terminaría en su muerte, el apóstol, como romano, apeló al César, a donde fue conducido prisionero a Roma. Cerrando el relato histórico de Hechos, con su retención bajo custodia de un soldado, en una casa de alquiler (Hch. 28:16, 30). Lo más probable es que después de esto Pablo haya sido puesto en libertad sobre el año 63, tal vez por incomparecencia de los acusadores judíos y, probablemente, visitó España y la región del Egeo antes de ser encarcelado nuevamente, por orden de Nerón, quien lo sentenció a muerte, siendo ejecutado en Roma.

Motivos

Situación histórica

Se pretende vincular la *Epístola* como una continuación de la *primera*, pero ciertamente hay serias dificultades para conseguir esto. Un análisis de la *Epístola*, presenta al apóstol en una situación de cierta inquietud, recomendando el perdón a un ofensor, y reconociendo una acción disciplinar dentro de la iglesia. Estas condiciones no pueden vincularse con la anterior carta, de modo que ni los problemas, ni los aspectos individuales, son los mismos. No se aprecia en esta *Epístola* un tratamiento específico de pecados concretos y asuntos que podían producir un quebranto espiritual a la iglesia, como ocurre con la *Primera Epístola.* Aun cuando se habla de una persona a la que se aplicó una disciplina en la iglesia, no es posible identificarla con el *incestuoso* de la *Primera* (1 Co. 5:1-13).

Se aprecia un estado de enfriamiento entre la iglesia en Corinto y el apóstol, debido con toda probabilidad, a los hechos ocurridos desde el tiempo de la *Primera Epístola* y ésta que se considera. Un elemento que, sin duda, contribuyó a esta situación era un grupo que se calificaban a sí mismos como *apóstoles*, que se presentaron en la iglesia con supuestas cartas de recomendación, pero que no habían sido comisionados por los apóstoles en Jerusalén, como hace notar la carta emitida por el concilio de

Jerusalén (Hch. 15:24). Estos procuraban destrozar la obra del apóstol, enseñando que era necesario circuncidarse y guardar la ley para alcanzar la salvación, para alcanzar ese propósito cuestionaban la autoridad de Pablo delante de los creyentes. Las enseñanzas del apóstol eran consideradas por estos como una traición a la historia de los antepasados israelitas, haciendo notar, a los que podían alcanzar, que Pablo predicaba un evangelio que le había sido enseñado por los apóstoles verdaderos, que Jesucristo había reconocido como tales. Además de enseñarles a judaizar, llamaban la atención también a guardar las fiestas de Israel, lo que esclavizaba religiosamente a quienes la gracia había librado. Así les hacían notar a otras iglesias que habían sido seriamente dañadas por estos adversarios, no solo de Pablo, sino enemigos de la gracia de Dios: *"¿Cómo es que os volvéis de nuevo a los débiles y pobres rudimentos, a los cuales os queréis volver a esclavizar? Guardáis los días, los meses, los tiempos, y los años. Me temo de vosotros, que haya trabajado en vano con vosotros"* (Gá. 4:9-11).

Estos *falsos apóstoles*, son calificados con dureza por el apóstol, llamándoles *"falsos apóstoles, obreros fraudulentos, que se disfrazan como apóstoles de Cristo"* (11:13). Con toda seguridad pertenecían al grupo llamado *judaizantes*. Estos sumamente celosos de su condición de judíos, sentían también que las iglesias fundadas por Pablo, eran un peligro para mantener como principal la de Jerusalén. Estos creían en Jesús como el Mesías, pero no abandonaban las tradiciones religiosas que les habían imbuido, incapaces de abandonar el sistema religioso antiguo. Incursionaron, sin duda, en la iglesia en Corinto, haciéndolo sin comisión alguna de la iglesia en Jerusalén, pero hablaban en nombre de los apóstoles, para tener una franca aceptación entre los creyentes.

Los *judaizantes* eran de la fracción de los fariseos (Hch. 15:5). Entendían el cristianismo como una forma renovada del judaísmo. Todos ellos permanecían legalistas y no admitían la salvación de los gentiles sin la práctica de las obras de la ley y, especialmente, de la circuncisión. Se trataba de creyentes nominales en Jesús, ya que se les llama en Hechos, *"de la secta de los fariseos"* y no de *hermanos* como es el título habitual para referirse a los cristianos (Hch. 15:5). Sin embargo, no es de suficiente firmeza para llegar a la posición de que no eran creyentes, ya que el texto se limita a decir que estos procedían de la *secta de los fariseos*.

Los *judaizantes* llegaban de Judea, lugar de residencia de los apóstoles para dar una mayor autoridad a su enseñanza, y lo hacían con *cartas de recomendación* (3:1). Conocían la difusión del evangelio por el ministerio de Pablo, y estaban determinados a destruir a Pablo para establecer un *judaísmo renovado*, por tanto, llegaron con este propósito a la iglesia en Corinto. La enseñanza que extendían era falsa, en cuanto a la salvación, condicionando esta al cumplimiento de los preceptos legales y a la circuncisión, sin esas dos cosas un gentil no podía ser salvo. Para los judaizantes, la Ley era también Palabra de Dios inspirada y autoritativa –como es verdad– pero no distinguían que esa señal de la circuncisión era para el pueblo de Israel y no para la Iglesia. El problema es grave puesto que, según esa enseñanza, para poder participar de la salvación traída por Cristo, debían los gentiles incorporarse antes a Moisés, practicando la circuncisión y guardando la ley. No negaban que la salvación se alcanzaba por la fe, pero enseñaban que antes debían pasar por las prácticas y ceremonias que la ley establecía, o lo que es igual, hacerse prosélitos judíos, ya que Cristo mismo había dicho que no había venido a abrogar la Ley, sino a cumplirla (Mt. 5:17-18). Este problema no era nuevo, sino que ya se había hecho sentir en forma de murmuraciones y descontento con motivo de la conversión de Cornelio y los gentiles que estaban con él (Hch. 11:2-3), calmándose cuando Pedro dijo que aquello había sido un mandato expreso de Dios (Hch. 11:17-18). Aquella incomodidad oculta no desapareció, saliendo ahora a la superficie con la conversión de los gentiles como resultado del ministerio evangelizador de Pablo manifestado por las distintas iglesias establecidas en el mundo gentil. El problema que surgía por la actuación de los judaizantes era grave, amenazaba con la división de la Iglesia en dos posiciones en cuanto a doctrinas fundamentales como la salvación, que no podía dejarse sin proveer una solución determinante para el futuro de la Iglesia.

Donde Pablo iba, era seguido por éstos que levantaban alborotos y movilizaban las masas contra él, con el propósito de eliminarlo y con ello impedir la firmeza de la predicación del evangelio de la gracia y de la libertad en Cristo. Con el propósito de desprestigiar a Pablo en la iglesia, hacían dudar a los creyentes de su autoridad apostólica y generaban sospechas sobre las intenciones que tenía al predicar el evangelio y fundar iglesias. Mintiendo sobre lo que pretendían ser, se apoyaban en una supuesta vinculación con los apóstoles en Jerusalén, cuya posición no era la que Pablo anunciaba en la enseñanza a los creyentes. El apóstol predicaba la verdad, pero no toda la verdad, por tanto, no tenía autoridad como ellos, supuestamente comisionados para esto por los apóstoles en Jerusalén. Su propósito era inducir al error y hacer que las iglesias fundadas por Pablo, se separasen de su autoridad como apóstol. Acaso pretendían fomentar el seguimiento a Cefas, uno de los grupos que se habían formado en Corinto (1 Co. 1:12; 3:4). Esto conduce al apóstol a hacer una extensa apología de su persona y ministerio que no hizo en la carta anterior (8:21; 10:2; 11:7 ss., 12:13-18). El ataque contra Pablo por parte de los *falsos apóstoles*, no los detenía en ningún método, incluso en la calumnia contra él, lo que le obligará a desenmascararlos para evitar el peligro que generaban en la iglesia.

Visita intermedia a Corinto

Pablo había anunciado a los corintios una visita que pretendía fuese de una cierta duración y no algo rápido, porque quería dedicarles tiempo para afirmar la fe de ellos y corregir asuntos desordenados (1 Co. 16:5-9). En relación con la visita, les hace notar que sería hecha luego de un recorrido por Macedonia, pero que tenía que seguir por un tiempo en Éfeso, concretamente hasta Pentecostés. Sin embargo, el apóstol tuvo que salir antes de lo previsto a causa de la revuelta de Demetrio y los plateros de Diana (Hch. 19:24 ss.), de modo que, dejando Éfeso, salió para Macedonia (Hch. 20:1 ss.).

Antes de esto, con los informes recibidos de los hermanos de Corinto y, seguramente por el de Timoteo que había enviado en su nombre a la congregación, determinó hacer una visita rápida a la iglesia en Corinto. El propósito era esencialmente restablecer el orden y la conducta entre la iglesia y mostrarse *severo* contra quienes no aceptaban su autoridad (1 Co. 4:21). Ese viaje debió haberse hecho en el intermedio entre la *Primera* y la *Segunda Epístola*. No se trata de una opinión moderna, sino que ya los padres de la iglesia pensaban igual, como Crisóstomo y Teofilacto. Esto es obvio puesto que el apóstol escribe: *"He aquí, por tercera vez estoy preparado para ir a vosotros"* (12:14), de modo que la primera fue la de la fundación de la iglesia, la segunda tuvo que haberse producido desde Éfeso donde estaba ministrando y la tercera sería la que anuncia que puede producirse. ¿Estaba Timoteo con él en esta visita? Es probable, pero lo que es más evidente es que el apóstol fue a la iglesia en una visita corta.

Esta visita se hizo en medio de humillaciones para él, que lo entristeció grandemente (2:1), si bien esa tristeza por la situación en la iglesia de la que le informó Timoteo, debió acompañarle durante el camino a Corinto, aumentándose luego por los incidentes ocurridos allí. Pablo advierte de una próxima visita (1:23), que se ha demorado para dar tiempo a los corintios a una verdadera rectificación de las cosas, pero, en cualquier modo estaba dispuesto a este tiempo en el que enfrentaría los problemas con decisión y con su autoridad apostólica (12:21). No puede identificarse este viaje del que hace mención con el primero de fundación de la iglesia. Esta situación no puede comprenderse en aquella referida a la primera visita que hizo con *debilidad y temor* (1 Co. 2:3). Algunos tratan de identificar la *Epístola* con el primer escrito, proponiendo que hubo dos etapas en la fundación de la iglesia, y que este segundo viaje se refiere a ello.

Ante la situación producida en la iglesia, fomentada sin duda por los *falsos apóstoles*, fue secundada por algunos, entre los que se destacó uno de los miembros de la iglesia que públicamente ofendió a Pablo. Este ofensor es considerado, por los que tratan de contextualizar esta *Epístola* con la *Primera*, como el incestuoso mencionado en ella (1 Co. 5:1 ss.). Por esta razón el apóstol salió de Corinto para regresar a Macedonia. Allí escribió una carta que él mismo define como de *muchas lágrimas* (2:4). Debía ser un escrito muy fuerte (10:10). El apóstol pide en la *Epístola* a la iglesia la consecuente reparación del daño hecho (2:3-9). La iglesia obedeció a las demandas del apóstol en esa *carta de muchas lágrimas*, que no se conserva, la tercera de las enviadas a Corinto, antes de la *Segunda* canónica que estamos considerando, que sería la cuarta de las que envió a la iglesia allí.

De este escrito de *muchas lágrimas* hay alusiones en la *Epístola* (1:13; 2:1, 3, 9; 7:8, 12). Esta *carta* fue enviada por Tito desde algún lugar de Macedonia, quien tenía la misión, no solo de ser portador de la carta, sino de restaurar las relaciones entre la iglesia en Corinto y el apóstol. Debe tenerse presente que el carácter de Tito, debía ser firme y fuerte, por esa razón Pablo lo envió en misiones importantes que requerían una actuación decidida. Esta *carta*, junto con la intervención de Tito, resultó en una rectificación decidida de la oposición contra Pablo (7:6 ss.).

Razones del escrito

Tres partes son claramente destacables en la *Epístola*, que en sí mismas dan las razones del escrito. a) La primera, además de la *introducción*, trata de la *apología del apóstol y su ministerio* (1:12-7:16). b) El segundo propósito de la *Epístola* (8:1-9:15), trata de la *colecta* para los necesitados de la iglesia en Jerusalén, de la que ya hizo referencia en la *Primera Epístola*, en ella se recuerda el compromiso adquirido anteriormente, se pide a los hermanos que imiten el compromiso de las iglesias de Macedonia y se les presenta como estímulo para ello, la entrega sin límite de Jesús para hacer la salvación (8:9). c) Finalmente la tercera sección (10:1-13:14), retoma el tema de la *apología del apóstol* contra sus enemigos, donde formula las respuestas a varias acusaciones que habían expresado contra él, entre otros las evidencias del desinterés de su ministerio, frente a la calumnia de que tenía intereses personales procurando *dominar* a los cristianos y someterlos a su autoridad. En este tercer motivo para escribir la *Epístola*, les hace una advertencia solemne al anunciarles su visita.

Autenticidad e integridad de la Epístola

La Epístola en la Iglesia

Este es uno de los pocos escritos en el Nuevo Testamento que se considera paulino, tanto desde el campo bíblico conservador, como desde la *Alta Crítica* o *crítica liberal humanista*, se exceptúa como siempre ocurrió, a unos pocos de estos últimos para quienes ningún escrito de Pablo es de él, o si se prefiere, ninguno es verdaderamente genuino. Al estudiar la *Epístola* sin prejuicio alguno, se aprecia que las circunstancias, así como la temática, la argumentación y las formas son paulinas. La construcción idiomática, con muchas variantes sobre un mismo tema, las preguntas retóricas e incluso cortes bruscos de los temas que incluye, e incluso, aunque en menor grado que otros escritos, anacolutos. La reiteración continuada del tema, es otra de las formas típicas de enseñanza rabínica, en la que Pablo había sido entrenado.

Las referencias a la *Epístola* por diversos *padres de la Iglesia*, testifican que, desde los tiempos más antiguos del cristianismo, se consideró como un escrito del apóstol Pablo. Sirvan algunas referencias para atestiguar esta posición de la *patrística. Policarpo*, conocido como *Policarpo de Esmirna*, nació en el año 63 d. C. en Esmirna y murió el 23 de febrero del año 155, considerado como un *padre apostólico*, o conocedor en vida de algunos de los apóstoles. Según la tradición fue reconocido como obispo de Esmirna por el apóstol Juan. En su *Carta a los Filipenses*, hace referencia a 10:3; 5:13 y 6:10[1]. En el anónimo *Carta a Diogneto*, del año 158, el autor tuvo presente como guía del escrito a 10:3; 5:13 y 6:10[2]. Por su parte *Teófilo de Antioquía* obispo en esa ciudad, del que se conservan tres libros titulados *A Autolico* escritos sobre el año 180, cita el texto de 7:1[3]. Hipólito, probablemente nacido en el s. II, cita 12:2-4[4]. Ocurre igual con Atenágoras, nacido en Atenas en el año 133, y fallecido en el mismo lugar en el año 190, hace referencia a 5:10[5]. Hay también citas de la *Epístola* en escritos de Clemente y Tertuliano. La *Epístola* se incluye entre los escritos de Pablo en el canon de Muratori, fechado en torno al año 170. En el Ambrosiaster, anónimo hay un

---

[1] Pastor Gutiérrez. *Segunda Carta a los Corintios*. Madrid, 1965.

[2] De la misma obra.

[3] Ad Autolico, 1:2,7.

[4] Philos, 5:8.

[5] Adv. Haer, 3, 7, 1.

comentario a Romanos y 1 y 2 Corintios[6]. Un comentario a la *Segunda Epístola*, procede de Teodoreto de Ciro, que fue obispo de Ciro y el último teólogo destacado de la escuela de Antioquía, nacido en el año 393 y muerto en el 457, que escribió una *Interpretación de la segunda Carta a los Corintios*[7]. Baste para asentar el hecho del reconocimiento de los *padres*, como un escrito del apóstol, un párrafo de Juan Crisóstomo o Juan de Antioquía, fue patriarca de Constantinopla y es considerado como uno de los cuatro grandes *padres* de la Iglesia Oriental, nacido en Antioquía del Orontes y fallecido el 14 de septiembre del año 407, que, en la *Homilías sobre la Segunda Carta a los Corintios,* se refiere a la cita de 1:1-2:

"¿Por qué añadió una segunda? Había dicho en la primera carta: 'iré a vosotros'... Transcurrió mucho tiempo y no apareció; habiendo pasado el día fijado con antelación, todavía estaba a punto de partir, pero lo retardaba, pues el Espíritu lo retenía en cosas más necesarias que éstas.

Por ello necesitó una segunda carta; no la habría necesitado si se hubiera retrasado sólo un poco. Pero no sólo por esto, sino también porque habían mejorado desde la primera carta. Así, al que había cometido fornicación, a quien al principio aplaudían y del que se jactaban, a éste lo expulsaron completamente... Y la limosna que les pidió, la recolectaron con gran afán... Y mostraron gran amabilidad a Tito, al que envió... A causa de todas estas cosas escribe la segunda carta, pues era necesario que, de la misma manera que los regañaba cuando erraban, así los alabara y acogiera con agrado cuando obraban bien. Por ello toda la carta no es muy severa, excepto una pequeña parte del final de la misma. En verdad había entre ellos judíos que se tenían a sí mismos en gran estima, y que acusaban a Pablo de ser un jactancioso y de no ser merecedor de consideración alguna... Y para hacerse a sí mismos respetables, estos alardeaban de no tomar cosa alguna... Además de estas cosas, como tenían el poder de la elocuencia, se ensoberbecían extraordinariamente... Puesto que era lógico que algunos fueran engañados por éstos, después de alabarlos en primer lugar en lo que tenían razón y haber derribado la insensatez en aquéllos por su apego a las costumbres judías, comedidamente les regaña por estas cosas. En efecto, me parece que ésta es la causa de la carta"[8].

Con esta cita de Crisóstomo queda probado que la *Epístola* era conocida por los *padres de la iglesia.*

---

6 Corpus Scriptorum Christianorum Orientalium, Lovaina, 1866 ss.

7 Teodoreto de Ciro. *Interpretatio in XIV epistulas sancti Pauli.*

8 Juan Crisóstomo. *Homilías sobre la segunda Carta a los Corintios*, 1, 1-2.

Integridad

Si bien la *Epístola* no fue cuestionada en cuanto a autoría, salvo por algunos *críticos* que niegan casi todos los escritos de Pablo, en general el grupo de *críticos*, pertenecientes a lo que se conoce como *Alta Crítica*, cuestiona la integridad de la *Epístola*, afirmando que, aunque el escrito en general es de Pablo, la composición de la *Epístola* es ajena a él y que es el resultado de unir varios escritos suyos de distinta procedencia y tiempo.

A) Formación de la Epístola. Se observa que las dos primeras partes (caps. 1-7 y 8-9) tienen un tono animoso e incluso cálido, que difieren de los cuatro últimos (10-13), que revelan un tono de severidad y reprensión, de manera que no concuerda con lo que hubiera sido mejor, comenzando con la reprensión y terminado con el aliento y la enseñanza. Es decir, proponen que las dos partes antes citadas debían estar escritas en sentido inverso, poniendo la sección de los capítulos 10-13, antes de los capítulos 1-9, ya que así se entendería que la reprensión surtió el efecto deseado, escribiendo luego los capítulos 10-13. Esta propuesta de los *críticos* no ha encontrado demasiado apoyo, al no aparecer ningún mss. en esa secuencia. Por otro lado, no hay referencia alguna a los *falsos apóstoles* en los capítulos 1-9.

B) Otra propuesta tiene que ver con la perícopa 6:14-7:1. Pareciera que hay una mejor vinculación entre 6:13 y 7:2 ss. lo que requeriría desplazar este tramo de la *Epístola* de lugar, poniéndola a continuación. Es más, algunos *críticos*[9] consideran esta parte (6:14-7:1), como tomada de la epístola no canónica a la que Pablo hace referencia en 1 Co. 5:9. Otros proponen que sólo debe desplazarse la perícopa 6:14-18, colocándola seguida a 1 Co. 6:20. En cualquier caso, sea de mayor o menor extensión, afirma que está desplazada de su sitio original. Sin embargo, la argumentación de los *críticos*, no debilita en nada lo que consideramos en el soporte de los mss. por lo que se entiende que, sin otra prueba, esa parte está en su sitio original.

C) Otros *críticos* encuentran problema con el capítulo 9, proponiendo que esa parte no estaba en la *Epístola* original y que fue incorporado de una nota enviada por el apóstol a las iglesias de Acaya para preparar entre ellas la colecta para los necesitados de Jerusalén. Pero, no cabe duda que este capítulo es inseparable del capítulo 8, siendo el 9 su prolongación natural. La construcción gramatical de los dos capítulos

---

[9] Entre otros D. Smith, Moffat, A, Barth, Clayton, etc,

es idéntica y en ambos se refleja la sicología del apóstol referente al tema de la colecta.

D) Otra propuesta de los *críticos* tiene que ver con los últimos capítulos de la *Epístola* (10-13), negando que formasen parte del escrito original[10]. Para quienes hacen esta propuesta, entienden que esta perícopa formaba parte de la carta no canónica a la que el apóstol se refiere como la de *muchas lágrimas*. Los argumentos que proponen son: 1) Cambio radical de tono y de formas con lo que antecede. En la primera parte la relación de Pablo con la iglesia es de calma y cordialidad, mientras que no ocurre así con la segunda, que –según ellos– destruye esa relación. 2) Hay elogios hacia los corintios en la primera parte (cf. 1:24; 7:4; 8:7), pero en la segunda parte se aprecia otro estado y otra relación con los creyentes corintios (cf. 11:3; 12:20). 3) Las palabras iniciales del capítulo 10: *"Yo Pablo"*, no encaja con lo que antecede y pudiera muy bien ser la introducción a otro escrito distinto a la *Epístola*. 4) No parece habitual la conclusión de la *Epístola* (13:11-13), donde no aparecen saludos, como es propio de las otras, y se advierte como una conclusión poco amistosa. 5) La parte final corresponde mejor con la carta de *las muchas lágrimas* a la que alude antes (cf. 2:3-4; 7:8-9), la no canónica que no tenemos, pero que se conserva en los cuatro últimos capítulos de la *Epístola*.

Pese a todos los esfuerzos que los *críticos* han hecho para negar, sino la autoría, sí la *composición* de la *Epístola*, no hay argumentación sólida para quitar la tesis tradicional de composición tal como la tenemos en los mss. Ese cambio brusco en los cuatro últimos capítulos, obedece a la propia sicología de Pablo, incluso pudiera producirse un cambio aparentemente abrupto, si los cuatro últimos capítulos fueron dictados en un lapso de tiempo amplio en relación con los primeros. La forma propia de Pablo se manifiesta aquí, su sicología le lleva a una variación brusca de expresión, como ocurre en la *Epístola a los Romanos*, donde, en medio de los saludos de despedida introduce una rígida amonestación a los hermanos (Ro. 16:17-20). Por otro lado, en los últimos capítulos tiene presentes a los *falsos apóstoles*, y también a *algunos* que son una minoría, contra quienes endurece el lenguaje, pero, aun en medio de esa extensa perícopa, hay palabras con un tono amable y alentador para los creyentes de aquella iglesia (cf. 12:11-19).

---

[10] Especialmente Weber, en 1789 y A. Hausrath 1870.

Aspectos doctrinales

Aunque el propósito de la *Epístola* no es la enseñanza específica de alguna doctrina, como ocurre en otros escritos, no cabe duda que tiene un amplio cuerpo doctrinal que será considerado en el comentario, y del que podemos hacer una breve síntesis de las más relevantes en ella.

Cristología

En nada es menor la doctrina sobre la Persona y obra de Jesucristo en esta *Epístola* que en las otras escritas por el apóstol. Especialmente destacable es las muchas referencias al Cristo desde la dimensión histórica de Su humanidad y pasión, con referencia a los sufrimientos que en esa condición experimentó desde Su nacimiento hasta la Cruz (cf. 1:5-7; 4:11-12). La realidad de la humillación del Verbo encarnado está presente en la brevedad de un admirable texto (8:9). Se hace mención a las virtudes del Señor que deben ser vividas por los creyentes (10:1). Cristo es quien hace posible el cumplimiento de todas las promesas de Dios (1:18-20). El título *Señor*, propio de Dios en el Antiguo Testamento, se aplica varias veces a Cristo en la *Epístola* (1:2; 4:5; 13:14). Se le identifica también como la *imagen de Dios* (4:3-4). La identificación con Cristo es también evidente (5:14-15). Una referencia a la *impecabilidad* de Jesús, está precisada en el texto (5:21).

Neumatología

Las referencias al Espíritu Santo están presentes en la *Epístola*. Especial mención a la condición de ser Personal en unidad con el Padre y el Hijo (13:14), que es, por consiguiente, una importante referencia a la Santísima Trinidad (1:21-22; 3:2-3). Es la Persona Divina que imprime Su sello en el corazón (3:3).

Eclesiología

Los creyentes somos el templo de Dios (6:16). En la *Epístola* se hace una síntesis del cristianismo, en forma especial del carácter y comportamiento cristiano, lo que convierte el escrito en un tratado de ética cristiana inigualable. Entre otras cosas aparece la humildad como propia del creyente y la sujeción a las enseñanzas apostólicas. Nuevamente se descubre como necesidad esencial la aceptación y acatamiento de la doctrina, misión encomendada a los apóstoles para el seguimiento fiel de los creyentes.

Dentro del entorno eclesial, se destaca como tema principal en la *Epístola* el *ministerio apostólico*, descrito con precisión no sólo en cuanto a autoridad, sino especialmente en las pruebas, conflictos y dificultades de ese ministerio. En cuanto a Pablo, recibió su designación y autoridad por Cristo mismo que le envía al ministerio, convirtiéndole en embajador Suyo (2:5 ss; 5:20). El que envía al apóstol es el mismo que con Su poder personal le sostiene (1:15-22). El apóstol tiene su gloria en Cristo y también su confianza y seguridad (10:12-18), por esa razón su eficacia no proviene de los hombres sino de Dios, que le capacita para destruir *fortalezas espirituales* (10:1-6). Todos elementos de debilidad propios de apóstol como hombre (4:7-15), se convierten en victoria por la potencia divina que opera en él (5:17-18). Por esta razón defiende frente a los *falsos apóstoles* su dignidad apostólica como siervo de Dios (10-13).

Soteriología

Hay una extraordinaria referencia a la *reconciliación* y a la proclamación del evangelio (5:18-20). Los predicadores del mensaje de salvación son los que *ruegan*, y lo hacen como *si Dios* lo hiciera por ellos. La nueva vida en Cristo es el resultado del *nuevo nacimiento*, por cuya causa las cosas de la vieja vida pasaron y son todas nuevas en Él (5:17).

Escatología

Hay una clara referencia a la esperanza del creyente que le permite superar las pruebas y dificultades propias de esta etapa terrenal, que generan en cada uno un excelente peso de gloria (4:17). La mirada cristiana debe separarse del entorno para centrarla en las bendiciones de la vida venidera (4:18). Una referencia clara a la doctrina del *tribunal de Cristo*, está presente en la *Epístola* (5:10-13).

Lugar y fecha de redacción

Es difícil precisar ambas cosas. Algunos elementos que permiten hacer una aproximación tanto a la fecha como al lugar de redacción, hacen apreciar que el apóstol estaba en Macedonia cuando escribió la *Epístola* (2:13; 7:5; 8:1; 9:2-4; Hch. 19:21-22). Algunos mss.[11] incluyen en el encabezamiento la indicación de haber sido escrita en Filipos.

Como fecha probable, se indica el otoño del año 57 o primeros meses del 58. Por tanto, se produjo unos siete u ocho meses después de la

---

[11] Entre ellos B, P, K, y la versión Peshitto.

Primera Epístola. La expresión *"desde el año pasado"* favorece esta posición (8:10; 9:2), en referencia a lo que escribe sobre la ofrenda para los santos de Judea, en el primer escrito. Por tanto, hay aproximadamente un año y medio entre las dos *Epístolas*.

Pablo debió haber salido de Éfeso donde estaba fundando y confirmando la iglesia en aquella localidad, poco después de Pentecostés del año 57 (1 Co. 16:8), dirigiéndose a Troas, esperando encontrar allí a Tito que había sido enviado a Corinto con la *carta de las muchas lágrimas*, a la que se ha hecho mención antes. Tito tardaba en llegar, lo que impulsó a Pablo a dejar todo e ir a Macedonia (2:12-13), encontrándolo por fin y recibiendo de él informaciones agradables de la reacción que el escrito había producido en la iglesia. Esa información y la necesidad de precisar definitivamente ante los corintios las falsedades de los llamados *apóstoles* que habían visitado la iglesia y levantaban sospechas e incluso calumnias contra él, fueron dos de los motivos que impulsaron a Pablo para escribir la *Epístola*.

Es muy probable, a la luz de los datos considerados, que fuese escrita desde Filipos de Macedonia.

Texto griego

Generalidades

La Segunda Epístola a los Corintios está escrita, como es propio del Nuevo Testamento en *griego koiné*. No obstante, la utilización de formas propias de la lengua, están presentes, dando a entender que el autor o el amanuense la conocía bien, y le llevaba a adoptar las expresiones propias del griego común en el lugar al que dirige la carta.

Como del resto de los escritos del Nuevo Testamento, no existe tampoco el original de la *Epístola*, esto es, el primer escrito salido directamente del autor. Las copias existentes son varias y entre ellas se aprecian diferencias. Debe tenerse en cuenta que para el Nuevo Testamento hay no menos de 5200 manuscritos y entre ellos existen más de doscientas cincuenta mil variantes, acumuladas a lo largo de los catorce siglos en que se han estado produciendo copias del texto griego. A los errores propios de un sistema de copiado, se añadieron variantes consecuentes con correcciones y adaptaciones producidas para determinados lugares geográficos, en copias que se adaptaron en ocasiones idiomáticamente para las grandes ciudades, dando origen a lecturas especiales.

Se han conservado aproximadamente unos 3000 manuscritos copiados entre los s. II y XVII, a lo que debe unirse unos 2200 *leccionarios*, que tienen fragmentos dispuestos para la lectura pública litúrgica desde el s. VII en adelante. Entre esta gran colección de mss. se aprecian diferencias de lectura, pero las significativas son relativamente pocas y ninguna de ellas afecta a *doctrinas fundamentales* o, dicho de otro modo, no hay doctrina fundamental de la fe cristiana que pueda establecerse sobre una alternativa de lectura. Las alteraciones de lectura no son causadas sólo por errores de los copistas, sino que algunas se originan por cambios deliberados. En ocasiones los copistas se sentían impulsados a *mejorar* el texto griego, modernizar la ortografía, suplementarlo con frases explicativas, armonizar con las referencias tomadas de otros lugares de la Escritura e incluso omitir algo que para el copista pareciese dudoso. Sin embargo, aunque por lógica las copias más antiguas debieran ser las más seguras, no siempre es así, porque un mss. de siglos posteriores puede ser una copia fiel de un texto muy antiguo, que hoy se haya perdido, estando más cercana al autógrafo que otras copias de siglos anteriores.

Familias textuales

La investigación procedente de la *Crítica Textual*, ha agrupado los manuscritos en *familias*, que comparten lecturas semejantes o que tienen determinadas peculiaridades. Sin embargo, ninguna de estas copias o grupos textuales tiene garantía de no contener alguna alteración respecto de los originales. Estas familias comúnmente aceptadas son las siguientes:

Alejandrina. La erudición cristiana a finales del s. II se manifestaba especialmente en Alejandría. En los siglos siguientes, ciertos escribas cuyo conocimiento del griego era excelente, copiaron cuidadosamente los manuscritos. Esta familia se caracteriza por las lecturas más cortas.

Occidental. Se llama así porque algunos de los principales manuscritos griegos circulaban por el mundo llamado *occidental*, que era el Norte de África, Italia y Galia. Pero, también hay en este grupo otros manuscritos que están relacionados con Egipto y las iglesias orientales de lengua siríaca. Como elemento destacable es que las lecturas de estos textos son en ocasiones paráfrasis, más extensas que las lecturas breves alejandrinas, y da la impresión, en muchas ocasiones, que les fueron añadidas palabras, lo que técnicamente se llaman *interpolaciones*. Pero, en relación con la *Epístola*, es significativo que el texto *occidental*, tiene algunas alternativas de lectura que se harán notar en el comentario del texto en que se manifiesten.

Cesariense. El centro más importante de Palestina durante los s. III y IV fue Cesarea Marítima. Tenía el orgullo legítimo de poseer una biblioteca de las más importantes de la época, y también de los estudiosos que la visitaban habitualmente. El texto griego que procede de este grupo es de comienzos del s. III, y fue llevado desde Cesarea a Egipto. Posteriormente las copias llegaron hasta Jerusalén y desde allí por medio de misioneros llegaron hasta Georgia, en el Cáucaso. Por su forma esta tradición cesariense está a medio camino entre la alejandrina y la occidental.

Bizantina. Es un texto mixto, en el que los copistas intentaron suavizar las dificultades y armonizar las diferencias. Era el texto usado generalmente por la iglesia bizantina y el texto normativo desde el s. VI. A este grupo se lo considera tardío y de poca fiabilidad. El *Textus Receptus*, del que se trata más adelante, es un ejemplo de esta tradición textual sobre la que descansa.

Testigos textuales

Denominamos de esta manera a los diferentes textos que contienen total o parcialmente la *Epístola*. La *Crítica Textual* distingue en general tres tipos de mss. griegos.

1) *Papiros*. La sigla para el papiro es (P), aunque también se usa en tipo gótico 𝔓, con un número exponencial que lo identifica. El origen de éstos es de procedencia egipcia. En papiros se encuentran muchos fragmentos y libros del Nuevo Testamento. Desde 1890, tiempo en que se muestra un creciente interés por los mss. bíblicos, se han descubierto cerca de un centenar de ellos, algunos datados en el s. II. Esta datación de los papiros se basa en la escritura, lo que técnicamente se llama *paleografía*. Entre los más antiguos están los siguientes:

$\mathfrak{P}^{46}$, siglas correspondientes al Papiro Cherter Beatty II. Se trata de un *codex*, con 86 páginas, fechado sobre el año 200 o incluso anterior. Contiene epístolas de Pablo, incluye también Hebreos, que aparece detrás de Romanos ya que los escritos están colocados por extensión. No aparecen las pastorales. Pertenece al grupo *cesariense*.

2) *Códices unciales*. Estos manuscritos en pergamino o *vellum*, están escritos con letras mayúsculas, usuales entre los s. III al IX. Al proclamar el emperador Constantino al cristianismo como religión tolerada en el Imperio, se crearon centros de estudio y monasterios en donde se copiaron y conservaron muchos de estos códices. En ellos está la Biblia griega completa y, en ocasiones, se acompañan obras cristianas,

no canónicas. Se conocen unos 300 códices, que se designan con una letra mayúscula, siendo los más importantes, los que siguen:

B (*Codex Vaticanus*), de mediados del s. IV. No tiene una parte del Nuevo Testamento. Se considera como el mejor ejemplo del tipo *alejandrino*. Algunos eruditos lo consideran como el mejor testigo del texto griego original del Nuevo Testamento.

S o a, (*Codex Sinaiticus*), de comienzos del s. IV. Contiene todo el Nuevo Testamento, más la epístola de Bernabé y el Pastor de Hermas. Debe considerársele como de tradición *alejandrina*, especialmente en los evangelios y en Hechos, pero en el resto es mayoritariamente de tradición *occidental*.

A (*Codex Alexandrinus*), de comienzos del s. V. Originalmente contenía todo el Nuevo Testamento, además de 1 y 2 Clemente y los Salmos de Salomón. De él se han perdido algunas páginas. Es de tradición *bizantina* en los evangelios, y *alejandrina* en el resto del Nuevo Testamento.

3) *Minúsculos*. Llamados así porque se escriben con mayúsculas y minúsculas, proceso de escritura que ocurrió hacia el s. IX. De los *minúsculos* se conservan no menos de 2900 mss. Dos familias de estos manuscritos designados con los nombres de dos investigadores K. Lake y W. H. Ferrar, son testigos de la tradición *cesariense*.

Otras lenguas antiguas se usaron también para textos del Nuevo Testamento, como traducciones a dichas lenguas del texto griego. Entre ellos cabe destacar las denominadas *Vetus Latina* y *Vetus Syra*, como ejemplos de las versiones latina y siriaca antigua. Estos títulos permiten distinguirlas de la traducción latina de finales del s. IV, llamada *Vulgata Latina*, obra de Jerónimo, convertida en versión normativa de la iglesia occidental. Igualmente, está la versión siriaca de los s. IV y V, denominada *Pesitta*, que es la Biblia normativa de la iglesia siríaca.

El *Textus Receptus*

Como consecuencia de la Reforma, renació el interés por traducir a las lenguas vernáculas la Escritura, en forma especial el Nuevo Testamento. La traducción directa de los textos griegos produciría versiones más exactas que la traducción de otra traducción como sería si se tomaba de la *Vulgata Latina*.

La compilación de los distintos manuscritos buscando un refundido que permitiera una más fácil traducción, fue el trabajo al que se dedicó Erasmo de Roterdam, publicado en 1516. Robert Stephanus, trabajó en una reedición del trabajo de Erasmo editado en 1550-1551, al que se denominó como *Textus Receptus*, en sentido de ser el texto recibido y aceptado del Nuevo Testamento.

Lamentablemente el trabajo de Erasmo se apoyó en manuscritos minúsculos de la tradición bizantina de los s. XII y XIII. No conocía ninguno de los papiros y no utilizó tampoco ninguno de los códices que se han mencionado en el apartado anterior. La versión *Vulgata Latina*, se tradujo de manuscritos griegos más seguros que los que usó Erasmo. Sorprendentemente algunas traducciones hechas de la Vulgata, como es el Nuevo Testamento de Rheims, es en ocasiones más exacto que el *Textus Receptus*.

El *Textus Receptus*, que ha servido de base a las traducciones del *Evangelio* en el mundo *Protestante* está tomado mayoritariamente, como se dijo antes, del *Texto Bizantino*. Fue el más expandido y llegó a ser aceptado como el normativo de la Iglesia Reformada, o Iglesia Protestante. De este texto se hicieron muchas ediciones, varias de ellas no autorizadas, produciéndose a lo largo del tiempo una importante serie de alteraciones. Por otro lado, está demostrado que en algunos lugares donde Erasmo no dispuso de textos griegos, invirtió la traducción trasladando al griego desde la Vulgata. A este texto se le otorgó una importancia de tal dimensión que fue considerado como *normativo* del Nuevo Testamento en el mundo protestante, asumiéndose como incuestionable por sectores conservadores y pietistas extremos, llegando a considerase como *cuasi impío* cuestionarlo, a pesar del gran número de manuscritos que se poseen en la actualidad y que ponen de manifiesto los errores del *Receptus*. Como si se quisiera mantenerlo, a pesar de todo, como el mejor de los compilatorios del texto griego del Nuevo Testamento, se ha cambiado el nombre de *Textus Receptus* por el de *Texto Mayoritario*, con el que se procura hacerlo retornar a su antigua supremacía, con lo que se pretende obstaculizar todo esfuerzo en el terreno de la *Crítica Textual*, para alcanzar una precisión mayor de lectura de lo que son los originales de los escritos del Nuevo Testamento.

En los últimos años del s. XIX, la investigación de la Crítica Textual alcanzó un gran prestigio y reemplazó el *Receptus* por nuevas ediciones del Nuevo Testamento griego basadas en los *unciales* y en *testigos* posteriores a la época de Erasmo. Estas ediciones van siendo comparadas con las nuevas alternativas de lectura, a medida que aparecen otros mss.

De los sinceros y honestos esfuerzos de la Crítica Textual, en un trabajo excelente en el campo de los manuscritos que se poseen y que van apareciendo, se tomó la decisión de apartarse del *Receptus* en todo aquello que evidentemente es más seguro, dando origen al texto griego conocido como *Novum Testamentum Graece*, sobre cuyo texto se basa el que se utiliza en el presente comentario de la *Epístola.*

El texto griego de la Epístola

Texto griego refundido

La *Epístola* tiene un gran número de alternativas de lectura. Algunas de ellas son de menor importancia y, salvo que sea preciso no se harán constar en las *Alternativas de Lectura* en las correspondientes *notas* al texto griego, pero sí estarán presentes aquellas que se consideran destacables. Estas descansan en el uso de los *testigos textuales* especialmente de los que proceden del troncal *alejandrino* y del *occidental.*

El texto griego utilizado en el comentario y análisis de la *Epístola* es el de Nestle-Alan en la vigésimo octava revisión de la Deutsche Biblegesellschaft, D-Stuttgart. Este texto refundido está vinculado a la *recensión alejandrina*. Por tanto, como acaba de decirse, es necesario hacer referencia en el análisis del texto griego a las alternativas de lectura, por lo menos, a las principales para conocimiento del lector.

El texto de la *Epístola* se ha conservado en una colección de papiros y pergaminos antiguos, tanto *unciales* como *minúsculos*. La cantidad de *testigos textuales* es tan grande que se hace casi imposible agruparlos y catalogarlos convenientemente. Un intento de catalogación con resultados notables se debe a K. Aland[12].

Algunas partes de diversa extensión del texto griego de la *Epístola*, se han conservado tanto en códices completos, como en soportes de papiro. Ninguno de estos *testigos textuales* tiene toda la *Epístola*. La lista de los principales *papiros*, que contienen partes importantes del texto son

---

[12] K. Aland. *Kurzgefasste Liste der griechischen Hadschriften des Neuen Testaments.* I. *Gesamtübersicht*. Berlín 1963.

P.	Datación.	Ubicación.	Textos.
$\mathfrak{P}^{34}$	s. VI	Viena	5:10-11.
$\mathfrak{P}^{46}$	s. III	Michigam	2 Corintios.
$\mathfrak{P}^{99}$	s. III	Dublín	2 Corintios.
$\mathfrak{P}^{117}$	s. IV	Hamburgo	7:1-16.
$\mathfrak{P}^{124}$	s. V	Oxford	11:1-33.

Los principales mss. que contienen total o parcialmente el texto de la *Epístola*, son unciales, copiados en pergamino, y son los siguientes:

C.	Datación.	Referencia.	Ubicación.
a (01)	s. IV.	Codex Sinaiticus	Londres, Museo Británico.
A (02)	s. V	Codex Alejandrinus	Londres, Museo Británico.
B (03)	s. IV	Codex Vaticanus	C. Vaticano. Bibl. Apostólica.
C (04)	s. V	Codex Ephraemi res.	París. Biblioteca Nacional.
D (06)	s. VI	Códice de Beza	Cambridge. Biblioteca Univers.
F (010)	s. IX	Codex Augiensis	Cambridge. Trinity College.
G (012)	s. XII	Codex Boernerianus	Dresden. Sächsische Bibl.
H (015)	s. VI	Codex Coislianus	París. Biblioteca Nacional.
I (016)	s. V	Codex Freerianus	Washington. Smithsonian Inst.
K (018)	s. IX	Codex Mosquensis I	Moscú. Mus. Estatal Historia.
L (020)	s. VIII	Codex Regius Paris.	París. Biblioteca Nacional.
P (025)	s. IX	Codex Porphyrianus	S. Petersburgo. Bibl. Nacional.
Ψ (044)	s.VIII	Códice Athos Laur.	Athos. Gran Laura.

Referencias a textos griegos para la Epístola

Se utilizan los siguientes minúsculos: 048, 098, 0121, 0186, 0209, 0223, 0225, 0243, 0278, 0285, 0296; 33, 81, 104, 365, 630, 1175, 1241, 1505, 1506, 1739, 1881, 2464, 249, 846.

Aparato crítico

En el aparato crítico se ha procurado tener en cuenta la valoración de los estudios de *Crítica Textual*, para sugerir la mayor seguridad o certeza del texto griego. Para interpretar las referencias del aparato crítico, se hacen las siguientes indicaciones:

El aparato crítico, que en el comentario se denomina como *Crítica Textual. Lecturas alternativas*, se sitúa luego del análisis gramatical del texto griego, de modo que el lector pueda tener, si le interesan, las alternativas de lectura que aparezcan en los versículos de la *Epístola.*

Los papiros se designan mediante la letra 𝔓. Los *manuscritos unciales*, se designan por letras mayúsculas o por una 0 inicial. Los unciales del texto bizantino se identifican por las letras *Biz* y los unciales bizantinos más importantes se reflejan mediante letras mayúsculas entre corchetes [ ] los principales unciales en los escritos de Pablo se señalan por K, L, P. En este escrito se abandona el uso de la identificación de los textos unciales bizantinos, colocándolos como los demás códices salvo en ocasiones en que se requiera por alguna razón.

Los manuscritos minúsculos quedan reflejados mediante números arábigos, y los minúsculos de texto bizantino van precedidos de la identificación *Biz*. La relación de unciales, debe ser consultada en textos especializados ya que la extensión para relacionarlos excede a los límites de esta referencia al aparato crítico.

En relación con los manuscritos griegos aparecen conexionados los siguientes signos:

f^1 se refiere a la familia 1 de manuscritos.
f^{13} se refiere a la familia 13 de manuscritos.

Biz referencia al testimonio *Bizantinos*, textos de manuscritos griegos, especialmente del segundo milenio.

Biz^{pt} cuando se trata de solo *una parte* de la tradición *Bizantina* cada vez que el testimonio está dividido.

* este signo indica que un manuscrito ha sido corregido.

^{c} aparece cuando se trata de la lectura del *corrector* de un manuscrito.
^{1,2,3,c} indica los sucesivos correctores de un manuscrito en orden cronológico.

( ) indican que el manuscrito contiene la lectura apuntada, pero con *ligeras diferencias* respecto de ella.

[ ] incluyen *manuscritos Bizantinos* selectos inmediatamente después de la referencia *Biz*.

txt indica que se trata del *texto del Nuevo Testamento* en un manuscrito cuando difiere de su cita en el comentario de un Padre de la Iglesia (comm), una variante en el margen (mg) o una variante (v.r.).

com (m) se refiere a citas en el curso del *comentario* a un texto cuando se aparta del texto manuscrito.

mg indicación textual contenida en el *margen* de un manuscrito.

v.r. *variante* indicada como alternativa por el mismo manuscrito.

vid indica la lectura más probable de un manuscrito cuando su estado de conservación no permite una verificación.

supp texto suplido por faltar en el original.

𝔐 contiene los textos mayoritarios incluido el Bizantino. Indica la lectura apoyada por la mayoría de los manuscritos, incluyendo siempre manuscritos de koiné en el sentido estricto, representando el testimonio del texto griego koiné. En consecuencia, en los casos de un aparato negativo, donde no se le da apoyo al texto, la indicación 𝔐, no aparece.

Los *Leccionarios* son textos de lectura de la Iglesia Griega, que contienen manuscritos del texto griego y se identifican con las letras *Lect* que representa la concordancia de la mayoría de los Leccionarios seleccionados con el texto de *Apostoliki Diakonia.* Los que se apartan de este contexto son citados individualmente con sus respectivas variantes. Si las variantes aparecen en más de diez Leccionarios, se identifica cada grupo con las siglas pt. Si un pasaje aparece varias veces en un mismo leccionario y su testimonio no es coincidente, se indica por el número índice superior establecido en forma de fracción, para indicar la frecuencia de la variante, por ejemplo, *l* $866^{1/2}$. En relación con los leccionarios se utilizan las siguientes abreviaturas:

Lect para referirse al texto seguido por la *mayoría de los leccionarios.*

l 43 indica el leccionario que se aparta de la lectura de la mayoría.

*Lect*pt referencia al texto seguido por una parte de la tradición manuscrita de los leccionarios que aparece, por lo menos, en diez de ellos.

l $593^{1/2}$ referencia a la frecuencia de una variante en el mismo ms.

Las referencias a la Vetus Latina, se identifica por las siglas it (Itala), con superíndices que indican el manuscrito.

La Vulgata se identifica por:

vg para la Vulgata,
vg^{cl} para la Vulgata Clementina,
vg^{ww} para la Vulgata Wordsworth-White,
vg^{st} para la Vulgata de Stuttgart.

Las siglas lat representan el soporte de la Vulgata y parte del Latín Antiguo.

Las versiones Siríacas se identifican por las siguientes siglas:

Syr^{s} para la Sinaítica.
syr^{c} para la Curetoniana.
syr^{p} identifica a la Peshita.
sir^{ph} son las siglas para referirse a la Filoxeniana.

La Harclense tiene aparato crítico propio con los siguientes signos:

syr^{h} (White; Bensly, Wööbus, Aland, Aland/Juckel).
$syr^{h\ with*}$ lectura siríaca incluida en el texto entre un asterisco y un superíndice.
syr^{hmg} para referirse a una variante siríaca en el margen V
syr^{hgr} hace referencia a una anotación griega en el margen de una variante Siríaca.
syr^{pal} son el identificador de la Siríaca Palestina.

Las referencias a la Copta son las siguientes:

cop^{sa} Sahídico.
cop^{bo} Boháirico.
cop^{pbo} Proto-Boháirico.
cop^{meg} Medio-Egipto.
cop^{fay} Fayúmico.
cop^{ach} Ajmínico.
cop^{ach2} Sub-Ajmínico.

Para la Armenia, se usan las siglas arm.

La georgiana se identifica:

geo identifica a la georgiana usando la más antigua revisión A^1
geo^1/geo^2 identifica a dos revisiones de la tradición Georgiana de los Evangelios, Hechos y Cartas Paulinas.

La etiópica se identifica de la siguiente manera:

eti cuando hay acuerdo entre las distintas ediciones.
eti^{ro} para la edición romana de 1548-49.
eti^{pp} para la Pell Plat, basada en la anterior.
etiTH para Takla Häymänot
eti^{ms} referencia para la de París.

Eslava Antigua, se identifica con esl.

Igualmente se integra en el aparato crítico el testimonio de los Padres de la Iglesia. Estos quedan identificados con su nombre. Cuando el testimonio de un Padre de la Iglesia se conoce por el de otro, se indica el nombre del Padre seguido de una anotación en superíndice que dice *según* y el nombre del Padre que lo atestigua. Los Padres mencionados son tanto los griegos como los latinos, procurando introducirlos en ese mismo orden. En relación con las citas de los Padres, se utilizan las siguientes abreviaturas:

( ) Indican que el Padre apoya la variante pero con ligeras diferencias.

^{vid} probable apoyo de un Padre a la lectura citada.

^{lem} cita a partir de un *lema*, esto es, el texto del Nuevo Testamento que precede a un comentario.

^{comm} cita a partir de la parte de un comentario, cuando el texto difiere del lema que lo acompaña.

^{supp} porción del texto *suplido* posteriormente, porque faltaba en el original.

$^{ms, mss}$ referencia a manuscrito o manuscritos patrísticos cuyo texto se aparta del que está editado.

mss[según Padre] identifica una variante de algún manuscrito según testimonio patrístico.

[1/2, 2/3] variantes citadas de un mismo texto en el mismo pasaje.

[pap] lectura a partir de la *etapa papirológica* cuando difiere de una edición de aquel Padre.

[ed] lectura a partir de la *edición* de un texto patrístico cuando se aparta de la *tradición papirológica.*

[gr] cita a partir de un fragmento griego de la obra de un Padre Griego cuyo texto se conserva sólo en traducción.

[lat, sir, armn, slav, arab] traducción latina, siríaca, armenia, eslava o árabe de un Padre Griego cuando no se conserva en su forma original.

[dub] se usa cuando la obra atribuida a cierto Padre es dudosa.

Con estas notas el lector podrá interpretar fácilmente las referencias a las distintas alternativas de lectura que el aparato crítico introduce en los versículos que las tienen.

Interlineal

Como ayuda para la traducción, se presenta una traducción literal, palabra a palabra, del texto griego, en forma *interlineal,* esto es debajo de cada palabra griega se escribe la equivalencia en castellano. Se procura mantener esta forma, aunque resulte extraño al idioma, a fin de que el lector pueda entender el alcance semántico de cada voz traducida, permitiéndole establecer por sí mismo las variaciones necesarias en el idioma castellano.

Análisis del texto griego

Como elemento de ayuda al lector que no tenga un conocimiento alto del griego koiné, se hace el análisis morfológico de cada una de las palabras del texto griego para cada versículo que se comenta, añadiendo en el comentario las referencias al análisis sintáctico e idiomático cuando se requiera.

En el análisis se procura identificar las palabras con el sentido que tienen en castellano, así se determinan las conjunciones por la forma clásica, indicando si es *copulativa, disyuntiva, causal*, etc. que, aunque no corresponda con la calificación griega, permite al lector castellano identificarlas con el sentido que tienen en este idioma.

Se ha tenido en cuenta hacer la distinción en el *aoristo* de los verbos, entre el *primero* o el *segundo* que, si bien a efectos de análisis textual no es importante, se precisan las formas para facilitar la identificación al lector del texto.

Aparato crítico del texto griego

La cantidad de alternativas de lectura del texto griego es cada vez mayor, a medida que se encuentran nuevos mss. Incorporar todas las posibles variantes exceden a la capacidad y razón de ser de un comentario. En este caso se dan las más importantes, siguiendo la crítica textual comprendida en el *Novum Testamentum Graece*, Nestle-Alan vigésima octava edición de Deutsche Bibelgesellschaft.

De la misma manera se consulta también el aparato crítico el Texto Griego de Nuevo Testamento Trilingüe de la Biblioteca de Autores Cristianos.

Para ayudar al lector se traducen al castellano la mayor parte de las alternativas de lectura, salvo cuando sean de relativa importancia o excesivamente numerosas, en cuyo caso se traslada simplemente la correspondiente referencia.

Otras precisiones sobre el texto griego

Es sabido que algunos nombres que en castellano se escriben con mayúsculas, como Dios, al referirse al verdadero, Espíritu Santo, en relación con la Tercera Persona de la Deidad, en griego no se usan mayúsculas, entre otras cuando son adjetivos vinculados a un nombre. Sin embargo, por respeto especial, cuando se trate de alguno de estos nombres de Dios, se escribirán con mayúscula. De igual manera y por la misma razón en el análisis textual cuando se refiera a Dios no se definirá como *nombre común*, sino como *nombre divino*. Entendemos claramente que en el marco de la gramática estas distinciones no corresponden a la realidad del griego.

Versiones castellanas para el estudio

Es imposible definir cuáles son las mejores traducciones castellanas para el estudio de la *Epístola*, porque exigiría definir las razones que permiten ese trato, teniendo en cuenta el propósito que el lector pueda tener con ello.

Así escribe Raimond E. Brown:

"¿Cuál es la mejor traducción española de la Biblia? Como respuesta global, se debe juzgar la traducción más apropiada a partir de los propósitos de lectura de cada uno. La liturgia pública tiene por lo general un tono más solemne; por ello, las traducciones muy coloquiales de la Biblia pueden no ser apropiadas para ese contexto. La lectura privada, por otra parte, con el propósito de la reflexión y el refrigerio espiritual se ayuda a veces mejor con una traducción cuyo texto tenga una disposición intuitiva y fácil de leer"[13]..

Lo que interesa en el estudio bíblico es la traducción hecha con mayor fiabilidad y precisión al texto griego. Sin embargo, ha de entenderse que la traslación no es siempre posible con una sola palabra castellana, y que las figuras de lenguaje usadas en el texto griego, son en ocasiones difíciles de traducir, teniendo que hacer en ocasiones conjeturas sobre lo que el escritor quiso decir. De ahí que debe escogerse entre la traducción literal o la *equivalencia dinámica*, del sentido del texto que se traduce. Sin embargo, cuando esa equivalencia supone una aclaración al significado del texto que se traduce, lo que se produce es una exégesis o un comentario al mismo. De ahí que sea necesario acudir a versiones lo más literales posible.

En la consulta castellana que se hace para este comentario se han usado las siguientes versiones:

Reina Valera 60. De la Sociedad Bíblica. Versión que vierte al castellano el *Textus Receptus*, de Erasmo.

Reina Valera Revisada. Del grupo Nelson, Nashville, Tenessee. Actualiza el lenguaje de RV a la vez que señala las partes del texto que no aparecen en los mejores mss.

La Biblia. Nueva Versión Internacional. De la Sociedad Bíblica Internacional y de la Sociedad Bíblica de España. Excelente versión con actualización idiomática en la equivalencia del castellano.

---

[13] R. E. Brown. o.c., pág. 32.

La Biblia Textual. De la Sociedad Bíblica Iberoamericana. Versión que se caracteriza por la fidelidad al texto griego, basada en los mss. más seguros. Elimina textos dudosos o que no pueden atestiguarse convenientemente en los mss.

La Biblia de las Américas. De Lockman Foundation. Es una versión fiel a los originales, en un castellano de fácil comprensión.

La Biblia de Jerusalén. Editada en Barcelona en 1967, con sucesivas actualizaciones. Originalmente se tradujo al francés. Tiene un buen aparato de notas y pasajes paralelos. La traducción al castellano es directa de los textos hebreo y griego, conservando las notas procedentes de la versión francesa.

Sagrada Biblia, de Francisco Cantera y Manuel Iglesias. Editada en Madrid en 1947, tiene un lenguaje un tanto árido pero excelente en cuanto a literalidad de traducción. Tiene notas críticas al texto y lecturas de variantes textuales.

Nueva Biblia Española, traducción del Nuevo Testamento. Dirigida por Alonso Schökel y J. Mateos, con un equipo de destacados escrituristas. Con un excelente castellano y una moderna traducción en *equivalencia dinámica*, que busca acercar con todo rigor científico el sentido antiguo al lenguaje moderno.

Bosquejo

I. Inicio

1. Saludos (1:1-2).
2. Gratitud por la ayuda divina (1:3-11).
    - 2.1. Consolados para consolar (1:3-5)
    - 2.2. El propósito de la consolación (1:6-7).
    - 2.3. Experiencia de la acción divina (1:8-11)

II. Posición por la ofensa recibida (1:12-2:13)

1. El cambio de planes y sus razones (1:12-2:4).
    - 1.1. Honestidad del apóstol (1:12-14).
    - 1.2. El programa inicial (1:15-16).
    - 1.3. Crítica del programa (1:17).
    - 1.4. Firmeza en el compromiso (1:18-22).
    - 1.5. Cambio del programa (1:23-2:4).

A. Razones primeras (1:23-24).
B. Determinación (2:1-4).
2. Actitud conciliadora (2:5-11).
2.1. Invitación al perdón (2:5-7).
2.2. Razones para la restauración (2:8-11).
3. La inquietud de Pablo (2:12-13).

III. El ministerio del apóstol (2:14-6:10)

1. La confirmación del ministerio: victoria (2:14-17).
2. La recomendación del ministerio: los creyentes (3:1-3).
3. La competencia para el ministerio: el nuevo pacto (3:4-18).
4. El carácter del ministerio: sobrenatural (4:1-7).
4.1. Lo oculto y lo manifiesto (4:1-2).
4.2. Los ciegos y los iluminados (4:3-4).
4.3. La predicación y la luz (4:5-6).
4.4. Los débiles y el Poderoso (4:7).
5. Las circunstancias del ministerio (4:8-18).
5.1. Pruebas y triunfos (4:8-10).
5.2. Muerte y vida (4:11-12).
5.3. Lo escrito y lo hablado (4:13).
5.4. Pasado y futuro (4:14).
5.5. Gracia y acción de gracias (4:15).
5.6. Lo temporal y lo eterno (4:16-18).
6. El impulso para el ministerio (5:1-21).
6.1. Seguridad de la resurrección (5:1-9).
6.2. Juicio ante el tribunal de Cristo (5:10-13).
6.3. El amor de Cristo (5:14-21).
7. La conducta en el ministerio (6:1-10).
7.1. El ejemplo de exhortación (6:1-2).
7.2. El ejemplo de sufrimiento (6:3-10).

IV. Exhortaciones apostólicas a los corintios (6:11-7:16)

1. Cambio de actitud respecto a su persona (6:11-13).
2. Separación del mal (6:14-7:1).
3. Gozo en el arrepentimiento (7:2-16).

V. La ofrenda para los santos de Judea (8:1-9:15)

1. Principios para ofrendar (8:1-6).
2. Propósitos al ofrendar (8:7-15).
3. Normas para ofrendar (8:16-9:5).

  - 3.1. Los comisionados del apóstol (8:16-22).
  - 3.2. Recomendaciones sobre Tito (8:23-24).
  - 3.3. Preparación para la ofrenda (9:1-5).
4. Promesas para quien ofrenda (9:6-15).
  - 4.1. Gozo en el que ofrenda (9:6-7).
  - 4.2. Bendiciones para quien ofrenda (9:8-15).

VI. Defensa del ministerio apostólico (10:1-12:18)

1. La autoridad apostólica de Pablo (10:1-18).
  - 1.1. Resolución del apóstol (10:1-7).
  - 1.2. Confrontando a los adversarios (10:8-18).
2. Las señales del apostolado de Pablo (11:1-12:18).
  - 2.1. La conducta del apóstol (11:1-15).
  - 2.2. Los sufrimientos del apóstol (11:16-33).
  - 2.3. Las revelaciones del apóstol (12:1-10).
  - 2.4. El desinterés del apóstol (12:11-18).

VII. Últimas instrucciones (12:19-13:10)

1. Llamado al arrepentimiento (12:19-21)
2. Firmeza en su programa (13:1-10).

VIII. Saludos y despedida (13:11-14)

1. Exhortación (13:11).
2. Saludos (13:12-13).
3. Bendición (13:14).

COMENTARIO A LA EPÍSTOLA

I. Inicio

Saludos (1:1-2)

1. Pablo, apóstol de Jesucristo por la voluntad de Dios, y el hermano Timoteo, a la iglesia de Dios que está en Corinto, con todos los santos que están en toda Acaya:

Παῦλος ἀπόστολος Χριστοῦ ᾿Ιησοῦ διὰ θελήματος Θεοῦ καὶ
Pablo apóstol de Cristo Jesús por voluntad de Dios y
Τιμόθεος ὁ ἀδελφὸς τῇ ἐκκλησίᾳ τοῦ Θεοῦ τῇ οὔσῃ ἐν Κορίνθῳ
Timoteo el hermano a la iglesia - de Dios - que está en Corinto
σὺν τοῖς ἁγίοις πᾶσιν τοῖς οὖσιν ἐν ὅλῃ τῇ ᾿Αχαΐᾳ,
con los santos todos los que están en toda - Acaya.

Análisis y notas del texto griego.

Análisis: Παῦλος, caso nominativo masculino singular del nombre propio *Pablo*; ἀπόστολος, caso nominativo masculino singular del nombre común *apóstol*; Χριστοῦ, caso genitivo masculino singular del nombre propio declinado *de Cristo*; ᾿Ιησοῦ, caso genitivo masculino singular del nombre propio *Jesús*; διὰ, preposición propia de genitivo *por*; θελήματος, caso genitivo neutro singular del nombre común *voluntad*; Θεοῦ, caso genitivo masculino singular del nombre divino declinado *de Dios*; καὶ, conjunción copulativa *y*; Τιμόθεος, caso nominativo masculino singular del nombre propio *Timoteo*; ὁ, caso nominativo masculino singular del artículo determinado *el*; ἀδελφὸς, caso nominativo masculino singular del nombre común *hermano*; τῇ, caso dativo femenino singular del artículo determinado declinado *a la*; ἐκκλησίᾳ, caso dativo femenino singular del nombre común *iglesia*; τοῦ, caso genitivo masculino singular del artículo determinado *el*; Θεοῦ, caso genitivo masculino singular del nombre divino declinado *de Dios*; τῇ, caso dativo femenino singular del artículo determinado *la*; οὔσῃ, caso dativo femenino singular del participio de presente en voz activa del verbo εἰμί, *ser, estar*, aquí *que está*; ἐν, preposición propia de dativo *en*; Κορίνθῳ, caso dativo femenino singular del nombre propio *Corinto*; σὺν, preposición propia de dativo *con*; τοῖς, caso dativo masculino plural del artículo determinado *los*; ἁγίοις, caso dativo masculino plural del adjetivo *santos*; πᾶσιν, caso dativo masculino plural del adjetivo indefinido *todos*; τοῖς, caso dativo masculino plural del artículo determinado *los*; οὖσιν, caso dativo masculino plural del participio de presente en voz activa del verbo εἰμί, *ser, estar*, aquí *que están*; ἐν, preposición propia de dativo *en*; ὅλῃ, caso dativo femenino singular del adjetivo *toda, entera, completa*; τῇ, caso dativo femenino singular del artículo determinado *la*; ᾿Αχαΐᾳ, caso dativo femenino singular del nombre propio *Acaya*.

Παῦλος. La *Epístola* se inicia de la forma habitual en la correspondencia epistolar del tiempo del apóstol, con la identificación del remitente. En este caso mencionando el nombre del autor que se presenta como *Pablo*. En esta introducción hay dos elementos, por un lado, la identificación tanto de quien escribe como de los destinatarios, seguido de un segundo con un breve saludo para los receptores.

El encabezamiento se encuentra en el Nuevo Testamento no solo en el *corpus paulino*, sino también en otros escritos (cf. 1 P. 1:1s; 2 P. 1:1s; Jud. 1s). La introducción adquiere una fórmula propia de la correspondencia oficial, lo que es ya el primer indicativo de que, aunque dirigida a creyentes de una determinada iglesia, es para todos los lectores en cualquier tiempo. Es evidente que hay asuntos que están vinculados a los creyentes en Corinto, pero, las enseñanzas generales se establecen para todos los creyentes en todos los tiempos. No se trata de un escrito privado sino de alcance universal para quienes lo puedan leer en cualquier tiempo a lo largo de la historia de la Iglesia.

El remitente se presenta con el nombre griego de *Pablo*[14], que también es un nombre romano o latino, conforme al uso habitual en todos sus escritos. Debe recordarse que el apóstol tiene también el nombre hebreo impuesto por sus padres de *Saúl* o *Saulo*, probablemente dado en recuerdo el primer rey de Israel que era, como el apóstol, de la tribu de Benjamín. Éste fue el nombre por el que Jesús lo llamó en el camino a Damasco (Hch. 9:4). ¿Existe alguna razón por la que usa habitualmente como identificativo personal el nombre romano en lugar del hebreo? Tal vez pudieran presentarse algunas posibilidades, como que su ministerio está relacionado con los gentiles, pero, cualquier razón que pretenda justificar el uso del nombre, no tiene base bíblica.

ἀπόστολος Χριστοῦ Ἰησοῦ. Junto con el nombre aparece una titulación ministerial *"apóstol de Cristo Jesús"*, lo que confiere ya desde el principio el carácter autoritativo de quien escribe desde esa condición. Es apóstol por *llamamiento* divino. En sentido general el término ἀπόστολος, *apóstol* se usa para referirse a alguien enviado con una misión. En algunas ocasiones y en ese sentido de *enviado* se designa a quienes eran enviados con una misión eclesial encomendada, así se llama a Epafrodito como enviado por la iglesia en Filipos con una ofrenda para el apóstol (Fil. 2:25). Pero, en modo específico de ministerio conferido por el don recibido, sólo pueden considerarse como apóstoles los doce del Colegio Apostólico, incluido Matías (Hch. 1:26) y Pablo, el apóstol a los

[14] Griego Παῦλος.

gentiles. Solo ellos recibieron el don y sólo ellos fueron acreditados con señales específicas de apóstol (2 Co. 12:12). Ese don se dio, entre otras razones, para establecer la base doctrinal sobre la que se sustenta la Iglesia (Ef. 2:20), apoyada sobre el único fundamento que es Cristo (Hch. 4:11; 1 Co. 3:11; 1 P. 2:6ss).

El apóstol lo es *"de Cristo Jesús"*, indicando que es enviado y comisionado directamente por el Señor, en otras palabras, mensajero personal de Cristo Jesús, legitimado por Él y autorizado para hablar en Su nombre. Esto confiere a sus palabras la misma autoridad que si procedieran directamente de Jesús, el Señor y Cabeza de la Iglesia (Ef. 1:22). No es de extrañar que Pablo diga que lo que Él escribe *"son mandamientos del Señor"* (1 Co. 14:37). Todavía más, como apóstol él y los otros doce, son el *don* que Cristo exaltado da a la iglesia para establecer el fundamento doctrinal (Ef. 2:20). Pablo es administrador o servidor de los recursos de la gracia que le fueron encomendados (Ef. 3:2 ss.). A Él le fue declarado por revelación *el misterio de Cristo* (Ef. 3:3). Esa posición apostólica le permite contarse entre los otros apóstoles de Jesucristo (Ef. 3:5). La introducción condiciona ya la lectura de la *Epístola* desde dos presupuestos: 1) la autoridad del escritor como comisionado por el Señor; 2) la razón del escrito vinculado con la Iglesia, primariamente la de Corinto y en general cualquier otra.

διὰ θελήματος Θεοῦ. El apostolado lo recibió por *voluntad de Dios*. Esto da a entender que no fue Pablo el que escogió dedicarse a ese ministerio, sino que fue Dios que le llamó a desempeñarlo, por tanto, no fue una opción de vida que Dios puso delante de él, sino un mandato que soberanamente le fue impuesto luego de su conversión. Él fue alcanzado por Jesús, en el camino a Damasco, para salvación, pero el resultado de ella le confiere, por voluntad divina, el don de apóstol de Cristo Jesús.

El apostolado de Pablo no solo procede de Jesucristo, sino que lo es también διὰ θελήματος Θεοῦ, *"por la voluntad de Dios"*. Es un énfasis especial que manifiesta en alguno de sus escritos (1 Co. 1:1; Col. 1:1; Ef. 1:1; 2 Ti. 1:1). Sin embargo, es necesario entender en el contexto de la *Epístola*, el alto sentido que se le confiere a la expresión *voluntad de Dios*, como manifestación de soberanía que hace incuestionable Su deseo y realizable toda Su determinación. Es en base a la *voluntad de Dios* que se opera la elección (Ef. 1:5), y de la misma manera fue *su voluntad* la que hizo posible con la elección de Abraham la formación de un pueblo que se caracteriza por ser *escogido por Dios*, predestinados conforme *"al propósito del que hace todas las cosas según el designio de su voluntad"* (Ef. 1:11). La iglesia y todo el programa para este tiempo, no es otra cosa que aquello que *"se había propuesto en Sí mismo"* como expresión definitiva de *Su voluntad* (Ef. 1:9). La misma voluntad divina que salva, que crea, que establece las cosas, que gobierna la historia, que determina el futuro y que glorifica al creyente, es la que, actuando en relación con Saulo, lo hace llegar a ser lo que es: *"apóstol de Cristo Jesús"*. Ese apostolado no depende ni es determinado por voluntad de hombres, sino que es la expresión incuestionable de la voluntad de Dios. Siendo apóstol, enviado, debe prestarse atención también a quienes fue enviado: es, por el análisis de la Escritura, el apóstol de los gentiles, o el apóstol enviado a los gentiles, lo que equivale a ser el *enviado* con un ministerio específico para el mundo gentil. Esa fue la determinación de la voluntad divina: *"Instrumento escogido me es este, para llevar mi nombre en presencia de los gentiles, y de reyes"* aunque, como apóstol, lo es también para *"los hijos de Israel"* (Hch. 9:15). Pablo era muy consciente de ese llamamiento celestial al apostolado: *"Pero cuando agradó a Dios, que me apartó desde el vientre de mi madre, y me llamó por su gracia, revelar a su Hijo en mí, para que yo le predicase entre los gentiles"* (Gá. 1:15-16). Los demás apóstoles entendían que éste era el ministerio que Dios, en Su voluntad, disponía para él: *"Antes por el contrario, como vieron que me había sido encomendado el evangelio de la incircuncisión, como a Pedro el de la circuncisión (pues el que actuó en Pedro para el apostolado de la circuncisión, actuó también en mí para con los gentiles) y reconociendo la gracia que me había sido dada, Jacobo, Cefas y Juan, que eran considerados como columnas, nos dieron a mí y a Bernabé la diestra en señal de compañerismo para que nosotros fuésemos a los gentiles, y ellos a la circuncisión"* (Gá. 2:7-9).

Siendo el apostolado de Pablo una determinación de la voluntad divina, Su mensaje escrito tiene la misma autoridad que el resto de la Escritura, como de procedencia e inspiración divinas. Cada palabra en el escrito original es revelación de Dios y ha sido plenamente *soplada* por el Espíritu (2 Ti. 3:16). El escrito de esta *Carta* en su totalidad, inspirado plenariamente por Dios, tiene la autoridad divina y ha de ser obedecido y aceptado sin condiciones. El Nuevo Testamento coloca los escritos de Pablo al mismo nivel que los del Antiguo Testamento (2 P. 3:15-16). Todo el contenido de esta *Epístola* es, pues, norma de fe y conducta, formando parte del contenido de nuestra *santísima fe*. El creyente tiene que aceptar el escrito al mismo nivel que cualquier otro de la Escritura y *"contender ardientemente por la fe que ha sido dada una vez a los santos"* (Jud. 3).

καὶ Τιμόθεος ὁ ἀδελφὸς. En la presentación y el saludo, une consigo a un colaborador suyo, bien conocido por los corintios, como literalmente se lee: *"Timoteo, el hermano"*. Es posible que fuese uno de los mensajeros enviados a Pablo desde la iglesia, para consultarle asuntos urgentes e informarle de la situación que estaban atravesando. Pudiera considerarse como el *secretario* del apóstol, o incluso algunos hablan de él como el amanuense que escribió la *Epístola*. Pablo lo menciona y trata con una exquisita delicadeza, asociándolo en el saludo, pero no en el contenido del escrito que es únicamente del apóstol. Timoteo era, o se convirtió en un colaborador de Pablo de forma especial en relación con la iglesia en Corinto. El orden sintáctico de la oración, excluye totalmente a Timoteo del apostolado, presentándolo como *un hermano* que estaba con Pablo cuando escribió la *Epístola*.

τῇ ἐκκλησίᾳ τοῦ Θεοῦ τῇ οὔσῃ ἐν Κορίνθῳ. Inmediatamente de la identificación del remitente aparece la de los destinatarios, *"la iglesia de Dios que está en Corinto"*. Siendo idéntica la introducción hasta aquí a la de la *Primera a Corintios*, se traslada lo dicho allí en relación con la iglesia en Corinto, destinataria de la *Epístola*.

El término *iglesia*, fue de uso común entre los cristianos desde el comienzo del establecimiento de las congregaciones, para diferenciarse de los judíos, con sus sinagogas, y de los paganos con sus templos y costumbres idolátricas. Siendo esta una palabra tan extensamente usada en el Nuevo Testamento, cabe hacer aquí una síntesis doctrinal de este concepto, para evitar cualquier equívoco.

El término *iglesia* es una palabra tomada del griego para darle un sentido propio. Se usa en distintas acepciones, incluso para hablar de una convocatoria a una multitud no cristiana, como es el caso de los efesios congregados en el estadio para gritar a favor de la diosa Diana (Hch. 19:32, 39, 40). Cuando se hablaba de concurrencia de personas, de una asamblea o de un concurso, los griegos usaban muchas veces la palabra ἐκκλησία, *iglesia*. Esa misma palabra se usa para referirse a la congregación de Israel en el desierto (Hch. 7:38). En los evangelios solo aparece dos veces (Mt. 16:18; 18:17). La palabra se aplica fundamentalmente en el Nuevo Testamento para designar al conjunto de creyentes elegidos por Dios, llamados por Él, salvos por Cristo, regenerados por el Espíritu Santo que, bautizados por Éste en Cristo, quedan vitalmente unidos por el mismo Espíritu, para formar una unidad espiritual que se conoce también como *cuerpo de Cristo*. En sentido total se le conoce como Iglesia universal o trascendente; en el sentido temporal, se le denomina iglesia local. En este último se encuentra ciento diez veces, de las ciento catorce que aparece la palabra en el Nuevo Testamento. La iglesia local no es una parte de un todo superior que la engloba a todas ellas, sino células locales completas en las que la Iglesia se manifiesta y expresa. Etimológicamente la palabra ἐκκλησία, *iglesia*, está formada por el prefijo con la preposición ἐκ, que expresa la idea de *sacar afuera,* y el verbo καλέω, *llamar*, unidas ambas adquieren el sentido de *llamar afuera*. La Iglesia, por tanto, son los *llamados* o *convocados fuera*. Ese es el concepto del apóstol Pedro: *"Mas vosotros sois linaje escogido, real sacerdocio, nación santa, pueblo adquirido por Dios, para que anunciéis las virtudes de aquél que os llamó de las tinieblas a su luz admirable"* (1 P. 2:9). La enseñanza es clara, la iglesia está formada por el pueblo que Dios ha redimido y que Él mismo llamó *de las tinieblas*, para congregarlo en una nueva situación que se llama *su luz admirable*. Sin ninguna diferencia el concepto del apóstol Pablo es el mismo: *"El cual nos ha librado de la potestad de las tinieblas, y trasladado al reino de su amado Hijo"* (Col. 1:13).

Aunque la Biblia no es un libro de *definiciones* podemos encontrar en ella los elementos necesarios para dar una sobre la *iglesia*. En primer lugar, es un pueblo *de formación divina*: *"Simón ha contado cómo Dios visitó por primera vez a los gentiles, para tomar de ellos pueblo para su nombre"* (Hch. 15:14). En este pueblo de Dios no hay limitación alguna de raza o condición: *"Porque Él es nuestra paz, que de ambos pueblos hizo uno, derribando la pared intermedia de separación, aboliendo en su carne las enemistades, la ley de los mandamientos expresados en ordenanzas, para crear en sí mismo de los dos un solo y nuevo hombre, haciendo la paz, y mediante la cruz reconciliar con Dios a ambos en un solo cuerpo, matando en ella las enemistades"* (Ef. 2:14-16). Es también un pueblo de condición celestial, porque la ciudadanía de cada creyente está en los cielos (Fil. 3:20). La iglesia es de propiedad divina; Jesús dijo que Él edificaría *Su* iglesia (Mt. 16:18). Este cuerpo y pueblo es un don que el Padre dio a Su Hijo (Jn. 6:37, 39; 17:6, 9, 11, 12). Además, la Iglesia es un cuerpo espiritual del que Cristo es la cabeza (Ef. 1:22-23).

La iglesia es un pueblo adquirido por Dios. El precio del rescate de la iglesia ha sido la vida Su Hijo (1 P. 1:18-20). Dios pagó un precio infinito por cada creyente que puesto en Cristo forma parte de la iglesia. La vida del Señor fue entregada en sacrificio, que hace posible que la penalidad del pecado de cada salvo quede resuelta en Él, que muere, no sólo a favor de los salvos, sino en sustitución, es decir, ocupando el lugar de cada uno. No hizo Dios el pago del precio de redención con cosas corruptibles, sino con la sangre preciosa de Su Hijo. Su sangre vertida, expresión equivalente a Su vida entregada, hace expiación por el pecado (Hch. 20:28; Ro. 5:9; Ef. 1:7; 2:13; Col. 1:20; He. 13:12; 1 Jn. 1:7; Ap. 1:5; 5:9).

La iglesia es un cuerpo de fundación divina. El Padre elige en Cristo, llama y sella a los creyentes según Su voluntad (Ro. 8:29, 30; Ef. 1:5). El Hijo salva y redime a todo aquel que llamado por el Padre acude a Él reconociéndolo como Salvador y aceptando Su obra por fe. Jesucristo salva y compra a la Iglesia (Jn. 10:11; Hch. 20:28; Ro. 5:8-10; Gá. 2:20; Col. 1:13, 14; 1 P. 1:18-20). Cristo es la única puerta de acceso a la salvación y por tanto a la Iglesia (Jn. 10:7-9). El Espíritu Santo regenera a quien cree comunicándole una nueva vida, al darle la vida eterna (Jn. 3:3, 5-8; Ef. 2:1) haciéndole participante de la divina naturaleza (2 P. 1:4). El nacimiento de la Iglesia tuvo lugar en Pentecostés (Hch. 2:1-4). No fue en la vida de Cristo, ya que Él la menciona en tiempo futuro (Mt. 16:18). En los evangelios no se usa más que dos veces el término Iglesia, en la acepción doctrinal del Nuevo Testamento. En Pentecostés comienza un oficio distintivo del Espíritu en la presente dispensación, que es el *bautismo*, por el cual cada creyente es *sumergido* en Cristo para la formación del cuerpo que es la Iglesia (1 Co. 12:13). Ésta es ahora el nuevo *santuario* de Dios, en donde las tres Personas Divinas se manifiestan, siendo la Persona residente en ella el Espíritu Santo, de quien la Iglesia es Su templo (Jn. 14:17; 1 Co. 3:16-17; Ef. 2:22). La Iglesia está formada por todos los salvos. En esa formación se aprecia la actuación de las tres Personas Divinas. En un solo texto se precisa esta actividad divina: *"Y a los que predestinó, a éstos también llamó; y a los que llamó, a éstos también justificó; y a los que justificó, a éstos también glorificó"* (Ro. 8:30). En el plan de salvación, a quienes Dios conoce y para los que fija un destino eterno, también llama. Aquello que se produce en la eternidad, conocimiento y predestinación, se ejecuta en el tiempo de los hombres, comenzando por el llamamiento a salvación. Quien llama a los pecadores es el mismo que los conoció y predestinó, el Padre. En la salvación intervienen siempre las tres Personas Divinas: El Padre que llama, el Hijo que redime y el Espíritu que regenera. De otro modo, el Padre convoca en el tiempo a los que salva. El llamamiento se hace por medio del evangelio: *"a lo cual os llamó mediante nuestro evangelio, para alcanzar la gloria de nuestro Señor Jesucristo"* (2 Ts. 2:14). Sin el llamamiento del Padre la obra de salvación no alcanzaría a los hombres con el propósito para la que fue hecha, ya que nadie puede ir a Cristo sin el llamamiento del Padre. Así dice Jesús: *"Ninguno puede venir a mí, si el Padre que me envió no le trajere"* (Jn. 6:44). El verbo que se traduce en el versículo del evangelio como *trajere*[15], significa *arrastrar* o, si se prefiere, *traer arrastrado*. Indica no solo un llamamiento sino una acción impulsiva comprendida en él. El llamamiento del Padre es la manifestación de la gracia que implica también en él la obra del Espíritu (1 P. 1:2). Comprende la iluminación del pecador entenebrecido (He. 6:4);

---

[15] Griego: ἕλκω.

la convicción de pecado (Jn. 16:7-11); la dotación de fe salvífica, que se convertirá en una actividad humana cuando la ejerza depositándola, en una acción de entrega, en el Salvador (Ef. 2:8-9). A este llamamiento responde el hombre por medio de la fe. Con todo, esta operación del Padre, no es una *coacción*, sino una *atracción*. Aquel que envió a Cristo para salvar a los pecadores, envía luego a los pecadores para que sean salvos por Cristo. Este llamamiento de Dios es eficaz siempre en aquellos que Dios ha escogido en Su soberanía, como el mismo apóstol testifica: *"Pero cuando agradó a Dios, que me apartó desde el vientre de mi madre, y me llamó por su gracia"* (Gá. 1:15). No significa esto que el evangelio no tenga un llamamiento universal a todos los hombres, llamándolos a salvación. El llamado del Padre, que *atrae* a los hombres a Cristo es algo cuestionado por muchos, que no alcanzan a entender claramente lo que tiene que ver con la soberanía divina y con la responsabilidad humana. Es necesario entender claramente que todo cuanto es de salvación, es de Dios, y todo lo que tiene que ver con condenación es de responsabilidad del hombre. Al llamado del Padre que atrae a los pecadores al Salvador, corresponde la justificación como consecuencia de la fe. Dios justifica a quienes reciben el llamamiento. El futuro de la Iglesia está bien definido. A quienes el Padre llama y son justificados, se establece para ellos la glorificación. La glorificación corresponde al futuro, pero la seguridad de la salvación la da como un hecho ocurrido. Es la forma habitual de expresar el futuro profético, mediante un pasado perfecto como hecho ocurrido. El propósito de Dios para los salvos es que sean conformados a la imagen de Su Hijo y esto sólo ocurrirá definitivamente en la glorificación, por tanto, a los que llama y justifica, también glorificará, pudiendo darlo como algo que inexorablemente se va a producir. Para la iglesia, esto es, para los que han creído en Cristo y han sido incorporados a Él, destina Dios una herencia que está reservada en los cielos (1 P. 1:4), por tanto, el disfrute sempiterno de ella pasará por la glorificación de los salvos. Dios, que guarda la herencia, guarda también a los herederos para ese fin (1 P. 1:5). El Padre encomendó la custodia de los Suyos a Cristo, poniéndolos en Su mano para que los resucite a todos en el día postrero (Jn. 6:40). Por estar en Cristo, la glorificación es ya un hecho *potencial* y *posicional* (Ef. 2:6). Un día recibirán también cuerpos gloriosos transformados a la semejanza del resucitado Señor (Ro. 8:11, 23; 1 Co. 15:43-53; Fil. 3:21; 1 Jn. 3:2). El poder de Dios está comprometido en la presentación de todos los Suyos delante de Él en Su gloria (Ef. 5:27; Jud. 24, 25; Ap. 19:7-8).

σὺν τοῖς ἁγίοις πᾶσιν τοῖς οὖσιν ἐν ὅλῃ τῇ ᾽Αχαΐᾳ, La *Epístola* va más allá de los creyentes de la iglesia local en Corinto, para alcanzar a *todos los santos que están en Acaya*, esto es, a los creyentes que estaban en la provincia de ese nombre. Acaya era el nombre de la parte norte del *Peloponeso*, que incluía a Corinto y a su istmo. El emperador romano Cesar Augusto, dividió el territorio en dos provincias, Macedonia y Acaya. La primera incluía a Ilírico, Epiro y Tesalia, mientras que en la segunda estaban asentadas todas las de la parte meridional de Grecia. Es en este sentido como se usa mayoritariamente el término en todo el Nuevo Testamento. El que la *Epístola* se dirija a todos ellos, junto con los creyentes en Corinto, da al escrito una vinculación con todos los cristianos de aquella zona y es posible que muchos de ellos hubiesen sido alcanzados para Cristo por la acción de los creyentes en Corinto. En cualquier caso, aunque no se trata de una carta circular a las iglesias, incluye en ella a *todos los santos*.

Aunque había profundos problemas en la iglesia y eran propios de algunos creyentes que se congregaban allí, el apóstol utiliza para ellos el título de *santos*, estos son los fieles que constituyen el nuevo pueblo de Dios. El término ἅγίος, *santos*, equivale a *apartados,* refiriéndose, por tanto, a los que Dios a separado o apartado del mundo para Él mismo, que forma la expresión de *Su pueblo*. Son aquellos a quienes Dios ha puesto en el mundo para que le glorifiquen entre los hombres. Los que han sido regenerados espiritualmente, que son capaces de un *buen obrar*, como testimonio ante el mundo, de modo que no solo ellos glorifican a Dios, sino que son objeto para que el mismo mundo incrédulo lo haga, al ver el estilo de vida de cada uno de ellos (Mt. 5:48). No son impecables, la mejor prueba está en las muchas faltas que había en la iglesia a la que Pablo escribe, y mucho menos perfectos, pero son propiedad de Dios, apartados de entre los hombres para que proclamen *"las virtudes de aquel que los llamó de las tinieblas a su luz admirable"* (1 P. 2:9). El adjetivo calificativo *santos* comprende a todo creyente, no importa en qué tiempo haya sido salvo. Son santos, porque están en Cristo, su lugar de vida espiritual. Lo son también porque han sido unidos a Él y separados de las tinieblas trasladándolos al reino del Hijo (Col. 1:13). Pueden ser muy imperfectos a los ojos de los hombres, pero son *santos* delante de Dios. Ese término, que califica a todos los creyentes, es usado continuamente por el apóstol en sus escritos (cf. Ro. 8:27; 1 Co. 14:33; Ef. 1:15; 3:18; 4:12; 5:3; 6:18; Col. 1:4; 1 Ti. 5:10; Flm. 5, 7; etc.). Todos los cristianos son santos, porque pertenecen al *pueblo santo* de Dios. Los creyentes son santos porque son el templo en donde Dios manifiesta Su presencia (1 Co. 3:16 s; Ef. 2:21). Dios llamó a los creyentes para ser santos (Ro. 1:7; 1 Co. 1:2). No solo son llamados para *ser santos*, sino que son escogidos por Dios, por tanto, *santos* (Col. 3:12). La condición de santos se alcanza, no por esfuerzo personal, sino por la posición de todos en Cristo, que se hace para cada uno de ellos *santificación* (1 Co. 1:30). Para hacerlo posible el Señor los reconcilió a todos en Su cuerpo de carne por medio de la muerte (Col. 1:22). La santificación de éstos que son santos es una operación del Espíritu Santo, que los capacita para vivir la vida santa que corresponde a la condición de *santos* (1 Co. 6:11; 2 Ts. 2:13). La santidad práctica es la forma natural de la vida de aquellos que han sido llamados para ser santos, por tanto, la santidad no es una opción para el cristiano, sino la única forma natural de vivir la vida nueva en Cristo.

2. Gracia y paz a vosotros, de Dios nuestro Padre y del Señor Jesucristo.

χάρις ὑμῖν καὶ εἰρήνη ἀπὸ Θεοῦ Πατρὸς ἡμῶν καὶ
Gracia a vosotros y paz de Dios Padre de nosotros y
Κυρίου Ἰησοῦ Χριστοῦ.
de Señor Jesucristo.

Análisis y notas del texto griego.

Análisis: χάρις, caso nominativo femenino singular del nombre común *gracia*; ὑμῖν, caso dativo de la segunda persona plural del pronombre personal declinado *a vosotros*; καὶ, conjunción copulativa *y*; εἰρήνη, caso nominativo femenino singular del nombre común *paz*; ἀπὸ, preposición propia de genitivo *de*; Θεοῦ, caso genitivo masculino singular del nombre divino *Dios*; Πατρὸς, caso genitivo masculino singular del nombre divino *Padre*; ἡμῶν, caso genitivo de la primera persona plural del pronombre personal declinado *de nosotros*; καὶ, conjunción copulativa *y*; Κυρίου, caso genitivo masculino singular del nombre divino declinado *de Señor*; Ἰησοῦ, caso genitivo masculino singular del nombre propio *Jesús*; Χριστοῦ, caso genitivo masculino singular del nombre propio *Cristo*.

Χάρις ὑμῖν καὶ εἰρήνη ἀπὸ Θεοῦ Πατρὸς ἡμῶν. Luego del remitente y de los destinatarios se incluye, como es habitual en la correspondencia antigua, un saludo general para ellos, que es peculiar y plenamente identificativo con el acostumbrado de los escritos del apóstol (cf. Ro. 1:7; 2 Co. 1:2; Ef. 1:2). Las dos palabras χάρις, *gracia* y εἰρήνη, *paz* son claves en la vida cristiana. La gracia es el modo de salvación (Ef. 2:8-9). En el Evangelio se anuncia también que Jesús, mediante Su obra, *"hizo la paz"* (Ef. 2:15). Con el tiempo esta fórmula pasaría al ritual de la introducción del culto cristiano.

La *gracia* es uno de los dos elementos manifestantes del amor divino, que se expresa bien en misericordia, como al *amor en extensión*, es decir, el amor que ama permanentemente y que lo hace para otorgar favores propios del *ágape divino* al compadecerse del sufrimiento humano. Esa es la razón por la que los ciegos de nacimiento clamaban a Jesús diciendo: *"¡Ten misericordia de nosotros, Hijo de David!"* (Mt. 9:27). Ese amor expresado en misericordia se extiende para amar en todo tiempo, de ahí que, en medio de la destrucción de Jerusalén a causa del pecado del pueblo, por medio de los babilonios, el profeta diga: *"Por la misericordia de Jehová no hemos sido consumidos, porque nunca decayeron sus misericordias. Nuevas son cada mañana"* (Lam. 3:22-23). La gracia es algo más amplio y radical que la misericordia. Es el amor que desciende hasta la condición del miserable, de ahí, que cuando se habla de gracia haya un acompañamiento de descenso, como ocurre con la gracia de Jesucristo que se hace pobre siendo rico (8:9). Es el amor que *obliga* a Dios a descender al encuentro del hombre en Cristo Jesús. Nada mejor usado que el verbo *obligar* para referirse a la expresión de la gracia. Dios se obligó a Sí mismo para venir al encuentro del pecador en el Plan de Salvación, preparado en Su voluntad antes de la creación (2 Ti. 1:9). Dios ama por razón de vida, ya que una de las perfecciones de la vida de Dios en la naturaleza divina es el amor (1 Jn. 4:8). Él, por tanto, no es amor porque ama, sino que ama porque es amor. Para expresarlo en forma absoluta, a Dios le va la vida si dejase de amar. Su propia naturaleza le condiciona al amor. Sobre todo, la gracia alcanza la importancia plena como *causa y razón* de la salvación del hombre (Ef. 2:8-9). Sólo es posible la salvación por razón de la gracia. La fe es el medio instrumental para alcanzarla, pero de ningún modo, ni razón ni causa de ella. La gracia que salva al hombre lo hace para todo el proceso de la salvación. Es por gracia que Dios justifica al hombre (Tit. 3:7). De esa manera cuando el pecado abundó *sobreabundó* la gracia (Ro. 5:20), por cuya gracia Dios envía a Su Hijo para salvar al pecador. Pero, la salvación en la esfera de la santificación es también sólo posible por gracia. La gracia de Dios provee de lo necesario para que el cristiano pueda vivir una vida en santidad y llevar a cabo el servicio que Dios le ha establecido (1 Co. 15:10). De la misma manera la culminación plena de la salvación consistente en la glorificación del salvo, será una operación de la gracia (1 P. 1:13). La gracia es la fuente de la bendición para el cristiano, por eso Santiago dice que aún en las situaciones más difíciles como pueden ser las pruebas *"Dios da mayor gracia"* (Stg. 4:6).

Junto con el deseo de la administración de la gracia para cada creyente, está también el deseo de la paz, como bendición procedente de Dios. La gracia es la causa y razón suprema de todo bien, de la que también mana la paz para el disfrute y experiencia de la vida cristiana. De ella escribe el Dr. Hendriksen:

"La gracia es la fuente. La paz pertenece al chorro de bendiciones espirituales que de esta fuente emanan. Esta paz es la sonrisa de Dios que se refleja en el corazón de los redimidos, la seguridad de la reconciliación mediante la sangre de Cristo, y la auténtica integridad y prosperidad

espiritual. Es la gran bendición que Cristo otorga a la iglesia mediante su sacrificio expiatorio (Jn. 14:27), y que sobrepasa a todo entendimiento (Fil. 4:7)"[16].

La paz fue el admirable regalo que Jesús dejó a los Suyos y, por extensión, a todos los salvos, durante la última cena (Jn. 14:27). La paz allí adquiere dos sentidos: 1) El de *relación*, en el cual Jesús asegura que la ha dejado *hecha* con Dios, de modo que aquel estado de enemistad propio del pecado, quedó cancelado en la obra de reconciliación. 2) El de *experiencia*, ya que el Señor llama a vivir *Su propia paz*, la que como hombre experimentaba en medio del conflicto de la última noche. La paz de Dios inunda el corazón del salvo mediante la acción del Espíritu que la produce en él (Gá. 5:22). Por eso se demanda solemnemente que cada cristiano se aplique a la conservación de la unidad corporativa en Cristo *"en el vínculo de la paz"* (Ef. 4:3). La salvación, por medio de la regeneración, convierte a los creyentes en *pacificadores*, que los hace bienaventurados y les permite manifestar la condición de hijos de Dios: *"Bienaventurados los pacificadores, porque ellos serán llamados hijos de Dios"* (Mt. 5:9). En el mundo podrán encontrarse los que excepcionalmente son personas pacíficas. Esto es, los que huyen de los conflictos, los que nunca entablarían un pleito con nadie, los enemigos de las guerras y de las disputas. Este es el concepto que la sociedad suele tener de lo que es ser un *pacificador*. Sin embargo, el pacificador es aquel que *vive la paz* y, buscándola insistentemente, procurándola y promoviéndola. Paz en el concepto bíblico tiene que ver con una correcta relación con Dios. El que ha sido justificado por medio de la fe, está en plena armonía con Dios y siente la realidad de una paz perfecta que sustituye a la relación de enemistad anterior a causa del pecado (Ro. 5:1). El Señor vino al mundo con el propósito de *matar las enemistades* y anunciar las *buenas nuevas de paz* (Ef. 2:16-17). La demanda para el creyente en una vida de vinculación con Jesús, no puede ser otra que su mismo sentir (Fil. 2:5). Así que, la paz es una consecuencia y una experiencia de la unión vital con Cristo. La identificación con Él convierte al creyente en algo más que un pacífico, lo hace un *pacificador*. Esto es la forma natural de quien vive la vida que procede del Dios de paz (1 Co. 14:33). El desarrollo visible de su testimonio discurre por una senda de paz, por cuanto sus pies han sido calzados con el apresto del evangelio de paz (Ef. 6:15). La santificación adquiere la dimensión de la vida de paz, ya que es una operación del Dios de paz (1 Ts. 5:23). No se trata de aspectos religiosos o de teología intelectual, sino de una experiencia

---

[16] G. Hendriksen. *Efesios* Editorial Subcomisión Literatura Cristiana de la Iglesia Reformada. Grand Rapids, 1984, pág. 75.

vivencial y cotidiana, que se expresa en muchas formas y hace visible en ellas esa realidad. El pacificador manifiesta esa condición porque anhela la paz con todos los hombres, y hace todo cuanto le sea posible por estar en paz con ellos (Ro. 12:18), sintiendo la profunda necesidad de *seguir* la paz (He. 12:14). El *pacificador* anhela predicar a todos el Evangelio de la paz (Ef. 6:15); siente que Dios le ha encomendado anunciar a todos los hombres la paz que Él hizo en la Cruz, y procura llevarlo a cabo (5:20). Modela su vida conforme al Príncipe de paz que busca a los perdidos (Lc. 19:10); y restaura al que ha caído, ensuciando parcialmente su vida espiritual (Jn. 13:12). Eso los hace *"bienaventurados"* porque solo ellos pueden ser *"llamados hijos de Dios"*. Un título de honor superior a cualquier otro. Dios reconoce a todo el que cree en el Hijo, como hijo Suyo (Jn. 1:12). Pero, a éstos a quienes Dios reconoce como Sus hijos, el mundo debe *conocerlos*, por su conducta pacificadora que expresa la participación en la divina naturaleza, como hijos del Dios de paz (2 P. 1:4). Quienes los observan deben descubrir en ellos ese carácter divino (1 Jn. 4:17b). Éstos, que experimentan en ellos la nueva vida de que fueron dotados en la regeneración, buscan y viven lo que Dios hizo en ellos, esto es, la verdadera paz. Son creyentes que tal vez hablan poco de paz, pero viven esa experiencia. No son conflictivos, buscando agradarse a ellos mismos, sino que son capaces de renunciar a sus derechos con tal de mantener la paz. No transigen con el pecado, pero buscan al que ha caído para restaurarlo a la comunión con el Príncipe de paz. La paz de Dios se ha hecho vida en ellos, gozándose en esa admirable experiencia. No hay dificultad ni problema que logre inquietarlos en su vida cristiana, por tanto, al no estar ellos inquietos, no son medio para inquietar a otros, sino todo lo contrario. El que ha experimentado la realidad de la paz de Dios en su vida es un *pacificador*. Si no procura la paz y la sigue, debe preguntarse si ha tenido alguna experiencia personal con el Dios de paz. La diferencia entre un cristiano normal y un pacificador es que el primero suele hablar de Dios y Su obra de paz, el segundo vive al Dios de paz de tal modo que no necesita palabras para hablar de su paz. Las dos provisiones, tanto la gracia como la paz proceden de Dios, de donde procede toda bendición (Stg. 1:17), ya que ambas pertenecen al orden de la salvación y todo cuanto tiene que ver con ella proviene de Dios (Sal. 3:8; Jon. 2:9).

καὶ Κυρίου Ἰησοῦ Χριστοῦ. La Primera Persona Divina, el Padre está patentemente presente en la bendición. Pero, al mismo tiempo también lo está, en plano de igualdad en el otorgamiento, la Segunda Persona, el Hijo de Dios, nuestro Señor Jesucristo. Primeramente, porque en su condición de Mediador único (1 Ti. 2:5), hace posible que la gracia divina llegue a los hombres, habiendo sido el depositario de ella desde la eternidad (2 Ti. 1:9). La gracia administrada desde el principio del tiempo por Jesucristo, vino con Él en la entrada del Verbo eterno en el mundo de los hombres (Jn. 1:17), siendo manifestada en Él y por Él (2 Ti. 1:10). Esta unidad de Jesucristo en la concesión de la bendición de gracia y paz no es simplemente en razón de Su condición de Mediador, sino de Su propia deidad. Como Dios eterno en la unidad del Padre y del Espíritu, le corresponde la unidad en la bendición. De este modo, la bendición procede tanto del Padre como del Señor Jesucristo. Por esa razón no habrá ninguna bendición que los creyentes puedan recibir en la que no esté también involucrado como dador de la bendición el Señor Jesucristo, ya que en Él somos bendecidos con toda bendición espiritual en los lugares celestiales (Ef. 1:3). Es necesario entender que los tres nombres dados al Señor en este lugar son absolutamente divinos. Él es *Señor*, título de soberanía divina dado a Dios, corresponde y le es propio a Jesucristo. El nombre de *Señor* define la condición de absoluta autoridad y dominio con que fue revestida la humanidad del Resucitado a causa de Su vinculación hipostática en la Segunda Persona de la Deidad (Fil. 2:9-11). Es importe apreciar que en la oración tanto *Dios* como *Señor* aparecen sin artículo, dando a entender tanto la única condición de Dios y también la de Señor en relación con Jesucristo. Sólo ante Dios se doblará toda rodilla, y sólo quien es Dios puede ser Señor, sobre todo. A este título de Señor, une el apóstol los de *Cristo*, el enviado y ungido de Dios y de *Jesús*, el título impuesto por Dios mismo para definir al encarnado Hijo, que desde la dimensión humana le cualifica para ser el único Salvador de los hombres (Mt. 1:21) el nombre que debía imponerse al que nacería, debía ser llamado Jesús. Ese nombre es la expresión griega del nombre hebreo *Y^ehôsua*, *Josué*, que puede traducirse por *Dios es salvación.* La misión que tendría Jesús el Verbo hecho carne (Jn. 1:14) era la encomendada por Dios y determinada en Su propósito soberano de salvación desde antes de la creación del mundo (2 Ti. 1:9). En el tiempo de la ejecución del programa de salvación el Señor Jesús llevó a cabo la misión que como Dios había asumido en la eternidad (1 P. 1:18-20). La obra de salvación, es de valor y alcance universal (Jn. 3:16). Él venía para *"salvar a su pueblo"*, lo que suponía una relación específica con Israel. Sin embargo, el Salvador no lo sería sólo de ellos, sino de todo el mundo. El alcance de *Su pueblo* incluye a todos los salvos. Éstos y sólo éstos, son el pueblo de Dios (1 P. 2:9), Sus hijos (Jn. 1:12), miembros de su casa y familia (Ef. 2:19) y herederos de todo en Cristo (Ro. 8:17). La deidad de Jesucristo está claramente expresada en el texto, ya que Jesús, el nombre del niño que nacía, es también el Cristo y es el Señor. Humanidad y deidad son inseparables, aunque sin mezcla, desde la encarnación del eterno Verbo de Dios.

La bendición adquiere aquí una doble vertiente: Es primeramente una bendición *paternal*, por cuanto procede del Padre, pero también es, en segundo lugar, una bendición *fraternal*, hermanable, porque procede de quien no se avergüenza de llamarnos Sus hermanos, haciéndose en todo semejante a nosotros (He. 2:11-12, 17). Por esta bendición, los creyentes ya no son sólo los *santos y fieles*, sino aquellos que están vinculados con Dios por medio de la salvación y de la paz. En esa calidad de bendecidos deben prestar atención a cuanto sigue.

Gratitud por la ayuda divina (1:3-11)

Consolados para consolar (1:3-5)

3. Bendito sea el Dios y Padre de nuestro Señor Jesucristo, Padre de misericordias y Dios de toda consolación.

Εὐλογητὸς ὁ Θεὸς καὶ Πατὴρ τοῦ Κυρίου ἡμῶν ’Ιησοῦ Χριστοῦ,
Bendito el Dios y Padre del Señor de nosotros Jesucristo,
ὁ Πατὴρ τῶν οἰκτιρμῶν καὶ Θεὸς πάσης παρακλήσεως,
el Padre de las misericordias y Dios de toda consolación.

Análisis y notas del texto griego.

Análisis: Εὐλογητὸς, caso nominativo masculino singular del adjetivo *bendito*; ὁ, caso nominativo masculino singular del artículo determinado *el*; Θεὸς, caso nominativo masculino singular del nombre divino *Dios*; καὶ, conjunción copulativa *y*; Πατὴρ, caso nominativo masculino singular del nombre divino *Padre*; τοῦ, caso genitivo masculino singular del artículo determinado declinado *del*; Κυρίου, caso genitivo masculino singular del nombre divino *Señor*; ἡμῶν, caso genitivo de la primera persona plural del pronombre personal declinado *de nosotros*; ’Ιησοῦ, caso genitivo masculino singular del nombre propio *Jesús*; Χριστοῦ, caso genitivo masculino singular del nombre propio *Cristo*; ὁ, caso nominativo masculino singular del artículo determinado *el*; Πατὴρ, caso nominativo masculino singular del nombre divino *Padre*; τῶν, caso genitivo masculino plural del artículo determinado declinado *de los*; οἰκτιρμῶν, caso genitivo masculino plural del nombre común *consolaciones*; καὶ, conjunción copulativa *y*; Θεὸς, caso nominativo masculino singular del nombre divino *Dios*; πάσης, caso genitivo femenino singular del adjetivo indefinido declinado *de toda*; παρακλήσεως, caso genitivo femenino singular del nombre común *consolación*.

Εὐλογητὸς. Después de la presentación el apóstol expresa su gratitud a Dios por la liberación que realizó en medio de los grandes conflictos que había padecido y que lo situaron al borde de la muerte (v. 8). Esta experiencia servirá para recordar a los corintios el privilegio de la comunión cristiana en medio de las pruebas, sobre todo en el aspecto de intercesión (v. 11). El término Εὐλογητὸς, *bendito*, se aplica siempre en el Nuevo Testamento a las Personas divinas (Mr. 14:61; Lc. 1:68; Ro. 1:25; 9:5; 2 Co.11:31; Ef. 1:3; 1 P. 1:3). Expresa la felicidad infinita en la comunión de las Personas Divinas. El adjetivo deriva de εὐλογέω, una raíz que expresa la idea de *hablar bien, magnificar, exaltar*. Es la expresión de la más alta veneración.

ὁ Θεὸς καὶ Πατὴρ τοῦ Κυρίου ἡμῶν Ἰησοῦ Χριστοῦ, El adjetivo *bendito* se aplica a Dios, como expresión de Su naturaleza íntima. Sólo hay un Dios y es el único digno de adoración y de alabanza.

Pero, además es como Dios también el Padre del Señor Jesucristo. La importancia de esta verdad trinitaria, obliga a detenerse dándole un breve espacio en este lugar, sin extenderse en el desarrollo de la doctrina que no corresponde a lo que es el comentario. En esta segunda manifestación, se declara la relación interpersonal en el Seno Trinitario, entre la primera y la segunda Persona Divinas. La primera se personaliza como Padre. Es de este modo puesto que es único *progenitor*, tanto con relación a Su Hijo Unigénito, como con relación a quienes son adoptados en Él y por Él como Sus hijos (Jn. 1:12). Pero, aquí, para que no haya duda de la interrelación en la Deidad, hace referencia el apóstol al hecho de que Dios es el Padre de nuestro Señor Jesucristo. Nótese que es importante el uso de los dos títulos *Jesús* y *Cristo*, ambos vinculados a la Persona del Verbo encarnado. No se trata, por tanto, que sea Padre de la humanidad del Verbo, sino del Verbo mismo. En ambas personas, no puede hablarse de *origen* en sentido de *principio* existencial, porque siendo tanto el Padre como el Hijo, el único Dios verdadero, eterno e infinito, no tienen *principio*. Así se califica al Padre como *principio sin principio*. En ese sentido, se refiere a que la primera Persona Divina, no procede de ninguna otra, mientras las otras dos proceden de la Primera. Por esa razón es el Padre quien envía al Hijo (Jn. 3:16; Gá. 4:4), y también al Espíritu (Hch. 2:17), pero Él no es enviado por ninguna de las otras Personas. No cabe duda que el Padre, junto con el Hijo y el Espíritu, mora en el creyente, pero en ningún caso esta *morada* del Padre es por envío de otra Persona Divina, sino porque Él mismo viene a esa experiencia de comunión con Su santuario que es la Iglesia y los creyentes (Jn. 14:23). Es necesario entender que el *envio ad extra* de las Personas Divinas, es la expresión externa de la *procesión ad intra*.

La primera Persona Divina, Dios el Padre, lo es en toda la dimensión de Su ser personal, siendo el engendrar al Hijo Unigénito, la base personalizadora constitutiva de Su Ser, de manera que es una Persona distinta de las otras dos, porque en el presente, inamovible e incambiable, sin variaciones, ni sucesión, ni principio, ni fin de la eternidad de Dios, *engendra* al Hijo, que es la segunda Persona de la deidad, por lo que en esa operación le comunica todo cuanto la primera Persona es y tiene (Jn. 16:15). Lo único incomunicable es el ser Padre, por cuanto es lo que las distingue entre Sí. En razón de la generación en el seno del Padre, todo es mutuamente compartido. De modo que, así como el Padre, en cuanto a persona, es única y totalmente Padre, también la segunda Persona es única y totalmente Hijo, siendo ambos total, absoluta y únicamente Dios. Todo cuanto el Padre es como Persona infinita, está incluido en la *paternidad*, y en la *divinidad*. Asimismo, el Hijo como Persona engendrada eternamente por el Padre, es infinita, sin merma alguna de la deidad, pues lo contrario le haría imperfecto como eterno Hijo Unigénito.

Debe entenderse que el Padre agota Su función engendradora en el Hijo, siendo Éste resultado exhaustivo de la generación del Padre. Si no fuese así, ninguna de las dos Personas, sería única y definitivamente Dios. Esa es la causa o razón por la que el Padre tiene un Hijo que necesariamente es Unigénito (Jn. 1:14, 18; 3:16, 18), ya que, de haber más hijos en el Ser Divino, ninguno podría ser el resultado exhaustivo de la generación de Padre, y ninguno sería infinito, por tanto, ninguno sería Dios. Pero, en relación de correlativa procedencia, tampoco el Padre sería única, definitiva y eternamente Padre. La generación del Hijo, en el supuesto anterior la generación eterna del Hijo sería *limitada* y no *infinita*. Además, una situación *limitada* traería una consecuencia para los creyentes, puesto que Dios los ha hecho *herederos* Suyos y *coherederos* con Cristo, que no sería infinito y único, por lo que la herencia no tendría garantía de disfrute (Ro. 8:17), ya que en caso de que hubiese más hijos, la herencia quedaría repartida.

Debe entenderse que el hecho generativo del Padre único y exclusivo y eterno, produce una entrega plena al Hijo que engendra, ya que ésta es una relación de entrega de la primera Persona Divina, hacia otro, que es la segunda, es decir, una entrega plena y total del Padre al Hijo que engendra. Pero, este engendrar de la primera Persona a la segunda, no otorga una relación subordinada entre ellas, sino que se trata de la constitución personal de las Personas Divinas, ya que el Padre se constituye en Persona Divina con este calificativo y el Hijo debe al engendrar del Padre, Su personificación como Hijo. Hay en todo esto *procedencia*, pero no *dependencia subordinada* entre las Personas Divinas, o si se prefiere *interdependencia personal*, ya que el Padre no puede subsistir como Padre sin el Hijo, ni Éste como Hijo sin el Padre. Por eso quien niega al Hijo también niega al Padre (1 Jn. 2:23).

Una sola nota más. Si la Escritura hablando de la generación del Hijo dice: *"Mi hijo eres tú; yo te he engendrado hoy"* (Sal. 2:7), da la impresión en la simple lectura que el engendrar al Hijo concluyó en el hacerlo. Si el Padre concluyó la acción engendradora, dejaría de existir como Padre, porque ya lo había sido al engendrar al Hijo, y si este engendrar no terminó, entonces el problema recaería en que el Hijo no sería persona hasta ser terminada la acción engendradora. Pero, la generación divina no es, como la humana *transeúnte*, sino que es *inmanente*. En la generación humana, el engendrar a un hijo concluye en el hecho mismo de hacerlo y el ser engendrado continúa su desarrollo de vida sin tener vinculación con el que le ha engendrado. Pero, en la generación divina *inmanente*, el Hijo no sale de la relación de generación con el Padre, puesto que no vive independiente de Él, sino que está en el *seno* del Padre (Jn. 1:18; 14:10). El *engendrar* al Hijo, en una manifestación *inmanente*, haciéndolo por generación mental, puesto que quien se personifica lleva el nombre de *Verbo*, como expresión exhaustiva del que engendra, que es el Padre. En ese sentido, el Hijo es coeterno con el Padre, como resultado de una generación infinita y eterna, de manera que la expresión *ad extra* del Hijo es desde la eternidad (Mi. 5:2), siendo, por causa de la generación inmanente, la manifestación perfecta del Padre, que, como Persona Divina, lo es por haber engendrado al Hijo Unigénito. De ahí que como el Padre tiene vida en Sí mismo, así también le ha dado que la tenga el Hijo (Jn. 5:26).

El apóstol se refiere luego al Hijo del que Dios es Padre, diciendo que este es *"nuestro Señor Jesucristo"*. La deidad del Hijo está claramente manifestada al llamarle *Señor*, título que en el entorno religioso judío estaba reservado a Dios. Los judíos, enemigos de la verdad que Pablo enseñaba y el Evangelio que proclama, negaban la deidad de Jesucristo, considerándolo como un hombre que hizo una obra que Dios le había encomendado y, en el mejor de los casos, era también el *Cristo*, esto es *el Mesías* prometido. Pero la obra redentora no tendría valor alguno si el que moría en la Cruz, no era Dios. Es decir, no se puede afirmar que Dios muere, pero hemos de aseverar que quien moría crucificado era Dios manifestado en carne. El Señor Jesucristo, es la Persona Divina del Verbo, que para nuestra redención tomó una naturaleza humana, haciéndose hombre (Jn. 1:14), y en esta naturaleza subsistente en la Persona Divina, es nuestro *Señor Jesucristo*.

ὁ Πατὴρ τῶν οἰκτιρμῶν. El hecho de que el Padre haya enviado a Su Hijo al mundo para morir por los pecadores, permite darle el título de *Padre de misericordias*. En plural expresa la idea absoluta de plena compasión o piedad. En el Nuevo Testamento, siempre aparece en plural el sustantivo *misericordias* en relación con la obra divina de redención (Ro. 12:1; Fil. 2:1; Col. 3:2). Las *misericordias* son la multiforme manera de la misericordia divina. Es notable apreciar que, en esta frase final, los títulos de Dios y Padre, aparecen en orden inverso a la bendición de la frase anterior, aquí se menciona primeramente al Padre, calificándolo de *Padre de misericordias* y *Dios de toda consolación*. Es Padre de misericordias porque como tal se compadece de Sus hijos (Sal. 103:13), es por esa misericordia que no fuimos consumidos, como ocurrió antes con Israel (Lm. 3:22-23).

El término οἰκτιρμός, *misericordia*, es un sustantivo que expresa la idea de una inclinación personal, que acoge a los miserables o a los rebeldes que están postrados en su miseria. La acepción castellana tiene su procedencia más directa en el latín y está compuesta por las voces *miser*, que significa *miserable, desdichado*, y *cor*, que equivale a corazón. Es la capacidad para sentir las desdichas de los demás. Diría de otro modo, la misericordia pasa por el corazón las miserias ajenas para convertirlas en amor hacia el miserable, o si se prefiere, la *misericordia* es la virtud que inclina el ánimo a compadecerse de los trabajos y miserias ajenos. Por tanto, está íntimamente vinculada con la *compasión*, que significa saber vivir con otro su desgracia, pero también sentir con él cualquier otro sentimiento: alegría, angustia, felicidad.

Como antes se hizo notar el término está en plural, no se trata de la misericordia, sino de *las misericordias*. Es decir, todas las múltiples expresiones que ponen de manifiesto la compasión divina y la recepción de quienes, siendo miserables por condición, son recibidos al amparo divino. Es todo cuanto Dios hizo por nosotros, descrito ampliamente en el mensaje de la Palabra y la proclamación del Evangelio. De forma especial las misericordias que se ponen de manifiesto en la justificación (Ro. 3:24-25), que implica la muerte sustitutoria de Cristo. Las misericordias son el conjunto de actos divinos que desembocan en la salvación; es, por tanto, cuanto supone la Cruz: *"el cual fue entregado por nuestras transgresiones, y resucitado para nuestra justificación* (Ro. 4:25). Las misericordias de Dios son la infinita dimensión de Su amor personal, que, por los perdidos entrega a Su Hijo Unigénito para que por Su muerte, los miserables puedan acceder por fe a la vida eterna, sin condenación alguna, de otro modo, con seguridad eterna de salvación (Ro. 8:1). Misericordias comprende también la actuación de Dios a favor de los salvos, que, por esas múltiples facetas de la misericordia divina, pueden estar seguros de la gloria venidera, en lugar del infierno por sus pecados (Ro. 8:17-18). Las misericordias de Dios es la entrega de Él a favor de los miserables enemigos Suyos en malas obras. No podrán entenderse las misericordias lejos de la Cruz. Es ahí, en la dimensión del Gólgota donde se aprecia la misericordia en el mayor esplendor. El Justo muriendo por los injustos para llevarnos a Dios (1 P. 3:18). Los gritos, lamentos y lágrimas de Getsemaní (He. 5:7); la cabeza del Santo Hijo de Dios coronada de espinas (Mt. 27:29); las espaldas sangrantes, rotas por los golpes inmisericordes del látigo romano (Jn. 19:1); las manos y los pies horadados (Jn . 19:18); la boca reseca por la angustia y la fiebre (Jn. 19:28); las burlas y los desprecios de las turbas (Mt. 27:38-44); la soledad en las tinieblas y el desamparo de Dios (Mt. 27:45-46); la asunción del precio de nuestra paz, descargando sobre Él el torrente de la ira de Dios por nuestro pecado (Gá. 3:13); la muerte espiritual y física que atenazan por un tiempo la gloria Personal del Logos encarnado (Mt. 27:46; Lc. 23:46). Eso todo es una pequeña expresión de *las misericordias de Dios*. Pablo, tiene todo esto delante, y mucho más, cuando da al Padre el título de *Padre de misericordias*.

καὶ Θεὸς πάσης παρακλήσεως, Se dirige al Padre llamándole también *Dios de toda consolación*. Ese es el título profético: *"Yo soy vuestro consolador"* (Is. 51:12). Esa es Su actuación con Su pueblo: *"Como aquél a quien consuela su madre, así os consolaré yo a vosotros"* (Is. 66:13). Por la *misericordia*, el amor de Dios se convierte en consolación hacia los Suyos. Su cariño afectivo se orienta hacia quienes no podían recibir consolación a causa del pecado, mientras estaban por toda la vida sujetos a servidumbre (He. 2:15). Pero, también, en el trasiego de la vida cotidiana, cuando los conflictos vienen, las lágrimas surgen y las preguntas sin respuesta se producen, el *Dios de toda consolación*, acude al lado de los Suyos y *"por cuanto el mismo* (en la persona de Su Hijo) *fue probado mediante el sufrimiento, es poderoso para venir en auxilio de los que son tentados"* (He. 2:18 RVR). El término παρακλήσεως, *consolación*, tiene el sentido de *venir al lado* de alguien con la provisión necesaria. El título *Dios de toda consolación*, da idea de la capacidad divina de actuar no en una consolación limitada, sino absoluta, no es de *alguna* consolación, sino *de toda*. Dios presta a Sus hijos consolación en toda circunstancia. Él está siempre dispuesto a consolar a quienes claman a Él. El verbo *consolar* o el sustantivo *consolación* aparecen diez veces en los versículos que siguen. Como escribe C. Hodge: *"Dios es el autor de la consolación no sólo por librarnos del mal, o por ordenar nuestras circunstancias externas, sino también y mayormente, por su influencia interna en la mente misma al calmar sus tumultos y llenarla de gozo y paz cuando creemos"*[17].

---

[17] Charles Hodge. *Comentario a II Corintios*. Edimburgo, 2000, pág. 11.

Finalmente, en relación con el versículo, se aprecian tres aspectos del Hijo. Con relación al creyente es *nuestro Señor*; en Su Persona: *Jesús*; en su oficio: *Cristo.*

4. El cual nos consuela en todas nuestras tribulaciones, para que podamos también nosotros consolar a los que están en cualquier tribulación, por medio de la consolación con que nosotros somos consolados por Dios.

ὁ παρακαλῶν ἡμᾶς ἐπὶ πάσῃ τῇ θλίψει ἡμῶν εἰς τὸ δύνασθαι
El que consuela nos en toda la aflicción de nosotros para - poder
ἡμᾶς παρακαλεῖν τοὺς ἐν πάσῃ θλίψει διὰ τῆς παρακλήσεως
nosotros consolar a los en toda aflicción mediante la consolación
ἧς παρακαλούμεθα αὐτοὶ ὑπὸ τοῦ Θεοῦ.
que somos consolados nosotros por - Dios.

Análisis y notas del texto griego.

Análisis: ὁ, caso nominativo masculino singular del artículo determinado *el*; παρακαλῶν, caso nominativo masculino singular del participio de presente en voz activa del verbo παρακαλέω, *consolar*, aquí *que consuela*; ἡμᾶς, caso acusativo de la primera persona plural del pronombre personal declinado *a nosotros, nos*; ἐπὶ, preposición de dativo *en*; πάσῃ, caso dativo femenino singular del adjetivo indefinido *toda*; τῇ, caso dativo femenino singular del artículo determinado *la*; θλίψει, caso dativo femenino singular del nombre común *aflicción*; ἡμῶν, caso genitivo de la primera persona plural del pronombre personal declinado *de nosotros*; εἰς, preposición propia de acusativo *a, para*; τὸ, caso acusativo masculino singular del artículo determinado *el*; δύνασθαι, presente de infinitivo en voz media del verbo δύναμαι, *poder, tener poder, ser capaz*, aquí *poder*; ἡμᾶς, caso acusativo de la primera persona plural del pronombre personal *nosotros*; παρακαλεῖν, presente de infinitivo en voz activa del verbo παρακαλέω, *consolar*; τοὺς, caso acusativo masculino plural del artículo determinado declinado *a los*; ἐν, preposición propia de dativo *en*; πάσῃ, caso dativo femenino singular del adjetivo indefinido *toda*; θλίψει, caso dativo femenino singular del nombre común *aflicción*; διὰ, preposición propia de genitivo *mediante*; τῆς, caso dativo femenino singular del artículo determinado *la*; παρακλήσεως, caso genitivo femenino singular del nombre común *consolación*; ἧς, caso genitivo femenino singular del pronombre relativo *que*; παρακαλούμεθα, primera persona plural del presente de indicativo en voz pasiva del verbo παρακαλέω, *consolar*, aquí *somos consolados*; αὐτοὶ, caso nominativo masculino plural de la primera persona plural del pronombre intensivo *nosotros*; ὑπὸ, preposición propia de genitivo *por*; τοῦ, caso genitivo masculino singular del artículo determinado *el*; Θεοῦ, caso genitivo masculino singular del nombre divino *Dios*.

ὁ παρακαλῶν ἡμᾶς ἐπὶ πάσῃ τῇ θλίψει ἡμῶν. El Dios de toda consolación provee de ella para consolar al creyente. No se trata de *algunas*, sino de *todas* ellas. El término θλῖψις, equivale a *aflicción, angustia, tribulación*; procede de la raíz θλίβω, que tiene la connotación de *oprimir, aplastar, frotar, apretar*, en esta forma aparece en Marcos (Mr. 3:9), modificado como συνθλίβω, *apretar, apretujar* (Mr. 5:24, 31), y con la variante ἀποθλίβω, *oprimir* en Lucas (Lc. 8:45). El verbo aparece ocho veces en el Nuevo Testamento en sentido figurado de *afligir*. En cuanto al sustantivo θλῖψις, ocurre siempre en sentido figurado de aflicción. El término equivale, en este sentido a *persecución, tribulación, opresión, aflicción, calamidad*, en incluso *aflicción interna*. Sobre esto se extenderá el apóstol más adelante describiendo algunas de sus aflicciones personales (11:16 ss.). La experiencia de Pablo y sus colaboradores fue de tribulación, tanto en el mundo por las persecuciones de los enemigos del evangelio, como también en la iglesia por los problemas internos que había en algunas, especialmente en el caso de Corinto, donde también la tribulación se produjo en la visita breve del apóstol, por la oposición y desconsideración de algunos. En cualquier situación o circunstancia Dios envía la provisión de Su gracia por medio de la consolación para el que está en tribulación.

El consuelo que el creyente recibe tiene varias características. En primer lugar, es activo, *nos consuela*; luego es comprensivo: *en todas nuestras tribulaciones*; también es intencional: *para que podamos consolar*; es absoluto: *en cualquier tribulación*, finalmente, es reflexivo: *por medio de la consolación con que nosotros somos consolados*[18].

No cabe duda que la consolación de Dios fue una experiencia continua del apóstol. Es interesante apreciar el uso del pronombre personal en plural: *"nosotros somos consolados"*. Esto genera una pregunta: *¿A quienes se refiere?* Pudieran ser él y sus compañeros de ministerio, pero, lo más cierto es que sea una referencia personal, como exige el contexto inmediato, pero en cuyos padecimientos algunos colaboradores los sufrieron también, en otras ocasiones fue él solo, en cualquier caso, las tribulaciones a las que se referirá en la *Epístolas* fueron siempre experimentadas por él (cf. 1:8-9; 11:23-29). Es necesario entender que quien sigue fielmente a Cristo, padecerá persecución y tendrá conflictos en el mundo.

εἰς τὸ δύνασθαι ἡμᾶς παρακαλεῖν τοὺς ἐν πάσῃ θλίψει διὰ τῆς παρακλήσεως ἧς παρακαλούμεθα αὐτοὶ ὑπὸ τοῦ Θεοῦ. Esta larga frase presenta un fin en la consolación personal de Dios al creyente afligido. No se trata simplemente de la propia experiencia y satisfacción

[18] Tomado del *Comentario Bíblico Moody*, pág. 319).

personal en la que se queda la consolación en medio de las aflicciones. Es la preparación personal para que con la misma consolación pueda ser instrumento de consolación para otros creyentes que estén afligidos. Toda su experiencia, en privaciones, dificultades, peligros e incluso el riesgo de su propia vida, le habían entrenado para ser canal de bendición a otros. La enseñanza suya había advertido a los creyentes de que *"es necesario que a través de muchas tribulaciones entremos en el reino de Dios"* (Hch. 14:22b). El apóstol alude al consuelo que se puede prestar y que se recibe en *toda* tribulación. En la construcción gramatical del texto griego, se aprecia la referencia a cada una de las tribulaciones que el creyente pueda soportar.

Además del consuelo que el ministerio alentador de cada uno debe servir para alentar a los hermanos en tribulación, la experiencia de ella, produce bendiciones personales: *"Y no solo esto, sino que también nos gloriamos en las tribulaciones, sabiendo que la tribulación produce paciencia; y la paciencia, prueba; y la prueba esperanza; y la esperanza no avergüenza, porque el amor de Dios ha sido derramado en nuestros corazones por el Espíritu Santo que nos fue dado"* (Ro. 5:3-5). La vida en la gracia supera una aceptación sumisa de las tribulaciones, para constituirlas en una experiencia de gozo mientras duran. Es necesario entender que las tribulaciones no son un gozo, pero *hay gozo* en ellas. El sufrimiento está vinculado a la experiencia de la fe (Ro. 8:35-39; 1 Co. 4:9-13; 2 Co. 1:4-10; 11:23-30; 12:7-19; Gá. 6:17; 2 Ti. 3:11-12). Las tribulaciones son un medio de bendición para el cristiano, por tanto, una concesión divina para su beneficio (Fil. 1:29). Éste debe esperar aflicción en su vida (Jn. 16:33; 1 Ts. 3:3-4; 2 Ts. 1:4; Ap. 1:9). Las tribulaciones son una participación en los sufrimientos de Cristo (1:5; Fil. 3:10; Col. 1:24; 1 P. 4:13). Son instrumentos para transformar al creyente a la semejanza de Cristo. Estas tribulaciones son *diversas pruebas* (Stg. 1:2-4), permitidas por Dios con un propósito de bendición. En relación con el creyente todas las tribulaciones tienen un objetivo positivo, produciendo los elementos del texto de Romanos antes citado.

Ahora bien, el que pasa por la experiencia de la prueba está equipado para ayudar a otros. Esa fue la realidad que motiva la consolación y ayuda de Cristo: *"Pues en cuanto él mismo padeció siendo tentado, es poderoso para socorrer a los que son tentados"* (He 2:18). Por esa razón podemos tener confianza plena en las pruebas: *"Porque no tenemos un sumo sacerdote que no pueda compadecerse de nuestras debilidades, sino uno que fue tentado en todo según nuestra semejanza, pero sin pecado"* (He. 4:15). Por la experiencia del creyente en las pruebas está capacitado para *consolar*, *ayudar*, *alentar*, a los que están pasando por la aflicción.

Es reflejar el amor que Dios tiene para nosotros, con aquellos que están en un momento de aflicción semejante, superior o inferior al que fue experiencia personal nuestra. De manera que el consuelo recibido debemos manifestarlo a los hermanos que pasan por tribulación. Es compartir con otros el aliento que hemos recibido de Dios. Alentar a otros es una responsabilidad personal de todo aquel que vive a Cristo. Acaso somos dados a reprender a los hermanos por sus faltas y fracasos, pero el trabajo más importante, no es el de reprensión, sino el de consolación. Es necesario que nos veamos como canal comunicativo para otros del consuelo recibido de Dios. Los que han pasado por un sufrimiento grande y recibieron el consuelo divino ya que *"él da mayor gracia"* (Stg. 4:6), están equipados para consolar a otros.

5. Porque de la manera que abundan en nosotros las aflicciones de Cristo, así abunda también por el mismo Cristo nuestra consolación.

ὅτι καθὼς περισσεύει τὰ παθήματα τοῦ Χριστοῦ εἰς ἡμᾶς,
Pues, así como abundan los padecimientos - de Cristo en nosotros,
οὕτως διὰ τοῦ Χριστοῦ περισσεύει καὶ ἡ παράκλησις ἡμῶν.
así mediante - Cristo abundan también la consolación de nosotros.

Análisis y notas del texto griego.

Análisis: ὅτι, conjunción continuativa *pues*; καθὼς, conjunción *así, así como, lo mismo que, según que, como*; περισσεύει, tercera persona singular del presente de indicativo en voz activa del verbo περισσεύω, *abundar, sobrar, crecer, tener de sobra*, aquí *abunda*; τὰ, caso nominativo neutro plural del artículo determinado *los*; παθήματα, caso nominativo neutro plural del nombre común *padecimientos*; τοῦ, caso genitivo masculino singular del artículo determinado *el*; Χριστοῦ, caso genitivo masculino singular del nombre propio declinado *de Cristo*; εἰς, preposición propia de acusativo *en*; ἡμᾶς, caso acusativo de la primera persona plural del pronombre personal *nosotros*; οὕτως, adverbio demostrativo *así, de esta manera*; διὰ, preposición propia de genitivo *mediante*; τοῦ, caso genitivo masculino singular del artículo determinado *el*; Χριστοῦ, caso genitivo masculino singular del nombre propio *Cristo*; περισσεύει, tercera persona singular del presente de indicativo en voz activa del verbo περισσεύω, *abundar, sobrar, crecer, tener de sobra*, aquí *abunda*; καὶ, adverbio de modo *también*; ἡ, caso nominativo femenino singular del artículo determinado *la*; παράκλησις, caso nominativo femenino singular del nombre común *consolación*; ἡμῶν, caso genitivo de la primera persona plural del pronombre personal declinado *de nosotros*.

ὅτι καθὼς περισσεύει τὰ παθήματα τοῦ Χριστοῦ εἰς ἡμᾶς, La vida de Cristo se manifiesta en el creyente. El apóstol habla de ella como una relación vivencial al decir que *"para mí, el vivir es Cristo"* (Fil. 1:21). Esa vivencia de Cristo conduce a la identificación en Su muerte y resurrección (Gá. 2:20). En ese sentido, lo que ha constituido para el Señor el trato de los hombres, será también el que reciba el creyente. Proféticamente se anunció al Mesías como *"varón de dolores, experimentado en quebrantos"* (Is. 53:3). Así que las aflicciones que fueron propias de Él, lo son también de quienes viven Su vida. No cabe duda alguna que Cristo fue *afligido* (Lc. 24:26, 46; 1 P. 1:11), por tanto, la identificación del creyente con Él le conduce a una experiencia semejante. (Ro. 8:17; Fil. 3:10; Col. 1:24). Junto con la bendición de la salvación, viene la consecuencia en la transitoriedad de la vida. Somos hechos *"justicia de Dios en Él"* (5:21), en la misma medida en que también *"padezcamos juntamente con Él"* (Ro. 8:17). No se trata de un condicional que puede o no ocurrir, sino de una afirmación precisa y definitiva, los hijos de Dios por adopción, están en la misma experiencia que Jesús. La identificación con Él para vida, implica la identificación en el sufrimiento que Él ha experimentado en Su vida y que sigue experimentando por medio de Su cuerpo, que es la Iglesia (Col. 1:24). El vituperio de Jesús es también el vituperio de quienes están en Él. Sin embargo, no es un sufrimiento individualizado que queda en la experiencia del que lo padece, sino una forma colectiva que comprende, en diferentes formas, a todos los cristianos, como se enseña en este versículo de la *Epístola*, de modo que todos los creyentes se convierten en compañeros de aflicciones (v. 7). El sufrimiento no es deseable, pero es irrenunciable cuando el Señor lo permite, de ahí que el apóstol exhorta a su colaborador e hijo en la fe Timoteo a participar en las aflicciones por causa del Evangelio (2 Ti. 1:8). Co-padecer es un privilegio dado a los creyentes (Fil. 1:29). No debe olvidarse que el camino del Señor hacia la gloria fue primero el camino de la Cruz y del sufrimiento (Lc. 24:26). Todo aquel que está en Cristo sigue ese mismo camino trazado por el Señor (1 P. 2:21).

οὕτως διὰ τοῦ Χριστοῦ περισσεύει καὶ ἡ παράκλησις ἡμῶν. La consolación abundante de Cristo se manifiesta, frente a la *abundancia* de la tribulación. El verbo περισσεύω, en la acepción de *abundar*, es típico en la *Epístola* (3:9; 4:15; 8:2, 7; 9:8, 12). De manera que, si Pablo experimentaba abundantes persecuciones, también recibía abundante consolación en medio de ellas. Es interesante apreciar que los sufrimientos pueden ser muchos, por eso el término está en plural, que habla de diversidad, mientras que la consolación está en singular porque es sólo una que procede de Dios por medio de Cristo. De otro modo, hay siempre consolación, aunque haya diversidad en el sufrimiento. Esa consolación es siempre superior a cualquier tipo de sufrimiento. La gracia consoladora de Dios viene a suplir la necesidad del creyente en medio de la aflicción y de la prueba. Las dificultades son la consecuencia y el resultado de una vida que se conforma a Cristo. Pero, en estas circunstancias, la consolación de Dios, como provisión de Su gracia viene en asistencia para que el creyente lleve a cabo el programa divino para su vida. En esta asistencia los cristianos son capaces de amar desinteresadamente a sus hermanos y, en general a todo el mundo; son capaces de servir sin deseo de constituirse en posiciones superiores a las del resto de los hermanos. En esto dependen de Dios por la fe, viviendo en unión vital con Cristo.

No cabe duda que la situación interna de la iglesia en Corinto, producía, humanamente hablando, frustración. Pero, en medio del conflicto está la asistencia divina de la consolación. Las pruebas suelen producir preguntas que no tienen respuestas. Las incidencias de la prueba en la esfera del sufrimiento, genera muchas veces aflicciones, tristezas y lágrimas. Es ahí cuando la consolación de Dios se manifiesta en ayuda del afligido haciéndole sentir que, aún en medio de esas circunstancias sigue estando rodeado del amor de Dios, porque *"ni lo alto, ni lo profundo, ni ninguna otra cosa creada nos podrá separar del amor de Dios, que es en Cristo Jesús Señor nuestro"* (Ro. 8:39). La promesa de Dios es firme y el compromiso divino seguro: *"Me invocará, y yo le responderé; con él estaré yo en la angustia"* (Sal. 91:15). El cristiano nunca está solo, ni en los momentos álgidos de la tribulación. Cuando los enemigos rodean y las inquietudes aparecen, allí está la mesa de la comunión y de la provisión de Dios, otorgando la consolación (Sal. 23:5). En las preguntas sin respuesta, también la consolación viene en asistencia para mantener al creyente firme en la fe. Dios mismo le dice por Su Palabra: *"Porque mis pensamientos no son vuestros pensamientos, ni vuestros caminos mis caminos, dijo Jehová. Como son más altos los cielos que la tierra, así son mis caminos más altos que vuestros caminos, y mis pensamientos más que vuestros pensamientos"* (Is. 55:8-9). No hay respuesta a nuestras preguntas porque no alcanzamos el pensamiento de Dios, pero en toda circunstancia la *consolación* procedente de Él se manifiesta, alentando y permitiendo sobrellevar la aflicción.

El propósito de la consolación (1:6-7)

6. Pero si somos atribulados, es para vuestra consolación y salvación; o si somos consolados, es para vuestra consolación y salvación, la cual se opera en el sufrir las mismas aflicciones que nosotros también padecemos.

εἴτε δὲ θλιβόμεθα, ὑπὲρ τῆς ὑμῶν παρακλήσεως καὶ σωτηρίας·
Y si somos atribulados por la de vosotros consolación y salvación.
εἴτε παρακαλούμεθα, ὑπὲρ τῆς ὑμῶν παρακλήσεως τῆς
Si somos consolados, por la de vosotros consolación la
ἐνεργουμένης ἐν ὑπομονῇ τῶν αὐτῶν παθημάτων ὧν καὶ
que actúa en paciencia de los mismos padecimientos que también
ἡμεῖς πάσχομεν.
nosotros padecemos.

Análisis y notas del texto griego.

Análisis: εἴτε, conjunción *si, bien sea*; δὲ, partícula conjuntiva que hace las veces de conjunción coordinante, con sentido de *pero, más bien, y, y por cierto*, *antes bien, entonces*; θλιβόμεθα, primera persona plural del presente de indicativo en voz pasiva del verbo θλίβω, *atribular, afligir*, aquí *somos atribulados*; ὑπὲρ, preposición propia de genitivo *por, para*; τῆς, caso genitivo femenino singular del artículo determinado *la*; ὑμῶν, caso genitivo de la segunda persona plural del pronombre personal declinado *de vosotros*; παρακλήσεως, caso genitivo femenino singular del nombre común *consolación*; καὶ, conjunción copulativa *y*; σωτηρίας, caso genitivo femenino singular del nombre común *salvación*; εἴτε, conjunción *si, bien sea*; παρακαλούμεθα, primera persona plural del presente de indicativo en voz pasiva del verbo παρακαλέω, *consolar*, aquí *somos consolados*; ὑπὲρ, preposición propia de genitivo *por, para*; τῆς, caso genitivo femenino singular del artículo determinado *la*; ὑμῶν, caso genitivo de la segunda persona plural del pronombre personal declinado *de vosotros*; παρακλήσεως, caso genitivo femenino singular del nombre común *consolación*; τῆς, caso genitivo femenino singular del artículo determinado *la*; ἐνεργουμένης, caso genitivo femenino singular del participio de presente en voz media del verbo ἐνεργέω, *energizar, actuar*, aquí *que actúa*; ἐν, preposición propia de dativo *en*; ὑπομονῇ, caso dativo femenino singular del nombre común *paciencia*; τῶν, caso genitivo neutro plural del artículo determinado declinado *de los*; αὐτῶν, caso genitivo neutro plural del adjetivo intensivo *mismos*; παθημάτων, caso genitivo neutro plural del nombre común *padecimientos, aflicciones*; ὧν, caso genitivo neutro plural del pronombre relativo *los que, los cuales, que*; καὶ, adverbio de modo *también*; ἡμεῖς, caso nominativo de la segunda persona plural del pronombre personal *vosotros*; πάσχομεν, primera persona plural del presente de indicativo en voz activa del verbo πάσχω, *sufrir, padecer*, aquí *padecemos*.

εἴτε δὲ θλιβόμεθα, ὑπὲρ τῆς ὑμῶν παρακλήσεως καὶ σωτηρίας· Estamos ante un texto que es un tanto difícil de interpretar. No hay tanto alteraciones de lectura, sino ordenación de la misma, si bien todas expresan sustancialmente lo mismo. Lo que se aprecia en cualquier lectura es que la tribulación del apóstol y sus compañeros de ministerio redundaba en bendición para los creyentes. El apóstol está diciendo que los *sufrimientos* suyos son a favor, o *en pro* de los creyentes en Corinto, para consuelo y salvación. Indudablemente no puede referirse a que la salvación de pecados, puesto que ésta es una obra absolutamente de Cristo, y solo Su muerte redentora es absoluta y definitiva para la salvación de todo aquel que cree. Pero, la salvación en el segundo nivel, es la *santificación*. Pablo había escrito una *Epístola* anterior en la que les exhortaba a mantener una vida cristiana consecuente y, probablemente generó una visita rápida para ordenar alguna cosa. Ese encuentro terminó, como se ha considerado antes, en una situación sumamente dolorosa para el apóstol por el enfrentamiento de los *falsos apóstoles* y tal vez por uno de los miembros de la iglesia. Aquello impulsó al apóstol a escribir la *carta de las muchas lágrimas* (2:4). Es muy probable que la aflicción a que se refiere aquí sea ese escrito. No cabe duda que debió haber sido una carta dura, pero era para la *salvación*, es decir, *la santificación* de ellos. Pero, también pudiera referirse a las muchas tribulaciones que tuvo que sufrir cuando les predicó el evangelio por primera vez y estableció la iglesia. No hay bases bíblicas suficientes para afirmar a qué tribulaciones se refiere el apóstol, pero, en cualquier caso, su ministerio transcurrió en medio de aflicciones. La consolación divina no fue evitarle el sufrimiento, sino permitirle ver el fruto del trabajo hecho. Así se anunció proféticamente de Cristo: *"Verá el fruto de la aflicción de su alma y quedará satisfecho"* (Is. 53:11). En el momento más intenso de Su agonía recibió la confortación de un ángel enviado para *fortalecerlo* (Lc. 22:43). Haciendo referencia a aquella experiencia de Jesús, se dice que *"por el gozo puesto delante de Él, sufrió la cruz, menospreciando el oprobio"* (He. 12:2). De un modo semejante, el apóstol fue consolado en medio de la tristeza y aflicción, seguramente al ver la reacción positiva de la iglesia en el informe que le llevó Tito.

εἴτε παρακαλούμεθα, ὑπὲρ τῆς ὑμῶν παρακλήσεως. Siguiendo con la posición de que debía estar refiriéndose a la *carta de muchas lágrimas*, eso que había sido motivo de aflicción para Pablo, lo fue también para los corintios. La reacción de los creyentes trajo consolación a la iglesia y sirvió también de consuelo al apóstol y sus compañeros, como más adelante dice: *"Por esto hemos sido consolados en vuestra consolación; pero mucho más nos gozamos por el gozo de Tito, que haya sido confortado su espíritu por todos vosotros"* (7:13). La mutua consolación se manifiesta, ya que eran *compañeros en las aflicciones*, y también lo eran en la *consolación*.

τῆς ἐνεργουμένης ἐν ὑπομονῇ La tribulación produce *paciencia*, que es operada en los creyentes. El verbo ἐνεργέω, significa literalmente *energizar*, en sentido de operar para producir poderosamente la *paciencia* en medio de la prueba. Esto implica una acción sobrenatural (cf. 4:12; Ro. 12:6, 11; Gá. 5:6; Ef. 3:20; Col. 1:29; 1 Ts. 2:13; 2 Ts. 2:7; Stg. 1:2-3). Además, el verbo en voz activa, sitúa en la acción al sujeto que la realiza que es Dios.

Él produce un incremento de la *paciencia* en los que son probados, es decir, *elabora completamente* la paciencia. El término ὑπομονή, traducido como *paciencia*, está compuesto de la preposición ὑπό, que equivale a *debajo*, y el verbo μένω, *permanecer*, de modo que expresa la idea de mantenerse debajo. Las aflicciones son como una pesada carga que gravita sobre el cristiano, sin embargo, esas mismas pruebas generan, por el poder actuante de Dios, la capacidad de soportar el peso *permaneciendo debajo*. No se trata de resignación sino de aguante. La resignación conduce a la derrota, la perseverancia al triunfo. En la *Epístola* se hace referencia a la *perseverancia*, es decir *paciencia*, como un signo distintivo de los apóstoles fieles del Señor (12:12). Con los ojos puestos en Jesús, recibiendo la provisión de *consolación* o aliento de parte de Dios, el creyente se mantiene en medio del fuego de la prueba. Esta paciencia es lo que permite esperar la intervención de Dios en medio de las tribulaciones, como dice el salmista: *"Pacientemente esperé a Jehová, y se inclinó a mí, y oyó mi clamor"* (Sal. 40:1). Es Dios quien produce el poder para la paciencia.

τῶν αὐτῶν παθημάτων ὧν καὶ ἡμεῖς πάσχομεν. La paciencia que se produjo en el apóstol en medio de la aflicción y que es la misma que ocurre con los corintios, los identifica como un mismo pueblo de Dios, pero todavía más, esa consolación se produce en la identidad de los padecimientos. Esto produce una plena seguridad en el apóstol, como lo expresa en el siguiente versículo.

Como escribe el profesor Pastor Gutiérrez:

"Estas pruebas comunes, soportadas por el bien recíproco de unos y de otros, estrechan aún más la intimidad espiritual entre Pablo y sus cristianos. La conciencia viva de esta unión de afección y de destino sobrenatural es la que da sentido a lo que el apóstol ha de decirles en esta carta, aun a las expresiones más vehementes de los últimos capítulos"[19]

7. Y nuestra esperanza respecto de vosotros es firme, pues sabemos que así como sois compañeros en las aflicciones, también lo sois en la consolación.

καὶ ἡ ἐλπὶς ἡμῶν βεβαία ὑπὲρ ὑμῶν εἰδότες ὅτι ὡς
Y la esperanza de nosotros firme respecto de vosotros habiendo sabido que como
κοινωνοί ἐστε τῶν παθημάτων, οὕτως καὶ τῆς παρακλήσεως.
partícipes sois de los padecimientos, así también de la consolación.

[19] Pastor Gutiérrez. *II Corintios. La Sagrada Escritura, Nuevo Testamento*, vol. II. Madrid 1965, pág. 498.

Análisis y notas del texto griego.

Análisis: καὶ, conjunción copulativa *y*; ἡ, caso nominativo femenino singular del artículo determinado *la*; ἐλπὶς, caso nominativo femenino singular del nombre común *esperanza*; ἡμῶν, caso genitivo de la primera persona plural del pronombre personal declinado *de nosotros*; βεβαία, caso nominativo femenino singular del adjetivo *firme*; ὑπὲρ, preposición propia de genitivo *respecto de*; ὑμῶν, caso genitivo de la segunda persona plural del pronombre personal *vosotros*; εἰδότες, caso nominativo masculino plural del participio perfecto en voz activa del verbo οἶδα, *saber, entender, conocer*, aquí *que sabemos, habiendo sabido*; ὅτι, conjunción *que*; ὡς, adverbio de modo, *como*, que hace las veces de conjunción comparativa; κοινωνοί, caso nominativo masculino plural del nombre común *compañeros, partícipes*; ἐστε, segunda persona plural del presente de indicativo en voz activa del verbo εἰμί, *ser, estar*, aquí *sois*; τῶν, caso genitivo neutro plural del artículo determinado declinado *de los*; παθημάτων, caso genitivo neutro plural del nombre común *padecimientos, sufrimientos*; οὕτως, adverbio demostrativo *así*; καὶ, adverbio de modo *también*; τῆς, caso genitivo femenino singular del artículo determinado declinado *de la*; παρακλήσεως, caso genitivo femenino singular del nombre común *consolación*.

καὶ ἡ ἐλπὶς ἡμῶν βεβαία ὑπὲρ ὑμῶν La inquietud anterior se desvanece por esta seguridad. Hay una comunión en los sufrimientos, por tanto, tiene que haberla en la consolación. Esta es la forma con la que cierra el párrafo. Los corintios le habían producido, por los acontecimientos a los que se ha hecho referencia antes, una gran inquietud, confía ahora que la firmeza de la fe de ellos conducirá todo a un resultado conforme a su deseo para aquella iglesia que le había costado tanto esfuerzo y atención. El apóstol no duda que quien comenzó la obra entre ellos, la va a mantener e incrementar en el futuro, cumpliendo Su propósito para aquella iglesia.

εἰδότες ὅτι ὡς κοινωνοί ἐστε τῶν παθημάτων, οὕτως καὶ τῆς παρακλήσεως. Ese conocimiento seguro está en la *comunión*, *compañerismo*, *participación*, de los unos en los sufrimientos de los otros. Los corintos fueron afligidos, como también lo había sido Pablo y sus compañeros. Esta *esperanza* del apóstol se basa en ese conocimiento. La clave de este conocimiento está en el hecho de que los corintios son *participantes*, o *partícipes* en las aflicciones, que no quiere decir que sean las mismas que las de Pablo pero, en cualquier caso, la consolación que el apóstol recibió en medio de las suyas, era también la que se comunicaba a los corintios en las que les afectaban.

La misma procedencia era las tribulaciones, ambas procedían del mundo del que nacen. Unos y otros tenía en común el *compañerismo* en ellas, los corintios eran sus *compañeros* tanto en las tribulaciones como en la consolación. De este modo se referirá a Tito, su *compañero* (8:23). Pero también usa el término para referirse a compañerismo moral (1 Co. 10:18, 20). Igualmente aparece en otros escritos para señalar a la unión espiritual (1 P. 5:1; 2 P. 1:4). De ahí la seguridad que expresa en relación con los creyentes en Corinto.

Experiencia de la acción divina (1:8-11)

8. Porque hermanos, no queremos que ignoréis acerca de nuestra tribulación que nos sobrevino en Asia; pues fuimos abrumados sobremanera más allá de nuestras fuerzas, de tal modo que aun perdimos la esperanza de conservar la vida.

Οὐ γὰρ θέλομεν ὑμᾶς ἀγνοεῖν, ἀδελφοί, ὑπὲρ[1] τῆς θλίψεως
Porque no queremos vosotros ignorar, hermanos, acerca de la aflicción
ἡμῶν τῆς γενομένης[2] ἐν τῇ ᾿Ασίᾳ, ὅτι καθ᾽ ὑπερβολὴν ὑπὲρ
de nosotros la que sobrevino en - Asia, que en exceso más allá de
δύναμιν ἐβαρήθημεν ὥστε ἐξαπορηθῆναι ἡμᾶς καὶ
fuerza fuimos abrumados, de tal modo que perdimos la esperanza nosotros también
τοῦ ζῆν·
de la vida.

Análisis y notas del texto griego.

Análisis: Οὐ, adverbio de negación *no*; γὰρ, conjunción causal *porque*; θέλομεν, primera persona plural del presente de indicativo en voz activa del verbo θέλω, *querer, desear*, aquí *queremos*; ὑμᾶς, caso acusativo de la segunda persona plural del pronombre personal *vosotros*; ἀγνοεῖν, presente de infinitivo en voz activa del verbo ἀγνοέω, *ignorar*; ἀδελφοί, caso vocativo masculino plural del nombre común *hermanos*; ὑπὲρ, preposición propia de genitivo *acerca de*; τῆς, caso genitivo femenino singular del artículo determinado *la*; θλίψεως, caso genitivo femenino singular del nombre común *aflicción, conflicto, tribulación*; ἡμῶν, caso genitivo de la primera persona plural del pronombre personal declinado *de nosotros*; τῆς, caso genitivo femenino singular del artículo determinado *la*; γενομένης, caso genitivo femenino singular del participio del segundo aoristo en voz media del verbo γίνομαι, *llegar a ser, empezar a existir, suceder, venir, sobrevenir*, aquí *que sobrevino*; ἐν, preposición propia de dativo *en*; τῇ, caso dativo femenino singular del artículo determinado *la*; ᾿Ασίᾳ, caso dativo femenino singular del nombre propio *Asia*; ὅτι, conjunción *que*; καθ᾽, forma de la preposición de acusativo κατά, por elisión y asimilación ante vocal con espíritu áspero, que equivale a *por, en*; ὑπερβολὴν, caso acusativo femenino singular del nombre común *hipérbole, sobremanera, en exceso*; ὑπὲρ, preposición propia de acusativo *más allá de*; δύναμιν, caso acusativo femenino singular del nombre común *poder, fuerza*; ἐβαρήθημεν, primera persona plural del primera aoristo de indicativo en voz pasiva del verbo βαρέω, *abrumar*, aquí *fuimos abrumados*; ὥστε, conjunción consecutiva *por tanto, por consiguiente, de tal manera que, con el fin de, con la intención de*; ἐξαπορηθῆναι, primer aoristo de infinitivo en voz pasiva del verbo ἐξαπορέομαι, *desesperar, perder la esperanza*, aquí *perdimos la esperanza*; ἡμᾶς, caso acusativo de la primera persona plural del pronombre personal *nosotros*; καὶ, adverbio de modo *también*; τοῦ, caso genitivo neutro plural del artículo determinado *del*; ζῆν, caso genitivo neutro plural del nombre común *vida, vivir, forma de vida*.

Notas. Crítica Textual. Lecturas alternativas.

[1] ὑπὲρ, *acerca de*, lectura en 𝔓[46vid], B, K, L, Ψ, 0121, 0243, 630, 1241, 1739, 1881, 2464, 𝔐.

περί, *acerca de, entorno a*, como aparece en a, A, C, D, F, G, P, 0209, 33, 81, 104, 365, 1175, 1505.

[2] γενομένης, *que sobrevino*, según a*, A, B, C, D*, F, G, P, Ψ, 0121, 0243, 6, 33, 81, 365, 630, 1175, 1739, 1881, 2464.

γενομένης ἡμίν, *que sobrevino a nosotros*, conforme a [2]a, D[1], K, L, 0209, 104, 124, 1505, 𝔐, sy, co.

Οὐ γὰρ θέλομεν ὑμᾶς ἀγνοεῖν, ἀδελφοί, ὑπὲρ τῆς θλίψεως ἡμῶν τῆς γενομένης ἐν τῇ ᾿Ασίᾳ, De una forma admirable, el apóstol va a introducir las múltiples penalidades que tuvo que soportar en su ministerio apostólico. En cierto modo prepara el terreno para confrontar a los *falsos apóstoles*, que venían a los corintos con *cartas de recomendación*, pero sin sufrimiento alguno en su pretendida comisión apostólica, porque no eran del pueblo de Dios y no padecían persecución. Sin embargo, Pablo y sus compañeros, sin cartas de recomendación escritas, se acreditaban por las tribulaciones que por el testimonio del evangelio sufrían continuamente. Esto será desarrollado en los capítulos finales de la *Epístola*.

A los lectores les pide que no se olviden de uno de los grandes conflictos que tuvo que soportar. Lo vincula con Asia, pero no da más información acerca del lugar. De ahí la frase *"no queremos que ignoréis"*, que aparece en idéntico sentido ocho veces en los escritos del apóstol (Ro. 1:13; 11:25; 1 Co. 10:1; 12:1; 1 Ts. 4:13). Él quería que los acontecimientos que les habían sobrevenido, estuviesen en la mente de los cristianos en Corinto. Desde antiguo los exégetas identifican esta aflicción con los eventos de Éfeso, especialmente por la revuelta promovida por Demetrio y los plateros de la ciudad (Hch. 19:23 ss.). Pero los promotores mayores de todos los problemas del apóstol eran los judíos que soliviantaban al pueblo y promovían revueltas contra él y sus compañeros (Hch. 20:3). El mismo apóstol se refiere a ellos como los promotores de una persecución continua (1 Co. 15:30-32; 16:9). Sin embargo, pudiera haber ocurrido por el encarcelamiento de las autoridades romanas (11:23). De todos modos, no hay seguridad de que el apóstol estuviese encarcelado en Éfeso, pero él mismo testifica de haber estado en la cárcel en varias ocasiones. Es muy probable que una parte del tiempo pasado en Éfeso fuese en la cárcel (Hch. 19:8, 10; 20:31).

Algunos proponen que también pudo haber sido como consecuencia de las varias veces que fue azotado en las sinagogas cuando, sin duda forzado fue llevado a ellas para comparecer ante tribunales judíos. Al reo le imponían muchas veces un castigo de azotes con varas, consistente en treinta y nueve golpes con varas de madera. Su testimonio personal es que esto ocurrió *cinco veces* (11:24). Si se aplica sin misericordia el castigo puede ocasionar serios problemas en el organismo, por lo que pudiera ser también que se tratase de una situación física sumamente delicada, que incluso pudiese ocasionarle la muerte. Además, también fue azotado por las autoridades romanas, también con varas (11:25). Una referencia a esto queda registrada por Lucas, cuando se refiere a los azotes que recibieron el apóstol y Silas (Hch. 16:22). Pudiera ser que castigos tan intensos y continuados quebrantasen grandemente la salud del apóstol. Pero, no hay una base bíblica suficiente para afirmar o desmentir estas propuestas.

ὅτι καθ ὑπερβολὴν ὑπὲρ δύναμιν ἐβαρήθημεν ὥστε ἐξαπορηθῆναι ἡμᾶς καὶ τοῦ ζῆν· El conflicto al que se refiere y que quería que no olvidasen los corintios, debió ser de una gran dimensión por las expresiones usadas en el versículo. Habla de haber sido *abrumados* en *exceso*, para lo que usa el término ὑπερβολή, literalmente *hipérbole*, que tiene que ver en castellano con el aumento excesivo de algo de lo que se habla, incluso la exageración de un evento. Sin embargo, puesto que es el apóstol quien escribe en un escrito inspirado y canónico, no se trata de exagerar algo, sino de ponerlo en la dimensión precisa. De manera que la idea del texto es que el conflicto superó todo lo normal, sobrepasando todos los límites. De tal manera que las fuerzas personales eran insuficientes. Además, las circunstancias que se habían producido les hicieron temer por su misma vida. Las perspectivas en aquella prueba eran de muerte. La referencia al conflicto reviste el carácter del mismo, de las aflicciones en ellas mismas, que *fueron en extremo grandes*. Pero también la ausencia de fuerzas expresa la capacidad superada para soportarlas, humanamente hablando.

Un recuerdo de la experiencia del apóstol serviría de aliento para quienes, siendo verdaderos seguidores de Cristo estaban atravesando por dificultades y peligros. Los problemas grandes no eran de ellos solos, sino que aún aquel que siendo apóstol fue enviado establecido por Dios para el ministerio, tenía que confrontarlos estando en peligro de muerte.

9. Pero tuvimos en nosotros mismos sentencia de muerte, para que no confiásemos en nosotros mismos, sino en Dios que resucita a los muertos.

ἀλλὰ αὐτοὶ ἐν ἑαυτοῖς τὸ ἀπόκριμα τοῦ θανάτου
Pero nosotros en nosotros mismos la sentencia - de muerte
ἐσχήκαμεν, ἵνα μὴ πεποιθότες ὦμεν ἐφ' ἑαυτοῖς ἀλλ'
hemos tenido, para que no confiados estemos en nosotros mismos sino
ἐπὶ τῷ Θεῷ τῷ ἐγείροντι τοὺς νεκρούς·
en - Dios el que levanta a los muertos.

Análisis y notas del texto griego.

Análisis: ἀλλὰ, conjunción adversativa *pero*; αὐτοὶ, caso nominativo de la primera persona plural del pronombre intensivo *nosotros*; ἐν, preposición propia de dativo *en*; ἑαυτοῖς, caso dativo masculino plural del pronombre reflexivo *nosotros mismos*; τὸ, caso acusativo neutro singular del artículo determinado *el*; ἀπόκριμα, caso acusativo neutro singular del nombre común *sentencia, condena*; τοῦ, caso genitivo masculino singular del artículo determinado *el*; θανάτου, caso genitivo masculino singular del nombre común declinado *de muerte*; ἐσχήκαμεν, primera persona plural del perfecto de indicativo en voz activa del verbo ἔχω, *tener*, aquí *hemos tenido*; ἵνα, conjunción causal *para que*; μὴ, partícula que hace funciones de adverbio de negación *no*; πεποιθότες, caso nominativo masculino plural del participio perfecto en voz activa del verbo πείθω, *confiar*, aquí *confiados*; ὦμεν, primera persona plural del presente de subjuntivo en voz activa del verbo εἰμί, *ser, estar*, aquí *estemos*; ἐφ', forma escrita de la preposición de dativo ἐπί por elisión de la ι final y asimilación de la π ante vocal o diptongo con aspiración, y que significa *sobre, a, en, junto a, ante, con base en, referente a, durante, además de, de, para, por, contra*; ἑαυτοῖς, caso dativo masculino plural del pronombre reflexivo *nosotros mismos*; ἀλλ', forma escrita ante vocal de la conjunción adversativa ἀλλά que significa *pero, sino*; ἐπὶ, preposición propia de dativo *en*; τῷ, caso dativo masculino singular del artículo determinado *el*; Θεῷ, caso dativo masculino singular del nombre divino *Dios*; τῷ, caso dativo masculino singular del artículo determinado *el*; ἐγείροντι, caso dativo masculino singular del participio de presente en voz activa del verbo ἐγείρω, *levantar, resucitar*, aquí *que levanta*; τοὺς, caso acusativo masculino plural del artículo determinado declinado *a los*; νεκρούς, caso acusativo masculino plural del nombre común *muertos*.

ἀλλὰ αὐτοὶ ἐν ἑαυτοῖς τὸ ἀπόκριμα τοῦ θανάτου ἐσχήκαμεν, De igual modo que no se puede precisar el lugar de Asia donde tuvo lugar el conflicto al que se refiere en el versículo anterior, del mismo modo no es posible determinar de qué se trata esta *sentencia de muerte*, que Pablo dice que *tuvimos en nosotros mismos*.

De nuevo surgen propuestas sobre esta *sentencia de muerte*. No hay ninguna referencia histórica a un juicio que concluyese en sentencia capital. De ahí que muchos exégetas sostengan que se trata de una grave enfermedad que sufrió. Como escribe el profesor Pastor Gutiérrez, citando a Allo:

"Para el P. Allo, la tribulación que sobrevino a San Pablo en Asia fue una enfermedad gravísima que le llevó a las puertas de la eternidad; él creyó entonces que, no obstante su sumisión a la voluntad divina, se vería obligado a renunciar de golpe, de modo irremediable, a todos sus proyectos desinteresados, motivados sólo por la gloria de Dios; a su apostolado de Occidente, a todas sus empresas. Esa enfermedad corporal la lleva aún Pablo en su carne, en sus huesos; es como la sentencia de muerte que le amenaza aún, y que puede aplicársele con un recrudecimiento o ataque imprevisto del mal físico que lo atormenta"[20].

Es necesario dejar esto tal como aparece en el texto, sin tratar de dar respuesta a lo que para el apóstol significaba esa sentencia de muerte. Acaso los corintios conocían algo más que nosotros ignoramos. Tan solo sabemos que la situación era insostenible con fuerzas humanas y que sólo la intervención divina pudo resolverla.

ἵνα μὴ πεποιθότες ὦμεν ἐφ ἑαυτοῖς. En todo el Señor enseña lecciones a los Suyos preparándolos para un servicio eficaz. El apóstol hace notar que aquella situación que podía ser mortal, fue permitida por el Señor para quitar de él toda confianza humana. Él fue llevado al borde de la muerte, pero no murió. Sin embargo, aprendió definitivamente a dejar cualquier aspecto, por pequeño que fuese de autoconfianza, pasando a depender sólo y exclusivamente de Dios. Grandes propósitos tenía él para el ministerio, proyectos que había elaborado en su mente, deseos de alcanzar más lejos, hasta lo último de la tierra, a otros con el evangelio de Cristo, pero esa gran obra, que sin duda correspondía al propósito divino de proclamar el mensaje de salvación a todos los hombres, podía ser hecha por otro u otros sin la intervención suya. Nadie debe considerarse imprescindible en la obra de Dios. Todos somos necesarios, pero ninguno imprescindible. Esa es la suprema confianza que mantuvo el ministerio de Pablo hasta el final de sus días.

ἀλλ᾽ ἐπὶ τῷ Θεῷ τῷ ἐγείροντι τοὺς νεκρούς· En una situación de peligro de muerte, se abandonó totalmente en la mano de Dios. Sólo el poder omnipotente del Señor le podía librar de la muerte, sabiendo que

[20] Pastor Gutiérrez. o.c., pág. 498.

Dios es capaz de resucitar a los muertos. Esta puede muy bien ser una forma metafórica para referirse al milagro de su liberación. Es una expresión típica de los judíos, como Pablo dice, refiriéndose a la edad de Abraham que ya no podía concebir un hijo que *estaba como muerto* (He. 11:11-12), o también cuando se refiere al sacrificio de Isaac, dice que *"Dios es poderoso para levantar aun de entre los muertos, de donde, en sentido figurado, también le volvió a recibir"* (He. 11:19). Es por esta experiencia que el apóstol testifica que, en medio de conflictos y pruebas, rodeado de dificultades incluso personales, puede oír a Dios que le dice: *"Bástate mi gracia; porque mi poder se perfecciona en la debilidad"* (12:9). Esa fue una experiencia consoladora que le enseñó la consolación para que él pudiese también consolar a otros. Sin duda las situaciones más difíciles son las ocasiones de Dios para manifestar Su gracia.

10. El cual nos libró, y nos libra, y en quien esperamos que aún nos librará, de tan gran muerte.

ὃς ἐκ τηλικούτου θανάτου ἐρρύσατο ἡμᾶς καὶ ῥύσεται,
El cual de tan grande muerte libró nos y librará
εἰς ὃν ἠλπίκαμεν ὅτι καὶ ἔτι ῥύσεται,
en quien hemos confiado que también aún librará.

Análisis y notas del texto griego.

Análisis: ὃς, caso nominativo masculino singular del pronombre relativo *el que, el cual, quien*; ἐκ, preposición propia de genitivo *de*; τηλικούτου, caso genitivo masculino singular del adjetivo demostrativo *tan grande, tan fuerte, tan terrible*; θανάτου, caso genitivo masculino singular del nombre común *muerte*; ἐρρύσατο, tercera persona singular del primer aoristo de indicativo en voz media del verbo ῥύομαι, *librar, salvar*, aquí *libró*; ἡμᾶς, caso acusativo de la primera persona plural del pronombre personal declinado *a nosotros, nos*; καὶ, conjunción copulativa *y*; ῥύσεται, tercera persona singular del futuro de indicativo en voz media del verbo ῥύομαι, *librar, salvar*, aquí, *librará*; εἰς, preposición propia de acusativo *en*; ὃν, caso acusativo masculino singular del pronombre relativo *el cual, el que, quien*; ἠλπίκαμεν, primera persona plural del perfecto de indicativo en voz activa del verbo ἐλπίζω, *confiar, poner confianza*, aquí *hemos confiado*; ὅτι, conjunción *que*; καὶ, adverbio de modo *también*; ἔτι, adverbio *aun*; ῥύσεται, tercera persona singular del futuro de indicativo en voz media del verbo ῥύομαι, *librar, salvar*, aquí, *librará*.

ὃς ἐκ τηλικούτου θανάτου ἐρρύσατο ἡμᾶς. Dios librando, rescatando, cuando ya las fuerzas humanas han perdido toda esperanza. Como se dice antes, no conocemos las circunstancias que rodeaban la experiencia tremenda del apóstol, que dudaba de salir con vida de ella. Con seguridad los corintios conocían de qué se trataba. Lo que importaba a Pablo y lo que el Espíritu guardó en el escrito para nosotros es el hecho de que fue librado de un peligro mortal. Ante los *falsos apóstoles* e incluso sus detractores en la iglesia, que le acusaban de un interés personal por lo que fundaba iglesias, el apóstol pone delante sus sufrimientos por Cristo, que ninguno de sus enemigos podía manifestar.

καὶ ῥύσεται, εἰς ὃν ἠλπίκαμεν ὅτι καὶ ἔτι ῥύσεται,
El verbo ῥύομαι, es frecuente en la versión LXX de los Salmos. Dios es llamado el Libertador, el que libra (Sal. 18:2; 70:5). El apóstol lo usa en otros lugares (cf. Ro. 7:24; 15:31; 2 Ts. 3:2; Col. 1:13). Viene a ser un término técnico para señalar la liberación de un peligro considerable, así se aplica a Lot, el apóstol Pedro (2 P. 2:7-9); Pablo lo aplica a sí mismo en los momentos cruciales de su defensa ante el tribunal de Cesar (2 Ti. 4:17); de igual manera se usa para referirse a la acción divina que libra al creyente de la ira venidera (1 Ts. 1:10).

Dios es la esperanza del creyente en medio de la prueba: *"en quien esperamos"*. No sólo debemos confiar en Dios, sino todavía más, Él es nuestra esperanza. Dios permite al creyente llegar al límite para que vuelva su vista a Él como el único medio de victoria. En la aflicción se descubren los poderosos recursos de Dios. La dimensión de la prueba: *"tan gran muerte"* supera en todo los recursos de poder humanos, considerándose en esas circunstancias, como afirma el apóstol, como muerto. Pero es cuando todo falla y nada queda de nosotros, entonces todo es de Dios y Él se manifiesta en la debilidad.

La experiencia de Pablo hace que escriba el verbo *librar* en futuro, lo que expresa la evidencia de la absoluta confianza que el apóstol tenía en Dios. Lo libró de *tan gran muerte*, pero lo seguirá haciendo en el futuro. Ese verbo referido al tiempo pasado está, en el texto griego, en *perfecto*, que expresa una acción totalmente realizada, esto es, en el pasado *hemos sido librados*, pero sabe que Dios lo volverá a hacer en el futuro cuando sea necesario. Es como si dijese: *"ponemos nuestra confianza en Dios, Él seguirá librándonos"*.

11. Cooperando también vosotros a favor nuestro con la oración, para que por muchas personas sean dadas gracias a favor nuestro por el don concedido a nosotros por medio de muchos.

συνυπουργούντων καὶ ὑμῶν ὑπὲρ ἡμῶν τῇ δεήσει, ἵνα ἐκ
Cooperando también vosotros con nosotros con la oración, para que por
πολλῶν προσώπων τὸ εἰς ἡμᾶς χάρισμα διὰ πολλῶν
muchas personas el a nosotros don por muchos
εὐχαριστηθῇ ὑπὲρ ἡμῶν.
gracias sean dadas por nosotros.

Análisis y notas del texto griego.

Análisis: συνυπουργούντων, caso genitivo masculino plural del participio de presente en voz activa del verbo συνυπουργέω, *operar junto con, colaborar, cooperar*, aquí *cooperando*; καὶ, adverbio de modo *también*; ὑμῶν, caso genitivo de la segunda persona plural del pronombre personal *vosotros*; ὑπὲρ, preposición propia de genitivo *con*; ἡμῶν, caso genitivo de la primera persona plural del pronombre personal *nosotros*; τῇ, caso dativo femenino singular del artículo determinado declinado *con la*; δεήσει, caso dativo femenino singular del nombre común *plegaria, oración*; ἵνα, conjunción causal *para que*; ἐκ, preposición propia de genitivo *por*; πολλῶν, caso genitivo neutro plural del adjetivo *muchos*; προσώπων, caso genitivo neutro plural del nombre común *personas*; τὸ, caso nominativo neutro singular del artículo determinado *el*; εἰς, preposición propia de acusativo *a*; ἡμᾶς, caso acusativo de la primera persona plural del pronombre personal *nosotros*; χάρισμα, caso nominativo neutro singular del nombre común *don*; διὰ, preposición propia de genitivo *por*; πολλῶν, caso genitivo masculino plural del adjetivo *muchos*; εὐχαριστηθῇ, tercera persona singular del primer aoristo de subjuntivo en voz pasiva del verbo εὐχαριστέω, *dar gracias*, aquí *sean dadas gracias*; ὑπὲρ, preposición propia de genitivo *por*; ἡμῶν, caso genitivo de la primera persona plural del pronombre personal *nosotros*.

συνυπουργούντων καὶ ὑμῶν ὑπὲρ ἡμῶν τῇ δεήσει, Los creyentes, como miembros los unos de los otros, deben interceder también de esa manera, sintiendo la prueba y tribulaciones de sus hermanos como propias, para orar por ellos (1 Co. 12:26). El apóstol tenía en gran estima la oración intercesora (Ro. 15:30: Fil. 1:19). El ejemplo de Epafras es elocuente: *"Os saluda Epafras, el cual es uno de vosotros, siervo de Cristo, siempre rogando encarecidamente por vosotros en sus oraciones, para estéis firmes, perfectos, y completos en todo lo que Dios quiere"* (Col. 4:12). Pablo estaba persuadido de ese tipo de intercesión, cuando escribía: *"Prepárame también alojamiento; porque espero que por vuestras oraciones os seré concedido"* (Flm. 22).

ἵνα ἐκ πολλῶν προσώπων τὸ εἰς ἡμᾶς χάρισμα. La respuesta a la oración intercesora traería para él y sus colaboradores como consecuencia la *concesión del don*. Nada tiene que ver con los dones espirituales, sino como el favor divino de poder superar las aflicciones y mantenerse vivos para servir a Dios. Como escribe el profesor P. Gutiérrez, refiriéndose a las palabras de Pablo: *"Él ve a sus fieles de Corinto reunidos en la asamblea litúrgica con sus rostros iluminados por la fe, elevando sus corazones al cielo para orar y agradecer al mismo tiempo. Esta visión de la comunidad orante da más fortaleza al alma del Apóstol, quien ve realizada en esa inter-comunión espiritual de sentimientos, de oraciones, de acciones de gracias, el dogma de la 'comunión de los santos'; es decir, unión del apóstol y de los fieles en los sufrimientos, en el consuelo en la oración"*[21].

διὰ πολλῶν εὐχαριστηθῇ ὑπὲρ ἡμῶν. Esa oración intercesora, redundaría también en una manifestación de gratitud que glorifique Su nombre. No cabe duda que "*la oración eficaz del justo puede mucho*" (Stg. 5:16). Muchos orando, resultará en *muchas expresiones de gratitud* al Señor por la respuesta a las peticiones. El término προσώπων, traducido por *persona*, equivale literalmente a *rostro*, en este sentido es elocuente como figura, para hablar de *muchos rostros* que se levantan a Dios en intercesión, y que luego se inclinan reverentes dándole gracias por la respuesta otorgada a sus peticiones. Dios es siempre exaltado por su gracia. Los beneficios que se obtienen de Él, son siempre dones perfectos y buenas dádivas (Stg. 1:17). Los hijos acuden al Padre en busca del socorro oportuno. Ninguna de las oraciones levantadas a Su Trono de Gracia, son ignoradas por Él, que contesta siempre dando en cada caso lo mejor para el problema presentado ante Él, como corresponde a un Padre que ama profundamente a sus hijos.

Todo esto produce mucha confianza, a la vez que genera profunda consolación. En medio de los conflictos la oración entra afirmada en la fe al mismo Trono de Gracia y recibe de Dios la provisión en el socorro oportuno.

II. Posición por la ofensa recibida (1:12-2:13)

El cambio de planes y sus razones (1:12-2:4)

Honestidad del apóstol (1:12-14)

12. Porque nuestra gloria es ésta: el testimonio de nuestra conciencia, que con sencillez y sinceridad de Dios, no con sabiduría humana, sino con la gracia de Dios, nos hemos conducido en el mundo, y mucho más con vosotros.

Ἡ γὰρ καύχησις ἡμῶν αὕτη ἐστίν, τὸ μαρτύριον τῆς
Porque la jactancia de nosotros ésta es: el testimonio de la
συνειδήσεως ἡμῶν, ὅτι ἐν ἁπλότητι[1] καὶ εἰλικρινείᾳ τοῦ Θεοῦ,
conciencia de nosotros que en sencillez e integridad - de Dios,
καὶ[2] οὐκ ἐν σοφίᾳ σαρκικῇ ἀλλ' ἐν χάριτι Θεοῦ, ἀνεστράφημεν
y no en sabiduría carnal sino con gracia de Dios, nos condujimos
ἐν τῷ κόσμῳ, περισσοτέρως δὲ πρὸς ὑμᾶς.
en el mundo, y especialmente con vosotros.

---

[21] Pastor Gutiérrez. o.c., pág. 499.

Análisis y notas del texto griego.

Análisis: Ἡ, caso nominativo femenino singular del artículo determinado *la*; γὰρ, conjunción causal *porque*; καύχησις, caso nominativo femenino singular del nombre común *jactancia*; ἡμῶν, caso genitivo de la primera persona plural del pronombre personal declinado *de nosotros*; αὕτη, caso nominativo femenino singular del pronombre demostrativo *ésta*; ἐστίν, tercera persona singular del presente de indicativo en voz activa del verbo εἰμί, *ser, estar*, aquí *es*; τὸ, caso nominativo neutro singular del artículo determinado *el*; μαρτύριον, caso nominativo neutro singular del nombre común *testimonio*; τῆς, caso genitivo femenino singular del artículo determinado declinado *de la*; συνειδήσεως, caso genitivo femenino singular del nombre común *conciencia*; ἡμῶν, caso genitivo de la primera persona plural del pronombre personal declinado *de nosotros*; ὅτι, conjunción *que*; ἐν, preposición propia de dativo *en*; ἁπλότητι, caso dativo femenino singular del nombre común *sencillez, pureza, sinceridad*; καὶ, conjunción copulativa *y*; εἰλικρινείᾳ, caso dativo femenino singular del nombre común *pureza, integridad*; τοῦ, caso genitivo masculino singular del artículo determinado *el*; Θεοῦ, caso genitivo masculino singular del nombre divino declinado *de Dios*; καὶ, conjunción copulativa *y*; οὐκ, forma escrita del adverbio de negación *no*, con el grafismo propio ante una vocal con espíritu suave o una enclítica; ἐν, preposición propia de dativo *en*; σοφίᾳ, caso dativo femenino singular del nombre común *sabiduría*; σαρκικῇ, caso dativo femenino singular del adjetivo *carnal*; ἀλλ', forma escrita ante vocal de la conjunción adversativa ἀλλά que significa *pero*, *sino*; ἐν, preposición propia de dativo *en*; χάριτι, caso dativo femenino singular del nombre común *gracia*; Θεοῦ, caso dativo masculino singular del nombre divino declinado *de Dios*; ἀνεστράφημεν, primera persona plural del segundo aoristo de indicativo en voz pasiva del verbo ἀναστρέφω, *caminar, conducirse, portarse*, aquí *nos condujimos*; ἐν, preposición propia de dativo *en*; τῷ, caso dativo masculino singular del artículo determinado *el*; κόσμῳ, caso dativo masculino singular del nombre común *mundo*; περισσοτέρως, adverbio de modo *especialmente*; δὲ, partícula conjuntiva que hace las veces de conjunción coordinante, con sentido de *pero, más bien, y, y por cierto*, *antes bien, entonces*; πρὸς, preposición propia de acusativo *con*; ὑμᾶς, caso acusativo de la segunda persona plural de pronombre personal *vosotros*.

Notas. Crítica textual. Lecturas alternativas.

[1] ἁπλότητι, *sencillez,* según lectura en [2]a, D, F, G, L, 104, 1241, 1505, 𝔐, lar, sy.

ἁγιότετι, *santidad*, como se lee en 𝔓[46], a*, A, B, C, K, P, Ψ, 0121, 0243, 33, 81, 365, 630, 1175, 1739, 1881, 2464, r, co, Clemente, Orígenes, Dídimo.

[2]καὶ, *y*, lectura en 𝔓[46], B, 0121, 0243, 6, 33, 630, 1175, 1739, 1881, 2464, ar, f, vg, sy.

Se omite en las lecturas de א, A, C, D, F, G, K, L, P, Ψ, 81, 104, 365, 1241, 1505, 𝔐, it.

Ἡ γὰρ καύχησις ἡμῶν αὕτη ἐστίν, No es fácil establecer una secuencia diferenciadora en el contenido de la *Epístola*. Pablo no está escribiendo una carta de corrección de errores, como fue la *Primera a Corintios*, ni tampoco un escrito dogmático como pudieran ser *Romanos* o *Efesios*. Este escrito es un continuo fluir de sentimiento del apóstol. En ella se aprecia un esfuerzo apologético revestido de humildad, en la defensa de su ministerio apostólico ante quienes trataban de destruirlo. Los judaizantes, revestidos de *falsos apóstoles* habían entrado en la congregación causando serios problemas al tratar de negar la autoridad de Pablo, y sembrando un cúmulo de maledicencias contra él. Entre otras cosas lo presentaban a ojos de la iglesia como una persona inconstante, falto de sinceridad, falto de ánimo y valor para tomar decisiones, interesado sobre todo en imponer sus ideas doctrinales en contra del interés evangélico. Estas calumnias contra su persona y comportamiento tienen una manifestación en la acusación que le formulaban de incumplir sus promesas, como era la de viajar a ellos un tiempo y permanecer en la iglesia. A estos les servía este aparente incumplimiento de la promesa de visitarlos para desprestigiar la fiabilidad de las palabras. Si se había producido una visita rápida intermedia antes del viaje anunciado, donde debió producirse el conflicto contra él en la iglesia en Corinto y que motivó la *carta de las muchas lágrimas*, no significa que aquello había cumplido la promesa de visitarles por un tiempo más largo, sino que fue una emergencia que la produjo. Ahora va a tomar la defensa de esa aparente falta del cumplimiento de la promesa de visitarlos.

En la introducción de este párrafo el apóstol habla de *su jactancia*. El sustantivo καύχησις, que tiene equivalencia con *orgullo*. Es interesante que el apóstol usa muchas veces el verbo *enorgullecerse*, *jactarse*, y los sustantivos de la misma raíz, en los escritos a Corintios. Es notorio apreciar que el verbo aparece treinta y ocho veces en el Nuevo Testamento y solo dos están fuera de los escritos de Pablo[22]. El *acto de gloriarse*, está registrado doce veces en el Nuevo Testamento y de ellas siete en esta carta (1:12; 7:4, 14; 8:24; 9:3; 11:10, 17). El apóstol les indicó que ellos son su *orgullo*, la razón de su *jactancia*, y que cualquier tipo de orgullo es nocivo salvo que sea *en el Señor* (Jer. 9:24; 1 Co. 1:31; 2 Co. 10:17). De esta manera, el orgullo que es humano y busca la gloria del hombre, se desvanece al centrar la razón de todas las acciones del ministerio en la gracia de Dios.

[22] Ocurren en Santiago 1:9; 4:16.

El texto comienza con la conjunción *porque*, que sirve de enlace con lo que antecede, en cuyo final del párrafo solicitaba oraciones a su favor, porque conocía bien la realidad de sus acciones y de su conducta, por lo que sabía que la respuesta a las oraciones sería conforme a la gracia de Dios.

τὸ μαρτύριον τῆς συνειδήσεως ἡμῶν, Inmediatamente apela al sentimiento íntimo de su conciencia. El apóstol da mucha importancia a la conciencia del creyente. La conciencia es el elemento de la parte inmaterial del hombre que juzga los actos, conforme a la *obra de la ley* que ha sido impresa en el corazón humano y que manifiesta en la intimidad lo que es bueno y lo que no lo es. En el hombre no regenerado está caída como toda su humanidad, de modo que la conciencia es *corrompida* (Tit. 1:15), *mala* (He. 10:22), *acusadora* (Jn. 8:9), está *cauterizada*, que la hace insensible (1 Ti. 4:2). Sin embargo, le permite distinguir entre el bien y el mal (Ro. 2:14-16), siendo un elemento universal, es decir, está presente en todos los hombres. La regeneración limpia al creyente de su conciencia acusatoria (He. 10:1, 2), de modo que dejando de acusarle como pecador cuya única esperanza es cumplir la demanda penal por el pecado que es la muerte, experimenta la paz con Dios (Ro. 5:1; 8:1). Además, la conciencia acusadora ya no actúa en sentido de condenación, porque conoce que Dios perdonó al creyente *todos los pecados* (Col. 2:13), por tanto, está extinguida para siempre la condenación por el pecado. El bautismo cristiano es testimonio de buena conciencia (1 P. 3:21)[23]. El creyente ve potenciada su conciencia por el Espíritu Santo (Ro. 9:1), de ahí que Pablo hable, más adelante, del *"testimonio de Cristo en él"* (11:10) y de que él habla verdad ante Dios (Gá. 1:20). Sin embargo, la conciencia del creyente inmaduro puede ser impulsada al pecado por el mal ejemplo de otros cristianos (1 Co. 8:10). Pablo procuraba vivir con una buena conciencia delante de todos y, especialmente delante de Dios (Hch. 24:16). De ahí que exhorte a sus colaboradores a buscar para sí mismos una buena conciencia, por medio de la obediencia a la Palabra (1 Ti. 1:3-6); por una vida de testimonio ejemplar vivida en la fe (1 Ti. 1:18, 19); y mediante vidas auténticamente santas (4:2).

ὅτι ἐν ἁπλότητι καὶ εἰλικρινείᾳ τοῦ Θεοῦ, Una buena conciencia exige una vida en la *sencillez y sinceridad* de Dios. En algunas lecturas en lugar de *sencillez*, se lee *santidad*[24]. Sencillez indica una

[23] Ver comentario al versículo en 1 Pedro, de esta misma serie.
[24] Ver cuadro de Notas, Crítica Textual.

transparencia de vida sin doblez en las intenciones. La sinceridad indica una pureza de intención que no oculta nada. Esta palabra aparece dos veces más en el Nuevo Testamento y ambas en la correspondencia corintia (1 Co. 5:8; 2 Co. 2:17). La medida de esas dos virtudes no se establece de otro modo, bien sea por medios religiosos o por recomendaciones de otros, sino que se contrasta *delante de Dios*. Es Él quien da la medida de esas dos virtudes. Vivir en *sencillez y santidad* solo es posible en el poder del Espíritu.

καὶ οὐκ ἐν σοφίᾳ σαρκικῇ ἀλλ ἐν χάριτι Θεοῦ, La buena conciencia excluye toda gloria humana para depender sólo de la gracia de Dios. Los acusadores de Pablo lo hacían en la fuerza de la *sabiduría humana*, de ahí el término *carnal* que aparece en la frase y que señala a lo que es natural y propio del hombre no regenerado. Sus detractores se consideraban a ellos mismos como *sabios*, recomendados –aunque falsamente– como *apóstoles*, enviados por los de Jerusalén, pero su sabiduría era humana, terrenal, carnal. Por ello no sabían nada como se debía saber (1 Co. 8:1, 2). Incluso los del grupo de oposición al apóstol en la iglesia en Corinto, se consideraban maduros, pero eran niños (1 Co 3:1-4). El apóstol no dependía de sabiduría humana, ni de recomendaciones de hombres, solamente descansaba en la gracia de Dios que había sostenido su vida y su conducta a lo largo de todo su ministerio (1 Co. 15:10; 2 Co. 10:17).

ἀνεστράφημεν ἐν τῷ κόσμῳ, περισσοτέρως δὲ πρὸς ὑμᾶς. La buena conciencia exige una ética continua, una conducta permanente, según Dios. Así afirma que *"nos hemos conducido"*, expresando con ello el modo de vida. No era un hipócrita que practica la santidad en la iglesia y el libertinaje en el mundo. Su comportamiento era igual en toda circunstancia. Su ejemplo había sido más que evidente entre ellos. Por esa razón podía enseñar con autoridad moral a los hermanos. Nadie puede dejar de considerar esta verdad, consistente en la importancia de ser ejemplo en todo lo que se enseña, ante aquellos que son enseñados (1 Ti. 4:12).

13. Porque no os escribimos otras cosas de las que leéis, o también entendéis; y espero que hasta el fin las entenderéis.

οὐ γὰρ ἄλλα γράφομεν ὑμῖν ἀλλ' ἢ ἃ ἀναγινώσκετε ἢ καὶ
Porque no otras cosas escribimos os sino - las que leéis o también
ἐπιγινώσκετε· ἐλπίζω δὲ ὅτι ἕως τέλους ἐπιγνώσεσθε,
entendéis; y espero que hasta final entenderéis.

Notas y análisis del texto griego.

Análisis: οὐ, adverbio de negación *no*; γὰρ, conjunción causal *porque*; ἄλλα, caso acusativo neutro plural del pronombre indefinido *otros*, en sentido de *otras cosas*; γράφομεν, primera persona plural del presente de indicativo en voz activa del verbo γράφω, *escribir*, aquí *escribimos*; ὑμῖν, caso acusativo de la segunda persona plural del pronombre personal declinado *a vosotros, os*; ἀλλ' forma escrita ante vocal de la conjunción adversativa ἀλλά que significa *pero, sino*; ἢ, conjunción disyuntiva *o*; ἃ, caso acusativo neutro plural del pronombre relativo *los que*; ἀναγινώσκετε, segunda persona plural del presente de indicativo en voz activa del verbo ἀναγινώσκω, *leer*, aquí *leéis*; ἢ, conjunción disyuntiva *o*; καὶ, adverbio de modo *también*; ἐπιγινώσκετε, segunda persona plural del presente de indicativo en voz activa del verbo ἐπιγινώσκω, *conocer, reconocer, conocer a fondo, enterarse, comprender, saber, entender*, aquí *entendéis*; ἐλπίζω, primera persona singular del presente de indicativo en voz activa del verbo ἐλπίζω, *esperar, confiar*, aquí *espero*; δὲ, partícula conjuntiva que hace las veces de conjunción coordinante, con sentido de *pero, más bien, y, y por cierto, antes bien, entonces*; ὅτι, conjunción *que*; ἕως, preposición propia de genitivo *hasta*; τέλους, caso genitivo neutro singular del nombre común *fin, final*; ἐπιγνώσεσθε, segunda persona plural del futuro de indicativo en voz media del verbo ἐπιγινώσκω, *comprender, entender*, aquí *entenderéis*.

οὐ γὰρ ἄλλα γράφομεν ὑμῖν ἀλλ ἢ ἃ ἀναγινώσκετε ἢ καὶ ἐπιγινώσκετε· La buena conciencia excluye una doble intención en los escritos. Pablo les había escrito varias veces y, con seguridad, sus enemigos le acusaban de una doble personalidad; una forma firme y contundente en las cartas y otra débil cuando estaba presente (10:10). Además, les servía, como se consideró antes para acusarle de incumplimiento de sus promesas escritas. Había anunciado su visita y no lo hacía. No había una doble intención, sino que las cartas debían entenderse con las palabras con que estaban escritas.

ἐλπίζω δὲ ὅτι ἕως τέλους ἐπιγνώσεσθε, Las cartas del apóstol no solo debían ser comprendidas literalmente por los corintios, sino por todos los creyentes, ya que él escribía también a otras iglesias y sus palabras escritas, con la autoridad apostólica, eran escritos inspirados que no escribían una cosa para que se entendiese otra. Las cartas eran leídas como palabra inspirada en los cultos de las iglesias, como enseñanza doctrinal. Aquellos escritos habían de comprenderse e interpretarse literalmente (Ef. 3:4), trasladando su lectura de una iglesia a otra (Col. 4:16). El mismo apóstol les ponía bajo juramento solemne para que sus cartas se leyesen entre los creyentes (1 Ts. 5:27). Examinados sus escritos, los corintios podían llegar a entender que realmente cuanto decía en sus escritos se cumplía fielmente. Es posible que algún escrito anterior no fuese bien comprendido en su enseñanza y no le fuese prestada atención (1 Co. 5:9-10). En esta ocasión el apóstol, refiriéndose a lo que les está escribiendo, demanda de ellos que entiendan lo que les dice en la forma en que lo dice y lo interpreten de este modo. Muy posiblemente algunos de sus enemigos personales buscarían retorcer alguna frase para que dijese lo que ellos pretendían que dijese, pero que no era lo que decía.

El apóstol esperaba que comprendieran el escrito como antes habían comprendido sus palabras cuando estaba con ellos. De manera que definitivamente puedan dejar de oír sugerencias de los *falsos apóstoles* y de alguno que en la congregación no quería aceptar la autoridad del apóstol. La misma honestidad en la que se desarrollaba su vida estaba también en todos sus escritos.

14. Como también en parte habéis entendido que somos vuestra gloria, así como también vosotros la nuestra, para el día del Señor Jesús.

καθὼς καὶ ἐπέγνωτε ἡμᾶς ἀπὸ μέρους, ὅτι καύχημα ὑμῶν
Como también entendisteis nos en parte, que gloria de vosotros
ἐσμεν καθάπερ καὶ ὑμεῖς ἡμῶν ἐν τῇ ἡμέρᾳ τοῦ Κυρίου
somos lo mismo que también vosotros de nosotros en el día del Señor
[ἡμῶν][1] Ἰησοῦ.
de nosotros Jesús.

Análisis y notas del texto griego.

Análisis: καθὼς, conjunción comparativa *como*; καὶ, adverbio de modo *también*; ἐπέγνωτε, segunda persona plural del segundo aoristo de indicativo en voz activa del verbo ἐπιγινώσκω, *entender*, aquí *entendisteis*; ἡμᾶς, caso acusativo de la primera persona plural del pronombre personal declinado *a nosotros, nos*; ἀπὸ, preposición propia de genitivo *de, en*; μέρους, caso genitivo neutro singular del nombre común *parte*, ὅτι, conjunción *que*; καύχημα, caso nominativo neutro singular del nombre común *jactancia, gloria*; ὑμῶν, caso genitivo de la primera persona plural del pronombre personal declinado *de nosotros*; ἐσμεν, primer persona plural del presente de indicativo en voz activa del verbo εἰμί, *ser, estar*, aquí *sois*; καθάπερ, conjunción *lo mismo que*; καὶ, adverbio de modo *también*; ὑμεῖς, caso nominativo de la segunda persona plural del pronombre personal *vosotros*; ἡμῶν, caso genitivo de la primera persona plural del pronombre personal declinado *de nosotros*; ἐν, preposición propia de dativo *en*; τῇ, caso dativo femenino singular del artículo determinado *la*; ἡμέρᾳ, caso dativo femenino singular del nombre común *día*; τοῦ, caso genitivo masculino singular del artículo determinado declinado *del*; Κυρίου, caso genitivo masculino singular del nombre divino *Señor*; ἡμῶν, caso genitivo de la primera persona plural del pronombre personal declinado *de nosotros*; Ἰησοῦ, caso genitivo masculino singular del nombre divino *Jesús*.

Notas. Crítica Textual. Lecturas alternativas.

1 ἡμῶν, *de nosotros*, según lectura en a, B, F, G, P, 0121, 0243, 6, 33, 81, 104, 365, 630, 1175, 1739, 1881, 2464, lat, sy$^{p, h**}$, co.

Se omite en 𝔓^{46vid}, A, C, D, K, L, Ψ ,1241, 1505, 𝔐, Ambrosiaster.

καθὼς καὶ ἐπέγνωτε ἡμᾶς ἀπὸ μέρους, ὅτι καύχημα ὑμῶν ἐσμεν. La buena conciencia no hace acepción de personas. El apóstol era conocido por todos en la iglesia, pero sólo una parte de ella le aceptaba como lo que era. Por consiguiente, no era un *orgullo* para todos, de otro modo, no todos sentían admiración y consideración con él. Todos los corintios debían reconocer que Pablo y sus colaboradores eran motivo de reconocimiento por su dedicación y conducta (5:12; 8:24; Fil. 2:16; 1 Ti. 5:17). Los cristianos no deben sentirse orgullosos de sí mismos, pero sí de otros, especialmente de aquellos que les sirvieron en el evangelio.

καθάπερ καὶ ὑμεῖς ἡμῶν ἐν τῇ ἡμέρᾳ τοῦ Κυρίου ἡμῶν Ἰησοῦ. Pablo lo sabía, con todo, él no distinguía entre creyente y creyente en Corinto. Para él todos eran su gloria y por todos sentía un sano orgullo. Esa gloria que son los creyentes, fruto de su esfuerzo sustentado en la gracia, se manifestaría en el día del *Señor Jesús*. Referencia al tiempo del traslado de la iglesia, en donde el tribunal de Cristo revelará la sinceridad de las intenciones de cada uno (1 Co. 4:5).

El programa inicial (1:15-16)

15. Con esta confianza quise ir primero a vosotros, para que tuvieseis una segunda gracia.

Καὶ ταύτῃ τῇ πεποιθήσει ἐβουλόμην πρότερον πρὸς ὑμᾶς
Y con esta - confianza quería primero a vosotros
ἐλθεῖν, ἵνα δευτέραν χάριν σχῆτε[1],
ir,. para que segunda gracia tuvieseis.

Análisis y notas del texto griego.

Análisis: Καὶ, conjunción copulativa *y*; ταύτῃ, caso dativo femenino plural del pronombre demostrativo declinado *con esta*; τῇ, caso dativo femenino singular del artículo determinado *la*; πεποιθήσει, caso dativo femenino singular del nombre común *confianza*; ἐβουλόμην, primera persona singular del imperfecto de indicativo en voz activa del verbo βούλομαι, *querer, desear*, aquí *quería*; πρότερον, adverbio *primero*; πρὸς, preposición propia de acusativo *a*; ὑμᾶς, caso acusativo de la segunda persona plural del pronombre personal *vosotros*; ἐλθεῖν, segundo aoristo de infinitivo en voz activa del verbo ἔρχομαι, *ir*; ἵνα, conjunción causal *para que*; δευτέραν, caso acusativo femenino singular del adjetivo numeral ordinal *segunda*; χάριν, caso acusativo femenino singular del nombre común *gracia*; σχῆτε, segunda persona plural del segundo aoristo de subjuntivo en voz activa del verbo ἔχω, *tener*, aquí *tuvieseis*.

Notas. Crítica Textual. Lecturas alternativas.

[1] σχῆτε, *tuvieseis*, según lectura en a, A, B, C, P, 0243, 6, 33, 81, 104, 630, 1175, 1739, 1881, 2464.

εχῆτε, *tengáis*, como se lee en D, F, G, K, L, Ψ, 365, 1241, 1505, 𝔐.

Καὶ ταύτῃ τῇ πεποιθήσει En base a lo expresado en los versículos anteriores, el apóstol escribe con *confianza*, de que sería entendido correctamente en cuanto les escribe y les había dicho antes. El apóstol confiaba que él fuese para los corintios su motivo de *gloria*, dicho de otro modo, que tuviesen plena confianza en él y lo considerasen como digno de ser creído.

ἐβουλόμην πρότερον πρὸς ὑμᾶς ἐλθεῖν, ἵνα δευτέραν χάριν σχῆτε, Pablo les informa que había querido ir a verles antes del viaje previsto para Macedonia. Esto constituiría una *segunda gracia*, un segundo elemento de bendición. Las palabras del apóstol deben entenderse de que antes de ir a Macedona iría a Corinto, luego seguiría el viaje previsto y después de terminar el ministerio en Macedonia volvería nuevamente a Corinto para pasar un tiempo con ellos. La primera gracia habrá de entenderse como la primera visita que hizo a Corinto, donde estuvo dieciocho meses, con la fundación de la iglesia y la enseñanza de la doctrina. Esta segunda gracia sería con motivo de la segunda visita, pero debe tenerse en cuenta que probablemente Pablo les visitó una segunda vez, como se dijo antes, en una visita rápida para resolver problemas, en la que se produjo un estado de confrontación con él, seguramente por los *falsos apóstoles* y por alguno de los de la iglesia. Pero, la *segunda gracia* debe entenderse en relación con su deseo de verlos antes y después de la visita a Macedonia. Una carta dura sustituyó a este proyectado viaje, que nada tiene que ver con la vista rápida que, con mucha probabilidad hizo a los corintios desde Éfeso.

Con todo cabe preguntarse como hizo conocer el apóstol a los corintios, el proyecto de esta segunda visita. Algunos eruditos entienden que en al cierre de la *primera Epístola*, les anunciaba esto y ellos debieran entenderlo de este modo (1 Co. 16:15-16)[25]. Con todo, pareciera que el viaje al que se refiere en este versículo, no podía ser el mencionado en la *primera carta*, sino otro, puesto que aquí se detecta que era una visita anterior a la que iba a realizar a Macedonia y luego volvería a ellos otra vez. Tampoco el anuncio de esa visita, debía estar en la carta anterior a la *primera* que se menciona en ella, la que no tenemos (1 Co. 5:9). Ese anuncio bien pudo haberse producido por medio de algún mensajero que los visitase, enviado desde Éfeso por alguna razón, o incluso fuese hecho en la visita breve a la que se hace referencia antes.

16. Y por vosotros pasar a Macedonia, y desde Macedonia venir otra vez a vosotros, y ser encaminado por vosotros a Judea.

καὶ δι' ὑμῶν διελθεῖν εἰς Μακεδονίαν καὶ πάλιν ἀπὸ
Y por vosotros pasar a Macedonia y de nuevo desde
Μακεδονίας ἐλθεῖν πρὸς ὑμᾶς καὶ ὑφ' ὑμῶν προπεμφθῆναι εἰς
Macedonia regresar a vosotros y por vosotros ser encaminado a
τὴν 'Ιουδαίαν.
\- Jerusalén.

Análisis y notas del texto griego.

Análisis: καὶ, conjunción copulativa *y*; δι' forma contracta de la preposición propia de genitivo διά, *por, por medio de, a causa de*; ὑμῶν, caso genitivo de la segunda persona plural del pronombre personal *vosotros*; διελθεῖν, segundo aoristo de infinitivo en voz activa del verbo διέρχομαι, *atravesar, ir, pasar*; εἰς, preposición propia de acusativo *a*; Μακεδονίαν, caso acusativo femenino singular del nombre propio *Macedonia*; καὶ, conjunción copulativa *y*; πάλιν, adverbio de modo *nuevamente, de nuevo, otra vez*; ἀπὸ, preposición propia de genitivo *desde*; Μακεδονίας, caso genitivo femenino singular del nombre propio *Macedonia*; ἐλθεῖν, segundo aoristo de infinitivo en voz activa del verbo ἔρχομαι, *venir, regresar, ir*, aquí *regresar*; πρὸς, preposición propia de acusativo *a*; ὑμᾶς, caso acusativo de la segunda persona plural del pronombre personal *vosotros*; καὶ, conjunción copulativa *y*; ὑφ', forma que toma la preposición de genitivo ὑπό, por elisión y asimilación ante vocal aspirada, aquí con sentido de *por, por causa de, por acción de*; ὑμῶν, caso genitivo de la segunda persona plural del pronombre personal *vosotros*; προπεμφθῆναι, primer aoristo de infinitivo en voz pasiva del verbo προπέμπω, *proveer para el viaje, encaminar, acompañar*; εἰς, preposición propia de acusativo *a*; τὴν, caso acusativo femenino singular del artículo determinado *la*; 'Ιουδαίαν, caso acusativo femenino singular del nombre propio *Judea*.

καὶ δι ὑμῶν διελθεῖν εἰς Μακεδονίαν. El apóstol quería visitar a los corintios camino de Macedonia. No sería una visita muy

---

[25] Este es el pensamiento, entre otros, de J. Weiss.

extensa, pero en ella se proponía, como se aprecia en el versículo anterior, darles una *segunda gracia*, estando con ellos antes del viaje proyectado.

καὶ πάλιν ἀπὸ Μακεδονίας ἐλθεῖν πρὸς ὑμᾶς. El plan inicial no había sido ese, sino que pensó visitar Macedonia y luego Corinto, pero deseaba ver a los hermanos y estar en la iglesia en la que estuvo tanto tiempo, por lo que se propuso visitarlos primero, seguir luego a Macedonia y regresar otra vez a Corinto. Sin embargo, esa visita primera a Corinto, se convirtió en una seria dificultad para él, con el conflicto promovido en la iglesia contra su persona y ministerio. Eso, como ya se ha considerado, impulsó al apóstol a escribir la *carta de las muchas lágrimas*, (2:3-5) que pudo haber sido escrita en algún lugar de Macedonia o, posiblemente mejor, en Éfeso antes de seguir adelante con el viaje que se había propuesto. El portador de la carta fue Tito y Pablo esperaba encontrarse con él en Macedonia. Cuando se encontraron le informó de la reacción positiva que el escrito trajo en los corintios, llenándose Pablo de alegría por ello (7:6-7). No hay certeza de que haya visitado todas las iglesias de Macedonia por la inquietud que sentía pensando en el efecto que la carta habría producido entre los Corintios. El apóstol debió haber cumplido el plan inicial del viaje de modo que desde Macedonia viajó a Corinto donde bien pudo haber pasado el invierno con ellos (1 Co. 16:5-7).

καὶ ὑφ' ὑμῶν προπεμφθῆναι εἰς τὴν 'Ιουδαίαν. Desde allí seguiría a Judea, concretamente a Jerusalén donde, entre otras cosas, llevaría la ofrenda recogida en las iglesias de Macedonia y también la de Corinto. De este modo, junto con los hermanos de Macedonia que le acompañaban con la ofrenda de aquellas iglesias, añadiría la de Corinto y ellos seleccionarían a otros para formar todos ellos un grupo que llevasen con él la ofrenda a Jerusalén.

Pablo deseaba que los corintios se encargasen de ayudarle en los gastos de ese viaje. La expresión *ser enviado*, en el léxico del Nuevo Testamento significa dar lo necesario para dotar de víveres, vestidos y dinero al que viajaba en tareas de ministerio (Hch. 15:3; Ro. 15:24; 1 Co. 16:6, 11). El apóstol deseaba que los creyentes en Corinto manifestasen con él en la comunión práctica, el amor sincero que debían profesarle.

Crítica del programa (1:17)

17. Así que, al proponerme esto, ¿usé quizá de ligereza? ¿O lo que pienso hacer, lo pienso según la carne, para que haya en mí Sí y No?

τοῦτο	οὖν	βουλόμενος[1]	μήτι	ἄρα	τῇ	ἐλαφρίᾳ	ἐχρησάμην	ἢ
Esto,	pues,	decidiendo	¿acaso	entonces	-	de ligereza	usé?	¿O

ἃ βουλεύομαι κατὰ σάρκα βουλεύομαι, ἵνα ᾖ παρ’
lo que decido según carne decido, para que sea delante de
ἐμοὶ τὸ ναὶ ναὶ καὶ τὸ οὒ οὔ
mí el sí sí y el no no?

Análisis y notas del texto griego.

Análisis: τοῦτο, caso acusativo neutro singular del pronombre demostrativo *esto*; οὖν, conjunción continuativa *pues*; βουλόμενος, caso nominativo masculino singular del participio de presente en voz media del verbo βούλομαι, *querer, desear, decidir*, aquí *decidiendo*; μήτι, partícula que se usa como interrogativa en preguntas que exigen respuesta negativa o incierta, o con suspenso: *Tal vez, quizás, acaso*; ἄρα, partícula *por consiguiente, por tanto, entonces*; τῇ, caso dativo femenino singular del artículo determinado *la*; ἐλαφρίᾳ, caso dativo femenino singular del nombre común declinado *con ligereza, de ligereza*; ἐχρησάμην, primera persona singular del primer aoristo de indicativo en voz media del verbo χράομαι, *emplear, hacer uso de*, aquí *usé*? ἢ, conjunción disyuntiva *o*; ἃ, caso acusativo neutro plural del pronombre relativo *lo que*; βουλεύομαι, primera persona singular del presente de indicativo en voz media del verbo βουλέομαι, *reflexionar, decidir, hacer planes*, aquí *decido*; κατὰ, preposición propia de acusativo *según*; σάρκα, caso acusativo femenino singular del nombre común *carne*; βουλεύομαι, primera persona singular del presente de indicativo en voz media del verbo βουλέομαι, *reflexionar, decidir, hacer planes*, aquí *decido*; ἵνα, conjunción causal *para que*; ᾖ, tercera persona singular del presente de subjuntivo en voz activa del verbo εἰμί, *ser, estar*, aquí *sea*; παρ’, forma de escritura de la preposición propia de dativo παρά, por elisión de la α final cuando precede a una palabra que comienza con vocal, equivale a *junto a, delante de, para*; ἐμοὶ, caso dativo de la primera persona singular del pronombre personal *mí*; τὸ, caso nominativo neutro singular del artículo determinado *lo*; ναὶ, partícula afirmativa *si*; ναὶ, partícula afirmativa *si*; καὶ, conjunción copulativa *y*; τὸ, caso nominativo neutro singular del artículo determinado *lo*; οὒ, adverbio de negación *no*; οὒ, adverbio de negación *no*.

Notas. Crítica Textual. Lecturas alternativas.

[1] βουλόμενος, *decido*, según lectura en 𝔓$^{46, 99}$, a, A, B, C, F, G, Γ^{vid}, P, 0243, 6, 33, 81, 104, 630, 1175, 1739, 2464, lat, co.

βουλευόμενος, *al proponerme*, conforme a la lectura en D, K, Ψ, 365, 1241, 1505, 1881, 𝔐, ar, b, Ambrosiaster.

τοῦτο οὖν βουλόμενος μήτι ἄρα τῇ ἐλαφρίᾳ ἐχρησάμην. Los opositores de Pablo le acusaban de ligereza al cambiar los planes del proyectado viaje que ya les había comunicado a los corintios. Por esa razón en defensa personal les formula dos preguntas retóricas que requieren una respuesta negativa. La primera de ellas descarta una acción hecha con ligereza o sin pensar en lo que hacía. La construcción griega en esta alternativa de lectura apunta a que tanto Pablo como los corintios sabían lo que iba a hacer. Por esa razón, en defensa personal, ante la acusación de falta de integridad, les pregunta si aquella rectificación en el viaje conforme a los planes iniciales es obrar con ligereza. Es preciso que entiendan que una cosa es el propósito inicial y otra las circunstancias que determinan un cambio al programa. Hubo un momento en el ministerio de Pablo que queriendo predicar el evangelio en Asia, el Espíritu impidió su programa hasta que le abrió camino para hacerlo en Europa (Hch. 16:6-10). De la misma manera ocurrió aquí, por tanto, nadie podía acusar al apóstol de obrar con ligereza, prometiendo algo y no cumpliéndolo luego.

ἢ ἃ βουλεύομαι κατὰ σάρκα βουλεύομαι, ἵνα ᾖ παρ ἐμοὶ τὸ ναὶ ναὶ καὶ τὸ οὒ οὔ. La segunda pregunta vincula al apóstol con la dirección de su ministerio y de sus decisiones. Les pregunta si lo que él resuelve y promete lo hace en *la carne*. El hombre carnal tiene una doble palabra: Sí y no. De tales personas nunca se puede confiar. Pero el cambio de planes tuvo que deberse a circunstancias ajenas a su voluntad y siguiendo la dirección de Dios. Los enemigos le acusaban de inestable, pero él mantenía sus planes y compromisos salvo causa de fuerza mayor.

Esta última parte del versículo tiene el eco de la enseñanza de Jesús: *"Pero sea vuestro hablar: Sí, sí; no, no; porque lo que es más de esto, de mal procede"* (Mt. 5:37). Sin duda Pablo había enseñado a los corintios la veracidad y firmeza en los compromisos que el creyente debe manifestar, por cuya razón sus detractores le acusaban de carnalidad y de actuar como un mero hombre y no como un apóstol de Cristo.

Llama la atención el hecho de la reiteración de las dos palabras *sí* y *no* en el texto griego, sin embargo, no se debe olvidar que el pensamiento de Pablo es sin duda el propio de un hebreo, que acostumbraba a repetir las palabras para darle el énfasis que buscaba con ello. Lo que está diciendo a los corintios es que él no actuaba en la carne para tener dos palabras diferentes, sino todo lo contrario. De modo que la acusación de doblez está injustificada. Así que cuando dice *sí*, quiere decir *sí* y lo mismo cuando dice *no*.

Es interesante un párrafo del *Ambrosiaster* que tratando de este versículo dice:

"Buenas razones para cambiar de decisión. Para que no se piense que el Apóstol ha actuado con ligereza, refiere lo dicho. No ha obrado ligeramente, sino con prudencia, cuando no ha cumplido lo que había dispuesto. El hombre espiritual no cumple lo dispuesto cuando piensa en algo más providencial para la salvación de un alma. El Apóstol no

cumplió lo que quería, para que de ese modo los corintios fueran mejores, pues les dio a conocer que había diferido el cumplimiento de su voluntad debido a que entre ellos todavía había algunos que no se habían purificado de los pecados. No dejó de hacer lo que sabía que tenía que hacer, porque el provecho de los demás se ha de anteponer a la propia voluntad. Aquí es donde se encuentra la actitud verdaderamente espiritual, pues lo carnal consiste en cambiar de parecer para anteponer la propia voluntad al beneficio de otros"[26].

Otra cita de Crisóstomo, dice:

"Decidido por el Espíritu. El hombre carnal, esto es, el que se ha aferrado a las cosas presentes, que está continuamente en estas cosas, y está fuera de la energía del Espíritu Santo, puede ir por doquier y obrar como le plazca. El servidor del Espíritu, que está guiado por Él y lo tiene al lado, no puede ser señor de su propia opinión en todos los sitios, pues lo ha sujetado a la autoridad del Espíritu... En efecto, dice esto: 'No tomo las decisiones de acuerdo a deseos humanos', no estoy fuera del dominio del Espíritu, no tengo autoridad para ir donde quiera... Por eso no pude ir. No le pareció oportuno al Espíritu"[27].

El pensamiento de la patrística es el que se ha considerado en el comentario del versículo.

Firmeza en el compromiso (1:18-22)

18. Mas, como Dios es fiel, nuestra palabra a vosotros no es Sí y No.

πιστὸς δὲ ὁ Θεὸς ὅτι ὁ λόγος ἡμῶν ὁ[1] πρὸς ὑμᾶς οὐκ ἔστιν[1]
Pero fiel - Dios que la palabra de nosotros - a vosotros no es
ναὶ καὶ οὔ.
sí y no.

Análisis y notas del texto griego.

Análisis: πιστὸς, caso nominativo masculino singular del adjetivo *fiel*; δὲ, partícula conjuntiva que hace las veces de conjunción coordinante, con sentido de *pero, más bien, y, y por cierto, antes bien, entonces*; ὁ, caso nominativo masculino singular del artículo determinado *el*; Θεὸς, caso nominativo masculino singular del nombre divino *Dios*; ὅτι, conjunción *que*; ὁ, caso

[26] Ambrosiaster. *Comentario a la segunda Carta a los Corintios.* Corpus Scriptorum Ecclesiasticorum Ltinorum. Viena1866 ss.
[27] Juan Crisóstomo. *Homilías sobre la segunda Carta a los Corintios.* Patrologiae Cursus Completus. Series Graeca. París 1857.

nominativo masculino singular del artículo determinado *el*; λόγος, casi nominativo masculino singular del nombre común *palabra, discurso*; ἡμῶν, caso genitivo de la primera persona plural del pronombre personal declinado *de nosotros*; ὁ, caso nominativo masculino singular del artículo determinado *el*; πρὸς, preposición propia de acusativo *a*; ὑμᾶς, caso acusativo de la segunda persona plural del pronombre personal *vosotros*; οὐκ, forma escrita del adverbio de negación *no*, con el grafismo propio ante una vocal con espíritu suave o una enclítica; ἔστιν, tercera persona singular del presente de indicativo en voz activa del verbo εἰμί, *ser, estar*, aquí *es*; ναὶ, partícula afirmativa *sí*; καὶ, conjunción copulativa *y*; οὔ, adverbio de negación *no*.

Notas. Crítica Textual. Lecturas alternativas.

[1] ὁ, *el*, se omite en P[46], D[*].

[2] ἔστιν, *es*, según lecturas en: P[46], a[*], A, B, C, D[*], F, G, P, 0223, 0243, 33, 81, 630, 1739, lat, co.

ἐγένετο, *fue*, conforme a [2]a, D[1], K, L, Ψ, 104, 365, 1175, 1241, 1505, 2464, M, b, sy.

πιστὸς δὲ ὁ Θεὸς. La evidencia del compromiso cristiano está en afirmar o negar sin dudas aquello que se expresa, es decir, todo cuanto se programe, en el caso del viaje de Pablo, y se anuncie, no puede ser *sí* y *no*, sino una sola cosa, que expresa la firmeza de lo que se dice. Los enemigos del apóstol le acusaban de falta de fidelidad. Sin duda este es uno de los pecados más comunes en la sociedad actual. No solo en las esferas generales, sino también en el mundo religioso, en donde muchos han prometido predicar sólo la verdad y la atacan sin reparo alguno.

Pablo afirma una de las grandes verdades sobre la naturaleza de Dios: *"Dios es fiel"*, por tanto, no le afectan las circunstancias y hace honor a Su palabra (2 Ti. 2:13). Dios es fiel en todas las cosas y en todo tiempo, de ahí que se exhorte al creyente: *"Conoce, pues, que Jehová tu Dios es Dios, Dios fiel"* (Dt. 7:9). Esta cualidad es esencial en Dios, de lo contrario no sería Dios. No le afecta nuestra infidelidad para que siga siendo fiel incluso con los infieles (2 Ti. 2:13). El salmista canta alabando a Dios y afirma que la *verdad*, o la *fidelidad* le rodea (Sal. 89:8). El Verbo encarnado se presenta en la profecía como fiel, hasta el punto de que la fidelidad es el ceñidor de sus vestidos (Is. 11:5). Esta fidelidad, como Él mismo, es inmutable. Él nunca olvida Sus promesas, ni falta a la palabra dada, por tanto, nunca lo que dice puede ser tomado con vacilación o con reservas, porque *"Dios no es hombre, para que mienta, ni hijo de hombre para que se arrepienta. Él dijo, ¿y no hará?; habló, ¿y no lo ejecutará?"* (Nm. 23:19). La experiencia personal de cada creyente es precisamente esta: Dios es fiel, por lo que puede decir: *"Nunca decayeron sus misericordias. Nuevas son cada mañana; grande es tu fidelidad"* (Lm. 3:22-23). El que tiene a Cristo vive a Cristo y expresa visiblemente, como Él lo hizo, a Dios en el mundo, por tanto, no puede haber doblez en la vida cristiana, sino firmeza y fidelidad que cumple aquello que ha prometido y hace siempre honor a Su palabra. La frase del apóstol puede entenderse mejor así: *Tan cierto como que Dios es fiel, así nuestra palabra no es sí y no"*.

ὅτι ὁ λόγος ἡμῶν ὁ πρὸς ὑμᾶς οὐκ ἔστιν ναὶ καὶ οὔ. Puesto que la vida del apóstol se desarrolla delante y en plena comunión con Dios, lo que dice se hace desde esa condición. Quien vive a Cristo actúa del mismo modo. Incluso cuando ha hecho una promesa que puede resultar en contra suya, mantiene lo que ha prometido (Sal. 15:4). El comportamiento del creyente debe corresponder a la relación con Dios (1 P. 1:15-17). Pablo no solo afirma que lo que dijo fue hecho delante de Dios, sino como testigo de sus palabras. No cabe duda que este es el resultado de la experiencia suya de vivir a Cristo (Gá. 2:20). Así que si él es digno de crédito cuando predica el evangelio, también lo es cuando les anuncia el viaje proyectado. Antes de continuar explicándoles los cambios en el viaje les hace notar su fidelidad a lo prometido, para que las razones sean tenidas como corresponde.

Sorprende la humildad del apóstol frente a adversarios que le acusan sin base alguna, responde con afecto entrañable y acude a ellos para presentarles las razones que motivan sus decisiones.

19. Porque el Hijo de Dios, Jesucristo, que entre vosotros ha sido predicado por nosotros, por mí, Silvano y Timoteo, no ha sido Sí y No; mas ha sido Sí en él.

ὁ τοῦ Θεοῦ γὰρ Υἱὸς Ἰησοῦς Χριστὸς[1] ὁ ἐν ὑμῖν δι᾽ ἡμῶν
Porque el Hijo de Dios Jesucristo el entre vosotros por nosotros
κηρυχθείς, δι᾽ ἐμοῦ καὶ Σιλουανοῦ καὶ Τιμοθέου, οὐκ
que ha sido predicado, por mí y Silvano y Timoteo, no
ἐγένετο ναὶ καὶ οὒ ἀλλὰ ναὶ ἐν αὐτῷ γέγονεν.
fue si y no sino si en él ha sido.

Análisis y notas del texto griego.

Análisis: ὁ, caso nominativo masculino singular del artículo determinado *el*; τοῦ, caso genitivo masculino singular del artículo determinado *el*; Θεοῦ, caso genitivo masculino singular del nombre divino declinado *de Dios*; γὰρ, conjunción causal *porque*; Υἱὸς, caso nominativo masculino singular del nombre divino *Hijo*; Ἰησοῦς, caso nominativo masculino singular del nombre propio *Jesús*; Χριστὸς, caso nominativo masculino singular del nombre propio *Cristo*; ὁ, caso nominativo masculino singular del artículo determinado *el*; ἐν, preposición propia de dativo *en, entre*; ὑμῖν, caso dativo de la segunda persona plural del pronombre personal *vosotros*; δι', forma contracta de la preposición propia de genitivo διά, *por, por medio de, a causa de*; ἡμῶν, caso genitivo de la primera persona plural *nosotros*; κηρυχθείς, caso nominativo masculino singular del participio de presente en voz pasiva del verbo κηρύσσω, *predicar, proclamar*, aquí *que ha sido predicado*; δι', forma contracta de la preposición propia de genitivo διά, *por, por medio de, a causa de*; ἐμοῦ, caso genitivo de la primera persona singular del pronombre personal *mí*; καὶ, conjunción copulativa *y*; Σιλουανοῦ, caso genitivo masculino singular el nombre propio *Silvano*; καὶ, conjunción copulativa *y*; Τιμοθέου, caso genitivo masculino singular del nombre propio *Timoteo*; οὐκ, forma escrita del adverbio de negación *no*, con el grafismo propio ante una vocal con espíritu suave o una enclítica; ἐγένετο, tercera persona singular del segundo aoristo de indicativo en voz media del verbo γίνομαι, *ser*, aquí *fue*; ναὶ, partícula afirmativa *si*; καὶ, conjunción copulativa *y*; οὔ, adverbio de negación *no*; ἀλλὰ, conjunción adversativa *sino*; ναὶ, partícula afirmativa *si*; ἐν, preposición propia de dativo *en*; αὐτῷ, caso dativo de la tercera persona singular del pronombre personal *él*; γέγονεν, tercera persona singular del perfecto de indicativo en voz activa del verbo γίνομαι, *ser*, aquí *ha sido*.

Notas. Crítica Textual. Lecturas alternativas.

[1]'Ιησοῦς Χριστὸς, *Jesucristo*, según lectura en P[46], [2]a, B, D, F, G, K, L, P, Ψ, 0243, 81, 104, 365, 630, 1175, 1505, 1739, 1881, 𝔐, latt, sy.

Χριστὸς 'Ιησοῦς, *Cristo Jesús*, conforme a a*, A C 0223, 2464.

'Ιησοῦς, *Jesús*, de acuerdo con 33.

ὁ τοῦ Θεοῦ γὰρ Υἱὸς 'Ιησοῦς Χριστὸς ὁ ἐν ὑμῖν δι ἡμῶν κηρυχθείς, El mensaje de Pablo, Silvano y Timoteo, es un mensaje firme y no equívoco o impreciso. La primera firmeza está en la persona anunciada, para la que Pablo usa tres títulos, única vez que aparecen estos unidos de esta manera en los escritos del apóstol. El que se anuncia es Dios verdadero, como *Hijo de Dios*, que en unidad con el Padre es el único, infinito y fiel Dios; además, el segundo título, Jesús, es el único Salvador de los pecadores, por quien Dios hace la obra de redención prometida según Su eterna disposición en el tiempo determinado (Gá. 4:4); el tercer título *Cristo*, es la expresión del *Mesías*, que estaba profetizado como la *esperanza* para las naciones, en la promesa dada a Abraham. Pablo enseñaba que *Cristo es esperanza de gloria* (Col. 1:27). Por tanto, el mensaje es verdadero y firme.

δι' ἐμοῦ καὶ Σιλουανοῦ καὶ Τιμοθέου, La firmeza está también en el mensaje que predicaron ellos a los corintios. Pablo menciona los nombres de los tres predicadores del mensaje de salvación. Comienza por el apóstol, luego sus dos compañeros de ministerio a quienes los corintios conocían perfectamente. El apóstol había sido el primero en visitar la ciudad y allí predicó el evangelio (Hch. 18:1-4). Durante la estancia en Corinto, llegaron Silvano y Timoteo que procedía de Macedona (Hch. 18:5). Silvano o Silas habían acompañado a Pablo en su segundo viaje misionero, luego de la separación con Bernabé (Hch. 15:40). Más adelante en ese mismo viaje se unió a ellos Timoteo que los acompañó desde la ciudad de Listra (Hch. 16:1-3).

Es interesante la mención de las tres personas, puesto que la Ley determinaba que en boca de dos o tres testigos se confirmara el testimonio para establecer la veracidad de algo. Los tres, predicaron el mismo evangelio, los tres proclamaron a Cristo, los tres lo hicieron de idéntica manera, por tanto, el testimonio del evangelio era firme. No habían predicado cosas diferentes, sino el mismo idéntico mensaje.

οὐκ ἐγένετο ναὶ καὶ οὒ ἀλλὰ ναὶ ἐν αὐτῷ γέγονεν. Una tercera firmeza está en el núcleo del mensaje predicado, que era *Cristo-céntrico*. El Salvador estaba presente en toda la proclamación del evangelio. Porque era el evangelio de la gracia, era un mensaje fiel porque procedía de Dios mismo. Pablo lo había recibido directamente de Él, sin intermediación de ningún otro (Gá. 1:11-12). Por consiguiente, no hubo fluctuaciones o vacilaciones en el mensaje que fue *sí* en Cristo.

Cabe remarcar aquí la centralidad de Cristo en el mensaje del evangelio, sobre todo en un tiempo en que se está desplazando de él. El predicador *moderno* dedica tiempo a historias, ilustraciones, reflexiones, contextualizaciones, etc. etc. pero Cristo no es el centro vital de la evangelización. El mensaje popular es el de las emociones, que puede producir percepciones, pero nunca conversiones. Si queremos que el mensaje de salvación sea eficaz es preciso que Cristo sea el centro del mismo.

20. Porque todas las promesas de Dios son en él Sí, y en él Amén, por medio de nosotros, para la gloria de Dios.

ὅσαι γὰρ ἐπαγγελίαι Θεοῦ, ἐν αὐτῷ τὸ ναί διὸ καὶ
Porque cuantas promesas de Dios, en Él - si por lo cual también
δι' αὐτοῦ τὸ ἀμὴν τῷ Θεῷ πρὸς δόξαν δι' ἡμῶν.
por medio de Él el amén - a Dios para gloria por medio de nosotros

Análisis y notas del texto griego.

Análisis: ὅσαι, caso nominativo femenino plural del adjetivo relativo *cuantas*; γὰρ, conjunción causal *porque*; ἐπαγγελίαι, caso nominativo femenino plural del nombre común *promesas*; Θεοῦ, caso genitivo masculino singular del nombre divino declinado *de Dios*; ἐν, preposición propia de dativo *en*; αὐτῷ, caso dativo masculino de la tercera persona singular del pronombre personal *Él*; τὸ, caso nominativo neutro singular del artículo determinado *el*; ναί, partícula afirmativa *sí*; διὸ, conjunción *por lo cual*; καὶ, adverbio de modo *también*; δι', forma contracta de la preposición propia de genitivo διά, *por, por medio de, a causa de*; αὐτοῦ, caso genitivo masculino de la tercera persona singular del pronombre personal *Él*; τὸ, caso nominativo neutro singular del artículo determinado *el*; ἀμὴν, transliteración *amén*; τῷ, caso dativo masculino singular del artículo determinado *el*; Θεῷ, caso dativo masculino singular del nombre divino declinado *a Dios*; πρὸς, preposición propia de acusativo, *para*; δόξαν, caso acusativo femenino singular del nombre común *gloria*; δι', forma contracta de la preposición propia de genitivo διά, *por, por medio de, a causa de*; ἡμῶν, caso genitivo de la primera persona plural del pronombre personal *nosotros*.

ὅσαι γὰρ ἐπαγγελίαι Θεοῦ, ἐν αὐτῷ τὸ ναί· Cristo es el cumplimiento de las promesas divinas, no solo de algunas, sino de todas ellas. En Él se cumplen las promesas proféticas (Lc. 24:44). Es el cumplimiento de la promesa dada por Dios a la mujer cuando pecó anunciándole la descendencia de ella que heriría a Satanás (Gn. 3:15). Es el cumplimiento de la bendición para las naciones prometida a Abraham (Gn. 26:4). Es el Cordero predestinado desde antes de la creación (1 P. 1:20). Es también la meta del plan de Dios (Col. 1:15-18). Definitivamente es el *amén* de Dios (Ap. 3:14), como se lee en algunas alternativas de lectura. El sí definitivo del cumplimiento divino es Cristo. No sólo es *el amén*, sino que es Dios en estado de amén, que establece el *así sea* cuando Él otorga alguna promesa.

Las promesas de Dios tienen fiel cumplimiento en Cristo, como se manifiesta en forma especial en aquellas que tienen relación con la obra de salvación. La Ley y los profetas tienen fiel cumplimiento en Cristo (Mt. 5:17-18); la maldición de la Ley, a causa del pecado, fue resuelta en Cristo con Su muerte en la Cruz (Gá. 3:13); es en Él que se alcanza la justicia de Dios (Mt. 6:33); y en Él también Dios da vida eterna a todo aquel que cree (Jn. 3:16; 17:3); la promesa de las profecías del Antiguo Testamento sobre la venida y acción del Espíritu Santo, se produce por la intervención de Cristo (Jn. 14:16, 26; 15:26). Todas las promesas de Dios son en Cristo *sí*, esto es, tienen fiel cumplimiento.

διὸ καὶ δι αὐτοῦ τὸ ἀμὴν τῷ Θεῷ πρὸς δόξαν δι ἡμῶν. En Cristo las promesas de Dios se cumplen, por esa razón se dice *amén* en respuesta a la oración. Por esa razón se ora al Padre en el nombre del Hijo, que es el *amén*, el *sea así*, que Dios da a las peticiones de los Suyos conforme a Su promesa. En la carta a la iglesia en Laodicea, se da a Cristo el título de, *"el amén"* (Ap. 3:14), que tiene también el sentido de ser verdadero. De esta manera es Aquel en quien la revelación de Dios con todas Sus promesas, advertencias y decretos tienen perfecto desarrollo y cumplimiento. Frente a la inseguridad de los hombres y a su firmeza, el *Amén* de Dios, que es Cristo mismo, garantiza todos los compromisos divinos. No solo contesta la oración, sino que en una iglesia con los problemas que tenía la de Corinto, puede ser restaurada, porque Él vino para edificar Su iglesia (Mt. 16:18). El título de *Amén*, no tiene que ver tanto con la veracidad de Cristo en contraste con los ídolos, sino con la confiabilidad de Dios, que le hace digno de ser creído y de quien se debe y puede estar seguro que guardará Su pacto y Sus promesas. Es por eso que, *por medio de Él*, decimos *amén* a la oración y todo esto para gloria de Dios, es decir, cuando los creyentes dicen amén a la oración hecha en el nombre de Cristo, descansan en Su fidelidad y le glorifican.

De nuevo el Ambrosiaster viene en ayuda de la interpretación del versículo, al decir: *"Pronunciamos el amén por el Hijo. Pablo afirma que la obra del Padre y del Hijo es la misma, pues dice que tanto Cristo como Dios confirman. Aquel a quien el Hijo confirma, lo confirma también el Padre. Y cuanto el Padre da al Espíritu, también lo da el Hijo, porque el Espíritu Santo es de los dos. Por eso, como habló de la perfección del hombre, hizo mención en este lugar de la Trinidad, pues la suma perfección de todo se encuentra en la Trinidad"*[28]

21. Y el que nos confirma con vosotros en Cristo, y el que nos ungió, es Dios.

ὁ δὲ βεβαιῶν ἡμᾶς σὺν ὑμῖν εἰς Χριστὸν καὶ χρίσας ἡμᾶς Θεός,
Y el que confirma nos con vosotros en Cristo y que ungió nos, Dios.

Análisis y notas del texto griego.

Análisis: ὁ, caso nominativo masculino singular del artículo determinado *el*; δὲ, partícula conjuntiva que hace las veces de conjunción coordinante, con sentido de *pero, más bien, y, y por cierto, antes bien, entonces*; βεβαιῶν, caso nominativo masculino singular del participio de presente en voz activa del verbo βεβαιόω, *confirmar, hacer efectivo, consolidar, afianzar*, aquí *que confirma*; ἡμᾶς, caso acusativo de la primera persona plural del pronombre personal declinado *a nosotros, nos*; σὺν, preposición propia de dativo *con*; ὑμῖν, caso dativo de la segunda persona plural del pronombre personal *vosotros*; εἰς,

[28] Ambrosiaster, *Comentario a la segunda Carta a los Corintios*. o.c.

preposición propia de acusativo *en*; Χριστὸν, caso acusativo masculino singular del nombre propio *Cristo*; καὶ, conjunción copulativa *y*; χρίσας, participio del primer aoristo en voz activa del verbo χρίω, *ungir*, aquí *que ungió*; ἡμᾶς, caso acusativo de la primera persona plural del pronombre personal declinado *a nosotros, nos*; Θεός, caso nominativo masculino singular del nombre divino *Dios*.

ὁ δὲ βεβαιῶν ἡμᾶς σὺν ὑμῖν εἰς Χριστὸν. El Padre conforma e incorpora al creyente en Cristo. Dios hace firme al creyente uniéndolo a Cristo. Hubo una primera identificación con Cristo para salvación (Ef. 2:5-6). La acción divina en la salvación se produce en el tiempo en que los cristianos estaban en el pecado y bajo la ira divina. La muerte se produce como consecuencia del pecado, por tanto, todos están *muertos en delitos y pecados* (Ef. 2:1). Esa posición de muerte espiritual afecta a todos. Dios vivifica a los muertos espirituales, dándoles vida mediante la unión vital con Cristo. Esta vivificación es una operación del Padre que en Su gran amor la otorga mediante la unión con Cristo. En la entrega del pecador al Salvador en un acto de Fe, Dios, por medio de la tercera Persona, el Espíritu Santo que la produce mediante el bautismo que hace sumergiendo al creyente en Cristo y uniéndolo eternamente a Él (1 Co. 12:13). Esta unión hace que la vida eterna que está en Cristo, fluya por unión vital al creyente y desde ahí, quien estaba muerto, tiene vida eterna. Lo que el apóstol está diciendo aquí es que la vida nueva, la vida eterna, se recibe solamente mediante la unión con Cristo, de otro modo, unidos al Hijo recibimos vida (Jn. 3:36a). Siendo esta la experiencia de todos los creyentes, mediante la unión con Cristo, todos somos confirmados unos con otros en Él. Esa firmeza que se inicia en la justificación prosigue y continua en la santificación. No hay posibilidad de fragmentación de los miembros unos con otros, porque la unidad del cuerpo no depende de los hombres sino de la acción del Espíritu (Ef. 4:3).

καὶ χρίσας ἡμᾶς Θεός, Además de esto, el Padre ha ungido a cada creyente. Esta unción del Espíritu, lo capacita para llevar a cabo el ministerio en el ejercicio de los dones de que fue dotado soberanamente por el Espíritu (1 Co. 12:11). Pero esa unción es trinitaria, porque, aunque somos ungidos por el Espíritu, Este procede del Padre y del Hijo. El que es ungido, es sellado por el Espíritu como propiedad de Dios, de manera que todos los creyentes son ungidos por Dios mediante el Espíritu, lo que los confirma, identifica y genera la comunión unos con otros. Por consiguiente, la firmeza de Cristo se transmite por Él mismo a los creyentes en quienes se hace vida (Fil. 1:21). Por esta razón el apóstol se mantiene firme en la predicación y los creyentes lo hacen en aceptación permanente al mensaje predicado por él. El texto se afirma nuevamente como trinitario ya que el Padre da la unción, uniéndonos al Hijo, por el Espíritu Santo.

22. El cual también nos ha sellado, y nos ha dado las arras del Espíritu en nuestros corazones.

ὁ καὶ[1] σφραγισάμενος ἡμᾶς καὶ δοὺς τὸν ἀρραβῶνα τοῦ
El también que selló nos y que dio las arras del
Πνεύματος ἐν ταῖς καρδίαις ἡμῶν.
Espíritu en los corazones de nosotros.

Análisis y notas del texto griego.

Análisis: ὁ, caso nominativo masculino singular del artículo determinado *el*; καὶ, conjunción copulativa *y* o adverbio de modo *también*; σφραγισάμενος, caso nominativo masculino plural del participio del aoristo primero en voz media del verbo σφραγίζω, *sellar*, aquí *que selló*; ἡμᾶς, caso acusativo de la primera persona plural del pronombre personal declinado *a nosotros, nos*; καὶ, conjunción copulativa *y*; δοὺς, caso nominativo masculino plural del participio del segundo aoristo en voz activa del verbo δίδωμι, *dar, entregar*, aquí *que dio*; τὸν, caso acusativo masculino singular del artículo *el*; ἀρραβῶνα, caso acusativo masculino singular del nombre común *arras, garantía, anticipo*; τοῦ, caso genitivo neutro singular del artículo determinado declinado *del*; Πνεύματος, caso genitivo neutro singular del nombre divino *Espíritu*; ἐν, preposición propia de dativo *en*; ταῖς, caso dativo femenino plural del artículo determinado *las*; καρδίαις, caso dativo femenino plural del nombre común *corazones*; ἡμῶν, caso genitivo de la primera persona plural del pronombre personal declinado *de nosotros*.

Notas. Crítica Textual. Lecturas alternativas.

[1] ὁ καὶ, *él también*, según lectura en P[46], [2]a, B, C[3], D, L, 0243, 0285, 104, 1175, 1241, 1739, 1881[c], 𝔐, vg[cl], Ambrosiaster.

καὶ, *y*, conforme a a[*], A, C[*], K, P, Ψ, 33, 81, 365, 630, 1505, 1881[*vid], 2464, r.

ὁ καὶ σφραγισάμενος ἡμᾶς. Además de la unción hace una referencia al *sellado* del creyente con el Espíritu. La misma verdad está enseñada en otros escritos del apóstol (Ef. 4:30). Este sello divino garantiza la redención de cada creyente. Esta acción divina tiene lugar en el momento de creer y recibir la salvación. Dios *sella* a los creyentes con el Espíritu Santo. El concepto *sellar* tiene dos posibles interpretaciones: por un lado, el sentido de *estigmatizar*, es decir, poner una marca, como se hacía con los esclavos mediante un metal caliente sobre alguna parte de su cuerpo, de modo que la señal manifestaba la propiedad que el dueño poseía sobre él. En caso de ciertos servicios religiosos se marcaban también a los que estaban sujetos a ellos, imponiéndoles la marca de la divinidad impresa a fuego en la piel; esto indicaba que aquellos eran *siervos* del dios y estaban bajo su protección. Por otro lado, está lo que es más obvio en la interpretación del versículo y que está tomado del sentido propio del Antiguo Testamento, que se consideraba como sello escatológico de protección y propiedad, como ocurre en la referencia profética en la que se manda a un ángel para que selle en sus frentes a los jerosolimitanos que no participaron en los pecados del pueblo (Ez. 9:4), estos eran liberados de la ira sobre los pecadores (Ez. 9:6). En ese sentido, el sello del Espíritu Santo garantiza la pertenencia a Dios de la persona sellada y garantiza la seguridad de salvación. Además, el sello del Espíritu implica que el creyente pertenece a la familia de Dios y que es Suyo, comprado al precio de la sangre de Jesucristo (1 Co. 3:23), por tanto, ha dejado de pertenecer al mundo y a la esclavitud del pecado, y también el *yo* personal, para ser propiedad de Dios que lo ha comprado. El sello como pertenencia a Dios de los salvos garantiza para ellos la protección eterna que Él pone sobre los Suyos, por tanto: *"no perecerán jamás"* (Jn. 10:28-30). El sello es *con* el Espíritu. Este dativo instrumental identifica el sello con el *Espíritu Santo*, que es comunicado a todos los fieles. El sello es el mismo *Espíritu* (Ef. 1:13), quien estampa la imagen de Cristo en el creyente, haciéndolo semejante al Señor y cumpliendo así el propósito eterno del Padre para con los salvos (Ro. 8:29). Este Espíritu produce las obras de Dios en cada uno de los creyentes (Gá. 5:22, 23). Por consiguiente, el que lleva el sello del Espíritu no puede luchar contra la verdad.

καὶ δοὺς τὸν ἀρραβῶνα τοῦ Πνεύματος ἐν ταῖς καρδίαις ἡμῶν. Añade el apóstol que, con el Espíritu, el Padre nos ha dado las *arras* de la herencia. Constituye en sí un *anticipo* de la herencia prometida a todos los creyentes en Cristo, ya que en Él somos coherederos de todo (Ro. 8:17). La seguridad de la herencia que el creyente tiene en Cristo, está garantizada por Dios mismo quien, según el apóstol Pedro, la reserva para nosotros en los cielos (1 P. 1:4), pero, al mismo tiempo el creyente que tiene la garantía de la herencia, tiene también la certeza o seguridad del disfrute de la misma al ser, el creyente mismo, guardado *"por el poder de Dios mediante la fe, para alcanzar la salvación que está preparada para ser manifestada en el tiempo postrero"* (1 P. 1:5).

En relación al Espíritu Santo con que el creyente es sellado como posesión de Dios, se dice es *las arras*. Este sustantivo es una palabra que probablemente tenga origen fenicio, y expresa la idea de un anticipo para garantizar una compra, generalmente una cantidad de dinero dado por adelantado. Ese es el término que la LXX utiliza para referirse a la *prenda* que Tamar pidió a su suegro Judá, mientras esperaba el envío del precio pactado por llegarse a ella (Gn. 38:17). En ese sentido la idea de que cuando Dios da su Espíritu al creyente en el nuevo nacimiento, se obliga a cumplir todas las promesas hechas y darle el total de las bendiciones que comprende la salvación. Las arras son usadas en otro lugar por el apóstol para referirse a la herencia, de modo que escribe *las arras de la herencia,* que es la seguridad de recibir la herencia venidera conforme a Sus promesas (Ef. 1:14). El mismo Espíritu en el creyente mediante el fruto que genera en él (Gá. 5:22-23), está dando ya un anticipo del glorioso futuro que espera a los creyentes cuando se produzca la separación del pecado en la gloria eterna. Este Espíritu dado al creyente le impulsa a una vida de compromiso mientras espera la adopción, esto es, *la redención* de nuestro cuerpo (Ro. 8:23).

Culmina la enseñanza recordando que el Espíritu está presente en el creyente, para lo que utiliza la expresión *"en nuestros corazones".* Si las arras son dadas por el Espíritu y estas son un tesoro inestimable de grandeza para cada creyente, como tesoro está bien guardado en el corazón del creyente, donde reside el Espíritu Santo cuando nos fue dado. Si alguno no tiene el Espíritu de Cristo no es salvo, no es de Él, *"pero si el Espíritu de aquel que levantó de los muertos a Jesús mora en vosotros, el que levantó de los muertos a Cristo Jesús vivificará también vuestros cuerpos mortales por su Espíritu que mora en vosotros"* (Ro. 8:11). La perseverancia de los santos es el resultado de la presencia dinámica del Espíritu en ellos. Son santos porque son propiedad de Dios, y a quienes el Espíritu transforma a la semejanza de Jesús.

Cambio del programa (1:23-2:4)

Razones primeras (1:23-24)

23. Mas yo invoco a Dios por testigo sobre mi alma, que por ser indulgente con vosotros no he pasado todavía a Corinto.

'Εγὼ δὲ μάρτυρα τὸν Θεὸν ἐπικαλοῦμαι ἐπὶ τὴν ἐμὴν ψυχήν, ὅτι
Y yo testigo - a Dios invoco sobre - mí alma, que
φειδόμενος ὑμῶν οὐκέτι ἦλθον εἰς Κόρινθον.
siendo indulgente con vosotros aún no fui a Corinto.

Análisis y notas del texto griego.

Análisis: 'Εγὼ, caso nominativo de la primera persona singular del pronombre personal *yo*; δὲ, partícula conjuntiva que hace las veces de conjunción coordinante, con sentido de *pero, más bien, y, y por cierto*, *antes bien, entonces*; μάρτυρα, caso acusativo masculino singular del nombre común *testigo*; τὸν, caso acusativo masculino singular del artículo determinado *el*; Θεὸν, caso acusativo masculino singular del nombre divino declinado *a Dios*; ἐπικαλοῦμαι, primera persona singular del presente de indicativo en voz media del verbo ἐπικαλέω, *invocar, apelar*, aquí *invoco*; ἐπὶ, preposición propia de acusativo *sobre*; τὴν, caso acusativo femenino singular del artículo determinado *la*; ἐμὴν, caso acusativo femenino singular del adjetivo posesivo *mí*; ψυχήν, caso acusativo femenino singular del nombre común *alma*; ὅτι, conjunción *que*; φειδόμενος, caso nominativo masculino singular del participio de presente en voz media del verbo φείδομαι, *tener miramiento por, tener consideración, ser indulgente*, aquí *siendo indulgente*; ὑμῶν, caso genitivo de la segunda persona plural del pronombre personal declinado *con vosotros*; οὐκέτι, adverbio, *ya no, aún no*; ἦλθον, primera persona singular del segundo aoristo de indicativo en voz activa del verbo ἔρχομαι, *ir*, aquí *fui*; εἰς, preposición propia de acusativo *a*; Κόρινθον, caso acusativo femenino singular del nombre propio *Corinto*.

Ἐγὼ δὲ μάρτυρα τὸν Θεὸν ἐπικαλοῦμαι ἐπὶ τὴν ἐμὴν ψυχήν, Este versículo y el siguiente debieran estar a comienzo del próximo capítulo, porque realmente abren el tema del párrafo inicial. El apóstol va a explicar el cambio de planes en su viaje. Antes dijo que él no era hombre de dos palabras, sino que con firmeza mantenía la que daba, de ahí el largo tramo de preparación de los versículos que se han comentado. Pero, para darle una fórmula de garantía aún mayor ante los lectores invoca a Dios por testigo de lo que va a decir. La expresión es prácticamente una forma de juramento: *"Invoco a Dios sobre mi alma"*. Es probablemente aún más intensa que una fórmula semejante que ocurrirá más adelante (11:31). El apóstol usaba en otros lugares fórmulas de testimonio por Dios. En nuestro contexto actual, son equivalentes a *"juro por Dios"*, para afirmar la veracidad de lo que decía (Ro. 1:9; Fil. 1:8; 1 Ts. 2:5, 10). Algunos dudaban de la seguridad de sus palabras, por tanto, lo que está diciendo y lo que sigue deben ser considerados como verdad absoluta, puesto que lo hace bajo la invocación a Dios. El juramento para confirmación es el final de toda discusión (He. 6:16). Pero, ¿acaso Cristo no había dicho a los Suyos que no jurasen? (Mt. 5:33-37). El juramento *por cualquier cosa*, es una forma hipócrita de actuar, para afirmar con ello lo que no es cierto. El único juramento se establece en la Biblia en nombre de Dios (Dt. 6:13), porque puede actuar contra el perjuro con su poder y autoridad. El creyente no tiene necesidad de proferir un juramento para aseverar lo que dice, porque su modo de afirmar o negar, de prometer o no, ha de ser tan firme y verdadero que no hay necesidad de confirmarlo con juramento, pero, en ningún modo se le prohíbe jurar, si fuese preciso. Así lo hace el apóstol en este lugar. El apóstol estaría diciendo que, si no era verdad lo que decía, Dios intervendría en contra de su persona.

ὅτι φειδόμενος ὑμῶν οὐκέτι ἦλθον εἰς Κόρινθον. La razón del cambio de planes en el viaje anunciado a Corinto, no es otra que la de *ser indulgente*. La *carta de las lágrimas*, había causado tristeza a los lectores, como Tito le había informado, de modo que ese escrito sustituyó la visita. Sin duda su presencia, abordando los problemas, y en especial confrontando a quienes le habían ofendido, poniendo también en su lugar a los *falsos apóstoles*, habría sido muy doloroso, por consiguiente, les hace saber que si no había ido aún era para no causarles dolor, tanto a ellos como a sí mismo. El que no hubiera hecho la visita no era por falta de firmeza en el cumplimiento de sus promesas, ni tampoco, por falta de ánimo, como si fuese incapaz de afrontar los problemas personalmente, sino por atención a ellos, esperando una reacción de los creyentes que no supusiera necesidad de la actuación enérgica como apóstol. El corazón de Pablo es el de un padre y de un pastor, que corrige al hijo si es necesario, pero que está siempre lleno de gracia para restaurarle.

Con todo, les va a advertir más adelante que en la visita que personalmente les haría, *"no sería indulgente"* con ninguno (13:2). Por ese afecto que les profesaba no había aparecido por Corinto aún. En la *Epístola* anterior, les preguntaba si quisieran que él fuese con vara o de una forma amable y afectiva (1 Co. 4:21). Todo esto lo tratará con más extensión en los versículos del capítulo siguiente.

24. No que nos enseñoreemos de vuestra fe, sino que colaboramos para vuestro gozo; porque por la fe estáis firmes.

οὐχ ὅτι κυριεύομεν ὑμῶν τῆς πίστεως ἀλλὰ συνεργοί ἐσμεν
No que enseñoreamos de vosotros de la fe, sino colaboradores somos
τῆς χαρᾶς ὑμῶν· τῇ γὰρ πίστει ἑστήκατε.
del gozo de vosotros. Porque por la fe estáis firmes.

Análisis y notas del texto griego.

Análisis: οὐχ, forma escrita del adverbio de negación *no*, con el grafismo propio ante vocal con espíritu áspero; ὅτι, conjunción *que*; κυριεύομεν, primera persona plural del presente de indicativo en voz activa del verbo κυριεύω, *enseñorear*, aquí *enseñoreamos*; ὑμῶν, caso genitivo de la segunda persona plural del pronombre personal declinado *de vosotros*; τῆς, caso genitivo femenino singular del artículo determinado declinado *de la*; πίστεως, caso genitivo femenino singular del nombre común *fe*; ἀλλὰ, conjunción adversativa *sino*; συνεργοί, caso nominativo masculino plural del adjetivo *colaboradores*; ἐσμεν, primera persona plural del presente de indicativo en voz activa del verbo εἰμί, *ser, estar*, aquí *somos*; τῆς, caso genitivo femenino singular del artículo determinado declinado *de la*; χαρᾶς, caso genitivo femenino singular del nombre común *gozo, alegría*; ὑμῶν, casp genitivo de la segunda persona plural del pronombre personal declinado *de vosotros*; τῇ, caso dativo femenino singular del artículo determinado declinado *por la*; γὰρ, conjunción causal *porque*; πίστει, caso dativo femenino singular del nombre común *fe*; ἑστήκατε, segunda persona plural del perfecto de indicativo en voz activa del verbo ἵστημι, *estar en pie, mantenerse firmes*, aquí *habéis mantenido firmes*, tal vez mejor *estáis firmes*.

οὐχ ὅτι κυριεύομεν ὑμῶν τῆς πίστεως. Los opositores de Pablo, le acusaban delante de la iglesia de pretender enseñorearse de ellos ejerciendo autoridad sobre la fe. Como sugiere el profesor Pastor Gutiérrez, *"tal vez algunos exagerados entusiastas de los dones carismáticos pudieron acusarle de haber reglamentado despóticamente las manifestaciones públicas de esos dones (1 Co. 14)"*[29]. Los mismos *falsos apóstoles*, habrían sugerido a la iglesia que su autoridad no era como la de los verdaderos apóstoles que estaban en Jerusalén, sino un advenedizo que se hacía pasar por tal, y que ejercía con tiranía una autoridad que no poseía sobre los creyentes. Nunca el apóstol pretendió ejercer una tiranía sobre los creyentes, como ocurrió con otros, a modo de ejemplo Diótrefes (3 Jn. 9, 10). En la iglesia no hay *autoridades*, sino tres y todas divinas: El Hijo, nuestro Señor Jesucristo, cabeza de la iglesia; el Espíritu Santo, vicario de Cristo en la tierra; y la Palabra, única autoridad de fe y conducta. Los demás líderes, sean ancianos, pastores, maestros, etc. *ejercen autoridad* en la medida que aplican la Palabra para la instrucción y marcha de la iglesia, pero ellos mismos, en sí mismos, no son autoridades. Los más grandes hombres de Dios en el ministerio, los pastores más renombrados, los ancianos más capaces no están *sobre* la congregación, sino *entre* ella (1 P. 5:2-3).

ἀλλὰ συνεργοί ἐσμεν τῆς χαρᾶς ὑμῶν· Por el contrario, la actitud del apóstol no buscaba dominar sobre los corintios, sino colaborar al gozo de ellos. La visita con vara para disciplina no causaría gozo, sino tristeza, por tanto, buscando la alegría de un encuentro, no había acudido todavía a aquella iglesia, esperando que el tiempo cambiara la situación y la visita fuese una gozosa bendición mutua. Las amonestaciones, los escritos, el envío a ellos de colaboradores tan destacados como Timoteo y Tito, demuestra que en lugar de contristarles buscaba solo su bienestar y gozo espiritual. El ministerio del apóstol no pretendía enseñorearse de los creyentes, sino ayudarlos al gozo que se alcanza en la vida de fe. Había serios problemas en la congregación, oposición manifiesta, pecado encubierto, pero, con todo, el apóstol no ponía en duda que estaban firmes en las verdades de la fe enseñadas por él, por lo que buscaba ayudarles en un progreso espiritual que se manifiesta en un mayor gozo en la plenitud de la fe (Fil. 1:25). Este progreso en el gozo, está en la mente y en el corazón de Pablo para ellos, para lo que se hace colaborador desinteresado en bien de los corintios. De otra manera, su ministerio consistía en colocarse al lado de sus hermanos, como un hermano en la común fe, cooperando en el progreso de la fe, en la limpieza espiritual

---

[29] P. Gutiérrez. o.c., pág. 605.

conforme a ella, para avanzar en su bienestar espiritual que era motivo de gozo personal.

τῇ γὰρ πίστει ἑστήκατε. La frase es un tanto confusa en cuanto a vinculación con lo que antecede. No era alguien que se apoderaba de ellos como teniendo dominio sobre la fe. Como si dijese, no tengo dominio sobre la fe, porque en ella permanecéis firmes, sino que esta *indulgencia* no tiene que ver con que guardéis o no la doctrina recibida, sino la conducta consecuente con la fe. Pablo tenía autoridad apostólica en materia de disciplina, pero no en materia de fe. Esta es la que ha sido dada una vez a los santos. Los apóstoles revelaron el *misterio* oculto y escribieron la fe, pero no de ellos mismos, sino conforme a la revelación divina a la que todos deben sujetarse. Por esa razón no hay ninguna autoridad en la iglesia que pueda determinar algo contrario a la Escritura que sea de obligado cumplimiento por los creyentes. La victoria que vence al mundo, que produce gozo, es la fe en Cristo y la dependencia de Él (1 Jn. 5:4). La victoria gozosa que se manifiesta en la fe es la que *vence al mundo*. Es la victoria sobre el sistema del mundo, por tanto, sobre el maligno que lo dirige. El mundo como sistema ha sido vencido por Jesús, como Él mismo afirmó ante Sus discípulos (Jn. 16:33). Por consiguiente, la victoria sobre el mundo, la liberación del pecado, el triunfo en la vida cotidiana está en relación con la comunión que el creyente tiene con Cristo, al que está vinculado vitalmente (Ro. 8:37; 1 Jn.4:4; 5:4; Ap. 12:11). Esta victoria sobre el mundo alcanza a la esfera de la concupiscencia que arrastra al pecado, asunto sumamente delicado en la iglesia en Corinto. La vida victoriosa, que mantiene firme al cristiano, es de Cristo y se hace realidad en el creyente por la fe. La fe firme de los creyentes hará salir de la iglesia a los *falsos profetas*, y a los sediciosos que pueda haber en ella (1 Jn. 2:19). Puntual o continua, la firmeza de la fe es una realidad para el creyente. De ahí la gran necesidad de *armarse con el escudo de la fe* (Ef. 6:16), para poder mantenerse firmes en el terreno de victoria en donde hemos sido puestos (1 P. 5:8).

De las muchas lecciones del capítulo, para no extenderlo más, pudiera destacarse que el creyente debe vivir a Cristo (Gá. 2:20). El testimonio eficaz corresponde a la vida en la que se manifiestan las virtudes del Señor Jesús. Cada uno de nosotros somos llamados a ser testigos de Cristo (Hch. 1:8), no solo con palabras, sino especialmente con la manifestación visible de Su vida en nosotros, de modo que podamos decir: *"Para mí el vivir es Cristo"* (Fil. 1:21). La sinceridad y la lealtad son factores vitales en el testimonio ante el mundo. El creyente carnal puede ser obstáculo para la conciencia de un hermano inmaduro y las prácticas propias de la carne, destruyen la fuerza del mensaje liberador del evangelio de la gracia. No se trata sólo de lo que llamamos grandes manifestaciones de pecado, descritas en las *obras de la carne*, sino de aquellas aparentemente menos comprometidas, pero de la misma procedencia, como los pleitos, los celos, las iras, las contiendas y las divisiones. Será bueno que nos preguntemos delante del Señor si estamos viviendo la experiencia gozosa de la firmeza en la fe.

CAPÍTULO II

ARREPENTIMIENTO Y RESTAURACIÓN

Introducción

Como se ha considerado en el comentario de los dos últimos versículos del capítulo anterior, estos forman parte de un párrafo que se inicia en 1:12 y concluye en 2:4. Pero, para mantener la división establecida en las versiones castellanas, iniciamos este segundo como continuación y cierre del párrafo anterior.

El apóstol estaba, como ya se ha considerado, siendo cuestionado por algunos en la congregación. Tal vez la oposición más abierta y rebelde había cesado, pero todavía quedaban algunos para quienes no era *su gloria*, es decir, no estaban orgullosos de quién había sido su padre espiritual (2:4). Para mitigar el problema argumenta sobre los motivos que usan para desprestigiarle, vinculando su posición en Cristo y la experiencia de un mensaje fiel que ellos habían recibido.

Por otro lado, la cancelación de su visita anunciada, no había sido por otro motivo que dar tiempo a la iglesia para que reflexionaran en el contenido que, sin duda, estaba en el escrito que llamaba de *muchas lágrimas*, y que, por no ser canónico no ha sido conservada. La reacción que ya había producido comienza a notarse en algunos momentos del capítulo, en los que establece la conducta que la iglesia debía tener con el que le había ofendido en la visita rápida que había hecho, exhortando al perdón y consuelo de aquella persona.

El apóstol pone de manifiesto que se había propuesto no visitar nuevamente la iglesia, porque no quería aparecer como juez, forma en que sólo produciría dolor tanto para los corintios como para él mismo. Sabía que no podía afligir a los creyentes en Corinto, sin sentirse afligido él también (vv. 1-3). Al mismo tiempo les recuerda la tribulación y angustia de corazón con que fue escrita la carta, redactada con *muchas lágrimas*, que era una manifestación cierta del amor que tenía para con aquella iglesia (v. 4).

El dolor causado por la persona que le había ofendido, era también el de la misma congregación, por consiguiente, estaba satisfecho por la reacción producida en la iglesia contra tal persona y estaba en disposición de que el ofensor fuera restaurado, siempre que la iglesia lo hubiera perdonado también (vv. 5-11). Por su parte había perdonado la ofensa realmente, afirmando que lo hizo en la presencia de Cristo (v. 10), por ello, mantener la disciplina impuesta al ofensor, solo daría ventaja a Satanás en su afán destructor de la obra de Dios (v. 11).

Aprovecha el apóstol para hacer conocer a la iglesia, la ansiedad que tenía por lo que pudiera haber producido el escrito en la congregación (vv. 12-13). La inquietud no le permitía efectuar el ministerio de la evangelización de modo que al no encontrar a Tito en Troas, dejó el lugar para continuar viaje a Macedonia.

Comienza aquí otro apartado de la *Epístola*, el tercero en la división que se ha establecido para su estudio y que trata del ministerio apostólico. Este apartado va desde 2:14 a 6:10.

Los informes que recibió de la acogida del escrito entre los creyentes de Corinto en el encuentro con Tito, le permitieron retomar el gozo espiritual, dejando la inquietud que tenía, para continuar con el ministerio de la predicación. Esto conduce a una expresión de gratitud y reconocimiento a Dios, con que concluye el capítulo, haciendo notar que la confianza en el ministerio se expresa primeramente en victoria (vv. 14-17).

Como se apreciará en el comentario, la *Epístola* marca una notable diferencia con los otros escritos del apóstol, al no haber una conducción temática como en los demás. Con todo, los temas son tratados en apartados bien precisos como se nota al comentar el escrito.

Para esto se seguirá el *bosquejo* analítico presentado en la *introducción*, como sigue:

B. Determinación (2:1-4).

2. Actitud conciliadora (2:5-11).
   2.1. Invitación al perdón (2:5-7).
   2.2. Razones para la restauración (2:8-11).
3. La inquietud de Pablo (2:12-13).

III. El ministerio del apóstol (2:14-6:10)

1. La confirmación del ministerio: victoria (2:14-17).

Determinación (2:1-4)

1. Esto, pues, determiné para conmigo, no ir otra vez a vosotros con tristeza.

῎Εκρινα γὰρ ἐμαυτῷ τοῦτο τὸ μὴ πάλιν ἐν λύπῃ πρὸς ὑμᾶς
Porque decidí en mí mismo esto - no de nuevo en tristeza a vosotros
ἐλθεῖν.
ir.

Análisis y notas del texto griego.

Análisis: ῎Εκρινα, primera persona singular del primer aoristo de indicativo en voz activa del verbo κρίνω, *juzgar, condenar, decidir, llamar a juicio* aquí *decidí*; γὰρ, conjunción causal *porque*; ἐμαυτῷ, caso dativo masculino singular del pronombre reflexivo declinado *en mí mismo*; τοῦτο, caso acusativo neutro singular del pronombre demostrativo *esto*; τὸ, caso acusativo neutro singular del artículo determinado *lo*; μὴ, partícula que hace funciones de adverbio de negación *no*; πάλιν, adverbio de modo *nuevamente, de nuevo*; ἐν, preposición propia de dativo *en*; λύπῃ, caso dativo femenino singular del nombre común *tristeza, pesar, pena*; πρὸς, preposición propia de acusativo *a*; ὑμᾶς, caso acusativo de la segunda persona plural del pronombre personal *vosotros*; ἐλθεῖν, segundo aoristo de infinitivo en voz activa del verbo ἔρχομαι, *ir.*

῎Εκρινα γὰρ ἐμαυτῷ τοῦτο τὸ μὴ πάλιν ἐν λύπῃ πρὸς ὑμᾶς ἐλθεῖν. El versículo sirve de base para entender que hubo –como ya se ha considerado varias veces antes– un viaje breve antes de este escrito que debió haberse producido en una situación muy penosa, del que conservaba recuerdos amargos y que había llenado su alma de tristeza. No es posible identificar este viaje con ninguno de los que el relato bíblico hace referencia, y mucho menos con el primer viaje en que fue establecida la iglesia. Este texto confirma la propuesta de un segundo viaje al que se referirá más adelante, cuando les anuncia su *tercera visita* (12:14; 13:1). De manera que este segundo viaje tuvo que haber ocurrido entre el tiempo de la *primera* y de la *segunda Epístola.*

El cambio de planes en cuanto al viaje no se produjo por capricho suyo que le hacía poco fiable en el cumplimiento de su palabra, sino para evitar una situación de tristeza como la que se había producido en el segundo viaje. Lo que les tenía que quedar claro a los corintios es que la variación del viaje se produjo por *determinación* personal del apóstol, hecha por él mismo y no por otras circunstancias. Por esa razón, puesto que todo cuanto hacía lo hacía *en Cristo*, estaba convencido de que había sido la correcta, por eso se lo hace saber a los corintios.

La traducción de la oración tiene por lo menos dos alternativas. Una de ellas es la que figura en el interlineal más arriba en la que se lee: *determiné no ir a vosotros otra vez en tristeza*, lo que implicaría que ya había estado en Corinto una segunda vez y que ocurrió en circunstancias penosas tanto para él como para la iglesia. Pero también puede traducirse de este modo: *determiné otra vez ir a vosotros con tristeza*, lo que implicaría una segunda visita que no se había producido aún y que no quería que fuese *con* tristeza. Es preferible la primera traducción, en la que se refiere a una visita triste hecha ya a la iglesia determinada por la situación de urgencia relativa a los problemas en ella y, especialmente a la presencia de los *falsos profetas* que se habían introducido para desprestigiarle y poner en duda su autoridad apostólica. Ahora se refiere a una nueva visita que está demorando para que la situación cambie y no degenere en algo que entristeciera a todos, tanto a él como a los corintios.

2. Porque si yo os contristo, ¿quién será luego el que me alegre, sino aquel a quien yo contristé?

εἰ γὰρ ἐγὼ λυπῶ ὑμᾶς, καὶ τίς[1] ὁ εὐφραίνων με εἰ μὴ ὁ
Porque si yo contristo os, también ¿quién el que alegre me si no el
λυπούμενος ἐξ ἐμοῦ
que es contristado por mí?

Análisis y notas del texto griego.

Análisis: εἰ, conjunción afirmativa *si*; γὰρ, conjunción causal *porque*; ἐγὼ, caso nominativo de la primera persona singular del pronombre personal *yo*; λυπῶ, primera persona singular del presente de indicativo en voz activa del verbo λυπέω, *entristecer, contristar*, aquí *contristar*; ὑμᾶς, caso acusativo de la segunda persona plural del pronombre personal declinado *a vosotros, os*; καὶ, adverbio de modo *también*; τίς, caso nominativo masculino singular del pronombre interrogativo *quién*; ὁ, caso nominativo masculino singular del artículo determinado *el*; εὐφραίνων, caso nominativo masculino singular del participio de presente en voz activa del verbo εὐφρραίνω, *alegrar*, aquí *que alegre*; με, caso acusativo de la primera persona singular del pronombre personal declinado *a mí*; εἰ, conjunción afirmativa *si*; μὴ, partícula que hace funciones de adverbio de negación *no*, ὁ, caso nominativo masculino singular del artículo determinado *el*; λυπούμενος, caso nominativo masculino singular del participio de presente en voz pasiva del verbo λυπέω, *entristecer, contristar*, aquí *que es contristado*; ἐξ, forma escrita de la preposición de genitivo ἐκ, delante de vocal y que significa *de, por*; ἐμοῦ, caso genitivo de la primera persona singular del pronombre personal *mí*.

Notas. Crítica Textual. Lecturas alternativas.

[1] καὶ τί, *también quien*, conforme a la lectura en a*, A, B, C, 81.
καὶ ἐστιν τί, *también es quien*, según ^{2}a, D, F, G, K, L, P, Ψ, 0243, 0285, 33, 104, 365, 630, 1175, 1241, 1505, 1739, 1881, 2464, 𝔐.

εἰ γὰρ ἐγὼ λυπῶ ὑμᾶς, La situación en que se encontraba la iglesia, si se producía la visita del apóstol, no traería el gozo de la edificación, sino la tristeza de la reprensión. Por consiguiente, si renunció a la visita que tenía prometida fue por la tristeza que le ocasionaría en la disciplina que tendría que aplicar a sus queridos hermanos en Corintios.

καὶ τίς ὁ εὐφραίνων με εἰ μὴ ὁ λυπούμενος ἐξ ἐμοῦ. El corazón pastoral de Pablo se manifiesta en cada uno de estos versículos. ¿Cómo podía estar gozoso, ser feliz, si vosotros, mis amados estáis entristecidos? Su amor es tan evidente que solo puede estar alegre cuando lo estén sus hermanos, y estaría entristecido cuando ellos estén contristados, como ocurriría si hubiera ido a visitarlos. Sin duda la visita rápida de Pablo y la carta que les había remitido, habían producido tristeza en la congregación. Ellos, sino todos por lo menos una gran mayoría, añoraban la presencia de aquel que había sufrido y trabajado arduamente para predicarles el evangelio y levantar la iglesia en aquella importante ciudad.

Él necesitaba recibir consuelo de sus hijos espirituales. La situación suya, con los conflictos y pruebas por las que pasaba, requería de un trato cariñoso y alentador por parte de alguien. De ahí la aparentemente extraña pregunta: *¿Quién me consolará a mi sino aquel a quien he contristado?* Es interesante notar el singular en el participio del verbo, que hace pensar si se refería a alguna persona concretamente de la congregación, aunque bien pudiera entenderse como una forma de tratar a la colectividad cristiana como un elemento individual, ya que eran ellos los que podían conjuntamente como un solo hombre proveer al apóstol del consuelo que necesitaba.

3. Y esto mismo os escribí, para que cuando llegue no tenga tristeza de parte de aquellos de quienes me debiera gozar; confiando en vosotros todos que mi gozo es el de todos vosotros.

καὶ ἔγραψα τοῦτο αὐτό, ἵνα μὴ ἐλθὼν λύπην σχῶ ἀφ'
Y escribí esto os para que no al llegar tristeza tuviese de parte de
ὧν ἔδει με χαίρειν, πεποιθὼς ἐπὶ πάντας ὑμᾶς ὅτι ἡ ἐμὴ
quienes debían me alegrar, persuadido en todos vosotros que - mí
χαρὰ πάντων ὑμῶν ἐστιν.
gozo de todos vosotros es.

Análisis y notas del texto griego.

Análisis: καὶ, conjunción copulativa *y*; ἔγραψα, primera persona singular del primer aoristo de indicativo en voz activa del verbo γράφω, *escribir*, aquí *escribí*; τοῦτο, caso acusativo neutro singular del pronombre demostrativo *esto*; αὐτό, caso acusativo neutro de la segunda persona plural del pronombre personal *os*; ἵνα, conjunción causal *para que*; μὴ, partícula que hace funcione de adverbio de negación *no*; ἐλθὼν, caso nominativo masculino singular del participio del segundo aoristo en voz activa del verbo ἔρχομαι, *venir, llegar*, aquí *al llegar*; λύπην, caso acusativo femenino singular del nombre común *tristeza*; σχῶ, primera persona singular del segundo aoristo de subjuntivo en voz activa del verbo ἔχω, *tener*, aquí *tuviese*; ἀφ', forma escrita de la preposición de genitivo ἀπό, por elisión de la ι final y asimilación de la π ante vocal o diptongo con aspiración, y que significa *de, desde, lejos de, proceder de, por causa de, por medio de, con, contra*; ὧν, caso genitivo masculino plural del pronombre relativo *los que, los cuales, quienes*; ἔδει, tercera persona singular del imperfecto de indicativo en voz activa del verbo δεῖ, *ser necesario, deber*, aquí *debía*; με, caso acusativo de la primera persona singular del pronombre personal declinado *a mí, me*; χαίρειν, presente de infinitivo en voz activa del verbo χαίρω, *alegrar*; πεποιθὼς, caso nominativo masculino singular del participio de perfecto en voz activa del verbo πείθω, *persuadir, convencer, ganarse, tranquilizar*, aquí *persuadido*; ἐπὶ, preposición propia de acusativo *en*; πάντας, caso acusativo masculino plural del adjetivo indefinido *todos*; ὑμᾶς, caso acusativo de la segunda persona plural del pronombre personal *vosotros*; ὅτι, conjunción *que*; ἡ, caso nominativo femenino singular del artículo determinado *la*; ἐμὴ, caso nominativo femenino singular del adjetivo posesivo *mía*; χαρὰ, caso nominativo femenino singular del nombre común *gozo*; πάντων, caso genitivo masculino plural del adjetivo indefinido declinado *de todos*; ὑμῶν, caso genitivo de la segunda persona plural del pronombre personal *vosotros*; ἐστιν, tercera persona singular del presente de indicativo en voz activa del verbo εἰμί, *ser, estar*, aquí *es*.

καὶ ἔγραψα τοῦτο αὐτό, ἵνα μὴ ἐλθὼν λύπην σχῶ ἀφ ὧν ἔδει με χαίρειν, El apóstol dice que *"os escribí esto"*, pero, ¿a qué escrito se refiere? El verbo γράφω, en aoristo, no puede referirse al escrito que les está haciendo llegar, esto es, a esta *Epístola*, sino a otro anterior, una alusión a la *intermedia* de la que se ha hecho mención varias veces antes. Es la carta no canónica que no se conserva. No sabemos tampoco el contenido de ese escrito, pero sin duda, esa carta evitó a Pablo una visita para resolver el conflicto que se había promovido en la iglesia contra él. De manera que sería una situación de tristeza si hubiese ido, cuando su deseo era de ser alegrado por todos ellos.

Con todo plantea una realidad y es que el escrito enviado a ellos, les había conminado a rectificar la situación en que se encontraban en la iglesia. Como apóstol debió haber volcado su autoridad en aquella carta, cuyo resultado le había inquietado tanto. El gozo que el apóstol deseaba no era sólo para él, sino para todos los miembros de la iglesia. Las divisiones y tensiones internas impiden ese gozo y Pablo confiaba que los corintios hubieran aceptado las exhortaciones y actuado conforme a las demandas establecidas en ellas. Aunque dice de ella que fue hecha con angustia de corazón y muchas lágrimas (v. 4), el propósito era expresarles su cariño buscando la restauración espiritual de todos. La tristeza según Dios conduce al arrepentimiento (7:10), de ahí la carta dura que les había enviado. Este escrito tenía que ver con la amonestación a los desordenados y especialmente con el que le había ofendido en la visita anterior (v. 5).

πεποιθὼς ἐπὶ πάντας ὑμᾶς ὅτι ἡ ἐμὴ χαρὰ πάντων ὑμῶν ἐστιν. Estaba persuadido que su gozo sería también el de todos. A causa de la identificación en comunión entre cristianos, su gozo sería también el de todos, que era lo que buscaba (1:3-11). Con estas palabras expresa el deseo de que no se produzca confrontación en la visita que les haría en el futuro, sino que fuese causa de gozo para todos, por la presencia suya en la congregación. La recuperación espiritual de la iglesia produciría gozo en él y en los creyentes de ella. En esto estaba *persuadido*, o también *tenía confianza*, en la restauración de la armonía plena, entre los creyentes y la de ellos con él, lo que sería gozo para la congregación y para él mismo. Es evidente que entre ellos estaban quienes eran enemigos personales del apóstol y que no estaban en disposición de someterse a su autoridad apostólica. Es posible que estuviese pensando no en este grupo pequeño, sino en la totalidad de la congregación.

4. Porque por la mucha tribulación y angustia del corazón os escribí con muchas lágrimas, no para que fueseis contristados, sino para que supieseis cuán grande es el amor que os tengo.

ἐκ γὰρ πολλῆς θλίψεως καὶ συνοχῆς καρδίας ἔγραψα ὑμῖν διὰ
Porque con mucha tribulación y angustia de corazón escribí os con
πολλῶν δακρύων, οὐχ ἵνα λυπηθῆτε ἀλλὰ τὴν ἀγάπην
muchas lágrimas, no para que fueseis entristecidos sino el amor
ἵνα γνῶτε ἣν ἔχω περισσοτέρως εἰς ὑμᾶς.
para que conocieseis que tengo especialmente a vosotros

Análisis y notas del texto griego.

Análisis: ἐκ, preposición propia de genitivo *de, con*; γὰρ, conjunción causal *porque*; πολλῆς, caso genitivo femenino singular del adjetivo *mucha*; θλίψεως, caso genitivo femenino singular del nombre común *tribulación, tristeza*; καὶ, conjunción copulativa *y*; συνοχῆς, caso genitivo femenino singular del nombre común *angustia*; καρδίας, caso genitivo femenino singular del nombre común declinado *de corazón*; ἔγραψα, primera persona singular del primer aoristo de indicativo en voz activa del verbo γράφω, *escribir*; ὑμῖν, caso dativo de la segunda persona plural del pronombre personal declinado *a vosotros, os*; διὰ, preposición propia de genitivo *de, con*; πολλῶν, caso genitivo neutro plural del adjetivo *muchos*; δακρύων, caso genitivo neutro plural del nombre común *lágrimas*; οὐχ, forma escrita del adverbio de negación *no*, con el grafismo propio ante vocal con espíritu áspero; ἵνα, conjunción *para que*; λυπηθῆτε, segunda persona plural del primer aoristo de subjuntivo en voz pasiva del verbo λυπέω, *entristecer*, aquí *fueseis entristecidos*; ἀλλὰ, conjunción adversativa *sino*; τὴν, caso acusativo femenino singular del artículo determinado *la*; ἀγάπην, caso acusativo femenino singular del nombre común *amor*; ἵνα, conjunción *para que*; γνῶτε, segunda persona plural del segundo aoristo de subjuntivo en voz activa del verbo γινώσκω, *conocer, saber, entender*, aquí *conocieseis*; ἣν, caso acusativo femenino singular del pronombre relativo *la que, la cual, que*; ἔχω, primera persona singular del presente de indicativo en voz activa del verbo ἔχω, *tener*, aquí *tengo*; περισσοτέρως, adverbio de modo *especialmente*; εἰς, preposición propia de acusativo *a*; ὑμᾶς, caso acusativo de la segunda persona plural del pronombre personal *vosotros*.

ἐκ γὰρ πολλῆς θλίψεως καὶ συνοχῆς καρδίας ἔγραψα ὑμῖν διὰ πολλῶν δακρύων, La vida emotiva de Pablo se pone al descubierto. Es el corazón de un padre para con sus hijos o de un pastor para con su iglesia. El escrito no fue hecho a causa de enfado y rencor, sino impulsado por un corazón lleno de tristeza que mientras escribía o dictaba, le hacía llorar. No eran pocas las lágrimas, ni por un momento emotivo, sino continuado y abundante: *"con muchas lágrimas"*. Fue un momento de suma tensión íntima que quedó marcado en el alma pastoral de Pablo, al tener que tratar con dureza a quienes amaba entrañablemente en Cristo. La exhortación se hacía con *lágrimas*. Esto mismo recordó el apóstol a los ancianos de la iglesia en Éfeso, cuando se despedía de ellos en la playa de Mileto (Hch. 20:28). Lloraba emocionado también cuando escribía la advertencia contra quienes eran *"enemigos de la cruz de Cristo"* (Fil. 3:18).

Las lágrimas debieran acompañar la acción pastoral de la reprensión a los creyentes cuando se desvían del camino correcto. No puede haber reprensión bíblica que no afecte el corazón del pastor que se ve obligado a manifestarla. Una reprensión por la mala marcha de un creyente, hecha con rígida admonición, no expresa sino la manifestación del legalismo carente de gracia. Antes de corregir a un hermano, es necesario llevar su causa sobre las rodillas ante el Señor de la iglesia, derramando el corazón ante él, de modo que el sentimiento por el problema del que necesita ser reprendido, llene de tristeza el corazón que se derrama en lágrimas ante el Señor. Es sentir el corazón de Cristo latiendo en el corazón del pastor. La reprensión hecha con firmeza, que concluye con una sonrisa de satisfacción por la labor cumplida, no es más que la expresión de un corazón insensible que no puede latir en el corazón de un pastor ante la situación triste de un miembro del rebaño. De este modo se lee en el Ambrosiaster:

"Está claro que cuando alguien corrige a otro con esta actitud, para que más se duela de su pecado, no lo corrige principalmente para que se entristezca, sino para manifestarle el amor que le tiene. Quien no corrige con esta actitud, entristece al hermano, pues quien no se compadece del hermano, lo insulta"[1]

οὐχ ἵνα λυπηθῆτε ἀλλὰ τὴν ἀγάπην ἵνα γνῶτε ἣν ἔχω περισσοτέρως εἰς ὑμᾶς. El escrito no tenía el propósito de causar tristeza sino de expresar amor. Algunos de los que cuestionaban al apóstol hablaban de un escrito duro, él aclara la realidad de palabras aparentemente duras, la manifestación del amor que tenía para con ellos. No se avergüenza de confesar a los lectores la situación personal y de hablarles de las muchas lágrimas que le costó aquel escrito. El propósito de la carta era que los corintios recapacitasen y saliesen del error en que se habían metido, o en que otros les habían introducido. El apóstol habla de un *amor especial* para con los corintios. No quiere decir que no amase igualmente a todas las iglesias, en eso no hay niveles de amor, pero era un amor especial en el sentido de identidad con la iglesia y deseo de que superase la situación en que se encontraba.

De este modo escribe el profesor Pastor Gutiérrez, haciendo un resumen de los dos versículos que se han comentado:

"El no vino a verlos personalmente por evitarles los rigores de su severidad; pero esta carta que les envió, ¿no estaba acaso redactada en términos excesivamente duros? Así pensaban de ello los acusadores del apóstol. Al reproche de dureza les sale al encuentro San Pablo con su corazón en la mano. Fue carta escrita en lágrimas y con lágrimas de un corazón que se apretujaba de congoja por la ingratitud de algunos de ellos, por la pena de verse constreñido a renunciar a una visita tanto tiempo soñada y por el dolor de tener que redactar esas líneas severas, pero que llevaban como único objetivo la atestación de su amor y aprecio hacia todos sin excepción"[2]

---

[1] *El Ambrosiaster*, o.c, 81/2, 206.
[2] Pastor Gutiérrez. o.c., pág. 507.

Actitud conciliadora (2:5-11)

Invitación al perdón (2:5-7)

5. Pero si alguno me ha causado tristeza, no me la ha causado a mí solo, sino en cierto modo (por no exagerar) a todos vosotros.

Εἰ δέ τις λελύπηκεν, οὐκ ἐμὲ λελύπηκεν, ἀλλὰ ἀπὸ μέρους,
Y si alguno ha contristado, no me ha contristado, sino en parte
ἵνα μὴ ἐπιβαρῶ, πάντας ὑμᾶς.
para que no exagere, a todos vosotros.

Análisis y notas del texto griego.

Análisis: Εἰ, conjunción afirmativa *si*; δέ, partícula conjuntiva que hace las veces de conjunción coordinante, con sentido de *pero, más bien, y, y por cierto, antes bien, entonces*; τις, caso nominativo masculino singular del pronombre indefinido *alguno*; λελύπηκεν, tercer persona singular del perfecto de indicativo en voz activa del verbo λυπέω, *entristecer, contristar, causar tristeza*, aquí *ha contristado*; οὐκ, forma escrita del adverbio de negación *no*, con el grafismo propio ante una vocal con espíritu suave o una enclítica; ἐμὲ, caso acusativo de la primera persona singular del pronombre personal declinado *a mí, me*; λελύπηκεν, tercer persona singular del perfecto de indicativo en voz activa del verbo λυπέω, *entristecer, contristar, causar tristeza*, aquí *ha contristado*; ἀλλὰ, conjunción adversativa *sino*; ἀπὸ, preposición propia de genitivo *en*; μέρους, caso genitivo neutro singular del nombre común *parte, negocio, asunto*; ἵνα, conjunción causal *para que*; μὴ, partícula que hace funciones de adverbio de negación *no*; ἐπιβαρῶ, primera persona singular del presente de subjuntivo en voz activa del verbo ἐπιβαρέω, *ser una carga, exagerar*, aquí *exagere*; πάντας, caso acusativo masculino plural del adjetivo indefinido declinado *a todos*; ὑμᾶς, caso acusativo de la segunda persona plural del pronombre personal *vosotros*.

Εἰ δέ τις λελύπηκεν, οὐκ ἐμὲ λελύπηκεν, Esta referencia aquí tiene que ver, con toda seguridad, con algún incidente que intuimos pero que no se puede precisar, ocurrido en la iglesia en Corinto en el tiempo de la visita breve del apóstol y que con toda probabilidad estaba en el escrito hecho con muchas lágrimas (v. 4). El apóstol tuvo que adoptar medidas disciplinarias contra ese miembro de la iglesia, y ésta se hizo solidaria en lo establecido por el apóstol. El hecho es que alguien de la iglesia había causado tristeza a los miembros de ella. La acción incorrecta o incluso pecaminosa contra un apóstol de Cristo, afecta a todos los miembros de la congregación. Como –a modo de ejemplo– la acción de Acán al tomar parte del anatema, afectó a todo el pueblo de Israel y causó la derrota en la conquista de Hai (Jos. 7).

Como se ha dicho ya anteriormente, la opinión antigua señalaba al incestuoso de la primera carta (1 Co. 5). Pero, casi nadie sostiene hoy esa interpretación. Las razones para este rechazo son varias: a) La disciplina impuesta en aquel caso (1 Co. 5:5), era entregarlo a Satanás para la destrucción de la carne (1 Co. 11:30); b) Posiblemente sea la disciplina del pecado a muerte (1 Jn. 5:16, 17); c) La frase final de Pablo: *"quitad a ese perverso"* (1 Co. 5:13), se usa en el Antiguo Testamento para hablar de la muerte del pecador, eliminándolo de en medio del pueblo de Dios (cf. Dt. 13:5; 17:7, 12; 21:21; 22:21; 24:7). La evidencia de que se trata de otro caso diferente, está en que la ofensa es personal contra Pablo: *"me ha causado tristeza"*. Posiblemente se levantó un partido que se oponía a Pablo, como consecuencia de la acción de los *falsos profetas* que habían entrado en la iglesia para desprestigiar al apóstol y cuestionarlo como tal, acaso liderado por este ofensor (1 Co. 1:2).

ἀλλὰ ἀπὸ μέρους, ἵνα μὴ ἐπιβαρῶ, πάντας ὑμᾶς. Pablo quiere que todos entiendan que lo hecho y escrito no era por una ofensa personalmente recibida de alguien de la iglesia. En la primera oración del versículo, un tanto difícil, el apóstol les hace notar que no sólo él fue el entristecido por la acción de aquella persona, sino que toda la iglesia sintió esa misma tristeza. Todos ellos fueron ofendidos por la conducta de aquella persona para la que Pablo estableció una determinada disciplina, de modo que los ofendidos, junto con el apóstol, asumieron lo que había determinado para aquella persona.

La ofensa contra el apóstol se hace a toda la iglesia. Primero, porque cuando se causa tristeza y dolor a un miembro, todos los otros se duelen con él (1 Co. 12:26, 27). En segundo lugar, y como más importante, rechazar al apóstol era rechazar a Cristo mismo. Pablo había sido escogido para el apostolado (Gá. 1:15); Dios le había buscado y salvado (Hch. 9:3-6); le había enviado como apóstol (Hch. 9:15, 16).

Es necesario detenerse un momento en este lugar, para asumir la importante lección que aparece aquí, del respeto que se debe a todo siervo de Dios, que dedica su vida al servicio del Señor y se ocupa de enseñar Su palabra. Despreciar a uno de estos es oponerse a la soberanía de Dios, que lo escogió y envió al ministerio en Su nombre. El ejemplo de Moisés y Aarón es evidente, cuando el pueblo murmuró contra ellos, Dios lo tomó como algo hecho contra Él mismo (Nm 16:2, 11). La solemne advertencia en relación con el trato hacia los pastores de la iglesia se pone de manifiesto en la Palabra: *"Obedeced a vuestros pastores, y sujetaos a ellos; porque ellos velan por vuestras almas, como quienes han de dar cuenta; para que lo hagan con alegría, y no quejándose, porque esto no os es provechoso"* (He. 13:17). La murmuración contra los que sirven al Señor es causa de impedimento para bendiciones y avance del pueblo de Dios. El ejemplo de María, la hermana de Moisés, lo pone de manifiesto. A causa de la acción de ella, que fue disciplinada por Dios, el pueblo entero estuvo detenido en el punto donde se manifestó el problema, durante una semana (Nm. 12). Una solemne advertencia y clara enseñanza: *"Os rogamos, hermanos, que reconozcáis a los que trabajan entre vosotros, y os presiden en el Señor, y os amonestan; y que los tengáis en mucha estima y amor por causa de su obra"* (1 Ts. 5:12, 13).

6. Le basta a tal persona esta reprensión hecha por muchos.

ἱκανὸν	τῷ	τοιούτῳ	ἡ ἐπιτιμία	αὕτη	ἡ	ὑπὸ	τῶν	πλειόνων,
Bastante	para el	tal	la reprensión	esta	-	de	los	muchos.

Notas y análisis del texto griego.

Análisis: ἱκανὸν, caso nominativo neutro singular del adjetivo *digno, bastante, suficiente, considerable*; τῷ, caso dativo masculino singular del artículo determinado declinado *para él*; τοιούτῳ, caso dativo masculino singular del adjetivo demostrativo, *tal, tanto, tan grande, de tal naturaleza, semejante*; ἡ, caso nominativo femenino singular del artículo determinado *la*; ἐπιτιμία, caso nominativo femenino singular del nombre común *castigo, reprensión, corrección*; αὕτη, caso nominativo femenino singular del pronombre demostrativo *esta*; ἡ, caso nominativo femenino singular del artículo determinado *la*; ὑπὸ, preposición propia de genitivo *de*; τῶν, caso genitivo masculino plural del artículo determinado *los*; πλειόνων, caso genitivo masculino plural del adjetivo comparativo *muchos*.

ἱκανὸν τῷ τοιούτῳ ἡ ἐπιτιμία αὕτη. La disciplina fue aplicada a quien ofende al hermano y es rebelde a la doctrina, no sujetándose a la autoridad del apóstol y procurando desacreditarle. El término ἐπιτιμία, se usa para referirse a la aplicación de una sentencia dictada contra un ofensor. No sabemos concretamente que había ocurrido y cuál fue la acción contra Pablo hecha por tal persona. Probablemente se había establecido en la maledicencia, habiéndole ofendido de palabra ante la congregación, con tal persona no debían tener comunión, literalmente *no juntándose* (1 Co. 5:11). Esta persona se oponía al apóstol, por lo que era rebelde a la doctrina que exige reconocer los dones que Dios da y, en el caso del apóstol, obedecer sus instrucciones ya que cuanto les decía en sentido de doctrina y orden de vida era *palabra del Señor* (1 Co. 14:37).

ἡ ὑπὸ τῶν πλειόνων, El acto de disciplina le fue aplicado por la iglesia. Es necesario apreciar que no fue hecha por *todos*, sino *por los muchos*, lo que indica que posiblemente algunos aún apoyaban al rebelde, con todo el término *los muchos*, bien pudiera ser aplicado a toda la congregación, como hace suponer la referencia a esa acción más adelante (7:11). La disciplina establecida debía ser asumida por cada creyente y apoyada como correspondía- Dado lo solemne de esta situación, debe producir tristeza en todos (1 Co. 5:2). La tristeza santa ocurre cuando se tiene claro que el verdadero ofendido por el pecado es Dios mismo (Sal. 51:4). Pablo señala que debe haber una manifestación de distanciamiento del disciplinado, no es un estigmatizado, pero es un disciplinado para que rectifique su mal camino y vuelva al Señor, haciéndole sentir el dolor y preocupación por su pecado (1 Co. 5:11). Este distanciamiento necesario para revertir la situación no significa dejar de amarle, sino todo lo contrario (2 Ts. 3:14, 15).

La firmeza de la congregación en la solución del problema lleva a Pablo a expresar el deseo que la excomunión de tal persona no se extienda por más tiempo. Aparentemente la disciplina había producido el efecto que se busca cuando lamentablemente debe aplicarse, por tanto, producido el efecto no debe mantenerse por más tiempo. Es una lección que debe ser, no solo aprendida, sino tenida en cuenta. Hay quienes establecen disciplina *por tiempo*, poniendo al que es disciplinado bajo esa disciplina haga o no efecto antes del cumplimiento del plazo. Toda disciplina mantenida más allá de lo que es necesario para la rectificación del disciplinado se convierte en castigo por el pecado, que es ofensa delante de Dios. La disciplina no se establece para esto último, sino como instrumento corrector para volver al que ha cometido un pecado al arrepentimiento y a la restauración. Dios en Cristo perdonó todos los pecados del creyente, tan solo se ejecuta la disciplina para restaurar la comunión interrumpida por el pecado personal. El apóstol estaba contento y satisfecho con el arrepentimiento del ofensor.

7. Así que, al contrario, vosotros más bien debéis perdonarle y consolarle, para que no sea consumido de demasiada tristeza.

ὥστε τοὐναντίον μᾶλλον ὑμᾶς χαρίσασθαι καὶ παρακαλέσαι,
Así que, por el contrario más bien vosotros perdonar y consolar
μή πως τῇ περισσοτέρᾳ λύπῃ καταποθῇ ὁ τοιοῦτος.
no quizás por la abundante tristeza sea consumido el tal.

Análisis y notas del texto griego.

Análisis: ὥστε, conjunción consecutiva *por tanto, por consiguiente, de tal manera que, con el fin de, con la intención de, así que*; τουναντίον , adverbio *por el contrario*; μᾶλλον, adverbio *más bien*; ὑμᾶς, caso acusativo de la segunda persona plural del pronombre personal *vosotros*; χαρίσασθαι, primer aoristo de infinitivo en voz media del verbo χαρίζομαι, *dar, regalar, conceder, perdonar*; καὶ, conjunción copulativa *y*; παρακαλέσαι, primer aoristo de infinitivo en voz activa del verbo παρακαλέω, *hablar cortésmente, animar, consolar*; μή, partícula que hace funciones de adverbio de negación *no*; πως, partícula enclítica que en este caso equivale a *quizás*; τῇ, caso dativo femenino singular del artículo determinado declinado *por la*; περισσοτέρᾳ, caso dativo femenino singular del adjetivo comparativo *abundante, demasiada*; λύπῃ, caso dativo femenino singular del nombre común *tristeza*; καταποθῇ, tercera persona singular del primer aoristo de subjuntivo en voz pasiva del verbo καταπίνω, *tragar, pasar, devorar, absorber, consumir*, aquí *sea consumido*; ὁ, caso nominativo masculino singular del artículo determinado *el*; τοιοῦτος, caso nominativo masculino singular del adjetivo demostrativo *tal*.

ὥστε τουναντίον μᾶλλον ὑμᾶς χαρίσασθαι καὶ παρακαλέσαι, El propósito de la disciplina es la restauración del ofensor. Esa es una manifestación de amor, siguiendo el ejemplo de Dios mismo, *"porque Jehová al que ama reprende, como el padre al hijo a quien quiere"* (Pr. 3:12 RVR), por esa razón *"si soportáis la disciplina, Dios os trata como a hijos; porque ¿qué hijo es aquel a quien el padre no disciplina?"* (He. 12:7 RVR). Pablo mostraba un verdadero amor por el ofensor al establecer para él la disciplina que le había sido aplicada, ya que *"el que escatima el castigo, a su hijo aborrece; mas el que lo ama, desde temprano lo corrige"* (Pr. 13:24 RVR). Cuando en la iglesia no se corrige al que anda desordenadamente conforme a Dios, no se está manifestando verdadero amor. El amor mal entendido es el que transige y no corrige. Así es el curso de la disciplina: *"es verdad que ninguna disciplina parece al presente ser causa de gozo, sino de tristeza; pero después da fruto apacible de justicia a los que han sido ejercitados por medio de ella"* (He. 12:11RVR).

Se ha dicho ya antes que la duración de la disciplina es sólo hasta que surte el efecto restaurador que se procura con ella. De ahí que el apóstol, visto el efecto que causó en el ofensor, dice antes *"le basta"*, *es suficiente* (v. 6). La evidencia de que la disciplina había producido su efecto es que el ofensor estaba triste. La tristeza era por la ofensa cometida, y esta tristeza como resultado de la disciplina conduce al arrepentimiento (7:9, 10).

La actitud de la iglesia frente al arrepentimiento del disciplinado era *perdonarle* y *consolarle, alentarle, animarle*. El verbo παρακαλέω, expresa la idea de venir al lado de alguien para ayudarle, de modo que el alejamiento del ofensor debe cesar y todos venir a su lado para animarle.

μή πως τῇ περισσοτέρᾳ λύπῃ καταποθῇ ὁ τοιοῦτος. Pablo que había demandado la disciplina, demanda ahora el perdón. El verbo χαρίζομαι, está vinculado con la raíz de *gracia*, y se usa para hablar de *perdón*. El disciplinado debía ser *perdonado*. Es una manifestación práctica y visible de la gracia de Dios (Ef. 4:32; Col. 2:13; 3:13). Este perdón otorgado es una acción libre y total, esto es, no queda nada por resolver, nada por reparar, nada que no sea plenamente perdonado. Este perdón cancela y cubre la falta (1 P. 4:8). Es decir, no divulga el fracaso y la mala acción del que la ha cometido. El perdón pone en el pasado la acción y no la proyecta hacia el presente y mucho menos para el futuro. Este perdón cierto es demandado a todos los que le habían disciplinado, esto es, la disciplina propuesta por el apóstol y apoyada por la iglesia ha terminado, de modo que todos los que antes habían aceptado disciplinar al que había actuado contra el apóstol, ahora lo perdonan y restauran plenamente. Existen creyentes que siempre está recordando las faltas ajenas, pero una vez perdonado no debe hablarse más del hecho incorrecto.

Junto con el perdón está el aliento, que también Pablo demanda a toda la iglesia. La instrucción es clara: *consolarle*, *alentarle*, *animarle*. El verbo παρακαλέω, tiene el sentido de hablar *cortésmente, animar, consolar*. La idea que expresa es la de venir a la proximidad de alguien para prestarle ayuda. Antes se les demandó separarse de él por la disciplina, ahora se les manda venir a su lado. La consecuencia de la restauración es una plena comunión unos con otros. La razón de esta proximidad y ayuda era para que *no sea consumido*, que entraba dentro de lo posible por la tristeza que le afectaba. El verbo καταπίνω, expresa literalmente la idea de *beber abajo*, lo que indica quedarse sin aliento para seguir adelante.

Razones para la restauración (2:8-11)

8. Por lo cual os ruego que confirméis el amor para con él.

διὸ	παρακαλῶ	ὑμᾶς	κυρῶσαι	εἰς	αὐτὸν	ἀγάπην·
Por lo cual	ruego	os	que confirméis	para	él	amor.

Análisis y notas del texto griego.

Análisis: διὸ, conjunción *por lo cual*; παρακαλῶ, primera persona singular del presente de indicativo en voz activa del verbo παρακαλέω, *rogar, pedir*, aquí *ruego*; ὑμᾶς, caso acusativo de la segunda persona plural del pronombre personal declinado *a vosotros, os*; κυρῶσαι, primer aoristo de infinitivo en voz activa del verbo κυρόω, *hacer válido, confirmar*, aquí *que confirméis*; εἰς, preposición propia de acusativo *para, hacia*; αὐτὸν, caso acusativo masculino de la tercera persona singular del pronombre personal *el*; ἀγάπην, caso acusativo femenino singular del nombre común *amor*.

διὸ παρακαλῶ ὑμᾶς κυρῶσαι εἰς αὐτὸν ἀγάπην· Se dan ahora las razones para la restauración, que comienzan por un ruego del apóstol orientado a que los creyentes manifiesten amor hacia el que había sido disciplinado. El verbo κυρόω, que usa aquí, expresa la idea de *ratificar algo*, *validar*, de ahí la traducción *confirmar*, esto es, volver a hacer firme la manifestación de amor[3].

Pablo está pidiendo que se haga público ese amor hacia el arrepentido. No se trata de un creyente de segundo nivel para quien el amor y la gracia es algo optativo, sino un hermano que ha tenido un problema y se ha restaurado. El amor nunca debe cesar para con quien haya sido disciplinado: *"Mas no le tengáis por enemigo, sino amonestadle como a hermano"* (2 Ts. 3:15)[4]. El que ha sido disciplinado no es un enemigo, sino alguien que habiendo pasado por un momento de crisis espiritual necesita ser restaurado. Pablo exhorta a los creyentes para que amen al ofensor que sinceramente se ha arrepentido.

Nótese que Pablo desea que la manifestación de amor salga de la intimidad del corazón de cada uno de los hermanos en Cristo del que debe ser tratado con todo afecto, por lo que no *ordena* la acción, sino que *ruega* que se haga de ese modo. La idea puede comprender también la restauración pública del que había sido públicamente disciplinado. El apóstol desearía, en este caso, que la iglesia determinara y estableciera públicamente el perdón del ofensor y la plena comunión con él. Un pecado confesado y dejado, restaura la comunión con Cristo, que es la base de comunión de todos los creyentes (1 Jn. 1:3). Cuando se mantiene la excomunión con un miembro con quien Cristo tiene comunión, se está poniendo fuera de comunión al Señor mismo, en quienes sostienen la disciplina cuando esta ya ha hecho efecto.

Son interesantes las palabras de Juan Crisóstomo, sobre este versículo:

"Ya no manda, sino que exhorta, no como maestro, sino de igual a igual, y después de sentarlos a ellos en la poltrona judicial, él se coloca en el sitial del abogado. Efectivamente, una vez que puso en orden lo que quería, por la alegría hasta exagerada en su súplica. Y dime, ¿qué suplica? 'Que extreméis la caridad con él"[5]

---

[3] El verbo aparece también en Gá. 3:15.

[4] Cita tomada de la RVR.

[5] Juan Crisóstomo. *Homilías sobre la segunda Carta a los Corintios*. 4, 4.

9. Porque también para este fin os escribí, para tener la prueba de si vosotros sois obedientes en todo.

εἰς τοῦτο γὰρ καὶ ἔγραψα[1], ἵνα γνῶ τὴν δοκιμὴν ὑμῶν,
Porque para esto también escribí, para que conociese la prueba de vosotros
εἰ εἰς πάντα ὑπήκοοι ἐστε.
si en todas las cosas obedientes sois.

Análisis y notas del texto griego.

Análisis: εἰς, preposición propia de acusativo *para*; τοῦτο, caso acusativo neutro singular del pronombre demostrativo *esto*; γὰρ, conjunción causal *porque*; καὶ, adverbio de modo *también*; ἔγραψα, primera persona singular del primer aoristo de indicativo en voz activa del verbo γράφω, *escribir*, aquí *escribí*; ἵνα, conjunción *que, para que, de tal modo que, a fin de*; γνῶ, primera persona singular del segundo aoristo de subjuntivo en voz activa del verbo γινώσκω, *saber, conocer, entender*, aquí *conociese*; τὴν, caso acusativo femenino singular del artículo determinado *la*; δοκιμὴν, caso acusativo femenino singular del nombre común *prueba*; ὑμῶν, caso genitivo de la segunda persona plural del pronombre personal declinado *de vosotros*; εἰ, conjunción afirmativa *si*; εἰς, preposición propia de acusativo *en*; πάντα, caso acusativo neutro plural del adjetivo indefinido *todos*, en sentido de *todas las cosas*; ὑπήκοοι, caso nominativo masculino plural del adjetivo *obedientes*; ἐστε, segunda persona plural del presente de indicativo en voz activa del verbo εἰμί, *ser, estar*, aquí *sois*.

Notas. Crítica Textual. Lecturas alternativas.

[1] ἔγραψα, *escribí*, según lectura en a, C, D, F, G, K, L, P, Ψ, 0243, 0285, 365, 630, 1175, 1241, 1739, 1881, 2464, 𝔐, at, sy, bo.

ἔγραψα ὑμῖν, *os escribí*, conforme a 81, 104, 629, b, vg^s.

εἰς τοῦτο γὰρ καὶ ἔγραψα, En el versículo se da la tercera razón del escrito anterior. La primera era preparar el viaje que había prometido (v. 3); en segundo lugar, manifestarse su amor, a pesar del conflicto que se había producido en su visita (v. 4); en tercer lugar, en este versículo, verificar la obediencia *en todo* lo que como apóstol y padre espiritual de todos ellos establecía.

ἵνα γνῶ τὴν δοκιμὴν ὑμῶν, εἰ εἰς πάντα ὑπήκοοι ἐστε. La obediencia de los creyentes no es ni opcional ni cuantitativa. Es decir, no es una obediencia en determinados momentos, ni tampoco obediencia en aquello con lo que pudieran estar de acuerdo. El apóstol usa el sustantivo δοκιμή, que literalmente se refiere al resultado de una prueba, a algo que se verifica mediante un ensayo. Aparece esta palabra cuatro veces en la *Epístola* (2:9; 8:2; 9:13; 13:3), todas ellas aluden a la verificación de algo y señala que para el apóstol la obediencia parcial es inaceptable. La iglesia había demostrado la obediencia en cuanto a que estableció la disciplina con el que había ofendido, ahora Pablo demanda también la obediencia que conduce al perdón y a la restauración. La evidencia, la *prueba* del verdadero creyente consiste en *obedecer en todo* lo que procede de Dios y que se establece por medio de los apóstoles. Esa es la condición del verdadero discípulo: *"enseñándoles que guarden todas las cosas que os he mandado"* (Mt. 28:20). Las instrucciones apostólicas tienen el mismo carácter que las del Señor (1 Co. 14:37). No es obediencia en *alguna cosa*, sino en *"todo lo que os escribo"*. El verdadero amor a Cristo se manifiesta en obediencia (Jn. 14:15, 21, 23, 24). Además, la obediencia no es opcional, puesto que el cristiano *vive a Cristo* (Fil. 1:21; Gá. 2:20), y el Señor fue obediente *"hasta la muerte y muerte de cruz"* (Fil. 2:8).

10. Y al que vosotros perdonáis, yo también; porque también yo lo que he perdonado, si algo he perdonado, por vosotros lo he hecho en presencia de Cristo.

ᾧ δέ τι χαρίζεσθε, καγώ· καὶ γὰρ ἐγὼ ὃ κεχάρισμαι,
Y al que algo perdonáis, también yo. Porque también yo, lo que he perdonado,
εἴ τι κεχάρισμαι, δι' ὑμᾶς ἐν προσώπῳ Χριστοῦ,
si algo he perdonado, por vosotros en presencia de Cristo.

Análisis y notas del texto griego.

Análisis: ᾧ, caso dativo masculino singular del pronombre relativo *al que*; δέ, partícula conjuntiva que hace las veces de conjunción coordinante, con sentido de *pero, más bien, y, y por cierto, antes bien, entonces*; τι, caso acusativo neutro singular del pronombre indefinido *algo*; χαρίζεσθε, segunda persona plural del presente de indicativo en voz media del verbo χαρίζομαι, *perdonar*, aquí *perdonáis*; καγώ, palabra formada por crasis[6] de la conjunción καὶ, y el pronombre personal ἐγώ, y que equivale a *y yo*; καὶ, adverbio de modo *también*; γὰρ, conjunción causal *porque*; ἐγὼ, caso nominativo de la primera persona singular del pronombre personal *yo*; ὃ, caso acusativo neutro singular del pronombre relativo *lo que*; κεχάρισμαι, primera persona singular del perfecto de indicativo en voz media del verbo καρίζομαι, *perdonar*, aquí *he perdonado*; εἴ, conjunción *si*; τι, caso acusativo neutro singular del pronombre indefinido *algo*; κεχάρισμαι, primera persona singular del perfecto de indicativo en voz media del verbo καρίζομαι, *perdonar*, aquí *he perdonado*; δι', forma contracta de la preposición propia de genitivo διά, *por, por medio de, a causa de*; ὑμᾶς, caso genitivo de la segunda persona plural del pronombre personal *vosotros*, ἐν, preposición propia de dativo *en*; προσώπῳ, caso dativo neutro singular del

[6] *Crasis*, palabra griega que equivale a *unión de fuerzas*, en general *unión de elementos*.

nombre común *rostro, presencia*; Χριστοῦ, caso genitivo masculino singular del nombre propio declinado *de Cristo*.

ᾧ δέ τι χαρίζεσθε, καγώ· καὶ γὰρ ἐγὼ ὃ κεχάρισμαι, El perdón de todos hacia el que había ofendido debía comenzar por los corintios: *"al que vosotros perdonáis"*, a esa misma acción se une también el apóstol: *"yo también"*. Es de destacar que aquello que él mandaba para los demás, lo asume también él mismo que establece la demanda, *también yo*. De manera que, si el ofendido perdonaba, mayor razón tenían los demás para hacerlo. Los creyentes en Corinto se habían unido al apóstol en el ejercicio de la disciplina que le había sido impuesto al que había ofendido, ahora el apóstol se une a los creyentes en la restauración que la mayoría estaba dispuesta a otorgarle.

εἴ τι κεχάρισμαι, El apóstol perdonó al ofensor. Su nobleza le lleva a decir, *"si algo he perdonado"*. El corazón pastoral se pone de manifiesto, tomando la ofensa como algo que no afectaba para nada en su deseo de restaurar al ofensor. Era la iglesia que había disciplinado, la que también perdona y él gozoso se une a ella en este paso restaurador y de manifestación de comunión unos con otros.

δι ὑμᾶς ἐν προσώπῳ Χριστοῦ, El perdón otorgado por la ofensa es algo definitivamente resuelto, puesto que cuanto hizo en ese sentido lo llevó a efecto en la *presencia de Cristo*. No solo lo otorgó bajo la mirada del Señor, sino con la autoridad suya. De la misma manera que la disciplina la establecía en Su nombre, así también el perdón. Esto concuerda plenamente con la enseñanza de Jesús sobre la restauración de una disciplina que se había ejercido con su autoridad: *"De cierto os digo que todo lo que atéis en la tierra, será atado en el cielo; y todo lo que desatéis en la tierra, será desatado en el cielo"* (Mt. 18:18)[7]. La enseñanza de Cristo recogida por Mateo, tiene que ver con la reprensión a un desordenado, ofensor, por tanto, está en el entorno de la disciplina. Esa enseñanza dada directamente a los discípulos presentes junto al Señor en aquella ocasión, se extiende a las congregaciones en el ejercicio de la disciplina propuesta por los líderes. Dios refrenda lo que el liderazgo de la iglesia establezca sin quebrantar la Palabra y esté respaldado por la congregación. Quienes desprecien la disciplina de la iglesia no tienen, espiritualmente hablando, adonde apelar porque están despreciando a Dios. El Señor está detrás respaldando las decisiones que se tomen en estos casos. La actuación del liderazgo y de la congregación en la unidad del Espíritu no tiene que ver solo con *atar*, esto es prohibir o disciplinar,

[7] Texto conforme a RVR.

sino también con *desatar*, es decir, con restaurar, permitiendo entrar nuevamente a la comunión de la iglesia a quien antes se le había aplicado la disciplina a causa de su persistencia en el pecado. Es por eso que Pablo instruye a una actuación de restauración y amor con el que había sido disciplinado, recuperándolo a la comunión plena de la iglesia y aceptándolo como amor restaurador. El Señor que refrendó la disciplina impuesta en Su nombre, tanto en este caso un tanto desconocido para nosotros, como en el del incestuoso (1 Co. 5:4-5), refrenda también la restauración por el perdón otorgado *delante de Su presencia*, como testigo de la realidad de ese perdón.

11. Para que Satanás no gane ventaja alguna sobre nosotros; pues no ignoramos sus maquinaciones.

ἵνα μὴ πλεονεκτηθῶμεν ὑπὸ τοῦ Σατανᾶ· οὐ γὰρ αὐτοῦ τὰ
Para que no seamos engañados por - Satanás. Porque no de él los
νοήματα ἀγνοοῦμεν.
planes ignoramos.

Análisis y notas del texto griego.

Análisis: ἵνα, conjunción causal *para que*; μὴ, partícula que hace funciones de adverbio de negación *no*; πλεονεκτηθῶμεν, primera persona plural del primer aoristo de subjuntivo en voz pasiva del verbo πλεονεκτέω, *aprovecharse, engañar*, aquí *seamos engañados*; ὑπὸ, preposición propia de genitivo *por*; τοῦ, caso genitivo masculino singular del artículo determinado *el*; Σατανᾶ, caso genitivo masculino singular del nombre propio *Satanás*; οὐ, adverbio de negación *no*; γὰρ, conjunción causal *porque*; αὐτοῦ, caso genitivo de la tercera persona singular del pronombre personal declinado *de él*; τὰ, caso acusativo neutro plural del artículo determinado *los*; νοήματα, caso acusativo neutro plural del nombre común *planes, mente, intención*; ἀγνοοῦμεν, primera persona plural del presente de indicativo en voz activa del verbo ἀγνοέω, *ignorar*, aquí *ignoramos*.

ἵνα μὴ πλεονεκτηθῶμεν ὑπὸ τοῦ Σατανᾶ· Una acción contraria a lo que Dios demanda, como en este caso sería no conceder perdón y volver a la plena comunión con el que había ofendido, es el proceder que Satanás procura, como enemigo de la obra de Dios. El peligro es que esto causaría provecho para el diablo que conseguiría engañar a los creyentes. Como recuerda *Hodge*: *"Era ganancia para Satanás tanto si una sola alma se veía llevada a la desesperación, como si la paz de la iglesia entera se veía perturbada"*[8]. Mantener una disciplina fuera del orden bíblico, es favorecer las intenciones de Satanás.

[8] Charles Hodge. *Comentario a II Corintios*. Edimburgo, 2000, pág. 50.

οὐ γὰρ αὐτοῦ τὰ νοήματα ἀγνοοῦμεν. El apóstol les hace notar que *no ignoraban las maquinaciones diabólicas*. Significa que en la instrucción que había dado a la iglesia, bien en presencia suya o bien por sus escritos, la doctrina sobre Satanás, había sido expuesta y ellos la conocían bien. *Maquinaciones* es relativo a planes malvados. Por tanto, mantener separado de la comunión a un hermano más tiempo del necesario debilita a la iglesia. Además, un trato incorrecto en ese sentido puede alejar definitivamente al creyente. En este caso favorecería a quienes acusaban a Pablo de vengativo y de tiranizar a los creyentes (1:24; 8:20-21; 10:2, 3, 8; 12:13-16; 13:3, etc.).

En ese sentido escribe Kistemaker:

"Los rencores en la congregación son rápidamente explotados por Satán para socavar la salud espiritual de la iglesia. El Maligno capitaliza los insultos que no se han sido resueltos ni perdonados; defraudar a la gente hace que se produzca en ella un espíritu de animosidad, de división y de dispersión. Jesús dijo: 'El que no está de mi parte, está contra mí; y el que conmigo no recoge, esparce' (Mt. 12:30). El propósito de Satán es frustrar la obra de Cristo en su iglesia sobre la tierra. Con la dispersión del pueblo de Dios, Satanás puede bloquear el progreso de la iglesia y del reino de Cristo"[9].

Los poderes y capacidades de Satanás, superan nuestra propia imaginación. No debe olvidarse que, como un ser personal, no tiene conocimiento infinito, sino que va aprendiendo en el tiempo nuevas formas, por esa razón los creyentes debemos estar atentos ya que siempre estará planeando destrucción contra la operación y presencia del reino de los cielos en la tierra. Esa es la razón por la que Pablo establece a los corintios el perdón del ofensor, además, es la norma general que él mismo enseña para todos: *"Antes sed benignos unos con otros, misericordiosos, perdonándoos unos a otros, como también Dios os perdonó a vosotros en Cristo"* (Ef. 4:32)[10].

La inquietud de Pablo (2:12-13)

12. Cuando llegué a Troas para predicar el evangelio de Cristo, aunque se me abrió puerta en el Señor.

᾿Ελθὼν δὲ εἰς τὴν Τρῳάδα εἰς τὸ εὐαγγέλιον τοῦ Χριστοῦ καὶ
Pero llegando a - Troas para el evangelio - de Cristo y

[9] Simón Kistemaker. *II Corintios*, pág. 72.
[10] Según versión RVR.

θύρας μοι ἀνεῳγμένης ἐν Κυρίῳ,
puerta para mí habiendo sido abierta en Señor.

Análisis y notas del texto griego.

Análisis: ᾿Ελθὼν, caso nominativo masculino singular del participio del segundo aoristo en voz activa del verbo ἔρχομαι, *ir, venir, llegar*, aquí *llegando*; δὲ, partícula conjuntiva que hace las veces de conjunción coordinante, con sentido de *pero, más bien, y, y por cierto, antes bien, entonces*; εἰς, preposición propia de acusativo *a*; τὴν, caso acusativo femenino singular del artículo determinado *la*; Τρῳάδα, caso acusativo femenino singular del nombre propio *Troas,* literalmente *Troade*; εἰς, preposición propia de acusativo *para*; τὸ, caso acusativo neutro singular del artículo determinado *el*; εὐαγγέλιον, caso acusativo neutro singular del nombre común *evangelio*; τοῦ, caso genitivo masculino singular del artículo determinado *el*; Χριστοῦ, caso genitivo masculino singular del nombre propio declinado *de Cristo*; καὶ, conjunción copulativa *y*; θύρας, caso genitivo femenino singular del nombre común *puerta*; μοι, caso dativo de la primera persona singular del pronombre personal declinado *a mí*; ἀνεῳγμένης, caso genitivo femenino singular del participio de perfecto en voz pasiva del verbo ἀνοίγω, *abrir*, aquí *habiendo sido abierta*; ἐν, preposición propia de dativo *en*; Κυρίῳ, caso dativo masculino singular del nombre divino *Señor*.

᾿Ελθὼν δὲ εἰς τὴν Τρῳάδα. El apóstol retorna al relato de los acontecimientos que le afectaron durante el tiempo de ausencia de Corinto. La partícula δὲ, *pero*, es usada aquí para vincular con lo que antecede, luego de la digresión de los vv. 5-11. El apóstol había planeado ir desde Éfeso a Corinto pasando por Macedonia (1 Co. 16:5), por lo que el proyecto del viaje inicialmente planificado comenzó llegando a Troas. La situación del apóstol era de aflicción, por las muchas dificultades que rodeaban su ministerio, incrementadas de forma notoria por los acontecimientos en Corinto. Antes del viaje envió a Tito a Corinto siendo –con toda probabilidad– portador de la *carta de las muchas lágrimas*. Era en Troas donde había convenido que se encontraría nuevamente con él. Así debía ocurrir, una vez que hubiese cumplido la misión para la que había sido enviado a Corinto. La ciudad de Troas, estaba edificada en la llanura donde se había levantado la ciudad de Troya. Este lugar adonde Pablo llegó era una ciudad importante del Asia Menor, en la costa del mar Egeo. Era próspera y núcleo de comunicaciones entre Macedonia y el Asia Menor. Estaba a unos cuarenta kilómetros del lugar de la antigua Ilión o Troya. Fue en aquella ciudad donde años antes Pablo había tenido la visión del varón macedonio que le pedía ayuda (Hch. 16:8-11). Allí comenzó la misión evangelizadora a Europa. En esa ciudad se había fundado la iglesia y fue allí, donde al finalizar el tercer viaje misionero, se quedó con los creyentes siete días (Hch. 20:1-7). También allí en casa de Carpo dejó el capote y los libros cuando fue hecho prisionero y llevado a Roma, que luego pide a Timoteo que los recoja y los lleve consigo a Roma (2 Ti. 4:13).

εἰς τὸ εὐαγγέλιον τοῦ Χριστοῦ. La razón de ese viaje era *"el evangelio de Cristo"*. Nuevamente se aprecia que Cristo era todo para Pablo (Fil. 4:13). El evangelio lo había recibido del Señor y de Él la comisión de llevarlo a todas las naciones (Gá. 1:12). Troas ofrecía al apóstol excelentes oportunidades para la proclamación del mensaje del evangelio. El viaje que Pablo había proyectado hacer para visitar Corinto, sería, conforme a su deseo, el término de una ruta misionera, como había hecho en sus viajes tantas veces. De ahí que fuera a Troas para predicar el evangelio de Cristo. El genitivo en la oración *de Cristo*, expresa el contenido plural y definitivo del mensaje que predicaba, de ahí que el evangelio se manifiesta en los efectos que produce. Es el *evangelio del reino de Dios*, mensaje que anuncia el reino (Mt. 4:23); también el *evangelio de salvación* (Ef. 1:13) y el *evangelio de la paz* (Ef. 6:15). Allí había una audiencia que prestaba atención al mensaje del evangelio y el Señor bendecía el mensaje proclamado.

καὶ θύρας μοι ἀνεῳγμένης ἐν Κυρίῳ, Usa una vez más la metáfora de la *puerta abierta*, que también aparece en la *Primera Epístola* (1 Co. 16:9) y en la *Epístola a los Colosenses* (Col. 4:3). Dios hacía posible lo que Satanás y los enemigos del evangelio procuraban impedir. La puerta estaba abierta por Cristo y se mantenía así por Su poder. El Señor escribió a la iglesia en Filadelfia prometiéndole abrir una puerta que nade podía cerrar (Ap. 3:8). Sin embargo, esta acción de la omnipotencia, no dejaba de ir acompañada de dificultades que el enemigo de la obra producía: *"Porque se me ha abierto puerta grande y eficaz, y son muchos los adversarios"* (1 Co. 16:9)[11]. No tenemos evidencia por el relato bíblico de cuáles fueron los problemas que ese tiempo de evangelización en Troas se manifestaron. Pero, lo que es evidente es que, si no estaban fuera, estaban saturando el alma del apóstol por la preocupación de sus amados hermanos en Corinto. Cristo tenía allí pueblo escogido, por lo que había abierto puerta para Pablo. Satanás lo conocía, por lo que actuó en toda la dimensión de su malvada estrategia para impedir la acción de la gracia. Toda la operación de la gracia era *en el Señor*, si bien podía traducirse como *por el Señor*, lo que permite entender que el éxito en la predicación del evangelio es posible cuando está centrado el mensaje y la obra evangelizadora *en el Señor*.

---

[11] Cita tomada de la versión RVR.

13. No tuve reposo en mi espíritu, por no haber hallado a mi hermano Tito; así, despidiéndome de ellos, partí para Macedonia.

οὐκ ἔσχηκα ἄνεσιν τῷ πνεύματι μου τῷ μὴ εὑρεῖν με Τίτον
No he tenido tranquilidad en el espíritu de mí al no hallar yo a Tito
τὸν ἀδελφόν μου, ἀλλὰ ἀποταξάμενος αὐτοῖς ἐξῆλθον εἰς
al hermano de mí, sino que despidiéndome de ellos partí para
Μακεδονίαν.
Macedonia.

Análisis y notas del texto griego.

Análisis: οὐκ, forma escrita del adverbio de negación *no*, con el grafismo propio ante una vocal con espíritu suave o una enclítica; ἔσχηκα, primera persona singular del perfecto de indicativo en voz activa del verbo ἔχω, *tener*, aquí *he tenido*; ἄνεσιν, caso acusativo femenino singular del nombre común *tranquilidad, alivio, holgura*; τῷ, caso dativo neutro singular del artículo determinado declinado *en él*; πνεύματι, caso dativo neutro singular del nombre propio *espíritu*; μου, caso genitivo de la primera persona singular del pronombre personal declinado *de mí*; τῷ, caso dativo neutro singular del artículo determinado declinado *en él*; μὴ, partícula que hace funciones de adverbio de negación *no*; εὑρεῖν, segundo aoristo de infinitivo en voz activa del verbo εὑρίσκω, *hallar, encontrar*; με, caso acusativo de la primera persona singular del pronombre personal *yo*; Τίτον, caso acusativo masculino singular del nombre propio declinado *a Tito*; τὸν, caso acusativo masculino singular del artículo determinado declinado *al*; ἀδελφόν, caso acusativo masculino singular del nombre común *hermano*; μου, caso genitivo de la primera persona singular del pronombre personal declinado *de mí*; ἀλλὰ, conjunción adversativa *sino*; ἀποταξάμενος, caso nominativo masculino singular del participio del verbo ἀποτάσσομαι, *despedir, despachar, renunciar*, aquí *que despidiéndome*; αὐτοῖς, caso dativo masculino de la tercera persona plural del pronombre personal declinado *de ellos*; ἐξῆλθον, primera persona singular del segundo aoristo de indicativo en voz activa del verbo ἐξέρχομαι, *salir, marchar, ir, partir*, aquí *partí*; εἰς, preposición propia de acusativo *para*; Μακεδονίαν, caso acusativo femenino singular del nombre propio *Macedonia*.

οὐκ ἔσχηκα ἄνεσιν τῷ πνεύματι μου τῷ μὴ εὑρεῖν με Τίτον τὸν ἀδελφόν μου, A pesar de todas las bendiciones que suponían una *puerta abierta* para predicar el evangelio, el apóstol confiesa que no tenía calma en su espíritu, es decir, la inquietud se había apoderado de él. La situación anímica se producía por la ausencia de Tito, con el que había convenido encontrarse en Troas. Él había sido enviado a visitar Corinto y, con toda certeza llevó consigo la *carta* hecha con tantas lágrimas (v. 4). Si Tito no había sido el portador del escrito, fue enviado para verificar el resultado que había producido.

De tal modo que la aflicción y preocupación por lo que habría podido ocurrir en la iglesia en Corinto no le permitió seguir con la evangelización. Un espíritu intranquilo no permite un trabajo eficaz. Su imperiosa necesidad era conocer las noticias de Corinto, el resto era algo secundario en aquel momento. La situación personal le hizo abandonar todo e ir al encuentro de Tito por la ruta que debía traer desde Corinto: *"partí para Macedonia"*. Pablo se despidió de los creyentes en Troas y partió haciendo la ruta hacia Macedonia (Hch. 16:8). El apóstol se había propuesto buscar a Tito hasta encontrarlo.

ἀλλὰ ἀποταξάμενος αὐτοῖς ἐξῆλθον εἰς Μακεδονίαν. Nuevamente se pone de manifiesto el corazón de Pablo. Amaba profundamente la obra del Señor (11:28-29). Era un apóstol de Cristo, esforzado en el trabajo que le había sido encomendado, dependiente de la gracia, pero, también era un hombre, con sus inquietudes y sus problemas. ¿Acaso no debía, como hombre de fe, descansar en el Señor? ¿No había escrito a la iglesia para hacerles recapacitar y restaurarlos al camino correcto? Todo esto es cierto, pero la fe en ocasiones pasa por momentos de crisis. Jesús llamó muchas veces a los discípulos *hombres de poca fe*. Cuando esta se debilita, por las circunstancias que sean, se produce la inquietud. Sin embargo, ninguno alcanza aquí la perfección, como él mismo reconocía: *"No es que lo haya alcanzado ya, ni que ya sea perfecto; sino que prosigo, por ver si logro asir aquello; para lo cual fui también asido por Cristo Jesús"* (Fil. 3:12). Pablo necesitaba la ayuda divina para superar la crisis, el consuelo a su inquietud se produjo con la llegada de Tito (7:6, 7). Los más grandes hombres de Dios pasan también por momentos de desaliento. Aunque abandonó Troas, el Señor le concedería una ocasión más para ministrar en aquella ciudad (Hch. 20:6 ss).

Todo creyente involucrado en el ministerio a pleno tiempo, tiene experiencias de dificultad en el desarrollo de su misión. En muchas ocasiones la inquietud tocará su alma. Los conflictos y problemas, aunque se sostenga firmemente en la fe, no dejan de afectarle personalmente. Todo esto es conducido por Dios para hacerle sentir la necesidad de ser sustentado en la gracia y esforzarse en ella (2 Ti. 2:1).

III. El ministerio del apóstol (2:14-6:10)

La confirmación del ministerio: victoria (2:14-17)

14. Mas a Dios gracias, el cual nos lleva siempre en triunfo en Cristo Jesús, y por medio de nosotros manifiesta en todo lugar el olor de su conocimiento.

Τῷ δὲ Θεῷ χάρις τῷ πάντοτε θριαμβεύοντι ἡμᾶς ἐν τῷ Χριστῷ
- pero a Dios gracias el siempre llevándo en triunfo nos en - Cristo
καὶ τὴν ὀσμὴν τῆς γνώσεως αὐτοῦ φανεροῦντι δι' ἡμῶν
y la fragancia del conocimiento de Él manifiesta mediante nosotros
ἐν παντὶ τόπῳ·
en todo lugar.

Notas y análisis del texto griego.

Análisis: Τῷ caso dativo masculino singular del artículo determinado *el*; δὲ, partícula conjuntiva que hace las veces de conjunción coordinante, con sentido de *pero, más bien, y, y por cierto, antes bien, entonces*; Θεῷ, caso dativo masculino singular del nombre divino declinado *a Dios*; χάρις, caso nominativo femenino singular del nombre común *gracia*; τῷ, caso dativo masculino singular del artículo determinado *el*; πάντοτε, adverbio *siempre, en todo tiempo*; θριαμβεύοντι, caso dativo masculino singular del participio de presente en voz activa del verbo θριαμβεύω, *llevar en triunfo*; ἡμᾶς, caso acusativo de la primera persona plural del pronombre personal declinado *a nosotros*; ἐν, preposición propia de dativo *en*; τῷ, caso dativo masculino singular del artículo determinado *el*; Χριστῷ, caso dativo masculino singular del nombre propio *Cristo*; καὶ, conjunción copulativa *y*; τὴν, caso acusativo femenino singular del artículo determinado *la*; ὀσμὴν, *fragancia, aroma, olor*; τῆς, caso genitivo femenino singular del artículo determinado declinado *de la*; γνώσεως, caso genitivo femenino singular del nombre común *conocimiento*; αὐτοῦ, caso genitivo masculino de la tercera persona singular del pronombre personal declinado *de Él*; φανεροῦντι, caso dativo masculino singular del participio de presente en voz activa del verbo φανερόω, *manifestar*, aquí *manifiesta*; δι', forma contracta de la preposición propia de genitivo διά, *por, por medio de, a causa de*; ἡμῶν, caso genitivo de la primera persona plural del pronombre personal *nosotros*; ἐν, preposición propia de dativo *en*; παντὶ, caso dativo masculino singular del adjetivo indefinido *todo*; τόπῳ, caso dativo masculino singular del nombre común *sitio, lugar*.

Τῷ δὲ Θεῷ χάρις τῷ πάντοτε θριαμβεύοντι ἡμᾶς ἐν τῷ Χριστῷ, Se aprecia un cambio notable en la redacción de la *Epístola*, de manera que de un detalle de desaliento y preocupación, pasa de golpe a uno de alegría exultante que se expresa en la victoria que se alcanza en Cristo, y que conduce a una manifestación de reconocimiento y gratitud.

Hay alguna dificultad en la traducción de la primera oración de la cláusula, a causa del uso del verbo θριαμβεύω, que expresa la idea de *llevar en triunfo*. Éste se usaba en el griego clásico para relatar la entrada triunfal de un general romano. Iba sobre su carro y tras él caminaban un grupo de prisioneros hechos en la batalla. Luego del paseo triunfal y del reconocimiento de todos por la victoria, algunos de esos presos serían condenados a muerte y otros seguirían vivos, aunque en su gran mayoría como esclavos. Sin embargo, el apóstol está usando esa ilustración parabólica, en el sentido de que también el general romano vencedor, hacía participar con él a los oficiales del ejército que se habían distinguido en el combate. De esta manera Pablo considera que Dios lleva consigo a los creyentes, entre los que estaba el apóstol en su desfile victorioso. Esta aplicación del verbo, permite su traducción, en este versículo como *llevar en triunfo*. Con todo, hay eruditos que cambian el sentido del verbo traduciéndolo por *dar a conocer*. En ese sentido la idea es que Dios da a conocer a los apóstoles en todo tiempo. Esto tiene un paralelo en la misma sección de la *Epístola* (6:9) y también en la anterior (1 Co. 4:9).

Es interesante un párrafo del profesor Pastor Gutiérrez, que refiriéndose a este verbo, escribe:

"El verbo θριαμβεύω no se encuentra en el Nuevo Testamento, sino en San Pablo, aquí y en Col. 2:15, en donde considera, de modo paradójico, la crucifixión de Cristo como una marcha triunfal de Dios, el cual, como Imperator mundial, lleva cautivas las potestades enemigas del mismo modo que el emperador romano se hacía acompañar en su parada triunfal por los prisioneros de guerra. Pablo concibe en su imaginación el Evangelio como el carro triunfal de Dios que recorre el mundo entero. Como un general romano disponía, del mismo modo Dios hace una exhibición gloriosa de sus ministros evangélicos, a quienes siempre lleva en triunfo, haciendo que su apostolado avance en el mundo, no obstante, las dificultades de todo género. Dios se asocia al Apóstol en su gloria y lo lleva en triunfo no solo en Antioquía, Éfeso, Corinto y Roma, sino hasta el fin de su vida (siempre), en todos los lugares donde su divino poder y el dinamismo del Evangelio se abren camino. El mismo Pablo se considera aquí como cautivo y como soldado en el triunfo de Dios (Crisóstomo)"[12].

Aunque Pablo se consideraba como un esclavo de Cristo (Ro. 1:1; 1 Co. 4:11), el triunfo es de Cristo y como esclavo forma parte del cortejo del vencedor (Ef. 4:8). A este esclavo a quien el vencedor no solo perdonó la vida, de modo que ya no hay condenación para él (Ro. 8:1), sino que le otorgó la eterna (Jn. 3:16). En la figura de este aspecto parabólico, él es exhibido por Cristo como botín de guerra arrebatado a Satanás, como presos liberados de la condena a muerte. Pero, también es posible que la figura se aplique en el sentido de que los cristianos somos llevados en el cortejo triunfal de Cristo que llevó cautiva la cautividad (Ef. 4:8). Todo esto forma parte de la obra de Dios en la salvación, por tanto, el apóstol, dejando por un momento los recuerdos de la tristeza y las heridas del

[12] Pastor Gutiérrez. o.c., pág. 511 s.

desaliento, deja brotar de la pluma lo que inunda su corazón, que es manifestar la gratitud a Dios por la victoria otorgada y experimentada en Cristo. El triunfo no es puntual u ocasional, sino permanente y continuo, nos lleva en triunfo *siempre*, en toda circunstancia y en toda ocasión.

καὶ τὴν ὀσμὴν τῆς γνώσεως αὐτοῦ φανεροῦντι δι ἡμῶν ἐν παντὶ τόπῳ· En el desfile del general victorioso, se solía quemar incienso delante del carro del vencedor, lo que permitía percibir el olor del triunfo. El *olor* grato expresado aquí tiene relación con la obra total de Jesucristo, desde la omnipotencia creadora, a la gracia salvadora y al poder transformador de la vida del que cree. El *aroma* de la victoria se proclama en el mensaje del evangelio, misión que cumplía el apóstol en tantos lugares como le era posible. Pablo es instrumento en la mano de Dios para esparcir la fragancia del mensaje salvador a todos los hombres.

Este olor grato tiene que ver con *el conocimiento* de Él. Conocer en la Biblia no tiene tanto un carácter intelectual sino vivencial, es decir de relación íntima. Por consiguiente, quien *conoce* a Cristo es aquel que le ha recibido como Salvador por cuyo acto de fe pasa de muerte a vida y entra en la íntima relación personal con el Salvador.

La proclamación del evangelio que los apóstoles y los cristianos proclamaban en el mundo, es de alcance universal: *"en todo lugar"*. Cuando Jesús estableció la *gran comisión*, dijo a los Suyos que fuesen a *todas las naciones* e hiciesen discípulos (Mt. 28:20). En el final largo del *Evangelio según Marcos*, se recoge el mandamiento de *"id por todo el mundo y predicar el evangelio a toda criatura"* (Mr. 16:15). No importa cuál sea la posición teológica en cuanto a redención, si el sacrificio de Cristo ha sido para *todos* o solo *para algunos*, esto no afecta al hecho de cumplir el mandamiento que ordena predicar el evangelio a todos. El mensaje extiende el perfume de la gracia en cualquier lugar en que se haga oír, y es poder salvador *para todos* (Ro. 1:16). Algunos se atreven a sostener que si Dios ha escogido sólo a algunos para salvación y estos serán salvos porque es propósito soberano, no es necesario anunciarles el evangelio. Sólo se salva el hombre por gracia mediante la fe, y esta es la respuesta del individuo a la proclamación del evangelio. Es necesario entender que la responsabilidad nuestra es predicarlo a todos conforme al mandamiento de Jesús. Cada vez que esto se haga, el aroma admirable del evangelio de la gracia se esparce. De ahí que la evangelización sea el asunto prioritario en el ministerio del apóstol y se hace delante de todos.

Una nota destacada en el versículo tiene que ver con la *soberanía* de Jesús. Dios nos lleva en triunfo *siempre* en Cristo. En este lugar, se relaciona especialmente con lo que antes había dicho que el Señor le había abierto *puerta* para predicar el evangelio (v. 12). De manera que quien había establecido la evangelización se ocupaba en Su soberanía para abrir puerta a fin de que se operase, en respuesta al mensaje, la salvación de muchos. De este modo el apóstol sale victorioso siempre contra las artimañas de los enemigos que procuraban impedir la predicación del evangelio. Incluso, cuando está a punto de ser ejecutado, el evangelio era conocido por los que rodeaban al apóstol en sus últimos momentos. La iglesia victoriosa es la que tiene claro que Jesús es soberano y depende de él; de este modo oraban en tiempos de conflicto y de persecución pidiendo que Él les diese la determinación de predicar el evangelio denodadamente (Hch. 4:24, 31).

15. Porque para Dios somos grato olor de Cristo en los que se salvan, y en los que se pierden.

ὅτι Χριστοῦ εὐωδία ἐσμὲν τῷ Θεῷ ἐν τοῖς σῳζομένοις
Porque de Cristo suave olor somos - para Dios en los que son salvados
καὶ ἐν τοῖς ἀπολλυμένοις,
y en los que se pierden.

Análisis y notas del texto griego.

Análisis: ὅτι, conjunción causal *porque*; Χριστοῦ, caso genitivo masculino singular del nombre propio declinado *de Cristo*; εὐωδία, caso nominativo femenino singular del nombre común *aroma, perfume agradable, olor suave*; ἐσμὲν, primera persona plural del presente de indicativo en voz activa del verbo εἰμί, *ser, estar*, aquí *somos*; τῷ, caso dativo masculino singular del artículo determinado *el*; Θεῷ, caso dativo masculino singular del nombre divino declinado *para Dios*; ἐν, preposición propia de dativo *en*; τοῖς, caso dativo masculino plural del artículo determinado *los*; σῳζομένοις, caso dativo masculino singular del participio de presente en voz pasiva del verbo σῴζω, *salvar*, aquí *que son salvador*; καὶ, conjunción copulativa *y*; ἐν, preposición propia de dativo *en*; τοῖς, caso dativo masculino plural del artículo determinado *los*; ἀπολλυμένοις, caso dativo masculino plural del participio de presente en voz media o pasiva del verbo ἀπόλλυμι, *perderse, perecer*, aquí *que se pierden.*

ὅτι Χριστοῦ εὐωδία ἐσμὲν τῷ Θεῷ. Pablo habla ahora de los efectos del evangelio. Éste es olor grato en relación con todos los hombres. El mismo mensaje es proclamado para los que se salvan y los que se pierden. La evangelización es algo agradable a Dios, y constituye una obediencia a Su propósito: *"Olor grato para Dios"*. El mismo predicador del evangelio queda impregnado del buen olor del mensaje. La proclamación del mensaje es de buen olor, aroma agradable, porque expresa el deseo de Dios para la salvación de todo pecador que responde con fe al evangelio. Esta es la gran verdad enseñada por el apóstol:

"Porque esto es bueno y agradable delante de Dios nuestro Salvador, el cual quiere que todos los hombres sean salvos y venga al conocimiento de la verdad" (1 Ti. 2:3, 4). Esta es una afirmación de la universalidad del evangelio. Pablo afirma sin ambages que Dios quiere que todos los hombres sean salvos. No cabe duda que el deseo de Dios puede ser soberano, por tanto, absoluto, lo que supondría, en este caso que todos los hombres del mundo serían salvos, pero también puede ser un deseo de benevolencia, en el cual, puesto que el deseo de Dios no es que se pierda ningún hombre, cualquiera que venga será recibido a misericordia. El deseo divino es que todos los hombres, sin ningún tipo de distinción sean salvos. Sin duda este deseo divino está representado en el mandamiento de predicación del evangelio a todos los hombres. No cabe duda que si Dios ha elegido a alguno para salvación, será salvo, pero no es menos cierto que Dios no rechazará a nadie que venga a Él en fe para entregar su vida al Salvador. No es menos cierto que el hombre necesita la asistencia del Espíritu para salvación y que nadie puede ir a Cristo sin el llamamiento del Padre. Dios ya ha manifestado el deseo de que los hombres se salven en el Antiguo Testamento, al decir: *"Mirad a mí, y sed salvos, todos los términos de la tierra"* (Is. 45:22). En la misma profecía se lee como Dios invita a *todos los sedientos a venir a las aguas*, que aquí son figura de la salvación (Is. 55:1). El deseo de Dios no es que el impío se pierda, sino que todos procedan al arrepentimiento y vivan (Ez. 18:23, 32). Nuevamente es preciso puntualizar que la salvación es de Dios, pero la responsabilidad es del hombre. Las dos líneas doctrinales del Nuevo Testamento, la elección y la de la libre gracia, vuelven a confluir aquí. Es absolutamente irreconciliable para la mente humana que la gracia que escoge para salvación, lleva el mensaje de redención a todos y que, aunque los hombres no puedan creer sin la ayuda divina, les hace responsables si no creen y se condenan. Es, en cierta medida, un contrasentido para el hombre, pero la razón de esa aparente contradicción es la imposibilidad de conocer la mente de Dios. Ante un misterio inalcanzable para el hombre, debemos reconocer en él la grandeza de Dios y alabarle como hace aquí el apóstol (v. 14).

ἐν τοῖς σῳζομένοις καὶ ἐν τοῖς ἀπολλυμένοις, En la segunda oración Pablo presenta dos clases de personas frente al evangelio. Por un lado, están los que se salvan, literalmente *los que se están salvando*. Son ya salvos de sus pecados (Ro. 8:1), pero viven ahora en el proceso de la santificación, segundo estadio de la salvación (Fil. 2:12). Esperan la etapa final en la glorificación, que será la redención del cuerpo con lo que culmina la salvación (1 Co. 15:51, 52). Del mismo modo está el segundo grupo, *los que se pierden*, o también *los que se están perdiendo*, es decir quienes siguen en camino que conduce a la eterna condenación. Estos nacen espiritualmente muertos en el pecado heredado (Ef. 2:1); siguen en la senda de muerte (Pr. 14:12); y van a la muerte segunda o muerte perpetua, sin Cristo y sin esperanza (Jn. 3:36). Algunos se asemejan grandemente a cristianos, pero son simplemente imitadores de ellos. A estos, que afirman conocer a Cristo, no son conocidos por Él (Mt. 7:23).

16. A éstos ciertamente olor de muerte para muerte, y a aquéllos olor de vida para vida. Y para estas cosas, ¿quién es suficiente?

οἷς μὲν ὀσμὴ ἐκ[1] θανάτου εἰς θάνατον, οἷς δὲ
Para los que ciertamente olor de muerte para muerte; pero para los que
ὀσμὴ ἐκ ζωῆς εἰς ζωήν. καὶ πρὸς ταῦτα τίς ἱκανός
olor de vida para vida. Y para estas cosas ¿quién suficiente?

Análisis y notas del texto griego.

Análisis: οἷς, caso dativo masculino plural del pronombre relativo *los que, los cuales*; μὲν, partícula afirmativa que se coloca siempre inmediatamente después de la palabra expresiva de una idea que se ha de reforzar o poner en relación con otra idea y que, en sentido absoluto tiene oficio de adverbio de afirmación, como *ciertamente, a la verdad*; ὀσμὴ, caso nominativo femenino singular del nombre común *olor, aroma*; ἐκ, preposición propia de genitivo *de*; θανάτου, caso genitivo masculino singular del nombre común *muerte*; εἰς, preposición propia de acusativo *a, para*; θάνατον, caso acusativo masculino singular del nombre común *muerte*; οἷς, caso dativo masculino plural del pronombre relativo *los que, los cuales*; δὲ, partícula conjuntiva que hace las veces de conjunción coordinante, con sentido de *pero, más bien, y, y por cierto, antes bien, entonces*; ὀσμὴ, caso nominativo femenino singular del nombre común *olor, aroma*; ἐκ, preposición propia de genitivo *de*; ζωῆς, caso genitivo femenino singular del nombre común *vida*; εἰς, preposición propia de acusativo *a, para*; ζωήν, caso acusativo femenino singular del nombre común *vida*; καὶ, conjunción copulativa *y*; πρὸς, preposición propia de acusativo *a, para*; ταῦτα, caso acusativo neutro plural del pronombre demostrativo *estos*, en sentido de *estas cosas*; τίς, caso nominativo masculino singular del pronombre interrogativo *quién* ἱκανός, caso nominativo masculino singular del adjetivo *digno, capaz, suficiente.*

Notas. Crítica Textual. Lecturas alternativas.

[1] ἐκ, *de*, según lectura en 𝔓[46], a, A, B, C, 0243, 33, 81, 104, 630, 1175, 1739, Clemente.

Se omite la preposición en D, F, G, K, L, Ψ, 365, c, 1241, 1505, 2464.

οἷς μὲν ὀσμὴ ἐκ θανάτου εἰς θάνατον, οἷς δὲ ὀσμὴ ἐκ ζωῆς εἰς ζωήν. Concluye con los dos efectos del evangelio, siguiendo con la figura del cortejo triunfal del vencedor que lleva tras sí un grupo de esclavos conquistados en la batalla. A unos de ellos se les perdona la vida, de modo que el olor del incienso que tributaba el honor al vencedor, era *olor de vida* para éstos. A otros se les ejecutaba, de modo que el mismo olor para estos era *olor de muerte*. Así ocurre también con el evangelio, fragancia divina de salvación para todo aquel que cree. Para los creyentes el evangelio es *olor de vida*, para los que se salvan, literalmente *para los que están salvándose*, es decir, para quienes están en el proceso de salvación, desde la justificación hasta la glorificación, para éstos *"ninguna condenación hay para los que están en Cristo Jesús"* (Ro. 8:1). La vida eterna sustituye a la muerte espiritual que termina en la muerte perpetua o muerte segunda (Jn. 3:16). Nadie puede levantar contra ellos una sentencia condenatoria firme, porque han sido justificados por la fe y están en relación de paz para con Dios (Ro. 5:1). Pero para los que se *están perdiendo*, quienes siguen en el camino de la perdición, el mismo mensaje es *olor de muerte*, ya que *"esta es la condenación: que la luz vino al mundo, y los hombres amaron más las tinieblas que la luz, porque sus obras eran malas"* (Jn. 3:19). El Vencedor que salva a unos, condena también a otros porque *"Para juicio he venido yo a este mundo; para que los que no ven, vean, y los que ven, se vuelvan ciegos"* (Jn. 9:39). No han querido atender al *olor grato* de salvación proclamado en el mensaje del evangelio, de modo que Jesús dice: *"si yo no hubiera venido, ni les hubiera hablado, no tendrían pecado; pero ahora no tienen excusa por su pecado"* (Jn. 15:22), además porque *"en ningún otro hay salvación; porque no hay otro nombre bajo el cielo, dado a los hombres, en que podamos ser salvos"* (Hch. 4:12). El evangelio rechazado acarrea la condenación de quienes rehúsan creer (Jn. 3:36). La palabra predicada se constituye en testigo de cargo para quienes la rechazan o simplemente la ignoran (Jn. 12:48).

καὶ πρὸς ταῦτα τίς ἱκανός. En la evangelización la humildad del predicador es imprescindible. La respuesta a la pregunta será contestada más adelante (3:5, 6). Es una solemne advertencia para quien considere sus dones personales, capacidades, elocuencia, etc. como medio de confianza. Nadie podrá despertar a un alma al arrepentimiento, llevarla a Cristo y orientarla a salvación, salvo la acción del Espíritu Santo (Jn. 16:13). Todo predicador debiera reflexionar sobre esto y depender en todo su ministerio del poder de Dios. Pablo usa aquí el adjetivo ἱκανός, que destaca la idea de *digno, capaz, eficiente*. La pregunta retórica en la que se introduce este adjetivo, exige una respuesta negativa, nadie es capaz, suficiente para esas cosas. Por tanto, si sólo Dios en Su soberanía y omnipotencia es capaz para esto, la dependencia de Él ha de ser absoluta.

17. Pues no somos como muchos, que medran falsificando la palabra de Dios, sino que con sinceridad, como de parte de Dios, y delante de Dios, hablamos en Cristo.

οὐ γάρ ἐσμεν ὡς οἱ πολλοὶ[1] καπηλεύοντες τὸν λόγον τοῦ Θεοῦ,
Porque no somos como los muchos que negocian con la Palabra - de Dios,
ἀλλ' ὡς ἐξ εἰλικρινείας, ἀλλ' ὡς ἐκ Θεοῦ κατέναντι[2]
sino como de sinceridad, sino como de parte de Dios delante de
Θεοῦ ἐν Χριστῷ λαλοῦμεν.
Dios en Cristo hablamos.

Análisis y notas del texto griego.

Análisis: οὐ, adverbio de negación *no*; γάρ, conjunción causal *porque*; ἐσμεν, primera persona plural del presente de indicativo en voz activa del verbo εἰμί, *ser, estar*, aquí *somos*; ὡς, adverbio de modo, *como*, que hace las veces de conjunción comparativa; οἱ, caso nominativo masculino plural del artículo determinado *los*; πολλοὶ, caso nominativo masculino plural del adjetivo *muchos*; καπηλεύοντες, caso nominativo masculino plural del participio de presente en voz activa del verbo καπηλέυω, *negociar con, comerciar al por menor, poner en venta*, aquí *que negocian con*; τὸν, caso acusativo masculino singular del artículo determinado *el*; λόγον, caso acusativo masculino singular del nombre común *palabra, discurso*; τοῦ, caso genitivo masculino singular del artículo determinado *el*; Θεοῦ, caso genitivo masculino singular del nombre divino declinado *de Dios*; ἀλλ', conjunción adversativa *sino*; ὡς, adverbio de modo, *como*, que hace las veces de conjunción comparativa; ἐξ, forma escrita de la preposición de genitivo ἐκ, delante de vocal y que significa *de*; εἰλικρινείας, caso genitivo femenino singular del nombre común *sinceridad*; ἀλλ', conjunción adversativa *sino*; ὡς, adverbio de modo, *como*, que hace las veces de conjunción comparativa; ὡς, adverbio de modo, *como*, que hace las veces de conjunción comparativa; ἐκ, preposición propia de genitivo *de*; Θεοῦ, caso genitivo masculino singular del nombre divino declinado *de Dios*; κατέναντι, preposición impropia de genitivo *frente a, enfrente, delante de*; Θεοῦ, caso genitivo masculino singular del nombre divino *Dios*; ἐν, preposición propia de dativo *en*; Χριστῷ, caso dativo masculino singular del nombre propio *Cristo*; λαλοῦμεν, primera persona plural del presente de indicativo en voz activa del verbo λαλέω, *hablar, decir*, aquí *hablamos*.

Notas. Crítica Textual. Lecturas alternativas.

[1] οἱ πολλοὶ, *los muchos*, según lectura en a, A, B, C, K, P, Ψ, 0243, 33, 81, 104, 365, 1175, 1241, 1739, 1881, 2464, 𝔐, lat, co, Ireneo, Ambrosiaster, Dídimo.

οἱ λοιποι, *los demás*, conforme a la lectura en 𝔓[46], D, F, G, L, 6, 326, 614[s], 630, 945, 1505, sy.

[2] κατέναντι, *delante de*, según lectura en P[46], a[*], A, B, C, 0243, 33, 81, 630, 1175, 1739, 1881, 2464.

κατενώπιον του, *justo delante del*, conforme a [2]a, D[1], F, G, K, L, Ψ, 104, 1241, 𝔐.

οὐ γάρ ἐσμεν ὡς οἱ πολλοὶ La frase inicial resulta, a simple vista, un tanto compleja, pero adquiere su sentido relacionándola con lo que antecede, de modo que el apóstol está diciendo que *somos competentes para este trabajo, porque no somos como los falsos apóstoles, sino sinceros*. Hace una distinción clara, *ellos*, el apóstol y posiblemente incluya aquí a sus colaboradores, no *somos como muchos*. De modo que se está refiriendo no a unos pocos, sino a muchos. Sin duda no está sintiéndose a sí mismo competente para una obra tan grande, es más, en su humildad se considera a él mismo como el último de los apóstoles (Ef. 3:7-8), y el primero de los pecadores (1 Ti. 1:15). Pero esos muchos son aquellos *falsos apóstoles*, que se introducen subrepticiamente en las iglesias que él había establecido para desviar a muchos de la fe y fomentar cuestiones sobre su conducta y propósito.

καπηλεύοντες τὸν λόγον τοῦ Θεοῦ, La característica principal que destaca aquí de ellos es *que negocian con la Palabra de Dios*. Los está calificando como *mercaderes* de la verdad. Ellos eran capaces de vender las verdades bíblicas como mercadería para medrar a costa de tal impiedad. De otro modo eran expertos falsificadores de las verdades bíblicas. Rebajaban a puro negocio lucrativo la exposición falsa de la Palabra de Dios. Posiblemente daban al oyente aquello que, humanamente hablando, deseaba oír, pero no lo que Dios decía (2 Ti. 4:3-14). Para ello se revestían de una capa de piedad aparente, y usaban la Escritura de modo que les sirviera para sustentar sus falsedades. No iban a las iglesias provocando entre los creyentes una vida licenciosa y carnal, aunque sí lo hacían en ocasiones, pero en el caso del entorno textual de la Epístola, venían enseñando doctrinas contrarias a la verdad del evangelio de la gracia y difamando al apóstol.

Así se lee en el Ambrosiaster:

"En este versículo, Pablo se refiere a los falsos apóstoles, que, corrompiendo la enseñanza, adulteraban las palabras de Dios con interpretaciones equivocadas y, probándolas de sentido divino, le daban uno humano. Algunos de ellos tenían tanto celo por la tradición judía que no enseñaban rectamente lo relativo a Cristo"[13].

El verbo καπηλέυω, solo aparece aquí en todo el Nuevo Testamento y expresa la idea de traficar con algo, incluso se usaba para

---

[13] *En Ambrosiatri Qui Dicitur Commetarius in Eppostulas Paulinas*, Viena, 1969, pág. 212.

referirse al comercio al por menor. En sentido de traficar con la verdad lo usa aquí Pablo.

De este versículo escribe Jerónimo:

"Todo doctor que abusa de la autoridad de las Escrituras, por la cual puede corregir a los que lo escuchan, para ganarse favores, y habla de tal modo que no corrige, sino que deleita a los oyentes, adultera y corrompe con su sentido el vino de las Escrituras"[14].

ἀλλ' ὡς ἐξ εἰλικρινείας, ἀλλ' ὡς ἐκ Θεοῦ κατέναντι Θεοῦ ἐν Χριστῷ λαλοῦμεν. Por el contrario, Pablo no hacía comercio con la Palabra, sino que la predicaba con *sinceridad*. Esta palabra en castellano, deriva del latín *sincerus*, con el sentido de *puro, sin doblez*. La idea extendida de provenir de algo *sin cera* que oculta los fallos en la madera cometidos al trabajar con ella, es una acepción procedente de la etimología popular, que es un buen ejemplo para la comprensión, pero nada tiene que ver con su etimología. Pablo no usaba artimañas para ocultar la verdad bíblica, sino que predicaba el mensaje de la Palabra sin ningún tipo de doblez. El no falsificaba ni traficaba con el Evangelio, mezclando mentira con la verdad, como dirá más adelante: *"Antes bien renunciamos a lo oculto y vergonzoso, no andando con astucia, ni adulterando la palabra de Dios, sino por la manifestación de la verdad recomendándonos a toda conciencia humana delante de Dios"* (4:2).

Hace esto consciente de que en cada momento está delante de Dios y cumple el ministerio que le ha sido encomendado. Además, la realidad de una enseñanza conforme a la Palabra es aquella que hacía *hablando en Cristo*. Esto es, el mensaje era concordante con la enseñanza de Jesús, y era, en el sentido espiritual de la palabra, que Jesús hablaba por medio de Él. El mensaje que Pablo pronunciaba lo hubiera pronunciado el Señor y la enseñanza del apóstol concordaba plenamente con la de Él. Cristo hablaba por medio de ellos, siendo embajadores de Cristo y hablando en Su nombre (5:20). El mensaje no era *de Cristo*, ni *según Cristo*, sino algo más *en Cristo*, esto es, en plena comunión con Él, como miembros de Su cuerpo y conducidos por el Espíritu.

Unas sencillas notas seleccionadas de la múltiple enseñanza del capítulo que debemos considerar a título personal para aplicarla a nuestras vidas.

---

[14] Citado por el profesor Pastor Gutiérrez. o.c., pág. 513.

El creyente más perfecto y maduro puede pasar por momentos de inquietud e incluso de depresión. El ejemplo de Pablo es notable, abandonando la evangelización en Troas, a causa de la inquietud que producían en él los problemas de la iglesia en Corinto. Todo cristiano debe aprender a no juzgar a los hermanos que están en una situación de desaliento y depresión por las circunstancias que le rodean. Este estado no significa, en ningún modo, una falta de fe. La oración que fue de los discípulos, debe ser la continua oración personal de cada uno de nosotros: *Señor, auméntanos la fe* (Lc. 17:5).

Cabe destacar también que el predicador del Evangelio, debe depender enteramente de Dios y no de sus capacidades personales. El evangelio no es un mensaje propio de la sabiduría humana, sino de procedencia divina (Gá. 1:11, 12). Por consiguiente, nadie debiera atreverse a modificarlo, bien sea disminuyendo o aumentado a la palabra escrita. La enseñanza bíblica ha de ajustarse a la Biblia, sin fluctuar en lo más mínimo. Por esta razón el maestro y el evangelista debe sentirse, humanamente hablando, incapaz para la salvación del pecador a fin de depender enteramente del Espíritu.

La enseñanza sincera de la Escritura descansa en el ejercicio de una sana conciencia delante de Dios. Los fariseos de los tiempos de Pablo se revestían de piedad, manifestándose como dechados de perfección espiritual delante de la gente. Estos añadían a la Biblia sus propias tradiciones e interpretaciones. Daban el diezmo de las cosas más simples como eran plantas del campo, pero no daban su alma a Dios amando a sus semejantes. Cumplían los rituales aprendidos como minuciosidad, pero sus corazones estaban llenos de podredumbre. Añadían a las demandas de Dios, sus propias demandas, de modo que cuando tenían que optar por la aceptación sólo de la Palabra, dejaban ésta a un lado para sustentar sus tradiciones, así era el caso de la reprensión sobre el comportamiento de los discípulos que tomaban grano con la mano de los sembrados para comer en el día del sábado, considerando esto como algo contrario a la Ley, cuando ésta lo autorizaba. Eran meticulosos en guardar el sábado, hasta el punto de acusar a Jesús de quebrantar el día de reposo cuando sanaba en él a algún enfermo. Tradiciones aprendidas que si no tienen sustento bíblico se imponen con la búsqueda de vida piadosa, cargando al pueblo de Dios, con cargas insoportables. Esto ocurría en tiempos de Pablo y esto sigue ocurriendo hoy. Las tradiciones aprendidas de los mayores toman carácter de doctrina y son elementos que impiden la libertad del Espíritu. A estas cosas se les suelen llamar *sana doctrina*, y también *nuestros principios*. Si mis principios concuerdan con los de la Biblia, ya no son míos sino de Dios y deben ser atendidos, pero, si no concuerdan entonces debo tirar fuera mis principios y colocar sólo los bíblicos, porque proceden de Dios y no del hombre.

Finalmente, una observación más. El que sirve en la obra del Señor debe vivir para el Señor. El obrero que sirve plenamente en el evangelio debe vivir del evangelio (1 Co. 9:14). Pero el grave peligro está en *comerciar* con el evangelio (v. 17). Algunos que se hacen pasar por maestros, y líderes espirituales, usan la Palabra deformándola para alcanzar riquezas y posición personal. Esto es, a modo de referencia, lo que se ha dado en llamar el *evangelio de la prosperidad*, que ha sido la base perversa y diabólica para tomar los bienes de los creyentes, que incluyen los pocos recursos de muchos de ellos, para enriquecer la institución y, lamentablemente, a los líderes de ella. Además, están otros modos de *comerciar* con el evangelio, como es predicar sólo la parte doctrinal que conviene a los propósitos del predicador. Transigir con vidas que rechazan la santidad beneficia la formación de grandes congregaciones, tapando las conciencias acusadoras. Proclamar la potencialidad del hombre haciéndolo aparecer como *capaz* por sí mismo de cualquier acción, merma la dependencia de Dios, pero añade miembros humanistas a la iglesia. Pablo exhorta a no hacer comercio con el evangelio.

CAPÍTULO III

MINISTROS DEL NUEVO PACTO

Introducción

Los grupos opositores en la congregación de Corinto criticaban al apóstol, entre otras razones, porque no llevaba consigo cartas de recomendación como los otros creyentes y predicadores. Los *falsos apóstoles* que se habían infiltrado en la congregación, presentaban acreditaciones que les hacían aparecer como enviados de los apóstoles en Jerusalén, aunque, como había ocurrido muy al principio de la evangelización en la iglesia en Antioquía, no habían sido enviados ni tenían tal cometido (Hch. 15:1, 24).

El apóstol contesta a esa acusación manifestando que disponía de más cartas que todos sus acusadores, ya que cada creyente en la iglesia en Corinto, era una carta escrita que atestiguaba su condición de apóstol y del fruto que Dios había concedido como respaldo a su ministerio.

En medio de estas manifestaciones, el apóstol va a hablar de sus credenciales y capacitación para el ministerio y, aprovechando, introduce el amplísimo tema del ministerio dentro del Nuevo Pacto.

Es aquí donde comienza la apología de Pablo, luego de explicarles la causa real por la que no había ido a visitarlos como les había prometido antes. De ahora en adelante hasta el capítulo 6, va a ocuparse de demostrar su autoridad apostólica, que estaba siendo cuestionada por la acción de los judaizantes, los *falsos apóstoles* que procuraban influenciar en los creyentes en ese sentido. A estos los trata de *advenedizos* y de *entrometidos* en la congregación.

Dos bloques se destacan en el capítulo que se comenta. En primer lugar, está la recomendación suya para el ministerio, las auténticas cartas que le presentan como verdadero apóstol de Jesucristo (vv. 1-3). No tenía necesidad alguna de cartas de recomendación porque los propios corintios eran la mejor recomendación. Introduce este párrafo mediante el uso de preguntas retóricas que sirven también de enlace con lo antecedente y lo que sigue. El apóstol y sus compañeros no tenían necesidad alguna para los corintios de cartas de recomendación (v. 1). Los corintios eran una carta de Cristo que ponía de manifiesto la autenticidad de su misión apostólica. Esta carga podía ser leída, no solo por quienes tuvieran la capacidad de saber leer un escrito, sino por todos, no importa su condición personal.

El segundo párrafo, sigue desde aquí hasta el final del capítulo y continúa sin interrupción en los primeros versículos del siguiente (vv. 4-18). En ellos se presenta la competencia suya para el ministerio haciéndola descansar en el Nuevo Pacto. Esta suficiencia no provenía de él, ni la había recibido de hombre alguno, incluyendo a los mismos apóstoles de Cristo, sino que Dios lo había dotado con todas las capacidades necesarias y respaldando su autoridad para ser ministro del Nuevo Pacto, que no se establece en meras formas de doctrina escrita, sino en la vida vivificante del Espíritu (vv. 4-6). Los que venían a entorpecer la obra y a desprestigiar al apóstol se jactaban de ser observadores y cumplidores de la ley, asumiendo como superior a cualquier otro el ministerio de Moisés, pero no enseñaban que este era un ministerio de muerte, porque nadie puede ser salvo por la observancia de la Ley, cuya misión es denunciar el pecado. Pablo no trata de hacer judaizar a los gentiles, sino que proclama la salvación de todos en un ministerio de vida, anunciando la justicia de Dios por fe en Cristo, de manera que la gloria del ministerio anterior era pasajera, mientras que la del actual, establecida sobre el Nuevo Pacto es definitiva y, por tanto, permanente (vv.7-11).

Pablo usa el ejemplo histórico de Moisés, refiriéndose al resplandor de su rostro en cada ocasión que dialogaba con Dios, entrando en Su presencia. Este aspecto resplandeciente era transitorio, de manera que cubría su rostro con un velo para que nadie pudiese apreciar aquello. Usa esto para simbolizar lo que tenía que ver con la revelación del Antiguo Testamento. De otro modo, como Moisés cubría el rostro, así también la verdad del Evangelio que predicaba, estaba cubierta por el velo de tipos y sombras de la dispensación mosaica. Pero, también el hecho de la cobertura del rostro, sirve de ilustración a la realidad de una ceguera espiritual sobre los judíos que les impedía ver el significado de sus propias formas de culto (vv. 12-15). Siguiendo el simbolismo de la historia de Israel, de la manera que Moisés descubría su rostro cuando entraba a la presencia del Señor, así también las sombras que rodean el simbolismo de la ley ceremonial, y el velo de oscuridad sobre la mente del pueblo de Israel, será quitada cuando se vuelvan a Cristo (v. 16). Entonces también ellos serán transformados, como ocurre con nosotros, disfrutando de la verdadera libertad en el Espíritu, prometida en la regeneración anunciada en el Nuevo Pacto (v. 17). Concluye el párrafo haciendo notar que los creyentes al mirar a cara descubierta como en un espejo la gloria del Señor, somos transformados de gloria en gloria por la acción del Espíritu

Santo, a la semejanza de la de Cristo, cumpliendo así también el término predestinado por el Padre para los creyentes (v. 18).

Para el análisis y comentario del capítulo, se sigue el *bosquejo* dado anteriormente en la *introducción*, como sigue:

2. La recomendación del ministerio: los creyentes (3:1-3).
3. La competencia para el ministerio: el nuevo pacto (3:4-18).

La recomendación del ministerio: los creyentes (3:1-3)

1. ¿Comenzamos otra vez a recomendarnos a nosotros mismos? ¿O tenemos necesidad, como algunos, de cartas de recomendación para vosotros, o de recomendación de vosotros?

᾿Αρχόμεθα πάλιν ἑαυτοὺς συνιστάνειν ἢ[1] μὴ χρῄζομεν
¿Comenzamos de nuevo a nosotros mismos recomendar? ¿o acaso tenemos necesidad
ὥς τινες συστατικῶν ἐπιστολῶν πρὸς ὑμᾶς ἢ ἐξ ὑμῶν[2]
como algunos de recomendación cartas para vosotros o de vosotros?

Análisis y notas del texto griego.

Análisis: ᾿Αρχόμεθα, primera persona plural del presente de indicativo en voz media del verbo ἄρχω, *comenzar*, aquí *comenzamos*; πάλιν, adverbio de modo *de nuevo, otra vez*; ἑαυτοὺς, caso acusativo masculino plural del pronombre reflexivo declinado *a nosotros mismos*; συνιστάνειν, presente de infinitivo en voz activa del verbo συνίστημι, *tener confianza, recomendar*; ἢ, conjunción disyuntiva *o*; μὴ, partícula que hace funciones de adverbio de negación condicional *no*, aquí en esta construcción gramatical *acaso*; χρῄζομεν, primera persona plural del presente de indicativo en voz activa del verbo χρῄζω, *tener necesidad, necesitar, precisar*, aquí *tenemos necesidad*; ὥς, adverbio de modo, *como*, que hace las veces de conjunción comparativa; τινες, caso nominativo masculino plural del pronombre indefinido *algunos*; συστατικῶν, caso genitivo femenino plural del adjetivo declinado *de recomendación*; ἐπιστολῶν, caso genitivo femenino plural del nombre común *cartas*; πρὸς, preposición propia de acusativo *a, para*; ὑμᾶς, caso acusativo de la segunda persona plural del pronombre personal *vosotros*; ἢ, conjunción disyuntiva *o*; ἐξ, forma escrita de la preposición de genitivo ἐκ, delante de vocal y que significa *de*; ὑμῶν, caso genitivo de la segunda persona plural del pronombre personal *vosotros*.

Notas. Crítica Textual. Lecturas alternativas.

[1] ἢ, *o*, como se lee en 𝔓[46], a, B, C, D, F, G, 0243, 6, 81, 104, 326, 1175, 1505, 1739, 1881, sy, bo.

εἰ, *si*, lectura en A, K, L, P, Ψ, 33, 365, 630, 1241, 2464, 𝔐.

[2] ἢ ἐξ ὑμῶν, *o de vosotros*, según lectura en P[46], a, A, B, C, Ψ, 0243, 6, 33, 81, 365, 630, 1175, 1739, 1881, 2464, f*, vg.

ἢ ἐξ ὑμῶν συστατικῶν, *o de vosotros recomendación*, conforme a D, K, L, P, 104, 1241, 1505, 𝔐, b.

ἢ ἐξ ὑμῶν συστατικῶν ἐπιστολῶν, *o de vosotros cartas de recomendación*, según F, G.

'Αρχόμεθα πάλιν ἑαυτοὺς συνιστάνειν Los *falsos apóstoles* que habían entrado en la iglesia en Corinto, acusaban a Pablo de no ser verdaderamente *apóstol* de Cristo, porque, entre otras cosas no traía cartas de recomendación de la iglesia en Jerusalén, por consiguiente, no era confiable su ministerio. En la defensa del apostolado va a poner como la mejor recomendación personal, los mismos creyentes que habían sido alcanzados por él para Cristo. Sus enemigos le acusaban de auto-recomendarse a sí mismo (2:17). Pero el apóstol no necesitaba cartas de recomendación porque su ministerio tenía el sello de una iglesia fundada. Él había engendrado a los creyentes corintios por medio del evangelio que les había predicado (1 Co. 4:15-21). De ahí la primera pregunta retórica que exige una respuesta negativa: *¿Debemos empezar nosotros mismos a traer cartas de recomendación?*

ἢ μὴ χρῄζομεν ὥς τινες συστατικῶν ἐπιστολῶν πρὸς ὑμᾶς ἢ ἐξ ὑμῶν. En la segunda pregunta, el apóstol habla de *otros* que sí necesitaban de cartas de recomendación para los corintios. Estos *otros* no pueden ser sino los enemigos del apóstol tanto en la iglesia como los venidos de afuera. Posiblemente supo, bien por Timoteo, o incluso por Tito, que era acusado de ser un engreído dándose a sí mismo la importancia que tenía en ser apóstol y la autoridad que pretendía –según sus detractores– de establecer mandamientos y principios de conducta para la congregación. Esta acusación se sustentaba también en las dos cartas que les había enviado, la *Epístola Primera* y luego la carta que llamó de *las muchas lágrimas*, que había enviado por medio de Tito. El apóstol sabía bien que cualquier cosa que dijese en sus escritos, sería usada en su contra por quienes procuraban desprestigiar su ministerio.

El apóstol pregunta si él necesitaba cartas de recomendación para los corintios o incluso de estos para otras iglesias. La razón para estas palabras debe tomarse de la acción contraria a él hecha por los *falsos apóstoles*, que habían llegado a Corinto provistos de cartas de recomendación que respaldaban su visita y ministerio, pero carentes de toda autoridad puesto que no eran legítimamente entregadas por los apóstoles, sino que debían proceder de grupos judaizantes que desde tiempo atrás luchaban contra Pablo. Es muy probable que estos falsarios llegasen, a causa de las cartas de recomendación, a ocupar situaciones de privilegio en la congregación, e incluso pidiesen de la iglesia en Corinto cartas de recomendación para otras iglesias del entorno. De ahí que Pablo les pregunte si necesitaban cartas de recomendación para ellos, o incluso cartas de recomendación de ellos para acreditar en otras iglesias al apóstol y sus colaboradores.

Las cartas de recomendación eran ya costumbre en la iglesia apostólica (5:12; 10:12, 18; 12:11). El mismo apóstol escribió cartas de recomendación para colaboradores en la obra, como fue el caso de Febe, la diaconisa de Cencreas (Ro. 16:1), o para Timoteo ante la iglesia en Corinto (1 Co. 16:10), también para Juan Marcos, el primo de Bernabé (Col. 4:10). Los hermanos eran recomendados por otros de solvencia espiritual reconocida. De ahí la pregunta del apóstol que como la anterior requiere una respuesta negativa de los lectores.

2. Nuestras cartas sois vosotros, escritas en nuestros corazones, conocidas y leídas por todos los hombres.

ἡ ἐπιστολὴ ἡμῶν ὑμεῖς ἐστε, ἐγγεγραμμένη ἐν ταῖς καρδίαις
La carta de nosotros vosotros sois, que ha sido escrita en los corazones
ἡμῶν[1], γινωσκομένη καὶ ἀναγινωσκομένη ὑπὸ πάντων
de nosotros, que es conocida y que es leída por todos
ἀνθρώπων,
hombres.

Análisis y notas del texto griego.

Análisis: ἡ, caso nominativo femenino singular del artículo determinado *la*; ἐπιστολὴ, caso nominativo femenino singular del nombre común *carta, epístola*; ἡμῶν, caso genitivo de la primera persona plural del pronombre personal declinado *de nosotros*; ὑμεῖς, caso nominativo de la segunda persona plural del pronombre personal *vosotros*; ἐστε, segunda persona plural del presente de indicativo en voz activa del verbo εἰμί, *ser, estar*, aquí *sois*; ἐγγεγραμμένη, caso nominativo femenino singular del participio de perfecto en voz pasiva del verbo εγγράφω, *escribir, inscribir, grabar*, aquí *que ha sido escrita*; ἐν, preposición propia de dativo *en*; ταῖς, caso dativo femenino plural del artículo determinado *las*; καρδίαις, caso dativo femenino plural del nombre común *corazones*; ἡμῶν, caso genitivo de la primera persona plural del pronombre personal declinado *de nosotros*; γινωσκομένη, caso nominativo femenino singular del participio de presente en voz pasiva del verbo γινώσκω, *saber, conocer*, aquí *que es conocida*; καὶ, conjunción copulativa *y*; ἀναγινωσκομένη, caso nominativo femenino singular del participio de presente en voz pasiva del verbo ἀναγινώσκω, *leer, leer en voz alta, leer públicamente*, aquí *que es leída*; ὑπὸ, preposición propia de genitivo *de, por*; πάντων, caso genitivo masculino plural del adjetivo indefinido *todos*; ἀνθρώπων, caso genitivo masculino plural del nombre común *hombres*.

Notas. Crítica Textual. Lecturas alternativas.

[1] ἡμῶν, *de nosotros*, según se lee en 𝔓[46], a, B, C, D, F, G, 0243, 6, 81, 104, 326, 1175, 1505, 1739, 1881, sy, bo.

ὑμῶν , *de vosotros*, conforme a la lectura en 1881, 1175, 33, a.

ἡ ἐπιστολὴ ἡμῶν ὑμεῖς ἐστε, ἐγγεγραμμένη ἐν ταῖς καρδίαις ἡμῶν, A Pablo le acusaban de no tener cartas de recomendación, pero él les hace notar que las tiene y muchas. Las credenciales de su apostolado no consistían en cartas de recomendación escritas y firmadas por hombres, que pueden falsificarse e incluso exagerarse. Él tiene una carta de Cristo, suficiente para acreditarlo como apóstol. No está escrita en algún tipo de soporte natural de escritura, sino en que está escrita en los corazones del apóstol y sus colaboradores. La evidencia es la regeneración de los creyentes que integran la iglesia en Corinto. Era sin duda una carta muy distinta a la que otros buscaban. Lo que había ocurrido en la evangelización de la ciudad, cada uno de los convertidos de los ídolos a Dios, eran evidencias visibles de la condición de apóstol que concurría en Pablo. Ningún escrito de hombres puede producir la salvación de perdidos y la fundación de la iglesia. Esta carta está escrita en el corazón de Pablo, de modo que de la abundancia del corazón habla la boca, de ahí todos los esfuerzos y trabajos que estaba haciendo para bien de los creyentes, por una razón: porque los amaba con el mismo amor de Cristo. Eran muy queridos para él y a ellos les dice que *"estáis en nuestro corazón"* (7:3).

γινωσκομένη καὶ ἀναγινωσκομένη ὑπὸ πάντων ἀνθρώπων, Pero algo más, no era un escrito destinado a los creyentes en Corinto o en otra iglesia, sino que se hacía visible y era leída por todo el mundo. Nadie podía ignorar los resultados de la evangelización que había llevado a cabo en Corinto, porque la iglesia allí establecida testificaba de esa realidad. Las otras cartas de recomendación eran leídas sólo por algunos, esta era *"conocida y leída por todos los hombres"*.

Los que cuestionaban el apostolado de Pablo, demandaban que les mostrara las cartas de recomendación, aquí les contesta que es una sola y está escrita en su corazón, y esta carta comprendía a todos los creyentes en Corinto. El apóstol solía hablar de ellos en muchos lugares, alegrándose de esa iglesia (7:14; 8:24; 9:2). Quienes oían el testimonio del apóstol *conocían* que Cristo había alcanzado a muchos en uno de los lugares principales del paganismo, que los había sacado de servir a otros dioses y los había establecido como sus testigos en aquella ciudad. Todos los que entraban en contacto con Pablo recibían el testimonio personal, no de lo que él era o hacía, sino de las iglesias que Cristo, por medio de él, había establecido en tantos lugares. A todas las llevaba en su corazón y se ocupaba de ellas, entre otras formas mediante la continua oración intercesora (11:28). Nadie podía cuestionar la realidad del apostolado de Pablo, por los resultados de la obra extendida por tantos lugares, así que podía decir a los corintios: *"Si para otros no soy apóstol, para vosotros ciertamente lo soy; porque el sello de mi apostolado sois vosotros en el Señor"*[1] (1 Co. 9:2).

3. Siendo manifiesto que sois carta de Cristo expedida por nosotros, escrita no con tinta, sino con el Espíritu del Dios vivo; no en tablas de piedra, sino en tablas de carne del corazón.

φανερούμενοι ὅτι ἐστὲ ἐπιστολὴ Χριστοῦ διακονηθεῖσα ὑφ'
Siendo manifestados que sois carta de Cristo ministrada por
ἡμῶν, ἐγγεγραμμένη οὐ μέλανι ἀλλὰ Πνεύματι Θεοῦ ζῶντος,
nosotros, que ha sido escrita no con tinta sino por Espíritu de Dios viviente,
οὐκ ἐν πλαξὶν λιθίναις ἀλλ' ἐν πλαξὶν καρδίαις σαρκίναις.
no en tablas de piedra sino en tablas de corazones de carne

Análisis y notas del texto griego.

Análisis: Φανερούμενοι, caso nominativo masculino plural del participio de presente en voz pasiva del verbo φανερόω, *manifestar, dar a conocer, revelar*, aquí *siendo manifestados*; ὅτι, conjunción *que*; ἐστὲ, segunda persona plural del presente de indicativo en voz activa del verbo εἰμί, *ser, estar*, aquí *sois*; ἐπιστολὴ, caso nominativo femenino singular del nombre común *carta*; Χριστοῦ, caso genitivo masculino singular del nombre propio declinado *de Cristo*; διακονηθεῖσα, caso nominativo femenino singular del participio del primer aoristo en voz pasiva del verbo διακονέω, *servir, ministrar*, aquí *ministrada*; ὑφ', forma que toma la preposición de genitivo ὑπό, por elisión y asimilación ante vocal aspirada, aquí con sentido de *por, por causa de, por medio de*; ἡμῶν, caso genitivo de la primera persona plural del pronombre personal *nosotros*; ἐγγεγραμμένη, caso nominativo femenino singular del participio de perfecto en voz pasiva del verbo ἐγγράφω, *escribir, sobrescribir, grabar*, aquí *que ha sido grabada*; οὐ, adverbio de negación *no*; μέλανι, caso dativo neutro singular del nombre común declinado *con tinta*; ἀλλὰ, conjunción adversativa *sino*; Πνεύματι, caso dativo neutro singular del nombre divino declinado *por Espíritu*; Θεοῦ, caso genitivo masculino singular del nombre divino declinado *de Dios*; ζῶντος, caso genitivo masculino singular del participio de presente en voz activa del verbo ζάω, *vivir*, aquí *que vive, viviente*; οὐκ, forma escrita del adverbio de negación *no*, con el grafismo propio ante una vocal con espíritu suave

[1] Versión RVR.

o una enclítica; ἐν, preposición propia de dativo *en*; πλαξὶν, caso dativo femenino plural del nombre común *tablas*; λιθίναις, caso dativo femenino plural del adjetivo *de piedras*; ἀλλ', forma escrita ante vocal de la conjunción adversativa ἀλλά que significa *pero, sino*; ἐν, preposición propia de dativo *en*; πλαξὶν, caso dativo femenino plural del nombre común *tablas*; καρδίαις, caso dativo femenino plural del nombre común *corazones*; σαρκίναις, caso dativo femenino plural del adjetivo *de carne*.

φανερούμενοι ὅτι ἐστὲ ἐπιστολὴ Χριστοῦ. Para Pablo, cada cristiano era una carta auténtica escrita por el Espíritu Santo, que ponía de manifiesto la condición de apóstol que le había sido dada por Cristo. Es, sin duda, una clara alusión a la regeneración espiritual de los creyentes. Probablemente estaba en la mente del apóstol la regeneración espiritual anunciada ya en el Antiguo Testamento, lo que concordaría con la referencia más adelante al Nuevo Pacto (Ez. 36:26, 27). Dios escribiendo Su ley en el corazón de los que son regenerados por el Espíritu (Jer. 31:31-34). Esta obra de la Tercera Persona, es posible a causa de la de Cristo, que permite la regeneración, habiendo hecho la expiación de los pecados.

διακονηθεῖσα ὑφ' ἡμῶν, Esta *carta* que son los creyentes es *ministrada* por el apóstol. El verbo διακονέω, equivale a *servir*, *ministrar*, usándose también para referirse al servicio del culto. Por tanto, el apóstol, lejos de ensalzarse a sí mismo, se humilla a la condición de siervo. Estas cartas espirituales son *servidas*, *ministradas* por él. La gloria de ese escrito no es de Pablo, sino de Cristo. Los cristianos eran, pues, una carta viviente de Cristo mismo, puesto que la fundación de la iglesia en Corinto, aunque instrumentalmente fue obra de Pablo, nada hacía él sin la asistencia de la gracia, de modo que no era él, sino la gracia de Dios con él (1 Co. 15:10). El apóstol servía a los creyentes, la carta escrita por el Espíritu, ministrándoles la Palabra, primero anunciándoles el evangelio de salvación y luego enseñándoles las verdades de la fe.

ἐγγεγραμμένη οὐ μέλανι ἀλλὰ Πνεύματι Θεοῦ ζῶντος, Vuelve a reiterar la obra divina en los cristianos. Esta carta no había sido escrita con tinta, literalmente *con negro*, sino por el Espíritu de Dios. El verbo ἐγγράφω, *escribir, imprimir*, está en tiempo perfecto, lo que expresa la idea de una acción totalmente consumada. Dios actuó en el corazón de los creyentes en el instante del ejercicio de la fe. Muchos pueden escribir *letras muertas* usando tinta y un soporte de escritura, pero sólo el Espíritu Santo puede escribir letras vivas en los corazones regenerados. En ese sentido el evangelio no alcanzó a los corintios –ni a ningún otro creyente en cualquier tiempo– por palabras de hombres, sino en el poder del Espíritu que hace eficaz el mensaje de salvación. Así lo recordaba a los tesalonicenses: *"Pues nuestro evangelio no llegó a vosotros en palabras solamente, sino también en poder, en el Espíritu Santo"* (1 Ts. 1:5). El evangelio fue predicado por Pablo, pero sólo el Espíritu de Dios transformó a los corintios. El resultado de predicar a Cristo en el poder del Espíritu, fue el de una carta viva que todos podían leer, manifestada por los cristianos en Corinto. Al Espíritu se le vincula aquí con el *Dios vivo*, un título muy usado en el Antiguo Testamento.

Es preciso entender la necesidad de predicar el Evangelio bíblico. Sólo el mensaje procedente de Dios es el que puede salvar al pecador que cree con el corazón. Cualquier otro mensaje que no descanse en la Palabra producirá convicciones, pero nunca puede lograr conversiones. En un tiempo en que la predicación del evangelio disminuye en cuanto al contenido bíblico, es necesario ver la eficacia del mensaje en el ejemplo de la iglesia en corinto. Puede ser que los creyentes no permanezcan siempre en un correcto modo de vida, puede ser que no alcancen la madurez espiritual, pero no cabe duda que, en cualquier caso, si han creído en Cristo han sido regenerados por el Espíritu y son eternamente salvos. Igualmente es preciso tener claro que la obra de salvación es total y enteramente de Dios, el evangelista es solo un instrumento en Su mano. De ahí que Pablo diga: *"Así, pues, ténganos los hombres por servidores de Cristo, y administradores de los misterios de Dios"* (1 Co. 4:1).

οὐκ ἐν πλαξὶν λιθίναις ἀλλ' ἐν πλαξὶν καρδίαις σαρκίναις. Dos contrastes aparecen en la cláusula del versículo. Primeramente, la forma de escribirla, *no* con tinta, *sino* con el Espíritu. Ahora la diferencia está en el lugar que soporta la escritura. Esta carta divinamente escrita no está en tablas de piedra. Pudiera ser que en el pensamiento del apóstol estuviera la escritura de la Ley en tablas de piedra por el dedo de Dios, donde escribió los mandamientos (Ex. 31:18; 32:15-16). La escritura apuntaba a la revelación del pecado y eran mandamientos que conducían a muerte, advirtiendo al hombre su condición y la condenación en que incurría por su incumplimiento. Pero también la *conciencia* escribía en el corazón del hombre la *obra de la ley*, que no es otra cosa que la denuncia del pecado. El corazón del no regenerado es rebelde, duro y frío, semejante a la piedra (Ez. 36:26).

Dios no *repara*, crea un corazón nuevo en el hombre que cree al mensaje del evangelio (Sal. 51:10). El corazón regenerado se hace receptivo y obediente: *"Y pondré dentro de vosotros mi Espíritu, y haré que andéis en mis estatutos, y guardéis mis ordenanzas, y las pongáis por obra"*[2] (Ez. 36:27). Este corazón está controlado por el Espíritu (Jn. 3:5) y tiene, por tanto, una nueva orientación (5:17). En este corazón

---

[2] Tomado de RVR.

regenerado Dios escribe Su Ley, no solo la obra de la Ley, cambiando las tablas de piedra de la condición no regenerada, en tablas de *carne*. El término que usa aquí el apóstol es el que utiliza también para referirse a hermanos *carnales* (1 Co. 3:1). Debe notarse que en la cita anterior se aplica a quienes son conducidos por la carne, mientras que en este pasaje se usa como algo positivo, en sentido de un corazón sensible a la voluntad de Dios, en lugar de endurecido como piedra.

Es el paso previo a la referencia al Nuevo Pacto. Dios prometió un cambio en el corazón del hombre: *"Pero este es el pacto que haré con la casa de Israel después de aquellos días, dice Jehová: Daré mi ley en su mente, y la escribiré en su corazón; y yo seré a ellos por Dios, y ellos me serán por pueblo"*[2] (Jer. 31:33). Si bien la promesa tiene relación con Israel y ocurrirá en el futuro cuando todos se vuelvan a Dios y vean al que crucificaron, lo mismo ocurre ya en la regeneración espiritual con todo creyente. Ahora las tablas no son de piedra, sino *corazones de carne*.

La competencia para el ministerio: el Nuevo Pacto (3:4-18)

4. Y tal confianza tenemos mediante Cristo para con Dios.

Πεποίθησιν δὲ τοιαύτην ἔχομεν διὰ τοῦ Χριστοῦ πρὸς τὸν Θεόν.
Y confianza tal tenemos mediante - Cristo para - con Dios.

Análisis y notas del texto griego.

Análisis: Πεποίθησιν, caso acusativo femenino singular del nombre común *confianza, seguridad*; δὲ, partícula conjuntiva que hace las veces de conjunción coordinante, con sentido de *pero, más bien, y, y por cierto, antes bien, entonces*; τοιαύτην, caso acusativo femenino singular del adjetivo demostrativo *tal*; ἔχομεν, primera persona plural del presente de indicativo en voz activa del verbo ἔχω, *tener, poseer*, aquí *tenemos*; διὰ, preposición propia de genitivo *por medio, mediante*; τοῦ, caso genitivo masculino singular del artículo determinado *el*; Χριστοῦ, caso genitivo masculino singular del nombre propio *Cristo*; πρὸς, preposición propia de acusativo *a, hacia, por, con, para, con relación a*; τὸν, caso acusativo masculino singular del artículo determinado *el*; Θεόν, caso acusativo masculino singular del nombre divino *Dios*.

Πεποίθησιν δὲ τοιαύτην ἔχομεν διὰ τοῦ Χριστοῦ πρὸς τὸν Θεόν. El apóstol no tenía necesidad, como dijo antes, de cartas de recomendación. Su ministerio lo había asumido como procedente de Cristo en la presencia de Dios. Ante quienes buscaban competencia en las cartas humanas, él descansaba en las cartas escritas por Cristo en los corintios. Esta confianza no era suya personal, lo que supondría un enaltecimiento, sino la constancia íntima de ser instrumento de la gracia.

La palabra πεποίθησις, aparece seis veces en el Nuevo Testamento, todas ellas en las cartas paulinas y de ellas cuatro en esta *Epístola*[3], de las varias vinculaciones de la palabra, en este caso la confianza es la que se tiene en Cristo, de la que ya habló antes (1:14-15).

Esta seguridad firme está expresada *delante de Dios*, por medio de Cristo, en quien son todas las cosas. A los que le señalaban como un usurpador de la condición de apóstol, él presenta la evidencia de su apostolado, en las señales de los creyentes salvos y de la iglesia establecida. Toda la vida espiritual de Pablo fue llevada a cabo por Cristo desde su conversión (Hch. 9:4-6), pasando por su llamamiento al apostolado (Hch. 9:15), para lo que le alentó para predicar la palabra sin temor (Hch. 18:9-10; 22: 18, 21; 23:11). Por todo ello podía y tenía plena confianza en Jesucristo.

5. No que seamos competentes por nosotros mismos para pensar algo como de nosotros mismos, sino que nuestra competencia proviene de Dios.

οὐχ ὅτι ἀφ' ἑαυτῶν ἱκανοί ἐσμεν λογίσασθαι τι ὡς ἐξ
No que de nosotros mismos competentes somos para pensar algo como de
ἑαυτῶν, ἀλλ' ἡ ἱκανότης ἡμῶν ἐκ τοῦ Θεοῦ,
nosotros mismos, sino la competencia de nosotros de - Dios.

Análisis y notas del texto griego.

Análisis: οὐχ, forma escrita del adverbio de negación *no*, con el grafismo propio ante vocal con espíritu áspero; ὅτι, conjunción *que*; ἀφ', forma escrita de la preposición de genitivo ἀπό, por elisión de la ι final y asimilación de la π ante vocal o diptongo con aspiración, y que significa *de, desde, lejos de, proceder de, por causa de, por medio de, con, contra*; ἑαυτῶν, caso genitivo masculino plural del pronombre reflexivo *nosotros mismos*; ἱκανοί, caso nominativo masculino plural del adjetivo *competentes*; ἐσμεν, primera persona plural del presente de indicativo en voz activa del verbo εἰμί, *ser, estar*, aquí *somos*; λογίσασθαι, primer aoristo de infinitivo en voz media del verbo λογίζομαι, *pensar, considerar, tener en cuenta*, aquí *para pensar*; τι, caso acusativo neutro singular del pronombre indefinido *algo*; ὡς, adverbio de modo, *como*, que hace las veces de conjunción comparativa; ἐξ, forma escrita de la preposición de genitivo ἐκ, delante de vocal y que significa *de*; ἑαυτῶν, caso genitivo masculino plural del pronombre reflexivo *nosotros mismos*; ἀλλ', forma escrita ante vocal de la conjunción adversativa ἀλλά que significa *pero, sino*; ἡ, caso nominativo femenino singular del artículo determinado *la*; ἱκανότης, caso nominativo femenino singular del adjetivo *competencia*; ἡμῶν, caso genitivo de la primera

[3] 1:15; 3:4; 8:22; 10:2; Ef. 3:12; Fil. 3:4)

persona plural del pronombre personal declinado *de nosotros*: ἐκ, preposición propia de genitivo *de*; τοῦ, caso genitivo masculino singular del artículo determinado *el*; Θεοῦ, caso genitivo masculino singular del nombre divino *Dios*.

οὐχ ὅτι ἀφ ἑαυτῶν ἱκανοί ἐσμεν λογίσασθαι τι ὡς ἐξ ἑαυτῶν, Los líderes en la obra, incluido en este caso al apóstol, no son *competentes* para el ministerio por sí mismos. El adjetivo ἱκανος, es una antigua palabra del griego clásico derivada de la raíz ἵκω[4]. Este adjetivo equivale básicamente a *capaz de*, cuando se habla de personas y *suficiente* cuando se habla de cosas. En relación con la LXX, se usa para traducir el nombre divino *El-Shaddai*, en el sentido de Aquel que se basta a Sí mismo y proporciona plena satisfacción. Construido con un verbo de estado como aquí, designa la validez para algo. Esta palabra adquiere especial importancia en la polémica de Pablo, en este versículo y en 3:6, frente a la recomendación propia y a las cartas de recomendación de sus adversarios[5]. Pablo acentúa que la plena capacitación para ejercer el ministerio, el apostolado, no procede de él, sino de Dios, quien lo hizo apto para ser *ministro* del Nuevo Pacto.

La competencia dada por los hombres, conduce a pensar que se es algo, pero Pablo reconoce su competencia no por lo que ha recibido de alguien, sino por los resultados de la obra, que le acreditan como ministro departe de Dios. Estos resultados son obra divina (v. 3) y no capacitación humana (v. 3, con 2:16b). Especifica el profesor Pastor Gutiérrez: *"La frase λογισασθαι, aquí no parece significar 'pensar alguna cosa', como traduce la Vulgata, Bachman,Wendland (erderken, imaginar), como para indicar que Dios es la fuente de todo pensamiento o juicio, sino más bien 'poner en cuenta', 'atribuir a propio crédito' la transformación de las almas operada por el ministerio apostólico. Sichnberger; dictaminar (beurteilen)"*[6]

ἀλλ ἡ ἱκανότης ἡμῶν ἐκ τοῦ Θεοῦ, La capacitación del apóstol proviene de Dios, desde el principio. Fue elegido por Él (Gá. 1:15); salvo por gracia en un encuentro personal con Cristo (Hch. 9:1 ss.); el mensaje que predicaba le había sido comunicado por Jesucristo, mediante revelación personal (Gá. 1:11, 12); su llamamiento al ministerio no fue por medio de hombres, sino directamente por el Señor (Hch. 13:1-13); y el resultado de su obra es también una operación de la gracia (1 Co. 15:10). La humildad de Pablo que le lleva a reconocer esta capacitación

---

4 Pier Chantraine. *Dictionnaire étymologique de la langue grecque.* Edi. 2009.

5 Horst, Balz, Gerhard, Schneider. *Diccionario exegético del Nuevo Testamento.* Salamanca 1996.

6 Pastor Gutiérrez. o. c., pág. 516.

divina, se aprecia también en el uso continuado del pronombre personal en plural, *nosotros*, en lugar del singular *yo*, considerándose no como único, sino como una simple unidad entre los apóstoles y los predicadores.

En tiempos donde la titulación académica ha venido a ser el signo de distinción de maestros y pastores, el texto nos exhorta a confiar solamente en los recursos de la gracia. No quiero decir que los títulos teológicos, gramaticales, filosóficos, históricos, geográficos, lingüísticos no tengan importancia, pero ninguna de las especialidades humanas puede sustituir la *capacitación divina* que hace eficaz el ministerio. Sería muy necesario tener pastores y maestros capacitados en conocimientos y especializados en aspectos técnico-científicos, pero esto no les capacita para el ministerio, a no ser que hayan sido llamados por Dios para desempeñar la actividad para la que son capacitados por los dones del Espíritu. La ciencia hincha, pero la gracia genera la humildad; el conocimiento intelectual exalta, pero la dependencia del Espíritu es el elemento esencial para el ministerio. Nadie debe pensar que por sus conocimientos es capaz para llevar a cabo la obra de Dios. Esa obra divina solo puede ser hecha por Él mismo, usando a los creyentes elegidos para ello en Su soberanía. No debemos olvidar que *"Dios resiste al soberbio, y da gracia al humilde"* (Stg. 4:6).

Así escribe Hodge:

"Es fácil determinar si tal confianza es una fatua exhibición de orgullo, o es el poder de Dios en su alma. Si es lo primero, deben darse hechos concomitantes como la arrogancia, la indiferencia, el desprecio por los demás. Si es lo segundo, irá acompañado por el aborrecimiento de uno mismo, la mansedumbre, la paciencia, la disposición a ser el más pequeño y más humilde de todos, y por todos los dones del Espíritu"[7].

6. El cual asimismo nos hizo ministros competentes de un nuevo pacto, no de la letra, sino del espíritu; porque la letra mata, mas el espíritu vivifica.

ὃς καὶ ἱκάνωσεν ἡμᾶς διακόνους καινῆς διαθήκης, οὐ
El cual también hizo competentes a nosotros ministros de Nuevo Pacto, no
γράμματος ἀλλὰ Πνεύματος· τὸ γὰρ γράμμα ἀποκτέννει[1], τὸ δὲ
de letra sino de Espíritu; porque la letra mata, pero el
Πνεῦμα ζῳοποιεῖ.
Espíritu vivifica.

[7] Charles Hodge. o. c., pág. 63.

Análisis y notas del texto griego.

Análisis: ὃς, caso nominativo masculino singular del pronombre relativo *el cual*; καὶ, adverbio de modo *también*; ἱκάνωσεν, tercera persona singular del primer aoristo de indicativo en voz activa del verbo ἱκανόω, *hacer competente*, aquí *hizo competente*; ἡμᾶς, caso acusativo de la primera persona plural del pronombre personal declinado *a nosotros*; διακόνους, caso acusativo masculino plural del nombre común *diáconos, servidores, ministros*; καινῆς, caso genitivo femenino singular del adjetivo declinado *de nuevo*; διαθήκης, caso genitivo femenino singular del nombre común *pacto*; οὐ, adverbio de negación *no*; γράμματος, caso genitivo neutro singular del nombre común declinado *de letra*; ἀλλὰ, conjunción adversativa *sino*; Πνεύματος, caso genitivo neutro singular del nombre divino declinado *de Espíritu*; τὸ, caso nominativo neutro singular del artículo determinado *el*; γὰρ, conjunción causal *porque*; γράμμα, caso nominativo neutro singular del nombre común *letra*; ἀποκτέννει, tercera persona singular del presente de indicativo en voz activa del verbo ἀποκτείνω, *matar*, aquí *mata*; τὸ, caso nominativo neutro singular del artículo determinado *el*; δὲ, partícula conjuntiva que hace las veces de conjunción coordinante, con sentido de *pero, más bien, y, y por cierto, antes bien, entonces*; Πνεῦμα, caso nominativo neutro singular del nombre divino *Espíritu*; ζῳοποιεῖ, tercera persona singular del presente de indicativo en voz activa del verbo ζῳοποιέω, *dar vida, vivificar*, aquí *vivifica*.

Notas. Crítica Textual. Lecturas alternativas.

[1] ἀποκτέννει, *mata*, según lectura en P^{46c}, a, B, F, G, K, P, Ψ, 0243, 6, 33, 104, 326, 614^{s}, 945, 1739, co.

ἀποκτενεῖ, *matará*, conforme a P^{46*}, A, C, D, L, 81, 365, 630, 1175, 1241, 1505, 1881, 2464, 𝔐.

ὃς καὶ ἱκάνωσεν ἡμᾶς διακόνους καινῆς διαθήκης, La suficiencia a la que se está refiriendo Pablo es la que le permite hacer el servicio para el que fue llamado, que no es otra cosa aquí que la realización del ministerio apostólico. En otro lugar expresa este *ministerio* vinculado con el *Evangelio*; *"si en verdad permanecéis fundados y firmes en la fe, y sin moveros de la esperanza del evangelio que habéis oído, el cual se predica en toda la creación que está debajo del cielo; del cual yo Pablo fui hecho ministro"* (Col. 1:23). Sin embargo, aquí afirma que fue hecho ministro del *Nuevo Pacto*.

Es preciso tomar una posición en relación con lo que Pablo menciona sobre el Nuevo Pacto, por lo que es necesario hacer una aproximación a esto considerando que hay varias posiciones en relación con el alcance de este pacto.

Una posición es la llamada *dispensacionalista*, que afirma que el Nuevo Pacto no tiene que ver con la Iglesia, sino con Israel. No cabe duda que en la profecía tiene como destinatarios a ellos, como expresa el profeta Jeremías: *"He aquí que vienen días, dice Jehová, en los cuales haré nuevo pacto con la casa de Israel y con la casa de Judá. No como el pacto que hice con sus padres el día que tomé su mano para sacarlos de la tierra de Egipto; porque ellos invalidaron mi pacto, aunque fui yo un marido para ellos, dice Jehová. Pero ese es el pacto que haré con la casa de Israel después de aquellos días, dice Jehová: Daré mi ley en su mente, y la escribiré en su corazón; y yo seré a ellos por Dios, y ellos me serán por pueblo. Y no enseñará más ninguno a su prójimo, ni ninguno a su hermano, diciendo: Conoce a Jehová; porque todos me conocerán, desde el más pequeño de ellos hasta el más grande, dice Jehová; porque perdonaré la maldad de ellos, y no me acordaré más de su pecado"* (Jer. 31:31-34). Sin duda, en una simple lectura se aprecia que Dios prometió un *nuevo pacto* a Israel, cuando estaba sufriendo el juicio divino por la transgresión voluntaria del compromiso con Dios.

El *nuevo pacto* aparece también en la profecía de Isaías 61:8, 9, llamado allí *pacto perpetuo*, y también en Ezequiel 37:12-28. Varias bendiciones se establecen en relación con Israel, como resume Pentecost: a) debe ser reunido como pueblo; b) será una nación en la que habrá un rey; c) no será más idólatra, sino limpiado y perdonado; d) Israel morará para siempre en la tierra después de ser reunido; e) el pacto de paz con ellos será perpetuo; f) el tabernáculo de Dios estará con ellos, esto es, Él estará presente con ellos de una manera visible; g) Israel será conocido entre los gentiles como una nación bendecida de Dios[8].

Sin duda el pacto en la profecía tiene que ver con la regeneración de quienes, siendo del pueblo de Israel, vuelvan sus ojos a Dios y creyendo en el Salvador, reciban el perdón de pecados y la vida eterna.

El *dispensacionalismo histórico*, sostiene que el Nuevo Pacto se hizo con la nación de Israel y es para ella solamente. Este es hecho con el mismo pueblo con quien se hizo el primero, el mosaico, del que la Escritura enseña que se hizo con Israel solamente (Ro. 2:14; 6:14; Gá. 3:24, 25; 2 Co. 3:7-11 y también Lv. 26:46; Dt. 4:8). Del mismo modo sostiene que en el Nuevo Pacto se hace mención de la perpetuidad de la nación de Israel y su restauración en la tierra (Jer. 31:35-40).

---

[8] D. Pentecost. *Eventos del Porvenir*. Maracaibo, 1977. Pág. 91.

Abundan todavía más, al referirse al tiempo del cumplimiento del Nuevo pacto, que proféticamente hablando es futuro, como es fácilmente verificable por las profecías (Is. 55:3; Ez. 16:60, 62; 20:37; 34:25, 26; Os. 2:18-20). Es futuro profético puesto que no puede cumplirse en Israel hasta que Dios haya efectuado Su salvación y restauración en la tierra.

Sostiene esta forma de pensamiento teológico que el *Nuevo Pacto*, debe seguir al retorno de Cristo. Las bendiciones que se anuncian en él no serán realizadas hasta que Israel sea salvo (Ro. 11:26, 27).

Con esto se alcanza la conclusión de que el *Nuevo Pacto* tendrá lugar en la era del Milenio, ya que sus bendiciones tienen que ver con esa manifestación del *Reino de los cielos*.

Sin embargo, hay posiciones distintas entre los *dispensacionalistas históricos*, ya que debe haber una posición relacionada con la Iglesia y el Nuevo Pacto, de otro modo es necesario establecer la relación de los creyentes de la dispensación de la Iglesia con el Nuevo Pacto de la profecía especialmente con la de Jeremías (31:31-34). Pueden mencionarse tres puntos de vista en ese sentido.

a) El primero es el de Darby. Entiende que hay un solo *Nuevo Pacto* en la Escritura hecho con las casas de Israel y Judá, que se cumplirá en el futuro, con el cual la iglesia no tiene absolutamente ninguna relación. Así lo entiende: *"Este pacto de la letra es hecho con Israel, no con nosotros; pero nosotros obtenemos los beneficios de él... No habiendo aceptado Israel la bendición, Dios levantó a la Iglesia, y el Mediador del pacto fue exaltado. Nosotros estamos asociados con el Mediador. El pacto será hecho efectivo a Israel con el correr del tiempo"*[9]. De este modo considera el pacto en otro de sus escritos: *"El evangelio no es un pacto, sino la revelación de la salvación de Dios. Proclama la gran salvación. Nosotros disfrutamos en verdad de todos los privilegios esenciales del Nuevo Pacto, pues su fundamento fue puesto de parte de Dios en la sangre de Cristo; pero lo disfrutamos en espíritu, no según la letra. El Nuevo Pacto será establecido formalmente con Israel en el Milenio"*[10]. Él llega a la conclusión de que *"es, pues, con las circunstancias anexas al pacto con las cuales nosotros tenemos que ver, no con las bendiciones formales que por períodos han tomado el lugar de las antiguas condiciones, aunque algunas de ellas pueden, en un sentido, cumplirse en nosotros"*[11].

---

[9] *The Colleted Writings of J. N. Darby*, pág. 565 s.
[10] J. N. Darby. *Synopsis of de Books of the Bible*. Vol. 5, pág. 286.
[11] *The Colleted Writings of J. N. Darby*, pág. 82.

Una segunda forma de entender el Nuevo Pacto, por el *dispensacionalismo histórico* es la de Scofield. Fundamenta la interpretación en el hecho de que el Nuevo Pacto asegura la conversión futura y bendición de Israel. Hace de él las siguientes distinciones:

"(1) El Nuevo Pacto es mejor que el Pacto Mosaico, no moralmente, sino en cuanto a su eficacia (He. 7:19; Ro. 8:3, 4). (2) El Nuevo Pacto se halla establecido sobre mejores promesas (es decir, promesas incondicionales). En el Pacto Mosaico, Dios dijo: 'si guardareis' (Ex 19:5); en el Nuevo Pacto, Él dice: Yo haré (He. 8:10, 12). (3) Bajo el Pacto Mosaico la obediencia era producida por el temor (He. 2:2; 12:25-27); bajo el Nuevo Pacto, ella es el fruto espontáneo de una mente y un corazón voluntarios. (4) El Nuevo Pacto garantiza la revelación personal del Señor a cada creyente (He. 8:11). (5) El completo olvido de los pecados (He. 8:12; 10:17; comp. He. 10:3). (6) El descanso espiritual en una redención ya consumada (Mt. 26:27, 28; 1 Co. 11:25; He. 9:11, 12, 18-23). (7) Asegura la preservación, conversión futura y bendición de Israel (Jer. 31:31-40)" [12].

El pensamiento *amilenarista*, usa las citas del Nuevo Testamento en las que se menciona el *Nuevo Pacto*, para probar que en la Iglesia se cumplen plenamente las promesas que el Antiguo Testamento son dadas para Israel. De modo que no es preciso entender el Reino Milenial, como algo que tendrá cumplimiento escatológico, ya que la Iglesia es el reino.

Dos posiciones antagónicas exigen una reflexión bíblica que permita definir esto a la luz de la Escritura.

Una de las citas sobre el Nuevo Pacto, está en las palabras de Jesús cuando establece la ordenanza de la Cena del Señor, así se lee: *"De igual manera, después que hubo cenado, tomó la copa, diciendo: Esta copa es el nuevo pacto en mi sangre, que por vosotros se derrama"* (Lc. 22:20). La última expresión del Señor en la aplicación final de la ordenanza en cuanto al vino, es el simbolismo de la sangre que se vierte y que constituye el establecimiento del Nuevo Pacto, como garantía del mismo. El concepto de *Nuevo Pacto* es sumamente importante. Es el pacto que había de sustituir a las obras de la Ley (Is. 61:8; Jer. 31:31-34). Este *Nuevo Pacto* es *mejor* que el mosaico, como se dijo antes, no moralmente, sino en cuanto a eficacia (Ro. 8:3, 4; He. 7:19). El *Nuevo Pacto* está establecido sobre mejores promesas que lo hace incondicional. El temor que sujetaba a los que vivían bajo el pacto de la ley, queda resuelto definitivamente

---

[12] C. I. Scofield. *Biblia Anotada*, Notas sobre He. 8:8.

como resultado de una operación del Espíritu Santo que produce una mente y corazón voluntarios en identificación con Cristo (He. 8:10). Esta operación garantiza el completo olvido de los pecados, dejando al creyente exento de toda responsabilidad penal (He. 8:12; 10:17), de manera que ya no hay condenación para quien está en Cristo (Ro. 8:1). El *Nuevo Pacto* ofrece el descanso de una redención totalmente consumada (Mt. 26:27, 28: 1 Co. 11:25; He. 9:11-12, 18-23). Por lo que garantiza también una salvación eterna en base a la obra de Cristo. La expresión del Señor puede parafrasearse de esta manera: *"Esta copa es el nuevo pacto y me cuesta la sangre"*. Por la sangre del Cordero de Dios, sin mancha, se paga el precio de la redención (1 P. 1:18-20). Así que, la sangre tenía que ser *derramada*, ya que sin derramamiento de sangre no hay remisión de pecados (He. 9:22). La vida, según la enseñanza bíblica, está en la sangre y Dios había establecido que la sangre haría expiación por la persona (Lv. 17:11). Esta realidad operativa de Dios en la ejecución del Plan de Redención, está vinculada por Cristo, nuestro Señor, al *Nuevo Pacto*, sellado y garantizado en Su sangre.

No cabe duda que el *Nuevo Pacto* en la profecía relativo a Israel tendrá un cumplimiento escatológico, *"después de aquellos días"*, como se lee en Jeremías: *"Pero este es el pacto que haré con la casa de Israel después de aquellos días, dice Jehová: Daré mi ley en su mente, y la escribiré en su corazón; y yo seré a ellos por Dios, y ellos me serán por pueblo"* (Jer. 31:33). Es una expresión típica de la profecía para referirse a acontecimientos futuros (Jl. 2:29). Apunta a un tiempo posterior a la dispensación de la Iglesia, que ocurrirá en el tiempo de la tribulación. Lo profetizado será cumplido en plenitud porque es designio del Señor que lo determina y establece, llevándolo al cumplimiento en su tiempo.

Pero, es evidentemente bíblico que la entrada al disfrute del *Nuevo Pacto* se produce por el *nuevo nacimiento*, resultado de la regeneración por el Espíritu Santo de todo pecador creyente. El nuevo nacimiento o regeneración es un tema tratado ampliamente en el Antiguo Testamento. Moisés anunció al pueblo que sería Dios quien *circuncidaría* el corazón de su descendencia para que amase plenamente al Señor (Dt. 30:6), indicando con ello una acción divina operada en el núcleo de la persona humana, que produciría una transformación para que fuesen obedientes a Dios. Es necesario entender claramente que hacer distinciones en cuanto al *Nuevo Pacto* afirmando que es sólo para Israel en base a la literalidad del texto profético, supondría también que la regeneración espiritual enseñada en el Antiguo Testamento tiene que ver con el *pueblo de Dios* entonces, que es Israel, pero el Nuevo Nacimiento tiene que ver con cualquier persona que ha creído a Dios y es justificada por fe. El profeta

Jeremías, en el pasaje citado antes (Jer. 31:31-34), insiste en una conversión a Dios que conduce al verdadero *conocimiento* de Él (v. 34), por cuyo conocimiento, en sentido de unión con Dios por fe, se alcanza el perdón de pecados. La regeneración, según Jeremías, dotaría el hombre de un corazón nuevo, que estaría orientado a Dios en un temor reverente y en obediencia incondicional (Jer. 32:39-40). El profeta escribe para Israel, pero ¿sólo es regenerado el que cree perteneciente a ese pueblo? Evidentemente no. Ezequiel reitera la misma enseñanza de Jeremías (Ez. 11:19-20), anunciando un cambio de orientación en la vida del regenerado que lo conduce a una esfera de fidelidad y obediencia a Dios. Más adelante, el mismo profeta, anuncia la dotación de un corazón nuevo y reitera literalmente el anuncio anterior (Ez. 36:25-27). Resulta extraño que los maestros de Israel en el tiempo de Jesús, desconocieran el significado del nuevo nacimiento, como ocurrió con Nicodemo, a quién el Señor preguntó si no conocía la enseñanza sobre este asunto (Jn. 3:10), indicándole que sólo por medio del nuevo nacimiento se puede acceder al reino de Dios y entrar en los vínculos del *Nuevo Pacto* (Jn. 3:3, 5). En toda la enseñanza sobre el nuevo nacimiento en el Antiguo Testamento se aprecia cómo la dotación de un corazón nuevo, conduce a la reducción de la condición rebelde, propia de la naturaleza adámica, cambiándola y orientándola hacia la obediencia a Dios en el cumplimiento de sus preceptos, cosa que no había sido posible a lo largo de la historia de Israel, por pretender llevar a cabo las demandas de Dios en el esfuerzo personal del hombre.

La regeneración es una obra de renovación plena y dotación de una nueva naturaleza, operada por el Espíritu Santo en todo aquel que cree (Tit. 3:5). Esa fue también la enseñanza de Jesús a Nicodemo (Jn. 3:5-8). Antes de que un pecador caído pueda entrar al reino de Dios y pasar a ser de condición celestial, Dios tiene que obrar una transformación en Él. La transformación es tal que sólo puede compararse con un nuevo nacimiento. La necesidad de regeneración es evidente teniendo en cuenta la condición del hombre natural (Jn. 3:6). No importa cuál sea la situación personal de cada hombre, la necesidad es la misma, siendo interesante recordar que las palabras de Jesús estaban dirigidas a un líder y maestro del pueblo de Israel. La imposibilidad de estar en la presencia de Dios, es decir, en comunión con Él, es la consecuencia de la condición natural del hombre (Sal. 24:3-4). Esa naturaleza caída hace imposible la obediencia a los mandatos divinos, porque el pecado ha introducido en la genética espiritual del hombre el estado de desobediencia, en cuya esfera vive. Téngase en cuenta que el hombre no es desobediente porque desobedece, sino que desobedece porque es desobediente. La vida eterna, como vida propia del regenerado solo es posible para los que han sido resucitados en

Cristo (Ef. 2:6), pero en modo alguno es alcanzable por quien está muerto es sus delitos y pecados (Ef. 2:2).

La regeneración hace posible la comunicación de la vida eterna. La promesa de Dios para el salvo es esa (Jn. 3:16). La vida eterna es la vida de Dios, ya que sólo Él es poseedor de vida eterna, en el sentido de una vida que no tiene principio ni fin. Es la vida propia de quien vive en la eternidad, esto es, en la *atemporalidad*, sin principio ni fin. Esta vida, propia de Dios, que se comunica al hombre en la comunión con la divina naturaleza (2 P. 1:4), está en el Hijo (Jn. 1:4). Jesús afirma que Él es la vida (Jn. 14:6). Cristo dijo que había venido para que el pecador pueda tener vida eterna (Jn. 10:10). Mediante la regeneración del Espíritu, Cristo es implantado en el creyente (Col. 1:27). Esta identificación con Cristo permite al creyente tener vida eterna. La regeneración, por tanto, produce una resurrección espiritual (Ef. 2:1, 4, 5). El que estaba espiritualmente muerto a causa de su pecado, viene a la vida por unión vital con el Resucitado, que se hace por la resurrección *espíritu vivificante* (1 Co. 15:45), es en esa unión con Jesucristo que se otorga al pecador que cree la vida eterna y Cristo se hace en él esperanza de vida, con la seguridad de que en Jesucristo todos serán vivificados (1 Co. 15:22). La resurrección espiritual es posible por la acción vinculante del pecador creyente con Cristo, por medio del Espíritu que lo toma y lo *sumerge*, en sentido de *introducirlo* en Cristo para la formación de un cuerpo con Él (1 Co. 12:13). La vida que recibe el creyente no es otra que la vida del Cristo resucitado (Jn. 10:10; 14:6; Ro. 6:23; Col. 1:27).

La regeneración dota de una nueva naturaleza como principio de vida. Ese es el resultado de la participación en la naturaleza divina (2 P. 1:4). De modo que en esa nueva dimensión espiritual se produce una nueva y radicalmente diferente forma de vida (Ro. 6:3-4). El creyente ha sido *bautizado en Cristo*, o tal vez mejor, bautizado *hacia* Cristo, para entrar en una nueva posición *en* Cristo. Antes de alcanzar esa nueva dimensión de vida tiene que producirse la liberación del pecado mediante la identificación con el Salvador. El creyente es puesto en una relación personal con la muerte de Cristo, por la que la relación de esclavitud que el pecado producía es cancelada y recibe el poder para una vida fuera de esa esfera de esclavitud. La identificación con la muerte de Cristo introduce al creyente en una vida de libertad. Esa es la posición que ha de ser mantenida con firmeza (Gá. 5:1). La identificación con la muerte de Cristo libera al pecador creyente de las cadenas de esclavitud que le impedían una vida conforme a la voluntad de Dios. El esclavizador *yo* personal queda reducido a la impotencia para que quede bajo el control del *Tú* de Dios (Gá. 2:20). La cadena de esclavitud de la *carne*, que conduce inexorablemente a obras contrarias a la voluntad de Dios, queda impotente por la potencialidad de la Cruz (Gá. 5:24). La condición esclavizadora del mundo, esfera en la que se desarrolla la vida espiritual del pecador, queda reducida a la impotencia por la misma obra de la Cruz (Gá. 6:14). La liberación sobre el poder del pecado se produce para todo creyente, por tanto, ya no hay excusa para vivir conforme a la vida antigua. Pero, la identificación con Cristo es también en su sepultura y resurrección para novedad de vida. Cristo comunica vida a la nueva humanidad en Él, como *espíritu vivificante* (1 Co. 15:45). Por tanto, quien ha sido puesto en Cristo, es una nueva criatura, una nueva creación (5:17). La esfera de la regeneración es un mundo nuevo.

La regeneración dota también al regenerado de un corazón nuevo. El núcleo de la voluntad, de los afectos y de las intenciones personales es una nueva creación de Dios. No se trata de un arreglo religioso de la condición pecaminosa del hombre y de su corazón engañoso y perverso (Jer. 17:9). La salvación involucra una transformación radical y completa obrada por Dios en el corazón del hombre (Ro. 12:2; Ef. 4:23). La transformación es operada por el Espíritu Santo de Dios (Ef. 4:24; Tit. 3:5). En virtud de ella se llega al nuevo nacimiento y, por tanto, a ser *hombres nuevos* (Ef. 4:24; Col. 3:10). La regeneración o nuevo nacimiento, permite al pecador regenerado dejar de conformarse al mundo, como le era propio en su naturaleza caída (Ro. 12:2). La creación en Cristo conduce a los regenerados, según la imagen de Dios en conocimiento y santidad de la verdad (Ef. 4:24; Col. 3:10; Ro. 12:2). El nuevo nacimiento produce profundos cambios en el individuo. Cambia el egocentrismo sin ley y sin Dios a la obediencia a Dios, conformando la vida a las disposiciones de Sus mandamientos. Ilumina también la mente ciega para que pueda discernir las realidades espirituales, antes vetadas por la condición propia del pecador (1 Co. 2:14-15; 2 Co. 4:6; Col. 3:10). El nuevo nacimiento permite la experiencia de libertad para que el creyente pueda, en esa libertad, servir a Dios. De modo que de una voluntad sujeta a la esclavitud del pecado y, por tanto, desobediente, pasa a una obediencia real y voluntaria que le permite cumplir lo que Dios demanda de él y hacerlo con gozo (Ro. 6:14, 17-22). La obediencia y la acción de la voluntad de Dios deja de ser un esfuerzo humano imposible de alcanzarlo, para disfrutar de una acción divina en el interior del nuevo corazón, ya que *"Dios es el que en vosotros produce así el querer como el hacer, por su buena voluntad"* (Fil. 2:13).

El nuevo nacimiento es un cambio definitivo, cancelando la vieja vida y pasando a ser una nueva criatura en Cristo. El creyente es sepultado con Cristo y puesto fuera del alcance de la condenación, y resucitado con

Él a una nueva vida de justicia (Ro. 6:3-11; 2 Co. 5:17; Col. 3:9-11). El nuevo nacimiento es una operación absolutamente divina, que ejecuta Dios en el hombre, en Su omnipotencia y soberanía (Jn. 3:6). No es causada ni inducida por esfuerzo humano, ni por méritos personales (Jn. 1:12-13; Tit. 3:3-7). En el Antiguo Testamento se describe el nuevo nacimiento como una obra de Dios que renueva el corazón, escribiendo en él Su Ley y capacitando para que los regenerados amen y obedezcan como nunca antes habían hecho (Dt. 30:6; Jer. 31:31-34; 32:39-40; Ez. 11:19-20; 36:25-27).

La primera bendición del Nuevo Pacto es que Dios pone Sus *"leyes en la mente de ellos"*. En ese sentido se describe la Ley de Dios llenando la mente del creyente. El intelecto del regenerado queda controlado y orientado por la Palabra de Dios. Una evidencia del nuevo nacimiento es la prioridad que se da a la Escritura en la vida personal (Sal. 119:11, 30, 32, 34, etc.). La Biblia se convierte en la delicia de quien ha nacido de nuevo y dedica tiempo a meditar en ella (Sal. 1:2). Esa es la *buena parte* en la vida que nadie puede quitar del salvo, como el Señor dijo de María (Lc. 10:42). El interés intelectual, es decir, una mente orientada hacia la lectura y meditación de la Palabra, denota un interés por Dios mismo, pero no significa necesariamente que lo establecido por Dios en ella, se ponga por obra. Hay intelectuales de la Biblia que la estudian como mera investigación profesional; conocen la Biblia, pero desconocen la obediencia y sujeción a ella.

La segunda bendición es que Dios pone Sus mandamientos escribiéndolos *sobre el corazón*. La Ley escrita *sobre* el corazón expresa el sentido de controlar plenamente el centro de los afectos y voluntad del hombre. La Palabra está puesta como ejerciendo *señorío* sobre la vida del regenerado. Implica una vida conducida por Dios y sujeta totalmente a Su palabra (Dt. 6:6-9). La enseñanza a los hijos estará conducida por lo que la Biblia determina, comenzando por entender que los hijos son un regalo de Dios y que, siendo su herencia, han de ser tratados y conducidos conforme a lo que Él establece en la Palabra (Sal. 127:3-4). La Palabra conduce al creyente en las decisiones del hogar, de ahí que Dios diga que *"hablarás de ellas estando en tu casa"* (Dt. 6:7). Quiere decir, que el hogar, la marcha de la familia, los intereses de la casa, se establecen conforme a lo que Dios determina en su Palabra, comenzando por el amor de entrega de los unos hacia los otros. Añade también el Señor que la Palabra ha de condicionar *el camino* (Dt. 6:7). Camino es la esfera del testimonio visible ante el mundo. Quien anda por el camino se hace visible a todos los que transitan por él o lo observan. Quiere decir que el testimonio ante el mundo ha de responder a las enseñanzas bíblicas. En una sociedad cambiante, la ética de Dios no cambia. De tal manera que el testimonio del creyente es un motivo de alabanza para Dios (Mt. 5:16). Añade también que la Palabra debe estar presente en los momentos de finalizar el día, *"al acostarse"*, y al tiempo de iniciar la jornada, *"y cuando te levantes"* (Dt. 6:7). La voz de Dios oída antes de entregarse al descanso, será motivo de meditación cuando se produzcan momentos de insomnio. Ningún pensamiento impuro controlará la mente del hombre que está saturada de la Palabra de Dios. El Señor manda también que la palabra esté *"atada como una señal en tu mano"* (Dt. 6:8). Si el camino es figura de testimonio, las manos son símbolo de servicio. No importa si el servicio es *litúrgico*, es decir, servicio en el culto a Dios, o si se trata de las labores propias para el sustento cotidiano, ambas cosas y todas ellas, corresponden a un servicio a Dios, ya que el creyente no es suyo, sino que ha sido comprado por precio (1 Co. 6:20). La vida cristiana no tiene aspectos espirituales y terrenales en los que Dios no interviene, sino que es una unidad en la que Dios está siempre presente y debe desarrollarse en todo conforme a Su voluntad. Esa es la enseñanza de Pablo para el mundo laboral haciendo entender que el trabajo se lleva a cabo no para agradar a los hombres, sino como sirviendo a Dios que es el verdadero dueño de cada creyente (Col. 3:22-24). Añade también el Señor que la Palabra Suya debe estar *"como frontales entre tus ojos"* (Dt. 6:8), enseñando que la orientación de la forma de ver la vida, debe estar controlada por la Palabra. De la misma manera para el regenerado la Biblia debe estar escrita *"en los postes de tu casa, y en tus puertas"* (Dt. 6:9). Algunos entienden el texto en la más absoluta literalidad y llenan las paredes de sus casas con porciones de la Palabra. En modo alguno tengo ningún reparo personal en esto, sino todo lo contrario, pero, no se trata de colgar la Biblia de las paredes, ya que el versículo hace referencia a *los postes y a las puertas*, en sentido de aquello que sustenta la casa y lo que guarda de peligro la morada. De esa manera la firmeza del hogar y la protección de la casa se alcanzan por obediencia a la Palabra de Dios. Hay algunos que tienen la Biblia en sus paredes, pero la Biblia no los tiene a ellos. En la bendición del Nuevo Pacto, la Palabra no está sólo en la mente, sino que está escrita, *implantada*, en el corazón (Stg. 1:21). La evidencia del nuevo nacimiento está íntimamente ligada a la obediencia a la Escritura (Ez. 36:26-27). El pueblo en la antigua dispensación había recibido la ley, pero no las fuerzas para guardarla, ahora Dios mismo lo impulsa y hace prosperar Su propósito por Su propio poder, ya que Él mismo afirma en el anuncio del Nuevo Pacto: *"Yo haré"* (Ez. 36:27). Esa es la experiencia del creyente en el Nuevo Testamento, porque Dios es el que produce tanto el querer como el hacer por Su voluntad (Fil. 2:13).

Lo que antes era débil se torna en poderoso por la acción del Espíritu (Ro. 8:3). El creyente tiene escrita la Ley divina, es decir, el deseo de obedecerla, establecido por Dios mismo en el nuevo corazón con que fue dotado. La consecuencia es evidente en un comportamiento acorde con las demandas divinas (Mt. 12:35). El regenerado ama la ley de Dios (Sal. 119:97). La vida de santificación se produce al influjo de la Palabra y su obediencia (Sal. 119:11).

La relación espiritual dentro del Nuevo Pacto entre Dios y los que introduce en la relación pactada se determina así: *"y seré a ellos por Dios, y ellos me serán a Mí por pueblo"* (Jer. 31:33). La fórmula se repite a la semejanza de la establecida para la antigua alianza en el tiempo de la liberación de Egipto: *"Y os tomaré por mi pueblo y seré vuestro Dios"* (Ex. 6:7). La misma relación se reitera en Levítico relacionándola con la fidelidad a Dios, apartándose de la contaminación idolátrica en cuya condición era imposible la comunión con Dios: *"Y pondré mi morada en medio de vosotros, y mi alma no os abominará; y andaré entre vosotros, y yo seré vuestro Dios, y vosotros seréis mi pueblo"* (Lv. 26:11-12). Cuando el pueblo estaba próximo a entrar en la tierra de Canaán, Dios volvió a recordar esa misma relación, como consecuencia de la promesa del pueblo de cumplir los mandamientos, decretos y estatutos de Dios: *"Y Jehová ha declarado hoy que tú eres pueblo suyo, de su exclusiva posesión, como te lo ha prometido, para que guardes todos sus mandamientos"* (Dt. 26:18). Nuevamente la relación espiritual trae como consecuencia la obediencia a lo que Dios establece en su Palabra. Esa misma relación se aplica a la iglesia en la presente dispensación: *"Porque vosotros sois el templo del Dios viviente, como Dios dijo: Habitaré y andaré entre ellos, y seré su Dios, y ellos serán mi pueblo"* (6:16). La santidad que conduce a la obediencia y separación para Dios, es el vínculo que mantiene la comunión dentro del Nuevo Pacto en la presente dispensación. Esa comunión es la relación con Dios como resultado de la regeneración en el nuevo nacimiento (Ez. 36:26-27). El regenerado y justificado puede venir a la experiencia de comunión y relación con Dios, impedida antes a causa del pecado. Esa relación de comunión se proyectará eternamente en la nueva creación (Ap. 21:3).

Intentar mantener que el *Nuevo Pacto* es sólo para Israel es despreciar todas las referencias que en el Nuevo Testamento lo vinculan también con la iglesia. La explicación que se suele dar para mantener la posición escatológica del Nuevo Pacto, es que Jesús vino y ofreció a Israel las bendiciones que dimanan de Él, pero al rechazarlas, Dios levantó a la

Iglesia y el Mediador del Nuevo Pacto fue ensalzado[13]. De otro modo Cristo vino para ofrecer el Reino a Israel y al no ser aceptado tuvo que abrir el camino de la Iglesia. Esta posición es poco sustentable a la luz de la Escritura. En Su primera venida, el Mesías fue anunciado no como Rey, sino como Salvador, es decir, no vino para establecer el *Reino de los Cielos* y sentarse en Su trono de gobierno en la tierra, sino para salvar a los pecadores desde la condición de siervo. Sera en su Segunda Venida, cuando está profetizado para reinar. El *Reino de los Cielos* o *Reino de Dios*, se abre hoy a todo aquel que cree en Cristo. Pablo mismo afirma que los creyentes hemos salido del *"poder de las tinieblas y trasladados al reino de Su Hijo"* (Col. 1:13). El mismo Señor habló a los Suyos del *Reino de los Cielos* en el tiempo de la Iglesia, expresándolo en las parábolas de Mateo 13. No supone esto que no existan diferencias en cuanto a promesas para Israel que serán cumplidas en el reino milenial y que una vez cumplidas, la proyección perpetua será la relación con Dios en cielos nuevos y tierra nueva, sin distinciones entre judíos y gentiles. El apóstol Pedro aplica a la iglesia condiciones que Dios señaló para Israel: *"Mas vosotros sois linaje escogido, real sacerdocio, nación santa, pueblo adquirido por Dios, para que anunciéis las virtudes de aquel que os llamó de las tinieblas a su luz admirable; vosotros que en otro tiempo no eras pueblo; pero que ahora sois pueblo de Dios; que en otro tiempo no habíais alcanzado misericordia, pero ahora habéis alcanzado misericordia"* (1 P. 2:9-10) (cf. Dt. 10:15; Ex. 19:5, 6; Os. 1:9, 10; 2:23).

La conclusión final es sencilla: El *Nuevo Pacto* comprende a todos los creyentes en esta dispensación, se hará realidad con el Israel que crea antes de la Segunda Venida, hará posible el cumplimiento de las promesas directamente dadas a Israel, aunque en muchos aspectos la iglesia disfrutará del tiempo del reino literal de Cristo en la tierra, y se proyectará para todos los creyentes a cielos nuevos y tierra nueva.

οὐ γράμματος ἀλλὰ Πνεύματος· El Nuevo Pacto se diferencia del antiguo en que aquel estaba regulado por la letra, en referencia directa a la Ley, mientras que el nuevo está manifestado por el Espíritu que opera en la intimidad del creyente conduciéndolo a una posición de victoria en Cristo Jesús.

La acción del Espíritu produce perfecciones que se dan en quienes están en el *Nuevo Pacto*. Estas son varias, entre las que pueden señalarse: 1) Un nuevo hombre, no un nuevo pueblo, sino la unidad de todos en Cristo (Ef. 2:15; 4:24). 2) Una nueva creación de Dios (Ef. 5:7). 3) Un

[13] Así J. N. Darby. o.c., pág. 565 s.

nuevo nombre (Ap. 2:17). 3) Un nuevo mandamiento, el del amor (1 Jn. 2:7, 8). 4) Un nuevo cántico (Ap. 14:3). 5) Un cielo y tierra nuevos (2 P. 3:13; Ap. 21:1). 6) Una nueva ciudad (Ap. 21:2). 7) Todas las cosas nuevas (Ap. 21:5)[14].

τὸ γὰρ γράμμα ἀποκτέννει, τὸ δὲ Πνεῦμα ζῳοποιεῖ. Pablo cierra el texto marcando un contraste entre el Antiguo y el Nuevo Pacto. La ley escrita *mata*, como un sistema imposible de salvación que exigía una perfección inalcanzable (Ro. 3:19, 20; 7:1-14; 8:1-11; Gá. 3:1-14). El judaísmo había convertido la ley ceremonial en un sistema religioso formalista (Is. 1:10-20; Jer. 7:21-26). Sin embargo, no debe olvidarse que la Ley es *santa, justa, buena y espiritual* (Ro. 7:12, 14). Por la regeneración somos liberados de la responsabilidad penal que la Ley establecía, para poder servir a Dios en la nueva ley del Espíritu (Ro. 7:6). Este cambio se produce por la *vivificación*, la dotación de nueva vida espiritual a quien estaba muerto en delitos y pecados, por la obra del Espíritu, de modo que la obediencia a las disposiciones divinas, viene a ser expresión natural de la nueva vida en Cristo (Ro. 6:17, 18, 22; 1 P. 1:2). Esta ley del Espíritu libera al creyente de la ley del pecado y de la muerte (Ro. 8:2). En la dispensación del *Nuevo Pacto* el vivificante Espíritu de Dios, transforma la condición de desobediencia, propia y natural del hombre no regenerado en la de obediencia, natural para el hombre creyente (1 P. 1:2). Además de la regeneración están también los dones que capacitan para el ministerio (1 Co. 12). En la esfera de la Ley, el hombre se esfuerza para obrar, pero nunca alcanza la medida que Dios establece en ella, en la del Espíritu, el creyente descansa en la conducción divina y cumple las demandas de la Ley moral mediante el ejercicio del amor.

Los *falsos apóstoles* que cuestionaban a Pablo, procuraban que los creyentes dejasen la vida en el Espíritu para retornar al sistema legal de opresión e incapacidad. La Palabra nos exhorta a *"estar firmes en la liberad con que Cristo nos hizo libres"* (Gá. 5:1).

7. Y si el ministerio de muerte grabado con letras en piedras fue con gloria, tanto que los hijos de Israel no pudieron fijar la vista en el rostro de Moisés a causa de la gloria de su rostro, la cual había de perecer.

Εἰ δὲ ἡ διακονία τοῦ θανάτου ἐν γράμμασιν[1] ἐντετυπωμένη
Y si el ministerio - de muerte en letras que ha sido grabado
λίθοις[2] ἐγενήθη ἐν δόξῃ, ὥστε μὴ δύνασθαι ἀτενίσαι τοὺς
en piedras llegó a ser en gloria, de manera que no podían mirar fijamente los
υἱοὺς Ἰσραὴλ εἰς τὸ πρόσωπον Μωϋσέως διὰ τὴν δόξαν
hijos de Israel en el rostro de Moisés a causa de la gloria

[14] Tomado del Comentario Bíblico Moody, pág. 323.

τοῦ προσώπου αὐτοῦ τὴν καταργουμένην,
del rostro de él la que desaparece.

Análisis y notas del texto griego.

Análisis: Εἰ, conjunción afirmativa *si*; δὲ, partícula conjuntiva que hace las veces de conjunción coordinante, con sentido de *pero, más bien, y, y por cierto, antes bien, entonces*; ἡ, caso nominativo femenino singular del artículo determinado *la*; διακονία, caso nominativo femenino singular del nombre común *diaconía, servicio, ministerio*; τοῦ, caso genitivo masculino singular del artículo determinado *el*; θανάτου, caso genitivo masculino singular del nombre común declinado *de muerte*; ἐν, preposición propia de dativo *en*; γράμμασιν, caso dativo neutro plural del nombre común *letras*; ἐντετυπωμένη, caso nominativo femenino singular del participio de perfecto en voz pasiva del verbo ἐντυπόω, *grabar*, aquí *que ha sido grabada*; λίθοις, caso dativo masculino plural del nombre común declinado *en piedras*; ἐγενήθη, tercera persona singular del primer aoristo de indicativo en voz pasiva del verbo γίνομαι, *empezar a existir, llegar a ser*, aquí *llegó a ser*; ἐν, preposición propia de dativo *en*; δόξῃ, caso dativo femenino singular del nombre común *gloria*; ὥστε, conjunción consecutiva *por tanto, por consiguiente, de tal manera que, con el fin de, con la intención de*; μὴ, partícula que hace funciones de adverbio de negación *no*; δύνασθαι, presente de infinitivo en voz media del verbo δύναμαι, *poder, tener poder*, aquí *podían*; ἀτενίσαι, primer aoristo de infinitivo en voz activa del verbo ἀτενίζω, *mirar, fijar la mirada, mirar fijamente*; τοὺς, caso acusativo masculino plural del artículo determinado *los*; υἱοὺς, caso acusativo masculino plural del nombre común *hijos*; Ἰσραὴλ, caso genitivo masculino singular del nombre propio declinado *de Israel*; εἰς, preposición propia de acusativo *en*; τὸ, caso acusativo neutro singular del artículo determinado *el*; πρόσωπον, caso acusativo neutro singular del nombre común *rostro, persona*; Μωϋσέως, caso genitivo masculino singular del nombre propio declinado *de Moisés*; διὰ, preposición propia de acusativo *por, a causa de*; τὴν, caso acusativo femenino singular del artículo determinado *la*; δόξαν, caso acusativo femenino singular del nombre común *gloria*; τοῦ, caso genitivo neutro singular del artículo determinado declinado *del*; προσώπου, caso genitivo neutro singular del nombre común *rostro*; αὐτοῦ, caso genitivo masculino de la tercera persona singular del pronombre personal declinado *de él*; τὴν, caso acusativo femenino singular del artículo determinado *la*; καταργουμένην, caso acusativo femenino singular del participio de presente en voz pasiva del verbo καταργέω, *destruir, despojar de poder, liberar,* aquí en sentido de carácter perecedero, *que desaparece*.

Notas. Crítica Textual. Lecturas alternativas.

[1] γράμμασιν, *letras*, según se lee en 𝔓[46], a[*], A, B, C, D[*], F, G, P, 0243, 6, 33, 81, 630, 1739, Orígenes, Epifanio.

γράμματι, *letra*, como está en B, D[*, c], F, G, sy[p].

[2] ἐντετυπωμένη λίθοις, *que ha sido grabado en piedras*, según lectura en 𝔓46, a*, A, B, C, D*, F, G, P, 0243, 6, 33, 81, 630, 1739, Orígenes, Epifanio.

ἐντετυπωμένη ἐν λίθοις, *que ha sido grabado en piedras*, en estas lecturas con la preposición ἐν, antes de λίθοις, según lectura en ²a, D¹, K, L, Ψ, 104, 365, 1175, 1241, 1505, 1881, 2464.

Εἰ δὲ ἡ διακονία τοῦ θανάτου ἐν γράμμασιν ἐντετυπωμένη λίθοις. La principal característica de la *dispensación de la ley*, es que era un *ministerio de muerte*. El apóstol reitera esta verdad en muchos lugares de sus escritos (cf. Ro. 7:5, 10, 11; Gá. 3:10, 21, 22). La propia naturaleza caída en el hombre no regenerado conduce a la práctica del pecado. Quien está en la carne *"las pasiones pecaminosas"* fructifican por medio de los miembros puestos al servicio del pecado, para producir frutos para muerte. De otro modo, la carne influye en los miembros que son los portadores de la acción del cuerpo y que expresan la realidad del pecado actuando en el hombre. A esto está íntimamente vinculado el hombre como ser terrenal (1 Co. 15:47-49). Esta es la condición que determina la *enemistad con Dios*, a causa de las prácticas pecaminosas (Ro. 8:8). La *carne* en el concepto paulino es el poder contrario a Dios que domina al hombre esclavizándolo (Ro. 7:14). La vivencia *en la carne* es posible por la corporeidad humana, su realidad física y temporal, que es, en su condición de no regenerado, inseparable del actuar del mal. Por tanto, producen fruto para la muerte. Por consiguiente, el mandamiento que es dado para vida conforme a Dios, es resultante para muerte a causa del pecado. Dios no dio Su ley con vistas a hacer caer al pecador en el pecado, sino como advertencia para que no lo practique. Por tanto, el mandamiento era para vida, como la Escritura afirma en muchos lugares (Lv. 18:5; Neh. 9:29; Ez. 18:9; 20:11-13; Lc. 10:28; Gá. 3:12). Es necesario entender que el mandamiento quebrantado determina la condición de pecador y la paga del pecado es muerte. Esto es, todo lo que como mandamientos son buenos, porque proceden de Dios, están para conducir a la vida conforme a Su deseo y ser instrumentos de vida, se convierten en elementos de muerte en el conocimiento del pecado. Demostrando que al hacer lo que está prohibido, el hombre es pecador, sujeto al pecado que lo esclaviza y le conduce a aquello que no debiera realizar, contrario a la voluntad de Dios. La causa, el modo por el que llegó a esa situación, no está en la ley, escrita en piedra, sino en el pecado. De modo que por ese pecado la muerte gravita sobre el pecador.

ἐγενήθη ἐν δόξῃ, La Ley fue promulgada con manifestación de gloria. Basta la lectura del relato bíblico para apreciar que la gloria de Dios se manifestó en la entrega de la Ley (Ex. 19:18, 19). En aquel tiempo Dios entregó a Moisés las dos tablas en que el Espíritu Santo, el *dedo de Dios*, grabó en ellas los mandamientos que regulaban el Antiguo Pacto.

αὥστε μὴ δύνασθαι ἀτενίσαι τοὺς υἱοὺς 'Ισραὴλ εἰς τὸ πρόσωπον Μωϋσέως διὰ τὴν δόξαν τοῦ προσώπου αὐτοῦ τὴν καταργουμένην, La manifestación de la gloria de Dios que se hizo visible en el monte, alcanzó también al que era *ministro* de aquella dispensación, esto es a Moisés. Esto ocurrió, conforme al relato bíblico, en la segunda ocasión en que Dios escribió en tablas los mandamientos, después de que él hubo roto las primeras piedras a causa del comportamiento idolátrico del pueblo (Ex. 32). Estas segundas tablas, expresan la disposición divina a tener gracia para con Su pueblo, a pesar del pecado que cometió y del que continuamente volvería a cometer. En la reflexión de Pablo sobre estos hechos apreció el ministerio de muerte que correspondía a la antigua dispensación (Ex. 32:10; Dt. 9:14). Es más, no solo espiritualmente hablando como consecuencia de la comisión del pecado, sino también según la realidad histórica, que pone de manifiesto que Dios condenó a muerte en el desierto a todo el pueblo desobediente, y ninguno de los mayores de veinte años entraron en la tierra de la promesa (Nm. 14:21-23). Esto es, en el pensamiento del apóstol, *ministerio de muerte*. Esta segunda vez que Moisés introdujo las tablas escritas por Dios, su rostro brillaba como resultado de haber estado en la presencia gloriosa de Dios (Ex. 34:29). Sin embargo, esa gloria, como el mismo Antiguo Pacto, era transitoria, hasta el punto de tener Moisés necesidad de poner un velo sobre su rostro para que no se apreciara la transitoriedad de aquella gloria que era pasajera.

8. ¿cómo no será más bien con gloria el ministerio del espíritu?

πῶς οὐχὶ	μᾶλλον	ἡ	διακονία	τοῦ	Πνεύματος	ἔσται	ἐν δόξῃ
¿Cómo no	tanto más	el	ministerio	del	Espíritu	será	con gloria?

Análisis y notas del texto griego.

Análisis: πῶς, partícula interrogativa adverbial, que realmente es un pronombre interrogativo *¿cómo?, ¿de qué manera?, ¿por qué medio?, ¡cómo!, ¡cuán! nunca, imposible, ¿qué?, qué*; οὐχὶ, forma intensificada del adverbio de negación οὐ, forma ática, que se traduce como *no* y se utiliza, como partícula interrogativa en preguntas de las que se espera respuesta afirmativa; μᾶλλον, adverbio comparativo *más, más bien, antes bien, tanto más*; ἡ, caso nominativo femenino singular del artículo determinado *la*; διακονία, caso nominativo femenino singular del nombre común *diaconía, servicio, ministerio*; τοῦ, caso genitivo neutro singular del artículo determinado declinado *del*; Πνεύματος, caso genitivo neutro singular del nombre divino *Espíritu*; ἔσται, tercera persona singular del futuro de indicativo en voz media del verbo εἰμί, *ser, estar*, aquí *será*; ἐν, preposición propia de dativo *en*; δόξῃ, caso dativo femenino singular del nombre común *gloria*.

πῶς οὐχὶ μᾶλλον ἡ διακονία τοῦ Πνεύματος ἔσται ἐν δόξῃ Mediante una pregunta retórica que exige una respuesta afirmativa, contrasta el *ministerio* en la antigua dispensación, con el del *Nuevo Pacto*, la nueva economía del Espíritu Santo. De modo que si fue glorioso el entorno de la entrega de la Ley que regulaba aquella dispensación, más glorioso ha de ser el de la nueva. En ella se pone de manifiesto la acción del Espíritu que transforma el corazón endurecido del hombre natural, en uno sensible, *de carne*, en donde la obediencia está asentada en él para regular y controlar la vida de los salvos. Si aquello que era pasajero fue manifestado con gloria, lo que es eterno todavía más. Es interesante notar que el verbo está en futuro al final de la pregunta *será* en gloria. Esto no permite entender que se esté refiriendo a un tiempo futuro donde se manifestará esa gloria, sino que desde el primer momento en que el Mediador del Nuevo Pacto, estuvo presente, desde el tiempo de la Cruz, en donde se hace posible la salvación del hombre, la gloria de Dios se ha manifestado. El glorioso *ministerio del Espíritu* no supone que Él no hubiese estado presente en el tiempo del Antiguo Testamento, pero luego de Su descenso en Pentecostés, está en cada uno de los creyentes operando en ellos el programa divino de reproducir en cada uno la gloria de Jesús (Ro. 8:29).

9. Porque si el ministerio de condenación fue con gloria, mucho más abundará en gloria el ministerio de justificación.

εἰ γὰρ τῇ διακονίᾳ τῆς κατακρίσεως δόξα, πολλῷ μᾶλλον
Porque si en el ministerio de la condenación gloria, mucho más
περισσεύει ἡ διακονία τῆς δικαιοσύνης δόξῃ.
abunda el ministerio de la justicia en gloria.

Análisis y notas del texto griego.

Análisis: εἰ, conjunción afirmativa *si*; γὰρ, conjunción causal *porque*; τῇ, caso dativo femenino singular del artículo determinado declinado *en la*; διακονίᾳ, caso dativo femenino singular del nombre común *diaconía, servicio, ministerio*; τῆς, caso genitivo femenino singular del artículo determinado declinado *de la*; κατακρίσεως, caso genitivo femenino singular del nombre común *condenación*; δόξα, caso nominativo femenino singular del nombre común *gloria*; πολλῷ, caso dativo neutro singular del adjetivo *mucho*; μᾶλλον, adverbio comparativo *más, más bien, antes bien, tanto más*; περισσεύει, tercera persona singular del presente de indicativo en voz activa del verbo intransitivo περισσεύω, *abundar*, aquí *abunda*; ἡ, caso nominativo femenino singular del artículo determinado *la*; διακονία, caso nominativo femenino singular del nombre común *diaconía, ministerio, servicio*; τῆς, caso genitivo femenino singular del artículo determinado declinado *de la*; δικαιοσύνης, caso genitivo femenino singular del nombre común *justicia*; δόξῃ, caso dativo femenino singular del nombre común declinado *en gloria*.

εἰ γὰρ τῇ διακονίᾳ τῆς κατακρίσεως δόξα, La gloria acompañaba la manifestación de un ministerio condenatorio. Por la ley es el conocimiento del pecado (Ro. 3:19, 20). La ley señala la culpabilidad del hombre y su condición de esclavo (Ro. 7:7, 8). La ley lleva fruto para muerte (Ro. 7:5). La ley demanda condenación del pecador (Ro. 6:23).

πολλῷ μᾶλλον περισσεύει ἡ διακονία τῆς δικαιοσύνης δόξῃ. El Nuevo Pacto descansa en un ministerio de justificación. Cristo no vino para condenar sino para salvar (Jn. 3:17). La justificación del pecador se alcanza no por ritos legales o religiosos, sino por la fe (Ro. 5:1). Justificar es una declaración divina de inculpabilidad, basada en la extinción de lo demandado por causa del pecado, a causa de la obra expiatoria y sustitutoria de Cristo (Gá. 3:13). Esto trae como consecuencia la liberación de la condenación y la seguridad de eterna salvación (Ro. 8:1). Cristo es hecho justificación para todo aquel que cree (1 Co. 1:30). El pecador salvo está, posicionalmente, sentado con Cristo en lugares celestiales (Ef. 2:6). La consecuencia final es que el ministerio del *Nuevo Pacto* es mucho más glorioso. El antiguo pacto señalaba la venida de una justicia perdurable (Dn. 9:24). Esa justicia se manifestó en el Mesías (Is. 51:5-8; 56:1; Jer. 23:5, 6). La justicia de Dios, esto es, la que Dios otorga por la fe, es posible por la obra de Cristo (5:21; Mt. 3:15; Ro. 10:4). Esta justicia es imputada a todos los que creen (5:21; Ro. 3:21-31; 4:1-13). Indudablemente es un *ministerio* de gloria, o si se prefiere mejor, un *ministerio glorioso*. Este es el ministerio de la reconciliación (5:18). No solo el ministerio del *Nuevo Pacto* anuncia la justificación por fe y la regeneración del creyente, sino que pone al salvo en el camino de la santificación (Ro. 1:17; 3:21-22).

10. Porque aun lo que fue glorioso, no es glorioso en este respecto, en comparación con la gloria más eminente.

καὶ γὰρ	οὐ	δεδόξασται	τὸ	δεδοξασμένον	ἐν	τούτῳ	τῷ
Porque también	no	ha sido glorificado	lo	que ha sido glorificado	en	este	-

μέρει	εἵνεκεν	τῆς	ὑπερβαλλούσης	δόξης.
asunto	a causa de	la	que sobrepasa	gloria.

Análisis y notas del texto griego.

Análisis: καὶ, adverbio de modo *también*; γὰρ, conjunción causal *porque*; οὐ, adverbio de negación *no*; δεδόξασται, tercera persona singular del perfecto de indicativo en voz pasiva del verbo δοξάζω, *glorificar*, aquí *ha sido glorificado*; τὸ, caso nominativo neutro singular del artículo determinado *lo*; δεδοξασμένον, caso nominativo neutro singular del participio de perfecto en voz pasiva del verbo δοξάζω, *glorificar*, aquí *que ha sido glorificado*; ἐν, preposición propia de dativo *en*; τούτῳ, caso dativo neutro singular del pronombre demostrativo *esto*; τῷ, caso dativo neutro singular del artículo determinado *el*; μέρει, caso dativo neutro singular de nombre común *parte, región, lado, pedazo, partido, negocio, asunto, punto*; εἵνεκεν, preposición impropia que rige genitivo, *a causa de, por motivo de*; τῆς, caso genitivo femenino singular del artículo determinado *la*; ὑπερβαλλούσης, caso genitivo femenino singular del participio de presente en voz activa del verbo ὑπερβάλλω, *sobrepasar, exceder*, aquí *que sobrepasa*; δόξης, caso genitivo femenino singular del nombre común *gloria*.

καὶ γὰρ οὐ δεδόξασται τὸ δεδοξασμένον ἐν τούτῳ τῷ μέρει El *Nuevo Pacto* es tan superior al antiguo que éste deja de ser glorioso a su lado. En el versículo siguiente dará la principal razón que sustenta esta afirmación de Pablo. La Ley, aunque gloriosa en sí misma, no puede compararse con el evangelio de la gracia, por tanto, queda anulada la gloria inferior de aquel con la suprema gloria de éste. De otro modo, la gloria que rodeó al ministerio de condenación es como nada en comparación con la del *Nuevo Pacto*.

εἵνεκεν τῆς ὑπερβαλλούσης δόξης. El apóstol afirma que la gloria del *Nuevo Pacto* es más eminente que la del antiguo. Para destacar esta gloria utiliza el participio del verbo ὑπερβάλλω, que expresa la idea de *sobrepasar, exceder*, y la forma verbal sitúa a esta gloria excelsa en forma continuada, de modo que siempre se manifestará en este modo. La gloria del ministerio de la gracia en salvación eclipsa la del antiguo de condenación. El modo verbal de esta oración se usa por el apóstol siempre en participio y aparece en otros lugares: para referirse a la *gloria* en este versículo; a *la gracia* (9:14); a las *riquezas de la gracia* (Ef. 2:7); al *conocimiento* (Ef. 3:19). Todos estos elementos provisorios en el *Nuevo Pacto*, tienen su origen y acción en Dios mismo y, por tanto, superan en gloria y temporalidad a cualquier otro valor.

11. Porque si lo que perece tuvo gloria, mucho más glorioso será lo que permanece.

εἰ γὰρ τὸ καταργούμενον διὰ δόξης, πολλῷ μᾶλλον τὸ
Porque si lo que es perecedero a través de gloria, mucho más lo
μένον ἐν δόξῃ.
que permanece en gloria.

Análisis y notas del texto griego.

Análisis: εἰ, conjunción afirmativa *si*; γὰρ, conjunción causal *porque*; τὸ, caso nominativo neutro singular del artículo determinado *lo*; καταργούμενον, caso nominativo neutro singular del participio de presente en voz pasiva del verbo καταργέω, *perecer, acabar, poner a un lado*, aquí *que es perecedero*; διὰ, preposición propia de genitivo *a través de*; δόξης, caso genitivo femenino singular del nombre común *gloria*; πολλῷ, caso dativo neutro singular del adjetivo *mucho*; μᾶλλον, adverbio comparativo *más, más bien, antes bien, tanto más*; τὸ, caso nominativo neutro singular del artículo determinado *lo*; μένον, caso nominativo neutro singular del participio de presente en voz activa del verbo μένω, *permanecer, quedarse*, aquí *que permanece*; ἐν, preposición propia de dativo *en*; δόξῃ, caso dativo femenino singular del nombre común *gloria*.

εἰ γὰρ τὸ καταργούμενον διὰ δόξης, Aparentemente hay ausencia de elementos que expresen sin dificultades la idea que está en la mente de Pablo. Es como el resumen sintético de cuanto ha dicho antes. El antiguo pacto fue temporal, el nuevo es eterno. Por consiguiente, si la gloria rodeó la manifestación del antiguo, mucho mayor ha de ser la que acompaña al nuevo. La Ley, tenía un tiempo breve de existencia como elemento expresivo de la voluntad de Dios, mientras que el Evangelio será proclamado hasta el fin del mundo. Hay, sin embargo, una diferencia que debe ser apreciada. El apóstol dice que la ley era *a través de* o incluso mejor *con gloria*; pero el evangelio, el mensaje del *Nuevo Pacto*, es *en gloria*. La gloria de la salvación en Cristo es la base del mensaje del Evangelio, y esta gloria alcanza a cada uno de los que creen, puesto que el glorioso Señor está en la vida y se hace vida en cada uno de ellos (Col. 1:25). Además, la salvación que se proclama en el Evangelio, anuncia un cambio de una situación de muerte a una, no solo de vida, sino también de gloria, puesto que Dios *"nos ha librado de la potestad de las tinieblas, y trasladado al reino de su amado Hijo"* (Col. 1:13).

πολλῷ μᾶλλον τὸ μένον ἐν δόξῃ. Los judaizantes, entre los que estaban estos *falsos apóstoles* llegados a Corinto desde el judaísmo, pretendían restablecer la ley, que es *ministerio de muerte*, con lo que se anulaba la gracia de la libertad en Cristo y de la seguridad de salvación. Por esta causa el apóstol dedica espacio para afirmar esta verdad puesta en entredicho por sus adversarios. De ahí la continua precisión, en ocasiones casi reiterativa, del carácter de inferioridad de la antigua dispensación en contraste con la nueva. Esto conduce a otra verdad: la ley ha sido remplazada, pero el Evangelio no será remplazado jamás. Es el mensaje que viene de parte de Dios y que se extenderá hasta el fin de los tiempos, proclamado incluso por los ángeles (Ap. 14:6-7). Mientras que la ley ceremonial concluyó y los sacrificios simbólicos se extinguen en la realidad absoluta del sacrificio de Cristo, la gracia, fundamento de salvación y núcleo del Evangelio, permanecerá eternamente en la presencia de Dios, en cielos nuevos y tierra nueva.

12. Así que, teniendo tal esperanza, usamos de mucha franqueza.

Ἔχοντες οὖν τοιαύτην ἐλπίδα πολλῇ παρρησίᾳ χρώμεθα
Teniendo, pues, tal esperanza de mucha franqueza usamos.

Análisis y notas del texto griego.

Análisis: Ἔχοντες, caso nominativo masculino plural del participio de presente en voz activa del verbo ἔχω, *tener*, aquí *teniendo*; οὖν, conjunción continuativa *pues*; τοιαύτην, caso acusativo femenino singular del adjetivo demostrativo *tal*; ἐλπίδα, caso acusativo femenino singular del nombre común *esperanza*; πολλῇ, caso dativo femenino singular del adjetivo declinado *con, de mucha*; παρρησίᾳ, caso dativo femenino singular del nombre común *franqueza, valentía, denuedo*; χρώμεθα, primera persona plural del presente de indicativo en voz media del verbo χράομαι, *usar, aprovechar, tratar*, aquí *usamos*.

Ἔχοντες οὖν τοιαύτην ἐλπίδα. Introduce la cláusula del versículo afirmando que tiene *esperanza*, pero señalando esa esperanza a lo que antecede. La oración es continuativa del texto anterior, con el uso de la conjunción *pues*, de manera que la esperanza que tiene es aquella de la que habló antes. La gloria del *ministerio* del que viene hablando le conduce a una actitud de sinceridad y franqueza. La esperanza del apóstol es que su ministerio apostólico produzca fruto en los creyentes a quienes está escribiendo. La esperanza toma posición en el presente, cuando escribe, y también en el futuro por lo que va a producir. Cuando habló antes del *Nuevo Pacto*, habló del Espíritu vivificante, por lo que, descansando en la acción de Él, siente confianza en los resultados del ministerio que está ejerciendo.

πολλῇ παρρησίᾳ χρώμεθα. Por tanto, en base a la confianza que tiene usa de mucha *franqueza* cuando escribe todo esto. El adjetivo tiene la connotación de *libertad* para hacer algo, de *valentía* y *denuedo*. La esperanza cierta que posee le hace actuar de ese modo, seguro de hacerlo en el *nuevo orden* de la gracia, en la que sustenta e impulsa el ministerio. Los opositores de acusaban de escribir con dureza, él les indica que no es dureza sino franqueza en la esperanza. Los *falsos apóstoles* no eran francos de esta manera, no decían las cosas directamente, no afrontaban los problemas en toda la dimensión, simplemente procuraban desprestigiar con aparentes verdades, que son simples mentiras, lo que Pablo era y enseñaba.

Como escribe Hodge:

"Es característico del error andar con reservas y andar siempre con ocultamientos. En todas las religiones de la antigüedad siempre había

una doctrina esotérica y exotérica; una parte para la gente común, y otra para los iniciados. Todas ellas tenían misterios cuidadosamente disimulados a los ojos del público... Pero si un ministro de una iglesia está convencido de que el evangelio es de Dios, de que es algo inefablemente glorioso, válido para todos y necesario para todos en orden a la salvación, entonces predicará la Palabra de Dios abiertamente y sin reserva"[15].

Más adelante hablará de la franqueza con que pueden mirar a Dios mismo a cara descubierta (v. 18), es decir, sin nada de qué avergonzarse ante Él y mostrando no solo confianza en el ejercicio del ministerio sino también *denuedo, valentía* para comunicar lo que los creyentes necesitan.

13. Y no como Moisés, que ponía un velo sobre su rostro, para que los hijos de Israel no fijaran la vista en el fin de aquello que había de ser abolido.

καὶ οὐ καθάπερ Μωϋσῆς ἐτίθει κάλυμμα ἐπὶ τὸ πρόσωπον
Y no tal como Moisés ponía velo sobre el rostro
αὐτοῦ πρὸς τὸ μὴ ἀτενίσαι τοὺς υἱοὺς Ἰσραὴλ εἰς τὸ
de él a fin de - no mirar los hijos de Israel a lo
τέλος τοῦ καταργουμένου.
final - que desaparece.

Análisis y notas del texto griego.

Análisis: καὶ, conjunción copulativa *y*; οὐ, adverbio de negación *no*; καθάπερ, adverbio de modo *como, así como, tal como*; Μωϋσῆς, caso nominativo masculino singular del nombre propio *Moisés*; ἐτίθει, tercera persona singular del imperfecto de indicativo en voz activa del verbo τίθημι, *poner*, aquí *ponía*; κάλυμμα, caso acusativo neutro singular del nombre común *velo*; ἐπὶ, preposición propia de acusativo *sobre*; τὸ, caso acusativo neutro singular del artículo determinado *el*; πρόσωπον, caso acusativo neutro singular del nombre común *rostro*; αὐτοῦ, caso genitivo masculino de la tercera persona singular del pronombre personal declinado *de él*; πρὸς, preposición propia de acusativo *a, hacia, a fin de, con el fin de, para*; τὸ, caso acusativo neutro singular del artículo determinado *el*; μὴ, partícula que hace funciones de adverbio de negación *no*; ἀτενίσαι, primer aoristo de infinitivo en voz activa del verbo ἀτενίζω, *mirar, fijar la mirada, mirar fijamente*; τοὺς caso acusativo masculino plural del artículo determinado *los*; υἱοὺς, caso acusativo masculino plural del nombre común *hijos*; Ἰσραὴλ, caso genitivo masculino singular del nombre propio declinado *de Israel*; εἰς τὸ τέλος τοῦ καταργουμένου caso genitivo neutro singular del participio de presente en voz pasiva del verbo

[15] C. Hoege. o.c., pág. 75.

καταργέω, *destruir, despojar de poder, liberar,* aquí en sentido de carácter perecedero, *que desaparece.*

καὶ οὐ καθάπερ Μωϋσῆς ἐτίθει κάλυμμα ἐπὶ τὸ πρόσωπον αὐτοῦ. Retorna nuevamente a la acción que Moisés hacía cubriéndose el rostro ante el pueblo para que no viesen la desaparición de la gloria que se reflejaba en su rostro cuando estaba en la presencia de Dios en el monte (Ex. 34:33-35). En esa acción física e histórica, Pablo encuentra un significado espiritual importante. Moisés cubría el rostro con un velo y era un símbolo del carácter transitorio del antiguo pacto, del que era ministro. La verdadera luz del evangelio de la gracia brillaba ocultamente en la antigua dispensación. No significa que la salvación entonces fuese limitada o estuviese sujeta a algo más que la fe en lo que Dios decía. Siempre el hombre fue salvo por gracia mediante la fe. Pero la revelación divina de las realidades presentes en el *Nuevo Pacto*, eran como sombras y figuras de lo que venía en Cristo y se predicaba en el Evangelio. De manera que Pablo y sus colaboradores nada tenían que ocultar de la gloria del mensaje porque esa gloria no desaparecía en el tiempo, como ocurría con el ministro del antiguo pacto.

πρὸς τὸ μὴ ἀτενίσαι τοὺς υἱοὺς 'Ισραὴλ εἰς τὸ τέλος τοῦ καταργουμένου. Pablo puede hablar con *denuedo* y franqueza porque anuncia a Cristo quien es el fin de la ley, no tanto como abrogación de ella, sino como objeto que cumple aquello que estaba simbolizado en la ley ceremonial (Ro. 10:4). La ocultación del brillo del rostro que desaparecía, era un símbolo adecuado a su ministerio, que era transitorio o pasajero. Pero tanto Pablo como sus colaboradores, no tienen que ocultar nada de la luz gloriosa del Evangelio, puesto que no es transitorio, sino permanente, esta gloria no se desvanece, sino que se mantiene. Algunos aplican la expresión: *a lo que desaparece*, como refiriéndose a la ley que fue transitoria hasta la manifestación de Cristo, pero, la figura no es tanto relativa a ella y al Evangelio, sino a los ministros de ambas dispensaciones, por tanto Moisés velaba su rostro porque se extinguía el resplandor que había en él, mientras que Pablo, los apóstoles, los colaboradores y en general los cristianos como testigos de Cristo, mantenían la gloria que Dios ponía en ellos, sin ocultar nada porque no era transitoria sino perpetua.

14. Pero el entendimiento de ellos se embotó; porque hasta el día de hoy, cuando leen el antiguo pacto, les queda el mismo velo no descubierto, el cual por Cristo es quitado.

ἀλλὰ ἐπωρώθη τὰ νοήματα αὐτῶν. ἄχρι γὰρ τῆς σήμερον
Pero se embotaron los pensamientos de ellos. Porque hasta el de hoy
ἡμέρας[1] τὸ αὐτὸ κάλυμμα ἐπὶ τῇ ἀναγνώσει τῆς παλαιᾶς
día el mismo velo sobre la lectura del antiguo

διαθήκης μένει, μὴ ἀνακαλυπτόμενον ὅτι ἐν Χριστῷ
pacto permanece no siendo descubierto que en Cristo
καταργεῖται·
caduca su vigencia.

Análisis y notas del texto griego.

Análisis: ἀλλὰ, conjunción adversativa *pero*; ἐπωρώθη, tercera persona singular del primer aoristo de indicativo en voz pasiva del verbo πωρόω, *endurecer, hacer insensible, embotar*, aquí *se embotaron*; τὰ, caso nominativo neutro plural del artículo determinado *los*; νοήματα, caso nominativo neutro plural del nombre común *pensamientos*; αὐτῶν, caso genitivo de la tercera persona plural del pronombre personal declinado *de ellos*; ἄχρι, preposición propia de genitivo *hasta*; γὰρ, conjunción causal *porque*; τῆς, caso genitivo femenino singular del artículo determinado *la*; σήμερον, adverbio *de hoy*; ἡμέρας, caso genitivo femenino singular del nombre común *día*; τὸ, caso nominativo neutro singular del artículo determinado *lo*; αὐτὸ, caso nominativo neutro singular del adjetivo intensivo *mismo*; κάλυμμα, caso nominativo neutro singular del nombre común *velo*; ἐπὶ, preposición propia de dativo *sobre*; τῇ, caso dativo femenino singular del artículo determinado *la*; ἀναγνώσει, caso dativo femenino singular del nombre común *lectura*; τῆς, caso genitivo femenino singular del artículo determinado declinado *de la*; παλαιᾶς, caso genitivo femenino singular del adjetivo *antigua*; διαθήκης, caso genitivo femenino singular del nombre común *pacto*; μένει, tercera persona singular del presente de indicativo en voz activa del verbo μένω, *permanecer*, aquí *permanece*; μὴ, partícula que hace funciones de adverbio de negación *no*; ἀνακαλυπτόμενον, caso nominativo neutro singular del participio de presente en voz pasiva del verbo ἀνακαλύπτω, *descubrir*, aquí *siendo descubierto*; ὅτι, conjunción *que*; ἐν, preposición propia de dativo *en*; Χριστῷ, caso dativo masculino singular del nombre propio *Cristo*; καταργεῖται, tercera persona singular del presente de indicativo en voz pasiva del verbo καταργέω, *abolir, caducar su vigencia*, aquí *caduca su vigencia*.

Notas. Crítica Textual. Lecturas alternativas.

[1] τῆς σήμερον ἡμέρας, *el día de hoy*, lectura en P^{46}, a, A, B, C, D, F, G, P, 0243, 33, 81, 104, 365, 630, 1175, 1505, 1739, 1881, 2464, latt, sy^{h}, Clemente.

τῆς σήμερον, *hoy*, según K L Ψ 1241, 𝔐, sy^{p}.

ἀλλὰ ἐπωρώθη τὰ νοήματα αὐτῶν. La condición de los judíos está descrita aquí por el apóstol, en una breve pero contundente frase, *"pero el entendimiento de ellos se embotó"*, literalmente *los pensamientos de ellos se embotaron*. El verbo πωρόω, significa *endurecer, petrificar*. De manera que el entendimiento de ellos se volvió de piedra, insensible, e incapaz de entender. El apóstol afirma que ellos hablan con franqueza el mensaje de Evangelio, pero no era comprensible para los judíos. El mismo apóstol dice que el mensaje de la Cruz, es locura para los judíos (1 Co. 1:18, 22, 23). Un agravante añadido es la acción reprobatoria de Dios que endureció el corazón de ellos para que no crean: *"Pero a pesar de que había hecho tan grandes señales delante de ellos, no creían en él... Por esto no podían creer, porque también dijo Isaías: Ha cegado los ojos de ellos y endureció su corazón; para que no vean con los ojos y entiendan con el corazón; y se conviertan, y yo los sane"* (Jn. 12:37, 39, 40)[16]. Esto había sido anunciado por el profeta: *"Engruesa el corazón de este pueblo, y agrava sus oídos, y ciega sus ojos, no sea que, viendo con sus ojos, y oyendo con sus oídos, y entendiendo con su corazón, se convierta, y sea sanado"* (Is. 6:10)[16]. Las acciones divinas sobre Israel son dos: primeramente, *cegó los ojos*, espiritualmente hablando. Por esta razón podían leer la Escritura, pero pasaban desapercibidas para ello, sin poder hacer en ellas la *lectura* que se detectaría sin la ceguera espiritual en que estaban a causa de la intervención de Dios. En este sentido tiene que ver con el discernimiento espiritual. El mensaje de Dios ha de ser entendido espiritualmente, porque procediendo de Él que es Espíritu debe comprenderse mediante la acción capacitadora de Su mismo Espíritu. Por esa razón el apóstol se refirió en la *Primera Epístola* a la *"palabra de la cruz"* incomprensible para el hombre natural (1 Co. 1:18). En segundo lugar, a la ceguera espiritual se añade el endurecimiento de la mente, que se hace insensible a los dictados divinos e impide sin esa aceptación la obediencia a Dios, permaneciendo rebeldes a la demanda de la fe.

El apóstol no se extiende aquí en añadir las causas de esa ceguera y endurecimiento, que se ha vuelto irreversible a no ser que la revierta Dios mismo, el que la ha producido por Su omnipotencia y determinación. La acción divina produce incapacidad, de modo que no entiendan aquello que están leyendo. Esto trae como consecuencia mantenerse en la condenación. El mensaje de salvación se entiende intelectualmente con ojos abiertos que pueden ver la verdad. La fe a la que el mensaje de salvación llama, se ejercita con el corazón, cuando se ha entendido el Evangelio (Ro. 10:10b-11).

La consecuencia final no puede ser otra, ya que por ese endurecimiento no se vuelve a Dios para salvación. Ahora bien, si fue Dios quien endureció y no *podían creer*, no puede imputárseles responsabilidad en cuanto a su condenación. Pero ese endurecimiento divino no es otra cosa que la confirmación del endurecimiento a que ellos llegan despreciando el mensaje del Evangelio que les fue anunciado. La Biblia enseña que Dios había enviado por siglos a los profetas para llamar

---

[16] Versión RVR.

a Israel a un arrepentimiento, como se hace notar en Crónicas: *"Y Jehová el Dios de sus padres envió constantemente palabra a ellos por medio de sus mensajeros, porque él tenía misericordia de su pueblo y de su habitación. Mas ellos hacían escarnio de los mensajeros de Dios, y menospreciaban sus palabras, burlándose de sus profetas, hasta que subió la ira de Jehová contra su pueblo, y no hubo ya remedio"* (2 Cr. 36:15-16). Luego del tiempo del cautiverio, la gracia de Dios trajo nuevamente un pequeño grupo a la tierra de donde habían sido llevados. Aquellos pudieron haber seguido la voluntad de Dios expresada en Su Palabra, pero siguieron con su propia religión basada en prácticas de la ley, en el cumplimiento estricto de sus ordenanzas, pero sin rendir el corazón a Dios. Así que, luego de tanto tiempo de rechazo, Dios confirma lo que voluntariamente habían determinado, cegando su entendimiento y endureciendo el corazón de ellos. Cuando el Señor confirma una situación no hay ninguna esperanza de cambio porque dejan de estar a disposición del pecador los medios de gracia para superar la rebeldía natural y conducir al hombre en fe a una entrega a Dios aceptando Sus demandas y recibiendo el perdón de pecados y la vida eterna.

ἄχρι γὰρ τῆς σήμερον ἡμέρας τὸ αὐτὸ κάλυμμα ἐπὶ τῇ ἀναγνώσει τῆς παλαιᾶς διαθήκης μένει, Tomando nuevamente el ejemplo del velo que Moisés ponía sobre su rostro para velar la gloria que la presencia de Dios dejaba en él, lo usa en sentido espiritual, enseñando que un velo –de ceguera espiritual en este caso– está puesto sobre la mente de ellos de modo que no entienden cuando leen la ley, en sentido de la revelación del Antiguo Testamento, por cuya razón no entienden el significado del Antiguo Pacto. Ellos creían que el sistema de la antigua dispensación seguía vigente y se negaban a reconocer a Cristo como el Mesías-Salvador, y al Evangelio como la doctrina que sustituyó al sistema legal antiguo. Esta ceguera judicial, ya se ha comentado, que es la afirmación de la posición rebelde de aquel pueblo a la revelación de Dios para salvación.

μὴ ἀνακαλυπτόμενον ὅτι ἐν Χριστῷ καταργεῖται· La consecuencia de este endurecimiento del entendimiento, les hace continuar en una posición errada, ignorando que los símbolos, figuras, ritos y sacrificios establecidos en la ley desaparecen, esto es, quedan sin vigencia en Cristo. De otro modo, lo que está diciendo el apóstol es que el velo que oculta el sentido del Antiguo Testamento, permanece puesto sobre ellos porque es quitado por Cristo, a quien los judíos rechazaron. Las Escrituras del Antiguo Testamento se hacen plenamente comprensibles para quien entiende que son no solo una predicción, sino una prefiguración de Cristo. Sin Él no hay comprensión posible y se mantiene como válido lo que ya ha sido cancelado en Él.

Los *falsos apóstoles*, judaizantes, que entraban por las iglesias y destruían la obra de Dios, en especial la libertad en Cristo, además de cuestionar en el caso de Corinto la apostolicidad de Pablo, afirmaban creer en Cristo como el Mesías, pero no admitían que la normativa de la ley, que incluía la circuncisión y el *guardar* los mandatos establecidos en ella, ya habían prescrito siendo anulados y sustituidos por las reglas de la gracia y por el mandamiento del amor en el *Nuevo Pacto*.

15. Y aun hasta el día de hoy, cuando se lee a Moisés, el velo está puesto sobre el corazón de ellos.

ἀλλ' ἕως σήμερον ἡνίκα ἂν ἀναγινώσκηται[1] Μωϋσῆς, κάλυμμα
Pero hasta hoy cuando - es leído Moisés, velo
ἐπὶ τὴν καρδίαν αὐτῶν κεῖται·
sobre el corazón de ellos está puesto.

Análisis y notas del texto griego.

Análisis: ἀλλ', forma escrita ante vocal de la conjunción adversativa ἀλλά que significa *pero, sino*; ἕως, preposición propia de genitivo *hasta*; σήμερον, adverbio demostrativo *hoy*; ἡνίκα, partícula temporal, *cuando, en el momento en que*; ἂν, partícula que no empieza nunca frase y que da a ésta carácter condicional o dubitativo, o expresa una idea de repetición. Se construye con todos los modos menos el imperativo y acompaña a los pronombres relativos para darles un sentido general; en algunas ocasiones no tiene traducción; ἀναγινώσκηται, tercera persona singular del presente de subjuntivo en voz pasiva del verbo ἀναγινώσκω, *leer*, aquí *es leído*; Μωϋσῆς, caso nominativo masculino singular del nombre propio *Moisés*; κάλυμμα, caso nominativo neutro singular del nombre común *velo*; ἐπὶ, preposición de acusativo *sobre*; τὴν, caso acusativo femenino singular del artículo determinado *la*; καρδίαν, caso acusativo femenino singular del nombre común *corazón*; αὐτῶν, caso genitivo de la tercera persona plural del pronombre personal declinado *de ellos*; κεῖται, tercera persona singular del presente de indicativo en voz pasiva del verbo κεῖμαι, *estar puesto, estar colocado*, aquí *está puesto*.

Notas. Crítica Textual. Lecturas alternativas.

1 ἀναγινώσκηται, *es leído*, según atestiguan P^{46}, a, A, B, C, Ψ, 33, 81^{c}, 104. 1175; Orígenes, Dídimo.

ἀναγινώσκεται, *se lee*, conforme a F, G, K, L, 0243, 365, 630, 1241, 1505, 1739, 1881, 2464.

ἀλλ' ἕως σήμερον ἡνίκα ἂν ἀναγινώσκηται Μωϋσῆς, Por el contrario, el velo no es quitado, sino que permanece hasta hoy cada vez que se lee a Moisés. Cada sábado una porción del Pentateuco era leída en las sinagogas de los judíos (Hch. 15:21). Pero, a pesar de ser Palabra de Dios, inspirada, no surtía efecto alguno en los oyentes porque un velo estaba puesto, no solo sobre su entendimiento, como se aprecia en el versículo anterior, sino sobre su corazón.

κάλυμμα ἐπὶ τὴν καρδίαν αὐτῶν κεῖται· La situación es sumamente grave puesto que es con el corazón con el que se cree para justicia (Ro. 10:10), lo que impide el ejercicio de la verdadera fe que, depositada en Cristo, salva. La confesión de fe, sale mediante el testimonio dicho de palabra por el creyente, porque primero ha llenado su corazón, ya que *"de la abundancia del corazón habla la boca"* (Lc. 6:45). La fe que alcanza la justicia de Dios, no es un acto intelectual –aunque lo comprende–, sino vivencial; es decir, no se cree como una simple aceptación mental, sino como entrega de la vida al Salvador, de ahí la precisión de Pablo, se cree con el corazón. Una confesión sin fe es una burla a Dios (Mt. 7:22-23), pero, no es menos cierto que quien ha creído confiesa esa fe. Tampoco se trata de un aspecto subjetivo o emocional. Aquí *corazón* no es simplemente el asiento de los afectos o de las emociones, sino la plena expresión de vida, lo que en uso bíblico se entiende como la razón misma de la vida, como dice el sabio: *"Sobre toda cosa guardada, guarda tu corazón; porque de él mana la vida"* (Pr. 4:23). Pablo, que está confrontando a judaizantes, hace notar que no importa si un judío estaba o no persuadido de que Jesús era el Mesías, el enviado de Dios, quien cumplió todas las profecías en Su nacimiento, vida, ministerio y muerte. Es necesario para que pueda ser salvo, que *crea en su corazón*, que hizo la obra de la Cruz, que fue resucitado y entronizado a la diestra de Dios, y que tiene plena autoridad sobre cielos y tierra, siendo el único que por la fe en Él da vida eterna al que cree con el corazón. La consecuencia de ese único modo eficaz de fe, es salvo. La fe le lleva a la justificación (Ro. 5:1). La justificación conduce a la seguridad de salvación (Ro. 8:1). El mensaje del Evangelio proclamado tiene que ver con la certeza de la salvación que se alcanza por gracia, mediante la fe (Ef. 2:8-9). Aquel que cree, él que deposita fe en el Salvador, él que recibe a Cristo y es recibido por Él, recibe con el Salvador la salvación.

El pueblo de Israel, por tener cubierto con un velo de incredulidad sus corazones, y seguir su justicia abandonando o, tal vez mejor, rechazando y con ello despreciando, la justicia de Dios, no puede alcanzar la justificación y, por tanto, la salvación.

16. Pero cuando se conviertan al Señor, el velo se quitará.

ἡνίκα δὲ ἐὰν ἐπιστρέψῃ πρὸς Κύριον, περιαιρεῖται τὸ κάλυμμα.
Pero cuando - se conviertan a Señor, es quitado el velo.

Análisis y notas del texto griego.

Análisis: ἡνίκα, partícula temporal, *cuando, en el momento en que*; δὲ, partícula conjuntiva que hace las veces de conjunción coordinante, con sentido de *pero, más bien, y, y por cierto, antes bien, entonces*; ἐὰν, partícula conjuntiva que hace funciones de conjunción y que denota idea de condición o de hipótesis, *si, tanto si... como si... suponiendo que, sea que, si no, lo mismo que, como es de esperar*; ἐπιστρέψῃ, tercera persona singular del primer aoristo de subjuntivo en voz activa del verbo ἐπιστρέφω, *convertirse*, aquí *se conviertan*; πρὸς, preposición propia de acusativo *a*; Κύριον, caso acusativo masculino singular del nombre divino *Señor*; περιαιρεῖται, tercera persona singular del presente de indicativo en voz pasiva del verbo περιαιρέω, *quitar*, aquí *es quitado*; τὸ, caso acusativo neutro singular del artículo determinado *el*; κάλυμμα, caso acusativo neutro singular del nombre común *velo*.

ἡνίκα δὲ ἐὰν ἐπιστρέψῃ πρὸς κύριον, La conversión futura de Israel es tema que trata el apóstol en otro de sus escritos y, sin duda, puesto que estuvo dieciocho meses con los corintios, les habría hecho saber eso. La conversión de Israel está profetizada: *"Porque no quiero, hermanos, que ignoréis este misterio, para que no seáis arrogantes en cuanto a vosotros mismos: que ha acontecido a Israel endurecimiento en parte, hasta que haya entrado la plenitud de los gentiles; y luego todo Israel será salvo, como está escrito: Vendrá de Sion el Libertador, que apartará de Jacob la impiedad. Y este será mi pacto con ellos, cuando yo quite sus pecados"* (Ro. 11:25-27). No es que ningún israelita se salve hasta entonces, Pablo es un ejemplo de salvación siendo judío. El remanente escogido por gracia se está salvando ahora (Ro. 11:5). Pablo habla de un *endurecimiento*, como se ha considerado ya. Esta situación terminará cuando se conviertan al Señor.

περιαιρεῖται τὸ κάλυμμα. Es preciso entender bien esta última oración. No es que el velo será quitado cuando se conviertan, que es absoluta verdad, sino que se convierten cuando el velo es retirado por Dios mismo y nunca más afectará a la comprensión espiritual de Israel. Pero debe tenerse en cuenta que la salvación de Israel no significa la totalidad de los descendientes biológicamente hablando de Abraham porque el apóstol enseña que no todos sus descendientes, por el hecho de serlo ya son israelitas en el sentido espiritual de quienes serán salvos. Por tanto, comprende al remanente escogido por gracia, que verán al que traspasaron y serán salvos, al producirse un arrepentimiento volviéndose a Él (Zac.

13:1). Pero aun así habrá una parte de ese pueblo que continuará con el velo que impide que crean.

17. Porque el Señor es el Espíritu; y donde está el Espíritu del Señor, allí hay libertad.

ὁ δὲ Κύριος τὸ Πνεῦμα ἐστιν· οὗ δὲ τὸ Πνεῦμα Κυρίου[1],
Y el Señor el Espíritu es. Y donde el Espíritu del Señor,
ἐλευθερία.
libertad.

Análisis y notas del texto griego.

Análisis: ὁ, caso nominativo masculino singular del artículo determinado *el*; δὲ, partícula conjuntiva que hace las veces de conjunción coordinante, con sentido de *pero, más bien, y, y por cierto, antes bien, entonces*; Κύριος, caso nominativo masculino singular del nombre divino *Señor*; τὸ, caso nominativo neutro singular del artículo determinado *el*; Πνεῦμα, caso nominativo neutro singular del nombre divino *Espíritu*; ἐστιν, tercera persona singular del presente de indicativo en voz activa del verbo εἰμί, *ser, estar*, aquí *es*; οὗ, adverbio relativo *donde*; δὲ, partícula conjuntiva que hace las veces de conjunción coordinante, con sentido de *pero, más bien, y, y por cierto, antes bien, entonces*; τὸ, caso nominativo neutro singular del artículo determinado *el*; Πνεῦμα, caso nominativo neutro singular del nombre divino *Espíritu*; Κυρίου, caso genitivo masculino singular del nombre divino declinado *de Señor*; ἐλευθερία, caso nominativo femenino singular del nombre común *libertad.*

Notas. Crítica Textual. Lecturas alternativas.

[1] τὸ Πνεῦμα Κυρίου, *el Espíritu del Señor*, según lectura en P^{46}, $א^{*}$, A, B, C, D^{*}, 0243, 6, 33, 81, 1175, 1739, r, sy^{p}, bo.

τὸ Πνεῦμα τὸ Ἅγιον, *el Espíritu Santo*, conforme a L.

τὸ Πνεῦμα Κυρίου ἐκεῖ, *el Espíritu del Señor, allí*... según se lee en $^{2}א$, D^{1}, F, G, K, L, P, Ψ, 104, 365, 630, 1241, 1505, 1881, 2464, 𝔐, lat, sy^{h}, sa, Epifanio.

ὁ δὲ Κύριος τὸ Πνεῦμα ἐστιν· El texto encierra una dificultad en la primera oración de la cláusula del versículo. La principal tiene que ver con el establecimiento del sujeto en esa oración, ya que tanto *Señor*, como *Espíritu*, llevan antepuesto el artículo determinado. Luego, uno de ellos es el sujeto y el otro el predicado de en esa oración.

Por supuesto queda excluida la interpretación que algunos hacen afirmando que el Cristo y el Espíritu son lo mismo, lo que excluye la verdad de la existencia de Tres Personas en la hipóstasis del Ser Divino, la del Padre, la del Hijo y la del Espíritu. Todas ellas son el único Dios verdadero, pero las tres, tienen los mismos atributos divinos, la misma esencia y naturaleza, pero son Personas distintas la una de la otra. Además, Cristo mismo hizo la distinción de Personas, al decir: *"Yo y el Padre, uno somos"* (Jn. 10:30), lo que afirma la unidad en Dios, pero la distinción personal. Más adelante, en el mismo evangelio, se hace la distinción entre las tres Personas Divinas: *"Yo rogare... al Padre... y os dará otro Consolador"* (Jn. 14:16).

Una interpretación de la oración de Pablo coloca el sujeto en Cristo, por lo que estaría haciendo referencia a Él como *espíritu vivificante* (1 Co. 15:45). La norma gramatical más apropiada sería la de considerar como sujeto de la oración el primero articular, que sería aquí *el Señor*, en ese sentido la idea sería que *el Señor*, es decir, *Cristo, es Espíritu*. Teniendo en cuenta que no puede eliminarse la realidad de Personas Divinas individuales, resulta complejo establecer esta interpretación, ya que hay que darle un sentido al predicado de la oración que es *el Espíritu*. No puede aplicarse aquí la verdad de que siendo Cristo, Dios manifestado en carne, y siendo Dios espíritu infinito, *"Dios es Espíritu"* (Jn. 4:24). Aquí el artículo ante el predicado excluye totalmente esa interpretación. El predicado, si es el *Espíritu*, no puede vincularse con el sujeto primero en esa relación porque supondría, en cierto modo, una claudicación de la condición de Persona Divina, salvo que se tome en sentido de *espíritu que da vida*, y que se entienda que Jesús, es espíritu vivificante que se hace vida en el que cree.

A mi entender, debe considerarse la oración como una afirmación directa de la deidad del Espíritu Santo. Esto concuerda con el hecho de que Pablo está aplicando todo el entorno textual para demostrar el contraste entre el *ministerio* de la antigua dispensación, que tenía el resultado de muerte a causa de la acusación de la ley y de la realidad pecaminosa del hombre, con la del *Nuevo Pacto* que descansa en la libertad consecuencia de la regeneración. Quien produce el nuevo nacimiento y, por consiguiente, quien regenera es el Espíritu Santo. Pero, esta Divina Persona, no es meramente una manifestación de la omnipotencia del Padre, ni de la salvación llevada a cabo por el Hijo, sino que expresa la realidad divina de la Tercera Persona, que como Dios verdadero realiza el programa trinitario de salvación, en aquella parte o aspecto que le es propio en ella. En este sentido Pablo estaría llamando *Señor* al Espíritu y señalando la deidad de la Persona Divina. Estaría, en este caso diciendo: *el Espíritu es Dios, el Señor*.

El Espíritu Santo es Dios. En el Antiguo Testamento se habla del Espíritu como de Jehová, es Jehová quien unge al profeta (Is. 61:1). En el

Nuevo Testamento, Pedro acusa a Ananías de haber mentido al Espíritu Santo, afirmando que lo que había hecho era mentir a Dios (Hch. 5:3, 4). De ese mismo modo puede entenderse en el versículo que se está comentando, en donde Pablo afirma que el Espíritu es el Señor, título que traduce habitualmente el nombre de Jehová en el Antiguo Testamento. Es necesario entender que al Espíritu Santo se le asocia con el Padre y con el Hijo, en igualdad de Ser, posición y perfecciones. La santísima Tercera Persona Divina, no es el *poder* o la *fuerza* de Dios, como los modernos arrianos pretenden hacer creer, en su afán de negar la Trinidad. Tampoco es un *viento* procedente de Dios, aunque Jesús lo compare con él (Jn. 3:6 ss.), para expresar la libertad del que ha nacido del Espíritu. Es una Persona distinta del Padre y del Hijo, ya que *procede* de Ambos (Jn. 15:26). En soberanía divina reparte los dones como Él quiere (1 Co. 12:11), de modo que sólo una Persona puede realizar un acto de la voluntad. Con todo, es una Persona *distinta* del Padre, porque procede de Él, y también del Hijo por la misma causa siendo *enviado* por Él (Jn. 15:26). La relación vinculante del Espíritu con Cristo se hace evidente en el Nuevo Testamento por los nombres que se le aplica, como *Espíritu de Jesús* (Hch. 16:7)[17] y *Espíritu de Cristo* (Ro. 8:9), equivalente a que procede del Hijo, ya que la procedencia expresa el término de una relación cuyo principio es la otra Persona. Es necesario entender claramente que el envío *ad extra* solo es posible si existe antes una relación *ad intra*. Por esa causa el Padre no es enviado, puesto que no *procede* de otra Persona, por el contrario, Él envía al Hijo, y también al Espíritu, que procede de Ambos. La distinción entre las Persona Divinas en la *oposición mutua de relaciones*, ya que lo que es absoluto o infinito es común a las Tres. De ahí la personificación de las dos Primeras Personas, en las respectivas relaciones de *paternidad* y de *filiación*. Así también la *espiración activa* que es común al Padre y al Hijo, se constituye en *oposición relacional* frente al Espíritu Santo. Es necesario entender que el término *oposición* aquí no tiene que ver con las Personas, sino con las relaciones, de modo que a la relación *paterna* corresponde en el otro lado, de ahí *oposición*, la relación *filial*, y del mismo modo la relación de la *espiración activa* del Padre y del Hijo *corresponde* del otro lado la Persona del Espíritu con sus operaciones.

El texto de Pablo afirma que el Señor es el Espíritu. Antes se hizo mención a que el Espíritu Santo es *Espíritu* en una forma distintiva, sin olvidar que las Tres Personas como hipóstasis en el Ser Divino, son también Espíritu (Jn 4:24). Sin embargo, la Tercera Persona es Espíritu y a la semejanza de un viento huracanado sacude y arrastra cuanto se opone

---

[17] RVR

a Su paso (Hch. 2:2). La vinculación ineludible del Padre y el Hijo al contemplar el Amor Absoluto y el Bien Infinito produce la *espiración activa* cuyo término es Santo, por cuya razón la *santidad* que es atributo *esencial* de la Trina Deidad, se torna en epíteto personal del Espíritu en el seno Trinitario, y establece en ello la base para que el Espíritu Santo sea el agente *santificador ad extra*. Esto trae otra reflexión trinitaria, al percatarse que el Espíritu Santo es término personificado del amor *ad intra* del Padre y del Hijo. De manera que, como el *Logos*, *Verbo* es la expresión exhaustiva de la mente del Padre, así el Espíritu es la *impresión* exhaustiva del *amor* del Padre y del Hijo. Ese amor brota eternamente del seno de la Deidad, ya que siendo Dios *amor*, no puede vivir sin amar. De ese modo el Espíritu Santo viene a ser el *Paráclitos*, la Persona que amorosamente atrae, ayuda, consuela, defiende y vivifica.

La conclusión de esta breve reflexión sobre el Espíritu Santo, conduce a la conclusión de que Pablo está llamando Señor, título solo atribuible a Dios, a la Tercera Persona Divina. La *pneumatología* de Pablo, reflexionada y elaborada en su mente con la asistencia del Espíritu, conduce a la afirmación de que el Espíritu es Dios en su *íntima profundidad personal*, pero también lo es en su *exteriorización*. En este versículo como *realidad personal* o *personalizada*.

οὗ δὲ τὸ Πνεῦμα Κυρίου, ἐλευθερία. Esta verdad expresa en la brevedad de una sola frase, conduce y vincula con la siguiente: *"y donde está el Espíritu del Señor, allí hay libertad"*. De manera que quien se vuelve al Señor alcanza la suprema libertad, viendo caer el velo de oscuridad que antes, estando sobre sus ojos, le impedía alcanzarla (v. 16). Para el tal desaparece como elemento que siendo bueno y santo demanda la sentencia de muerte sobre el pecador, la *letra que mata*, esto es la ley (vv. 6, 7, 9), cambiado por la vida comunicada por el Espíritu tomada de Cristo que es espíritu vivificante (v. 6). Sin embargo, de la misma manera que el Hijo no operó nada que no procediera del Padre, así tampoco el Espíritu hace nada que no proceda del Hijo. El Señor afirmó que *"si el Hijo os libertare, seréis verdaderamente libres"* (Jn. 8:36). De ahí la concordancia de las dos partes del versículo. En la primera el Espíritu es el Señor, refiriéndose a la Deidad del Espíritu, en la segunda la Tercera Persona Divina aplica al creyente la libertad que fue provista por Cristo en Su obra redentora. En el contexto inmediato Pablo estuvo contrastando los ministerios del antiguo y del *Nuevo Pacto*, este último es vida, por tanto, libertad del sistema de opresión y esclavitud del pecado en el que el hombre estaba y que la ley denunciaba, siendo libertados del poder de las tinieblas somos trasladados al reino de libertad, el reino del Hijo (Col.

1:13). Esta libertad de la que el apóstol habla es la admirable libertad de los hijos de Dios (Ro. 8:21).

Los *falsos apóstoles* trataban de comprometer la libertad en Cristo a la esclavitud de la ley, ignorando voluntariamente que el Hijo es el único que puede otorgar dos grandes bendiciones al creyente, por un lado, la *manumisión*, por la que queda libertado de la esclavitud del pecado, y por otro, la *adopción*, por la que queda constituido hijo. De nuevo el Vicario de Cristo en la tierra, el Espíritu Santo, hace posible en el creyente la libertad en Cristo mediante la vinculación personal con Él. En ese momento se cumple la enseñanza de Jesús: *"Él tomará de lo mío, y os lo hará saber"* (Jn. 16:14). Todo cuanto es dado al creyente por el Espíritu lo toma de Cristo y procede de Él. Esto tiene que ver con otra misión del Espíritu, que está puesto para *glorificar a Cristo*. Lamentablemente la ignorancia sobre esa verdad bíblica hace que muchos estén buscando que el Espíritu se glorifique a Él mismo, actuando independientemente de Cristo y obrando Él conforme a Su propósito y determinación. Jesús advierte que el Espíritu no hará nada que no esté vinculado a Él. Ninguna manifestación del Consolador, es ajena a lo que Cristo hizo, hace y hará. Nada que no esté relacionado con el obrar y enseñar de Jesús puede proceder del Espíritu. La misión del Espíritu en relación con los creyentes es la de *reproducir* a Cristo en la vida del cristiano, para cumplir el propósito que Dios ha determinado, que todos seamos conformados a la imagen de Su Hijo (Ro. 8:29). Vivir en libertad es vivir la vida de Cristo en nosotros, por cuya vinculación el creyente es verdaderamente libre.

18. Por tanto, nosotros todos, mirando a cara descubierta como en un espejo la gloria del Señor, somos transformados de gloria en gloria en la misma imagen, como por el Espíritu del Señor.

ἡμεῖς δὲ πάντες ἀνακεκαλυμμένῳ προσώπῳ τὴν δόξαν Κυρίου
Pero nosotros todos con rostro que ha sido descubierto la gloria de Señor
κατοπτριζόμενοι τὴν αὐτὴν εἰκόνα μεταμορφούμεθα
contemplando como por un espejo la misma imagen somos transformados
ἀπὸ δόξης εἰς δόξαν καθάπερ ἀπὸ Κυρίου Πνεύματος.
de gloria en gloria como por medio de Señor Espíritu.

Análisis y notas del texto griego.

Análisis: ἡμεῖς, caso nominativo de la primera persona plural del pronombre personal *nosotros*; δὲ, partícula conjuntiva que hace las veces de conjunción coordinante, con sentido de *pero, más bien, y, y por cierto, antes bien, entonces*; πάντες, caso nominativo masculino del adjetivo indefinido *todos*; ἀνακεκαλυμμένῳ, caso dativo neutro singular del participio de perfecto en voz pasiva del verbo ἀνακαλύπτω, *descubrir, desvelar, quitar*, aquí *que ha sido descubierto*; προσώπῳ, caso genitivo neutro singular del nombre común *rostro*; τὴν, caso acusativo femenino singular del artículo determinado *la*; δόξαν, caso acusativo femenino singular del nombre común *gloria*; Κυρίου, caso genitivo masculino singular del nombre divino declinado *de Señor*; κατοπτριζόμενοι, caso nominativo masculino plural del participio de presente en voz media del verbo κατοπτρίζομαι, *contemplar como por espejo*, aquí *contemplando como por espejo*; τὴν, caso acusativo femenino singular del artículo determinado *la*; αὐτὴν, caso acusativo femenino singular del pronombre intensivo *misma*; εἰκόνα, caso acusativo femenino singular del nombre común *imagen*; μεταμορφούμεθα, primera persona plural del presente de indicativo en voz pasiva del verbo μεταμορφοόμαι, *transformar*, aquí *somos transformados*; ἀπὸ, preposición propia de genitivo *de*; δόξης, caso genitivo femenino singular del nombre común *gloria*; εἰς, preposición propia de acusativo *en*; δόξαν, caso acusativo femenino singular del nombre común *gloria*; καθάπερ, adverbio, *como, así como, lo mismo que*; ἀπὸ, preposición propia de genitivo *por medio de*; Κυρίου, caso genitivo masculino singular del nombre divino *Señor*; Πνεύματος, caso genitivo neutro singular del nombre divino *Espíritu*.

ἡμεῖς δὲ πάντες ἀνακεκαλυμμένῳ προσώπῳ τὴν δόξαν Κυρίου κατοπτριζόμενοι. El apóstol estuvo recordando que Moisés tenía que cubrir su rostro después de estar en la presencia gloriosa del Señor. Sin embargo, a todos los creyentes, sin excepción, el velo de la ley les ha sido quitado y pueden ver si reserva alguna la gloria del Señor. Esa gloria es la que se descubre como cuando se ve el rostro personal en un espejo. En la voz media el verbo indica *verse a uno mismo* en el espejo. De modo que al contemplarse espiritualmente hablando el creyente descubre que está reflejando y por tanto manifestando, la gloria del Señor. Mientras que en Moisés la gloria del Señor se desvanecía pronto, en los creyentes permanece y puede ser vista sin limitación alguna. La realidad es que Cristo refleja Su gloria en las vidas de los cristianos y, en cierta medida, pueden ver a Jesús en cada uno. Los cristianos irradian la imagen del Señor (1 Co. 11:7).

La *patrística*, da testimonio del interés sobre esta frase del versículo. Así escribía Juan Crisóstomo:

"Todos nosotros, con el rostro descubierto, reflejamos como en un espejo la gloria de Dios, pero no la que se acaba, sino la que permanece, y vamos siendo transformados en su misma imagen, cada vez más gloriosos conforme a la obra del Espíritu del Señor. ¿Estás viendo cómo otra vez coloca al Espíritu en el rango de Dios, y a ellos los eleva a la categoría de los apóstoles? Y es que, efectivamente, ya lo había dicho antes: 'Sois una carta de Cristo'; y aquí: 'Todos nosotros con el rostro descubierto'. Y eso a pesar de que ellos vinieron en plan de portadores de una ley, al estilo de Moisés... Efectivamente, en cuanto somos bautizados,

el alma, purificada por el Espíritu, resplandece más que el sol, y no solamente miramos la gloria de Dios, sino que incluso recibimos de ella cierto resplandor"[18]

τὴν αὐτὴν εἰκόνα μεταμορφούμεθα. Si al observarse, como en un espejo, contempla su imagen que refleja la del Señor, quiere decir que se ha producido una transformación que lo hace posible. Pablo usa aquí el verbo μεταμορφοόμαι, *que* expresa la idea de *metamorfosis*, un cambio externo que hace visible al ser de otra manera. La transformación, como en el caso de la oruga que se convierte en crisálida, tuvo origen en el pasado, al momento del ejercicio de la fe, pasando de muerte a vida: *"Pero Dios, que es rico en misericordia, por su gran amor con que nos amó, aun estando nosotros muertos por nuestros delitos, nos dio vida juntamente con Cristo (por gracia habéis sido salvados)* (Ef. 2:4-6)[19]. La transformación se origina al unir al pecador muerto con Cristo, que tiene vida en Sí mismo (Jn. 17:21, 23). En esa acción la transformación comprende también el perdón de los pecados (Col. 2:13), y la dotación de un nuevo corazón por la obra regeneradora del Espíritu. Pero esa transformación nada más ha comenzado en el acto de la justificación, para proyectarse luego a la experiencia de la santificación y concluir con la glorificación, donde se consuma y culmina el propósito divino para el creyente, que es *predestinado* para ser hecho conforme a la imagen del Hijo, Jesucristo (Ro. 8:29). A los llamados y conocidos, en soberanía Dios les determina o establece un destino: *"También los predestinó"*. La predestinación está ligada a quienes conoció de antemano, es decir, a los creyentes. El destino final establecido exige una *transformación* continua y progresiva, de modo que los salvos sean *"hechos conformes a la imagen de su Hijo"*. Lo que equivale a que adquieran *la forma*, la imagen, de Jesucristo. Entender esto escapa de la comprensión humana. Se enseña que Jesucristo es la imagen de Dios en quien se manifiesta la plenitud de la deidad (4:4, 6; Col. 1:15; He. 1:3), esto es, la *irradiación* de Su gloria y la *expresión* de Su esencia. En Cristo, que es imagen de Dios, hemos sido puestos los creyentes, no sólo en posición, sino también en comunión de vida. Esto implica ya una transformación en una naturaleza compatible y amoldable a la divina, en la que participamos (2 P. 1:4). El llamamiento de Dios a salvación adquiere indefectiblemente esta orientación: *"Fiel es Dios, por el cual fuisteis llamados a la comunión con su Hijo Jesucristo nuestro Señor"* (1 Co. 1:9). La transformación a la imagen del Hijo permite al cristiano *reflejar* en el mundo la gloria de Dios, en una transformación progresiva que opera el Espíritu Santo en cada uno. Pablo

[18] Juan Crisóstomo, *Homilías sobre la segunda Carta a los Corintios*, 7, 5.
[19] RVR

vincula en sus escritos al Espíritu Santo con Cristo, llamándole *Espíritu de Cristo*. Este Santo Espíritu está presente en el cristiano, sin cuya presencia no hay salvación, porque no se puede ser de Cristo sin poseer su Espíritu (Ro. 8:9). Éste transforma al creyente día a día *conformándolo* a la imagen de Jesús, el Hijo de Dios. La imagen deteriorada en el hombre por el pecado, es restaurada en Cristo, imagen perfecta y absoluta de Dios. Sin duda la *imagen* en el tiempo de la santificación, el presente estadio de salvación antes de la glorificación tiene que ver principalmente con expresar visiblemente la condición moral de nuestro Señor, reproducida en el creyente por el Espíritu Santo (Gá. 5:22-23).

ἀπὸ δόξης εἰς δόξαν. Esta transformación es progresiva: *"de gloria en gloria"*, como enseña también en otros lugares (Ro. 12:2; Ef. 4:32-5:2; Fil. 3:10; Col. 3:10). El propósito que establece la *predestinación* para aquellos a quienes Dios llama, es decir, de los salvos, alcanzará el objetivo final en la glorificación, en donde Dios *transfigurará* el cuerpo de los creyentes para que se conformen plenamente al cuerpo de la gloria de Jesucristo (Fil. 3:21), de manera que *"así como hemos traído la imagen del terrenal, traeremos también la imagen del celestial"* (1 Co. 15:49). La transformación de *gloria en gloria*, contrasta con una vida en la esfera de la perdición, *de mal en mal*. La transformación se hace visible realmente. Delante del creyente la imagen de Jesús. Los ojos de la fe permiten recibir claramente la imagen de Él (He. 12:2). Luego cada cristiano se ve en el espejo de la Escritura, y aprecia que se va pareciendo más a Jesús cada día.

καθάπερ ἀπὸ Κυρίου Πνεύματος. El Agente divino que lleva a cabo la transformación es el Espíritu del Señor. Esta transformación es, en la práctica, la *santificación experimental*. Un modo de conducta consonante con la vocación a que cada creyente ha sido llamado (Ef. 4:1). El cambio transformador del Espíritu orienta al creyente a las cosas de arriba (Col. 3:1). Esto está directamente vinculado al grado de rendición del creyente a Dios (Ro. 12:1). El cristiano liberado de la esclavitud del pecado, se pone voluntariamente al servicio de Dios y asume el compromiso con todas las consecuencias (Lc. 14:26, 27, 33; Fil. 3:4-8). El progreso de la acción del Espíritu concluye con la *santificación final*. Será una total y plena conformación a Jesucristo cumpliendo el propósito divino (Ro. 8:29). El creyente entonces será como Él es (1 Jn. 3:2). Mientras tanto el proceso está en marcha (1 Ts. 5:22-23). La santificación experimental en la que el creyente es transformado de gloria en gloria, requiere la acción del Espíritu Santo. Es imposible una victoria sobre los enemigos del cristiano sin la ayuda poderosa del Espíritu (Gá. 5:6). El poder capacitador mora en el cristiano (Gá. 5:16; Ro. 8:4). De igual modo la santificación final será posible por la acción del Espíritu. Quien resucitó a Cristo de entre los muertos, actuará en el mismo sentido para la resurrección y glorificación del cristiano (Ro. 8:11).

No es necesario añadir nada más sobre el contenido del capítulo. Destacar solamente, de forma especial que la vida victoriosa no tiene que ver con cumplimiento de formas o el acatamiento de normas, sino en vivir personal y directamente a Cristo, por la acción del Espíritu. Esto conlleva a asumir la demanda del apóstol: *"Andad en el Espíritu"* (Gá. 5:16). La realidad de la presencia del Espíritu se pondrá de manifiesto por la conducta de quien lo tiene en su vida. La verdadera libertad de la que Pablo hizo mención en el capítulo, consiste en no permitir que cuestiones legalistas o tradicionales, limiten la acción conductora y liberadora del Espíritu. Muchos ven constreñida la libertad en Cristo, por someterse a preceptos, tradiciones, historias, formas, etc. etc. a los que se les ha dotado de una autoridad que no tienen. Dios nos llama a mantenernos firmes en la experiencia de la libertad, que es relación no con los hombres, sino con Jesucristo. Solo es posible vivir de este modo en la medida en que se esté bajo el control del Espíritu Santo.

CAPÍTULO IV

VIDA EN LA FE

Introducción

El apóstol continúa desarrollando el tema del párrafo que comprende final del capítulo anterior y se extiende hasta el v. 6 del actual. En los últimos versículos del anterior habló de cómo Dios transforma al creyente siguiendo Su propósito para hacerlo semejante a la imagen de Su Hijo, operación llevada a cabo por el Espíritu Santo.

En la enseñanza se aprecia que a los creyentes de la antigua dispensación, no se les permitía ver la gloria de Dios, incluso los más grandes de aquella época y los más fieles tuvieron una revelación como en sombras que les permitía atisbar el futuro glorioso que ocurriría cuando el Mesías estuviese en la tierra. A los creyentes en la economía del *Nuevo Pacto*, se nos concede ver la gloria de Dios en la faz de Jesucristo. Los primeros creyentes de esta dispensación afirmaron en sus testimonios que cuando vieron a Jesús, descubrieron *"su gloria, como del Unigénito del Padre"* (Jn. 1:14). El comienzo de la experiencia de salvación del apóstol fue ver la gloria de Jesucristo en el encuentro con Él en el camino a Damasco (Hch. 9:3-5). De modo que el desarrollo de la vida cristiana victoriosa no puede ser otro que el camino que se hace *"con paciencia, puestos los ojos en Jesús"* (He. 12:1-2).

En la defensa que hace de su apostolado, recuerda a los corintios las muchas pruebas y aflicciones que rodean su ministerio. Es necesario tener en cuenta, en medio de los conflictos propios de una vida comprometida con Jesús, que Él mismo dijo: *"En el mundo tendréis aflicción"*, pero no quedó ahí el anuncio de las pruebas, sino que añadió: *"pero confiad, yo he vencido al mundo"* (Jn. 16:33). La promesa de Su compañía continuamente en las pruebas es una de las grandes ayudas para soportar con ánimo las dificultades: *"Yo estoy con vosotros todos los días, hasta el fin del mundo"* (Mt. 28:20). Cuando un creyente está en los momentos más comprometidos y las fuerzas fallan, Dios promete fortalecerlos en ese trance (12:9-10). El triunfo del creyente es el triunfo de la fe, de ahí la exhortación del apóstol a ver continuamente *"la gloria de Dios en la faz de Jesucristo"* (v. 6).

Pablo puede hablar de todo esto en el presente capítulo, porque era su experiencia personal. Había sido cuestionado por algunos en la iglesia, acusado falsamente por los intrusos que venían de afuera con cartas de recomendación, lleno de inquietudes por lo que traería como consecuencia el *escrito de muchas lágrimas*. Sin embargo, al considerar su biografía se aprecia que *nunca estuvo solo* y que el Señor *le dio fuerzas para acabar la carrera habiendo guardado la fe* (2 Ti. 4:7).

Una de las evidencias del apostolado es el carácter sobrenatural del ministerio (vv. 1). Al apóstol le había sido encomendado el ministerio del *Nuevo Pacto*, llamado para predicar el Evangelio a todos. Esto demandaba de él que fuese consecuente y mantuviese la pureza del mensaje tal como lo había recibido, sin ocultar ni desvirtuar la verdad. Pero, toda la grandeza del servicio y la gloria del mensaje era visible a los ojos de los hombres, en especial de los creyentes (vv. 1-2). Con todo, la verdad del evangelio proclamada con fidelidad no siempre era aceptada por los oyentes, sino que a muchos de ellos les resultaba como algo encubierto, no por la dificultad del mensaje, ni por la actuación de los predicadores, sino por la obra de Satanás, a quien califica como *"el dios de este siglo"*, que en una operación de acción contra Dios, ciega el entendimiento de los oyentes para que *"no les resplandezca la gloria de Cristo"* núcleo esencial en la predicación del evangelio (vv. 3-4). Frente a la oposición diabólica esta la acción iluminadora del Espíritu, que hace resplandecer la gloria de Dios, no en el exterior de los hombres, sino en el interior de sus corazones (vv. 5-6). Cierra esta división presentando el contraste entre *los débiles y el Poderoso*. Ellos tenían todo el tesoro del ministerio en vasos frágiles, e incluso poco agradables a la visa, vasos de barro, a fin de que el poder de Dios se haga manifiesto no por ellos sino por Él mismo (v.7).

La segunda parte del capítulo trata de las circunstancias del ministerio (vv. 8-18). Mientras que *los falsos apóstoles* que le acusan no tienen señales de sufrimiento por el testimonio de Jesús, el apóstol pone delante de los lectores las continuas situaciones adversas que forman parte de su historia ministerial (vv. 8-10). La muerte está siempre presente en cada día de su apostolado, contrastando con la vida que los cristianos disfrutan (vv. 11-12). La vida de fe conduce al ministerio comprometido de hablar a todos de lo que es base de la fe (v. 13). Dentro de esa proclamación está el pasado histórico de la resurrección de Cristo, como el futuro de esperanzada seguridad para los creyentes (v. 14). En medio de las pruebas no cesa la gratitud a Dios por la obra que les permite hacer en Su nombre y poder (v. 15). Finalmente se completa el capítulo con un marcado contraste entre las dificultades temporales, que sirven de aliciente para la esperanza de gloria (vv. 16-18).

Para el comentario del capítulo se seguirá el *bosquejo* que se ha incluido en la *introducción*, como sigue:

4. El carácter del ministerio: sobrenatural (4:1-7).
    4.1. Lo oculto y lo manifiesto (4:1-2).
    4.2. Los ciegos y los iluminados (4:3-4).
    4.3. La predicación y la luz (4:5-6).
    4.4. Los débiles y el Poderoso (4:7).
5. Las circunstancias del ministerio (4:8-18).
    5.1. Pruebas y triunfos (4:8-10).
    5.2. Muerte y vida (4:11-12).
    5.3. Lo escrito y lo hablado (4:13).
    5.4. Pasado y futuro (4:14).
    5.5. Gracia y acción de gracias (4:15).
    5.6. Lo temporal y lo eterno (4:16-18).

El carácter del ministerio: sobrenatural (4:1-7)

Lo oculto y lo manifiesto (4:1-2)

1. Por lo cual, teniendo nosotros este ministerio según la misericordia que hemos recibido, no desmayamos.

Διά τοῦτο, ἔχοντες τήν διακονίαν ταύτην καθώς
Por esto, teniendo el ministerio este conforme
ἠλεήθημεν, οὐκ ἐγκακοῦμεν[1].
fuimos objetos de misericordia, no desmayamos.

Análisis y notas del texto griego.

Análisis: Διά, preposición propia de acusativo *por*; τοῦτο, caso acusativo neutro singular del pronombre demostrativo *esto*; ἔχοντες, caso nominativo masculino plural del participio de presente en voz activa del verbo ἔχω, *tener*, aquí *teniendo*; τήν, caso acusativo femenino singular del artículo determinado *la*; διακονίαν, caso acusativo femenino singular del nombre común *diaconía, ministerio, servicio*; ταύτην, caso acusativo femenino singular del pronombre demostrativo *esta*; καθώς, conjunción comparativa *como*; ἠλεήθημεν, primera persona plural del primer aoristo de indicativo en voz pasiva del verbo ελεάω, *tener compasión, hacer obras de misericordia*, aquí *fuimos objetos de misericordia*; οὐκ, forma escrita del adverbio de negación *no*, con el grafismo propio ante una vocal con espíritu suave o una enclítica; ἐγκακοῦμεν, primera persona plural del presente de indicativo en voz activa del verbo ἐγκακέω, *desmayar, desfallecer*, aquí *desmayamos*.

Notas. Crítica Textual. Lecturas alternativas.

[1] οὐκ ἐγκακοῦμεν, *no desfallecemos*, según lectura en 𝔓[46], a, A, B, D[*], F, G, 33, 81, 326, 1175, 2464, co.

οὐκ ἐκκακοῦμεν, *no nos desanimamos*, conforme a C, D², K, L, P, Ψ, 0243, 104, 365, 630, 1241, 1505, 1739, 1881, 𝔐.

Διά τοῦτο, La expresión *por tanto*, vincula el texto con lo que antecede, en donde, a pesar de los muchos problemas y dificultades en la obra, Dios cumple Su propósito de transformar a los creyentes de gloria en gloria, sin que nada ni nadie pueda impedirlo, porque está establecido como determinación de Su soberanía (Ro. 8:29).

ἔχοντες τήν διακονίαν ταύτην En una forma sencilla insiste en la defensa de su condición de apóstol y, como consecuencia del *ministerio* que el don de apóstol sustenta. Estos derechos no son propios del apóstol, sino que le han sido dados por Dios mismo. Este ministerio obedece a cuanto expresó en el capítulo anterior. Dios le había llamado y dotado para este servicio.

καθώς ἠλεήθημεν, La posición de apóstol no se debe a valores personales, sino a la *misericordia concedida* u *otorgada* por Dios. El don dado por el Espíritu Santo era una manifestación de la misericordia. Esta misericordia divina en su vida estaba continuamente presente en el pensamiento de Pablo. Reconocía que lo que había sido antes del encuentro con Cristo no le acreditaba como merecedor de algún favor divino, puesto que había sido *"blasfemo, perseguidor e injuriador"*. Por esa misma causa había sido recibido tan solo por misericordia, *"para que Jesucristo mostrase en mí el primero toda su clemencia, para ejemplo de los que habrían de creer en él para vida eterna"* (1 Ti. 1:16). No solo la recepción para salvación, y la dotación de los dones del Espíritu, sino que en el ejercicio del ministerio se manifestaba también la misericordia de Dios (5:18). Fue la gracia quien le hizo competente para hacer la obra de Dios (3:5, 6).

οὐκ ἐγκακοῦμεν. Consciente de esto afirma que no *siente miedo* o *debilidad* para hacer el trabajo que le había sido encomendado. No permite que el *desaliento, el desmayo, el desfallecimiento*, hagan presa en su ánimo. Ni las acciones de los *falsos apóstoles*, ni los conflictos en la iglesia, ni las persecuciones de que era objeto, le amilanaban. La fuerza del Señor mantiene al siervo. En este caso el verbo ἐγκακέω, no hace referencia al cansancio físico, sino al desaliento espiritual. Siempre que aparece este verbo en el Nuevo Testamento, se expresa con firmeza haciéndolo acompañar de una partícula negativa, que le da este carácter. La misericordia de Dios le hace ser lo que es y sostiene su ministerio (1 Co. 15:10a; Fil. 4:13). La humildad del verdadero siervo reconoce que su servicio es una gracia divina.

2. Antes bien renunciamos a lo oculto y vergonzoso, no andando con astucia, ni adulterando la palabra de Dios, sino por la manifestación de la verdad recomendándonos a toda conciencia humana delante de Dios.

ἀλλά ἀπειπάμεθα τά κρυπτά τῆς αἰσχύνης, μή
Sino renunciamos a las cosas ocultas de la vergüenza, no
περιπατοῦντες ἐν πανουργίᾳ μηδέ δολοῦντες τόν λόγον τοῦ
andando en astucia ni adulterando la Palabra -
Θεοῦ ἀλλά τῇ φανερώσει τῆς ἀληθείας συνιστάνοντες
de Dios sino por la manifestación de la verdad recomendando
ἑαυτούς πρός πᾶσαν συνείδησιν ἀνθρώπων ἐνώπιον τοῦ
a nosotros mismos ante toda conciencia de hombres delante -
Θεοῦ.
de Dios.

Análisis y notas del texto griego.

Análisis: ἀλλά, conjunción adversativa, *pero, sino, sin embargo*; ἀπειπάμεθα, primera persona plural del segundo aoristo de indicativo en voz media del verbo ἄπειπον, *renunciar*, aquí *renunciamos*; τά, caso acusativo neutro plural del artículo determinado declinado *a los*, en sentido de *a las cosas*; κρυπτά, caso acusativo neutro plural del adjetivo *ocultos, escondidos, secretos*; τῆς, caso gentivo femenino singular del artículo determinado declinado *de la*; αἰσχύνης, caso genitivo femenino singular del nombre común *vergüenza*; μή, partícula que hace funciones de adverbio de negación *no*; περιπατοῦντες, caso nominativo masculino plural del participio de presente en voz activa del verbo περιπατέω, *andar*, aquí *andando*; ἐν, preposición propia de dativo *en*; πανουργίᾳ, caso dativo femenino singular del nombre común *mala atención, astucia*; μηδέ, partícula negativa, crasis[1] formada por la partícula μή, y δὲ, que significa *ni*; δολοῦντες, caso nominativo masculino plural del participio de presente en voz activa del verbo δολόω, *adulterar*, aquí *adulterando*; τόν, caso acusativo masculino singular del artículo determinado *la*; λόγον, caso acusativo masculino singular del nombre común *palabra*; τοῦ, caso genitivo masculino singular del artículo *el*; Θεοῦ, caso genitivo masculino singular del nombre divino declinado *de Dios*; ἀλλά, conjunción adversativa *pero, sino, sin embargo*; τῇ, caso genitivo femenino singular del artículo determinado *por la*; φανερώσει, caso dativo femenino singular del nombre común *manifestación*; τῆς, caso genitivo femenino singular del artículo determinado declinado *de la*; ἀληθείας, caso genitivo femenino singular del nombre común *verdad*; συνιστάνοντες, caso nominativo femenino plural del participio de presente en voz activa del verbo συνίτημι, *recomendar*, aquí *recomendando*; ἑαυτούς, caso acusativo masculino plural del pronombre recíproco declinado *a nosotros mismos*; πρός, preposición propia de acusativo *a, ante*; πᾶσαν, caso acusativo femenino singular del adjetivo indefinido *toda*; συνείδησιν, caso acusativo femenino singular del nombre común *conciencia*; ἀνθρώπων, caso genitivo masculino

[1] *Crasis*, palabra griega que equivale a *unión de fuerzas*, en general *unión de elementos*.

plural del nombre común declinado *de hombres*; ἐνώπιον, que en el helenismo es preposición impropia de genitivo, y que realmente es el acusativo neutro singular del adverbio ἐνώπιος, *el que está a la vista, ante el rostro de, el que está en presencia de, etc.*, convirtiéndose en adverbio, *delante*; τοῦ, caso genitivo masculino singular del artículo determinado *el*; Θεοῦ, caso genitivo masculino singular del nombre divino declinado *de Dios*.

ἀλλά ἀπειπάμεθα τά κρυπτά τῆς αἰσχύνης, En lugar de desmayar *renuncia*, tomando la decisión de no usar los medios *de vergüenza* que son propios de lo que es oculto y vergonzoso. Literalmente *subterfugios vergonzosos*. Estas son actitudes pecaminosas (Ro. 6:21); formas hipócritas que conducen a engañar a otros (1 Co. 4:5). Cosas hechas en secreto, que son manifestaciones propias de los *falsos maestros* (Jud. 13). Se trata de actuar subrepticiamente en busca de propio bien, aunque para ello sea preciso desacreditar a otros, o incluso calumniarles. Esta era la experiencia de Pablo en Corinto.

μή περιπατοῦντες ἐν πανουργίᾳ. La astucia no tiene lugar en la vida del apóstol ni de sus colaboradores. El verbo περιπατέω, no expresa la idea de algo ocasional, sino de una forma o estilo de vida. La astucia es propia de Satanás, que la utiliza para sus fines perversos, generando el engaño en persona, ese fue el sistema con que engañó a Eva (11:3). Es también la actividad propia de sus ministros, que emplean *artimañas* para engañar (Ef. 4:14). No cabe duda que los hijos reflejan la condición espiritual del padre, como Jesús hizo notar acusando a los religiosos de Su tiempo, afirmando que no eran hijos de Abraham, sino de su padre el demonio, al decirles: *"Vosotros sois de vuestro padre el diablo, y queréis hacer los deseos de vuestro padre. Él ha sido homicida desde el principio y no se mantuvo en la verdad, pues no hay verdad en él, Cuando habla mentira, de lo suyo habla; porque es mentiroso, y padre de la mentira"* (Jn. 8:44)[2]. Del mismo modo los *falsos apóstoles*, habían venido ocultamente para engañar a los creyentes en Corinto, hablando mentiras acerca del apóstol, seguían en el mismo camino de los judíos en Jerusalén, por tanto, la genética espiritual por la que actuaban de ese modo es la natural de quienes son hijos del demonio. En cualquier caso la astucia lleva aparejado el engaño (12:16).

μηδέ δολοῦντες τόν λόγον τοῦ Θεοῦ. Nuevamente expresa la posición personal que por ningún motivo estaba dispuesto a adulterar la Palabra. Por el contrario, era la forma de actuar de los *falsos apóstoles*, maestros engañadores, que se ocupaban de añadir o quitar de la Escritura aquello que les beneficiaba en sus perversos propósitos, quebrantando con ello el mandamiento de la ley que ellos pretendían defender (Dt. 4:2). En

---

[2] Versión RVR.

el contexto del Nuevo Testamento se advierte también del pecado de añadir a la Escritura (Ap. 22:18, 19). Estos expertos en la confusión añadían con sabiduría diabólica enseñanza falsa, introduciéndola en medio de la buena. Adulterar, equivale aquí a torcer la Palabra en beneficio personal. El apóstol Pedro los describe a ellos y sus métodos con una precisión absoluta (2 P. 2:12-16)[3]. La predicación de esos enemigos del apóstol y de la Escritura, enseñaban en la práctica de sus vidas la desobediencia a la Palabra (2 P. 2:18, 19). El verbo δολόω, que traduzco en el interlineal por *adulterar*, significa también *falsificar* esto es, no añadiendo a ella o desvirtuándola con doctrinas y tradiciones humanas. Pablo renuncia a una predicación acomodaticia. Los tiempos que enfrentaba con sus colaboradores son los mismos de los que más tarde advertía a su hijo en la fe Timoteo: *"Porque vendrá tiempo cuando no sufrirán la sana doctrina, sino que teniendo comezón de oír, acumularán para sí maestros conforme a sus propias concupiscencias, y apartarán de la verdad el oído y se volverán a las fábulas"* (2 Ti. 4:3-4)[2].

ἀλλά τῇ φανερώσει τῆς ἀληθείας. En contraste con la falsedad y la mentira, el apóstol ministra en la verdad, esto es, su trabajo consistía en predicar la Palabra y vivir conforme a las demandas contenidas en ella. La predicación estaba basada inicialmente en las Escrituras del Antiguo Testamento, ya que las del Nuevo se estaban produciendo entonces, eran las que se habían cumplido en Cristo. Pero, las enseñanzas sobre el *misterio* revelado que se trasladó a las escrituras suyas, y las enseñanzas generales del Nuevo Testamento, tenían que estar presentes en la predicación, porque eran la transmisión oral de la doctrina bíblica hasta que fue escrita. Tanto él como los suyos eran ministros de Cristo y de ese modo predicaban (2:17).

Kistemaker traduce la expresión *"manifestación de la verdad"* como *"clara exposición de la verdad"* y sobre esto escribe:

"Nótese que en el contexto de los versículos 2 y 3, Pablo menciona tres sinónimos: 'palabra de Dios', 'verdad' y 'evangelio', para describir su proclamación apostólica. Sabe que los judaizantes lo acusan de estar haciendo cosas a escondidas (Hch. 26:26). Deben admitir que, con respecto al ministerio de la verdad de Dios, el apóstol no necesita más carta de recomendación que los frutos de su ministerio. Sus adversarios son mercaderes de la palabra de Dios; pero él y sus colaboradores son predicadores de ella. La frase que yo he traducido como 'clara exposición' puede tener una interpretación doble: la de exposición de la verdad y los resultados de dicha exposición. Ambas interpretaciones

---

[3] Ver comentario a los textos citados en *1 y 2 Pedro*, de esta misma serie.

pueden aplicarse aquí, como lo evidencia toda la epístola: Pablo predica el evangelio con valor (3:12), trabaja incansablemente por el bien de los miembros de la iglesia (7:2-3), y es un modelo de generosidad. Vive la verdad del evangelio que predica"[4].

συνιστάνοντες ἑαυτούς πρός πᾶσαν συνείδησιν ἀνθρώπων ἐνώπιον τοῦ Θεοῦ. Antes recordó a los corintios que él no necesitaba cartas de recomendación como otros muchos, entre los que estaban aquellos que venían con cartas falsificadas como eran los *falsos profetas*, las cartas de recomendación eran los mismos creyentes (3:2). Ahora la recomendación para su conciencia era aquello que predicaba. Era lo que necesitaba para mantener una conciencia recta, por predicar y sujetarse a la verdad. Una actuación que puede ser juzgada como correcta por hombres ecuánimes. Un observador imparcial tendría que dar buen testimonio de la actuación de Pablo. El ministerio lo hacía delante de Dios, que no solo escucha las palabras, sino que ve las intenciones del corazón que las impulsa (He. 4:13). Mientras que otros tenían que ocultar a los ojos de los hombres el engaño de sus disertaciones, él procuraba que fuesen los hombres quienes examinasen su ministerio, ya que no tenía nada que ocultar en ese sentido. Es más, se somete al escrutinio de cada uno, siempre que se haga *delante de Dios*, es decir, que quien lo haga sepa que está Dios presente atendiendo a las conclusiones a que llegue. Más adelante recalcará esto mismo (5:11). Pablo insta a todos a que examinen y valoren en conciencia delante de Dios su ministerio.

No hay mejor recomendación para el ministerio que poder poner el mensaje que se proclama y la vida que se vive para ser observados por los hombres de manera que no puedan sino dar testimonio de una vida consecuente con aquello que se anuncia. Cualquier inquietud desaparece para el ministro que vive siempre delante de Dios y se conduce en razón de esa certeza personal.

Los ciegos y los iluminados (4:3-4)

3. Pero si nuestro evangelio está aún encubierto, entre los que se pierden está encubierto.

εἰ δέ καί ἔστιν κεκαλυμμένον τό εὐαγγέλιον ἡμῶν, ἐν τοῖς
Pero si también está encubierto el evangelio de nosotros entre los
ἀπολλυμένοις ἐστίν κεκαλυμμένον,
que se están perdiendo está encubierto.

[4] S. Kistemaker. o.c., pág. 118 s.

Análisis y notas del texto griego.

Análisis: εἰ, conjunción afirmativa *si*; δέ, partícula conjuntiva que hace las veces de conjunción coordinante, con sentido de *pero, más bien, y, y por cierto, antes bien, entonces*; καί, adverbio de modo *también*; ἔστιν, tercera persona singular del presente de indicativo en voz activa del verbo εἰμί, *ser, estar*, aquí *está*; κεκαλυμμένον, caso nominativo neutro singular del participio de perfecto en voz pasiva del verbo καλύπτω, *cubrir, tapar*, aquí *ha sido encubierto*, por necesidad idiomática *encubierto*; τό, caso nominativo neutro singular del artículo determinado *el*; εὐαγγέλιον, caso nominativo neutro singular del nombre común *evangelio*; ἡμῶν, caso genitivo de la primera persona plural del pronombre personal declinado *de nosotros*; ἐν, preposición propia de dativo *en, entre*; τοῖς, caso dativo masculino plural del artículo determinado *los*; ἀπολλυμένοις, caso dativo masculino plural del participio de presente en voz media o pasiva del verbo απόλλυμι, *perecer, perderse, morir*, aquí *que se pierden*; ἐστίν, tercera persona singular del presente de indicativo en voz activa del verbo εἰμί, *ser, estar*, aquí *está*; κεκαλυμμένον, caso nominativo neutro singular del participio de perfecto en voz pasiva del verbo καλύπτω, *cubrir, tapar*, aquí *ha sido encubierto*, por necesidad idiomática *encubierto*.

εἰ δέ καί ἔστιν κεκαλυμμένον τό εὐαγγέλιον ἡμῶν, Algunos podrían acusar a Pablo de poca efectividad en la predicación del evangelio, a pesar de su testimonio de identidad con la verdad y predicación de ella. No todos son obedientes al llamamiento de Dios para salvación. Esto no se debe a deficiencia en el mensaje, ni tampoco a defecto del ministerio de Pablo, sino a la disposición contraria al evangelio por aquellos que no han sido iluminados por el Espíritu. Esta situación la aplicó antes a Israel (3:14-15). Ahora hace notar el alcance general y universal de todos los hombres a la voz de Dios, aquí relacionada con la proclamación del Evangelio, sin adulteración. En su *Primera Epístola*, se consideraron las palabras del apóstol, relativas al mensaje de la Cruz, núcleo central del evangelio de la gracia: *"Porque el mensaje de la cruz es locura para los que se están perdiendo"* (1 Co. 1:18)[5]. El Evangelio, es un mensaje ininteligible al que *se está perdiendo*, esto es, al que está en camino a la perdición, debido a su condición natural a causa del pecado. El verbo está en tiempo *perfecto*, lo que señala un estado definitivo.

El apóstol concluye la aseveración afirmando que la situación que mantiene encubierto el evangelio no es de todos, sólo de quienes *se están perdiendo*. Son los que están en un estado de perdición, de modo que, a no ser que acepten el mensaje del evangelio, se perderán definitivamente. La diferencia entre éstos y los salvos está en que los primeros han negado creer al Dios proclamado en el Evangelio. Tal rechazo no es más que la

[5] Versión RVR.

evidencia de la depravación en que están todos los hombres. Creer no es algo indiferente. Nadie será salvo siendo atco. Es necesario recordar las palabras del Salvador: *"El que cree en el Hijo, tiene vida eterna; mas el que rehúsa creer en el Hijo, no verá la vida, sino que la ira de Dios permanece sobre él"* (Jn. 3:36)[6].

Así escribe Calvino:

"El hecho de que se atreva a considerar como reprobados a quienes rechazan su doctrina, es prueba de gran certeza; pero es cierto que quienes deseen ser considerados como ministros de Dios, deben tener una certidumbre semejante, de manera que, sin reparo alguno de conciencia, no tengan la menor duda para anunciar que quienes se oponen a sus enseñanzas, comparecerán ante el tribunal de Dios, para que allí reciban la más segura condenación"[7].

Los que se pierden, o también *los que se están perdiendo*, ocurre en pocos lugares de los escritos de Pablo (cf. 1 Co. 1:18; 2 Co. 2:15; 4:3; 2 Ts. 2:10). Son aquellos que rechazan consciente y voluntariamente el llamamiento a salvación, de manera que por su propia elección siguen en el camino que conduce a la muerte definitiva. Son los que se sienten a gusto en el camino ancho que conduce a la perdición, y rechazan el estrecho que lleva a la vida (Mt. 7:13.

4. En los cuales el dios de este siglo cegó el entendimiento de los incrédulos, para que no les resplandezca la luz del evangelio de la gloria de Cristo, el cual es la imagen de Dios.

ἐν οἷς ὁ θεός τοῦ αἰῶνος τούτου ἐτύφλωσεν τά νοήματα τῶν
En los que el dios del siglo este cegó los pensamientos de los
ἀπίστων εἰς τό μή αὐγάσαι[1] τόν φωτισμόν τοῦ εὐαγγελίου τῆς
incrédulos para - no contemplar el resplandor del evangelio de la
δόξης τοῦ Χριστοῦ, ὅς ἐστιν εἰκών τοῦ Θεοῦ.
gloria - de Cristo, el cual es imagen - de Dios.

Análisis y notas del texto bíblico.

Análisis: ἐν, preposición propia de dativo *en*; οἷς, caso dativo masculino plural del pronombre relativo *los que, los cuales*; ὁ, caso nominativo masculino singular del artículo determinado *el*; θεός, caso nominativo masculino singular del nombre común dios; τοῦ, caso gentivo masculino singular del artículo

[6] Versión RVR.

[7] Juan Calvino. *The Second Epistle of Paul the Apostle to the Corinthians*. Grand Rapids 1984, pág. 53.

determinado declinado *del*; αἰῶνος, caso genitivo masculino singular del nombre común *siglo, edad*; τούτου, caso genitivo masculino singular del pronombre demostrativo *este*; ἐτύφλωσεν, tercera persona singular del primer aoristo de indicativo en voz activa del verbo τυφλόω, *cegar*, aquí *cegó*; τά, caso acusativo neutro plural del artículo determinado *los*; νοήματα, caso acusativo neutro plural del nombre común *pensamientos, mentes, designios*; τῶν, caso genitivo masculino plural del artículo determinado declinado *de los*; ἀπίστων, caso genitivo masculino plural del adjetivo *incrédulos*; εἰς, preposición propia de acusativo *para*; τό, caso acusativo neutro singular del artículo determinado *el*; μή, partícula que hace funciones de adverbio de negación *no*; αὐγάσαι, primer aoristo de infinitivo en voz activa del verbo αυγάζω, *contemplar*; τόν, caso acusativo masculino singular del artículo determinado *el*; φωτισμόν, caso acusativo masculino singular delnombre común *iluminación, brillo, resplandor*; τοῦ, caso genitivo neutro singular del artículo determinado declinado *del*; εὐαγγελίου, caso genitivo neutro singular del nombre común *evangelio*; τῆς, caso genitivo femenino singular del artículo determinado declinado *de la*; δόξης, caso genitivo femenino singular del nombre común *gloria*; τοῦ, caso genitivo masculino singular del artículo definido *el*; Χριστοῦ, caso genitivo masculino singular del nombre propio *Cristo*; ὅς, caso nominativo masculino singular del pronombre relativo *el que, el cual, que*; ἐστιν, tercera persona singular del presente de indicativo en voz activa del verbo εἰμί, *ser, estar*, aquí *es*; εἰκών, caso nominativo femenino singular del nombre común *imagen*; τοῦ, caso gentivo masculino singular del artículo definido *el*; Θεοῦ, caso genitivo masculino singular del nombre divino declinado *de Dios*.

Notas. Crítica Textual. Lecturas alternativas.

[1] αὐγάσαι, *contemplar*, según se lee en 𝔓[46], a, A, B, C, D*, F, G, 0243, 33, 81, 326, 630, 1175, 1739, 1881, lat, Ireneo[lat], Eusrbio, Epifanio.

αὐγάσαι αὐτοῖς, *contemplar ellos*, conforme a D[1], K, L, P, Ψ, 0209, 104, 365, 1241, 1505, 2464, 𝔐, vg[cl], sy, Speculum.

ἐν οἷς ὁ θεός τοῦ αἰῶνος τούτου ἐτύφλωσεν τά νοήματα τῶν ἀπίστων. La acción diabólica en relación con los incrédulos se pone de manifiesto en que ciega el entendimiento de ellos. No solo están las tinieblas espirituales de quienes están en ellas, que los hace incapaces de entender las cosas del Espíritu, sino que procura que el entendimiento de ellos se entenebrezca. Esta situación fue aplicado antes a Israel, que a pesar de las manifestaciones de señales que testificaban sobre quien era Jesús, se mantuvieron resistentes a admitir la verdad, por lo que *viendo* eran incapaces de *percibir* la verdad (3:14, 15).

A Satanás le llama aquí *el dios de este siglo*, es decir, el amo y señor de esta era. Sin duda es el señor que esclaviza y engaña a los mundanos (Lc. 4:6; Jn. 12:31; 14:30; 16:11). También expresa la situación que produce en los incrédulos: *"En los cuales anduvisteis en otro tiempo, siguiendo la corriente de este mundo, conforme al príncipe de la potestad del aire, el espíritu que ahora actúa en los hijos de desobediencia"* (Ef. 2:2)[8]. El hombre natural es, por principio de condición espiritual, un muerto que discurre en el mundo de la muerte. La conversión traslada al creyente a otro mundo y a otro tiempo, ambos nuevos en el Salvador, nuestro Señor Jesucristo. El que ha sido identificado con Cristo y bautizado en Él, lo ha sido bautizado en su muerte que, como la gran paradoja en la Biblia, libera al muerto de su condición de muerte para darle vida en Jesús (Ro. 6:3-4). Hay dos tiempos bien marcados en la experiencia del creyente: el que anduvo en el mundo y el de la nueva vida en Cristo (Ti. 3:3-7).

La forma natural de vida del incrédulo es la de vivir como muertos o, si se prefiere mejor, vivir en la esfera de la muerte. Al ser el ambiente natural y propio de la naturaleza caída, es el modo de vida propio de quien está muerto en sus delitos y pecados. Estos viven según el mundo en armonía con la *época*, el *siglo*, en plena identificación con el espíritu que marca el alejamiento de Dios y la rebeldía contra Él. En un sistema espiritual debidamente organizado y dirigido por Satanás, de modo que este sistema descansa *"en el maligno"*, es decir, está cómodamente instalado en el regazo de Satanás y actúa conforme su voluntad siguiendo su orientación (1 Jn. 5:19).

Pablo le llama aquí *dios de este siglo*. De modo que quienes no creen están viviendo sujetos en obediencia al *diablo*. El apóstol está generando una idea en contraste: por un lado, está el reino de las tinieblas en donde ejerce autoridad el *dios de este siglo*, y por otro lado el *reino del Hijo*, reino de luz y de obediencia (Col. 1:13). El *dios de este siglo* en abierta oposición contra Dios, conduce a los que está bajo su autoridad en desobediencia permanente a Dios. Es quien actúa de este modo, el querubín caído, en unión de los otros ángeles rebeldes que le siguen. El maligno opera actuando en quienes son desobedientes por condición natural heredada del primer desobediente en el ámbito de los hombres que fue Adán. Este espíritu llena a los hombres con la atmósfera insana de la práctica permanente de la desobediencia, estimulando en ellos lo que es propio de su herencia espiritual. Este sistema de rebelde desobediencia es aceptado por los hombres como la forma natural de interrelación entre ellos en la esfera del mundo en donde viven. La actuación del *dios de este siglo*, está sobre los reinos de este mundo para oponerse a Dios (Jn. 12:31; 14:30). El intento de Satanás es proyectar el mundo en el pensamiento de los no regenerados, como si se tratase de un sistema tan eterno como el

---

[8] Versión RVR.

mundo de Dios, haciéndose él, por contraposición con el verdadero y único Dios, un dios del mundo, o un dios en el mundo. Esto trae como consecuencia el rechazo de cualquier idea de sometimiento a Dios y de obediencia a Él (Mt. 6:24). La condición de los no salvos, es la de servicio a Satanás como esclavos del pecado (Ro. 6:17; He. 2:14). La conclusión es sencilla: El hombre natural se niega a buscar a Dios viviendo en desobediencia (Ro. 3:10, 11). Fue así desde el mismo instante de la caída (Gn. 3:8). La luz revela las acciones pecaminosas del hombre, por tanto, éste siente aversión hacia Dios y no le busca para ocultar en las tinieblas sus propias manchas espirituales. Su propia naturaleza pecaminosa le hace amar más las tinieblas que la luz, a causa de la maldad de sus obras (Jn. 3:19). Pensar que el hombre de sí mismo quiere buscar a Dios, suponerle el más mínimo deseo de obediencia en el sentido bíblico de la palabra, es desconocer la naturaleza humana. A Dios se le busca por amor, pero ningún hombre ama a Dios, ya que es incapaz de dejar de amarse a sí mismo, incluso los religiosos (Jn. 5:42). Satanás trabaja en el entendimiento de los hombres no salvos con el propósito que Pablo indica seguidamente.

εἰς τό μή αὐγάσαι τόν φωτισμόν τοῦ εὐαγγελίου τῆς δόξης τοῦ Χριστοῦ, El propósito diabólico es no alcance al perdido la luz del evangelio de la gloria de Dios manifestada en Cristo. No cabe duda que el genuino evangelio es Cristo-céntrico. Para conseguir el propósito de que el evangelio no alcance a los perdidos para salvación, el mismo Satanás se disfraza como *angel de luz* (11:14), a fin de la luz engañosa que el ofrece, haga nula la verdadera luz del evangelio de la gracia. Muchas veces usa señales y milagros mentirosos a fin de cautivar con ello a los que están en el camino de perdición (2 Ts. 2:9). No siempre utiliza graves pecados para seducir a los perdidos, sino que los confunde simplemente con acciones que aparentemente son portentosas y que se producen en el campo de la religión. Como *dios de este siglo* tiene poder para cegar las mentes de los incrédulos a fin de que no les resplandezca la luz del evangelio de la gracia de Dios en Cristo. Quiere decir esto que toda la gloria del evangelio procede de Cristo. Nada hay en el mensaje de salvación que no sea de Cristo. Al difundir las tinieblas de maldad intenta que las mentes de los hombres no puedan percibir la gloria de Cristo. Esta gloria es el conjunto pleno de las perfecciones del Señor, entre las que a efectos de salvación es la admirable manifestación de Él como *"el único nombre debajo del cielo dado a los hombres en que puedan ser salvos"* (Hch. 4:12). Satanás utiliza todos sus recursos para que la iluminación del evangelio no resplandezca en sus mentes y active sus deseos de salvación acudiendo al Salvador. El *dios de este siglo*, es homicida y mentiroso, deseando que el hombre permanezca lejos de Dios y se pierda perpetuamente sin salvación.

ὅς ἐστιν εἰκών τοῦ Θεοῦ. El texto concluye con una notable afirmación Cristológica, en la que se define a Cristo como *imagen de Dios*. En otro lugar el apóstol lo define como *"la imagen del Dios invisible"* (Col. 1:15). La primera dificultad que conlleva el que Cristo sea la *"imagen de Dios"*, es que, en un hombre, aunque concebido de forma única por obra del Espíritu, que tiene todas las propiedades y componentes del ser humano, pueda expresar la infinita grandeza del Dios invisible en su *"cuerpo de carne"*. Los gnósticos estaban enseñando en los tiempos de Pablo, aunque los críticos liberales insistan que no puede hablarse de gnosticismo en tiempos tan tempranos, junto con los filósofos, entre ellos los platónicos, que el cuerpo es malo y el espíritu bueno, por consiguiente, nada que tenga que ver con la materia puede manifestar a Dios que, siendo Espíritu, es absolutamente perfecto. Sin embargo, Pablo enseña que la imagen de Dios se exhibe por Cristo y en Él. Tal dimensión sólo es posible en la medida en que Jesús es el *Unigénito del Padre* (Jn. 1:14). Por tanto, para que la imagen de Dios pueda ser expresada en Jesucristo, es necesario entender que, entre la primera y segunda Personas de la Deidad, existe una vinculación paterno-filial de modo que el Padre puede decir que Jesús es su Hijo amado en quien se complace, o tiene contentamiento (Mr. 1:11). Cuando el apóstol habla de *imagen* referida a Cristo, está considerando una lo que es igual en todo a la perfección de Dios Padre; la razón para ello la completa cuando enseña que en Cristo *"habita corporalmente la plenitud de la deidad"* (Col. 1:19). Esa imagen es de tal dimensión que *no solo expresa* visiblemente la realidad que manifiesta, sino que la iguala, esto es, la imagen de Dios se hace idéntica a la realidad esencial que expresa, ya que como el Señor dice: *"El que me ha visto a mí ha visto al Padre"* (Jn. 14:9), y también *"yo y el Padre uno somos"* (Jn. 10:30).

Entender esa realidad expresiva que hace visible al Invisible, requiere recordar brevemente la relación paterno-filial referida a Jesucristo. El Padre *engendra* eternamente al Hijo. No supone esto un tiempo sin existencia de la segunda Persona y tampoco, una generación de *origen*, sino de procedencia. El hecho de que el Padre *no sea enviado* y que las otras dos Personas, el Hijo y el Espíritu lo sean, enseña que las dos Personas Divinas, proceden de la primera. El Padre en toda la extensión de su Ser es Padre, y la base personalizadora como tal es que en el eterno presente *ad intra* en el seno trinitario, *engendra* un Hijo, comunicándole con ello todo lo que Él mismo es y tiene (Jn. 16:15), salvo el ser Padre, ya que eso es lo que distingue a la primera de la segunda Persona Divina. Ese total ser, dar y tener, es el compartir absoluto del Padre y del Hijo en virtud de la generación en el seno del Padre. Así, pues, de la misma manera que el Padre, en cuanto Persona, es total y únicamente *Padre*, como total y plenamente Dios, así también, en cuanto a persona, el Hijo es únicamente *Hijo*, como total y plenamente Dios. Es preciso entender que el Padre, como Padre único, agota su función generadora en el Hijo, así que, de la misma manera el Hijo como procedente de la generación del Padre, es expresión exhaustiva de Él. Otra cosa diferente traería como consecuencia que ni el Padre ni el Hijo serían Dios infinito y único al quedar incompletos en su Ser personal. Esa es la razón por la que el Padre tiene un Hijo que necesariamente ha de ser *Unigénito* (Jn. 1:14, 18; 3:16, 18; 1 Jn. 4:9), porque no puede haber más que un Padre y un Hijo en el seno de la Deidad, puesto que lo contrario, especialmente si hubiese la posibilidad de que el Padre pudiera engendrar más hijos, ninguno de ellos sería la *exhaustiva* generación del Padre, no sería infinito y no podría ser la *imagen* de Dios. De la misma manera el Padre no sería tal por cuanto Su acción generadora se convertiría en un acto *limitado* dentro de Su seno. El acto generativo del Padre, que constituye la *procedencia* del Hijo, es una comunicación total y una entrega completa al Hijo de forma que el Padre se constituye como tal por una *relación subsistente hacia otro*. La personificación de la primera Persona como Padre, es la consecuencia de su relación con el Hijo. De este modo puede decir: *"Mi hijo eres tú, yo te he engendrado hoy"* (Sal. 2:7). No hubo nunca en el Seno trinitario la ausencia del Hijo, porque nunca hubo tampoco ausencia de Padre y éste sólo puede existir si existe un Hijo, de otro modo, sólo puede haber un Padre eterno, si también hay un Hijo eterno.

La imagen de Dios en el Hijo es posible porque la *eterna generación*, que conlleva la *procedencia*, no es un proceso de causa y efecto, como ocurre en la generación humana, sino un proceso de *principio a término*. En la procreación del hombre, aunque existe una relación paterno-filial, ninguno de los dos, tanto el padre como el hijo se constituyen como *persona* por ella. Además, la relación entre un padre y un hijo humanos es siempre una *acción transeúnte*, mientras que esa misma relación en Dios es *inmanente*. En la generación humana la acción es *transeúnte* porque el hijo *sale* de sus padres y comienza una vida individual como persona, diferente a la de sus progenitores, esto trae como consecuencia que la *persona* no se extingue aun en el caso de la muerte de sus padres. Pero, la *generación* divina es una acción *inmanente*, puesto que el Hijo sigue estando en el seno del Padre (Jn. 1:18; 14:10). La generación de la segunda Persona ocurre por vía mental, ya que el engendrado es el *Logos*, Palabra eterna, de Dios. Esta Palabra encarnada, puede expresar todo cuanto el Padre es y piensa, de modo que el Hijo está en el Padre y el Padre en el Hijo. Aquel para expresarlo y Éste para comunicarlo. De otro modo, Cristo es la *"imagen de Dios"* porque el Logos es la expresión exhaustiva del Padre.

Pablo enseña aquí que Cristo es *"imagen de Dios"*. El término *imagen*, como se dice antes, no es una manifestación aproximada como ocurre con una fotografía o una estatua, sino que, al ser engendrado el Logos por vía mental, como Verbo expresado por el Padre, no puede sino manifestar al Padre con absoluta fidelidad en virtud de su *procesión de Él* y como *término absoluto* del principio que es el Padre. Por esta razón el Hijo no puede ser sino la *imagen perfectísima* del Padre. Cristo es en su dimensión divino-humana, la misma *imagen de Dios*. Sobre esto escribía Gegorio Nacianceno:

> *"Se le llama imagen porque es consubstancial y porque, en cuanto tal, procede del Padre, sin que el Padre proceda de Él. La naturaleza de una imagen consiste, en efecto, en ser una imitación del arquetipo del que se dice imagen. Con todo, aquí hay algo más; pues, en este caso, tenemos la imagen inmóvil de un ser que se mueve; pero en el caso del Hijo tenemos la imagen de un ser vivo, una imagen que tiene más semejanza con su modelo que la tenía Set con Adán y la que tiene cualquier ser engendrado con su progenitor; tal es, en efecto, la naturaleza de los seres simples, que no puede ser semejante en un sentido y no serlo en otro, sino que debe ser perfecta representación de un ser perfecto"*[9].

Ahora bien, el apóstol dice que es la imagen *del Dios invisible*. Este es un término expresa una *cualidad*, que conviene a la esencia divina espiritual y trascendente. Surge una simple pregunta reflexiva: *¿Cómo puede tener imagen lo que es invisible?* Sin embargo, el mismo apóstol enseña que las cosas *invisibles de Dios*, se hacen manifiestas por medio de la naturaleza, de modo que el hombre percibe aquello que no es posible percibir de perfecciones invisibles por sí mismas (Ro. 1:20). La Biblia enseña la invisibilidad de la primera Persona Divina: *"Por tanto, al Rey de los siglos, inmortal, invisible, al único y sabio Dios, sea honor y gloria por los siglos de los siglos. Amén"* (1 Ti, 1:17). *"El único que tiene inmortalidad, que habita en luz inaccesible; a quien ninguno de los hombres ha visto ni puede ver"* (1 Ti. 6:16). El admirable e infinito Dios, revela todas las perfecciones en el Hijo, de modo que Éste hace visible al Invisible. Durante su ministerio terrenal Jesucristo manifestó la gloria del Dios Invisible operando en su humanidad las perfecciones incomunicables de la Deidad. Aunque algunos insisten en decir que cuando el Verbo se hizo carne, *dejó* las perfecciones divinas incomunicables, no concuerda esto con la enseñanza bíblica. Jesús como hombre, *limitó* el uso de los atributos *omni*, a lo que fue necesario en el ejercicio de su ministerio, pero no cabe duda que la omnipotencia de Dios

---

[9] GregorioNacianceno. *Discurso teológico* 30, 20.

se hizo manifiesta en sus milagros; de igual modo la *omnisciencia*, conociendo cosas que están reservadas a Dios. Sin embargo, la limitación de esas perfecciones se hace evidente en los *desconocimientos* de Jesús en el plano de su humanidad, como es el caso de no conocer el día de su segunda venida, reservada sólo para el conocimiento del Padre: *"Pero de aquel día y de la hora nadie sabe ni aun los ángeles que están en el cielo, ni el Hijo, sino el Padre"* (Mr. 13:32). Los discípulos habían preguntado *cuando ocurriría*, y el Señor les dijo que hay cosas que dependen sólo de la voluntad soberana del Padre, que conoce el tiempo en que ocurrirán, por cuanto Él mismo lo determinó y estableció en Su sola potestad. Pero el problema está en el desconocimiento que de ese momento tiene también el Hijo. Se ha considerado antes la limitación que voluntariamente el Verbo de Dios hizo al encarnarse para hacer en todo semejante a los hombres. Sin embargo, si en su naturaleza humana, como hombre, había desconocimiento de lo que es sólo potestativo de Dios, en su naturaleza divina, como Logos, no desconoce nada del Padre, puesto que cualquier determinación soberana de la primera Persona, se substancia en la eterna Palabra que la expresa y determina. La primera verdad que el apóstol expresa en este párrafo Cristológico por excelencia es que Jesús hace visible al Invisible.

Esta profunda verdad contenida en el título *imagen de Dios*, se advierte que si Dios no nos es revelado en Cristo nunca podremos conocerle. La revelación de Dios en Cristo, o si se prefiere, la del Padre en Cristo, es posible porque el Padre infinito, se hace finito en el Hijo, limitándose hasta adoptar nuestra limitación para que los limitados podamos comprender al infinito. Esto es natural porque no derivó solo una parte de la deidad del Padre al Hijo y en Él, sino que es comprendido en Cristo y en nadie más fuera de Él.

En el Antiguo Testamento, Dios enseña a Moisés que nadie podrá verlo y seguir con vida (Ex. 33:20). Esto comprendía y alcanzaba a todos los hombres. Sin embargo, Él mismo se apareció a Abraham cuando estaba en el encinar de Manre y dialogó con él (Gn. 18:33). Podría citarse, a modo de ejemplo, el encuentro de Josué con el que se presentó como *Príncipe del ejercito de Jehová*, para aceptar ser adorado y ordenar a Josué que quitase el calzado de sus pies, porque el lugar donde estaba era santo. Sin duda la santificación del lugar era resultado de la presencia de Dios en él, por consiguiente, puede afirmarse que Dios se manifestó y reveló a Josué visiblemente. Luego, la conclusión no puede ser otra que, si a Dios no puede vérsele, y fue visto en forma corporal, tenía necesariamente que ser el Hijo. Por consiguiente, la *imagen de Dios*, traslada al plano de la visión humana a quien no sólo es imposible ver por ser espíritu, sino que nadie le puede ver jamás. Este admirable e infinito Dios Padre se hace visible mediante la imagen suya expresada en el Hijo. Es decir, el hombre puede ver a Dios Padre en la imagen de Dios, es decir, en el Hijo de Dios. De ahí lo que resultaba difícil de entender para los que vivieron en el tiempo del ministerio de Jesús en la tierra, cuando dijo: *"El que me ve a mí ha visto al Padre"* (Jn. 14:9), para decir también: *"Todas las cosas me fueron entregadas por mi Padre; y nadie conoce al Hijo, sino el Padre, ni al Padre conoce alguno, sino el Hijo, y aquel a quien el Hijo lo quiera revelar"* (Mt. 11:27). Es en la corporeidad de Jesús donde únicamente se puede contemplar al Invisible (Jn. 1:18; 6:46; 14:9; 1 Ti. 6:16; He. 11:27); Jesucristo hace visible al Invisible en razón de su deidad (Fil. 2:6); manifiesta la gloria de Dios en su propia gloria personal (He. 1:3). El hombre puede ver en Jesús al Dios invisible, ya que Cristo es enviado para revelar al Padre (Jn. 1:18).

Por otro lado, en Cristo se realiza absolutamente, como segundo Adán, la dimensión plena de la imagen de Dios en el hombre (1 Co. 15:45-48). De manera que, por identificación con el Señor Jesucristo, se hace realidad la verdadera imagen de Dios en el creyente, que es la razón de ser de la humanidad regenerada, y se convierte en miembro del cuerpo glorioso en Cristo que es la Iglesia.

Tan solo dos reflexiones complementarias sobre esta verdad esencial de la deidad de Jesucristo. Una de ellas se pone de manifiesto en que es *"el resplandor de la gloria de Dios"*. La gloria divina es objetivamente la misma naturaleza de Dios. Esa es la *gloria formal*, que produce admiración en quien la contempla y le lleva a la adoración (cf. Jn. 1:14; 2:11). Esa gloria de Dios se manifiesta frecuentemente acompañada de luz (Ex. 24:17; Sal. 50:2; 104:2). La *gloria esencial* de Dios es invisible al hombre, pero se hace visible por medio del Hijo (1 Ti. 6:16). Esta se ve en Jesús por medio de las obras divinas que Él mismo hizo (Jn. 1:14; 2:11). Pero también se hace visible, en la *shekinah*, la impronta de la gloria en las manifestaciones del Señor, como fue la transfiguración y la revelación hecha a Juan en el Apocalipsis (Mt. 17:2; Mr. 9:3; Lc. 9:29; Ap. 1:12-16). La gloria de Dios, como se dice antes, está vinculada a la luz, de ahí que se relacione al Hijo encarnado con la luz: *"Aquella luz verdadera, que alumbra a todo hombre, venía a este mundo"* (Jn. 1:9). Cristo es la luz verdadera que puede iluminar a todo hombre, especialmente en el orden salvífico, desde el interior del corazón entenebrecido a causa del pecado (4:6). La vida, procedente de Dios, está relacionada también con la luz, ya que sólo Dios es verdadera luz, y sólo Él puede dar vida: *"En Él estaba la vida, y la vida era la luz de los hombres"* (Jn. 1:4). La vida estaba en Él, con sentido locativo y no causal, esto es, no la tuvo por alguna razón o en algún momento, sino que estaba en Él eternamente como fuente de vida. El Verbo tiene la vida en sí como la tiene también el Padre. De ahí que *la vida,* sea también el nombre del Verbo, por cuya razón el sujeto lleva un artículo, refiriéndose a la luz verdadera anunciada por los profetas. Todo el que es iluminado por el Hijo recibe *la luz de la vida* (Jn. 8:12). Dios es luz (1 Jn. 1:5) y quien participa en su Ser, como Persona Divina, es luz. El Hijo es la luz verdadera que vino a este mundo. En ese sentido Jesús es *"el resplandor de su gloria"* (He. 1:3) referida a la expresión comunicativa al hombre de la gloria de Dios que, como se dice antes, se manifiesta en muchas ocasiones rodeada de luz. De ahí que al Hijo se le llame, en el Concilio de Nicea, *"Luz de luz"*. Debe notarse que la palabra traducida como *resplandor*[10] tiene un sentido pasivo, como reflejo de la luz, es decir, cual imagen que se refleja en un espejo; pero, también tiene un sentido activo, como luz centelleante que pertenece y corresponde sólo a Dios. Ese es el que debe aplicarse al texto que se está comentando de la *Epístola.* La gloria de Dios, manifestada en luz resplandeciente, no es reflejada por el Hijo, sino que está en el Hijo mismo. Si Jesús es *resplandor* de la gloria de Dios, el resplandor va unido siempre a la luz y procede de ella, por tanto, la luz de gloria produce siempre resplandor, que estando en el Hijo se manifiesta en Él. Si el Hijo procede del Padre y está unido eternamente con Él, el versículo expresa la eterna consustancialidad de las Personas Divinas, que se aprecia también con participio de presente *siendo.* El Hijo no *llegó a ser* la gloria de Dios, lo fue siempre. Sin Cristo no hay luz, tan sólo tinieblas.

Una segunda y última reflexión tiene que ver con lo que el escritor a *Los Hebreos* dice del Hijo que es *"la imagen misma de su sustancia"*, o como puede traducirse *"la impronta de la realidad sustancial de Él",* en alusión y referencia a Dios. El escritor pasa de la gloria a la *sustancia,* como impresión del Ser de Dios, lo que exige pasar por la *imagen,* o la *impronta.* Dos términos deben tenerse en cuenta aquí, *imagen y sustancia.* El sustantivo utilizado por el escritor a *Los Hebreos* para *imagen*[11], aparece sólo allí en todo el Nuevo Testamento y es una palabra más precisa, expresiva y enfática a la utilizada en otros lugares para referirse a Cristo como la imagen[12] de Dios en el versículo que se considera, de esta 2 Corintios. La palabra *imagen*, es sinónimo de *marca*, por tanto, el Hijo es *marca*, de la sustancia del Padre, designando, por medio del significado de la palabra, la reproducción fidelísima del Padre, al modo de la huella o impronta que deja un sello. De otro modo, Pablo usa esa palabra para decir

---

10 Griego ἀπαύγασμα.
11 Griego χαρακτὴρ.
12 Griego εἰκὼν.

que el Hijo es la fiel y absoluta reproducción de la *sustancia* del Padre. Además la palabra *sustancia*, procedente del latín *sub-stantia*, expresa lo que hay debajo de las apariencias externas y accidentales, lo que equivale a la *esencia* misma de Dios. Indica aquí el Ser y la naturaleza de Dios. El término griego es muy enfático e intenso, es la reproducción visible del modelo que representa, refiriéndose aquí a la realidad o ser. Por tanto, Jesús, como el Hijo, es la *fiel estampa*, del Ser inmortal y trascendente de Dios. En ese sentido es la impronta exacta del Ser de Dios. Quiere decir que el mismo Ser íntimo de Dios está grabado, como en un sello en el Hijo, a causa y en razón de ser también Dios y tener la existencia como una de las tres *hipóstasis* del Ser Divino. En el Hijo se manifiestan absoluta y claramente todos los atributos y perfecciones de la Deidad. Debe entenderse que el término *sustancia*, ha de ser considerado como triple en Dios, en razón de cada una de las tres Personas Divinas, mientras que el término *esencia* es una sola por cuanto las tres Personas participan en ella. Quiere decir esto que cualquier peculiaridad que pertenezca al Padre en relación con la esencia, es manifestada en Cristo, a quien corresponde tenerla también, de modo que quien conoce a Cristo conoce al Padre (Jn. 14:9). Jesús es presentado como la manifestación corporal exacta de Dios.

La gloria de Cristo resplandece en la proclamación del evangelio iluminando internamente al corazón que está en tinieblas. Esta fue la experiencia del apóstol (Gá. 1:16). Cristo fue revelado, no solo a Pablo sino en Pablo, esto es, en su interior. La gloria de Cristo permite conocer a Dios para vida eterna (Jn. 17:3).

La predicación y la luz (4:5-6)

5. Porque no nos predicamos a nosotros mismos, sino a Jesucristo como Señor, y a nosotros como vuestros siervos por amor de Jesús.

Οὐ γάρ ἑαυτούς κηρύσσομεν ἀλλά ᾿Ιησοῦν Χριστόν
Porque no a nosotros mismos proclamamos sino a Jesucristo
Κύριον, ἑαυτούς δέ δούλους ὑμῶν διά ᾿Ιησοῦν[1].
Señor, y a nosotros mismos siervos de vosotros por amor a Jesús.

Análisis y notas del texto griego.

Análisis: Οὐ, adverbio de negación *no*; γάρ, conjunción causal *porque*; ἑαυτούς, caso acusativo masculino plural del pronombre reflexivo declinado *a nosotros mismos*; κηρύσσομεν, primera persona plural del presente de indicativo en voz activa del verbo κηρύσσω, *predicar, proclamar*, aquí *proclamamos*; ἀλλά, conjunción adversativa *sino*; ᾿Ιησοῦν, caso acusativo masculino singular del nombre propio declinado *a Jesús*; Χριστόν, caso acusativo masculino singular del nombre propio *Cristo*; Κύριον, caso acusativo masculino singular del nombre divino *Señor*; ἑαυτούς, caso acusativo masculino plural del pronombre reflexivo declinado *a nosotros mismos*; δέ, partícula conjuntiva que hace las veces de conjunción coordinante, con sentido de *pero, más bien, y, y por cierto*, *antes bien, entonces*; δούλους, caso acusativo masculino plural del nombre común *siervos, esclavos*; ὑμῶν, caso genitivo de la segunda persona plural del pronombre personal declinado *de vosotros*; διά, preposición propia de acusativo *por, por causa de, por amor a*; ᾽Ιησοῦν, caso acusativo masculino singular del nombre propio *Jesús*.

Notas. Crítica Textual. Lecturas alternativas.

[1] ᾽Ιησοῦν Χριστόν, *Jesucristo*, A^{*vid}, B, D , F, G, H, K, L, P, Ψ, 0209, 81, 104, 365, 1175, 1505, 𝔐.
᾽Ιησοῦν, *Jesús*, según lectura en P^{46}, a*, A^{c}, C, 0243, 33, 1739, 1881, co, Marcion^{E}.

Χριστοῦ, *Cristo*, según 2462, [1]a, t ,vg^{vg}, bo^{bo}.

᾽Ιησοῦ Χριστου, *Jesucristo*, como aparece en 0186.

Οὐ γάρ ἑαυτούς κηρύσσομεν ἀλλά ᾽Ιησοῦν Χριστόν Κύριον, El mensaje de Pablo proclamaba el señorío de Cristo, Jesucristo era *Señor*. Era algo central en la predicación del apóstol: *"Que si confiesas con tu boca que Jesús es el Señor, y crees en tu corazón que Dios le levantó de los muertos, serás salvo"* (Ro. 10:9)[13]. Así enseñaba también: *"Y toda lengua confiese que Jesucristo es SEÑOR, para gloria de Dios Padre"* (Fil. 2:11)[13]. El reconocimiento del señorío de Cristo implica la redición a Él del corazón antes rebelde.

Dos problemas traslucen en esta primera frase del versículo. Los enemigos del apóstol le acusaban de predicar un mensaje que favorecía sus intereses ocultos, pero también no olvidaba el espíritu sectario y divisionario que había en la iglesia en Corinto, donde los creyentes habían tomado un nombre, entre ellos el de Pablo, para formar un partido en oposición al resto de los hermanos (1 Co. 1:13; 3:4, 22, 23). De ahí la firmeza de la expresión que afirma que *no se predicaba a sí mismo*. Su posición y ética era semejante a la de Juan el Bautista, que hablando de Jesús decía: *"Es necesario que Él crezca, pero que yo mengüe"* (Jn. 3:30). De los primeros, *los falsos apóstoles*, dirá más adelante: *"Porque no nos atrevemos a contarnos ni a compararnos con algunos que se alaban a sí mismos"* (10:12). Aquellos eran para el apóstol *"obreros fraudulentos"* (11:13). Eran verdaderos usurpadores que se

[13] Versión RVR.

aprovechaban de los creyentes para enriquecerse y gobernar como señores la iglesia de Dios (11:20).

ἑαυτούς δέ δούλους ὑμῶν διά 'Ιησοῦν. Ahora bien, quien predica a Cristo como Señor, no le cabe otra posición que la de ser *siervo*. Era la forma habitual de presentación en sus escritos (Ro. 1:1; Gá. 1:10; Fil. 1:1; Tit. 1:1). El que acepta el señorío de Cristo, no puede servir de otro modo que como *esclavo de Cristo*. Por esta razón, aquellos a los que habían elevado al señorío de los grupos que se formaban en la iglesia a personas por las que sentían algún atractivo personal o admiración, equivocaban la posición de los tales, que no eran señores sino siervos, mediante cuyo trabajo para el Señor, habían creído (1 Co. 3:5). Pablo era libre, pero se había hecho siervo para poder alcanzar al mayor número posible para Cristo (1 Co. 9:19).

Es interesante notar que el apóstol dice que es *siervo* de ellos, por amor de Cristo. Porque amaba al Señor servía a los creyentes que había puesto bajo su ministerio. El impulso para el servicio es sólo uno: el amor a Cristo. Es un amor cautivador y de correspondencia, le amamos porque Él nos amó primero (1 Jn. 4:19). No hay otro camino para un servicio comprometido que el impulso del admirable amor de Jesús, ya que *"el amor de Cristo nos paremia, habiendo llegado a esta conclusión: que si uno murió por todos, luego todos murieron; y por todos murió para que los que viven, ya no vivan para sí, sino para aquel que murió y resucitó por ellos"* (5:14-15)[14]. Pablo presentaba a Cristo como Señor y a él mismo como siervo. El siervo no trabaja para sí sino para otro, y acepta cualquier indicación de se le haga por el dueño que establece el servicio. Pero, es necesario apreciar que no dice que el motivo que tenía para servirles era buscando el bien de quienes le había costado mucho trabajo y esfuerzo para alcanzar para el evangelio. Pablo no sirve a los creyentes, sirve a Cristo y por eso sirve a los hermanos. Este es el verdadero interés de quien sirve.

Si el amor de Cristo no genera un compromiso sincero para servirle, no habrá nada que pueda lograrlo. En la medida en que el amor de Cristo disminuye en la experiencia del ministro, así aumentará su deseo de engrandecimiento personal. No es difícil encontrar pastores, maestros, líderes en general ansiosos de ser alabados por el pueblo de Dios y engrandecidos por su ministerio. No faltan quienes desean ser tratados en la iglesia por sus títulos académicos, pero muy pocos son aquellos que sinceramente se sienten siervos antes de todo y sobre todo. El título de

---

[14] Versión RVR.

honor máximo que un ministro puede alcanzar y desear con todas sus fuerzas es ser *esclavo de Jesucristo*, y servir en Su obra por amor a Él. El amor de Cristo está perdiéndose en la enseñanza del púlpito evangélico y de las instituciones académicas que forman a nuevos pastores, maestros o incluso misioneros. La técnica teológica ha hecho desaparecer una materia de capital importancia: *El conocimiento del amor de Cristo*. El ejemplo del amor de Dios es el estímulo necesario para una genuina entrega personal a Él (Ro. 12:1). El cristiano debe tener siempre en cuenta que Cristo le amó personalmente cuando no era digno de ser amado por Él (Gá. 2:20). Debemos contemplar la muerte de Jesucristo, no desde la colectividad de los que son salvos por ella, sino desde la individualidad personal. La Cruz se produjo por mí. Pero eso trae, inexorablemente una consecuencia hacia los hermanos: *"En esto hemos conocido el amor, en que él puso su vida por nosotros; también nosotros debemos poner nuestras vidas por los hermanos"* (1 Jn. 3:16).

6. Porque Dios, que mandó que de las tinieblas resplandeciese la luz, es el que resplandeció en nuestros corazones, para iluminación del conocimiento de la gloria de Dios en la faz de Jesucristo.

ὅτι ὁ Θεός ὁ εἰπών· ἐκ σκότους φῶς λάμψει[1], ὃς[2] ἔλαμψεν ἐν
Porque - Dios - que dijo: de tinieblas luz brillará, el que brilló en
ταῖς καρδίαις ἡμῶν[3] πρός φωτισμόν τῆς γνώσεως τῆς δόξης
los corazones de nosotros para iluminación del conocimiento de la gloria
τοῦ Θεοῦ ἐν προσώπῳ Ἰησοῦ Χριστοῦ[4].
\- de Dios en faz de Jesucristo.

Análisis y notas del texto griego.

Análisis: ὅτι, conjunción causal *porque*; ὁ, caso nominativo masculino singular *el*; Θεός, caso nominativo masculino singular del nombre divino *Dios*; ὁ, caso nominativo masculino singular del artículo determinado *el*; εἰπών, caso nominativo masculino singular del participio del segundo aoristo en voz activa del verbo del verbo εἶπον, forma del aoristo de λέγω, *hablar, decir*, aquí *dijo*; ἐκ, preposición propia de genitivo *de*; σκότους, caso genitivo neutro singular del nombre común *oscuridad, tinieblas*; φῶς, caso nominativo neutro singular del nombre común *luz*; λάμψει, tercera persona singular del futuro de indicativo en voz activa del verbo λάμπω, *alumbar, brillar, hacer brillar*, aquí *brillará*; ὃς, caso nominativo masculino singular del pronombre relativo *el que, el cual*; ἔλαμψεν, tercera persona singular del primer aoristo de indicativo en voz activa del verbo λάμπω, *alumbar, brillar, hacer brillar*, aquí *brilló*; ἐν, preposición propia de dativo *en*; ταῖς, caso dativo femenino singular del artículo determinado *las*; καρδίαις, caso dativo femenino plural del nombre común *corazones*; ἡμῶν, caso genitivo de la segunda persona plural del pronombre personal declinado *de nosotros*; πρός, preposición propia de acusativo *para*; φωτισμόν, caso acusativo masculino singular del nombre común *iluminación*; τῆς, caso gentivo femenino singular del artículo definido declinado *de la*; γνώσεως, caso genitivo femenino singular del nombre común *conocimiento*; τῆς, caso gentivo femenino singular del artículo definido declinado *de la*; δόξης, caso genitivo femenino singular del nombre común *gloria*; τοῦ, caso genitivo masculino singular del artículo determinado *el*; Θεοῦ, caso genitivo masculino singular del nombre divino declinado *de Dios*; ἐν, preposición propia de dativo *en*; προσώπῳ, caso dativo neutro singular del nombre común *rostro, faz*; ᾿Ιησοῦ, caso genitivo masculino singular del nombre propio declinado *de Jesús*; Χριστοῦ, caso genitivo masculino singular del nombre propio *Cristo*.

Notas. Crítica Textual. Lecturas alternativas.

[1] λάμψει, *brillará*, según se lee en 𝔓[46], a[*], A, B, D[*], 0243, 6, 1739, Clemente, Epifanio.

λάψαι, *resplandeciese*, conforme a [2]a, C, D[2], F, G, H, K, L, P, Ψ, 0209, 33, 81, 104, 365, 630, 1175, 1241, 1505, 1881, 𝔐, latt.

[2] ὃς *el que*, no está en D[*], F, G, 81, it, vg[mss], Marcion[T], Ambrosiaster.

[3] ἡμῶν, *de nosotros*, según lectura en a, A, B, C[3], D[1], K, L, P, Ψ, 33, 81, 104, 365, 630, 1175, 1241, 1505, 1739, 1881, 2464, 𝔐, t, vg, sy, co.

αὐτοῦ, *de ellos*, conforme a P[46], C[*], D[*], F, G, b, r.

[4]᾿Ιησοῦ Χριστοῦ, *Jesucristo*, lectura en 𝔓[46], a, C, H, K, L, P, Ψ, 0209, 81, 104, 365, 1175, 1241, 1505, 1739[c], 2464, 𝔐, t, vg[mss], sy.

Χριστοῦ, *Cristo*, según A, B, 33, Tertuliano.

Χριστοῦ ᾿Ιησοῦ, *Cristo Jesús*, conforme a D, F, G, 0243, 630, 1739[*], 1881, lat, Ambrosiaster.

ὅτι ὁ Θεός ὁ εἰπών· ἐκ σκότους φῶς λάμψει, Pablo ilustra el acto de iluminación de Dios en el corazón de los incrédulos, refiriéndose al hecho creacional de la luz, obedeciendo a la omnipotencia de Dios. Él iluminó el proceso creacional. No se trataba de la luz propia de los astros celestes que iluminan la tierra, como el sol, la luna y las estrellas, los dos astros más próximos fueron creados en el cuarto día (Gn. 1:15-19). Era la luz propia de la gloria presencial de Creador en su creación que iluminaba los actos divinos en la ejecución del programa que hizo surgir todo lo que existe cuando antes no existía.

ὃς ἔλαμψεν ἐν ταῖς καρδίαις ἡμῶν πρός φωτισμόν τῆς γνώσεως τῆς δόξης τοῦ Θεοῦ. Ese mismo poder ser manifiesta en la proclamación del evangelio. El objetivo es deshacer las obras diabólicas de colocar tinieblas en el corazón incrédulo diabólico en el propósito de impedir que la luz de la gracia salvadora que resplandezca cautivadora para salvación. Sin embargo, es necesario entender que las tinieblas diabólicas están fuera, pero la luz de Dios no resplandece desde esa posición, sino en el interior del corazón del hombre, alumbrando el entendimiento. El conocimiento pleno requiere una operación de iluminación espiritual. En un sentido espiritual se refiere a la comprensión necesaria del mensaje del evangelio para salvación, ya que la simple percepción del evangelio no salva, puesto que la Cruz de Cristo es locura para los que se están perdiendo (1 Co. 1:18). El modo de percibir las cosas orienta el estilo de vida, La conducta de la persona es el resultado del modo que tenga de percepción de las cosas de la vida. Sin embargo, la iluminación de Dios por su Espíritu se produce en el corazón de manera que siendo alumbrado este, orienta la vida hacia la luz que es Cristo mismo (Jn. 8:12). El pensamiento del hombre está condicionado en gran medida por aquello que ve. La naturaleza adámica es una vida entenebrecida en la que la visión espiritual está comprometida, de ahí que el Señor diga: *"Esta es la condenación que la luz vino al mundo, y los hombres amaron más las tinieblas que la luz, porque sus obras eran malas"* (Jn. 3:19). Hay, por tanto, dos maneras de ver las cosas, una correcta y otra incorrecta. La correcta corresponde a una visión celestial, la incorrecta es propia de la visión terrenal. La visión correcta de las cosas es poner la mirada en Cristo mismo.

La iluminación de la que Pablo habla es interior, por cuanto se trata de alumbrar los ojos de entendimiento. El corazón o el entendimiento del no creyente están entenebrecidos por la condición propia de ser pecador y la acción del *dios de este siglo* (v. 4). Esa iluminación interior comienza por la acción del Espíritu para salvación, alumbrando el entendimiento, como claramente se aprecia en el versículo. La iluminación del Espíritu Santo es imprescindible para entender las cosas profundas de Dios (1 Co. 2:10). Sin la iluminación interior del Espíritu, es imposible para el hombre natural llegar al conocimiento de la verdad y ser salvo. Esta es una operación divina: *"Dios resplandeció en nuestros corazones"*.

ἐν προσώπῳ Ἰησοῦ Χριστοῦ. Lo que el pecador ve por esa obra de iluminación es *"la gloria de Dios en la faz de Jesucristo"*. Lo que los hombres ven es la gloria de Dios como la revela Jesucristo. No puede ser de otra manera puesto todo lo que Dios es y hace se pone de manifiesto en Cristo. Así enseña Juan: *"A Dios nadie le vio jamás; el unigénito Hijo, que está en el seno del Padre; él le ha dado a conocer"* (Jn. 1:18). El Dios glorioso a quien nadie ha visto ni puede ver jamás (1 Ti. 6:16), puesto que además también es Espíritu (Jn. 4:24), se hace visible en el Verbo, o si se prefiere mejor, el Verbo hace visible al Invisible. Nadie más que el *Unigénito Hijo*, el que está en el seno del Padre, lo revela a los hombres. Siendo el Unigénito Hijo, el Padre entero está en él que es engendrado con su mente personal infinita, y el Hijo entero está dentro del Padre como *concepto personal exhaustivo* de la mente paterna. Este es quien le da a conocer y, en ese sentido, revela la gloria de Dios en su impronta personal. De otro modo, la gloria del Dios invisible se hace visible en el Hijo. El Hijo, Verbo eterno que se hizo carne y vino junto a los hombres, ha llevado a estos a conocer la gloria del Padre. Pablo enseña aquí la operación reveladora del Hijo. En los tiempos pasados Dios se reveló por los escritos bíblicos confeccionados por los profetas escogidos por Él a lo largo del tiempo (He. 1:1). Todos ellos han dado testimonio escrito de Dios, y le han hecho cognoscible al hombre por la lectura de la revelación. Sin embargo, el discurso supremo de Dios por el cual nada más puede ser revelado de Él, comprendiendo la gloria Suya en la faz de Jesucristo, es dado por el Hijo. Es en Él que Dios se revela en plenitud absoluta. Él fue enviado por el Padre al mundo para superar la situación de ignorancia de los hombres en relación con Dios, por medio de la revelación *por* y *en Él*, y superar la situación de pecado mediante la redención. Lo que Jesús hacía revelaba el ser y el hacer de Dios, es en Él y por Él que podemos llegar a conocer la naturaleza de Dios y sus intenciones salvadoras para con los hombres.

Los débiles y el Poderoso (4:7)

7. Pero tenemos este tesoro en vasos de barro, para que la excelencia del poder sea de Dios, y no de nosotros.

Ἔχομεν δέ τόν θησαυρόν τοῦτον ἐν ὀστρακίνοις σκεύεσιν, ἵνα
Pero tenemos el tesoro este en de barro vasijas para que
ἡ ὑπερβολή τῆς δυνάμεως ᾖ τοῦ Θεοῦ καί μή ἐξ ἡμῶν·
la excelencia del poder sea - de Dios y no de nosotros.

Análisis y notas del texto griego.

Análisis: Ἔχομεν, primera persona plural del presente de indicativo en voz activa del verbo ἔχω, *tener*, aquí *tenemos*; δέ, partícula conjuntiva que hace las veces de conjunción coordinante, con sentido de *pero, más bien, y, y por cierto, antes bien, entonces*; τόν, caso acusativo masculino singular del artículo determinado *el*; θησαυρόν, caso acusativo masculino singular del nombre común *tesoro*; τοῦτον, caso acusativo masculino singular del pronombre demostrativo *este*; ἐν, preposición propia de dativo *en*; ὀστρακίνοις, caso dativo neutro plural del adjetivo *de barro*; σκεύεσιν, caso dativo neutro plural del nombre común *vasijas*; ἵνα, conjunción causal *para que*; ἡ, caso nominativo femenino singular del artículo determinado *la*; ὑπερβολή, caso nominativo femenino singular del nombre común *grandeza, excelencia,* τῆς, caso genitivo femenino singular del artículo determinado declinado *de la*; δυνάμεως, caso genitivo femenino singular del nombre común *fuerza, poder*; ᾖ, tercera persona singular del presente de subjuntivo en voz activa del verbo εἰμί, *ser, estar*, aquí *sea*; τοῦ, caso genitivo masculino singular del artículo determinado *el*; Θεοῦ, caso genitivo masculino singular del nombre divino declinado *de Dios*; καί, conjunción copulativa *y*; μή, partícula que hace funciones de adverbio de negación *no*; ἐξ, forma escrita de la preposición de genitivo ἐκ, delante de vocal y que significa *de*; ἡμῶν, caso genitivo de la primera persona plural del pronombre personal *nosotros*.

Ἔχομεν δέ τόν θησαυρόν τοῦτον ἐν ὀστρακίνοις σκεύεσιν, La gloria a la que se refiere Pablo, no es la luz de Dios en la faz de Jesucristo, sino el mensaje del evangelio que conduce al pecador a Cristo y en quien descubre la gloria de Dios, por tanto, es una administración de gloria, o si se prefiere mejor, una administración gloriosa. El proceso es glorioso por cuanto la aceptación del mensaje que demanda fe en el Salvador conduce primero a la salvación con el perdón de pecados y la vida eterna. Igualmente, la regeneración con la entrada en las bendiciones del Nuevo Pacto. Libra a los salvos de la potestad de las tinieblas y de la esclavitud del *dios de este siglo*. Los transforma de gloria en gloria en la imagen de Jesús.

ἵνα ἡ ὑπερβολή τῆς δυνάμεως ᾖ τοῦ Θεοῦ καί μή ἐξ ἡμῶν· Pero la grandeza de este tesoro está depositada en vasos de barro. Los recipientes de arcilla eran muy usados en tiempos de Pablo, y algunos de ellos servían para guardar objetos distintos, desde cosas más valiosas hasta las de ínfima importancia. Una de las características de las vasijas de barro era la fragilidad, que las quebraba con un golpe. En el lenguaje figurado estaba refiriéndose a él mismo y a todos los predicadores del evangelio, que incluía a cada uno de los cristianos, portadores del mismo para hacerlo llegar a todos los hombres. El apóstol habló ya de su fragilidad y volverá a hacerlo más adelante en una forma más intensa y precisa. Pero también podría estar pensando en lámparas de barro, que se usaban para alumbrar en la casa, del mismo modo que ellos, como lámparas frágiles hacen brillar la luz del evangelio en el mundo. Esto establece un nuevo contraste entre la gloria del mensaje y la fragilidad de los portadores. Lo importante es el inmenso poder del mensaje y no la del mensajero. Nadie prestaba atención a la vasija en la que se había depositado algo muy valioso, sino al contenido que había en ella. De ese mismo modo el valor está en el mensaje del evangelio, mientras que cuanto más humilde sea el mensajero mayor dimensión alcanza el poder de Dios contenido en el mensaje. Pablo es muy preciso: *"para que la excelencia del poder sea de Dios, y no de nosotros"*. Cuando se alcanza el conocimiento de la debilidad personal y la grandeza del mensaje que ha sido entregado para proclamarlo, libra al ministro de la tentación de predicar buscando sus propios intereses.

Cabe trasladar aquí un breve comentario de Juan Crisóstomo:

"Efectivamente, la grandeza de lo dado y la debilidad de los que lo reciben ponen de manifiesto la fuerza de Dios, no porque regala grandes cosas, sino porque los dona también a los pequeños. Decía, efectivamente, vaso de barro, para significar la fragilidad de la naturaleza humana y haciendo patente la debilidad de nuestra carne, pues en nada es ésta mejor que una vasija de barro. Tan quebradiza es y tan fácilmente expuesta a la muerte, a las enfermedades, a las intemperies y a otros infinitos peligros... Y es que el poder de Dios aparecerá sobre todo cuando con ruines medios realice grandes cosas"[15]

Conocer que somos solo vasos de barro, que el mensaje no es nuestro sino de Dios, que la obra de gracia es privativa Suya, que los hombres se salvan no por el esfuerzo del predicador sino por la acción de Dios en ellos, conducirá a la aceptación de la humildad como única forma de vivir el ministerio cristiano. En eso habrá siempre victoria, porque Dios resiste a los soberbios y da gracia a los humildes.

Las circunstancias del ministerio (4:8-18)

Pruebas y triunfos (4:8-10)

8. Que estamos atribulados en todo, mas no angustiados; en apuros, mas no desesperados.

ἐν παντί θλιβόμενοι ἀλλ' οὐ στενοχωρούμενοι, ἀπορούμενοι
En todo siendo atribulados pero no aplastados, estando perplejos
ἀλλ', οὐκ ἐξαπορούμενοι,
pero no desesperados.

Análisis y notas del texto griego.

Análisis: ἐν, preposición propia de dativo *en*; παντί, caso dativo neutro singular del adjetivo indefinido *todo*; θλιβόμενοι, caso nominativo masculino plural del participio de presente en voz pasiva del verbo θλίβω, *atribular, estrechar, afligir*, aquí *siendo atribulados*; ἀλλ', forma escrita ante vocal de la conjunción adversativa ἀλλά que significa *pero, sino*; οὐ, adverbio de negación *no*; στενοχωρούμενοι, caso nominativo masculino plural del participio de presente en voz pasiva del verbo στενοχορέομαι, *apretar, estrechar*, aquí *estando estrechados*, o *estando aplastados*; ἀπορούμενοι, caso nominativo masculino plural del participio de presente en voz media del verbo ἀπορέω, *estar en*

[15] Juan Crisóstomo. *Homilías sobre la segunda Carta a los Corintios. Patrologiae Cursus Completus. Series Graeca, Paris 1857*, p. 457 s.

incertidumbre, estar perplejo, aquí *estando perplejos*; ἀλλ', forma escrita ante vocal de la conjunción adversativa ἀλλά que significa *pero*, *sino*; οὐκ, forma escrita del adverbio de negación *no*, con el grafismo propio ante una vocal con espíritu suave o una enclítica; ἐξαπορούμενοι, caso nominativo masculino plural del participio de presente en voz media del verbo ἐξαπορέομαι, *caer en perplejidad, desesperar*, aquí *desesperados*.

ἐν παντί θλιβόμενοι ἀλλ' οὐ στενοχωρούμενοι, Un grupo de participios sirven para enseñar, por medio de contrastes lo que ocurre al frágil vaso de barro. El apóstol da testimonio de su día a día, afirmando que, *en todo*, o de *todas las maneras*, son atribulados. La traducción de primer participio *siendo atribulados*, tiene connotación de *aplastar, apretujar*, de ahí que pudiera traducirse siendo *apretados*, por contraste el siguiente participio expresa que, aunque estaban siendo apretados, no podían *aplastarlos*, de manera que fuesen vasos rotos por la presión. Esa era la propia existencia del apóstol (1:8). Rodeado de enemigos vivía *apretado*, pero Dios preparaba siempre una salida (1:10). Los hombres podrían someterlo a intensa aflicción, pero Dios promete: *"No te desampararé, ni te dejaré; de manera que podemos decir confiadamente: El Señor es mi ayudador; no temeré lo que me pueda hacer el hombre"* (He. 13:5b-6). Todos necesitamos descansar en las promesas de aliento y ayuda para llevar a cabo el ministerio encomendado. No solamente era Pablo quien descansaba en el poder divino para no ser aplastado, cada creyente en el conflicto personal de una esfera espiritual que le es contraria, ante enemigos poderosos que son los hombres impíos y mucho más las *"huestes de maldad en regiones celestes"* (Ef. 6:12), necesita ser alentado con la promesa de Dios que le asegura Su ayuda, protección y consuelo permanentes. Nadie puede enfrentarse victoriosamente contra quién está protegido y rodeado por el poder de Dios. El cristiano ve por la fe el futuro, con todos sus conflictos y dice: *"¿Qué, pues, diremos a esto? Si Dios es por nosotros ¿Quién contra nosotros?"* (Ro. 8:31). El tiempo transcurre, los momentos cambian, las situaciones son diferentes, pero el poder de Dios es el mismo. No habrá obra, por difícil que sea, que el más sencillo y débil de los creyentes no pueda llevar a cabo apoyándose en el poder de Dios. Podrá estar –según los hombres– a punto de ser aplastado, pero en esa situación aún confía y dice: *"Todo lo puedo en Cristo que me fortalece"* (Fil. 4:13).

ἀπορούμενοι ἀλλ' οὐκ ἐξαπορούμενοι, Sin embargo, aún en medio de la confianza hay una situación de perplejidad. El apóstol sirve con entrega plena al Señor, está haciendo la obra que le había sido encomendada, aun así, está rodeado de aflicciones y dificultades. En estas situaciones siempre hay una pregunta que no tiene respuesta: *¿Por qué?* El segundo contraste del versículo está expresado también por otros dos participios ambos con verbos que tienen la misma raíz. Primeramente, en el inicio del contraste, el verbo que equivale a *estar perplejo*, que expresa la idea de incertidumbre, irresolución, confusión. El segundo participio en la correspondiente comparativa, tiene la misma raíz y expresa la idea de llevar la perplejidad hasta la desesperación. Como si dijese: tengo una pregunta y no tengo respuesta, pero ni esa, ni otra situación me llevan a una situación de desesperación personal. Pablo no podría nada contra sus enemigos, pero no se desesperaba porque su poder venía de Dios.

Quien no depende de sus fuerzas, el que se sabe un débil vaso de barro, deposita su confianza en el Señor. La seguridad del creyente es firme porque descansa en las promesas de Dios, que es fiel y hace honor a Su palabra. De ahí que podamos decir con confianza: *"Jehová está conmigo; no temeré lo que me pueda hacer el hombre"* (Sal. 118:6). Eso permite una vida de absoluta seguridad (5:6, 8). No hay situaciones desesperadas para quienes tienen la certeza de la presencia y compañía de Dios en su vida. No hay inquietud para quien sabe que Dios está por él. No existe desesperación para quien conoce el compromiso del Señor de estar continuamente a su lado y prestarle la ayuda, fuerza y protección que necesite en cada momento. Así lo expresaba en apóstol: *"¿Qué, pues, diremos a esto? Si Dios es por nosotros ¿quién contra nosotros?"* (Ro. 8:31). Dios está *de parte* del creyente. Nadie puede infundir temor porque ningún enemigo es más poderoso que Dios. Porque Dios está a favor del creyente, nadie es poderoso para derrotarlo. Dios lleva al cristiano continuamente en triunfo en Cristo (2:14).

9. Perseguidos, mas no desamparados; derribados, pero no destruidos.

διωκόμενοι ἀλλ᾽ οὐκ ἐγκαταλειπόμενοι, καταβαλλόμενοι
Estando perseguidos pero no desamparados; siendo derribados
ἀλλ᾽ οὐκ ἀπολλύμενοι,
pero no destruidos.

Notas y análisis del texto griego.

Análisis: διωκόμενοι, caso nominativo masculino plural del participio de presente en voz pasiva del verbo διώκω, *perseguir*; ἀλλ᾽ forma escrita ante vocal de la conjunción adversativa ἀλλά que significa, *pero*, *sino*; οὐκ, forma escrita del adverbio de negación *no*, con el grafismo propio ante una vocal con espíritu suave o una enclítica; ἐγκαταλειπόμενοι, caso nominativo masculino plural del participio de presente en voz pasiva del verbo ἐγκαταλείπω, *abandonar, dejar a un lado, desamparar*, aquí *desamparados*; καταβαλλόμενοι, caso nominativo masculino plural del participio de presente en voz pasiva del verbo καταβάλλω, *derribar*, aquí *siendo derribados*; ἀλλ᾽, forma escrita ante vocal de la conjunción adversativa ἀλλά que significa, *pero*, *sino*; οὐκ, forma escrita del adverbio de negación *no*, con el grafismo propio ante una vocal con espíritu suave o una enclítica; ἀπολλύμενοι, caso nominativo masculino plural del participio de presente en voz media o pasiva del verbo ἀπόλλυμι, *hacer perecer, destruir, matar*, aquí *destruidos*.

διωκόμενοι ἀλλ' οὐκ ἐγκαταλειπόμενοι, En el primer contraste aparece el verbo διώκω, que significa *perseguir*, de otro modo, *correr tras algo* o *alguien*. No cabe duda que esta era una experiencia continuada en la vida de Pablo. Continuamente perseguido tanto por los idólatras de las ciudades, como por los judaizantes. Especialmente estos últimos procuraban causarle conflictos en las iglesias y cuando no lo conseguían levantaban maledicencia contra él que exacerbaba el ánimo de personas que actuaban violentamente contra él. Esta experiencia está en muchos tiempos, lugares y formas de la vida ministerial del apóstol (cf. Hch. 9:23-25, 29; 14:19, 20; 16:19, 24; 19:30 ss.;21:27-36; 23:12-32). Pero en situaciones que humanamente hablando no tendrían solución favorable, el Señor no permitía que Su siervo quedase abandonado y fuese presa de sus enemigos. Dios cumplía Su promesa para él, que nunca estaría solo (Hch, 23:11; 27:23, 24).

καταβαλλόμενοι ἀλλ' οὐκ ἀπολλύμενοι, Añade otro nuevo contraste, en el que primeramente se menciona una situación problemática: *"siendo derribados"*. En muchas ocasiones golpeado, prisionero, lastimado, aparentemente muerto. Pablo fue sometido a graves pruebas por las que el Señor permite pasar a los Suyos. Pero en todas ellas se cumple también el propósito de Jesús. Difícilmente el carcelero de Filipos hubiera sido alcanzado para Cristo, sin que Pablo y Silas no fuesen golpeados y puestos en la celda más segura de la prisión. Aparentemente estaba *derribado*, pero es sólo la forma humana de ver las situaciones adversas.

Sin embargo, en medio de esa aparente derrota, *no era destruido*. Dios sostiene en los momentos más álgidos a los Suyos. Así la experiencia de la vida de Pablo. Tomado en el templo, acusado de violentar el recinto sagrado, hecho prisionero de la guardia romana, con la amenaza de muerte sobre él, es llevado escoltado por la fuerza romana de Jerusalén a Cesárea; aparentemente era un hombre *destruido*, pero el Señor le dijo: *"Ten ánimo, Pablo, pues como has testificado de mí en Jerusalén, así es necesario que testifiques también en Roma"* (Hch. 23:11). En la violenta tempestad que iba a hacer zozobrar la nave en que era llevado prisionero a Roma, el Señor volvió a alentarlo, diciéndole: *"Pablo, no temas; es necesario que comparezcas ante Cesar; y he aquí, Dios te ha concedido todos los que navegan contigo"* (Hch. 27:24). No solo son estas promesas para los creyentes de esta dispensación, sino que lo han sido para los de todos los tiempos, porque *"Cuando el hombre cayere, no quedará postrado, porque Jehová sostiene su mano"* (Sal. 37:24), *"Porque siete veces cae el justo, y vuelve a levantarse"* (Pr. 24:16). Así confiaba el profeta: *"Tú, enemiga mía, no te alegres de mí, porque aunque caí, me levantaré"* (Mi. 7:8).

10. Llevando en el cuerpo siempre por todas partes la muerte de Jesús, para que también la vida de Jesús se manifieste en nuestros cuerpos.

πάντοτε τήν νέκρωσιν τοῦ ᾿Ιησοῦ ἐν τῷ σώματι
Siempre la muerte - de Jesús en el cuerpo
περιφέροντες, ἵνα καί ἡ ζωή τοῦ ᾿Ιησοῦ ἐν τῷ
llevando de un lado a otro para que también la vida - de Jesús en el
σώματι ἡμῶν φανερωθῇ.
cuerpo de nosotros sea manifestada.

Análisis y notas del texto griego.

Análisis: πάντοτε, adverbio *siempre, en todo tiempo, en todo lugar*; τήν, caso acusativo femenino singular del artículo definido *la*; νέκρωσιν, caso acusativo femenino singular del nombre común *muerte*; τοῦ, caso genitivo masculino singular del artículo determinado *el*; ᾿Ιησοῦ, caso genitivo masculino singular del nombre propio declinado *de Jesús*; ἐν, preposición propia de dativo *en*; τῷ, caso dativo neutro singular del artículo determinado *el*; σώματι, caso dativo neutro singular del nombre común *cuerpo*; περιφέροντες, caso nominativo masculino plural del participio de presente en voz activa del verbo περιφέρω, *llevar de acá para allá, llevar de un lado a otro*, aquí *llevando de un lado a otro*; ἵνα, conjunción causal *para que*; καί, adverbio de modo *también*; ἡ, caso nominativo femenino singular del artículo determinado *la*; ζωή, caso nominativo femenino singular del nombre común *vida*; τοῦ, caso genitivo masculino singular del artículo determinado *el*; ᾿Ιησοῦ, caso genitivo masculino singular del nombre propio declinado *de Jesús*; ἐν, preposición propia de dativo *en*; τῷ, caso dativo neutro singular del artículo determinado *el*; σώματι, caso dativo neutro singular del nombre común *cuerpo*; ἡμῶν, caso genitivo de la primera persona plural del pronombre personal declinado *de nosotros*; φανερωθῇ, tercera persona singular del primer aoristo de subjuntivo en voz pasiva del verbo φανέρω, *manifestar*, aquí *sea manifestada*.

πάντοτε τήν νέκρωσιν τοῦ ᾿Ιησοῦ ἐν τῷ σώματι περιφέροντες, El secreto de la victoria está vinculado a la identificación con Cristo. Es el tema central de muchas de las enseñanzas de Pablo y su experiencia personal, cuando afirma que *"para mí el vivir es Cristo"* (Fil. 1:21). La primera oración no expresa la realidad de una muerte física, sino el hecho esencial de la identificación con la muerte de Jesús, el *continuo morir* personal a uno mismo. Así lo expresa en otro modo y en otro escrito: *"Como está escrito: Por causa de ti somos muertos todo el tiempo; somos contados como ovejas de matadero"* (Ro. 8:36). La cita corresponde a un

Salmo (Sal. 44:22), que es un escrito de lamentación nacional, en el que se presenta delante de Dios la derrota que están sufriendo, expresando en el texto citado por Pablo, la situación de aflicción y peligro en que se encuentran delante de los enemigos. No es una situación individual solo del apóstol, sino en general de los creyentes que viven una vida de compromiso con el Señor. La situación es de aparente derrota. El apóstol estaba siendo oprimido, perseguido y sobre él lleva la sentencia de muerte. Esta situación de muerte y angustia a la que estaba sujeto, fue también la del Señor, conforme a lo que había sido profetizado de Él: *"Angustiado Él, y afligido, no abrió su boca; como cordero fue llevado al matadero, y como oveja delante de sus trasquiladores, enmudeció, y no abrió su boca"* (Is. 53:7). El apóstol hace referencia a esta situación a los corintios: *"Os aseguro, hermanos, por la gloria que de vosotros tengo en nuestro Señor Jesucristo, que cada día muero"* (1 Co. 15:31). Las marcas del Señor estaban en el cuerpo de Pablo (Gá. 6:17). Todas las tribulaciones de Pablo no eran otra cosa que *"cumplir lo que falta de las aflicciones de Cristo por su cuerpo, que es la iglesia"* (Col. 1:24).

ἵνα καί ἡ ζωή τοῦ 'Ιησοῦ ἐν τῷ σώματι ἡμῶν φανερωθῇ. Pero, al mismo tiempo que la identificación con Cristo trae acompañada la experiencia de sufrimientos, del mismo modo ocurre con Su poder. La vida victoriosa de Jesús se manifiesta en la vida temporal del creyente. Lo que se vive en la cotidianidad está ligada también a la vida de Jesús: *"... lo que ahora vivo en la carne, lo vivo en la fe del Hijo de Dios"* (Gá. 2:20). Es en Jesús que toma carácter y ser la nueva creación de Dios, el *hombre nuevo* (Gá. 6:15). La vida de Pablo era cada día conducida por la realidad de la de Cristo en él. Esta existencia se realiza de una sola forma: *"en la fe"*, que expresa siempre dependencia. La fe que santifica exige la misma entrega que en la salvación. Esto conlleva necesariamente victoria, ya que Jesús dijo: *"Todas las cosas me fueron entregadas por mi Padre"* (Mt. 11:27), y afirmó también que *"toda potestad me es dada en el cielo y en la tierra"* (Mt 28:18). Vivir al Resucitado es vivir en poder victorioso. El Señor fue investido con todo poder en cielos y tierra para que en Su autoridad se doble toda rodilla (Fil. 2:9-11). El que está sentado en el trono de gloria y es Rey de reyes y Señor de señores, vive en los creyentes, en el caso concreto del texto, en el apóstol, por tanto, lo que aparentemente es *fracaso* el *continuo morir* de cada día, no es más que una situación transitoria, en medio de la cual, la victoria de Dios en Cristo se hace manifiesta en su vida. El resultado perpetuo, modo en que deben verse las cosas en la vida de fe, es el triunfo eterno y la victoria definitiva de todos con Cristo (6:9). Como escribe Kistmaker: *"La muerte era una continua compañera de viaje para Pablo; pero, la vida de Jesús que Dios reveló en el apóstol, también lo acompañaba. El Señor resucitado también fortalecía a Pablo por medio de la renovación continua de su vida”*[16].

Generalmente somos más dados a considerar y lamentar las adversidades, olvidándonos que el sufrimiento por Cristo nunca mengua la gloria de Su vida en nosotros. Quien vive en esta certidumbre, puede decir como Pablo, que no solo se lleva la muerte de Jesús de un lado a otro, sino también la victoria de Su gloriosa grandeza.

Muerte y vida (4:11-12)

11. Porque nosotros que vivimos, siempre estamos entregados a muerte por causa de Jesús, para que también la vida de Jesús se manifieste en nuestra carne mortal.

ἀεί γάρ ἡμεῖς οἱ ζῶντες εἰς θάνατον παραδιδόμεθα
Porque siempre nosotros los que vivimos a muerte somos entregados
διά Ἰησοῦν, ἵνα καί ἡ ζωή τοῦ Ἰησοῦ φανερωθῇ ἐν
por causa de Jesús, para que también la vida - de Jesús sea manifestada en
τῇ θνητῇ σαρκί ἡμῶν.
la mortal carne de nosotros.

Análisis y notas del texto griego.

Análisis: ἀεί, adverbio *siempre*; γάρ, conjunción causal *porque*: ἡμεῖς, caso nominativo de la primera persona plural del pronombre personal *nosotros*; οἱ, caso nominativo masculino plural del artículo definido *los*; ζῶντες, caso nominativo masculino del participio de presente en voz activa del verbo ζάω, *vivir*, aquí *que vivimos*; εἰς, preposición propia de acusativo *a* ; θάνατον, caso acusativo masculino singular del nombre común *muerte*; παραδιδόμεθα, primera persona plural del presente de indicativo en voz pasiva del verbo παραδίδωμι, *entregar*, aquí *somos entregados*; διά, preposición propia de genitivo *por, por causa de*; Ἰησοῦν, caso genitivo masculino singular del nombre propio *Jesús*; ἵνα, conjunción causal *para que*; καί, adverbio de modo *también*; ἡ, caso nominativo femenino singular del artículo definido *la*; ζωή, caso nominativo femenino singular del nombre común *vida*; τοῦ, caso genitivo masculino singular del artículo determinado *el*;Ἰησοῦ, caso genitivo masculino singular del nombre propio declinado *de Jesús*; φανερωθῇ, tercera persona singular del primer aoristo de subjuntivo en voz pasiva del verbo φανερόω, *manifestar*, aquí *sea manifestada*; ἐν, preposición propia de dativo *en*; τῇ, caso dativo femenino singular del artículo determinado *la*; θνητῇ, caso dativo femenino singular del adjetivo *mortal*; σαρκί, caso dativo femenino singular del nombre común *carne*; ἡμῶν, caso genitivo de la primera persona plural del pronombre personal declinado *de nosotros*.

[16] S. Kistemaker. o. c., pág. 129.

ἀεί γάρ ἡμεῖς οἱ ζῶντες εἰς θάνατον. De nuevo reitera lo que expresó en el versículo anterior. Su vida estaba siempre en continuo riesgo de muerte. Cada día estaba dispuesto a morir y, la muerte, era lo que podría ocurrir en cada momento. De otro modo, el que vive a Cristo lleva en el cuerpo la muerte de Jesús, para que de la misma manera se manifieste en el mismo cuerpo la vida de Jesús. Es interesante notar que define al salvo como *vivos*, aunque en riesgo de ser muertos, físicamente hablando, en cualquier momento. El cristiano es un vivo entregado constantemente a la muerte.

παραδιδόμεθα διά ᾽Ιησοῦν, La razón de esa situación no es otra que *"por causa de Jesús"*. Los peligros y riesgos en cada momento se producen por el testimonio de vida fiel al Señor. Las pruebas en el servicio son una concesión de la gracia: *"porque a vosotros os es concedido a causa de Cristo, no solo que creáis en él, sino que padezcáis por él"* (Fil. 1:29). La vida dedicada a Cristo, acarrea conflictos, dificultades e incluso la muerte. El verbo en voz pasiva indica una acción a la que se conduce, de esta manera *somos entregados a la muerte.* Sin embargo, este cuerpo *mortal*, sujeto a los límites del tiempo y a las situaciones adversas, tiene enfrente a Jesús que es esperanza de vida. El que estuvo muerto, resucitó y vive para siempre, se hace vida en el cuerpo mortal del creyente. Por esa causa, la muerte se ve como una experiencia también de la temporalidad, que abre la puerta a una proyección perpetua, donde la muerte no puede alcanzar jamás. Esa experiencia en la vida cristiana es semejante a la de Jesús, que también fue entregado a la muerte por nuestros pecados y resucitado para nuestra justificación (Ro. 4:25).

ἵνα καί ἡ ζωή τοῦ ᾽Ιησοῦ φανερωθῆ ἐν τῆ θνητῆ σαρκί ἡμῶν. La manifestación de la vida de Jesús se produce en el cuerpo mortal del apóstol y en el de cada cristiano, haciéndose la vida una realidad presente. Es verdad que la proyección de esta realidad de vida es escatológica, en el tiempo del encuentro con Jesús donde nuestros cuerpos serán transformados a la semejanza del cuerpo Suyo. Sin embargo, las realidades espirituales de la vida eterna que es la natural de cada creyente, hacen posible que se manifieste en efectos exteriores en la vida diaria. En su condición natural la vida del apóstol y la nuestra es debilidad absoluta, pero en esa debilidad podemos decir seguros: *"Todo lo puedo en Cristo que me fortalece"* (Fil. 4:13).

12. De manera que la muerte actúa en nosotros, y en vosotros la vida.

ὥστε ὁ θάνατος ἐν ἡμῖν ἐνεργεῖται, ἡ δέ ζωή ἐν ὑμῖν.
De manera que la muerte en nosotros actúa, y la vida en vosotros.

Análisis y notas del texto griego.

Análisis: ὥστε, conjunción consecutiva *por tanto, por consiguiente, de tal manera que, con el fin de, con la intención de*; ὁ, caso nominativo masculino singular del artículo determinado *el*; θάνατος, caso nominativo masculino singular del nombre común *muerte*; ἐν, preposición propia de dativo *en*; ἡμῖν, caso dativo de la primera persona plural del pronombre personal *nosotros*; ἐνεργεῖται, tercera persona singular del presente de indicativo en voz media del verbo ἐνεργέω, *obrar, actuar*, aquí *actúa*; ἡ, caso nominativo femenino singular del artículo determinado *la*; δέ, partícula conjuntiva que hace las veces de conjunción coordinante, con sentido de *pero, más bien, y, y por cierto, antes bien, entonces*; ζωή, caso nominativo femenino singular del nombre común *vida*; ἐν, preposición propia de dativo *en*; ὑμῖν, caso dativo de la segunda persona plural del pronombre personal *vosotros*.

ὥστε ὁ θάνατος ἐν ἡμῖν ἐνεργεῖται, Pablo concluye el párrafo afirmando que la muerte *actúa* en él. El plural *nosotros,* es usado habitualmente en la *Epístola*, bien sea en referencia a él y al equipo que colaboraba con él en el ministerio, o más bien usándolo como a título personal. Lo que es claro, por cuanto antecede, que la muerte estaba actuando, aunque no lo alcanzase por la protección divina. Cada día, el predicar el evangelio, la fundación de iglesias, el pastoreo de los creyentes, generaba conflicto y peligro de muerte. De ahí que la primera afirmación sea una referencia a la situación de dificultades y peligros que era su día a día en el servicio del Señor.

ἡ δέ ζωή ἐν ὑμῖν. Pero, no es menos cierto que ese arduo ministerio traía una consecuencia positiva para los creyentes, la vida de Cristo y Sus bendiciones se manifestaban en ellos. El hecho de que Dios cuidase de Pablo para que pudiera seguir ejerciendo su apostolado, no tenía como principal objetivo el beneficio del apóstol, sino el provecho de aquellos a quienes ministraba. Los trabajos suyos no eran en vano, producían efecto de vida en tantos que se convertían a Cristo por la proclamación del evangelio, en tantos que crecían en la fe y se fortalecían espiritualmente como resultado del ministerio de enseñanza en las iglesias. Esto no presupone que sólo él era perseguido y estaba siempre en riesgo de muerte, ya que esa situación se reproduce en mayor o menor medida en todos los creyentes, como el Señor había anunciado (Jn. 16:33b). Sin embargo, por el riesgo de unos, son bendecidos otros. El Evangelio es vida para todo el que cree.

Ya se ha considerado antes que las aflicciones e incluso la misma muerte en el apóstol sirvió para que otros conocieran a Cristo. Cuando estaba preso en Roma y con *sentencia de muerte*, el evangelio alcanzó a personas de la *casa del César*, que no hubiera podido hacerse de otro modo, luego la *muerte* en Pablo, producía *vida* en otros.

Lo escrito y lo hablado (4:13)

13. Pero teniendo el mismo espíritu de fe, conforme a lo que está escrito: Creí, por lo cual hablé, nosotros también creemos, por lo cual también hablamos.

῎Εχοντες δέ τό αὐτό πνεῦμα τῆς πίστεως κατά τό γεγραμμένον·
Pero teniendo el mismo espíritu de la fe conforme a lo que ha sido escrito
ἐπίστευσα, διό[1] *ἐλάλησα,* καί ἡμεῖς πιστεύομεν, διό
creí, por tanto hablé, también nosotros creemos, por tanto,
καί λαλοῦμεν,
también hablamos.

Análisis y notas del texto griego.

Análisis:῎Εχοντες, caso nominativo masculino plural del participio de presente en voz activa del verbo ἔχω, *tener*, aquí *teniendo*; δέ, partícula conjuntiva que hace las veces de conjunción coordinante, con sentido de *pero, más bien, y, y por cierto, antes bien, entonces*; τό, caso acusativo neutro singular del artículo definido *el*; αὐτό, caso acusativo neutro singular del pronombre personal *mismo*; πνεῦμα, caso acusativo neutro singular del nombre común *espíritu*; τῆς, caso genitivo femenino singular del artículo determinado declinado *de la*; πίστεως, caso genitivo femenino singular del nombre común *fe*; κατά, preposición propia de acusativo *según, conforme*; τό, caso acusativo neutro singular del artículo determinado declinado *a lo*; γεγραμμένον, caso acusativo neutro singular del participio perfecto en voz pasiva del verbo γράφω, *escribir*, aquí *ha sido escrito*; *ἐπίστευσα*, primera persona singular del primer aoristo de indicativo en voz activa del verbo πιστεύω, *creer*, aquí *creí*; *διό*, conjunción coordinativa *por tanto*; *ἐλάλησα*, primera persona singular del primer aoristo de indicativo en voz activa del verbo λαλέω, *hablar*, aquí *hablé*; καί, adverbio de modo *también*; ἡμεῖς, caso nominativo de la primera persona plural del pronombre personal *nosotros*; πιστεύομεν, primera persona plural del presente de indicativo en voz activa del verbo πιστεύω, *crer*, aquí *creemos*; διό, conjunción coordinativa *por tanto*; καί, adverbio de modo *también*; λαλοῦμεν, primera persona plural del presente de indicativo en voz activa del verbo λαλέω, *hablar, decir*, aquí *hablamos*.

Notas. Crítica Textual. Lecturas alternativas.

[1] *διό ἐλάλησα, por tanto, hablé,* según lectura en 𝔓46, B, C^{vid}, D, K, L, P, Ψ, 33, 81, 104, 365, 630, 1241, 1505, 1739, 1881, 2464, 𝔐, latt.

διό καὶ ἐλάλησα, por tanto, también hablé, conforme a a, F, G, 0186, 1175, sy.

῎Εχοντες δέ τό αὐτό πνεῦμα τῆς πίστεως. Complementa lo que está escribiendo haciendo una referencia a la fe, a la que se refiere como *el mismo espíritu de la fe*. La fe es un don de Dios (Ef. 2:8-9). La fe para salvación nace en el corazón del pecador por la acción del Espíritu Santo, en la iluminación interna. Esta fe se convierte en actividad del hombre cuando se ejerce depositándola en el Salvador. En ese momento se inicia la vida cristiana, que discurre luego en la etapa de la santificación por medio de la misma fe, en entrega y dependencia del Salvador. Pablo estuvo diciendo que él estaba viviendo bajo la amenaza de muerte, pero aun así seguía al Señor y cumplía Su voluntad. Su fe en Cristo y la dependencia obediente a Él, producía un resultado práctico en el ministerio, impulsándole a anunciar a todos las buenas nuevas de salvación en el Evangelio, que conducía a los hombres al Salvador. El *espíritu de la fe*, es la dinámica que conduce a la dependencia y compromiso con Jesús. El Espíritu da dones a los creyentes entre los que está el de la fe (1 Co. 12:9)[17]. El Espíritu es el autor de la fe (Ef. 2:8-9), del testimonio (Hch. 1:8), y de la Escritura (2 P. 1:21). En el versículo aparecen tres verbos: *tenemos, creemos* y *hablamos*. Los dos segundos son consecuencia del primero, es decir, porque *tenemos el mismo espíritu de la fe*, creemos y hablamos.

κατά τό γεγραμμένον· *ἐπίστευσα, διό ἐλάλησα,* Afirmando su razonamiento en la Escritura, cita aquí una breve frase del Salmo 116:9, tomada de la versión LXX. La cita es distinta en el texto hebreo, en el que se lee: *Yo confié incluso si decía: Estoy afligido en extremo*. Es una expresión de un creyente que en medio de la aflicción sigue confiando en Dios. Anteriormente en el Salmo se habla de una grave dificultad cuando escribe: *"Me rodearon ligaduras de muerte, me encontraron las angustias del Seol; angustia y dolor había yo hallado"* (Sal. 116:3), pero oró a Dios implorando Su ayuda y fue liberado, de modo que al verse libre de la muerte eleva un cántico de gratitud y confianza al Señor, que ha tenido misericordia con él.

καί ἡμεῖς πιστεύομεν, διό καί λαλοῦμεν, Por esa misma causa Pablo, apoyado en los recursos de la gracia y en la seguridad de la fe es impulsado a hablar y testificar de Cristo: *"Creí, por lo cual hablé"*. La fe genuina conduce al creyente a testificar de Cristo aun a costa de su propia vida. Puesto que le fe le hace sentir la realidad de la acción protectora de Dios en su vida, evidenciada en todas las circunstancias en que estuvo en grave peligro, no teme hablar con denuedo y predicar el Evangelio a toda criatura. La fe de Pablo era la misma fe del salmista, por tanto, lo que aquel hizo al impulso de la fe, era también lo habitual en el apóstol por la

---

[17] Ver comentario al versículo en *1 Corintios* de esta misma serie.

misma fe. Esto es, mantenía la plena confianza en Dios y continuaba, a pesar de todos los peligros, predicando el Evangelio.

Pasado y futuro (4:14)

14. Sabiendo que el que resucitó al Señor Jesús, a nosotros también nos resucitará con Jesús, y nos presentará juntamente con vosotros.

εἰδότες ὅτι ὁ ἐγείρας τόν Κύριον[1] Ἰησοῦν καί ἡμᾶς σύν
Sabiendo que el que resucitó al Señor Jesús también a nosotros con
Ἰησοῦ ἐγερεῖ καί παραστήσει σύν ὑμῖν.
Jesús resucitará y presentará con vosotros.

Análisis y notas del texto griego.

Análisis: εἰδότες, caso nominativo masculino plural del participio perfecto en voz activa del verbo οἶδα, *saber, conocer, entender*, aquí *habiendo sabido*, mejor en este texto *sabiendo*; ὅτι, conjunción *que*; ὁ, caso nominativo masculino singular del artículo determinado *el*; ἐγείρας, caso nominativo masculino singular del participio del primer aoristo en voz activa del verbo ἐγείρω, *levantar, resucitar*, aquí *que resucitó*; τόν, caso acusativo masculino singular del artículo determinado declinado *al*; Κύριον, caso acusativo masculino singular del nombre divino *Señor*; Ἰησοῦν, caso acusativo masculino singular del nombre propio *Jesús*; καί, adverbio de modo *también*; ἡμᾶς, caso acusativo de la primera persona plural del pronombre personal declinado *a nosotros*; σύν, preposición propia de dativo *con*; Ἰησοῦ, caso dativo masculino singular del nombre propio *Jesús*; ἐγερεῖ, tercera persona singular del futuro de indicativo en voz activa del verbo ἐγείρω, *levantar, resucitar*, aquí *resucitará*; καί, conjunción copulativa *y*; παραστήσει, tercera persona singular del futuro de indicativo en voz activa del verbo παρίστημι, *presentar*, aquí *presentará*; σύν, preposición propia de dativo *con*; ὑμῖν, caso dativo de la segunda persona plural del pronombre personal *vosotros*.

Notas. Crítica Textual. Lecturas alternativas.

[1] Κύριον, *Señor*, según lectura en a, C, D, F, G, K, L, P, Ψ, 81, 104, 365, 1175[c], 1241, 1505, 1881, 2464, 𝔐, ar, b, sy, bo.

Se omite Κύριον en 𝔓[46], B, 629, 1175[*], r, vg, sa, bo[bo], Tertuliano.

εἰδότες ὅτι ὁ ἐγείρας τόν Κύριον Ἰησοῦν. La resurrección de Jesús es base de la esperanza cristiana. Es en ella que el cristiano no tiene temor a la muerte como algo inquietante. La mirada se proyecta a la resurrección con Jesús según Su promesa. Pablo alude aquí a *El que resucitó a Jesús*, sin duda la Trinidad intervino en la resurrección del cuerpo humano del Señor. Generalmente cuando no se especifica de otro modo se está haciendo referencia al Padre: *"... Dios, habiendo levantado a su Hijo..."* (Hch. 3:26). El mismo que lo entregó a la muerte por el pecado del mundo, es el que también lo levantó de la tumba. El evangelio que predicaba el apóstol contenía la verdad fundamental de la fe cristiana, que Jesús, no solo murió, sino también resucitó. Sin muerte no hay perdón de pecados, sin resurrección no es posible la justificación, porque es la única forma por la que Dios puede hacer al creyente *"justicia...en Él"* (5:21). Si no hubiese resucitado, la posición *en Cristo* no hubiera sido posible, y la fe en un Cristo muerto sería una fe muerta. Solo el Resucitado puede ser *espíritu vivificante* (1 Co. 15:45), de manera que, si el Señor *"no resucitó, vuestra fe es vana; aún estáis en vuestros pecados"* (1 Co. 15:17).

καί ἡμᾶς σύν 'Ιησοῦ ἐγερεῖ καί παραστήσει σύν ὑμῖν. La fe en la resurrección de Jesús, hace posible la seguridad de la resurrección del creyente. En el momento determinado por Dios, *nos resucitará*. Así se lo recordaba a los corintios: *"He aquí, os digo un misterio: No todos dormiremos; pero todos seremos transformados, en un momento, en un abrir y cerrar de ojos, a la final trompeta; porque se tocará la trompeta, y los muertos serán resucitados incorruptibles, y nosotros seremos transformados"* (1 Co. 15: 51-52). Continuamente estaba esta verdad en la enseñanza del apóstol: *"Porque el Señor mismo con voz de mando, con voz de arcángel, y con trompeta de Dios, descenderá del cielo; y los muertos en Cristo resucitarán primero"* (1 Ts. 4:16). El descenso del Señor traerá aparejada la resurrección de un grupo de muertos, a los que Pablo se refiere llamándoles *muertos en Cristo*. El mismo apóstol recordaba la verdad de la resurrección de los creyentes: "*Porque así como en Adán todos mueren, también en Cristo todos serán vivificados. Pero cada uno en su debido orden: Cristo, las primicias; luego los que son de Cristo, en su venida"* (1 Co. 15:22-23). El cuerpo del creyente a su muerte se corrompe, como el de todos los hombres, regresando al polvo de la tierra de donde fue tomado. Pero en el tiempo establecido recibirá el glorioso cuerpo de resurrección, semejante al del Señor. Este cuerpo de resurrección permite al creyente entrar en el disfrute pleno de una nueva dimensión de vida en la presencia del Señor, disfrutando perpetuamente de las riquezas de gloria que Él tiene como herencia para los Suyos (1 P. 1:4). Es interesante notar que Pablo habla de conjunto, todos los creyentes seremos presentados delante de Dios. Aquellas dificultades y angustias, los conflictos y la muerte violenta, no desaniman al cristiano, porque su vista no está en la temporalidad, sino en la perpetuidad; no está en el tránsito terrenal, sino en el hogar celestial. Por eso, a pesar de los problemas el apóstol predicaba con denuedo cumpliendo el ministerio que había recibido del Señor. El propósito final de Dios es presentar a todos los creyentes ante Él en gloria: *"Nos presentará juntamente con vosotros"* (Ef. 5:27; 1 Ts. 2:19, 20).

Gracia y acción de gracias (4:15)

15. Porque todas estas cosas padecemos por amor a vosotros, para que abundando la gracia por medio de muchos, la acción de gracias sobreabunde para gloria de Dios.

τά γάρ πάντα δι' ὑμᾶς, ἵνα ἡ χάρις πλεονάσασα
Porque las cosas todas a causa de vosotros, para que la gracia que abundó
διά τῶν πλειόνων τήν εὐχαριστίαν περισσεύσῃ εἰς τήν
por medio de - muchos la acción de gracias sobreabunde para la
δόξαν τοῦ Θεοῦ.
gloria - de Dios.

Análisis y notas del texto griego.

Análisis: τά, caso nominativo neutro plural del artículo determinado *los*; γάρ, conjunción causal *porque*; πάντα, caso nominativo neutro plural del adjetivo indefinido *todos*, en sentido de *todas las cosas*; δι', forma contracta de la preposición propia de genitivo διά, *por, por medio de, a causa de*; ὑμᾶς, caso genitivo de la segunda persona plural del pronombre personal *vosotros*; ἵνα, conjunción causal *para que*; ἡ, caso nominativo femenino singular del artículo determinado *la*; χάρις, caso nominativo femenino singular del nombre común *gracia*; πλεονάσασα, caso nominativo femenino singular del participio del primer aoristo en voz activa del verbo πλεονάζω, *abundar mucho, sobreabundar, llegar a abundar mucho*, aquí *que abundó*; διά, preposición propia de genitivo *por medio de*; τῶν, caso genitivo masculino plural del artículo determinado *los*; πλειόνων, caso genitivo masculino plural de adjetivo *muchos*; τήν, caso acusativo femenino singular del artículo determinado *la*; εὐχαριστίαν, caso acusativo femenino singular del nombre común *acción de gracias*; περισσεύσῃ, tercera persona singular del primer aoristo de subjuntivo en voz activa del verbo περισσεύω, *exceder, existir en abundancia, mostrarse abundante, tener abundancia,* en sentido transitivo *hacer que abunde*, aquí *sobreabunde*; εἰς, preposición propia de acusativo *para*; τήν, caso acusativo femenino singular del artículo determinado *la*; δόξαν, caso acusativo femenino singular del nombre común *gloria*; τοῦ, caso genitivo masculino singular del artículo determinado *el*; Θεοῦ, caso genitivo masculino singular del nombre divino declinado *de Dios*.

τά γάρ πάντα δι' ὑμᾶς, El objetivo de la vida de servicio es el bien de los creyentes. Esta idea está en la primera oración del versículo. Es necesario complementar esta frase supliendo el verbo *padecer*, de modo que se lea: *"Porque todas las cosas que padecemos a causa de vosotros"*. Los problemas, conflictos, el riesgo de muerte y también la esperanza de resurrección que motiva el servicio, todo es soportado para la edificación de los creyentes y la salvación de incrédulos.

ἵνα ἡ χάρις πλεονάσασα διά τῶν πλειόνων. Esta manifestación de la gracia en salvación no es evidencia de pocos, sino de muchos. Es decir, muchos fueron alcanzados por la gracia salvadora de Dios y son Sus hijos, miembros del cuerpo de Cristo que es la Iglesia. Es necesario tener en cuenta que el único modo de salvación es por gracia, mediante la fe (Ef. 2:8-9).

τήν εὐχαριστίαν περισσεύσῃ εἰς τήν δόξαν τοῦ Θεοῦ. La consecuencia final de esta manifestación de la gracia es que sobreabunde en gratitud, para la gloria de Dios. La gloria divina se manifiesta en la salvación del pecador, es más, Dios salva para Su gloria (Ef. 1:6, 12, 14). El término final de la obra de salvación conduce a que Dios sea alabado y glorificado. Aparentemente pudiera entenderse como que Él ha determinado salvar con el propósito de añadir gloria. Nada necesita Dios, y nada puede añadirse a la gloria que como Dios tiene. Ninguna acción del hombre añadirá gloria al Ser Divino, puesto que la gloria Suya es infinita. Lo que enseña la Escritura es que el programa de salvación y la ejecución del mismo conduce a que los seres inteligentes, hombres y ángeles tributen honor y gloria a quien la hizo posible. Los cristianos alaban la gloria de la gracia de Dios, expresada en el favor inmerecido de ser elegidos y predestinados para la adopción como hijos. En la salvación de los hombres Dios hizo brillar de un modo esplendente la gloria de Su gracia, que inexorablemente lleva a la alabanza por esa gloriosa gracia. En este caso, la *gloria* a favor de quienes no tienen derecho alguno para recibirla, y ser objetos de ella, cada uno de los favorecidos que recibieron todo cuanto comprende la obra de salvación, por soberanía y designio de Dios, son también los que tienen herencia y éstos, en ellos mismos, son motivo de alabanza y gloria a Dios, que no pueden sino exclamar: *"¡Bendito sea el Dios y Padre de nuestro Señor Jesucristo!"*. Este admirable designio divino establecido en la eternidad, tiene como motivo de esperanza, lo que el apóstol acaba de mencionar, *la resurrección* en identificación con Cristo. Cuando esto acontezca en plenitud Dios será glorificado por lo que hizo. Esa es la *alabanza suprema de la gloria de Dios*. Luego, perpetuamente, el pueblo redimido proclamará la gloria de la gracia divina, y ese mismo pueblo será objeto que glorifique a Dios por la consecución de Su eterno plan de salvación. De ahí las palabras finales del versículo, en las el que apóstol dice: *"... la acción de gracias sobreabunde, para la gloria de Dios"*.

Lo temporal y lo eterno (4:16-18)

16. Por tanto, no desmayamos; antes aunque este nuestro hombre exterior se va desgastando, el interior no obstante se renueva de día en día.

Διό οὐκ ἐγκακοῦμεν, ἀλλ' εἰ καί ὁ ἔξω ἡμῶν
Por lo cual no desmayamos, pero si también el exterior de nosotros
ἄνθρωπος διαφθείρεται, ἀλλ' ὁ ἔσω ἡμῶν ἀνακαινοῦται
hombre es destruido, mas el interior de nosotros se renueva
ἡμέρᾳ καί ἡμέρᾳ.
día a día.

> Análisis y notas del texto griego.
>
> Análisis: Διό, conjunción, *por eso, por lo cual, por esa razón*; οὐκ, forma escrita del adverbio de negación *no*, con el grafismo propio ante una vocal con espíritu suave o una enclítica; ἐγκακοῦμεν, primera persona plural del presente de indicativo en voz activa del verbo ἐγκακέω, *cansarse, desanimarse, desmayar*, aquí *desmayamos*; ἀλλ', forma escrita ante vocal de la conjunción adversativa ἀλλά que significa *pero, sino*; εἰ, conjunción *si*; καί, adverbio de modo *también*; ὁ, caso nominativo masculino singular del artículo determinado *el*; ἔξω, adverbio, preposición impropia *afuera, fuera, exterior*; ἡμῶν, caso genitivo de la primera persona plural del pronombre personal declinado *de nosotros*; ἄνθρωπος, caso nominativo masculino singular del nombre común *hombre*; διαφθείρεται, tercera persona singular del presente de indicativo en voz pasiva del verbo διαφθείρω, *corromper, dañar, destruir*, aquí *es destruido*; ἀλλ', forma escrita ante vocal de la conjunción adversativa ἀλλά que significa *pero, sino, mas, sin embargo*; ὁ, caso nominativo masculino singular del artículo determinado *el*; ἔσω, adverbio *dentro, adentro, en el interior, interior*; ἡμῶν, caso genitivo de la primera persona plural del pronombre personal declinado *de nosotros*; ἀνακαινοῦται, tercera persona singular del presente e indicativo en voz pasiva del verbo ἀνακαινόω, *renovar*, aquí *es renovado*; ἡμέρᾳ, caso dativo femenino singular del nombre común *día*; καί, conjunción copulativa *y*; ἡμέρᾳ, caso dativo femenino singular del nombre común *día*.

Διό οὐκ ἐγκακοῦμεν, ἀλλ' εἰ καί ὁ ἔξω ἡμῶν ἄνθρωπος διαφθείρεται, Pablo menciona aquí *el hombre exterior* y *el hombre interior*. El exterior se refiere a la naturaleza física del creyente, son los vasos de barro, frágiles, quebradizos, a los que metafóricamente se refirió antes (v. 7). Se trata también de la *morada terrestre*, el cuerpo de tránsito aquí en la tierra (5:1). La condición de este *cuerpo exterior* es que se va desgastando, literalmente *va decayendo*. El verbo en presente indica una acción continuada, como si dijese *está en caída*. Desde que el hombre nace comienza el desgaste que conduce inexorablemente a la muerte física. Este *desgaste* en el diario vivir afecta también, como hombre, a Pablo, quien se considera ya como un anciano (Flm. 9). Es verdad, históricamente hablando, que los hombres vivían menos años y que con una edad aproximada de sesenta años, ya se consideraba como mayor; esto se ha revertido en nuestro tiempo donde los avances médicos permiten un mayor número de años, pero, en cualquier caso, desde el momento del nacimiento se produce un tránsito que va desgastando el organismo hasta terminar en la muerte.

ἀλλ' ὁ ἔσω ἡμῶν ἀνακαινοῦται ἡμέρᾳ καί ἡμέρᾳ. Pero mientras esto ocurre con el cuerpo *exterior*, el *interior*, esto es, el espiritual, en contraste con el que se destruye, se renueva cada día. Es la consecuencia de lo enseñando antes (2:14; 3:18). La vida espiritual es como la luz de la aurora que va aumentado hasta que el día es perfecto (Pr. 4:18). Este llamado *hombre interior* es donde hace morada el Espíritu y que Él mismo renueva y fortifica. Ambas situaciones, la del hombre *exterior* y la del *interior*, siguen un proceso inverso. Mientras que el exterior va desgastándose día a día hasta extinguirse, el interior va renovándose siendo transformado de gloria en gloria (3:18).

Así escribe el profesor Pastor Gutiérrez:

"No obstante la destrucción progresiva de sus energías físicas, totalmente dedicadas al apostolado, la renovación constante del hombre interior es motivo de inefable consolación, ya que es consciente de que al declive de su vida hasta la muerte corresponde un progreso del hombre interior que culminará en los fulgores de la eternidad"[18].

La conversión a Cristo marca el inicio de una nueva experiencia en el nuevo ser interior, en el que se manifiesta la vida renovada y victoriosa. El cuerpo exterior tendrá que soportar dificultades, problemas, dolores y riesgos, pero el interior triunfa siempre mediante Jesucristo. Esta transformación progresiva cumple en el creyente la predestinación que Dios marca para los cristianos, que seamos conformados a la imagen de Su Hijo, operación de renovación en manos del Espíritu Santo (Ro. 8:29).

17. Porque esta leve tribulación momentánea produce en nosotros un cada vez más excelente y eterno peso de gloria.

τό γάρ παραυτίκα ἐλαφρόν[1] τῆς θλίψεως ἡμῶν[2] καθ' ὑπερβολήν
Porque lo momentáneamente ligero de la aflicción de nosotros con exceso
εἰς ὑπερβολήν αἰώνιον βάρος δόξης κατεργάζεται ἡμῖν,
hasta exceso eterno peso de gloria, produce en nosotros.

[18] Pastor Gutiérrez. o. c., pág. 530.

Análisis y notas del texto griego.

Análisis: τό, caso nominativo neutro singular del artículo determinado *lo*; γάρ, conjunción causal *porque*; παραυτίκα, adverbio de modo *momentáneamente*; ἐλαφρόν, caso nominativo neutro singular del adjetivo *leve, ligero*; τῆς, caso genitivo femenino singular del artículo determinado *de la*; θλίψεως, caso genitivo femenino singular del nombre común *aflicción*; ἡμῶν, caso genitivo de la primera persona plural del pronombre personal declinado *de nosotros*; καθ', forma de la preposición de acusativo κατά, por elisión y asimilación ante vocal con espíritu áspero, que equivale a *por*; ὑπερβολήν, caso acusativo femenino singular del nombre común *exceso*; εἰς, preposición propia de acusativo *a, en*; ὑπερβολήν, caso acusativo femenino singular del nombre común *exceso*; αἰώνιον, caso acusativo neutro singular del adjetivo *eterno*; βάρος, caso acusativo neutro singular del nombre común *peso*; δόξης, caso genitivo femenino singular del nombre común declinado *de gloria*; κατεργάζεται, tercera persona singular del presente de indicativo en voz media del verbo κατεργάζομαι, *realizar, hacer, obrar, producir*, aquí *produce*; ἡμῖν, caso dativo de la primera persona plural del pronombre personal *en nosotros*.

Notas. Crítica Textual. Lecturas alternativas.

[1] παραυτίκα ἐλαφρόν, *momentáneamente ligero*, según lectura en a, C[vid], D, F, G, K, L, P, Ψ, 0243, 33, 81, 104, 365, 630, 1175, 1241, 1505, 1739, 1881, 2464, 𝔐, latt, sy[h], Orígenes.

παραυτίκα πρόσκαιρον καὶ ἐλαφρόν, *momentáneamente temporal y ligero*, conforme a D*, F, G, Tertuliano.

[2] ἡμῶν, *de nosotros*, como se lee en a, C[vid], D, F, G, K, L, P, Ψ, 0243, 33, 81, 104, 365, 630, 1175, 1241, 1505, 1739, 1881, 2464, 𝔐, latt, sy[h], Orígenes.

Se omite el pronombre en 𝔓[46], B, sy[p].

τό γάρ παραυτίκα ἐλαφρόν τῆς θλίψεως ἡμῶν. Las aflicciones son siempre motivo de reflexión e incluso de juicio personal que las sitúa en un plano de conflicto o de esperanza. Este es el caso que el apóstol presenta en el versículo. Las aflicciones son consideradas aquí como *ligeras, leves*. Llama la atención esta forma de entenderlas cuando realmente la vida del apóstol era de conflicto en conflicto y los sufrimientos suyos, excesivamente grandes. No tenía recursos personales y muchas veces le faltaba el alimento y el vestido que necesitaba; su constitución física era débil y en ocasiones estaba enfermo; varias veces fue azotado con varas por los judíos; otras bajo azote de los romanos; fue lapidado en Listra hasta darlo por muerto; varias veces encarcelado; experimentó varios naufragios; considerado como rebelde y sedicioso;

llamado a juicio por el alto tribunal romano; etc. No es concebible que diga que sus tribulaciones son *leves* e incluso *transitorias*. A esto debe unirse los problemas que tenía con confrontar en las iglesias que fundaba, por acciones como en Corinto de los *falsos maestros*. El afirma en el texto que sus aflicciones habían superado toda capacidad de resistencia (1:8). El reconoce la situación de aflicciones por las que había pasado y estaba pasando. No se trataba de afrontar el sufrimiento al estilo de los estoicos. Pero el secreto de este versículo está en el punto de vista de las tribulaciones. Pablo consideraba que eran transitorias, por cuanto no podían durar más allá de la propia vida física. El contrasta las aflicciones con la gloria venidera y aprecia que son *momentáneas*, como dice el Salmo: *"... por la noche durará el lloro, y a la mañana vendrá la alegría"* (Sal. 30:5). Las aflicciones son temporales pero el día del encuentro eterno con Jesús, las hace de corta duración. El mismo carácter de *tribulación* deja de tener mordiente al compararlo con la gloria venidera. Las pruebas son leves en contraste con el *peso de gloria*. Además, está la realidad de la vida de Cristo en el creyente. El Señor advirtió a los Suyos que lo que le hacían a Él también lo harían con ellos, de modo que era de esperar que proclamando a Cristo trajera consecuencias para el que daba testimonio. De otro modo ¿qué supone la vida comparada con la eternidad? Es la perspectiva personal al considerar y distinguir claramente lo temporal y lo eterno que conduce a una u otra apreciación de las cosas.

καθ' ὑπερβολὴν εἰς ὑπερβολὴν αἰώνιον βάρος δόξης κατεργάζεται ἡμῖν, La construcción ὑπερβολὴν εἰς ὑπερβολὴν, equivale a *sobre toda medida*, independientemente la primera expresión καθ' ὑπερβολὴν, *en exceso, sobremanera*, ambas unidas por la preposición εἰς, *hasta*, hace literalmente traducida una expresión poco inteligible en castellano, que sería: *con exceso hasta exceso*, de ahí que deba buscársele sentido y que se traduzca como *un cada vez más excelente*[19], o también *nos produce un extraordinario, desproporcionado*[20]. A esta extraordinaria grandeza por su peso de gloria, añade también la ausencia de temporalidad ya que es un *eterno peso de gloria*. La gloria eterna excede a toda medida humanamente comprensible. Las aflicciones son cortas, la gloria eterna. De esa manera contempladas las adversidades no pueden producir inquietud, de modo que el creyente puede decir: *"Por tanto, no desmayamos"*.

---

[19] Versión RV 60.
[20] Biblia Cantera-Iglesias.

18. No mirando nosotros las cosas que se ven, sino las que no se ven; pues las cosas que se ven son temporales, pero las que no se ven son eternas.

μή σκοπούντων ἡμῶν τά βλεπόμενα ἀλλά τά μή βλεπόμενα·
No mirando nosotros las cosas que se ven, sino las que no se ven
τά γάρ βλεπόμενα πρόσκαιρα, τά δέ μή βλεπόμενα αἰώνια.
porque las cosas que se ven temporales, pero las que no se ven eternas.

Notas y análisis del texto griego.

Análisis: μή, partícula que hace funciones de adverbio de negación *no*; σκοπούντων, caso genitivo masculino plural del participio de presente en voz activa del verbo σκοπέω, *poner atención, prestar atención, observar*, aquí *mirando*; ἡμῶν, caso genitivo de la primera persona plural del pronombre personal *nosotros*; τά, caso acusativo neutro plural del artículo determinado *los*, en sentido de *las cosas*; βλεπόμενα, caso acusativo neutro plural del participio de presente en voz pasiva del verbo βλέπω, *ver, mirar, fijarse*, aquí *que se ven*; ἀλλά, conjunción adversativa *sino*; τά, caso acusativo neutro plural del artículo determinado *los*, en sentido de *las cosas*; μή, partícula que hace funciones de adverbio de negación *no*; βλεπόμενα, caso acusativo neutro plural del participio de presente en voz pasiva del verbo βλέπω, *ver, mirar, fijarse*, aquí *que se ven*; τά, caso acusativo neutro plural del artículo determinado *los*, en sentido de *las cosas*; γάρ, conjunción causal *porque*; βλεπόμενα, caso acusativo neutro plural del participio de presente en voz pasiva del verbo βλέπω, *ver, mirar, fijarse*, aquí *que se ven*; πρόσκαιρα, caso nominativo neutro plural del adjetivo *temporales*; τά, caso acusativo neutro plural del artículo determinado *los*, en sentido de *las cosas*; δέ, partícula conjuntiva que hace las veces de conjunción coordinante, con sentido de *pero, más bien, y, y por cierto, antes bien, entonces*; μή, partícula que hace funciones de adverbio de negación *no*; βλεπόμενα, caso acusativo neutro plural del participio de presente en voz pasiva del verbo βλέπω, *ver, mirar, fijarse*, aquí *que se ven*; αἰώνια, caso nominativo neutro plural del adjetivo *eternos*.

μή σκοπούντων ἡμῶν τά βλεπόμενα ἀλλά τά μή βλεπόμενα· Las aflicciones y riesgos, incluso de muerte, son vistas como transitorias y leves porque Pablo no miraba a las cosas temporales sino a las eternas. Por consiguiente, al centrar la atención en las cosas invisibles que son eternas dejan de estar en el punto de atención personal aquellas que por ser temporales son pasajeras. De ahí la exhortación del apóstol a los colosenses: *"Si, pues, habéis resucitado con Cristo, buscad las cosas de arriba, donde está Cristo sentado a la diestra de Dios. Poned la mira en las cosas de arriba, no en las de la tierra"* (Col. 3:1-2). Es por principio de vida y de identificación con Cristo que se exhorta al creyente para que preste atención a las cosas celestiales. Pensar, prestar atención, a las cosas celestiales equivale a una actitud global ante la vida, porque como el Señor: *"donde está vuestro tesoro, allí estará también vuestro corazón"* (Lc. 12:34). Las cosas terrenales *se ven*, las celestiales *no se ven ahora*, pero se esperan confiadamente por la fe. Esta atención a las cosas de arriba evitará sentir interés y lamentarse por las temporales. El creyente como peregrino camina sobre la tierra, pero su atención y pensamiento está en el cielo. Los creyentes ya no son del mundo, han sido trasladados al reino de Cristo, el reino celestial y pertenecen a él. Por medio de la fe descansan en las bendiciones que son propias de las cosas eternas, que no terminan como ocurre con las temporales.

τά γάρ βλεπόμενα πρόσκαιρα, τά δέ μή βλεπόμενα αἰώνια. El versículo concluye con un nuevo contraste: *"porque las cosas que se ven, temporales, pero las que no se ven, eternas"*. El adjetivo πρόσκαιρος, *temporal*, indica algo que dura un tiempo medible. Es muy utilizada para referirse a lo efímero y pasajero (cf. Mt. 13:21; Mr. 4:17; He. 11:25). En contraste lo eterno se mantiene siempre. La enseñanza de Jesús está en esta misma dirección: *"No os hagáis tesoros en la tierra, donde la polilla y el orín corrompen, y donde ladrones minan y hurtan; sino haceos tesoros en el cielo, donde ni la polilla ni el orín corrompen, y donde ladrones no minan ni hurtan. Porque donde esté vuestro tesoro allí estará vuestro corazón"* (Mt. 6:19-21).

Algunos principios de aplicación personal pueden entresacarse de la enseñanza del capítulo. En primer lugar, el testimonio del ministro ha de acompañar su ministerio. Algunos que se consideraban a ellos mismos como enviados por los apóstoles, no hacían concordar lo que pretendía enseñar de compromiso con las prácticas religiosas que imponían, con la forma propia de sus vidas. Aquellos adulteraban la Palabra de Dios, en su propio provecho personal. El ministro que sirve con fidelidad, no utiliza el texto bíblico para enseñar aquello que no está en él. Algunos fuerzan la enseñanza para ajustarla y que sirva de medio para sustentar sus propias ideas. Generalmente se trata de sostener *principios* de orden religioso. Buscan textos que pueden *adaptarse* a sus pensamientos para exigir del pueblo de Dios obediencia a lo que ellos, y no la Biblia, establecen. Es más, hay quienes se predican a ellos mismos buscando seguidores entre los creyentes. Algunos procuran que se conozca con su nombre a quienes son sus discípulos. La enseñanza bíblica es todo lo contrario. La gloria no es para el siervo, sino para el Señor, por esa razón cuando los discípulos del Bautista le oyeron hablar, inmediatamente siguieron a Jesús (Jn. 1:37).

Es interesante apreciar que la acción diabólica contra la predicación del evangelio bíblico y Cristo-céntrico, tratará de que la luz de la verdad no resplandezca en los incrédulos. El predicador sabe que sólo cuando el Espíritu ilumina el corazón del pecador perdido, podrá entender el mensaje salvador de la Cruz, que antes es locura para todo el que no ha creído (1 Co. 1:18). Nadie puede ser salvo sin el llamamiento del Padre, sin la aplicación de la obra redentora del Hijo y sin la convicción de pecado del Espíritu Santo. Esto demanda un retorno sin condiciones al Evangelio de la gracia que no solo convence al pecador de su situación, sino que produce conversiones a Cristo.

Finalmente, la última parte del texto bíblico llama la atención de cada uno de nosotros para que investiguemos en nuestra intimidad en donde están los valores personales de cada uno. La vida cristiana cambia de sentido y de experiencia cuando se afirma en los valores eternos y deja en un segundo nivel los temporales. Cuando las adversidades, las tribulaciones, los problemas vienen a la experiencia cristiana, el corazón que vive en lugares celestiales, debe levantar sus ojos para encontrar la gloriosa bendición de la esperanza del lugar que Jesús prepara para los Suyos. Las lágrimas de los problemas serán eternamente enjugadas por Dios. La muerte que ha estado sobre cada uno de nosotros desaparecerá de la experiencia de vida en aquel lugar donde no hay muerte. El llanto que atenazó el corazón cristiano por causa de la tristeza, no importa cuál sea el motivo, dejará de fluir porque allí *no hay llanto*. Todo clamor que se produce por las injusticias de los hombres, habrá terminado perpetuamente porque no tiene cabida en la eternidad con Cristo. El dolor producto de los sufrimientos físicos y de la enfermedad habrá quedado como algo propio de la temporalidad, porque *las primeras cosas pasaron*. Rodeados de enemigos en el mundo, gozaremos para siempre de la presencia de Dios que estará con quienes son Suyos. Por eso podemos decir con seguridad ahora: *"Por tanto, no desmayamos"*.

CAPÍTULO V

EN LA ESFERA DE LA GRACIA

Introducción

Dentro de la tercera división que se estableció para la *Epístola*, que trata sobre el ministerio del apóstol y que va desde 2:14 hasta 6:10, las divisiones de los capítulos son simplemente apartados de esta larga parte del escrito de Pablo.

En el capítulo anterior concluyó afirmando que a pesar de las dificultades e incluso del riesgo de la propia vida, no desfallecía, por la esperanza que motivaba en él la resurrección de Cristo y, por identificación Él, la suya propia. Estaba viviendo las situaciones adversas como aspectos puntuales de la temporalidad, pero su vista no estaba en el tiempo que pudiesen durar los conflictos, e incluso en los problemas en sí, sino que su corazón, que condicionaba su vida, estaba puesto en la *perpetuidad* de gozo y descanso con Jesús.

El mismo tema continúa ahora en el que se va a comentar. El testimonio suyo es de seguridad plena porque, aunque su morada terrenal fuese destruida, tenía un tabernáculo en el cielo no hecho con mano humana, que no es temporal sino eterno.

En la defensa que hace de su ministerio, pone ahora las tres grandes bases en las que descansa su actividad y entrega. La primera de ellas es la *esperanza*, que todo creyente tiene de la gloria venidera (vv. 1-9). En este sentido la seguridad suya está en una morada eterna, frente a la temporalidad de su experiencia terrenal (v. 1). Por esta razón anhela llegar a la vivencia de esa habitación celestial, que le libraría de los rigores y peligros que se producían continuamente en su vida (v. 2). Entra en el tema de la vida después de la muerte y antes de retorno de Jesús y la resurrección de los salvos (v. 3). El anhelo suyo es que pueda pasar al encuentro de Cristo mediante la transformación del cuerpo, sin tener que esperar la transformación después de la muerte (v. 4). La esperanza cristiana es firme puesto que Dios dio al creyente las *"arras del Espíritu"* (v. 5). La confianza en lo que esperamos, le impulsa en el ministerio, mientras que, al estar en el cuerpo, no está en la presencia eterna con el Señor (v. 6). No cabe duda que el mayor anhelo del apóstol y de cada creyente es partir del cuerpo para estar presente al Señor (v. 8). Esta esperanza motiva e impulsa la vida cristiana, porque en cualquier circunstancia, bien sea la terrenal o la eterna, el deseo de cada uno debiera ser un estilo de vida que agrade al Señor (v. 9).

Una segunda división del capítulo sigue pasando al tema del tribunal de Cristo (vv. 10-13). Lo presenta no como una posibilidad sino como una certeza, ya que es necesaria la comparecencia de los creyentes ante el Señor (v.10). Por consiguiente, esa seguridad debiera producir un estilo de vida que no moleste la conciencia personal (v. 11). Esto evitaría que nadie que se llame seguidor de Cristo, pueda caer en la glorificación personal que descansa en las apariencias, sino en la verdadera piedad presente en el corazón (v. 12-13). No cabe duda que estos versículos han generado varias interpretaciones y cada uno de ellos contiene dificultades a las que debe presentársele toda la atención.

La tercera parte (vv. 14-21), trata sobre el amor de Cristo y las consecuencias que ha producido. Resume esto en dos breves frases: *"Uno murió por todos, luego, todos murieron"*. Esto es lo que impulsa al creyente a servir con entrega total, de modo que la obra redentora hace que los salvos no vivan para sí mismos, sino para quien murió y resucitó por ellos (vv. 14-15). Este cambio operado en el apóstol le lleva a no vivir de apariencias, gloriándose en un posible conocimiento de Jesús como hombre, sino que pasa a conocerlo espiritualmente (v. 16). La transformación por identificación y posición en Cristo, cambia totalmente la vida del creyente, donde todo lo pasado se extingue y cuando ocurre es ya una novedad de vida (v. 17). El ministerio de evangelización que le ha sido encomendado proclama al mundo la doctrina de la reconciliación, por tanto, como embajadores de Cristo, insta a la aceptación de lo que Dios hizo por el pecador (vv. 18-21). Concluyendo con una exposición breve de la doctrina de la justificación hecha posible en la obra de Jesucristo (v. 21).

Para el comentario del capítulo, se sigue el *bosquejo* que se indicó en la *introducción*, como sigue:

6. El impulso para el ministerio (5:1-21).
    6.1. Seguridad de la resurrección (5:1-9).
    6.2. Juicio ante el tribunal de Cristo (5:10-13).
    6.3. El amor de Cristo (5:14-21).

El impulso para el ministerio (5:1-21)

Seguridad de la resurrección (5:1-9)

1. Porque sabemos que si nuestra morada terrestre, este tabernáculo, se deshiciere, tenemos de Dios un edificio, una casa no hecha de manos, eterna, en los cielos.

Οἴδαμεν γὰρ ὅτι ἐὰν ἡ ἐπίγειος ἡμῶν οἰκία τοῦ σκήνους
Porque sabemos que si la terrenal de nosotros casa la tienda de campaña
καταλυθῇ, οἰκοδομὴν ἐκ Θεοῦ ἔχομεν, οἰκίαν ἀχειροποίητον
fuese destruida edificio de Dios tenemos, casa no hecha con manos
αἰώνιον ἐν τοῖς οὐρανοῖς.
eterna en los cielos.

Análisis y notas del texto griego.

Análisis: Οἴδαμεν, primera persona plural del perfecto de indicativo en voz activa del verbo οἶδα, *saber, conocer entender*, literalmente *hemos sabido*, mejor aquí *sabemos*; γὰρ, conjunción causal *porque*: ὅτι, conjunción *que*; ἐὰν, conjunción afirmativa *si*; ἡ, caso nominativo femenino singular del artículo determinado *la*; ἐπίγειος, caso nominativo femenino singular del adjetivo *terrena, terrenal*; ἡμῶν, caso genitivo de la primera persona plural del pronombre personal declinado *de nosotros*; οἰκία, caso nominativo femenino singular del nombre común *casa*; τοῦ, caso genitivo masculino singular del artículo determinado *el*; σκήνους, caso genitivo masculino singular del nombre común *tabernáculo, tienda de campaña*; καταλυθῇ, tercera persona singular del primer aoristo de subjuntivo en voz activa del verbo καταλύω, *disolver, destruir, dejar sin validez*, aquí *fuese destruida*; οἰκοδομὴν, caso acusativo femenino singular del nombre común *casa*; ἐκ, preposición propia de genitivo *de*; Θεοῦ, caso genitivo masculino singular del nombre divino *Dios*; ἔχομεν, primera persona plural del presente de indicativo en voz activa del verbo ἔχω, *tener, poseer*, aquí *tenemos*; οἰκίαν, caso acusativo femenino singular del nombre común *casa*; ἀχειροποίητον, caso acusativo femenino singular del adjetivo *no hecha por manos*; αἰώνιον, caso acusativo femenino singular del adjetivo *eterna*; ἐν, preposición propia de dativo *en*; τοῖς, caso dativo masculino plural del artículo definido *los*; οὐρανοῖς, caso dativo masculino plural del nombre común *cielos*.

Οἴδαμεν γὰρ. La expectación de cada creyente en el trance de la muerte, es la esperanza segura de lo que tenemos reservado en los cielos. Esto forma parte de la fe cristiana. El verbo en perfecto de indicativo expresa la idea de una acción totalmente realizada, que ha ocurrido en el pasado, la traducción más precisa sería *hemos sabido*. Pablo sabía y lo había hecho saber a los creyentes lo que sigue a continuación.

ὅτι ἐὰν ἡ ἐπίγειος ἡμῶν οἰκία τοῦ σκήνους καταλυθῇ, Habla metafóricamente del *cuerpo físico*, al que llama aquí la *tienda de campaña*. Es la tienda transitoria del alma, esto es, de la parte espiritual. Antes ya dijo que era débil, que se iba desgastando (4:16). Progresa esta debilidad hasta que la *tienda de campaña*, es desmontada o todavía más, *fuese destruida*, sin duda referencia a la acción de la muerte que afecta el cuerpo y éste retorna al polvo de donde fue tomado. Esa expresión metafórica la usó ya Isaías, cuando escribe: *"Mi morada ha sido movida y traspasada de mí, como tienda de pastor. Como tejedor corté mi vida; me cortará con la enfermedad; me consumirás entre el día y la noche"* (Is. 38:12). El apóstol Pedro se refiere a la muerte como *abandonar el cuerpo* (2 P. 1:14). La tienda de campaña no era una morada permanente, incluso cuando el pastor o el nómada la usara como lugar de recogimiento, ya que, desgastada por el uso, o afectada por una inclemencia meteorológica tenía que ser desechada y sustituida por otra. Así aquí el apóstol usa el símil de la tienda para hablar del cuerpo humano. Lo que sabe primeramente es que la *tienda de campaña*, el cuerpo natural, será *desecho*, aparentemente *destruido* en la experiencia de la muerte. Es necesario recordar que Dios ha establecido que todos los hombres mueran una vez (He. 9:27). Hasta aquí no hay problema interpretativo.

οἰκοδομὴν ἐκ Θεοῦ ἔχομεν, οἰκίαν ἀχειροποίητον αἰώνιον ἐν τοῖς οὐρανοῖς. Es en esta segunda parte del versículo donde existe el problema interpretativo. Pablo afirma que cuando la *tienda de campaña* se destruya tenemos un *edificio*, una *casa* que Dios nos dará que no ha sido hecha por manos humanas y, por tanto, *eterna*, en los cielos. La pregunta que surge para la exégesis de esta parte del texto es: *¿Qué es la casa o el edificio eterno en los cielos? ¿Dónde están los que durmieron en Jesús antes de la resurrección? ¿Cuál es el estado de la parte espiritual de creyente cuando muere?* El concepto de edificio, de casa, establece un marcado contraste con la temporalidad de la tienda de campaña. Tres vías interpretativas se siguen para esta oración en el versículo.

La primera entiende que esta *casa*, *edificio* eterno en los cielos es el *cielo mismo*. El lugar que Jesús prometió para los Suyos (Jn. 14:1-4). En la Revelación de Juan, se le llama la *ciudad santa, la nueva Jerusalén* (Ap. 21:1). Esa es una puntualización de la esperanza de gloria que los creyentes tenemos. Pero la idea profética sobre lo que generalmente llamamos *el cielo*, no es tanto una casa individual, sino un lugar que Cristo prepara para los Suyos, donde todos los creyentes de todas las dispensaciones estaremos eternamente con Él. En ese sentido no es un cuerpo, sino *una ciudad* y ese lugar no sólo es esperanza de los creyentes de la iglesia, sino también de los de la antigua dispensación, como era la de Abraham, del que dice el escritor a los hebreos que, *"esperaba la ciudad que tiene fundamentos, cuyo arquitecto y constructor es Dios"*

(He. 11:10). Del mismo modo se refiere a la descendencia de Abraham, de la que dice: *"Pero anhelaban una mejor, esto es, celestial; por lo cual Dios no se avergüenza de llamarse Dios de ellos; porque les ha preparado una ciudad"* (He. 11:16).

Una segunda propuesta interpretativa es la que habla de esa *casa eterna en los cielos*, como el *cuerpo de resurrección.* Sin embargo, si esta es la interpretación correcta, y la resurrección de los creyentes tendrá lugar al regreso de Jesús para buscar a los Suyos, entonces se produce un valle que no se contempla en el pasaje que va desde la *destrucción de la tienda*, esto es la muerte, hasta la resurrección de los muertos en Cristo. Los que sustentan esta interpretación procuran establecer parámetros bíblicos que la permitan. Esta línea de exégesis generalmente niega la posibilidad de un cuerpo intermedio entre la muerte y la resurrección, posición que se considerará como tercera propuesta interpretativa. Así lo entienden:

"Pablo descarta aquí totalmente cualquier idea de un cuerpo o estado intermedio en el que 'nos apañaremos' hasta el día de la resurrección, sino que la 'ocupación' del cuerpo de gloria comienza en el momento del desenlace o desmantelamiento de la 'tienda' presente. Somos conscientes de que esto puede resultar problemático en vista del lapso de tiempo entre la muerte de la mayoría de los creyentes y la resurrección escatológica, pero creemos que la explicación ha de hallarse en nuestra apreciación sumamente limitada de la diferencia fundamental entre la presente dimensión de tiempo-espacio y la del más allá, la de la nueva creación, donde el 'tiempo' tendrá otra escala y otra dimensión muy distintas. Por de pronto, las frases rotundas de Pablo, tales como 'tendremos un edificio...', 'ausentes del cuerpo, presentes al Señor', y todo el contexto desde 4:16, en nuestro parecer, no admiten otra interpretación". Más adelante añade: *"Como muchos, Hodge, parece creer que este estado paradisíaco es todavía imperfecto; que los que moran allí son espíritus sin cuerpo que esperan la resurrección. Nosotros ponemos en tela de duda esta idea, que a nuestro parecer tiene demasiado en cuenta: a) categorías terrenales muy limitadas de tiempo-espacio, aplicándolas a situaciones fuera de nuestro presente conocimiento experimental, y b) la enseñanza clara de Pablo en 5:1-9, que parece apuntar a la ausencia total de un estado intermedio imperfecto entre la muerte y la resurrección escatológicas: o estamos en el 'tabernáculo' (o tienda) terrestre, que se va cayendo hasta su total desmoronamiento en el momento de morir, u ocupamos la mansión celestial, el cuerpo glorificado de resurrección en el momento de morir. En este caso, el paraíso ya es la plenitud de la Nueva Creación, de la que el creyente puede disfrutar con toda libertad en el cuerpo de gloria, cosa imposible si fuese espíritu sin*

cuerpo. No queremos caer en ningún dogmatismo sobre esta cuestión, en la que ha habido muchísima división de opiniones, Pero la visión del Señor y de Moisés y Elías en sus cuerpos glorificados en el Monte de la Transfiguración, y de los cuerpos de los santos vistos por muchos después de la Resurrección de Cristo (Mt. 27:52-53), entre otras Escrituras, apuntan a la hipótesis que hemos sugerido más que a ninguna otra" [1].

El mayor problema que contiene esta posición es que para los que mueren en Cristo se produce ya la resurrección en donde recibiremos el cuerpo de gloria a la semejanza del de Cristo. Debe notarse que Pablo enseña con claridad que sólo en la venida para recoger a los Suyos, se producirá la *resurrección* de entre los muertos, y sólo allí también la *transformación* de los vivos (1 Ts. 4:16-17). De esa misma manera en la correspondencia corintia (1 Co. 15:51-52). Un elemento que permite apoyar esta interpretación está en el presente del verbo tener, ya que Pablo escribe: *"tenemos de Dios un edificio"*, por tanto, ya está dispuesto en el momento de la muerte y el creyente lo recibe de Dios entonces. Pero, aunque el presente es claro, no es menos cierto que muchas veces se usa un presente como futuro, de modo que en ocasiones hablando del futuro se afirma como presente, cuando decimos: *mañana voy a tal lugar*, en lugar de decir *iré*, dando por sentada una acción futura que se va a realizar con certeza.

Tercera propuesta exegética, tiene que ver con *un cuerpo temporal*. Esto es, la parte espiritual del creyente, en el momento de su muerte, entra en un cuerpo que ocupa temporalmente hasta la resurrección. Es un cuerpo preparado y adaptado a la situación durante el *intermedio* entre la muerte y la resurrección del cuerpo. Esta es otra de las interpretaciones que ha adquirido un gran número de adeptos a lo largo del tiempo. La filosofía enseña que el alma –en sentido de parte espiritual del ser– está insensible e inoperante mientras no tenga cuerpo. Ya que, para el disfrute de la vida, no importa cuál sea esta se requiere un principio vinculante de cuerpo y alma, sin la limitación de una organización corporal no es posible la existencia del alma. La Biblia no enseña en ningún lugar que es necesaria la presencia del cuerpo para que exista la autoconsciencia del alma. Sin embargo, quienes sostienen la teoría del cuerpo intermedio afirman que el alma del creyente para disfrutar de la presencia del Señor, necesita estar en un cuerpo y que lo recibe provisionalmente hasta la resurrección. Esto lleva a un peligroso camino ya que sobre esta hipótesis la resurrección del creyente se produce en el momento de la muerte, en

---

[1] Pablo Wickham. *Segunda Epístola a los Corintios*. Grand Rapids, 1984. Pág. 112 s., 289.

el que el alma deja su cuerpo actual y entra en otro. Pero si se sostiene la verdad bíblica de la resurrección de los cuerpos, entonces el creyente se ve involucrado en tres cuerpos: a) el mortal y terrenal; b) el intermedio; c) el definitivo de resurrección. El apóstol habla de dos cuerpos, el natural o *animal* que ahora tenemos, y el *espiritual* que nos será dado en la resurrección (1 Co. 15:44).

Podría añadirse algunas propuestas más, pero debemos hacer una aproximación a las verdades reveladas para poder alcanzar una conclusión concordante con la Escritura.

La primera verdad esencial es la de la resurrección de los cuerpos. Algunos piensan que el *hombre* es el que resucita, por tanto, serán los cuerpos y las almas lo que será resucitado, de manera que, si el cuerpo es entregado a la tumba y vuelve al polvo, el alma estará durmiendo sin experiencia alguna hasta la resurrección. Pero, la Biblia enseña que cuando se produzca la resurrección de los muertos en Cristo y Él venga a buscarlos, *traerá consigo* a los que durmieron en Él (1 Ts. 4:14). Además, la Escritura ofrece testimonios de quienes están próximos a la muerte, como es el caso del apóstol Pedro, al decir que le ha llegado el momento de dejar el tabernáculo (2 P. 1:14). En este capítulo de la *Epístola*, Pablo recuerda a los corintios que *"entre tanto que estamos en el cuerpo, estamos ausentes del Señor... pero confiamos, y más quisiéramos estar ausentes del cuerpo y presentes al Señor"* (vv. 6, 8). De modo que si las almas no sobreviven al cuerpo terrenal cuando mueren ¿qué es lo que estaría presente al Señor? El escritor a los hebreos enseña que los creyentes de esta dispensación nos hemos *allegado* a los *espíritus de los justos hechos perfectos* (He. 12:23), cosa que no sería posible si la parte espiritual de ellos no estuviera en la presencia de Dios, donde también está el Señor Jesús. Es necesario entender que la referencia a los *espíritus de los justos hechos perfectos*, es a los salvos de la dispensación anterior a la Iglesia. Pero, el hecho de que Dios no es Dios de muertos, sino de vivos, hace necesario comprender que las almas de todos los salvos están presentes ante Él luego de la muerte. Si las almas no sobreviviesen a los cuerpos ¿qué es lo que estaría presente a Dios, luego de la muerte física? Por otro lado, las almas de los que mueren, conservan sus funciones y perfecciones, siendo las almas de los salvos partícipes de la gloria celestial, por eso Jesús dijo al ladrón en la Cruz: *"Hoy estarás conmigo en el paraíso"* (Lc. 23:43); mientras las almas de los réprobos padecen los tormentos que han merecido (Mt. 5: 26). De manera que las almas de los santos van a un lugar preparado por Dios, al concluir su lucha en esta vida, donde con gozo admirable esperan gozar de la gloria prometida, disfrutando ya de la presencia del Señor y esperando el momento en que junto con todos los demás salvos reciban el cuerpo de resurrección cuando aparezca para los salvos el Señor Jesucristo.

Tampoco tiene fundamento bíblico pensar que Dios creará para cada uno de los que durmieron en Cristo, un cuerpo nuevo, sin vinculación alguna con el que ha sido sepultado. El apóstol enseña que no es *el mismo* cuerpo el que resucita, sino el que Dios transforma para cada uno (1 Co. 15:37-38). Por esa causa vincula, en el símil de la semilla puesta en tierra, el nacimiento de la planta que no es el grano sembrado, sino un cuerpo que, vinculado con él, es distinto al que fue puesto en la tierra. Algunos suponen, al estilo del platonismo, que la carne de hombre es mala en sí misma y, que el cuerpo que se entierra, retorna al polvo definitivamente, pero Pablo enseña que la *"vida de Jesús se manifiesta en nuestros cuerpos"* (4:10), por lo que pide al Señor que conserve sus cuerpos, tanto como su parte espiritual, sin mancha hasta la venida de Cristo (1 Ts. 5:23). No hay que suponer, por tanto, que los cuerpos que Dios compró junto con el alma y el espíritu de los salvos, se corrompan sin esperanza alguna de resurrección. El apóstol enseña que nuestras almas y nuestros cuerpos son de Dios (1 Co. 6:20). Luego, el creyente debe esperar la resurrección de su cuerpo. Nada más firme sobre esto que la enseñanza de Pablo: *"Que esto corruptible se vista de incorrupción, y esto mortal se vista de inmortalidad"* (1 Co. 15:53). La idea de que Dios creará un cuerpo nuevo desvinculado totalmente del terrenal que muerto fue enterrado, no tiene fundamento bíblico.

Sobre la resurrección de los cuerpos no hay duda alguna en la Escritura, tanto en el Antiguo como en el Nuevo Testamento, así leemos en la profecía: *"Muchos de los que duermen en el polvo de la tierra serán despertados, unos para vida eterna, y otros para vergüenza y confusión perpetua"* (Dn. 12:2). El mismo Señor afirma que *"vendrá hora cuando todos los que están en los sepulcros oirán su voz; y los que hicieron lo bueno, saldrán a resurrección de vida; más los que hicieron lo malo, a resurrección de condenación"* (Jn. 5:28-29). De modo que, en la soberanía actuante de Dios, llamará a los muertos, esto es a los cuerpos que han sido enterrados, a resurrección de vida. Para unirlos con los espíritus de los justos que descienden con Jesús en Su regreso para buscar a los Suyos. Toda esta reflexión conduce definitivamente a considerar falta de base bíblica, la dotación del cuerpo de resurrección, o de uno intermedio a la muerte de un creyente.

La conclusión bíblica es que nuestro propio cuerpo es el que resucita. Pablo es claro: *"los muertos en Cristo resucitarán primero"* (1 Ts. 4:16). La firmeza doctrinal es contundente: *"El que levantó de los muertos a Cristo Jesús vivificará también vuestros cuerpos mortales"* (Ro. 8:11). Además, la resurrección del cuerpo es firme puesto que ya en el tiempo terrenal, no es objeto de inmundicia y pecado, sino que al que ha sido regenerado su cuerpo es templo del Espíritu Santo y miembros de Cristo (1 Co. 6:13, 15, 19). El cristiano espera de los cielos al Salvador, el cual transformará el cuerpo de nuestra humillación, para que sea semejante al cuerpo de la gloria Suya (Fil. 3:21). Podría añadirse más argumentación bíblica, pero es suficiente cerrar lo relativo a la verdad de la resurrección, mencionando las palabras del Señor: *"Y esta es la voluntad del Padre, el que me envió: Que de todo lo que me diere, no pierda yo nada, sino que lo resucite en día postrero"* (Jn. 6.39). Aunque el cuerpo de resurrección en nada se parecerá al actual, no cabe duda que es el cuerpo del que seremos dotados, no antes, sino en la resurrección. Tan solo hacer notar que los muertos en Cristo serán resucitados, y los que estén vivos en Su venida serán transformados (1 Co. 15:51-52).

Ante todo lo considerado antes debemos llegar ya a algunas conclusiones. La primera es que el alma del creyente cuando éste muere, pasa inmediatamente a la presencia del Señor. Debe advertirse que cuando se usa el término *alma* en este versículo se está usando en equivalencia a la parte espiritual del creyente. Que es otra forma para decir que dejando la *tienda de campaña*, el estuche del alma, se pasa el disfrute de la *casa celestial*, un nuevo edificio que está en los cielos. Cuando Cristo se refiere a Dios, afirma que es el Dios de Abraham, de Isaac y de Jacob y añade que es Dios de vivos y no de muertos (Mt. 22:31-32), por tanto, esos tres patriarcas están vivos y su parte espiritual disfruta de la presencia de Dios, no están en un sueño que deja inconsciente a esa parte espiritual. En el relato parabólico del rico y Lázaro, Jesús afirma que cuando Lázaro murió fue llevado por los ángeles al *seno de Abraham*, sinónimo en la teología judía de lo que es para nosotros hoy la presencia del Señor. Algunos podrían rebatir las razones bíblicas apuntadas, sobre todo esta forma expresiva propia de los judíos, pero, cuando Cristo está en la Cruz formula una promesa a uno de los dos ladrones crucificados con Él y le dice: *"Hoy estarás conmigo en el paraíso"* (Lc. 23:43). ¿Qué es el *paraíso*? Oigamos a Pablo: *"conozco a un hombre en Cristo, que hace catorce años (si en el cuerpo, no lo sé; si fuera del cuerpo, no lo sé; Dios lo sabe) fue arrebatado hasta el tercer cielo; ... que fue arrebatado al paraíso, donde oyó palabras inefables que no le es dado al hombre expresar"* (12:2, 4). El *tercer cielo*, lugar donde se manifiesta la presencia de Dios, y el *paraíso*, son la misma cosa. De modo que el que iba a morir aquel día, estaría en *el paraíso*, la presencia de Dios inmediatamente después de su muerte. Por esa misma razón el apóstol deseaba partir del cuerpo para estar con Cristo lo cual era mejor (Fil. 1:22-24).

Una última observación. Pablo no está haciendo una comparación entre cuerpo terrenal y celestial, sino entre *tienda* y *casa*. Con ello dimensiona la comparación, para enseñar que cuando dejemos la *tienda*, nuestro cuerpo actual, entraremos en una *casa*, que Dios tiene preparada para nosotros. No es posible investigar más, con rigor bíblico del comportamiento de todas las partes espirituales de los creyentes que han partido. No encuentro en la Biblia argumentos válidos para tomar posición. Lo que sí sabemos es que ninguno de ellos se confundirá con otro y que todos regresarán con Cristo para recibir el cuerpo de resurrección.

La conclusión a que se llega es que el creyente que parte de esta vida por la muerte, está en la presencia del Señor, plenamente consciente, disfrutando de las bendiciones celestiales, en la espera de la resurrección en donde se le dotará del cuerpo de resurrección semejante al del Señor.

2. Y por esto también gemimos, deseando ser revestidos de aquella nuestra habitación celestial.

καὶ γὰρ ἐν τούτῳ στενάζομεν τὸ οἰκητήριον ἡμῶν τὸ ἐξ
Porque también en esta gemimos la morada de nosotros la del
οὐρανοῦ ἐπενδύσασθαι ἐπιποθοῦντες,
cielo revestirse anhelando.

Notas y análisis del texto griego.

Análisis: καὶ, adverbio de modo *también*; γὰρ, conjunción causal *porque*; ἐν, preposición propia de dativo *en*; τούτῳ, caso dativo neutro singular del pronombre demostrativo *esto*; στενάζομεν, primera persona plural del presente de indicativo en voz activa del verbo στενάζω, *suspirar, gemir*, aquí *gemimos*; τὸ, caso acusativo neutro singular del artículo determinado *el*; οἰκητήριον, caso acusativo neutro singular del nombre común *morada*; ἡμῶν, caso genitivo de la primera persona plural del pronombre personal declinado *de nosotros*; τὸ, caso acusativo neutro singular del artículo determinado *el*; ἐξ, forma escrita de la preposición de genitivo ἐκ, delante de vocal y que significa *de*; οὐρανοῦ, caso genitivo masculino singular del nombre común *cielo*; ἐπενδύσασθαι, primer aoristo de infinitivo en voz media del verbo ἐπενδύομαι, *revestirse*; ἐπιποθοῦντες, caso nominativo masculino plural del participio de presente en voz activa del verbo ἐπιποθέω, *anhelar, desear*, aquí *anhelando*.

καὶ γὰρ ἐν τούτῳ στενάζομεν. El versículo confirma lo que antecede. La conjunción causal de relación γὰρ, pudiera ser un elemento vinculante con lo que expresa en el versículo anterior, pero, la presencia del adverbio de modo καὶ, establece un nuevo elemento que se añade al anterior. De manera que Pablo está expresando un intenso deseo desde su *casa terrenal*, la tienda de campaña a la que se ha referido antes. La mirada del apóstol, como siempre hace, deja de centrarse en la temporalidad para proyectarse a la eternidad. Las estrecheces que se producen en la experiencia humana en la tierra, llevan a anhelar las cosas celestiales que se esperan.

Los *padres de la iglesia*, siguen también esta misma interpretación, así escribía Juan Crisóstomo: *"¿Qué clase de mansión? El cuerpo incorruptible. ¿Y porque gemimos ahora? Porque ese cuerpo es muchísimo mejor"*[2].

τὸ οἰκητήριον ἡμῶν τὸ ἐξ οὐρανοῦ ἐπενδύσασθαι ἐπιποθοῦντες, La expresión del apóstol pone de manifiesto un profundo deseo, un *anhelo* personal. Conoce la casa que Dios tiene para cada creyente en el cielo y desea *ser revestido*, de otro modo, entrar en ella. El gemir es la expresión del anhelo por la casa celestial. Es interesante que el apóstol anhela *ponerse esa casa*, como si se tratase de una prenda con la que queda revestido. Ante el temor natural de que la casa terrestre se deshaga, anhela entrar en posesión de la celestial. A la luz de la enseñanza sobre el cuerpo de resurrección (1 Co. 15:53, 54), muy bien pudiera aplicar también al anhelo de recibir ese cuerpo que transformará definitivamente la situación presente. Sin embargo, no debe olvidarse el contexto inmediato del versículo anterior. El anhelar la casa celestial, no supone que no estuviese pensando también en el cuerpo de resurrección que el creyente recibirá en la venida del Señor, de ahí el término *revestirse*, que es ponerse encima algo, en ese caso entrar en posesión del cuerpo de resurrección. Pero, más bien, está anhelando la morada eterna en contraposición con la casa temporal. Es el anhelo firme de cada creyente que, en medio de las pruebas y dificultades de la vida, escucha la promesa de Cristo: *"voy, pues, a preparar lugar para vosotros... y os tomaré a mí mismo"* (Jn. 14:1-4).

En relación con el *cuerpo transformado*, escribe Teodoreto de Ciro: *"Pablo no dijo 'ser vestidos', sino 'revestidos' ya que no nos vestimos con otro cuerpo, sino que éste, corruptible, se reviste de incorrupción"*[3].

3. Pues así seremos hallados vestidos, y no desnudos.

εἴ γε καὶ ἐκδυσάμενοι οὐ γυμνοὶ εὑρεθησόμεθα.
Si por cierto también revestidos no desnudos seremos hallados.

---

[2] Juan Crisóstomo. *Homilias sobre la segunda Carta a los Corintios*. Patrología, vol. 61, pág. 467.

[3] Teodoreto de Ciro. *Interpretación de la segunda Carta a los Corintios.* Patrología Vol. 82, pág. 405.

Análisis y notas del texto griego.

Análisis: εἴ,conjunción condicional afirmativa *si*; γε, partícula enclítica que añade énfasis a la palabra con la que se asocia, *al menos, por lo menos, de todos modos, de cierto, por cierto, exactamente*, y también con encarecimiento *aún, incluso, siquiera,* en ocasiones no tiene traducción; καὶ, adverbio de modo *también*; ἐκδυσάμενοι, caso nominativo masculino plural del participio de primer aoristo en voz media del verbo ἐνδύω, *revestir*, aquí *revestidos*; οὐ, adverbio de negación *no*; γυμνοὶ, caso nominativo masculino plural del adjetivo *desnudos*; εὑρεθησόμεθα, primera persona plural del futuro de indicativo en voz pasiva del verbo εὑρίσκω, *hallar, encontrar*, aquí *seremos hallados.*

εἴ γε καὶ ἐκδυσάμενοι οὐ γυμνοὶ εὑρεθησόμεθα. Este es otro de los versículos que tienen dificultad interpretativa. El problema está en dar el sentido al verbo y al adjetivo oponentes en la oración, por un lado, está ἐνδύω, *vestirse* o incluso *revestirse*, en sentido general *poner un vestido sobre sí*; luego el adjetivo γυμνος, literalmente *desnudo*. De modo que es preciso determinar de que se viste o se reviste y de que se está desnudo.

Indudablemente debe dejarse a un lado la interpretación que los gnósticos hacían, entendiendo ellos que el cuerpo era malo, por tanto, era una bendición ser *desnudado* de él para dar libertad al espíritu, que era la parte buena en el individuo. Esto contradice abiertamente el deseo de Pablo de *ser revestido* de la habitación personal.

Nuevamente aparece la propuesta que algunos hacen de que el creyente recibe un *cuerpo intermedio* entre la muerte y la resurrección final del cuerpo, como si Dios proveyese de este cuerpo al creyente durante el transcurso de ese tiempo. Ya se ha considerado antes que no hay base bíblica para pensar de esa manera.

Se remite al lector al comentario hecho en el versículo primero, donde se han presentado opciones distintas y finalmente, lo que a mi entender es la más consecuente bíblicamente hablando, es decir, el deseo del creyente es el encuentro revestido con la justicia de Dios o despojado de su ropa.

Cabe aquí solo hacer mención de tres posiciones principales entre los exégetas. Calvino entre ellos considera que las palabras *vestidos y desnudos*, deben entenderse como referencia al estado espiritual del alma. De otro modo, los impíos serán presentados desnudos ante Dios porque no tienen posibilidad de poner sobre ellos la justicia de Cristo, mientras que los creyentes comparecerán ante Él revestidos de la gloriosa vestidura de la inmortalidad. Así el apóstol habla de dos clases de vestidos, uno que se recibe en esta vida y otro, la gloria inmortal que se recibe al morir[4]. Indudablemente el segundo sería consecuencia del primero, es decir, el vestido de gloria no puede obtenerse sin el de justificación, como si dijese que una vestidura está preparada en la muerte del creyente, porque han sido revestidos ya en esta vida. Con todo de ser muy respetable, esta interpretación no satisface el entorno textual del versículo, ya que antes se enseña que somos revestidos con nuestra casa en los cielos (v. 2), mientras que en este se afirma que somos vestidos, a fin de que no estemos desnudos, todavía más, en el siguiente se habla de gemir de los creyentes para no ser desnudados.

Otros entienden que se trata aquí del cambio transformador que tendrá lugar con los creyentes vivos cuando Cristo venga para recoger a los Suyos. En ese sentido, lo que debiera entenderse, según esta interpretación es que cuando el Señor aparezca, los creyentes vivos serán transformados, recibiendo o poniendo, en la figura, el cuerpo de resurrección sobre el cuerpo actual que quedará sustituido y no serán *desnudados*, quedando como espíritus sin cuerpo, sino revestidos.

La tercera interpretación entiende que el apóstol está refiriéndose a la casa celestial a la que ya anteriormente se ha aludido, de modo que no el creyente no será hallado desnudo, es decir, sin morada en los cielos, ya que de la casa celestial se habla como de *ser revestido*. En ese caso estaría diciendo que, si muere, al tener una casa en los cielos, anhela entrar en ella, cuando la existencia en la *tienda de campaña* cese.

Es necesario para tomar una posición sobre el texto, entender que la resurrección es doctrina fundamental. La enseñanza de Jesús es clara (Jn. 11:25, 26). La enseñanza de Pablo es también concreta. Enseña sobre el cuerpo nuevo en la resurrección (1 Co. 15:37-49). Del mismo modo enseña la presencia espiritual con Cristo después de la muerte (Fil. 3:20, 21). Al mismo tiempo también se refiere a una transformación de los cuerpos de los creyentes en el traslado de la iglesia (Fil. 3:20, 21). Por tanto, también se remarca el hecho de la resurrección de los muertos (1 Ts. 4:16). Esa es también la enseñanza del apóstol Juan, que menciona el concepto de transformación (1 Jn. 3:1-3). Del mismo modo enseña también sobre las almas sin cuerpo esperando la resurrección (Ap. 6:9). El apóstol Juan hace mención a la resurrección futura (Ap. 20:4).

---

[4] Tomado de Hodge. o.c., pág. 131.

Por tanto, lo que debiera entenderse en este versículo es el deseo de ser transformado, en lugar de ser desvestido, esto es, no pasar por la muerte, por tanto, no esperar al tiempo de la resurrección, al ser transformado directamente (1 Co. 15:51). Esto evitaría el ser hallado desnudo, es decir, sin cuerpo, sin embargo, estaría presente al Señor, pero sólo con su parte espiritual.

4. Porque asimismo los que estamos en este tabernáculo gemimos con angustia; porque no quisiéramos ser desnudados, sino revestidos, para que lo mortal sea absorbido por la vida.

καὶ γὰρ οἱ ὄντες ἐν τῷ σκήνει στενάζομεν
Porque también los que estamos en la tienda de campaña gemimos
βαρούμενοι, ἐφ' ᾧ οὐ θέλομεν ἐκδύσασθαι ἀλλ'
siendo agobiados por que no queremos ser desvestidos sino
ἐπενδύσασθαι, ἵνα καταποθῇ τὸ θνητὸν
ser revestidos, para que sea consumido por completo lo terrenal
ὑπὸ τῆς ζωῆς.
por la vida.

Análisis y notas del texto griego.

Análisis: καὶ, adverbio de modo *también*; γὰρ, conjunción causal *porque*; οἱ, caso nominativo masculino plural del artículo determinado *los*; ὄντες, caso nominativo masculino plural del participio de presente en voz activa del verbo εἰμί, *ser, estar*, aquí *que estamos*; ἐν, preposición propia de dativo *en*; τῷ, caso dativo neutro singular del artículo determinado *el*; σκήνει, caso dativo neutro singular del nombre común *tienda de campaña, tabernáculo*; στενάζομεν, primera persona plural del presente de indicativo en voz activa del verbo στενάζω, *gemir*, aquí *gemimos*; βαρούμενοι, caso nominativo masculino plural del participio de presente en voz pasiva del verbo βαρέω, *agobiar*, aquí *siendo agobiados*; ἐφ', forma escrita de la preposición de dativo ἐπί por elisión de la ι final y asimilación de la π ante vocal o diptongo con aspiración, y que significa *sobre, a, en, junto a, ante, con base en, referente a, durante, además de, de, para, por, contra*; ᾧ, caso dativo neutro singular del pronombre relativo *lo que, lo cual, que*; οὐ, adverbio de negación *no*; θέλομεν, primera persona plural del presente de indicativo en voz activa del verbo θέλω, *querer, desear*, aquí *queremos*; ἐκδύσασθαι, primer aoristo de infinitivo en voz media del verbo ἐπδύω, *desvestir, despojar*, aquí *ser desvestidos*; ἀλλ', forma escrita ante vocal de la conjunción adversativa ἀλλά que significa *pero, sino*; ἐπενδύσασθαι, aoristo de infinitivo en voz media del verbo ἐπενδύομαι, *revestirse*, aquí *ser revestidos*; ἵνα, conjunción causal *para que*; καταποθῇ, tercera persona singular del primer aoristo de subjuntivo en voz pasiva del verbo καταπίνω, *devorar, consumir por completo*, aquí *sea consumido por completo*; τὸ, caso nominativo neutro singular del artículo determinado *el*; θνητὸν, caso nominativo neutro singular del adjetivo *terrenal*; ὑπὸ, preposición propia de genitivo *por*; τῆς, caso genitivo femenino singular del artículo determinado *la*; ζωῆς, caso genitivo femenino singular del nombre común *vida*.

καὶ γὰρ οἱ ὄντες ἐν τῷ σκήνει στενάζομεν βαρούμενοι, El mismo tema continúa en el versículo. Pablo habla en general de *los que estamos* en la *tienda de campaña*, nueva alusión al cuerpo que ahora tenemos. Esta es la *tienda* mencionada ya antes (v. 1). En esta situación *gemimos*. Describiendo una situación angustiosa: las cargas de las circunstancias del entorno producen *gemidos*, indicando concretamente en relación con Pablo la angustia que le producía el estar siempre esperando la muerte, además de los conflictos, las prisiones, los acontecimientos en el camino, los naufragios, los problemas en las iglesias y otras muchas adversidades. Por esa razón el profundo anhelo de un mundo mejor llena su mente y descansa en esperanza. Esa es la razón por la que al final del capítulo anterior toma aliento al ver las cosas que no se ven, la esfera de la segura esperanza, dejando a un lado las presentes que se ven, pero que son momentáneas y pasajeras frente a la condición eterna de las que no se ven.

ἐφ' ᾧ οὐ θέλομεν ἐκδύσασθαι ἀλλ' ἐπενδύσασθαι, Pero, ¿es este el motivo del gemir angustioso? Si fuese la inquietud de la que se comenta en el párrafo anterior, tendría que haber aquí una construcción diferente. El pronombre relativo ᾧ, *que*, orienta a la razón de ese gemir. No es *por* lo que supuestamente presenta una situación de angustia, sino por lo que sigue, de modo que aquí quiere decir: *gemimos,* no por causa o por las aflicciones, *por qué no deseamos ser desvestidos*. Luego, el *gemir* no es a la muerte que en cierto modo liberaría, de ahí el ser *desvestidos*, sino todo lo contrario, no desea *ser desvestido* en el sentido del *morir liberador*, sino que el anhelo es el de ser *revestidos*. Partir del cuerpo, no para librarse de las angustias de la vida, sino para recibir el vestido incorruptible que recibiremos después de ella, en la resurrección. Además, el ser *revestidos*, como se ha considerado antes, tiene que ver con el acceso a la *casa* en el cielo, donde, la parte espiritual del hombre creyente, estará presente con el Señor, en espera de la resurrección del cuerpo cuando Él regrese.

ἵνα καταποθῇ τὸ θνητὸν ὑπὸ τῆς ζωῆς. Esta última frase confirma y puntualiza lo considerado en el párrafo anterior. El gemir angustioso tiene que ver también con la desaparición de lo que es *temporal*, la *tienda de campaña*, que será anulada totalmente por *la vida*. Ya lo había enseñado antes a los corintios (1 Co. 15:53-54). Luego no era la muerte como liberación de las pruebas lo que anhelaba, sino que ésta lo elevara a la posición más alta en la que todo lo mortal, pasajero, e incluso carnal, sea absorbido, literalmente *devorado*, *consumido por completo* por la vida. Es también la enseñanza del Antiguo Testamento, en donde la muerte es absorbida en victoria (Is. 25:8).

La idea de que Pablo estaba angustiado por el hecho de morir y que no quería ser desvestido del cuerpo para no estar como espíritu descarnado en la presencia de Dios, no se sustenta en el versículo, sino todo lo contrario, no se trata de liberación, sino de tránsito, es decir, no pide la muerte, sino que anhela la vida perfecta después de ella. Esta es la manera natural de todo cristiano, como consecuencia de la esperanza de gloria que es Cristo en cada uno. La esperanza cristiana no son cosas, sino la presencia del Señor de gloria en nosotros.

5. Mas el que nos hizo para esto mismo es Dios, quien nos ha dado las arras del Espíritu.

ὁ δὲ κατεργασάμενος ἡμᾶς εἰς αὐτὸ τοῦτο Θεός, ὁ[1] δοὺς ἡμῖν
Pero el que hizo nos para esto mismo Dios, el que dio nos
τὸν ἀρραβῶνα τοῦ Πνεύματος.
las arras del Espíritu.

Análisis y notas del texto griego.

Análisis: ὁ, caso nominativo masculino singular del artículo determinado *el*; δὲ, partícula conjuntiva que hace las veces de conjunción coordinante, con sentido de, *pero, más bien, y, y por cierto, antes bien, entonces*; κατεργασάμενος, caso nominativo masculino singular del participio del primer aoristo en voz media del verbo κατεργάζομαι, *producir*, aquí *que produce*; ἡμᾶς, caso acusativo de la primera persona plural del pronombre personal declinado *en nosotros*; εἰς, preposición propia de acusativo *a, hacia, para, dentro de, en*; αὐτὸ, caso acusativo neutro singular del pronombre personal *él mismo*; τοῦτο, caso acusativo neutro singular del pronombre demostrativo *esto*; Θεός, caso nominativo masculino singular del nombre divino *Dios*; ὁ, caso nominativo masculino singular del artículo definido *el*; δοὺς, caso nominativo masculino singular del participio del primer aoristo en voz activa del verbo δίδωμι, *dar, entregar*, aquí *que dio*; ἡμῖν, caso dativo de la primera persona plural del pronombre personal declinado *a nosotros, nos*; τὸν, caso acusativo masculino singular del artículo determinado *los*; ἀρραβῶνα, caso acusativo masculino singular del nombre común *arras*; τοῦ, caso genitivo neutro singular del artículo determinado declinado *del*; Πνεύματος, caso genitivo neutro singular del nombre divino *Espíritu*.

Notas. Crítica Textual. Lecturas alternativas.

[1] ὁ δοὺς, *el que dio*, según lectura en P^{46}, a^{*}, B, C, D^{*}, F, G, P, Ψ, 0243, 6, 630, 1175, 1739, 1881, 2464, lat, sy^{p}, co, Ireneo, Orígenes.

καὶ ὁ δοὺς, *y el que dio*, conforme a ^{2}a, D^{1}, K, L, 33, 81, 104, 365, 1241, 1505.

ὁ δὲ κατεργασάμενος ἡμᾶς εἰς αὐτὸ τοῦτο Θεός, Una doble garantía en la seguridad y esperanza. Primeramente, el propósito divino *nos hizo para esto mismo*. El propósito de Dios para el creyente es inalterable y forma parte del decreto divino. Él nos *predestinó* para esto mismo (Ro.8:30), por tanto, no quedará sin cumplimiento asegurándonos el don de la vida indefectible, esto es, que no puede faltar o dejar de ser, así que lo mortal será absorbido por la vida (1 Co. 2:9). Este es el propósito divino en la elección de los creyentes (Ef. 1:3-5). No es que se alcance de algún modo esa condición por determinada acción, no importa cuál sea, sino que se trata de una *nueva creación de Dios*, el apóstol es claro cuando afirma *"el que nos hizo"*.

ὁ δοὺς ἡμῖν τὸν ἀρραβῶνα τοῦ πνεύματος. La segunda garantía de seguridad se manifiesta en *las arras del Espíritu*. Las arras son la seguridad de la herencia (Ef. 1:14). A esto mismo hizo referencia antes (1:22). Como ya se ha considerado entonces lo relativo al significado de las arras, no hay razón para volver sobre él aquí, simplemente recordar que la idea es la de un anticipo para garantizar una compra, generalmente parte de lo que se recibirá al terminar la operación, de modo que cuando Dios da Su Espíritu al creyente se obliga a cumplir todas las promesas hechas y darle el total de las bendiciones que comprende la salvación, entre las que está la *casa* que prepara para nosotros y la certeza de la resurrección de los muertos. Todo este admirable designio divino que se remonta, en cuanto a origen a la eternidad, culminará en un futuro glorioso en donde se alcance plenamente el cumplimiento con la presencia de todos los que han sido salvos y, por tanto, escogidos en Cristo, para estar para siempre con Jesús y vivir en la admirable dimensión de la compañía divina, manifestada por el trono de Dios y del Cordero que estará en el lugar preparado para los salvos (Ap. 22:3). Mientras tanto, las arras del Espíritu garantizan esta esperanza.

Unas frases del profesor Pastor Gutiérrez, son apropiadas aquí:

"Es un deseo que no quedará ineficaz, será plenamente satisfecho con el don de una vida en la que lo mortal sea absorbido por la vida (v. 4), de la que tenemos segura garantía en la habitación íntima del Espíritu Santo en nosotros, Dios se constituye, en cierto modo, deudor nuestro, pues nos da aquí en la tierra las arras, la firme garantía de lo que nos dará después en el cielo. Las arras del Espíritu, es un genitivo epexegético o explicativo; las arras que son del Espíritu. El cristiano, incorporado a Cristo, ha de resucitar con Él (1 Co. 15:12-23), pues posee en sí el mismo Espíritu de Dios, que resucitó a Cristo. El mismo principio o agente divino

de la resurrección de Cristo operará en nosotros la transmutación de cuerpo de muerte a cuerpo glorioso (Ro. 8:11)"[5].

El Espíritu recuerda al creyente la herencia obtenida en Cristo (Ef. 1:11). El creyente es heredero de Dios y coheredero con Cristo (Ro. 8:17; Gá. 4:7). Tenemos la firme seguridad que el Espíritu que está en nosotros realizará el propósito divino hasta introducirnos en la gloria transformados a la semejanza del Señor.

6. Así que vivimos confiados siempre, y sabiendo que entre tanto que estamos en el cuerpo, estamos ausentes del Señor.

Θαρροῦντες οὖν πάντοτε καὶ εἰδότες ὅτι ἐνδημοῦντες
Así que, teniendo buen ánimo siempre y sabiendo que morando
ἐν τῷ σώματι ἐκδημοῦμεν ἀπὸ τοῦ Κυρίου·
en el cuerpo estamos ausentes del Señor.

Notas y análisis del texto griego.

Análisis: Θαρροῦντες, caso nominativo masculino plural del participio de presente en voz activa del verbo θαρρέω, *tener buen ánimo*, aquí *teniendo buen ánimo*; οὖν, conjunción continuativa *así que*; πάντοτε, adverbio *siempre, en todo tiempo*; καὶ, conjunción copulativa *y*; εἰδότες, caso nominativo masculino plural del participio perfecto en voz activa del verbo οἶδα, *saber, conocer*, aquí *sabiendo*; ὅτι, conjunción *que*; ἐνδημοῦντες, caso nominativo masculino plural del participio de presente en voz activa del verbo ἐνδημέω, *habitar, morar*, aquí *morando*; ἐν, preposición propia de dativo *en*; τῷ, caso dativo neutro singular del artículo determinado *el*; σώματι, caso dativo neutro singular del nombre común *cuerpo*; ἐκδημοῦμεν, primera persona plural del presente de indicativo del verbo ἐκδημέω, *irse fuera del país, morar en tierra extraña*, aquí *estamos ausentes*; ἀπὸ, preposición propia de genitivo *de*; τοῦ, caso genitivo masculino singular del artículo determinado *el*; Κυρίου, caso genitivo masculino singular del nombre divino *Señor*.

Θαρροῦντες οὖν πάντοτε. La seguridad de la esperanza hace que aun en medio de las pruebas, conflictos y dificultades de la vida, a pesar de los riesgos de muerte, como era el caso de Pablo, el cristiano puede estar siempre de *buen ánimo* (4:16-18). Las pruebas solo son instrumento para acrecentar el valor de la gloria que esperamos. El uso del adverbio εἰδότες, *siempre*, exige entender que ese buen ánimo no es puntual u ocasional sino continuo. No importa la gravedad que rodee la vida del creyente, la seguridad en Cristo, la garantía del propósito del Padre y la presencia del Espíritu hace que estando fuera los problemas

[5] Pastor Gutiérrez. o.c., pág. 534.

haya buen ánimo en el interior de cada creyente. Además, el creyente es un peregrino cuya patria no está en el lugar de tránsito, para quien el mundo es camino hacia la gloria, y mientras viaja siente la nostalgia de lo que será vivir en el lugar que Dios prepara.

καὶ εἰδότες ὅτι ἐνδημοῦντες ἐν τῷ σώματι ἐκδημοῦμεν ἀπὸ τοῦ Κυρίου· La metáfora del vestido es sustituida ahora por la del viajero. Es evidente que no puede estar en dos sitios a la vez. Por tanto, no puede residir, estar, habitar en el mundo terrenal y en el celestial. El terrenal es el camino de tránsito, el celestial el destino definitivo. De manera que mientras está en el cuerpo, el creyente está ausente al Señor, en el sentido de presencia real con Él en gloria. Pablo usa dos verbos en marcado contraste: ἐνδημέω, *habitar, morar, residir*, y ἐκδημέω, *estar fuera, estar ausente*. De este modo expresa la realidad de la vida cristiana, al estar habitando en el cuerpo, está fuera de la experiencia de gloria con Cristo. Es necesario tener en cuenta que no se establece el concepto de ausencia y presencia en relación con un lugar, sino con el Señor mismo. No cabe duda que nuestra esperanza comprende el lugar que Él prepara para nosotros. Podemos acudir a pasajes que describen mediante comparaciones con cosas de la tierra, para hacernos comprender la dimensión de la gloria del lugar que Dios nos tiene reservados, pero, nuestra esperanza no tiene que ver con el lugar –aunque ciertamente lo esperamos– ni con el cuerpo definitivo de resurrección –aunque ciertamente lo anhelamos– sino con Cristo mismo. La relación está notoriamente marcada: *"Después nosotros, los que vivamos, los que hayamos quedado, seremos arrebatados simultáneamente con ellos en las nubes al encuentro con el Señor en el aire, y así estaremos siempre con el Señor"* (1 Ts. 4:17)[6]. Es la presencia del Señor lo que centra plenamente la esperanza cristiana, puesto que Él se hace en nosotros *esperanza de vida* (Col. 1:27b), de ahí la realidad prometida: *"Y oí una voz procedente del trono, que decía: He aquí el Tabernáculo de Dios con los hombres, y morará con ellos, y ellos serán pueblos suyos, y Dios mismo estará con ellos" (*Ap. 21:3)[6]. La Biblia no vincula al creyente con un lugar, sino con el Señor (Jn. 14:3).

7. (Porque por fe andamos, no por vista).

διὰ πίστεως	γὰρ	περιπατοῦμεν,	οὐ διὰ	εἴδους·
Porque por fe		andamos,	no por	vista.

Análisis y notas del texto griego

Análisis: διὰ, preposición propia de genitivo *por, por medio de, por causa de*; πίστεως, caso genitivo femenino singular del nombre común *fe*; γὰρ,

[6] Biblia Textual.

conjunción causal *porque*; περιπατοῦμεν, primera persona plural del presente de indicativo en voz activa del verbo περιπατέω, *andar, conducirse*, aquí *andamos*; οὐ, adverbio de negación *no*; διὰ, preposición propia de genitivo *por, por medio de, por causa de*; εἴδους, caso genitivo neutro singular del nombre común *vista*.

διὰ πίστεως γὰρ περιπατοῦμεν, οὐ διὰ εἴδους, Esta frase parentética procura confirmar lo que ha dicho en el versículo anterior. El creyente desea estar con Cristo, partir de su situación temporal, porque vive por fe. Anhela las cosas que no se ven con los ojos materiales, ya que las está contemplando con los de la fe. Como decía Hodge, *"la salvación no es un buen presente, sino un buen futuro"*[7]. La vida cristiana es un asunto de fe. Como Abraham que *"Por fe habitó en la tierra prometida como en tierra ajena, viviendo en tiendas con Isaac y Jacob, coherederos de la misma promesa; porque esperaba la ciudad que tiene fundamentos, cuyo arquitecto y constructor es Dios"* (He. 11:9-10)[8].

Este es el estilo de vida propio del creyente, el *nuevo andar* conforme a Cristo (Ro. 6:4), una forma totalmente opuesta a lo que es el andar por vista (Ro. 13:13). La fe es gustar aquí la realidad espiritual de esa patria que esperamos; la fe da la *substancia* de ella (He. 11:1). Aunque la vista no pueda contemplar la realidad del lugar celestial, la fe da la firme convicción de su existencia.

8. Pero confiamos, y más quisiéramos estar ausentes del cuerpo, y presentes al Señor.

θαρροῦμεν δὲ καὶ εὐδοκοῦμεν μᾶλλον ἐκδημῆσαι ἐκ τοῦ
Pero tenemos confianza y queremos más bien estar ausentes del
σώματος καὶ ἐνδημῆσαι πρὸς τὸν Κύριον.
cuerpo y presentes al Señor.

Análisis y notas del texto griego.

Análisis: θαρροῦμεν, primera persona singular del presente de indicativo en voz activa del verbo θαρρέω, *tener valentía, tener coraje, tener confianza*, aquí *tenemos confianza*; δὲ, partícula conjuntiva que hace las veces de conjunción coordinante, con sentido de *pero, más bien, y, y por cierto, antes bien, entonces*; καὶ, conjunción copulativa *y*; εὐδοκοῦμεν, primera persona plural del presente de indicativo en voz activa del verbo εὐδοκέω, *complacerse, tener complacencia, encontrar agrado, querer*, aquí *queremos*; μᾶλλον, adverbio comparativo *más, más bien*; ἐκδημῆσαι, primer aoristo de infinitivo en voz activa del verbo ἐκδημέω, *irse fuera del país, morar en tierra extraña*, aquí *estar*

[7] C. Hodge. o.c., pág. 136.
[8] Biblia Textual.

ausentes; ἐκ, preposición propia de genitivo *de*; τοῦ, caso genitivo neutro singular del artículo determinado *el*; σώματος, caso genitivo neutro singular del nombre común *cuerpo*; καὶ, conjunción copulativa *y*; ἐνδημῆσαι, primer aoristo de infinitivo voz activa del verbo ἐνδημέω, *habitar, morar, estar presente*, aquí *presentes*; πρὸς, preposición propia de acusativo *a*; τὸν, caso acusativo masculino singular del artículo determinado *el*; Κύριον, caso acusativo masculino singular del nombre divino *Señor*.

θαρροῦμεν δὲ καὶ εὐδοκοῦμεν μᾶλλον. La confianza generada y asentada en la fe, conduce la voluntad del creyente en una determinada dirección. Desearía estar ausente del cuerpo material para estar *presente* al Señor. El creyente desea sobre todas las cosas estar con Cristo. Esta es la confirmación de lo que el apóstol comenzó a decir antes (v. 6). Entre ambos está la expresión parenética que se consideró (v. 7). Este versículo es paralelo a lo que dijo antes (v. 4), de manera que en ambos está la misma idea; el apóstol deseaba ser revestido de su casa celestial. De ahí que luego de anunciar que ese era su deseo, utiliza un adverbio comparativo, que condiciona la frase y la liga con lo que sigue, *el deseo más bien es*, para indicarlo inmediatamente

ἐκδημῆσαι ἐκ τοῦ σώματος καὶ ἐνδημῆσαι πρὸς τὸν Κύριον. Para él la muerte era el tránsito de la temporalidad de este mundo al disfrute de la presencia y en la presencia del Señor. Es tan fuerte el deseo de estar con Cristo, que se satisface aún en el hecho de la muerte, que le permite abandonar el cuerpo terrenal para trasladarse a la presencia del Señor. Para quien *el vivir es Cristo*, puede afirmar: *"teniendo anhelo de partir y estar con Cristo, que es muchísimo mejor"* (Fil. 1:23)[9]. El deseo de *partir* es una expresión semejante a la de *estar ausente del cuerpo*. Estaba retenido en el cuerpo temporal, la *tienda de campaña*, y así lo dejaría y partiría de él para estar con Cristo. Esa es la experiencia cristiana de la propia vida temporal, que no permite, mientras no termine, estar en la presencia directa del Señor, disfrutando de la bendición de ella. El apóstol sabía que cuando su alma partiese de esta vida, inmediatamente estaría con Cristo. Es una situación contraria a la que algunos sostienen de un *dormir inconsciente* del alma hasta la resurrección. Estar *ausente del cuerpo* es una experiencia real de vida a Su lado (Sal. 16:11; 17:15; Mt. 8:11; Lc. 16:25; Jn. 17:24; 1 Co. 13:12; He. 12:23; Ap. 6:10; 20:4). Esa es la razón por la que escribiendo a los filipenses les dice que para él *morir es ganancia* (Fil. 1:21b). Es necesario volver a recordar que Pablo en este pasaje no está pensando en la liberación del sufrimiento, sino en el encuentro con Cristo. Es no solo el deseo sino la gran bendición que todos debemos esperar, porque concreta una mayor experiencia con Jesús. En el tiempo del tránsito terrenal es limitada pero entonces le veremos

---

[9] Biblia Textual.

como Él es, de otro modo, la muerte nos introduce en el perfecto conocimiento de Él y en completa y perfecta compañía con Él. Si el vivir del creyente es Cristo, el morir, que es estar ausente de la vida terrenal, es pasar a un estado de bendición al estar presentes al Señor.

9. Por tanto procuramos también, o ausentes o presentes, serle agradables.

διὸ	καὶ	φιλοτιμούμεθα,	εἴτε	ἐνδημοῦντες	εἴτε
Por lo cual	también	tenemos por honor,	bien sea que	presentes	o
ἐκδημοῦντες,	εὐάρεστοι	αὐτῷ	εἶναι.		
ausentes,	aceptables	a Él	ser.		

Análisis y notas del texto griego.

Análisis; διὸ, conjunción *por eso, por esa razón, por lo cual*, se usa para coordinar lo que sigue con lo que precede; καὶ, adverbio de modo *también*; φιλοτιμούμεθα, primera persona plural del presente de indicativo en voz media del verbo φιλοτιμέομαι, *tener como único deseo, tener por honor*, aquí *tenemos por honor*; εἴτε, conjunción *bien sea que, si... o, sea que... o*; ἐνδημοῦντες, caso nominativo masculino plural del participio de presente en voz activa del verbo ἐνδημέω, *habitar, morar*, aquí *morando*; εἴτε, conjunción *o*, al ser la segunda vez en la frase; ἐκδημοῦντες, primera persona plural del presente de indicativo del verbo ἐκδημέω, *irse fuera del país, morar en tierra extraña*, aquí *estamos ausentes*; εὐάρεστοι, caso nominativo masculino plural del adjetivo *agradables, aceptables*; αὐτῷ caso dativo de la primera persona singular del pronombre personal *a Él, le*; εἶναι, presente de infinitivo en voz activa del verbo *ser, estar*.

διὸ καὶ φιλοτιμούμεθα, Pablo habla de lo que es timbre de honor al creyente. El verbo φιλοτιμέομαι, *tener como único deseo, tener por honor*, es, por tanto, lo que procura con diligencia, ser *aceptable, agradable* al Señor.

εἴτε ἐνδημοῦντες εἴτε ἐκδημοῦντες, εὐάρεστοι αὐτῷ εἶναι. Esta forma de comportamiento cristiano, lo toma como referencia para cualquier tiempo, bien sea que se viva en el cuerpo, o que se parta de él. El que tiene la esperanza cristiana referida al encuentro con Cristo y la comunión con Él, dice el apóstol Juan que se *purifica* a sí mismo (1 Jn. 3:3). El que desea fervientemente estar con Cristo, ante la inminencia que la temporalidad conlleva, además de la esperanza de Su venida, no sabiendo el momento en que seremos desatados del cuerpo para partir a estar con Él, se mantiene sin mancha moral. El proceso de *serle agradable*, no se logra por esfuerzo del creyente, sino por dependencia del Espíritu que reproduce en él, el carácter santo del Señor (Gá. 5:22-23). El Padre dio testimonio de cómo se agradaba en el Hijo: *"Este es mi Hijo amado, en quien tengo complacencia"* (Mt. 3:17). La manera de ser agradable al Señor es vivir en el Espíritu quien reproduce a Cristo en el creyente (Gá. 5:16). Esta responsabilidad personal es plena, en este ámbito, puesto que la capacitación para vivir una vida agradable al Señor es dada por Dios: *"Porque Dios es el que en vosotros produce así el querer como el hacer, por su buena voluntad"* (Fil. 2:13). La identificación con Cristo conlleva necesariamente serle agradable.

La esperanza del encuentro con el Señor determina el estilo de vida de quien espera. Esto genera el sano deseo de llegar en esa perfección al encuentro con Él. La norma general de vida cristiana es que quien dice tener comunión con Él y anhela fervientemente estar con Él, *"debe andar como Él anduvo"* (1 Jn. 2:6).

El versículo debe entenderse como el deseo que Pablo expresa y que equivale a decir, *o presentes en el cuerpo, o ausentes del cuerpo*, lo que significa *en la vida y en la muerte*. Esta es una forma muy del pensamiento de Pablo: *"Pues si vivimos, para el Señor vivimos; y si morimos, para el Señor morimos. Así que, ya sea que vivamos, ya sea que muramos, del Señor somos"* (Ro. 14:8)[10]. Así también escribe: *"Quien murió por nosotros, para que, ya sea que estemos despiertos o dormidos, vivamos juntamente con él"* (1 Ts. 5:10)[10]. El deseo de agradarle está presente y activo tanto en la vida como en la muerte. Recordando los escritos de la patrística, se lee en *el Ambrosiaster*:

"Esto es lo que hay que hacer y en lo que se ha de insistir mediante nuestras buenas obras; en agradar a Dios, lo mismo cuando estamos aún en esta vida, que cuando nos presentemos ante el tribunal de Cristo"[11].

También Crisóstomo escribe:

"Efectivamente, no es bueno el simple salir, sino el salir en buena estima, lo que hace que también sea bueno lo primero; no es grave el simple hecho de estar aquí, sino el estar ofendiendo"[12].

Es necesario entender bien que Pablo no está refiriéndose a la vida intermedia, y a lo que el creyente pudiera hacer desde su muerte hasta la resurrección, sino que lo está haciendo a toda la vida cristiana,

---

[10] Biblia Textual.

[11] Ambrosiater. *Corpus Scriptorum*... 2, 5.

[12] Juan Crisóstomo. *Homilias sobre la segunda Carta a los Corintios*, 10, 4. Patrología vol. 61, pág. 469.

exhortándonos a servir al Señor durante toda ella de modo que podamos serles agradables.

Juicio ante el tribunal de Cristo (5:10-13)

10. Porque es necesario que todos nosotros comparezcamos ante el tribunal de Cristo, para que cada uno reciba según lo que haya hecho mientras estaba en el cuerpo, sea bueno o sea malo.

τοὺς γὰρ πάντας ἡμᾶς φανερωθῆναι δεῖ ἔμπροσθεν τοῦ
- porque todos nosotros comparezcamos es necesario delante del
βήματος τοῦ Χριστοῦ, ἵνα κομίσηται ἕκαστος τὰ
tribunal - de Cristo, para que reciba cada uno las cosas
διὰ τοῦ σώματος πρὸς ἃ ἔπραξεν, εἴτε ἀγαθὸν
por medio del cuerpo de acuerdo con lo que hizo, bien sea bueno
εἴτε φαῦλον[1].
o malo.

Análisis y notas del texto griego.

Análisis: τοὺς, caso acusativo masculino plural del artículo definido *los*; γὰρ, conjunción causal *porque*; πάντας, caso acusativo masculino plural del adjetivo indefinido *todos*; ἡμᾶς, caso acusativo de la primera persona plural del pronombre personal *nosotros*; φανερωθῆναι, aoristo primero de infinitivo en voz pasiva del verbo φανερόω, *manifestar, comparecer*, aquí *comparezcamos*; δεῖ, tercera persona singular del presente de indicativo en voz activa del verbo impersonal δεῖ, *ser necesario*, aquí *es necesario*; ἔμπροσθεν, preposición de genitivo, formada por crasis[13] de las preposiciones ἐν y πρό, reforzada por la partícula de dirección θεν; su significado depende del contexto, generalmente *delante de, en presencia de, por delante*; τοῦ, caso genitivo neutro singular del artículo determinado declinado *del*; βήματος, caso genitivo neutro singular del nombre común *tribunal*; τοῦ, caso genitivo masculino singular del artículo determinado *el*; Χριστοῦ, caso genitivo masculino singular del nombre propio declinado *de Cristo*; ἵνα, conjunción causal *para que*; κομίσηται, tercera persona singular del primer aoristo de subjuntivo en voz media del verbo κομίζω, *recibir*, aquí *reciba*; ἕκαστος, caso nominativo masculino singular del adjetivo indefinido *cada uno*; τὰ, caso acusativo neutro plural del artículo determinado *los*, en sentido de *las cosas*; διὰ, preposición propia de genitivo *de*; τοῦ, caso genitivo neutro singular del artículo determinado *el*; σώματος, caso genitivo neutro singular del nombre común *cuerpo*; πρὸς, preposición propia de acusativo *de acuerdo con*; ἃ, caso acusativo neutro plural del pronombre relativo *los que* en sentido de *las cosas que, lo que*; ἔπραξεν, εἴτε, conjunción *bien sea que, si... o, sea que... o*; ἀγαθὸν, adverbio o caso acusativo neutro singular del adjetivo

[13] *Crasis*, palabra griega que equivale a *unión de fuerzas*, en general *unión de elementos*.

bueno; εἴτε, conjunción *o*, al ser la segunda vez en la frase; φαῦλον, adverbio o caso acusativo neutro singular del adjetivo *malo*.

Notas. Crítica Textual. Lecturas alternativas.

[1] φαῦλον, *malo,* en esta forma se lee en a, C, 048, 0243, 33, 81, 326, 365, 630, 1739.

κακόν, *malo*, como se lee en 𝔓46, B, D, F, G, K, L, P, Ψ, 104, 1175, 1241, 1505, 2464, 𝔐, Clemente.

τοὺς γὰρ πάντας ἡμᾶς φανερωθῆναι δεῖ ἔμπροσθεν τοῦ βήματος τοῦ Χριστοῦ, Pablo exhortó a todos para ser *agradables* a Dios, tanto en vida como en muerte. Apunta ahora una razón que debe impulsar al creyente en esa dirección. Afirma que todos debemos comparecer ante el tribunal de Cristo. Las acciones de los creyentes, sus obras hechas mientras están en el cuerpo, no terminan en el tiempo de su vida terrenal. El apóstol Juan escribe: *"Y oí una voz del cielo que decía: Escribe: ¡Bienaventurados los muertos que mueren en el Señor de aquí en adelante! ¡Así sea! Dice el Espíritu. Les será dado descanso de sus fatigas, porque sus obran van con ellos"* (Ap. 14:13)[14]. Dios declara que son felices o bienaventurados quienes mueren en el Señor. Esta expresión corresponde a quienes han creído en Él y están vitalmente unidos a Él y en Él, son los que parten de esta vida en comunión con el Señor. De este modo se refiere Pablo a la muerte de los cristianos (1 Ts. 4:14). Es cierto que este versículo tiene relación directa con los muertos en la segunda parte de la tribulación, pero, no cabe duda que tiene que ver por extensión con todos los creyentes que mueren en el Señor. La razón de la bienaventuranza es *que descansan de sus trabajos*. Los bienaventurados, que son creyentes, mueren y concluyen para ellos las dificultades y problemas propios de la temporalidad, para entrar a disfrutar de las bendiciones en la presencia del Señor. No se trata, como ya se ha dicho antes, de un reposo inactivo, sino el glorioso disfrute en la gloria con Jesús. La consecuencia propia del creyente en el mundo, a la que Cristo se refirió cuando dijo: *"en el mundo tendréis aflicción"* (Jn. 16:33), concluye, por lo que el apóstol escribía que lo más deseado para él era *"partir y estar con Cristo, lo cual es muchísimo mejor"* (Fil. 1:23). El cristiano afligido vive con la vista puesta en el cielo, donde es su ciudadanía y donde está su casa eterna, soportando las aflicciones que despiertan en él el anhelo de la patria celestial, produciendo un eterno peso de gloria (4:17).

[14] Biblia Textual.

El segundo elemento de bendición es que descansan del conflicto, pero *"sus obras marchan a su lado o siguen tras ellos"*. Se trata de las obras con que manifestaron su fidelidad, ya que como enseña el apóstol: *"somos hechura suya, creados en Cristo Jesús para buenas obras, las cuales Dios preparó de antemano para que anduviésemos en ellas"* (Ef. 2:10). Nótese que no se trata tanto de acciones puntuales, sino de un vivir en el buen obrar que fue propio de Jesús y que es propio del creyente en la medida que el Espíritu reproduzca al Señor en la vida personal. Estas obras hechas en el poder del Espíritu, siguen al creyente y son elementos que glorifican a Dios (Mt. 5:16). Pablo acaba de referirse en los versículos anteriores a la fe, pero la fe que no obra, no es verdadera fe, sino mera credulidad (Stg. 2:17, 26). El buen obrar no se practica para ser santo, sino porque se es santo. Ese buen obrar fue manifestado en plenitud en Cristo que *"anduvo haciendo bienes"* (Hch. 10:38), por tanto, solo es posible vivir en la dimensión que Dios demanda, en la medida en que se viva a Cristo. Así lo enseña el apóstol Pedro: *"manteniendo buena vuestra manera de vivir entre los gentiles; para que en lo que murmuran de vosotros como de malhechores, glorifiquen a Dios en el día de la visitación, al considerar vuestras buenas obras"* (1 P. 2:12). Por eso, las obras no *van por delante* de los creyentes, para exigir una recompensa, sino que los acompañan como si se tratase de una escolta personal.

ἵνα κομίσηται ἕκαστος τὰ διὰ τοῦ σώματος πρὸς ἃ ἔπραξεν, εἴτε ἀγαθὸν εἴτε φαῦλον. Pablo habla aquí del *tribunal de Cristo*, introduciendo en el escrito una referencia a la doctrina del examen de lo que los creyentes han hecho con su vida terrenal. Es, sin duda un tema extenso, cuyo estudio amplio no corresponde al comentario de una frase de un versículo, sin embargo, será bueno sintetizarla para afirmar lo que la Biblia enseña sobre esto.

El apóstol reitera la doctrina expresada en su *Primera Epístola* (1 Co. 3:12-15). Las características principales de este juicio en el que la comparecencia no es de perdidos sino de creyentes, son: Ineludible: *"debemos"*; general para creyentes: *"Todos nosotros"*; Público: *"Seremos manifestados"*; el juez: *Cristo*; el examen: *"Lo que haya hecho en el cuerpo"*; habrá recompensas personales: *"cada uno recibirá"*.

Las palabras que definen esta comparecencia tienen que ver con lo que se traduce como *tribunal*, concretamente aquí es el sustantivo βῆμα, que significa literalmente *paso, grada, sitial* o *tribuna*. Deriva del verbo βαίνω, *dar pasos*. En el griego helenístico y en el campo de la administración y del derecho, se usa como un tecnicismo para designar una sede o tribuna pública. Se utiliza también para referirse al lugar de alta dignidad en donde se sentaban los altos funcionarios romanos para ejercer las funciones de juez, como, a modo de ejemplo, el lugar donde se sentó Pilatos para juzgar a Jesús. De las doce veces que aparece en el Nuevo Testamento, dos hacen referencia al *tribunal de Cristo*, una en este versículo y otra en la *Epístola a los Romanos* (Ro. 14:10). Debemos entender, a la luz del versículo, que todos los creyentes hemos de comparecer ante ese trono de justicia en el cual estará sentado el Señor Jesús, destacando aquí la posición elevada del que juzga.

El tribunal de Cristo no tiene ninguna relación con el *Trono Blanco*, llamado generalmente *juicio final* (Ap. 20:11). La confusión obedece al hecho de considerar una sola resurrección final y un solo juicio escatológico. Sin embargo, se ha considerado ya que existen varias resurrecciones, entre las que está la correspondiente a los creyentes que han sido justificados por la fe.

El tiempo del evento tendrá lugar luego de la resurrección de los creyentes y de la transformación de los vivos, en la venida de Cristo para buscar a los Suyos. Una de las razones es la de las recompensas, que están asociadas con la resurrección (Lc. 14:13-14). La resurrección es, como se ha considerado antes, parte integral del proceso de la dotación de cuerpos a quienes han dormido en Cristo y también la transformación de los que estén vivos en aquel tiempo. Al apóstol Juan le fue revelado que cuando los creyentes vengan con Cristo, habrán sido vestidos con vestiduras blancas –en sentido metafórico– que son las acciones justas de los santos (Ap. 19:8). Estas acciones no son *la justicia imputada* de Cristo.

El lugar del *tribunal de Cristo*, tiene necesariamente que ser en la esfera celestial, a donde son trasladados los creyentes en la resurrección y en la transformación, al retorno de Cristo para buscarlos (1 Ts. 4.17). El mismo apóstol hace referencia a esto (v. 8).

El juez, no es otro que Cristo, el que ocupa el tribunal, como se aprecia en el versículo. En la enseñanza sobre este tema el apóstol escribe: *"Porque todos compareceremos ante el tribunal de Cristo"* (Ro. 14:10)[15]. Cristo tiene que ser el juez ya que Dios entregó todo juicio en Su mano (Jn. 5:22, 27). Sin duda la grandeza del Juez sobrecoge: *"Por lo cual Dios también lo exaltó hasta lo sumo, y le dio el Nombre que es sobre todo nombre"* (Fil. 2:9)[16]. Pero, sobre todo esto, no podemos dejar de apreciar que es un Juez justo (2 Ti. 4:8). Es el Juez que no juzga por apariencia (Ap. 1:14), de modo que Sus ojos lo sondean todo, y Su luz lo ilumina

---

[15] En algunos textos griegos se lee *Dios*, en vez de *Cristo*.

[16] Biblia Textual.

todo (1 Co. 4:5). Sin embargo, aunque infunde una respetuosa reverencia, el Juez está lleno de amor hacia los que son juzgados (Gá. 2:20; Ef. 5:25b).

Los juzgados solo pueden ser los creyentes en Cristo. El pronombre que Pablo usa en este versículo es personal y ha de aplicarse de ese modo, cuando escribe *nosotros*. Es necesario tener en cuenta que en el *tribunal de Cristo* comparecen los que antes se atrevieron a juzgar a los hermanos (Ro. 14:10), y solo son hermanos los hijos del mismo Padre, por tanto, solo son los creyentes quienes compareceremos ante el Señor en Su tribunal.

El examen de ese juicio, no es asunto de salvación o de perdición. En la economía de la gracia, el salvo no vendrá a juicio por el pecado (Jn. 3:18; 5:24; 6:37; Ro. 5:1; 8:1; 1 Co. 11:32). Los pecados pasados, presentes y futuros de cada cristiano fueron cargados sobre Jesús en la sustitución vicaria por el pecador que cree (Col. 2:13). Este examen en el *tribunal de Cristo*, será en relación con su vida y su servicio a Dios, de lo que el creyente tiene que dar cuenta: *"... según lo que haya hecho mientras estaba en el cuerpo..."*. Cada uno de los salvos fueron comprados por Dios (1 Co. 6:19-20). Por esta causa ha dejado de pertenecer al mundo para convertirse en siervo de Dios (Ro. 6:18). La evidencia de toda conversión genuina tiene que ver con el servicio (1 Ts. 1:9), de modo que cada uno de nosotros tenemos una responsabilidad para nuestra vida actual (Ro. 6:22). Este examen está íntimamente relacionado con la determinación de la recompensa o de la pérdida de su obra (1 Co. 3:13-14), en el versículo que se considera Pablo dice que cada uno *"recibirá según lo que haya hecho mientras estaba en el cuerpo, sea bueno o sea malo"*. De modo que cada creyente comparece para dar cuenta de su administración (Ro. 14:10-12). Todo lo que tenemos es don divino de la gracia, de ahí que cada uno somos un *esclavo administrador*, a quien se le demandará cuanto se le ha confiado (Lc. 12:48; Ro. 6:18, 22). Somos administradores de los dones divinos (1 P. 4:10). Todo creyente tiene algún don (1 Co. 12:7). Pero también somos administradores de los bienes materiales y del tiempo (1 Co. 6:19-20). Compareceremos para examen de cómo hemos edificado en la casa de Dios que es la iglesia (1 Co. 3:9-15). Cada creyente edifica sobre la base sustentadora que es Cristo (1 Co. 3:11; 1 P. 2:6); lo hace conforme a la doctrina establecida que es la base de fe de la iglesia (Ef. 2:20). El examen tiene que ver con los materiales que se han utilizado. Bajo la mirada de fuego del Señor, los materiales humanos no resisten la prueba y se queman, mientras que los divinos, esto es procedentes de Dios y Su gracia, estables, permanecen.

Además, esta comparecencia revelará la calidad de vida y servicio del cada cristiano. El galardón será según la calidad del servicio cristiano. La vida de servicio es vida de compromiso y renuncia (Lc. 14:26, 27, 33). Es también de dependencia continuada del Señor (1 Co. 15:10; Fil. 4:13).

El juicio es individual, Pablo lo precisa con claridad en el versículo: *"Porque es necesario que todos nosotros... para que cada uno"*. No se trata de un juicio colectivo, aunque todos tienen que comparecer, sino individual de cada uno de los comparecientes.

El modo del examen será que poniendo de manifiesto la realidad de lo que cada uno hizo, por eso no habrá *"nada oculto"* que no sea manifestado (1 Co. 4:5a). Tampoco se mantendrá nada impuro puesto que será examinado por el fuego (Ap. 1:14). No será juzgada tanto la obra en sí misma, sino las intenciones personales por la que fue hecha (1 Co. 4:5b). Ninguna apariencia permanecerá, quedando solo las realidades.

El resultado es natural *"cada uno recibirá según lo que haya hecho"*. Recompensa conforme al resultado de lo que sí hizo. Es posible que la obra de alguno hecha en el poder del hombre, sea destruida por inválida por el fuego escudriñador de Jesucristo. Estos no se perderán, puesto que como se ha dicho antes, no es juicio para salvación o condenación, pero serán salvos sin nada que presentar y nada que recibir, *"como por fuego"* (1 Co. 3:15). Ahora bien, si cada uno recibirá según lo que haya hecho, tendrá recompensa por la obra realizada conforme a la voluntad de Dios. Estas recompensas se mencionan bajo la figura de *coronas*. Algunos recibirán la corona *incorruptible*, dada a los vencedores sobre el viejo hombre (1 Co. 9:25); otros la de *gozo*, para los ganadores de almas (1 Ts. 2:19). También estará la recompensa de la corona *de vida*, para los que resistan las pruebas (Stg. 1:12). La de *justicia*, para los que aman Su venida (2 Ti. 4:8). Finalmente, la *de gloria*, para los pastores del rebaño de Dios (1 P. 5:4). Cada creyente tendrá recompensas y gloria diferentes (1 Co. 15:41-42a), que será una perpetua manifestación del poder transformador de Dios (1 P. 2:9).

11. Conociendo, pues, el temor del Señor, persuadimos a los hombres; pero a Dios le es manifiesto lo que somos; y espero que también lo sea a vuestras conciencias.

Εἰδότες οὖν τὸν φόβον τοῦ Κυρίου ἀνθρώπους πείθομεν,
Sabiendo, pues, del temor del Señor, a hombres persuadimos,
Θεῷ δὲ πεφανερώμεθα· ἐλπίζω δὲ καὶ ἐν ταῖς
pero a Dios hemos sido hechos manifiestos; y espero también en las
συνειδήσεσιν ὑμῶν πεφανερῶσθαι.
conciencias de vosotros hayamos sido hechos manifiestos.

Análisis y notas del texto griego.

Análisis: Εἰδότες, caso nominativo masculino plural del participio perfecto en voz activa del verbo οἶδα, *saber, conocer, entender*, aquí *sabiendo*; οὖν, conjunción continuativa *pues*; τὸν, caso genitivo masculino singular del artículo determinado declinado *del*; φόβον, caso genitivo masculino singular del nombre común *temor, miedo, respeto reverente*; τοῦ, caso genitivo masculino singular del artículo determinado declinado *del*; Κυρίου, caso genitivo masculino singular del nombre divino *Señor*; ἀνθρώπους, caso acusativo masculino plural del nombre común declinado *a hombres*; πείθομεν, primera persona plural del presente de indicativo en voz activa del verbo πείθω, *persuadir, convencer*, aquí *persuadimos*; Θεῷ, caso dativo masculino singular del nombre divino declinado *a Dios*; δὲ, partícula conjuntiva que hace las veces de conjunción coordinante, con sentido de *pero, más bien, y, y por cierto, antes bien, entonces*; πεφανερώμεθα, primera persona plural del participio perfecto en voz pasiva del verbo φανερόω, *manifestar, dar a conocer, revelar, ser manifiesto*, aquí *hemos sido hechos manifiestos*; ἐλπίζω, primera persona singular del presente de indicativo en voz activa del verbo ἐλπίζω, *esperar*, aquí *espero*; δὲ, partícula conjuntiva que hace las veces de conjunción coordinante, con sentido de *pero, más bien, y, y por cierto, antes bien, entonces*; καὶ, adverbio de modo *también*; ἐν, preposición propia de dativo *en*; ταῖς, caso dativo femenino plural del artículo definido *las*; συνειδήσεσιν, caso dativo femenino plural del nombre común *conciencias*; ὑμῶν, caso genitivo de la segunda persona plural del pronombre personal *vosotros*; πεφανερῶσθαι, perfecto de infinitivo en voz pasiva del verbo φανερόω, *manifestar, dar a conocer, revelar, ser manifiesto*, aquí *hayamos sido manifiestos.*

Εἰδότες οὖν τὸν φόβον τοῦ Κυρίου. El apóstol afirma que todo cuanto hace está bajo el respeto reverente al Señor, que es cumplir fielmente la responsabilidad contraída con Él por el ministerio que le fue dado. Este *temor a Dios*, condiciona todo su comportamiento y al recordárselo a los corintios, está vindicando sus actuaciones, que algunos cuestionaban firmemente (v. 12). Esta manifestación condiciona lo que escribe en los dos versículos siguientes, sobre que su único interés era la proclamación del evangelio y la edificación de la iglesia. Pablo afirma su decisión de ser agradable a Dios con su vida. El temor del Señor no es asunto de miedo, sino de respeto reverente por lo que Él es. Esa era la forma de vida de las iglesias en Judea, Galilea y Samaria, conforme al testimonio de Hechos: *"Entonces las iglesias tenían paz por toda Judea, Galilea y Samaria; y eran edificadas, andando en el temor del Señor, y se acrecentaban fortalecidas por el Espíritu Santo"* (Hch. 9:31). Más adelante escribirá que el creyente debe *"perfeccionar la santidad en el temor de Dios"* (7:1). Es en el *temor de Cristo* que nos sometemos unos a otros (Ef. 5:21). Solo el apóstol y sus colaboradores rendían cuentas de su comportamiento y ministerio delante del Señor y no de los hombres.

ἀνθρώπους πείθομεν, Una forma de interpretar esta expresión es que en base a este respeto reverente, en el cumplimiento del mandato de Cristo para proclamar el evangelio, *persuaden* a los hombres. El verbo está en presente de indicativo, en voz activa, por lo que es una acción continuada, la traducción *tratamos de persuadir*, es más bien el uso de un presente histórico, pero realmente Pablo y sus colaboradores *persuadían*. No cabe duda que es una forma genérica del ministerio. La *persuasión* que lleva a los hombres a la fe en Cristo, no es obra del predicador, sino del Espíritu. Jesús había dicho a los Suyos que cuando el Espíritu viniera, *"convencerá al mundo de pecado, de justicia y de juicio"* (Jn. 16:8). Es cierto que Juan utiliza el verbo ἐλέγχω, que es distinto al πείθω, pero que en sentido general se corresponden, aunque el verbo en Juan conlleva el sentido de *sonrojar, avergonzar,* incluso *tratar con desprecio, convencer de una falta, reprochar, censurar, acusar, refutar, vencer* y otras acepciones, mientras que en Pablo se trata de *persuadir*, estimular a los hombres para que tomen una determinación. Ese trabajo del apóstol está atestiguado en *Hechos*, donde se lee: *"Y discutía en la sinagoga todos los días de reposo, y persuadía a judíos y griegos"* (Hch. 18:4), de otro modo, se esforzaba por convencerles de la verdad del evangelio: *"Y habiéndole señalado un día, vinieron a él muchos a la posada, a los cuales les declaraba y les testificaba el reino de Dios desde la mañana hasta la tarde, persuadiéndoles acerca de Jesús, tanto por la ley de Moisés como por los profetas"* (Hch. 28:23).

Θεῷ δὲ πεφανερώμεθα· Sin embargo, otro modo de interpretar la frase es que Pablo procuraba convencer a los creyentes de Corinto, la sinceridad con que hacía lo que hacía. Él estaba siendo cuestionado entre los de aquella iglesia, por lo que les hace conocer que cuanto estaba haciendo era al impulso de profundo respeto, del temor reverente que sentía delante de Dios. Esta interpretación concuerda más con el entorno textual inmediato, lo que significaría que el apóstol estaba diciendo: *Buscamos convencer a las personas de nuestra integridad; pero no necesitamos hacerlo con Dios, porque conoce toda nuestra intimidad.* De otro modo, el comportamiento de Pablo respondía al profundo respeto reverente que tenía por Dios, por tanto, la verdadera realidad de todo su comportamiento era conocido por Él, que sabía de la pureza de motivo que conducía su conducta. Los detractores del apóstol, entre los que estaban los engañadores de los *falsos apóstoles*, le acusaban de motivaciones impuras en la obra que estaba haciendo, pero estas calumniosas afirmaciones podrían engañar a los hombres, pero no a Dios que conocía su realidad personal. Pablo procuraba *convencer, persuadir* a las personas, incluidos los creyentes sobre la honestidad de su trabajo, algunos serían convencidos, otros, por el contrario, persistirían en su no aceptación de la obra de Pablo, pero, en cualquier caso, sea que los hombres creen en su honestidad, o no, todo se está haciendo delante de

Dios, que conoce las intenciones del corazón. Esto concuerda y se enlaza con lo que había dicho anteriormente (4:2), y con lo que sigue.

ἐλπίζω δὲ καὶ ἐν ταῖς συνειδήσεσιν ὑμῶν πεφανερῶσθαι. Con todo, a pesar de que era cuestionado e incluso difamado, tenía confianza en los corintios, que en conjunto estaban persuadidos en *sus conciencias*, es decir en la intimidad personal, de la integridad del apóstol. Ninguno de ellos podía acusarle de actuar incorrectamente ni de buscar su provecho personal, sino todo lo contrario. Era la luz del testimonio del apóstol que alumbraba a los que consideraban su conducta y no podía reprocharle nada malo. La forma plural *conciencias*, única vez así en el Nuevo Testamento, por lo que pudiera apreciarse una demanda de juicio correcto sobre él y sus actividades, a los hermanos corintios que le conocen personalmente desde hace tiempo, y testifiquen ante quienes le difaman de su comportamiento desde el tiempo que le conocen.

12. No nos recomendamos, pues, otra vez a vosotros, sino os damos ocasión de gloriaros por nosotros, para que tengáis con qué responder a los que se glorían en las apariencias y no en el corazón.

οὐ[1] πάλιν ἑαυτοὺς συνιστάνομεν ὑμῖν ἀλλὰ ἀφορμὴν
No nuevamente a nosotros mismos recomendamos nos, sino ocasión
διδόντες ὑμῖν καυχήματος ὑπὲρ ἡμῶν[2], ἵνα ἔχητε πρὸς
dando a vosotros de jactancia a favor de nosotros, para que tengáis para
τοὺς ἐν προσώπῳ καυχωμένους καὶ μὴ[3] ἐν καρδίᾳ.
los en apariencia que se jactan, y no en corazón.

Análisis y notas del texto griego.

Análisis: οὐ, adverbio de negación *no*; πάλιν, adverbio de modo *nuevamente, de nuevo, otra vez*; ἑαυτοὺς, caso acusativo masculino plural del pronombre reflexivo *a nosotros mismos*; συνιστάνομεν, primera persona plural del presente de indicativo en voz activa del verbo συνίστημι, *recomendar*, aquí *recomendamos*; ὑμῖν, caso dativo de la primera persona plural del pronombre personal declinado *a nosotros, nos*; ἀλλὰ, conjunción adversativa *sino*; ἀφορμὴν, caso acusativo femenino singular del nombre común *ocasión, oportunidad*; διδόντες, caso nominativo masculino plural del participio presente en voz activa del verbo δίδωμι, *dar*, aquí *dando*; ὑμῖν, caso dativo de la segunda persona plural del pronombre personal declinado *a vosotros*; καυχήματος, caso genitivo neutro singular del nombre común declinado *de gloria, de jactancia*; ὑπὲρ, preposición propia de genitivo *por, a favor de*; ἡμῶν, caso genitivo de la primera persona plural del pronombre personal *nosotros*; ἵνα, conjunción causal *para que*; ἔχητε, segunda persona plural del presente de subjuntivo en voz activa del verbo ἔχω, *tener*, aquí *tengáis*; πρὸς, preposición propia de acusativo *para*; τοὺς, caso acusativo masculino plural del artículo determinado *los*; ἐν, preposición propia de dativo *en*; προσώπῳ, caso dativo neutro singular del nombre común, *rostro, apariencia*; καυχωμένους, caso acusativo masculino singular del participio presente en voz media del verbo καυχάομαι, *jactarse*, aquí *que se jactan*; καὶ, conjunción copulativa *y*; μὴ, partícula que hace funciones de adverbio de negación *no*; ἐν, preposición propia de dativo *en*; καρδίᾳ, caso dativo femenino singular del nombre propio *corazón*.

Notas. Crítica Textual. Lecturas alternativas.

[1]οὐ, *no*, lectura en 𝔓[46], a, B, C, D*, F, G, Ψ, 0243, 81, 104, 326, 1739, 1881, 2464, latt, sy, bo.

Οὐ γαρ̀, *porque no*, según D[2], K, L, P, 048, 33, 365, 630, 1175, 1241, 1505, 𝔐, sa.

[2] ὑπὲρ υμῶν, se lee *a favor de vosotros*, en lugar de *nosotros* conforme a 𝔓[46], a, B,33, g, vg[vg].
[3]μὴ, *no*, atestiguado en 𝔓[46], a, B, 0243, 33, 81, 104, 365, 630, 1175, 1505, 1739, 1881, 2464.

οὐκ, *no*, en esta forma de grafismo según se lee en D*, F, G.

οὐ, *no*, como adverbio de negación en C, D[2], K, L, P, Ψ, 1241, 𝔐.

οὐ πάλιν ἑαυτοὺς συνιστάνομεν ὑμῖν. Los enemigos de Pablo procuraban desprestigiarle delante de los creyentes de la iglesia en Corinto y, acaso alguno, no tendría argumentos suficientes para rebatir esas acusaciones, esa es la razón por la que el apóstol habló antes de persuadir a los hombres y también de manifestar la corrección y honestidad de conducta delante de Dios. Por esa razón no está buscando *recomendarse* a sí mismo, es decir, no se recomendaba delante de los corintios porque no lo necesitaba, ya que todos ellos conocían sobradamente su comportamiento y actuación a lo largo de tiempo que había estado con ellos, en la fundación de la iglesia y en la enseñanza de la congregación.

ἀλλὰ ἀφορμὴν διδόντες ὑμῖν καυχήματος ὑπὲρ ἡμῶν, Ante las acusaciones y falsedades, les estaba dando a los hermanos en Corinto elementos suficientes para que pudiesen rebatir lo que sus adversarios trataban de sembrar contra él. No se trataba tanto de que pudiesen argumentar intelectualmente contra la maledicencia de los *falsos apóstoles*, sino para que tuviesen elementos suficientes para estar orgullosos de Pablo y sus colaboradores. Esa expresión literalmente traducida *dando a vosotros de jactancia a favor de nosotros*, le falta un elemento que complete la oración, por lo que podría incluirse *motivos*, lo que vendría a decir, *dándoos motivos de jactancia a favor de nosotros*. Realmente no les procuraba dar argumentos controversiales, sino vivenciales, es decir, que ellos tuviesen suficiente afecto por el apóstol y el testimonio que conocían de él manifestado durante el largo tiempo desde que comenzó la predicación del evangelio en Corinto, se produjo la fundación de la iglesia y el tiempo largo en que estuvo enseñando a la congregación. Todo esto eran motivos suficientes para que estuviesen orgullosos de él y no permitieran ni maledicencia contra él, ni mucho menos se dejasen influenciar por sus enemigos.

ἵνα ἔχητε πρὸς τοὺς ἐν προσώπῳ καυχωμένους καὶ μὴ ἐν καρδίᾳ. Pablo califica aquí a los *falsos apóstoles*, e incluso pudiera ser también a quien en la iglesia se había opuesto gravemente contra él. A todos estos los sitúa en la condición de hipócritas, ya que se gloriaban *en las apariencias*, y no en la realidad del corazón. Los enemigos de Pablo venían gloriándose de las cartas de recomendación que portaban, de su condición de antiguos creyentes, de la relación con los apóstoles en Jerusalén, mintiendo además al presentarse como enviados suyos que buscaban el beneficio de los creyentes y ponían al descubierto, el supuesto interés de Pablo en su beneficio personal. Aparentemente santos por fuera, pero llenos de corrupción en el interior. Procuraban aparentar delante de los hombres, conduciéndolos a creer lo que era mentira mediante una forma externa de piedad aparente. De ahí que diga que su forma era meramente algo externo, pero no podían presentarse ellos mismos ante Dios como piadosos de corazón. Aquellos maestros procedentes del mundo judío se gloriaban en su ascendencia, en el cumplimiento de los preceptos legales, en la circuncisión, en la historia de la nación, en las formas aprendidas de los padres, celo y devoción que expresaban en el rostro, en el exterior, pero llenos de inmundicia en los corazones. Aquellos pensaban que eran los que pertenecían al verdadero pueblo de Dios, mientras que Pablo y los suyos eran simplemente disidentes por intereses personales.

Lamentablemente esta especie en extinción no se extingue en el tiempo. Del mismo modo hay muchos –a lo largo de la historia de la iglesia– tanto en la antigua como en la moderna que se glorían de sus tradiciones, de su historia, de sus formas, de un compromiso personal que los hace superiores a otros, pero en realidad son meros detractores de la verdad que otros practican. Son quienes forman partidos religiosos y dividen la obra del Señor, quienes causan conflictos en las congregaciones buscando mantener lo que llaman *sus principios*. Son los que para prosperar ellos no tienen vergüenza alguna en desacreditar a otros siervos de Dios comprometidos con la Palabra. Es necesario observar el comportamiento de tales personas y separarse de ellos para seguir la senda marcada con las pisadas del Maestro.

13. Porque si estamos locos, es para Dios; y si somos cuerdos, es para vosotros.

εἴτε γὰρ ἐξέστημεν, Θεῷ· εἴτε σωφρονοῦμεν, ὑμῖν.
Porque si estuvimos locos, para Dios; si sensatos, para vosotros.

Análisis y notas del texto griego.

Análisis: εἴτε, conjunción *si... o, bien sea que... o, bien sea*; γὰρ, conjunción causal *porque*; ἐξέστημεν, primera persona plural del segundo aoristo de indicativo en voz activa del verbo ἐξίστημι, en forma intransitiva *quedarse atónito, estar fuera de sí*, de ahí la traducción *estar loco*, aquí *estuvimos locos*; Θεῷ, caso dativo masculino singular del nombre divino declinado *para Dios*; εἴτε, conjunción *si... o, bien sea que... o, bien sea*; σωφρονοῦμεν, primera persona plural del presente de indicativo en voz activa del verbo σωφρονέω, *ser razonable, ser sensato*, aquí *somos sensatos*; ὑμῖν, caso dativo de la segunda persona plural del pronombre personal declinado *para vosotros*.

εἴτε γὰρ ἐξέστημεν, Θεῷ· εἴτε σωφρονοῦμεν, ὑμῖν. El celo de Pablo y los dones de que estaba dotado, hacían que algunos le acusaran de estar loco. Esto mismo fue lo que le dijo Festo luego de oír su discurso de defensa ante Agripa: *"Diciendo él estas cosas en su defensa, Festo a gran voz dijo: Estás loco, Pablo; las muchas letras te vuelven loco"* (Hch. 26:24). Así también ocurrió con Jesús cuando Su propia familia le tachó de estar fuera de sí: *"Cuando lo oyeron los suyos, vinieron para prenderle; porque decían: Está fuera de sí"* (Mr. 3:21). No es necesario entender que los *falsos apóstoles* le acusaban de estar literalmente loco, sino que hacía cosas que para ellos debían ser calificadas como contrarias a la cordura. Sin embargo, todo esto podía servir a los corintios para que pudieran defenderlo. Los cristianos que conocían bien su conducta y comportamiento no podían decir esto de él, porque nunca manifestó sino cordura, afecto entrañable, desinterés personal, y disposición al trabajo por el Señor en la edificación de la iglesia. Delante de Dios algunos podían tacharlo de loco, pero ellos solo podían considerarlo como juicioso. En ningún caso lo que él decía de sí mismo, aunque pudiera ser acusado de loco por algunos, no lo hacía para ensalzarse él mismo, sino por amor del Señor y en beneficio de la iglesia.

El amor de Cristo (5:14-21)

14. Porque el amor de Cristo nos constriñe, pensando esto: que si uno murió por todos, luego todos murieron.

ἡ γὰρ ἀγάπη τοῦ Χριστοῦ συνέχει ἡμᾶς, κρίναντας τοῦτο, ὅτι[1]
Porque el amor - de Cristo apremia nos, pensando esto, que

εἷς ὑπὲρ πάντων ἀπέθανεν, ἄρα οἱ πάντες ἀπέθανον·
uno por todos murió, por tanto - todos murieron.

Análisis y notas del texto griego.

Análisis: ἡ, caso nominativo femenino singular del artículo determinado *la*; γὰρ, conjunción causal *porque*; ἀγάπη, caso nominativo femenino singular del nombre común *amor*; τοῦ, caso genitivo masculino singular del artículo determinado *el*; Χριστοῦ, caso genitivo masculino singular del nombre propio declinado *de Cristo*; συνέχει, tercera persona singular del presente de indicativo en voz activa del verbo συνέξω, *mantener junto, cercar, mantener cautivo, prender, acosar, dominar, constreñir, impulsar, apremiar*, aquí *apremia*; ἡμᾶς, caso acusativo de la primera persona plural del pronombre personal declinado *a nosotros, nos*; κρίναντας, caso acusativo masculino plural del participio del primer aoristo de indicativo en voz activa del verbo κρίνω, *juzgar, establecer criterio, pensar*, aquí *pensando*; τοῦτο, caso acusativo neutro singular del pronombre demostrativo *esto*; ὅτι, conjunción *que*; εἷς, caso nominativo masculino singular del adjetivo numeral cardinal *uno*; ὑπὲρ, preposición propia de genitivo, *por, en lugar de*; πάντων, caso genitivo masculino plural del adjetivo indefinido *todos*; ἀπέθανεν, tercera persona singular del segundo aoristo de indicativo en voz activa del verbo ἀποθνήσκω, *morir*, aquí *murió*; ἄρα, partícula *por tanto, por consiguiente*; οἱ, caso nominativo masculino plural del artículo determinado *los*; πάντες, caso nominativo masculino plural del adjetivo indefinido *todos*; ἀπέθανον, tercera persona plural del segundo aoristo de indicativo en voz activa del verbo ἀποθνήσκω, *morir*, aquí *murieron*.

Notas. Crítica Textual. Lecturas alternativas.

[1] ὅτι εἰ, *que si,* añaden la conjunción *sí*, las siguientes lecturas, ^{2}a, C*, 048, 0243, 81, 104, 365, 629^{c}, 630, 1175, 1739, 249, pm, f, vg, sa, bo^{bo}.

ἡ γὰρ ἀγάπη τοῦ Χριστοῦ. Los enemigos del apóstol le acusaban de predicar un evangelio incompleto, porque junto con la salvación por gracia, no demandaba el cumplimiento de la ley y el rito de la circuncisión a los nuevos creyentes. Por esta razón les recuerda los principios básicos del evangelio, entre los que se destaca el *amor* de Cristo. Hay algunos que entienden el genitivo de la frase como objetivo, en cuyo caso sería *nuestro amor por Cristo*, pero, sin ninguna duda debe entenderse como un genitivo subjetivo, en el sentido del amor que Cristo tiene por nosotros.

En relación con esto escribe Kistemaker:

"El Nuevo Testamento emplea la expresión 'el amor de Cristo' sólo tres veces: Pablo ofrece esa pregunta retórica: '¿Quién nos apartará del amor de Cristo'? (Ro. 8:35); se refiere a la dimensión de amor de Cristo

y dice que sobrepasa todo conocimiento humano (Ef. 3:18-19); y observa que el amor de Cristo nos controla (v. 14). Dios origina este amor, pues fue Él quien envió a su Hijo unigénito a redimir a los pecadores (Jn. 3:16; Ro. 5:8). Él elige a Su pueblo en amor y los hace más que vencedores en Cristo Jesús" (Ro. 8:37)"[17].

Se trata, pues, del amor que Cristo demostró por los hombres, y en especial por los creyentes que son objetos directos del mismo. Ese amor es tan infinito e incompresible como lo es el mismo Dios, que sin razón objetiva alguna, ama al pecador destinado a perdición a causa de su pecado para salvarlo de la condenación y hacer de él un hijo adoptado en el Hijo y miembro de su casa y familia. Ese amor es tan admirable e incomprensible que no es posible dimensionarlo o extinguir el discurso sobre sus perfecciones. El deseo personal del apóstol para los creyentes es que *"seáis plenamente capaces de comprender con todos los santos cual sea la anchura, la longitud, la profundidad y la altura y así conocer el amor de Cristo, que excede a todo conocimiento"* (Ef. 3.18-19). Es necesario apreciar en esta cita que las dimensiones del amor están en sustantivo neutro y vinculadas, por tanto, a un todo, que debe determinarse ya que no aparece en la cláusula. La interpretación más acorde es considerar las medidas del amor como correspondientes al de Dios. Pero, además, las cuatro dimensiones detalladas en el versículo por medio de cuatro sustantivos, todos ellos precedidos de un solo artículo, por lo que cada una de ellas forma un conjunto que detalla el amor de Dios manifestado y expresado en Cristo y por Él.

Será conveniente aquí hacer un alto para considerar las dimensiones del amor y entender el contenido del resto del versículo, para lo cual, tomaremos las dimensiones del texto de Efesios, citado más arriba, del comentario a *Efesios*, y trasladándolo aquí por lo que supone de comprensión para las palabras del apóstol. Primeramente, destaca la *anchura*, que orienta ese amor al que se extiende para buscar y alcanzar a todos los hombres. El Hijo de Dios, el Verbo encarnado, vino para buscar y salvar lo perdido (Lc. 19:10). En la figura de los brazos abiertos del Crucificado, se establece un parámetro que permite *comprender* la dimensión de un amor en el que siempre hay espacio para un pecador más que se acoge a Su misericordia. Sin duda es preciso entender también el alcanza de la obra de Cruz, punto esencial en la proclamación del Evangelio. En la *Epístola* que estamos considerando, se aprecia que Cristo no murió sólo por algunos, sino por todos (5:15), para lo que se dio en rescate por todos (1 Ti. 2:6). Quiere decir esto que el amor de Cristo se

---

[17] S. Kistemaker. o.c., pág. 159.

orienta a todos los pecadores sin excepción. La obra de redención estaba destinada a salvar a la humanidad caída, revertiendo la obra de perdición del hombre por el pecado, ya que el Hijo de Dios vino para destruir la obra del pecado en todas sus consecuencias. La obra del Calvario no debe entenderse en forma de *sustitución formal*, o personal, sino en forma de *sustitución potencial* o global. De otro modo, en la Cruz, Dios hace provisión para hacer *salvable* a todo hombre, si bien sólo es eficaz o *virtual* para quienes creen y aceptan a Cristo como Salvador personal. En ese sentido, Cristo, en la Cruz no expió los pecados de personas concretas, ya que en ese caso los que fuesen salvos nacerían justificados y mucho menos podría entenderse esto como una salvación universal para todos los hombres, sino que en la Cruz proveyó una salvación potencial para todos, llevando a cabo la propiciación por el pecado del mundo y permitiendo a Dios un *cambio de posición*, la reconciliación, que Le permite, sin menoscabo alguno a Su justicia, hacer un llamamiento universal a salvación con la única condición de la fe en el Salvador. De ahí que el apóstol Pablo enseñe que *"el Dios viviente, que es el Salvador de todos los hombres, mayormente de los que creen"* (1 Ti. 4:10). En relación con la sustitución debe ser considerado también el alcance y naturaleza de la sustitución. En esto debe hablarse de un doble aspecto de la sustitución, por un lado, está la sustitución *potencial* y por otro la sustitución *virtual*. Por sustitución *potencial* se expresa el alcance universal de la obra del Calvario por la que Dios hace *salvables* a todos los hombres. Por sustitución *virtual* se expresa la eficacia de la obra del Calvario, sólo en aquellos que creen. Algunos llaman también *sustitución global* y *formal*[18]. La distinción universal y personal de la sustitución aparece claramente en el mensaje profético del A.T. (Is. 53:4-6). En el versículo 6 se aprecia la universal ya que Dios carga sobre Cristo *el* (singular), pecado de todos los hombres, lo que concuerda plenamente con la enseñanza del N. T. (Jn. 3:16). Por otro lado, en los versículos 4 y 5 del pasaje de Isaías, se aprecia la sustitución personal, donde no es la masa de pecado de todos, sino las enfermedades, dolores y rebeliones (plural). En este segundo aspecto, Cristo sustituye al pecador que cree, en su pecado y transgresión personal, obrando para él la eficacia de la salvación, lo que también concuerda plenamente con la enseñanza del N. T. (1 Jn. 2:2; 1 Ti. 4:10). Deben entenderse desde la perspectiva de la *sustitución potencial* los pasajes bíblicos que expresan un alcance universal de la salvación: (1) Pasajes que declaran una obra salvífica de alcance universal, extensiva a todos los hombres (Jn. 3:16; 2 Co. 5:19; He. 2:9; 1 Jn. 2:2). (2) Pasajes que son inclusivos en su finalidad y que hace necesaria para su correcta aplicación

[18] F. Lacueva. *La Persona y obra de Jesucristo*. Editorial Clie. Terrassa, 1979. Pág. 331.

una obra que comprenda a todos los pecadores (2 Co. 5:14; 1 Ti. 2:6; 4:10; Tit. 2:11; Ro. 5:6). (3) Pasajes que ofrecen la salvación a todos los hombres y que sólo son posibles en un llamamiento a salvación de *bona fide*[19], si la muerte de Cristo alcanza salvíficamente a todos los hombres (Jn. 3:16; Hch. 10:43; Ap. 22:17). La anchura de ese amor alcanza y comprende a todo hombre que se refugie en los brazos de la gracia mediante un acto de fe en el Salvador. La impresionante medida de la *anchura* se expresa en la misma invitación de Jesús: *"Venid a mi todos los que estáis trabajados y cargados, y yo os haré descansar"* (Mt. 11:28). Nadie será rechazado, por abrumadoramente perverso que haya podido ser, si acude a Cristo por la fe (Jn. 6:37).

La segunda medida que debe ser comprendida es la *longitud* o *largura*. El amor de Cristo es un amor permanente en cada ocasión, a causa de su misma fidelidad. El que ama con amor eterno, ama en toda ocasión. La *longitud* tiene que ver con la misericordia que expresa el amor de Dios en cada circunstancia, no importa cuál sea. De este modo se manifiesta en medio del juicio por el pecado al que Israel se vio sometido en tiempos de Jeremías, quien tiene que decir que *"por la misericordia de Jehová no hemos sido consumidos, porque nunca decayeron sus misericordias. Nuevas son cada mañana; grande es tu fidelidad"* (Lam. 3:22-23). Esta misericordia que es el amor en extensión, como expresión permanente e inmutable del amor divino es la porción de los creyentes y el descanso en medio de las dificultades y aún de la disciplina divina (Lam. 3:24). Es un amor que ama en toda circunstancia, sin tener en consideración las circunstancias que concurren en el amado. Así fue el amor del padre para con el pródigo cuando, harapiento, sucio, fracasado y hambriento, sin derecho alguno para ser amado, lo impulsó a correr hacia el que venía abrazándolo, a pesar de su condición y dándole el beso del perdón misericordioso (Lc. 15:20). Es el amor que restaura al apóstol que lo negó delante de todos, sin otra cosa más que una pregunta relativa con su amor hacia el Señor, encomendándole al mismo tiempo el cuidado pastoral de Su rebaño (Jn. 21:15-17). Por esa dimensión de la *largura* del amor de Cristo, podemos estar en plena seguridad de que nada habrá que pueda separarnos de tal amor (Ro. 8:35-39).

Una tercera medida está relacionada con *la profundidad*, literalmente *la hondura* del amor de Cristo. Es el amor que impulsa al Verbo de Dios encarnado al descenso hasta las partes más bajas de la tierra (Ef. 4:9). Ese amor profundo conduce al Señor a no tener como algo a que aferrarse, Su condición divina, dejando a un lado los *derechos* eternos que

---

[19] Latín: *de buena fe.*

le corresponden en el seno de la Deidad, para venir a la *forma* de siervo, pasando para ello por la condición de hombre (Fil. 2:6-8). El mismo apóstol enseña que el Señor se *despojó*, vaciándose, no de Sus atributos y perfecciones divinas, sino del ejercicio voluntario de las mismas desde el plano de Su humanidad, dejando a un lado la gloria divina de Su impronta como Dios, que ocultó bajo el manto de Su humanidad, para entregar Su vida de infinito valor como *libación* en el sacrificio, derramándose a Sí mismo (Is. 53:12). El Eterno se hizo hombre (Jn. 1:14) para obedecer, llevando a cabo la obra de redención, para lo cual se humilla hasta la suprema obediencia del siervo que da Su vida muriendo en la Cruz. En ese amor Jesús se entrega a una muerte expiatoria (Jn. 10:11, 15, 17, 18; 2 Co. 5:21), descendiendo para cargar sobre sí el pecado y ser también nuestro sustituto en la Cruz, habiendo sido hecho maldición para que los malditos, a causa del pecado, pudiésemos ser hechos bendición en Él (Gá. 3:13). Un aspecto de la sustitución tiene que ver con el sufrimiento vicario, con cuya expresión se quiere decir que uno ocupa el lugar y toma sobre sí el sufrimiento propio de otro. En el sentido de sustitución por el pecador, Cristo toma sobre sí el castigo de *"nuestra paz"* (Is. 53:5). La dimensión de la deuda contraída por el pecador a causa de su pecado, adquiere una proporción imposible de cancelar ni en el tiempo ni en la eternidad. Ningún hombre podría sustituir a otro hombre cargando con sus pecados, porque el sustituto tendría que estar exento de todo pecado para poder tomar la responsabilidad de los ajenos. Cuando Cristo murió a manos de Su Padre es evidente que no había otro medio para la salvación de los pecadores, más que ocupando su lugar. Los sufrimientos de la pasión expresan el amor eterno de Dios hacia los pecadores, siendo la necesaria ejecución en el tiempo de lo que Dios había planeado desde la eternidad (2 Ti. 1:9). La sustitución con relación al juicio del pecado es una enseñanza del N. T. (cf. 1 Co. 15:3; 2 Co. 5:21; Gá. 3:13; 1 P. 2:24). Tal sustitución presenta la muerte de Cristo como la *propiciación por el pecado*. La palabra *propiciatorio*[20] se usa en relación con la plancha de oro puesta sobre la tapa del arca de la alianza en donde se extendía la sangre del sacrificio de expiación (He. 9:5; Lv. 16:14ss). En base al mismo, el pecado del pueblo era *cubierto* y *pasado por alto*, en espera a la obra de Cristo. Por esa causa el pecador más perdido podía invocar el favor y la misericordia de Dios (Lc. 18:13). De modo perfecto y definitivo, el sacrifico de Cristo, cambia el lugar de juicio por un trono de misericordia (He. 9:11-15). Por otro lado, la palabra *propiciación*[21], alude al acto de la ofrenda del sacrificio que la hace posible (1 Jn. 2:2; 4:10). Cristo al morir en la Cruz, satisfizo todas las demandas de Dios en cuanto

---

[20] Griego ἱλαστήριον.

[21] Griego ἱλασμος.

al juicio por el pecado, en cuya obra queda satisfecha la demanda pendiente por los pecados pasados anteriormente por alto (Ro. 3:25-26). Los pecados anteriores a la Cruz fueron perdonados sobre la base de la obra que Cristo haría en ella. A diferencia del sacrificio propiciatorio que *cubría* el pecado y que había de ser repetido por esta causa, el de Cristo *quita* el pecado, habiendo llevado sobre Sí el juicio del pecado. La sustitución no puede realizarse al margen de la Cruz que es la expresión suprema de la fidelidad y soberanía de Dios. La Cruz es la realización del plan eterno de redención, establecido por Dios desde antes de la fundación del mundo (2 Ti. 1:9); el altar en que Dios mismo coloca a su Hijo, como *"Cordero que quita el pecado del mundo"* (Jn. 1:29). La crucifixión no fue un accidente casual en la vida de Cristo, sino el cumplimiento preciso de lo que Dios había preparado anticipadamente (Hch. 2:23). Pablo tiene presente la Cruz en toda la dimensión de su teología vinculándola con la obra de sustitución (vv. 5:14-15), en la que Cristo ocupa el lugar de los pecadores: *"uno murió por todos"*. Como se consideró antes, en la Cruz Cristo no sólo muere en beneficio de los pecadores, sino ocupando su lugar. Tal profundidad es difícil de comprender: *"El Justo por nosotros los injustos"*. Sin embargo, esa obra da expresión al eterno programa salvífico de Dios (1 P. 1:18-20). Cuando llegó el *"cumplimiento del tiempo"* (Gá. 4:4), el Cordero de Dios fue cargado con el pecado del mundo. La sustitución debe entenderse desde el plano de la muerte. La muerte es una realidad en el mundo recogida en la Escritura (Ro. 5:12). A la luz de la Biblia ofrece dos aspectos. (1) Muerte espiritual que es la separación espiritual de Dios a causa del pecado. (2) Muerte física que es la separación del espíritu y del cuerpo, y que es la consecuencia de la muerte espiritual. El estado de muerte obedece a la consecuencia del quebrantamiento de lo dispuesto por Dios (Gn. 2:17). Cuando el hombre trasgredió el mandamiento, en ese mismo instante murió espiritualmente, quiere decir que fue separado de Dios (Gn. 3:24). La evidencia de la muerte espiritual se manifiesta en que *"todos mueren"*. La muerte espiritual produce efectos en el hombre: (1) Ausencia de comunión con Dios. (2) Manifestación del poder del pecado. (3) Incapacidad para superarlo (Ro. 8:7). La pena del pecado es la eterna separación de Dios y la entrada a ese estado definitivo se produce en la muerte física del pecador no regenerado. A este estado la Biblia le llama *"la muerte segunda"* (Ap. 20:14). Con su muerte Cristo es el sustituto del hombre en relación con la muerte ya que *"Él gustó la muerte por todos"* (He. 2:9). En la Cruz se produce la muerte vicaria de Cristo por los pecadores. El aspecto sustitutorio requería la muerte tanto física como espiritual. La muerte espiritual en la experiencia de la sustitución es una verdad sumamente profunda y difícil de entender. En la Cruz Cristo, sin pecado, es el portador del pecado de los pecadores (v. 21). La consecuencia suprema de tal obra es haber sido hecho maldición al ocupar el lugar del pecador (Gá. 3:13). La experiencia de la separación del Padre entra de lleno en la obra de la sustitución y quedó expresada por el mismo Señor en la Cruz (Mt. 27:46). La infinita dimensión de ese estado excede a toda comprensión humana. La ira de Dios por el pecado es desviada del pecador hacia el inocente, que la recibe en toda su dimensión. El Padre lo había llevado al polvo de la muerte, donde el Santo entra en la experiencia espiritual del condenado (Sal. 22:14-15): (1) Los sufrimientos físicos y morales. (2) La entrada en las tinieblas (Lc. 23:44-45). (3) La sed (Jn. 19:28) que, aunque producida por su condición física, es el aspecto del tormento propio del que está en el infierno (Lc. 16:23-24). (4) La ira divina sobre Él (Sal. 42:7). La agonía del Salvador en Getsemaní y Su oración están relacionadas con la muerte espiritual (He. 5:7). A esa oración se le han dado diversas interpretaciones al texto. Algunos opinan que Jesús oraba para que el Padre lo librara de morir antes de ir a la Cruz, en razón de la angustia intensa que estaba soportando. Otros piensan que Jesús oró a causa del miedo que tenía a la experiencia de la Cruz. Hay quienes piensan que Jesús oró y fue oído en la segunda parte de la oración de Getsemaní: *"no se haga mi voluntad"*. Todas esas posibilidades pueden argumentarse sin violentar el contexto general de la Palabra, pero ninguna satisface plenamente la dimensión del texto. La pena del pecado es la muerte eterna para quien estando muerto espiritualmente entra en la experiencia de la muerte física. La experiencia del hombre perfecto ante esa dimensión de muerte le lleva a orar en agonía. Cristo ora para que Dios aceptara Su muerte como pago total del pecado de los pecadores y lo levantara restaurándolo a la vida. Tal oración fue oída, en el sentido de atendida por Dios, conforme a la enseñanza del texto. El desamparo de la Cruz, en cuyo tiempo Jesús guardó silencio, es entendido por el Salvador como una acción necesaria en la ejecución de la justicia de Dios. En ese sentido la expresión posterior al tiempo de tinieblas se dirige a Dios como tal (Mt. 27:46). Esa situación de desamparo da paso a la restauración plena de la comunión con Dios antes de entrar en la experiencia de la muerte física, dirigiéndose a Él con el habitual título de Padre (Lc. 23:46). Después de ello entró voluntariamente en la experiencia de la muerte física (Jn. 10:18), mediante la entrega de Su espíritu al Padre (Lc. 23:46). En ese momento la oración no se dirigía a Dios que había tenido que desampararle por ser el Cordero que llevaba sobre sí el pecado del mundo, sino al Padre, que restauró nuevamente la plena comunión con el que había soportado sobre Sí el juicio por el pecado, manifestando con ello la plena aceptación del sacrificio del Redentor. Jesús había *"gustado la muerte por todos"*, tanto en el sentido físico como en el espiritual. Para restaurar al pecador a la vida, Cristo ofreció al padre Su único y eterno modo de vida. Todo ello rodeado de obediencia (Fil. 2:8). No hace falta entrar en una extensión mayor para entender que el amor de Cristo es *profundo*, hasta llegar a los límites de la muerte por todos nosotros.

La cuarta medida a la que se remite el apóstol es *la altura*. Es el amor que toma al perdido en sus delitos y pecados, lo restaura a la vida espiritual mediante la resurrección en Cristo y con Él y lo eleva hasta sentarlos en lugares celestiales (Ef. 2:6). Amor expresado en la petición de Jesús: *"Padre, aquellos que me has dado, quiero que donde yo estoy, también ellos estén conmigo, para que vean mi gloria que me has dado"* (Jn. 17:24). Amor manifestado en Su promesa que alienta la esperanza de gloria, asegurando que Su partida no sería definitiva, sino un tiempo en el que prepararía lugar para la esposa y vendría nuevamente para tomarnos a todos a Él (Jn. 14:1-4). Amor que se transforma en esperanza, no de cosas que vendrán, sino de la gloriosa persona del Salvador que en cada creyente se hace esperanza de gloria (Col. 1:27).

La comprensión del amor de Cristo es necesidad individual y colectiva, tanto de cada creyente como del conjunto de todos los santos. Este conocer más del amor de Cristo no se detiene en la experiencia transitoria de la iglesia peregrina, sino que se proyecta a la eternidad, ya que en ningún momento la mente y capacidad cognoscitiva del hombre será capaz de comprender la infinita dimensión del amor divino. De todo esto y mucho más se refiere el apóstol en la brevedad de la frase con que introduce el versículo: *"el amor de Cristo"*.

συνέχει ἡμᾶς, Este amor de Cristo, cautiva totalmente el corazón del apóstol *constriñéndolo* a la vida de entrega que manifiesta a todos y que era bien conocida por los corintios. El verbo συνέξω, tiene una amplia equivalencia[22], pero, en este caso es preferible traducirlo por *apremiar*, que en castellano expresa la idea de *compeler* a alguien para que haga algo con prontitud, conteniendo también la idea de *comprimir y apretar*. Es como cuando un líquido se introduce en un cilindro con un orificio abierto para salida y se le aplica presión con un émbolo, de modo que *apretado* no puede sino salir por el orificio. Así también el cristiano, compelido por el amor de Cristo, el Hijo de Dios manifestado en carne, que nos ama y muere por nuestra redención, entendiendo que esa obra fue el amor de Dios expresado individualmente, como Pablo dice: *"me amó y se entregó a Sí mismo por mí"* (Gá. 2:20), se ve impelido, por ese incomparable amor, a vivir para Cristo y obedecer con gozo cualquier mandato del Señor.

---

[22] Ver el cuadro de *Análisis* correspondiente al versículo más arriba.

κρίναντας τοῦτο, ὅτι εἷς ὑπὲρ πάντων ἀπέθανεν, ἄρα οἱ πάντες ἀπέθανον· Este es el pensamiento que satura y condiciona la mente del creyente. No sólo es el impeler del amor en sí, sino la condición de la identificación con él: *Murió por todos, luego todos murieron*. La muerte de Cristo garantizaba la *muerte de todos* los que por la fe han creído en Él y vienen a formar una unidad vital con el Señor. Ya las cosas que antes determinaban un estilo de vida personal, con sus egoísmos y tendencias humanas, cambió en una disposición de servicio y entrega semejante al que Cristo manifestó. El Señor descendió de Su gloria a la condición de *hombre* al hacerse *semejante* a los hombres, por medio de cuyo vehículo pudo venir a manifestarse en *forma de siervo* (Fil. 2:7), y desde esa *forma* entrar en el estado de humillación y darse a Sí mismo en precio por nuestros pecados, *"haciéndose obediente hasta la muerte, y muerte de cruz"* (Fil. 2:8).

Aunque la expresión *"murió por todos"* pudiera entenderse como la dimensión plena de la obra de la Cruz, el contexto aquí exige entenderlo como *por todos los creyentes*, cambiando su modo de ser, de enemigos de Dios en malas obras, y esclavos del pecado, a siervos de la justicia en una vida de entrega a Dios. En ese sentido, el viejo hombre, contumaz y rebelde es tratado en la identificación con Cristo, *"fue crucificado juntamente con Él, a fin de que el cuerpo del pecado fuera desactivado para no servir más al pecado"* (Ro. 6:6)[23]. Esta muerte al pecado produce vida para Dios, por tanto, *"habiendo sido libertados del pecado, fuisteis hechos siervos de la justicia"* (Ro. 6:18)[23]. El alcance de la obra redentora transforma al pecador de modo que *"ahora, habiendo sido librados del pecado y hechos siervos de Dios, tenéis vuestro fruto para santificación, y al fin, vida eterna"* (Ro.6:22)[23].

Es de vital importancia el modo de *pensar*, el juicio personal que el apóstol hace para sí: ya que todos murieron y son vivificados en Cristo ya no deben vivir para sí sino para Aquel que murió y resucitó por ellos. Esta verdad está resumida en un breve párrafo de Agustín de Hipona:

"Todos, pues, sin excepción, han muerto por el pecado, sea por el pecado original, sea por los actuales, añadidos por ignorancia o por malicia. Y el único vivo, es decir, el único exento de pecado, murió por los muertos, a fin de que los que viven por haberles sido remitido sus pecados no vivan ya para sí, sino para Aquel que murió por todos a causa de nuestros pecados y resucitó para nuestra justificación"[24].

---

[23] Biblia Textual.
[24] Agustín de Hipona. *De Civitate Dei*, 20, 6. 1.

La muerte y la resurrección de Cristo forman parte de la experiencia del creyente en identificación con Él. Muertos al pecado son levantados vivos para Dios. La condición antes rebelde es cambiada por la de obediencia como expresión natural de la nueva vida en Cristo. No se trata de una *mejora* sobre la vieja condición, sino de una radical acción Divina de nueva creación en Cristo, donde las cosas viejas han pasado y todas son hechas nuevas.

15. Y por todos murió, para que los que viven, ya no vivan para sí, sino para aquel que murió y resucitó por ellos.

καὶ ὑπὲρ πάντων ἀπέθανεν, ἵνα οἱ ζῶντες μηκέτι ἑαυτοῖς
Y por todos murió, para que los que viven ya no para sí mismos
ζῶσιν ἀλλὰ τῷ ὑπὲρ αὐτῶν ἀποθανόντι καὶ ἐγερθέντι.
vivan sino para el por ellos que murió y que resucitó.

Análisis y notas del texto griego.

Análisis: καὶ, conjunción copulativa *y*; ὑπὲρ, preposición propia de genitivo *por, a favor de, en lugar de*; πάντων, caso genitivo masculino plural del adjetivo indefinido *todos*; ἀπέθανεν, tercera persona singular del segundo aoristo de indicativo en voz activa del verbo ἀποθνῄσκω, *morir*, aquí *murió*; ἵνα, conjunción causal *para que*; οἱ, caso nominativo masculino plural del artículo determinado *los*; ζῶντες, caso nominativo masculino plural del participio presente en voz activa del verbo ζάω, *vivir*, aquí *que viven*; μηκέτι, adverbio *y no*; ἑαυτοῖς, caso dativo masculino plural del pronombre personal recíproco declinado *para sí mismos*; ζῶσιν, tercera persona plural del presente de subjuntivo en voz activa del verbo ζάω, *vivir*; ἀλλὰ, conjunción adversativa *sino*; τῷ, caso dativo masculino singular del artículo determinado declinado *para el*; ὑπὲρ, preposición propia de *por*; αὐτῶν, caso genitivo masculino de la tercera persona plural del pronombre personal *ellos*; ἀποθανόντι, caso dativo masculino plural del participio del segundo aoristo en voz activa del verbo ἀποθνῄσκω, *morir*, aquí *que murió*; καὶ, conjunción copulativa *y*; ἐγερθέντι, caso dativo masculino plural del participio del primer aoristo en voz activa del verbo ἐγείρω, *levantarse, resucitar*, aquí *que resucitó*.

καὶ ὑπὲρ πάντων ἀπέθανεν, Nuevamente el apóstol reitera el concepto de redención universal, esto es *para todos*, que tuvo lugar en la Cruz. Ya se ha considerado esto antes y en otros muchos lugares de este Comentario al Nuevo Testamento. Sin embargo, no puede dejar de apreciarse la misma verdad contenida también aquí. Pablo utiliza la preposición ὑπὲρ, que según el entorno textual significa *por, a favor de, en lugar de*. En general, como es también este caso, indica algo que ya realizado viene a ser beneficio para otros. En este sentido, viene a declarar que la muerte de Cristo fue una acción hecha en *beneficio de todos*. No importa cuál sea la posición teológica del lector, lo que es evidente es que la muerte de Cristo fue *por todos* los hombres en sentido general. Con todo, la sustitución puede ser *potencial*, en el sentido de que comprende a todos, o *virtual*, siendo eficaz sólo para quienes creen. La redención es en parte *potencial*, puesto que nadie queda excluido de la salvación a priori, estando disponible para todo aquel que acuda a Cristo y crea en Él como único y suficiente Salvador, siento también *virtual*, para aquellos que creen. No se trata de si la sustitución es perfecta o no, puesto que siempre es completa, se aplique en un momento o en otro, o no se aplique nunca. Se trata más bien de determinar si la obra redentora está *potencialmente* disponible para todos los hombres, o solamente para aquellos que han sido elegidos para salvación desde la eternidad. A la luz de la Escritura, sin prejuicio teológico alguno, se llega a la conclusión que Cristo murió *potencialmente* por todos y *virtualmente* por quienes creen. La *redención ilimitada* es la posición del autor.

ἵνα οἱ ζῶντες Ahora bien, en este versículo se conjugan ambas. Por un lado, el *por todos* murió. Nadie queda excluido, pero sigue inmediatamente la *sustitución virtual*, ya que esa obra es *para los que viven*. Estos no solamente viven una vida biológicamente hablando, sino una vida espiritual. Solo tienen vida eterna, los que han creído. Sólo ellos, han salido de la condición de muerte por el pecado y fueron resucitados por el Espíritu, puestos en Cristo para que la vida eterna sea la experiencia de vida de cada uno de ellos. Estos son los que como el padre del hijo pródigo pueden decir: *"muerto era y ha revivido, se había perdido, y es hallado"* (Lc. 15:24). Para estos la obra de Jesucristo *potencial*, se convierte en *virtual* porque se cambia en eficaz y eficiente. Jesús murió por todos, pero sólo algunos llegan a tener vida, y estos son los que creen.

μηκέτι ἑαυτοῖς ζῶσιν ἀλλὰ τῷ ὑπὲρ αὐτῶν ἀποθανόντι καὶ ἐγερθέντι. La posición de vida nueva en Cristo, trae como consecuencia la vivencia personal del Señor, como el apóstol decía: *"Con Cristo estoy juntamente crucificado, y ya no vivo yo, mas vive Cristo en mí; y lo que ahora vivo en la carne, lo vivo en la fe del Hijo de Dios, el cual me amó y se entregó a sí mismo por mí"* (Gá. 2:20). A la fe en el Salvador sigue la regeneración espiritual y el bautismo del Espíritu, que une al creyente con Cristo (1 Co. 12:13). Esta unión vital con Cristo es esencial para experimentar una vida nueva, vida eterna (Jn. 3:16). El cambio operado es singular. La unión vital con Cristo produce una auténtica resurrección espiritual del pecador perdido, ya que *"juntamente con él nos resucitó, y asimismo nos hizo sentar en los lugares celestiales con Cristo Jesús"* (Ef. 2:6). Esta nueva condición no es una modificación de algo anterior, sino una nueva creación de Dios (v. 17). Debe entenderse por razón de la identificación con Cristo, se produce potencialmente una destitución real del hombre hasta ahora existente y su base vital, dominada por el pecado, estableciéndose una nueva experiencia de vida, de modo que el hombre creyente se abre absolutamente a Dios en Cristo. Crucificado con Cristo está muerto al poder del pecado, que provee a la ley de elemento de condenación. Las consecuencias son notables. Por la obra de sustitución Cristo ocupa el lugar del pecador condenado a muerte y este recibe por la fe a Cristo, siendo declarado justificado delante de Dios (Is. 53:4, 6, 8, 12: Mt. 20:28; Mr, 10:45; Jn. 1:29; Gá. 1:4; 3:13; Ef. 2:1, 3, 5, 6; Col. 2:12-14: 1 Ti. 3:16). La consecuencia es real y puede decir *ya no vivo yo, sino que es Cristo el que vive en mí*. Es decir, al morir con Cristo en Su muerte, también vive en Cristo con Él en Su vida de resurrección. El poderoso y resucitado Señor, es el poder operante en el nuevo orden de la misma manera que el pecado era el poder de la antigua forma de vida (Ro. 7:17,20). El Resucitado vive en cada uno de los creyentes y se hace principio vital por el Espíritu que mora en ellos (Ro. 8:10a, 11a).

Por esa obra de salvación el creyente está dotado para *vivir a Cristo*. Se le ha dado la *mente de Cristo* que orienta necesariamente su forma de pensar (1 Co. 2:16). Se le ha dotado del amor de Cristo, para que sea capaz de amar en la misma manera en que Jesús amó y pueda cumplir el mandato supremo del amor. Como Jesús, también el creyente se entrega incondicionalmente a Dios. El Señor no había venido para ser servido, sino para servir, por tanto, quien vive a Cristo, tiene como razón de ser aquello que había sido forma de vida en Jesús. De ahí que el apóstol diga que vive para el que *murió y resucitó* por ellos.

Con todo, no debe olvidarse el principio de gratitud. Ante la obra de Cristo, el amor manifestado en Su entrega incondicional para que podamos ser salvos, los sufrimientos y la muerte del Salvador, no queda sino expresar gratitud por los bienes recibidos Así lo entendía el apóstol cuando escribe: *"Así que, hermanos, os ruego por las misericordias de Dios, que presentéis vuestros cuerpos en sacrificio vivo, santo, agradable a Dios, que es vuestro culto racional"* (Ro. 12:1). Esa entrega es consecuencia de entender *las misericordias* de Dios, el conjunto de actos divinos que desembocan en la salvación; es, por tanto, cuanto supone la Cruz; *"el cual fue entregado por nuestras transgresiones, y resucitado para nuestra justificación"* (Ro. 4:25). Las misericordias de Dios es la expresión en la infinita dimensión de Su amor personal (Mt. 5:6-8). Esas misericordias dan la consistencia y firmeza admirables de la seguridad de salvación, que permite al miserable traído a la misericordia poder decir: *"Ahora, pues, ninguna condenación hay para los que están en Cristo Jesús"* (Ro. 8:1). Esas misericordias impulsan a poner a cada cristiano a disposición de Él, entregándole su persona entera, para servirle. Un corazón rendido a Dios conduce a un compromiso de vida, en el que la realidad es que ya no se vive para sí, sino para aquel que murió y resucitó por él. Esto reviste un aspecto sacrificial, como respuesta de fe del creyente a Dios. De otro modo, Dios no se conforma con *sacrificios*, ni quiere ofrendas religiosas, sino al creyente en plenitud de entrega agradecida.

16. De manera que nosotros de aquí en adelante a nadie conocemos según la carne; y aun si a Cristo conocimos según la carne, ya no lo conocemos así.

Ὥστε ἡμεῖς ἀπὸ τοῦ νῦν οὐδένα οἴδαμεν κατὰ σάρκα· εἰ καὶ[1]
Por tanto, nosotros desde - ahora a nadie conocemos según carne; y si
ἐγνώκαμεν κατὰ σάρκα Χριστόν, ἀλλὰ νῦν οὐκέτι γινώσκομεν.
hemos conocido según carne a Cristo, pero ahora ya no conocemos.

Análisis y notas del texto griego.

Análisis: Ὥστε, conjunción consecutiva *por tanto, por consiguiente, de tal manera que, con el fin de, con la intención de*; ἡμεῖς, caso nominativo de la primera persona plural del pronombre personal *nosotros*; ἀπὸ, preposición propia de genitivo *de, desde*; τοῦ, caso genitivo neutro singular del artículo determinado *el*; νῦν, adverbio demostrativo *ahora*; οὐδένα, caso acusativo masculino singular del pronombre indefinido declinado *a nadie*; οἴδαμεν, primera persona plural del perfecto de indicativo en voz activa del verbo οἶδα, *saber, conocer, entender*, aquí *hemos conocido*, aquí mejor *conocemos*; κατὰ, preposición propia de acusativo *según*; σάρκα, caso acusativo femenino singular del nombre común *carne*; εἰ, conjunción *si*; καὶ, conjunción copulativa *y*; ἐγνώκαμεν, primera persona plural del perfecto de indicativo en voz activa del verbo γινώσκω, *conocer*, aquí *hemos conocido*; κατὰ, preposición propia de acusativo *según*; σάρκα, caso acusativo femenino singular del nombre común *carne*; Χριστόν, caso acusativo masculino singular del nombre propio declinado *a Cristo*; ἀλλὰ, conjunción adversativa *pero*; νῦν, adverbio demostrativo *ahora*; οὐκέτι, adverbio *ya no*; γινώσκομεν, primera persona plural del presente de indicativo en voz activa del verbo γινώσκω, *conocer*, aquí *conocemos*.

Notas. Crítica Textual. Lecturas alternativas.

[1]εἰ καὶ, *y si*, lectura atestiguada en 𝔓^{46}, a*, B, D*, 0225, 0243, 33, 326, 1739, 1881, 249, Eusebio.

καὶ εἰ, *y si*, en esta forma, se lee en F, G.

εἰ δὲ, *y si*, (como partícula) según lectura en K.

εἰ δὲ καὶ, *y si también*, conforme a ^{2}a, C^{2}, D^{1}, L, P, Ψ, 81, 104, 365, 630, 1175, 1241, 1505, 2464, 𝔐, sy^{h}.

῞Ωστε ἡμεῖς ἀπὸ τοῦ νῦν οὐδένα οἴδαμεν κατὰ σάρκα· Todo aquel que está siendo impulsado por el amor de Cristo, ve las cosas de forma diferente, por eso el apóstol afirma que *a nadie conocemos según la carne*. Acaba de decir, especialmente dirigida la afirmación a sus detractores, que el amor de Cristo le conducía a no vivir para él mismo, sino para el Señor. Luego, el considerar, distinguir, juzgar las cosas como había estado acostumbrado, ya no tiene cabida en su experiencia de vida actual. Si vive a Cristo, no puede sino *juzgar* como Cristo. El cambio operado en su vida es de tal magnitud que no vive por apariencias, ni juzga por lo que se ve. De modo que cualquier consideración humana, casi siempre egoísta, deja de actuar en él para que sea otro el motivo y la razón de su modo de entender las cosas. Como considera Hodge: *"Pablo no se veía movido por motivos corruptos y egoístas para aprobar o desaprobar, amar u odiar a cualquier persona"*[25]. Su vida dependía de Cristo y su modo de juzgar a las personas y a las cosas, se establecían en el interés y discernimiento de Cristo y no en el suyo propio. Los *falsos apóstoles* estaban juzgándole bajo mera apariencia, él vivía de otro modo.

Así escribe el profesor Pastor Gutiérrez:

"Pablo y sus colaboradores no conocen ya prácticamente a nadie según la carne; es decir, hacen caso omiso de las humanas consideraciones y de externas apariencias, puesto que ya los conocen a la luz del espíritu, es decir, como criaturas nuevas, renovadas por la acción de la gracia".

La gran lección de no juzgar por apariencias, se reitera continuamente en la Escritura. Sería de provecho que cada uno de nosotros tuviésemos muy en cuenta que no nos es dado juzgar las intenciones y motivaciones personales de las acciones de los hombres, que solo puede juzgar el Señor, porque solo Él las conoce.

εἰ καὶ ἐγνώκαμεν κατὰ σάρκα Χριστόν, La segunda oración del versículo reviste una cierta dificultad. Pablo dice que *"si conocimos a Cristo según la carne"*. ¿Conoció personalmente al Señor? Nada se dice de ese conocimiento en ningún testimonio suyo, de modo que entender aquí que el apóstol había conocido a Jesús según la carne, no es una correcta interpretación del texto. No quiere decir que lo conoció, o vio, literalmente hablando, sino que lo tuvo simplemente como un hombre y no como el Mesías. Es más, como fariseo, estaba adherido a la mentira de que no había resucitado, sino que su cuerpo muerto había sido sacado de la tumba por los discípulos. Todavía más, el conocimiento que desde la carne tenía de Jesús era el de blasfemo, puesto que siendo hombre, como

[25] C. Hodge. o.c., pág. 155.

los fariseos decían, se hacía Dios. Aun veía la Cruz como un lugar de ignominia y tendría en mente el postulado de la ley sobre que era maldito todo el que fuese colgado en un madero. El camino a Damasco, el encuentro con la gloria de Dios, la identificación de esa gloria con Jesús a quien perseguía en las personas de los cristianos, hizo cambiar el concepto de apreciación de Pablo, para reconocerlo plenamente como *Señor*. Después de conocer el significado de Su obra, ya no le conoce desde la dimensión de la carne. Una visión transformada en la que las cosas celestiales pasan a ser la razón de su vida y la Persona admirable de Jesús, la medida absoluta de todos sus actos.

ἀλλὰ νῦν οὐκέτι γινώσκομεν. La conclusión es obvia: Cristo había dejado de ser para Pablo un hombre más, ahora aquella forma de pensamiento que tenía sobre Él, había desaparecido, para considerarlo en la dimensión gloriosa de Su condición plena, como Dios manifestado en carne, como Salvador, como Señor y como esperanza de gloria. Es para Pablo y, necesariamente también para nosotros, Aquel que nos amó y se entregó personalmente a la muerte por cada uno.

17. De modo que si alguno está en Cristo, nueva criatura es; las cosas viejas pasaron; he aquí todas son hechas nuevas.

ὥστε εἴ τις ἐν Χριστῷ, καινὴ κτίσις· τὰ ἀρχαῖα
De modo que si alguien en Cristo, nueva creación; las cosas antiguas
παρῆλθεν, ἰδοὺ γέγονεν καινά[1].
pasaron, he aquí, han sido hechas nuevas.

Análisis y notas del texto griego.

Análisis: ὥστε, conjunción consecutiva *por tanto, por consiguiente, de tal manera que, con el fin de, con la intención de*; εἴ, conjunción *si*; τις, caso nominativo masculino singular del pronombre indefinido *alguien*; ἐν, preposición propia de dativo *en*; Χριστῷ, caso dativo masculino singular del nombre propio *Cristo*; καινὴ, caso nominativo femenino singular del adjetivo calificativo *nueva*; κτίσις, caso nominativo femenino singular del nombre común *creación*; τὰ, caso nominativo neutro plural del artículo determinado *los*, en sentido de *las cosas*; ἀρχαῖα, caso nominativo neutro plural del adjetivo *primitivas, antiguas*; παρῆλθεν, tercera persona singular del segundo aoristo de indicativo en voz activa del verbo παρέρχομαι, *pasar*, aquí *pasaron*; ἰδοὺ, segunda persona singular del aoristo segundo de imperativo en voz media del verbo ὁράω, en la forma εἶδον, *mirar, mostrar, ver,* con uso adverbial equivale a *he aquí, sucedió que, ved, ahora, en esto* etc. podría traducirse como una expresión de advertencia enfática como *¡Mira!*, incluso podría leerse a modo de interrogación como *y ¿sabéis?*, es en la práctica como una partícula demostrativa, que se usa para animar el discurso avivando la atención del lector, algunos modernos la identifican como interjección; γέγονεν, tercera persona singular del perfecto de indicativo en voz activa del verbo γίνομαι, *venir a ser, empezar a existir, hacerse, ser hecho*, aquí *han sido hechas*; καινά, caso nominativo neutro plural del adjetivo calificativo *nuevas*.

Notas. Crítica Textual. Lecturas alternativas.

[1]καινά, *nuevas*, según se lee en 𝔓[46], a, B, C, D*, F, G, 048, 0243, 629, 1175, 1739, 249, vg[st], co, Clemente.

τὰ πάντα καινά, *las cosas todas nuevas*, conforme a 6, 33, 81, 365, 614, 630, 1241, 1505, 1881, pm, ar, b, vg[cl].
καινά τὰ πάντα, *nuevas todas las cosas*, de acuerdo con D[2], K, L, P, Ψ, 104, 326, 945, 2464, pm, sy[h].

ὥστε εἴ τις ἐν Χριστῷ, καινὴ κτίσις· El cambio de orientación y de aceptación que se ha considerado en el versículo anterior, recibe aquí la explicación de por qué se produce. Es la consecuencia de la regeneración. De otro modo, quien ha sido puesto en Cristo no es tanto una nueva criatura, como es una nueva *creación*. El apóstol trató este tema en el escrito anterior a los corintios (1 Co. 12:13). De manera que todo aquel que ha sido *bautizado* en Cristo, adquiere ontológica y espiritualmente un nuevo ser, es una nueva creación de Dios. Debe notarse que está refiriéndose a que los lectores de la *Epístola*, creyentes de la iglesia en Corinto, así como todos los otros en cualquier lugar y tiempo, son verdaderos creyentes, puesto que sólo quienes tienen esta condición *están en Cristo*. El hombre caído está inhabilitado delante de Dios, por tanto, cuanto él cree que es bueno, está deformado y deteriorado, por tanto, nada puede hacer por sí mismo para revertir la situación, pero cuando cree no necesita ya nada puesto que, en Cristo, las cosas viejas pasaron. Es necesario entender con claridad que, por el bautismo del Espíritu, todos los creyentes individualmente y el conjunto de ellos, está unido vitalmente al Señor, estableciéndose una plena identidad de forma que las virtudes de Cristo pueden serles imputadas a los que están en Él. La acción del Espíritu Santo es una obra creadora de Dios, pero, lo que se denomina *nueva creación*, es el resultado de la unión con Cristo. Pablo enseña aquí que estar en Cristo es llegar a ser una nueva creación, habiendo pasado las cosas viejas y sustituidas por las nuevas, todas ellas, obra de Dios.

τὰ ἀρχαῖα παρῆλθεν, ἰδοὺ γέγονεν καινά· El mundo de la regeneración es un mundo nuevo. Este cambio a cosas nuevas, se ha considerado antes (2:14; 4:18). Cuando Cristo resucitado se une a los creyentes, o si se prefiere, cuando los creyentes son vitalmente unidos a Cristo, sentándose con Él en lugares celestiales (Ef. 2:6), formando una unidad definitiva e inconmovible, se le conoce como *nueva creación*.

Pero, a su vez, como es el caso de este versículo, cada creyente individualmente por la misma razón, es también como individuo una nueva creación. El salvo unido a Cristo resucitado, que es cabeza de la iglesia y cabeza personal del salvo, juntamente el salvo y el Señor constituyen la Nueva Creación de Dios. Por tanto, desde el momento de la vinculación con el Resucitado, todas las cosas vienen a ser hechas nuevas, desapareciendo experimentalmente todo lo que era antiguo.

18. Y todo esto proviene de Dios, quien nos reconcilió consigo mismo por Cristo, y nos dio el ministerio de la reconciliación.

τὰ δὲ πάντα ἐκ τοῦ Θεοῦ τοῦ καταλλάξαντος ἡμᾶς
Y las cosas todas de - Dios el que reconcilió nos
ἑαυτῷ διὰ Χριστοῦ καὶ δόντος ἡμῖν τὴν διακονίαν
consigo mismo por medio de Cristo, y que dio nos el ministerio
τῆς καταλλαγῆς,
de la reconciliación.

Análisis y notas del texto griego.

Análisis: τὰ, caso nominativo neutro plural del artículo determinado *los*, en sentido de *las cosas*; δὲ, partícula conjuntiva que hace las veces de conjunción coordinante, con sentido de *pero, más bien, y, y por cierto, antes bien, entonces*; πάντα, caso nominativo neutro plural del adjetivo indefinido *todos*; ἐκ, preposición propia de genitivo *de*; τοῦ, caso genitivo masculino singular del artículo determinado *el*; Θεοῦ, caso genitivo masculino singular del nombre divino *Dios*; τοῦ, caso genitivo masculino singular del artículo determinado *el*; καταλλάξαντος, caso genitivo masculino singular del participio del primer aoristo en voz activa del verbo καταλλάσσω, *reconciliar* aquí *que reconcilió*; ἡμᾶς, caso acusativo de la primera persona plural del pronombre personal *a nosotros, nos*; ἑαυτῷ, caso dativo masculino singular del pronombre reflexivo *consigo mismo*; διὰ, preposición propia de genitivo *de, por medio de*; Χριστοῦ, caso genitivo masculino singular del nombre propio *Cristo*; καὶ, conjunción copulativa *y*; δόντος, caso genitivo masculino singular del participio del segundo aoristo en voz activa del verbo δίδωμι, *dar*, aquí *que dio*; ἡμῖν, caso dativo de la primera persona plural del pronombre personal declinado *a nosotros, nos*; τὴν, caso acusativo femenino singular del artículo determinado *la*; διακονίαν, caso acusativo femenino singular del nombre común *ministerio, diaconía*; τῆς, caso genitivo femenino singular del artículo determinado declinado *de la*; καταλλαγῆς, caso genitivo femenino singular del nombre común *reconciliación.*

τὰ δὲ πάντα ἐκ τοῦ Θεοῦ De la situación de compromiso con Dios que demanda una entrega personal de la vida a Su servicio constreñidos por el amor que ha demostrado, pasa a un servicio que se encomienda al creyente, proclamar la *reconciliación*. Esta doctrina forma parte del conjunto de las que tratan el programa, proceso y resultado de la obra redentora es, por tanto, parte integrante de la doctrina bíblica de la salvación.

El apóstol introduce la referencia a la *reconciliación*, afirmando marcadamente que, literalmente, *las cosas todas, de Dios*. El complemento verbal necesario en la corta frase, es el verbo *ser*, de modo que *todas las cosas son de Dios*, o incluso *proceden* de Dios. Es decir, el autor, ejecutor, dador y aplicador de la salvación en toda la extensión es Dios. La Biblia enseña esto con claridad, cuando afirma que *"la salvación es de Jehová"* (Sal. 3:8; Jon. 2:9). Nadie más que Él planificó la salvación antes de la creación del universo y de los seres que hay en él. Así afirma que quien nos llamó con llamamiento santo según Su propósito, nos otorgó la gracia para salvación *"antes de los tiempos de los siglos"* (2 Ti. 1:9), o como también enseña el apóstol Pedro que el rescate con la *sangre preciosa de Cristo*, no fue un accidente histórico ni la provisión en el tiempo para la caída del hombre, sino que la antecede como algo *"destinado desde antes de la fundación del mundo"* (1 P. 1:19-20). Todo cuanto tiene que ver con salvación es de Dios, aunque toda responsabilidad en cuanto a aceptación es del hombre.

τοῦ καταλλάξαντος ἡμᾶς ἑαυτῷ διὰ Χριστου, Dios que salva, nos *reconcilia* consigo mismo. La operación de reconciliación se hizo *por medio de Cristo*. Es natural, puesto que todo lo que tiene que ver con la salvación del hombre, el perdón de pecados, la dotación de vida eterna, la esperanza de gloria, etc. se hace *en Cristo*. Fuera de Él no hay salvación, porque *"no hay otro nombre bajo el cielo, dado a los hombres, en que podamos ser salvos"* (Hch. 4:12).

El término *reconciliación* es usado pocas veces en el Nuevo Testamento y, muchas menos en el Antiguo. Καταλλάσω, *reconciliar* en verbo compuesto de αλλάσω, *cambiar*, trocar, derivada de ἄλλος, *otro*. En el griego clásico el sentido primario de la palabra tiene que ver con *cambiar, permutar, canjear*, etc. y en sentido figurado *reconciliar*, desde los escritos de Herodoto, el correspondiente sustantivo καταλλάγε, *reconciliación*, aparece en escritos de Esquilo y Demóstenes. Entre otras palabras los verbos διαλλάσσω y ἀποκαταλλάσσω, equivalentes también a *reconciliar*. En el mundo griego profano, se usan para referirse a la restauración de la armonía primitiva después de una enemistad. El verbo καταλλάσσω, solo en voz activa en sentido de *reconciliar*, o en pasiva *reconciliarse*, se refiere en algún lugar a seres humanos (1 Co. 7:11) y a sus relaciones con Dios, sólo en escritos de Pablo (Ro. 5:10; 2

Co 5:18-20; Col. 1:20-22). De igual manera con el significado de *reconciliación* aparece en (Ro. 5:11; 11:15; 2 Co. 5:18-19).

Es necesario apreciar que el sujeto de la reconciliación es Dios, como en el texto que se comenta. Esto es totalmente opuesto al sentido pagano, en donde el dios que fuese es objeto de una acción humana que busca la reconciliación con él. La καταλλαγή, *reconciliación* obrada por Dios es una acción cumplida, que tiene lugar cuando el pecador era enemigo de Él: *"Porque si siendo enemigos, fuimos reconciliados con Dios por la muerte de su Hijo, mucho más, estando reconciliados, seremos salvos por su vida"* (Ro. 5:10). La fe ejercida por el hombre en el Salvador no es una forma de actuación del hombre que provoca la reconciliación con Dios y a la que Dios reacciona, sino todo lo contrario, es decir, que la fe demandada al hombre es un requisito exigido por Dios que ya ha reconciliado al hombre consigo mismo por la obra de Cristo.

Técnicamente al verbo traducido por *reconciliar* se le da el sentido de *cambiar completamente*. De este modo, el versículo que se considera quedaría, aplicando este concepto, de la siguiente manera: *"Y todo esto proviene de Dios, quien nos cambió completamente consigo mismo por Cristo"*. Igualmente ocurre con otro de los textos: *"Y todo esto proviene de Dios, quien nos cambió completamente con Dios a ambos en un solo cuerpo, matando en ella las enemistades"* (Ef. 2:16).

Es en este pasaje que se está comentando donde mejor se manifiestan los dos aspectos de la reconciliación, el primero de ellos en el texto de este versículo y el segundo en el siguiente. La Biblia no afirma jamás que Dios se reconcilia, sino que Él reconcilia consigo mismo, bien al pecador a modo individual, bien colectivamente al *mundo*, como se aprecia en el versículo siguiente. La reconciliación general se hace virtual cuando el hombre cree personalmente. En este primer caso la muerte de Cristo ha reconciliado *enemigos* con Dios y esta verdad se aprecia en la acción reconciliadora de Dios con el mundo en base a la obra de Cristo.

La reconciliación ocurre por medio de la obra de Cristo (Ro. 5:10, 11), esto es, a causa de Su muerte y resurrección. El efecto de esa reconciliación es evidente, Dios, sin menoscabo alguno para Su justicia, puede colocar al pecador en una posición antes imposible para él, de modo que le permita ofrecer a todo aquel que cree, el perdón de pecados y la vida eterna. Es, por consiguiente, la situación que invierte la relación entre Dios y los hombres, antes de enemistad, cuyo cambio es posible por la muerte de Cristo. El Señor fue desamparado del Padre, en las horas de tinieblas de la Cruz, de manera que entró plenamente en la *muerte espiritual*, que no es sino la separación del hombre y Dios a causa del pecado. Al Hijo de Dios, se le presenta como en diálogo eterno de amor infinito con el Padre. El apóstol Juan escribe: *"En el principio era el Verbo, y el Verbo era con Dios, y el Verbo era Dios"* (Jn. 1:1). La preposición propia πρὸς, traducida aquí por *con*, expresa la idea de frontalidad y podría verterse mejor por la preposición *cabe* –en desuso hoy– que habla de relación *junto a*. En el griego clásico es difícil encontrar la preposición πρός, con acusativo en sentido de *en presencia de*, pero en el griego helenístico y en la koiné, ese es uno de los usos habituales. Así el texto de Juan puede traducirse: *"En principio era el Verbo, y el Verbo estaba ante Dios, y el Verbo era Dios"*. De manera que el Verbo está junto al Padre, en una eterna presencia de comunión. Luego de la caída, el hombre creado por Él, se sitúa de espaldas a Dios, abandonando al Creador, siguiendo un curso de vida contrario absolutamente al propósito divino, considerando a Dios como su enemigo a causa de sus malas obras. De modo que, usando un lenguaje figurado, el Padre y el Verbo están en comunión frente a frente, y el hombre, el mundo está a espaldas de Dios. En la Cruz cuando Cristo es cargado con el pecado del mundo, siendo el Cordero de Dios portador sobre Sí de la maldad de los hombres, es hecho por nosotros maldición (Gá. 3:13). De otro modo en expresión ilustrativa, el Padre dio espaldas al Hijo, produciéndose la muerte espiritual sustitutoria del Señor por nosotros, y cuando lo hace pone al mundo frente a Sí, produciéndose la reconciliación, *cambiándolo totalmente* de posición en relación con Él. Con esto se distingue claramente la operación divina de la reconciliación. No es que el hombre se reconcilia con Dios, sino que Dios lo reconcilia consigo mismo.

καὶ δόντος ἡμῖν τὴν διακονίαν τῆς καταλλαγῆς, Por consiguiente, si la *reconciliación* es una obra unilateral de Dios y de Él sólo, es un regalo de Su gracia que constituye una de las verdades esenciales del Evangelio. La *reconciliación*, como mensaje corresponde al *servicio, ministerio* de la *reconciliación*. En ese servicio, διακονέω, se ocupa continuamente llevando el mensaje de seguridad y esperanza a quienes están en posición de perdición, anunciándoles que este *cambio completamente*, reemplaza el estado de enemistad y alejamiento por uno de paz y comunión. Lo anuncia a quienes, por su condición de pecadores, no pueden hacer la voluntad de Dios, y tampoco quieren hacerla por rebeldía y desobediencia naturales (Ro. 8:7). Anuncia a todos que la *reconciliación* fue posible mediante el pago de un precio y la cancelación de la deuda contraída por el pecado (Ro. 5:10). Dios encarga a los creyentes en general que anuncien al mundo y proclamen la reconciliación.

19. Que Dios estaba en Cristo reconciliando consigo al mundo, no tomándoles en cuenta a los hombres sus pecados, y nos encargó a nosotros la palabra de la reconciliación.

ὡς ὅτι Θεὸς ἦν ἐν Χριστῷ κόσμον καταλλάσσων ἑαυτῷ,
Como que Dios estaba en Cristo a mundo reconciliando consigo mismo
μὴ λογιζόμενος αὐτοῖς τὰ παραπτώματα αὐτῶν καὶ θέμενος ἐν
no teniendo en cuenta a ellos las transgresiones de ellos y poniendo en
ἡμῖν τὸν λόγον[1] τῆς καταλλαγῆς.
nosotros la palabra de la reconciliación.

Análisis y notas del texto griego.

Análisis: ὡς, adverbio de modo, *como*, que hace las veces de conjunción comparativa; ὅτι, conjunción *que*; Θεὸς, caso nominativo masculino singular del nombre divino *Dios*; ἦν, tercera persona singular del imperfecto de indicativo en voz activa del verbo εἰμί, *ser, estar*, aquí *estaba*; ἐν, preposición propia de dativo *en*; Χριστῷ, caso dativo masculino singular del nombre propio *Cristo*; κόσμον, caso acusativo masculino singular del nombre común declinado *a mundo*; καταλλάσσων, caso nominativo masculino singular del participio presente en voz activa del verbo καταλλάσω, *reconciliar*, aquí *reconciliando*; ἑαυτῷ, caso dativo masculino singular del pronombre reflexivo *consigo mismo*; μὴ, partícula que hacer funciones de adverbio de negación *no*; λογιζόμενος, caso nominativo masculino singular del participio presente en voz media del verbo λογίζομαι, *tener en cuenta, contar, considerar*, aquí *teniendo en cuenta*; αὐτοῖς, caso dativo masculino de la tercera persona plural del pronombre personal declinado *a ellos*; τὰ, caso acusativo neutro plural del artículo determinado *los*; παραπτώματα, caso acusativo neutro plural del nombre común *ofensas, pecados, delitos, transgresiones, caídas*; αὐτῶν, caso genitivo masculino de la tercera persona plural del pronombre personal declinado *de ellos*; καὶ, conjunción copulativa *y*; θέμενος, caso nominativo masculino singular del participio del segundo aoristo en voz media del verbo τίθημι, *poner, colocar, depositar*, aquí *poniendo*; ἐν, preposición propia de dativo *en*; ἡμῖν, caso dativo de la primera persona plural del pronombre personal *nosotros*; τὸν, caso acusativo masculino singular del artículo determinado *el*; λόγον, caso acusativo masculino singular del nombre común *palabra, mensaje, discurso*; τῆς, caso genitivo femenino singular del artículo determinado declinado *de la*; καταλλαγῆς, caso genitivo femenino singular del nombre común *reconciliación.*

ὡς ὅτι Θεὸς ἦν ἐν Χριστῷ κόσμον καταλλάσσων ἑαυτῷ, La reconciliación es para todos, como se aprecia en el uso de la palabra *mundo*. En el versículo anterior es *virtual*, ya que afirma que *nos* reconcilió, al incluirse el mismo apóstol se trata de la efectividad de la reconciliación en los que la aceptan, esto es de los que han creído. Aquí es *potencial*, ya que Dios está reconciliando consigo al *mundo*.

La *reconciliación* no estimula a Dios a tener misericordia o compasión hacia el hombre, porque no nace de una condición externa a Él sino de Él mismo, proporcionándole una situación en la que libremente, sin menoscabo a Su justicia, puede ejercer Su misericordia infinita, sin limitación alguna puesto que Cristo extingue potencialmente en Su obra de redención la responsabilidad penal del pecado. De otro modo, Dios estableció una forma de transacción con referencia al pecador, por medio de la muerte de Su Hijo, pero esto es solo la potencialidad de la *reconciliación*, pero no la *virtualidad* de ella. Es decir, Dios *reconcilia* consigo al mundo, pero encomienda la proclamación del mensaje de la *palabra de la reconciliación*, que ha de ser aceptado por el hombre. Los que aceptan solo la *redención limitada*, para sustentar su posición teológica afirman que Cristo murió sólo por los elegidos y que solamente estos fueron *reconciliados*, esto es, *cambiados completamente* en la esfera de la relación con Dios. Esto no se sustenta a la luz de este versículo. No se puede sustituir la palabra *mundo* por la de *elegidos*, sino entraríamos en posiciones contrarias a la Palabra. Mundo significa en el entorno textual y en la teología de Pablo, la masa general de personas que viven en una situación de enemistad con Dios a causa de su pecado. Lo que está diciendo el apóstol es que la *reconciliación* del *mundo* no equivale a salvación universal, pero sí que hace posible la *reconciliación virtual* que equivale, en este caso, a salvación.

El doble aspecto de la *reconciliación*, aparece con toda claridad en otros textos de escritos de Pablo, a modo de ejemplo: "*Porque si siendo enemigos, fuimos reconciliados con Dios por la muerte de Su Hijo, mucho más habiendo sido reconciliados, seremos salvos por su vida. Y no solo esto, sino que también nos gloriamos en Dios por medio de nuestro Señor Jesucristo, por el cual hemos recibido ahora la reconciliación*" (Ro. 5:10-11)[26]. En el primer versículo se afirma que Dios ha reconciliado *enemigos* con Él mismo, siendo notorio que no puede referirse sino a la reconciliación del *mundo*; en el segundo *"estando reconciliados"* por la fe personal y por la operación salvadora de Cristo son preservados en esa misma esfera de reconciliación ahora *virtual*, perpetuamente.

Esta verdad es resumida en una frase por el Dr. L. S. Chafer:

"No puede discutirse el hecho de que hay dos clases de reconciliación: una llevada a cabo por Dios para todos, en Su amor hacia

---

[26] Biblia Textual.

el mundo; la otra llevada a cabo en el creyente individual en el momento en que cree"[27].

Es necesario adoptar una posición en relación con la frase del versículo. Una podría ser que *Dios estaba en Cristo, cuando reconciliaba consigo al mundo*. Podría apoyarse en la identidad entre el Padre y el Hijo, de manera que Jesús dijo: *"El Padre está en mí"* (Jn. 10:38), haciendo notar con ello la identidad de las Personas Divinas en cuanto a la reconciliación. Pero, también cabe entender que *Dios estaba reconciliando al mundo consigo mismo, en Cristo*. Esto sería que Dios estaba, cuando Cristo murió, reconciliando consigo mismo al mundo. Esta debe ser la interpretación más concordante con el entorno textual. Dios estaba reconciliando al mundo, para lo que necesitaba la expiación por los pecados del mundo, y Cristo era quien podía hacerlo y lo hizo. Este *reconciliar consigo* al mundo, convertir a alguien en amigo Suyo, de otro modo convirtiendo al mundo a Él, sino que le permite la demostración de que, por la obra de Cristo, es propicio a los pecadores. La prueba definitiva de la reconciliación se expresa en la frase siguiente.

μὴ λογιζόμενος αὐτοῖς τὰ παραπτώματα αὐτῶν. Lo hizo *"no tomando en cuenta los pecados"* de los hombres, literalmente *sus transgresiones*. Realmente Dios no podría en justicia sin otra razón, pasar por alto los pecados, ni perdonar las transgresiones de los hombres. Su justicia demandaba la muerte del pecador a causa de su pecado. Pero, como se ha considerado ya, la obra de Cristo en la Cruz, abre el camino para el perdón puesto que Él cargó sobre Sí el pecado del mundo y en Su vida entregada en sacrificio por el pecado establece la potencialidad salvadora para todo aquel que cree.

καὶ θέμενος ἐν ἡμῖν τὸν λόγον τῆς καταλλαγῆς. Hecha la obra de la *reconciliación*, determina que sea proclamada al mundo, en el mensaje que llama aquí el apóstol *la palabra de la reconciliación*. Esto concuerda plenamente con lo que el apóstol escribió antes: *"Porque la palabra de la Cruz es locura a los que se pierden; pero a los que se salvan, esto es, a nosotros, es poder de Dios"* (1 Co. 1:18). La doctrina de la Cruz, comprende el aspecto que trata en estos versículos, sobre la *reconciliación* que posiciona al mundo en un *cambio completo* en relación con Dios. La evidencia de que la obra de la Cruz ha sido realizada en toda la extensión y es definitivamente perfecta, es que ha encargado que se anuncie al mundo que Él está reconciliado y en disposición de perdonar el pecado de todo aquel que crea en Cristo y lo reciba como Salvador personal, en un acto de fe en Su Persona. De este modo, la invitación general del

[27] L. S. Chafer. *Teología Sistemática*. Vol. I, pág. 906.

Evangelio toma razón de realidad, cuando llama a todos los hombres para acudir a Cristo, anunciando que cualquiera puede volverse a Él y recibir el perdón de pecados y la vida eterna.

20. Así que, somos embajadores en nombre de Cristo, como si Dios rogase por medio de nosotros; os rogamos en nombre de Cristo: Reconciliaos con Dios.

Ὑπὲρ Χριστοῦ οὖν πρεσβεύομεν ὡς τοῦ Θεοῦ παρακαλοῦντος
En pro de Cristo, pues, somos embajadores como - Dios pidiendo
δι' ἡμῶν· δεόμεθα ὑπὲρ Χριστοῦ, καταλλάγητε τῷ Θεῷ.
mediante nosotros, rogamos por Cristo, sed reconciliados - con Dios.

Análisis y notas del texto griego.

Análisis: Ὑπὲρ, preposición propia de genitivo *por, a favor de, en lugar de, en pro de*; Χριστοῦ, caso genitivo masculino singular del nombre propio *Cristo*; οὖν, conjunción continuativa *pues*; πρεσβεύομεν, primera persona plural del presente de indicativo en voz activa del verbo πρεοβεύω, *ser embajador*, aquí *somos embajadores*; ὡς, adverbio de modo, *como*, que hace las veces de conjunción comparativa; τοῦ, caso genitivo masculino singular del artículo determinado *el*; Θεοῦ, caso genitivo masculino singular del nombre divino *de Dios*; παρακαλοῦντος, caso genitivo masculino singular del participio de presente en voz activa del verbo παρακαλέω, *pedir, exhortar, consolar,* aquí, *pidiendo*; δι', forma contracta de la preposición propia de genitivo διά, *por, por medio de, a causa de*; ἡμῶν, caso genitivo de la primera persona plural del pronombre personal *nosotros*; δεόμεθα, primera persona plural del presente de indicativo en voz media del verbo δέομαι, *pedir, rogar, suplicar*, aquí *rogamos*; ὑπὲρ, preposición propia de genitivo *por*; Χριστοῦ, caso genitivo masculino singular del nombre propio *Cristo*; καταλλάγητε, segunda persona plural del segundo aoristo de imperativo en voz pasiva del verbo καταλλάσσω, *reconciliar*, aquí *sed reconciliados*; τῷ, caso dativo masculino singular del artículo determinado *el*; Θεῷ, caso dativo masculino singular del nombre divino declinado *con Dios*.

Ὑπὲρ Χριστοῦ οὖν πρεσβεύομεν El evangelista queda constituido en *embajador de Dios*. El mensaje de la reconciliación, no es suyo, sino que procede de Él, que le determina en cuanto a contenido del Evangelio (Gá. 1:11-12), de modo que no puede alterarlo y debe proclamarlo tal y como lo ha recibido. El embajador es un representante a la vez que un mensajero, sin hablar en nombre propio ni hacerlo con su propia autoridad personal, proclamando aquello que le ha sido comunicado y para lo que fue comisionado. Están siendo representantes enviados por el Señor, de manera que cualquier desprecio al mensaje, cualquier injuria al mensajero, no es un desprecio ni una ofensa personal, sino un desprecio y una injuria al que lo ha comisionado. De otro modo, el rechazo al mensajero que actúa en nombre de Dios o de Cristo, es un rechazo al que envía. Cualquier menosprecio que se le dé a ellos, es un menosprecio a Cristo que los comisionó.

ὡς τοῦ Θεοῦ παρακαλοῦντος δι' ἡμῶν· Por consiguiente, la proclamación de la *reconciliación* expresa el mensaje de Dios, como si Él hablase por medio de Sus mensajeros. Pablo usa el verbo παρακαλέω, que tiene varias acepciones, como *consolar, pedir, exhortar*, de manera que por el mensaje Dios exhorta a los hombres a aceptar la obra de la reconciliación que Él hizo en Cristo. La responsabilidad del *embajador* enviado por el Rey de reyes y Señor de señores, es grande. La voz suya no puede ser otra que la voz de Dios. Nada tiene que añadir o quitar al mensaje, solo y exclusivamente ha de comunicar lo recibido. Es necesario notar la conjunción comparativa ὡς, *como*, al principio de esta oración, que afirma la condición del mensajero que proclama un mensaje *como* si fuese Dios mismo el que lo hace. El mensajero puede decir a quienes oyen el mensaje: *Dios habla por medio nuestro, escuchad lo que Él dice.* Por medio de los mensajeros Dios mantiene a lo largo de todo el tiempo la misma invitación al mundo.

δεόμεθα ὑπὲρ Χριστοῦ, La expresión no debe conducir a confusión. No es que Dios *ruega*. Él no ruega por nada, ni implora al hombre para que haga algo que Él desea. Dios es soberano, establece la comisión de anunciar la *reconciliación*, manda hacerlo y llama a los hombres a aceptar lo que Él hizo y quiere dar. Tratar de poner a Dios como suplicante ante el hombre, rogándole que acepte Su obra, es minusvalorarlo. El Soberano no pide ni implora al hombre. Así lo establece en el mensaje del Evangelio: *"Pues bien, Dios, pasando por alto esos tiempos de ignorancia, ahora manda a todos los hombres en todo lugar, que se arrepientan"* (Hch. 17:30)[28]. Dios manda ahora a los hombres que acepten la *reconciliación*. Esta demanda divina no es ya una opción, sino que se establece a modo de mandamiento, por lo que el pecador se pierde cuando no lo obedece, por haber quebrantado el mandamiento. El llamamiento de Dios es universal, no llama sólo a algunos, sino a todos. No alcanza a unos pocos, sino a todos, sin excepción en todos los lugares, es decir, en cualquier parte del mundo. El *ruego* no es de Dios, sino del predicador embajador que insta a los que oyen el mensaje a aceptar la invitación formulada en él. Lo hacen con insistencia y rogando porque conoce cuál es el resultado de negarse a atender a la demanda del mensaje que Dios le encomienda proclamar. De otro modo: el mensajero recibe el mensaje divino, lo proclama tal como lo recibe, no

[28] Biblia Textual.

dice que Dios ruega la aceptación, pero lo hace él para que el hombre al que predica responda a la demanda divina.

καταλλάγητε τῷ Θεῷ. No hay ninguna contradicción en esto de que el hombre *se reconcilie* con Dios. Antes enseñó que es Dios el que ha reconciliado consigo al mundo, ahora pide al hombre que acepte esa oferta de gracia que Dios hace entrando en las bendiciones de la reconciliación. El verbo καταλλάσσω, *reconciliar*, está aquí en voz pasiva, de manera que no es tanto que el hombre se reconcilie, sino que *sea reconciliado*, esto es, que acepte por fe la obra de reconciliación que es efectuada por la muerte de Cristo. Debido a la obra de propiciación hecha en la Cruz, Dios es propicio, y puede en justicia justificar al impío. Lo que el pecador tiene que hacer es no rechazar la oferta de gracia que Dios le comunica. Es como si Dios dijera al mundo, por medio de sus embajadores: *Dios está satisfecho con la obra, ahora acéptala tú*. De modo que los lectores y los que escuchan de viva voz el mensaje, deben entender que Dios tiene extendida a cada uno la mano de la reconciliación, pero ellos deben aceptar el don de salvación que esa mano les ofrece. Negarse a aceptar la oferta de la gracia es mantenerse en un estado de enemistad con Dios que conduce inexorablemente al castigo eterno, que será aplicado a cada pecador no salvo.

21. Al que no conoció pecado, por nosotros lo hizo pecado, para que nosotros fuésemos hechos justicia de Dios en él.

τὸν μὴ γνόντα ἁμαρτίαν ὑπὲρ ἡμῶν ἁμαρτίαν ἐποίησεν, ἵνα
Al que no conoció pecado por nosotros pecado hizo, para que
ἡμεῖς γενώμεθα δικαιοσύνη Θεοῦ ἐν αὐτῷ.
nosotros seamos hechos justicia de Dios en Él.

Análisis y notas del texto griego.

Análisis: τὸν, caso acusativo masculino singular del artículo determinado declinado *al*; μὴ, partícula que hace funciones de adverbio de negación *no*; γνόντα, caso acusativo masculino singular del participio del segundo aoristo en voz activa del verbo γίνωσκω, *conocer*, aquí *que conoció*; ἁμαρτίαν, caso acusativo femenino singular del nombre común *pecado*; ὑπὲρ, preposición propia de genitivo *por, a favor de, en lugar de*; ἡμῶν, caso genitivo de la primera persona plural del pronombre personal *nosotros*; ἁμαρτίαν, caso acusativo femenino singular del nombre común *pecado*; ἐποίησεν, tercera persona singular del primer aoristo de indicativo en voz activa del verbo ποιέω, *hacer*, aquí *hizo*; ἵνα, conjunción causal *para que*; ἡμεῖς, caso nominativo de la primera persona plural del pronombre personal *nosotros*; γενώμεθα, primera persona plural del segundo aoristo de subjuntivo en voz media del verbo γίνωμαι, *ser hecho*, aquí *seamos hechos*; δικαιοσύνη, caso nominativo femenino singular del nombre común *justicia*; Θεοῦ, caso genitivo masculino singular del nombre divino declinado *de Dios*; ἐν, preposición propia de dativo *en*; αὐτῷ, caso dativo masculino de la tercera persona singular del pronombre personal *Él*.

τὸν μὴ γνόντα ἁμαρτίαν La doctrina sobre la impecabilidad de Jesucristo está presente como contraste con la obra de la *reconciliación*, posible para Dios porque Cristo cargó sobre Sí el pecado del mundo expiándolo potencialmente para todos y virtualmente para quienes creen. Por medio de una breve síntesis presenta la dimensión de esta operación divina afirmando, primeramente, la condición *impecable* de Jesucristo.

Sin duda es un tema propio de la *Cristología*, por lo que la extensión aquí debe ser necesariamente breve al tratarse del comentario a un texto y no de la posición en relación con un aspecto de la doctrina sobre la Persona y obra de Jesucristo. Será bueno recordar que la santidad puede dividirse en *ontológica* y *moral*. La primera consiste en la absoluta separación de todo cuanto es defectuoso, inmundo, limitado, mediante un acercamiento a la trascendencia de Dios, infinitamente santo; la segunda es la vida en rectitud conforme a la voluntad de Dios. La santidad *ontológica* de la humanidad de Jesucristo se produce como consecuencia de la *unión hipostática*, en la que las dos naturalezas, la divina y la humana hallan subsistencia en la Persona Divina del Hijo de Dios, de modo que vienen a formar una unidad absoluta en esa Persona Divina, sin mezcla entre ambas naturalezas, convirtiéndose cada una de ellas en vehículo expresivo de la personalidad que ordena las acciones. De otro modo, Jesucristo a causa de esa *unión hipostática*, es definitivamente Dios-hombre, esto es una Persona Divino-humana. Esta condición exige determinantemente la absoluta impecabilidad de Jesucristo. La *unión hipostática* confiere a la naturaleza humana del Verbo encarnado, Jesús el hombre, una santidad plena en razón de la vinculación existencial con la Persona Divina en que subsiste, asegurándole una absoluta separación del mal hasta el punto de que podía decir: *"¿Quién de vosotros me redarguye de pecado?"* (Jn. 8:46). Por otro lado, la presencia sin medida en Él del Espíritu Santo (Jn. 3:34), ungió a Jesús el hombre como estaba ya profetizado (Is. 61:1); esta dirección constante del Espíritu Santo le conducía a cumplir siempre, en cualquier lugar y circunstancia, la voluntad del Padre que le había enviado (Jn. 4:34; 17:4; He. 10:7). Conduce esto al perfecto control que tenía de Sí mismo. No es una impasibilidad ante cualquier circunstancia y situación propia de los hombres, sino al control que podía ejercer sobre cualquiera de ellas, en una voluntad consciente pero sometida por el Espíritu de Dios (Ro. 8:14; 12:1, 2). Nótese la afirmación del apóstol: *"Al que no conoció pecado"*.

Cuando se habla de *impecabilidad* en Jesucristo es necesario entenderla bajo dos aspectos: a) *Jesús nunca cometió pecado alguno*; b) *Jesús es y fue incapaz de pecar*. El cuanto a la primera cuestión, el Señor no tuvo ninguna imperfección en el orden moral. Ningún ser humano podía decir, como se hizo notar antes, *"¿Quién de vosotros me redarguye de pecado?"* (Jn. 8:46). No dice que nadie podía *acusarle* de pecado, sino que nadie podía *convencerle* de él. Por esa razón no tiene comparación alguna con el más santo de los hombres. Ante la dimensión de algunos de los hombres referenciados en la Biblia, podemos rendirnos en admiración, pero solo ante Jesús tenemos que prestarle adoración. Jesús como hombre está enraizado en la humanidad (Gá. 4:4; He. 2:14), heredando, pero no suprimiendo, las debilidades propias del hombre (Is. 53:4). No cabe duda que Él asumió sobre sí el *reato*[29] del mundo, pero lo hizo en modo sustitutorio, por lo que asume la pena y la lleva en Sí hasta extinguirla, pero en modo alguno queda contaminado por el pecado.

Otro aspecto de la *impecabilidad* tiene que ver con la concepción sobrenatural (Lc. 1:35), que exige asumir que la humanidad del Verbo no fue tomada por la Persona Divina, luego del nacimiento o en algún momento del proceso de gestación en el seno de María, sino que se hizo presente en ella para que la naturaleza humana se formase *en* la Persona Divina y no fuera de ella. Hay una gran cantidad de textos bíblicos que afirman la ausencia de pecado en Jesús (cf. Mt. 3:14, 17; Lc. 4:34; 5:8; 23:41, 47; Jn. 5:30; 8:29, 46; 14:30; 17:4; Hch. 3:14; He. 4:15; 7:26; 9:14; 1 P. 1:19; 2:22; 1 Jn. 2:1; 3:3, 5). El Señor no pidió jamás perdón para Sí, ni ofreció sacrificio alguno por Sus pecados (He. 7:27, 28).

En el segundo aspecto enunciado al principio, Jesús *es y fue incapaz de pecar*. En relación con el pecado hay tres posiciones en el hombre: a) *ser capaz de no pecar*, sólo en Adán antes de la caída; b) *ser incapaz de no pecar*, situación propia de todos los hombres luego de la introducción del pecado en el hombre; c) *no poder pecar*, únicamente en Cristo. Es necesario entender por qué causa Jesús *no podía pecar*. En la sicología de Jesús el hombre no existía incapacidad física o psíquica de elegir entre distintas opciones, puesto que era plenamente libre. Tampoco la impecabilidad de Cristo depende de la protección del Espíritu que tenía sin medida, aunque es elemento potencial para no caer en pecado. La razón de la impecabilidad de Jesús está en el *sujeto de atribución* de sus acciones que es la Persona Divina en quien subsiste. Jesús es un hombre sin personalidad humana, ya que Jesucristo no es una *persona humana*, sino la naturaleza humana del Verbo encarnado, que por subsistir en Él

[29] Obligación penal por el pecado.

ambas naturalezas, es una Persona Divino-humana. Todo cuanto cualquiera de Sus dos naturalezas haga, afecta directamente a la Persona Divina en que subsisten. Por tanto, si Jesús hubiera podido pecar, sería lo mismo que decir que una Persona Divina hubiera podido hacerlo. Cristo es el Santo por excelencia, en unidad con el Padre y el Espíritu en el Ser Divino. De ahí que cuando fue anunciado a María su concepción y nacimiento se le dijo que *"el Santo"*, neutro en el texto griego *lo Santo*, que nacería de ella, sería llamado *Hijo de Dios* (Lc. 1:35). De modo que el sujeto de atribución de las acciones de las dos naturalezas es el Hijo de Dios. Lo que santifica hasta el infinito a Jesús desde el instante de la concepción, el tiempo de gestación y el alumbramiento es la Persona Divina del Verbo en que subsiste la humanidad de Jesús, de modo que, siendo la naturaleza humana de una Persona Divina, no es posible que exista en Jesús ninguna relación con el pecado. De otro modo, el Espíritu Santo engendra un hijo en el seno de María, que es personalizado por el Hijo y en quien existe como hombre. Pablo hace una notoria afirmación *Cristológica*: *"Al que no conoció pecado"*.

ὑπὲρ ἡμῶν ἁμαρτίαν ἐποίησεν, Seguidamente afirma que *"Dios lo hizo pecado"*. Es necesario entender la declaración desde la anterior, es decir, a quien no conoció pecado Dios lo hizo pecado. Él era el *Cordero de Dios* que quita el pecado del mundo, cumpliendo en Sí definitivamente, la figura de los sacrificios por el pecado establecida en la antigua dispensación. Si Jesús no hubiera estado libre de pecado, no podía ocupar el lugar de los pecadores. Las víctimas de los sacrificios habían de ser *sin mancha*, enseñando en esa figura que quien realizaría la ofrenda perfecta y definitiva por el pecado tenía que ser también sin pecado (He. 4:15; 1 P. 2:22; 1 Jn. 3:5). Cuando Pablo afirma que al impecable Jesús, Dios, refiriéndose al Padre, lo hizo sacrificio expiatorio por el pecado. Así ya lo enseña la profecía: *"Mas Jehová cargó en él el pecado de todos nosotros"* (Is. 53:6b). Lo más sorprendente del amor divino es precisamente esto. Cuando se pregunta *¿quién entregó a Cristo?* La primera respuesta es esta, quien le entrega es el Padre. Esto resulta incomprensible, pero es la infinita dimensión del amor divino, absurdo para la mente humana. El Padre, para la ejecución del Plan de Salvación establecido en la eternidad, lo situó en la dimensión de la muerte de un maldito (Gá. 3:13), descargando sobre el Santo Hijo, Jesús, la pena por los pecados del mundo (Is. 53:10). Jesús es la ofrenda expiatoria por el pecado, siendo considerado y tratado como pecador, aunque en la misma Cruz, y en las horas de tinieblas, nunca fue contaminado por el pecado, siendo *santísimo* al mismo nivel que cuando era proclamada Su santidad por los serafines (Is. 6:1-3).

ἵνα ἡμεῖς γενώμεθα δικαιοσύνη Θεοῦ ἐν αὐτῷ. La consecuencia de la imputación del pecado a Cristo, es que la *justicia de Dios* que es Cristo, nos es imputada a nosotros que creemos en la obra redentora del Salvador. La *justicia de Dios*, tiene dos connotaciones: a) porque procede de Él, esto es, fue el provisor de esa única justicia que justifica al impío; b) porque nos hace justos ante Él. Esto es posible porque lo somos con la *justicia de Dios* y no con la nuestra, que es una provisión infinita de Su propio amado Hijo. Cristo fue condenado para que nosotros pudiésemos ser justificados. Cuando Dios lo *hizo pecado* por *imputación* de los nuestros, lo consideró como *portador* de los nuestros, pero no como pecador. Por tanto, el pecador llega a ser declarado justificado por Dios (Ro. 5:1). Dios declara justo al pecador, puesto que toda responsabilidad penal demandada y exigida en Su santa ley, ha sido cancelada en Cristo y por Él. Por la justificación Dios declara exento de deuda al pecador (Ro. 5:19), colocándolo en condiciones de poder tener una plena relación y comunión con Él. El momento de efectividad de la justicia imputada, se produce en el acto de creer.

La obra de salvación en diversos aspectos está presente en todo este capítulo. En ella hay *esperanza* cierta, pudiendo asegurar que si la *tienda de campaña* de nuestra habitación terrenal, este cuerpo transeúnte y limitado llega al término de su andadura y la muerte hace que cese en su actividad como pausa del ser, no se produce una situación inquietante, puesto que la promesa de Jesús asegura que tenemos una *morada* en el cielo preparada para nosotros (Jn. 14:1-4). La primera advertencia del pasaje es que levantemos los ojos del entorno terrenal y fijemos la mirada en las cosas celestiales. Para confirmación subjetiva, Dios nos ha dado las arras del Espíritu. Él mismo está residente en nosotros, y como Vicario de Cristo, provee de consuelo en medio de las muchas aflicciones en el tránsito de la tierra al cielo. Todas estas bendiciones, la certeza de la esperanza, la inminencia del encuentro con Jesús, debieran despertar en nosotros el deseo de ser agradables a Dios. Cuando estamos mirando las riquezas de gloria en Cristo, la herencia reservada para nosotros, los problemas terrenales, lejos de agobiar y llenarnos de desaliento, se convierten en un aliciente que hace anhelar el eterno peso de gloria. Dios demanda para cada uno de nosotros una orientación precisa en nuestra forma de mirar.

La segunda lección basada en el *tribunal de Cristo*, debiera conducir nuestro deseo a trabajar en el servicio del Señor de tal manera que nuestras obras sigan con nosotros y sean un elemento que glorifique a Dios. No se trata de lo mucho o poco que aparentemente hagamos, sino de la razón motivadora que produce las acciones. Una obra hecha con materiales del cielo, que se ejecuta con la fuerza de Dios y los recursos de la gracia, se mantendrá en el examen a que será sometida delante de los ojos escudriñadores de Cristo. Las coronas de triunfo que nos serán dadas, servirán para ser puestas ante el trono de Dios, en reconocimiento de que cuanto hemos hecho conforme a Su voluntad fue realizado en vinculación con Cristo y en el poder del Espíritu. Requiere esto una pregunta personal: *¿Dónde está Cristo en nuestra vida y en qué medida vivimos en la dependencia del Espíritu Santo?*

Una tercera reflexión tiene que ver con el amor de Cristo, presente en la parte final del capítulo (vv. 14-21). Es ese admirable amor que motiva la entrega personal en un compromiso de servicio. Es el gran tema que los pastores deben proclamar a la iglesia en que sirven para despertar la entrega a vivir para Cristo de cada miembro de ella. Cuando la Cruz desaparece el púlpito cristiano, en esa misma medida desaparece el compromiso de vida cristiana. No se levanta ese compromiso mediante exhortaciones radicales, sino poniendo delante de todos la Cruz de Cristo en muestra de entrega por cada uno. Si el amor del crucificado no cambia la vida del creyente, no habrá nada en el mundo que pueda hacerlo. ¿Quién podrá mirar por la fe al Calvario y no sentirse impactado por el amor admirable de Dios? ¿Cómo ver la angustia del Cordero de Dios, el desamparo del Padre, la soledad de las horas de tinieblas, el hecho de la sustitución por nosotros, sin expresarle una entrega incondicional a quien fue hecho pecado para que nosotros seamos hechos justicia de Dios? Sólo el amor de Cristo nos constriñe a vivir para Aquél que murió y resucitó por nosotros. Cuando esto se convierte en realidad experimental, la evangelización toma carta de naturaleza en la vida, impulsándonos a proclamar al mundo perdido el mensaje de la *reconciliación*. Es necesario sentir el amor divino en nosotros para que impactados por él vivamos en compromiso de entrega al Señor que se expresa en santidad y servicio en una vida humilde, agradecida y llena de reconocimiento.

Acaso sirva como motivo de reflexión las palabras del himno:

¡Que amor tan inmenso, Señor, en ti he visto!
¡Que amor me revela tu hondo sufrir!
¿Quién puede su vista posar en tu leño
Y luego insensible su ruta seguir?

Herido, colgado del leño afrentoso.
El cáliz de muerte bebiendo por mí.
Te truecas en árbol y fruto de vida,
Y me abres la senda del reino feliz.

¡Amor insondable y amor soberano!
¡No puedo del leño mi vista apartar!
¡Allí me revelas mi culpa y tu gracia!
¡Allí has sellado mi gloria y mi paz!

CAPÍTULO VI

SERVICIO COMPROMETIDO

Introducción

Una de las razones que motivó el escrito de la *Epístola*, es defender el ministerio apostólico de Pablo, frente a los detractores que le acusaban de falta de honestidad, especialmente a los supuestos *apóstoles*, enviados comisionados o recomendados por los apóstoles y líderes de la iglesia en Jerusalén. A estos se unen, en cierta medida, los partidarios de los grupos divisionarios que habían sido promovidos en aquella iglesia y, probablemente, uno de los miembros de la congregación que no admitía el apostolado de Pablo y negaba su autoridad en la iglesia en Corinto.

El capítulo anterior contiene elementos que da a sus amigos en la congregación para que tengan argumentos contra quienes buscan su marginación e incluso evitar que sea recibido en la iglesia (5:12).

Este presente capítulo es la continuación a lo que había dicho en el anterior a este respecto, dándoles ahora una nueva serie de argumentos que coadyuvan para la defensa de su apostolado. Lo hace desde la perspectiva del elogio al ministerio evangélico, poniendo de manifiesto que toda su vida estaba enteramente dedicada al servicio de Cristo. Ese servicio, con todos los problemas que le acarreaba, se produce al impulso del amor, como hace notar en el capítulo anterior: *"el amor de Cristo nos constriñe"* (5:14). La condición de verdadero apóstol de Cristo, se pone de manifiesto también por las muchas aflicciones y dificultades que tiene a arrostrar en el ejercicio de la misión que le había sido encomendada. A ellas dedica un párrafo del capítulo (vv. 4-10).

La división del capítulo para el comentario, se divide en dos temas principales. El primero tiene que ver con la conducta del apóstol en su ministerio (vv. 1-10). El segundo inicia la cuarta división de la *Epístola*, con exhortaciones apostólicas a los corintios (6:11-7:16). En la parte correspondiente a este capítulo se aprecian una serie de exhortaciones a los creyentes en Corinto (vv. 11-13), y finaliza con la demanda de la separación del mal, desde el v. 14 y que se extiende hasta 7:1.

En la primera división (vv. 1-10), el apóstol escribe una serie de exhortaciones que invitan a un cambio de actitud hacia su persona y ministerio (vv. 1-2). Les recuerda que como apóstol es *colaborador de Dios*, de manera que, si esto es una manifestación de la gracia de Dios con él, despreciar al apóstol es despreciar la gracia y, por consiguiente, es despreciar a Dios que le dio el apostolado y la comisión de predicar el evangelio (v. 1). Mediante una cita tomada de la LXX, apela a los lectores para que disciernan el tiempo que tiene que ver con la salvación (v. 2).

Sigue luego un párrafo en el que cita aspectos de los sufrimientos por los que pasaba (vv. 3-10). Lo introduce haciéndoles notar el esmerado cuidado en su testimonio como ministro del Evangelio (v. 3). La carta de recomendación de su apostolado en la esfera del sufrimiento es evidente, citando algunos aspectos de sus pruebas (vv. 4-5). Pero esa recomendación que evidencia su apostolado, no se concreta sólo a las pruebas, sino también a la conducta cotidiana (vv. 6-7). Los siguientes versículos expresan las contradicciones entre la apreciación humana y divina del ministerio de Pablo. Lo hace siguiendo su estilo de *contrastes*, estableciéndolo entre la honra y la deshonra (v. 8); la buena mala fama (v. 8b); el engaño y la veracidad (v. 8c); desconocidos y conocidos (v. 9a); moribundos pero vivos (v.9b); castigados, pero no muertos (v. 9c); entristecidos, pero siempre gozosos (v. 10a); como pobres, pero enriqueciendo a otros (v. 10b); finalmente como no teniendo nada, pero poseyéndolo todo (v. 10c).

Se alcanza la cuarta división de la *Epístola* con un contenido directo de exhortaciones apostólicas a los corintios (6:11-7:16). En el presente capítulo aparece primeramente la demanda de un cambio de actitud hacia su persona (vv. 11-13). Demanda un corazón amplio para que le acojan sin reservas (v. 11). Les hace notar la realidad en que se encontraban de un corazón estrecho y no amplio (v. 12). Reitera la exhortación a un cambio de actitud (v. 13).

La separación del mal en sus múltiples formas sigue en el párrafo (6:14-7:1). Un llamamiento para apartarse de los incrédulos, es la primera de las exhortaciones (v. 14a). Formula luego, en el más puro estilo de Pablo, cinco preguntas retóricas que, al exigir una respuesta por parte del lector, establece para cada uno la correspondiente exhortación. En la primera trata del contraste entre justicia e injusticia (v. 14b); luego está el de la luz y las tinieblas (v. 14c); sigue el contraste entre Cristo y Belial (v. 15a); también la del creyente y el incrédulo (v. 15b); finalizando con el del templo de Dios y los ídolos (v. 16a). En ese mismo texto se introduce una cita bíblica confirmativa que es realmente una serie enlazada de distintos versículos de la profecía, tomada de la versión LXX, con la que concluye el capítulo (vv. 16b-18).

Para el comentario se sigue el *bosquejo* presentado en la *introducción* de la *Epístola*, como sigue:

7. La conducta en el ministerio (6:1-10).
   7.1. El ejemplo de exhortación (6:1-2).
   7.2. El ejemplo de sufrimiento (6:3-10).

IV. Exhortaciones apostólicas a los corintios (6:11-7:16).

1. Cambio de actitud respecto a su persona (6:11-13).
2. Separación del mal (6:14-7:1).

La conducta en el ministerio (6:1-10)

El ejemplo de exhortación (6:1-2)

1. Así, pues, nosotros, como colaboradores suyos, os exhortamos también a que no recibáis en vano la gracia de Dios.

Συνεργοῦντες δὲ καὶ παρακαλοῦμεν[1] μὴ εἰς κενὸν τὴν χάριν
Y colaborando, también exhortamos no en vano la gracia
τοῦ Θεοῦ δέξασθαι ὑμᾶς·
- de Dios recibáis vosotros.

Análisis y notas del texto griego.

Análisis: Συνεργοῦντες, caso nominativo masculino plural del participio de presente en voz activa del verbo συνερχέω, *cooperar, colaborar, disponer*, aquí *colaborando*; δὲ, partícula conjuntiva que hace las veces de conjunción coordinante, con sentido de *pero, más bien, y, y por cierto*, *antes bien, entonces*; καὶ, adverbio de modo *también*; παρακαλοῦμεν, primera persona plural del presente de indicativo en voz activa del verbo παρακαλέω, *rogar, exhortar*, aquí *exhortamos*; μὴ, partícula que hace funciones de adverbio de negación *no*; εἰς, preposición propia de acusativo *en*; κενὸν, caso acusativo neutro singular del adjetivo *vacío, vano*; τὴν, caso acusativo femenino singular del artículo determinado *la*; χάριν, caso acusativo femenino singular del nombre común *gracia*; τοῦ, caso genitivo masculino singular del artículo definido *el*; Θεοῦ, caso genitivo masculino singular del nombre divino declinado *de Dios*; δέξασθαι, primer aoristo de infinitivo en voz media del verbo δέχομαι, *recibir*, aquí *recibáis*; ὑμᾶς, caso acusativo de la segunda persona plural del pronombre personal *vosotros*.

Notas. Crítica Textual. Lecturas alternativas.

[1] παρακαλοῦμεν, *exhortamos*, según lectura en a, B, C, D^2, K, L, P, Ψ, 33, 81, 104, 365, 630, 1175, 1241, 1739, 1881, 2464, 𝔐, r, vg.

παρακαλοῦντες, *exhortándoles*, conforme a 𝔓[46], D*, F, G, 1505, ar, b.

Συνεργοῦντες δὲ καὶ παρακαλοῦμεν El versículo es continuación sin interrupción de los últimos textos del capítulo anterior. El apóstol afirmó que era embajador en nombre de Cristo para proclamar al mundo el mensaje de la reconciliación que le había sido encomendado (5:20). Por esa razón también exhorta a los hombres a la aceptación de la obra de Dios.

Además de embajador se califica como *colaborador* de Dios. Trabajador asociado con Dios en la realización de Su obra. Colaborar es trabajar en común. Sin duda la obra de Dios sólo la puede hacer Él, pero utiliza a creyentes a quienes capacita y fortalece para que ejecuten la parte que Dios mismo determina, haciéndola en Su nombre y con Su poder. Anteriormente hizo notar que, en la proclamación de la *reconciliación*, ellos *rogaban* a los hombres, como si Dios lo hiciera por medio de ellos (5:20). Ahora como Sus colaboradores ayuda con sus exhortaciones. En este caso concreto a los mismos corintios.

μὴ εἰς κενὸν τὴν χάριν τοῦ Θεοῦ δέξασθαι ὑμᾶς· Pudiera dar ocasión esta frase a distintas interpretaciones. La oración es clara en el texto griego, y la exhortación que la comprende es a que esta gracia de Dios no sea recibida en vano, es decir, no surta el efecto para el que fue dada. No es una exhortación dirigida a inconversos, sino a creyentes, a los que dirige la *Epístola* y de los que afirma son la *"iglesia de Dios"* (1:1). Quienes consideran que la salvación puede perderse por causa de pecado y, por consiguiente, *caer* de la gracia, usan en ocasiones este texto para defender la postura de *caer de la gracia.* Así consideran que Pablo está exhortándoles a una perseverancia en la gracia salvadora, mediante una vida de santidad, perdiendo la cual, salen del ámbito de la gracia y pierden su salvación, haciendo vanos los dones de la gracia. Es necesario apreciar el uso del *aoristo de infinitivo* en el verbo que Pablo usa y que expresa una situación que puede traducirse por un presente como se hace al traducirlo como *recibáis*. Recibir en vano, es tener algo que produce un efecto e impedir que lo realice. Nótese que antes estuvo hablando de la *reconciliación*, puerta de apertura a la operatividad divina en la salvación del hombre. Ya se dijo que aceptar la *reconciliación*, el *reconciliarse con Dios*, a lo que llama el Evangelio, es semejante a referirse a la aceptación de las demandas divinas contenidas en el mensaje y depositar la fe en el Salvador. La gracia salvadora produce consecuencias visibles en la vida del creyente. No sólo la gracia opera para salvación de pecados y recepción de la vida eterna, sino también para santificación, que es el desarrollo en el curso de la vida terrenal de cada creyente (Fil. 2:12). La gracia que no opera en el creyente, es una gracia *recibida en vano*. El trabajo en la evangelización que no produce estos resultados es también un trabajo hecho en vano (Gá. 2:2; Fil. 2:16; 1 Ts. 3:5). Esta es la razón principal por la que el apóstol formula esta invitación a los creyentes, a fin de que permitan la operación poderosa de Dios, en Su gracia, por la obra del Espíritu Santo en cada uno de ellos. Esto hace honor y expresa gratitud por la muerte de Jesucristo, quien fue *hecho pecado*, para que nosotros fuésemos hechos *justicia de Dios* en Él. Quien es hecho justicia, vive en la dimensión de esa justicia que se expresa en una vida consecuente con la fe.

2. Porque dice:
En tiempo aceptable te he oído,
Y en día de salvación te he socorrido.
He aquí ahora el tiempo aceptable; he aquí ahora el día de salvación.

λέγει γάρ·
Porque dice:
καιρῷ δεκτῷ ἐπήκουσά σου
En tiempo aceptable escuché te,
καὶ ἐν ἡμέρᾳ σωτηρίας ἐβοήθησά σοι.
Y en día de salvación socorrí te.
ἰδοὺ νῦν καιρὸς εὐπρόσδεκτος, ἰδοὺ νῦν ἡμέρα σωτηρίας.
He aquí ahora tiempo aceptable, he aquí ahora día de salvación.

Análisis y notas del texto griego.

Análisis: λέγει, tercera persona singular del presente de indicativo en voz activa del verbo λέγω, *hablar, decir*, aquí *dice*; γάρ, conjunción causal *porque*; *καιρῷ*, caso dativo masculino singular del nombre común declinado *en tiempo*; *δεκτῷ*, caso dativo masculino singular del adjetivo *aceptable*; *ἐπήκουσα*, primera persona singular del primer aoristo de indicativo en voz activa del verbo ἐπακούω, *escuchar, atender*, aquí *escuché*; *σου*, caso genitivo de la segunda persona singular del pronombre personal declinado *de ti, te*; καὶ, conjunción copulativa *y*; *ἐν*, preposición propia de dativo *en*; *ἡμέρᾳ*, caso dativo femenino singular del nombre común *tiempo*; *σωτηρίας*, caso genitivo femenino singular del nombre común declinado *de salvación*; *ἐβοήθησα*, primera persona singular del primer aoristo de indicativo en voz activa del verbo βονθέω, *venir en ayuda, ayudar, socorrer*, aquí *socorrí*; *σοι*, caso dativo de la primera persona singular del pronombre personal declinado *a ti, te*; ἰδοὺ, segunda persona singular del aoristo segundo de imperativo en voz media del verbo ὁράω, en la forma εἶδον, *mirar, mostrar, ver,* con uso adverbial equivale a *he aquí, sucedió que, ved, ahora, en esto* etc. podría traducirse como una expresión de advertencia enfática como *¡Mira!*, incluso podría leerse a modo de interrogación como *y ¿sabéis?*, es en la práctica como una partícula demostrativa, que se usa para animar el discurso avivando la atención del lector, algunos modernos la identifican como interjección; νῦν, adverbio demostrativo *ahora*; καιρὸς, caso nominativo masculino singular del nombre común *tiempo*; εὐπρόσδεκτος, caso nominativo masculino singular del adjetivo *aceptable*; ἰδοὺ, segunda persona singular del aoristo segundo de imperativo en voz media del verbo ὁράω, en la forma εἶδον, *mirar, mostrar, ver,* con uso adverbial equivale a *he aquí, sucedió que, ved, ahora, en esto* etc. podría traducirse como una expresión de advertencia enfática como *¡Mira!*, incluso podría leerse a modo de interrogación como *y ¿sabéis?*, es en la práctica como una partícula demostrativa, que se usa para animar el discurso avivando la atención del lector, algunos modernos la identifican como interjección; νῦν, adverbio demostrativo *ahora*; ἡμέρα, caso nominativo femenino singular del nombre común *día*; σωτηρίας, caso genitivo femenino singular del nombre común declinado *de salvación*.

λέγει γάρ· *καιρῷ δεκτῷ ἐπήκουσά σου καὶ ἐν ἡμέρᾳ σωτηρίας ἐβοήθησά σοι.* En la exhortación se llama la atención al tiempo y a la urgencia. De ahí la apelación al texto de la profecía para hacerles notar la promesa divina y el tiempo actual. Las palabras están tomas de la versión LXX, por lo que existe alguna diferencia con el texto hebreo. La referencia está tomada de Isaías 49:8, en donde se lee *tiempo de gracia*, en lugar de *tiempo aceptable*, como aparece aquí. La diferencia no significa contrariedad entre ambas versiones, sino que el tiempo de gracia, es por esa misma razón el tiempo aceptable.

Sin embargo, las palabras de la profecía están dirigidas al Mesías que sería envidado y es a Él a quien se le dice que *fue escuchado*, *fue oído*, en tiempo *aceptable*, y *socorrido* en día de *salvación*. ¿Pablo hace aquí una aplicación libre para sustentar su propósito o existe alguna relación? Algunos proponen que cuando se habla del Mesías, se está hablando también de Su pueblo. Sobre esta interpretación, escribe el Dr. Hodge, citando el comentario del Dr. J. A. Alexander:

"Vistas las cosas así, el uso que el apóstol hace del pasaje puede explicarse por la hipótesis expuesta por el Dr. J. A. Alexander, en su comentario a este capítulo, al decir que la persona ideal a que este pasaje se refiere no es el Mesías, en exclusividad, sino el Mesías y su pueblo representado en Él. Por tanto, una promesa de gracia y salvación al Mesías era, a la vez, una promesa de gracia y salvación a su pueblo"[1].

La otra alternativa es que el apóstol emplea la cita del Antiguo Testamento para expresar sus propias ideas, excluyéndola del sentido

---

[1] C. Hodge. o.c., pág. 173.

literal para lo que fueron escritas. La salvación del pecador era una promesa desde el tiempo de la caída, y Dios actuó en el tiempo histórico de los hombres haciéndola posible en la obra redentora de Jesucristo, expresándola a los hombres en la proclamación de la *reconciliación*. De manera que estas palabras acuden a la mente de Pablo en el momento de dictar esta parte de la *Epístola* y las incluye sin que tuviesen significado directo con lo que está diciendo.

ἰδοὺ νῦν καιρὸς εὐπρόσδεκτος, ἰδοὺ νῦν ἡμέρα σωτηρίας. Pablo apela a la referencia profética dándole el sentido extenso que las palabras tienen. Es verdad que tiene un cumplimiento próximo en el Mesías, pero no es menos cierto que el profeta habla del *"tiempo de salvación"*. En ese sentido no se refiere sólo al pasado, sino también al presente. Cristo operó la salvación de los hombres, pero no tiene que ver con un determinado tiempo que la extingue, como si fuese solo dispuesta para la justificación del pecador, sino la salvación sigue luego de ese primer estadio en la vida de santificación y culminará finalmente con la glorificación de los salvos. Era un *tiempo aceptable* en el que Dios podía oír la respuesta en fe a la demanda del evangelio porque había hecho posible la *reconciliación* en la obra efectuada por Su Hijo, de modo que el tiempo de la misericordia, resuelto el problema de la justificación del pecador, permitía a Dios oír al pecador y recibirlo a salvación. En el ejemplo del pródigo, el hijo perdido en sus pecados, confiesa esa situación al padre: *"He pecado contra el cielo y contra ti"*, e inmediatamente es estrechado por los brazos de la misericordia y recibe el beso de la gracia.

Pero, el tiempo aceptable lo es porque es también el *día de salvación*. Es el último tiempo en que Dios cumplió la disposición eterna y envió a Su Hijo al mundo para salvar al hombre (Gá. 4:4). El tiempo de salvación es el de libertad en Cristo (Lc. 4:18, 21). Fue el cumplimiento de la afirmación de Jesús: *"Si el Hijo os libertare, seréis verdaderamente libres"* (Jn. 8:36). La salvación es pasar al hombre a una esfera de libertad desde otra de esclavitud por el pecado. Sólo el Hijo puede hacer libre al hombre. De esta obra habla la segunda parte del texto que toma del Antiguo Testamento. Los griegos se creían sabios y los romanos libres, pero no lo eran realmente, de ahí que Jesús habla de una libertad *real* y no solo posible. El Hijo es el único que pude otorgar dos grandes bendiciones al creyente, por un lado, la *manumisión*, por la que queda libertado de la esclavitud de pecado, y por otro, la *adopción*, por la que queda constituido hijo.

El apóstol como mensajero de Dios, insta a los lectores a la experiencia real de la salvación advirtiéndoles que este es el tiempo para alcanzar la bendición. La urgencia está manifestada en la reiteración por dos veces del adverbio *ahora*. Hay un tiempo para ocuparse de la santificación, que concluye cuando termine la dispensación actual y los creyentes seamos trasladados por Cristo a Su presencia (He. 9:27-28). Del momento para el traslado de los salvos nadie sabe, pero la promesa de Jesús es que vendrá pronto (Ap. 22:12, 20). Así también exhortaba el escritor a los hebreos: *"Mirad, hermanos, que sea que acaso haya en alguno de vosotros un corazón malo de incredulidad como para apartarse del Dios vivo. Antes bien, exhortaos los unos a los otros cada día, en tanto se dice: Hoy; para que ninguno de vosotros se endurezca por el engaño del pecado"* (He. 3:12-13)[2]. Esta expresión es como la que usa Pablo en el versículo que se comenta, y define el tiempo actual en que se encuentran los creyentes. Es un mandato verdaderamente *atemporal*, puesto que se determina para el momento en que viva cada lector, de ahí que el apóstol diga: *"he aquí ahora el tiempo aceptable... he aquí ahora el día de salvación"*. Es, por tanto, una advertencia al comportamiento de cada creyente, Cada día la verdadera misión del cristiano es manifestar la realidad de su salvación en vidas comprometidas con Cristo. No atender a la voz de Dios es entrar en la dinámica propia del mundo rebelde a Dios. Los corintios debían tener claro que el Señor que salva, había resucitado y estaba entronizado a la diestra de Dios; que la etapa de la *reconciliación* estaba presente en aquel tiempo y en el nuestro. Para ellos había venido el tiempo del año agradable del Señor, que Jesús había venido a proclamar (Lc. 4:19. 21). Y este tiempo continuará hasta el final de la dispensación, que puede ocurrir en cualquier momento. El tiempo presente debe ser aprovechado para vivir vidas conforme a la santificación, evitando continuar con la que nos era propia antes del encuentro con Cristo.

El ejemplo de sufrimiento (6:3-10)

3. No damos a nadie ninguna ocasión de tropiezo, para que nuestro ministerio no sea vituperado.

Μηδεμίαν ἐν μηδενὶ διδόντες προσκοπήν, ἵνα μὴ μωμηθῇ
A ninguna en nada dando causa de tropiezo, para que no sea afrentado
ἡ διακονία,
el ministerio.

Análisis y notas del texto griego.

Análisis: Μηδεμίαν, caso acusativo femenino singular del adjetivo indefinido *ninguna*; ἐν, preposición propia de dativo *en*; μηδενὶ, caso dativo neutro singular del pronombre indefinido *ninguno, nada, ninguna cosa*; διδόντες, caso

[2] Biblia Textual.

nominativo masculino plural del participio de presente en voz activa del verbo δίδωμι, *dar*, aquí *dando*; προσκοπήν, caso acusativo femenino singular del nombre común, *causa de tropiezo*; ἵνα, conjunción causal *para que*; μὴ, partícula que hace funciones de adverbio de negación *no*; μωμηθῇ, tercera persona singular del primer aoristo de subjuntivo en voz pasiva del verbo μώμαομαι, *burlarse, mofarse, afrentar*, aquí *sea afrentado*; ἡ, caso nominativo femenino singular del artículo determinado *la*; διακονία, caso nominativo femenino singular del nombre común *diaconía, ministerio*.

Μηδεμίαν ἐν μηδενὶ διδόντες προσκοπήν, ἵνα μὴ μωμηθῇ ἡ διακονία, El cuidado de todo fiel ministro de Cristo es el mismo que el apóstol tenía, que nadie tuviese nada que pudiese desprestigiar el ministerio que hace. El servicio no será vituperado si el ministro no da a nadie ocasión de tropiezo.

Esta frase sirve al apóstol para presentar su ministerio, conocido por los corintios, como ejemplo a todos en los versículos siguientes. La conducta del ministro del evangelio ha de ser ejemplar en todo. Algunos despreciaban al apóstol, incluso aquellos que estaban siendo influenciados por los *falsos apóstoles*, se atrevían a levantar contra él sospechas sobre la verdadera razón de su servicio. La única manera de hacer honor al ministerio apostólico era la manifestación de una vida intachable que causara impacto a todos. El apóstol respaldaba con ella su labor. De este modo podía tapar la boca de quienes lo denostaban. El mejor modo de ser respetado es ser ejemplo. Es decir, la vida de Pablo se convertía en una expresión silenciosa que concordaba con cuanto enseñaba y mandaba a los creyentes. De esta manera alcanzaba el respeto de todos, porque su enseñanza iba acompañada de la ejemplaridad y del sometimiento a ella. La virtud echaba por tierra las acusaciones infundadas contra él. No consistía en exigir lo que como apóstol le correspondía, sino manifestándose de tal modo que nunca fuese causa de tropiezo para nadie. De otro modo, que fuese un modelo digno de ser copiado (Fil. 3:17; 1 Ts. 1:7; 2 Ts. 3:9; 1 Ti. 4:12; Tit. 2:7).

De esta manera se expresaba Agustín de Hipona:

"Para que al orador se le oiga obedientemente, más peso tiene su vida que toda cuanta grandilocuencia de estilo posea. Porque el que habla con sabiduría y con elocuencia, pero lleva una vida perversa, enseña sin duda a muchos que tienen empeño en saber, aunque para su alma, es inútil... Así predicando lo que no hacen, aprovechan a muchos, pero aprovecharían a muchos más haciendo lo que dicen, porque abundan los que buscan abogados de su propia mala vida de entre sus prelados y maestros, diciendo en su corazón, y si a mano viene

expresándolo con la boca: Lo que a mí me mandas, ¿por qué no lo haces tú? De aquí procede que no oigan obedientemente al que no se oye a sí mismo, y que desprecien junto con el mismo que les habla, la palabra de Dios que les predica. Por eso, escribiendo Pablo a Timoteo, después de haberle dicho 'nadie desprecie tu juventud', añade el modo de portarse para que no le desprecien: 'Sé tú el modelo de los fieles en la predicación, en la conducta, en el amor, en la fe, en la castidad"[3].

La conducta de quien sirve en el evangelio ha de ser ejemplar en todo. De ahí que el esmerado cuidado del ministro consista en evitar ser ocasión de tropiezo, literalmente no ser motivo de escándalo a nadie. De otro modo, evitar en absoluto que por su conducta otros sean llevados a pecar, no importa en la forma que sea.

4. Antes bien, nos recomendamos en todo como ministros de Dios, en mucha paciencia, en tribulaciones, en necesidades, en angustias.

ἀλλ’ ἐν παντὶ συνίσταντες[1] ἑαυτοὺς ὡς Θεοῦ διάκονοι. ἐν
Sino en todo recomendando a nosotros mismos como de Dios ministros, en
ὑπομονῇ πολλῇ. ἐν θλίψεσιν. ἐν ἀνάγκαις. ἐν στενοχωρίαις.
paciencia mucha, en tribulaciones, en necesidades, en estrecheces.

Notas y análisis del texto griego.

Análisis: ἀλλ’, forma escrita ante vocal de la conjunción adversativa ἀλλά que significa *pero, sino*; ἐν, preposición propia de dativo *en*; παντὶ, caso dativo neutro singular del adjetivo indefinido *todo*; συνίσταντες, caso nominativo masculino plural del participio de presente en voz activa del verbo συνίστημι, *recomendar*; ἑαυτοὺς, caso acusativo masculino plural del pronombre reflexivo declinado *a nosotros mismos*; ὡς, adverbio de modo, *como*, que hace las veces de conjunción comparativa; Θεοῦ, caso genitivo masculino singular del nombre divino declinado *de Dios*; διάκονοι, caso nominativo masculino plural del nombre común *diáconos, servidores, ministros*; ἐν, preposición propia de dativo *en*; ὑπομονῇ, caso dativo femenino singular del nombre común *paciencia*; πολλῇ, caso dativo femenino singular del adjetivo *mucha*; ἐν, preposición propia de dativo *en*; θλίψεσιν, caso dativo femenino plural del nombre común *tribulaciones*; ἐν, preposición propia de dativo *en*; ἀνάγκαις, caso dativo femenino plural del nombre común *necesidades*; ἐν, preposición propia de dativo *en*; στενοχωρίαις, caso dativo femenino plural del nombre común *estrecheces, aflicciones, angustias*.

Notas. Crítica Textual. Lecturas alternativas.

---

[3] Agustín de Hipona. *Sobre la doctrina cristiana*, 4, 27, 59-60.

[1] συνίσταντες, *recomendando*, según lectura en 𝔓[46], ℵ*, C, D*, F, G, 0225, 0243, 33, 81, 1739, 1881*vid, Clemente.

συνιστανόντες, *que se recomiendan*, conforme a B, P, 104, 1175, 1505.

συνιστῶντες, *recomendamos*, como se lee en ²ℵ, D², K, L, Ψ, 048, 365, 630, 1241, 1881c, 2464, 𝔐.

ἀλλ' ἐν παντὶ συνίσταντες ἑαυτοὺς ὡς Θεοῦ διάκονοι, La primera recomendación del ministerio ejemplar de Pablo viene dada por los conflictos y tribulaciones que tuvo que soportar. En esto se recomienda a sí mismo, esto es, se acredita como ministro de Dios. Ante los que le desprecian en la iglesia y los que buscan su desprestigio personal, estas son sus credenciales. No solo le acredita la predicación honesta y desinteresada de la verdad, sino los muchos sufrimientos por causa del Evangelio, cosa que está ausente en la vida de los *falsos apóstoles*. Todo esto que sigue sirve de ejemplo para el liderazgo de la iglesia a lo largo del tiempo, como una exhortación atemporal que alcanza a todos los que sirven al Señor. El apóstol presenta ante los lectores las nueve circunstancias adversas con que se enfrentaba y bajo las cuales desarrollaba su ministerio. Se agrupan de tres en tres.

ἐν ὑπομονῇ πολλῇ, Todas ellas las confrontaba con *mucha paciencia*. Es realmente una descripción del ministerio de Pablo. El sustantivo que usa para referirse a paciencia es ὑπομονή, que equivale a *perseverancia, paciencia, expectación*. Esta palabra se deriva de otras dos ὑπο–μένω, y expresa la idea de perseverar firme en cualquier circunstancia, y también el permanecer en expectación en vista del tiempo que transcurre. En el griego de la LXX, para el Antiguo Testamento, significa principalmente la acción de permanecer firme por los propios medios, de forma inflexible frente a los males que acosan y es por tanto una forma equivalente a valentía. En forma negativa es el ignominioso aguante de humillaciones. Por el contrario, es algo digno de los creyentes y motivo de honor (2 Ts. 1:4). Aquí no es expresión de fuerzas personales, sino que llega a ser posible por la esperanza cristiana, en sentido de confianza en Dios (Ro. 8:25), en sentido de esperar en Cristo (1 Ts. 1:3; Ap. 1:9). Para el apóstol la *"nueva creación"* es ya una realidad, pero sigue el proceso que culmina en la glorificación (5:17; Gá. 6:15). Esta salvación final el creyente la espera mediante la *paciencia*. Seguro de que Dios cumplirá Su propósito puede armarse de paciencia y esperar por completo en la gracia que se traerá cuando Cristo se manifieste (Ro. 8:25). Esta paciencia se menciona junta con la consolación, ya que los conflictos de la vida cristiana reciben la asistencia de la gracia que alienta (Ro. 15:4,

5; 2 Co. 1:6), es, por tanto, un rasgo esencial de la esperanza cristiana (1 Ts. 1:3). Por esta razón el apóstol sigue soportando las tribulaciones y avanzando con paciencia en el ministerio al que Dios le llamó.

ἐν θλίψεσιν, La primera manifestación de la acreditación como apóstol son las *tribulaciones*. La palabra equivale también a *presiones*, algo que estruja, que comprime. Son las circunstancias propias de los que sirven fielmente al Señor, como Él mismo anunció: *"En el mundo tendréis aflicción"* (Jn. 16:33). En el capítulo 11, detallará algunas de ellas. El que sirve al Señor con lealtad y entrega no debe esperar otra cosa, ya que *"es necesario que a través de muchas tribulaciones entremos en el reino de Dios"* (Hch. 14:22). Muchos creyentes, además del apóstol, sufrieron afrentas por el testimonio del evangelio. El panorama de persecución jalona la historia de la iglesia, en los tiempos apostólicos y en todo el transcurso posterior. Así ocurrirá hasta que el creyente sea recogido por el Señor. El concepto *reino de Dios* del texto antes citado, tiene que ver con el tiempo de la historia de la iglesia, puesto que cada cristiano entra desde el momento de la conversión al *reino de Cristo* (Col. 1:13), en esta esfera del reino se producen a lo largo de la vida dificultades y aflicciones. Pero esto es solo la porción de camino terrenal antes de la entrada al reino eterno de Dios, cuando seamos trasladados a Su presencia. La glorificación va precedida de la aflicción, esta era una experiencia en la vida del apóstol (Ro. 8:17; 2 Ti. 2:12).

ἐν ἀνάγκαις, Menciona luego las *necesidades*, que podría traducirse también como *dificultades*. Comprende los trabajos duros y las incomodidades propias del servicio. Incluía los cansancios, peligros de los viajes, noches insomnes (Hch. 20:31). Sin dejar el tiempo de estudio y de oración. Todo esto tiene que ver con la presión a la que una persona puede ser sometida para saber hasta dónde puede soportar. En ocasiones estas dificultades ocurren por las fuerzas de la naturaleza, como en el caso de Pablo, en naufragios con riesgo de la vida (11:25). Además, las angustias de situaciones conflictivas producidas por los hombres, que en más de una ocasión lo llevaron a las puertas de la muerte.

ἐν στενοχωρίαις, El tercer elemento de este primer grupo, tiene que ver con *estrecheces*. En versiones se traduce como *angustias*. La palabra tiene que ver con *angosto* de ahí la acepción de estrecheces. Estas pueden ser de todo tipo, tanto físicas como espirituales. Con el término está haciendo referencia a situaciones límites en las cuales las circunstancias adversas parecen aplastarle por competo. A ellas hizo alusión en el primer capítulo de la *Epístola*, donde habla de situaciones límites con firme riesgo de muerte (1:8-10). No es una situación exclusiva de Pablo, sino general de muchos creyentes a lo largo de la historia humana, como decía David a Jonatán: *"Apenas hay un paso entre mí y la muerte"* (1 S. 20:3).

5. En azotes, en cárceles, en tumultos, en trabajos, en desvelos, en ayunos.

ἐν πληγαῖς, ἐν φυλακαῖς, ἐν ἀκαταστασίαις, ἐν κόποις, ἐν
En azotes, en cárceles, en tumultos, en trabajos, en
ἀγρυπνίαις, ἐν νηστείαις,
desvelos, en ayunos.

Análisis y notas del texto griego.

Análisis: ἐν, preposición propia de dativo *en*; πληγαῖς, caso dativo femenino plural del nombre común *azotes*; ἐν, preposición propia de dativo *en*; φυλακαῖς, caso dativo femenino plural del nombre común *cárceles*; ἐν, preposición propia de dativo *en*; ἀκαταστασίαις, caso dativo femenino plural del nombre común *desórdenes, tumultos*; ἐν, preposición propia de dativo *en*; κόποις, caso dativo masculino plural del nombre común *trabajos*; ἐν, preposición propia de dativo *en*; ἀγρυπνίαις, caso genitivo femenino plural del nombre común *desvelos*; ἐν, preposición propia de dativo *en*; νηστείαις, caso dativo femenino plural del nombre común *ayunos*.

ἐν πληγαῖς, La terna comienza con *azotes*. Un término que se usa para referirse a golpes y heridas, incluso podría usarse para *lapidaciones*. El término aparece en Lucas, al referirse al hombre que cayó en manos de ladrones y que fue brutalmente golpeado hasta dejarlo como muerto (Lc. 10:30). De Pablo se relata que en varias ocasiones fue azotado (Hch. 16:23 ss.). Más adelante hará notar que se había visto sometido tres veces a ser azotado por los romanos y otras cinco por los judíos (11:24, 25).

ἐν φυλακαῖς, El segundo elemento de la primera triada del versículo hace referencia a *cárceles*, es decir, a tiempo en que estuvo preso. No es posible determinar cuántas veces estuvo preso, porque en Hechos se hace mención a prisiones en Filipos, Jerusalén, Cesárea y Roma. Sin embargo, afirma que lo fue en varias ocasiones (11:23). En momentos la situación de prisionero debió haber revestido graves incomodidades e incluso torturas como cuando fue puesto en el lugar más seguro del interior de la prisión, con los pies en el cepo, habiendo sido previamente golpeado (Hch. 16:16 ss.). Según Clemente de Roma, Pablo estuvo encarcelado unas siete veces. Sin duda todas estas situaciones debieron haber sido verdaderamente difíciles para él.

ἐν ἀκαταστασίαις, Añade la experiencia de los *tumultos*. La palabra hace referencia a *tumultos, desórdenes*. Una acepción de esta palabra tiene literalmente que ver con desplazamientos precipitados, de modo que el apóstol se veía obligado continuamente a ir de un lugar a otro, sin apenas tener donde estar un tiempo fijo, por eso, en la *Primera Epístola* dice que *"no tenemos morada fija"* (1 Co. 4:11). Pero, lo que destaca aquí es que estuvo sujeto a los graves peligros de multitudes enloquecidas que procuraban su muerte. Así ocurrió en Antioquía de Pisidia (Hch. 13:50); en Iconio y Listra (Hch. 14:19); en Filipos (Hch. 16:19); en Tesalónica (Hch. 17:1-9); en Corinto (Hch. 18:12 ss.); en Éfeso (Hch. 19:23 ss.); y en Jerusalén (Hch. 21-22). A medida que avanza en su testimonio, se aprecian las grandes dificultades que tuvo en el ejercicio de su ministerio.

ἐν κόποις, Otras tres dificultades siguen a las anteriores sin solución de continuidad. La primera de ellas se refiere a trabajos arduos, no solo cansinos, sino agobiantes. Esto le llevó a trabajar incluso con sus propias manos, mientras predicaba y enseñaba, para poder sustentarse él y los que le acompañaban ayudándole en el ministerio. De manera que en ocasiones trabajaba haciendo tiendas, o incluso –pudiera entenderse también– como tejiendo la misma tela de ellas, generalmente de pelo de cabra (Hch. 18:3; 20:34-35).

ἐν ἀγρυπνίαις, Hace notar también sus muchas noches sin dormir, por las preocupaciones que la obra hacia gravitar sobre él. El término *desvelo*, hace notar esta situación. Los desvelos se producían también para poder amonestar con lágrimas de día y *de noche* a los hermanos, como ocurrió en Éfeso (Hch. 20:31). Es de notar que su testimonio personal en esta área, le llevó a afirmar que él trabajaba más que el resto de los apóstoles (1 Co. 15:10). El resumen de su forma de vida lleva necesariamente a entender lo que suponía para él estos *desvelos*, al viajar continuamente, exhortar a todos, orar, trabajar y predicar. Estas eran las inquietudes de la obra (11:28). Muchos dejaban de tener en cuenta esto, no teniendo escrúpulo alguno para denostarle y murmurar de él.

ἐν νηστείαις, Es normal encontrar en los comentarios a este versículo el tratamiento de esta palabra como *carencia de alimentos*, pero la evidencia es que nunca aparece el término para referirse a una falta voluntaria de comer. Generalmente se utiliza para expresar la idea de una decisión de dejar de comer, especialmente vinculada con los momentos críticos en la vida y en el ministerio, para dedicar un tiempo intenso a la oración. Las horas de oración que dedicaba a interceder por creyentes e iglesias, debieron haberle exigido en muchas ocasiones limitar el tiempo de sus actividades lícitas, entre ellas las de las comidas para dedicarlas a la oración. El apóstol había aprendido a mantener su cuerpo en servidumbre (1 Co. 9:25-27). Esto no excluye que el apóstol había pasado hambre, literalmente hablando (Fil. 4:12).

6. En pureza, en ciencia, en longanimidad, en bondad, en el Espíritu Santo, en amor sincero.

ἐν ἁγνότητι, ἐν γνώσει, ἐν μακροθυμίᾳ, ἐν χρηστότητι, ἐν
En pureza, en conocimiento, en longanimidad, en benignidad, en
Πνεύματι Ἁγίῳ, ἐν ἀγάπῃ ἀνυποκρίτῳ,
Espíritu Santo, en amor sincero.

Análisis y notas del texto griego.

Análisis: ἐν, preposición propia de dativo *en*; ἁγνότητι, caso dativo femenino singular del nombre común *pureza*; ἐν, preposición propia de dativo *en*; γνώσει, caso dativo femenino singular del nombre común *conocimiento*; ἐν, preposición propia de dativo *en*; μακροθυμίᾳ, caso dativo femenino singular del nombre común *longanimidad*; ἐν, preposición propia de dativo *en*; χρηστότητι, caso dativo femenino singular del nombre común *benignidad*; ἐν, preposición propia de dativo *en*; Πνεύματι, caso dativo neutro singular del nombre divino *Espíritu*; Ἁγίῳ, caso dativo neutro singular del adjetivo *Santo*; ἐν, preposición propia de dativo *en*; ἀγάπῃ, caso dativo femenino singular del nombre común *amor*; ἀνυποκρίτῳ, caso dativo femenino singular del adjetivo *sincero*.

ἐν ἁγνότητι, De la situación de aflicción a la positiva de las virtudes. Pablo presenta ahora en marcado contraste nueve gracias frente a las nueve circunstancias adversas. Aparecen en los dos versículos, este y el siguiente, agrupadas también de tres en tres. La primera de ellas es la *pureza*, que un *hápax legomena*, solo en este lugar en el Nuevo Testamento, aunque el adjetivo aparece en otras formas ocho veces (cf. 2 Co. 7:11; 11:2; Fil. 4:8; 1 Ti. 5:22; Tit. 2:5; Stg. 3:17; 1 P. 3:2; 1 Jn. 3:3), en sentido de limpieza honesta de la vida y sinceridad de intenciones. Comprende la rectitud moral (1 Ti. 4:12; 4:12; 5:2, 22; Tit. 2:5). También la sinceridad de móviles y propósitos (2 Ti. 3:10; 2 Ts. 2:10).

ἐν γνώσει, Se refiere en segundo lugar al *conocimiento*. En algunas versiones se traduce por *ciencia*, pero más bien tiene que ver con el conocimiento del evangelio y la aplicación de sus principios. No tiene que ver con el conocimiento propio de la intelectualidad que envanece (1 Co. 8:1). Es el conocimiento al que ya se refirió antes al conocimiento que ilumina los corazones en la faz de Jesucristo (4:6). El verdadero conocimiento es el que tiene que ver con Dios, especialmente en el apóstol, el *misterio* de Cristo (Ef. 3:4). Un conocimiento que no procede de instrucciones o enseñanzas de hombres, sino de Dios mismo (Gá. 1:11-12). Era lo que el apóstol enseñaba, a lo que llama *"mi doctrina"* (2 Ti.

3:10). El conocimiento de Pablo es lo opuesto a la ignorancia voluntaria de las Escrituras por parte de algunos creyentes.

ἐν μακροθυμίᾳ, Añade la virtud de la *longanimidad*. El resultado de un *corazón ancho*, o si se prefiere de un *ánimo largo*. Es la capacidad para soportar los desdenes e injurias que se reciben de los hombres. Asimismo, permite ser tolerante con los errores de los hermanos e incluso con el trato incorrecto que puedan manifestar. Es una manera de autocontrol que permite no tomar acción contra quien ha causado una ofensa. Una virtud divina que se puede manifestar por la acción del Espíritu en el creyente, que reproduce el carácter del Señor, ya que a Dios se le califica de *"lento para la ira"* (Ex. 34:6; Nm. 14:18; Sal. 103:8). Una de las manifestaciones del amor es la *paciencia* (1 Co. 13:4). Esta virtud es una de las manifestaciones del Espíritu (Gá. 5:22).

ἐν χρηστότητι, También menciona la *bondad*, o *benignidad*. Se trata de un espíritu amable y generoso. Esto impulsa al creyente a buscar el bien ajeno mucho más que el propio (1 Co. 10:24). No sólo busca el bien, sino que lo hace con gracia y simpatía. Sintoniza y reproduce el carácter divino, puesto que está en participación de la *naturaleza de Dios* (2 P. 1:4). La disposición para hacer bien, no solo se manifiesta con los buenos, sino también con los malos (Lc. 6:35). Debiera formar parte expresiva de la naturaleza cristiana, haciéndose visible a todos los hombres sin excepción.

ἐν Πνεύματι ῾Αγίῳ, Es un tanto sorprendente la expresión *en el Espíritu Santo*, ya que en medio de la referencia a virtudes cristianas, introduce esta referencia al Espíritu Santo sin ningún complemento. Especialmente del sector crítico humanista, se pretende que Pablo no habla aquí del Espíritu Santo, tercera Persona de la Deidad, sino de un espíritu de santidad, que debiera ser propio del creyente y que sin duda lo era de Pablo[4]. Sin embargo, el título conjunto como ocurre aquí *Espíritu Santo*, solo se usa en el Nuevo Testamento para referirse a la Tercera Persona Divina, por lo que no hay razón alguna para identificarlo de otra forma en este versículo.

---

[4] Entre otros: Alfred Plummer: *A Critical and Exegetical Commentary on the Second Epistle of St. Paul to the Corinthians*. Edimburgo 1915, pág. 196.
Barret. *Second Corinthians*, pág. 186 s.
Bultman, *Second Letter*, pág. 171.

El apóstol está haciendo una referencia a quien produce en él todas las virtudes que acaba de mencionar, como si dijese esto proviene del Espíritu que mora en mí. De este modo escribe Hodge:

"... Es doctrina bíblica, y especialmente de los escritos de Pablo, que el Espíritu de Dios mora en todo creyente, y que, además de las manifestaciones de su presencia común en todos, a cada uno se le da su don especial, que puede ser ordinario o extraordinario; a uno sabiduría, a otro conocimiento, a otro don de enseñanza, a otro la realización de milagros, etc. (1 Co. 12:7-11). En prueba de que él era un verdadero ministro de Dios, Pablo apela a la evidencia de la presencia del Espíritu Santo en él, cuya evidencia había de encontrarse en aquellas gracias y dones del Espíritu Santo, de los que él estaba lleno a rebosar; también podía comprobarlo en el poder divino que hacía que su predicación fuera escuchada con interés, con éxito. Él podía recurrir a sus conversos y decir: 'Porque vosotros sois el sello de mi apostolado en el Señor' (1 Co. 9:2)"[5].

El apóstol cita al Espíritu Santo, porque reconoce que toda la obra de su ministerio, las virtudes que adornan su vida, la paciencia y perseverancia en ella, a pesar de los sufrimientos que experimenta, son el resultado de la acción del Espíritu en él.

ἐν ἀγάπῃ ἀνυποκρίτῳ, Cierra el repaso de virtudes en el versículo mencionando *el amor sincero*. Es un amor sin hipocresía, sin segundas intenciones. No es tanto la bondad para con todos, sino el amor de Dios que, derramado en el corazón cristiano (Ro. 5:5), permite una armoniosa relación de afecto entre los creyentes y también en relación con Dios. Este amor debe caracterizar la vida cristiana (Ro. 12:9). Sin ese amor, el cristiano deja de ser útil en el ministerio (1 Co. 13:1-3).

7. En palabra de verdad, en poder de Dios, con armas de justicia a diestra y a siniestra.

ἐν λόγῳ ἀληθείας, ἐν δυνάμει Θεοῦ· διὰ τῶν ὅπλων τῆς
En palabra de verdad, en poder de Dios, mediante las armas de la
δικαιοσύνης τῶν δεξιῶν καὶ ἀριστερῶν,
justicia las de la diestra y de la siniestra.

Análisis y notas del texto griego.

Análisis: ἐν, preposición propia de dativo *en*; λόγῳ, caso dativo masculino singular del nombre común *palabras*; ἀληθείας, caso genitivo femenino

[5] C. Hodge. o.c., pág. 178.

singular del nombre común declinado *de verdad*; ἐν, preposición propia de dativo *en*; δυνάμει, caso dativo femenino singular del nombre común *poder*; Θεοῦ, caso genitivo masculino singular del nombre divino declinado *de Dios*; διὰ, preposición propia de genitivo *por medio de, por, mediante*; τῶν, caso genitivo neutro plural del artículo determinado *los*; ὅπλων, caso genitivo neutro plural del nombre común *armas*; τῆς, caso genitivo femenino singular del artículo determinado *de la*; δικαιοσύνης, caso genitivo femenino singular del nombre común *justicia*; τῶν, caso genitivo neutro plural del artículo determinado *los*; δεξιῶν, caso genitivo neutro plural del adjetivo declinado *de la diestra*; καὶ, conjunción copulativa *y*; ἀριστερῶν, caso genitivo neutro plural del adjetivo declinado *de la siniestra*.

ἐν λόγῳ ἀληθείας, La *palabra de verdad* es una alusión a la proclamación leal del mensaje del evangelio. Pero tampoco debe dejarse a un lado el modo de hablar correcto que debe ser habitual en el creyente (Ef. 4:25, 29, 30). Es lícito preguntarse a que *verdad* se refiere aquí el apóstol. Es posible que esté pensando en convencer a sus lectores de que es digno de confianza. Pero, uno de los temas más destacados de la *Epístola* tiene que ver con la defensa de su apostolado, cuyo ministerio es la predicación del verdadero evangelio de Cristo, enfrentando las distorsiones que propalan de él sus adversarios, por lo que habla la verdad siempre (4:2; 7:14; 12:6; 13:8). Con todo, lo más seguro en el contexto del versículo es que esté refiriéndose a la correcta predicación del evangelio, como de esta forma refiriéndose a *verdad*, ocurre en otros lugares (Ef. 1:13; Col. 1:5; 2 Ti. 2:15; Stg. 1:18). Esto está presente en relación con el sentido del *ministerio* del apóstol (5:18-20; 6:3). Era verdadero porque predicaba la verdad. Una advertencia solemne para cada predicador del tiempo actual. Quien está en el ministerio de la enseñanza, tiene que ajustar cuanto diga a la única verdad de Dios, que está recogida en la Palabra. Ninguna predicación es verdad fuera de la exposición de la Escritura, sin la cual está la palabra del hombre que nunca es verdad absoluta, sustituyendo a la de Dios. El ministerio de la evangelización tiene que descansar sobre dos bases: La *doctrinal*, exponiendo el mensaje de la Cruz, y la *vivencial*

ἐν δυνάμει Θεοῦ· Una virtud apuntada por el apóstol es el poder de Dios en su vida y ministerio. La manifestación del poder divino para salvación a todo el que cree es propio del Evangelio (Ro. 1:16). Este poder de Dios se manifestaba de distintas formas en el ministerio del apóstol. Fue el poder de Dios que actuó en él para el ministerio del apostolado entre los gentiles (Gá. 2:8). Pero este *poder de Dios*, se hizo presente en la vida poderosa de testimonio de Su ministro. Es interesante observar, como hace Kistemaker[6], que hay dos expresiones, una al inicio y otra al final de la relación de virtudes. La primera, está relacionada con el Espíritu Santo (v. 5). Este poder se hace manifiesto en la conversión de tantos gentiles y la fundación de iglesias cristianas, entre los que estaban los creyentes en Corinto y la iglesia en ese lugar. Estos creyentes podían abundar en esperanza por el poder del Espíritu Santo (Ro. 15:13). Pero Dios manifiesta Su poder en el mismo apóstol, teniendo en cuenta que tanto su apariencia física, como su oratoria e incluso su propia debilidad personal, le hacía –humanamente hablando– poco apto para el desarrollo de una misión como la que había recibido. Ese es el testimonio de la Escritura acerca de él, y sus mismos enemigos hacen mención de estas aparentes debilidades humanas que concurrían en su persona, reconocidas también por él mismo (1 Co. 2:3-5; 2 Co. 4:7; 10:10; 11:6; 12:9-10). Denney, hablando de estos aspectos de Pablo, escribe:

> *"De todos los hombres de este mundo, él era el de aspecto más débil, el más apaleado, el más cargado y el más deprimido; no obstante, no hubo nadie como él que mostrara tener en su vida una fuente poderosa de fortaleza y verdad"*[7].

διὰ τῶν ὅπλων τῆς δικαιοσύνης τῶν δεξιῶν καὶ ἀριστερῶν, Estas *armas de justicia*, son las que el Espíritu provee para la vida cristiana victoriosa (Ef. 6:10-18). El apóstol, lo mismo que los creyentes, tiene la provisión del armamento espiritual, con el que puede oponerse a las huestes de maldad que combaten contra él. Con ellas podrán mantenerse firmes en la posición en que fue puesto por la identificación con el Vencedor supremo que es Cristo. Él ya ha derrotado a las huestes de maldad y demanda de cada uno de nosotros mantenernos firmes contra ellas. En ningún lugar del Nuevo Testamento se ordena al creyente que salga a derrotar a los demonios, ni a luchar contra ellos, ya que están derrotados potencialmente por la obra de Cristo en la Cruz. Estas huestes de maldad luchan contra el cristiano para hacerle caer del lugar de victoria en que fue puesto. En lo avanzado de la noche de este mundo, somos llamados a *"desechar las obras de las tinieblas y vestirse las armas de la luz"* (Ro. 13:12). Estas armas de la milicia cristiana, no son carnales, sino poderosas, puesto que Dios puede destruir toda fortaleza (10:4; Ef. 6:13-18). Cada creyente debe estar en vigilancia, habiéndose vestido las armas de la luz, provistas por Dios (1 Ts. 5:8).

A la referencia general sobre las armas para mantenerse victorioso, hace alusión a dos tipos concretos, las que se usan con la mano derecha y

---

[6] S. Kistemaker. o.c., pág. 185.

[7] Denney, *Second Corinthians*, pág. 232.

las que son propias para la izquierda. En esta forma metafórica orienta el pensamiento a la *espada del Espíritu*, que habitualmente la espada se usaba con la mano derecha (Ef. 6:17). Pero también hace notar *el escudo de la fe*, arma defensiva que se usaba generalmente con la mano izquierda (Ef. 6:16). Estas dos armas forman parte de toda la panoplia divina.

Sin embargo, es interesante notar que Pablo no califica a las armas como *de fe*, sino *de justicia*. Algunos exégetas consideran o entienden que se llaman de este modo porque han de ser usadas con espíritu de justicia y santidad (Ro. 13:12; 2 Co. 10:4; Ef. 6:13)[8]. Pero más concordante con el entorno textual demanda entender que son aquellas armas que tenemos por el hecho de que somos hechos *justicia de Dios* en Cristo. No se trata de nuestra honestidad por la que tenemos las armas para victoria, sino que éstas son dones sobrenaturales que otorga el Espíritu como gracias divinas. Esta *justicia* se compara como una *coraza*, que rodea defensivamente la parte más vital del cuerpo del guerrero (Ef. 6:14). Así recuerda Hodge, refiriéndose a toda la armadura de Dios: *"Y aquí habla de ella como de una panoplia entera, a diestra y a siniestra, con armas ofensivas y defensivas, porque el que ha sido justificado, o revestido de la justicia de Cristo, tiene todas las cosas a su disposición. El escudo de la fe, el casco de la salvación y la espada del Espíritu"*[9].

8. Por honra y por deshonra, por mala fama y por buena fama; como engañadores, pero veraces.

διὰ δόξης καὶ ἀτιμίας, διὰ δυσφημίας καὶ εὐφημίας· ὡς
Por honor y deshonor, por mala fama y buena fama; como
πλάνοι καὶ ἀληθεῖς,
engañadores y veraces.

Análisis y notas del texto griego.

Análisis: διὰ, preposición propia de genitivo *por, por medio de, por causa de*; δόξης, caso genitivo femenino singular del nombre común *gloria, honor*; καὶ, conjunción copulativa *y*; ἀτιμίας, caso genitivo femenino singular del nombre común *deshonor*; διὰ, preposición propia de genitivo *por, por medio de, por causa de*; δυσφημίας, caso genitivo femenino singular del nombre común *mala fama, injurias, malos propósitos*; καὶ, conjunción copulativa *y*; εὐφημίας·, caso genitivo femenino singular del nombre común *buena fama, buenos propósitos*; ὡς, adverbio de modo, *como*, que hace las veces de conjunción comparativa; πλάνοι, caso nominativo masculino plural del adjetivo

[8] Entre otros Calvino.
[9] C. Hodge. o.c., pág. 179.

engañadores; καὶ, conjunción copulativa *y*; ἀληθεῖς, caso nominativo masculino plural del adjetivo *verdaderos*.

διὰ δόξης καὶ ἀτιμίας, De la manifestación de virtudes, pasa nuevamente a usar el estilo tan propio de Pablo, de expresarse mediante contrastes, para poner de manifiesto la apreciación humana y la divina en relación con su ministerio apostólico. Es notable observar que no guarda una forma continuada presentando primero los asuntos honorables y luego los contrarios, de ese modo usa lo positivo y lo negativo indistintamente. Comienza aquí refiriéndose a la *buena fama*, que tenía para algunos. Dios honra a los que le sirven con fidelidad (1 S. 2:30; Jn. 12:24-26). La preposición διὰ, que sustituye en estos textos a la ἐν, de los versículos anteriores, se distingue de esta última en su aspecto local, que equivale a *por*, o también a *en medio de*. Esto tiene importancia en el establecimiento de los contrastes. Para Dios el ministerio de Pablo era *honorable*, pero para los hombres, no era digno de honra. De forma especial para sus adversarios en Corinto. Estos le acusaban de no ser digno de crédito, sin embargo, para él no le afectaba nada de esto, especialmente la opinión de los hombres que lo despreciaban, él era el mismo, predicando honestamente la verdad del evangelio, viviendo una vida ejemplar, aunque muchos no estuviesen de acuerdo con él. Dios honra el ministerio hecho bajo Su dirección y poder, por lo que el ministro no debe tener en cuenta lo que los enemigos del evangelio digan de él, acusándole e infamándole. Está indicando claramente a los corintios que lo único que le ocupa es servir con fidelidad, porque no es el testimonio de los enemigos que puede alterarle y hacerle variar en su forma de servir, sino honrar a quien lo llamó al ministerio y le salvó por gracia.

διὰ δυσφημίας καὶ εὐφημίας· El segundo contraste tiene que ver con *la mala fama*, que sale de sus enemigos y la *buena fama* que le reconoce Dios mismo. No siempre es posible complacer a Dios y a los hombres. Muchas veces se le imputaban a Pablo móviles deshonrosos, injuriándole y produciendo sospechas sobre él. Cuando los enemigos son maliciosos, el reconocimiento se torna en infamia y en abusos personales. Ocurría incluso en iglesias fundadas por él como es el caso de Corinto, donde había quienes reconocían su ministerio y apostolado, de modo que reconfortaban su espíritu (1 Co. 16:15-18), mientras que otros lo criticaban hablando mal de él y menospreciándole procurando su desprestigio en la iglesia (1 Co. 4:10-13, 19; 2 Co. 10:10).

ὡς πλάνοι καὶ ἀληθεῖς, Cierra el versículo añadiendo otro contraste. Algunos lo tienen por *engañador*. Se le acusaba de haber fundado iglesias para vivir de ellas, engañando a muchos en cuanto a la verdad, por tanto, él mismo caminaba fuera de la verdad. Sin duda la difamación procedía de quienes apostataban de la fe y seguían doctrinas de demonios (1 Ti. 4:1). No es extraño esto puesto que los principales sacerdotes y los fariseos, de quienes venían todos los que buscaban corromper las iglesias establecidas por el ministerio del apóstol, ya habían acusado a Jesús de engañador (Mt. 27:63). Nunca los legalistas, enemigos de la gracia, estarán dispuestos a aceptar las verdades de quienes viviendo a Cristo enseñan la libertad en Él. Ninguno de estos contumaces puede transitar sin buscar el desprestigio de quien anuncia la verdad bíblica sanamente. Estos son los que siembran dudas de los maestros que enseñan la Biblia sin sujetarse a otra cosa que a la verdad establecida en ella. Sin embargo, el apóstol se presenta como *verdadero*, en sentido de enseñar, predicar y vivir la verdad del Evangelio. Él era un ministro *veraz*, que amaba sinceramente y predicaba la verdad, como los astutos fariseos testificaron como pretexto del Señor mismo (Mt. 22:16). Pablo dice en el versículo que, aunque son considerados por algunos como seductores, él predicaba la verdad.

9. Como desconocidos, pero bien conocidos; como moribundos, mas he aquí vivimos; como castigados, mas no muertos.

ὡς ἀγνοούμενοι καὶ ἐπιγινωσκόμενοι, ὡς ἀποθνῄσκοντες
Como siendo desconocidos pero siendo reconocidos, como muriendo,
καὶ ἰδοὺ ζῶμεν, ὡς παιδευόμενοι καὶ μὴ θανατούμενοι,
y he aquí vivimos, como siendo castigados pero no estando muertos.

Análisis y notas del texto griego.

Análisis: ὡς, conjunción consecutiva, *por tanto, por consiguiente, de tal manera que, con el fin de, con la intención de*; ἀγνοούμενοι, caso nominativo masculino plural del participio de presente en voz pasiva del verbo ἀγνοέω, *desconocer, ignorar*, aquí *siendo desconocidos*; καὶ, conjunción copulativa *y, pero*; ἐπιγινωσκόμενοι, caso nominativo masculino plural del participio de presente en voz pasiva del verbo ἐπιγινώσκω, *reconocer*, aquí *siendo reconocidos*; ὡς, conjunción consecutiva, *por tanto, por consiguiente, de tal manera que, con el fin de, con la intención de*; ἀποθνῄσκοντες, caso nominativo masculino plural del participio de presente en voz activa del verbo ἀποθνῄκω, *morir*, aquí *muriendo*; καὶ, conjunción copulativa *y*; ἰδοὺ, segunda persona singular del aoristo segundo de imperativo en voz media del verbo ὁράω, en la forma εἶδον, *mirar, mostrar, ver,* con uso adverbial equivale a *he aquí, sucedió que, ved, ahora, en esto* etc. podría traducirse como una expresión de advertencia enfática como *¡Mira!*, incluso podría leerse a modo de interrogación como *y ¿sabéis?*, es en la práctica como una partícula demostrativa, que se usa para animar el discurso avivando la atención del lector, algunos modernos la identifican como interjección; ζῶμεν, primera persona plural del presente de indicativo en voz activa del verbo ζάω, *vivir*, aquí *vivimos*; ὡς, conjunción consecutiva, *por tanto,* *por consiguiente, de tal manera que, con el fin de, con la intención de*; παιδευόμενοι, caso nominativo masculino plural del participio de presente en voz pasiva del verbo παιδεύω, *corregir a un niño, reprender, castigar*, aquí *siendo castigados*; καὶ, conjunción copulativa *y, pero*; μὴ, partícula que hace funciones de adverbio de negación *no*; θανατούμενοι, caso nominativo masculino plural del participio de presente en voz pasiva del verbo θανατόω, *mandar a la muerte, hacer morir, matar*, aquí *estando muertos*.

ὡς ἀγνοούμενοι καὶ ἐπιγινωσκόμενοι, Para algunos el apóstol era como un *desconocido*, alguien sin méritos ni relevancia alguna. Así lo consideraban especialmente los *falsos apóstoles*, acusándole de no disponer ni de cartas de recomendación. Dicho de otro modo, era un perfecto desconocido. Sin embargo, era bien conocido para los corintios. Había dedicado tiempo para establecer la iglesia y formar a los nuevos convertidos haciéndoles conocer la base fundamental de la fe. Pero, aun cuando era importante que los creyentes en Corinto lo conociesen bien, lo mejor es que era conocido por Dios. Pablo amaba profundamente a Dios, de modo que quien Le ama es conocido por Él (1 Co. 8:3). El salvo conoce a Dios, pero también es conocido por Él (Gá. 4:9). Todas las ovejas son conocidas por el Pastor (Jn. 10:14). Ese es el gran fundamento de Dios, que conoce a los que son Suyos (2 Ti. 2:19). Los creyentes carnales de Corinto ignoraban a Pablo, pero los espirituales lo reconocían por su ministerio.

ὡς ἀποθνῄσκοντες καὶ ἰδοὺ ζῶμεν, Una nueva comparación se establece como sigue: *Como muriendo, y he aquí vivimos*. Para algunos Pablo estaba abocado a la ruina. El mismo consideró, humanamente hablando, que estaba en continuo riesgo de muerte (1:8). Es suficiente con leer datos sobre él, en el relato de Lucas o en sus propios escritos para percibir esta situación (cf. Hch. 14:19; 1 Co. 15:30; 2 Co. 1:9; 4:10; 11:23; 13:4). Algunos traducen el participio sustantivándolo, de modo que dan la lectura de *moribundos*, que es una buena acepción, porque expresa la idea de una persona a punto de morir. Pero, aunque para los hombres esta era la situación suya, no así para él delante de Dios, de modo que la forma verbal ἰδοὺ, que hace funciones de interjección *¡mira!*, expresa el contraste. Los hombres nos consideran como moribundos, pero *¡mira! Estamos vivos*. Dicho en este contexto gramatical, puntualiza el asombro que él mismo tenía del milagro de estar vivo a pesar de los muchos problemas que le hacían bordear la muerte. De otro modo, moría diariamente y sin embargo, vivía. Era Dios quien actuaba para librarlo de la muerte, porque *tenía propósito y ministerio para él*. Es necesario apreciar que el apóstol diría a los filipenses: *"Porque sé que por vuestra oración y la suministración del Espíritu de Jesucristo, esto resultará en mi liberación... teniendo deseo de partir y estar con Cristo, lo cual es muchísimo mejor; pero quedar en la carne es* *más necesario por causa de vosotros"* (Fil. 1:19, 23b, 24). Todavía tenía ministerio que realizar según el plan y propósito divino. Sin embargo, cuando escribe su última carta a Timoteo, sabe que el *tiempo de su partida está cercano*, por eso escribe: *"He peleado la buena batalla, he acabado la carrera, he guardado la fe"* (2 Ti. 4:7). Mientras exista algo que cumplir del servicio encomendado, Dios mantiene en vida al ministro, pero cuando el trabajo asignado está cumplido conforme a Su propósito, el Señor retira al siervo y lo lleva a Su lado.

ὡς παιδευόμενοι καὶ μὴ θανατούμενοι, Una referencia más a su situación, la hace con las palabras: *"como castigados, mas no muertos"*. El verbo παιδεύω, tiene que ver con la aplicación de disciplina, *corregir a un niño, reprender, castigar*, en la voz pasiva equivale a *siendo castigados*. Es necesario entender el sentido de esta expresión, ya que en la oración anterior se refirió a una situación agobiante como de moribundo. Los antiguos, especialmente del contexto judío, y aún los creyentes del mundo romano, atribuían las calamidades y dificultades extremas como consecuencia de un castigo de Dios. Así ocurre en el caso de Job a quienes sus amigos acusaban de pecado oculto sin confesar, puesto que, según ellos, Dios no trata de ese modo a un justo; también en relación con el ciego de nacimiento de quien los discípulos preguntaron al Señor quien había pecado, si él o sus padres, para que naciese ciego (Jn. 9:2). Sin embargo, aunque Dios permitía situaciones límites, cercanas a la muerte, por la intensidad de la prueba (Hch. 14:19), el Señor lo levantaba para que siguiese adelante en su ministerio, por eso aquella no lo alcanzaba por el cuidado divino. Esta declaración del apóstol es el eco de las palabras del salmista: *"No moriré, sino que viviré, y contaré las obras de JAH. Me castigó gravemente JAH, mas no me entregó a la muerte"* (Sal. 118:17, 18).

10. Como entristecidos, mas siempre gozosos; como pobres, mas enriqueciendo a muchos; como no teniendo nada, mas poseyéndolo todo.

ὡς λυπούμενοι ἀεὶ δὲ χαίροντες, ὡς πτωχοὶ
Como siendo entristecidos pero siempre gozosos; como pobres
πολλοὺς δὲ πλουτίζοντες, ὡς μηδὲν ἔχοντες καὶ πάντα
pero a muchos enriqueciendo; como nada teniendo y todas las cosas
κατέχοντες.
poseyendo.

Análisis y notas del texto griego.

Análisis: ὡς, conjunción consecutiva, *por tanto, por consiguiente, de tal manera que, con el fin de, con la intención de*; λυπούμενοι, caso nominativo masculino plural del participio de presente en voz pasiva del verbo λυπέω, *entristecer, causar pesar*, aquí *siendo entristecidos*; ἀεὶ, adverbio *continuamente, siempre*; δὲ, partícula conjuntiva que hace las veces de conjunción coordinante, con sentido de *pero, más bien, y, y por cierto, antes bien, entonces*; χαίροντες, caso nominativo masculino plural del participio presente en voz activa del verbo χαίρω, *alegrarse, estar bien*, aquí *alegrándonos*, sustantivándolo *alegres, gozosos*; ὡς, conjunción consecutiva, *por tanto, por consiguiente, de tal manera que, con el fin de, con la intención de*; πτωχοὶ, caso nominativo masculino plural del adjetivo *pobres*; πολλοὺς, caso acusativo masculino plural del adjetivo declinado *a muchos*; δὲ, partícula conjuntiva que hace las veces de conjunción coordinante, con sentido de *pero, más bien, y, y por cierto, antes bien, entonces*; πλουτίζοντες, caso nominativo masculino plural del participio presente del verbo πλουτίζω, *enriquecer*, aquí *enriqueciendo*; ὡς, conjunción consecutiva, *por tanto, por consiguiente, de tal manera que, con el fin de, con la intención de*; μηδὲν, partícula negativa, crasis[10] formada por las partículas μή, y δὲ, que significa *ni, nada*; ἔχοντες, caso nominativo masculino plural del participio presente en voz activa del verbo ἔχω, *tener*, aquí *teniendo*; καὶ, conjunción copulativa *y*; πάντα, caso acusativo neutro plural del adjetivo indefinido *todos*, en sentido de *todas las cosas*; κατέχοντες, caso nominativo masculino plural del participio de presente en voz activa del verbo κατέχω, *poseer*, aquí *poseyendo*.

ὡς λυπούμενοι ἀεὶ δὲ χαίροντες, Los hombres consideraban a Pablo como una persona entristecida por las circunstancias adversas que atravesaba. El abandono de algunos creyentes, los enemigos por doquier, el estado de algunas iglesias, la situación de su propia nación, etc. hacían suponer que era un hombre necesariamente triste. Pero, el gozo no puede ser perdido por quien *anda en el Espíritu* (v. 6), ya que una manifestación de Su fruto es precisamente el gozo (Gá. 5:22). Los problemas están fuera, pero el gozo está en el corazón, por tanto, ninguna cosa podrá evitar que se manifieste, en la medida en que se está en comunión y entrega al Espíritu Santo. El gozo es el distintivo del cristiano verdadero por la provisión de Dios para él (Neh. 8:10; Ro. 5:2, 3; 12:12; Fil. 4:4; 1 Ts. 5:16). Por tanto, el sentido de la frase es *aparentemente tristes, pero siempre gozosos*. Pudiera ser que estuviese agobiado por la pena, había motivos, humanamente hablando para estar entristecido; en el entorno más próximo por los problemas que había tenido que afrontar en la iglesia en Corinto, pero aun así estaba lleno de gozo. *"El creyente tiene más gozo verdadero en su tristeza, que el que el mundo jamás pueda dar"*[11]. No importa cuántos problemas pueda confortar el creyente, todos ellos producen en nosotros un cada vez más excelente y eterno peso de gloria (4:17). Todas las provisiones de Dios, las bendiciones de Su gracia, el

---

[10] *Crasis*, palabra griega que equivale a *unión de fuerzas*, en general *unión de elementos*.
[11] C. Hodge, o.c., pág. 182.

cuidado en las dificultades, la ayuda en la tristeza y las lágrimas, producen un gozo que sobrepasa a todo entendimiento.

ὡς πτωχοὶ πολλοὺς δὲ πλουτίζοντες, Avanza un paso más en su experiencia de vida para decir: *"Como pobres, mas enriqueciendo a muchos"*. Sin duda el nivel social de Pablo era de pobreza. Dedicado continuamente al ministerio, sin sostenimiento establecido, se negaba a recibir ofrendas de algunas iglesias como la de Corinto, para que los detractores no pudieran usar esa situación para maledicencia acusándolo de interés deshonesto. Tenía que trabajar secularmente para sostenerse él y los que le acompañaban en el ministerio. Sin embargo, ese πτωχοὶ, *mendigo*, estaba enriqueciendo a muchos. Eran miserables en cuanto a los bienes terrenales, pero entregaban a muchos las verdaderas riquezas celestiales. Como Cristo mismo, Pablo era, humanamente hablando, verdaderamente pobre. En todo era imitador de Cristo, que se había hecho pobre para que con Su pobreza fuésemos nosotros enriquecidos (8:9).

ὡς μηδὲν ἔχοντες καὶ πάντα κατέχοντες. Concluye afirmando que, aunque para el mundo *no tenía nada*, la realidad es otra porque *poseía todas las cosas*. Desde su posición como ministro de Cristo había renunciado voluntariamente a todo (Fil. 3:7, 8). Pero podía enseñar sobre la realidad de los tesoros que el creyente tiene en Cristo (1 Co. 3:21-23). Todas las cosas son del creyente por su vinculación con Cristo, poseedor y heredero de todo. Cada creyente es *heredero de Dios* y *coheredero* con Cristo. Una de las bendiciones que comporta la condición de creyente, es la del disfrute de la herencia. Siendo hijos de Dios somos herederos de todas las riquezas del Padre. Dios mismo es la herencia de los Suyos (Sal. 16:5, 6). De otro modo, la filiación incluye el derecho a la herencia, que está reservada para quienes son hijos de Dios, y que será disfrutada en el tiempo final. Todas las cosas son de Cristo, por tanto, también son de aquellos que tienen la bendición de ser *coherederos* con Él. El Señor tiene dominio y autoridad sobre todo, por cuanto recibió el *Nombre* supremo, de modo que estando vitalmente unidos a Él, que es la cabeza del cuerpo, todas las cosas pertenecen a los creyentes vinculados a Él.

IV. Exhortaciones apostólicas a los corintios (6:11-7:16)

Cambio de actitud respecto a su persona (6:11-13)

El versículo inicia la cuarta división de la *Epístola*, dedicada a exhortaciones a los creyentes en Corinto, buscando un cambio de actitud de algunos, sino de todos, en relación con él. Uniendo también demandas sobre la forma de vida propia de aquel que ha creído y, teniendo a Cristo, está llamado a vivir Su vida.

11. Nuestra boca se ha abierto a vosotros, oh corintios; nuestro corazón se ha ensanchado.

Τὸ στόμα ἡμῶν ἀνέῳγεν πρὸς ὑμᾶς, Κορίνθιοι, ἡ καρδία
La boca de nosotros se ha abierto a vosotros, corintios, el corazón
ἡμῶν πεπλάτυνται·
de nosotros se ha ensanchado.

Análisis y notas del texto griego.

Análisis: Τὸ, caso nominativo neutro singular del artículo determinado *el*; στόμα, caso nominativo neutro singular del nombre común *boca*; ἡμῶν, caso genitivo de la primera personas plural del pronombre personal declinado *de nosotros*; ἀνέῳγεν, tercera persona singular del perfecto de indicativo en voz activa del verbo ἀνοίγω, *abrir*, aquí *se ha abierto*; πρὸς, preposición propia de acusativo *a*; ὑμᾶς, caso acusativo de la segunda persona plural del pronombre personal *vosotros*; Κορίνθιοι, caso vocativo masculino plural del nombre propio *Corintios*; ἡ, caso nominativo femenino singular del artículo determinado *la*; καρδία, caso nominativo femenino singular del nombre común *corazón*; ἡμῶν, caso genitivo de la primera persona plural del pronombre personal *de nosotros*; πεπλάτυνται, tercera persona singular del perfecto de indicativo en voz activa del verbo πλατύνω, *ensanchar*, aquí *se ha ensanchado*.

Τὸ στόμα ἡμῶν ἀνέῳγεν πρὸς ὑμᾶς, Κορίνθιοι, ἡ καρδία ἡμῶν πεπλάτυνται· Pablo afirma que el corazón suyo está *ensanchado*. Antes se refirió a un corazón sincero, expresando sus sentimientos delante de ellos. La expresión es un hebraísmo, como *boca abierta*, que expresa la idea de hablar con solemnidad y determinación, refiriéndose a la dignidad de las palabras, este segundo *corazón ensanchado* hace alusión a la franqueza con que se exponen las cosas.

Aparentemente se produce aquí un cambio abrupto en relación con los versículos que anteceden. Sin embargo, son un perfecto epílogo a lo que antecede y prepara el camino para lo que sigue. Las palabras del versículo son una forma expresiva firme del apóstol. La forma del texto bíblico lleva a los *liberales humanistas* a la afirmación de que se trata de dos escritos distintos que alguien refundió en uno solo. Pudiera admitirse que este cambio de forma en el escrito pudiera ocurrir porque el apóstol dejó de dictar por alguna razón y reanudó luego de un tiempo. No hay forma de asentar en algo sólido la idea de los críticos, sobre dos escritos, o la interpolación de lo que se escribe como de alguien distinto al apóstol.

El vocativo *corintios*, es también propio de la forma de escribir el apóstol, llamando por el gentilicio a los lectores como ocurre en otros lugares al dirigirse a *los gálatas* (Gá. 3:1), o a los *filipenses* (Fil. 4:15). Ya se dirigió, en otro escrito, a los corintios de esta misma manera (1 Co. 4:14). No es una forma distante de escribir a los lectores, ya que en lugares donde usa el vocativo, lo acompaña del calificativo *hijos* (cf. 1 Co. 4:14; Gá. 4:19; Ef. 5:1).

El corazón *ensanchado*, significa que habían abierto el corazón a todos los creyentes en Corinto, sin importar la condición, todos tenían cabida, aun los que denostaban al apóstol. Es la forma semítica de decir a los creyentes de la iglesia en Corinto que sentía un afecto real por cada uno de ellos. Por consiguiente, no se disponía a condenar a nadie, soportando las ofensas que había recibido, como dirá más adelante (7:3).

12. No estáis estrechos en nosotros, pero sí sois estrechos en vuestro propio corazón.

οὐ στενοχωρεῖσθε ἐν ἡμῖν, στενοχωρεῖσθε δὲ ἐν τοῖς σπλάγχνοις
No estáis estrechos en nosotros, pero sois estrechos en las entrañas
ὑμῶν·
de vosotros.

Análisis y notas del texto griego.

Análisis: οὐ, adverbio de negación *no*; στενοχωρεῖσθε, segunda persona plural del presente de indicativo en voz activa del verbo στενοχωρέομαι, *poner en estrecho, estar estrecho*, aquí *estáis estrechos*; ἐν, preposición propia de dativo *en*; ἡμῖν, caso dativo de la primera persona plural del pronombre personal *nosotros*; στενοχωρεῖσθε, segunda persona plural del presente de indicativo en voz activa del verbo στενοχωρέομαι, *poner en estrecho, estar estrecho*, aquí *estáis estrechos*; δὲ, partícula conjuntiva que hace las veces de conjunción coordinante, con sentido de *pero, más bien, y, y por cierto, antes bien, entonces*; ἐν, preposición propia de dativo *en*; τοῖς, caso dativo neutro plural del artículo determinado *los*; σπλάγχνοις, caso dativo neutro plural del nombre común *entrañas*; ὑμῶν, caso genitivo de la segunda persona plural del pronombre personal declinado *de vosotros*.

οὐ στενοχωρεῖσθε ἐν ἡμῖν, Como un padre que se ve abandonado por sus hijos, el apóstol hace una advertencia a los corintios. Está en un lenguaje figurado, usando un verbo que significa *estar en estrechez*, incluso en algunas obras del griego clásico se utiliza para referirse a estar entre rejas. El apóstol les asegura que a pesar de las circunstancias que concurren en donde algunos lo cuestionan, el corazón suyo no se *hizo estrecho* para ellos, es decir, todos tienen cabida en él para ser amados. Un corazón ancho está dispuesto a disculpar, perdonar y restaurar.

στενοχωρεῖσθε δὲ ἐν τοῖς σπλάγχνοις ὑμῶν· Sin embargo, ellos no estaban dando muestras de la misma lealtad con él. Quien se había desvivido por ellos, luchado, orado, trabajado con intensidad no era bien recibido a lo menos por algunos. El daño es doble, abandonan a Pablo y se hacen daño a ellos mismos. Un corazón estrecho, de lo que les acusa el apóstol, no puede amar como debiera. Esto descubre lo mezquinos que eran los corintos para con Pablo. Mientras que el corazón suyo era amplio para dar cabida a todos, el de ellos era estrecho, por tanto, selectivo en cuanto a amarle. Estaban apretados en sus corazones a causa de las sospechas, el resentimiento y, sobre todo, la ingratitud hacia quien había dado todo por ellos. Un corazón grande es el que esta ensanchado por el amor, uno estrecho está vacío de generosidad y amor incondicional.

La afirmación de Pablo es clara: *no estáis estrechos* para nosotros, pero *nosotros lo estamos* para vosotros. Pablo utiliza aquí para esta figura del lenguaje el término σπλάγχνον, literalmente *entrañas*, con lo que apunta a la intimidad personal de ellos, donde para los griegos estaba la sede de las emociones, la misericordia, la compasión y la simpatía. El amor *entrañable* había desparecido porque no tenía cabida en corazones estrechados. Por eso no había lugar en ellos para recibir del mismo modo al apóstol. Al referirse a estrechez de entrañas, alude la totalidad de la intimidad del ser, que comprendía también su mente. Pablo les hace notar la amplitud de su amor por ellos, para exhortarles a que sientan lo mismo por él y sus colaboradores.

13. Pues, para corresponder del mismo modo (como a hijos hablo), ensanchaos también vosotros.

τὴν δὲ αὐτὴν ἀντιμισθίαν, ὡς τέκνοις λέγω, πλατύνθητε
Y con la misma correspondencia, como a hijos hablo, sed ensanchados
καὶ ὑμεῖς.
también vosotros.

Análisis y notas del texto griego.

Análisis: τὴν, caso acusativo femenino singular del artículo determinado declinado *con la*; δὲ, partícula conjuntiva que hace las veces de conjunción coordinante, con sentido de *pero, más bien, y, y por cierto, antes bien, entonces*; αὐτὴν, caso acusativo femenino singular del adjetivo intensivo *la misma*; ἀντιμισθίαν, caso acusativo femenino singular del nombre común *remuneración, salario, recompensa, correspondencia*; ὡς, adverbio de modo, *como*, que hace las veces de conjunción comparativa; τέκνοις, caso dativo neutro plural del nombre común *hijos*; λέγω, primera persona singular del presente de indicativo en voz activa del verbo λέγω, *hablar, decir*, aquí *hablo*; πλατύνθητε, segunda persona plural del primer aoristo de imperativo en voz pasiva del verbo πλατύνω, *abrir ampliamente, alargar, ser abierto*, aquí *sed ensanchados*; καὶ, adverbio de modo *también*; ὑμεῖς, caso nominativo de la segunda persona plural del pronombre personal *vosotros*.

τὴν δὲ αὐτὴν ἀντιμισθίαν, ὡς τέκνοις λέγω, πλατύνθητε καὶ ὑμεῖς. Es una directa exhortación a los corintios. El pronombre personal *vosotros* al final de la oración refuerza la idea expresada en ella. La referencia a ellos como *hijos*, suaviza plenamente la exhortación, y rebaja la intensidad de lo dicho en el versículo anterior. A pesar de cualquier circunstancia ellos seguían siendo para Pablo *sus hijos* espirituales. A estos les pide que se *ensanchen* en su intimidad para dar cabida a un amor desinteresado por el apóstol. Que le reserven en sus corazones un espacio amplio sin estrecheces. Los malos sentimientos de los corintios, como mínimo de algunos de ellos, habían estrechado sus corazones. Por eso les pide una correspondencia semejante al amor que él les tenía. Como hijos, que eran considerados por Pablo, se esperaba una respuesta de amor hacia su padre.

El sustantivo ἀντιμισθία, tiene también la acepción de *recompensa, remuneración, salario*, en ese sentido, cuando todos eliminen de sus corazones todo resentimiento contra el apóstol, le manifestarán amor sincero que es la *remuneración*, al amor que él tenía por cada uno de ellos. De este modo traduce la cláusula el Pastor Gutiérrez:

"Para pagarnos en retorno –como a mis hijos os hablo–: Dilataos también vosotros"[12]

Separación del mal (6:14-7:1)

14. No os unáis en yugo desigual con los incrédulos; porque ¿qué compañerismo tiene la justicia con la injusticia? ¿Y qué comunión la luz con las tinieblas?

Μὴ γίνεσθε ἑτεροζυγοῦντες ἀπίστοις· τίς γὰρ μετοχὴ
No estéis en yugo heterogéneo con incrédulos; porque que compañerismo
δικαιοσύνῃ καὶ ἀνομίᾳ, ἢ τίς κοινωνία φωτὶ πρὸς σκότος
justicia e injusticia, o que comunión luz con tinieblas.

[12] Pastor Gutiérrez. o.c., pág. 546.

Análisis y notas del texto griego.

Análisis: Μὴ, partícula que hace funciones de adverbio condicional de negación *no*; γίνεσθε, segunda persona plural del presente de imperativo en voz media del verbo γίνομαι, *venir a ser, empezar a existir, ser, hacerse, estar*, aquí *estéis*; ἑτεροζυγοῦντες, caso nominativo masculino plural del participio presente en voz activa del verbo ἑτεροζυγέω, *tirar del yugo contrariamente con otro compañero, hacer una alianza contraria*, aquí *en yugo heterogéneo*; ἀπίστοις, caso dativo masculino plural del adjetivo declinado *con incrédulos*; τίς, caso nominativo femenino singular del adjetivo interrogativo *que*; γὰρ, conjunción causal *porque*; μετοχὴ, caso nominativo femenino singular del nombre común *compañerismo, participación, comunión*; δικαιοσύνῃ, caso dativo femenino singular del nombre común *justicia*; καὶ, conjunción copulativa *y*; ἀνομίᾳ, caso dativo femenino singular del nombre común *injusticia, impiedad, ausencia de ley, desorden, ilegalidad*; ἢ, conjunción disyuntiva *o*; τίς, caso nominativo femenino singular del adjetivo interrogativo *que*; κοινωνία, caso nominativo femenino singular del nombre común *comunión*; φωτὶ, caso dativo neutro singular del nombre común *luz*; πρὸς, preposición propia de acusativo *con*; σκότος, caso acusativo neutro singular del nombre común *tinieblas*.

Μὴ γίνεσθε ἑτεροζυγοῦντες ἀπίστοις· Todo cuanto ocurría desordenadamente en la iglesia en Corinto procedía de la carnalidad de sus miembros. Estos tenían la mala costumbre de mantener amistades íntimas con los idólatras. El apóstol sabe que las malas compañías corrompen las buenas costumbres, y que la amistad con paganos traía malas consecuencias espirituales. Podría extenderse esto también a una amistad íntima de aceptación con quienes venían en nombre de la iglesia en Jerusalén y que generaban contiendas y disensiones en las iglesias que el apóstol había establecido como resultado de su ministerio. La vinculación con *no creyentes* en un plano de amistad personal ya había sido corregida antes (1 Co. 10:14 ss,). La metáfora de yugo desigual, que indica una situación heterogénea, al pretender caminar en una misma dirección con quienes desconocen el camino de vida que es Cristo mismo. Un yugo desigual, heterogéneo con dos caminos distintos, no puede terminar bien. Esta metáfora está tomada del Antiguo Testamento, en que prohibía la siembra de diferentes semillas en el mismo campo y ayuntar animales distintos. En este caso la idea es de compañerismo entre creyentes e incrédulos. La gran inconsecuencia radica en pretender la unión de amistad íntima de un creyente que es *vivo*, con un impío que es un *muerto* espiritual.

Insiste en dar ejemplos que son contradicciones radicales, como pretender el compañerismo de la justicia y la injusticia, o intentar que tinieblas y luz se manifiesten en el mismo ámbito. Como es imposible esto, así lo es también pretender la comunión de un creyente con un no creyente. Más que la unión en sí misma, Pablo apunta a las consecuencias que conlleva (1 Co. 5:9, 10).

El alcance de la demanda es total. No se trata aquí de la participación con los idólatras en sus servicios religiosos o en los sacrificios a los dioses, ni tampoco solamente con los *falsos apóstoles* adversarios de Pablo. En ocasiones la prohibición se aplica solamente a matrimonios entre creyentes y no creyentes, olvidando que una asociación con un incrédulo en algunos negocios, trae la misma consecuencia. Pablo está apelando a los creyentes pretendiendo evitar las consecuencias de peligrosas asociaciones, en el mundo tan peculiar de corrupción a causa de la idolatría en que los corintos vivían. El alcance es general de manera que las asociaciones íntimas deben estar al margen de la práctica entre creyentes y no creyentes. Este principio es general para todos, en sentido de no mantener intimidad con los que viven en tinieblas, siendo el creyente *hijo de luz*. Es necesario entender que no es tanto el hecho de la relación, sino las consecuencias que acarrean de ella. En cuanto al matrimonio entre cristianos reales y nominales, se traslada el pensamiento de Hodge, que es consecuente para evitar una interpretación puntual a una situación general:

"Si se preguntara si el matrimonio de uno que se confiesa religioso con otro que no lo confiesa, en el sentido moderno del término, está expresamente prohibido en este pasaje, la respuesta es no. No había tales tipos de personas en la época apostólica (cristianos profesantes y cristianos no profesantes) la distinción era, pues, entre cristianos y paganos. Quienes nacían en la iglesia cristiana y eran bautizados en el nombre de Cristo y educados religiosamente, no pertenecían a la misma categoría que los paganos. En consecuencia, el principio que se aplicaba a los primeros no se les aplicaba a los segundos. Hay que decir, además, que se debe recordar que lo que el apóstol pide a los cristianos es que eviten la unión de elementos heterogéneos, el devoto y el frío, y el espiritual y el mundano, el bueno y el malo, los hijos de Dios y los hijos del diablo"[13].

La exhortación de Pablo, se convierte en mandamiento, teniendo en cuenta que, además de su condición y autoridad apostólica, vincula la cláusula a un verbo en presente de imperativo. No debe haber una vinculación heterogénea con quienes son plenamente contrarios por condición espiritual a los creyentes. Esto no prohíbe taxativamente la relación de amistad con los que no creen. En el mundo de los hombres hay

[13] C. Hodge. o.c., pág. 185.

personas que son referentes de vidas correctas socialmente hablando, incluso generosas, dadivosas, que aman a quienes están en necesidades, etc. De ahí que el apóstol haga expresión puntual de dos casos que ilustran lo que estaba demandando de los corintios.

τίς γὰρ μετοχὴ δικαιοσύνῃ καὶ ἀνομίᾳ, No es posible ligar la justicia y la injusticia. Las personas que viven en *justicia* y estos son los creyentes a quienes se les ha trasladado la justicia vivencial de Cristo, sintonizan con las demandas de la ley moral, mientras que el no creyente no vive en esa justicia porque le es desconocida.

ἢ τίς κοινωνία φωτὶ πρὸς σκότος. Del mismo modo *la luz y las tinieblas*, de ahí que la comparativa en contraste está en determinar que es los que tienen en común entre sí. Estar en comunión es hacerlo en una vinculación tal que lo que pertenece a una pertenece también a la otra. Solo los creyentes pueden estar en esta relación que los identifica y permite tener comunión entre ellos. Los cristianos son hijos de luz, porque viven en la experiencia de la santidad, de la dependencia de Dios, de la relación vivencial con Cristo (Lc. 16:8; 1 Ts. 5:5). El evangelio traslada a los que creen de *"las tinieblas a la luz"* (Hch. 26:18; Ro. 13:12; Ef. 5:8, 9). Las tinieblas representan todo lo contrario, como el error, el pecado, la degradación, porque están bajo el control de Satanás, a cuyo reino la Biblia llama *reino de las tinieblas*, por lo que sus hijos, en contraposición a los hijos de Dios, son *hijos de las tinieblas*. Si un creyente pretende mantener la pureza de su estado en todas las manifestaciones de su vida, y entra voluntariamente en comunión con los mundanos, no podrá alcanzar ningún resultado positivo, ya que es tan imposible eso como armonizar la justicia con la injusticia y las tinieblas con la luz.

15. ¿Y qué concordia Cristo con Belial? ¿O qué parte el creyente con el incrédulo?

τίς δὲ συμφώνησις Χριστοῦ πρὸς Βελιάρ, ἢ τίς μερὶς πιστῷ μετὰ
¿Y que acuerdo Cristo con Belial? ¿O que parte creyente con
ἀπίστου
incrédulo?

Análisis y notas del texto griego.

Análisis: τίς, caso nominativo femenino singular del adjetivo interrogativo *que*; δὲ, partícula conjuntiva que hace las veces de conjunción coordinante, con sentido de *pero, más bien, y, y por cierto, antes bien, entonces*; συμφώνησις, caso nominativo femenino singular del nombre común *acuerdo, consentimiento*; Χριστοῦ, caso genitivo masculino singular del nombre propio *Cristo*; πρὸς, preposición propia de acusativo *con*; Βελιάρ, caso acusativo masculino singular del nombre propio *Belial*; ἢ, conjunción disyuntiva *o*; τίς, caso nominativo femenino singular del adjetivo interrogativo *que*; μερὶς, caso nominativo femenino singular del nombre común *parte*; πιστῷ, caso dativo masculino singular del nombre común *creyente*; μετὰ, preposición propia de genitivo *con*; ἀπίστου, caso genitivo masculino singular del nombre común *incrédulo*.

τίς δὲ συμφώνησις Χριστοῦ πρὸς Βελιάρ, Un contraste marcado lo establece entre *Cristo* y *Belial*. Pablo ofrece un contraste de *acuerdo*, *concordia* entre ellos, que resulta absolutamente imposible. El término aquí συμφώνησις, es la raíz de *sinfonía*, la concordia entre distintos instrumentos de una orquesta para que suene correctamente la *sinfonía* que interpretan. Una distorsión entre instrumentos impide la ejecución de la pieza. Pablo presenta el primer elemento del contraste que es Cristo, el Ungido y enviado por Dios, que viene para deshacer las obras del diablo (1 Jn. 3:8). Cristo es Dios manifestado en carne, el Verbo eterno que se hizo hombre para realizar el *plan de redención*, establecido por Dios desde antes de la creación.

El otro elemento del contraste es *Belial*, literalmente en el griego *Beliar*. En el judaísmo palestinense, *Belial* o *Beliar*, se usa para identificar al espíritu del mal. De manera que los *hijos de Belial*, es una expresión fuerte para referirse a los perversos, pecadores impíos, hijos de las tinieblas o hijos de perdición. Pero, en algunos escritos apócrifos, como el *Libro de los jubileos, Henoc, Testamento de los doce patriarcas*, este personaje llamado *Beliar*, es el príncipe de los demonios, que organiza y dirige las fuerzas del mal, representadas por las legiones de ángeles caídos, que se han revelado contra Dios. De manera que cuando se refiere a Cristo está hablando de quien, siendo luz y vida, es cabeza de los salvos por gracia mediante la fe, mientras que *Beliar* es lo absolutamente opuesto, como líder de los hijos de las tinieblas. Pablo presenta la absoluta incompatibilidad entre Cristo y Satanás, para hacer notar la inconsecuencia de una relación de intimidad que es a todas luces imposible, advirtiendo de ello a los corintios.

ἢ τίς μερὶς πιστῷ μετὰ ἀπίστου. El segundo contraste se establece entre el *creyente* y el *incrédulo*. Por la misma razón que lo expresado antes, la incompatibilidad es absoluta. Aquí el apóstol usa para el contraste el sustantivo μερὶς, *parte*, que se usaba entre otros modos para referirse al reparto de un botín de guerra, en este caso la imposibilidad está en que no pueden participar de la misma porción un creyente y un incrédulo. Fieles y paganos no tienen nada en común. La posesión del incrédulo está en las cosas temporales y terrenales, mientras la herencia de los creyentes está en los cielos. Como se puede apreciar, el apóstol no está prohibiendo que un creyente tenga algún tipo de contacto con los infieles, porque eso requeriría que saliesen del mundo (1 Co. 5:10). Es posible incluso que en ciertos asuntos pertenecientes a la vida cotidiana tengan algo en común, como la nacionalidad, el trabajo, asuntos culturales, etc. pero la vida espiritual, íntima y personal es absolutamente incompatible. Por esa razón la amistad de relación íntima no es posible entre un creyente y un incrédulo, porque los señores de uno y de otro son opuestos e incompatibles. De este modo la exhortación del apóstol está dirigida a que los creyentes no participen en el estilo de vida propio de los incrédulos. Hablando sobre este contraste e incompatibilidad de vida entre ambos, escribe C. Hodge:

> *"...No solamente disonante, sino esencial y mutualmente opuesta. Para uno, Cristo es Dios, el objeto supremo de su reverencia y amor; para el otro, un simple hombre. Para uno, el gran objetivo de su vida es promover la gloria de Cristo y procurar su favor; para el otro, todos estos temas le son indiferentes. Elementos tan discordantes nunca pueden unirse en un todo armonioso"*[14].

El cristiano por su condición de hijo de Dios, por ser miembro de Su familia, por la relación de vida nueva en Cristo, no puede participar del mismo sistema y desear las mismas cosas que los que son seguidores de la condición maligna de Satanás. Los hijos de Dios nada tienen que ver con los incrédulos, para estos las riquezas y los tesoros son temporales, para los primeros son celestiales y perpetuos.

16. ¿Y qué acuerdo hay entre el templo de Dios y los ídolos? Porque vosotros sois el templo del Dios viviente, como Dios dijo: Habitaré y andaré entre ellos, Y seré su Dios, Y ellos serán mi pueblo.

τίς δὲ συγκατάθεσις ναῷ Θεοῦ μετὰ εἰδώλων ἡμεῖς γὰρ
¿Y que concordia santuario de Dios con ídolos? Porque nosotros
ναὸς Θεοῦ ἐσμεν[1] ζῶντος, καθὼς εἶπεν ὁ Θεὸς ὅτι
templo de Dios somos que vive, como dijo - Dios -
ἐνοικήσω ἐν αὐτοῖς καὶ ἐμπεριπατήσω
habitaré entre ellos y andaré entre ellos
καὶ ἔσομαι αὐτῶν Θεὸς
y seré de ellos Dios
καὶ αὐτοὶ ἔσονται μου λαός.
y ellos serán de mí pueblo.

[14] C. Hodge. o.c., pág. 188.

Análisis y notas del texto griego.

Análisis: τίς, caso nominativo femenino singular del adjetivo interrogativo *que*; δὲ, partícula conjuntiva que hace las veces de conjunción coordinante, con sentido de *pero, más bien, y, y por cierto, antes bien, entonces*; συγκατάθεσις, caso nominativo femenino singular del nombre común *concordia*; ναῷ, caso dativo masculino singular del nombre común *santuario*; Θεοῦ, caso genitivo masculino singular del nombre divino declinado *de Dios*; μετὰ, preposición propia de genitivo *con*; εἰδώλων, caso genitivo neutro plural del nombre común *ídolos*; ἡμεῖς, caso nominativo de la primera persona plural del pronombre personal *nosotros*; γὰρ, conjunción causal *porque*; ναὸς, caso nominativo masculino singular del nombre común *templo, santuario*; Θεοῦ, caso genitivo masculino singular del nombre divino declinado *de Dios*; ἐσμεν, primera persona plural del presente de indicativo en voz activa del verbo εἰμί, *ser, estar*, aquí *somos*; ζῶντος, caso genitivo masculino singular del participio de presente en voz activa del verbo ζάω, *vivir*, aquí *que vive*; καθὼς εἶπεν, tercera persona singular del segundo aoristo de indicativo en voz activa del verbo εἶπον, forma del aoristo de λέγω, *hablar, decir*, aquí *dijo*; ὁ, caso nominativo masculino singular del artículo determinado *el*; Θεὸς, caso nominativo masculino singular del nombre divino *Dios*; ὅτι, conjunción *que*; *ἐνοικήσω*, primera persona singular del futuro de indicativo en voz activa del verbo ἐνοικέω, *habitar*, aquí *habitaré*; *ἐν*, preposición propia de dativo *en, entre*; *αὐτοῖς*, caso dativo masculino de la tercera persona plural del pronombre personal *ellos*; *καὶ*, conjunción copulativa *y*; *ἐμπεριπατήσω*, primera persona singular del futuro de indicativo en voz activa del verbo ἐμπεριπατέω, *andar con*, aquí *andaré con*; *καὶ*, conjunción copulativa *y*; *ἔσομαι*, primera persona singular del futuro de indicativo en voz media del vero εἰμί, *ser, estar*, aquí *seré*; *αὐτῶν*, caso genitivo masculino de la tercera persona plural del pronombre personal declinado *de ellos*; *Θεός*, caso nominativo masculino singular del nombre divino *Dios*; *καὶ*, conjunción copulativa *y*; *αὐτοὶ*, caso nominativo masculino de la tercera persona plural del pronombre intensivo *ellos*; *ἔσονται*, tercera persona plural del futuro de indicativo en voz media del verbo εἰμί, *ser, estar*, aquí *serán*; *μου*, caso genitivo de la primera persona singular del pronombre personal declinado *de mí*; *λαός*, caso nominativo masculino singular del nombre común *pueblo*.

Notas. Crítica Textual. Lecturas alternativas.

[1] ἡμεῖς γὰρ ναὸς Θεοῦ ἐσμεν, *porque nosotros santuario de Dios somos*, según lectura en B, D*, L, P, 6, 33, 81, 326, 365, 1175, 1881, 2464, co, Orígenes.

ὑμεῖς γὰρ ναὸς Θεοῦ ἐστε, *porque vosotros santuario de Dios sois*, según 𝔓⁴⁶, C, D², F, G, K, Ψ, 630, 1241, 1505, 𝔐, lat, sy, Tertuliano.

ὑμεῖς γὰρ ναὸς ἐστε, *porque vosotros santuario sois*, Θεοῦ, conforme a ²a, 0209.

ἡμεῖς γὰρ ναὸι Θεοῦ ἐσμεν, *porque nosotros por santuario de Dios somos*, 1739, 0243, *a, Clemente.

τίς δὲ συγκατάθεσις ναῷ Θεοῦ μετὰ εἰδώλων. Como todas las preguntas retóricas, exigen del lector una respuesta. En este caso hace referencia a dos sistemas antagónicos, como son el templo de Dios y el de los ídolos, preguntando si entre ellos puede haber alguna concordia. La respuesta tiene que ser negativa. No hay posibilidad alguna de semejante relación. Cuando alude al templo de Dios está refiriéndose al lugar que Él escogió como morada para Sí. La Biblia enseña que Dios no habita en santuarios hechos por manos de hombres (1 R. 8:27; 2 Cr. 6:18; Is. 66:1-2; Hch. 7:49-50). Dios no puede estar en concordia con templos de ídolos que son falsos dioses.

ἡμεῖς γὰρ ναὸς Θεοῦ ἐσμεν ζῶντος, Acostumbrados los corintios a templos de ídolos, acaso se olvidaban de la realidad del templo de Dios en esta dispensación. No se trata de edificios más o menos suntuosos, sino que el templo es cada uno de los creyentes, y la iglesia en conjunto. Dios viene a morar en el corazón de los salvos, haciendo de sus personas un santuario. Con claridad enseña que nuestros cuerpos son templo del Espíritu (1 Co. 3:16; 6:19). Hace una afirmación solemne, que ellos no son libres para hacer lo que les parece mejor en la relación con los templos de los ídolos, puesto que han sido comprados al precio de la sangre de Cristo y constituidos como templo de Dios. La palabra griega ναὸς, *templo*, expresa la idea del lugar donde Dios reside personalmente, Su santuario. Cada creyente es templo de Dios. La iglesia en su conjunto lo es también. Es el edificio que Cristo está levantando (1 Co. 3: 9-10). Este tiene un fin, ser templo de Dios. El Señor afirmó que Él lo edificaba y que nadie ni nada podría hacer fracasar ese propósito divino (Mt. 16:18). El santuario de Dios tiene distintos aspectos. Está edificado sobre un fundamento inconmovible que es Cristo mismo (1 Co. 3:11). Las piedras con que se está edificando, son cada uno de los creyentes, a quienes se les llama *"piedras vivas"*, a causa de estar en contacto vital con la roca fundamental que tiene vida en sí misma y comunica esta vida a cada uno que es puesto en Él (1 Co. 12:13; 1 P. 2:4). Cristo tiene vida en Sí mismo y da vida a todo aquel que cree (Jn. 3:16, 36; 5:24; 10:28). Cada piedra está unida a las demás, para formar la unidad total del santuario de Dios, mediante la acción del Espíritu que produce y mantiene esa unidad (Ef. 4:3). Los creyentes han sido comprados por precio para venir a este estado santo, formando íntegramente parte del santuario de Dios (1 P. 1:18-20). Cada creyente, sin condición alguna, ha sido separado para Dios desde su estado anterior de esclavitud espiritual (Col. 1:13), por tanto, recibieron libertad para que puedan servir a Dios sin condicionante y trabajar conforme a lo que les sea asignado por el Espíritu (Ro. 6:18). La edificación del santuario de Dios está coordinada por una cabeza divina que es Cristo (Ef. 1:22-23). De manera que este santuario, edificio de Dios, no es propiedad de los hombres sino de Dios (Mt. 16:18).

Lo que confiere una posición sobrecogedora a la iglesia es la presencia de Dios en ella. El Espíritu Santo tomó posesión del templo de Dios, que es la iglesia, en Pentecostés, llenándola de gloria (Hch. 2:2-4). Como ocurrió en la antigua dispensación con la construcción del tabernáculo. Una vez levantado conforme al modelo divino, y puesto todo en orden según el programa dado a Moisés, la gloria de Dios llenó la casa de manera que nadie podía entrar en ella por esta razón (Ex. 40:34-38). Un suceso semejante ocurrió con la dedicación del santuario que Salomón edificó en Jerusalén, en el que la gloria de Dios llenó la casa y los sacerdotes no podían entrar a causa de la gloriosa presencia de Dios en ella (2 Cr. 7:1-2). No hay santuario de Dios, sin la presencia Suya en él, así tampoco podía haber iglesia como templo de Dios sin la presencia del Espíritu en ella, como ocurrió con el descenso en Pentecostés, conforme a la promesa del Señor. La presencia del Espíritu en la iglesia se manifiesta en una local, como era la congregación en Corinto, y en la llamada *universal*. La iglesia local es la manifestación de la única Iglesia de Cristo en el tiempo y en un lugar. La presencia residente del Espíritu garantiza también la presencia de las otras dos Personas Divinas en el santuario. Cristo mismo prometió Su presencia con los creyentes (Mt. 28:20), residiendo además implantado por la regeneración (Col. 1:27b). De igual modo está la presencia del Padre (Jn. 14:23). El resumen de esta enseñanza en las palabras del apóstol: *"...edificados sobre el fundamento de los apóstoles y profetas, siendo la principal piedra del ángulo Jesucristo mismo, en quien todo el edificio, bien coordinado, va creciendo para ser un templo santo en el Señor; en quien vosotros también sois juntamente edificados para morada de Dios en el Espíritu"* (Ef. 2:20-22).

Es preciso notar la idea de unidad en el santuario. El Edificio es algo que crece coordinadamente, y en el que *todos los creyentes* son edificados *juntamente*, para morada de Dios en Espíritu. No hay posibilidad de una edificación fragmentada. Los corintios se comportaban de una forma reprobable, tanto en su comportamiento moral como en su compromiso de unidad espiritual. Ellos debían recordar lo que les había sido enseñado, que son uno en Cristo y que en esa unidad no caben las divisiones que se estaban produciendo en la iglesia.

La ausencia de imágenes entre los lugares de reunión de los cristianos y los templos de los ídolos era otra manifestación clara de incompatibilidad entre ambos. Los creyentes tenían que tener claro que ya no debían participar en ningún ritual propio de un templo de ídolos, porque los sacrificios para Dios en Su santuario que es la Iglesia, consisten en la entrega personal de cada creyente en sacrificio vivo (Ro. 12:1). Por el contrario, los sacrificios que los paganos ofrecían a los ídolos eran sacrificios ofrecidos a los demonios (1 Co. 10:20), de manera que participar, estar presentes en los cultos idolátricos era una forma de ser partícipes de los demonios. Ahora bien, cuando un creyente adopta la forma de vida de los incrédulos, es lo mismo que introducir ídolos en el santuario de Dios. Es necesario observar que el calificativo que Pablo da a Dios, es *el Dios que vive*, traducido habitualmente sustantivando el participio para decir *el Dios viviente*. Una advertencia bíblica solemne es lo horrible que supone caer en manos del Dios vivo (He. 10:31).

καθὼς εἶπεν ὁ Θεὸς ὅτι *ἐνοικήσω ἐν αὐτοῖς καὶ ἐμπεριπατήσω καὶ ἔσομαι αὐτῶν Θεὸς καὶ αὐτοὶ ἔσονταί μου λαός*. El apóstol refuerza las demandas mediante una referencia a la Escritura que, como en muchas otras ocasiones, es una combinación de textos tomados de la profecía. Estos se adaptan para sustentar el pensamiento de Pablo, pero no usa la Escritura para que apoye ideas personales no concordantes con ella. Acaba de recordarles que los creyentes somos templo de Dios, confirmando esta verdad con la cita bíblica del Pentateuco donde promete habitar con Su pueblo, refiriendo esa presencia al santuario que sería levantado en el desierto, el *tabernáculo* (Ex. 25:8; 29:45; Ez. 37:27).

Aunque la preposición ἐν, puede traducirse por *entre*, cabe apreciar la posibilidad de hacerlo en una de las formas más comunes que significa *en*. Estas son dos formas distintas de entender la relación de Dios con Su pueblo. En la antigua dispensación, moraba *entre* ellos y del mismo modo caminaba *entre ellos*, lo que puntualiza la presencia de Dios con Su pueblo estando al lado de ellos y acompañándoles en el camino, pero trasladada la figura a la realidad presente, Dios no está *entre* los creyentes, sino que está *en* ellos. Por consiguiente, donde esté el creyente en el camino de su peregrinación hacia el destino eterno, Dios camina en ellos y vive en ellos. Es el Espíritu de Dios que *mora* en cada creyente (Ro. 8:10, 11). La asombrosa dimensión de esta realidad espiritual es la presencia Trinitaria en el cristiano. No solo está presente el Espíritu Santo, sino que Jesús dijo: *"El que me ama, mi palabra guardará; y mi Padre lo amará, y vendremos a él, y haremos morada en él"* (Jn. 14:23). Estando Dios en los creyentes, estos son *su pueblo*. Es una promesa continuada en la Escritura, que comienza con Abraham y se extiende hasta la iglesia (Gn. 17:8; Jer. 31:2; He. 8:10). Esta bendición excede a cualquier dimensión que hubiera podido elaborar el pensamiento humano. El único Dios, que lo es de cada creyente, hace Suyos como *pueblo* a quienes no solo fueron comprados para Él al precio de la sangre redentora de Jesucristo, sino que por presencia de Dios en el santuario en que los ha convertido, son por necesidad de relación *Su pueblo*, exclusiva y excluyentemente.

17. Por lo cual, Salid de en medio de ellos, y apartaos, dice el Señor, Y no toquéis lo inmundo; Y yo os recibiré.

διὸ ἐξέλθατε ἐκ μέσου αὐτῶν
Por lo cual salid de en medio de ellos,
καὶ ἀφορίσθητε, λέγει Κύριος,
y separaos, dice Señor,
καὶ ἀκαθάρτου μὴ ἅπτεσθε·
y cosa inmunda no toquéis
καγὼ εἰσδέξομαι ὑμᾶς
y yo aceptaré os.

Análisis y notas del texto griego.

Análisis: *διὸ*, conjunción *por lo cual*; *ἐξέλθατε,* segunda persona plural del segundo aoristo de imperativo en voz activa del verbo ἐξέρχομαι, *salir*, aquí *salid*; *ἐκ,* preposición propia de genitivo *de*; *μέσου,* caso genitivo neutro singular del adjetivo *en medio*; *αὐτῶν,* caso genitivo masculino de la tercera persona plural del pronombre personal declinado *de ellos*; *καὶ,* conjunción copulativa *y*; *ἀφορίσθητε,* segunda persona plural del primer aoristo de imperativo en voz pasiva del verbo ἀφορίζω, *separar por un límite, delimitar. asignar un límite, separar,* aquí *separaos*; *λέγει,* tercera persona singular del presente de indicativo del verbo λέγω, *hablar, decir*, aquí *dice*; *Κύριος,* caso nominativo masculino singular del nombre divino *Señor*; *καὶ,* conjunción copulativa *y*; *ἀκαθάρτου,* caso genitivo neutro singular del adjetivo *no purificado, impuro, cosa inmunda*; *μὴ,* partícula que hace funciones de adverbio condicional de negación *no*; *ἅπτεσθε,* segunda persona plural del presente de imperativo en voz media del verbo ἅπτω, *tocar*, aquí *toquéis*; *καγὼ,* palabra formada por crasis[15] de la conjunción καὶ, y el pronombre personal ἐγώ, y que equivale a *y yo*; *εἰσδέξομαι,* primera persona singular del futuro de indicativo en voz media del verbo εἰσδέχομαι, *acoger, recibir con, ser admitido, aceptar, acoger*, aquí *acogeré*; *ὑμᾶς,* caso acusativo de la segunda persona plural del pronombre personal declinado *a vosotros, os*.

διὸ ἐξέλθατε ἐκ μέσου αὐτῶν καὶ ἀφορίσθητε, λέγει Κύριος, Por medio de las citas enlazadas establece un mandamiento solemne. Los textos están tomados de la profecía y de los históricos. Así se lee en Isaías: *"Apartados, apartados, salid de ahí, no toquéis cosa inmunda; salid de en medio de ella; purificaos los que lleváis los*

[15] *Crasis*, palabra griega que equivale a *unión de fuerzas*, en general *unión de elementos*.

utensilios de Jehová" (Is. 52:11). Toma también una referencia al pacto de Dios con David: *"Yo le seré a él Padre, y él me será a mí hijo"* (2 S. 7:14; 1 Cr. 17:13). Sin duda está apoyando el mandamiento a los corintios para que se aparten, no tanto de sus conciudadanos, sino del mundo moral corrupto en que aquellos vivían. Por esa misma razón les exhorta a *"salir de en medio de ellos y apartarse"*. Como Dios es santo, así también deben serlo quienes son, no solo templo Suyo, sino sacerdotes que ministran en Su santuario sacrificios espirituales. Su pueblo en la antigua dispensación estuvo siempre llamado a ser santo (Lv. 11:44-45; 20:7). Del mismo modo se establece para el tiempo actual (1 P. 1:15-16). Aunque la fidelidad de Dios le impide ser contrario a Sus promesas y alterar Sus determinaciones, no ocurre lo mismo con Su pueblo, infiel en muchas ocasiones. Él demanda que los Suyos obedezcan lo establecido en Su Palabra y cumplan con ello Su voluntad, separándose de la corrupción del mundo, para vivir en santidad.

καὶ ἀκαθάρτου μὴ ἅπτεσθε·κἀγὼ εἰσδέξομαι ὑμᾶς Añade algo más, fundamentando una promesa personal para cada uno. Para eso cita el texto mencionado en el párrafo anterior (Is. 52:11). La última parte del mismo está tomada de la LXX en el pasaje correspondiente a la profecía: *"Y os sacaré de entre los pueblos, y os reuniré de las tierras en que estáis esparcidos, con mano fuerte y brazo extendido, y enojo derramado... Como incienso agradable os aceptaré, cuando os haya sacado de entre los pueblos..."* (Ez. 20:34, 41). Así también la promesa dada por medio de Sofonías: *En aquel tiempo yo os traeré, en aquel tiempo os reuniré yo"* (Sof. 3:20).

El sacerdocio tiene que salir de la corrupción del mundo. La razón es que el creyente es templo del *Dios viviente*, santificado para Él. Las demandas son sumamente elocuentes: *Salid, apartados, sed santos*. La relación con Dios tiene relación directa con la obediencia de Su pueblo, al que se demanda que no toque lo inmundo, figura apropiada para expresar la necesidad de vidas santas sin contaminarse. El amor del Padre está sólo con quienes dejan de amar al mundo, ya que ambos afectos son diametralmente opuestos (1 Jn. 2:15).

18. Y seré para vosotros por Padre, Y vosotros me seréis hijos e hijas, dice el Señor Todopoderoso.

καὶ ἔσομαι ὑμῖν εἰς Πατέρα
Y seré a vosotros por Padre
καὶ ὑμεῖς ἔσεσθε μοι εἰς υἱοὺς καὶ θυγατέρας,
y vosotros seréis a mí por hijos e hijas
λέγει Κύριος Παντοκράτωρ.
dice Señor Todopoderoso

Análisis y notas del texto griego.

Análisis: *καὶ,* conjunción copulativa *y*; *ἔσομαι,* primera persona singular del futuro de indicativo en voz media del verbo εἰμί, *ser, estar*, aquí *seré*; *ὑμῖν,* caso dativo de la segunda persona plural del pronombre personal declinado *a vosotros*; *εἰς,* preposición propia de acusativo *a, por*; *Πατέρα,* caso acusativo masculino singular del nombre divino *Padre*; *καὶ,* conjunción copulativa *y*; *ὑμεῖς,* caso nominativo de la segunda persona plural del pronombre personal *vosotros*; *ἔσεσθε,* segunda persona plural de futuro de indicativo en voz activa del verbo εἰμί, *ser, estar*, aquí *seréis*; *μοι,* caso dativo de la primera persona singular del pronombre personal declinado *a mí, me*; *εἰς,* preposición propia de acusativo *por*; *υἱοὺς,* caso acusativo masculino plural del nombre común *hijos*; *καὶ,* conjunción copulativa *y*; *θυγατέρας,* caso acusativo femenino plural del nombre común *hijas*; *λέγει,* tercera persona singular del presente de indicativo en voz activa del verbo λέγω, *hablar, decir*, aquí *dice*; *Κύριος,* caso nominativo masculino singular del nombre divino *Señor*; *Παντοκράτωρ,* caso nominativo masculino singular del nombre divino *Todopoderoso*.

καὶ ἔσομαι ὑμῖν εἰς Πατέρα καὶ ὑμεῖς ἔσεσθέ μοι εἰς υἱοὺς καὶ θυγατέρας, Una cita más del Antiguo Testamento cierra esta serie enlazada de referencias que el apóstol usó para reafirmar las exhortaciones a los corintios. Esta cita está tomada de varios pasajes, algunos ya se han citado antes (cf. 2 S. 7:14; Is. 43:6; Jer. 31:9; Os. 1:10). La enseñanza es sencilla: Dios no puede acoger con amor a los que voluntariamente se mezclan con el mal. La promesa tiene la garantía del Dios Todopoderoso, que demanda una vida de santidad y compromiso con Él. Como recordaba Juan Calvino: *"es una afrenta a Dios llamarle Padre y después ensuciarnos a nosotros mismos con la abominación y la idolatría"* [16]. La relación de Dios con Su pueblo, no es la de un dueño con esclavos, sino la de un Padre con sus hijos. Es interesante apreciar el uso del masculino *hijos* y del femenino *hijas*, ya que en la economía de la gracia, no hay distinción entre hombres y mujeres. El pertenecer a Su casa y familia es un honor y un admirable privilegio que conlleva una dignidad que exige un estilo de vida. La santidad es necesaria para quienes no solo llaman a Dios su Padre, sino que están en relación de comunión con Él.

λέγει Κύριος Παντοκράτωρ. La utilización del nombre *Todopoderoso*, presenta a Dios como el Omnipotente, al que nada ni nadie, en todo el universo puede evitar el cumplimiento de Sus promesas.

Al no poder precisar concretamente el lugar de donde el apóstol tomó las referencias del Antiguo Testamento, surge nuevamente la apreciación del modo en que los escritores del Nuevo Testamento las usan.

[16] J. Calvino. *II Corintios* p. 92.

Este es un estudio amplio que no tiene cabida en el comentario. Sin embargo, hay una breve síntesis del C. Hodge, que trasladamos en este lugar como resumen del siempre interesante tema sobre el uso de las citas del Antiguo Testamento:

"Los versículos que cierran este capítulo son una instructiva ilustración de la forma en que los escritores del Nuevo Testamento citan el Antiguo. 1) Con frecuencia citan, libremente, con una versión que no coincide, de modo estricto, con el original. 2) Muy a menudo citan conforme al sentido y no según la letra. 3) También suelen hacer una mezcla de diferentes pasajes de la Escritura, a fin de dar el sentido, no de un pasaje concreto sino el de la combinación de varios. 4) A veces dan el sentido, no de uno o varios pasajes concretos, sino, por decirlo de alguna manera, el sentido general de la Escritura. Es decir, citan lo que las Escrituras dicen, aunque la cita, en su extensión, no figure literalmente en ningún lugar, pero sí su enseñanza. Por ejemplo, puede que el pasaje citado no exista en un versículo específico del Antiguo Testamento, pero el criterio sí se expone, con frecuencia y claridad, en la cita que se hace. 5) Nunca citan fuera de la autoridad canónica de los libros del Antiguo Testamento"[17].

Para una hermenéutica correcta, conforme a nuestro sentido de interpretación y uso de la Escritura, pareciera fuera de lugar esta forma de interpretar y usar el texto bíblico, sin embargo, puesto que los escritores del Nuevo Testamento escriben al impulso del Espíritu Santo y que sus escritos son plenariamente inspirados, la aplicación del texto del Antiguo Testamento adquiere la aplicación que se le da para el pasaje que se estaba escribiendo

Será suficiente con apuntar a una determinante enseñanza que está presente en el capítulo que se acaba de comentar. El Espíritu, por medio del apóstol llama a todos los creyentes, en cualquier ministerio en que se ocupen a una conducta conforme a la santidad que Dios establece para Su pueblo. Al tiempo que el compromiso de vida se pone bajo la dirección de Dios y está dispuesto para que, si es necesario, sea afectado de diversas tribulaciones y problemas. Cristo demanda para todos, pero especialmente para los pastores, maestros y líderes de las iglesias un compromiso de entrega incondicional dispuesto incluso a la muerte (Ap. 2:10b). La labor pastoral exige un corazón abierto a todos, en el que no quepa resentimiento alguno, de modo que todos tengan un espacio en la intimidad del pastor para ser amados. La grandeza pastoral no está en

---

[17] C. Hodge. o.c., pág.191 s.

conducir, que es importante, o en enseñar, que también lo es, en corregir, asunto necesario, o en disciplinar, cuando el caso lo requiera, la verdadera grandeza está en la capacidad de perdonar y restaurar. Las dificultades y problemas de la vida pastoral deben verse no desde la temporalidad en que se producen, sino desde la visión real de lo que significa la vida al servicio del Señor. Para los hombres podrá ser considerada como triste y desalentadora, pero, aunque aparentemente *no se tenga nada, se posee todo* en Cristo (v. 10).

Una segunda demanda está en el llamamiento a una vida santa, que comporta una separación real de todo lo que se opone a la voluntad de Dios. Es preciso colocarse delante de la Palabra para que el Espíritu examine la vida personal y determine hasta donde cada uno se ajusta o aparta de la voluntad de Dios. La santidad de vida no consiste en restricciones de cosas, en un estilo de presencia, en una forma de culto, en el mantenimiento de las tradiciones históricas, en ser *distintos* al mundo, sino en *vivir a Cristo*. Eso sólo es posible en la medida en que estemos rendidos plenamente al control del Espíritu Santo. Es bueno hacer, personalmente, la oración de David: *"Examíname, oh Dios, y conoce mi corazón; pruébame y conoce mis pensamientos; y ve si hay en mí camino de perversidad, y guíame en el camino eterno"* (Sal. 139:23-24).

CAPÍTULO VII

EL GOZO ABUNDANTE

Introducción

Una de las razones que motivó la *Epístola*, es el problema que había surgido en la iglesia en Corinto sobre la autoridad y apostolado de Pablo. Sin duda, algunos allí no sentían simpatía por él. Incluso le acusaban de presencia poco grata, de un hablar cansino y de la capacidad de escribir cartas duras, mientras que no se atrevía a hacerlo personalmente visitando la congregación. Esta situación desencadenó una situación tensa entre ambos, aunque el apóstol tenía un gran afecto por cada uno de los miembros de la iglesia.

Si bien ya se refirió en capítulos anteriores a su condición de apóstol, rebatiendo algunas de las acusaciones que le formulaban los *falsos apóstoles* que pretendían venir como enviados de la iglesia en Jerusalén y que, con toda probabilidad, habían captado a alguno de la iglesia poniéndolo en contra de Pablo, el tema no ha sido abordado en profundidad, como ocurrirá en capítulos siguientes.

El que será comentado, es de transición, de modo que, enlazando con las exhortaciones del anterior, va a abrir la puerta a lo que sigue. Es un capítulo lleno de sensibilidad en el que Pablo pone de manifiesto su afecto hacia todos los miembros de la iglesia en Corinto, para pedirles que le otorguen un trato afectuoso como había sido la forma habitual de relación en el pasado (v. 2).

El primer versículo corresponde al cierre del tema tratado al final del anterior, por lo que debiera estar situado allí. Mantenemos la división de capítulos y versículos tradicional y se sitúa sin apartado de bosquejo al iniciar el comentario del presente, entendiendo el lector que está en el párrafo anterior que comenzó en 6:14-7:1.

Inmediatamente del cierre del párrafo anterior con el v. 1, introduce el tema general que es el trato noble y edificante que tuvieron con los creyentes, sin ofensas, engaños o condenas (vv. 2-3). En cierta medida enlaza con lo que había dicho antes, sobre la necesidad de que los corintios reaccionasen aceptándolo plenamente (6:3). Esto le sirve para iniciar el tema que desarrolla en el capítulo. A pesar de todas las circunstancias, el apóstol tenía confianza en los creyentes de Corinto, sobre todo por el informe positivo que le había dado Tito, de la reacción que se había producido en la iglesia, por la carta que Pablo les había enviado (v. 4). El testimonio de la inquietud que había sentido, luego de enviar aquella carta, junto con los conflictos que se habían producido en el ministerio, lo aflora en el capítulo (v. 5). Habla también del consuelo que Dios proveyó en medio de la aflicción (v. 6). El encuentro con Tito, llenó de paz el alma inquieta del apóstol por lo que le informó de la reacción positiva de los hermanos corintios (v. 7). La tristeza que le había producido el tener que enviarles un escrito duro, se cambió en gozo por las consecuencias que había producido en ello (vv. 8-11). Aprovecha también para aclararles que la carta no había sido consecuencia del agravio de que había sido objeto, sino para mostrarles el interés que tenía por la iglesia (v. 12). La consolación de Dios vino en su ayuda (v. 13). La reacción de la iglesia reafirmó la seguridad que tenía sobre los creyentes, a pesar de las circunstancias que había hecho tensa la relación (v. 14). El afecto que Tito sentía por los creyentes se hizo más intenso al ver la reacción de ellos al escrito de Pablo (v. 15). El apóstol concluye con una expresión de confianza que, en cierta medida, resolvía la situación definitivamente, si aún hubiese algún resentimiento entre ellos (v. 16).

Para el comentario, se sigue la división del *bosquejo analítico*, presentado en la introducción, como sigue:

3. Gozo en el arrepentimiento (7:2-16).

El versículo 1 que, como se ha dicho, corresponde al cierre del capítulo anterior, se incluye dentro del apartado correspondiente, mencionado en ese capítulo.

1. Así que, amados, puesto que tenemos tales promesas, limpiémonos de toda contaminación de carne y de espíritu, perfeccionando la santidad en el temor de Dios.

ταύτας οὖν ἔχοντες τὰς ἐπαγγελίας, ἀγαπητοί, καθαρίσωμεν
Estas, pues, teniendo - promesas, amados, purifiquemos
ἑαυτοὺς ἀπὸ παντὸς μολυσμοῦ σαρκὸς καὶ πνεύματος,
a nosotros mismos de toda contaminación de carne y de espíritu
ἐπιτελοῦντες ἁγιωσύνην ἐν φόβῳ Θεοῦ.
perfeccionando santidad en temor de Dios.

Análisis y notas del texto griego.

Análisis: ταύτας, caso acusativo femenino plural del pronombre demostrativo *éstas*; οὖν, conjunción continuativa *pues*; ἔχοντες, caso nominativo masculino plural del participio de presente en voz activa del verbo ἔχω, *tener*, aquí *teniendo*; τὰς, caso acusativo femenino plural del artículo determinado *las*; ἐπαγγελίας, caso acusativo femenino plural del nombre común *promesas*; ἀγαπητοί, caso vocativo masculino plural del adjetivo *amados*; καθαρίσωμεν, primera persona plural del primer aoristo de subjuntivo en voz activa del verbo καθαρίζω, *purificar*, aquí *purifiquemos*; ἑαυτοὺς, caso acusativo masculino plural del pronombre reflexivo declinado *a nosotros mismos*; ἀπὸ, preposición propia de genitivo *de*; παντὸς, caso genitivo masculino singular del adjetivo indefinido *todo*; μολυσμοῦ, caso genitivo masculino singular del nombre común *tacha, contaminación*; σαρκὸς, caso genitivo femenino singular del nombre común *carne*; καὶ, conjunción copulativa *y*; πνεύματος, caso genitivo neutro singular del nombre común *espíritu*; ἐπιτελοῦντες, caso nominativo masculino plural del participio de presente en voz activa del verbo ἐπιτελέω, *completar, realizar, perfeccionar*, aquí *perfeccionando*; ἁγιωσύνην, caso acusativo femenino singular del nombre común *santidad*; ἐν, preposición propia de dativo *en*; φόβῳ, caso dativo masculino singular del nombre común *temor, miedo, respeto reverente*; Θεοῦ, caso genitivo masculino singular del nombre divino declinado *de Dios*.

ταύτας οὖν ἔχοντες τὰς ἐπαγγελίας, ἀγαπητοί, Las promesas de Dios deben producir una consecuencia en el creyente. Él ha prometido bendiciones, comunión, ayuda y otras muchas gracias, en la medida en que el creyente se separe de la corrupción del mundo y de la comunión con quienes son abiertamente contrarios a la voluntad de Dios. Las dos grandes bendiciones a las que se refiere, son las tomadas de los últimos versículos del capítulo anterior. La primera tiene que ver con la morada de Dios en el creyente (6:16). La segunda hacía referencia al favor divino para ellos (6:17). En tercer lugar, la posición de que cada creyente es hijo de Dios. Pablo expresa un afecto especial, al cerrar la última exhortación que corresponde al párrafo anterior, al usar el vocativo *amados*, para calificar a los creyentes en Corinto. Todos ellos, sin excepción eran amados por al apóstol.

καθαρίσωμεν ἑαυτοὺς ἀπὸ παντὸς μολυσμοῦ σαρκὸς καὶ πνεύματος, La demanda del apóstol es un llamamiento a la purificación personal de cada creyente, tanto en su parte material, el cuerpo, como en la espiritual, el espíritu. No cabe duda que la purificación es una operación divina, que santifica al creyente regenerándolo. Dios es el autor de la obra de purificación (Hch. 15:9; Ef. 5:26). Pero en ningún caso elimina la responsabilidad del hombre. Si bien es cierto que cuanto Dios pide lo da primero, por tanto, en el caso de la santificación, Él es el que obra en nosotros tanto el querer como el hacer por Su buena voluntad (Fil. 2:13). Pero, junto con la provisión divina está la responsabilidad del hombre para poner en ejecución aquello de que Dios lo ha dotado, por eso, aunque la salvación es de Dios (Sal. 3:8; Jon. 2:9), no es menos cierto que se exhorta al creyente para que *"se ocupe de su salvación con temor y temblor"* (Fil. 2:12).

Pablo está expresando una demanda de actividad personal usando los recursos de la gracia. No se trata de conseguir la purificación eterna de una santidad definitivamente alcanzada cuando estemos en la presencia de Dios, ya que el hombre no tiene poder ni puede hacer nada para alcanzarla, puesto que es de salvación y esta es solo por gracia mediante la fe (Ef. 2:8, 9). El ámbito de la salvación comprende tres tiempos: a) En el pasado se produce, por medio de la fe, la *justificación* del pecador, en cuyo acto Dios retira la responsabilidad penal del pecado, liberando al que cree de toda condenación (Ro. 5:1; 8:1). b) En el tiempo siguiente que incluye todo el del transcurso de la vida terrenal del creyente, la salvación se hace experimental en la *santificación*. En esa esfera el creyente es separado del *poder* del pecado, para que pueda vivir una vida comprometida con Dios, sirviéndole, amándole y manifestándole en el modo de vida, ante el mundo. Ahí se produce el cumplimiento del mandamiento: *"Sed santos porque yo soy santo"* (1 P. 1:16). c) El tiempo final en el programa de salvación es la *glorificación*, en que será quitada la presencia del pecado, para vivir en perpetua santidad conforme a la voluntad de Dios (1 P. 1:5).

Al escribir esta demanda, Pablo se está refiriendo a la salvación en el momento presente que es la santificación. La ocupación suprema del cristiano es obrar continuamente en un progreso en la vida santa, que es la voluntad de Dios (1 Ts. 4:3). La vida en el pecado e incluso en la degradación moral era la práctica de algunos cristianos antes de su conversión a Cristo, como recuerda el apóstol al escribir en la anterior *Epístola*: *"... no erréis; ni los fornicarios, ni los idólatras, ni los adúlteros, ni los afeminados, ni los que se echan con varones, ni los ladrones, ni los avaros, ni los borrachos, ni los maldicientes, ni los estafadores, heredarán el reino de Dios. Y esto erais algunos; mas ya habéis sido lavados, ya habéis sido santificados, ya habéis sido justificados en el nombre del Señor Jesús, y por el Espíritu de nuestro Dios"* (1 Co. 6:9-11). Lavados de la corrupción del pecado, puestos aparte por el llamamiento celestial, justificados por Cristo, los creyentes son regenerados por el Espíritu Santo, de modo que se produce un cambio absoluto en la forma de vivir. Antes desobedientes por condición natural, sujetos y practicando voluntariamente las obras corruptas del pecado, ahora viven en la voluntad de Dios, que es la santificación. La Escritura da una enorme importancia a todo cuanto tiene que ver con la práctica del pecado, no importa cuál sea la dimensión o la forma en que ocurra, todo acto de pecado es desobediencia a Dios y quebrantamiento de Su voluntad. No hay pecado sin importancia, y mucho menos, pecados socialmente aceptables, cualquier pecado, por pequeño que sea, ha costado la sangre del Hijo de Dios. Cualquier acto pecaminoso sin confesar interrumpe la comunión con Dios, de modo que, como dice el escritor a los hebreos:

"Seguid la paz con todos, y la santidad, sin la cual nadie verá al Señor" (He. 12:14). Es necesario entender que la santidad vincula al creyente en la experiencia de la relación con Dios. La vida del cristiano debe discurrir por sendas santas, esto es, vidas separadas de cuanto es pecaminoso. El carácter santo es una posesión individual en la que debe progresarse día a día, como resultado de la obediencia a la Palabra y del seguimiento fiel a Cristo (Mt. 11:29; Jn. 13:15; Ef. 4:20; Fil. 2:5). Es interesante apreciar también que la santificación es el resultado de la obediencia a la Palabra y de la experiencia de vivir a Cristo. La consecuencia de no vivir santamente es contraria a la voluntad de Dios, teniendo la consecuencia de no verle, como el Señor enseñó en las bienaventuranzas: *"Bienaventurados los de limpio corazón, porque ellos verán a Dios"* (Mt. 5:8). La vida santa está íntimamente ligada con la comunión que permite ver a Dios. Nadie puede estar en relación y comunión con Dios, sobre una vida de pecado, puesto que en la experiencia de la comunión con Él se requiere ser *"limpio de manos y puro de corazón"* (Sal. 24:4). Los creyentes pueden caer en el peligro de considerar como santa la vida que se conformaba con la mera práctica religiosa. Los judaizantes visitaban las congregaciones para enseñarles que los creyentes debían circuncidarse y guardar la ley. Ellos estaban satisfechos de su religiosidad y consideraban que la relación con Dios descansaba en el acatamiento a los preceptos legales para el culto. Trabajaban intensamente para aparentar vidas piadosas delante de los hombres, pero ante Dios eran meramente sepulcros blanqueados, aparentemente limpios por fuera, pero llenos de podredumbre por dentro. La exhortación del apóstol adquiere un alto sentido hoy. La sociedad permisiva y humanista coloca la moral como algo relativo. Es preciso entender que el tiempo actual ya no es el posmodernismo, sino el relativismo. Cualquier cosa, incluyendo los principios éticos, son cuestiones relativas que varían con el tiempo. De ahí que el Señor diga a los cristianos de hoy lo mismo que decía a los del tiempo apostólico: *"la voluntad de Dios es vuestra santificación"* (1 Ts. 4:3). La vida en la fe discurre siempre por caminos de santidad, que separan al creyente del pecado, de modo que se abstiene de las prácticas pecaminosas de la sociedad. El cristiano ha de persistir en la santificación haciendo de ello un objetivo prioritario. Es más, todo el que practica gustosamente el pecado y vive en la vida propia del sistema corrompido del mundo, está manifestando no haber conocido a Dios (1 Jn. 1:6; 3:5-9). La santificación es un fruto que conduce a un fin: *"Mas ahora que habéis sido libertados del pecado y hechos siervos de Dios, tenéis por vuestro fruto la santificación, y como fin, la vida eterna"* (Ro. 6:22).

La santificación involucra una determinada forma de vida que se exterioriza en las obras del creyente, que son las que evidencian la realidad de la fe (Stg. 2:17). No es suficiente con empezar bien, la carrera cristiana prosigue día a día hacia la perfección, en el cumplimiento de propósito de Dios que seamos hechos conforme a la imagen de Su Hijo (Ro. 8:29). Es necesario entender que, si bien Dios va a dar los recursos, como se aprecia en el siguiente versículo, la responsabilidad de llevar a cabo una vida de santificación, ocupándose en la salvación con temor y temblor, es del creyente, eso ocupa un largo párrafo en el pensamiento del apóstol Pedro (2 P. 1:3-11). Dios dotó al cristiano con todo lo necesario para una vida limpia. El creyente coopera en el cumplimiento de las demandas divinas con los recursos recibidos de la gracia (1 Co. 15:10). El cristiano consolida la realidad del llamamiento celestial y de la elección con su actividad diaria (2 P. 1:10-11). Puesto que Dios dio los medios, la responsabilidad es ahora del creyente, ya que la santificación es experimental, aunque también lo es posicional (1 Co. 1:30).

ἐπιτελοῦντες ἁγιωσύνην ἐν φόβῳ Θεοῦ. La actividad o la ocupación que demanda de ellos es de alta responsabilidad, de manera que habían de hacerlo *con temor y temblor*. El sustantivo φόβος, denota el afecto interno de temor filial. Aparentemente se trata de terror, pero no cabe en quienes son hijos de Dios, cuyos pecados les han sido perdonados. No se trata tampoco, como se dirá más adelante, de pánico ante una posible pérdida de la salvación. Es la manifestación de suma reverencia ante las disposiciones de Dios, que incluye el respeto para no ofenderle (Gn. 39:9; He. 12:28). Temblor es la expresión externa de saber que debe comparecerse ante el tribunal divino para dar cuenta del modo de vida. No habrá condenación para el salvo, pero sí se puede producir la pérdida de recompensas y, sobre todo, será la manifestación de falta de gratitud ante lo que Él hizo por nosotros. El modo de comportamiento que el apóstol pide descansa en tres grandes pilares: primero, *humildad* (1 Co. 15:10); en segundo lugar *obediencia* (2 Co. 7:15); en tercer lugar *sencillez de corazón* (Ef. 6:5).

Gozo en el arrepentimiento (7:2-16)

2. Admitidnos: a nadie hemos agraviado, a nadie hemos corrompido, a nadie hemos engañado.

Χωρήσατε ἡμᾶς· οὐδένα ἠδικήσαμεν, οὐδένα ἐφθείραμεν,
Admitid nos: a nadie agraviamos, a nadie corrompimos,
οὐδένα ἐπλεονεκτήσαμεν.
a nadie defraudamos.

Análisis y notas del texto griego.

Análisis: Χωρήσατε, segunda persona plural del primer aoristo de imperativo en voz activa del verbo ξωρέω, *hacer espacio, retirarse, retornar a su lugar, retroceder, avanzar, hacer progresos, admitir*, aquí *admitid*; ἡμᾶς, caso acusativo de la primera persona plural del pronombre personal declinado *a nosotros, nos*; οὐδένα, caso acusativo masculino singular del pronombre indefinido declinado *a nadie*; ἠδικήσαμεν, primera persona plural del primer aoristo de indicativo en voz activa del verbo *hacer injusticia, ser injusto, hacer agravio*, aquí *agraviamos*; οὐδένα, caso acusativo masculino singular del pronombre indefinido declinado *a nadie*; ἐφθείραμεν, primera persona plural del primer aoristo de indicativo en voz activa del verbo φθείρω, *corromper*, aquí *corrompimos*; οὐδένα, caso acusativo masculino singular del pronombre indefinido declinado *a nadie*; ἐπλεονεκτήσαμεν, primera persona plural del primer aoristo de indicativo en voz activa del verbo κλεονεκτέω, *defraudar*, aquí *defraudamos*.

Χωρήσατε ἡμᾶς· El apóstol insiste en la petición a los corintos de que abran sus corazones para él. Tal vez estaban fuera del interés personal de algunos, sus corazones cerrados al apóstol, acaso influenciados por las insinuaciones de los *falsos apóstoles* o incluso de los detractores del apóstol en la congregación. Pablo pide que le admitan sin la menor reserva: *Hacedme lugar en vuestros corazones*. Es la consecuencia lógica dicha antes (6:12, 13). El ruego de dejar influencias perniciosas para volver al amor sincero. Los corintios habían sido llamados a dejar al apóstol y cuestionar su ministerio, ahora son llamados a retornar a la esfera de la comunión y del amor.

οὐδένα ἠδικήσαμεν, Probablemente el apóstol hace referencia a tres formas de acusación que habían promovido sus enemigos entre los creyentes. Los verbos en aoristo indican una acción pasada y definida que los corintios conocían perfectamente. El primer repudio tiene que ver con la acusación que habían formulado contra él, de ser una persona que agraviaba a los demás. El apóstol no había ofendido a nadie. Ningún testimonio podrían poner ellos en ese sentido. Por el contrario, era él quien podía hablar de agravios personales (2:5). Los corintios tenían el defecto de agraviar a otros (6:8). Pablo pone su vida ante ellos seguro de que nadie podía acusarle de haber cometido algún agravio. El verbo ἀδικέω, *hacer injusticia, ser injusto*, aparece varias veces en el Nuevo Testamento. En algunas ocasiones se usa para referirse a un pacto roto, o incluso a un daño físico (Lc. 10:19; Hch. 7:24, 26, 29). En este lugar el uso tiene que ver con la manifestación del apóstol de no haber hecho daño a nadie mientras estuvo en Corinto, en una larga estancia de dieciocho meses (Hch. 18:11) y, por supuesto, en la visita breve que hizo a la iglesia para actuar contra los acusadores que se habían introducido en la congregación (2:1). Una evidencia es la de haberse privado de recibir ofrendas de la iglesia durante el tiempo de su ministerio entre ellos (11:7). Nadie podía acusarle de haber trabajado entre ellos para beneficio personal, lucrándose al hacerlo.

οὐδένα ἐφθείραμεν, Le acusaban también de *corromper* a otros. Pero, nadie podía acusarle de haber cometido acciones que pudieran ser tropiezo o escándalo para alguien. El verbo ἐφθείραμεν, podría traducirse por *arruinar*, de modo que diría *a nadie hemos arruinado*, en el sentido de dinero moral o doctrina. Por el contrario, había hecho cuanto estuvo en su mano para ser de ayuda y edificación a los creyentes en Corinto, edificándoles en todo cuanto le fue posible. Sin duda los enemigos del apóstol le acusaban de ser de escándalo, especialmente a los de origen o tradición judía, cuando negaba la necesidad de someterse a asuntos de comidas o bebidas establecidos en la ley. Acaso también pudiera estar refiriéndose a la acusación de ser demasiado severo con las personas, como para algunos pudo haber sido la disciplina establecida con el incestuoso de la *Primera Epístola*. Sin embargo, lo que está haciendo es una referencia general a una acusación que no precisa.

οὐδένα ἐπλεονεκτήσαμεν. Añade, en tercer lugar, una referencia a la acusación de ser un *engañador*. Él afirma que a nadie había engañado, en el sentido propio de un *defraudador*. Si el verbo anterior se refiere a un daño moral, éste es propio para hablar de un daño material. Tal vez los enemigos suyos pudieron haber difundido esa maledicencia contra él. Sin embargo, su conducta en este y en cualquier otro modo de relación con los creyentes, había sido ejemplar. Así preguntará a los corintios si él o Tito se habían aprovechado de ellos (12:17-18).

Contra las acusaciones, Pablo puede presentar una vida de testimonio limpio. Nadie podía demostrar que hubiera caído en problemas morales. Esto evidencia la importancia del testimonio en quienes están sirviendo a Dios. No hay, pues, razón para seguir repudiando al apóstol, de ahí el ruego con que abre el texto.

3. No lo digo para condenaros; pues ya he dicho antes que estáis en nuestro corazón, para morir y para vivir juntamente.

πρὸς κατάκρισιν οὐ λέγω· προείρηκα γὰρ ὅτι ἐν ταῖς καρδίαις
Para condenación no digo: Porque he dicho antes que en los corazones
ἡμῶν ἐστε εἰς τὸ συναποθανεῖν καὶ συζῆν.
de nosotros estáis para - morir juntos y vivir juntos.

Análisis y notas del texto griego.

Análisis: πρὸς, preposición propia de acusativo *para*; κατάκρισιν, caso acusativo femenino singular del nombre común *condenación*; οὐ, adverbio de negación *no*; λέγω, primera persona singular del presente de indicativo en voz activa del verbo λέγω, *hablar, decir*, aquí *digo*; προείρηκα, primera persona singular del perfecto de indicativo en voz activa del verbo προλέγω, *decir antes*, aquí *he dicho antes*; γὰρ, conjunción causal *porque*; ὅτι, conjunción *que*; ἐν, preposición propia de dativo *en*; ταῖς, caso dativo femenino plural del artículo determinado *las*; καρδίαις, caso dativo femenino plural del nombre común *corazones*; ἡμῶν, caso genitivo de la primera persona plural del pronombre personal declinado *de nosotros*; ἐστε, segunda persona plural del presente de indicativo en voz activa del verbo εἰμί, *ser, estar*, aquí *estáis*; εἰς, preposición propia de acusativo *para*; τὸ, caso acusativo neutro singular del artículo determinado *lo*; συναποθανεῖν, segundo aoristo de infinitivo en voz activa del verbo συναποθνήσκω, *morir juntos*; καὶ, conjunción copulativa *y*; συζῆν, presente de infinitivo en voz activa del verbo συζάω, *vivir juntos*.

πρὸς κατάκρισιν οὐ λέγω. Nuevamente el apóstol quiere dejar claro su propósito en lo que pudieran algunos entender como reproches. Afirma con precisión que no son un reproche, no está acusando a nadie de un comportamiento incorrecto. Este reproche no sería consecuente con lo dicho antes (6:11-13). No son palabras escritas para todos, sino para algunos entre los creyentes en Corinto. El apóstol no estaba dudando del afecto que la iglesia sentía por él, aunque hubiese alguno que no lo manifestase.

προείρηκα γὰρ ὅτι ἐν ταῖς καρδίαις ἡμῶν ἐστε. Para evitar cualquier tipo de sombra sobre lo que siente por los creyentes en Corinto, afirma que la vida de todos, tanto del apóstol como de los cristianos, están íntimamente vinculados. El amor que tiene por ellos pasa por alto cualquier cuestión que pudiera haber afectado la relación anterior. Ninguna ofensa es suficientemente importante para él de modo que pudiera interrumpir la relación de amor fraternal. Para confirmarlo apela a una afirmación que hizo antes (6:12), donde les expresó que estaban en su corazón. En ningún momento ocultó sus sentimientos hacia quienes está escribiendo.

εἰς τὸ συναποθανεῖν καὶ συζῆν. Concluye indicándoles que la vinculación es tal que él vive y muere juntamente con ellos, de otra manera, ni la vida ni la muerte podrá hacer separación entre los dos. El amor demostrado expresa la realidad de lo que significa el afecto hermanable entre creyentes. El mandamiento de *amar a tu prójimo como a ti mismo* (Stg. 2:8) se expresa no solo como una aceptación, sino como una vivencia. Referirse a morir por ellos no hacía falta remarcárselo demasiado puesto que conocían bien los peligros de muerte que el apóstol había confrontado y las grandes dificultades que arrostró para alcanzarles con el evangelio de Cristo (4:8-9; 6:4-10; 11:23-29). Estaba dispuesto a cualquier cosa, incluso morir, que dejar de amar a sus hermanos en Corinto. Llama la atención que el apóstol cite la muerte antes de la vida: *morir con vosotros, vivir con vosotros*, probablemente porque, como en el tiempo antiguo decía David a su cuñado Jonatán: *"Apenas hay un paso entre mí y la muerte"* (1 S. 20:3). Es una profunda manifestación de sincero amor fraternal, en la que el apóstol les dice que, si ellos muriesen, él moriría con ellos y, si vivían, él también viviría.

4. Mucha franqueza tengo con vosotros; mucho me glorío con respecto de vosotros; lleno estoy de consolación; sobreabundo de gozo en todas nuestras tribulaciones.

πολλή μοι παρρησία πρὸς ὑμᾶς, πολλή μοι καύχησις ὑπὲρ
Mucha para mí franqueza con vosotros, mucha para mí jactancia por
ὑμῶν· πεπλήρωμαι τῇ παρακλήσει, ὑπερπερισσεύομαι τῇ χαρᾷ
vosotros; he sido llenado - de consolación; estoy desbordado - de gozo
ἐπὶ πάσῃ τῇ θλίψει ἡμῶν.
en toda la aflicción de nosotros

Análisis y notas del texto griego.

Análisis: πολλή, caso nominativo femenino singular del adjetivo indefinido *mucha*; μοι, caso dativo de la primera persona singular del pronombre personal declinado *para mí*; παρρησία, caso nominativo femenino singular del nombre común *franqueza, confianza, libertad*; πρὸς, preposición propia de acusativo *con*; ὑμᾶς, caso acusativo de la segunda persona plural del pronombre personal *vosotros*; πολλή caso nominativo femenino singular del adjetivo indefinido *mucha*; μοι, caso dativo de la primera persona singular del pronombre personal declinado *para mí*; καύχησις, caso nominativo femenino singular del nombre común *jactancia, orgullo*; ὑπὲρ, preposición propia de genitivo *por*; ὑμῶν, caso genitivo de la segunda persona plural del pronombre personal *vosotros*; πεπλήρωμαι, primera persona singular del perfecto de indicativo en voz pasiva del verbo πληρόω, *llenar*, aquí *he sido lleno*; τῇ, caso genitivo femenino singular del artículo determinado *la*; παρακλήσει, caso dativo femenino singular del nombre común declinado *de consolación*; ὑπερπερισσεύομαι, primera persona singular del presente de indicativo en voz pasiva del verbo ὑπερπερισσεύω, *sobreabundar, desbordar*, aquí *sobreabundo, estoy desbordado*; τῇ, caso genitivo femenino singular del artículo determinado *la*; χαρᾷ, caso genitivo femenino singular del nombre común declinado *de gozo*; ἐπὶ, preposición de dativo *en*; πάσῃ, caso dativo femenino singular del adjetivo indefinido *toda*; τῇ, caso dativo femenino singular del artículo determinado *la*; θλίψει, caso dativo femenino singular del nombre común *aflicción, tribulación*; ἡμῶν, caso genitivo de la primera persona plural del pronombre personal declinado *de nosotros*.

πολλή μοι παρρησία πρὸς ὑμᾶς, En lugar de condenarlos les expresa una simpatía que, en cierto modo, resulta incompresible. Para Pablo, a pesar de todos los defectos y problemas que habían generado contra él, tenía a los creyentes en Corinto como una bendición. No es posible entender cómo una iglesia tan imperfecta podía servir de algo al apóstol. Pero, lo que sigue pone de manifiesto el gran aprecio que tenía por ellos. Introduce la cláusula que contiene tres motivos de bendición para el apóstol, advirtiéndoles que lo que dice seguidamente es el resultado de la *franqueza* o de la *confianza* que tiene con ellos. Expresa también un denuedo en el hablar, un corazón abierto que expresa la confianza que sus palabras producen en la iglesia. Nótese el uso del adjetivo indefinido *mucho*, que expresa la idea de una franqueza no relativa, sino total.

πολλή μοι καύχησις ὑπὲρ ὑμῶν. La iglesia en Corinto era la gloria del apóstol. Él les dice que tenían mucha *jactancia*, realmente *motivo de gloria*. A pesar de las imperfecciones que tenían podía gloriarse de ellos. Las noticias que Tito le trajo informándole de la reacción de la iglesia a la carta que le había enviado el apóstol, le llenaba de alegría. Podía sentirse orgulloso de ellos.

πεπλήρωμαι τῇ παρακλήσει, La segunda bendición que los corintios reportaban al apóstol era que le habían llenado de *consolación*. La carta anterior le había entristecido y llenado de lágrimas (2:4). Pero la reacción de la iglesia ante las palabras escritas del apóstol, convirtió la tristeza en consuelo. Dios permitió que aquella reacción fuese una fuente de consuelo divino en medio de la tristeza que, sin duda, llenó el corazón del apóstol (1:4).

ὑπερπερισσεύομαι τῇ χαρᾷ ἐπὶ πάσῃ τῇ θλίψει ἡμῶν. Una tercera bendición la encuentra Pablo en el *gozo* que llenaba su alma en plenitud. La paradoja espiritual es evidente: estaba rodeado de tribulaciones, pero lleno de gozo. El mundo les tenía por personas llenas de tristeza, pero estaban siempre gozosos (6:10a). Era también la provisión de Dios por Su Espíritu, en medio de las tribulaciones. Los problemas estaban fuera, pero el gozo producido por el Consolador, estaba en el interior, adonde los problemas de afuera no llegan. La aflicción que colmó su ánimo en el pasado hasta el punto de testimoniar que *no tuvo reposo en su espíritu* (2:13), se cambia en el gozo intenso por la reacción que los corintios habían dispensado al escrito que les había remitido. Ese gozo le había sobrevenido por medio de los corintios. Pablo expresa la idea de un gozo desbordante, literalmente *estoy desbordado* de gozo. La voz pasiva indica aquí una procedencia de gozo del exterior que se manifiesta en el interior. Eso a pesar de la continua manifestación de tribulaciones que le sobrevenían continuamente. Las aflicciones y el gozo coexisten en el apóstol como debe ocurrir también con nosotros. En las situaciones más difíciles, puede y debe manifestarse el gozo que Dios produce en medio del sufrimiento.

Como ya se ha hecho notar, los sufrimientos están fuera, pero el gozo está en el interior. Los primeros son producidos por situaciones temporales, el gozo es obra personal del Espíritu en el corazón.

5. Porque de cierto, cuando vinimos a Macedonia, ningún reposo tuvo nuestro cuerpo, sino que en todo fuimos atribulados; de fuera, conflictos; de dentro, temores.

Καὶ γὰρ ἐλθόντων ἡμῶν εἰς Μακεδονίαν οὐδεμίαν ἔσχηκεν
Porque también viniendo nosotros a Macedonia ninguno ha tenido
ἄνεσιν[1] ἡ σὰρξ ἡμῶν ἀλλ' ἐν παντὶ θλιβόμενοι· ἔξωθεν
reposo la carne de nosotros sino en todo siendo afligidos; por fuera
μάχαι, ἔσωθεν φόβοι.
luchas, por dentro temores.

Análisis y notas del texto griego.

Análisis: Καὶ, adverbio de modo *también*; γὰρ, conjunción causal *porque*; ἐλθόντων, caso genitivo masculino plural del participio del segundo aoristo en voz activa del verbo ἔρχομαι, *venir, llegar*, aquí *viniendo*; ἡμῶν, caso genitivo de la primera persona plural del pronombre personal *nosotros*; εἰς, preposición propia de acusativo *a*; Μακεδονίαν, caso acusativo femenino singular del nombre propio *Macedonia*; οὐδεμίαν, caso acusativo femenino singular del adjetivo indefinido *ninguna*; ἔσχηκεν, tercera persona singular del perfecto de indicativo en voz activa del verbo ἔχω, *tener*, aquí *ha tenido*; ἄνεσιν, caso acusativo femenino singular del nombre común *reposo*; ἡ, caso nominativo femenino singular del artículo determinado *la*; σὰρξ, caso nominativo femenino singular del nombre común *carne*; ἡμῶν, caso genitivo de la primera persona plural del pronombre personal declinado *de nosotros*; ἀλλ', forma escrita ante vocal de la conjunción adversativa ἀλλά que significa *pero, sino*; ἐν, preposición propia de dativo *en*; παντὶ, caso dativo neutro singular del adjetivo indefinido *todo*; θλιβόμενοι, caso nominativo masculino plural del participio presente en voz pasiva del verbo θλίβω, *experiencia en tribulaciones*, aquí *siendo afligidos*; ἔξωθεν, adverbio *de fuera, por fuera, exterior*; μάχαι, caso nominativo femenino plural del nombre común *luchas*; ἔσωθεν, adverbio *por dentro, adentro, dentro*; φόβοι, caso nominativo masculino plural del nombre común *temores, miedos*.

Notas. Crítica Textual. Lecturas alternativas.

[1] ἔσχηκεν ἄνεσιν, *ha tenido reposo*, según se lee en a, D, L, P, Ψ, 0243, 81, 104, 365, 630, 1175, 1241, 1739, 1881, 2464, 𝔐.

ἔσχεν ἄνεσιν, *tuvo reposo*, conforme a B, K.

ἄνεσιν ἔσχεν, *reposo tuvo*, según 𝔓[46], F, G.

ἄνεσιν ἔσχηκεν, *reposo ha tenido*, como se lee en C, 33, 1505.

Καὶ γὰρ ἐλθόντων ἡμῶν εἰς Μακεδονίαν οὐδεμίαν ἔσχηκεν ἄνεσιν ἡ σὰρξ ἡμῶν Este versículo está en conexión con 2:1-13, a la que siguió la digresión que concluye aquí. El apóstol retoma el hilo de la defensa de su apostolado, recordando a los corintios su inquietud personal por aquella situación. Las tribulaciones le seguían continuamente, como les hace notar al referirse a Éfeso (1:8), y también a Troas (2:12-13). Hace referencia a la estancia en Macedonia. No habían concluido los problemas cuando salió de Troas (2:12), sino que también en Macedonia su persona no tuvo reposo. Lo hace notar antes cuando dice: *"Cuando llegué a Troas para predicar el evangelio de Cristo, aunque se me abrió puerta en el Señor, no tuve reposo en mi espíritu"* (2:12, 13). Aquí retomando el tema, reitera esa situación agobiante para él. No solo había dificultades en su entorno, sino también en su interior. Lo externo eran tribulaciones y persecuciones, lo interno el temor de lo que podía ocurrir en Corinto, sobre todo por la carta que les había enviado por medio de Tito.

ἀλλ' ἐν παντὶ θλιβόμενοι· ἔξωθεν μάχαι, ἔσωθεν φόβοι. La situación se describe en una forma sencilla pero completa. Fue *incesante*, por lo que dice que no tuvo *ningún reposo*. Fue también *agobiante*, por cuanto lo afectaba *todo*. Fue desde el exterior, definiéndola como *"de fuera"*. Pero, también fe *íntima*, *"de dentro"*. La idea es de abatimiento general. La carga interior le producía *temores*, especialmente por la inquietud de que hubiera trabajado en vano entre los corintios, en este caso concreto, pero también entre otras iglesias, como había ocurrido en Galacia. Pablo estaba temeroso de que los *falsos apóstoles* pudieran hacerse con la obra que él había establecido por la predicación del evangelio, desviando a los creyentes de la verdadera fe. Otra preocupación en su espíritu era que la santidad de los creyentes se viese afectada por el libertinaje de los que estaban en el entorno social de ellos, cuyas costumbres licenciosas se habían manifestado entre algunos de la iglesia (1 Co. 5:1).

6. Pero Dios, que consuela a los humildes, nos consoló con la venida de Tito.

ἀλλ' ὁ παρακαλῶν τοὺς ταπεινοὺς παρεκάλεσεν ἡμᾶς ὁ Θεὸς
Pero el que consuela a los abatidos consoló nos - Dios
ἐν τῇ παρουσίᾳ Τίτου,
con la presencia de Tito.

Análisis y notas del texto griego.

Análisis: ἀλλ', forma escrita ante vocal de la conjunción adversativa ἀλλά que significa *pero*, *sino*; ὁ, caso nominativo masculino singular del artículo determinado *el*; παρακαλῶν, caso nominativo masculino singular del participio de presente en voz activa del verbo παρακαλέω, *consolar*, aquí *que consuela*; τοὺς, caso acusativo masculino plural del artículo determinado declinado *a los*; ταπεινοὺς, caso acusativo masculino plural del adjetivo *abatidos*, *abajados*, *humildes, desalentados*; παρεκάλεσεν, tercera persona singular del primera aoristo de indicativo en voz activa del verbo παρακαλέω, *consolar*, aquí *consoló*; ἡμᾶς, caso acusativo de la primera persona plural del pronombre personal declinado *a nosotros, nos*; ὁ, caso nominativo masculino singular del artículo determinado *el*; Θεὸς, caso nominativo masculino singular del nombre divino *Dios*; ἐν, preposición propia de dativo *en, con*; τῇ, caso dativo femenino singular del artículo determinado *la*; παρουσίᾳ, caso dativo femenino singular del nombre común *aparición, presencia, venida*; Τίτου, caso genitivo masculino singular del nombre propio declinado *de Tito*.

ἀλλ' ὁ παρακαλῶν τοὺς ταπεινοὺς Un notable uso de la conjunción adversativa *pero,* aparece en el inicio del versículo. Hay situaciones adversas, tenía conflictos externos y tristeza interior, *pero*, Dios, el Dios de la consolación (1:3). De manera que actúa a favor del abatido. El adjetivo ταπεινός, tiene la connotación de *abatido, desalentado, humilde*, en general el que está abatido en extremo. Este abatido es levantado por Dios, que restaura al que está derribado y le da salida en la prueba. Esta es la experiencia de vida cristiana que ya mencionó en su *Primera Epístola*: *"No os ha sobrevenido ninguna tentación que no sea humana; pero fiel es Dios, que no os dejará ser tentados más de lo que podéis resistir, sino que dará también juntamente con la tentación la salida, para que podáis soportar"* (1 Co. 10:13). Es probable que Pablo tuviese en mente las palabras del profeta: *"Cantad alabanzas, oh cielos, y alégrate, tierra; y prorrumpid en alabanzas, oh montes; porque Jehová ha consolado a su pueblo, y de sus pobres tendrá misericordia"* (Is. 49:13).

παρεκάλεσεν ἡμᾶς ὁ Θεὸς ἐν τῇ παρουσίᾳ Τίτου, El consuelo divino vino con la llegada de Tito. El término παρουσία, significa *llegada* y también *presencia*, y se usa en varios lugares para referirse a la segunda venida de Cristo (1 Ts. 2:19; 3:13; 4:14; 5:23). El apóstol estaba inquieto, había estado esperando la llegada de Tito y, como no se producía, salió a buscarlo (2:13), ahora se goza por haberlo hallado. Como ya se ha dicho antes, Tito había sido enviado por Pablo a Corinto para llevar la carta y conocer el estado de la iglesia. Mientras no vino, el apóstol estaba muy inquieto por toda aquella situación. Preocupación que se desvaneció al recibir las noticias que le aportó su colaborador, sobre lo que estaba ocurriendo en Corinto.

Esta era una experiencia constante en la vida de Pablo, cómo Dios le ayudaba y alentaba cuando tenía necesidad de ellos. Así le había ocurrido ya cuando predicó el evangelio y estableció la iglesia en Corito que, como en todos los demás lugares, no fue una tarea fácil, pero el Señor le habló diciendo: *"...No temas, sino habla, y no calles; porque yo estoy contigo, y ninguno pondrá sobre ti mano para hacerte mal, porque yo tengo mucho pueblo en esta ciudad"* (Hch. 18:9-10). Así ocurrió en otras situaciones difíciles, en las que intervino el Señor para darle ánimo (cf. Hch. 22:18; 23:11; 27:23-26). La venida de Tito es la forma como Dios le consuela en el tiempo en que escribía la *Epístola*.

7. Y no sólo con su venida, sino también con la consolación con que él había sido consolado en cuanto a vosotros, haciéndonos saber vuestro gran afecto, vuestro llanto, vuestra solicitud por mí, de manera que me regocijé aun más.

οὐ μόνον δὲ ἐν τῇ παρουσίᾳ αὐτοῦ ἀλλὰ καὶ ἐν τῇ
Y no sólo con la venida de él sino también con la
παρακλήσει ᾗ παρεκλήθη ἐφ' ὑμῖν, ἀναγγέλλων ἡμῖν
consolación con que fue consolado referente a vosotros, refiriendo nos
τὴν ὑμῶν ἐπιπόθησιν, τὸν ὑμῶν ὀδυρμόν, τὸν ὑμῶν ζῆλον
la de vosotros añoranza, el de vosotros pesar, el de vosotros celo
ὑπὲρ ἐμοῦ ὥστε με μᾶλλον χαρῆναι.
por mí, de modo que yo más fui alegrado.

Análisis y notas del texto griego.

Análisis: οὐ, adverbio de negación *no*; μόνον, adverbio de modo *solamente, sólo*; δὲ, partícula conjuntiva que hace las veces de conjunción coordinante, con sentido de *pero, más bien, y, y por cierto, antes bien, entonces*; ἐν, preposición propia de dativo *en, con*; τῇ, caso dativo femenino singular del artículo determinado *la*; παρουσίᾳ, caso dativo femenino singular del nombre común *venida, llegada, aparición*; αὐτοῦ, caso genitivo de la tercera persona singular del pronombre personal declinado *de él*; ἀλλὰ, conjunción adversativa *sino*; καὶ, adverbio de modo *también*; ἐν, preposición propia de dativo *en, con*; τῇ, caso dativo femenino singular del artículo determinado *la*; παρακλήσει, caso dativo femenino singular del nombre común *consolación*; ᾗ, caso dativo femenino singular del pronombre relativo declinado *con que*; παρεκλήθη, tercera persona singular del primer aoristo de indicativo en voz pasiva del verbo παρακαλέω, *consolar*, aquí *fue consolado*; ἐφ', forma escrita de la preposición de dativo ἐπί por elisión de la ι final y asimilación de la π ante vocal o diptongo con aspiración, y que significa *sobre, a, en, junto a, ante, con base en, referente a, durante, además de, de, para, por, contra*; ὑμῖν, caso dativo de la segunda persona plural del pronombre personal *vosotros*; ἀναγγέλλων, caso nominativo masculino singular del participio presente en voz activa del verbo ἀναγγέλλω, *contar, referir*, aquí *refiriendo*; ἡμῖν, caso dativo de la primera persona plural del pronombre personal declinado *a nosotros, nos*; τὴν, caso acusativo femenino singular del artículo determinado *la*; ὑμῶν, caso genitivo de la segunda persona plural del pronombre personal declinado *de vosotros*; ἐπιπόθησιν, caso acusativo femenino singular del nombre común *añoranza*; τὸν, caso acusativo masculino singular del artículo determinado *el*; ὑμῶν, caso genitivo de la segunda persona plural del pronombre personal declinado *de vosotros*; ὀδυρμόν, caso acusativo masculino singular del nombre común *pesar, llanto*; τὸν, caso acusativo masculino singular del artículo determinado *el*; ὑμῶν, caso genitivo de la segunda persona plural del pronombre personal declinado *de vosotros*; ζῆλον, caso acusativo masculino singular del nombre común *celo*; ὑπὲρ, preposición propia de genitivo *a favor de, por*; ἐμοῦ, caso genitivo de la primera persona singular del pronombre personal *mí*; ὥστε, conjunción consecutiva *por tanto, por consiguiente, de tal manera que, con el fin de, con la intención de*; με, caso acusativo de la primera persona singular del pronombre personal *yo*; μᾶλλον, adverbio *más, más bien*; χαρῆναι, segundo aoristo de infinitivo en voz pasiva del verbo χαίρω, *alegrarse, regocijarse*, aquí *fui alegrado*.

οὐ μόνον δὲ ἐν τῇ παρουσίᾳ αὐτοῦ ἀλλὰ καὶ ἐν τῇ παρακλήσει ᾗ παρεκλήθη ἐφ' ὑμῖν, El cambio de Pablo se debía, no solo a la presencia de Tito, sino al informe que le daba sobre lo ocurrido en Corinto. Pablo afirma que *la consolación* en cuanto a los creyentes, superaba las inquietudes iniciales sobre la reacción que habría podido producir la carta que había enviado. Esta consolación que el apóstol había recibido la había experimentado antes Tito. Acaso estaba dudando de lo que ocurriría en Corinto cuando llegase y se encontró con un panorama consolador, por cuanto la iglesia había reaccionado correctamente a las palabras escritas por Pablo. Tito, que también participaba con el apóstol en las inquietudes y solicitud por la iglesia en Corinto, fue consolado al encontrar a los cristianos dóciles a las palabras de Pablo en la carta de que había sido portador. Sin duda Tito fue bien acogido por los creyentes y la aceptación de la iglesia al escrito de Pablo fue elemento de consuelo para él. No hay duda que Tito trajo al apóstol un mensaje alentador y optimista. La tarea que le había llevado a Corinto era, primeramente, la de llevar la carta a la iglesia, y con toda seguridad, explicarles el sentido de las palabras del apóstol (2:3-4). Debía intervenir en el tema de la disciplina establecida para aquel que había ofendido al apóstol en la congregación (2:5-11). También llevaba la encomienda de preparar la ofrenda para los necesitados de la iglesia en Jerusalén (8:6). Todo esto había sido resuelto satisfactoriamente, lo que le había llenado de gozo, que ahora comunicaba a Pablo en el encuentro con él. Pablo había subido a la iglesia en Corinto en una visita rápida que estuvo rodeada de tristeza por la situación que se había desencadenado, probablemente por la incidencia de los *falsos apóstoles* que les habían visitado (2:1). El propósito de Tito era procurar que la iglesia cambiara su actitud para con Pablo, y en efecto ese objetivo se había logrado.

ἀναγγέλλων ἡμῖν τὴν ὑμῶν ἐπιπόθησιν, El primer elemento consolador al que Tito hizo referencia, en su regreso de Corinto y el encuentro con Pablo era *la añoranza*, que la congregación sentía hacia el apóstol. Se trataba de un ferviente deseo de reanudar las relaciones correctas con él que, por alguna circunstancia, se habían enfriado. Tito descubre que una gran mayoría de la iglesia, sino la totalidad de ella, le seguían teniendo un profundo cariño. No era un afecto pequeño, sino un gran cariño. Ellos deseaban verle pronto en la iglesia.

τὸν ὑμῶν ὀδυρμόν, Además le hace notar la reacción de tristeza que las palabras del escrito habían producido en ellos. Literalmente se lee *llanto*, es decir, el pesar de la iglesia se manifestó en las lágrimas que produjeron la tristeza con que Pablo les había escrito, y la situación que con su actuación le habían producido. Llanto de haber ocasionado una aflicción tan intensa al apóstol. Es posible que sintiesen un profundo pesar por haber permitido que otros le hubiesen ofendido. No cabe duda que el llanto era la expresión de un amargo arrepentimiento.

τὸν ὑμῶν ζῆλον ὑπὲρ ἐμοῦ Tito le informa también de la *solicitud* que tenían por él, literalmente *vuestro celo por mí*. Eso trae como inevitable consecuencia la de enmendar la situación que se había producido. Con ella la evidencia en la acción disciplinaria establecida para el principal ofensor en la iglesia (2:5-6). El uso del pronombre *vosotros*, indica una actitud de toda la iglesia y no sólo de algunos.

ὥστε με μᾶλλον χαρῆναι. Cierra la cláusula expresándoles el gozo que le había producido el informe de Tito. Todo aquello había servido como bálsamo de consolación para el apóstol, inundando en plenitud de regocijo su corazón. Pablo usa una frase muy elocuente: *hasta alegrarme mucho más*. No hay expresión alguna de amonestación, ni de reproche de ningún tipo, solo la manifestación del gozo intenso por la solución del conflicto. Sin duda había muchas cosas que arreglar en la congregación, pero el hombre de Dios se caracteriza por restaurar y no por reprender (Gá. 6:1).

8. Porque aunque os contristé con la carta, no me pesa, aunque entonces lo lamenté; porque veo que aquella carta, aunque por algún tiempo, os contristó.

Ὅτι εἰ καὶ ἐλύπησα ὑμᾶς ἐν τῇ ἐπιστολῇ, οὐ μεταμέλομαι· εἰ
Porque si también contristé os con la carta, no me pesa, si
καὶ μετεμελόμην, βλέπω γὰρ ὅτι ἡ ἐπιστολὴ[1] ἐκείνη εἰ καὶ
también me pesaba, porque veo que la carta aquella si también
πρὸς ὥραν ἐλύπησεν ὑμᾶς,
por poco tiempo contristó os.

Análisis y notas del texto griego.

Análisis:῞Οτι, conjunción causal *porque*; εἰ, conjunción *si*; καὶ, adverbio de modo *también*; ἐλύπησα, primera persona singular del primera aoristo de indicativo en voz activa del verbo λυπέω, *contristar, entristecer*, aquí *contristé*; ὑμᾶ", caso acusativo de la segunda persona plural del pronombre personal declinado *a vosotros, os*; ἐν, preposición propia de dativo *en*; τῇ, caso dativo femenino singular del artículo determinado *la*; ἐπιστολῇ, caso dativo femenino singular del nombre común *epístola, carta*; οὐ, adverbio de negación *no*; μεταμέλομαι, primera persona singular del presente de indicativo en voz media del verbo μεταμέλομαι, *pesar, tener pesar*, aquí *me pesa*; εἰ, conjunción *si*; καὶ, adverbio de modo *también*; μετεμελόμην, primera persona singular del imperfecto de indicativo en voz media del verbo μεταμέλομαι, *pesar, tener pesar*, aquí *me pesaba*; βλέπω, primera persona singular del presente de indicativo en voz activa del verbo βλέπω, *ver, mirar, fijarse, tener cuidado*, aquí *veo*; γὰρ, conjunción causal *porque*; ὅτι, conjunción *que*; ἡ, caso nominativo femenino singular del artículo determinado *la*; ἐπιστολὴ, caso nominativo femenino singular del nombre común *epístola, carta*; ἐκείνη, caso nominativo femenino singular del pronombre demostrativo *aquella*; εἰ, conjunción *si*; καὶ, adverbio de modo *también*; πρὸ", preposición propia de acusativo *por*; ὥραν, caso acusativo femenino singular del nombre común *hora*, en sentido de *poco tiempo*; ἐλύπησεν, tercera persona singular del primer aoristo de indicativo λυπέω, *contristar, entristecer*, aquí *contristó*; ὑμᾶ", caso acusativo de la segunda persona plural del pronombre personal declinado *a vosotros, os*.

Notas. Crítica Textual. Lecturas alternativas.

[1] ἡ ἐπιστολὴ, *la carta*, según se lee en a, C, D[1], F, G, K, L, P, Ψ, 0243, 33, 81, 104, 365, 630, 1175, 1241, 1505, 1739, 1881, 2464, 𝔐, vg[mss], sy, bo.

Πρότερα ἐπιστολὴ, *primera carta*, conforme a 1505, sy[h].

ἐπιστολὴ μου, *carta de mí*, de acuerdo con D[*], F, G.

῞Οτι εἰ καὶ ἐλύπησα ὑμᾶς ἐν τῇ ἐπιστολῇ, οὐ μεταμέλομαι· El apóstol da una segunda razón para justificar su gozo, consistente en la reacción que produjo la carta que les había enviado. No le pesaba haber contristado a los corintios con ese escrito, por las consecuencias que produjo en ellos. La verdad de lo que les comunica está expresada de forma tan correcta que no pudiese molestar a ninguno de los lectores. Sin embargo, es necesario, en muchas ocasiones, *herir para curar*. Pero, el dolor de la disciplina actúa también sobre el corazón de quien la tiene que establecer. Cualquier disciplina produce tristeza, tanto para el que la aplica como en quien la recibiese. Es muy probable que el apóstol preguntó a Tito como un asunto prioritario para él, cual había sido el efecto de la carta que les había enviado (2:3-4). Sin duda el tema era complejo para el apóstol, puesto que tiene que tratar de la disciplina de uno de la congregación que le había ofendido. Probablemente Tito fue el que tuvo que afrontar, como delegado del apóstol, ese problema en la visita que hizo a Corinto.

εἰ καὶ μετεμελόμην, βλέπω γὰρ ὅτι ἡ ἐπιστολὴ ἐκείνη εἰ καὶ πρὸς ὥραν ἐλύπησεν ὑμᾶς, La exquisitez con que el apóstol quería tratar aquellos temas delicados hace que la puntuación de la frase resulte incierta y alcanza a todo este versículo y a la mitad del siguiente. Puede ponerse el punto al final de la expresión *"si también me pesaba"*[1], debe conectarse con lo que antecede, de modo que el apóstol estaría diciéndoles que, aunque les había entristecido, no le pesaba, porque conforme a la información de Tito, les había producido verdadera tristeza. De modo que el verbo βλέπω, introduce la nueva oración en la cláusula. Pero también pudiera ser que la última parte del versículo sea un paréntesis, con lo que habría que poner el punto a la primera oración antes de *"si también me pesa"*, que es preferible, de manera que la división es la que se ha hecho del versículo. Con esta puntuación el versículo expresaría lo siguiente: *"Porque si también os contristé por la carta, no pesa. Si también me pesaba –porque veo que la carta os entristeció, por un poco de tiempo–"*, para seguir sin interrupción con el versículo siguiente, que forma una misma cláusula con el presente.

La idea general es sencilla, la disciplina produce dolor en quien es ejercitado en ella (He. 12:11). Pero, el móvil de esa acción era para el bien del ofensor y de la iglesia. La disciplina bíblica no es un castigo que se impone por una mala acción, sino el medio de rectificación de un camino errado, para restaurar al que caminaba incorrectamente, al que es correcto. Es necesario entender bien que quien propone la disciplina, siente tanto dolor como el que la recibe. No se trata de un juez que aplica una ley y castiga al infractor, sino un pastor que siente en él mismo, el latir del corazón del Gran Pastor de las ovejas (He. 13:20).

9. Ahora me gozo, no porque hayáis sido contristados, sino porque fuisteis contristados para arrepentimiento; porque habéis sido contristados según Dios, para que ninguna pérdida padecieseis por nuestra parte.

νῦν χαίρω, οὐχ ὅτι ἐλυπήθητε ἀλλ' ὅτι ἐλυπήθητε
Ahora me alegro, no que fuisteis contristados sino que fuisteis contristados
εἰς μετάνοιαν· ἐλυπήθητε γὰρ κατὰ θεόν, ἵνα ἐν
para arrepentimiento. Porque fuisteis contristados según Dios, para que en
μηδενὶ ζημιωθῆτε ἐξ ἡμῶν.
nada perdáis de parte de nosotros.

[1] Expresión en el interlineal.

Notas y análisis del texto griego.

Análisis: νῦν, adverbio demostrativo *ahora*; χαίρω, primera persona singular del presente de indicativo en voz activa del verbo χαίρω, *alegrarse, regocijarse*, aquí *me alegro*; οὐχ, forma escrita del adverbio de negación *no*, con el grafismo propio ante una vocal con espíritu suave o una enclítica; ὅτι, conjunción *que*; ἐλυπήθητε, segunda persona plural del primer aoristo de indicativo en voz pasiva del verbo λυπέω, *contristar, entristecer*, aquí *fuisteis contristados*; ἀλλ', forma escrita ante vocal de la conjunción adversativa ἀλλά que significa *pero, sino*; ὅτι, conjunción *que*; ἐλυπήθητε, segunda persona plural del primer aoristo de indicativo en voz pasiva del verbo λυπέω, *contristar, entristecer*, aquí *fuisteis contristados*; εἰς, preposición propia de acusativo *para*; μετάνοιαν, caso acusativo femenino singular del nombre común *arrepentimiento*; ἐλυπήθητε, segunda persona plural del primer aoristo de indicativo en voz pasiva del verbo λυπέω, *contristar, entristecer*, aquí *fuisteis contristados*; γὰρ, conjunción causal *porque*; κατὰ, preposición propia de acusativo *según*; Θεόν, caso acusativo masculino singular del nombre divino *Dios*; ἵνα, conjunción causal *para que*; ἐν, preposición propia de dativo *en*; μηδενὶ, caso dativo neutro singular del pronombre indefinido *nada*; ζημιωθῆτε, segunda persona plural del primer aoristo de subjuntivo en voz pasiva del verbo ζημιόω, en pasivo *perder, recibir castigo*, aquí *perdáis*; ἐξ, forma escrita de la preposición de genitivo ἐκ, delante de vocal y que significa *de, de parte de*; ἡμῶν, caso genitivo de la primera persona plural del pronombre personal *nosotros*.

νῦν χαίρω, οὐχ ὅτι ἐλυπήθητε ἀλλ' ὅτι ἐλυπήθητε εἰς μετάνοιαν· El apóstol había estado preocupado por la carta remitida a los corintios, la había producido tristeza, como les hace notar en el versículo anterior. Pero, luego del informe de Tito sobre el efecto que había causado, ya no se siente triste por ella, todo lo contario, *ahora se alegra*, del efecto producido, porque aquella tristeza producida por las palabras de la carta, los condujo al *arrepentimiento*, un cambio completo de la situación en que habían estado. La disciplina debe conducir al arrepentimiento y restauración del que andaba desordenadamente. Sin embargo, la alegría de Pablo, no era la tristeza que había producido, sino el resultado que produjo.

ἐλυπήθητε γὰρ κατὰ Θεόν, La acción de la disciplina produjo tristeza *según Dios*, esto es la tristeza producida por la aplicación que el Espíritu hacía de las palabras del apóstol en el corazón de los creyentes. Esta tristeza generada por el Espíritu, revelaba a los cristianos que su falta contra el apóstol, era realmente contra Dios, que lo había puesto en ese ministerio. Por tanto, contristados según Dios, quiere decir, de la manera prescrita por Él.

ἵνα ἐν μηδενὶ ζημιωθῆτε ἐξ ἡμῶν. El propósito principal de la disciplina es que el creyente no sufra pérdida. Eso afecta a las bendiciones en el tiempo presente por rebeldía contra Dios que *separa* de la comunión con Cristo, con lo que se produce una pérdida de bendiciones y de poder (Fil. 4:13), ya que sin Él nada es posible (Jn. 14:6). Pero, en ocasiones de excepcional importancia, la disciplina puede afectar incluso a la salud personal (1 Co. 11:30), y aún a la vida, del que persiste en el pecado (Stg. 4:14-16). Una situación persistente en una vida incorrecta acarrea la pérdida definitiva de recompensas en el tribunal de Cristo (1 Co. 3:15). La razón de la disciplina *según Dios*, tenía el propósito benéfico de *no sufrir daño*. En la carta que el apóstol les había enviado, no buscaba la restitución del problema que habían generado contra él, sino el medio de conseguir que ellos no sufrieran daños espirituales en sus vidas. Confiaba que Dios usara las palabras del escrito para producir en los creyentes una situación de tristeza que los condujese al arrepentimiento. Aunque el apóstol había pasado también un tiempo de ansiedad entre la entrega de la carta a Tito y el regreso de éste con noticias, ahora el gozo le había invadido nuevamente por el efecto positivo que había causado.

10. Porque la tristeza que es según Dios produce arrepentimiento para salvación, de que no hay que arrepentirse; pero la tristeza del mundo produce muerte.

ἡ γὰρ κατὰ Θεὸν λύπη μετάνοιαν εἰς σωτηρίαν ἀμεταμέλητον
Porque la según Dios tristeza arrepentimiento para salvación irrevocable
ἐργάζεται[1]· ἡ δὲ τοῦ κόσμου λύπη θάνατον κατεργάζεται.
lleva a cabo pero la del mundo tristeza para muerte produce.

Análisis y notas del texto griego.

Análisis: ἡ, caso nominativo femenino singular del artículo determinado *la*; γὰρ, conjunción causal *porque*; κατὰ, preposición propia de acusativo *según*; Θεὸν, caso acusativo masculino singular del nombre divino *Dios*; λύπη, caso nominativo femenino singular del nombre común *tristeza*; μετάνοιαν, caso acusativo femenino singular del nombre común *arrepentimiento*; εἰς, preposición propia de acusativo *para*; σωτηρίαν, caso acusativo femenino singular del nombre común *arrepentimiento*; ἀμεταμέλητον, caso acusativo femenino singular del adjetivo *irrevocable, sin arrepentimiento*; ἐργάζεται, tercera persona singular del presente de indicativo en voz media del verbo ἐργάζομαι, *trabajar, efectuar, llevar a cabo*, aquí *lleva a cabo*; ἡ, caso nominativo femenino singular del artículo determinado *la*; δὲ, partícula conjuntiva que hace las veces de conjunción coordinante, con sentido de *pero, más bien, y, y por cierto, antes bien, entonces*; τοῦ, caso genitivo masculino singular del artículo determinado declinado *del*; κόσμου, caso genitivo masculino singular del nombre común *mundo*; λύπη, caso nominativo femenino singular del nombre común *tristeza*; θάνατον, caso acusativo masculino singular del nombre común declinado *a muerte, para muerte*; κατεργάζεται, tercera persona singular del presente de indicativo en voz media del verbo κατεργάζομαι, *realizar, obrar, hacer, producir*, aquí *produce*.

Notas. Crítica Textual. Lecturas alternativas.

[1] ἐργάζεται, *lleva a cabo*, según lectura en 𝔓[46], a*, B, C, D, P, 81, 1175, Clemente.

κατεργάζεται, *produce*, conforme a P[99], 2a, F, G, K, L, Ψ, 0243, 0296, 104, 365, 630, 1241, 1505, 1739, 1881, 2464, 𝔐, Eusebio, Dídimo.

ἡ γὰρ κατὰ Θεὸν λύπη μετάνοιαν. El apóstol presenta dos tipos de tristeza, la que es *según Dios* y la que es *según el mundo*. Ambas totalmente diferentes y opuestas, no pueden sino traer también dos consecuencias o resultados divergentes. La que es según Dios, produce *salvación*, la que es conforme al mundo, *muerte*. Además, la que está en relación con Dios, trae también el resultado positivo del *arrepentimiento*. Esto es –como tantas veces se ha considerado en el comentario– un cambio de mentalidad que produce una repulsa a la situación anterior y un retorno a Dios. Es la demanda del verdadero arrepentimiento: *"Recuerda, por tanto, de donde has caído y arrepiéntete, y haz las primeras obras, pues si no, Yo iré a ti y quitaré tu candelabro de su lugar, a menos que te arrepientas"* (Ap. 2:5)[2]. Lo mismo que a la iglesia en Éfeso, así también el obrar de Dios con la de Corinto. El arrepentimiento conduce a un *volverse* a Dios, volviéndose en sí mismo, al reflexionar sobre la situación en que se encontraban. Los corintios estaban atravesando una profunda crisis espiritual en la iglesia. Sin duda tenían muchas bendiciones (1 Co. 1:5, 6). Pero, la riqueza espiritual demandaba también una correspondencia de vida conforme a lo que Dios determina. Por eso los llama al *arrepentimiento*, un cambio de mentalidad, dejando de pensar de una manera para proceder a un cambio que oriente la acción en otra dirección. Tenían que romper drásticamente con el mal que se había aposentado en la iglesia. El arrepentimiento debía conducir la congregación hacia el modo primero de vida que habían experimentado antes. La disciplina conforme a Dios produce estos efectos saludables.

εἰς σωτηρίαν ἀμεταμέλητον ἐργάζεται· El arrepentimiento según Dios conduce a una situación de salvación *irrevocable*. No se trata de salvación en el sentido del nuevo nacimiento, que ya se había producido en ellos cuando creyeron. Es la plenitud de vida en la esfera de la santificación, que no es otra cosa que vivir en plena armonía con Dios y con Su pueblo. El adjetivo ἀμεταμέλητος, expresa el sentido de algo

[2] Biblia Textual.

que no tiene vuelta, de ahí la traducción que se hace en el interlineal, *irrevocable*. Por esa razón algunas traducciones ponen aquí *sin remordimiento*, otras *de que no hay que lamentarse*. Los corintios tenían mucho de que lamentarse por su comportamiento espiritual, de forma agravada por la ofensa hecha al apóstol y el haber prestado atención a los *falsos apóstoles*, con sus infundios. Cuando la tristeza conforme a Dios conduce a un cambio de mentalidad, que los hace regresar a una forma de vida conforme a Su voluntad, el remordimiento por el pecado deja de existir. Esta situación *no tiene vuelta*, por lo que es *irrevocable*, mientras se mantengan en ella y conduce a santificación. La intención divina fue conducirlos a la disciplina mediante la carta que les había enviado el apóstol, para que se produjese el arrepentimiento y el retorno a la esfera de las bendiciones divinas.

ἡ δὲ τοῦ κόσμου λύπη θάνατον κατεργάζεται. La tristeza según el mundo, no conduce a salvación, sino a *tristezas*, porque es para *muerte*. Esta es la condición del ser humano sin salvación. Algunos hablan de melancolía espiritual, como dice el profesor Pastor Gutiérrez: *"La tristeza del mundo es la melancolía; el sentimiento de desánimo de los pecadores al verse en el abismo de su degradación aumenta la distancia entre Dios y sus almas y termina por infligirles la muerte espiritual"*[3]. Esta tristeza *del mundo* corresponde aquí a toda la humanidad, en contraposición con los creyentes o con la iglesia (Jn. 7:7; 14:7; 1 Co. 1:20: Gá. 4:3). Es la tristeza propia del corazón entenebrecido y sin esperanza. Esta tristeza produce muerte, en el sentido de una experiencia sin vida, alejados de Dios y de sus bendiciones. Esta tristeza del mundo es el remordimiento que se siente por la culpabilidad de las acciones cometidas, pero que no conduce al retorno a Dios. Ese es el contraste entre la tristeza de Pedro, cuando negó al Señor que le hizo volver a Él llorando amargamente, y la de Judas, que regresó a los sacerdotes para arrojar el dinero de la venta del Inocente y ahorcarse luego. La tristeza de los corintios conforme a Dios, fue una tristeza *ad salutem*, para salvación, mientras que la del mundo es una tristeza *ad mortem*, porque no conduce a la vida.

En esto se aprecia la necesidad de la disciplina. Es algo establecido por Dios, *"porque el Señor al que ama disciplina, y azota a todo el que recibe por hijo"* (He. 12:6)[4]. Los corintios pudieron haberse entristecido por un tiempo, pero ese es el camino de la disciplina. El creyente es disciplinado en un acto de amor. Esta debiera ser la primera valoración

---

[3] Pastor Gutiérrez. o.c., pág. 552.
[4] Biblia Textual.

sobre la acción restauradora que Dios hace por medio de ella. Quien permite la tristeza positiva es Dios mismo. Todo cuanto ocurre en la vida de un creyente es conducido por Dios para su bendición personal. En medio de la disciplina opera para provecho de quienes son sus hijos, por tanto, la tristeza de que habla aquí el apóstol, debe entenderse como una buena dádiva que procede directamente de Dios (Stg. 1:17). Del concepto que el creyente tenga de Dios así tendrá también el concepto sobre la disciplina. La disciplina es siempre algo positivo. No se trata de un castigo justo y mucho menos injusto, sino de la acción paternal que reconduce al buen camino al hijo que es verdaderamente amado. El amor racional, que produce muchas veces la tristeza que conduce al arrepentimiento, nunca está reñido con la corrección. Esa es la razón por la que se lee: *"Mejor es represión manifiesta que amor oculto"* (Pr. 27:5) y toda vía más: *"Fieles son las heridas del que ama; pero importunos los besos del que aborrece* (Pr. 27:6). Quien ama verdaderamente procura corregir con amor al que no vive correctamente. La afirmación del Señor mismo, es clara: *"Yo reprendo y castigo a todos los que amo"* (Ap. 3:19). Para reconducir a los creyentes al buen camino, el Señor actúa como lo haría un padre que ama a sus hijos, mediante la reprensión. El padre que ama a su hijo lo reprende para su propio bien (Pr. 13:24). No se ama convenientemente a quien no se reprende para recuperarlo de una situación incorrecta y peligrosa en que se encuentre. Quien establece la acción para corrección y fortalecimiento, es el mismo Señor, que dio Su vida en un acto de infinito desprendimiento en gracia por cada uno de los creyentes. El amor racional nunca está reñido con la corrección. La falta de disciplina es una evidencia de aborrecimiento en lugar de amor (Pr. 13:24). Esa disciplina de Dios debe ser *soportada*, mucho más que *sufrida*, por el creyente. Es decir, el cristiano que sabe que Dios está actuando en su beneficio es capaz de soportar aquello que el Señor le envía o permite con la seguridad de estar recibiendo un beneficio de Su mano. En este caso, el instrumento utilizado para recuperar a los que estaban andando desordenadamente fue la carta del apóstol.

11. Porque he aquí, esto mismo de que hayáis sido contristados según Dios, ¡qué solicitud produjo en vosotros, qué defensa, qué indignación, qué temor, qué ardiente afecto, qué celo, y qué vindicación! En todo os habéis mostrado limpios en el asunto.

ἰδοὺ γὰρ αὐτὸ τοῦτο τὸ κατὰ Θεὸν λυπηθῆναι[1] πόσην
Porque mirad, esto mismo - según Dios ser entristecidos ¡cuan grande
κατειργάσατο ὑμῖν[2] σπουδήν, ἀλλὰ ἀπολογίαν, ἀλλὰ
produjo en vosotros empeño, mas defensa mas
ἀγανάκτησιν, ἀλλὰ φόβον, ἀλλὰ ἐπιπόθησιν[3], ἀλλὰ ζῆλον,
enojo, mas temor, mas ardiente afecto, mas celo,

ἀλλὰ ἐκδίκησιν. ἐν παντὶ συνεστήσατε ἑαυτοὺς ἁγνοὺς
mas vindicación! En todo mostrasteis a vosotros mismos inocentes
εἶναι τῷ πράγματι.
ser en el asunto desagradable.

Análisis y notas del texto griego.

Análisis: ἰδοὺ, segunda persona singular del aoristo segundo de imperativo en voz media del verbo ὁράω, en la forma εἶδον, *mirar, mostrar, ver,* con uso adverbial equivale a *he aquí, sucedió que, ved, ahora, en esto* etc. podría traducirse como una expresión de advertencia enfática como *¡Mira!*, incluso podría leerse a modo de interrogación como *y ¿sabéis?*, es en la práctica como una partícula demostrativa, que se usa para animar el discurso avivando la atención del lector, algunos modernos la identifican como interjección; γὰρ, conjunción causal *porque*; αὐτὸ, caso nominativo neutro singular del pronombre intensivo *mismo*; τοῦτο, caso nominativo neutro singular del pronombre intensivo *esto*; τὸ, caso nominativo neutro singular del artículo determinado *el*; κατὰ, preposición propia de acusativo *según*; Θεὸν, caso acusativo masculino singular del nombre divino *Dios*; λυπηθῆναι, primer aoristo de infinitivo en voz pasiva del verbo λυπέω, *entristecer, causar pesar*, aquí *ser entristecidos*; πόσην, caso acusativo femenino singular del adjetivo interrogativo *¿cuán grande?, ¿de que magnitud?*; κατειργάσατο, tercera persona singular del primer aoristo de indicativo en voz media del verbo κατεργάζομαι, *realizar, obrar, hacer, producir*, aquí *produjo*; ὑμῖν, caso dativo de la segunda persona plural del pronombre personal declinado *en vosotros*; σπουδήν, caso acusativo femenino singular del nombre común *empeño, solicitud, diligencia*; ἀλλὰ, conjunción copulativa *mas*; ἀπολογίαν, caso acusativo femenino singular del nombre común *defensa*; ἀλλὰ, conjunción copulativa *mas*; ἀγανάκτησιν, caso acusativo femenino singular del nombre común *enojo, indignación*; ἀλλὰ, conjunción copulativa *mas*; φόβον, caso acusativo masculino singular del nombre común *miedo, temor*; ἀλλὰ, conjunción copulativa *mas*; ἐπιπόθησιν, caso acusativo femenino singular del nombre común *añoranza*; ἀλλὰ, conjunción copulativa *mas*; ζῆλον, caso acusativo masculino singular del nombre común *celo*; ἀλλὰ, conjunción copulativa *mas*; ἐκδίκησιν, caso acusativo femenino singular del nombre común *vindicación*; ἐν, preposición propia de dativo *en*; παντὶ, caso dativo neutro singular del adjetivo indefinido *todo*; συνεστήσατε, segunda persona plural del primer aoristo de indicativo en voz activa del verbo συνίστημι, *recomendar, hacer resaltar, presentar, mostrar*, aquí *mostrasteis*; ἑαυτοὺς, caso acusativo masculino plural del pronombre reflexivo declinado *a vosotros mismos*; ἁγνοὺς, caso acusativo masculino plural del adjetivo *inocentes, puros, santos*; εἶναι, presente de infinitivo en voz activa del verbo εἰμί, *ser, estar*; τῷ, caso dativo neutro singular del artículo determinado declinado *en el*; πράγματι, caso dativo neutro singular del nombre común *acción de hacer, obligación, negociación, asunto desagradable.*

Notas. Crítica Textual. Lecturas alternativas.

[1] λυπηθῆναι, *ser entristecidos*, según lectura en 𝔓[46], a*, B, C, F, G, 0243, 33, 81, 630, 1739, 1881, 2464*, b, r, rho; Ambrosiaster,

λυπηθῆναι ὑμᾶς, *ser entristecidos vosotros*, conforme a ²a, D, K, L, P, Ψ, 104, 365, 1175, 1241, 1505, 2464, 𝔐, ar, f, vg, Clemente, Pelagio.

[2] κατειργάσατο ὑμῖν, *produjo en vosotros*, según 𝔓[46], a*, B, D, K, L, Ψ, 0243, 6, 33, 81, 630, 1175, 1241, 1739, 1881, pm, r, rho, Clemente.

κατειργάσατο ἐν ὑμῖν, *produjo en vosotros*, conforme a ²a, C, F, G, P, 104, 326, 365, 629, 1505, 2464, pm, ar, vg, sy, Ambrosiaster, Pelagio.

[3] ἐπιπόθησιν, *ardiente afecto*, como se lee en a, B, C, D*, F, G, 0243, 33, 81, 1175, 1739, 1881, 2464, lat, Clemente, Ambrosiaster.

ἐπιποθίαν, *añoranza*, según lectura en 𝔓[46], 1505, *a, D¹, K, L, P, Ψ, 104, 365, 630, 1241, 1505, 𝔐, d, sy.

ἰδοὺ γὰρ αὐτὸ τοῦτο τὸ κατὰ Θεὸν λυπηθῆναι πόσην κατειργάσατο ὑμῖν. El haber sido entristecidos según Dios, trajo una consecuencia, cuyas expresiones se indican por el apóstol, haciendo una descripción de los saludables efectos que produjo entre los corintios. La presencia de la conjunción adversativa ἀλλὰ, *mas*, indica una progresión de esas manifestaciones. Pablo introduce la cláusula mediante el uso de ἰδοὺ, traducido habitualmente como *he aquí*, pero que en esta ocasión merece trasladarlo por la expresión admirativa *¡porque mirad!* La emoción de Pablo se aprecia en la forma un tanto apresurada como construye el resto del versículo. La reacción y sus manifestaciones no fueron pequeñas sino grandes, como hace notar.

σπουδήν, La primera manifestación fue un gran *empeño*, o una gran *solicitud*. No demoraron en la acción, sino que atendieron al problema ocasionado al apóstol en forma inmediata. Esta solicitud conduce a la reparación del daño causado. Esa reacción cambia la situación en que se encontraban las relaciones entre el apóstol y la iglesia. Fue un deseo intenso de que el mal se corrigiese, lo contrario a la indiferencia que habían tenido antes de recibir la carta.

ἀλλὰ ἀπολογίαν, La segunda manifestación fue una firme *defensa* o vindicación propia, disculpándose y reconociendo que había una ofensa contra Pablo, que había que resolver. Posiblemente manifestaron a Tito que ellos no habían promovido semejante acción y que se disculpaban por lo que había sucedido. Esta disculpa no era tanto para Pablo, sino para el Señor, procurando con ello rectificar lo que habían hecho.

ἀλλὰ ἀγανάκτησιν, Añade el sentido de *indignación* o de *enojo*. Causado por la conducta de uno de la congregación que había ofendido gravemente al apóstol. No era algo baladí, sino que consideraban aquello como una falta que indignaba a la congregación. Era una manifestación de indignación santa ante un pecado cometido.

ἀλλὰ φόβον, En la reacción de los corintios se apreciaba también un sentimiento de *temor reverente*, especialmente ante el Señor a quien habían ofendido y contra el que habían pecado, al oponerse al que había designado para ser apóstol Suyo. Habían dado opción a la carne y ahora debían limpiarse de ello (7:1). La carne produce obras entre las que están lo que había ocurrido en la congregación (Gá. 5:19-21). La acción del Espíritu produce temor de Dios en el creyente, asunto que se manifestaba claramente en la reacción de los corintios.

ἀλλὰ ἐπιπόθησιν, Tito le informó, con toda seguridad, del afecto profundo que habían mostrado por él. En las alternativas de lectura –ver en el cuadro– se lee también en algunos textos *añoranza*, en lugar de *ardiente afecto*. En esta traducción puede apreciarse que el afecto hacia el apóstol era algo generado por el Espíritu, porque era *ardiente*. En la forma *añoranza*, expresa la intensidad de afecto que hubiera deseado que el apóstol estuviera presente.

ἀλλὰ ζῆλον, Antes Pablo había sido menospreciado, si no por toda la iglesia, sí por una persona, como se aprecia más adelante. Sin embargo, los creyentes no habían hecho nada para remediar el mal. El sustantivo ζῆλω, *celo*, aparece diez veces en los escritos de Pablo, de ellas cinco en esta *Epístola*. Puede usarse en el mal sentido de *envidia, celos* (12:20), o en el correcto de interés por otra persona, concretamente por él, que se pone de manifiesto por la identificación con él, poniéndose a su lado para apoyarle frente a quienes lo despreciaban.

ἀλλὰ ἐκδίκησιν. Habla también de *vindicación*, que es el efecto y la acción para defender a quien se ha ofendido. Es posible también traducirlo por *castigo*, es decir la aplicación de una firme disciplina al que era indigno por su comportamiento, en ese sentido se usa varias veces en el Nuevo Testamento (cf. Lc. 18:7, 8; 21:22; Hch. 7:24; Ro. 12:19; 2 Ts. 1:8; He. 10:30; 1 P. 2:14).

ἐν παντὶ συνεστήσατε ἑαυτοὺς ἁγνοὺς εἶναι τῷ πράγματι. En base a estas evidencias, el apóstol afirma la inocencia de ellos en relación con la ofensa recibida. No había sido la iglesia, sino una persona de la congregación. Esa acción era repudiada por todos. De ahí que diga: *en todo os mostrasteis inocentes en este asunto desagradable.* El dativo de relación, indica la inocencia en relación con el problema producido por el ofensor, que causó un desagradable escándalo en medio de la iglesia. No se trata del incestuoso que había sido disciplinado por la iglesia (1 Co. 5:1 ss.), sino de un ofensor del apóstol. De todos modos, ellos tenían en ese asunto una parte de responsabilidad por no haber actuado antes para remediar la ofensa cometida. Pablo afirma que *están limpios*, libres del pecado de aprobación de la acción contra el apóstol. Pero, siempre que un miembro del cuerpo comete una mala acción, la iglesia entera se arrepiente del hecho en sí, a causa de la comunión entre los miembros del cuerpo. Después de la visita y de la carta, reaccionaron contra el culpable (2:1-6).

12. Así que, aunque os escribí, no fue por causa del que cometió el agravio, ni por causa del que lo padeció, sino para que se os hiciese manifiesta nuestra solicitud que tenemos por vosotros delante de Dios.

ἄρα εἰ καὶ ἔγραψα ὑμῖν, οὐχ ἕνεκεν τοῦ ἀδικήσαντος οὐδὲ
Así que si también escribí os, no por causa del que agravió ni
ἕνεκεν τοῦ ἀδικηθέντος ἀλλ' ἕνεκεν τοῦ φανερωθῆναι τὴν
por causa del que fue agraviado sino por causa de - ser manifestada la
σπουδὴν ὑμῶν[1] τὴν ὑπὲρ ἡμῶν[2] πρὸς ὑμᾶς ἐνώπιον
diligencia de vosotros - a favor de nosotros por vosotros delante
τοῦ Θεοῦ.
- de Dios.

Análisis y notas del texto griego.

Análisis: ἄρα, conjunción *así que*; εἰ, conjunción *si*; καὶ, adverbio de modo *también*; ἔγραψα, primera persona singular del primer aoristo de indicativo en voz activa del verbo γράφω, *escribir*, aquí *escribí*; ὑμῖν, caso dativo de la segunda persona plural del pronombre personal declinado *a vosotros*; οὐχ, forma escrita del adverbio de negación *no*, con el grafismo propio ante vocal con espíritu áspero; ἕνεκεν, preposición impropia que rige genitivo *a causa de, por causa de*; τοῦ, caso genitivo masculino singular del artículo determinado declinado *del*; ἀδικήσαντος, caso genitivo masculino singular del participio del primer aoristo en voz activa del verbo ἀδικέω, *hacer injusticia, causar daño, agraviar*, aquí *que agravió*; οὐδὲ, adverbio *y no, ni*; ἕνεκεν, preposición impropia que rige genitivo *a causa de, por causa de*; τοῦ, caso genitivo masculino singular del artículo determinado declinado *del*; ἀδικηθέντος, caso genitivo masculino singular del participio del primer aoristo en voz pasiva del verbo ἀδικέω, *hacer injusticia, causar daño, agraviar*, aquí *que fue agraviado*; ἀλλ', forma escrita ante vocal de la conjunción adversativa ἀλλά que significa *pero, sino*; ἕνεκεν, preposición impropia que rige genitivo *a causa de, por causa de*; τοῦ, caso

genitivo masculino singular del artículo determinado declinado *del*; φανερωθῆναι, primer aoristo de infinitivo en voz pasiva del verbo φανερόω, *manifestar*, aquí *ser manifestada*; τὴν, caso acusativo femenino singular del artículo determinado *la*; σπουδὴν, caso acusativo femenino singular del nombre común *empeño, solicitud, diligencia*; ὑμῶν, caso genitivo de la segunda persona plural del pronombre personal declinado *de vosotros*; τὴν, caso acusativo femenino singular del artículo determinado *la*; ὑπὲρ, preposición propia de genitivo *a favor de*; ἡμῶν, caso genitivo de la primera persona plural del pronombre personal *nosotros*; πρὸς, preposición propia de acusativo *por*; ὑμᾶς, caso acusativo de la segunda persona plural del pronombre personal *vosotros*; ἐνώπιον, que en el helenismo es preposición impropia de genitivo, y que realmente es el acusativo neutro singular del adverbio ἐνώπιος, *el que está a la vista, ante el rostro de, el que está en presencia de, etc.*, convirtiéndose en adverbio, *delante*; τοῦ, caso genitivo masculino singular del artículo determinado *el*; Θεοῦ, caso genitivo masculino singular del nombre divino declinado *de Dios*.
Notas. Crítica Textual. Lecturas alternativas.

[1] ὑμῶν, *vosotros*, según se lee en a, D*, c, F, 0243, 629.

ἡμῶν, *nosotros*, conforme a D[1], G, 323, 945, d, vg[vg], lat, Ambrosiaster.

[2] ἡμῶν, *nosotros*, de acuerdo con D[1], G, d, vg[vg].

ὑμῶν, *vosotros*, concordante con las lecturas en a, D*, F, 0243, 323, 629, 945, lat, Ambrosiaster.

ἄρα εἰ καὶ ἔγραψα ὑμῖν, οὐχ ἕνεκεν τοῦ ἀδικήσαντος οὐδὲ ἕνεκεν τοῦ ἀδικηθέντος La razón de la carta que había enviado a la iglesia, no tenía que ver con la búsqueda de reparación personal. Algunos le acusaban de escribir con rencor personal y buscando restitución. No les escribió para manifestarles resentimiento por lo que había ocurrido. Remarca nuevamente aquí la razón por la que escribió. No tenía nada que ver con el que había cometido la ofensa, ni tampoco con el que la había recibido. Ya inicialmente les indicó las razones personales que motivaron el escrito: a) para probar el amor hacia ellos (2:4); b) para probar la obediencia de ellos (2:9). Su objetivo principal no era avergonzar al ofensor, y tampoco que se hiciese justicia con él, que había sido ofendido.

Sin embargo, cabe preguntarse: *¿Quién es el ofensor y el ofendido?* Pasando por encima de quienes procuran hacer creer que se trata del incestuoso de la *Primera Epístola*, cosa que no tiene fuerza alguna en el contexto actual, se podrían sugerir algunas proposiciones, pero, ninguna de ellas tiene base bíblica suficiente para ser aceptada. En cuanto al ofensor se trata, con toda probabilidad, de un miembro de la congregación que se opuso de forma irrespetuosa, cuando no violenta, contra el apóstol en la visita corta que había hecho a Corinto (2:1). Esta persona fue disciplinada por la iglesia, a causa de la ofensa cometida contra el apóstol. Parece ser que debió haber tenido un tiempo de reflexión, y que estaba manifestando el arrepentimiento en forma de tristeza personal, de ahí que el apóstol indicase a la iglesia la necesidad de perdonarle (2:6-8). En cuanto al ofendido, debiera considerarse al mismo apóstol, al dejar claro que al escribir la *Epístola* no le mueven sentimientos de rencor. Antes les dijo que *"si alguno me ha causado tristeza, no me la ha causado a mí solo..."* (2:5), usando el pronombre personal en primera persona, cuando la norma de la *Epístola* es el uso del plural, lo que indica que la ofensa debió haber sido hecha contra él mismo. Esto no permite descartar la posibilidad de que la ofensa fuese inferida a algún representante del apóstol, tal vez a Timoteo. Sin embargo, lo único más probable es que se tratase del mismo apóstol.

ἀλλ' ἕνεκεν τοῦ φανερωθῆναι τὴν σπουδὴν ὑμῶν τὴν ὑπὲρ ἡμῶν πρὸς ὑμᾶς ἐνώπιον τοῦ Θεοῦ. La verdadera razón para el escrito de las *muchas lágrimas*, era que se manifestase el afecto entrañable que sentían por el apóstol, delante de Dios. Por esa razón escribe sobre *la solicitud por nosotros*, o *hacia nosotros*. En algún texto griego se invierten los pronombres personales, permitiendo leer aquí *la solicitud que nosotros tenemos por vosotros*, pero es forzar el entorno textual que viene desarrollándose.

La traducción del texto griego es bastante complicada porque el apóstol, lleno de emoción personal, construye las oraciones un tanto alteradas, sin embargo, en una de las mejores traducciones, aun cuando pudieran considerarse como una paráfrasis moderada, se lee: *"Así que, a pesar de que os escribí, no fue por causa del ofensor ni del ofendido, sino más bien para que delante de Dios os dierais cuenta por vosotros mismos de cuánto interés tenéis en nosotros"*[5]. Esto deja claro las motivaciones que concurrían en Pablo para escribirles esta *Epístola*. Es un hombre positivo que busca sobre todo el bien de los demás, en lugar del suyo propio. Se aprecia que quiere levantar a los hermanos al más alto nivel, haciéndoles sentirse no como renuentes a una actuación drástica contra el ofensor, sino haciéndoles ver su aprecio por él mismo. Esto ponía de manifiesto también la solicitud que Pablo sentía por los corintios.

13. Por esto hemos sido consolados en vuestra consolación; pero mucho más nos gozamos por el gozo de Tito, que haya sido confortado su espíritu por todos vosotros.

---

[5] NVI.

διὰ τοῦτο παρακεκλήμεθα. 'Επὶ δὲ τῇ παρακλήσει ἡμῶν
Por esto hemos sido consolados. Pero referente a la consolación de nosotros
περισσοτέρως μᾶλλον ἐχάρημεν ἐπὶ τῇ χαρᾷ Τίτου, ὅτι
especialmente más bien nos alegramos por el gozo de Tito, que
ἀναπέπαυται τὸ πνεῦμα αὐτοῦ ἀπὸ πάντων ὑμῶν·
ha sido tranquilizado el espíritu de él por todos vosotros.

Análisis y notas del texto griego.

Análisis: διὰ, preposición propia de acusativo *por*; τοῦτο, caso acusativo neutro singular del pronombre demostrativo *esto*; παρακεκλήμεθα, primera persona plural del perfecto de indicativo en voz pasiva del verbo παρακαλέω, *consolar*, aquí *hemos sido consolados*; 'Επὶ, preposición propia de dativo *referente a, sobre*; δὲ, partícula conjuntiva que hace las veces de conjunción coordinante, con sentido de *pero, más bien, y, y por cierto, antes bien, entonces*; τῇ, caso dativo femenino singular del artículo determinado *la*; παρακλήσει, caso dativo femenino singular del nombre común *consolación*; ἡμῶν, caso genitivo de la primera persona plural del pronombre personal declinado *de nosotros*; περισσοτέρως, adverbio *mayor, más grande, más, especialmente*; μᾶλλον, adverbio comparativo *más, más bien*; ἐχάρημεν, primera persona plural del segundo aoristo de indicativo en voz activa del verbo χαιρέω, *alegrarse*, aquí *nos alegramos*; ἐπὶ, preposición propia de dativo *por*; τῇ, caso dativo femenino singular del artículo determinado *la*; χαρᾷ, caso dativo femenino singular del nombre común *alegría, gozo, regocijo*; Τίτου, caso genitivo masculino singular del nombre propio declinado *de Tito*; ὅτι, conjunción *que*; ἀναπέπαυται, tercera persona singular del perfecto de indicativo en voz pasiva del verbo ἀναπάω, en voz media pasiva *descansar, reposar, tranquilizar*, aquí *ha sido tranquilizado*; τὸ, caso nominativo neutro singular del artículo determinado *el*; πνεῦμα, caso nominativo neutro singular del nombre común *espíritu*; αὐτοῦ, caso genitivo masculino de la tercera persona singular del pronombre personal declinado *de él*; ἀπὸ, preposición propia de genitivo *por*; πάντων, caso genitivo masculino plural del adjetivo indefinido *todos*; ὑμῶν, caso genitivo de la segunda persona plural del pronombre personal *vosotros*.

διὰ τοῦτο παρακεκλήμεθα. La primera oración del versículo, corresponde al final del anterior, como es fácil comprobar: *"... sino para que se os hiciese manifiesta nuestra solicitud que tenemos por vosotros delante de Dios, por esto hemos sido consolados"*. Con esta frase concluye el párrafo anterior. El informe de Tito sobre la reacción de la iglesia a la carta enviada por Pablo, sirvió de alivio, consolando los corazones embargados de inquietud de él y de sus colaboradores.

'Επὶ δὲ τῇ παρακλήσει ἡμῶν περισσοτέρως μᾶλλον ἐχάρημεν ἐπὶ τῇ χαρᾷ Τίτου, Cuando Pablo encontró a Tito, que regresaba de cumplir la misión en Corinto, lo vio lleno de gozo. Los acontecimientos en aquella iglesia, calmaron las inquietudes de su espíritu. No sabía que encontraría, pero descubrió la bendición de una congregación que aceptaba las indicaciones del apóstol y respondían con determinación para restaurar una situación dificultosa. Sin duda la alegría de Tito repercutió en el corazón del propio apóstol. No sabemos mucho acerca de este colaborador de Pablo, sin duda un gentil, puesto que el apóstol no consintió que fuese circuncidado como era la pretensión de algunos en Jerusalén (Gá. 2:1, 3). Fue compañero de Pablo y Bernabé en su viaje a aquella ciudad. Posiblemente fue alcanzado para Cristo por el ministerio del apóstol, llamándole *verdadero hijo en la fe* (Ti. 1:4). En algunas misiones delicadas fue enviado por Pablo como su representante, tanto en el caso de Corinto, como también en Creta, para que estableciese orden en las iglesias de aquel territorio (Ti. 1:5). Al final del tiempo de vida del apóstol, cuando estaba preso en Roma, lugar donde sería ejecutado, dice a Timoteo que Tito se había ido a Dalmacia, sin duda para algún ministerio entre las iglesias (2 Ti. 4:10).

ὅτι ἀναπέπαυται τὸ πνεῦμα αὐτοῦ ἀπὸ πάντων ὑμῶν· Esa situación de alegría en el colaborador de Pablo, se produjo por la determinación, no de algunos, sino de *todos* los creyentes. En esa ocasión había sido enviado con la misión de reconducir la situación ocurrida en la iglesia y la de preparar la colecta para los pobres de Jerusalén (8:6, 16). Ese gozo como resultado del éxito en las gestiones que el apóstol le había encomendado, trajo también gozo al corazón de Pablo. Sin duda la principal alegría de todo el equipo ministerial era que Satanás, que se había infiltrado entre los creyentes por medio de sus ministros, había sido derrotado y no consiguió el propósito de destruir la obra que se había iniciado en aquella ciudad. Pablo pasó del desánimo más intenso, al gozo más abundante. Pero, además, la referencia al gozo de Tito, tiene que ver con el informe que éste dio al apóstol, de cómo toda la iglesia había sido una bendición para él. El buen éxito de Tito entre los corintios, llenó de gozo tanto a él como al apóstol, quien no había tenido una buena acogida en su visita corta hecha a la iglesia. Sin duda, la gracia de Dios, permitió a Tito hacer una labor más efectiva en su visita que la actividad anterior de Pablo y de Timoteo. El espíritu tranquilo de Tito, pone de manifiesto que los problemas habían terminado y el conflicto resuelto.

14. Pues si de algo me he gloriado con él respecto de vosotros, no he sido avergonzado, sino que así como en todo os hemos hablado con verdad, también nuestro gloriarnos con Tito resultó verdad.

ὅτι εἴ τι αὐτῷ ὑπὲρ ὑμῶν κεκαύχημαι, οὐ κατῃσχύνθην,
Pues si algo con él acerca de vosotros me he jactado, no fui avergonzado,
ἀλλ' ὡς πάντα ἐν ἀληθείᾳ ἐλαλήσαμεν ὑμῖν, οὕτως καὶ ἡ
sino como todo con verdad hablamos os, así también la
καύχησις ἡμῶν ἡ ἐπὶ Τίτου ἀλήθεια ἐγενήθη.
jactancia de nosotros - ante Tito verdad resultó.

Análisis y notas del texto griego.

Análisis: ὅτι, conjunción *pues*; εἴ, conjunción *si*; τι, caso acusativo neutro singular del pronombre indefinido *algo*; αὐτῷ, caso genitivo de la tercera persona singular del pronombre personal declinado *con él*; ὑπὲρ, preposición propia de genitivo *acerca de*; ὑμῶν, caso genitivo de la segunda persona plural del pronombre personal *vosotros*; κεκαύχημαι, primera persona singular del perfecto de indicativo en voz media del verbo καυχαομαι, *jactarse*, aquí *me he jactado*; οὐ, adverbio de negación *no*; κατῃσχύνθην, primera persona singular del primer aoristo de indicativo en voz pasiva del verbo καταισχύνω, *confundir, decepcionar, deshonrar, avergonzar*, aquí *fui avergonzado*; ἀλλ', forma escrita ante vocal de la conjunción adversativa ἀλλά que significa *pero, sino*; ὡς, adverbio de modo, *como*, que hace las veces de conjunción comparativa; πάντα, caso acusativo neutro singular del adjetivo indefinido *todo*; ἐν, preposición propia de dativo *en, con*; ἀληθείᾳ, caso dativo femenino singular del nombre común *verdad*; ἐλαλήσαμεν, primera persona plural del primer aoristo de indicativo en voz activa del verbo λαλέω, *hablar, decir*, aquí *hablamos*; ὑμῖν, caso dativo de la segunda persona plural del pronombre personal declinado *con vosotros, os*; οὕτως, adverbio demostrativo *así, de esta manera*; καὶ, adverbio de modo *también*; ἡ, caso nominativo femenino singular del artículo determinado *la*; καύχησις, caso nominativo femenino singular del nombre común *jactancia*; ἡμῶν, caso genitivo de la primera persona plural del pronombre personal declinado *de nosotros*; ἡ, caso nominativo femenino singular del artículo determinado *la*; ἐπὶ, preposición propia de genitivo *ante*; Τίτου, caso genitivo masculino singular del nombre propio *Tito*; ἀλήθεια, caso nominativo femenino singular del nombre común *verdad*; ἐγενήθη, tercera persona singular del primer aoristo de indicativo en voz pasiva del verbo γίνομαι, *suceder, quedar, permanecer, ser, estar, resultar*, aquí *resultó*.

ὅτι εἴ τι αὐτῷ ὑπὲρ ὑμῶν κεκαύχημαι, οὐ κατῃσχύνθην, Sin duda hubo una larga conversación entre Pablo y Tito, antes de enviarlo a Corinto. Con seguridad le indicó que eran creyentes dóciles y obedientes y que lo que había ocurrido fue un incidente ocasional. Estas palabras debieron servir como estímulo a Tito para llevar a cabo la misión que el apóstol le encomendaba. A pesar de las apariencias contrarias, confiaba en los creyentes. Cabía la posibilidad de que cuanto había dicho sobre los corintios no hubiera sido de ese modo, por lo que quedaría avergonzado, pero fue todo lo contrario, de modo que el apóstol les indica que su comportamiento concordaba con lo que él había dicho de ellos a Tito, por tanto, *no quedó avergonzado*.

ἀλλ' ὡς πάντα ἐν ἀληθείᾳ ἐλαλήσαμεν ὑμῖν, Aunque la defensa de su obrar y hablar se ha desarrollado antes y lo hará aún más extensamente a partir del capítulo diez, aprovecha la ocasión para manifestarles que como seguidor de Cristo y viviendo Su vida en él, quien es Verdad absoluta, así también él hablaba verdad con todos. Por consiguiente, las referencias que hizo a Tito de lo que eran los corintios, resultaron ciertas, porque expresaban la verdad, del conocimiento que de ellos tenían el apóstol. Un comportamiento distinto hubiera resultado embarazoso para él y desalentador para Tito. Les habían sido presentados a su colaborador como creyentes obedientes a las indicaciones apostólicas, cosa que se hizo evidente cuando llegó a la iglesia y presentó la carta de Pablo, interviniendo también con ellos en la solución de los problemas pendientes. Sabía que podían tener un comportamiento en el presente como había sido el del pasado. Por eso podía jactarse o gloriarse de ellos delante de Tito al que le enviaba comisionado a Corinto.

οὕτως καὶ ἡ καύχησις ἡμῶν ἡ ἐπὶ Τίτου ἀλήθεια ἐγενήθη. El apóstol no se había equivocado cuando se jactaba de los corintios ante Tito. El gozo en el corazón de este comisionado, al que se refirió antes, tuvo que ver con el cumplimiento cierto de lo que le había dicho sobre aquellos creyentes. La lectura de la carta y la intervención de Tito, trajeron como consecuencia la obediencia a los dictados del apóstol. No en vano eran la gloria suya y los ponía como ejemplo ante otras iglesias de las que había establecido (8:24).

De nuevo se aprecia la enseñanza ejemplar que debiera ser la de todo líder en la iglesia, guardar lo negativo para resaltar lo positivo. No es que no dejara de apreciar que había cosas que corregir y actitudes que no concordaban con el carácter cristiano, como se aprecia en los escritos a esa iglesia, pero lo que no es de buen nombre no edifica, por tanto, el apóstol se comportaba conforme a lo que enseñaba: *"Por lo demás, hermanos, todo lo que es verdadero, todo lo honesto, todo lo justo, todo lo puro, todo la amable, todo lo que es de buen nombre; si hay virtud alguna, si algo digno de alabanza, en esto pensad"* (Fil. 4:8).

15. Y su cariño para con vosotros es aun más abundante, cuando se acuerda de la obediencia de todos vosotros, de cómo lo recibisteis con temor y temblor.

καὶ τὰ σπλάγχνα αὐτοῦ περισσοτέρως εἰς ὑμᾶς ἐστιν
Y las entrañas de él abundantemente hacia vosotros es
ἀναμιμνῃσκομένου τὴν πάντων ὑμῶν ὑπακοήν, ὡς μετὰ φόβου
recordando la de todos vosotros obediencia, como con temor
καὶ τρόμου ἐδέξασθε αὐτόν.
y temblor recibisteis le.

Análisis y notas del texto griego.

Análisis: καὶ, conjunción copulativa *y*; τὰ, caso nominativo neutro plural del artículo determinado *los*; σπλάγχνα, caso nominativo neutro plural del nombre común *entrañas*; αὐτοῦ, caso genitivo masculino de la tercera persona singular del pronombre personal declinado *de él*; περισσοτέρως, adverbio *mayor, más grande, más, especialmente*; εἰς, preposición propia de acusativo *hacia*; ὑμᾶς, caso acusativo de la segunda persona plural del pronombre personal *vosotros*; ἐστιν, tercera persona singular del presente de indicativo en voz activa del verbo εἰμί, *ser, estar*, aquí *es*; ἀναμιμνῃσκομένου, caso genitivo masculino singular del participio de presente en voz pasiva del verbo ἀναμιμνῄσκω, *recordar*, aquí *recordando*; τὴν, caso acusativo femenino singular del artículo determinado *la*; πάντων, caso genitivo masculino plural del adjetivo indefinido *todos*; ὑμῶν, caso genitivo de la segunda persona plural del pronombre personal *vosotros*; ὑπακοήν, caso acusativo femenino singular del nombre común *obediencia*; ὡς, adverbio de modo, *como*, que hace las veces de conjunción comparativa; μετὰ, preposición propia de genitivo *con*; φόβου, caso genitivo masculino singular del nombre común *temor*; καὶ, conjunción copulativa *y*; τρόμου, caso genitivo masculino singular del nombre propio *temblor*; ἐδέξασθε, segunda persona plural del primer aoristo de indicativo en voz activa del verbo δέχομαι, *recibir, aceptar*, aquí *recibisteis*; αὐτόν, caso acusativo masculino de la tercera persona singular del pronombre personal declinado *a él, le*.

καὶ τὰ σπλάγχνα αὐτοῦ περισσοτέρως, εἰς ὑμᾶς ἐστιν. Las recomendaciones de Pablo sobre los corintios, prepararon el corazón de Tito para sentir simpatía hacia ellos, sin embargo, esa recomendación se vio superada por el comportamiento que ellos le manifestaron en su visita. Eso produjo un amor *entrañable* en Tito, como se aprecia en la forma que Pablo usa para referirse a ese afecto, al usar la forma literalmente *de sus entrañas*. En el entorno de la población que usaba el griego como idioma de comunicación, consideraba el término *entrañas*, como la sede íntima de los afectos y emociones, por consiguiente, cuando aparece la expresión de este versículo, denotaba un afecto profundo e insuperable hacia alguien. Si Tito amaba a los corintios por lo que Pablo le había dicho de ellos, ahora su amor era superior al conocerlos personalmente.

ἀναμιμνῃσκομένου τὴν πάντων ὑμῶν ὑπακοήν, Tito no podía olvidar la obediencia que mostraron los creyentes a las demandas del apóstol y a las indicaciones que personalmente, en su nombre, les había dado. Es interesante apreciar nuevamente la condición positiva tanto del apóstol como de su colaborador, al destacar la obediencia *de todos*, aunque sin duda alguna, debía haber alguno que no estaba tan dispuesto a ella. Sobre este sentimiento especial de Tito hacia los corintios escribe Crisóstomo:

"Esto muestra también que Tito era de ánimo agradecido para con sus bienhechores (después de reunir y apiñar a todos en su alma, siempre está mencionándolos, y continuamente los tiene en la boca y en el

pensamiento). Y de nuevo colma de elogios a los corintios por su encantadora despedida"[6].

Tito recordaba continuamente la obediencia de los creyentes a las enseñanzas de la Palabra y a las instrucciones del apóstol. Toda la iglesia le aceptó como representante de Pablo y estuvieron atentos a las enseñanzas y a las demandas de las que era portador.

ὡς μετὰ φόβου καὶ τρόμου ἐδέξασθε αὐτόν. Además, recuerda la reverencia, respeto y sumisión que mostraron en ocasión de la visita. Acogerle de este modo era mostrar un respeto profundo, no solo por la enseñanza bíblica, sino también por la autoridad que reconocían en el apóstol. Los *falsos apóstoles* habían entrado en Corinto con el propósito de difamar a Pablo, de modo que la iglesia dejase de reconocerle como el apóstol de Cristo, al mismo nivel que los demás apóstoles. Sin embargo, no pudieron hacerlo. Mensajeros y ministros de Satanás, aquellos judaizantes querían pervertir la realidad espiritual de lo que Pablo era, pero no pudieron lograr sus objetivos con el mensajero que el Señor mismo había establecido. La expresión *temor y temblor* es una forma para referirse al comportamiento de profundo respeto que Dios y Sus cosas merecen. El grupo de palabras relacionadas con *temor*, es empleado en sentido de reverencia ante Dios (Hch. 9:31; 2 Co. 7:1; Col. 3:22). Es el temor que sobrecoge a los hombres ante la presencia de Dios y de Sus mensajeros, como auténtica actitud cristiana. Este fue el comportamiento que Tito descubría personalmente en la iglesia en Corinto. Pero, lo más interesante es que hace referencia a ese profundo respeto relacionándolo con el recibimiento que le tributaron. Probablemente no esperaba algo así, a pesar de las recomendaciones que Pablo le había hecho de los corintios.

16. Me gozo de que en todo tengo confianza en vosotros.

χαίρω	ὅτι	ἐν	παντὶ	θαρρῶ	ἐν	ὑμῖν.
Me gozo	que	en	todo	tengo confianza	en	vosotros.

Análisis y notas del texto griego.

Análisis: χαίρω, primera persona singular del presente de indicativo en voz activa del verbo χαίρω, *gozarse, alegrarse*, aquí *me gozo*; ὅτι, conjunción *que*; ἐν, preposición propia de dativo *en*; παντὶ, caso dativo neutro singular del adjetivo indefinido *todo*; θαρρῶ, primera persona singular del presente de indicativo en voz activa del verbo θαρρέω, *tener confianza*, aquí *tengo*

[6] Juan Crisótomo. *Homilias sobre la segunda Carta a los Corintios"* 16.1.

confianza; ἐν, preposición propia de dativo *en*; ὑμῖν, caso dativo de la segunda persona plural del pronombre personal *vosotros*.

χαίρω ὅτι ἐν παντὶ θαρρῶ ἐν ὑμῖν. Este versículo cierra una parte de la *Epístola*, para introducir un tema totalmente distinto como es el de la ofrenda, en los siguientes capítulos. La conclusión de todo lo que antecede está resumida en esta sencilla frase: *"Me gozo en que en todo tengo confianza en vosotros"*. En los capítulos anteriores ha estado haciendo notar dificultades, e incluso desórdenes en la iglesia que debían ser corregidos, especialmente destacable es la situación entre él y los corintios. Es posible que en algún momento el mismo apóstol no estuviese muy seguro de la confianza que podía tener con los creyentes en Corinto. El informe de Tito hace que esa vuelva a renacer. Por eso expresa en la brevedad de la frase la restauración plena de esa confianza, que le llena de alegría. Los creyentes son dignos de confianza, lo que conduce al apóstol a una saturación de gozo íntimo. Sin duda tuvieron fallos, los tenían y los tendrían en el futuro, pero sean cuales sean sus carencias, son dignos de confianza porque son creyentes y hermanos en Cristo. Ya no era preciso que escribiese con cautela, podía usar de plena confianza, sin cuidarse de si sus reprensiones y exhortaciones pudieran molestarles. Es de destacar, como dice Kistemaker, el uso del término *gozo* en el capítulo, en donde aparece dos veces como sustantivo (vv. 4, 13) y cuatro veces como verbo (vv. 7, 9, 13, 16)[7]. La confianza que tenía era la consecuencia de verificar el deseo de obedecer a la Palabra y de atender sus indicaciones, como corresponde a una correcta relación con Cristo. Sólo en esa medida una persona puede ser digna de confianza.

Por esta razón podía pedirles que ayudasen a sus hermanos necesitados en Jerusalén, tema de los dos próximos capítulos, y que le atendieran en su defensa del apostolado en los que siguen. Con ello cierra la primera extensa parte de la *Epístola*, capítulos 1-7, y prepara la segunda que comprende el resto (8-13).

Como ocurre siempre en cualquier escrito bíblico, es difícil hacer referencia a algún aspecto del contenido comentado. Sin duda ésta es en cierto modo subjetiva del comentarista. Con todo es posible hacer mención a dos asuntos sensibles en el capítulo.

El primero tiene que ver con el testimonio personal de quien sirve al Señor. En todos los tiempos hubo resentimiento contra los que lo hacen con fidelidad buscando sólo la gloria de quien los llamó a la iglesia. En la

[7] S. Kistemaker. o.c., pág. 221.

medida en que se es fiel a la Palabra, se enseña sólo la Biblia y no se hace acepción de personas, el conflicto aparecerá en algún momento. El ejemplo de Pablo en el capítulo es emotivo. En medio de esos problemas ocasionados por creyentes en aquella iglesia, no merma el sentimiento de amor personal que el apóstol siente por ellos, sin excepción, incluyendo a quienes sentían una cierta animadversión contra él. Acaso la influencia de los que habían entrado en la iglesia, fue uno de los detonantes de este estado. Estas personas son instrumentos de Satanás para hacer resentir la obra de Dios. Una necesidad imperiosa en cualquier tiempo, y de forma especial en el tiempo actual, es que el liderazgo permanezca vigilante para impedir que vientos de doctrina extraños entren en la iglesia y causen problemas a los creyentes. Pablo había exhortado a los líderes de la iglesia en Éfeso en ese sentido, advirtiéndoles que aparecerían entre ellos *lobos rapaces* que no iban a perdonar al rebaño (Hch. 20:29). La aceptación de quienes afirman ser ministros del evangelio y los que dicen estar llenos de espiritualidad son, muchas veces, enemigos de la verdad bíblica, que engañan con sus escenificaciones a muchos creyentes sinceros pero inmaduros y los sitúan en oposición a los verdaderos maestros de la Palabra. Cuando no pueden rebatir las verdades bíblicas, generan maledicencia y mienten sobre ellos para hacer que los fieles duden de su condición moral o personal. El ejemplo de Pablo es elocuente y debiera servir para estímulo del liderazgo de cada iglesia.

Relacionado con el ejercicio del ministerio está la ejemplaridad de quien ministra. El apóstol afirma que *a nadie agravió, ni corrompió, ni engañó*. El comportamiento moral era el respaldo inconmovible de su ministerio. Nadie puede enseñar con autoridad aquello que no está dispuesto a cumplir en su propia vida. Una dicotomía entre lo que se enseña y lo que se vive, es el más grave problema para el que enseña. La Biblia no es un manual de conocimientos técnicos, sino la manera detallada de vivir del cristiano. De otro modo, la Escritura no se estudia para *saber* más de ella, sino para *vivir* conforme a ella. Un comportamiento contrario a esto es un testimonio contradictorio al que pretende enseñar a otros. Muchos fracasos espirituales y morales entre quienes se consideran como *maestros de la Biblia*, han sido piedra de tropiezo para muchos y a muchos han hecho perder la senda correcta de la vida cristiana.

Un tema revelador tiene que ver con la aplicación de la disciplina a quienes se obstinan en vivir contrariamente a lo establecido por Dios. El capítulo hace resaltar la tristeza que produce cuando se es disciplinado bíblicamente, pero indica también que ésta es la vía para que se produzca un verdadero arrepentimiento que retorne al buen camino al que estaba extraviado. No disciplinar al rebelde es consentir con el pecado. Pero, es necesario entender dos cosas sobre el ejercicio de la disciplina. Primeramente, no cabe otra disciplina que no sea la que la Escritura establece. En segundo lugar, la disciplina no es un *castigo* que se impone sobre un creyente, sino el efecto restaurador que obliga a quien ama. Nadie puede imponer disciplina bíblica por cuestiones de tradición, de sistema religioso, de formas externas, etc. etc. Solo cabe la disciplina para quien sea rebelde a la voluntad de Dios y haya sido apercibido invitándole al cambio necesario. Hay ocasiones en que el líder *disciplina* a alguien por capricho personal. Otras veces se mantiene la disciplina sobre quien ha confesado su error y ha restaurado su comunión con el Señor. Disciplinar sin base bíblica o mantener la disciplina luego de haber hecho su propósito restaurado es pecado.

La gran lección del final del capítulo, nos debe llevar a ver a los creyentes y a la iglesia en forma positiva. Acusar a los creyentes es obra diabólica, el oficio perverso de Satanás (Ap. 12:10). El que anda en acusaciones está haciendo, aun inconscientemente, la obra del diablo. Los creyentes debemos ver la iglesia, aun con sus imperfecciones, en una posición celestial, sentada ya con Cristo en los lugares celestiales (Ef. 2:6). Juzgar a la iglesia cuando ésta no concuerda con nuestro punto de vista personal, es juzgar la obra que Cristo está haciendo. Hay quienes creen que la mejor iglesia ha sido la del pasado. Tales personas son incapaces de apreciar la obra de la gracia en el presente, y no pueden ver la gloria del futuro. La mejor iglesia no es la del pasado, es la del presente por cuanto está siendo edificada por Cristo conforme a Su promesa (Mt. 16:18), pero la iglesia gloriosa está aún por venir, cuando su estado imperfecto actual sea cambiado por el glorioso sin mancha ni arruga en la presencia de Dios (Ef. 5:25-27).

CAPÍTULO VIII

LA OFRENDA

Introducción

Este capítulo introduce la quinta división de la *Epístola*, en la que Pablo trata sobre la ofrenda para los santos de Judea y que se extiende hasta el final del capítulo siguiente.

Ya se ha indicado en su momento que no es posible determinar las razones por las que los creyentes en aquel territorio estaban pasando por necesidades económicas, pero lo cierto es que el apóstol promovía entre las iglesias del mundo gentil una *colecta* con el propósito de ayudar a quienes estaban en estrechez. Sin duda es la ofrenda de la que habló antes en su *Primera Epístola* (1 Co. 16:1-4). Muy probablemente aquella ofrenda había quedado en suspenso para la iglesia en Corinto, por los problemas internos que el grupo de oposición había creado contra Pablo. Pero, resuelta la situación, éste aborda de nuevo la cuestión, ya que la confianza mutua había sido restablecida.

Aunque se trata de ordenar el modo de recoger y remitir la *colecta*, los principios establecidos aquí son plenamente válidos para regular las ofrendas en la iglesia, de ahí la importancia del contenido de esta sección.

El apóstol pone como ejemplo a los macedonios, a quienes presenta como ejemplo de liberalidad, puesto que no solo estaban pasando por aflicciones a causa del testimonio del evangelio, sino que se encontraban afligidos por una extrema pobreza. Pablo indica a los corintios que sus hermanos en Macedonia, a pesar de su situación experimentaban un profundo gozo, que les llevaba a aportar para sus hermanos en Judea más allá de lo que hubiera sido lógico (vv. 1-4). Pablo había pensado en la conveniencia de que no aportaran nada a la *colecta* que promovía para los pobres en Judea, pero le instaron para que aceptase la colaboración que voluntariamente hacían a este objeto (v. 5). Parece ser que Tito había comenzado a trabajar entre los corintios para que colaborasen en la *colecta* para los de Judea, por tanto, ante el ejemplo de los macedonios, le exhorta para que acabe la obra que había iniciado entre los corintios a fin de que ellos participasen también (v. 6). Quiere decir que Tito iría nuevamente a Corinto, por segunda vez para este ministerio que el apóstol le encomendaba.

Pablo les recomienda a ser generosos en esto. Reconociendo que tenían abundancia de dones y de bendiciones, les ruega que se concentren en *esta gracia*, como expresión de amor hacia los pobres, que demostraría la realidad del afecto cristiano (v. 7). No se trataba de una imposición por mandamiento apostólico, sino como evidencia de la sinceridad del amor de cada uno de ellos (v. 8). Ninguna cosa más eficaz para estimular el corazón cristiano que el ejemplo de Cristo mismo, quien se hizo pobre a favor de los pobres, espiritualmente hablando, así que quienes no tenían nada fueron enriquecidos (v. 9). La realidad del amor cristiano no consiste en palabras y en promesas, sino en actos que ejecuten el amor que se manifiesta en acciones de generosidad. La ofrenda debía llevarse a cabo cuanto antes, puesto que estaba promovida y los corintios se habían comprometido a colaborar con ella, desde hacía un año (vv. 10-11). No se trataba tanto de la cantidad que pudieran aportar, sino de la disposición para hacerlo (v. 12). No pretendía con la *colecta* enriquecer a los de Judea y dejar pobres a los corintios, sino que procuraba una identificación entre hermanos, de manera que la abundancia de unos supliera las necesidades de los otros (v. 13), se trataba de una aproximación igualitaria entre los hermanos de distintos niveles económicos y sociales (vv. 14-15).

Pasa a regular la *práctica de la ofrenda*, que se extiende hasta el v. 5 del capítulo siguiente. Comienza agradeciendo a Dios la disposición de Tito para impulsar solícitamente la acción de comunión entre los corintios, con la participación en la *colecta* (v. 16). La exhortación que había recibido de Pablo le había puesto en camino, de manera que el apóstol hace notar esto (v. 17). El asunto era importante y, en cierto modo comprometido, de manera que con Tito fue también otro hermano. Ambos llevaban la encomienda de preparar la ofrenda entre los hermanos de aquella iglesia (vv. 18-19). Pablo procuraba diligentemente evitar cualquier comentario que pudiera afectarle en su ministerio y relación con las iglesias, especialmente en cuestiones de recaudar fondos que algunos procurarían presentar como buscando su propio interés personal (v. 20). La administración de aquella *colecta* debía ser intachable, tanto delante del Señor como de los hombres (v. 21). Por esa razón enviaba junto con Tito al hermano del que da testimonio de diligencia (v. 22). El capítulo se cierra con una recomendación personal sobre Tito (v. 23) y, finalmente, les exhorta a que presten atención a los dos hermanos, como prueba de amor y confirmación del orgullo que Pablo sentía por la iglesia en Corinto (v. 24).

Para el comentario se sigue la parte correspondiente del *Bosquejo* de la *Epístola*, presentado en el primer capítulo, como sigue:

V. La ofrenda para los santos de Judea (8:1-9:15).

1. Principios para ofrendar (8:1-6).
2. Propósitos al ofrendar (8:7-15).
3. Normas para ofrendar (8:16-9:5).
   3.1. Los comisionados del apóstol (8:16-22).
   3.2. Recomendaciones sobre Tito (8:23-24).

V. La ofrenda para los santos de Judea (8:1-9:15)

Principios para ofrendar (8:1-6)

1. Asimismo, hermanos, os hacemos saber la gracia de Dios que se ha dado a las iglesias de Macedonia.

Γνωρίζομεν δὲ ὑμῖν, ἀδελφοί, τὴν χάριν τοῦ Θεοῦ τὴν
Y damos a conocer os, hermanos, la gracia - de Dios -
δεδομένην ἐν ταῖς ἐκκλησίαις τῆς Μακεδονίας,
que ha sido dada en las iglesias - de Macedonia.

Análisis y notas del texto griego.

Análisis: Γνωρίζομεν, primera persona plural del presente de indicativo en voz activa del verbo γνωρίζω, *saber, conocer, dar a conocer, revelar*, aquí *damos a conocer*; δὲ, partícula conjuntiva que hace las veces de conjunción coordinante, con sentido de *pero, más bien, y, y por cierto, antes bien, entonces*; ὑμῖν, caso dativo de la segunda persona plural del pronombre personal *a vosotros, os*; ἀδελφοί, caso vocativo masculino singular del nombre común *hermanos*; τὴν, caso acusativo femenino singular del artículo determinado *la*; χάριν, caso acusativo femenino singular del nombre común *gracia*; τοῦ, caso genitivo masculino singular del artículo determinado *el*; Θεοῦ, caso genitivo masculino singular del nombre divino declinado *de Dios*; τὴν, caso acusativo femenino singular del artículo determinado *la*; δεδομένην, caso acusativo femenino singular del participio perfecto en voz pasiva del verbo δίδωμι, *dar*, aquí *que ha sido dada*; ἐν, preposición propia de dativo *en*; ταῖς, caso dativo femenino plural del artículo determinado *las*; ἐκκλησίαις, caso dativo femenino plural del nombre común *iglesias*; τῆς, caso genitivo femenino singular del artículo determinado *la*; Μακεδονίας, caso genitivo femenino singular del nombre propio declinado *de Macedonia*.

Γνωρίζομεν δὲ ὑμῖν, ἀδελφοί, La situación delicada de Pablo y las acusaciones mantenidas contra él hacen preciso abordar el tema de la ofrenda de forma muy sabia. El apóstol escribe a modo de comunicación: *"os damos a conocer"* o *"os hacemos saber"*. El verbo γνωρίζω, ocurre veinticuatro veces en el Nuevo Testamento y, de ordinario, en relación con alguna revelación importante (cf. Ro. 16:26; 1 Co. 15:1; Ef. 1:9; 3:3, 5, 10; Col. 1:27). Lo que les iba a dar a conocer eran asuntos que correspondían a las iglesias establecidas en Macedonia, por tanto, no era un asunto personal suyo. El vocativo *hermanos*, expresa una relación afectuosa entre él y los corintios.

τὴν χάριν τοῦ Θεοῦ τὴν δεδομένην ἐν ταῖς ἐκκλησίαις τῆς Μακεδονίας, El tema del informe era la *gracia de Dios*, que había sido dada a las iglesias de Macedonia, esto es, a las establecidas en aquella región. La provincia romana de Macedonia estaba situada en lo que hoy es la parte norte de Grecia, y había sido el reino de Alejandro Magno. Tres iglesias estaban establecidas allí: Tesalónica, Filipos y Berea y habían sido establecidas por Pablo (Hch. 16:12-40; 17:1-12). En el tiempo de la redacción de la *Epístola*, Macedonia estaba pasando por una situación de grave crisis económica, a esto habían contribuido las guerras que por años habían ocurrido allí, añadiendo a esto la alta contribución e incluso saqueo que los romanos habían establecido en aquella provincia.

El tema principal del pasaje, como ya se ha hecho notar, era la ayuda financiera para los hermanos necesitados de Judea, especialmente a los de Jerusalén en su delicada situación, asunto ya conocido por los corintios (1 Co. 16:1-4). Para preparar lo que sigue sobre esa *colecta*, el apóstol va a presentar el ejemplo de los macedonios, que sin duda habían ofrendado al conocer de mano de Pablo la situación y el propósito de reunir ayuda para ellos. Sin embargo, previo a citar la ofrenda, lo hace refiriéndose a la manifestación de la gracia en aquellas iglesias, que conducirá a que aporten recursos para sus hermanos en Jerusalén. No era tanto lo que Pablo les había informado, sino la acción de la gracia de Dios operando en ellos. De manera que la ofrenda era una manifestación de la gracia. Dios había dado el ejemplo supremo cuando, en Su gracia, ofrendó a Su Hijo (Jn. 3:16; Gá. 4:4). La gracia de Dios expresa el amor en descenso, que se acerca al necesitado otorgándole la bendición que necesita, ya que *"en esto consiste el amor: no en que nosotros hayamos amado a Dios, sino en que él nos amó a nosotros, y envió a su Hijo en propiciación por nuestros pecados"* (1 Jn. 4:10). La gracia que impulsó a Dios para hacer la obra de redención, produce el mismo fruto de entrega en el creyente. El Espíritu Santo produce el amor de Dios en cada cristiano (Gá. 5:22). Ese amor genuino y desinteresado se manifiesta en acudir a la necesidad del hermano: *"En esto hemos conocido el amor, en que él puso su vida por nosotros; también nosotros debemos poner nuestras vidas por los hermanos"* (1 Jn. 3:16). El mismo apóstol Juan hace una advertencia solemne a cada uno: *"Pero el que tiene bienes de este mundo y ve a su hermano tener necesidad, y cierra contra él su corazón, ¿cómo mora el amor de Dios en él? Hijitos míos, no amemos de palabra ni de lengua, sino de hecho y en verdad"* (1 Jn. 3:17, 18). Esta gracia que impulsa al creyente a buscar el bien del otro, le había sido dada a las iglesias en Macedonia.

Con esto el apóstol va a despertar el interés de los corintios por las necesidades de sus hermanos en Jerusalén. El contraste entre las iglesias era grande. Mientras que Corinto era una ciudad rica, las de Macedonia eran pobres, lo que incrementa la dimensión de lo que les va a comunicar. El apóstol estaba escribiendo la *Epístola* desde Macedonia[1]. Va a referirse a las iglesias de aquella provincia considerando su generosidad como una obra sobrenatural impulsada por la gracia. No siempre se tiene en cuenta que la auténtica razón para dar de lo que uno tiene a otros que necesitan es el efecto e impulso de la gracia, particularmente abundante entre las iglesias de Macedonia. Es bueno recordar que fue la iglesia en Filipos que envió en repetidas ocasiones una ofrenda para ayudar en el ministerio del apóstol, incluso cuando estaba preso en Roma (Fil. 4:16-18). Siendo la gracia de Dios quien movía a los creyentes para la ofrenda, la gloria correspondía a Él y no a los creyentes que ofrendaban.

2. Que en grande prueba de tribulación, la abundancia de su gozo y su profunda pobreza abundaron en riquezas de su generosidad.

ὅτι ἐν πολλῇ δοκιμῇ θλίψεως ἡ περισσεία τῆς χαρᾶς αὐτῶν
Que en grande prueba de tribulación la abundancia del gozo de ellos
καὶ ἡ κατὰ βάθους πτωχεία αὐτῶν ἐπερίσσευσεν εἰς τὸ
y la en profunda pobreza de ellos superabundó en -
πλοῦτος[1] τῆς ἁπλότητος αὐτῶν·
riquezas de la generosidad de ellos.

Análisis y notas del texto griego.

Análisis: ὅτι, conjunción *que*; ἐν, preposición de dativo *en*; πολλῇ, caso dativo femenino singular del adjetivo *grande, gran*; δοκιμῇ, caso dativo femenino singular del nombre común *prueba*; θλίψεως, caso genitivo femenino singular del nombre común declinado *de tribulación*; ἡ, caso nominativo femenino singular del artículo determinado *la*; περισσεία, caso nominativo femenino singular del nombre común *abundancia*; τῆς, caso genitivo femenino singular del artículo determinado declinado *de la*; χαρᾶς, caso genitivo femenino singular del nombre común *gracia*; αὐτῶν, caso genitivo masculino de la tercera persona plural del pronombre personal declinado *de ellos*; καὶ, conjunción copulativa *y*; ἡ, caso nominativo femenino singular del artículo determinado *la*; κατὰ, preposición propia de genitivo *en*; βάθους, caso genitivo neutro singular del nombre común *profundo*; πτωχεία, caso nominativo femenino singular del nombre común *pobreza*; αὐτῶν, caso genitivo de la tercera persona plural del

[1] Ver introducción general.

pronombre personal declinado *de ellos*; ἐπερίσσευσεν, tercera persona singular del primer aoristo de indicativo en voz activa del verbo περισσεύω, *abundar, superabundar*; εἰς, preposición propia de acusativo *en*; τὸ, caso acusativo neutro singular del artículo determinado *el*; πλοῦτος, caso acusativo neutro singular del nombre común *riquezas*; τῆς, caso genitivo femenino singular del artículo determinado declinado *de la*; ἁπλότητος, caso genitivo femenino singular del nombre común *generosidad*; αὐτῶν, caso genitivo de la segunda persona plural del pronombre personal declinado *de ellos*.

Notas. Crítica Textual. Lecturas alternativas.

[1] εἰς τὸ πλοῦτος *en riquezas*, según lectura en $\mathfrak{P}^{46, 99}$, a^*, B, C, P, 0243, 6, 33, 81, 104, 1739, 2464.

εἰς τὸ πλοῦτον, *en riquezas*, conforme a ^{2}a, D F G K L Ψ 365. 630. 1175. 1241. 1505. 1881, 𝔐.

ὅτι ἐν πολλῇ δοκιμῇ θλίψεως ἡ περισσεία τῆς χαρᾶς αὐτῶν El informe sobre las iglesias de Macedonia, presenta dos grandes contrastes. El primer es el de una iglesia en gran prueba, pero llena de gran gozo. Pablo hace notar que la prueba consistía en una *gran tribulación*. Esta procedía de distintos medios, pero especialmente sensible en el comportamiento agresivo de que era objeto por los judíos (1 Ts. 1:6; 2:14-15; Hch. 16:20 ss.; 17:5 ss.). El creyente debe esperar pruebas y tribulaciones, algunas provenientes del mundo (Jn. 16:33), pero todas ellas por permisión divina (Stg. 1:2). La prueba sirve como medio para que los creyentes se fortalezcan y maduren espiritualmente, consolidando su fe (Stg. 1:4).

Un creyente fuerte está lleno de gozo. Se manifiesta en iglesias llenas de la plenitud del Espíritu (Gá. 5:22). El gozo no desaparece aun en medio de las pruebas, sabiendo de la dirección que Dios le imprime para bendición. Es el gozo que se produce por la posición del creyente en Cristo, el perdón de sus pecados y las abundantes manifestaciones de la gracia. El gozo no está producido por el creyente bajo el influjo de corrientes eclesiásticas, sino por la acción del Espíritu Santo. Los macedonios conocían el cuidado paternal que recibían del Padre, que lo produce y aplica mediante la acción del Espíritu. El ejemplo de los apóstoles es elocuente; habían sido maltratados por dictado del sanedrín, pero salieron de la aflicción producida *"gozosos de haber sido tenidos por dignos de padecer afrenta por causa del Nombre"* (Hch. 5:41). Una de las materias pendientes entre los creyentes es aprender a sufrir. No se trata de buscar ser maltratados, pero sí estar dispuestos a las pruebas y tribulaciones por causa del testimonio.

καὶ ἡ κατὰ βάθους πτωχεία αὐτῶν ἐπερίσσευσεν εἰς τὸ πλοῦτος τῆς ἁπλότητος αὐτῶν· El segundo contraste: *"profunda pobreza, abundante generosidad"*. El término πτωχεία, *pobreza*, tiene la raíz que se usa para referirse a un mendigo, es decir, no tener realmente nada. La situación económica de las iglesias no era sólo de pobreza, sino de *profunda pobreza*. No podían llegar a una pobreza mayor, habían tocado fondo. Ya se ha hecho referencia a las razones que motivaron una situación de pobreza extrema en Macedonia. En tiempos anteriores al cristianismo era una zona rica especialmente por sus minas de oro, pero cuando Pablo escribe la economía se había deteriorado y la provincia estaba en *profunda pobreza*. Las guerras, las invasiones de los bárbaros, y la acción impositiva de Roma deterioraron totalmente su situación financiera. Las ciudades de Tesalónica, Filipos y Berea, donde estaban establecidas las iglesias fundadas por Pablo, pasaban por la misma situación. Mientras tanto, Corinto era rica y próspera por el comercio que concurría en sus puertos de Lejaión y Cencrea. Realmente no estaban en situación para participar en una colecta abundante.

Con todo, este estado de falta de bienes materiales, no fue razón para que abundasen en generosidad para con los demás. El término ἁπλότης, es usado ocho veces por Pablo a lo largo de la *Epístola*, de las que cinco aparecen en estos dos capítulos, y tiene connotación con la *sencillez*, de modo que aquí denota *generosidad sencilla*, sin otra búsqueda que favorecer al hermano necesitado (Ef. 6:5; Col. 3:22). Un corazón movido por el Espíritu es un corazón generoso. Las dos características de los macedonios era *gozo y generosidad*. El gozo abundante produjo abundante generosidad, porque uno produjo al otro. La verdadera grandeza no es está en las posesiones personales, sino en la generosidad de entrega al otro.

Es la consecuencia de la vida de Cristo en el cristiano. Del mismo modo que Él descendió del cielo a la Cruz en un proceso de entrega, así también quien tiene en sí el mismo sentir que hubo en Él (Fil. 2:5).

3. Pues doy testimonio de que con agrado han dado conforme a sus fuerzas, y aun más allá de sus fuerzas.

ὅτι	κατὰ	δύναμιν,	μαρτυρῶ,	καὶ	παρὰ[1]	δύναμιν,	αὐθαίρετοι
Que	según	posibilidad,	testifico,	y	más que	posibilidad,	con espontaneidad.

Análisis y notas del texto griego.

Análisis: ὅτι, conjunción *que*; κατὰ, preposición propia de acusativo, *según, más que, en comparación con*; δύναμιν, caso acusativo femenino singular del nombre común *fuerza, poder, posibilidad*; μαρτυρῶ, primera persona singular del presente de indicativo en voz activa del verbo μαρτυρέω, *dar testimonio, testificar*, aquí *testifico*; καὶ, conjunción copulativa *y*; παρὰ, preposición propia de acusativo, *según, más que, en comparación con*; δύναμιν, caso acusativo femenino singular del nombre común *fuerza, poder, posibilidad*; αὐθαίρετοι, caso nominativo masculino plural del adjetivo *hacer voluntariamente, en forma voluntaria, con espontaneidad.*

Notas. Crítica Textual. Lecturas alternativas.

[1] παρὰ δύναμιν, *más que posibilidad*, según lectura en 𝔓[99], a, B, C, D, F, G, 0243, 6, 33, 81, 1175, 1739, 1881, 2464.

ὑπερ δύναμιν, *por encima de posibilidad*, conforme a K, L, P, Ψ, 104, 365, 630, 1241, 1505, 𝔐.

ὅτι κατὰ δύναμιν, μαρτυρῶ, καὶ παρὰ δύναμιν, αὐθαίρετοι. La primera característica de la ofrenda es *dar con sacrificio.* Nótese el testimonio del apóstol: *No dieron conforme a sus posibilidades, sino más allá.* Los que pasaban por una profunda pobreza, fueron capaces de desprenderse de lo poco que tenían. La riqueza auténtica de ellos era su generosidad. No tenían bienes, pero eran poseedores de la mayor riqueza que era ser generosos. Como se ha dicho en el versículo anterior, la generosidad implicaba sencillez, haciendo todo aquello por amor y no para ser vistos. En contraste con los fariseos del tiempo de Jesús que daban mucho para ser alabados (Mt. 6:1-4), estos cristianos manifestaban absoluto desinterés por ellos y supremo interés por sus hermanos pobres.

La Biblia enseña que la *ofrenda* ha de ser hecha con sacrificio, es decir, tiene que sentirse y costar el hacerla. Así el ejemplo de David, cuando fue a ofrecer sacrificios a la propiedad de Arauna y este le ofreció cuanto era preciso para hacer el sacrificio sin costo alguno, David le dijo: *"No, sino por precio te lo compraré; porque no ofreceré a Jehová mi Dios holocaustos que no me cuesten nada"* (2 S. 24:24). La ofrenda que no es aceptable es aquella que da de lo que sobra. Es el ejemplo de algunos ricos en los tiempos de Cristo, que daban grandes cantidades, pero era de lo que les sobraba, mientras que una viuda pobre ofrendó una pequeña cantidad, la mínima permitida para la ofrenda, pero era todo cuanto tenía, todo su sustento (Mr. 12:44). Lo que hacía grande la ofrenda no era la cantidad ofrendada, sino la calidad de la ofrenda. Para los ricos simplemente se desprendían de lo que no necesitaban, pero la viuda dio lo que era su misma vida, todo su sustento. Bien pudo haber ofrendado una sola de las dos monedas que tenía, pero entregaba todo cuanto tenía para vivir. En esto, implica el amor hacia los hermanos, como Pablo hace notar, la ofrenda de los macedonios fue motivada por la acción de la gracia en ellos. El amor es el mayor mandamiento y la razón fundamental de la experiencia de vida cristiana. Es el testimonio que el mundo necesita para entender el cambio transformador que el Espíritu hace en la vida de los salvos (1 Jn. 3:14). El amor es la manifestación más evidente de haber nacido de nuevo y de conocer a Dios (1 Jn. 4:7, 9, 20). No se puede hablar de discípulos de Cristo, esto es, de seguimiento a Jesús si no se manifiesta el amor, como Él manifestaba (Jn. 13:35). El amor se establece para el creyente como un mandamiento (Jn. 13:34). La iglesia, como comunión de cristianos, se manifiesta al mundo, no por lo que cree, sino por como ama, de ahí que el amor constituye la identidad cristiana. Algunos viven pendientes, como en los tiempos del apóstol, de las prácticas religiosas, de la ortodoxia doctrinal, de los principios escriturales, haciéndose adoradores de la doctrina, pero ignorando al Dios de la doctrina. Levantan un altar a los principios doctrinales y queman en ese altar el amor hacia el hermano, el prójimo y el mundo perdido. La ofrenda es un acto de fe y dependencia de Dios.

El creyente da sabiendo que Dios proveerá para él. Es la forma en que ofrendaron los macedonios (Mt. 6:32, 33). Estos cristianos hicieron una ofrenda grande, más allá de lo que correspondía a su condición, de forma *espontánea*, es decir, *por voluntad propia.* Al informe de Pablo sobre la situación de los creyentes en Jerusalén, acudieron a ofrendar para ellos sin que se hubiese impuesto nada. No debe olvidarse, a la hora de ofrendar, que todos los recursos del creyente, muchos o pocos, no son suyos, sino del Señor que lo compró para Sí al precio de la vida de Jesucristo (1 Co. 6:20). Por tanto, es necesario que el Espíritu conduzca la generosidad, sabiendo que la ofrenda se hace delante del Señor que sabe cuánto de lo que es Suyo, reserva el siervo para sí y cuánto es lo que ofrenda. El peligro de una ofrenda mezquina es evidente: *"Hay quienes reparten, y les es añadido más; y hay quienes retienen más de lo que es justo, pero vienen a pobreza"* (Pr. 11:24).

4. Pidiéndonos con muchos ruegos que les concediésemos el privilegio de participar en este servicio para los santos.

Μετὰ πολλῆς παρακλήσεως δεόμενοι ἡμῶν τὴν χάριν καὶ τὴν
Con mucho ruego pidiendo nos la gracia y la
κοινωνίαν τῆς διακονίας τῆς εἰς τοὺς ἁγίους,
comunión del servicio - a los santos.

Análisis y notas del texto griego.

Análisis: μετὰ, preposición propia de genitivo *con*; πολλῆς, caso genitivo femenino singular del adjetivo indefinido *mucha*; παρακλήσεως, caso genitivo femenino singular del nombre común *petición, acción de pedir*; δεόμενοι, caso nominativo masculino plural del participio de presente en voz media del verbo δέομαι, *pedir, rogar*, aquí *pidiendo*; ἡμῶν, caso genitivo de la primera persona plural del pronombre personal declinado *de nosotros, nos*; τὴν, caso acusativo femenino singular del artículo determinado *la*; χάριν, caso acusativo femenino singular del nombre común *gracia*; καὶ, conjunción copulativa *y*; τὴν, caso acusativo femenino singular del artículo determinado *la*; κοινωνίαν, caso acusativo femenino singular del nombre común *comunión*; τῆς, caso genitivo femenino singular del artículo determinado declinado *de la*; διακονίας, caso genitivo femenino singular del nombre común *diaconía, servicio, ministerio*; τῆς, caso genitivo femenino singular del artículo determinado *la*; εἰς, preposición propia de acusativo *a*; τοὺς, caso acusativo masculino plural del artículo determinado *los*; ἁγίους, caso acusativo masculino plural del nombre común *santos*.

μετὰ πολλῆς παρακλήσεως δεόμενοι ἡμῶν τὴν χάριν. La tercera característica de la ofrenda consiste en *dar con deseo*. Posiblemente la situación de los macedonios influía en el ánimo de Pablo para sugerirles que no participasen en la ofrenda. Pero, el apóstol les había informado ya de las grandes necesidades que atravesaba la iglesia en Jerusalén, de ahí el ruego insistente de los creyentes en Macedonia, que expresaba el profundo deseo de participar en la ofrenda. Esta era un privilegio, literalmente *la gracia*, esto es, una expresión de amor en entrega hacia los otros. Es la misma palabra que apareció antes (v. 1), y que estará también más adelante (v. 9).

καὶ τὴν κοινωνίαν. La ofrenda era considerada como un asunto de *comunión*. Por este calificativo se le designa en el Nuevo Testamento. Los creyentes *comunicaban* o *participaban* con los hermanos necesitados, contribuyendo a solucionar, en alguna medida, su problema. La ofrenda, en este caso concreto era *compartir* con los pobres. Siempre la unidad de la fe se convierte, cuando es necesario, en unidad de caridad, dándose unos a otros en una verdadera expresión de amor. Los destinatarios de la ofrenda eran los hermanos que habitaban en Judea.

τῆς διακονίας τῆς εἰς τοὺς ἁγίους, También la consideraban como un *servicio*. El término usado aquí es διακονία, literalmente *diaconía*, que expresa la idea de un servicio. Es administrar los bienes recibidos, desde la posición de un siervo. El creyente es un administrador de los bienes que recibe del Señor. La operación salvadora que *compra* a cada creyente, lo convierte en un esclavo que administra los recursos que Dios pone en sus manos. Este término se usa para expresar un servicio de ayuda o de asistencia, incluso *enviar socorro* (9:1, 13; Hch. 6:1; 11:29). Los destinatarios eran *los santos*, título que se da en el Nuevo Testamento a los creyentes en general. En el caso concreto de la situación de necesidad, la padecían los hermanos que habían pasado por tiempos de persecución (Hch. 8:1), de hambre (Hch. 11:27-30) y otros factores de inestabilidad social.

5. Y no como lo esperábamos, sino que a sí mismos se dieron primeramente al Señor, y luego a nosotros por la voluntad de Dios.

καὶ οὐ καθὼς ἠλπίσαμεν ἀλλὰ ἑαυτοὺς ἔδωκαν πρῶτον τῷ
Y no como esperábamos sino a sí mismos se dieron primero al
Κυρίῳ καὶ ἡμῖν διὰ θελήματος Θεοῦ.
Señor y a nosotros por voluntad de Dios.

Análisis y notas del texto griego.

Análisis: καὶ, conjunción copulativa *y*; οὐ, adverbio de negación *no*; καθὼς, conjunción subordinante *como*; ἠλπίσαμεν, primera persona plural del primer aoristo de indicativo en voz activa del verbo ἐλπίζω, *esperar*, aquí *esperábamos*; ἀλλὰ, conjunción adversativa *sino*; ἑαυτοὺς, caso acusativo masculino plural del pronombre reflexivo declinado *a sí mismos*; ἔδωκαν, tercera persona plural del primer aoristo de indicativo en voz activa del verbo δίδωμι, *dar, entregar*, aquí *se dieron*; πρῶτον, adverbio de modo o caso acusativo neutro singular del adjetivo numeral ordinal *primero*; τῷ, caso dativo masculino singular del artículo determinado declinado *al*; Κυρίῳ, caso dativo masculino singular del nombre divino *Señor*; καὶ, conjunción copulativa *y*; ἡμῖν, caso dativo de la primera persona plural del pronombre personal declinado *a nosotros*; διὰ, preposición propia de genitivo *por*; θελήματος, caso genitivo neutro singular del nombre común *deseo, voluntad*; Θεοῦ caso genitivo masculino singular del nombre divino declinado *de Dios*.

καὶ οὐ καθὼς ἠλπίσαμεν La cuarta característica de la ofrenda consiste en *dar espiritualmente*. El versículo culmina con la razón de este proceder. La verdadera ofrenda comienza por la entrega personal del creyente al Señor. Cuando hay una verdadera entrega, se manifiesta en generosidad hacia los hermanos. Esta generosidad no tiene límite: *"En esto hemos conocido el amor, en que él puso su vida por nosotros; también nosotros debemos poner nuestras vidas por los hermanos"* (1 Jn. 3:16). Si la ofrenda es un sacrificio espiritual, acepto, agradable a Dios (Fil. 4:18), demanda la entrega personal al realizarlo (Ro. 12:1). Por esta causa, el resultado de la *colecta* fue *"no como lo esperábamos"*. El montante superó cualquier previsión del apóstol. La dimensión de la ofrenda viene en razón de la entrega personal. Si el corazón no está rendido a Dios, la ofrenda siempre será mezquina. Las grandes necesidades de la obra serían fácilmente superables, si hubiera creyentes comprometidos con el Señor.

ἀλλὰ ἑαυτοὺς ἔδωκαν. Nótese la dimensión de la entrega: *Se dieron a sí mismos*. La totalidad de la persona se entrega al servicio de los santos, podría decirse usando una expresión habitual, *se dieron en cuerpo y alma*. Esa es la lógica de la Cruz: *"Porque el amor de Cristo nos constriñe..."* (5:14).

πρῶτον τῷ Κυρίῳ. Pero este darse a los demás es, primeramente, *darse al Señor*. Quiere decir que, al servir a los hermanos, servían primero al Señor. Se habían puesto a disposición de Pablo para llevar a cabo la colecta para los pobres de Jerusalén. No solo dieron de sus pocos bienes, sino que íntegramente se dieron ellos al Señor en servicio incondicional. El amor de entrega está en relación directa con el amor a Cristo. Muchos ricos dan poco porque aman mucho sus riquezas y poco al Señor. Muchos pobres dan mucho porque aman al Señor. El ejemplo de Simón y la mujer pecadora es elocuente. Ella dio mucho porque amaba mucho (Lc. 7:36-50). Lo macedonios decidieron entregar a Cristo lo que eran y, por consiguiente, lo que tenían.

καὶ ἡμῖν διὰ θελήματος Θεοῦ. Todo esto *por la voluntad de Dios*. La entrega de sus personas y de sus bienes para servir, fue en todo conducido o impulsado por la voluntad de Dios. Quiere decir que la *colecta* que Pablo promovía estaba de acuerdo con lo que Dios quería que se hiciese. El móvil de la ofrenda no es carnal, sino espiritual, porque está en la *voluntad de Dios*. Esto es lo que determina la espiritualidad de ella. Una *colecta* puede ser grande en cantidad, pero ser absolutamente carnal (Mr. 12:41b, 44a), cuando se hace para ser vistos de la gente (Mt. 6:1-4). Pero, como se ha considerado antes, puede ser pequeña, mínima, pero ser espiritual (Mr. 12:43, 44). En la medida en que un creyente esté cerca del Señor, más se manifestará el amor de los unos a los otros.

6. De manera que exhortamos a Tito para que tal como comenzó antes, asimismo acabe también entre vosotros esta obra de gracia.

εἰς τὸ παρακαλέσαι ἡμᾶς Τίτον, ἵνα καθὼς προενήρξατο
Para - exhortar nosotros a Tito, para que como comenzó antes
οὕτως καὶ ἐπιτελέσῃ εἰς ὑμᾶς καὶ τὴν χάριν ταύτην.
esto también acabase en vosotros también la gracia esta.

Análisis y notas del texto griego.

Análisis: εἰς, preposición propia de acusativo *para*; τὸ, caso acusativo neutro singular del artículo determinado *lo*; παρακαλέσαι, primer aoristo de infinitivo en voz activa del verbo παρακαλέω, *exhortar*; ἡμᾶς, caso acusativo de la primera persona plural del pronombre personal *nosotros*; Τίτον, caso acusativo masculino singular del nombre propio declinado *a Tito*; ἵνα, conjunción causal *para que*; καθὼς, conjunción subordinante *como*; προενήρξατο, tercera persona singular del primer aoristo de indicativo en voz media del verbo προενάρχομαι, *comenzar antes*, aquí *comenzó antes*; οὕτως, adverbio *esto*; καὶ, adverbio de modo *también*; ἐπιτελέσῃ, tercera persona singular del primer aoristo de subjuntivo en voz activa del verbo ἐπιτελέω, *completar, terminar*, aquí *termine*; εἰς, preposición propia de acusativo *en, con*; ὑμᾶς, caso acusativo de la segunda persona plural del pronombre personal *vosotros*; καὶ, adverbio de modo *también*; τὴν, caso acusativo femenino singular del artículo determinado *la*; χάριν, caso acusativo femenino singular del nombre común *gracia*; ταύτην, caso acusativo femenino singular del pronombre demostrativo *esta*.

εἰς τὸ παρακαλέσαι ἡμᾶς Τίτον, Pablo exhorta a Tito para que realice un segundo viaje a Corinto. La generosidad de los macedonios y también por la relación restablecida con los creyentes de aquella iglesia, como le había informado Tito a su regreso. Por eso decide enviarlo nuevamente para que concluya lo que ya había empezado relativo a la colecta para los de Jerusalén.

ἵνα καθὼς προενήρξατο οὕτως καὶ ἐπιτελέσῃ εἰς ὑμᾶς καὶ τὴν χάριν ταύτην. La exhortación tenía que ver con una obra que debía ser terminada. Seguro de la disposición espiritual de los corintios, encarga a Tito para que continúe adelante con lo propuesto ya en la primera carta, que era recoger una ofrenda para los santos necesitados de Jerusalén (1 Co. 16:1-4). Esta frase puede entenderse de dos maneras: La primera es que Pablo enviaba a Tito a Corinto para que concluyese la recogida de la *colecta*, de la que habría hablado ya a los corintios en su visita reciente a la iglesia. La segunda es que como había comenzado a realizar este ministerio entre las iglesias de Macedonia, lo concluyese también en la de Corinto. Sin duda pudieran ser ambas aceptables, pero, por el entorno textual, es preferible la primera, es decir, Tito había hecho referencia a la ofrenda y había dispuesto a los corintios para realizarla conforme al compromiso que habían contraído, por tanto, Pablo lo envía para que este sea hecho efectivo.

Nuevamente la *colecta* que se estaba recogiendo en distintos lugares recibe el calificativo de *esta gracia*. El creyente, receptor de la gracia, debe ser también canal de gracia para otros. Tito había iniciado la tarea y debía concluirla. Gracia es aquí la actividad de la gracia que lleva a dar. De ahí que el apóstol enseñe a los cristianos a no deber nada a nadie, salvo la deuda impagable del amor fraterno (Ro. 13:8). El dar debe ser un acto de gratitud generosa, porque *"Dios ama al dador alegre"* (9:7). Este dar, como se ha considerado antes, es *entregarse* al otro, socorrer al necesitado, compartir con los hermanos.

Propósitos al ofrendar (8:7-15)

7. Por tanto, como en todo abundáis, en fe, en palabra, en ciencia, en toda solicitud, y en vuestro amor para con nosotros, abundad también en esta gracia.

᾿Αλλ᾽ ὥσπερ ἐν παντὶ περισσεύετε, πίστει καὶ λόγῳ καὶ
Pero así como en todo abundáis, en fe y en palabra y
γνώσει καὶ πάσῃ σπουδῇ καὶ τῇ ἐξ ἡμῶν ἐν ὑμῖν[1] ἀγάπῃ,
en conocimiento y en toda diligencia y en el de nosotros en vosotros amor,
ἵνα καὶ ἐν ταύτῃ τῇ χάριτι περισσεύητε.
que también en esta - gracia abundéis.

Análisis y notas del texto griego.

Análisis: ᾿Αλλ᾽, forma escrita ante vocal de la conjunción adversativa ἀλλά que significa *pero, sino*; ὥσπερ, adverbio *así como, como, al igual que*; ἐν, preposición propia de dativo *en*; παντὶ, caso dativo neutro singular del adjetivo indefinido *todo*; περισσεύετε, segunda persona plural del presente de indicativo en voz activa del verbo περισσεύω, *abundar*, aquí *abundáis*; πίστει, caso dativo femenino singular del nombre común declinado *en fe*; καὶ, conjunción copulativa *y*; λόγῳ, caso dativo masculino singular del nombre común declinado *en palabra*; καὶ, conjunción copulativa *y*; γνώσει, caso dativo femenino singular del nombre común declinado *en conocimiento*; καὶ, conjunción copulativa *y*; πάσῃ, caso dativo femenino singular del adjetivo indefinido declinado *en toda*; σπουδῇ, caso dativo femenino singular del nombre común *diligencia, energía*; καὶ, conjunción copulativa *y*; τῇ, caso dativo femenino singular del artículo determinado declinado *en la*; ἐξ, forma escrita de la preposición de genitivo ἐκ, delante de vocal y que significa *de*; ἡμῶν, caso genitivo de la primera persona plural del pronombre personal *nosotros*; ἐν, preposición propia de dativo *en*; ὑμῖν, caso dativo de la segunda persona plural del pronombre personal *vosotros*; ἀγάπῃ, caso dativo femenino singular del nombre común *amor*; ἵνα, conjunción causal *para que*; καὶ, adverbio de modo *también*; ἐν, preposición propia de dativo *en*; ταύτῃ, caso dativo femenino singular del pronombre demostrativo *esta*; τῇ, caso dativo femenino singular del artículo determinado *la*; χάριτι, caso dativo femenino singular del nombre común *gracia*; περισσεύητε, segunda persona plural del presente de subjuntivo en voz activa del verbo περισσεύω, *abundar*, aquí *abundéis*.

Notas. Crítica Textual. Lecturas alternativas.

[1] ἐξ ἡμῶν ἐν ὑμῖν, *de nosotros en vosotros*, según se lee en 𝔓[46], B, 0243, 6, 104, 630, 1175, 1739, 1881, r, sy[p], co, Ambrosiaster.

ἐξ ὑμῶν ἐν ἡμῖν, *de vosotros en nosotros*, conforme a א, C, D, F, G, K, L, P, Ψ, 81, 365, 1241, 1505.

ἐξ ὑμῶν εἰς ἡμῖν, *de vosotros hacia nosotros*, de acuerdo con 33.
ἐξ ὑμῶν ἐν ὑμῖν *de vosotros en vosotros*, como se lee en 326, 629, 2464.

᾽Αλλ ὥσπερ ἐν παντὶ περισσεύετε, La ofrenda completaría el patrimonio espiritual de los corintios. Tenían abundantes dones de la gracia. Era algo que el apóstol destacó en su primer escrito (1 Co. 1:5). No cabe duda que el Espíritu había dotado sobrenaturalmente a los creyentes de aquella congregación. Pablo les recuerda algunos de ellos, en los que estaban muy adelantados.

Πίστει, La fe es la raíz de todas las demás gracias. La salvación se alcanza por medio de la fe (Ef. 2:8-9). Pero, no es a esta manifestación a lo que se refiere aquí el apóstol, sino a la que permite una correcta, firme y definitiva manera de vivir del cristiano (Gá. 2:20). Es la consecuencia de la identificación con Cristo que produce un cambio transformador, viviendo en *la fe* del Hijo de Dios. La vida normal de cada día está vinculada y conducida por la vida de Cristo en él. Si la fe que salva exige una entrega incondicional del pecador al Salvador, la fe que santifica exige la misma entrega e igual dependencia. Sin embargo, aunque esta fe abundante permite vivir una vida conforme a la voluntad de Dios, el apóstol está refiriéndose más bien al *don* de fe que otorga selectivamente por el Espíritu Santo dándolo a quien quiere (1 Co. 12:11). Como se dijo en el comentario a *Primera Corintios*, el apóstol menciona ahora el *don de fe*. No se trata de la *fe* que salva y que santifica, sino la que permite acciones que no serían naturales incluso para un cristiano consagrado y comprometido con Dios. Es, en líneas generales, la capacidad de reconocer en situaciones específicas lo que Dios quiere hacer, y confiar en Él hasta que lo realice. Es, por tanto, una intensa confianza en Dios que otorga el Espíritu a algunos creyentes. Es la confianza firme que puede mover montañas (1 Co. 13:2). El discernir el propósito de Dios y saber que las cosas ocurren según Su voluntad. Este don permite aceptar lo que viene como seguro porque procede del pensamiento y voluntad de Dios. Esto genera seguridad y confianza para realizar servicios específicos. Es un don necesario para obra misionera, para testimonio fiel en momentos de dificultades. Este don permite un entendimiento especial de la voluntad de Dios (Mt. 17:20; 1 Jn. 5:14-15). Permite afrontar cualquier situación descansado con seguridad en lo que es, humanamente hablando, imposible, aun cuando sea con oposición del enemigo (1 Co. 16:9). Es aquella seguridad cierta que está en las palabras de la oración de Jesús: *"Yo sabía que siempre me oyes"* (Jn. 11:42). Es la fe de las grandes acciones: *"...porque de cierto os digo, que si tuviereis fe como un grano de mostaza, diréis a este monte: Pásate de aquí allá, y se pasará; y nada os será imposible"* (Mt. 17:20). La vida en la fe y el ejercicio de don de fe a quienes se le otorga, es el único modo de agradar a Dios (He. 11:6).

καὶ λόγῳ, Cita también la abundancia de *palabra*, la capacidad dada para expresar las verdades bíblicas. Los creyentes recibieron de la gracia la abundancia para la *palabra*. Esta riqueza divina está orientada a la capacidad del *discurso*, *en palabra*, esto es, en poder comunicar el mensaje con precisión, o sea, la capacidad de poder comunicar oralmente el mensaje del evangelio que habían recibido ellos antes. La proclamación del evangelio ha sido encomendada a los cristianos sin excepción. Los corintios podían testificar a otros de la verdad que les había alcanzado a ellos. Dios les había dado los dones que los capacitaba para expresar el mensaje de la Palabra. En un mundo en que la exposición sabia de un discurso cautivaba a los filósofos, los cristianos tenían capacidad de expresar fielmente el mensaje a otros, es decir, tenían en abundancia el don de *enseñanza*.

καὶ γνώσει, Junto con la capacidad para comunicar el mensaje está también la gracia que permite la plena comprensión del mismo. Tenían el don de *discernimiento*, literalmente *conocimiento*, γνοσις. El uso de ambos dones, la enseñanza y el discernimiento, constituyen un verdadero testimonio de Cristo, para cuya obra exhorta el apóstol a perseverar. El creyente tiene la Palabra para exponer y el Espíritu para interpretarla correctamente. Esta era la oración de la iglesia primitiva: *"Concede a tus siervos que con todo denuedo hablen tu palabra"* (Hch. 4:29). La oración fue respondida, el Espíritu se manifestó en ellos en plenitud y *"todos fueron llenos del Espíritu Santo, y hablaban con denuedo la palabra de Dios"* (Hch.4:31). Dios revela cosas ocultas a los creyentes por Su Palabra, que el hombre natural no puede conocer, pero que son conocidas por quienes tienen el Espíritu. La oración del apóstol, por lo menos en dos ocasiones, pide que los creyentes reciban de Dios *"espíritu de sabiduría y de revelación en el conocimiento de él"* (Ef. 1:17)[2], rogando también a Dios que *"sean llenos del conocimiento de su voluntad en toda sabiduría e inteligencia espiritual... llevando fruto en toda buena obra, y creciendo en el conocimiento de Dios"* (Col. 1:9, 10)[3]. Los corintios podían expresar bien la verdad y entenderla con toda precisión.

καὶ πάσῃ σπουδῇ. Celo para desarrollar las actividades propias y necesarias de la comunidad cristiana. La palabra σπουδή, traducida como *diligencia*, aparece cinco veces en esta *Epístola* (cf. 7:11, 12; 8:7,

---

[2] Ver comentario al versículo en el volumen *Efesios*, de esta serie.
[3] Ver comentario al versículo en el volumen *Colosenses*, de esta serie.

8, 16). En este versículo utiliza el adjetivo indefinido *toda*, para dar idea de la dimensión de la diligencia que los corintios tenían.

καὶ τῇ ἐξ ἡμῶν ἐν ὑμῖν ἀγάπῃ, Pero, lo que deja para el final de las referencias a las perfecciones de los creyentes es la que alude al amor que tenían. Es lógico que así sea, porque todas las virtudes sin el amor son mero ruido que molesta a Dios y a la iglesia (1 Co. 13:1). La oración tiene alternativas de lectura, como se puede apreciar en el cuadro de *Crítica Textual*. La adoptada en el texto griego usado aquí es literalmente: *"en el amor de nosotros por vosotros"*. La segunda forma es inversa: *"en el amor de vosotros por nosotros"*, posiblemente la que corresponde mejor a este contexto. Aunque bien pudiera entenderse la forma primera como que el amor que Pablo sentía por ellos, era el mismo que ellos sentían por él. Acaso en algún momento ese amor de los corintios por el apóstol se hubiera enfriado, no así el de Pablo por ellos. Con todo, tanto el amor del apóstol como el de los corintios era generado por el Espíritu Santo (Ro. 5:5). Esta primera forma siendo la más difícil, es probable que sea la forma original, en cuyo caso tendría que completarse con un verbo que permitiese entender la oración de este modo: *"en el amor que conocisteis de nosotros para vosotros"*. Los problemas del pasado inmediato se habían resuelto y la comunión hermanable entre la iglesia y el apóstol había vuelto a manifestarse sin impedimentos. Tito había dado testimonio de esto cuando se encontró con Pablo al regreso de su visita a Corinto. Cuando hay verdadera comunión con Dios, el amor de los creyentes hacia los que sirven al Señor, y que han sido llamados por Él a Su obra, es una realidad, es decir, el cristiano ama a los siervos de Dios.

ἵνα καὶ ἐν ταύτῃ τῇ χάριτι περισσεύητε. ¿No había dificultades en la iglesia? ¿Eran perfectos los corintios? Sin duda la respuesta es *no*. Pero el apóstol, en una forma positiva de considerar lo perfecto y dejar a un lado lo que no era perfecto, resaltó las virtudes que tenían, para poder llegar a la exhortación con que cierra el versículo. Ya que abundáis en todas las cosas conforme a la voluntad de Dios para la vida cristiana, abundad del mismo modo en *esta gracia*, es decir, en la aportación a la colecta para los pobres de Jerusalén. La abundancia de toda gracia, debía manifestarse también en la gracia de la ofrenda. Tanto las virtudes antes citadas como la generosidad son dones divinos.

8. No hablo como quien manda, sino para poner a prueba, por medio de la diligencia de otros, también la sinceridad del amor vuestro.

Οὐ κατ' ἐπιταγὴν λέγω ἀλλὰ διὰ τῆς ἑτέρων σπουδῆς καὶ τὸ
No en mandato hablo sino de la de otros diligencia también la

τῆς ὑμετέρας ἀγάπης γνήσιον δοκιμάζων·
del vuestro amor genuino probando.

Análisis y notas del texto griego.

Análisis: Οὐ, adverbio de negación *no*; κατ', forma escrita de la preposición de acusativo κατά, por elisión ante vocal con espíritu suave, *en*; ἐπιταγὴν, caso acusativo femenino singular del nombre común *mandato, orden, demanda*; λέγω, primera persona singular del presente de indicativo en voz activa del verbo λέγω, *decir, hablar*, aquí *hablo*; ἀλλὰ, conjunción adversativa *sino*; διὰ, preposición propia de genitivo *de*; τῆς, caso genitivo femenino singular del artículo determinado *la*; ἑτέρων, caso genitivo masculino plural del adjetivo indefinido declinado *de otros*; σπουδῆς, caso genitivo femenino singular del nombre común *diligencia*; καὶ, adverbio de modo *también*; τὸ, caso acusativo neutro singular del artículo determinado *el*; τῆς, caso genitivo femenino singular del artículo determinado declinado *del*; ὑμετέρας, caso genitivo femenino singular del adjetivo posesivo *vuestro*; ἀγάπης, caso genitivo femenino singular del nombre común *amor*; γνήσιον, caso acusativo neutro singular del adjetivo *verdadero, sincero, genuino*; δοκιμάζων, caso nominativo masculino singular del participio de presente en voz activa del verbo δοκιμάζω, *examinar, interpretar, probar*, aquí *probando.*

Οὐ κατ' ἐπιταγὴν λέγω. El tono imperativo de la última frase del versículo anterior, es suavizado en este. Sus palabras no tenían la naturaleza de un mandamiento que debía ser obedecido, porque lo que deseaba no era una muestra de obediencia sino la expresión del amor desinteresado que se manifiesta en la ofrenda de comunión con los necesitados de Jerusalén.

ἀλλὰ διὰ τῆς ἑτέρων σπουδῆς, Había puesto el ejemplo de los macedonios y la diligencia que habían tenido para colaborar con la *colecta* que el apóstol estaba promoviendo. No estaba haciendo comparación o estimulando a los corintios para que aportasen con la misma diligencia con que lo hicieron los macedonios. Lo que no es espontáneo no es libre y generoso. Por esa razón les indica que no quiere imponer nada desde su autoridad apostólica.

καὶ τὸ τῆς ὑμετέρας ἀγάπης γνήσιον δοκιμάζων· Todo lo que hace, incluido el envío de Tito para ultimar el asunto de la *colecta*, lo ejecuta para poder gloriarse en el amor sincero de los corintios. Una aportación generosa y diligente sería la mejor manifestación del amor que tenían en cada uno. El verdadero amor no se manifiesta en palabras, sino en obras (1 Jn. 3:18). Es sencillo decir que se ama, pero la realidad del verdadero amor no puede expresarse con palabras si no va acompañado de hechos que lo pongan de manifiesto. Un amor de *palabra* es una prueba de hipocresía, como decía el profeta: *"Dice, pues, el Señor: Porque este pueblo se acerca a mí con su boca, y con sus labios me honra, pero su corazón está lejos de mí"* (Is. 29:13). Quien da al pobre solo buenas palabras (Stg. 2:16), está negando la fe (Stg. 2:17). Por tanto, el verdadero modo de amar es, el caso de los corintios, ofrendar generosamente para sus hermanos. Amar verdaderamente es hacerlo como Cristo, que se entregó a Sí mismo por nosotros (1 Jn. 3:16a). La fe que no produce obras es muerta en sí misma. El creyente vive una fe dinámica, conformada a la actuación de Jesús (Gá. 2:20). El amor es la expresión definitiva de la realidad de la vida cristiana. Pablo buscaba la prueba visible que le permitiera gozarse y sentirse orgulloso de la realidad del verdadero amor de los creyentes en Corinto. Ofrendar para los necesitados es amar a los demás con hechos coherentes con el evangelio, es el modo de expresar el amor que se ha recibido de Dios.

9. Porque ya conocéis la gracia de nuestro Señor Jesucristo, que por amor a vosotros se hizo pobre, siendo rico, para que vosotros con su pobreza fueseis enriquecidos.

γινώσκετε γὰρ τὴν χάριν τοῦ Κυρίου ἡμῶν 'Ιησοῦ Χριστοῦ, ὅτι
Porque conocéis la gracia del Señor de nosotros Jesucristo, que
δι' ὑμᾶς ἐπτώχευσεν πλούσιος ὤν, ἵνα ὑμεῖς τῇ ἐκείνου
por vosotros se hizo pobre rico siendo para que vosotros por la de él
πτωχείᾳ πλουτήσητε.
pobreza llegaseis a ser ricos.

Análisis y notas del texto griego.

Análisis: γινώσκετε, segunda persona plural del presente de indicativo en voz activa del verbo γίνωσκω, *saber, conocer, entender*, aquí *conocéis*; γὰρ, conjunción causal *porque*; τὴν, caso acusativo femenino singular del artículo determinado *la*; χάριν, caso acusativo femenino singular del nombre común *gracia*; τοῦ, caso genitivo masculino singular del artículo determinado declinado *del*; Κυρίου, caso genitivo masculino singular del nombre divino *Señor*; ἡμῶν, caso genitivo de la primera persona plural del pronombre personal declinado *de nosotros*; 'Ιησοῦ, caso genitivo masculino singular del nombre propio *Jesús*; Χριστοῦ, caso genitivo masculino singular del nombre propio *Cristo*; ὅτι, conjunción *que*; δι', forma contracta de la preposición propia de acusativo διά, *en, por, para*; ὑμᾶς, caso acusativo de la segunda persona plural del pronombre personal *vosotros*; ἐπτώχευσεν, tercera persona singular del primer aoristo de indicativo en voz activa del verbo πτωχεύω, *hacerse pobre*, aquí *se hizo pobre*; πλούσιος, caso nominativo masculino singular del adjetivo *rico*; ὤν, caso nominativo masculino singular del participio de presente en voz activa del verbo εἰμί, *ser, estar*, aquí *siendo*; ἵνα, conjunción causal *para que*; ὑμεῖς, caso nominativo de la segunda persona plural del pronombre personal *vosotros*; τῇ, caso dativo femenino singular del artículo determinado declinado *por la*;

ἐκείνου, caso genitivo masculino singular del pronombre demostrativo declinado *de él*; πτωχείᾳ, caso dativo femenino singular del nombre común *pobreza*; πλουτήσητε, segunda persona plural del primer aoristo de subjuntivo en voz activa del verbo πλουτέω, *ser rico, llegar a ser rico*, aquí *llegaseis a ser ricos*.

γινώσκετε γὰρ τὴν χάριν τοῦ Κυρίου ἡμῶν'Ιησοῦ Χριστοῦ, No pretende poner delante de los corintios la generosidad y diligencia de los macedonios para conducirlos a ofrendar generosamente. Siempre que el apóstol busca algo para estimular a otros a un compromiso pone delante la gloriosa dimensión de Cristo. Así hizo con las dos hermanas que estaban reñidas en Filipos, invitándolas a que sean de un mismo sentir en el Señor (Fil. 4:3). Igualmente, cuando necesitó poner un motivo para el compromiso de los filipenses, puso el ejemplo de la humillación de Jesús, invitando a todos para que tuviesen ese mismo *sentir* que hubo en Cristo (Fil. 2:5 ss.). No podía ser menos aquí, para buscar un compromiso de los corintios con la ofrenda para los necesitados de Jerusalén.

Les hace notar que ellos *conocían* la gracia de nuestro Señor Jesucristo. Para ello abre un paréntesis para seguir en el siguiente versículo con el tema que está tratando. El contenido de este versículo es rico en verdades esenciales. Comienza afirmando que los creyentes en Corinto, no solo sabían de la gracia, sino que la *conocían*. No es posible la salvación sin el conocimiento del Padre y del Hijo (Jn. 17:3). Conocer no es asunto intelectual, aunque lo comprende, sino vivencial. La gracia se conoce cuando se vive. Los discípulos conocieron a Jesús y descubrieron en Él la gloria que tenía como *Unigénito del Padre*, vinculada especialmente con *la gracia* y la fidelidad (Jn. 1:14). Jesús vino para buscar y salvar lo que se había perdido (Lc. 19:10).

Se suele definir la gracia como el favor inmerecido que se recibe de Dios. Sin embargo, aunque esto es una verdad, no expresa toda la dimensión de esa palabra. Realmente la gracia es un atributo de Dios, a quien se llama *Dios de toda gracia* (1 P. 5:10). La gracia es una de las manifestaciones de Su amor. Ese amor infinito descansa en dos grandes elementos, *la gracia* y la *misericordia*. Gracia es el amor en descenso; en el entorno de *gracia* hay descenso, como se aprecia en este versículo: *"... se hizo pobre, siendo rico"*. La gracia es el amor salvador de Dios (Ef. 2:8-9). No cabe duda que cuando Dios determinó salvar al hombre estableció como podría alcanzar la salvación, determinando que sería *por gracia mediante la fe*. Si la obra salvadora se estableció antes de la creación (2 Ti. 1:9), la gracia tuvo que haber fluido en destino salvador en el momento de la determinación eterna del *plan de redención*. Ese fluir del amor divino orientado a la salvación es tan infinito como Dios mismo. Sin embargo, la provisión para salvación se hacía antes de la creación del hombre y antes de que existiera pecador en el campo de la humanidad. Esa provisión de Dios en previsión salvadora, con una dimensión infinita sólo podía acogerse en lo que fuese infinito, que tenía necesariamente que ser Dios mismo. Así que el Verbo, Segunda Persona Divina, es el recipiente divino donde se acumula la gracia, que sería luego, en el transcurso del tiempo y de la historia del pecado, comunicada para salvación por el único Mediador entre Dios y los hombres que es Jesucristo hombre. Cuando el Verbo irrumpe en la historia humana y entra como hombre en el mundo de los hombres, con él viene también la infinita dimensión de la gracia (Jn. 1:17). Esa gracia se expresó visiblemente. Juan y los otros discípulos que estuvieron junto a Jesús durante Su ministerio, afirman haberla *visto*. Lo que les impactó de Jesús no fueron las manifestaciones de poder, sino la dimensión de Su gracia. Posiblemente esa percepción fue progresiva y culminó en la Cruz, donde Dios hace ondear la bandera de Su amor enarbolándola sobre el lugar donde su Hijo, en expresión de gracia, amor en descenso, se anonada a Sí mismo y desciende por amor a las *partes más bajas de la tierra* (Ef. 4:9). El Salvador tenía de abajarse al lugar del más perdido de los hombres para hacer potencialmente salvable a todo hombre, por eso descendió a las *partes más bajas de la tierra* (Ef. 4:9). El pecado había saturado al hombre y a la creación, haciéndose *sobreabundante*, pero cuando esto ocurrió *sobreabundó la gracia* (Ro. 5:20). La Cruz tuvo que haber sido el punto sin retorno en la experiencia de los Suyos para apreciar la cautivadora dimensión de la gracia. El soportar el juicio injurioso en casa del sumo sacerdote, el paso por el pretorio, los latigazos que desgarraron su espalda, la corona de espinas hincada en Su cabeza, los atroces dolores de la crucifixión, el menosprecio y las burlas de que Jesús fue objeto, la soledad y desamparo de las horas de tinieblas, el grito de victoria del triunfo alcanzado con el *"consumado es"* (Jn. 19:30), son elementos que componen en la mente y saturan el corazón de los apóstoles, haciéndoles entender, en la medida en que la creatura puede entender al Creador, la infinita dimensión de la gracia. Jesús no podía ser otra cosa que el *lleno de gracia*. El mensaje de salvación que Cristo encomendó proclamar al mundo en Su nombre, es la más grande expresión de gracia. Dios hizo una obra de valor infinito para la liberación perpetua del pecador condenado a muerte por su pecado, sin demandar de él más que una cosa: *fe en su nombre* (Ef. 2:8-9). Todavía más, el hombre puede *recibir* al autor de la vida. Esa es la suprema entrega de Dios. Se ofrece para ser recibido en la intimidad de la vida personal y hacerse vida en todos los que le reciban. Es necesario mirar la Cruz en retrospectiva, la vida de Jesús en Su pasado y terminantemente se entiende que la razón de todo aquello no era otra que la gracia. La esperanza es cierta, para quienes estando sin Cristo, estaban sin Dios y sin esperanza (Ef. 2:12), porque ésta se sustancia no en promesas, posibilidades o probabilidades, sino en Cristo mismo que es *"en vosotros esperanza de gloria"* (Col. 1:27). Esa es la razón por la que el Verbo hecho carne, se aproxima al hombre, o mucho mejor se *aprojima*, se hace nuestro prójimo, compañero de camino, para hacerse para nosotros *camino, verdad y vida.*

Debemos notar que la encarnación del verbo es una manifestación de limitación voluntaria del Hijo de Dios. Esta encarnación está orientada a la muerte, haciendo que Dios, en Cristo, sea semejante al hombre, que como tal es mortal, de ahí que Dios acompaña a Su creatura hasta el límite, *muerte, y muerte de Cruz* (Fil. 2:8). Pero, además, se orienta a la muerte puesto que en la muerte actúa el poder victorioso del pecado, introduciendo al hombre en la angustia, el miedo y la desesperación, en sentido de *sin esperanza.* La muerte del Verbo encarnado es la vía para la liberación de esa situación (He. 2:14-15).

Al no existir nada fuera de Dios que motive Sus decisiones o que condicione Su forma de obrar, no queda sino buscar la explicación a ese proceder de Dios enviando al Verbo para que muera por los pecadores y abra para ellos la puerta de la luz y de la vida, que la admirable dimensión de la gracia. Es más, no solo otorgará la luz al que crea, sino que hará mucho más, lo convertirá por Su presencia en él, en luz del mundo es decir comunicador de luz, antorcha que alumbra en las tinieblas (Fi. 2:15). Jesús dirá, *"yo soy la luz del mundo"* (Jn. 8:12), pero también dijo de quienes creían en Él, *"vosotros sois la luz del mundo"* (Mt. 5:14). El fin que Dios se propone es que el pecador que crea comparta con Él la vida eterna (Jn. 3:14-21; 6:51). Cristo viene en misión restauradora de la comunión del hombre con Dios, interrumpida a causa del pecado. Para cumplir este propósito ha de restaurar antes lo que interrumpía la relación y hacía imposible la comunión. Para una obra semejante no podía Dios ni tan siquiera buscar algo mínimamente válido en el hombre que sirviera de estímulo o como razón causal de la entrega voluntaria de la vida del Verbo encarnado a la muerte. La única razón válida, según la Escritura, es el *amor.* Dicho de otro modo, el Verbo se ha encarnado porque Dios es amor, y Dios es amor porque el Verbo se ha encarnado. La Cruz está asentada en el amor, como el apóstol Juan dirá en otro de sus escritos: *"En esto consiste el amor: no en que nosotros hayamos amado a Dios, sino en que él nos amó a nosotros, y envió a su Hijo en propiciación por nuestros pecados"* (1 Jn. 4:10). Es necesario entender que Jesús no se vio impulsado a morir por nosotros por nuestra maldad, sino que lo hizo por Su amor sobrenatural.

Pablo vincula la gracia con la Persona del versículo a la que da los tres títulos del versículo: *Señor, Jesús y Cristo*. El primero tiene que ver con el calificativo que se da a Dios en toda la Biblia. Sólo Él es Señor, puesto que solo Él recibió el Nombre que es sobre todo nombre, para que todos confiesen que Jesús es el Señor. La suprema manifestación de la gracia está vinculada con la inefable, pero también inexplicable gracia. No fue un hombre grande, noble y perfecto quien estaba *lleno de gracia*, sino el Dios único y verdadero que se hizo hombre. En esa condición puedo ejercer el ministerio revelador que trajo en Su primera venida (Jn. 1:18), de manera que el amor infinito y sobrenatural de Dios, se haga visible en la vida del Señor encarnado. El segundo, *Jesús*, es el nombre humano del Salvador, dado por Dios mismo por medio de Gabriel a María, en la anunciación: *"Llamarás su nombre Jesús"* (Lc. 1:31), cuyo significado es *Jehová es salvación*, de ahí que también un ángel anunciase a José que lo concebido en María era del Espíritu Santo, reiterándole que debía llamar al niño Jesús, *"porque él salvará a su pueblo de sus pecados"* (Mt. 1:21). En tercer lugar, le llama *Cristo*, el nombre propio del Mesías anunciado a lo largo de los siglos, la esperanza de Su pueblo. En que no solo moriría para salvar a los hombres, sino que había sido designado para ser el Rey de reyes y el Señor de señores.

ὅτι δι' ὑμᾶς ἐπτώχευσεν πλούσιος ὤν, Luego de la gracia vinculada a Jesucristo, Pablo les recuerda Su humillación, como expresión definitiva de la gracia, que es amor en descenso. La frase es elocuente: *"que por vosotros se hizo pobre, siendo rico"*. El descenso del Hijo de Dios hasta la muerte es manifiesto. Pablo lo describe de esta manera: *"El cual, siendo en forma de Dios, no estimó el ser igual a Dios como cosa a que aferrarse, sino que se despojó a sí mismo, tomando forma de siervo, hecho semejante a los hombres; y estando en la condición de hombre, se humilló a sí mismo, haciéndose obediente hasta la muerte, y muerte de cruz"* (Fil. 2:6-8). La preexistencia de quien se hizo hombre está presente en el versículo, considerando la condición antecedente de quien vendría a la condición de siervo al hacerse hombre. No hay en este versículo de la referencia en Filipenses a la mención expresa de la deidad del Señor, como ocurre en Juan (Jn. 1:1), o incluso en Pablo, cuando escribe: *"De quienes son los patriarcas, y de los cuales, según la carne, vino Cristo, el cual es Dios sobre todas las cosas, bendito por los siglos. Amén"* (Ro. 9:5). No es preciso porque se trata de poner de manifiesto la unión de la Deidad con la limitación y humillación expresada en Cristo.

En el versículo hace una precisión esencial: *"Se hizo pobre, siendo rico"*. Es necesario entender que el apóstol no está haciendo un contraste entre la *naturaleza* divina y humana de Jesucristo, sino entre la *pobreza* del hombre y la *riqueza* de Dios. Los calificativos no son usados para indicar una mera apariencia, sino para manifestar la exteriorización de la esencia del ser, por tanto, hemos de entender lo que es ininteligible para la lógica humana. De hecho, Jesús se vació de una forma para manifestarse en otra. La deidad de Cristo es afirmada continuamente y manifestada en Él como el *Unigénito del Padre*, el único de esa condición (Jn. 1:14). La *forma* eterna de Dios se hace visible en Jesucristo, no por ser un modelo que pueda revelarlo, sino por ser la *imagen del Dios invisible*, lo que habla de consustancialidad al tener la misma esencia divina del Padre y del Espíritu (Col. 1:15). Además, se hace visible en Jesucristo a causa de ser el *resplandor de la gloria* del Padre (He. 1:3). No podría dejar de apreciarse en el Señor por ser la *misma imagen*, o impronta, de la sustancia del Padre (He. 1:3). La deidad se manifiesta en la gloriosa presencia en Cristo de Su imponente majestad (Jn. 17:5), gloria que fue vista por los hombres (Jn. 1:14), y antes revelada en visión a los profetas (Is. 6:1). La condición divina de Jesucristo, hace que Él sea definitivamente rico, ya que todas las cosas fueron hechas por Él y para Él (Col. 1:16). Además, es *"quien sustenta todas las cosas con la palabra de su poder"* (He. 1:3). No solo fue el Creador, sino que lleva a término el propósito para lo que fue creado, rigiendo todas las cosas con Su autoridad. Todo tiene cohesión en Él, como un sistema armoniosamente regulado. Todo el orden cósmico del universo obedece a la acción omnipotente que se expresa en la palabra del Hijo. De modo que *"de él, y por él, y para él, son todas las cosas"* (Ro. 11:36). La creación está orientada hacia Cristo, es decir, con vistas a Él. Además, como *Primogénito* es heredero de todo. Cuando el texto bíblico afirma que toda la creación es *para Él*, está refiriéndose al señorío de Cristo, ya que cuanto existe le está sometido como Señor. Todo el universo creado está dirigido a Él y le está sometido; Cristo es la corona de la creación, el centro de la unidad y de la reconciliación universal. Es el primero y el último, el alfa y la omega de todo (Ap. 1:17; 2:8; 21:6). En ese sentido se trata de enseñar que Cristo es el punto *alfa*, en el sentido de origen creacional de todo, siendo Él increado porque es eterno, y es también el *omega* como término al que se orienta la creación.

Ahora bien, éste que es infinitamente rico, dice Pablo que se *hizo pobre*. En el abierto camino de descenso de la gracia, se produce la renuncia voluntaria de Sus derechos y prerrogativas divinas que le son naturales porque es Dios. El sentir personal Suyo no le llevó a retener en Su beneficio esa condición divina, que debe ser retenida, sino que se despoja a Sí mismo, haciéndose semejante a los hombres, para poder llegar a la *forma* de siervo (Fil. 2:7). Nótese que cuando se encarna dice Juan que el Verbo *fue hecho carne*. Las tres Personas Divinas, actúan en la encarnación, pero sólo una *fue hecha carne*. Sin embargo, aquí Pablo enseña que el mismo que *es rico*, se *hizo* pobre, de modo que esta pobreza es asumida por el mismo que es permanente y eternamente *rico*. Pero, ¿cómo entender tal contradicción? ¿Acaso Jesucristo no es *Emanuel*, Dios con nosotros? Cuando Dios se encarna, no se humilla, sino que se limita, viniendo voluntariamente a la condición de hombre, sólo se humilla cuando se hace *siervo*. Aun así, nada de la Deidad mengua en Jesucristo. Los atributos de la esencia divina, están presentes en la Persona del Hijo de Dios, tan solo limitados en Su naturaleza humana. Por tanto, siendo el *Unigénito del Padre*, todo sigue siendo Suyo. Nada ha disminuido, porque Jesús no es un dios rebajado, sino el infinito Dios manifestado en carne. Entonces si *todo es suyo*, si cuanto existe fue hecho *en Él, por Él, y para Él*, ¿dónde está la pobreza?, o de otra forma ¿puede Dios hacerse pobre, cuando es Señor de todo? Ciertamente hablar de pobreza en relación con Dios, es referirse a una imposibilidad divina, consistente en que Dios mismo no tenga nada más que dar. Así el Padre, en la operación redentora *dio a Su Hijo*, de manera que ya no tiene posibilidad alguna de dar más, puesto que lo dio todo. De ese mismo modo el Hijo, vino voluntariamente al mundo de los hombres para dar Su vida de infinito valor por nosotros, de modo que no puede dar ya más. No teniendo otra cosa que dar y dándolo todo, se entiende la expresión de Pablo: *Se hizo pobre, siendo rico*. Nótese que la riqueza no disminuye en nada, el sigue *siendo rico*, pero entrega todo el valor de Su riqueza que es Él mismo, para hacerse pobre. Jesucristo no retuvo Su condición divina. Él es igual a Dios, porque es Dios, de modo que todo lo que hay en Dios, está en Cristo (Col. 2:9). Por el contrario, no hay nada en Dios que no esté en Cristo, es decir, no existe en Dios ninguna cualidad *no-crística*. En esa forma Dios estuvo dispuesto a vaciarse para llegar al estado de pobreza, así lo enseña el apóstol: *"Se hizo pobre, siendo rico"*.

El texto concluye con otra sorprendente afirmación: *"Para que vosotros, por la pobreza de Él, llegaseis a ser ricos"*. La entrega suprema de cuanto tenía, el llegar a la expresión máxima de la pobreza, conlleva el enriquecer a quienes eran absolutamente pobres, es más, verdaderamente miserables. Esta es la posición del creyente: *"El Espíritu mismo da testimonio a nuestro espíritu, de que somos hijos de Dios. Y si hijos, también herederos; herederos de Dios y coherederos con Cristo"* (Ro. 8:16-17a). Nada hay que pueda ser reservado para quienes son hijos, puesto que no sólo son *herederos de Dios*, sino que son también *coherederos con Cristo*. La herencia de Dios es sólo del *Heredero*, que es Cristo, pero, en unidad con Él, los creyentes venimos a ser *uno* en el Heredero, por tanto, todo cuanto tiene que ver con la herencia de Él tiene que ver con la herencia nuestra. De otro modo, la herencia no se divide, es compartida por igual con todos los herederos. Esa es la herencia de los santos en luz. La herencia, por ser de un único Heredero, no es divisible porque existe uno, y no siendo divisible tiene necesariamente que ser *compartida* por todos ellos a causa de estar vinculados como hijos en el Hijo Unigénito. Así lo recordaba el apóstol a los corintios: *"Así que, ninguno se gloría en los hombres; porque todo es vuestro: sea Pablo, sea Apolos, sea Cefas, sea el mundo, sea la vida, sea la muerte, sea lo presente, sea lo porvenir, todo es vuestro, y vosotros de Cristo, y Cristo de Dios"* (1 Co. 3:21-23). Todavía más, la grandeza de la riqueza que el creyente tiene como resultado de la pobreza de Jesucristo alcanza cotas impensables para el hombre, puesto que hemos venido a *ser participantes de la naturaleza divina* (2 P. 1:4), y de la *gloria,* que siendo de Cristo ha sido dada por Él al que cree (Jn. 17:22). La vida eterna, regalo divino al que cree tiene como segura esperanza la de reinar con Cristo y ser glorificados con Él (Ro. 8:17).

Así escribe Hodge, sobre esto:

"El precio del enaltecimiento y bienaventuranza eternos de su pueblo fue su propia pobreza, y por ella nosotros somos enriquecidos. Si no se hubiera sometido a toda la humillación de su encarnación y muerte, nosotros hubiéramos permanecido en la pobreza para siempre, destituidos de toda santidad, bienaventuranza y gloria. Es de destacar que las obligaciones morales, tal como dar limosna, en el Nuevo Testamento, no enfatizan tanto las bases morales como el hecho de que esas bases son peculiarmente cristinas. Nadie puede captar el significado de este versículo o sentir su poder, sin estar dispuesto –por ese mismo poder– a sacrificarse por los demás. Y el apóstol enseña aquí, como San Juan también lo enseña (1 Jn. 3:17), que de nada sirve que el hombre diga o imagine que ama a Cristo, si no ama a los hermanos, y no es generoso para el alivio de sus necesidades"[4].

No debe cerrarse el comentario del versículo sin hacer notar los destinatarios de esa obra de gracia. Pablo escribe: *por vosotros*. Se hizo pobre por cada uno de los creyentes, aunque el apóstol está dirigiéndose primariamente a los de Corinto. No es posible comprender que esto se hiciese por aquellos que ni amábamos ni respetábamos a Dios, ni buscábamos encontrarnos con Él, ni reconocíamos nuestra condición. Lo hace por amor personal. Pero, es el Buen Pastor que da Su vida por las ovejas. Nadie le forzó a hacerlo, lo hizo voluntariamente por cada una de las que seríamos ovejas de Su rebaño (Jn. 10:11, 15, 17, 18). Es el amor generoso que empobrece al justo para enriquecer al miserable.

---

[4] C. Hodge. o.c., pág. 223.

El ejemplo del Señor debiera surtir efecto en cada uno de nosotros. Primeramente, por identificación (Gá. 2:20; Fil. 2:5). En segundo lugar, por condición. Si Cristo hizo esto por los perdidos, el salvo debe hacerlo por sus hermanos. En tercer lugar, por impulso, al ser constreñidos por Su amor (5:14). Finalmente, por principio de vida nueva (1 Co. 10:24).

10. Y en esto doy mi consejo; porque esto os conviene a vosotros, que comenzasteis antes, no sólo a hacerlo, sino también a quererlo, desde el año pasado.

καὶ γνώμην ἐν τούτῳ δίδωμι· τοῦτο γὰρ ὑμῖν συμφέρει, οἵτινες
Y opinión en esto doy: Porque esto os conviene, quienes
οὐ μόνον τὸ ποιῆσαι ἀλλὰ καὶ τὸ θέλειν προενήρξασθε
no sólo a hacerlo sino también a quererlo comenzasteis antes
ἀπὸ πέρυσι·
desde el año pasado.

Análisis y notas del texto griego.

Análisis: καὶ, conjunción copulativa *y*; γνώμην, caso acusativo femenino singular del nombre común, *opinión*; ἐν, preposición propia de dativo *en*; τούτῳ, caso dativo neutro singular del pronombre demostrativo *esto*; δίδωμι, primera persona singular del presente de indicativo en voz activa del verbo δίδωμι, *dar*, aquí *doy*; τοῦτο, caso nominativo neutro plural del pronombre demostrativo *esto*; γὰρ, conjunción causal *porque*; ὑμῖν, caso dativo de la segunda persona plural del pronombre personal declinado *a vosotros, os*; συμφέρει, tercera persona singular del presente de indicativo en voz activa del verbo συμφέρω, *ser ventajoso, ser útil, convenir*, aquí *conviene*; οἵτινες, caso nominativo masculino plural del pronombre relativo *los que, los cuales, quienes*; οὐ, adverbio de negación *no*; μόνον, adverbio de modo *solamente, sólo*; τὸ, caso acusativo neutro singular del artículo determinado declinado *a lo*; ποιῆσαι, primer aoristo de infinitivo en voz activa del verbo ποιέω, *hacer*; ἀλλὰ, conjunción adversativa *sino*; καὶ, adverbio de modo *también*; τὸ, caso acusativo neutro singular del artículo determinado declinado *a lo*; θέλειν, presente de infinitivo en voz activa del verbo θέλω, *querer, desear*; προενήρξασθε, segunda persona plural del primer aoristo de indicativo en voz media del verbo προενάρχομαι, *comenzar antes, comenzar más temprano*, aquí *comenzasteis antes*; ἀπὸ, preposición propia de genitivo *desde*; πέρυσι, adverbio *el año pasado*.

καὶ γνώμην ἐν τούτῳ δίδωμι· Nuevamente expresa una recomendación personal. No se trata de un mandamiento, como el texto dice: *"Y doy mi opinión en esto"*. Como afirmó también antes, *"no hablo como quien manda"* (v. 8), así también en este lugar. Lo hace como una sugerencia, una insinuación, como consejo da su opinión. Sin duda esperaba que fuese atendida.

τοῦτο γὰρ ὑμῖν συμφέρει, La frase larga es sencilla de comprender. El apóstol les dice que activar la recogida de la *colecta*, les era conveniente. Esta expresión puede entenderse en dos maneras: a) Era conveniente porque ofrendar conviene a la vida del creyente, sin duda esta es una verdad, pero no satisface el entorno textual del versículo; b) Era conveniente porque es coherente con el propósito que manifestasteis hace un año. Sin duda esta es la interpretación más aceptable, por la misma razón.

οἵτινες οὐ μόνον τὸ ποιῆσαι ἀλλὰ καὶ τὸ θέλειν προενήρξασθε ἀπὸ πέρυσι· Les hace notar que el deseo de participar en la ofrenda había nacido un año antes. De manera que, como siempre ocurre, Dios había iniciado en ellos esa obra de gracia comenzando por *el querer* (Fil. 2:13). El deseo de ofrendar había puesto en acción a los creyentes para comenzar a hacerlo. Probablemente los conflictos en la iglesia y las dificultades que habían surgido sirvieron para que la obra se detuviese. El apóstol está haciendo referencia al estado de ánimo que existía en ellos y a la disposición de *hacer* la ofrenda como habían comenzado a sentirlo un año antes.

Esto no significa que hubiese transcurrido literalmente un año desde la disposición a recoger la *colecta*, adelantándose en eso a los macedonios y siendo los primeros en estar dispuestos a la atención de los creyentes pobres de Jerusalén. No sabemos que calendario usó Pablo para establecer esa fecha. El calendario que regía en Macedonia comenzaba el año en el equinoccio de otoño. El calendario civil judío comenzaba en la misma época (sep.-oct.). Pero el calendario griego, comenzaba en el solsticio del verano. De manera que, si la *Primera a Corintos* se escribió en el año 56, o como mucho a primeros del 57, y la *Segunda*, en torno al invierno del mismo año, la expresión *desde el año pasado*, hace referencia a un intervalo de unos siete u ocho meses entre los dos escritos. No debe olvidarse que un judío tenía una valoración del tiempo diferente, pudiendo considerarse una fracción de algo como ese algo completo. En este caso concreto, Pablo estaría refiriéndose a algo que había ocurrido antes de la primavera, por tanto, era del *año pasado*.

11. Ahora, pues, llevad también a cabo el hacerlo, para que como estuvisteis prontos a querer, así también lo estéis en cumplir conforme a lo que tengáis.

νυνὶ δὲ καὶ τὸ ποιῆσαι ἐπιτελέσατε, ὅπως καθάπερ ἡ
Pero ahora, también el hacer llevad a cabo, de modo que así como la
προθυμία τοῦ θέλειν, οὕτως καὶ τὸ ἐπιτελέσαι ἐκ τοῦ ἔχειν.
disposición del querer, así también el llevar a cabo de lo que tenéis.

Análisis y notas del texto griego.

Análisis: νυνὶ, adverbio demostrativo *ahora*; δὲ, partícula conjuntiva que hace las veces de conjunción coordinante, con sentido de *pero, más bien, y, y por cierto, antes bien, entonces*; καὶ, adverbio de modo *también*; τὸ, caso acusativo neutro singular del artículo determinado *el*; ποιῆσαι, primer aoristo de infinitivo en voz activa del verbo ποιέω, *hacer, realizar*, aquí *hacer*; ἐπιτελέσατε, segunda persona plural del primer aoristo de imperativo en voz activa del verbo ἐπιτελέω, *completar, llevar a cabo, construir*, aquí *llevad a cabo*; ὅπως, conjunción *de modo que, a fin de que, para que*; καθάπερ, adverbio *como, así como, lo mismo que*; ἡ, caso nominativo femenino singular del artículo determinado *la*; προθυμία, caso nominativo femenino singular del nombre común *disposición, buena voluntad, celo*; τοῦ, caso genitivo masculino singlar del artículo determinado declinado *del*; θέλειν, presente de infinitivo en voz activa del verbo θέλω, *querer*; οὕτως, adverbio demostrativo *así*; καὶ, adverbio de modo *también*; τὸ, caso acusativo neutro singular del artículo determinado *el*; ἐπιτελέσαι, primer aoristo de infinitivo en voz activa del verbo ἐπιτελέω, *completar, llevar a cabo, construir*; ἐκ, preposición propia de genitivo *de*; τοῦ, caso genitivo neutro singular del artículo determinado *lo*; ἔχειν, presente de infinitivo en voz activa del verbo ἔχω, *tener*, aquí *que tenéis*.

νυνὶ δὲ καὶ τὸ ποιῆσαι ἐπιτελέσατε, Volviendo nuevamente al tema que está tratando, el consejo anterior (v. 8), se convierte en mandato: *"llevad a cabo"*. El aoristo de imperativo expresa apremio y urgencia. No debía dejarse sin concluir lo que habían determinado antes. Es de recordar que habían aceptado la propuesta de Pablo para efectuar una colecta para los pobres, e incluso tal vez habían comenzado a hacerlo. Las circunstancias por las que luego pasó la iglesia, muy bien pudieron haber menguado el interés y dejaron el proyecto a un lado. El apóstol demanda ahora de ellos que vuelvan a lo que deseaban hacer, para ejecutarlo definitivamente. Lo que realmente habían deseado con sus corazones, tenía que ser ejecutado de forma práctica.

ὅπως καθάπερ ἡ προθυμία τοῦ θέλειν, οὕτως καὶ τὸ ἐπιτελέσαι, Complementa el mandato apelando a la disposición que habían tenido en relación con la ofrenda, de manera que lo mismo que habían deseado hacer, debían hacerlo ahora.

ἐκ τοῦ ἔχειν. La ofrenda no debía ser una carga insoportable. Es cierto que los macedonios, a quienes puso como referencia, dieron no solo cuanto podían, sino aún más allá. Pero, Pablo no pide lo mismo a los corintios, de modo que les habla de proporcionalidad: *De lo que tengáis*. Esta es una regla que el apóstol establece para la ofrenda, pero que debe aplicarse a la generalidad de ellas. El apóstol no los forzaba para que hiciesen algo superior a sus posibilidades, sino conforme a ellas. En la iglesia había creyentes pudientes, pero otros, siervos, esclavos, no tenían ese poder económico, sin embargo, todos podían contribuir conforme a su condición en ella. Delante de Dios la ofrenda del pobre es tanto o más válida que la de un rico que aporta en razón de su abundancia. No pide que los corintios se empobrezcan para hacer ricos a los de Jerusalén, sino que conforme a lo que tengan, así ofrenden.

12. Porque si primero hay la voluntad dispuesta, será acepta según lo que uno tiene, no según lo que no tiene.

εἰ γὰρ ἡ προθυμία πρόκειται, καθὸ ἐὰν ἔχῃ εὐπρόσδεκτος,
Porque si la disposición está delante, en la medida en que tenga aceptable
οὐ καθὸ οὐκ ἔχει.
no en la medida en que no tiene.

Análisis y notas del texto griego.

Análisis: εἰ, conjunción *si*; γὰρ, conjunción causal *porque*; ἡ, caso nominativo femenino singular del artículo determinado *la*; προθυμία, caso nominativo femenino singular del nombre común *disposición*; πρόκειται, tercera persona singular del presente de subjuntivo en voz activa del verbo πρόκειμαι, *está presente, está delante*, aquí *esté delante*; καθὸ, adverbio, *así como, en la medida en que, en tanto que*; ἐὰν, partícula conjuntiva que hace funciones de conjunción y que denota idea de condición o de hipótesis, *si, tanto si... como si... suponiendo que, sea que, si no, lo mismo que, como es de esperar*; ἔχῃ, tercera persona singular del presente de subjuntivo en voz activa del verbo ἔχω, *tener*, aquí *tenga*; εὐπρόσδεκτος, caso nominativo femenino singular del adjetivo *aceptable*; οὐ, adverbio de negación *no*; καθὸ, adverbio, *así como, en la medida en que, en tanto que*; οὐκ, forma escrita del adverbio de negación *no*, con el grafismo propio ante una vocal con espíritu suave o una enclítica; ἔχει, primera persona singular del presente de indicativo en voz activa del verbo ἔχω, *tener*, aquí *tiene*.

εἰ γὰρ ἡ προθυμία πρόκειται, En el versículo anterior se regulaba la participación en la ofrenda de acuerdo con lo que se tenía. Vuelve a reiterar aquí ese principio de la proporcionalidad, pero, les recuerda que para ofrendar tiene que haber primero *disposición*. De este modo literalmente: *porque si la disposición está presente*. Quiere decir que los que iban a ofrendar tenían primero la disposición para hacerlo.

καθὸ ἐὰν ἔχῃ εὐπρόσδεκτος, οὐ καθὸ οὐκ ἔχει. La ofrenda es aceptable en base a lo que se tenga, bien sea poco o mucho. No está tratando de que ofrende quien no tenga nada, de manera que no se pide en función de *lo que no se tenga*. El que no pueda participar porque nada tiene, no quita de que su disposición a ofrendar sea agradable para el Señor, que no juzga por lo que se da, sino por la disposición íntima para hacerlo, de modo que la ofrenda será juzgada por Él según los recursos que tenga para realizarla. Como en el caso de la viuda, una ofrenda pequeña puede ser considerada como la mayor, por la buena voluntad de quien, no teniendo más, aporta cuanto tenía. Nadie debe avergonzarse si la ofrenda, materialmente medida, es muy pequeña en comparación con otras, porque Dios ama al dador alegre, esto es, a quien lo hace como manifestación de una correcta disposición.

13. Porque no digo esto para que haya para otros holgura, y para vosotros estrechez.

οὐ	γὰρ	ἵνα	ἄλλοις	ἄνεσις,	ὑμῖν	θλῖψις[1],	ἀλλ’	ἐξ	ἰσότητος·
Porque	no	para que	para otros	holgura,	para vosotros	aflicción,	sino	en	igualdad.

Análisis y notas del texto griego.

Análisis: οὐ, adverbio de negación *no*; γὰρ, conjunción causal *porque*; ἵνα, preposición propia *para que*; ἄλλοις, caso dativo masculino plural del pronombre indefinido declinado *para otros*; ἄνεσις, caso nominativo femenino singular del nombre común *holgura*; ὑμῖν, caso dativo de la segunda persona plural del pronombre personal declinado *para vosotros*; θλῖψις, caso nominativo femenino singular del nombre común *aflicción*; ἀλλ’, forma escrita ante vocal de la conjunción adversativa ἀλλά que significa *pero*, *sino*; ἐξ, forma escrita de la preposición de genitivo ἐκ, delante de vocal y que significa *de*; ἰσότητος, caso genitivo femenino singular del adjetivo *igualdad, equidad*.
Notas. Crítica Textual. Lecturas alternativas.

[1] ὑμῖν θλῖψις, *para vosotros*, según lectura en a*, B, C, 048, 0243, 33, 81, 323, 1739, 1881, d, rho, Cipriano.

ὑμῖν δὲ θλῖψις, *pero para vosotros*, como se lee en ²a, F, G, K, L, P, Ψ, 104, 365, 630, 1175, 1241, 1505, 2464.

οὐ γὰρ ἵνα ἄλλοις ἄνεσις, ὑμῖν θλῖψις, ἀλλ ἐξ ἰσότητος· No consiste en beneficiar a unos perjudicando a otros. De modo que no buscar que los corintios sufran estrechez para que los pobres jerosolimitanos tengan abundancia. Tampoco era que unos se viesen libres de toda obligación para dar, mientras que otros se viesen obligados a ello. No quería *holgura* para unos y *estrechez* para otros. Por medio de este pronombre indefinido se está refiriendo a los pobres de Jerusalén. No es cuestión de que los ricos se empobrezcan para que los pobres se enriquezcan. En cierto modo el apóstol está demandando moderación en el dar para la colecta. Los receptores del donativo no podían vivir en abundancia a costa de los dadores que por esa razón se verían obligados a vivir en pobreza. Buscaba que *haya igualdad*. En cierto modo eso se había puesto en práctica en la iglesia en Jerusalén luego de Pentecostés: *"Todos los que habían creído estaban juntos, y tenían en común todas las cosas; y vendían sus propiedades y sus bienes, y lo repartían a todos según la necesidad de cada uno"* (Hch. 2:44-45). Aquellos habían abandonado toda condición de egoísmo personal. Lo que tenían era puesto al servicio de los demás. La transformación que el Espíritu hace en el que cree, conduce a que, dejando el *yo* egoísta, se vuelque hacia el *tú*, en generosidad. No pide el apóstol esto para la ofrenda que estaba levantando entre los corintios, solo la manifestación de la generosidad entre hermanos que comparten con las necesidades de otros. No está procurando abolir la riqueza de algunos, sino la pobreza de quienes no tienen recursos suficientes para la subsistencia diaria.

La buena voluntad personal es lo que se valora en el momento de ofrendar. No es tanto el valor o la cantidad que se ofrenda, sino la razón que la mueve y el corazón generoso que siente la necesidad del hermano.

14. Sino para que en este tiempo, con igualdad, la abundancia vuestra supla la escasez de ellos, para que también la abundancia de ellos supla la necesidad vuestra, para que haya igualdad.

ἐν τῷ νῦν καιρῷ τὸ ὑμῶν περίσσευμα εἰς τὸ ἐκείνων ὑστέρημα,
En el ahora tiempo, la de vosotros abundancia para la de ellos escasez
ἵνα καὶ τὸ ἐκείνων περίσσευμα γένηται εἰς τὸ ὑμῶν
para que también la de ellos abundancia sea para la de vostros
ὑστέρημα, ὅπως γένηται ἰσότης,
escasez, de modo que haya igualdad.

Análisis y notas del texto griego.

Análisis: ἐν, preposición propia de dativo *en*; τῷ, caso dativo masculino singular del artículo determinado *el*; νῦν, adverbio demostrativo *ahora*; καιρῷ, caso dativo masculino singular del nombre común *tiempo*; τὸ, caso nominativo neutro singular del artículo determinado *el*; ὑμῶν, caso genitivo de la segunda persona plural del pronombre personal declinado *de vosotros*; περίσσευμα, caso nominativo neutro singular del nombre común *abundancia*; εἰς, preposición propia de acusativo *para*; τὸ, caso nominativo neutro singular del artículo determinado *el*; ἐκείνων, caso genitivo masculino plural del pronombre demostrativo declinado *de ellos*; ὑστέρημα, caso acusativo neutro singular del nombre común *escasez*; ἵνα, conjunción causal *para que*; καὶ, adverbio de modo *también*; τὸ, caso nominativo neutro singular del artículo determinado *el*; ἐκείνων, caso genitivo masculino plural del pronombre demostrativo declinado *de ellos*; περίσσευμα, caso nominativo neutro singular del nombre común *abundancia*; γένηται, tercera persona singular del segundo aoristo de subjuntivo en voz media del verbo γίνωμαι, *hacerse, ser hecho, ser, estar*, aquí *sea*; εἰς, preposición propia de acusativo *para*; τὸ, caso nominativo neutro singular del artículo determinado *el*; ὑμῶν, caso genitivo de la segunda persona plural del pronombre personal declinado *de vosotros*; ὑστέρημα, caso acusativo neutro singular del nombre común *escasez*; ὅπως, conjunción *de modo que, a fin de que, para que*; γένηται, tercera persona singular del segundo aoristo de subjuntivo en voz media del verbo γίνωμαι, *hacerse, ser hecho, ser, estar*, aquí *sea*; ἰσότης, caso nominativo masculino singular del nombre común *igualdad*.

ἐν τῷ νῦν καιρῷ. La idea de no perjudicar a nadie a favor de otros, se extiende también en este versículo, en el que trata de una igualdad ocasional. Nótese que habla del tiempo en que escribía, en donde también se había producido la necesidad de atender a los pobres de Jerusalén. Era una situación temporal, de ahí la expresión: *"en el tiempo ahora"*. Se trata de manifestar la ética bíblica: *"Hermanos míos, ¿de que aprovechará si alguno dice que tiene fe, y no tiene obras? ¿Podrá la fe salvarle? Y si un hermano o una hermana están desnudos, y tienen necesidad del mantenimiento de cada día, y alguno de vosotros les dice: Id en paz, calentaos y saciaos, pero no les dais las cosas que son necesarias para el cuerpo, ¿de que aprovecha?"* (Stg. 2:14-16).

τὸ ὑμῶν περίσσευμα εἰς τὸ ἐκείνων ὑστέρημα, Lo que pretende el apóstol no es lo que se llama *comunidad de bienes*, que se había producido en Jerusalén luego de Pentecostés, sino que quien tiene bienes materiales comparta con las necesidades de los que están carentes de lo más necesario para la vida. La enseñanza general de la ofrenda debe entenderse desde la propiedad y administración de los bienes que cada uno tiene, de manera que queda a criterio personal *dar* o *no dar* de ellos. En el caso de que desee dar, está también a su discreción la cantidad que debe dar. El ofrendar es asunto personal que cada uno hace delante del Señor, de modo que la donación para alguien es fruto del amor. Sin duda la obligatoriedad de ella, como expresión de amor, es espiritual y moralmente ineludible puesto que negarse a dar para el necesitado es manifestación de ausencia del amor de Dios (1 Jn. 3:17), además la deuda del amor no se cancela en la vida cristiana. En el tiempo de la *Epístola*, la abundancia de los corintios supliría la necesidad acuciante de los pobres en Jerusalén.

ἵνα καὶ τὸ ἐκείνων περίσσευμα γένηται εἰς τὸ ὑμῶν ὑστέρημα, Un tanto difícil resulta la segunda frase, en la que la *abundancia* de los de Jerusalén, supliría la escasez de los corintios. La finalidad de la ofrenda es aliviar las carencias de los necesitados. Ahora bien, ¿cómo entender la expresión de que la necesidad de los corintios sería suplida por la abundancia de los de Jerusalén? Hay diversas opiniones, una de ellas es que Pablo habla de un hipotético cambio de circunstancias en la que los que ahora eran pobres pasan a ser ricos y los ricos de ahora vienen a ser pobres, así lo entiende J. MacArthur: *"Aunque en el tiempo presente la abundancia de los corintios suplía la escasez de los santos de Jerusalén, no necesariamente sería siempre ese caso. Las fortunas en la vida podían cambiar y podía llegar el momento en que una persecución o un desastre empobreciera a los corintios. Si tal cosa ocurría, la abundancia de los santos de Jerusalén supliría la necesidad de los corintios"*[5]. Sin duda alguna esto puede ocurrir, pero, no concuerda mucho con el contexto del pasaje, sobre todo cuando el apóstol dice: *Ahora, en este tiempo*. Según otros, especialmente los *padres de la iglesia* y otros exégetas modernos, aplican la abundancia de los dones materiales que los corintios destinaban a los pobres de Jerusalén, sería devuelta en la medida en que ellos necesitaban provisión de recursos espirituales, que sin duda podían venir de los hermanos en Jerusalén. La expresión, un tanto oscura, pudiera tener el sentido de esta segunda interpretación. El apóstol refiriéndose a su ministerio escribe: *"Si nosotros sembramos entre vosotros lo espiritual, ¿es gran cosa si segáremos de vosotros lo material?"* (1 Co. 9:11). El deseo divino es que los creyentes compartan entre sí generosamente aquello que Él mismo les envía.

ὅπως γένηται ἰσότης, Cierra la cláusula con la aseveración: *"para que haya igualdad"*. No se trata de igualar a todos en lo que tienen de manera que todos tengan lo mismo, sino que lo que quiere enseñar es que no hay creyentes que les sobre y otros que no tengan que comer. Se trata de hacer notar la triste condición de que, por la falta de ofrendas, los pobres sean abandonados, mientras se les llama *hermanos*, pero no se les trata como tales. Sin embargo, no se debe dejar de entender también que, a los pobres, como a cualquier creyente, se les manda trabajar. Una cosa es que procurándolo con diligencia no encuentren trabajo y otra es que como son sostenidos por la beneficencia de los hermanos, no busquen trabajo. En las iglesias de los tiempos apostólicos, había algunos que no querían trabajar para ser sostenidos por los hermanos, para el modo de tratar a estos que no son espirituales sino vagos, el apóstol tiene un mandato contundente: *"Porque también cuando estábamos con vosotros, os ordenábamos esto: Si alguno no quiere trabajar, tampoco coma"* (2 Ts. 3:10). No se trata de una recomendación hecha al que no quiere trabajar, sino un mandato para los creyentes en el que establece: *no deis de comer a quien no quiera trabajar*.

15. Como está escrito: El que recogió mucho, no tuvo más, y el que poco, no tuvo menos.

καθὼς γέγραπται·
Como ha sido escrito:
ὁ τὸ πολὺ οὐκ ἐπλεόνασεν,
El lo mucho no tuvo de sobra,

[5] J. MacArthur. o.c., pág. 297.

καὶ ὁ τὸ ὀλίγον οὐκ ἠλαττόνησεν.
y el lo poco no tuvo menos.

Análisis y notas del texto griego.

Análisis: καθὼς, partícula comparativa *como*; γέγραπται, tercera persona singular del perfecto de indicativo en voz pasiva del verbo γράφω, *escribir*, aquí *ha sido escrito*; *ὁ*, caso nominativo masculino singular del artículo determinado *el*; *τὸ*, caso acusativo neutro singular del artículo determinado *lo*; *πολὺ*, caso acusativo neutro singular del adjetivo *mucho*; *οὐκ*, forma escrita del adverbio de negación *no*, con el grafismo propio ante una vocal con espíritu suave o una enclítica; *ἐπλεόνασεν*, tercera persona singular del primer aoristo de indicativo en voz activa del verbo πλεονάζω, *abundar, tener de sobra*, aquí *tuvo de sobra*; *καὶ*, conjunción copulativa *y*; *ὁ*, caso nominativo masculino singular del artículo determinado *el*; *τὸ*, caso acusativo neutro singular del artículo determinado *lo*; *ὀλίγον*, caso acusativo neutro singular del adjetivo *poco*; *οὐκ*, forma escrita del adverbio de negación *no*, con el grafismo propio ante una vocal con espíritu suave o una enclítica; *ἠλαττόνησεν*, tercera persona singular del primer aoristo de indicativo en voz activa del verbo ἐλαττονέω, *tener menos*, aquí *tuvo menos*.

καθὼς γέγραπται· *ὁ τὸ πολὺ οὐκ ἐπλεόνασεν, καὶ ὁ τὸ ὀλίγον οὐκ ἠλαττόνησεν.* Como es habitual acude a una cita del Antiguo Testamento para sustentar lo que acaba de escribir. Está tomada literalmente del Pentateuco (Ex. 16:18). Se trata de la provisión divina del maná, que Dios enviaba del cielo a Su pueblo en el desierto. Todos tenían que trabajar recogiendo la porción que necesitaban para el día, pero no todos recogían la misma cantidad. Lo establecido por persona era un *gomer*, cierta medida de volumen. El texto bíblico se traslada aquí por Pablo para justificar lo que acababa de escribir sobre la igualdad para suplir las necesidades de los creyentes. De manera que en el desierto, cada uno tuvo su medida, lo que quiere decir que se repartían la provisión recogida, así que los que habían recogido poco, recibieron de quienes habían recogido mucho, así que todos tenían lo suficiente.

Normas para ofrendar (8:16-9:5)

Los comisionados del apóstol (8:16-22)

16. Pero gracias a Dios que puso en el corazón de Tito la misma solicitud por vosotros.

Χάρις δὲ τῷ Θεῷ τῷ δόντι[1] τὴν αὐτὴν σπουδὴν ὑπὲρ ὑμῶν
Pero gracias - a Dios - que dio la misma diligencia a favor de vosotros
ἐν τῇ καρδίᾳ Τίτου,
en el corazón de Tito

Análisis y notas del texto griego.

Análisis: Χάρις, caso nominativo femenino singular del nombre común *gracia*; δὲ, partícula conjuntiva que hace las veces de conjunción coordinante, con sentido de *pero, más bien, y, y por cierto, antes bien, entonces*; τῷ, caso dativo masculino singular del artículo determinado *el*; Θεῷ, caso dativo masculino singular del nombre divino declinado *a Dios*; τῷ, caso dativo masculino singular del artículo determinado *el*; δόντι, caso dativo masculino singular del participio del segundo aoristo de indicativo en voz activa del verbo δίδωμι, *dar*, aquí *que dio*; τὴν, caso acusativo femenino singular del artículo determinado *la*; αὐτὴν, caso acusativo femenino singular del adjetivo intensivo *misma*; σπουδὴν, caso acusativo femenino singular del nombre común *diligencia, energía*; ὑπὲρ, preposición propia de genitivo *a favor de*; ὑμῶν, caso genitivo de la segunda persona plural del pronombre personal *vosotros*; ἐν, preposición propia de dativo *en*; τῇ, caso dativo femenino singular del artículo determinado *la*; καρδίᾳ, caso dativo femenino singular del nombre común *corazón*; Τίτου, caso genitivo masculino singular del nombre propio declinado *de Tito*.

Notas. Crítica Textual. Lecturas alternativas.

[1] δόντι, *que dio*, según lectura en P[46], [2]a, D, F, G, L, 6, 323, 326, 1241, 1505, lat, sy, bo, Ambrosiaster.

διδόντι, *que da*, conforme con a*, B, C, I[vid], K, P, Ψ, 0243, 33, 81, 104, 365, 630, 1175, 1739, 1881, 2464, 𝔐, sa.

Χάρις δὲ τῷ Θεῷ τῷ δόντι τὴν αὐτὴν σπουδὴν ὑπὲρ ὑμῶν ἐν τῇ καρδίᾳ Τίτου, Dios está dirigiendo todo para que la colecta para los pobres de Jerusalén se lleve a cabo. Tocó el corazón de los corintios, y lo hace también actuando en el de Tito. Es la misma operación de despertar el interés en esto que activó también en el corazón de los macedonios (v. 1). Es la demostración práctica de que es Dios quien produce el *querer*, así como también el *hacer*, en el corazón del cristiano (Fil. 2:13). Tito estaba tan lleno de interés por la concreción de la ofrenda, como el mismo Pablo. Por esa razón da gracias a Dios por haber despertado esa diligencia en el corazón de su colaborador. No se trataba sólo de asegurar la ofrenda, sino que el interés de Tito comprendía todo lo relacionado con los corintios, por el bienestar de la iglesia, por la recuperación espiritual de los creyentes, por la paz en la iglesia, por una relación correcta con el apóstol y, por supuesto, porque actuaran consecuentemente también en la ofrenda. Pero, en cualquier caso, lo que se aprecia es que Dios actúa en el interior del creyente conduciendo sus actos al destino de Su propósito. Como en todo lo que tiene que ver con la vida cristiana, en la ejecución de la voluntad de Dios, se requiere una dotación sobrenatural de poder para llevarla a cabo. Para ello Dios comienza produciendo en el creyente *el deseo* para esa acción. Pero, aunque el deseo es fundamental para generar las acciones, no logra alcanzar el objetivo si Dios no provee también de la potencialidad para hacerlo, de modo que, junto con el querer, produce también *el hacer*. La causa por la que Dios produce lo necesario para obrar conforme a Su voluntad es el cumplimiento de Su propósito. La forma de vida conforme a la voluntad divina solo puede ser operada por quien manifiesta la voluntad. El cristiano no ofrenda, como en este caso, para ser santo, sino porque lo es. Dios hará todo esto porque acabará la obra que empezó en cada uno de Sus hijos (Fil. 1:6).

Debe notarse que la *diligencia* de Tito no tenía que ver tanto con los que recibirían la ofrenda, sino con los donantes: *"la misma solicitud por vosotros"*. Deseaba volver nuevamente a Corinto para completar la obra de recoger la ofrenda. Sin duda, aunque pareciera fácil ahora, dada la actitud de la iglesia y su arrepentimiento por la situación generada contra Pablo, los *falsos apóstoles* estarían rondando a los creyentes, procurando remover su comunión con el apóstol, aprovechando la ocasión de la ofrenda para seguir murmurando de él, como se intuye por un párrafo más adelante (12:14-18). Sin embargo, Tito buscaba el beneficio espiritual de los creyentes, en la participación de la ofrenda.

17. Pues a la verdad recibió la exhortación; pero estando también muy solícito, por su propia voluntad partió para ir a vosotros.

ὅτι	τὴν	μὲν	παράκλησιν	ἐδέξατο,	σπουδαιότερος δὲ
De modo que	la	ciertamente	exhortación	recibió;	pero diligente

ὑπάρχων	αὐθαίρετος	ἐξῆλθεν	πρὸς	ὑμᾶς.
estando	de propia voluntad	salió	hacia	vosotros.

Análisis y notas del texto griego.

Análisis: ὅτι, conjunción *que, de modo que*; τὴν, caso acusativo femenino singular del artículo determinado *la*; μὲν, partícula afirmativa que se coloca siempre inmediatamente después de la palabra expresiva de una idea que se ha de reforzar o poner en relación con otra idea y que, en sentido absoluto tiene oficio de adverbio de afirmación, como *ciertamente, a la verdad*; παράκλησιν, caso acusativo femenino singular del nombre común *exhortación*; ἐδέξατο, tercera persona singular del primer aoristo de indicativo en voz activa del verbo δέχομαι, *recibir, aceptar*, aquí *recibió*; σπουδαιότερος, caso nominativo masculino singular del adjetivo comparativo *diligente*; δὲ, partícula conjuntiva que hace las veces de conjunción coordinante, con sentido de *pero, más bien, y, y por cierto, antes bien, entonces*; ὑπάρχων, caso nominativo masculino singular del participio de presente en voz activa del verbo ὑπάρχω, *estar a disposición, ser, estar*, aquí *estando*; αὐθαίρετος, caso nominativo masculino singular del adjetivo *espontaneo, de propia voluntad*; ἐξῆλθεν, tercera persona singular del segundo aoristo de indicativo en voz activa del verbo ἐξέρχομαι, *salir, partir*, aquí *salió*; πρὸς, preposición propia de acusativo *a, hacia*; ὑμᾶς, caso acusativo de la segunda persona plural del pronombre personal *vosotros*.

ὅτι τὴν μὲν παράκλησιν ἐδέξατο, Tito recibió la exhortación de Pablo, mostrándose muy diligente, *solícito*, porque su corazón había sido dispuesto hacia los corintios. No solo escuchó con atención, diligentemente, el desafío del apóstol, sino que su disposición fue la de actuar inmediatamente. El verbo δέχομαι, tiene también la connotación de *acoger*, no solo recibió la indicación de Pablo, sino que la acogió íntimamente como cosa propia.

σπουδαιότερος δὲ ὑπάρχων αὐθαίρετος ἐξῆλθεν πρὸς ὑμᾶς. Con toda seguridad no tardó en ponerse en marcha hacia Corinto para cumplir la misión que se le encomendaba. De otro modo, no necesitaba que se le indicara que debía salir, sino que lo hizo de *su propia voluntad*, esto es, como si fuese cosa suya.

Surge un aparente problema sobre esta salida de Tito, ya que, según la expresión utilizada aquí, indica una acción ejecutada: *"salió hacia vosotros"*. Pero, ¿no fue Tito quien llevó esta *Epístola*? ¿No estaba con Pablo cuando la escribía? La solución es considerar este pasado como un *pasado epistolar*, que da por realizada una acción que todavía no se había cumplido, pero que, cuando el portador de la *Epístola* llegase al destino, ya había tenido lugar. Lo importante es que aceptó la invitación que Pablo le hizo y voluntariamente, por propia iniciativa, posiblemente antes que el apóstol se lo pidiera, partió para Corinto.

18. Y enviamos juntamente con él al hermano cuya alabanza en el evangelio se oye por todas las iglesias.

συνεπέμψαμεν δὲ μετ' αὐτοῦ τὸν ἀδελφὸν οὗ ὁ ἔπαινος ἐν τῷ
Y juntamente enviamos con él al hermano cuya - alabanza en el
εὐαγγελίῳ διὰ πασῶν τῶν ἐκκλησιῶν,
evangelio de todas las iglesias.

Análisis y notas del texto griego.

Análisis: συνεπέμψαμεν, primera persona plural del primer aoristo de indicativo en voz activa del verbo συμπέμπω, *enviar juntamente*, aquí *juntamente enviamos*; δὲ, partícula conjuntiva que hace las veces de conjunción coordinante, con sentido de *pero, más bien, y, y por cierto, antes bien, entonces*; μετ', forma escrita por elisión ante vocal con espíritu suave de la preposición de genitivo μετά, *con*; αὐτοῦ, caso genitivo masculino de la primera persona singular del pronombre personal *él*; τὸν, caso acusativo masculino singular del artículo determinado declinado *al*; ἀδελφὸν, caso acusativo masculino singular del nombre común *hermano*; οὗ, caso genitivo masculino singular del pronombre relativo declinado *del que, cuya*; ὁ, caso nominativo masculino singular del artículo determinado *el*; ἔπαινος, caso nominativo masculino singular del nombre común *alabanza, aprobación, cosa recomendable*; ἐν, preposición propia de dativo *en*; τῷ, caso dativo neutro singlar del artículo determinado *el*; εὐαγγελίῳ, caso dativo neutro singular del nombre común *evangelio*; διὰ, preposición propia de genitivo *de*; πασῶν, caso genitivo femenino plural del adjetivo indefinido *todas*; τῶν, caso genitivo femenino plural del artículo determinado *las*; ἐκκλησιῶν, caso genitivo femenino plural del nombre común *iglesias*.

συνεπέμψαμεν δὲ μετ' αὐτοῦ τὸν ἀδελφὸν. La administración de la ofrenda que comprendía la recogida de lo que los corintios aportasen, debía tener una absoluta transparencia. No hubiera sido bueno que el apóstol fuese solo para hacer esta tarea, pero también pudieran los enemigos de Pablo señalar a Tito como un colaborador que estaba comprometido con el apóstol. Esto les permitiría acusarle de buscar enriquecerse él personalmente con lo que las iglesias aportaban, por tanto, lo idóneo era enviar junto con Tito a otra persona, definida por su testimonio entre las iglesias.

οὗ ὁ ἔπαινος ἐν τῷ εὐαγγελίῳ διὰ πασῶν τῶν ἐκκλησιῶν, No hay ningún indicio que permita la identificación del compañero de Tito. Algunos consideran que sería Lucas, ya que había partido desde Filipos (Hch. 20:4) y utiliza la tercera persona plural en el pasaje (Hch. 20:4-6). Pero no hay ninguna evidencia que permita esta afirmación. Es necesario descartar a Timoteo que está con Pablo (1:1). Algunos, ajustándose a la lectura, proponen que podía ser un hermano carnal y espiritual de Tito. Es muy poco probable puesto que podía despertar las sospechas en algunos contrarios al apóstol en Corinto, por las relaciones familiares que habría entre ambos. El Espíritu guarda silencio sobre la identidad del hermano.

Lo que no cabe duda era el excelente testimonio que tenía *en todas las iglesias*. Acaso fuese un conocido predicador del evangelio, a quien las iglesias conocían bien. Era, por tanto, un hombre irreprochable, desde el punto de vista del conocimiento humano.

Es notable apreciar el correcto ejercicio del liderazgo por parte del apóstol. Da ejemplo de su interés a todo el equipo que colabora con él; exhorta a los compañeros a involucrarse; sabe delegar en las personas idóneas para la misión que se les encomendaba; el trabajo de liderazgo trae como consecuencia que no sea necesario forzar a nadie para que se comprometa con el trabajo a realizar, sino que voluntariamente lo hacen. El líder bíblico deja actuar a Dios antes de imponerse él. Además, debe notarse que para asuntos tan sencillos como era recoger una ofrenda, selecciona personas *espirituales*, de buen testimonio en todas las iglesias. Esa había sido la condición que los apóstoles establecieron para elegir en la iglesia en Jerusalén a los primeros diáconos (Hch. 6:3). No vale cualquiera para hacer la obra, solo quienes estén guiados por el Espíritu, los que tengan un testimonio intachable, son los que Dios usa para hacer lo que Él tiene en Su propósito. En ocasiones se da un ministerio, un trabajo, un servicio que hacer para *animar* a un hermano que está frío y distante del compromiso cristiano. Enorme error, es necesario que se anime antes, para lo cual le debemos prestar toda la ayuda necesaria, antes de darle un trabajo que, aunque parezca material, es siempre espiritual puesto que se trata de hacer la obra de Dios.

Sin duda junto con la espiritualidad del creyente para poder servir, está también la capacitación personal para hacerlo, porque además de ser fieles han de ser idóneos (2 Ti. 2:2). Uno de los mayores males es buscar solo uno de los elementos imprescindibles en el creyente, la espiritualidad y la idoneidad.

19. Y no sólo esto, sino que también fue designado por las iglesias como compañero de nuestra peregrinación para llevar este donativo, que es administrado por nosotros para gloria del Señor mismo, y para demostrar vuestra buena voluntad.

οὐ μόνον δέ, ἀλλὰ καὶ χειροτονηθεὶς ὑπὸ τῶν ἐκκλησιῶν
Y no sólo, sino también designado por las iglesias
συνέκδημος ἡμῶν σὺν[1] τῇ χάριτι ταύτῃ τῇ διακονουμένῃ
compañero de viaje de nosotros con la ofrenda esta la que es ministrada
ὑφ’ ἡμῶν πρὸς τὴν αὐτοῦ[2] τοῦ Κυρίου δόξαν καὶ προθυμίαν
por nosotros para la del Señor mismo gloria y buena disposición
ἡμῶν,
de nosotros.

Análisis y notas del texto griego.

Análisis: οὐ, adverbio de negación *no*; μόνον, adverbio de modo *sólo, solamente*; δέ, partícula conjuntiva que hace las veces de conjunción coordinante, con sentido de *pero, más bien, y, y por cierto*, *antes bien, entonces*; ἀλλὰ, conjunción adversativa *sino*; καὶ, adverbio de modo *también*; χειροτονηθεὶς, caso nominativo masculino singular del participio del primer aoristo en voz activa del verbo χειροτονέω, *extender la mano para votar, votar a mano alzada, nombrar por voto, determinar por voto, designar*, aquí *designado*; ὑπὸ, preposición propia de genitivo *por*; τῶν, caso genitivo femenino plural del artículo determinado *las*; ἐκκλησιῶν, caso genitivo femenino plural del nombre común *iglesias*; συνέκδημος, caso nominativo masculino singular del nombre común *compañero de viaje*; ἡμῶν, caso genitivo de la primera persona plural del pronombre personal declinado *de nosotros*; σὺν, preposición propia de dativo *con*; τῇ, caso dativo femenino singular del artículo determinado *la*; χάριτι, caso dativo femenino singular del nombre común *gracia*; ταύτῃ, caso dativo femenino singular del pronombre demostrativo *ésta*; τῇ, caso dativo femenino singular del artículo determinado *la*; διακονουμένῃ, caso dativo femenino singular del participio de presente en voz pasiva del verbo διακονέω, *ministrar, servir, administrar*, aquí *que es ministrada*; ὑφ', forma que toma la preposición de genitivo ὑπό, por elisión y asimilación ante vocal aspirada, aquí con sentido de *bajo, por*; ἡμῶν, caso genitivo de la primera persona plural del pronombre personal *nosotros*; πρὸς, preposición propia de acusativo *para*; τὴν, caso acusativo femenino singular del artículo determinado *la*; αὐτοῦ, caso genitivo masculino singular del pronombre intensivo *el mismo*; τοῦ, caso genitivo masculino singular del artículo determinado declinado *del*; Κυρίου, caso genitivo masculino singular del nombre divino *Señor*; δόξαν, caso acusativo femenino singular del nombre común *gloria*; καὶ, conjunción copulativa *y*; προθυμίαν, caso acusativo femenino singular del nombre común *buena disposición, buena voluntad*; ἡμῶν, caso genitivo de la primera persona plural del pronombre personal declinado *de nosotros*.

Notas. Crítica Textual. Lecturas alternativas.

[1] σὺν, *con*, según lectura en 𝔓[46], a, D, F, G, K, L, Ψ, 1241, 1505.

ἐν, de acuerdo con B, C, P, 0225, 0243, 6, 33, 81, 104, 365, 630, 1175, 1739, 1881, 2464, f, vg, co, Ambrosiaster.

[2] αὐτοῦ, *el mismo*, según a, D[1], K, Ψ, 1241, 1505, 1881*, 𝔐, sy.

αὐτὴν, *la misma*, como se lee en P, B, C, D*, F, G, L, 81, 104, 326, 365, 629, 1175, 2464, 0243, 630, 1739, 1881[c], vg[vg], lat, co, Ambrosiaster.

οὐ μόνον δέ, ἀλλὰ καὶ χειροτονηθεὶς ὑπὸ τῶν ἐκκλησιῶν συνέκδημος ἡμῶν σὺν τῇ χάριτι ταύτῃ Este hermano cuyo nombre no se menciona, tenía un excelente testimonio entre las iglesias, conocido como un hombre fiel, por tanto, digno de confianza, había sido elegido por las iglesias para llevar, junto con Pablo, la ofrenda a Jerusalén.

Es interesante apreciar que la iglesia intervenía en la elección de los que servían de algún modo en el ministerio. El verbo χειροτονέω, expresa la idea de *extender la mano para votar, votar a mano alzada, nombrar por voto, determinar por voto, designar*, no era el apóstol, ni los líderes quienes *nombraban* a la persona, sino que la iglesia votaba entre varios al que debía designarse para acompañar a Pablo en el viaje a Jerusalén con la ofrenda. No cabe duda que hubo otros varios que acompañaron al apóstol, pero, la confianza que las iglesias tenían en este hermano, se manifiesta también en que le habían elegido para llevar con los otros creyentes la ofrenda a Jerusalén.

De nuevo se presta a interés determinar quién podría ser este hermano. Se dan varios nombres, todos los cuales podían tener una cierta razón para determinar al hermano conocido por su testimonio y votado para llevar con otros la ofrenda. Simplemente a modo de curiosidad, puesto que la Escritura no permite afirmar de quien se trataba, se sugieren algunos nombres, tales como *Bernabé*, amigo de Pablo y compañero en su primer viaje misionero, siendo además quien presentó a Pablo a los apóstoles (Hch. 9:27), sin embargo esa amistad se vio quebrada por la discusión sobre si debían o no llevar consigo en el segundo viaje misionero a Juan Marcos, lo que ocasionó una rotura de la colaboración entre ambos, lo que haría difícil que fuese esta la persona a la que se refiere. También se presenta como posible a *Timoteo*, del que se dice que estaba con Pablo cuando escribió la *Epístola* (1:1). Había sido enviado en una ocasión anterior a Corinto, en la que Pablo pedía a la iglesia que le tratasen con corrección (1 Co. 4:17; 16:10); sin duda la identificación en general encaja con Timoteo, pero no es claro que pudiera ser él a quien se refiere aquí. Podría tratarse de *Silas*, otro de los colaboradores de Pablo, conocido entre las iglesias, cuyo nombre está muy ligado al de Timoteo en los escritos del apóstol, y que está presente en el tiempo inicial de la evangelización de Corinto (1:19), sin embargo, no hay más información sobre el ministerio de Silas en Corinto. Acaso podría ser *Aristarco*, ya que forma parte del grupo de hermanos que acompañaron a Pablo hasta Jerusalén (Hch. 19:29; 20:4; 27:2), a él se refiere el apóstol como su *compañero de prisiones* (Col. 4:10), y como *colaborador* (Flm. 24). Con todo, no hay seguridad de que los corintios lo conocieran, puesto que la relación suya en este asunto era con Tesalónica (Hch. 20:4). Se ha propuesto también a *Apolos*, creyente capaz, conocedor profundo de la Escritura, elocuente orador y que había estado en la iglesia en Corinto, pero que no deseaba volver a visitarles *por ahora* (1 Co. 16:12). Con todo Pablo procuraba que rectificase esa postura y estuviera nuevamente durante un tiempo con ellos. En ese perfil, también cabría la figura de *Juan Marcos*. Luego del conflicto entre Pablo y Bernabé, debió haber estado un tiempo en Jerusalén y, de la mano de Pedro, trabajó con las iglesias en Asia Menor. Es verdad que su nombre no aparece en los escritos de Pablo a los corintios, pero también es cierto que el apóstol menciona su nombre y lo recomienda en otros lugares (Col. 4:10; 2 Ti. 4:11; Flm. 24), pero pareciera que dadas las circunstancias que habían mediado entre Pablo y él, por haberlos dejado en Galacia para regresar a Jerusalén (Hch. 15:37, 39), no sería el más indicado para ser esta persona que se menciona sin nombre en la *Epístola*. Queda otra posibilidad y es que se tratase de *Lucas*.

Es notable quc, en la relación de compañeros de viaje de Pablo, escogidos para llevar la ofrenda a Jerusalén, no hay ninguno vinculado directamente con la iglesia en Corinto. Además, Pablo se refiere en la *Epístola* a Tito, pero no menciona en ningún lugar a Lucas. No puede probarse que en el año 50 circulase ya el *Evangelio según Lucas* por las iglesias, para que todos diesen testimonio de él. Ahora bien, como no se menciona al representante de Corinto, en el grupo de hermanos que acompañaron a Pablo (Hch. 20:4), se podría asumir que fuese el representante de Corinto y que guarda ese dato al escribir Hechos. No se sabe nada que Lucas estuviese presente en Filipos cuando Pablo escribió la *Epístola*, sin embargo, algunos mss. bizantinos, ponen al final una nota en la que se lee: *"La segunda epístola a los corintios fue escrita desde Filipos a través de Tito y Lucas"*, y aunque no está en el texto bíblico, es interesante esa referencia. Hay varios eruditos que se decantan por *Lucas* como el hermano citado en el escrito.

De nuevo se usa para referirse a la *colecta* que el apóstol promovía el término χάρις, *gracia*, Pablo habla de ella como de *la gracia esta*. Era una manifestación de amor, por tanto, era un compartir gracia con los hermanos necesitados. La ofrenda no era por obligación, sino que la caridad fraterna iba expresada en ella.

τῇ διακονουμένῃ ὑφ ἡμῶν πρὸς τὴν αὐτοῦ τοῦ κυρίου δόξαν καὶ προθυμίαν ἡμῶν, La última frase expresa el compromiso de los hermanos que promovían y llevarían la ofrenda, en el sentido de considerarse *ministradores*, o como podría traducirse también *administradores* de aquella gracia. Los que la habían promovido no estaban buscando alabanza alguna por haberse acordado de los hermanos necesitados en Jerusalén. Aquel servicio no era para gloria personal de ningún creyente, grupos de creyentes o iglesias, sino que lo hacían para *la gloria de Dios*.

Cierra la última frase aludiendo a *la buena disposición* de ellos. El grupo, incluido el apóstol, estaban empeñados en que se recogiese la ofrenda, para lo que trabajaban con diligencia en esta labor. Una nueva enseñanza que complemente la general sobre la ofrenda, es que todo debe hacerse para la gloria de Dios, pero, al mismo tiempo está la responsabilidad de los creyentes, unos para ofrendar, y el grupo que se estaba formando para afrontar un largo viaje, lleno de dificultades hasta Jerusalén. De este último se refiere aquí como *la buena voluntad nuestra*. La voluntad dispuesta tampoco es motivo de gloria, puesto que es Dios el que produce en el corazón de cada uno *"el querer y el hacer, por su buena voluntad"* (Fil. 2:13).

20. Evitando que nadie nos censure en cuanto a esta ofrenda abundante que administramos.

στελλόμενοι τοῦτο, μή τις ἡμᾶς μωμήσηται ἐν τῇ ἁδρότητι
Evitando esto, no alguien a nosotros censure en la abundancia
ταύτῃ τῇ διακονουμένῃ ὑφ' ἡμῶν·
esta la que es administrada por nosotros.

Análisis y notas del texto griego.

Análisis: στελλόμενοι, caso nominativo masculino plural del participio de presente en voz activa del verbo στελλομαι, *apartarse, evitar*, aquí *evitando*; τοῦτο, caso acusativo neutro singular del pronombre demostrativo *esto*; μή, partícula que hace funciones de adverbio de negación *no*; τις, caso nominativo masculino singular del pronombre indefinido *alguien*; ἡμᾶς, caso acusativo de la primera persona plural del pronombre personal declinado *a nosotros*; μωμήσηται, tercera persona singular del primer aoristo de subjuntivo en voz media del verbo μομάομαι, *criticar, censurar*, aquí *censure*; ἐν, preposición propia de dativo *en*; τῇ, caso dativo femenino singular del artículo determinado *la*; ἁδρότητι, caso dativo femenino singular del nombre común *abundancia*; ταύτῃ, caso dativo femenino singular del pronombre demostrativo *esta*; τῇ, caso dativo femenino singular del artículo determinado *la*; διακονουμένῃ, caso dativo femenino singular del participio de presente en voz pasiva del verbo διακονέω, *servir*, aquí *es servida, es ministrada, es administrada*; ὑφ', forma que toma la preposición de genitivo ὑπό, por elisión y asimilación ante vocal aspirada, aquí con sentido de *bajo, por*; ἡμῶν, caso genitivo de la primera persona plural del pronombre personal *nosotros*.

στελλόμενοι τοῦτο, μή τις ἡμᾶς μωμήσηται En la administración de la ofrenda, podía servir de pretexto a los enemigos del apóstol para formular contra él críticas destructivas que le afectasen en la imagen personal ante las iglesias. Por todos los medios evita que quede ni un resquicio de duda en el ministerio de esto ante los creyentes de las iglesias que habían contribuido a ella.

ἐν τῇ ἁδρότητι ταύτῃ τῇ διακονουμένῃ ὑφ ἡμῶν· No era, sin duda, una ofrenda pequeña y debía administrarse no solo con sabiduría, sino con total transparencia. Como administrador de una ofrenda muy grande, evita toda censura en este sentido. Estaba decidido a no dar ocasión alguna para que se censurase su integridad. Los enemigos suyos usarían de la maledicencia para que algunos, sino todos, considerasen que estaba usando los fondos para beneficio personal. De ahí la compañía para custodiar y entregar la ofrenda, compuesta por seis creyentes juntamente con Lucas y Pablo (Hch. 20:4-5). Nadie debía tener sospecha alguna de la correcta administración de la ofrenda.

21. Procurando hacer las cosas honradamente, no sólo delante del Señor sino también delante de los hombres.

προνοοῦμεν γὰρ[1] καλὰ οὐ μόνον ἐνώπιον Κυρίου[2] ἀλλὰ καὶ
Porque procuramos cosas buenas no sólo delante de Señor, sino también
ἐνώπιον ἀνθρώπων.
delante de hombres.

Análisis y notas del texto griego.

Análisis: προνοοῦμεν, primera persona plural del presente de indicativo en voz activa del verbo προνοέω, *prever, preocuparse, cuidarse de, procurar*, aquí *procuramos*; γὰρ, conjunción causal *porque*; καλὰ, caso acusativo neutro plural del adjetivo *honorables, honestos, buenos*, en sentido de *buenas cosas*; οὐ, adverbio de negación *no*; μόνον, adverbio de modo *sólo, solamente*; ἐνώπιον, que en el helenismo es preposición impropia de genitivo, y que realmente es el acusativo neutro singular del adverbio ἐνώπιος, *el que está a la vista, ante el rostro de, el que está en presencia de, etc.*, convirtiéndose en adverbio, *delante*; Κυρίου, caso genitivo masculino singular del nombre divino declinado *de Señor*; ἀλλὰ, conjunción adversativa *sino*; καὶ, adverbio de modo *también*; ἐνώπιον, que en el helenismo es preposición impropia de genitivo, y que realmente es el acusativo neutro singular del adverbio ἐνώπιος, *el que está a la vista, ante el rostro de, el que está en presencia de, etc.*, convirtiéndose en adverbio, *delante*; ἀνθρώπων, caso genitivo masculino plural del nombre común declinado *de hombres*.

Notas. Crítica Textual. Lecturas alternativas.

[1] προνοοῦμεν γὰρ, *porque procuramos*, según se lee en 𝔓[46], a, B, D, F, G, P, 0243, 6, 630, 1175, 1739, 1881, latt.

προνοούμενοι γαρ, *porque procurando*, conforme a C, 0225, 33, 81, 326, 365, 1505, Clemente.

προνοούμενοι, *procurando*, lectura en K, L, Ψ, 104, 1241, 2464, 𝔐.

[2] Κυρίου, *del Señor*, de acuerdo con 𝔓[46], a, B, D, F, G, P, 0243, 6, 630, 1175, 1739, 1881, latt.

τοῦ Θεοῦ, *de Dios*, según P[46], lat, sy[p], Ambrosiaster.

προνοοῦμεν γὰρ καλὰ οὐ μόνον ἐνώπιον Κυρίου ἀλλὰ καὶ ἐνώπιον ἀνθρώπων. La ética del cristiano no solo se manifiesta delante de los hombres, sino, especialmente, delante de Dios. El apóstol velaba para guardar su integridad moral. De modo que el servicio relacionado con la ofrenda debía ser agradable a Dios y aprobado por los hombres (Ro. 14:18; 1 P. 2:12, 15, 16). Por esa razón esta tarea nunca la hacía solo (v.

19). No recogía la ofrenda personalmente, ni permitía que se hicieran ofrendas cuando estaba presente (1 Co. 16:1-4). Usaba de hermanos de probada solvencia espiritual y conocidos en las iglesias para administrar los fondos recogidos. Los hermanos que le acompañaban eran *designados* por las iglesias. La ofrenda era llevada a los destinatarios por un grupo numeroso de hermanos (Hch. 20:4). Pablo se cuidaba mucho de sus actividades en relación con asuntos financieros, especialmente ante los corintios (1 Co. 9:12). Procedía con rectitud intachable ante Dios y ante los hombres. No era, para él, suficiente con hacer las cosas rectamente, quería que también lo parecieran así para quienes observasen su comportamiento. Es cierto que Dios que ve el corazón aprueba o reprueba la conducta del creyente, pero las cosas hechas de un modo correcto evitan que los hombres juzguen negativamente la integridad del cristiano. Este comportamiento de Pablo y el testimonio que da de la razón de porque lo hace descansa en la Escritura: *"Hallarás gracia y buena opinión ante los ojos de Dios y de los hombres"* (Pr. 3:4).

22. Enviamos también con ellos a nuestro hermano, cuya diligencia hemos comprobado repetidas veces en muchas cosas, y ahora mucho más diligente por la mucha confianza que tiene en vosotros.

συνεπέμψαμεν δὲ αὐτοῖς τὸν ἀδελφὸν ἡμῶν ὃν ἐδοκιμάσαμεν
Y enviamos con ellos al hermano de nosotros al que comprobamos
ἐν πολλοῖς πολλάκις σπουδαῖον ὄντα, νυνὶ δὲ πολὺ
en muchas cosas muchas veces diligente siendo, y ahora mucho
σπουδαιότερον πεποιθήσει πολλῇ τῇ εἰς ὑμᾶς.
más diligente por confianza mucha - hacia vosotros

Análisis y notas del texto griego.

Análisis: συνεπέμψαμεν, primera persona plural del primer aoristo de indicativo en voz activa del verbo, συμπεμπω, *enviar con*, aquí *enviamos con*; δὲ, partícula conjuntiva que hace las veces de conjunción coordinante, con sentido de *pero, más bien, y, y por cierto, antes bien, entonces*; αὐτοῖς, caso dativo masculino de la tercera persona plural del pronombre personal *ellos*; τὸν, caso acusativo masculino singular del artículo determinado declinado *al*; ἀδελφὸν, caso acusativo masculino singular del nombre común *hermano*; ἡμῶν, caso genitivo de la primera persona plural del pronombre personal declinado *de nosotros*; ὃν, caso acusativo masculino singular del pronombre relativo declinado *al que*; ἐδοκιμάσαμεν, primera persona plural de primer aoristo de indicativo en voz activa del verbo δοκιμάζω, *probar, comprobar, aprobar*, aquí *comprobamos*; ἐν, preposición propia de dativo *en*; πολλοῖς, caso dativo neutro plural del adjetivo *muchos*, en sentido de *muchas cosas*; πολλάκις, adverbio de modo *muchas veces, frecuentemente*; σπουδαῖον, caso acusativo masculino singular del adjetivo *diligente*; ὄντα, caso acusativo masculino singular del participio de presente en voz activa del verbo εἰμί, *ser, estar*, aquí *siendo*; νυνὶ, adverbio demostrativo *ahora*; δὲ, partícula conjuntiva que hace las veces de conjunción coordinante, con sentido de *pero, más bien, y, y por cierto, antes bien, entonces*; πολὺ, adverbio o caso acusativo neutro singular del adjetivo *mucho*; σπουδαιότερον, caso acusativo masculino singular del adjetivo comparativo *más diligente*; πεποιθήσει, caso dativo femenino singular del nombre común declinado *por confianza*; πολλῇ, caso dativo femenino singular del adjetivo *mucha*; τῇ, caso dativo femenino singular del artículo determinado *la*; εἰς, preposición propia de acusativo *con, hacia*; ὑμᾶς, caso acusativo de la segunda persona plural del pronombre personal *vosotros*.

συνεπέμψαμεν δὲ αὐτοῖς τὸν ἀδελφὸν ἡμῶν ὃν ἐδοκιμάσαμεν ἐν πολλοῖς πολλάκις σπουδαῖον ὄντα, De nuevo aparece el mismo problema de identificación del caso anterior (v. 18). Se trata aquí de un hombre que ha sido probado *muchas veces* y en *muchas cosas*. No fueron pocas, sino muchas las veces que demostró ser digno de confianza por su trabajo diligente. En este caso la indefinición es mayor todavía, porque habla de que, *junto con ellos*, lo que comprende a Tito y al hermano que era bien conocido por las iglesias, envía *al hermano* probado en diligencia. ¿Quién es? Tampoco es posible identificar a este tercer enviado del apóstol. Algunos padres de la iglesia[6] sugieren que podía ser *Apolos*, sin embargo, no hay ninguna evidencia y son, como en el caso del hermano citado antes, meras suposiciones personales.

νυνὶ δὲ πολὺ σπουδαιότερον πεποιθήσει πολλῇ τῇ εἰς ὑμᾶς. Si había mostrado siempre en todas las muchas cosas que le habían sido encomendadas mucha diligencia, Pablo puntualiza aquí que esa diligencia se veía incrementada por la *mucha confianza* que tenía en los corintios. Quiere decir que, pudiera conocer aquella iglesia y por eso estaba seguro de logar éxito en la misión encomendada, lo que le movía a una mayor diligencia para ejecutarla. Pero, acaso no la había visitado nunca, pero Pablo hablaba a todos positivamente de los corintios (7:14; 9:2), de manera que este hermano se sentía deseoso de ir a Corinto para que, junto con sus otros dos compañeros de viaje, concluyesen los tres la misión de recoger la ofrenda.

Recomendaciones sobre Tito (8:23-24)

23. En cuanto a Tito, es mi compañero y colaborador para con vosotros; y en cuanto a nuestros hermanos, son mensajeros de las iglesias, y gloria de Cristo.

εἴτε ὑπὲρ Τίτου, κοινωνὸς ἐμὸς καὶ εἰς ὑμᾶς συνεργός· εἴτε
Sea que a favor de Tito, compañero mío y para vosotros colaborador; sea que
ἀδελφοὶ ἡμῶν, ἀπόστολοι ἐκκλησιῶν, δόξα Χριστοῦ.
hermanos de nosotros, enviados de iglesias, gloria de Cristo.

---

[6] Entre otros Teodoreto y Pelagio.

Análisis y notas del texto griego.

Análisis: εἴτε, conjunción disyuntiva *bien sea que, si... o, sea que... o, y si, o si, sea, sea que*; ὑπὲρ, preposición propia de genitivo *a favor de*; Τίτου, caso genitivo masculino singular del nombre propio *Tito*; κοινωνὸς, caso nominativo masculino singular del nombre común *compañero*; ἐμὸς, caso nominativo masculino singular del adjetivo posesivo *mío*; καὶ, conjunción copulativa *y*; εἰς, preposición propia de acusativo *para*; ὑμᾶς, caso acusativo de la segunda persona plural del pronombre personal *vosotros*; συνεργός, caso nominativo masculino singular del adjetivo *colaborador*; εἴτε, conjunción disyuntiva *bien sea que, si... o, sea que... o, y si, o si, sea, sea que*; ἀδελφοὶ, caso nominativo masculino plural del nombre común *hermanos*; ἡμῶν, caso genitivo de la primera persona plural del pronombre personal declinado *de nosotros*; ἀπόστολοι, caso nominativo masculino plural del nombre común *apóstoles, enviados*; ἐκκλησιῶν, caso genitivo femenino plural del nombre común *iglesias*; δόξα, caso nominativo femenino singular del nombre común *gloria*; Χριστοῦ, caso genitivo masculino singular del nombre propio declinado *de Cristo*.

εἴτε ὑπὲρ Τίτου, κοινωνὸς ἐμὸς καὶ εἰς ὑμᾶς συνεργός· Pablo extiende dos recomendaciones que conllevan dos advertencias para los corintios. La primera hace referencia a Tito, al que califica como *su compañero*, es decir, alguien que está firmemente ligado al apóstol en el ministerio de evangelizar, fundar iglesias y edificar a los creyentes. Pero, en relación con los corintios era *colaborador*, entendiendo que colaboraba con él para lo que tenía que ver con la iglesia en Corinto. Ya había sido enviado antes en los momentos de mayor tensión y es enviado nuevamente ahora para activar y concluir con la recogida de la colecta para los pobres en Jerusalén. Todo cuanto hiciesen con él lo hacían con Pablo que lo enviaba, sea un trato afectuoso o no, en cualquier caso, los corintios debían reconocer en Tito, el delegado de Pablo para aquel asunto concreto, por tanto venía para hacer la labor que el apóstol no podía hacer en aquellos momentos.

εἴτε ἀδελφοὶ ἡμῶν, ἀπόστολοι ἐκκλησιῶν, δόξα Χριστοῦ. Otros dos hermanos le acompañaban, para quienes extiende una recomendación indicando a los corintios su condición, como *apóstoles* de las iglesias, en el sentido de *enviados* de ellas. El término ἀπόστολος, tiene que entenderse aquí en el sentido semántico de la palabra y no en el de alusión al don de apóstol. Así se usa en muchos otros lugares del Nuevo Testamento, como por ejemplo se llama *apóstol* a Epafrodito, porque había sido *enviado* por la iglesia en Filipos con una ofrenda personal para el apóstol (Fil. 2:25). En el sentido de don, los *apóstoles* son solamente los *Doce* y Pablo. Una vez concluido el ministerio que se les había encomendado, entre otras cosas la de establecer la doctrina bíblica para las iglesias y escribir el Nuevo Testamento, el don no está operativo, puesto que nadie puede añadir nada ni a la doctrina, ni a la Palabra. La pretensión de algunos en nuestro tiempo de ser *apóstoles* y sostener que por ello reciben nuevas revelaciones de Dios, es una arrogancia mentirosa que trae mucha confusión a hermanos sencillos, y produce graves problemas en la obra de Dios. Estos que se consideran *apóstoles* y se hacen tratar como tales, son verdaderamente *apóstoles falsos*.

24. Mostrad, pues, para con ellos ante las iglesias la prueba de vuestro amor, y de nuestro gloriarnos respecto de vosotros.

τὴν οὖν ἔνδειξιν τῆς ἀγάπης ὑμῶν καὶ ἡμῶν καυχήσεως ὑπὲρ
La demostración, pues, del amor de vosotros y de nosotros jactancia acerca de
ὑμῶν εἰς αὐτοὺς ἐνδεικνύμενοι[1] εἰς πρόσωπον τῶν ἐκκλησιῶν.
vosotros a ellos mostrando en presencia de las iglesias.

Análisis y notas del texto griego.

Análisis: τὴν, caso acusativo femenino singular del artículo determinado *la*; οὖν, conjunción continuativa *pues*; ἔνδειξιν, caso acusativo femenino singular del nombre común *demostración*; τῆς, caso genitivo femenino singular del artículo determinado declinado *de la*; ἀγάπης, caso genitivo femenino singular del nombre común *amor*; ὑμῶν, caso genitivo de la segunda persona plural del pronombre personal declinado *de vosotros*; καὶ, conjunción copulativa *y*; ἡμῶν, caso genitivo de la primera persona plural del pronombre personal declinado *de nosotros*; καυχήσεως, caso genitivo femenino singular del nombre común *jactancia, orgullo, gloriarse*; ὑπὲρ, preposición propia de genitivo *acerca de*; ὑμῶν, caso genitivo de la segunda persona plural del pronombre personal *vosotros*; εἰς, preposición propia de acusativo *a*; αὐτοὺς, caso acusativo de la tercera persona plural del pronombre personal *ellos*; ἐνδεικνύμενοι, caso nominativo masculino plural del participio de presente en voz media del verbo ἐνδείκνυμαι, *mostrar, demostrar, revelar*, aquí *mostrando*; εἰς, preposición propia de acusativo *en*; πρόσωπον, caso acusativo neutro singular del nombre común *rostro, presencia*; τῶν, caso genitivo femenino plural del artículo determinado declinado *de las*; ἐκκλησιῶν, caso genitivo femenino plural del nombre común *iglesias*.

Notas. Crítica Textual. Lecturas alternativas.

[1] ἐνδεικνύμενοι, *mostrando*, según lectura en B, D*, F, G, 33, b, rho, vg[vg].

ἐνδείξασθε, *mostrad*, conforme a a, C, D[1], K, L, P, Ψ, 0225, 0243, 81, 104, 365, 630, 1175, 1241, 1505, 1739, 1881, 2464, 𝔐, lat.

τὴν οὖν ἔνδειξιν τῆς ἀγάπης ὑμῶν καὶ ἡμῶν καυχήσεως ὑπὲρ ὑμῶν εἰς αὐτοὺς ἐνδεικνύμενοι εἰς πρόσωπον τῶν ἐκκλησιῶν. Ahora bien, a estos *enviados*, deben tratarlos como enviados *de las iglesias*, de otro modo, *representantes* de las iglesias, elegidos por ellas para colaborar con el ministerio de recoger la ofrenda y, en compañía de otros, hacerla llegar a los destinatarios. Cualquier cosa que se haga con ellos, se estaría haciendo a las iglesias que les habían comisionado. El prestigio de la iglesia en Corinto estaba puesto en juego ahora y se verificaría por el trato dispensado a este grupo. Pablo había elogiado ante las iglesias de Macedonia la fidelidad y condición de la iglesia en Corinto, de ahí la recomendación sobre los delegados de ellas, que iban a visitarles. El trato correcto confirmaría lo que Pablo había testificado acerca de los corintios. El apóstol estaba convencido de su comportamiento y se gloriaba de ellos (7:4, 14). Ahora les exhorta a manifestarlo ante todos aquellos a quienes Pablo les había hablado con alabanzas de ellos. Todos los ojos estaban puestos en Corinto para ver cómo iban a recibir a los mensajeros.

Dos cosas estaban siendo puestas a prueba: El amor de los corintios hacia sus hermanos, y la jactancia que el apóstol hacía de ellos delante de las iglesias. De otro modo, el apóstol les exhorta para que *mostrasen la prueba de su amor*. Eso traería consigo el recibirlos con confianza y afecto fraternal. Debían hacerlo *ante las iglesias*, en el sentido de que las que habían enviado a estos hermanos en nombre de ellas, pudieran apreciar en la recepción a los enviados, la prueba del amor de los hermanos en Corinto, de lo que el apóstol se sentía orgulloso.

Como se aprecia en la lectura del versículo, hay tres grupos implicados: Los corintos, los mensajeros y las iglesias que los envían. Por tanto, lo que estaba puesto a prueba era *el amor* de aquella iglesia, y *el gloriarse* de Pablo en relación con ella.

Cerrando el comentario al capítulo, destacar sencillamente algo que se aprecia en la lectura y consideración del texto bíblico.

Las pruebas y dificultades, los problemas que incluyen los económicos no son motivo para que el creyente deje de ofrendar, en mayor o menor cantidad, conforme a sus recursos. La enseñanza bíblica sobre el modo de ofrendar no está presente en la formación de los creyentes en muchas iglesias, de ahí que algunos no ofrenden o lo hagan de forma muy limitada y, en otras ocasiones, se grave a los hermanos con cargas superiores a sus posibilidades. El capítulo enseña la necesidad de hacer entender correctamente lo que es la ofrenda, que no se trata de una necesidad que superar, sino de un sacrificio que ofrecer (Fil. 4:18). Cuando un creyente está comprometido con la entrega personal al Señor de su vida y recursos, siempre hay ocasión para practicar la ofrenda material. Esta debe ser realizada como algo habitual en cada iglesia.

El estímulo para una ofrenda sincera y plena delante del Señor es el ejemplo de la ofrenda infinita de Dios en Cristo (v. 9). La gracia del Señor no es algo teológico que debe *saberse*, sino algo experimental que ha de *conocerse*. Algunos podrán extenderse en puntualizaciones sobre la entrega personal de Jesucristo, pero, en ocasiones, quedan en precisiones bíblico-teológicas sobre el tema, que no traen ninguna consecuencia al corazón y que solo llenan el cerebro, sin producir efecto alguno en la vida cristiana. Para cualquier asunto de vida cristiana, el creyente debe tener los *"ojos puestos en Jesús"* (He. 12:2). La ausencia del ministerio de la gracia de Jesucristo, el distanciamiento que se hace de estas verdades fundamentales en el púlpito de la iglesia, traen como resultado congregaciones a las que falta el ejemplo dinámico que mueve la vida al compromiso y entrega personal. Si la gracia de Dios y la obra redentora de nuestro Señor, no cambian la vida del creyente en esa dirección, no habrá nada que la pueda hacer cambiar. Se requiere volver a la enseñanza sobre el amor divino para que los creyentes, constreñidos por él, tomen la determinación de vivir, no para ellos, sino para Aquél que nos ha comprado al precio de Su propia vida (Gá. 2:20; 2 Co. 5:14).

Una tercera observación que contrasta profundamente con la actualidad es la unidad entre los cristianos y, por consiguiente, entre las iglesias del tiempo apostólico. No supone esto que no hubiera problemas que resolver, la *Epístola* lo pone de manifiesto, pero no había barreras entre las distintas iglesias, sino que todas acudían a lo que era necesario hacer conjuntamente. El influjo de iglesias sobre iglesias es evidente, de modo que Pablo podía poner como ejemplo de compromiso a las de Macedonia y a ellos como ejemplo de interés a la de Corinto. Las iglesias se conocían entre ellas, estaban informadas de las acciones que debían abordarse juntas y compartían, como corresponde a santos, la relación de comunión entre ellas. La colaboración entre las iglesias es evidente en el grupo seleccionado para llevar la ofrenda, enviando a hermanos de distintas iglesias para hacer el mismo cometido y colaborar unidos en una misma actividad. La desunión entre las iglesias, no ya en sentido *interdenominacional*, sino entre las del mismo grupo, es lamentablemente una triste realidad. Las divisiones no se producen tanto por la doctrina, sino por las prácticas, normas, costumbres y tradiciones a las que se le ha elevado a la categoría de doctrina, muchas veces fundamental, lo que produce serias divisiones entre cristianos.

CAPÍTULO IX

GENEROSIDAD

Introducción

El tema del pasaje sigue siendo el de *la ofrenda*, por lo que la introducción a este capítulo es la misma que para el anterior, salvo el desglose de los textos y el contenido de ellos.

El apóstol Pablo estaba convencido de la disposición de los corintios para atender a la *colecta* que estaba promoviendo entre las iglesias para ayudar a mitigar la situación de necesidad por la que atravesaba la iglesia en Jerusalén. No debe olvidarse que en una medida grande había nacido de peregrinos de otros lugares de la nación que acudieron a la *fiesta de Pentecostés*, en donde se les predicó el evangelio y miles de ellos recibieron a Cristo, no solo como el Mesías esperado, sino como su Salvador personal. Es posible que muchos de ellos quedasen en Jerusalén para compartir la comunión unos con otros, ser enseñados por los apóstoles y dedicarse a la oración y al cumplimiento de las ordenanzas. Tal vez esto pudo haber influido en la situación de dificultades económicas que atravesaba la iglesia en ese lugar. Pudiera ser que tener que atender a hermanos procedentes de tantos lugares supusiera un problema, que no pudo resolverse con lo que se llama la *comunidad de bienes*, de modo que las tensiones financieras se produjeron. Por otro lado, como ya se ha considerado en el capítulo anterior, los problemas sociales de los judíos contra los cristianos, condujeron a una situación de persecución, en la que muchos tuvieron que huir para salvar sus vidas. No importa tanto cuales fueron los motivos, la realidad es que había mucha necesidad en la iglesia en Jerusalén, a la que las iglesias establecidas por el ministerio de Pablo, acudieron con una ofrenda que sin duda fue grande.

La íntima relación entre los dos capítulos impide sustentar la teoría de los *críticos*, en el sentido de ser este un añadido tomado de otra carta del apóstol dirigida a todas las iglesias de Acaya. Esto no puede sustentarse, sobre todo teniendo en cuenta la unanimidad de los manuscritos y versiones, que sostienen la unidad de los dos capítulos.

Pablo no quería que los enviados por las iglesias en Macedonia, encontraran a los corintios sin preparación para aportar a esa ofrenda, que no sería solo como vergüenza para ellos, sino también para él, por cuanto les había alabado entre las iglesias por el compromiso que habían manifestado en el deseo de participar en ella.

Siguiendo el mismo tema, trata primero de la preparación para la recogida de la ofrenda y la administración de ella (vv. 1-5). Ellos conocían bien el propósito de aquella *colecta*, por lo que no había necesidad alguna de escribirles sobre ella (v. 1). Les hace notar que los macedonios conocían la disposición de ellos para ofrendar, y el informe que había dado el apóstol a aquellas iglesias había servido para estímulo en la participación en la ofrenda (v. 2). Por esa razón les ha enviado a los tres hermanos citados en el capítulo anterior, para que activasen la participación real en ella, por parte de los corintios, a fin de que no fuese una simple nota que exprese un deseo pero que no produzca ninguna actuación, lo que sería vergonzoso para el apóstol que les había puesto como ejemplo (vv. 3-4). El apóstol no quería que la ofrenda que se recogiera en Corinto fuese, a ojos de los macedonios, como una exigencia del apóstol, sino como la expresión de generosidad de la iglesia (v. 5).

El segundo párrafo (vv. 6-15), trata de las promesas y bendiciones para quien ofrenda y puede dividirse en dos partes. La primera trata del gozo en el que ofrenda (vv. 6-7). Mediante una referencia al labrador, les enseña que quien siembra escasamente, no puede esperar abundancia de siega, pero sí quien lo hace con generosidad (v. 6). Aprovecha el ejemplo para indicar el modo de ofrendar (v. 7). La segunda parte del párrafo (vv. 8-15) completa la enseñanza sobre la ofrenda. En él está una promesa de disponer de lo suficiente para poder ofrendar, apoyado en un texto de los Salmos, sigue inmediatamente (vv. 8-9). Esto permitirá la participación en otras ofrendas (vv. 10-11). La ofrenda trae como consecuencia no solo suplir lo que falte a otros, sino redunda en acciones de gracias a Dios (vv. 12-13) y también en oraciones a favor de quienes ofrendan (v. 14). Concluye el párrafo con una expresión de gratitud a Dios por el supremo regalo de Su gracia (v. 15).

Como pauta para el comentario, se sigue la parte correspondiente en el *Bosquejo* incluido en la *Introducción*, como sigue:

- 3.3. Preparación para la ofrenda (9:1-5).
4. Promesas para quien ofrenda (9:6-15).
    - 4.1. Gozo en el que ofrenda (9:6-7).
    - 4.2. Bendiciones para quien ofrenda (9:8-15).

Preparación para la ofrenda (9:1-5)

1. Cuanto a la ministración para los santos, es por demás que yo os escriba.

Περὶ μὲν γὰρ τῆς διακονίας τῆς εἰς τοὺς ἁγίους
Porque ciertamente acerca de la ministración - para los santos,
περισσόν μοί ἐστιν τὸ γράφειν ὑμῖν·
por demás para mí es - escribir os.

Notas y análisis del texto griego.

Análisis: Περὶ, preposición propia de genitivo *acerca de*; μὲν, partícula afirmativa que se coloca siempre inmediatamente después de la palabra expresiva de una idea que se ha de reforzar o poner en relación con otra idea y que, en sentido absoluto tiene oficio de adverbio de afirmación, como *ciertamente, a la verdad*; γὰρ, conjunción causal *porque*; τῆς, caso genitivo femenino singular del artículo determinado *la*; διακονίας, caso genitivo femenino singular del nombre común *diaconía, ministración, servicio*; τῆς, caso genitivo femenino singular del artículo determinado *la*; εἰς, preposición propia de acusativo *para*; τοὺς, caso acusativo neutro plural del artículo determinado *los*; ἁγίους, caso acusativo neutro plural del adjetivo *santos*; περισσόν, caso acusativo neutro singular del adjetivo *por demás, superfluo*; μοί, caso dativo de la primera persona singular del pronombre personal declinado *para mí*; ἐστιν, tercera persona singular del presente de indicativo en voz activa del verbo εἰμί, *ser, estar*, aquí *es*; τὸ, caso nominativo neutro singular del artículo determinado *el*; γράφειν, presente de infinitivo en voz activa del verbo γράφω, *escribir*; ὑμῖν, caso dativo de la segunda persona plural del pronombre personal declinado *a vosotros, os*.

Περὶ μὲν γὰρ τῆς διακονίας τῆς εἰς τοὺς ἁγίους La conjunción γὰρ, sirve de vínculo entre este versículo y el que antecede, último del capítulo anterior. Con anterioridad advirtió a los corintios sobre la visita de tres hermanos comisionados por él para ultimar el asunto de las ofrendas, ahora les da las razones del porqué de ese anuncio, entendiendo que los dos próximos versículos le sirven a este propósito. El tema que se recoge de lo escrito antes, tiene que ver con la *ministración* de la ofrenda. El término, como se ha dicho antes, se usa con frecuencia para referirse a la predicación y también a las ofrendas y distribución de donativos (Hch. 6:1; 12:25; Ro. 15:31).

περισσόν μοί ἐστιν τὸ γράφειν ὑμῖν· El apóstol les indica que escribir más sobre el tema de la ofrenda y su administración es *superfluo*, porque todos ellos conocían sobradamente la razón por la que la promovía, destinada, como dice en la frase anterior, *para los santos*, denominación habitual para referirse a los creyentes. Concretamente éstos a que se refiere el apóstol en este versículo son los creyentes necesitados de Jerusalén. Por consiguiente, lo único que debían hacer era mostrar afecto fraternal con los que les visitarían, ya que en cuanto a motivarles para ofrendar no lo necesitaban.

2. Pues conozco vuestra buena voluntad, de la cual yo me glorío entre los de Macedonia, que Acaya está preparada desde el año pasado; y vuestro celo ha estimulado a la mayoría.

οἶδα γὰρ τὴν προθυμίαν ὑμῶν ἣν ὑπὲρ ὑμῶν
Porque he conocido la buena disposición de vosotros que en pro de vosotros
καυχῶμαι Μακεδόσιν, ὅτι ᾿Αχαΐα παρεσκεύασται ἀπὸ
me jacto ante macedonios que Acaya habían estado preparadas desde
πέρυσι, καὶ τὸ[1] ὑμῶν[2] ζῆλος ἠρέθισεν τοὺς πλείονας.
el año pasado, y el de vosotros celo estimuló a los muchos.

Análisis y notas del texto griego.

Análisis οἶδα, primera persona singular del perfecto de indicativo en voz activa del verbo οἶδα, *saber, conocer*, aquí *he conocido*; γὰρ, conjunción causal *porque*; τὴν, caso acusativo femenino singular del artículo determinado *la*; προθυμίαν, caso acusativo femenino singular del nombre común *buena disposición, buen ánimo*; ὑμῶν, caso genitivo de la segunda persona plural del pronombre personal *de vosotros*; ἣν, caso acusativo femenino singular del pronombre relativo *la que, la cual, que*; ὑπὲρ, preposición propia de genitivo *en pro de*; ὑμῶν, caso genitivo de la segunda persona plural del pronombre personal *vosotros*; καυχῶμαι, primera persona singular del presente de indicativo en voz media del verbo καυξάομαι, *jactarse, enorgullecerse*, aquí *me jacto*; Μακεδόσιν, caso masculino plural del nombre propio declinado *ante macedonios*; ὅτι, conjunción *que*;᾿Αχαΐα, caso nominativo femenino singular del nombre propio *Acaya*; παρεσκεύασται, tercera persona singular del perfecto de indicativo en voz media del verbo παρασκευάζω, *estar preparado*, aquí *habían estado preparadas*, ἀπὸ, preposición propia de genitivo *desde*; πέρυσι, adverbio *el año pasado*; καὶ, conjunción copulativa *y*; τὸ, caso nominativo neutro singular del artículo determinado *el*; ὑμῶν, caso genitivo de la segunda persona plural del pronombre personal declinado *de vosotros*; ζῆλος, caso nominativo neutro singular del nombre común *celo*; ἠρέθισεν, tercera persona singular del primer aoristo de indicativo en voz activa del verbo ἐρεθίζω, *estimular*, aquí *estimulo*; τοὺς, caso acusativo masculino plural del artículo determinado declinado *a los*; πλείονας, caso acusativo masculino plural del adjetivo comparativo *muchos, mayoría*.

Notas. Crítica Textual. Lecturas alternativas.

[1] τὸ ὑμῶν, *el de vosotros*, según lectura en $\mathfrak{P}^{46}$, a, B, 33, 1175.
ὁ ὑμῶν, *el de vosotros*, con artículo en nominativo, conforme a C, D, F, G, K, L, P, Ψ, 0243, 81, 104, 365, 630, 1241, 1505, 1739, 1881, 2464, 𝔐.

[2] ὑμῶν, *de vosotros*, según se lee en 𝔓46, a, B, C, P, 0243, 6, 33, 81, 326, 630, 1175, 1739, 1881, lat, syp, co, Ambrosiaster.

εξ ὑμῶν, *de vosotros*, en lectura de D, F, G, K, L, Ψ, 0209, 104, 365, 1241, 1505, 2464, 𝔐, vgvg, syh.

οἶδα γὰρ τὴν προθυμίαν ὑμῶν ἣν ὑπὲρ ὑμῶν καυχῶμαι Μακεδόσιν, ὅτι ᾿Αχαί α παρεσκεύασται ἀπὸ πέρυσι, Los corintios eran creyentes voluntarios y dispuestos para el compromiso con la ofrenda que se estaba realizando. La disposición para ello había comenzado hacía un año. Se escribe aquí sobre la *buena disposición*, o *buena voluntad* de los corintios. Por tanto, esto permitió al apóstol ponerlos como ejemplo de compromiso con los hermanos necesitados ante las iglesias en Macedonia. Él se enorgullecía ante los macedonios, con los que estaba en los momentos en que escribía la *Epístola.* Acaya estaba preparada para ofrendar desde el año pasado. Ya se consideró esto antes (8:10), de manera que habían sido pioneros en todo el tema de la ofrenda.

El hecho de que las ofrendas estuviesen preparadas desde tanto tiempo, no fue instrumento en manos de Pablo para forzar a los macedonios en el asunto de ofrendar, excediéndose en presentar a los corintios como modelo a imitar en el resto de las iglesias. Simplemente hizo referencia a ellos para indicar al resto de los creyentes que era algo que hacía tiempo se producía y, que además en cierta medida, había salido de la buena voluntad de los corintios cuando supieron de la necesidad en Jerusalén y del deseo del apóstol para acudir en su ayuda.

καὶ τὸ ὑμῶν ζῆλος ἠρέθισεν τοὺς πλείονας. El celo de los corintios en el contribuir para la ofrenda, sirvió de estímulo a los hermanos macedonios, para comprometerse con la ofrenda de las iglesias. Posiblemente con el marcado interés de los corintios, se produjo también el del resto de las iglesias de Acaya. No era algo que le hubieran dicho otros, sino que personalmente *conocía* el interés, el celo, de ellos en todo lo que tenía que ver con la ofrenda que se realizaba. El testimonio de Pablo sobre la iglesia en Corinto, no priva al apóstol para establecer disciplina que corrija desórdenes, porque es otra de las manifestaciones de amor. Sin embargo, lo que se aprecia continuamente es que, al dar un informe a otros, destaca lo positivo que la iglesia tenía.

3. Pero he enviado a los hermanos, para que nuestro gloriarnos de vosotros no sea vano en esta parte; para que como lo he dicho, estéis preparados.

ἔπεμψα δὲ τοὺς ἀδελφούς, ἵνα μὴ τὸ καύχημα ἡμῶν τὸ
Pero envié a los hermanos, para que no la jactancia de nosotros -
ὑπὲρ ὑμῶν κενωθῇ ἐν τῷ μέρει τούτῳ, ἵνα καθὼς ἔλεγον
en pro de vosotros sea vana en el asunto este; para que como decía
παρεσκευασμένοι ἦτε,
preparados estéis.

Análisis y notas del texto griego.

Análisis: ἔπεμψα, primera persona singular del primer aoristo de indicativo en voz activa del verbo πέμπω, *enviar*, aquí *envié*; δὲ, partícula conjuntiva que hace las veces de conjunción coordinante, con sentido de *pero, más bien, y, y por cierto, antes bien, entonces*; τοὺς, caso acusativo masculino plural del artículo determinado declinado *a los*; ἀδελφούς, caso acusativo masculino plural del nombre común *hermanos*; ἵνα, conjunción causal *para que*; μὴ, partícula que hace funciones de adverbio de negación *no*; τὸ, caso nominativo neutro singular del artículo determinado *el*; καύχημα, caso nominativo neutro singular del nombre común *jactancia, enorgullecimiento*; ἡμῶν, caso genitivo de la primera persona plural del pronombre personal declinado *de nosotros*; τὸ, caso nominativo neutro singular del artículo determinado *el*; ὑπὲρ, preposición propia de genitivo *en pro de*; ὑμῶν, caso genitivo de la segunda persona plural del pronombre personal *vosotros*; κενωθῇ, tercera persona singular del aoristo primero de subjuntivo en voz pasiva del verbo κενόω, *vaciar, anonadar, destruir, hacer vano*, aquí *sea vana*; ἐν, preposición propia de dativo *en*; τῷ, caso dativo neutro singular del artículo determinado *el*; μέρει, caso dativo neutro singular del nombre común *parte, porción,* aquí *asunto*; τούτῳ, caso dativo neutro singular del pronombre demostrativo *esto*; ἵνα, conjunción causal *para que*; καθὼς, conjunción *solo que, como*; ἔλεγον, primera persona singular del imperfecto de indicativo en voz activa del verbo λέγω, *hablar, decir*, aquí *decía*; παρεσκευασμένοι, caso nominativo masculino plural del participio perfecto en voz media del verbo παρασκευάζω, *prepararse*, aquí *habiéndose preparado, preparados*; ἦτε, segunda persona plural del presente de subjuntivo en voz activa del verbo εἰμί, *ser, estar*, aquí *estéis*.

ἔπεμψα δὲ τοὺς ἀδελφούς, ἵνα μὴ τὸ καύχημα ἡμῶν τὸ ὑπὲρ ὑμῶν κενωθῇ ἐν τῷ μέρει τούτῳ, El escrito es preparatorio para la visita de los hermanos que les enviaba y, en forma especial, para aquellos que procedían de otras iglesias. El problema consistiría en que la jactancia de Pablo en pro de los corintios ante las iglesias, se hiciese vana, es decir, no fuese apreciada del modo en que había sido presentada, si los corintios no ponían en acción lo necesario para recaudar la ofrenda que ya habían deseado hacer un año antes. Pablo había mencionado esta situación a los macedonios indicándoles que los corintios ya estaban preparados para realizar su parte en aquel asunto. Por esa razón envía a Tito y los otros dos hermanos para que el propósito se lleve a la ejecución cuanto antes, de ese modo, las alabanzas que había hecho de ellos, quedarían justificadas ante el grupo de colaboradores que había enviado.

ἵνα καθὼς ἔλεγον παρεσκευασμένοι ἦτε, Reitera nuevamente que el propósito suyo es que estuviesen preparados para recoger la ofrenda. Los tres hermanos no eran enviados para fiscalizar la recogida de la ofrenda, sino para que Dios fuese glorificado por la disposición de los creyentes en aquel acto de amor. Sin duda para Pablo, la palabra *jactarse* o *gloriarse*, siempre es en Cristo (1 Co. 1:31; 2 Co. 10:17). Pablo desea que este grupo de hermanos aprecie que las palabras suyas tenían la realidad de lo que ocurría en la iglesia, de manera que estos hermanos iban a Corinto para fortalecer la buena voluntad de los creyentes. No está dudando en absoluto de los corintios, pero desea que las palabras se materialicen en la obra de recoger la ofrenda. Está pidiendo que su *jactarse* de ellos, no se convierta en algo vano por no haber cumplido su compromiso de hacía un año.

4. No sea que si vinieren conmigo algunos macedonios, y os hallaren desprevenidos, nos avergoncemos nosotros, por no decir vosotros, de esta nuestra confianza.

μή πως ἐὰν ἔλθωσιν σὺν ἐμοὶ Μακεδόνες καὶ εὕρωσιν ὑμᾶς
No sea que si viniesen conmigo macedonios y hallasen os
ἀπαρασκευάστους καταισχυνθῶμεν ἡμεῖς, ἵνα μὴ λέγω
no preparados seamos avergonzados nosotros, para que no diga
ὑμεῖς, ἐν τῇ ὑποστάσει ταύτῃ[1].
vosotros, en la confianza esta.

Análisis y notas del texto griego.

Análisis: μή, partícula que hace funciones de adverbio de negación *no*; πως, partícula enclítica siempre unida a las partículas εἰ o μή, en este caso con significado de *no sea que, de algún modo, que quizás*; ἐὰν, partícula conjuntiva que hace funciones de conjunción y que denota idea de condición o de hipótesis, *si, tanto si... como si... suponiendo que, sea que, si no, lo mismo que, como es de esperar*; ἔλθωσιν, tercera persona plural del segundo aoristo de subjuntivo en voz activa del verbo ἔρχομαι, *venir, llegar, aparecer*, aquí *viniesen, apareciesen*; σὺν, preposición propia de dativo *con*; ἐμοὶ, casi dativo de la primera persona singular del pronombre personal *mí*, ambas juntas *conmigo*; Μακεδόνες, caso nominativo masculino plural del nombre propio *de Macedonia, macedonios*; καὶ, conjunción copulativa *y*; εὕρωσιν, tercera persona plural del segundo aoristo de subjuntivo en voz activa del verbo εὑρίσκω, *hallar, encontrar*, aquí *hallasen*; ὑμᾶς, caso acusativo de la segunda persona plural del pronombre personal declinado *a vosotros, os*; ἀπαρασκευάστους, caso acusativo masculino plural del adjetivo *no preparados, sin preparar, desprevenidos*; καταισχυνθῶμεν, primera persona plural del primer aoristo de subjuntivo en voz pasiva del verbo καταισχύνο, *avergonzar, poner en vergüenza*, aquí *seamos avergonzados*; ἡμεῖς, caso nominativo de la primera persona plural del pronombre personal *nosotros*; ἵνα, conjunción *para que*; μὴ, partícula que hace funciones de adverbio de negación *no*; λέγω, primera persona singular del presente de subjuntivo en voz activa del verbo λέγω, *hablar, decir*, aquí *diga*; ὑμεῖς, caso nominativo de la segunda persona plural del pronombre personal *vosotros*; ἐν, preposición propia de dativo *en*; τῇ, caso dativo femenino singular del artículo determinado *la*; ὑποστάσει, caso dativo femenino singular del nombre común *confianza*; ταύτῃ, caso dativo femenino singular del pronombre demostrativo *esta*.

Notas. Crítica Textual. Lecturas alternativas.

[1] ἐν τῇ ὑποστάσει ταύτῃ, *en la confianza esta*, según se lee en 𝔓[46], א*, B, C, D*, F, G, 048, 0243, 33, 81, 629, 1739, 1881, 2464, latt, co.

ἐν τῇ ὑποστάσει ταύτῃ της καυχήσεως, *en la confianza esta la que nos gloriamos*, conforme a [2]א, D[2], K, L, P, 0209, 104, 365, 630, 1175, 1241, 1505, 𝔐, sy.

μή πως ἐὰν ἔλθωσιν σὺν ἐμοὶ Μακεδόνες, Mediante una expresión condicional apunta a la posibilidad de que cuando fuese a recoger la ofrenda, algunos macedonios le acompañasen. Les dice: *no sea que algunos macedonios vayan conmigo*. El comportamiento de los corintios había sido alabado por Pablo ante las iglesias de Macedonia, de modo que el interés de los hermanos de aquellas iglesias era el de conocer a los corintios, de quienes les había hablado el apóstol. Éste viajaba de un lugar a otro acompañado de quienes lo ayudaban durante el viaje (Hch. 17:14-15; Ro. 15:24; 1 Co. 16:16). Por tanto, no sería extraño que estando en Macedonia algunos hermanos de las iglesias establecidas allí, le acompañasen en el viaje hasta Corinto.

καὶ εὕρωσιν ὑμᾶς ἀπαρασκευάστους, Sería lamentable que luego de alabarles, los que pudiesen acompañar a Pablo, los encontrase no preparados para la ofrenda. La ofrenda para los necesitados en Jerusalén, era un esfuerzo unido de las iglesias de los gentiles, por tanto, deseaba que las iglesias de Macedonia y de Acaya estuvieran integradas en ella.

καταισχυνθῶμεν ἡμεῖς, ἵνα μὴ λέγω ὑμεῖς, ἐν τῇ ὑποστάσει ταύτῃ. El apóstol y sus compañeros de ministerio quedarían avergonzados ante los de Macedonia. Con una enorme delicadeza, les hace notar que también ellos quedarían avergonzados por no cumplir lo que se habían comprometido desde hacía más de un año. Esto sería vergonzoso en todos los sentidos, por lo que se refiere a la confianza que tenía en el comportamiento y compromiso de los corintios.

5. Por tanto, tuve por necesario exhortar a los hermanos que fuesen primero a vosotros y preparasen primero vuestra generosidad antes prometida, para que esté lista como de generosidad, y no como de exigencia nuestra.

ἀναγκαῖον οὖν ἡγησάμην παρακαλέσαι τοὺς ἀδελφούς, ἵνα
Necesario, pues, pensé exhortar a los hermanos, para que
προέλθωσιν εἰς ὑμᾶς καὶ προκαταρτίσωσιν τὴν
fuesen delante a vosotros y preparasen con antelación la
προεπηγγελμένην εὐλογίαν ὑμῶν, ταύτην ἑτοίμην εἶναι
que ha sido prometida antes bendición de vosotros esta preparada estar
οὕτως ὡς εὐλογίαν καὶ μὴ ὡς πλεονεξίαν.
así como bendición y no como codicia.

Análisis y notas del texto griego.

Análisis: ἀναγκαῖον, caso nominativo neutro singular del adjetivo *necesario, urgente*; οὖν, conjunción continuativa *pues*; ἡγησάμην, primera persona singular del primer aoristo de indicativo en voz media del verbo ἡγέομαι, *considerar, pensar*, aquí *pensé*; παρακαλέσαι, aoristo primero de infinitivo en voz activa del verbo παρακαλέω, *exhortar*; τοὺς, caso acusativo masculino plural del artículo determinado declinado *a los*; ἀδελφούς, caso acusativo masculino plural del nombre común *hermanos*; ἵνα, conjunción causal *para que*; προέλθωσιν, tercera persona plural del segundo aoristo de subjuntivo en voz activa del verbo προέρχομαι, *ir delante*, aquí *fuesen delante*; εἰς, preposición propia de acusativo *a*; ὑμᾶς, caso acusativo de la segunda persona plural del pronombre personal *vosotros*; καὶ, conjunción copulativa *y*; προκαταρτίσωσιν, tercera persona plural del primer aoristo de subjuntivo en voz activa del verbo προκαταρτίζω, *preparar antes, preparar con antelación*, aquí *preparasen con antelación*; τὴν, caso acusativo femenino singular del artículo determinado *la*; προεπηγγελμένην, caso acusativo femenino singular del participio perfecto en voz pasiva del verbo προεπαγγέλομαι, *prometer antes*, aquí *que ha sido prometida antes*; εὐλογίαν, caso acusativo femenino singular del nombre común *bendición*; ὑμῶν, caso genitivo de la segunda persona plural del pronombre personal declinado *de vosotros* ταύτην, caso acusativo femenino singular del pronombre demostrativo *esta*; ἑτοίμην, caso acusativo femenino singular del adjetivo *presta, preparada, a punto*; εἶναι, presente de infinitivo en voz activa del verbo εἰμί, *ser, estar*; οὕτως, adverbio demostrativo *así*; ὡς, adverbio de modo, *como*, que hace las veces de conjunción comparativa; εὐλογίαν, caso acusativo femenino singular del nombre común *bendición*; καὶ μὴ ὡς, adverbio de modo, *como*, que hace las veces de conjunción comparativa; πλεονεξίαν, caso acusativo femenino singular del nombre común *acción de avaricia, codicia.*

ἀναγκαῖον οὖν ἡγησάμην παρακαλέσαι τοὺς ἀδελφούς, ἵνα προέλθωσιν εἰς ὑμᾶς καὶ προκαταρτίσωσιν τὴν προεπηγγελμένην εὐλογίαν ὑμῶν, Los hermanos enviados a Corinto eran una necesidad para que trabajasen en la iglesia y preparasen la *bendición*, aquí en sentido de *ofrenda*, antes le llamó *comunión*, que hacía tanto tiempo que habían prometido. Pablo había pensado que esto era necesario para el buen orden y el cumplimiento de lo prometido. El verbo προκαταρτίζω, no se usa en el griego clásico y es un *hápax legomena* en el Nuevo Testamento y significa *poner en orden*, *completar*, *preparar con antelación*. La *colecta* es llamada aquí *bendición*, cuyo término se usa tanto para esta acepción como para *beneficio*.

ταύτην ἑτοίμην εἶναι οὕτως ὡς εὐλογίαν καὶ μὴ ὡς πλεονεξίαν. La ofrenda debía estar preparada antes de la visita de Pablo y tal vez de algunos macedonios que le acompañasen. El estar preparada antes de este encuentro sería una cuestión de generosidad, como una bendición que los corintios sentían, pero, si se tuviese que recoger cuando Pablo estuviese presente, algunos la considerarían como *codicia*, en el sentido de *cómo una exigencia*, impuesta a la iglesia. La *bendición*, como denomina a la ofrenda, conlleva la idea de una *donación abundante*. La ofrenda puede ser una bendición, o la expresión de mezquindad.

Como dice el profesor Pastor Gutiérrez: *"Para cuando lleguen los delegados oficiales, la colecta ha de estar preparada de tal modo que sea una verdadera largueza (*εὐλογίαν*), en la cual dan muestra de generosa liberalidad y no de mezquindad; no ha de ser un dar de avaricia"*[1].

Pablo confía que la ofrenda sea el resultado de la generosidad, con lo que sería abundante, grande, y no de la codicia personal a la que por imposición se le arranca algo. Un corazón codicioso nunca tendrá la aprobación y bendición de Dios. La ofrenda mezquina procede de la obligación, pero está lejos del corazón entregado (8:5), como había ocurrido con las iglesias en Macedonia que, a pesar de sus necesidades, se dieron primeramente ellos al Señor y luego dieron de lo poco que tenían para la necesidad de sus hermanos.

Promesas para quien ofrenda (9:6-15)

Gozo en el que ofrenda (9:6-7)

6. Pero esto digo: El que siembra escasamente, también segará escasamente; y el que siembra generosamente, generosamente también segará.

Τοῦτο δέ, ὁ σπείρων φειδομένως φειδομένως καὶ θερίσει, καὶ ὁ
Y esto, el que siembra escasamente, escasamente también segará, y el

[1] Pastor Gutiérrez. o.c., pág. 563.

σπείρων ἐπ' εὐλογίαις ἐπ' εὐλογίαις καὶ θερίσει.
que siembra con generosidad con generosidad también segará.

Análisis y notas del texto griego.

Análisis: Τοῦτο, nominativo o acusativo neutro singular del pronombre demostrativo *esto*; δέ, partícula conjuntiva que hace las veces de conjunción coordinante, con sentido de *pero, más bien, y, y por cierto, antes bien, entonces*; ὁ, caso nominativo masculino singular del artículo determinado *el*; σπείρων, caso nominativo masculino singular del participio de presente en voz activa del verbo σπείρω, *sembrar*, aquí *que siembra*; φειδομένως, adverbio de modo *escasamente, mezquinamente*; φειδομένως, adverbio de modo *escasamente, mezquinamente*; καὶ, adverbio de modo *también*; θερίσει, tercera persona singular del futuro de indicativo en voz activa del verbo θερίζω, *segar, recoger*, aquí *segará*; καὶ, conjunción copulativa *y*; ὁ, caso nominativo masculino singular del artículo determinado *el*; σπείρων, caso nominativo masculino singular del participio de presente en voz activa del verbo σπείρω, *sembrar*, aquí *que siembra*; ἐπ', forma escrita de la preposición de dativo ἐπί, con el grafismo por elisión de la ι final ante vocal o diptongo sin aspiración, que equivale a *por, sobre, con*; εὐλογίαις, caso dativo femenino plural del nombre común *bendiciones*, traducido aquí como *generosidad*, para dar sentido a la expresión; ἐπ', forma escrita de la preposición de dativo ἐπί, con el grafismo por elisión de la ι final ante vocal o diptongo sin aspiración, que equivale a *por, sobre, con*; εὐλογίαις, caso dativo femenino plural del nombre común *bendiciones*, traducido aquí como *generosidad*, para dar sentido a la expresión; καὶ, adverbio de modo *también*; θερίσει, tercera persona singular del futuro de indicativo en voz activa del verbo θερίζω, *segar, recoger*, aquí *segará*.

Τοῦτο δέ, Las frases de esta cláusula son un tanto ambiguas, especialmente por el significado de algunos términos. El inicio es brusco, sin apenas ligazón con lo que antecede, mediante la expresión *y esto*, que algunos complementan añadiendo *y esto os digo*, o también *y esto considero*. Podría considerarse también como un acusativo absoluto, que vendría a decir *en cuanto a esto*.

ὁ σπείρων φειδομένως φειδομένως καὶ θερίσει, καὶ ὁ σπείρων ἐπ εὐλογίαις ἐπ' εὐλογίαις καὶ θερίσει. Los corintios debían pensar en esto, que no puede haber cosecha abundante con siembra cicatera. Esta verdad se expresa de otro modo: *"No os engañéis; Dios no puede ser burlado: pues todo lo que el hombre sembrare, eso también segará"* (Gá. 6:7). La ley de la siega y de la siembra está presente en toda la Escritura. Algunos creen que Dios no actuará y no hará bien ni mal en relación con las acciones, que expresan las intenciones íntimas de los hombres. Nadie debía llamarse a engaño en esto de la contribución a la ofrenda. Dios no permite que nadie se burle de Él sin recibir las consecuencias propias de ese acto. Su gracia y misericordia no evitan Su justicia y equidad. Esta ley de la siega y de la siembra está considerada aquí en relación a la conducta de ofrendar con generosidad o con limitaciones. El Señor usó el ejemplo en sentido de reconocer al árbol por el fruto que da (Mt. 7:15-20). Ya en los tiempos más lejanos de los escritos bíblicos, aparece esta verdad en palabras de Elifaz: *"Como yo he visto, los que aran iniquidad y siembran injuria, la siegan"* (Job. 4:8). De la misma forma el profeta: *"Porque sembraron viento, y torbellino segarán"* (Os. 8:7). Esta forma de actuar se volverá contra los que participan mezquinamente en la ofrenda, de modo que recogerán proporcionalmente a lo sembrado.

Un problema más en el significado del versículo está en el uso del sustantivo εὐλογίαις, que literalmente significa *bendiciones*, de modo que en total literalidad, la frase dice: *El que siembra bendiciones, bendiciones recogerá*. Para darle sentido especialmente para el lector, se cambia por *generosidad* o, adverbialmente como *generosamente*. Este es el sentido que exige la antítesis en el versículo, de modo que, a *escasamente*, corresponde *generosamente*. A esto confirma una referencia del Antiguo Testamento: *"Hay quienes reparten, y más se les añade, y hay quienes retienen más de lo justo, y terminan en la indigencia"* (Pr. 11:24)[2]. El Señor usó otra forma: *"Dad y se os dará medida buena, apretada, remecida y rebosante os darán en vuestro regazo. Porque con la medida que medís seréis medidos"* (Lc. 6:38)[2]. Nótese en el versículo que recoge las palabras del Señor, la promesa establecida para el que *da* con generosidad, recibirá una medida *buena*, esto es, la capacidad de la bolsa ha sido llenada; *apretada*, empujada con las manos para que quepa más; *remecida*, es decir, sacudida la bolsa para que no haya un lugar vacío; *rebosante*, después de todo se colma la medida hasta hacer rebosar la bolsa.

Con todo, es necesario hacer notar que no se da *para recibir*, sino por entrega de amor a los necesitados. El llamado *evangelio de la prosperidad*, enseña a sus seguidores que Dios dará recursos materiales en la medida que se ofrende, de manera que cuanta más ofrenda más recursos, pero esto no es *comunión* y *amor* cristianos, sino egoísmo en la búsqueda de intereses carnales. Los grandes beneficiaros del sistema son los predicadores de este evangelio, a donde van la mayor parte de los recursos que incautos ponen en las ofrendas, convirtiendo el evangelio en negocio y haciendo perder la realidad de lo que es ser cristiano.

No se trata del tiempo actual, sino del futuro, lo que cada uno siembre, *segará*, no es necesariamente ahora, sino incluso transcendiendo a esta vida, segará la recompensa en el día de las recompensas.

---

[2] Biblia Textual.

7. Cada uno dé como propuso en su corazón: no con tristeza, ni por necesidad, porque Dios ama al dador alegre.

ἕκαστος καθὼς προῄρηται[1] τῇ καρδίᾳ, μὴ ἐκ λύπης ἢ ἐξ
Cada uno como ha decidido en el corazón, no con tristeza o por
ἀνάγκης· ἱλαρὸν γὰρ δότην ἀγαπᾷ ὁ Θεός.
necesidad, porque a alegre dador ama - Dios.

Análisis y notas del texto griego.

Análisis: ἕκαστος, caso nominativo masculino singular del adjetivo indefinido *cada uno*; καθὼς, conjunción *como*; προῄρηται, tercera persona singular del prefecto de indicativo en voz media del verbo προαιρέω, *decidir*, aquí *ha decidido*; τῇ, caso dativo femenino singular del artículo determinado declinado *en el*; καρδίᾳ, caso dativo femenino singular del nombre común *corazón*; μὴ, partícula que hace funciones de adverbio de negación *no*; ἐκ, preposición propia de genitivo *con*; λύπης, caso genitivo femenino singular del nombre común *tristeza*; ἢ, conjunción disyuntiva *o*; ἐξ, forma escrita de la preposición de genitivo ἐκ, delante de vocal y que significa *de, por*; ἀνάγκης, caso genitivo femenino singular del nombre común *necesidad*; ἱλαρὸν, caso acusativo masculino singular del adjetivo *alegre*; γὰρ, conjunción causal *porque*; δότην, caso acusativo masculino singular del nombre común *dador*; ἀγαπᾷ, tercera persona singular del presente de indicativo en voz activa del verbo ἀγαπάω, *amar*, aquí *ama*; ὁ, caso nominativo masculino singular del artículo determinado *el*; Θεός, caso nominativo masculino singular del nombre divino *Dios*.

Notas. Crítica Textual. Lecturas alternativas.

[1] προῄρηται[1], *ha decidido*, según lectura en $\mathfrak{P}^{99}$, a, B, C, F, G, P, 0243, 6, 33, 104, 365, 1175, 1739, 1881, lat, co, Cipriano.

προαιρεῖται, *decide*, conforme a D, K, L, Ψ, 048, 81, 630, 1241, 1505, 𝔐.

ἕκαστος καθὼς προῄρηται τῇ καρδίᾳ, El modo correcto de ofrendar nace de un corazón dispuesto. Un ejercicio de la voluntad potenciada por el Espíritu (Fil. 2:13). Por esa razón el apóstol les dice que cada uno contribuya como crea más conveniente. Esto en cuanto a la cantidad a ofrendar. El apóstol no establece formas, ni regula la cantidad a ofrendar, deja a los corintios en completa libertad para aportar lo que en su corazón consideren conveniente. Al participar de forma voluntaria cada uno manifiesta su fe en Cristo, y la participación o comunión con los santos de Jerusalén, que es la comunión propia de toda la iglesia, como una y sola conforme al pensamiento de Jesús.

μὴ ἐκ λύπης ἢ ἐξ ἀνάγκης· Pero está la forma anímica de hacerlo. En primer término, la ofrenda no debe ser hecha con *tristeza*, de manera que quien practica la misericordia debe mostrar *alegría*, de un corazón gozoso, alegre, jovial. El ejemplo mejor está en la reacción del joven rico, que rehusó obedecer a lo que Jesús le decía y se fue triste porque tenía muchas riquezas (Lc. 18:23). El egoísmo hace pensar en lo que uno pierde de lo que es suyo, en lugar de gozarse por poder compartir con el necesitado. Tampoco como una *necesidad*, algo que obliga, a fin de que la ofrenda sea de buen ánimo y sin recriminación alguna.

ἱλαρὸν γὰρ δότην ἀγαπᾷ ὁ Θεός. La promesa divina para quien ofrenda: *"Dios ama al dador alegre"*. Acaso estaba pensando en las palabras de Proverbios: *"El ojo misericordioso será bendito, porque dio de su pan al indigente"* (Pr. 22:9).

Tertuliano escribía sobre los depósitos de la piedad, los fondos que nutrían la atención a las necesidades en la iglesia, estas palabras: *"De la misma manera, si hay algo de bolsa común, no se reúne a fuerza de honorarios de una religión subastada. Cada uno aporta, si quiere y puede, una módica contribución mensual o cuando lo estime oportuno. Nadie es obligado a pagar, sino que lo hace espontáneamente, Son como depósitos de piedad. No se hace el dispendio para comilonas, bebidas o francachelas, sino para dar de comer y sepultar a los necesitados, para socorrer a los niños y niñas desprovistos de bienes y de padres, lo mismo que a los sirvientes ancianos ya jubilados y también a los náufragos; y si algunos son condenados a las minas, a las islas o a las cárceles, a causa del grupo de Dios, se hacen acreedores al socorro de su confesión"*[3].

Las palabras de Tertuliano, nacido en el año 155 y muerto en el 220, en Cartago, ponen de manifiesto que, en la iglesia de tiempos inmediatos a los apóstoles, la ayuda para necesitados estaba ya establecida y era una costumbre de las iglesias los fondos de beneficencia. Esta atención a necesitados, es la consecuencia que parte de la ofrenda hecha para los de Jerusalén, promovida por el apóstol. La bendición de dar para ayudar a los necesitados, permanece en la historia de la iglesia hasta nuestros días, como expresión de amor misericordioso, que forma parte expresiva de la verdad de las buenas nuevas.

Bendiciones para quien ofrenda (9:8-15)

8. Y poderoso es Dios para hacer que abunde en vosotros toda gracia, a fin de que, teniendo siempre en todas las cosas todo lo suficiente, abundéis para toda buena obra.

---

[3] Tertuliano. *Apologético,* 39, 5-6.

δυνατεῖ[1] δὲ ὁ Θεὸς πᾶσαν χάριν περισσεῦσαι εἰς ὑμᾶς, ἵνα
Y poder tiene - Dios para toda gracia hacer abundar en vosotros, para que
ἐν παντὶ πάντοτε πᾶσαν αὐτάρκειαν ἔχοντες περισσεύητε εἰς
en todo siempre toda suficiencia teniendo abundéis para
πᾶν ἔργον ἀγαθόν,
toda obra buena.

Análisis y notas del texto griego.

Análisis: δυνατεῖ, tercera persona singular del presente de indicativo en voz activa del verbo δυνατέω, *tener poder, mostrar poder*, aquí *poder tiene*; δὲ, partícula conjuntiva que hace las veces de conjunción coordinante, con sentido de *pero, más bien, y, y por cierto, antes bien, entonces*; ὁ, caso nominativo masculino singular del artículo determinado *el*; Θεὸς, caso nominativo masculino singular del nombre divino *Dios*; πᾶσαν, caso acusativo masculino singular del adjetivo indefinido declinado *para toda*; χάριν, caso acusativo femenino singular del nombre común *gracia*; περισσεῦσαι, primer aoristo de infinitivo en voz activa del verbo περισσεύω, *abundar, sobrar, tener de sobra,* aquí *hacer abundar*; εἰς, preposición propia de acusativo *en*; ὑμᾶς, caso acusativo de la segunda persona plural del pronombre personal *vosotros*; ἵνα, conjunción causal *para que*; ἐν, preposición propia de dativo *en*; παντὶ, caso dativo neutro singular del adjetivo indefinido *todo*; πάντοτε, adverbio *siempre*; πᾶσαν, caso acusativo femenino singular del adjetivo indefinido *toda*; αὐτάρκειαν, caso acusativo femenino singular del nombre común *suficiencia, lo suficiente*; ἔχοντες, caso nominativo masculino plural del participio de presente en voz activa del verbo ἔχω, *tener*, aquí *teniendo*; περισσεύητε, segunda persona plural del presente de subjuntivo en voz activa del verbo περισσεύω, *abundar, sobrar, tener de sobra*, aquí *abundéis*; εἰς, preposición propia de acusativo *a, para*; πᾶν, caso acusativo neutro singular del adjetivo indefinido *todo*; ἔργον, caso acusativo neutro singular del nombre común *obra, trabajo*; ἀγαθόν, caso acusativo neutro singular del adjetivo *bueno*.

Notas. Crítica Textual. Lecturas alternativas.

[1] δυνατεῖ, *tiene poder*, según lectura en P^{46}, a, B, C*, D*, F, G, 104, t, vg, Ambrosiaster.
δύναται, *puede*, conforme a 33, 81, f, g, rho, vg^{vg}.

δυνατός, *poderoso*, como se lee en C^2, D^1, K, L, P, Ψ, 048, 0243, 365, 630, 1175, 1241, 1505, 1739, 1881, 2464, 𝔐, b.

δυνατεῖ δὲ ὁ Θεὸς πᾶσαν χάριν περισσεῦσαι εἰς ὑμᾶς, Es posible que algunos estuviesen pensando que si ofrendaban ellos podían verse reducidos a necesidad, de ahí que se recuerde a los lectores que Dios es poderoso para proveer siempre de todo lo necesario. El que puede hacerlo es el Todopoderoso. En muchos mss. se lee *Dios que tiene poder*, pero en un gran número de ellos, el verbo se cambia por el adjetivo *poderoso*, de modo que Dios es poderoso para hacer que no falte nada de lo necesario en la vida del que ofrenda para los necesitados. Nótese que se afirma que el Todopoderoso dará abundancia de gracia, que comprende no solo los recursos espirituales, sino también la provisión material. Se aprecia aquí el uso de adjetivo indefinido *toda*, esto es, ninguna cosa nccesaria quedará sin resolver para el cristiano generoso. La Escritura pone ante el creyente el poder de Dios como base de la confianza de Su pueblo (Ro. 16:25; Ef. 3:20; Jud.24). De forma especial la fe confía en aquello que es contrario a la forma habitual de producirse las cosas. En este caso, el dador debiera esperar ver reducidos sus recursos, pero se le pide que crea que Dios invertirá lo que es lógico para el mundo dándole *gracia abundante*, de modo que no le falte nada.

ἵνα ἐν παντὶ πάντοτε πᾶσαν αὐτάρκειαν ἔχοντες. La promesa divina afirma que dará *todo en todo lo necesario*. Por tanto, sabrá operar lo necesario para que el creyente tenga todo, de todo, en todo tiempo. Pablo usa aquí el sustantivo αὐτάρκεια, que literalmente significa *autosuficiente*. Pablo se está refiriendo a todo lo que el creyente necesita incluido el deseo de dar para otros. Estos son los factores de orden espiritual que conducen a la práctica de las obras de caridad, interpretación propia en este contexto.

περισσεύητε εἰς πᾶν ἔργον ἀγαθόν, Los recursos divinos permitirán a los creyentes mostrar con abundancia toda *buena obra*. En el sentido interpretativo inmediato, tiene que ver con la ofrenda a los necesitados. No cabe duda que Jesús, que predicó el evangelio, también sanó enfermos y alimentó multitudes. Pedro testifica que todos conocían como el Señor *"anduvo haciendo bienes y sanando a todos los oprimidos por el diablo, porque Dios estaba con él"* (Hch. 10:38b). A los cristianos se nos manda *andar en buenas obras*, puesto que somos *"hechura suya, creados en Cristo Jesús para buenas obras, las cuales Dios preparó de antemano para que anduviésemos en ellas"* (Ef. 2:10). En esto se cumple el propósito del Padre que cada creyente sea hecho conforme a la imagen de Su Hijo (Ro. 8:29). De ese modo la finalidad del cristiano es *andar en buenas obras*, no tanto *hacerlas*, que sin duda lo comprende, sino que sean estas el estilo de vida propio de cada creyente. La fe produce obras que ponen de manifiesto la realidad de ella. Una fe teórica que no produce efectos es una fe muerta (Stg. 2:17). El camino de la vinculación con Cristo conduce inexorablemente a la práctica de obras conforme a lo que fue el estilo de vida del Señor, ya que estas *buenas obras*, han *sido preparadas por Dios de antemano*. La provisión para que puedan ser hechas es plenamente de Dios, que siendo Todopoderoso actúa en nosotros generando así el querer, como el hacer, por su buena voluntad

(Fil. 2:13), de modo que genera el deseo de ofrendar, y da la provisión necesaria para poder hacerlo.

9. Como está escrito:
Repartió, dio a los pobres;
Su justicia permanece para siempre.

καθὼς γέγραπται·
Como ha sido escrito:
ἐσκόρπισεν, ἔδωκεν τοῖς πένησιν,
Repartió, dio a los pobres;
ἡ δικαιοσύνη αὐτοῦ μένει εἰς τὸν αἰῶνα[1].
la justicia de él permanece para siempre

Análisis y notas del texto griego.

Análisis: καθὼς, conjunción comparativa *como*; γέγραπται, tercera persona singular del perfecto de indicativo en voz pasiva del verbo γράφω, *escribir*, aquí *ha sido escrito*; *ἐσκόρπισεν,* tercera persona singular del primer aoristo de indicativo en voz activa del verbo ἐσκορπίζω, *repartir, esparcir*, aquí *repartió*; *ἔδωκεν,* tercera persona singular del primer aoristo de indicativo en voz activa del verbo δίδωμι, *dar*, aquí *dio*; *τοῖς,* caso dativo masculino plural del artículo determinado declinado *a los*; *πένησιν,* caso dativo masculino plural del nombre común *pobres, mendigos, indigentes*; *ἡ,* caso nominativo femenino singular del artículo determinado *la*; *δικαιοσύνη,* caso nominativo femenino singular del nombre común *justicia*; *αὐτοῦ,* caso genitivo masculino de la primera persona singular del pronombre personal declinado *de él*; *μένει,* tercera persona singular del presente de indicativo en voz activa del verbo μένω, *permanecer, quedarse*, aquí *permanece*; *εἰς,* preposición propia de acusativo *para, por, hasta*; *τὸν,* caso acusativo masculino singular del artículo determinado *el*; *αἰῶνα,* caso acusativo masculino singular del nombre común *siglo*.
Notas. Crítica Textual. Lecturas alternativas.
[1] εἰς τὸν αἰῶνα, *hasta el siglo*, como se lee en C^2, D^1, K, L, P, Ψ, 048, 0243, 365, 630, 1175, 1241, 1505, 1739, 1881, 2464, 𝔐, b.

εἰς τὸν αἰῶνα τοῦ αἰῶνος, *por el siglo de los siglos*, lectura en F, G, K, 0243, 6, 326, 629, 630, 1241, 1739, 1881, ar, vg^{cl}, bo^{mss}.

καθὼς γέγραπται· El dador generoso podrá practicar permanentemente la obra justa de *dar al pobre*. El término *justicia* denota aquí el carácter moral de piedad para con los demás. Lo que Dios pide, lo da primero para que pueda hacerse lo que demanda. Para afirmar esto apela una vez más a la Escritura.

ἐσκόρπισεν, ἔδωκεν τοῖς πένησιν, La cita está tomada literalmente de los Salmos en donde se lee: *"Reparte, da a los pobres; su justicia permanece para siempre"* (Sal. 112:9). Primero se muestra la acción de justicia, que es repartir de lo suyo propio para dar a los pobres.

ἡ δικαιοσύνη αὐτοῦ μένει εἰς τὸν αἰῶνα. En segundo lugar, la recompensa divina, esa acción de justicia, permanece *para siempre*, literalmente *hasta el siglo* hebraísmo que equivale a *eternidad, tiempo perpetuo*. Es la enseñanza de Juan en el Apocalipsis, que refiriéndose a la iglesia escribe: *"Y a ella se le ha concedido que se vista de lino fino, limpio y resplandeciente; porque el lino fino es las acciones justas de los santos"* (Ap. 19:8). Se trata de las obras hechas en la vida del creyente en vinculación con Cristo y bajo el poder del Espíritu, estas constituirán las vestiduras de los fieles cuando se unan al Señor (11:2; Ef. 5:26, 27). Esto es, sin duda, una concesión de la gracia, por cuanto, aunque la acción es del creyente, necesita de los recursos divinos para llevarla a cabo. Las obras de los creyentes son justas porque esa justicia se alcanza en Cristo. Es el objetivo para el tiempo actual. Si las obras de justicia han sido preparadas por Dios, no cabe duda que se alcanzan *dejándonos conducir por el Espíritu* (Gá. 5:16). Estas obras de justicia solo son posibles en la esfera de la fe, que las produce por identificación con Cristo. De tal manera que la fe que no opera este estilo de vida es una fe muerta en sí misma, porque se convierte en una mera credulidad. El compartir para ayudar a los pobres es una obra de justicia propia del creyente, de modo que para el incrédulo que da a los pobres es *hacer* una buena acción, para el creyente es *practicar*, *andar*, en la justicia de Dios en Cristo.

Todo cuanto el creyente realice en su vida, son *obras de justicia*, o acciones no justas. Las primeras son las que han sido hechas en el poder del Espíritu, en unión vital con Cristo, estas son obras que permanecen y que servirán como vestidura resplandeciente en la presentación de la Esposa ante el Cordero. Por eso también el apóstol Juan escribe: *"...bienaventurados de aquí en adelante los muertos que mueren en el Señor. Sí, dice el Espíritu, descansarán de sus trabajos, porque sus obras con ellos siguen"* (Ap. 14:13). Las obras *marchan a su lado* o *siguen tras ellos*, pero en ningún caso se pierden o dejan de estar presentes, porque son hechas en el Espíritu y glorifican a Dios (Mt. 5:16).

El evangelio silencioso se expresa con acciones y no con palabras. La vida de *justicia* que es la propia del creyente, no es para que el mundo lo vea y lo alabe por sus buenas acciones, sino que sea un elemento para glorificar a Dios. La *justicia* práctica en dar al pobre hace visible la realidad de la salvación de quien lo hace. Ésta debe ser la norma cristiana: *"Si pues, coméis o bebéis, o hacéis otra cosa, hacedlo todo para la gloria de Dios"* (1 Co. 10:31).

10. Y el que da semilla al que siembra, y pan al que come, proveerá y multiplicará vuestra sementera, y aumentará los frutos de vuestra justicia.

ὁ δὲ ἐπιχορηγῶν σπόρον[1] τῷ σπείροντι καὶ ἄρτον εἰς βρῶσιν
Y el que pone a disposición simiente al que siembra y pan para comida
χορηγήσει[2] καὶ πληθυνεῖ[3] τὸν σπόρον ὑμῶν καὶ αὐξήσει[4] τὰ
dará y multiplicará la simiente de vosotros y aumentará los
γενήματα τῆς δικαιοσύνης ὑμῶν.
frutos de la justicia de vosotros.

Análisis y notas del texto griego.

Análisis: ὁ, caso nominativo masculino singular del artículo determinado *el*; δὲ, partícula conjuntiva que hace las veces de conjunción coordinante, con sentido de *pero, más bien, y, y por cierto, antes bien, entonces*; ἐπιχορηγῶν, caso nominativo masculino singular del participio de presente en voz activa del verbo ἐπιχορηγέω, *suplir, proveer, poner a disposición*, aquí *que pone a disposición*; σπόρον, caso acusativo masculino singular del nombre común *simiente, semilla*; τῷ, caso dativo masculino singular del artículo determinado declinado *para el, al*; σπείροντι, caso dativo masculino singular del participio de presente en voz activa del verbo σπείρω, *sembrar*, aquí *que siembra*; καὶ, conjunción copulativa *y*; ἄρτον, caso acusativo masculino singular del nombre común *pan*; εἰς, preposición propia de acusativo, *para*; βρῶσιν, caso acusativo femenino singular del nombre común *comida*; χορηγήσει, tercera persona singular del futuro de indicativo en voz activa del verbo χορεγέω, *suplir, proveer, dar*, aquí *dará*; καὶ, conjunción copulativa *y*; πληθυνεῖ, tercera persona singular del futuro de indicativo en voz activa del verbo πληθύνω, *aumentar, multiplicar*, aquí *multiplicará*; τὸν, caso acusativo masculino singular del artículo determinado *el*; σπόρον, caso acusativo masculino singular del nombre común *semilla, simiente*; ὑμῶν, caso genitivo de la segunda persona plural del pronombre personal declinado *de vosotros*; καὶ, conjunción copulativa *y*; αὐξήσει, tercera persona singular del futuro de indicativo en voz activa del verbo αὐξάνω, *crecer, aumentar*, aquí *aumentará*; τὰ, caso acusativo neutro plural del artículo determinado *los*; γενήματα, caso acusativo neutro plural del nombre común *frutos*; τῆς, caso genitivo femenino singular del artículo determinado declinado *de la*; δικαιοσύνης, caso genitivo femenino singular del nombre común *justicia*; ὑμῶν, caso genitivo de la segunda persona plural del pronombre personal declinado *de vosotros*.

Notas. Crítica Textual. Lecturas alternativas.

[1] σπόρον, *simiente,* según lectura en 𝔓[46], B, D*, F, G, 1175.

σπέρμα, *semilla,* como aparece en a, C, D[1], K, L, P, Ψ, 048, 0209, 0243, 33, 81, 104, 365, 630, 1241, 1505, 1739, 1881, 2464, 𝔐.

[2] χορηγήσει, *dará*, de acuerdo con 𝔓[46], a, B, C ,D*, P, 33, 81, 104, 326, 1175, 2464, latt.

Χορηγῆσαι, *da*, según se lee en ²a, D², F, G, K, L, Ψ, 0209, 0243, 365, 630, 1241, 1739, 1881, 𝔐.

[3] πληθυνεῖ, *multiplicará*, conforme a la lectura en 𝔓[46], a*, B, C, D*, P, 33, 81, 104, 326, 1175, 2464, latt.

πληθύναι, *multiplique*, según se lee en ²a, D², F, G, K, L, Ψ, 0209, 0243, 365, 630, 1241, 1505. 1739. 1881, 𝔐.

[4] αὐξήσει, *aumentará*, de acuerdo con a*, B, C, D*, F, G, P, 33, 81, 326, 1175, 2464, latt.

αὐξήσαι, *aumente*, en conformidad con 𝔓[46], ²a, D², K, L, Ψ, 0209, 0243, 104, 365, 630, 1241, 1505, 1739, 1881, 𝔐.

ὁ δὲ ἐπιχορηγῶν σπόρον τῷ σπείροντι καὶ ἄρτον εἰς βρῶσιν, La provisión divina es evidente en el versículo. La referencia a la siembra y la siega es elocuente para establecer una figura que permita, no solo entender, sino aceptar lo que antes enseñó, sobre la ley de la siega y de la siembra. Dios es el que provee de semilla al sembrador, igualmente de pan para el que come. La ilustración está tomada de la profecía: *"Porque como desciende de los cielos la lluvia y la nieve, y no vuelve allá, sino que riega la tierra, y la hace germinar y producir, y da semilla al que siembra, y pan al que come"* (Is. 55:10). No cabe duda que Dios es el que envía las lluvias para que el campo húmedo permita que la semilla fecunde y crezca, con lo que las espigas se manifiestan en su momento y de ellas se produce el pan, así que, en último extremo tanto la semilla como el pan son provisiones de Dios.

χορηγήσει καὶ πληθυνεῖ τὸν σπόρον ὑμῶν καὶ αὐξήσει τὰ γενήματα τῆς δικαιοσύνης ὑμῶν. Así también ocurre en el terreno de las bendiciones y de la provisión para poder ofrendar en ayuda a los pobres. Pablo aplica la metáfora de la siembra, de la siega y de la producción de pan para comer, con la promesa de que dará los recursos necesarios para aplicarlo a los que ofrendan. Dios dará provisión amplia de recursos para una ofrenda generosa. Multiplicará vuestra sementera para que pueda haber abundancia de frutos de justicia. El término justicia tiene que ver aquí con la *generosidad* de la ofrenda.

Dios puede dar abundancia y lo hará. No se trata simplemente de un deseo del apóstol sino de una declaración que hace sobre la actuación de Dios para los que tienen el privilegio de participar en la ofrenda que se estaba promoviendo. La expresión del apóstol está escrita con futuros y no con optativos como aparece en algunas lecturas alternativas, es decir, no es un deseo de Pablo en el sentido de que Dios *bendiga*, sino una afirmación de que lo hará. Estaba seguro que supliría las necesidades para un pueblo generoso.

11. Para que estéis enriquecidos en todo para toda liberalidad, la cual produce por medio de nosotros acción de gracias a Dios.

ἐν παντὶ πλουτιζόμενοι εἰς πᾶσαν ἁπλότητα, ἥτις κατεργάζεται
En todo siendo enriquecidos para toda liberalidad, la cual produce
δι' ἡμῶν εὐχαριστίαν τῷ Θεῷ·
mediante nosotros acción de gracias - a Dios.

Análisis y notas del texto griego.

Análisis: ἐν, preposición propia de dativo *en*; παντὶ, caso dativo neutro singular del adjetivo indefinido *todo*; πλουτιζόμενοι, caso nominativo masculino plural del participio de presente en voz pasiva del verbo πλουτίζω, *enriquecer, hacerse rico*, aquí *siendo enriquecidos*; εἰς, preposición propia de acusativo *para*; πᾶσαν, caso acusativo femenino singular del adjetivo indefinido *toda*; ἁπλότητα, caso acusativo femenino singular del nombre común *generosidad, liberalidad*; ἥτις, caso nominativo femenino singular del pronombre relativo *la que, la cual, que*; κατεργάζεται, tercera persona singular del presente de indicativo en voz media del verbo κατεργάζομαι, *realizar, obrar, hacer, producir*, aquí *produce*; δι', forma contracta de la preposición propia de genitivo διά, *por, por medio de, a causa de*; ἡμῶν, caso genitivo de la primera persona plural del pronombre personal *nosotros*; εὐχαριστίαν, caso acusativo femenino singular del nombre común *acción de gracias*; τῷ, caso dativo masculino singular del artículo determinado *el*; Θεῷ, caso dativo masculino singular del nombre divino declinado *a Dios*.

ἐν παντὶ πλουτιζόμενοι εἰς πᾶσαν ἁπλότητα, Los bienes personales son para ser compartidos al servicio de otros. La abundancia es dada para que pueda ser ejercida la caridad. La referencia a las riquezas, la abundancia de provisión, no es a las espirituales, sino a los bienes materiales que permitían hacer una ofrenda generosa por cada uno de los corintios.

ἥτις κατεργάζεται δι ἡμῶν εὐχαριστίαν τῷ Θεῷ· La oración final no debe entenderse como que Pablo y sus compañeros glorifiquen a Dios por lo que los dadores hacen al ofrendar, sino que debe entenderse como una referencia al ministerio de motivar la ofrenda, recogerla y aplicarla a su propósito. Pablo fue el instrumento que Dios usó para este servicio de amor y liberalidad, de modo que las acciones de gracias tienen como principio esta ofrenda, en la que todos, tanto los que la promueven, como los que la aportan, como los que en su día la reciban, encuentran motivo de gratitud a Dios que la hizo posible.

12. Porque la ministración de este servicio no solamente suple lo que a los santos falta, sino que también abunda en muchas acciones de gracias a Dios.

ὅτι ἡ διακονία τῆς λειτουργίας ταύτης οὐ μόνον ἐστὶν
Pues el ministerio del servicio este no sólo está
προσαναπληροῦσα τὰ ὑστερήματα τῶν ἁγίων, ἀλλὰ καὶ
supliendo plenamente las necesidades de los santos, sino también
περισσεύουσα διὰ πολλῶν εὐχαριστιῶν τῷ Θεῷ.
abundando a traves de muchas acciones de gracias - a Dios.

Análisis y notas del texto griego.

Análisis: ὅτι, conjunción *pues*; ἡ, caso nominativo femenino singular del artículo determinado *la*; διακονία, caso nominativo femenino singular del nombre común *diaconía, servicio, ministerio*; τῆς, caso genitivo femenino singular del artículo determinado declinado *de la*; λειτουργίας, caso genitivo femenino singular del nombre común *servicio*; ταύτης, caso genitivo femenino singular del pronombre demostrativo *esta*; οὐ, adverbio de negación *no*; μόνον, adverbio de modo *sólo, solamente*; ἐστὶν, tercera persona singular del presente de indicativo en voz activa del verbo εἰμί, *ser, estar*, aquí *está*; προσαναπληροῦσα, caso nominativo femenino singular del participio de presente en voz activa del verbo προσαναπληρόω, *suplir, suplir plenamente*, aquí *supliendo plenamente*; τὰ, caso acusativo neutro plural del artículo determinado *los*; ὑστερήματα, caso acusativo neutro plural del nombre común *necesidades*; τῶν, caso genitivo masculino plural del artículo determinado declinado *de los*; ἁγίων, caso genitivo masculino plural del adjetivo *santos*; ἀλλὰ, conjunción adversativa *sino*; καὶ, adverbio de modo *también*; περισσεύουσα, caso nominativo femenino singular del participio de presente en voz activa del verbo περισσεύω, *abundar*, aquí *abundando*; διὰ, preposición propia de genitivo *de, por medio de, a través de*; πολλῶν, caso genitivo femenino plural del adjetivo indefinido *muchas*; εὐχαριστιῶν, caso genitivo femenino plural del nombre común *acciones de gracias*; τῷ, caso genitivo masculino plural del artículo determinado *el*; Θεῷ, caso genitivo masculino plural del nombre divino declinado *a Dios, para Dios*.

ὅτι ἡ διακονία τῆς λειτουργίας ταύτης. La ofrenda reviste aquí un acto propio de culto, o del sacerdocio espiritual. El apóstol usa aquí tanto διακονία, que tiene que ver con *ministerio, servicio, administración*, como también λειτουργίας, literalmente *liturgia*, que es un servicio de culto. El apóstol enseñó que la ofrenda forma parte del culto y es un *sacrificio espiritual*, y es una *liturgia* del mismo (Fil. 4:18). Él dice que la ofrenda es *olor fragante*, literalmente *aroma de fragancia*.

Este calificativo se usaba en el Antiguo Testamento para hablar del olor que producía el incienso que se ofrecía a Dios en Su templo. El apóstol usó la expresión para referirse a lo que los creyentes somos para Dios en Cristo, un olor agradable (2:15), porque cada uno debe ser *sacrificio vivo* que agrada a Dios (Ro. 12:1). Pero también lo hace al mencionar el sacrificio de Jesucristo: *"Y andad en amor, como también Cristo nos amó, y se entregó a sí mismo por nosotros, ofrenda y sacrificio a Dios en olor fragante"* (Ef. 5:2). La ofrenda es un acto agradable a Dios. No hay verdadera ofrenda que no tenga que ver con adoración, de ahí que se enseñe la ofrenda como parte importante en el culto cristiano, y se regule el modo de hacerla (1 Co. 16:1-4). La ofrenda que se estaba recogiendo entre las iglesias es situada, en las palabras del apóstol, en el lugar más alto, o más destacado. Además, la ofrenda es también un *sacrificio acepto*, o aceptable delante de Dios. Es, por tanto, uno de los sacrificios espirituales que los sacerdotes, que somos todos los creyentes, ofrecen a Dios en su ministerio sacerdotal. Es un sacrificio que complementa visiblemente el de la plena entrega de la persona a Dios (Ro. 12:1), con todo cuanto es y tiene. Él, que estableció los cinco sacrificios espirituales para el ministerio sacerdotal cristiano, acepta el de la ofrenda, uno de ellos, con agrado, implicando con él la obediencia y el amor.

οὐ μόνον ἐστὶν προσαναπληροῦσα τὰ ὑστερήματα τῶν ἁγίων, Esta ofrenda no sólo es para suplir plenamente las necesidades de los santos, aun cuando este es uno de los propósitos. Los santos necesitados, carentes de recursos reciben el apoyo para resolver aquella situación por medio de la ofrenda que sus hermanos en Macedonia y Acaya estaban recogiendo y enviándoles.

ἀλλὰ καὶ περισσεύουσα διὰ πολλῶν εὐχαριστιῶν τῷ Θεῷ. La ofrenda promueve gratitud y alabanza a Dios, a causa de las fervientes manifestaciones de agradecimiento que por ella se suscitan. Poco tiempo después de la partida del apóstol, Clemente de Roma, apoyado en la enseñanza de este capítulo dijo: *"Que el rico ofrezca su ayuda al pobre y que el pobre de gracias a Dios, que le otorgó alguien para que proveyera a sus necesidades"*[4]. La verdadera gratitud por la comunión en la ofrenda se revela con palabras de gratitud a Dios.

13. Pues por la experiencia de esta ministración glorifican a Dios por la obediencia que profesáis al evangelio de Cristo, y por la liberalidad de vuestra contribución para ellos y para todos.

---

[4] 1 Clemente, 38. 2.

διὰ τῆς δοκιμῆς τῆς διακονίας ταύτης δοξάζοντες τὸν Θεὸν ἐπὶ
Por la prueba del ministerio este que glorifica - a Dios, por
τῇ ὑποταγῇ τῆς ὁμολογίας ὑμῶν εἰς τὸ εὐαγγέλιον τοῦ Χριστοῦ
la sumisión de la confesión de vosotros al evangelio - de Cristo
καὶ ἁπλότητι τῆς κοινωνίας εἰς αὐτοὺς καὶ εἰς πάντας,
y liberalidad de la comunión con ellos y con todos.

Análisis y notas del texto griego.

Análisis: διὰ, preposición propia de genitivo *por*; τῆς, caso genitivo femenino singular del artículo determinado *la*; δοκιμῆς, caso genitivo femenino singular del nombre común *prueba*; τῆς, caso genitivo femenino singular del artículo determinado declinado *de la*; διακονίας, caso genitivo femenino singular del nombre común *diaconía, ministerio, servicio*; ταύτης, caso genitivo femenino singular del pronombre demostrativo *esta*; δοξάζοντες, caso nominativo masculino plural del participio de presente en voz activa del verbo δοξάζω, *orar, rendir honor, glorificar*, aquí *que glorifica*; τὸν, caso acusativo masculino singular del artículo determinado *el*; Θεὸν, caso acusativo masculino singular del nombre divino declinado *a Dios*; ἐπὶ, preposición propia de dativo *por*; τῇ, caso dativo femenino singular del artículo determinado *la*; ὑποταγῇ, *sumisión*; τῆς, caso genitivo femenino singular del artículo determinado declinado *de la*; ὁμολογίας, caso genitivo femenino singular del nombre común *confesión*; ὑμῶν, caso genitivo de la segunda persona plural del pronombre personal declinado *de vosotros*; εἰς, preposición propia de acusativo *a*; τὸ, caso acusativo neutro singular del artículo determinado *el*; εὐαγγέλιον, caso acusativo neutro singular del nombre común *evangelio*; τοῦ, caso genitivo masculino singular del artículo determinado *el*; Χριστοῦ, caso genitivo masculino singular del nombre propio declinado *de Cristo*; καὶ, conjunción copulativa *y*; ἁπλότητι, caso dativo femenino singular del nombre común *liberalidad*; τῆς, caso genitivo femenino singular del artículo determinado declinado *de la*; κοινωνίας, caso genitivo femenino singular del nombre común *comunión*, en sentido de *ofrenda*; εἰς, preposición propia de acusativo *con*; αὐτοὺς, caso acusativo masculino plural del pronombre personal *ellos*; καὶ, conjunción copulativa *y*; εἰς, preposición propia de acusativo *con*; πάντας, caso acusativo masculino plural del adjetivo demostrativo *todos*.

διὰ τῆς δοκιμῆς τῆς διακονίας ταύτης δοξάζοντες τὸν Θεὸν ἐπὶ τῇ ὑποταγῇ τῆς ὁμολογίας ὑμῶν εἰς τὸ εὐαγγέλιον τοῦ Χριστοῦ. Una oración larga que ha de tomarse en conjunto para entender el sentido. El objetivo principal de la colecta es la glorificación de Dios, que vendría dada especialmente por parte de los judíos en Jerusalén, que son hermanos de todos los cristianos, aunque estos procedan de la gentilidad. Las barreras que algunos procuraban levantar entre ambos grupos sociales *judíos* y *gentiles*, se derriban por la manifestación de la comunión probada en la ofrenda. Esto conduce a que glorifique a Dios por la obra que había realizado de formar un cuerpo en Cristo. Pero, además la ofrenda ponía de manifiesto la sumisión de los gentiles, concretamente de los macedonios y corintios al *evangelio de Cristo*, y la confesión que hacen del Señor, que es idéntica a la de los santos en Jerusalén. Ambos viven el mismo espíritu del evangelio que es el amor mutuo. Nadie puede ser cristiano sin amar a los hermanos. Cuando el apóstol Juan quiere dar una nota distintiva de la realidad de una verdadera conversión lo centra en esto mismo: *"Amados, amémonos unos a otros; porque el amor es de Dios. Todo aquel que ama, es nacido de Dios, y conoce a Dios. El que no ama, no ha conocido a Dios; porque Dios es amor"* (1 Jn. 4:7-8). El amor no se expresa en palabras sino en hechos, de modo que el testimonio de la fe auténtica en aceptación del mensaje del evangelio, se manifiesta en el compartir con las necesidades de los hermanos, mediante la colecta que se recogía destinada a ellos.

καὶ ἁπλότητι τῆς κοινωνίας εἰς αὐτοὺς καὶ εἰς πάντας, Esta obra de generosidad motiva e incrementa la comunión de las comunidades de Jerusalén, de Macedonia y de Acaya. Esta prueba de amor evidenciada por la colecta, ponía de manifiesto la comunión de los corintios, con los cristianos en Jerusalén y, por tanto, con todos los creyentes en cualquier lugar. El hecho de estar separados por una gran distancia, y por dos pueblos diferentes, que por siglos no se consideraban los unos a los otros, tanto judíos como gentiles, lo mismo siervos que libres, cultos o menos cultos, eran un solo cuerpo en Cristo. Esto conduce inevitablemente a mantener una comunión no solo con algunos, sino con todos los creyentes dondequiera que estén. El amor propicia la unidad, la desunión no es otra cosa que el fracaso del amor.

14. Asimismo en la oración de ellos por vosotros, a quienes aman a causa de la superabundante gracia de Dios en vosotros.

καὶ αὐτῶν δεήσει ὑπὲρ ὑμῶν ἐπιποθούντων ὑμᾶς διὰ τὴν
Y de ellos con oración por vosotros añorando os a causa de la
ὑπερβάλλουσαν χάριν τοῦ Θεοῦ ἐφ' ὑμῖν.
que supera gracia - de Dios en vosotros.

Análisis y notas del texto griego.

Análisis: καὶ, conjunción copulativa *y*; αὐτῶν, caso genitivo masculino de la tercera persona plural del pronombre personal declinado *de ellos*; δεήσει, caso dativo femenino singular del nombre común declinado *con oración, con ruego*; ὑπὲρ, preposición propia de genitivo *a favor de, en pro de, por*; ὑμῶν, caso genitivo de la segunda persona plural del pronombre personal *vosotros*; ἐπιποθούντων, caso genitivo masculino plural del participio de presente en voz activa del verbo ἐπιποθέω, *añorar, desear*, aquí *añorando*; ὑμᾶς, caso acusativo de la segunda persona plural del pronombre personal declinado *a vosotros, os*; διὰ, preposición propia de acusativo, *por, por amor a, por causa de*; τὴν, caso acusativo femenino singular del artículo determinado *la*; ὑπερβάλλουσαν, caso acusativo femenino singular del participio de presente en voz activa del verbo ὑπερβάλλω, *ser superior, pasar por encima, superar, desbordar*, aquí *que supera*; χάριν, caso acusativo femenino singular del nombre común *gracia*; τοῦ, caso genitivo masculino singular del artículo determinado *el*; Θεοῦ, caso genitivo masculino singular del nombre divino declinado *de Dios*; ἐφ', forma escrita de la preposición propia de dativo ἐπί por elisión de la ι final y asimilación de la π ante vocal o diptongo con aspiración, y que significa *sobre, a, en, junto a, ante, con base en, referente a, durante, además de, de, para, por, contra*; ὑμῖν, caso dativo de la segunda persona plural del pronombre personal *vosotros*.

καὶ αὐτῶν δεήσει ὑπὲρ ὑμῶν ἐπιποθούντων ὑμᾶς, La ayuda para los hermanos en Jerusalén, redunda en todo el cuerpo de Cristo. Los receptores oran a favor de los que ofrendan. Los corintios manifestaban su amor y comunión con los necesitados de Jerusalén, y éstos demuestran su amor y comunión con ellos mediante oraciones. A los jerosolimitanos, les gustaría estar al lado de quienes manifestaron el amor mediante *la gracia*, es decir, la ofrenda, en cierto modo sentían nostalgia por ellos, aunque no los conocían físicamente hablando, pero sentían con ellos la vinculación hermanable en Cristo.

διὰ τὴν ὑπερβάλλουσαν χάριν τοῦ Θεοῦ ἐφ' ὑμῖν. La ofrenda iba a ser abundante, mayor sin duda de lo que hubiera sido lógico esperar, incluso de hermanos. Esto ponía de manifiesto la *superabundante* gracia de Dios en ellos. Era esta acción divina la que los hacía generosos y los llenaba del amor cristiano para dar a los demás y compartir con los necesitados. No era natural, desde el punto de vista del hombre, que gentiles de Corinto y de Macedonia, reuniesen una ofrenda abundante para pobres de Jerusalén. Pero en aquel momento los creyentes de Corinto estaban reuniendo una ofrenda para los pobres de otro lugar, como una manifestación personal de amor. Por esa razón el apóstol atribuye toda la gloria a Dios, porque solo Su gracia actuando en las vidas transformadas de creyentes hacía posible una manifestación así.

Con esto cierra el párrafo que dedicó a la ofrenda, estimulando a los corintios a que la hiciesen realidad como se habían propuesto mucho tiempo antes, para concluir con una doxología en el versículo siguiente.

15. ¡Gracias a Dios por su don inefable!

Χάρις	τῷ	Θεῷ	ἐπὶ	τῇ	ἀνεκδιηγήτῳ	αὐτοῦ	δωρεᾷ.
Gracias	-	a Dios,	por	el	que no se puede explicar	de Él	don.

Análisis y notas del texto griego.

Análisis: Χάρις, caso nominativo femenino singular del nombre común *gracia*; τῷ, caso genitivo masculino singular del artículo determinado *el*; Θεῷ, caso genitivo masculino singular del nombre divino declinado *a Dios*; ἐπὶ, preposición propia de dativo *por*; τῇ, caso dativo femenino singular del artículo determinado *la*; ἀνεκδιηγήτῳ, caso dativo femenino singular del adjetivo *que no se puede explicar*, *indescriptible*; αὐτοῦ, caso genitivo masculino de la tercera persona singular del pronombre personal declinado *de Él*; δωρεᾷ, caso dativo femenino singular del nombre común *don*.

Χάρις τῷ Θεῷ ἐπὶ τῇ ἀνεκδιηγήτῳ αὐτοῦ δωρεᾷ. La conclusión de lo que ha venido tratando es un tanto difícil de determinar a quién se refiere con el término δωρεά, *regalo, don, dádiva*, sobre todo cuando va precedido del adjetivo ἀνεκδιηγήτος, que literalmente significa *que no se puede explicar*. Conduce esto a dos posiciones interpretativas: una, lo aplica a la gracia de que está hablando el contexto, es decir, a la abundante ofrenda, este es el pensamiento entre otros de Calvino; dos, referencia a la gracia suprema de Dios que nos ha regalado el don de Su Hijo. No cabe duda que ésta es la interpretación correcta, tiene que ver con el don inexplicable que Dios otorga de Jesucristo, para nuestra salvación. Esto encaja perfectamente con el contexto del tema que estuvo tratando, puesto que anteriormente puso como ejemplo de entrega a Jesucristo (8:9), hablando entonces de la gracia que conoce el creyente, esto le permitió poner de relieve la disposición propia de quienes debían ofrendar para sus hermanos necesitados. Ahora, al finalizar, la gratitud suprema está en el *don* que no tiene explicación posible, con lo que la doxología, le vale también de estímulo final para animar a los creyentes a dar para quienes tenían necesidad, considerando lo que Dios nos dio al darnos a Su Hijo en precio de nuestros pecados. El texto tiene una gran dimensión de la que se considerarán solo algunos aspectos, al no ser un tratado de *Soteriología*, sino el comentario a un versículo de la *Epístola*.

El don supremo es el regalo que Dios hizo de su Hijo para ser el Salvador del mundo. Muchos textos lo ponen de manifiesto, ya que en don se expresa también el infinito amor de Dios hacia los pecadores, pero será suficiente la dimensión de uno de los más conocidos, procedentes del *Evangelio según Juan*, en el que se lee: *"Porque de tal manera amo Dios al mundo, que ha dado a su Hijo unigénito, para que todo aquel que él cree, no se pierda, mas tenga vida eterna"* (Jn. 3:16). Considerémoslo un momento y comprenderemos la dimensión de las palabras del apóstol Pablo: *"Gracias a Dios por su don inefable"*.

La obra de salvación obedece al *amor de Dios*. En ocasiones la arrogancia del hombre pretende situar la salvación en la *misericordia* consecuente de Dios a causa de la condición perdida del ser humano por su pecado. Es decir, Dios salvó al hombre porque se había perdido y acudía a su necesidad para que no se perdiesen Sus creaturas. Pero, la

Biblia enseña que Dios determinó salvar al hombre, no por lo que el hombre fuese o dejase de ser, sino por determinación personal antes de que el hombre fuese creado (2 Ti. 1:9). El Cordero de Dios había sido *predestinado* para la redención del mundo *antes de la creación* (1 P. 1:18-20). El amor de Dios no solo es infinito, sino que es incomprensible, Pablo dice en el versículo que es *inexplicable*, es más, es *ilógico*, porque se orienta hacia el perdido y rebelde pecador, ingrato, sin afectos naturales, corrompido y por tanto corrupto que no busca a Dios ni quiere saber de Él, constituyéndose en enemigo Suyo por sus malas obras (Stg. 4:4). Lo sorprendente es que, a estos *enemigos*, cuyo destino era la eterna condenación, los reconcilió consigo por la muerte de Su Hijo (Ro. 5:10). Las palabras del versículo se ocupan primeramente de presentar la causa eficiente de salvación y la dimensión de ella, ofreciendo la verdad de que toda la obra redentora se origina en el amor infinito de Dios: *"Gracias a Dios, por su don inefable"*. El don tiene que ver con la extraordinaria dimensión de ese amor, como si dijese *así de grande es el don del amor de Dios*. De modo que se insiste en ello: *"Mirad cuál amor nos ha dado el Padre, para que seamos llamados hijos de Dios"* (1 Jn. 3:1). La primera frase tiene el sentido de *mirad de que país*, o *mirad de que estilo*, o de *que condición*, es el amor de Dios.

El amor de Dios es *intrínseco*, esto es, esencial, puesto que ama porque *es amor*. Ama, aunque no haya nada en los objetos de Su amor que pueda provocarlo, ni nada en la criatura que pueda atraerlo o impulsarlo. El amor humano es de relación, se ama a otro porque en alguna manera corresponde a ese amor; el amor de Dios es inmotivado, de ahí que sea *ilógico*. La única razón para que ame es Su voluntad soberana, como decía a Israel: *"No por ser vosotros más que todos los pueblos os ha querido Jehová y os ha escogido, pues vosotros erais el más insignificante de todos los pueblos; sino por cuanto Jehová os amó, y quiso guardar el juramento que juró a vuestros padres"* (Dt. 7:7-8). De la misma manera enseña el apóstol Pablo cuando dice que nos amó desde la eternidad, es decir, antes de que ninguna acción nuestra pudiera servir de mérito o demérito a ese amor (2 Ti. 1:9). El amor nuestro con que le amamos, es el Suyo derramado en nosotros (Ro. 5:5), por eso le amamos, porque Él nos amó primero (1 Jn. 4:19). Es un amor espontáneo, porque surgió de Él mismo, antes de nuestra existencia. Además de eso el amor de Dios es *eterno*, como Él es. Por tanto, no tuvo principio ni tendrá fin. Esa es la verdad revelada por Dios mismo: *"Con amor eterno te he amado; por tanto, te prolongué mi misericordia"* (Jer. 31:3). Dios amó al mundo antes que el cielo y la tierra, los ángeles y los hombres fuesen creados. De manera que, si el amor de Dios es *intrínseco* y *eterno*, tiene también que ser *soberano*. No cabe duda que Él es soberano, no está obligado con nadie, y actúa siempre conforme a Su determinación voluntaria y libre. Porque Dios es amor y es soberano ama a quien quiere amar y en el versículo el amor de Dios se orienta hacia todo el mundo, puesto que Pablo da gracias *"por su don inefable"*. Ningún hombre podrá decir jamás a Dios que no le amó. La adopción del creyente como hijo de Dios (Jn. 1:12) obedece al *puro afecto de Su voluntad* (Ef. 1:4-5). Este amor de Dios, siendo como Él, tiene que ser *infinito*. Los límites son desconocidos para Dios. Sus perfecciones son tan ilimitadas como lo es Él mismo. En el versículo que seleccionamos como uno de los ejemplos para expresar la dimensión del don que Dios nos concedió, se pone de manifiesto que *de tal manera amó Dios*. Su amor tiene una profundidad, una extensión, una capacidad y una altura que nadie puede alcanzar, ya que excede a todo conocimiento (Ef. 3:19). El amor divino es *inmutable*, porque en Él no hay mudanza ni variación (Stg. 1:17). Dios nunca deja de amarnos, a pesar de nuestra poca fe y de nuestra desobediencia. El amor divino no está sujeto a alteraciones temporales de ninguna clase. De modo que nadie podrá apartarnos del amor de Dios que es en Cristo Jesús (Ro. 8:35-39). Pero, además, el amor divino es *santo*. Quiere decir que en contraste con el amor humano cuyas reglas se quebrantan e incluso desaparecen, el de Dios ama al pecador, pero no transige con el pecado. No ocurre como entre los hombres, que en ocasiones no se considera la injusticia o el pecado en base a un falso concepto del amor. Dios no cierra Sus ojos al pecado y se desagrada del que lo practica, porque Su amor es un amor puro. Finalmente, el amor de Dios es también *benigno*. Sus bendiciones y favores no pueden separarse de Su amor. La mayor evidencia de ésto es lo que sigue en el versículo que a causa de ese amor Dios dio a su Hijo.

Si sorprendente es el don, al que Pablo dice que *no se puede describir* con mayor dimensión se aprecia cuando se consideran quienes son los destinatarios de ese amor que otorga el don: *amó al mundo*. El asombro personal crece cuando se descubre quién es el objeto de ese amor. La palabra κόσμος, *mundo*, se usa aquí para referirse a los hombres que están en él. Estos son mundanos, porque están afectados y sujetos a ese sistema espiritual, que es de abierta oposición a Dios y contraria a Su voluntad. La expresión *al mundo*, puntualiza que la salvación es extensiva a todos los hombres y efectiva sólo para los que creen. De otro modo, la voluntad salvífica antecedente de Dios es *universal* (cf. 2 Co. 5:14-21; 1 Ti. 2:1-6; 1 Jn. 2:2). Por esa causa Cristo murió por todos, aunque no todos se beneficien de la salvación, sino sólo los que creen (Jn. 8:24). La idea de que Dios, siendo amor, ama sólo a un grupo de *elegidos*, es un prejuicio teológico contrario a la Escritura. El amor de Dios se orienta hacia el pecador perdido. Desde un punto de vista extremo y contrario a una sana hermenéutica, hay quienes afirman que Dios no ama al pecador, porque no puede amar al pecado, para eso aportan algunas citas en las que se enseña que Dios aborrece al pecador y que solo pueden ser objeto de Su ira, porque *"abominación es a Jehová tu Dios cualquiera que hace esto, y cualquiera que hace injusticia"* (Dt. 25:16); *"porque tú no eres un Dios que se complace en la maldad; el malo no habitará junto a ti... aborreces a todos los que hacen iniquidad...al hombre sanguinario y engañador abominará Jehová"* (Sal. 5:4, 5, 6) *"Jehová prueba al justo; pero al malo y al que ama la violencia, su alma los aborrece"* (Sal. 11:5). Otros muchos lugares podrían citarse en ese sentido. Pero, el contexto está en la vinculación del pecador con determinadas acciones, que son ejecutadas por él y despiertan por ello la ira divina. Dios ama al pecador, pero aborrece la comisión del pecado. La obra redentora sirve para sanidad espiritual de todos los perdidos, con la condición de que crean (cf. Is. 53:5). Sólo quien rehúsa creer se encierra en su condenación y muere en sus pecados (Jn. 3:17-21; 8:24; 9:41).

El don *no se puede explicar*, porque consiste en el acto supremo en el que Dios entrega a su Hijo, y *lo entregó a la muerte*, como sacrificio expiatorio por el pecado (Jn.15:13; 1 Jn. 3:16; 4:10). Las ofrendas de los creyentes, aunque son voluntarias y motivadas por amor, nada puede compararlas con el don de Dios que no *escatimó* ni a Su propio Hijo. De la misma manera que Abraham no rehusó a Dios entregar al suyo, cuando se lo demandó, así Dios no rehusó dar a su Unigénito, pero, lo sorprendente es que lo hizo para darlo *al mundo*. Fue Dios quien entregó a muerte a su Hijo, si bien tampoco Él rehusó entregarse a la muerte por nosotros. Lo asombroso del don de Dios, movido por Su amor es que Dios no necesitaba nada de nosotros, por tanto, es ilógico, para el pensamiento humano la entrega del Unigénito Suyo en bien de los perdidos, que se habían alejado de Él voluntariamente. Es la dimensión suprema del amor manifestado en la gracia. Lo entrega voluntariamente y el Hijo asumiendo Su determinación en el plan de redención, desciende al mundo de los hombres para humillarse hasta la muerte y muerte de Cruz, de manera que *"por amor a nosotros se hizo pobre, siendo rico, para que nosotros fuésemos enriquecidos con su pobreza"* (8:9). Este es otro de los contrastes, aún más, de las contradicciones, que se han considerado antes en el comentario al versículo que se cita, donde los paupérrimos son enriquecidos porque el Rico se hizo pobre. Dios entregó en manifestación de Su amor a su propio Hijo, lo que significa que ejecutó en Él el castigo que suponía la responsabilidad penal de nuestro pecado. Así estaba profetizado: *"Con todo eso, Jehová quiso quebrantarlo, sujetándole a padecimiento"* (Is. 53:10). El Padre entregó a su Unigénito por las transgresiones de los que ahora son hijos Suyos por adopción, abriendo el camino que permite esa acción divina (Ro. 4:25). La condenación del mundo fue cargada por Dios en Cristo. Es una manifestación de amor incomprensible. Los perdidos pecadores debían ser condenados a causa de su pecado. La paga del pecado no podía ser otra que la muerte. El Padre tiene a su Unigénito Hijo, en quien se complace eternamente y de quien dice: *"Este es mi Hijo amado"*. Es además inocente, mucho más sublime que los cielos, santísimo como sólo Dios puede serlo; en Su humanidad vivió con la misma santidad que eternamente le es propia, *"no hizo pecado, ni se halló engaño en su boca"* (1 P. 2:22). Este inocente y santísimo Hijo de Dios, fue entregado por nosotros y puesto en el lugar de los extraviados y rebeldes. La copa de maldición fue asumida por Él para que los malditos seamos herederos de bendición. No cabe duda que el Señor puso voluntariamente Su vida en expiación por nuestros pecados, es cierto que fue Él que nos amó y se entregó por nosotros (Gá. 2:20), pero no es menos cierto que fue el Padre quien no rehusándolo lo puso para que llevase nuestra carga de pecado. El amor insondable de Dios se manifiesta precisamente en que el Padre puso a su Hijo por nosotros, y lo hizo cuando nosotros estábamos en la posición de pecadores y enemigos de Él (Ro. 5:6-10). En esa entrega Cristo llega a ser hecho maldición al ser el sustituto universal y, por tanto, potencial del pecador. En la Cruz ocupa el lugar del pecador y los pecados del mundo le son imputados, esto es, son puestos sobre Él (Is. 53:6, 12; Jn. 1:29; 2 Co. 5:21; He. 9:28; 1 P. 2:24). Por esa obra Dios hace *potencialmente salvable* a todo hombre. No quiere decir que siendo el sustituto potencial sea también el virtual, ya que Dios aplica los beneficios salvadores de la expiación por el pecado a todo el que cree y sólo a los que creen. Dios no hace *justo* al que es *injusto,* pero lo declara justificado por haber creído en el Salvador.

El don de Dios que Pablo menciona y en el que basa la doxología, añade los beneficios de la obra de Cristo, y la consecuencia que produce el amor del Padre que lo entregó por nosotros. He aquí la extensión potencial de la salvación: *para todo aquel que en Él cree.* No hay limitación alguna, todo hombre podrá creer en Cristo. No podemos dejar de entender y afirmar que, si la fe es engendrada en el pecador por la acción de la Palabra aplicada por el Espíritu, el hombre no regenerado tiene necesidad de ser asistido por Él para ser salvo. El Espíritu hace la obra de salvación que anteriormente se ha señalado. La tarea de convicción tanto de pecado, como de justicia y de juicio, es una obra Suya (Jn. 16:8-11). No es menos cierto que es el Espíritu el que genera la fe salvadora que luego el hombre ejerce depositándola en el Salvador. Es también Su poder *santificar*, es decir, capacitar al pecador para que pueda hacer una acción sobrenatural para el hombre caído que es declinar su *yo* para entregar su vida a Cristo en un acto de suprema obediencia (1 P. 1:2), ya que la fe que salva exige la entrega del *corazón* mucho más que la mente (Ro. 10:9). Pero Juan dice que Jesús es la luz que alumbra a todo hombre que vino a este mundo (Jn. 1:9). ¿Acaso no escogió Dios a algunos de entre todos los hombres para salvación, como fue el caso del apóstol Pablo? Sin duda alguna, Dios ha escogido a algunos para salvación, pero no ha escogido al resto de los hombres para condenación. El hecho de que en soberanía haya escogido a los que le ha placido para que sean salvos, no impide entender que extiende la salvación a todo aquel que crea. Esa es la condición esencial para ser salvo, la fe depositada en el Salvador. Algunos pretenden añadir a la fe alguna cosa más para la recepción de la salvación. ¿Acaso el arrepentimiento no está vinculado a la salvación? Si, sin duda, sin arrepentimiento no hay salvación, pero el arrepentimiento que es un cambio de mentalidad no lo puede producir el hombre en su estado de perdido pecador, sino que es la consecuencia que produce en él la regeneración del Espíritu, instantánea al hecho de poner la fe en Cristo Jesús. Es decir, el *cambio de mentalidad* no es puntual sobre algún concepto, sino sobre la forma de considerar la vida de pecado propia del hombre natural como absolutamente opuesta y por tanto ajena a la razón de ser del que cree. Este cambio de mentalidad es imposible a causa de la naturaleza caída, cuyo pensamiento está corrompido por condición natural y su corazón es continuamente el mal. El cambio de mentalidad, es el resultado de la regeneración por el Espíritu, por tanto, es imposible la salvación sin el arrepentimiento, pero no es posible el arrepentimiento sin la regeneración resultante del ejercicio de la fe en el Salvador. En todo el Nuevo Testamento se enseña que para ser salvo es necesario creer en Cristo. Eso es lo que Pablo contestó a la pregunta del carcelero en Filipos: *"Cree en el Señor Jesucristo, y serás salvo"* (Hch. 16:31). Posiblemente el carcelero, acostumbrado a las prácticas religiosas que buscaban la satisfacción de sus dioses, esperaba que Pablo y Silas le demandaran alguna acción personal, como sacrificios u ofrendas, pero nada de eso es necesario para la salvación sino creer en el Salvador, depositar la confianza en Su Persona y aceptar Su promesa. La fe es la única demanda para salvación.

El resultado final del don de Dios, al creer el pecador en Cristo es que *no se pierda*. La perdición es el estado al que se llega a causa del pecado que impide la comunión en la vida de Dios que es eterna. El pecado provoca la ira de Dios que tiene amplios efectos y nos permite entender lo que significa *perdición*. Las formas de evitar la ira de Dios que acarrea la perdición del pecador es cumplir la pena del pecado (Dt. 13:15-17), que siendo de muerte no puede ser cancelada para vida. La ira de Dios no debe ser apaciguada por venganza, sino por justicia. Dios requirió la ofrenda sacrificial de su Hijo a causa de la ira por el pecado, de modo que la propiciación por el pecado está relacionada con la muerte de Cristo (Ro. 3:25). Cristo no sólo es *propiciatorio*, sino la misma ofrenda de propiciación (He. 2:17; 1 Jn. 2:2;

4:10). Por la fe Dios puede *justificar* al pecador, en sentido de atribuirle justicia. De modo que al justificar al pecador que cree, Dios lo coloca en una posición contraria a la de condenación. Al que cree se le otorga el don de la justicia (Ro. 5:17). El plan de Dios para proveer de la justicia necesaria descansa en la obra de Cristo (Ro. 3:21-22). La justicia de Dios, mediante la cual el pecador es condenado, se otorga por medio de la fe (Ro. 3:22; 5:1). Esa fe que justifica restablece la comunión y la paz delante de Dios. Así el creyente puede decir, no por méritos propios, sino por la gracia de Dios, que ya no hay condenación para el que está en Cristo (Ro. 8:1). El pecador, expuesto a eterna condenación, es hecho, al creer, *justicia de Dios* en Cristo (5:21). Dios, habiendo entregado a su Hijo, y en base a la obra que Él hizo en la Cruz, puede permanecer justo y justificar al que cree en el Señor Jesucristo (Ro. 3:26). La responsabilidad penal por el pecado ha sido extinguida por Cristo en la Cruz, por tanto, nada queda que pagar para quien se acoge por fe a la obra salvadora del Señor. El sacrificio sustitutorio de Jesús cancela toda deuda de pecado, ya que al que cree no se le perdonan algunos, sino todos los pecados (Col. 1:14; 2:13). La justificación es asunto definitivo para quienes están revestidos de Cristo y Su justicia.

La bendición final del don que Dios ha dado, es la *vida eterna*. Esta es privativa y potestativa de Dios, ya que sólo Él la tiene por cuanto es eterno, esto es *atemporal*. El término *vida eterna* es muy común en Juan, apareciendo diecisiete veces en el *Evangelio* y seis en su primera epístola. Es realmente la participación en la vida de Dios (cf. Jn 1:4; 5:21-26; 10:10; 17:3). La vida de Dios se manifiesta en dos grandes aspectos, por un lado, está la *esencia* y por otra la *naturaleza*. La esencia es vida incomunicable de Dios, sólo Él puede poseer los atributos o perfecciones de omnisciencia, omnipresencia, omnipotencia, etc. Pero la naturaleza se expresa en perfecciones que existen en Dios en grado infinito y se comunican al hombre en grado limitado. Así Dios es amor, pero el amor divino se ha derramado en el corazón del salvo por medio del Espíritu Santo que está en él (Ro. 5:5). Sólo Dios tiene vida eterna, por tanto, cuando un pecador *deposita fe* en el Salvador, el Espíritu Santo lo une vitalmente a Cristo y la vida eterna que está en Él (Jn. 1:4), se le comunica por identificación a todo aquel que está en Él. Esa vida tiene múltiples modos de bendición, como es la liberación de la esclavitud (Jn. 8:32), el perdón de los pecados (Jn. 8:24, 34; 9:41), la adopción de hijos (Jn. 1:12; Gá. 4:4), la comunión con Dios en Cristo (Jn. 17:3, 21), la participación de Su amor (Jn. 5:42; 17:23, 26; Ro. 5:5), de Su gozo (Jn. 17:13) y de Su paz (Jn. 16:33). Es la comunicación de la vida de Dios que por ser eterna no puede perecer, como Jesús dijo acerca de Sus ovejas que están en Su mano y a las que le da vida eterna y no perecerán jamás, ni nadie podrá arrebatárselas del lugar de seguridad en donde han sido puestas (Jn. 10:28).

Pablo no puede cerrar la enseñanza sobre la ofrenda con ejemplo mayor que éste que le lleva a tributar una breve y concisa expresión eucarística en la doxología: *"Gracias a Dios por su don inefable"*.

Concluyendo el comentario al capítulo, se suelen destacar algunas enseñanzas de aplicación personal. Sin embargo, creo que en esta ocasión no habrá nada mejor que ante la realidad de la entrega del Don de Dios por nosotros, el silencio del alma nos conduzca a la necesidad de poner ante Él, en sacrificio vivo, lo que somos cada uno de nosotros, pensando:

¿Y que podré yo darte a ti?
A cambio de tan grande don.
Todo es pobre, todo ruin,
¡Toma, oh Dios, mi corazón!

Mientras decimos en adoración: *Gracias a Dios, por su don inefable.*

CAPÍTULO X

DEFENDIENDO EL MINISTERIO

Introducción

Concluido el tema de la ofrenda y los otros varios desde el comienzo de la *Epístola*, se produce aquí un cambio radical, acaso incluso brusco, que incluye no solo el tema sino el tono de abordarlo. La diferencia es tan notoria que permite a los *críticos* proponer que los dos capítulos anteriores no pueden pertenecer al mismo escrito y que tuvo que haber sido una interpolación hecha por algún redactor que los tomó de otra carta del apóstol. Sin embargo, la continuidad del estilo, el uso de los mismos términos, las expresiones argumentales determinan que, sin prejuicio alguno, es del mismo autor y del mismo escrito.

Los problemas que ocurrían en la congregación en Corinto, habían sido corregidos en alguna medida, especialmente aquellos que se trataron en la *Primera Epístola*, sin embargo, hay otros que no solo permanecen, sino que se habían incrementado. No se puede dejar de considerar que en aquella iglesia había varias facciones entre los miembros, algunos se habían constituido como del grupo de Pablo, tal vez no la mayoría, otros se asignaban como líder a Cefas, había quienes se reunían en el grupo de Apolos y finalmente, estaban quienes lo hacían en el nombre de Cristo (1 Co. 1:12-13). Es posible, aunque no demostrable que el grupo titulado *los de Cristo*, pudieran ser aquellos con influencias judías. Los *judaizantes* creían, muchos de ellos, que Jesús era el Mesías, aunque conservaban las tradiciones judías, mantenían sus formas legales, guardaban el día de reposo y, en general, *judaizaban*, esto es, pretendían que los gentiles se circuncidasen y guardasen la ley. Los judaizantes, viendo que sus pretensiones no eran aceptadas en la Iglesia, como se demostró en las conclusiones del Concilio de Jerusalén, llenos de celos, sabiendo que Pablo no transigía con sus pretensiones, buscaban las iglesias de los gentiles establecidas a causa de su ministerio, para introducirse solapadamente en ellas y, con la elocuencia y conocimiento de las Escrituras del Antiguo Testamento, añadiendo a éstas las tradiciones establecidas a lo largo de siglos en Israel, pervertían a cuantos les era posible, en una flagrante oposición contra Pablo.

Sin duda estos *falsos apóstoles* –como se ha considerado en varios lugares– vinieron a Corinto, en ausencia del apóstol y sembraron su ponzoñoso veneno contra él. Sus argumentos anti-Pablo, se sustentaban, entre otras cosas, en murmuraciones, maledicencias y mentiras contra el apóstol. Procuraban, tomando aspectos de su ministerio, su forma de comportamiento, sus escritos y sus homilías, hacer que se le considerase como un maestro de segundo nivel, nada comparable con los grandes apóstoles que habían quedado en Jerusalén. Infundadas sospechas de intereses aviesos para enriquecerse, le habían atribuido para que los creyentes sospecharan de la verdadera razón de su ministerio.

En Corinto encontraron un terreno abonado para sus iniquidades, sobre todo en el partido *anti-Pablo*, que sin duda existía en la iglesia. No sabemos la dimensión de este grupo, pero, probablemente era liderado por alguno que se había opuesto abiertamente al apóstol y le había cuestionado en forma irrespetuosa en su visita anterior. Es posible que, entre los oponentes, influenciados por los *falsos apóstoles*, cuestionasen la autoridad apostólica de Pablo, presentándolo como un hombre más, que se hacía pasar por apóstol, pero que no lo era. Esto trajo un serio conflicto que obligó a que Pablo escribiera la carta no canónica, que le había costado muchas lágrimas, enviada a la iglesia por Tito (2:4). Aparentemente el grave conflicto contra él, se había resuelto y la iglesia en general había aceptado su autoridad apostólica. Pero, aún quedaban en la iglesia, los *engañadores* que habían entrado en ella y, con toda seguridad, algunos que seguían cuestionando en mayor o menor grado al apóstol, con lo que la división interna no estaba totalmente resuelta.

Por esta razón Pablo pasa a tratar en forma apologética, la defensa de su ministerio apostólico. Lo hace con firmeza y determinación, pero, en ningún caso con acritud. Es notable el uso de la primera persona singular en muchas ocasiones y se destaca la expresión inicial de este largo párrafo: *"Yo, Pablo"*, cuando antes y aún más adelante usaba el pronombre personal en primera persona plural *nosotros*.

La vindicación que hace de él mismo y de su ministerio, ocupa un largo tramo de la *Epístola*, concretamente de 10:1 a 12:18. En él se aprecia que está afectado por el comportamiento y distanciamiento de algunos (11:2 ss.); les recuerda que estaban en el peligro de ser seducidos por los *falsos apóstoles* (v. 2), a los que califica de despóticos y soberbios (11:20); advierte de su procedencia judía (11:22); les hace notar que son *falsos apóstoles* de Cristo (11:13-15, 23); les acusa de presentar una doctrina en forma elocuente pero que es falsa (11:4-6). A la vista de todo esto, no cabe duda que el párrafo apologético tiene unos adversarios definidos que son los judaizantes.

En el capítulo que se comenta, hay dos divisiones marcadas. La primera (vv. 1-7), trata de la resolución personal del apóstol. Comienza por presentarse como sus enemigos le ven (v. 1), para advertirles que su paciencia para tratar los problemas generados por los rebeldes ha terminado (v. 2). Sin duda le acusaban de carnalidad, a lo que se enfrenta advirtiendo que *"no militamos según la carne"* (v. 3) y afirmando cuáles son sus armas espirituales (v. 4). Sigue poniendo de manifiesto el objetivo de su trabajo, consistente en sujetar todo al pensamiento de Cristo (v. 5). Una seria advertencia de disciplina se anuncia (v. 6), advirtiéndoles del peligro de juzgar por apariencias (v. 7).

En la segunda división (vv. 8-18), confronta directamente a sus adversarios. La autoridad apostólica es puesta de manifiesto con la primera advertencia de que la usarán con ellos en el momento oportuno (vv. 8-9). Hace una referencia a la distorsión que sus enemigos hacen sobre su conducta personal, de ser fuerte en los escritos y débil cuando está presente, para advertir al que afirma tal cosa que será firme también en la visita que les está anunciando (vv. 10-11). La arrogancia orgullosa de los *falsos apóstoles* queda puesta de manifiesto (v. 12). Frente a ese arrogante proceder coloca el ejemplo de su comportamiento (vv. 13-14). Sigue luego poniendo delante la ardua tarea para realizar el ministerio y el objetivo que se propone de anunciar el evangelio en todos los lugares, haciéndoles notar que no entra en la obra de otro, como hacían los falsarios que procuraban destruir su trabajo (vv. 15-16). Cerrando el párrafo una enseñanza sobre el gloriarse correcto que es en el Señor, ya que la aprobación del creyente procede de Dios (vb. 17-18).

En resumen, el apóstol pone de manifiesto su autoridad que le permite actuar contra los ofensores (vv. 1-6), trata luego de la procedencia de su autoridad (vv. 7-11) y rechaza toda autoalabanza como suele ser normal en los *falsos apóstoles* (vv. 12.18).

Para el comentario se sigue el *bosquejo* propuesto en la *introducción*, como sigue:

VI. Defensa del ministerio apostólico (10:1-12:18).

1. La autoridad apostólica de Pablo (10:1-18).
    1.1. Resolución del apóstol (10:1-7).
    1.2. Confrontando a los adversarios (10:8-18).

VI. Defensa del ministerio apostólico (10:1-12:18)

La autoridad apostólica de Pablo (10:1-18)

Resolución del apóstol (10:1-7).

1. Yo Pablo os ruego por la mansedumbre y ternura de Cristo, yo que estando presente ciertamente soy humilde entre vosotros, mas ausente soy osado para con vosotros.

Αὐτὸς δὲ ἐγὼ Παῦλος παρακαλῶ ὑμᾶς διὰ τῆς πραΰτητος καὶ
Y yo mismo Pablo ruego os por la mansedumbre y
ἐπιεικείας τοῦ Χριστοῦ, ὃς κατὰ πρόσωπον μὲν ταπεινὸς ἐν
clemencia - de Cristo, que en presencia ciertamente pequeño entre
ὑμῖν, ἀπὼν δὲ θαρρῶ εἰς ὑμᾶς·
vosotros, pero estando ausente soy osado con vosotros.

Análisis y notas del texto griego.

Análisis: Αὐτὸς, caso nominativo masculino singular del pronombre intensivo *yo mismo*; δὲ, partícula conjuntiva que hace las veces de conjunción coordinante, con sentido de *pero, más bien, y, y por cierto, antes bien, entonces*; ἐγὼ, caso nominativo de la primera persona singular del pronombre personal *yo*; Παῦλος, caso nominativo masculino singular del nombre propio *Pablo*; παρακαλῶ, primera persona singular del presente de indicativo en voz activa del verbo παρακαλέω, *pedir, rogar*, aquí *ruego*; ὑμᾶς, caso acusativo de la segunda persona plural del pronombre personal declinado *a vosotros, os*; διὰ, preposición propia de genitivo *por, por medio de, por causa de*; τῆς, caso genitivo femenino singular del artículo determinado *la*; πραΰτητος, caso genitivo femenino singular del nombre común *mansedumbre, dulzura, facilidad de carácter*; καὶ, conjunción copulativa *y*; ἐπιεικείας, caso genitivo femenino singular del nombre común *clemencia, moderación, equidad, dulzura, bondad*; τοῦ, caso genitivo masculino singular del artículo determinado *el*; Χριστοῦ, caso genitivo masculino singular del nombre propio declinado *de Cristo*; ὃς, caso nominativo masculino singular del pronombre relativo *el que, el cual, que*; κατὰ, preposición propia de acusativo *en*; πρόσωπον, caso acusativo neutro singular del nombre común *presencia*; μὲν, partícula afirmativa que se coloca siempre inmediatamente después de la palabra expresiva de una idea que se ha de reforzar o poner en relación con otra idea y que, en sentido absoluto tiene oficio de adverbio de afirmación, como *ciertamente, a la verdad*; ταπεινὸς, caso nominativo masculino singular del adjetivo *bajo, poco elevado, humilde, que se abaja, modesto, vil*; ἐν, preposición propia de dativo *en, entre*; ὑμῖν, caso dativo de la segunda persona plural del pronombre personal *vosotros*; ἀπὼν, caso nominativo masculino singular del participio de presente en voz activa del verbo ἄπειμι, *estar ausente*, aquí *estando ausente*; δὲ, partícula conjuntiva que hace las veces de conjunción coordinante, con sentido de *pero, más bien, y, y por cierto, antes bien, entonces*; θαρρῶ, primera persona singular del presente de indicativo en voz activa del verbo θαρρέω, *ser audaz, ser confiado, estar resuelto, tener coraje, ser atrevido, ser osado*, aquí *soy osado*; εἰς, preposición propia de acusativo *con*; ὑμᾶς, caso acusativo de la segunda persona plural del pronombre personal declinado *vosotros*.

Αὐτὸς δὲ ἐγὼ Παῦλος Con un cambio brusco de tema, introduce la primera cláusula sobre la defensa de su ministerio como apóstol. Mediante la construcción con el pronombre personal intensivo *yo mismo*, seguido del nombre propio Pablo, hace que la sección tenga un carácter marcadamente personal. Las acusaciones que sus adversarios dirigían a su persona, hacen necesaria una respuesta personal. Se aprecia una primera parte de la cláusula en la que destaca la moderación e incluso la mansedumbre, para pasar en la segunda a un tono irónico. Al mismo tiempo se distingue la autoridad del apóstol *Yo mismo, Pablo*. Él era apóstol de Jesucristo y actuaba con esa autoridad. La expresión aparece cuando desea resaltar su autoridad (cf. Gá. 5:2; Ef. 3:1).

παρακαλῶ ὑμᾶς διὰ τῆς πραΰτητος καὶ ἐπιεικείας τοῦ Χριστοῦ, El apóstol llama la atención a todos los corintios, mediante un ruego, que pudiera ser –a causa de su autoridad apostólica– un mandamiento, pero prefiere la moderación. Este ruego, sin embargo, es la advertencia final antes de aplicar la disciplina. El carácter de Cristo se manifiesta y expresa en Pablo. La razón por la que actúa así es debido a la *mansedumbre* y *clemencia* de Cristo. Estas dos virtudes sirven para evitar momentáneamente la severidad y evitar el rigor de la justicia. Jesús fue *manso* (Mt. 11:29). Asimismo, *moderado, clemente*, *imparcial, de carácter dulce, bondadoso*, por tanto, no podía ser menos aquel que con determinación decía: *"Porque para mí, el vivir es Cristo"* (Fil. 1:21). Moderación al aplicar la ley en ciertas circunstancias y dar siempre tiempo al arrepentimiento y la rectificación. No era el legalismo farisaico lo que imperaba en la actuación de Cristo y, por tanto, en la de Pablo. Si el Padre ha *predestinado* a los creyentes para ser hechos conformes a la imagen de su Hijo (Ro. 8:29), no cabe duda que los rasgos de Jesús deben verse en el creyente (Gá. 5:22, 23; Fil. 2:5; 4:5). Estas características de *mansedumbre* y *clemencia*, han de estar bien visibles en todos, pero especialmente en los *pastores* y *ancianos*. Nadie que sea un *pastor* establecido por el Espíritu, llamado a seguir al *Gran Pastor de las ovejas*, puede dejar de ser manso y clemente para con todos.

ὃς κατὰ πρόσωπον μὲν ταπεινὸς ἐν ὑμῖν, ἀπὼν δὲ θαρρῶ εἰς ὑμᾶς· Los perversos *falsos apóstoles*, judaizantes que se habían introducido en la iglesia en Corinto, calumniaban, vejaban y vilipendiaban a Pablo. En eso constituía su actividad. Al sentirse amenazados con el abandono de su sistema legalista, luchaban denodadamente, con cuanto tenían para hacer fracasar el trabajo del apóstol. Aparentemente le acusaban, entre otras cosas, de ser ciertamente *pequeño* cuando estaba presente. Algunos toman esto al pie de la letra para decir que físicamente el apóstol era un hombre *pequeño* en estatura o incluso físicamente *débil*, que es otra de las acepciones de la palabra *humilde*. Sin embargo, al estudiar la vida de Pablo, se aprecia que debía ser un hombre de consistencia física fuerte. Los continuos viajes, los golpes, las persecuciones, el hambre, las más grandes adversidades, no son fácilmente asumidas por un hombre *débil*, sino todo lo contrario. El adjetivo ταπεινὸς, tiene también la connotación de *vil*, *despreciable*, alguien que está *abajado*. Más bien debiera considerarse en alguna de estas acepciones este calificativo, en sentido de *despreciable*, cuando estaba presente. En el contexto presente en la iglesia y, concretamente, en la de Corinto.

Una segunda acusación de los *falsos apóstoles*, procuraban hacerle parecer *osado*, *atrevido*, en sus escritos cuando estaba ausente. Acaso se estaban refiriendo a la *carta de las muchas lágrimas*, de la que Tito había sido portador o, incluso mejor, a la *Primera Epístola*, en la que enfrenta con determinación la disciplina impuesta al incestuoso y los problemas de la iglesia.

Una tercera acusación, deducida de las dos anteriores, sitúa al apóstol como un hombre de carácter débil, que procedía en todo por reacciones personales y no por autoridad espiritual. Como dice Hodge: *"Pablo era considerado por sus enemigos como abyecto, cobarde, asustadizo, y que su supuesto valor sólo lo manifestaba cuando no corría ningún riesgo"*[1].

Todas estas insidias tenían que ser contradichas ante los corintios, de ahí la respuesta que se inicia en este versículo, con la solemne advertencia que solo por la *compasión* de Cristo, no había actuado aún contra los enemigos, no suyos sólo, sino del evangelio y, por tanto, de Cristo. Eran usurpadores de la autoridad apostólica, cuando ellos no eran apóstoles, invasores de la iglesia trabajando entre los creyentes para minar y acabar con la autoridad de Pablo. Eran, históricamente hablando, personas que vivían pecaminosamente, induciendo también a los creyentes en esa vida (12:20, 21). La llegada de éstos a Corinto debió haberse producido luego de haber llegado la *Primera Epístola*. Poco a poco, habían comenzado a influir sobre algunos, especialmente sobre uno de los miembros de la iglesia, como se considerará más adelante. Pero, lo más importante, es que con los ataques al apóstol estaban luchando directamente contra su apostolicidad y contra la verdad del evangelio.

---

[1] C. Hodge. o.c., pág. 257.

Lamentablemente estos personajes no se han extinguido, porque siendo mensajeros de Satanás, varían en sus formas, pero no en el fondo. Cuando la Biblia se enseña sin reserva alguna, ajustando la enseñanza sólo a lo que ella dice; cuando las tradiciones y formas se colocan como lo que son, pesos angustiosos que la religión de la carne pone sobre los que Dios ha hecho libres, para agobiarles en su vida de fe; cuando sienten peligrar sus intereses, no dudarán en difundir falsedades y vilipendiar a quien ha sido llamado por Dios al ministerio de Su palabra, a la labor pastoral de cuidar el rebaño y a la enseñanza de la Escritura, sin importarles otra cosa que su propio, dañino, insano y perverso interés. No se presentarán solos, sino apoyándose en su origen histórico, como si la historia fuese fiel sustento de la verdad; ponen el *siempre se hizo así*, o también *así fuimos enseñados*, como si eso fuese dogma de fe. Pero, en cualquier caso, se encuentran con el Señor de la iglesia que cuida de los Suyos y protege a Sus ministros, evitando que inicuos destruyan Su obra.

2. Ruego, pues, que cuando esté presente, no tenga que usar de aquella osadía con que estoy dispuesto a proceder resueltamente contra algunos que nos tienen como si anduviésemos según la carne.

δέομαι δὲ τὸ μὴ παρὼν θαρρῆσαι τῇ πεποιθήσει ᾗ
Pero ruego, - no estando presente sea osado por la confianza con que
λογίζομαι τολμῆσαι ἐπί τινας τοὺς λογιζομένους ἡμᾶς ὡς
pienso atreverme contra algunos de los que consideran nos como
κατὰ σάρκα περιπατοῦντας.
según carne que andamos.

Notas y análisis del texto griego.

Análisis: δέομαι, primera persona singular del presente de indicativo en voz activa del verbo δέομαι, *rogar, pedir*, aquí *ruego*; δὲ, partícula conjuntiva que hace las veces de conjunción coordinante, con sentido de *pero, más bien, y, y por cierto, antes bien, entonces*; τὸ, caso acusativo neutro singular del artículo determinado *el*; μὴ, partícula que hace funciones de adverbio de negación *no*; παρὼν, caso nominativo masculino singular del participio de presente en voz activa del verbo πάρειμι, *estar presente*, aquí *estando presente*; θαρρῆσαι, primer aoristo de infinitivo en voz presente del verbo θαρρέω, *ser audaz, ser confiado, estar resuelto, tener coraje, ser atrevido, ser osado*, aquí *soy osado*; τῇ, caso dativo femenino singular del artículo determinado declinado *por la*; πεποιθήσει, caso dativo femenino singular del nombre común *confianza*; ᾗ, caso dativo del pronombre relativo declinado *con la que, con la cual, con que*; λογίζομαι, primera persona singular del presente de indicativo en voz media del verbo λογίζομαι, *tener en cuenta, considerar, pensar*, aquí *pienso*; τολμῆσαι, primer aoristo de infinitivo en voz activa del verbo τολμάω, *atreverse*, aquí *atreverme*; ἐπί, preposición propia de acusativo *sobre, referente a, contra*; τινας, caso acusativo masculino plural del adjetivo indefinido *algunos*; τοὺς, caso acusativo masculino plural del artículo determinado declinado *de los*;

λογιζομένους, caso acusativo masculino plural del participio de presente en voz media del verbo λογίζομαι, *pensar, considerar*, aquí *que consideran*; ἡμᾶς, caso acusativo de la primera persona plural del pronombre personal declinado *a nosotros, nos*; ὡς, adverbio de modo, *como*, que hace las veces de conjunción comparativa; κατὰ, preposición propia de acusativo *según*; σάρκα, caso acusativo femenino singular del nombre común *carne*; περιπατοῦντας, caso acusativo masculino plural del participio de presente en voz activa del verbo περιπατέω, *andar, vivir, comportarse*, aquí *que andamos*.

δέομαι δὲ τὸ μὴ παρὼν De nuevo aparece el ruego, como una última oportunidad para los que andaban desordenadamente. Hace referencia a la acusación que formulaban contra él sus detractores, de ser firme cuando no estaba presente, por consiguiente, usando esa misma forma, pide que no se le obligue a ser duro cuando esté en medio de ellos. El ruego es en general a toda la iglesia, aunque especialmente está dirigido a algunos de ellos.

δέομαι δὲ τὸ μὴ παρὼν θαρρῆσαι τῇ πεποιθήσει ᾗ λογίζομαι τολμῆσαι ἐπί τινας. Advierte la resolución personal de *proceder resueltamente*. Los destinatarios de este proceder del apóstol eran sus acusadores. Tito le había informado de la buena reacción que la carta de la que era portador, produjo entre los creyentes. Pero, por supuesto no lo produjo en aquellos *falsos apóstoles* y en alguno de sus seguidores. A éstos advierte que, *con confianza*, es decir, con plena determinación, iba a actuar contra ellos. De otro modo, había decidido que, si no se producía una rectificación de conducta en aquellos que le acusaban faltando a la verdad, recurriría con *confianza*, es decir, con la plena seguridad del poder que la condición de apóstol le confería, para luchar contra los que se opusieran. Evidencias de esto están registradas en el Nuevo Testamento, a modo de ejemplo cuando se opuso a Elimas, el mago que trataba de desviar la atención del procónsul al evangelio que le predicaba y reprendido por Pablo quedó ciego (Hch. 13:9-10); los mismos corintios tenían entre ellos la manifestación de autoridad de Pablo sobre el incestuoso de la iglesia al que había entregado a Satanás para la destrucción de su vida material (1 Co. 5:5), disciplina que sin duda se cumplió en esa persona. Acaso los enemigos de Pablo dudaban de su autoridad en el nombre del Señor, por eso les formula una advertencia solemne en el sentido de que lo que decían contra él para mermar su autoridad, revertiría contra ellos, cuando él estuviese presente en la iglesia, a la que pensaba visitar pronto. Es necesario entender la frase como *la osadía que algunos me atribuyen cuando estoy ausente, será manifestada cuando esté presente.* No está dirigiéndose a la iglesia, sino a *algunos* que, entrando en ella, procuran guiar a los creyentes por el mal camino. Más adelante dirá que son *falsos apóstoles*, o también *grandes apóstoles*, a los que califica de *obreros fraudulentos, ministros de Satanás* (11:13-15).

τοὺς λογιζομένους ἡμᾶς ὡς κατὰ σάρκα περιπατοῦντας. La solemne advertencia, aquellos con los que iba a usar toda la severidad que requèría el problema, eran quienes le tenían como si *anduviese según la carne*. La acusación era verdaderamente grave. El término *carne* se usa por Pablo para referirse al cuerpo, con todas sus debilidades, pero especialmente la utiliza para expresar la naturaleza corrupta que heredamos. Por eso enseña que *"la justicia de la ley se cumpliese en nosotros, que no andamos conforme a la carne, sino conforme al Espíritu. Porque los que son de la carne piensan en las cosas de la carne; pero los que son del Espíritu, en las cosas del Espíritu"* (Ro. 8:4, 5). Y añade: *"Porque si vivís conforme a la carne, moriréis; mas si por el Espíritu hacéis morir las obras de la carne, viviréis"* (Ro. 8:13). Este es el sentido que debe dársele a las palabras del apóstol en el versículo. Los enemigos suyos le acusaban de *carnalidad*, esto es, de vivir pecaminosamente, buscando sus intereses personales, en lugar de los de Dios y Su pueblo. El *vivir según la carne* es una expresión bíblica que señala a una forma natural de vivir, en contra de la sobrenatural del Espíritu divino. Los enemigos del apóstol no solo le acusaban de ser un mero hombre, sin el don de apóstol y la autoridad consecuente, sino de vivir movido por la malicia, lleno de autoconfianza personal. Contra éstos procederá cuando visite próximamente la iglesia en Corinto. Andar según la carne es comportarse en contra de Dios (Gá. 5:19-21). Es vivir fuera del control del Espíritu. La acusación contra el apóstol es hacer que lo consideren como una persona con doble ética, o si se prefiere usando la figura, un hombre de dos caras (1:17).

3. Pues aunque andamos en la carne, no militamos según la carne.

Ἐν σαρκὶ γὰρ περιπατοῦντες οὐ κατὰ σάρκα στρατευόμεθα,
Porque en carne andando, no según carne militamos.

Análisis y notas del texto griego.

Análisis: Ἐν, preposición propia de dativo *en*; σαρκὶ, caso dativo femenino singular del nombre común *carne*; γὰρ, conjunción causal *porque*; περιπατοῦντες, caso nominativo masculino plural del participio de presente en voz activa del verbo περιπατέω, *andar*, aquí *andando*; οὐ, adverbio de negación *no*; κατὰ, preposición propia de acusativo *según, conforme a, de acuerdo con*; σάρκα, caso acusativo femenino singular del nombre común *carne*; στρατευόμεθα, primera persona plural del presente de indicativo en voz media del verbo στρατεύομαι, *servir como soldado, estar en guerra, militar*, aquí *militamos*.

᾿Εν σαρκὶ γὰρ περιπατοῦντες Se han considerado antes las distintas acepciones para el término *carne*, en este caso aparecen en forma antitética dos en cada uno de los miembros. En el primero *andar en la carne*, no tiene la connotación de una vida de maldad, como es muy habitual en Pablo, sino la debilidad propia de la vida humana. Pablo estaba en la vida con el cuerpo humano, de carne, con todas las limitaciones físicas que tiene y también, con las debilidades propias de la naturaleza humana. Esta es una acepción usada generalmente por Juan, que enseña que el *"El Verbo fue hecho carne, y habitó entre nosotros"* (Jn. 1:14). Por supuesto lo que enseña es que quien es eternamente Dios, el Verbo eterno, devino a una situación de limitación propia de la criatura, haciéndose *carne*, esto es, revistiéndose de humanidad que subsiste en Su Persona Divina. Este sentido de limitación es a lo que Pablo se refiere cuando dice que *andaba en la carne*. Naturalmente que sus enemigos señalaban más bien a la naturaleza humana controlada y orientada por la *carne*, en sentido espiritual. La condición suya es igual a la de los demás hombres, con todas las fragilidades y problemas que son propios a todos los mortales.

οὐ κατὰ σάρκα στρατευόμεθα, El segundo elemento en la antítesis del versículo presenta a la carne como un lugar de combate, de modo que, aunque vive en la carne, con toda la debilidad no *milita*, o *combate* con los poderes de la carne. Por esta razón no se deja vencer por los pensamientos que son propios de la sabiduría humana y carnal, ni está dispuesto a transigir con las orientaciones de los hombres, que son contrarias a la sabiduría de Dios. Caminan en la carne, pero no luchan carnalmente. Su ética y su ministerio no estaban ligados a la carne, sino al Espíritu. Sus debilidades como hombre, sus flaquezas, sus enfermedades, en fin, todo lo propio de la naturaleza humana, se manifestaban en él, pero el poder de Dios controlaba y conducía su vida. La lucha continua de Pablo contra los enemigos del evangelio, en este caso contextual concreto, los *falsos apóstoles*, no son contra hombres, sino contra las *huestes de maldad* que controlan a esos hombres (Ef. 6:12). Dios ha provisto de la panoplia para mantenerse firme en el terreno de victoria en el que hemos sido colocados en Cristo. La fortaleza para la lucha no es de la *carne*, sino de Dios (Ef. 6:10). Esta firmeza impide claudicar con las pretensiones de los que se hacen pasar por creyentes pero que no son sino engañadores bajo el control de la carne y Satanás.

4. Porque las armas de nuestra milicia no son carnales, sino poderosas en Dios para la destrucción de fortalezas.

τὰ γὰρ ὅπλα τῆς στρατείας ἡμῶν οὐ σαρκικὰ ἀλλὰ δυνατὰ τῷ
Porque las armas de la milicia de nosotros no carnales sino poderosas -
Θεῷ πρὸς καθαίρεσιν ὀχυρωμάτων, λογισμοὺς καθαιροῦντες
en Dios para destrucción de fortalezas, razonamientos destruyendo.

Análisis y notas del texto griego.

Análisis: τὰ, caso nominativo neutro plural del artículo determinado *los*; γὰρ, conjunción causal *porque*; ὅπλα, caso nominativo neutro plural del nombre común *armas, instrumentos*; τῆς, caso genitivo femenino singular del artículo determinado *de la*; στρατείας, caso genitivo femenino singular del nombre común *milicia*; ἡμῶν, caso genitivo de la segunda persona plural del pronombre personal declinado *de nosotros*; οὐ, adverbio de negación *no*; σαρκικὰ, caso nominativo neutro plural del adjetivo *carnales*; ἀλλὰ, conjunción adversativa *sino*; δυνατὰ, caso nominativo neutro plural del adjetivo *fuertes, capaces, poderosas*; τῷ, caso dativo masculino singular del artículo determinado *el*; Θεῷ, caso dativo masculino singular del nombre divino declinado *en Dios*; πρὸς, preposición propia de acusativo *para*; καθαίρεσιν, caso acusativo femenino singular del nombre común *destrucción*; ὀχυρωμάτων, caso genitivo neutro plural del nombre común *fortalezas*; λογισμοὺς, caso acusativo masculino singular del nombre común *razonamientos*; καθαιροῦντες, caso nominativo masculino plural del participio de presente en voz activa del verbo καθαιρέω, *destruir*, aquí *destruyendo*.

τὰ γὰρ ὅπλα τῆς στρατείας ἡμῶν οὐ σαρκικὰ En la lucha a la que se está refiriendo, al no ser una batalla conforme a la *carne*, sino según el Espíritu, las armas y el poder proceden de Dios mismo. Ya se ha considerado esto en versículos anteriores.

ἀλλὰ δυνατὰ τῷ Θεῷ πρὸς καθαίρεσιν ὀχυρωμάτων, λογισμοὺς καθαιροῦντες. El armamento no solo es eficaz, sino poderoso por su origen divino. Los enemigos del apóstol, que son también los de Dios, se les compara como *fortalezas*. Aparentemente son temibles, pero el poder de Dios en la actuación del apóstol derriba las fortalezas. Es interesante notar que se refiere a *deshacer raciocinios*, o como se tradujo antes *destruyendo razonamientos*. Muchas de las armas enemigas, descansan en un raciocinio mentalmente establecido. Se aprecia en el comportamiento de los *falsos apóstoles*, que presentan argumentos en contra de la libertad en Cristo que el apóstol predicaba. Esta es la fuerza carnal y apasionada de los enemigos de la fe y, por tanto, enemigos encarnizados de Pablo. Éste se sitúa en el lado divino del combate. El poder de Dios se manifiesta en esas armas que pueden derribar fortalezas. Satanás levantó fortalezas de error que esclavizan las mentes de los hombres, cegados por él para que no les *"resplandezca la luz del evangelio de la gloria de Cristo, el cual es la imagen de Dios"* (4:4). Esas fortalezas de oscuridad son derribadas por el poder divino: *"Porque Dios, que mandó que de las tinieblas resplandeciese la luz, es el que resplandeció en nuestros corazones, para iluminación del conocimiento de la gloria de Dios en la faz de Jesucristo"* (4:6). De otro modo, los enemigos del evangelio se sentían seguros, parapetados en esas fortalezas del error, de modo que en esa seguridad menospreciaban a los ministros de Cristo, se burlaban de sus esfuerzos y despreciaban su ministerio, procurando deshacerse de ellos.

5. Derribando argumentos y toda altivez que se levanta contra el conocimiento de Dios, y llevando cautivo todo pensamiento a la obediencia a Cristo.

καὶ πᾶν ὕψωμα ἐπαιρόμενον κατὰ τῆς γνώσεως τοῦ Θεοῦ,
Y toda posición elevada que se levanta contra el conocimiento - de Dios
καὶ αἰχμαλωτίζοντες πᾶν νόημα εἰς τὴν ὑπακοὴν τοῦ Χριστοῦ,
y llevando cautivo todo pensamiento a la obediencia - de Cristo.

Análisis y notas del texto griego.

Análisis: καὶ, conjunción copulativa *y*; πᾶν, caso acusativo neutro singular del adjetivo indefinido *toda*; ὕψωμα, caso acusativo neutro singular del nombre común *posición elevada*; ἐπαιρόμενον, caso acusativo neutro singular del participio de presente en voz media del verbo ἐπαίρω, *levantarse*, aquí *que se levanta*; κατὰ, preposición propia de genitivo *contra*; τῆς, caso genitivo femenino singular del artículo determinado *la*; γνώσεως, caso genitivo femenino singular del nombre común *conocimiento*; τοῦ, caso genitivo masculino singular del artículo determinado *el*; Θεοῦ, caso genitivo masculino singular del nombre divino declinado *de Dios*; καὶ, conjunción copulativa *y*; αἰχμαλωτίζοντες, caso nominativo masculino plural del participio de presente en voz activa del verbo αἰχμαλωτίζω, *hacer prisionero de guerra, llevar cautivo*, aquí *llevando cautivo*; πᾶν, caso acusativo neutro singular del adjetivo indefinido *todo*; νόημα, caso acusativo neutro singular del nombre común *pensamiento, inteligencia*; εἰς, preposición propia de acusativo *a*; τὴν, caso acusativo femenino singular del artículo determinado *la*; ὑπακοὴν, caso acusativo femenino singular del nombre común *obediencia*; τοῦ, caso genitivo masculino singular del artículo determinado *el*; Χριστοῦ, caso genitivo masculino singular del nombre propio declinado *de Cristo*.

καὶ πᾶν ὕψωμα ἐπαιρόμενον κατὰ τῆς γνώσεως τοῦ Θεοῦ, Sin solución de continuidad, el versículo depende del anterior y sigue en el próximo con el mismo tema. Las fuerzas enemigas actúan en la intelectualidad de las personas. En ellas producen el orgullo pecaminoso que *levanta* a la persona y la hace considerar superior a todo. Es la soberbia del pensamiento humano que, en sus razonamientos diabólicos y carnales, se levanta contra el verdadero conocimiento que es el de Dios. Este dios expresado aquí como el orgullo humano, esconde tras él al demonio. El orgulloso, impulsado por Satanás, levanta argumentos contra la verdad de Dios. Los argumentos son elementos utilizados por el altivo que se opone al evangelio, que es lo que aquí debe entenderse por *conocimiento de Dios*. El apóstol ha puesto de manifiesto que la sabiduría de Dios, es locura para los que se pierden (1 Co. 1:18). Pablo se refería figuradamente en el versículo anterior a la lucha que derriba fortalezas, aquí aclara cuales son, las opiniones de la sabiduría humana que luchan contra la verdad de Dios (cf. Ro. 1:21-23; 1 Co. 1:18-31). La lucha es contra todo aquello que la arrogante sabiduría, inteligencia, raciocinio de los hombres, que exaltada se opone al conocimiento de Dios. Es un conflicto entre la verdad y el error, entre la sabiduría de Dios y la carnal del hombre. Esta guerra no puede ejecutarse con armas humanas, sino con el poder de Dios. La verdadera fe, que procede de Dios, no puede encontrarse en la sabiduría de los hombres, sino en el poder de Dios. La doctrina bíblica, la verdad del evangelio, no puede enseñarse o proclamarse mediante sistemas de razonamiento humano o principios de la filosofía de los hombres, sino únicamente como lo que es: Palabra de Dios. La verdad no hace falta argumentarla con razonamientos humanos, simplemente proclamarla como el mensaje que Dios manda anunciar, Él se ocupará de hacerla alcanzar la intimidad de la mente de los hombres que escuchan la verdad. Ninguna *altivez* propia de los hombres, no importa en qué forma se expresara, lograba intimidar al apóstol, cuya lucha revestía la misión de derribar la altivez de las fortalezas levantadas contra el conocimiento de Dios.

καὶ αἰχμαλωτίζοντες πᾶν νόημα εἰς τὴν ὑπακοὴν τοῦ Χριστοῦ, Estas fortalezas intelectuales son derribadas por armas espirituales en el poder de Dios. Es inútil discutir con los incrédulos mediante razonamientos teológicos. El evangelio no es para presentarse en una mesa de discusiones, sino para proclamarse desde el lugar donde esté el mensajero. El problema que confronta Pablo, no ha desaparecido, sino que se ha incrementado en el tiempo. El humanismo descansa en el pilar del razonamiento filosófico y argumentativo. Cuando este sistema sustituye a la enseñanza de la verdad bíblica y la convierte en *motivo de discusión*, se abre una puerta a la absoluta derrota. Por el contrario, una declaración firme de lo que Dios dice en Su Palabra, trae un resultado victorioso porque *"lleva cautivo todo pensamiento a la obediencia de Cristo"*. La fe cristiana, la fe en Cristo, conduce a la entrega incondicional en obediencia plena a las demandas de Dios. Una vez derribada la defensa se puede cautivar el pensamiento orientándolo hacia Cristo para plena obediencia. Todo esto es posible sólo mediante la predicación del evangelio bíblico, que es necesariamente Cristocéntrico. Toda enseñanza bíblica está centrada y descansa en Él, todo cuanto se aparte de la centralidad del Hijo de Dios, está fuera de lo que es el *pensamiento de Dios*, que solo puede ser expresado en el Verbo.

6. Y estando prontos para castigar toda desobediencia, cuando vuestra obediencia sea perfecta.

καὶ ἐν ἑτοίμῳ ἔχοντες ἐκδικῆσαι πᾶσαν παρακοήν, ὅταν
Y con prontitud teniendo para castigar toda desobediencia, cuando

πληρωθῇ ὑμῶν ἡ ὑπακοή.
sea perfecta de vosotros la obediencia.

Análisis y notas del texto griego.

Análisis: καὶ, conjunción copulativa *y*; ἐν, preposición propia de dativo *en*; ἑτοίμῳ, caso dativo neutro singular del adjetivo *pronto, que está a punto de realizarse, inminente*; ἔχοντες, caso nominativo masculino plural del participio de presente en voz activa del verbo ἔχω, *tener*, aquí *teniendo*; ἐκδικῆσαι, primer aoristo de infinitivo en voz activa del verbo ἐκδικέω, *castigar, hacer justicia, vengarse*, aquí *para castigar*; πᾶσαν, caso acusativo femenino singular del adjetivo indefinido *toda*; παρακοήν, caso acusativo femenino singular del nombre común *desobediencia*; ὅταν, conjunción *cuando*; πληρωθῇ, tercera persona singular del primer aoristo de subjuntivo en voz pasiva del verbo πλερόω, *llenar, cumplir, ser perfecto*, aquí *sea perfecta*; ὑμῶν, caso genitivo de la segunda persona plural del pronombre personal declinado *de vosotros*; ἡ, caso nominativo femenino singular del artículo determinado *la*; ὑπακοή, caso nominativo femenino singular del nombre común *obediencia*.

καὶ ἐν ἑτοίμῳ ἔχοντες ἐκδικῆσαι πᾶσαν παρακοήν. Pablo anunció la determinación de intervenir con toda la autoridad en relación con los que causaban disturbios e inquietaban a la iglesia, enseñando doctrina que no era bíblica. Para presentarles a los lectores la inminencia de la acción usa el adjetivo ἕτοιμος, que expresa la idea de *diligente, que está a punto de actuar, inminente, presto, resuelto*. Apenas se usa en el Nuevo Testamento, y aparece en esta *Epístola*. La disposición a *castigar*, esto es, a disciplinar a los desobedientes, se ve detenida por la inmadurez de los creyentes que, aunque lo eran, no obedecían todavía en plenitud a las demandas del apóstol. Para no hacer acepción de personas Pablo les pone de manifiesto que está esperando a la *plena obediencia* de los creyentes, para no tener que disciplinarlos junto con los que no lo son. Acaba de decir que su ministerio tenía que ver con *llevar cautivo* todo pensamiento a Cristo, pero cuando entre quienes han profesado ser cristianos, pero mantienen entre ellos debilidades, puede hacer necesario que la autoridad apostólica tenga que intervenir para sanar la congregación, asunto que no desea tener que hacer, dándoles todavía un poco de tiempo para posicionarse correctamente.

ὅταν πληρωθῇ ὑμῶν ἡ ὑπακοή. La madurez de los creyentes permitirá al apóstol usar de todo el rigor y la autoridad sobre quienes son desobedientes todavía. Es necesario entender que la disciplina con que va a actuar está orientada a los creyentes o, por lo menos, a quienes se llaman de ese modo. A los del mundo juzgará Dios. El problema está en la iglesia a la que el apóstol advierte de que va a actuar con energía contra los desobedientes, sin embargo, se da cuenta que un número grande de creyentes están desobedeciendo en alguna medida, por lo que les emplaza para restaurar cuanto antes la obediencia, a fin de que la disciplina recaiga sobre pocos y, para él, desearía que no fuese sobre ninguno porque todos hubiesen alcanzado la plenitud de la obediencia. El apóstol advertía que se estaba acabando el tiempo de la transigencia y que iba a comenzar el de la disciplina, por lo que estaba dando tiempo suficiente para que se estableciera con claridad la línea divisoria entre los obedientes y los rebeldes, para iniciar decididamente una acción de disciplina.

Relativo a la habilidad pastoral de Pablo, escribía Crisóstomo:

"¿Qué hay más tierno que aquellas entrañas? Al ver a los suyos mezclados con los extraños, Pablo quiere golpear, pero se abstiene, y reprime su enojo hasta que se separen y pueda golpear solamente a los suyos. Más aún, ni siquiera a éstos, y por eso los amenaza y dice que él quiere únicamente recuperarlos a ellos, para que también los otros, corrigiéndose con el temor, cambien de vida, y así no se irritará ya contra nadie. Como un médico eminentísimo, como cualquier padre, como un patrono solícito: así obraba Pablo en todo, así se desvivía por todos, removiendo obstáculos, teniendo a raya a los indignos y circulando por todas partes"[2].

El Señor está sobre la iglesia, de modo que Él ejercerá la disciplina en el momento oportuno y lo hará por medio de Su instrumento, el apóstol. En la acción disciplinaria, habrá quienes se mantienen desobedientes, acaso influenciados por los *falsos apóstoles*, que sufrirían la disciplina, mientras que los otros, obedientes a la fe, no estarían incursos en ella. Sin duda esperaba que la acción del Espíritu llevara a todos a una obediencia plena a lo que el Señor establecía.

7. Miráis las cosas según la apariencia. Si alguno está persuadido en sí mismo que es de Cristo, esto también piense por sí mismo, que como él es de Cristo, así también nosotros somos de Cristo.

Τὰ κατὰ πρόσωπον βλέπετε. εἴ τις πέποιθεν ἑαυτῷ
A las cosas según apariencia miráis. Si alguien ha persuadido a sí mismo
Χριστοῦ εἶναι, τοῦτο λογιζέσθω πάλιν ἐφ'[2] ἑαυτοῦ, ὅτι καθὼς
de Cristo ser, esto considere de nuevo para sí mismo, que como
αὐτὸς Χριστοῦ[1], οὕτως καὶ ἡμεῖς.
él de Cristo, así también nosotros.

---

[2] Juan Crisóstomo. *Homilías sobre la segunda Carta a los Corintios. PG.82, 436.*

Análisis y notas del texto griego.

Análisis: Τὰ, caso acusativo neutro plural del artículo determinado *los*, en sentido de *las cosas*; κατὰ, preposición propia de acusativo *según*; πρόσωπον, caso acusativo neutro singular del nombre común *apariencia*; βλέπετε, segunda persona plural del presente de indicativo en voz activa del verbo βλέπω, *mirar*, aquí *miráis*, puede ser también presente de imperativo; εἴ, conjunción *si*; τις, caso nominativo masculino singular del pronombre indefinido *alguien*; πέποιθεν, tercera persona singular del perfecto de indicativo en voz activa del verbo πείθω, *persuadir*, aquí *ha persuadido*; ἑαυτῷ, caso dativo masculino singular del pronombre reflexivo declinado *a sí mismo*; Χριστοῦ, caso genitivo masculino singular del nombre propio declinado *de Cristo*; εἶναι, presente de infinitivo en voz activa del verbo εἰμί, *ser*; τοῦτο, caso acusativo neutro singular del pronombre demostrativo *esto*; λογιζέσθω, tercera persona singular del presente de imperativo en voz media del verbo λογίζομαι, *contar, considerar, pensar, tener en cuenta*, aquí *considere*; πάλιν, adverbio de modo *nuevamente, de nuevo, otra vez*; ἐφ', forma escrita de la preposición de genitivo ἐπί por elisión de la ι final y asimilación de la π ante vocal o diptongo con aspiración, y que significa *sobre, a, en, junto a, ante, con base en, referente a, durante, además de, de, para, por, contra*; ἑαυτοῦ, caso genitivo masculino singular del pronombre reflexivo *sí mismo*; ὅτι, conjunción *que*; καθὼς, conjunción subordinante *como*; αὐτὸς, caso nominativo masculino singular del pronombre intensivo *él*; Χριστοῦ, caso genitivo masculino singular del nombre propio declinado *de Cristo*; οὕτως, adverbio demostrativo *así*; καὶ, adverbio de modo *también*; ἡμεῖς, caso nominativo de la primera persona plural del pronombre personal *nosotros*.

Notas. Crítica Textual. Lecturas alternativas.

[1] Χριστοῦ εἶναι, *de Cristo ser*, según se lee en 𝔓[46], a, B, L, 1175, 1505.
Χριστοῦ δούλος εἶναι, *de Cristo siervo ser*, lectura en D*, F, G, ar, vg[mss], Ambrosiaster.

[2] ἐφ', *para*, conforme a 𝔓[46], a, B, L, 1175, 1505.

ἀφ', *por causa de* C, D, F, G, H, K, P, Ψ, 0209, 0243, 33, 81, 104, 365, 630, 1241, 1739, 1881, 2464, 𝔐, sy.

Τὰ κατὰ πρόσωπον βλέπετε. Es difícil dividir el párrafo a pesar del punto y aparte que está al final del versículo anterior. Sin embargo, el hilo del tema general del capítulo no necesitaría de párrafos ya que es una continuación progresiva. El apóstol escribe sobre el juicio de apariencias. No cabe duda que está dirigiéndose a quienes no reconocían su apostolado y, por consiguiente, negaban el principio de autoridad al que apelaba Pablo. Realmente la vindicación personal de su apostolado se extiende hasta 12:18.

La primera parte de la cláusula pudiera traducirse como declarativa, en ese sentido sería *vosotros miráis las apariencias*, pero también pudiera ser un mandamiento, tomando el verbo en imperativo: *¡mirad las apariencias!*, incluso algunos entienden que puede ser un interrogativo: *¿Miráis las apariencias?* Seguramente que la primera traducción es la más segura en relación con todo el contexto. Los *falsos apóstoles* habían presentado ante los creyentes corintios *apariencias* de Pablo que lo hacían despreciable y poco digno de confianza, mientras que ellos, como más adelante se considerará eran grandes en cuanto a ascendencia racial y a relación con los apóstoles. Aquellos se fijaban sólo en lo externo en relación con Pablo. La apariencia servía a algunos para despreciar a Pablo (v. 10).

εἴ τις πέποιθεν ἑαυτῷ Χριστοῦ εἶναι, τοῦτο λογιζέσθω πάλιν ἐφ ἑαυτοῦ, ὅτι καθὼς αὐτὸς Χριστοῦ, οὕτως καὶ ἡμεῖς. El apóstol llama a quienes juzgan por apariencias a una consideración personal. Estos afirmaban ser de Cristo, es decir, verdaderos creyentes. Es interesante apreciar aquí el pronombre personal en singular, *si alguien*, lo que sirve para argumentar que está refiriéndose a una persona con la que había un problema especial al rechazar la autoridad del apóstol, pero, el contexto general pone de manifiesto que eran varios los que lo hacían. La expresión *se cree ser de Cristo*, pudiera aplicarse al hecho de ser cristiano, pero también podría estar refiriéndose a *ser de Cristo* como apóstol o como si tuviese igual autoridad que Pablo. Es posible que se esté dirigiendo al grupo que en la *Primera Epístola* llamó como *de Cristo* (1 Co. 1:12), como si guardasen una relación espiritual especial con Él, que les hacían superiores a los demás. A éstos llama para una reflexión personal: *que consideren de nuevo* que, si verdaderamente son de Cristo, *yo también*, dice el apóstol. Algunos de ellos bien pudieran pertenecer a los *falsos apóstoles*, de modo que les invita a reconsiderar sus pretensiones, ya que no hay nada en nadie que, con relación al Señor, no pudiese tener Pablo. Este pensamiento infantil había servido para causar profundas divisiones en la iglesia (1 Co. 3:1-5). Algunos practicaban el sectarismo exclusivista. Los creyentes podían tener diferentes pensamientos, pero quien sea creyente, es de Cristo. El grave peligro está en la arrogancia de pensar que sólo algunos son los creyentes verdaderos y ortodoxos.

Confrontando a los adversarios (10:8-18)

8. Porque aunque me gloríe algo más todavía de nuestra autoridad, la cual el Señor nos dio para edificación y no para vuestra destrucción, no me avergonzaré.

ἐάν τε[1] γὰρ περισσότερον τι καυχήσωμαι[2] περὶ τῆς ἐξουσίας
Porque y si, más abundantemente algo me jactare acerca de la autoridad

ἡμῶν ἧς ἔδωκεν ὁ Κύριος εἰς οἰκοδομὴν καὶ οὐκ εἰς
de nosotros la cual dio el Señor para edificación y no para
καθαίρεσιν ὑμῶν, οὐκ αἰσχυνθήσομαι.
destrucción de vosotros, no seré avergonzado.

Análisis y notas del texto griego.

Análisis: ἐάν, conjunción *si*; τε, conjunción coordinativa *y*; γὰρ, conjunción causal *porque*; περισσότερον, adverbio *más abundantemente*; τι, caso acusativo neutro singular del pronombre indefinido *algo*; καυχήσωμαι, primera persona singular del primer aoristo de subjuntivo en voz media del verbo καυχάομαι, *gloriarse, ufanarse, sentirse orgulloso, jactarse*, aquí *me jactare*; περὶ, preposición propia de genitivo *de, acerca de*; τῆς, caso genitivo femenino singular del artículo determinado *la*; ἐξουσίας, caso genitivo femenino singular del nombre común *autoridad*; ἡμῶν, caso genitivo de la primera persona singular del pronombre personal declinado *de nosotros*; ἧς, caso genitivo femenino singular del pronombre relativo *la que, la cual*; ἔδωκεν, tercera persona singular del primer aoristo de indicativo en voz activa del verbo δίδωμι, *dar*, aquí *dio*; ὁ, caso nominativo masculino singular del artículo determinado *el*; Κύριος, caso nominativo masculino singular del nombre divino *Señor*; εἰς, preposición propia de acusativo *para*; οἰκοδομὴν, caso acusativo femenino singular del nombre común *edificación*; καὶ, conjunción copulativa *y*; οὐκ, forma escrita del adverbio de negación *no*, con el grafismo propio ante una vocal con espíritu suave o una enclítica; εἰς, preposición propia de acusativo *para*; καθαίρεσιν, caso acusativo femenino singular del nombre común *destrucción*; ὑμῶν, caso genitivo de la segunda persona plural del pronombre personal declinado *de vosotros*; οὐκ, forma escrita del adverbio de negación *no*, con el grafismo propio ante una vocal con espíritu suave o una enclítica; αἰσχυνθήσομαι, primera persona singular del futuro de indicativo en voz pasiva del verbo αἰσχύνομαι, *avergonzarse*, aquí *seré avergonzado*.

Notas. Crítica Textual. Lecturas alternativas.

[1] τε, *y*, según lectura en a, C, D, K, L, P, Ψ, 81, 104, 1241, 1505, 2464, 𝔐, f, vg, sy, Ambrosiaster.

Está omitida en 𝔓[46], B, F, G, H, 0243, 6, 33, 365, 630, 1175, 1739, 1881, it, vg[mss].

[2] καυχήσωμαι, *me jactaré*, según se lee en B, C, D, F, G, K, Ψ, 81, 365, 630, 1739, 1881[c], 2464.

καυχήσομαι, *me jactaré*, como aparece en a, L, P, 0209, 0243, 6, 104, 326, 1175, 1241, 1505, 1881[*].

ἐάν τε γὰρ περισσότερον τι καυχήσωμαι περὶ τῆς ἐξουσίας ἡμῶν. Los enemigos de Pablo se jactaban de ser más que él, pero, todo cuanto hubieran podido decir de ellos mismos, sería siempre superado por el apóstol. Sin duda consideraban algunos que se había hecho superior jactándose de ser apóstol, pero afirma que no había dicho suficiente sobre su autoridad apostólica, sino que podía decir sin vanagloria mucho más o, de otro modo, él siempre era mucho más que sus detractores. Su condición y, por tanto, su autoridad, sobrepasaba los límites de cualquier demanda que hubiera hecho sobre el respeto que merecía esa autoridad por ser apóstol de Cristo. No solo tenía la autoridad, sino que podía hacer uso de ella. No había actuado de ese modo con los rebeldes, por otorgarles un tiempo de reflexión para arrepentimiento, pero estaba determinado a usarla de forma inminente.

ἧς ἔδωκεν ὁ Κύριος, Esa autoridad no la había recibido de hombre alguno, ni de los mismos apóstoles, ni era una usurpación por él mismo, la había recibido directamente del Señor. Sobre ella dice Hodge: *"La autoridad en cuestión le fue dada cuando fue constituido apóstol, con la comisión no sólo de ejercer el dominio, sino también con una gracia, o don interior del Espíritu, que lo hacía infalible como maestro y lo investía con un poder sobrenatural"*[3]. Por tanto, la autoridad era divinamente otorgada. Ninguno de los que estaban contra él y que señalaban imperfecciones e intereses carnales en su ministerio podían decir que habían sido investidos de poder y autoridad directamente del Señor. Lo máximo que podían hacer creer era que venían con la autoridad delegada de otros apóstoles de Jerusalén.

εἰς οἰκοδομὴν καὶ οὐκ εἰς καθαίρεσιν ὑμῶν, Un nuevo contraste aparece aquí, entre el apóstol y los *falsos apóstoles*. El ministerio de estos últimos era destructivo, tanto fuese el orientado contra Pablo, como el relacionado con las enseñanzas para la iglesia. Sin embargo, el apostolado recibido del Señor, es para *edificación* y no para *destrucción.* Jesús mismo, refiriéndose a su ministerio terrenal dijo que no había venido para condenar, sino para salvar (Jn. 3:17). Por consiguiente, quien es seguidor de Cristo en cuanto a ministerio, quien actúa en Su nombre y con Su autoridad, para quien el Señor se hace vida en él, no puede ministrar para destrucción, sino para edificación. Cristo afirmó esta verdad cuando dijo: *"sobre esta roca edificaré mi iglesia"* (Mt. 16:18), así que, sus apóstoles, seguidores del ministerio del Señor en relación con Su pueblo, ejercen la autoridad y el poder que conlleva, para *edificar* y no para *destruir*. No se trata de eliminar enemigos personales sino de edificar firmemente a los creyentes.

οὐκ αἰσχυνθήσομαι. Se aprecia la seguridad en el comportamiento, de modo que *no sería avergonzado*, de otro modo, no

---

[3] C. Hodge. o.c., pág. 267.

tendría de que arrepentirse en cuanto a actuación como apóstol. No solo en cuanto a edificación, sino también en cuanto a lo que antes les manifestó de su disposición a disciplinar a los desordenados. Él confiaba plenamente en la protección del Señor sobre él y sobre el ministerio apostólico al que lo había llamado. Edificar es siempre motivo de sano gozo, destruir es evidencia visible de fracaso.

9. Para que no parezca como que os quiero amedrentar por cartas.

ἵνα μὴ δόξω	ὡς	ἂν	ἐκφοβεῖν	ὑμᾶς	διὰ	τῶν	ἐπιστολῶν·
Para que no parezca	como	-	amedrentar	os	por medio de	las	cartas.

Análisis y notas del texto griego.

Análisis: ἵνα, conjunción causal *para que*; μὴ, partícula que hace funciones de adverbio de negación *no*; δόξω, primera persona singular del primer aoristo de subjuntivo en voz activa del verbo δοκέω, *pensar, considerar, parecer*, aquí *parezca*; ὡς, adverbio de modo, *como*, que hace las veces de conjunción comparativa; ἂν, partícula que no empieza nunca frase y que da a ésta carácter condicional o dubitativo, o expresa una idea de repetición. Se construye con todos los modos menos el imperativo y acompaña a los pronombres relativos para darles un sentido general; en algunas ocasiones no tiene traducción; ἐκφοβεῖν, presente de infinitivo en voz activa del verbo φοβέω, *asustar, atemorizar, amedrentar*; ὑμᾶς, caso acusativo de la segunda persona plural del pronombre personal declinado *a vosotros, os*; διὰ, preposición propia de genitivo *por*; τῶν, caso genitivo femenino plural del artículo determinado *las*; ἐπιστολῶν, caso genitivo femenino plural del nombre común *cartas, epístolas*.

ἵνα μὴ δόξω ὡς ἂν ἐκφοβεῖν ὑμᾶς διὰ τῶν ἐπιστολῶν· Los enemigos del apóstol lo presentaban como un arrogante vanidoso. En presencia de los creyentes era débil, pero en ausencia sus escritos eran hirientes, como si se tratase de un déspota que quiere asustar a los súbditos. La expresión es un tanto irónica. Quien levantaría esa forma de pensar no era tanto Pablo como Dios mismo, que le daría la victoria sobre sus enemigos, mucho más importante que evitar que pareciera a ojos de algunos como un arrogante. Es muy probable que ante la carta no canónica que habían recibido, los enemigos de Pablo, que estaban en la iglesia procurando influenciar en los creyentes, procurasen hacer creer que Pablo había escrito en tono firme para asustar a los lectores, pero que ni tenía carácter para llevar a cabo sus advertencias, ni el poder que decía tener para ejecutarlas. El apóstol no tenía intención alguna en asustar a los lectores, sino que advertía de la necesidad de aplicar la disciplina para limpieza de la iglesia. De otro modo, indica a los lectores que no es su intención asustarles, pero los enemigos del evangelio y detractores de su apostolado deben tener en cuenta que como apóstol es digno de que le teman, porque está revestido del poder que el Señor le otorgó al llamarlo a la misión apostólica.

10. Porque a la verdad, dicen, las cartas son duras y fuertes; mas la presencia corporal débil, y la palabra menospreciable.

ὅτι	αἱ	ἐπιστολαὶ	μέν,	φησίν,	βαρεῖαι	καὶ	ἰσχυραί,	ἡ δὲ
Porque	las	cartas	verdaderamente	dice,	pesadas	y	fuertes,	pero la

παρουσία	τοῦ	σώματος	ἀσθενὴς	καὶ	ὁ	λόγος	ἐξουθενημένος.
presencia	del	cuerpo	débil	y	la	palabra	despreciable.

Análisis y notas del texto griego.

Análisis: ὅτι, conjunción causal *porque*; αἱ, caso nominativo femenino plural del artículo determinado *las*; ἐπιστολαὶ, caso nominativo femenino plural del nombre común *cartas, epístolas*; μέν, partícula afirmativa que se coloca siempre inmediatamente después de la palabra expresiva de una idea que se ha de reforzar o poner en relación con otra idea y que, en sentido absoluto tiene oficio de adverbio de afirmación, como *ciertamente, a la verdad*; φησίν, tercera persona singular del presente de indicativo en voz activa del verbo φήμι, *decir*, aquí *dice*; βαρεῖαι, caso nominativo femenino plural del adjetivo *pesadas, largas, duras*; καὶ, conjunción copulativa *y*; ἰσχυραί, caso nominativo femenino plural del adjetivo *fuertes, robustas, vigorosas, violentas, excesivas*; ἡ, caso nominativo femenino singular del artículo determinado *la*; δὲ, partícula conjuntiva que hace las veces de conjunción coordinante, con sentido de *pero, más bien, y, y por cierto, antes bien, entonces*; παρουσία, caso nominativo femenino singular del nombre común *presencia*; τοῦ, caso genitivo masculino singular del artículo determinado declinado *del*; σώματος, caso genitivo masculino singular del nombre común *cuerpo*; ἀσθενὴς, caso nominativo femenino singular del adjetivo *débil*; καὶ, conjunción copulativa *y*; ὁ, caso nominativo masculino singular del artículo determinado *el*; λόγος, caso nominativo masculino singular del nombre común *palabra, discurso, forma de hablar*; ἐξουθενημένος, caso nominativo masculino singular del participio perfecto en voz pasiva del verbo ἐξουθενέω, *menospreciar, rechazar, rechazar con desprecio*, aquí *menospreciable*.

ὅτι αἱ ἐπιστολαὶ μέν, φησίν, βαρεῖαι καὶ ἰσχυραί, La primera acusación contra Pablo está dirigida a sus escritos, de los que dicen que eran verdaderamente *pesados*, de ahí que RV traduzca como *duros*, complementando también con otro adjetivo que tiene varias acepciones, entre las que están *fuertes, violentas* e incluso *excesivas*. Es posible que en el informe que Tito dio de su visita a Corinto, además de poner de manifiesto la buena reacción que hubo hacia Pablo, también le hiciese notar que *alguno* le acusaba de escribir en forma excesivamente dura. Es muy interesante notar el verbo en singular βαρεῖαι, *dice*, en lugar de *dicen*, lo que permitiría entender que entre todos los enemigos y detractores de Pablo, había uno en especial que hizo notar su resentimiento contra él y contra sus escritos. Lo que sí es evidente, es que le acusaban de escribir con excesiva dureza, pero era incapaz para hacer lo mismo cuando estaba presente.

ἡ δὲ παρουσία τοῦ σώματος ἀσθενὴς. Pero su aspecto personal no concordaba con la firmeza de sus escritos. Decían que su *presencia* era *débil*. Por esta razón algunos entienden que el apóstol era *bajo* de estatura y *poco grato* de aspecto personal. Pero, aunque pudiera ser, no siempre debe entenderse literalmente el sentido de la palabra, puesto que en razón del entorno textual en donde las acusaciones de los escritos llevan aparejada la de una presencia *débil*, puede referirse muy bien a una aparente *debilidad de carácter*. Mientras que escribía de un modo abiertamente firme, no actuaba del mismo modo cuando estaba personalmente presente. Esa era la forma en que lo veían sus adversarios y procuraban generar esa misma imagen en los creyentes.

καὶ ὁ λόγος ἐξουθενημένος. La tercera manifestación despectiva contra Pablo era la acusación de que su forma de hablar, sus discursos, las enseñanzas de viva voz, eran *pesadas, menospreciables, carentes de elegancia*. Posiblemente le están acusando veladamente de que no se atrevía a hablar con la misma firmeza que cuando escribía. Una vista desprejuiciada a los datos bíblicos sobre el ministerio oral del apóstol pone de manifiesto que su oratoria no era mala, y que el carácter personal unido a la autoridad apostólica, sirvió en muchas ocasiones para un enfrentamiento de palabra que admira al lector. Baste a modo de ejemplo la estructura y oratoria de su intervención en el areópago de Atenas ante los filósofos griegos (Hch. 17:19 ss.). Igualmente, la severidad de palabras como es el caso de la reprensión a Elimas hecha delante del procónsul Sergio Paulo (Hch. 13:10). Por consiguiente, no había una falta de correspondencia entre su forma de hablar y sus escritos, como sus enemigos intentaban hacer creer a los creyentes de Corinto.

11. Esto tenga en cuenta tal persona, que así como somos en la palabra por cartas, estando ausentes, lo seremos también en hechos, estando presentes.

τοῦτο λογιζέσθω ὁ τοιοῦτος, ὅτι οἷοι ἐσμεν τῷ λόγῳ δι’
Esto tenga en cuenta el tal, que cuales somos por la palabra mediante
ἐπιστολῶν ἀπόντες, τοιοῦτοι καὶ παρόντες τῷ ἔργῳ.
cartas estando ausentes tales también estando presente - en obra.

Notas y análisis del texto griego.

Análisis: τοῦτο, caso acusativo neutro singular del pronombre demostrativo *esto*; λογιζέσθω, tercera persona singular del presente de imperativo en voz media del verbo λογίζομαι, *pensar, reflexionar, tener en cuenta*, aquí *tenga en cuenta*; ὁ, caso nominativo masculino singular del artículo determinado *el*; τοιοῦτος, caso nominativo masculino singular del adjetivo demostrativo *tal*; ὅτι, conjunción *que*; οἷοι, caso nominativo masculino plural del pronombre relativo *cuales*; ἐσμεν, segunda persona plural del presente de indicativo en voz activa del verbo εἰμί, *ser, estar*, aquí *somos*; τῷ, caso dativo masculino singular del artículo determinado declinado *por el*; λόγῳ, caso dativo masculino singular del nombre común *palabra, discurso*; δι', forma contracta de la preposición propia de genitivo διά, *por, por medio de, a causa de, mediante*; ἐπιστολῶν, caso genitivo femenino plural del nombre común *epístolas, cartas*; ἀπόντες, caso nominativo masculino plural del participio de presente en voz activa del verbo ἄπειμι, *estar ausente*, aquí *estando ausentes*; τοιοῦτοι, caso nominativo masculino plural del adjetivo demostrativo *tales*; καὶ, adverbio de modo *también*; παρόντες, caso nominativo masculino plural del participio de presente en voz activa del verbo πάρειμι, *estar presente*, aquí *estando presentes*; τῷ, caso dativo masculino singular del artículo determinado *el*; ἔργῳ, caso dativo masculino singular del nombre común declinado *por obra, por hechos, por acciones*.

τοῦτο λογιζέσθω ὁ τοιοῦτος, Es necesario entender que no hubo sólo una persona que se levantara para cuestionar la autoridad del apóstol entre los creyentes de Corinto. De modo que no puede usarse la construcción gramatical con el adjetivo demostrativo *tal*, precedido del artículo determinado *el*, para hacer una afirmación definitiva de que se está dirigiendo a una determinada persona de la congregación, pudiendo tomarse esta expresión como general en el sentido de que debe tener en cuenta esto *cualquier* persona.

Sin embargo, no se puede descartar que de entre todos los que se oponían a Pablo hubiese un líder destacado al que se dirige en este versículo, advirtiéndole de estar preparado para ejercer la disciplina con él si no cambiaba de proceder.

ὅτι οἷοι ἐσμεν τῷ λόγῳ δι ἐπιστολῶν ἀπόντες, τοιοῦτοι καὶ παρόντες τῷ ἔργῳ. La advertencia del apóstol es firme. Indica a esta persona que cuestiona, no solo su autoridad sino también su moralidad y que le acusa de ser firme en los escritos y débil en presencia, que estaba llegando el momento en que pudiera apreciar la identidad de la carta y de la actuación. Es muy posible que quien se menciona en el trasfondo del versículo sea uno de los infiltrados en la iglesia, que se habría supuestamente destacado en procurar presentar al apóstol como incapaz para la obra apostólica y sin autoridad real para la iglesia. A este y, en general, a todos los que le estaban cuestionando y negando su condición de apóstol, le advierte que tal como son de firmes las cartas, así va a ser también la acción apostólica cuando en breve visite la iglesia. De forma clara advertirá de esto casi al final de la *Epístola* (12:20-21; 13:2, 10). El rigor de las cartas era para evitar el llegar a los hechos (2:3). Este es el escrito definitivo que precede a una acción enérgica (13:1).

12. Porque no nos atrevemos a contarnos ni a compararnos con algunos que se alaban a sí mismos; pero ellos, midiéndose a sí mismos por sí mismos, y comparándose consigo mismos, no son juiciosos.

Οὐ γὰρ τολμῶμεν ἐγκρῖναι ἢ συγκρῖναι ἑαυτούς τισιν
Porque no nos atrevemos a equiparar o comparar a nosotros mismos con algunos
τῶν ἑαυτοὺς συνιστανόντων, ἀλλὰ αὐτοὶ ἐν ἑαυτοῖς ἑαυτοὺς
de los a sí mismos recomendando; pero ellos por sí mismos, a sí mismos
μετροῦντες καὶ συγκρίνοντες ἑαυτοὺς ἑαυτοῖς οὐ συνιᾶσιν.
midiendo y comparando a sí mimos consigo mismos no entienden.

Análisis y notas del texto griego.

Análisis: Οὐ, adverbio de negación *no*; γὰρ, conjunción causal *porque*; τολμῶμεν, primera persona plural del presente de indicativo en voz activa del verbo τολμάω, *atreverse*, aquí *nos atrevemos*; ἐγκρῖναι, primer aoristo de infinitivo en voz activa del verbo ἐγκρίνω, *equiparar, contar entre*; ἢ, conjunción disyuntiva *o*; συγκρῖναι, primer aoristo de infinitivo en voz activa del verbo συγκρίνω, *comparar*; ἑαυτούς, caso acusativo masculino singular del pronombre reflexivo declinado *a nosotros mismos*; τισιν, caso dativo masculino plural del pronombre indefinido declinado *con algunos*; τῶν, caso genitivo masculino singular del artículo determinado *de los*; ἑαυτοὺς, caso acusativo masculino plural del pronombre reflexivo declinado *a sí mismos*; συνιστανόντων, caso genitivo masculino plural del participio de presente en voz activa del verbo συνίστημι, *presentar, dar a conocer, demostrar como, recomendar*, aquí *recomendando*; ἀλλὰ, conjunción adversativa, *pero*; αὐτοὶ, caso nominativo masculino plural del pronombre intensivo *ellos*; ἐν, preposición propia de dativo *en, por*; ἑαυτοῖς, caso dativo masculino plural del pronombre reflexivo *sí mismos*; ἑαυτοὺς, caso acusativo masculino plural del pronombre reflexivo declinado *a sí mismos*; μετροῦντες, caso nominativo masculino plural del participio de presente en voz activa del verbo μετρέω, *medir*, aquí *midiendo*; καὶ, conjunción copulativa *y*; συγκρίνοντες, caso nominativo masculino plural del participio de presente en voz activa del verbo συγκρίνω, *comparar*, aquí *comparando*; ἑαυτοὺς, caso acusativo masculino plural del pronombre reflexivo declinado *a sí mismos*; ἑαυτοῖς, caso dativo masculino plural del pronombre reflexivo *sí mismos*; οὐ, adverbio de negación *no*; συνιᾶσιν, tercera persona plural del presente de indicativo en voz activa del verbo συνίημι, *entender, comprender, darse cuenta*, aquí *entienden*.

Οὐ γὰρ τολμῶμεν ἐγκρῖναι ἢ συγκρῖναι ἑαυτούς τισιν τῶν ἑαυτοὺς συνιστανόντων, Pasa a usar nuevamente un lenguaje irónico para referirse a los *falsos apóstoles*, que llenos de sí, se alaban a ellos mismos, presentándose como perfectos, sabios, conocedores de la verdad, elocuentes, recomendables y recomendados por los grandes de Jerusalén. El apóstol afirma que él no puede compararse con tales personas. Habían llegado a la iglesia con cartas de recomendación falsas, que los presentaban como enviados por los apóstoles. El apóstol usando de la ironía expresa la supuesta incapacidad de compararse con ellos. Podría formularse por medio de una pregunta: *¿Quién soy yo para compararme con gente tan elevada?* Esa supuesta grandeza de los *falsos apóstoles* procedía de su propia alabanza. Esta es la mayor evidencia de la carnalidad. Es la forma propia de los fariseos de los tiempos de Jesús, que también se alababan a sí mismos, porque *no eran como los demás hombres* (Lc. 18:11). Para ellos cualquier otra persona era pecadora, indigna, pero él era perfecto delante de Dios. La primera expresión de arrogancia es el concepto que tenía de él mismo, por el hecho de ser distinto a los *demás hombres*. Así también estos arrogantes enemigos del apóstol, ninguno había como ellos y, acaso alguno se consideraba con perfecciones superiores a quien Pablo se refiere. Los *falsos apóstoles* se ocupaban de interpretar la Escritura a los creyentes, enseñándoles que mediante el cumplimiento de la ley se obtenía justicia suficiente para entrar al reino de los cielos. Procuraban superar las demandas legales, para presentarse encubiertamente como verdaderos piadosos. Sin embargo, el fariseísmo era un sistema diseñado para esquivar las demandas de santidad que Dios establecía, sustituyéndolas por sus propias normas. Sus enseñanzas las elevaban a la categoría de los mandamientos divinos, como si se tratase de aspectos doctrinales.

ἀλλὰ αὐτοὶ ἐν ἑαυτοῖς ἑαυτοὺς μετροῦντες καὶ συγκρίνοντες ἑαυτοὺς ἑαυτοῖς οὐ συνιᾶσιν. Sin embargo, el grave problema del orgullo procedía de una medida incorrecta. Se habían hecho a ellos mismos la medida de la perfección y se medían por esa falsa medida. Su perfección los constituía en medida para sí mismos. Eran ellos el único punto de referencia: *"comparándose consigo mismos"*, por tanto, puesto que la comparación era personal e individual, no había punto de comparación absoluto, sino que todo era relativo. Ese orgullo les llevaba a considerar al apóstol como menos importante y a despreciar su autoridad apostólica.

Sobre esto escribía Agustín:

"Su error radica en que prefirieron andar en circuitos falsos a seguir el camino recto, porque miden la mente divina, absolutamente inmutable e infinita y capaz de numerar todas las cosas innumerables sin

cambiar de pensamiento, por la suya humana, mudable y limitada. Y, claro está, les sucede lo que dice el apóstol: "Comparándose a sí mismos consigo mismos, no entienden". Como cualquier cosa que les viene a la mente ellos la hacen con nuevo consejo –son portadores de mentes mudables–, pensando no en Dios, en quien no pueden pensar, sino en sí mismos en su juzgar; se comparan no a Él, sino a sí mismos; y no con Él, sino consigo mismos"[4].

La medida absoluta es Dios, por consiguiente, cualquier otra medida es falsa, o de otro modo, es simplemente relativa. Los judaizantes, los *falsos apóstoles*, habían abandonado la medida absoluta y habían convertido la forma de compararse con medidas relativas, absolutamente imperfectas, como eran sus propias vidas. Se jactaban de ser instruidos en la Escritura, conocedores de la doctrina, ortodoxos en las prácticas, herederos de las tradiciones, pero, eran enemigos de la gracia, causantes de problemas, que en último extremo eran verdaderos ególatras. No han desaparecido estos del entorno de las iglesias. Personas que se creen más de lo que realmente son. Líderes que buscan ser aplaudidos por la gloria de su ortodoxia. Medidas inútiles que causan continuos daños a la obra de Dios y a los creyentes. Los que, como el pavo real, abren la cola de sus glorias, la dimensión equívoca de su historia, para despreciar a cuantos no piensen como ellos y vivan recorriendo el mismo camino. Adoradores de la doctrina, pero desconocedores del Dios de la doctrina. Escorias espirituales que con su arrogancia son instrumentos del enemigo para destruir la obra de Dios. Son los que buscando ser tenidos por grandes, luchan denodadamente con quienes realmente lo son, no por ellos, sino por la gracia de Dios que opera en sus vidas.

13. Pero nosotros no nos gloriaremos desmedidamente, sino conforme a la regla que Dios nos ha dado por medida, para llegar también hasta vosotros.

ἡμεῖς δὲ οὐκ εἰς τὰ ἄμετρα καυχησόμεθα ἀλλὰ κατὰ τὸ μέτρον
Pero nosotros no con lo desmesurado nos gloriaremos sino según la medida
τοῦ κανόνος οὗ ἐμέρισεν ἡμῖν ὁ Θεὸς μέτρου, ἐφικέσθαι ἄχρι
de la norma que asignó nos - Dios por medida, para llegar hasta
καὶ ὑμῶν.
también vosotros.

Análisis y notas del texto griego.

Análisis: ἡμεῖς, caso nominativo de la primera persona plural del pronombre personal *nosotros*; δὲ, partícula conjuntiva que hace las veces de conjunción

[4] Agustín de Hipona. *De Civitate Dei*. 12, 17, 2.

coordinante, con sentido de *pero, más bien, y, y por cierto, antes bien, entonces*; οὐκ, forma escrita del adverbio de negación *no*, con el grafismo propio ante una vocal con espíritu suave o una enclítica; εἰς, preposición propia de acusativo *con*; τὰ, caso acusativo neutro plural del artículo determinado *los*; ἄμετρα, caso acusativo neutro plural del adjetivo *desmesurados*; καυχησόμεθα, primera persona plural del futuro de indicativo en voz media del verbo καυχάομαι, *gloriarse, ufanarse, sentirse orgulloso*, aquí *nos gloriaremos*; ἀλλὰ, conjunción adversativa *sino, pero, mas*; κατὰ, preposición propia de acusativo *según*; τὸ, caso acusativo neutro singular del artículo determinado *el*; μέτρον, caso acusativo neutro singular del nombre común *medida*; τοῦ, caso genitivo masculino singular del artículo determinado declinado *del*; κανόνος, caso genitivo masculino singular del nombre común *canon, regla, medida, norma*; οὗ, caso genitivo masculino singular del pronombre relativo *que*; ἐμέρισεν, tercera persona singular del primer aoristo de indicativo en voz activa del verbo μερίζω, *repartir, distribuir, dar, asignar*, aquí *asignó*; ἡμῖν, caso dativo de la primera persona plural del pronombre personal declinado *a nosotros, nos*; ὁ, caso nominativo masculino singular del artículo determinado *el*; Θεὸς, caso nominativo masculino singular del nombre divino *Dios*; μέτρου, caso genitivo neutro singular del nombre común declinado *por medida*; ἐφικέσθαι, segundo aoristo de infinitivo en voz activa del verbo ἐφικνέομαι, *llegar*, aquí *para llegar*; ἄχρι, preposición propia de genitivo *hasta*; καὶ, adverbio de modo *también*; ὑμῶν, caso genitivo de la segunda persona plural del pronombre personal *vosotros*.

ἡμεῖς δὲ οὐκ εἰς τὰ ἄμετρα καυχησόμεθα. Mientras que los *falsos apóstoles* se medían con su propia medida y de ese modo se presentaban como grandes, el apóstol limita su dimensión espiritual a una forma correcta de medirla y no usando una medida *desmesurada*, inadecuada, para no gloriarse fuera de la dimensión correcta. Dice Hodge: *"Los falsos maestros no ponían límite a su petulancia –era su presunción y no los hechos los que determinaban el carácter y el cúmulo de sus suposiciones, y ésta era la causa de sus desmesuradas pretensiones"*[5].

ἀλλὰ κατὰ τὸ μέτρον τοῦ κανόνος οὗ ἐμέρισεν ἡμῖν ὁ θεὸς μέτρου, ἐφικέσθαι ἄχρι καὶ ὑμῶν. El apóstol tenía controlado este problema, porque en toda su vida y ministerio aplicaba la medida que Dios le había dado. Para referirse a ella usa el sustantivo κάνων, *canon, limite, medida, vara de medir, regla*. De modo que su ministerio estaba dentro de la medida que Dios estableció para cada uno. Por esa razón exhortaba también a los creyentes: *"Digo, pues, por la gracia que me es dada, a cada cual que está entre vosotros, que no tenga más alto concepto de sí que el que debe tener, sino que piense de sí con cordura, conforme a la medida de la fe que Dios repartió a cada uno"* (Ro. 12:3). Este mandamiento va directamente en contra de la arrogancia que es la

[5] C. Hodge. óp. cit., pág. 271.

exteriorización del orgullo, manifestación propia del *yo*. El pensamiento humano impulsado por el *yo*, puede conducir a una *sobreestima* personal, que lleva a infatuarse. El pensamiento altivo y arrogante es contario a la humildad a que el creyente es llamado por Jesús: *"Llevad mi yugo sobre vosotros, y aprended de mí, que soy manso y humilde de corazón"* (Mt. 11:29). Esa es la razón por la que el apóstol llama a una correcta valoración personal desde la medida de la fe que Dios otorga a cada uno, que no es otra cosa que la dependencia de Jesús y la vinculación con Él. No quiere eso decir que el creyente debe minusvalorarse continuamente, sino que la valoración ha de ser equilibrada, no conforme a la medida humana sino a la divina. Ser equilibrado es pensar conforme al pensamiento de Dios. La medida establecida por Dios, mide correctamente el ejercicio de los dones y aporta la fortaleza para llevarlo a cabo. Hay quienes en su arrogancia se asignan dones que nunca han recibido, sobrevalorándose por algo que no tienen. La medida divina es la correcta para una exacta valoración, no tanto delante de los hombres, sino delante de Dios. Pablo era consciente de sus limitaciones como hombre, e incluso de su indignidad como tal para ser apóstol, pero estaba también consciente de la gracia que le salvó y colocó en el servicio de Cristo (1 Co. 15:8-10; Ef. 3:7-8; 1 Ti. 1:12-16; 2 Ti. 1:9-11).

14. Porque no nos hemos extralimitado, como si no llegásemos hasta vosotros, pues fuimos los primeros en llegar hasta vosotros con el evangelio de Cristo.

οὐ γὰρ ὡς μὴ ἐφικνούμενοι εἰς ὑμᾶς ὑπερεκτείνομεν
Porque no como no llegando a vosotros extralimitamos
ἑαυτούς, ἄχρι γὰρ καὶ ὑμῶν ἐφθάσαμεν ἐν τῷ
a nosotros mismos, porque hasta también a vosotros llegamos con el
εὐαγγελίῳ τοῦ Χριστοῦ,
evangelio - de Cristo.

Análisis y notas del texto griego.

Análisis: οὐ, adverbio de negación *no*; γὰρ, conjunción causal *porque*; ὡς, adverbio de modo, *como*, que hace las veces de conjunción comparativa; μὴ, partícula que hace funciones de adverbio de negación condicional *no*; ἐφικνούμενοι, caso nominativo masculino plural del participio de presente en voz media del verbo ἐφικνέομαι, *llegar, llegar hasta*, aquí *llegando*; εἰς, preposición propia de acusativo *a*; ὑμᾶς, caso acusativo de la segunda persona plural del pronombre personal *vosotros*; ὑπερεκτείνομεν, primera persona plural del presente de indicativo en voz activa del verbo ὑπερεκτείνω, *extender más allá, extralimitar*, aquí *extralimitamos*; ἑαυτούς, caso acusativo masculino plural del pronombre reflexivo declinado *a nosotros mismos*; ἄχρι, preposición propia de genitivo *hasta*; γὰρ, conjunción causal *porque*; καὶ, adverbio de modo *también*; ὑμῶν, caso genitivo de la segunda persona plural del pronombre personal declinado *a vosotros*; ἐφθάσαμεν, primera persona plural del primer aoristo de indicativo en voz activa del verbo φθάω, *llegar, alcanzar, adelantarse*, aquí *llegamos*; ἐν, preposición propia de dativo *con*; τῷ, caso dativo neutro singular del artículo determinado *el*; εὐαγγελίῳ, caso dativo neutro singular del nombre común *evangelio*; τοῦ, caso genitivo masculino singular del artículo determinado *el*; Χριστοῦ, caso genitivo masculino singular del nombre propio declinado *de Cristo*.

οὐ γὰρ ὡς μὴ ἐφικνούμενοι εἰς ὑμᾶς ὑπερεκτείνομεν ἑαυτούς, Los judaizantes acusaban a Pablo de extralimitarse en sus atribuciones, considerando que, no siendo un apóstol como los otros de Jerusalén, abusaba de autoridad que no tenía. Además, insistían con los corintios en que la autoridad apostólica no comprendía aquella iglesia. Pero la realidad es que la iglesia en Corinto era *labor* de Pablo, fruto de la acción de la gracia por medio del ministerio que había desarrollado allí. Por tanto, no había ido más allá de lo que Dios le señaló para evangelizar. Quienes se habían metido en sus labores eran los *falsos apóstoles*, que habían venido de Jerusalén e invadido lo que era el campo de trabajo del apóstol. Estos advenedizos, pretendían actuar en nombre de los apóstoles y bajo su autoridad, delegada en ellos pero, o ignoraban, o posiblemente despreciaban el acuerdo que los apóstoles habían establecido con Pablo sobre el ministerio apostólico a los gentiles (Gá. 2:9).

ἄχρι γὰρ καὶ ὑμῶν ἐφθάσαμεν ἐν τῷ εὐαγγελίῳ τοῦ Χριστοῦ, Una segunda evidencia tiene que ver con la evangelización en Corinto. No habían llegado antes los *falsos apóstoles*, sino que había sido él el primero en alcanzar a los corintios con el evangelio, al que califica como *evangelio de Cristo*. Esto es, el que tiene a Cristo como objeto y centro del mensaje. El verbo φθάω, que usa el apóstol en este lugar expresa la idea de *llegar antes, anticiparse*. En ese sentido, la autoridad de Pablo alcanza a los corintios porque él había llegado primero para predicar a Cristo. Fueron los *falsos maestros*, los que llegaron luego y pretendían apoderarse de la obra que él había establecido. La autoridad estaba respaldada por Dios, que le dio el privilegio de ser el primero en llegar allí con el evangelio y establecer la iglesia que antes no existía.

15. No nos gloriamos desmedidamente en trabajos ajenos, sino que esperamos que conforme crezca vuestra fe seremos muy engrandecidos entre vosotros, conforme a nuestra regla.

οὐκ εἰς τὰ ἄμετρα καυχώμενοι ἐν ἀλλοτρίοις κόποις, ἐλπίδα δὲ
No con lo desmesurado jactándonos en ajenos trabajos, sino esperanza
ἔχοντες αὐξανομένης τῆς πίστεως ὑμῶν ἐν ὑμῖν
teniendo que al crecer la fe de vosotros entre vosotros
μεγαλυνθῆναι κατὰ τὸν κανόνα ἡμῶν εἰς περισσείαν
siendo engrandecidos, conforme a la norma de nosotros en abundancia.

Análisis y notas del texto griego.

Análisis: οὐκ, forma escrita del adverbio de negación *no*, con el grafismo propio ante una vocal con espíritu suave o una enclítica; εἰς, preposición propia de acusativo *con*; τὰ, caso acusativo neutro singular del artículo determinado *lo*; ἄμετρα, caso acusativo neutro singular del adjetivo *enorme, desmesurado*; καυχώμενοι, caso nominativo masculino plural del participio de presente en voz activa del verbo καυχάομαι, *jactarse, enorgullecerse*, aquí *jactándonos*; ἐν, preposición propia de dativo *en*; ἀλλοτρίοις, caso dativo masculino plural del adjetivo *ajenos*; κόποις, caso dativo masculino plural del nombre común *trabajos*; ἐλπίδα, caso acusativo femenino singular del nombre común *esperanza*; δὲ, partícula conjuntiva que hace las veces de conjunción coordinante, con sentido de *pero, más bien, y, y por cierto*, *antes bien, entonces*; ἔχοντες, caso nominativo masculino plural del participio de presente en voz activa del verbo ἔχω, *tener, poseer*, aquí *teniendo*; αὐξανομένης, caso genitivo femenino singular del participio de presente en voz pasiva del verbo ἀυξανω, *crecer*, aquí *que al crecer*; τῆς, caso genitivo femenino singular del artículo determinado *la*; πίστεως, caso genitivo femenino singular del nombre común *fe*; ὑμῶν, caso genitivo de la segunda persona plural del pronombre personal declinado *de vosotros*; ἐν, preposición propia de dativo *en*; ὑμῖν, caso genitivo de la segunda persona plural del pronombre personal *vosotros*; μεγαλυνθῆναι, primer aoristo de infinitivo en voz pasiva del verbo μεγαλύνω, *engrandecer*, aquí *siendo engrandecidos*; κατὰ, preposición propia de acusativo *según*; τὸν, caso acusativo masculino singular del artículo determinado *el*; κανόνα, caso acusativo masculino singular del nombre común *canon, norma, regla*; ἡμῶν, caso genitivo de la primera persona plural del pronombre personal declinado *de nosotros*; εἰς, preposición propia de acusativo *en*; περισσείαν, caso acusativo femenino singular del nombre común *abundancia*.

οὐκ εἰς τὰ ἄμετρα καυχώμενοι ἐν ἀλλοτρίοις κόποις, Mientras que los *falsos apóstoles*, se introducían sigilosamente en las iglesias que eran expresión visible del trabajo de Pablo, éste se mantenía lejos de aquellas actividades que correspondían a otro. No habían sido otros los que llegaron antes para fundar la iglesia, sino todo lo contrario. El apóstol trata la obra hecha como un campo de cultivo, el campo de Cristo, en el que le puso como su jornalero. Sin duda la primera línea de este versículo es una repetición del v. 13. Sus enemigos personales, que lo son también de la obra, habían hecho todo lo contrario. Querían recoger los frutos de la labor de Pablo, tiempo que le acusaban de falta de interés en la obra de la iglesia local. Trasladando aquí el ejemplo de la parábola de Jesús, son ladrones que no entran por la puerta delantera, sino que escalan la pared para robar, ladrones y salteadores (Jn. 10:1). El apóstol no buscaba su gloria en la labor de otro. El apóstol buscaba siempre lugares que no hubieran sido evangelizados, pero no se asentaba en aquellos en que otros lo habían hecho. La misión de predicar el evangelio y la fundación de iglesias forma parte de su labor, para lo que usa el sustantivo κόπος, que expresa un trabajo fatigoso. En este caso, al estar en plural, hace referencia a las múltiples tareas que se desarrollan en la misión que le había sido encomendada. Muy probablemente Pedro había estado en Corinto, de donde surgió un grupo divisionario en la iglesia, de aquellos que decían ser de *Cefas* (1 Co. 1:12, 3:22; 9:5). Nunca el apóstol manifestó disconformidad si otro entraba en el campo de trabajo suyo para edificar a los creyentes, sin embargo, se enfrenta con los *falsos apóstoles* que dejaban inferir que lo que los creyentes de la iglesia en Corinto habían aprendido, era trabajo de ellos, apropiándose de la labor de Pablo para medrar ellos.

ἐλπίδα δὲ ἔχοντες αὐξανομένης τῆς πίστεως ὑμῶν ἐν ὑμῖν μεγαλυνθῆναι κατὰ τὸν κανόνα ἡμῶν εἰς περισσείαν, La gloria del apóstol se medía por el progreso real de la iglesia. No se trata aquí tanto del crecimiento y maduración de la fe como el propósito final del apóstol sino como el objetivo local que le permitía, una vez alcanzado, proseguir en las tareas misioneras en otro lugar. Sin embargo, la condición de inmadurez de los corintios, impedía ese progreso mientras que la fe de ellos no estuviera bien consolidada, de ahí el uso de las dos formas del pronombre personal: *de vosotros, entre vosotros*, como se aprecia en el interlineal más arriba. Pablo no estaba esperando ser *engrandecido* entre los corintios cuando la fe de éstos se consolidara, sino que una vez alcanzado ese objetivo, *sería engrandecido* su trabajo de evangelización, permitiéndole alcanzar otros lugares para Cristo. Esta interpretación queda confirmada con la expresión final del versículo: *"conforme a la norma de nosotros"*, confirmado por lo que cierra el texto: *"en abundancia"*, esto es, no que fuesen alabados en abundancia por los corintios, sino que tendrían una esfera de trabajo abundante, liberados de la responsabilidad de resolver el problema de los creyentes en Corinto. La labor misionera sería cumplida conforme a la norma que él se había establecido, de implantar iglesias donde otros no hubiesen trabajado ya.

16. Y que anunciaremos el evangelio en los lugares más allá de vosotros, sin entrar en la obra de otro para gloriarnos en lo que ya estaba preparado.

εἰς τὰ ὑπερέκεινα ὑμῶν εὐαγγελίσασθαι, οὐκ ἐν ἀλλοτρίῳ
Para en los lugares más allá de vosotros evangelizar, no en ajena
κανόνι εἰς τὰ ἕτοιμα καυχήσασθαι.
norma en las cosas dispuestas jactarnos.

Notas y análisis del texto griego.

Análisis: εἰς, preposición propia de acusativo *para*; τὰ, caso acusativo neutro plural del artículo determinado declinado *en los*, en sentido *en los lugares*; ὑπερέκεινα, adverbio *más allá*; ὑμῶν, caso genitivo de la segunda persona plural del pronombre personal declinado *de vosotros*; εὐαγγελίσασθαι, primer aoristo de infinitivo en voz media del verbo ευαγγελίζω, *evangelizar, proclamar el evangelio*; οὐκ, forma escrita del adverbio de negación *no*, con el grafismo propio ante una vocal con espíritu suave o una enclítica; ἐν, preposición propia de dativo *en*; ἀλλοτρίῳ, caso dativo masculino singular del adjetivo *ajeno*; κανόνι, caso dativo masculino singular del nombre común *norma*; εἰς, preposición propia de acusativo *en*; τὰ, caso acusativo neutro plural *los*, en sentido de *las cosas*; ἕτοιμα, caso acusativo neutro plural del adjetivo *dispuestos, preparados*; καυχήσασθαι, primer aoristo de infinitivo en voz media del verbo καυχάομαι, *jactarse, alabarse, gloriarse, enorgullecerse*, aquí *jactarnos*.

εἰς τὰ ὑπερέκεινα ὑμῶν εὐαγγελίσασθαι, Nuevamente reitera que el objetivo suyo no era edificar sobre fundamento que otro hubiera establecido, sino la obra pionera. Él tiene una misión encomendada por Cristo mismo, la de llevar el evangelio a todo el mundo, por eso desea que los corintios se fortalezcan en la fe para que, dejando de ser unos niños en Cristo, puedan mantener la obra en la congregación de modo que le permita a él cumplir la misión de ir más allá con el evangelio de Cristo. De otro modo, cuando estén lo suficientemente firmes, desea extenderse a campos no cultivados para sembrar allí la Palabra y establecer nuevas iglesias. No desea, en modo alguno, entrar en terreno que haya sido preparado por otro, apropiándose de él, como hacían los *falsos apóstoles*.

οὐκ ἐν ἀλλοτρίῳ κανόνι εἰς τὰ ἕτοιμα καυχήσασθαι. La expresión puede tener algunas alternativas de traducción. Pablo vuelve a usar aquí el sustantivo κάνων, *regla, medida, vara*, que son las acepciones que deben darse a esta palabra en los lugares de la *Epístola* donde aparece, de forma especial en el capítulo presente, en donde aparece tres veces. La primera en el v. 13, en conexión con μέτρον, *medida*. Dios mismo estableció la media, le dio la *directriz*, para que fuese a Corinto, y cumpliese la misión que le había sido confiada. Este mismo significado es el del v. 15b. En el versículo presente, no debe entenderse como *región geográfica*, o *área* en sentido de lugar[6], sino que el apóstol se gloría en que no puede ir más allá de la medida que se le ha fijado. Por esa razón el apóstol afirma aquí que no puede ir más allá de la *norma*, la *medida* que se le ha fijado.

En la defensa del apostolado, está contrastando su conducta con la de los *falsos apóstoles*, estos son los que entran en terreno que no ha sido sembrado por ellos y se aprovechan del fruto que ha nacido en él, por esa razón habla de *norma ajena*, que es precisamente la que estaban usando sus enemigos, presentándose como con derecho de trabajar en lo que el

[6] Entre otro Prümm, Lacueva, etc.

apóstol había establecido. Por esa razón rechaza todo lo que sea gloriarse basándose en una *norma* de otra persona, a diferencia de los opositores del apóstol que niegan su condición de apóstol de Cristo.

Algunos podrán sugerir que Pablo estuvo en terreno que no había sido trabajado por él inicialmente, a modo de ejemplo en el caso de Roma, donde estuvo en la iglesia, no fue entrar en ella para apoderarse de lo que otros habían hecho, sino que, como apóstol estuvo edificando la iglesia, como otros apóstoles hicieron en lugares donde Pablo había establecido obra, pero, además había ido a proponerles la asistencia para su viaje y trabajo en España. La norma del apóstol era ministrar ejecutando aquello para lo que había sido llamado.

17. Mas el que se gloría, gloríese en el Señor.

Ὁ δὲ *καυχώμενος ἐν Κυρίῳ καυχάσθω·*
Pero el que se gloría en Señor gloríese.

Análisis y notas del texto griego.

Análisis: *Ὁ*, caso nominativo masculino singular del artículo determinado *el*; δὲ, partícula conjuntiva que hace las veces de conjunción coordinante, con sentido de *pero, más bien, y, y por cierto, antes bien, entonces*; *καυχώμενος*, caso nominativo masculino singular del participio de presente en voz media del verbo καυχάομαι, *gloriarse, enorgullecerse*, aquí *que se gloría*; *ἐν*, preposición propia de dativo *en*; *Κυρίῳ*, caso dativo masculino singular del nombre divino *Señor*; *καυχάσθω*, tercera persona singular del presente de imperativo en voz media del verbo καυχάομαι, *gloriarse, enorgullecerse*, aquí *gloríese*.

Ὁ δὲ *καυχώμενος ἐν κυρίῳ καυχάσθω·* El apóstol apela nuevamente a la Escritura. Lo hace sintetizando una cita de la profecía (Jer. 9:23-24). La verdadera gloria no consiste en elevarse sobre el resto y alabarse personalmente, puesto que cuanta gloria se haga en el campo del trabajo divino no se puede hacer en el esfuerzo humano, sino en el que procede de Dios. Esto ha sido considerado antes y es una continua manifestación en la enseñanza de Pablo.

La gloria total y final ha de ser para el Señor. Sólo se es consecuente con esta verdad viviéndola personalmente en el ministerio y en la vida personal, para poder decir: *"Pero por la gracia de Dios soy lo que soy; y su gracia no ha sido en vano para conmigo, antes he trabajado más que todos ellos, pero no yo, sino la gracia de Dios conmigo"* (1 Co. 15:10). Alguien podría pensar que eso corresponde a grandes creyentes, pero no a los menos firmes en la fe y con menos poder en el Espíritu, pero eso es una equivocación puesto que la gloria de Dios y la gloria a Dios, es posible siempre para quien vive a Cristo y dice con seguridad: *"Ya no vivo, mas vive Cristo en mí"* (Gá. 2:20). Gloriarse en el Señor es considerar a Dios como razón de todo lo que es bueno y de bendición para Su obra. Entender claramente que cuanto podamos alcanzar no es por nuestras capacidades sino por la fuerza de Dios.

18. Porque no es aprobado el que se alaba a sí mismo, sino aquel a quien Dios alaba.

οὐ γὰρ ὁ ἑαυτὸν συνιστάνων[1], ἐκεῖνος ἐστιν δόκιμος, ἀλλὰ
Porque no el a sí mismo que recomienda, ése es aprobado, sino
ὃν ὁ Κύριος συνίστημι
a quien el Señor recomienda.

Análisis y notas del texto griego.

Análisis: οὐ, adverbio de negación *no*; γὰρ, conjunción causal *porque*; ὁ, caso nominativo masculino singular del artículo determinado *el*; ἑαυτὸν, caso acusativo masculino singular del pronombre reflexivo declinado *a sí mismo*; συνιστάνων, caso nominativo masculino singular del participio de presente en voz activa del verbo συνίστημι, *recomendar*, aquí *que recomienda*; ἐκεῖνος, caso nominativo masculino singular del pronombre demostrativo *ése*; ἐστιν, tercera persona singular del presente de indicativo en voz activa del verbo εἰμί, *ser, estar*, aquí *es*; δόκιμος, caso nominativo masculino singular del adjetivo *aprobado*; ἀλλὰ, conjunción disyuntiva *sino*; ὃν, caso acusativo masculino singular del pronombre relativo declinado *a quien*; ὁ, caso nominativo masculino singular del artículo determinado *el*; Κύριος, caso nominativo masculino singular del nombre divino *Señor*; συνίστημι, tercera persona singular del presente de indicativo en voz activa del verbo συνιστήμι, *recomendar*, aquí *recomienda*.

Notas. Crítica Textual. Lecturas alternativas.

[1] συνιστάνων, *que recomienda*, conforme a 𝔓[46], a, B, D[*], F, G, H, I[vid], P, 0121, 0243, 6, 33, 81, 104, 365, 1175, 1505, 1739, 2464.

συνιστῶν, *que se alaba*, según se lee en D[2], K, L, Ψ, 630, 1241, 1881, 𝔐.

οὐ γὰρ ὁ ἑαυτὸν συνιστάνων, ἐκεῖνος ἐστιν δόκιμος, ἀλλὰ ὃν ὁ Κύριος συνίστημι. El capítulo se cierra con una advertencia de la auto-aprobación. Acaba de citar un texto profético en el que se establece que el único que puede ser alabado por parte del hombre es Dios. Esa es la enseñanza general de toda la Escritura. El hombre que es sabio en su propia opinión tiene menos esperanza que el necio (Pr. 26:12). De otro modo se establece esto: *"Alábete el extraño, y no tu propia boca; el ajeno, y no los labios tuyos"* (Pr. 27:2). La verdadera alabanza procede de Aquel que, siendo Dios, conoce la realidad, no solo de las acciones, sino del corazón que las impulsa. Esa era la convicción personal del apóstol cuando escribía a los corintios: *"Así que, no juzguéis nada antes de tiempo, hasta que venga el Señor, el cual aclarará también lo oculto de las tinieblas, y manifestará las intenciones de los corazones; y entonces cada uno recibirá su alabanza de Dios"* (1 Co. 4:5).

La aprobación divina se ve también ante los hombres, así se aprecia: *"Ocúpate en estas cosas; permanece en ellas, para que tu aprovechamiento sea manifiesto a todos"* (1 Ti. 4:15). El que busca la gloria de Dios y la aprobación Suya es preciso en la exposición y aplicación de la Escritura: *"Procura con diligencia presentarte a Dios aprobado, como obrero que no tiene de qué avergonzarse, que usa bien la palabra de verdad"* (2 Ti. 2:15). De la misma manera la evidencia primera conduce a la experiencia segura porque: *"Antes bien renunciamos a lo oculto y vergonzoso; no andando con astucia, ni adulterando la palabra de Dios, sino por la manifestación de la verdad recomendándonos a toda conciencia humana delante de Dios"* (4:2). Vivir en el temor de Dios es glorificarle sin excusa y sin limitación: *"Conociendo, pues, el temor del Señor, persuadimos a los hombres, pero a Dios le es manifiesto lo que somos; y espero que también lo sea a vuestras conciencias"* (5:12).

El apóstol está muy lejos de sus adversarios que buscan que se les reconozca como honorables y a Pablo como despreciable. Él no necesita que nadie le alabe, porque no ha sido llamado por los hombres al ministerio apostólico, como ocurría con aquellos que se autonombraban *apóstoles*, solo recibía la aprobación del Señor. No le importaba nada que los hombres le juzgasen incorrectamente, así se lo había dicho a los corintios: *"Yo en muy poco tengo el ser juzgado por vosotros, o por tribunal humano; y ni aun yo me juzgo a mí mismo. Porque aunque de nada tengo mala conciencia, no por eso soy justificado; pero el que me juzga es el Señor"* (1 Co. 4:3-4).

Posiblemente deben destacarse aquí dos sencillas lecciones para nuestra reflexión personal al terminar el comentario del capítulo. Primeramente, la posición extremista de quienes se consideran en posesión de la verdad. En el caso del pasaje que hemos considerado son, sin duda alguna, los *falsos apóstoles*, enviados por ellos mismos, alabados por sí mismos, engrandecidos por sus propios razonamientos, ajenos a cualquier sometimiento a la autoridad apostólica. No se han movido un milímetro de lo que eran en el judaísmo. La regeneración del que ha sido salvo no cuenta para ellos. Son los mismos fariseos de los tiempos de Cristo, envueltos en un supuesto velo de cristianismo o, si se considera mejor, un velo de mesianismo. Todo cuanto hacían tenía como propósito *ser vistos de los hombres* lo mismo que en los tiempos de Cristo (Mt. 23:10). Cuántas veces el creyente pierde la oportunidad que la gracia le concede, aferrándose a un sistema religioso, sus tradiciones y sus concepciones personales sobre aspectos generales de la vida cristiana, descuidando el hecho de que sólo Cristo da contenido a la vida y a la fe. Muchas veces enfrascados en determinismos religiosos, olvidamos la necesidad de sentir la presencia de Cristo en medio de Su pueblo y en la vida personal de los cristianos. Cuando el sistema religioso sustituye a la realidad de la presencia de Jesús ocurre, espiritualmente hablando, lo que ocurrió al sistema y a la forma religiosa de los tiempos de Jesús, especialmente marcado a la ciudad de Jerusalén donde se manifestaba ese sistema: la casa quedaba desierta, porque estaba vacía de contenido. Es la exhortación general que Cristo hace a Su iglesia, cuando le dice: *"Tienes nombre de que vives y estás muerta"* (Ap. 3:1). Nada puede sustituir la gloria de Cristo. La gloria personal es mero oropel con que nos revestimos para dar apariencia de piedad, pero esa piedad es absolutamente ineficaz porque procede de la carne y no de la fe. Es necesario entender bien que sin fe es imposible agradar a Dios (He. 11:6). Toda pérdida de una oportunidad en relación con Dios, es siempre irrecuperable. Especialmente sensible cuando se trata de avanzar en la vida de la fe, donde los recursos del poder divino sin imprescindibles. Se trata de hacer la obra de Dios y de mostrar al mundo Su testimonio, de manera que ni una cosa ni la otra pueden llevarse a cabo con el poder del hombre. En cualquier motivo de vida cristiana, tanto individual como colectiva han de tenerse en cuenta las palabras del Señor: *"separados de mí nada podéis hacer"* (Jn. 15:5). En Jesús están los recursos del poder divino para vivir en victoria. Esa es la certeza que inspiraba al apóstol cuando podía decir: *"Todo lo puedo en Cristo que me fortalece"* (Fil. 4:13). Si Cristo esta fuera del control absoluto de la vida, el fracaso de la obra es seguro. No se trata de la *presencia teológica de Jesús*, sino de la *presencia real suya* que imparte poder y conduce en victoria. Es necesario entender claramente que no es posible concebir una vida victoriosa si la presencia real de Jesucristo no llena todos los ámbitos de ella. No permita el Señor que oigamos las palabras Suyas: *"He aquí vuestra casa os es dejada desierta"*.

Una segunda reflexión tiene que ver con el respeto que se debe a quienes Dios ha puesto en el ministerio y les ha encomendado un servicio determinado en Su campo de labor. Es necesario entender que los dones que establecen los ministerios son dados soberanamente por el Espíritu Santo a cada uno (1 Co. 12:11). Por tanto, el respeto a quienes

Dios ha dotado y llamado al ministerio está claramente enseñado en la Palabra: *"Obedeced a vuestros pastores, y sujetaos a ellos; porque ellos velan por vuestras almas, como quienes han de dar cuenta; para que lo hagan con alegría, y no quejándose, porque esto no os es provechoso"* (He. 13:17). Las lágrimas son la manifestación de muchos que sirven al Señor con honestidad, viviendo en dependencia Suya por fe, enseñando Su palabra sin reserva, diciendo lo que Él quiere decir y no lo que la denominación, el grupo religioso, la escuela teológica o cualquier otra cosa procura que se manifieste. Sin embargo, quienes sirven al Señor han de mostrar en su vida el carácter de Cristo (Mt. 11:29). El liderazgo en la iglesia, en el ejercicio de ese liderazgo ha de hacerlo como lo hubiera hecho Jesús en su lugar.

CAPÍTULO XI

TESTIMONIO Y SUFRIMIENTO

Introducción

El apóstol sigue con la defensa de su apostolado. Argumenta sobre su condición y autoridad, no porque se sienta ofendido ante los desprecios recibidos o ante la oposición desatada, sino porque desea que los corintios no sean engañados por quienes se dicen ser apóstoles o enviados por ellos y no lo son.

Desea poner en evidencia ante los corintios a los que son engañadores para que adviertan el peligro en que se encuentran. En momentos pareciera que se auto alaba a sí mismo, pero no es así, ya que lo único que desea es hacerles notar la realidad de su apostolado, frente a quienes pretenden enseñorearse de la iglesia en Corinto. Por esa razón hay en el texto algunas frases muy fuertes, semejantes a las utilizadas para los gálatas en donde concurría el mismo problema (vv. 2-4, 13, 15). Con todo esto manifiesta su identidad como apóstol de Cristo.

Como se ha considerado a lo largo del comentario, los corintios estaban en peligro de apartarse, no tanto del apóstol, sino de Cristo mismo. Los falsos argumentos expresados en las enseñanzas de los *falsos maestros*, conducían a este fin, a no ser que rectificasen a tiempo. El cuestionamiento de su autoridad apostólica era uno de los caminos que los invasores de la iglesia utilizaban para ello. Por esta razón el apóstol traza una panorámica de su vida y ministerio reclamando la autoridad que como apóstol tenía sobre ellos. Esta defensa pasaba por mostrarles esa condición para lo que tenía que usar argumentos históricos y personales que aparentemente representaban una alabanza personal, como si se jactase de ser lo que era, pero él mismo advierte que eso le era, en cierto modo repugnante por lo que pudiera aparentar, siendo la humildad la marca esencial en su ministerio apostólico.

Una de las evidencias de una vida de fidelidad es el sufrimiento por Cristo. Tal situación de padecimientos es una concesión de la gracia y no una tragedia que se produce, sin sentido alguno, en la vida de fidelidad (Fil. 1:29). Éste era un conflicto permanente en la experiencia del apóstol (Fil. 1:30). Hace aquí un recuento de sus dificultades y sufrimientos para contrastar su vida con la de aquellos que le estaban acusando falsamente. De los que se habían *gloriado* en muchos aspectos, alabándose a sí mismos, ninguno podía presentar las credenciales de compromiso y fidelidad que él podía presentar.

El capítulo tiene dos divisiones marcadas. La primera (vv. 1-15) se centra en la defensa de su apostolado, iniciándola con una advertencia sobre lo que él llama *"un poco de locura"* (v. 1). Según el mismo indica lo hace para su bendición y preservarles de los enemigos del evangelio (vv. 2-3). El peligro de aceptar a quienes predicaban otro evangelio está expresado en el párrafo (v. 4). Sus enemigos se presentaban como grandes, enviados por los apóstoles en Jerusalén, pero en nada era él inferior a aquellos (v. 5). Acaso hubiesen embelesado a los corintios con una gran oratoria, mientras que la de él no sería del mismo nivel, pero nada podían compararse con él en cuanto a conocimiento (v. 6). Es cierto que había renunciado a recibir ofrendas para su sustento personal, pero no porque fuese menos apóstol que los Doce, sino para no ser presentado como buscando su beneficio personal, pero, en cualquier caso, no equivalía a una renuncia de su apostolado (v. 7). Si bien no había aceptado ofrendas de los corintios, otras iglesias ayudaron a su sostenimiento (v. 8). El desinterés del apóstol había sido notorio a todos, de manera que no recurrió a los corintios, sino que sus necesidades fueron atendidas por los macedonios (v. 9). Estuvo dispuesto a no aceptar ayuda de los de Acaya, para tener limpio su ministerio de cualquier acusación formulada por sus detractores (v. 10). Mediante preguntas retóricas les manifiesta su amor personal, que le lleva a sacrificarse por ellos para evitar cualquier ocasión de murmuración a sus enemigos (vv. 11-12). Sigue luego una declaración de lo que eran los *falsos apóstoles*, usando calificativos fuertes y presentándolos como ministros de Satanás, dispuestos a mentir y engañar (vv. 13-15).

La segunda división trata de los sufrimientos del apóstol (vv.16-33). Introduce el tema mediante una apelación a lo que sería, en el terreno humano como una locura al gloriarse de sus experiencias en el ministerio (vv. 16-19). Un marcado contraste se expresa seguidamente presentando un contrasentido ya que los corintios estaban dispuestos a aceptar a quienes querían esclavizarlos, espiritualmente hablando (vv. 20-21). Para ello introduce nuevamente una serie de preguntas retóricas que preparan el terreno, a las afirmaciones que le sitúan en un plano de superioridad sobre las pretensiones de sus enemigos (vv. 22-23). Esto le permite pasar a señalar algunos de los sufrimientos que le tocaron soportar en el ejercicio de su ministerio apostólico, tanto por actuación de los judíos, como de los amotinados contra él, así como en viajes peligrosos, en trabajos arduos e incluso pasando frío y teniendo poca ropa para vestir (vv. 24-27). Una referencia a las inquietudes que gravaban su alma por las situaciones y experiencias de las iglesias y de los creyentes cierra esta relación de sufrimientos (vv. 28-29). Todas estas referencias son verdaderas y hechas delante de Dios (vv. 30-31). Todavía señala a su debilidad humana en el peligro a que estuvo sometido cuando el rey Aretas procuraba prenderle y fue descolgado por el muro de la ciudad, lo que le permitió escapar (vv. 32-33).

Para el comentario se sigue el *bosquejo* presentado para la *Epístola* en el apartado de la *introducción*, como sigue:

2. Las señales del apostolado de Pablo (11:1-12:18).
   2.1. La conducta del apóstol (11:1-15).
   2.2. Los sufrimientos del apóstol (11:16-33).

Las señales del apostolado de Pablo (11:1-12:18)

La conducta del apóstol (11:1-15)

1. ¡Ojalá me toleraseis un poco de locura! Sí, toleradme.

Ὄφελον ἀνείχεσθέ μου μικρόν τι[1] ἀφροσύνης[2]· ἀλλὰ καὶ
Ojalá toleréis me un poco algo de insensatez. Pero también
ἀνέχεσθέ μου.
soportad me.

Análisis y notas del texto griego.

Análisis: Ὄφελον, partícula desiderativa *ojalá*; ἀνείχεσθε, segunda persona plural del imperfecto de indicativo en voz media del verbo ἀνέχομαι, *soportar, tolerar*, aquí *toleréis*; μου, caso genitivo de la primera persona singular del pronombre personal declinado *a mí, me*; μικρόν, caso acusativo neutro singular del adjetivo, *pequeño, un poco*; τι, caso acusativo neutro singular del adjetivo indefinido *algo*; ἀφροσύνης, caso genitivo femenino singular del nombre común declinado *de insensatez, de locura*; ἀλλὰ, conjunción adversativa *sino, pero*; καὶ, adverbio de modo *también*; ἀνέχεσθε, segunda persona plural del presente de imperativo en voz media del verbo ἀνέχομαι, *soportar, tolerar*, aquí *soportad*; μου, caso genitivo de la primera persona singular del pronombre personal declinado *a mí, me*.

Notas. Crítica Textual. Lecturas alternativas.

[1] τι, *algo*, según lectura en 𝔓[46], a, B, D, Ψ, 0121, 0243, 6, 33, 365, 1739, 1881, f, t, vg, sy[h].
Se omite en F, G, H, K, L, P, 81, 104, 630, 1175, 1241, 1505, 2464, 𝔐, it, Lucifer, Ambrosiaster.

[2] ἀφροσύνης, *de insensatez*, como se lee en $\mathfrak{P}^{46vid}$, a, B, D, P, Ψ, 0243, 33, 365, 1739, 1881.

τῆς ἀφροσύνης, *la insensatez*, según F, G, 6, 81, 630, 1175.

τη ἀφροσύνη, *la insensatez* (en dativo), conforme a H, K, L, 104, 1241, 1505, 2464, $\mathfrak{M}$.

Ὄφελον ἀνείχεσθε μου μικρόν τι ἀφροσύνης· La partícula desiderativa con que inicia la oración, aparece solo cuatro veces en el Nuevo Testamento y generalmente se usa para referirse a un deseo irrealizable (cf. 1 Co. 4:8; Gá. 5:12), aunque en este caso expresa un deseo que espera que se realice. El apóstol desea precisar aquí lo que aparentemente no se entenderá bien sobre su deseo personal. Por eso pide que los lectores sean capaces de soportar un poco de insensatez.

ἀλλὰ καὶ ἀνέχεσθέ μου. Advierte también que lo que sigue está escrito desde lo que aparentemente es una posición humana que es capaz de resaltar virtudes en beneficio propio. Pero, en realidad, lo que va a escribir lo hace para decir a sus adversarios notorias verdades que son irrefutables, aunque pudieran parecer una insensatez desde el punto de vista espiritual. Se presenta, por tanto, como si fuese un insensato. Lo hace puesto que antes señaló que la insensatez consiste en alabarse a uno mismo (10:12), de modo que pareciera que él mismo va a caer en esa falta. No cabe duda que está usando un lenguaje un tanto irónico, como muchas veces utiliza. El fin que persigue es bien distinto al de sus detractores que se alababan a ellos mismos para mostrarse llenos de perfecciones y atraer hacia sí a los creyentes, disponiéndolos para aceptar sus enseñanzas. A Pablo no le gustaba hablar de su propia persona (12:11). Es más, cuando tuvo necesidad de ello, encomendó eso a otros (Ef. 6:21; Col. 4:7).

Por esa causa pide a los corintios paciencia para atender a lo que sigue. El deseo para que lo *toleren* se convierte en un ruego pidiendo que lo soporten. Se observa que la segunda oración es más vehemente que la primera. Aquella expresa un deseo; esta segunda contiene una súplica o un ruego personal. Puede entenderse como si el apóstol estuviera diciéndoles que sabía que estaban dispuestos para permitirle hablar como estimase conveniente.

2. Porque os celo con celo de Dios; pues os he desposado con un solo esposo, para presentaros como una virgen pura a Cristo.

ζηλῶ γὰρ ὑμᾶς Θεοῦ ζήλῳ, ἡρμοσάμην γὰρ ὑμᾶς ἑνὶ
Porque celo os de Dios celo, porque desposé os con un solo

ἀνδρὶ παρθένον ἁγνὴν παραστῆσαι τῷ Χριστῷ·
esposo virgen pura presentar - a Cristo

Análisis y notas del texto griego.

Análisis: ζηλῶ, primera persona singular del presente de indicativo en voz activa del verbo ζηλόω, *tener celos, tener envidia, estar celoso*, aquí *celo*; γὰρ, conjunción causal *porque*; ὑμᾶς, caso acusativo de la segunda persona plural del pronombre personal declinado *a vosotros, os*; Θεοῦ, caso genitivo masculino singular del nombre divino declinado *de Dios*; ζήλῳ, caso dativo masculino singular del nombre común *celo*; ἡρμοσάμην, primera persona singular del primer aoristo de indicativo en voz media del verbo ἁρμόζομαι, *unir, desposar*, aquí *desposé*; γὰρ, conjunción causal *porque*; ὑμᾶς, caso acusativo de la segunda persona plural del pronombre personal declinado *a vosotros, os*; ἑνὶ, caso dativo masculino singular del adjetivo numeral cardinal declinado *con un solo, con uno*; ἀνδρὶ, caso dativo masculino singular del nombre común *marido, esposo*; παρθένον, caso acusativo femenino singular del nombre común *virgen, doncella, joven soltera*; ἁγνὴν, caso acusativo femenino singular del adjetivo *pura, limpia, casta*; παραστῆσαι, primer aoristo de infinitivo en voz activa del verbo παρίστημι, *poner a disposición, presentar, preparar*, aquí *presentar*; τῷ, caso dativo masculino singular del artículo determinado *el*; Χριστῷ, caso dativo masculino singular del nombre propio *Cristo*.

ζηλῶ γὰρ ὑμᾶς Θεοῦ ζήλῳ, La expresión del apóstol es un tanto extraña, porque literalmente dice: *estoy celoso*, al estilo de un marido defraudado. Entender esto exige vincularla con la primera frase del versículo anterior con lo que les estaba diciendo: *toleradme un poco porque estoy celoso*. Pero, en cualquier caso, refiriéndose a la iglesia como esposa, él no era el esposo, sino Cristo. Por eso vincula su sentimiento a Dios, cuando añade *con celo de Dios*, de modo que les está haciendo notar que lo que siente por ellos no es suyo sino de Dios mismo. Esto es, con el amor que Dios inspira y defendiendo los intereses del Señor, sintiendo celos al estilo de lo que se decía figuradamente de Dios con el pueblo de Israel cuando dejándole a Él, se envolvía con los ídolos, lo que suponía una traición al estilo de la que concurría en un matrimonio en la que la esposa caía en pecado de relación.

Puede preguntarse qué significado tiene esto aquí, pero se comprenderá mejor si se tiene en cuenta que los enemigos suyos le acusaban de impiedad diciendo que se servía a él mismo afectando servir a la iglesia, por esto advierte que en su comportamiento no había interés mercenario alguno, sino que buscaba sólo el honor de Dios. Pablo está actuando motivado e impulsado por el amor divino, presentando a Dios como celoso, movido por el desagrado íntimo que siente cuando los Suyos trasladan su amor a otro dándole lo que solamente corresponde a Él (cf. Is. 54:5; 62:5; Ez. 16:1 ss.; Os. 2:1 ss.).

ἡρμοσάμην γὰρ ὑμᾶς ἑνὶ ἀνδρὶ παρθένον ἁγνὴν παραστῆσαι τῷ Χριστῷ· Como buen judío conocía bien lo que significaba el tiempo de los *desposorios*, aquel espacio que comenzaba con la firma del *contrato de desposorios* y el día de la celebración de la boda. Durante ese tiempo, la novia quedaba en casa de su padre que cuidaba de ella y se ocupaba, entre otras cosas, para que llegase pura al matrimonio. Pablo toma aquí la posición del *padre de la novia*, que en sentido figurado era la iglesia en Corinto. Los miembros de la iglesia son *hijos espirituales* suyos, engendrados en Cristo por el mensaje del evangelio que les había predicado. De modo que la unión del Señor con cada uno de los creyentes era el resultado de su trabajo apostólico en la predicación del evangelio (1 Co. 4:15; 9:1). Esta es la razón por la que sentía un profundo interés por la fidelidad de ellos. Pablo había preparado la iglesia en Corinto para presentarla como una virgen santa a un único marido, que es Cristo. No cabe duda que esta *presentación* tendrá lugar en el traslado de la iglesia cuando el Señor venga para buscarla (Ef. 5:27), pero, mientras tanto, el ansia espiritual del apóstol era que pudiera ser presentada como *pura, gloriosa, sin mancha ni arruga*, de ahí el *celo santo* que sentía por ellos. Quería que fuese presentada como una virgen que había sido fiel a los votos de fidelidad prometidos a su esposo.

En el contexto social del judaísmo, el compromiso, conocido como *desposorios*, convertía el noviazgo en un matrimonio no consumado. Cualquier pecado de relación con otra era considerado como adulterio y sancionado como tal según lo establecido en la ley. Por esa razón, aplicando la figura a la iglesia, sentía inquietud, puesto que los *falsos apóstoles* estaban vertiendo doctrinas contrarias a la verdad que Cristo había establecido, apartando a los creyentes de la fidelidad que debían sólo al Señor y a lo que se les había enseñado en Su nombre. Por tanto, la iglesia peregrina debe estar dispuesta para el encuentro con quien es Su Esposo. El propósito de Dios es presentar a la iglesia pura y sin mancha delante de Él (Jud. 24-25). A este propósito responde Pablo haciendo lo que Moisés había hecho con Israel: *"presentar"* (Ex. 19:17)

3. Pero temo que como la serpiente con su astucia engañó a Eva, vuestros sentidos sean de alguna manera extraviados de la sincera fidelidad a Cristo.

φοβοῦμαι δὲ μή πως, ὡς ὁ ὄφις ἐξηπάτησεν Εὕαν ἐν τῇ
Pero temo que de algún modo como la serpiente engañó a Eva con la
πανουργίᾳ αὐτοῦ[1], φθαρῇ τὰ νοήματα ὑμῶν ἀπὸ τῆς
astucia de ella, sean corrompidos los pensamientos de vosotros de la

ἁπλότητος [καὶ τῆς ἁγνότητος][2] τῆς εἰς τὸν Χριστόν.
sencillez y de la pureza - a - Cristo.

Análisis y notas del texto griego.

Análisis: φοβοῦμαι, primera persona singular del presente de indicativo en voz media del verbo φοβέομαι, *estar temeroso, tener miedo, temer*, aquí *temo*; δὲ, partícula conjuntiva que hace las veces de conjunción coordinante, con sentido de *pero, más bien, y, y por cierto, antes bien, entonces*; μή, partícula que hace funciones de adverbio de negación condicional *no*; πως, partícula interrogativa adverbial, que realmente es un pronombre interrogativo *¿cómo?, ¿de que manera?, ¿por qué medio?, ¡cómo!, ¡cuán! nunca, imposible, ¿qué?, que, de algún modo*; ὡς, adverbio de modo, *como*, que hace las veces de conjunción comparativa; ὁ, caso nominativo masculino singular del artículo determinado *el*; ὄφις, caso nominativo masculino singular del nombre común *ofidio, serpiente*; ἐξηπάτησεν, tercera persona singular del primer aoristo de indicativo en voz activa del verbo ἐξαπατάω, *engañar, seducir*, aquí *engañó*; Εὕαν, caso acusativo femenino singular del nombre propio declinado *a Eva*; ἐν, preposición propia de dativo *en, con*; τῇ, caso dativo femenino singular del artículo determinado *la*; πανουργίᾳ, caso dativo femenino singular del nombre común *astucia*; αὐτοῦ, caso genitivo masculino de la tercera persona singular del pronombre personal declinado *de él*; φθαρῇ, tercera persona singular del segundo aoristo de indicativo en voz pasiva del verbo φθείρω, *corromper, hacer perecer, destruir, arruinar, derribar,* aquí *sean corrompidos*; τὰ, caso nominativo neutro plural del artículo determinado *los*; νοήματα, caso nominativo neutro plural del nombre común *pensamientos*; ὑμῶν, caso genitivo de la segunda persona plural del pronombre personal declinado *de vosotros*; ἀπὸ, preposición propia de genitivo *de*; τῆς, caso genitivo femenino singular del artículo determinado *la*; ἁπλότητος, caso genitivo femenino singular del nombre común *sencillez*; καὶ, conjunción copulativa *y*; τῆς, caso genitivo femenino singular del artículo determinado *la*; ἁγνότητος, caso genitivo femenino singular del nombre común *pureza*; τῆς, caso genitivo femenino singular del artículo determinado *la*; εἰς, preposición propia de acusativo *a, hacia*; τὸν, caso acusativo masculino singular del artículo determinado *el*; Χριστόν, caso acusativo masculino singular del nombre propio *Cristo*.

Notas. Crítica Textual. Lecturas alternativas.

[1] αὐτοῦ, *de ella*, según se lee en $\mathfrak{P}^{46, 124}$, a, B, D*, F, G, H, P, 33, 81, 1175, r. Julio Casiano[Cl], Clemente, Lucifer.

αὐτοῦ οὗτως, *de ella, este*, conforme a D[1], K, L, Ψ, 0121, 0243, 0278, 104, 365, 630, 1241, 1505, 1739, 1881, 2464, 𝔐, lat sy, Ambrosiaster.

[2] καὶ τῆς ἁγνότητος, *y de la pureza*, según $\mathfrak{P}^{46, 124}$, a*, B, F, G, 33, 81, 104, ar, r, sy[h**], co, Pelagio.

Se omite en ^{2}a, H, K, L, P, Ψ, 0121, 0243, 365, 630, 1175, 1241, 1505, 1739, 1881, 2464, 𝔐, f*, vg, sy^{p}, Julio Casiano ^{Cl}.

φοβοῦμαι δὲ μή πως, ὡς ὁ ὄφις ἐξηπάτησεν Εὕαν ἐν τῇ πανουργίᾳ αὐτοῦ, El apóstol expresa su temor en relación con el comportamiento de los corintios, en donde se manifestaba en cierto modo infidelidad a Cristo. Inicia aquí una referencia a la astucia diabólica que desde el principio de la humanidad actuó para apartar al hombre de Dios.

La referencia bíblica sobre la que se basa y que, en cierta medida, sustenta ese temor, es lo ocurrido con Eva. Pablo dice que fue *seducida*, o *engañada* por el tentador, afirmando que *fue engañada* por Satanás. De manera que, seducida por él, incurrió en transgresión. Realmente lo que Eva quiso era ser *igual a Dios*, dejando el lugar que tenía en el orden creacional, en atención a la sutileza que Satanás puso delante de ella. De este modo, el engaño diabólico hizo que Eva traicionara la lealtad debida al Creador. La astucia a la que Pablo hace referencia es una maldad extrema capaz de cometer cualquier acción vil y perversa.

φθαρῇ τὰ νοήματα ὑμῶν ἀπὸ τῆς ἁπλότητος καὶ τῆς ἁγνότητος τῆς εἰς τὸν Χριστόν. Dios había establecido al hombre y a la mujer en una relación de *sencillez* y de *pureza*, exenta de pecado, para que le obedecieran, esto es, fuesen leales a lo que demandaba de ellos. En el caso de Corinto, la sutileza diabólica se manifestaba en los *falsos apóstoles*, que trataban de seducir a la congregación con sus enseñanzas. El engaño era fácil de aceptar porque se presentaba con astucia. La labor de los ministros de Satanás era semejante y utilizaban sus mismas tácticas (vv. 13-15). Los judaizantes, revestidos de una autoridad que no tenían, trataban de hacer tambalear en la fe a los creyentes. Aunque los corintios habían sido formados en las verdades fundamentales, los *falsos apóstoles*, habían introducido serias dudas entre ellos, procurando hacerlos caminar por el camino de las obras alejándolos de Cristo. No es posible establecer el pensamiento pleno del apóstol en este versículo, aunque se deduce por todo el contexto de la *Epístola*. Los corintios en un estado de falta de madurez, habían recibido en la iglesia a estos enemigos de Cristo, de la fe, y de Pablo, escuchando las mentiras que les comunicaban y atendiéndolas en cierta medida porque se presentaban como emisarios de los grandes apóstoles de Jerusalén. Hablando de la *serpiente* en referencia a Satanás que envió a sus emisarios, presenta la astucia que las serpientes tienen para acercarse a la víctima y envenenarla. De este mismo modo el apóstol teme que la astucia diabólica haga cambiar el interés que los creyentes tenían por Cristo orientándolo hacia otra doctrina. Tras todo esto estaban los destructores del evangelio en una acción demoníaca. Los corintios no estaban siendo convencidos por los hombres, sino a punto de caer en una trampa establecida por Satanás.

4. Porque si viene alguno predicando a otro Jesús que el que os hemos predicado, o si recibís otro espíritu que el que habéis recibido, u otro evangelio que el que habéis aceptado, bien lo toleráis.

εἰ μὲν γὰρ ὁ ἐρχόμενος ἄλλον ᾿Ιησοῦν κηρύσσει ὃν οὐκ
Porque ciertamente si el que viene a otro Jesús predica al que no
ἐκηρύξαμεν, ἢ πνεῦμα ἕτερον λαμβάνετε ὃ οὐκ ἐλάβετε, ἢ
predicamos, o espíritu diferente recibís, al que no recibisteis, o
εὐαγγέλιον ἕτερον ὃ οὐκ ἐδέξασθε, καλῶς ἀνέχεσθε[1].
evangelio diferente que no aceptasteis, bien toleráis.

Análisis y notas del texto griego.

Análisis: εἰ, conjunción *si*; μὲν, partícula afirmativa que se coloca siempre inmediatamente después de la palabra expresiva de una idea que se ha de reforzar o poner en relación con otra idea y que, en sentido absoluto tiene oficio de adverbio de afirmación, como *ciertamente, a la verdad*; γὰρ, conjunción causal *porque*; ὁ, caso nominativo masculino singular del artículo determinado *el*; ἐρχόμενος, caso nominativo masculino singular del participio de presente en voz media del verbo ἔρχομαι, *venir, llegar*, aquí *que viene*; ἄλλον, caso acusativo masculino singular del adjetivo indefinido declinado *a otro*; ᾿Ιησοῦν, caso acusativo masculino singular del nombre propio *Jesús*; κηρύσσει, tercera persona singular del presente de indicativo en voz activa del verbo *predicar, proclamar*, aquí *predica*; ὃν, caso acusativo masculino singular del pronombre relativo declinado *al que*; οὐκ, forma escrita del adverbio de negación *no*, con el grafismo propio ante una vocal con espíritu suave o una enclítica; ἐκηρύξαμεν, primera persona plural del primer aoristo de indicativo en voz activa del verbo κηρύσσω, *predicar, proclamar*, aquí *predicamos*; ἢ, conjunción disyuntiva *o*; πνεῦμα, caso acusativo neutro singular del nombre común *espíritu*; ἕτερον, caso acusativo neutro singular del adjetivo indefinido *distinto, diferente, otro*; λαμβάνετε, segunda persona plural del presente de indicativo en voz activa del verbo λαμβάνω, *recibir*, aquí *recibís*; ὃ, caso acusativo neutro singular del pronombre relativo declinado *al que*; οὐκ, forma escrita del adverbio de negación *no*, con el grafismo propio ante una vocal con espíritu suave o una enclítica; ἐλάβετε, segunda persona plural del segundo aoristo de indicativo en voz activa del verbo λαμβάνω, *recibir*, aquí *recibisteis*; ἢ, conjunción disyuntiva *o*; εὐαγγέλιον, caso acusativo neutro singular del nombre común *evangelio*; ἕτερον, caso acusativo neutro singular del adjetivo indefinido *distinto, diferente, otro*; ὃ, caso acusativo neutro singular del pronombre relativo declinado *al que*; οὐκ, forma escrita del adverbio de negación *no*, con el grafismo propio ante una vocal con espíritu suave o una enclítica; ἐδέξασθε, segunda persona plural del primer aoristo de indicativo en voz media del verbo δέχομαι, *aceptar, recibir*, aquí *aceptasteis*; καλῶς, adverbio *bien*; ἀνέχεσθε, segunda persona plural del presente de indicativo en voz media del verbo ἀνεχω, *soportar, recibir con paciencia, tolerar*, aquí *toleráis*.

Notas. Crítica Textual. Lecturas alternativas.

[1] ἀνέχεσθε, *toleráis*, según se lee en 𝔓[46], B, D*, 33, r, sa.

ἀνείχεσθε, *toleraseis*, conforme a 𝔓[34], a, D[2], F[vid], G, H, K, L, P, Ψ, 0121, 0243, 0278, 81, 104, 365, 630, 1175, 1241, 1505, 1739, 1881, 2464, 𝔐, lat, sy.

εἰ μὲν γὰρ ὁ ἐρχόμενος ἄλλον Ἰησοῦν κηρύσσει ὃν οὐκ ἐκηρύξαμεν, El apóstol manifestó su inquietud por la falta de firmeza de los corintios. Va desgranando ahora las razones para esa inquietud. La primera de ellas es la proclamación de un Jesús que no era el que Pablo les había predicado. El que predicaba aquello contrario a la doctrina que les había sido expuesta se precisa de un modo indefinido con la construcción gramatical ὁ ἐρχόμενος, *el que viene*, que puede ser cualquiera que predica un Jesús distinto al que proclamó Pablo. La mayor gravedad consistía en anunciar a *otro Jesús*, no tanto a otro Salvador, sino a otra persona distinta a la del hijo de María, cuyo nombre le había sido dado por revelación del ángel a causa de que sería quien salvará a Su pueblo de sus pecados (Mt. 1:21). De otro modo, María era instrumento en la mano de Dios para llevar a cabo Su propósito de dar al mundo el Salvador de los pecadores. El nombre Jesús es la forma griega del hebreo *Y[e]hôsua*, literalmente *Josué*, que equivale a *Dios es salvación*. La misión de Jesús estaba determinada en el propósito soberano de Dios para la salvación, desde antes de la creación del mundo (2 Ti. 1:9). La razón del nombre Jesús está relacionado con la misión salvadora que, como Dios hecho hombre, iba a cumplir. La salvación es librar al hombre que cree de su pecado. Este Jesús a quien Pablo predicaba es el único salvador de los pecadores porque, como enseñaba el apóstol Pedro, *"y en ningún otro hay salvación; porque no hay otro nombre bajo el cielo, dado a los hombres, en que podamos ser salvos"* (Hch. 4:12). ¿Qué es predicar *otro* Jesús? Habitualmente Pablo utiliza títulos compuestos para referirse al Señor, llamándole Jesucristo o muchas otras veces Cristo. Sin embargo, cuando aquí menciona a Jesús está puntualizando el hecho del Hijo de Dios encarnado, que vivió en la tierra, murió y resucitó del sepulcro. Es de apreciar que los fanáticos judíos, especialmente los fariseos, se encontraron con la dificultad insalvable para ellos de la resurrección de Jesús, a la que procuraron eliminar mediante la mentira de que no había resucitado, sino que los discípulos habían robado Su cuerpo (Mt. 28:11-15). El no resucitado era otro Jesús. Los judaizantes se oponían a considerar a Jesús como el Cristo de Dios, procurando predicar un Jesús muerto, pero no resucitado. En ocasiones anunciaban a Jesús como el gran hacedor de milagros, predicador de buenas nuevas, motivador de multitudes, pero procuraban ignorar el sufrimiento redentor del Mesías, era un Jesús distinto al que había predicado Pablo.

ἢ πνεῦμα ἕτερον λαμβάνετε ὃ οὐκ ἐλάβετε, El segundo problema suponía *recibir otro espíritu* diferente al que habían recibido. El verdadero Espíritu se recibe en el momento del ejercicio de la fe. Así lo enseñaba el apóstol: *"...Y si alguno no tiene el Espíritu de Cristo, no es de él"* (Ro. 8:9b). De otro modo, quien no tiene el Espíritu, no puede pertenecer a Cristo. La Biblia llama, en varias ocasiones al Espíritu Santo, *Espíritu de Cristo* (Hch. 5:9; Ro. 8:9; 2 Co. 3:17; Gá. 4:6; Fil. 1:19; 1 P. 1:11). La orientación a salvación, el reconocimiento de la condición pecadora, la revelación de la Cruz como poder de Dios, la fe que permite recibir la salvación, es obra del Espíritu Santo (Jn. 16:14). Además, la santificación del cristiano tiene que ver con la reproducción del carácter moral de Jesús en él, que no es otra cosa que el fruto del Espíritu (Gá. 5:22-23). De ahí la fuerza con que el texto de la *Epístola a los Romanos*, antes citado, afirma que quien no tenga el Espíritu no es de Cristo. Luego la recepción del Santo Espíritu se produce, necesariamente, en el momento de la conversión. La realidad de que cada creyente es *posesión* de Dios, se pone de manifiesto por el *sello* del Espíritu (Ef. 1:13). Tampoco es posible la salvación sin regeneración, y no es posible esta sin la operación y dotación del Espíritu que la lleva a cabo (Jn. 3:5). La salvación no es una mera profesión sino la obediencia incondicional a Dios, que diferencia al salvo del no salvo. No hay segundas experiencias para recibir el Espíritu, que se tiene en el momento de depositar la fe salvadora en la Persona de Jesucristo. Las dos verdades, tanto la de creer en Jesús como el único Salvador, como la de tener el Espíritu de Dios, van absolutamente ligadas. Jesús al morir sustitutoriamente por nosotros abre la puerta para recibir al Espíritu, al redimirnos de la maldición de la ley, de ahí que *"en Cristo Jesús la bendición de Abraham alcanzase a los gentiles, a fin de que por la fe recibiésemos la promesa del Espíritu"* (Gá. 3:14). El Espíritu prometido está relacionado con Cristo mismo, de manera que *"Dios envió a vuestros corazones el Espíritu de su Hijo"* (Gá. 4:6). Por consiguiente, el don del Espíritu, del que Pablo habla, tiene que ver con la regeneración del pecador que cree. Esta operación divina, es imprescindible en la salvación, consistente en la renovación plena y la dotación de un nuevo corazón, donde se asienta la vida eterna, como participación en la divina naturaleza (2 P. 1:4). Esta nueva experiencia de vida es comunicada al salvo mediante la acción del Espíritu Santo que, vinculándolo a Cristo, le comunica la vida eterna, que no es otra cosa que la misma vida de Dios en las perfecciones comunicables a la criatura.

La presencia del Espíritu produce libertad. Así lo afirmó en esta *Epístola*: *"Porque el Señor es el Espíritu, y donde está el Espíritu del Señor, hay libertad"* (3:17)[1]. Si el Espíritu reproduce a Jesús en la vida cristiana, necesariamente tiene que reproducir la libertad espiritual que se

---

[1] Biblia Textual.

alcanza en Él, ya que *"Si el Hijo os libertare, seréis verdaderamente libres"* (Jn. 8:36). La libertad tiene que ver, entre otras cosas, con la liberación de las demandas legales, ya que *"el justo por la fe vivirá"* (Gá. 3:11). Este Espíritu de libertad no se alcanza por las obras de la ley, sino mediante el ejercicio de la fe (Gá. 3:2). Los judaizantes querían que recibiesen *otro espíritu*, el de las obras de la ley, por el cual ninguno puede ser justificado. Esa es la razón por la que el apóstol exhortaba a los creyentes: *"Estad, pues, firmes en la libertad con que Cristo nos hizo libres, y no estéis otra vez sujetos al yugo de esclavitud"* (Gá. 5:1). Lleno de tristeza el apóstol les indica el peligro en que se encontraban de recibir *otro espíritu* del que habían recibido. La libertad es la liberación de la ley y de la condenación a ella asociada para el transgresor (Gá. 3:10-11, 13, 22-26; 4:1-7). Esta libertad provee de un amplio contenido de bendiciones, como la liberación de la ira de Dios (Ro. 5:1); de la tiranía de Satanás (2 Ti. 2:26; He. 2:14); de la culpa y del poder del pecado (Ro. 6:8); de las consecuencias que produce el pecado (He. 10:12). La libertad aplicada a la experiencia del cristiano es una acción liberadora de todas las cadenas de esclavitud que reducían a la condición de esclavo a quien ahora, en Cristo, es verdaderamente libre. Pero, en el pensamiento de Pablo la libertad tiene que ver con la rotura de la gran cadena de esclavitud de la ley, de la cual el cristiano ha sido liberado por la fe en Cristo. Ser libre es conocer la cancelación de la maldición de la ley. La situación de esclavitud en que coloca la ley al pecador, queda anulada definitivamente en Cristo, por tanto, la incapacidad que el pecador tiene para cumplir las demandas de la ley y, por consiguiente, de la responsabilidad penal que comporta, quedan superadas definitivamente para el creyente, que experimenta el alcance de la verdadera libertad en Cristo, comunicada por identificación con Él, en una operación del Espíritu Santo (Ro. 5:1; 8:1). Quien recibe *otro espíritu*, el que correspondía a la aceptación de la mentira enseñada por los *falsos maestros*, reducían a esclavitud a quienes Dios había hecho libres.

ἢ εὐαγγέλιον ἕτερον ὃ οὐκ ἐδέξασθε, La tercera preocupación del apóstol era que los corintios recibiesen *otro evangelio* que aquel que habían aceptado. No es que haya otro, sino solo uno, cualquier otro mensaje, aunque se llame evangelio, es falsedad y mentira diabólica. Pablo advierte de las consecuencias de seguir *otro evangelio diferente* (Gá. 1:6). Los mismos que perturbaban a las iglesias en Galacia, lo estaban haciendo con la de Corinto. Lo que los *falsos apóstoles* estaban anunciando no era otro, sino *uno diferente*. Puede haber distintos enfoques, diferente presentación, diferente forma expositiva, pero solo hay un evangelio. La Escritura lo llama el *evangelio eterno* (Ap. 14:6). El evangelio diferente no es ni siquiera *otro evangelio*, simplemente no es evangelio. Nadie puede ser llamado a salvación por otra vía que no sea el evangelio genuino. Dios no puede contradecirse en dos mensajes distintos. Lo que ocurría en Corinto es que había algunos cuyo objetivo era perturbar a los creyentes. Está situando a los *falsos apóstoles*, como mensajeros de un pseudoevangelio, como quienes tienen como misión *perturbar* a los cristianos. De otro modo, aquellos tenían como tarea específica perturbar a la iglesia en Corinto. Esos perversos venían para *agitar* la iglesia y sembrar confusión e inquietud en la congregación. Su trabajo era provocar desorden, y alejar a quien predicaba el único evangelio de los creyentes para que dejasen de oír la única verdad. De otra forma, nadie podría llamar evangelio a la predicación de aquellos a no ser que tuviese como objetivo la intención de confundir a los creyentes. No solo inquietaban y perturbaban la paz, sino que su propósito era *pervertir el evangelio de Cristo*. Procuraban cambiar la verdad divina por la mentira humana, colocando al hombre como hacedor o colaborar en algo para la salvación, juntamente con la obra de Dios.

Por esta razón el apóstol advertía a los creyentes que *"si aun nosotros, o un ángel del cielo, os anunciare otro evangelio diferente del que os hemos anunciado, sea anatema"* (Gá. 1:8). El término es sumamente fuerte. La palabra *anatema*, corresponde en su raíz a *consagrar*, *apartar*, *aniquilar*. De tal manera que cuando alguno se apropiaba de lo que Dios había consagrado para sí, como es el caso de apropiarse para distorsionar el evangelio que Dios había comunicado, se hacía anatema a sí mismo. Pablo usa aquí el término para referirse a *lo maldito*. Entrar en la condición de anatema era ser considerado como maldito y por tanto, reservado para una eterna separación de Dios. Quien predica un mensaje pervertido proclama un mensaje que es *anatema*, pero también, quien lo promueve está bajo condenación y el mismo debe ser considerado *anatema*. Este evangelio que los judaizantes proclamaban, despreciaba la gracia y, por tanto, al dador de la gracia. Quién miente en el nombre de Dios, proclamando lo que Él no ha establecido, pero haciéndolo como si el mensaje procediera de Él, con lo que induce a un engaño diabólico a quien escucha, ha de ser considerado como *anatema*, esto es *maldito de Dios* y, por consiguiente, entregado a la cólera divina, de otro modo a los predicadores de *otro evangelio*, les estaba reservada la maldición divina que caería sobre ellos. La enseñanza de Pablo es muy intensa. Tanto el mensaje como el mensajero deben ser considerados malditos, asunto que debían tener claro los corintios.

καλῶς ἀνέχεσθε. Pero el problema era serio, puesto que, a los predicadores y enseñadores mentirosos, los toleraban entre ellos. Ellos no se daban cuenta de que estos falsarios no habían sido enviados: *"Si alguno viene predicando"*. No fueron enviados, vinieron en su propio nombre (Jn. 5:43). La Escritura califica a estos como *ladrones* que entran a robar en el aprisco (Jn. 10:1); lobos que procuran devorar al rebaño (Mt. 7:15); falsos profetas que mienten usando en vano el nombre de Dios (Mt. 7:15). A estos los corintos los recibieron en la iglesia. El apóstol Juan escribía: *"Si alguno viene a vosotros, y no trae esta doctrina, no lo recibáis en casa, ni le digáis ¡Bienvenido! Porque el que le dice: ¡Bienvenido! participa en sus malas obras"* (2 Jn. 10, 11).

5. Y pienso que en nada he sido inferior a aquellos grandes apóstoles.

Λογίζομαι γὰρ	μηδὲν	ὑστερηκέναι	τῶν	ὑπερλίαν	ἀποστόλων.
Porque pienso	en nada	he sido inferior	a los	prominentes	apóstoles.

> Análisis y notas del texto griego.
>
> Análisis: Λογίζομαι, primera persona singular del presente de indicativo en voz media del verbo λογίζομαι, *pensar, considerar, entender,* aquí *pienso*; γὰρ, conjunción causal *porque*; μηδὲν, caso acusativo neutro singular del pronombre indefinido declinado *en nada, en ninguna cosa*; ὑστερηκέναι, perfecto de infinitivo en voz activa del verbo ὑστερέω, *estar retrasado, quedarse afuera, quedarse atrás, ser insuficiente, ser inferior*, aquí *he sido inferior*; τῶν, caso genitivo masculino plural del artículo determinado declinado *de los, a los*; ὑπερλίαν, adverbio *excesivamente, exorbitantemente, desmedidamente, sobradamente*; ἀποστόλων, caso genitivo masculino plural del nombre común *apóstoles*.

Λογίζομαι γὰρ μηδὲν ὑστερηκέναι τῶν ὑπερλίαν ἀποστόλων. La frase permite dos interpretaciones. La primera, un tanto irónica, se referiría y compararía con los *falsos apóstoles*, que se presentaron como grandes enviados de Jerusalén. A estos se refiere un poco más adelante (vv. 13-15). Eran los que se jactaban de ser eminentes y despreciaban al apóstol considerándolo como un *apóstol* inferior y no comparable con los Doce. Esta interpretación exige unir esta oración con lo que antes había dicho de tolerar a estos *falsos apóstoles* entre ellos (v. 4). Supondría pues que Pablo les decía: *vosotros toleráis a los que se alaban a sí mismos, y yo no soy menos que ellos*. Una segunda interpretación es la más tradicional entre los comentaristas a lo largo de los siglos y, en cierta forma, la que más se ajusta con el contexto inmediato, haciendo referencia a los que los judaizantes llamaban *grandes apóstoles*, aludiendo a los Doce. En ese sentido, el apóstol está indicando a los corintios que debían tolerarle a él, que no estaba en inferioridad de condiciones con los grandes apóstoles que habían sido discípulos directos del Señor Jesús. Algunos comentaristas antiguos opinan que Pablo está hablando de aquellos que la iglesia consideraba como *columnas*, que eran Pedro, Santiago y Juan (Gá. 2:9).

El término ὑπερλίαν, es un adverbio que tiene distintas acepciones, todas ellas relacionadas con algo grande, como *excesivamente, exorbitantemente, desmedidamente, sobradamente*, representando una dificultad el uso del adverbio, suele traducirse como adjetivo, *prominentes, grandes,* etc. Cabría traducirlo como un prefijo compositivo para escribir *super-apóstoles*. En cualquier caso, se está refiriendo a una situación de preeminencia o de *prominencia*, como se ha vertido en el interlineal. En ningún caso el apóstol había quedado detrás, en cuanto a condición, de los que eran apóstoles de Cristo. Es interesante apreciar que, si él no era inferior en nada a ninguno de los apóstoles, tampoco lo era en relación con Pedro, lo que asienta la verdad bíblica en relación con el supuesto *primado* de él sobre el resto de los apóstoles. Él no era menor que ninguno de ellos, incluyendo a Pedro.

Con todo, la interpretación de que está refiriéndose a los *falsos apóstoles* tiene un gran sentido en el pasaje. Ninguno de los verdaderos apóstoles de Cristo se consideraba mayor que otros. Por otro lado, las *columnas de la iglesia*, Santiago, Pedro y Juan, habían reconocido el apostolado de Pablo y la misión suya a los gentiles (Gá. 2:6-9). Por esa razón no se puede inferir que se le haya acusado de ser *inferior* a ninguno de los Doce. Pero, los judaizantes se consideraban más que él, y de éstos hablará más adelante, por tanto, es muy plausible que esté usando un lenguaje irónico y que se refiera, irónicamente hablando, a los que *falsos apóstoles* a quienes llama *super-apóstoles*.

6. Pues aunque sea tosco en la palabra, no lo soy en el conocimiento; en todo y por todo os lo hemos demostrado.

εἰ δὲ καὶ ἰδιώτης τῷ λόγῳ, ἀλλ' οὐ τῇ γνώσει, ἀλλ' ἐν
Porque si también tosco en la palabra, pero no en el conocimiento, sino en
παντὶ φανερώσαντες[1] ἐν πᾶσιν εἰς ὑμᾶς.
todo manifestado en todas las cosas a vosotros.

Análisis y notas del texto griego.

Análisis: εἰ, conjunción *si*; δὲ, partícula conjuntiva que hace las veces de conjunción coordinante, con sentido de *pero, más bien, y, y por cierto, antes bien, entonces*; καὶ, adverbio de modo *también*; ἰδιώτης, caso nominativo masculino singular del nombre común *tosco, lego, no instruido*; τῷ, caso dativo masculino singular del artículo determinado declinado *en el*; λόγῳ, caso dativo masculino singular del nombre común *palabra, discurso, habla*; ἀλλ', forma escrita ante vocal de la conjunción adversativa ἀλλά que significa *pero, sino*; οὐ, adverbio de negación *no*; τῇ, caso dativo femenino singular del artículo determinado declinado *en la*; γνώσει, caso dativo femenino singular del nombre común *conocimiento*; ἀλλ', forma escrita ante vocal de la conjunción adversativa ἀλλά que significa *pero, sino*; ἐν, preposición propia de dativo *en*; παντὶ, caso dativo neutro singular del adjetivo indefinido *todo*; φανερώσαντες, caso nominativo masculino plural del participio del primer aoristo en voz activa del verbo φανερόω, *manifestar*, aquí *manifestado*; ἐν, preposición propia de dativo *en*; πᾶσιν, caso dativo neutro plural de adjetivo indefinido *todos*, en sentido de *todas las cosas*; εἰς, preposición propia de acusativo *a*; ὑμᾶς, caso acusativo de la segunda persona plural del pronombre personal *vosotros*.

Notas. Crítica Textual. Lecturas alternativas.

[1] φανερώσαντες, *manifestado*, según lectura en a*, B, F, G, 33.

φανερώσαντες ἑαυτούς, *manifestado a vosotros*, conforme a 0121, 0243, 630, 1739, 1881.

φανερωθέντες, *lo hemos demostrado*, de acuerdo con 𝔓[34], [2]a, D[2], K, L, P, Ψ, 0278, 81, 104, 365, 1175, 1241, 1505, 2464, 𝔐, r.

εἰ δὲ καὶ ἰδιώτης τῷ λόγῳ, Pablo reconoce que no es un orador preparado para los discursos en alguna escuela de retórica, sin embargo, la idea de que su forma de hablar era poco grata e incluso mala, no puede demostrarse, sobre todo cuando se leen sus escritos. Aquí se está refiriendo al concepto humano de la forma del discurso público, la *elocuencia*, que comprende la forma y el raciocinio de los retóricos griegos. A los apóstoles se les describe en el Nuevo Testamento como, *sin letras e inexpertos*[2]. Pero, Pablo no pretende presentarse aquí como una persona sin instrucción, sino que, por el contrario, pone de manifiesto que no es un ignorante, sino que tiene un alto conocimiento tocante a las verdades reveladas por Dios, superior en todo a quienes se consideraban grandes entre los creyentes. Sin duda hablaba griego como un judío, pero, también es cierto que algunos de sus oponentes, especialmente los judaizantes de origen griego, dominasen el lenguaje con mayor erudición, usándolo para despreciar al apóstol como quien no tenía un dominio elevado de la lengua y de la construcción idiomática. Aunque no tuviese la elocuencia de Apolos, no por ello dejaba de ser un excelente maestro.

ἀλλ᾽ οὐ τῇ γνώσει, ἀλλ᾽ ἐν παντὶ φανερώσαντες ἐν πᾶσιν εἰς ὑμᾶς. No ocurría así en cuanto a *conocimiento*. El evangelio que predicaba, el *misterio* que proclamaba, no le había sido enseñado por los apóstoles, sino directamente por Cristo mismo (Gá. 1:12). Esto no supone pensar que Pablo no recibió instrucción doctrinal alguna por medio de hombres creyentes que estuvieron a su lado, como Ananías, en el momento de su conversión y, no cabe duda, que hablaron de la fe cristiana.

---

[2] ἄνθρωποι ἀγράμματοι καὶ ἰδιῶται.

El *evangelio* no debe reducirse a la doctrina de la salvación por gracia mediante la fe, sino al contenido pleno de la fe cristiana. El que Pablo proclamaba desde la condición de heraldo enviado, era un mensaje Cristo-céntrico, porque se trata de anunciar a Jesucristo. No se trata de situar la predicación paulina frente a otras, sino al único evangelio que tiene a Cristo como contenido (Gá. 1:3 ss.). La doctrina que predicaba, el conocimiento que tenía de ella, no procedía de los hombres, de manera que no servía a intereses humanos, sino divinos, cuando enseñaba. Por tanto, el *evangelio* no procedía de haber sido enseñado, que expresa la idea de estar bajo la dirección de un maestro, como ocurría con los convertidos a quienes él enseñaba doctrina (1 Co. 4:17; Col. 1:28). Los apóstoles aprendieron de Cristo cuando le oyeron y fueron instruidos por Él, luego enseñaban a otros, conforme al mandato de Jesús (Mt. 28:20).

El mensaje que proclamaba le vino por revelación de Jesucristo. De otro modo, fue el mismo Señor quien le comunicó el mensaje y le comisionó para predicarlo. Esa revelación, conlleva necesariamente la idea de un descubrimiento absolutamente ajeno a la posibilidad del mundo, oculto a él y a su natural experiencia, siéndole inaccesible. La gran argumentación que consolida lo que el apóstol afirma, es que el evangelio que predicaba no podía ser humano porque se origina en el descubrimiento total de Cristo al apóstol, que no le fue dado en forma de tradición ni enseñanza de hombres, sino por aparición directa del mismo Señor, lo que es en sí misma una *revelación* de Jesús. En otra forma, el evangelio que Pablo predicaba es el resultado de la presencia inmediata y directa del Señor resucitado, y no de su mediato ser-hecho-presente en el logos de la proclamación del evangelio. La esencia misma del mensaje se le comunicó por la *revelación* de Jesucristo. Allí recibió la enseñanza de Su muerte, la realidad de Su resurrección y la omnipotencia de que estaba revestido, la exaltación gloriosa, Su condición divina como Señor, la realidad de salvos por gracia que estaban siendo perseguidos por causa de Él, pero que formaban una unidad con el Señor, de modo que quien los perseguía, estaba persiguiendo a Jesús (Hch. 9:4, 5). La doctrina de la iglesia como un cuerpo en Cristo, la esperanza de gloria en la escatología del reino, la santificación posicional de los creyentes, etc. etc. forman parte del *misterio* que el apóstol revelaba.

Esto constituía un *conocimiento* superior en todo al que se otorgaban los *falsos apóstoles* que habían entrado en la congregación en Corinto. La realidad apostólica se había manifestado *delante de todos* los de aquella iglesia con señales y manifestaciones de poder, con lo que las *señales de apóstol* habían sido notorias para todos. El mensaje que proclamaba al mundo no estaba basado en *sabiduría humana*, que es ignorancia o locura para Dios, y que conducía a la arrogancia, como ponían de manifiesto los entrometidos que habían llegado a Corinto (1 Co. 2:1, 2). Pero su mensaje dado tal vez con menos retórica aprendida, no era carente de *conocimiento* verdadero, que no es otra cosa que *sabiduría de Dios* (1 Co. 1:23, 24). Era una predicación honesta, edificante y conforme a la revelación de Dios: *"Antes bien renunciamos a lo oculto y vergonzoso, no andando con astucia, ni adulterando la palabra de Dios, sino por la manifestación de la verdad recomendándonos a toda conciencia humana delante de Dios"* (4:2). Este conocimiento de la verdad no lo tenían aquellos que le despreciaban y procuraban adueñarse de la obra que él había hecho en el poder y en el nombre del Señor.

7. ¿Pequé yo humillándome a mí mismo, para que vosotros fueseis enaltecidos, por cuanto os he predicado el evangelio de Dios de balde?

῍Η ἁμαρτίαν ἐποίησα ἐμαυτὸν ταπεινῶν ἵνα ὑμεῖς
¿O pecado cometí a mí mismo humillando para que vosotros
ὑψωθῆτε, ὅτι δωρεὰν τὸ τοῦ Θεοῦ εὐαγγέλιον
fueseis exaltados, porque de balde el - de Dios evangelio
εὐηγγελισάμην ὑμῖν
prediqué os?

Análisis y notas del texto griego.

Análisis:῍Η, conjunción disyuntiva *o*; ἁμαρτίαν, caso acusativo femenino singular del nombre común *pecado*; ἐποίησα, primera persona singular del primer aoristo de indicativo en voz activa del verbo ποιέω, *hacer, crear, producir, cometer*, aquí *cometí*; ἐμαυτὸν, caso acusativo masculino singular del pronombre reflexivo declinado *a mí mismo*; ταπεινῶν, caso nominativo masculino singular del participio de presente en voz activa del verbo ταπεινόω, *humillar, rebajar*, aquí *humillando*; ἵνα, conjunción causal *para que*; ὑμεῖς, caso nominativo de la segunda persona plural del pronombre personal *vosotros*; ὑψωθῆτε, segunda persona plural del primer aoristo de subjuntivo en voz pasiva del verbo ὑψόω, *levantar, exaltar*, aquí *fueseis exaltados*; ὅτι, conjunción *que, porque*; δωρεὰν, acusativo usado como adverbio de modo *gratuitamente, como regalo, inmerecidamente, de balde*; τὸ, caso acusativo neutro singular del artículo determinado *el*; τοῦ, caso genitivo masculino singular del artículo determinado *el*; Θεοῦ, caso genitivo masculino singular del nombre divino declinado *de Dios*; εὐαγγέλιον, caso acusativo neutro singular del nombre común *evangelio*; εὐηγγελισάμην, primera persona singular del primer aoristo de indicativo en voz media del verbo εὐαγγελίζω, *evangelizar, predicar el evangelio*, aquí *prediqué el evangelio*; ὑμῖν, caso dativo de la segunda persona plural del pronombre personal declinado *a vosotros, os*.

῍Η ἁμαρτίαν ἐποίησα Los judaizantes acusaban al apóstol de establecer iglesias para beneficiarse personalmente sacando provecho de las ofrendas. Esta mentira se presentaba mejor entre los corintios puesto que el apóstol rehusaba recibir ofrendas de esa congregación. En razón a ello, buscaban otra vía para desprestigiarle, acusándole de ser orgulloso e incluso despreciativo. Esta era ya una acusación vieja en aquella iglesia, en cuya defensa ocupa un largo tramo en la *Primera Epístola* (1 Co. 9:1 ss.). Además, le acusaban de no ser un verdadero apóstol y, por tanto, no se atrevía a recibir ofrendas de los corintios. Introduciendo la defensa de esta acusación, formula una larga cláusula establecida sobre una pregunta retórica que exige respuesta por parte del lector. La primera parte de ella recoge la pregunta de si el no recibir ofrendas era algún pecado o alguna mala acción. De otro modo, ¿cuál era el pecado que cometía en ese sentido? Siendo apóstol tenía derecho a ser sustentado por quienes recibían su enseñanza y la predicación del evangelio.

ἐμαυτὸν ταπεινῶν ἵνα ὑμεῖς ὑψωθῆτε, En una forma irónica les pregunta si el pecado consistía en *humillarse* él para enriquecerlos a ellos. Era por buscar el beneficio espiritual de ellos, impidiendo también que sospechasen de él lo que no era cierto, que se había impuesto el no recibir ofrendas de los corintios. Todo cuanto necesitó para las necesidades cotidianas suyas y de sus colaboradores, las consiguió trabajando con sus manos en el oficio secular que tenía, de hacer tiendas (Hch. 18:3). Ninguno de sus enemigos podía acusarle de enriquecerse o enaltecerse, sino que más bien se había humillado a sí mismo renunciando a sus derechos. Esta es la condición visible de quien vive a Cristo, que había renunciado a todos los derechos que le correspondían, humillándose a Sí mismo, haciéndose obediente hasta la muerte (Fil. 2:6-8). Por eso podía decir el apóstol: *"Haya, pues, en vosotros este sentir que hubo también en Cristo Jesús"* (Fil. 2:5). Cristo era *el vivir* de Pablo, por tanto, seguía las pisadas del Maestro, viviendo en la humildad y entrega personal.

Añade algo más. En el final de la larga pregunta retórica insiste en si hizo algún pecado al predicarles el evangelio de Dios, *gratuitamente*, sin costo alguno para ellos. El evangelio de la gracia es un regalo de Dios, quien salva por gracia mediante la fe, sin demandar nada a cambio (Ef. 2:8-9). El evangelio como regalo de Dios ha sido recibido de esta única manera por quienes lo predican, por tanto, si ha sido *gratuitamente dado*, también *gratuitamente* debe ser entregado. De tal manera debe ser esto que ni tan siquiera la apariencia de un beneficio terrenal debe entenderse en la vida del que lleva el mensaje del evangelio. Esto no excluye que quien dedica la vida a predicar el evangelio, viva también de los recursos que aporten los que reciben el evangelio (1 Co. 9:14), pero, será siempre algo voluntario en manifestación de reconocimiento y gratitud, pero nunca como un estipendio por el hecho en sí mismo de anunciar la salvación en Cristo. En contra a esta acción del apóstol, los *falsos apóstoles*, se enriquecían con la religión. Pablo llevaba el mensaje y hacía bienes, sin esperar nada a cambio. Los religiosos tienen su vista en los beneficios temporales, los cristianos la tienen en cosas celestiales (Col. 3:1-3). Nadie debe pensar en predicar por precio cuando Cristo vino para anunciar el evangelio en una plena y total entrega personal. Nadie debe pensar en enriquecerse, si verdaderamente sigue al que se hizo pobre siendo rico, para que los pobres fuesen, por Su pobreza, enriquecidos (8:9).

8. He despojado a otras iglesias, recibiendo salario para serviros a vosotros.

ἄλλας ἐκκλησίας ἐσύλησα λαβὼν ὀψώνιον πρὸς τὴν ὑμῶν
A otras iglesias depojé recibiendo salario para el de vosotros
διακονίαν,
ministerio.

Análisis y notas del texto griego.

Análisis: ἄλλας, caso acusativo femenino plural del adjetivo indefinido declinado *a otras*; ἐκκλησίας, caso acusativo femenino plural del nombre común *iglesias*; ἐσύλησα, primera persona singular del primer aoristo de indicativo en voz activa del verbo συλάω, *robar, despojar*, aquí *despojé*; λαβὼν, caso nominativo masculino singular del participio del segundo aoristo en voz activa del verbo λαμβάνω, *recibir*, aquí *recibiendo*; ὀψώνιον, caso acusativo neutro singular del nombre común *salario, paga, remuneración*; πρὸς, preposición propia de acusativo *para*; τὴν, caso acusativo femenino singular del artículo determinado *la*; ὑμῶν, caso genitivo de la segunda persona plural del pronombre personal declinado *de vosotros*; διακονίαν, caso acusativo femenino singular del nombre común *diaconía, ministerio, servicio*.

ἄλλας ἐκκλησίας ἐσύλησα λαβὼν ὀψώνιον. El apóstol utiliza una expresión hiperbólica diciéndoles que había *despojado*, incluso *robado* a otras iglesias. En esto consistía la generosidad de otras congregaciones que sabedoras de las necesidades de la extensión del evangelio, le enviaban sus ofrendas como era el caso de Filipos, iglesia de Macedonia que atravesaba como las otras de aquella región una situación económica precaria (Fil. 4:15).

πρὸς τὴν ὑμῶν διακονίαν, Aunque voluntariamente había rehusado recibir ofrendas personales de los corintios, no por eso renunciaba al ὀψώνιον, literalmente *paga, salario, retribución*, que corresponde a todo aquel que vive para el evangelio. Recuerda a los corintios que recibió de otras iglesias los recursos necesarios para poder *ministrar* a los corintios. El término que usa el apóstol es *salario*, empleado también para referirse a la paga de un soldado. Nótese que no está hablando de ofrendas ocasionales, sino de una retribución por el trabajo hecho. Hay una idea con apariencia de suprema espiritualidad, que se esfuerza por hacer ver que una persona llamada por Dios al ministerio, debe *vivir por fe*, entendiendo con ello que no ha de recibir salario alguno, y que los recursos que necesite serán provistos por Dios de alguna manera. Pero esto no es sino un eludir responsabilidades para con los que sirven a pleno tiempo, acallando con ello las conciencias acusadoras que redarguyen sobre la necesidad de atender a quienes trabajan en la obra del Señor. Pablo reconoce y enseña que el obrero cristiano es digno de recompensa o salario (1 Co. 9:3-18; 1 Ti. 5:18). No se trata de un tema propio del Nuevo Testamento, sino que está enseñado en la ley (Dt. 25:4). Si Dios atendía a las necesidades de los animales que trabajaban, y cuida de las aves, con mucha mayor razón atiende de Sus hijos que le sirven (Mt. 6:26). Esta enseñanza general del Nuevo Testamento debiera servir de exhortación a cada creyente y cada iglesia para despertar el interés por el sostenimiento de los que viven sirviendo al Señor, a las iglesias y predicando el evangelio

9. Y cuando estaba entre vosotros y tuve necesidad, a ninguno fui carga, pues lo que me faltaba, lo suplieron los hermanos que vinieron de Macedonia, y en todo me guardé y me guardaré de seros gravoso.

καὶ παρὼν πρὸς ὑμᾶς καὶ ὑστερηθεὶς οὐ κατενάρκησα
Y estando presente con vosotros y teniendo necesidad no fui carga
οὐθενός· τὸ γὰρ ὑστέρημά μου προσανεπλήρωσαν οἱ ἀδελφοὶ
a nadie; porque la necesidad de mí suplieron los hermanos
ἐλθόντες ἀπὸ Μακεδονίας, καὶ ἐν παντὶ ἀβαρῆ ἐμαυτὸν
que vinieron de Macedonia, y en todo no gravoso a mí mismo
ὑμῖν ἐτήρησα καὶ τηρήσω.
para vosotros guardé y guardaré.

Análisis y notas del texto griego.

Análisis: καὶ, conjunción copulativa *y*; παρὼν, caso nominativo masculino singular del participio de presente en voz activa del verbo πάρειμι, *estar presente*, aquí *estando presente*; πρὸς, preposición propia de acusativo *con*; ὑμᾶς, caso acusativo de la segunda persona plural del pronombre personal *vosotros*; καὶ, conjunción copulativa *y*; ὑστερηθεὶς, caso nominativo masculino singular del participio de primer aoristo en voz pasiva del verbo ὑστερέω, *necesitar, estar necesitado, tener necesidad*, aquí *teniendo necesidad*; οὐ, adverbio de negación *no*; κατενάρκησα, primera persona singular del primer aoristo de indicativo en voz activa del verbo καταναρκάω, *crear dificultades, ser carga*, aquí *fui carga*; οὐθενός, caso genitivo masculino singular del pronombre indefinido declinado *a nadie*; τὸ, caso acusativo neutro singular del artículo determinado *lo*; γὰρ, conjunción causal *porque*; ὑστέρημα, caso acusativo neutro singular del nombre común *necesidad*; μου, caso genitivo de la primera persona singular del pronombre persona declinado *de mí*; προσανεπλήρωσαν, tercera persona plural del primer aoristo de indicativo en voz activa del verbo προσαναπληρόω, *suplir*, aquí *suplieron*; οἱ, caso nominativo masculino singular del artículo determinado *los*; ἀδελφοὶ, caso nominativo masculino singular del nombre común *hermanos*; ἐλθόντες, caso nominativo masculino plural del participio del segundo aoristo de indicativo en voz activa del verbo ἔρχομαι, *venir, llegar*, aquí *que vinieron*; ἀπὸ, preposición propia de genitivo *de*; Μακεδονίας, caso genitivo femenino singular del nombre propio *Macedonia*; καὶ, conjunción copulativa *y*; ἐν, preposición propia de dativo *en*; παντὶ, caso dativo neutro singular del adjetivo indefinido *todo*; ἀβαρῆ, caso acusativo masculino singular del adjetivo *no gravoso*; ἐμαυτὸν, caso acusativo masculino singular del pronombre reflexivo declinado *a mí mismo*; ὑμῖν, caso dativo de la segunda persona plural del pronombre personal *para vosotros*; ἐτήρησα, primera persona singular del primer aoristo de indicativo en voz activa del verbo τηρέω, *guardar*, aquí *guardé*; καὶ, conjunción copulativa *y*; τηρήσω, primera persona singular del futuro de indicativo en voz activa del verbo τηρέω, *guardar*, aquí *guardaré*.

καὶ παρὼν πρὸς ὑμᾶς. La situación de Pablo durante el periodo fundacional de la iglesia en Corinto fue, humanamente hablando, difícil para él. Hace referencia al tiempo en que ocurrió lo que les va a recordar: *"y estando con vosotros"*. La presencia del apóstol en Corinto duró inicialmente dieciocho meses, fue ese al tiempo que se refiere.

καὶ ὑστερηθεὶς οὐ κατενάρκησα οὐθενός· Sin duda el apóstol llevó consigo algunos fondos cuando fue a Corinto. Otros recursos los conseguía mediante el trabajo manual en la fabricación de tiendas, y en ocasiones, cuando los recursos escaseaban, los hermanos de Macedonia suplieron esa situación. Pero, a pesar de todo, estuvo en ocasiones necesitado de recursos financieros. Cuando eso ocurrió, continuó con su disposición de no recibir ofrendas de los corintios para evitar que sus enemigos usaran eso como medio de generar dudas sobre sus intenciones en relación con la iglesia. Pablo usa aquí el verbo καταναρκάω, que expresa la idea de *ser carga*, de modo que afirma lo que los corintios podían también testificar, que en los momentos en que pasó necesidad no fue una carga para nadie.

τὸ γὰρ ὑστέρημα μου προσανεπλήρωσαν οἱ ἀδελφοὶ ἐλθόντες ἀπὸ Μακεδονίας, Las necesidades suyas fueron suplidas por hermanos que vinieron de Macedonia en aquel tiempo. El verbo προσαναπληρόω, expresa la idea de *suplir añadiendo*, de modo que los macedonios suplían la necesidad del apóstol añadiendo sus recursos. Técnicamente no dependía de las iglesias en Macedonia en cuanto a la provisión de recursos para el ministerio, porque no había sido encomendado a esa labor por ellas. Sin embargo, la identificación de las iglesias en el periodo apostólico es evidente. La obra misionera era reconocida por las congregaciones que acudían al apoyo de quienes estaban en la misión predicando el evangelio, sin importarles si eran *miembros* de una determinada iglesia local.

καὶ ἐν παντὶ ἀβαρῆ ἐμαυτὸν ὑμῖν ἐτήρησα καὶ τηρήσω. Lo que se había propuesto de no recibir ayuda de los corintios, lo mantenía firmemente, recordándoles que se guardó siempre de no serles gravoso y, añade, seguiría guardándose en el futuro. En otro contexto, cuando se despedía de los creyentes y líderes de la iglesia en Éfeso, en el puerto de Mileto, les recordaba esta norma de conducta, el desinterés personal en relación consigo mismo: *"Antes vosotros sabéis que para lo que me ha sido necesario a mí y a los que están conmigo, estas manos me han servido. En todo os he enseñado que, trabajando así, se debe ayudar a los necesitados, y recordar las palabras del Señor Jesús, que dijo: Mas bienaventurado es dar que recibir"* (Hch. 20:34, 35). Del mismo modo decía a los creyentes de Tesalónica: *"Porque os acordáis, hermanos, de nuestro trabajo y fatiga; como trabajando de noche y de día, para no ser gravosos a ninguno de vosotros, os predicamos el evangelio de Dios"* (1 Ts. 2:9), y añadía: *"No comimos de balde el pan de nadie, sino que trabajamos con afán y fatiga día y noche, para no ser gravosos a ninguno de vosotros"* (2 Ts. 3:8).

Así escribe Hodge:

"Esta disposición del apóstol era especialmente necesaria en Corinto, por eso dice: 'En todo (ἐν παντι), en todas las cosas, no sólo en las pecuniarias, sino en todo lo demás, me he guardado de ser una carga para nadie, y así seguiré haciéndolo'. No aceptaría nada que fuera por obligación. Estaba dispuesto a asumir con ellos una posición de total independencia. No cabe duda de que estas palabras debieron ser muy dolorosas para los fieles de Corinto. No podrían interpretarlas más que como una falta de cariño o de confianza por parte de él. Asimismo, su determinación al respeto era cosa decidida."[3]

Antes se consideró la responsabilidad de la iglesia en el mantenimiento de quienes sirven a pleno tiempo, pero equilibradamente está aquí el otro aspecto que debe tenerse también en cuenta, en este caso para el que ha sido llamado a este ministerio. El siervo de Dios en necesidad no recurre a la iglesia: *"estaba entre vosotros y tuve necesidad"*. Sabe perfectamente quién le ha llamado a la obra, por tanto,

---

[3] C. Hodge. óp. cit. Pág. 289.

es a Él a quien recurre presentando su necesidad, espera confiadamente en el Señor y recibe de Él la provisión necesaria en el momento oportuno.

10. Por la verdad de Cristo que está en mí, que no se me impedirá esta mi gloria en las regiones de Acaya.

ἔστιν ἀλήθεια Χριστοῦ ἐν ἐμοὶ ὅτι ἡ καύχησις αὕτη οὐ
Es verdad de Cristo en mí que la jactancia esta no
φραγήσεται εἰς ἐμὲ ἐν τοῖς κλίμασιν τῆς ᾿Αχαΐας.
será tapada en mí en las regiones - de Acaya

Notas y análisis del texto griego.

Análisis: ἔστιν, tercera persona singular del presente de indicativo en voz activa del verbo εἰμί, *ser, estar*, aquí *es*; ἀλήθεια, caso nominativo femenino singular del nombre común *verdad*; Χριστοῦ, caso genitivo masculino singular del nombre propio declinado *de Cristo*; ἐν, preposición propia de dativo *en*; ἐμοὶ, caso dativo de la primera persona singular del pronombre personal *mí*; ὅτι, conjunción *que*; ἡ, caso nominativo femenino singular del artículo definido *la*; καύχησις, caso nominativo femenino singular del nombre común *jactancia*; αὕτη, caso nominativo femenino singular del pronombre demostrativo *ésta*; οὐ, adverbio de negación *no*; φραγήσεται, tercera persona singular del futuro de indicativo en voz pasiva del verbo φράσσω, *cerrar, tapar, silenciar*, aquí *será tapada*; εἰς, preposición propia de acusativo *en*; ἐμὲ, caso acusativo de la primera persona singular del pronombre personal *mí*; ἐν, preposición propia de dativo *en*; τοῖς, caso dativo neutro plural del artículo definido *los*; κλίμασιν, caso dativo neutro plural del nombre común *regiones, lugares, límites territoriales, territorios*; τῆς, caso genitivo femenino singular del artículo determinado *la* ᾿Αχαΐας, caso genitivo femenino singular del nombre propio declinado *de Acaya*.

ἔστιν ἀλήθεια Χριστοῦ ἐν ἐμοὶ Es posible considerar esta frase como una fórmula bajo juramento. Hay otras referencias semejantes en los escritos de Pablo (cf. Ro. 9:1; 1 Ts. 2:10; 1 Ti. 2:7; 2 Co. 11:31). Sin embargo, la expresión como juramento requeriría la presencia de la preposición *por*, que convertiría la oración en *por la verdad de Cristo*. Tal preposición se suplementa por algunos para establecer la formula como juramento. La *verdad de Cristo*, no puede ser otra cosa que el evangelio que presenta el plan de salvación realizado en Cristo. Esta verdad es para Pablo como un tesoro que, no sólo custodia inalterable (4:7), sino que debe extenderla según la comisión apostólica recibida del mismo Señor. Pero, además, *la verdad* es Cristo mismo (Jn. 14:6), por tanto, no necesita utilizar un juramento para confirmar lo que dice, porque está viviendo a Cristo, que es verdad, y sus palabras no pueden ser sino verdaderas como las del Maestro.

ὅτι ἡ καύχησις αὕτη οὐ φραγήσεται εἰς ἐμὲ ἐν τοῖς κλίμασιν τῆς 'Αχαί ας. Por consiguiente, nadie le va a privar de predicar el evangelio, que comprende también el ministerio de enseñanza a los corintios gratuitamente, es decir, sin recibir salario para no ser carga a nadie. No se limitaba sólo a Corinto, sino a las *regiones de Acaya*, lugar donde estaba también esta ciudad. La influencia de Corinto alcanzaría, conforme al sistema misionero de Pablo, a toda el área geográfica, por lo que los enemigos eran los mismos y el comportamiento para evitar maledicencia, era también el que había seguido hasta aquel momento. Él afirma que nadie le arrebataría esa gloria de predicar de balde a Cristo.

11. ¿Por qué? ¿Porque no os amo? Dios lo sabe.

διὰ τί	ὅτι	οὐκ	ἀγαπῶ	ὑμᾶς	ὁ	Θεὸς	οἶδεν.
¿Por qué?	¿Porque	no	amo	os?	-	Dios	sabe.

Análisis y notas del texto griego.

Análisis: διὰ, preposición propia de acusativo *por*; τί, caso acusativo neutro singular del pronombre interrogativo *que*; ὅτι, conjunción *que*; οὐκ, forma escrita del adverbio de negación *no*, con el grafismo propio ante una vocal con espíritu suave o una enclítica; ἀγαπῶ, primera persona singular del presente de indicativo en voz activa del verbo ἀγαπάω, *amar*, aquí *amo*; ὑμᾶς, caso acusativo de la segunda persona plural del pronombre personal *os*; ὁ, caso nominativo masculino singular del artículo determinado *el*; Θεὸς, caso nominativo masculino singular del nombre divino *Dios*; οἶδεν, tercera persona singular del perfecto de indicativo en voz activa del verbo οἶδα, *conocer, saber*, aquí *ha sabido*, mejor *sabe*.

διὰ τί La evidencia del amor del apóstol queda de manifiesto en estas frases construidas con preguntas retóricas. La primera sirve de nexo con lo que antecede, preguntando cual era la razón para no recibir sustento de los corintios. Acaso recogería la pregunta que estaba en la mente de algunos en la iglesia: *"¿Por qué lo hace?"*.

ὅτι οὐκ ἀγαπῶ ὑμᾶς. Es probable que algunos de los adversarios del apóstol hiciesen creer a los corintios que si recibía recursos procedentes de los macedonios era porque los amaba más que a ellos. Con toda seguridad los enemigos de Pablo exigían ayuda económica a los corintios y les causaba aversión que el apóstol no hiciera lo mismo. Ellos consideraban que las ofrendas no eran simplemente un acto de comunión, sino un derecho que tenían los que enseñaban la Palabra. De manera que para que todos estuviesen igualados, querían que Pablo recibiese ofrendas de la iglesia como hacían ellos. Lo contrario era presentado como arrogancia y falta de amor.

ὁ Θεὸς οἶδεν. Él no se para a argumentar si era verdad o no que los amaba, simplemente apela a Dios que conoce la realidad de su amor por ellos. La respuesta a la pregunta era simple: *"Dios lo sabe"*. Algunos en la iglesia podían dudar de lo que Pablo afirmase, los *falsos apóstoles* se encargaban asiduamente de poner en duda lo que él decía. Por eso no responde a la realidad del amor que tenía por los corintios, porque no le importaban los juicios humanos, sino lo que Dios conocía de él, y sabía la dimensión del amor que tenía por aquella iglesia.

12. Mas lo que hago, lo haré aún, para quitar la ocasión a aquellos que la desean, a fin de que en aquello en que se glorían, sean hallados semejantes a nosotros.

Ὃ δὲ ποιῶ, καὶ ποιήσω, ἵνα ἐκκόψω τὴν ἀφορμὴν τῶν
Pero lo que hago, también haré, para que sea cortado el pretexto de los
θελόντων ἀφορμήν, ἵνα ἐν ᾧ καυχῶνται εὑρεθῶσιν καθὼς
que desean oportunidad, para que en lo que se jactan sean hallados como
καὶ ἡμεῖς.
también nosotros.

Análisis y notas del texto griego.

Análisis: Ὃ, caso acusativo neutro singular del pronombre relativo *lo que*; δὲ, partícula conjuntiva que hace las veces de conjunción coordinante, con sentido de *pero, más bien, y, y por cierto, antes bien, entonces*; ποιῶ, primera persona singular del presente de indicativo en voz activa del verbo ποιέω, *hacer, producir, fabricar*, aquí *hago*; καὶ, adverbio de modo *también*; ποιήσω, primera persona singular del futuro de indicativo en voz activa del verbo ποιέω, *hacer*, aquí *haré*; ἵνα, conjunción *para*; ἐκκόψω, primera persona singular del primer aoristo de subjuntivo en voz activa del verbo ἐκκόπτω, *cortar, remover*, aquí *sea cortado*; τὴν, caso acusativo femenino singular del artículo determinado *la*; ἀφορμὴν, caso acusativo femenino singular del nombre común *pretexto*; τῶν, caso genitivo masculino plural del artículo determinado declinado *de los*; θελόντων, caso genitivo masculino plural del participio de presente en voz activa del verbo θέλω, *desear, querer*, aquí *que desean*; ἀφορμήν, caso acusativo femenino singular del nombre común *punto de partida, oportunidad, ocasión* ἵνα, conjunción causal *para que*; ἐν, preposición propia de dativo *en*; ᾧ, caso dativo neutro singular del pronombre relativo *lo que*; καυχῶνται, tercera persona plural del presente de indicativo en voz media del verbo καυχάομαι, *enorgullecerse, jactarse, ser motivo de gloria*, aquí *se jactan*; εὑρεθῶσιν, tercera persona plural del primer aoristo de subjuntivo en voz pasiva del verbo εὑρίσκω, *hallar, encontrar*, aquí *sean hallados*; καθὼς, conjunción subordinante *como*; καὶ, adverbio de modo *también*; ἡμεῖς, caso nominativo de la primera persona plural del pronombre personal *nosotros*.

῝Ο δὲ ποιῶ, καὶ ποιήσω, La cláusula pudiera resultar un tanto compleja, pero examinada oración a oración resulta claro su significado. Es una referencia directa al versículo anterior. Pablo estaba negándose a recibir ningún recurso económico de la iglesia en Corinto, habiendo explicado las razones que lo movían a esa posición. De manera que lo que estaba haciendo iba a continuar siendo su modo de comportamiento. No iba a variarlo en absoluto.

ἵνα ἐκκόψω τὴν ἀφορμὴν τῶν θελόντων ἀφορμήν, La segunda oración complementa y amplía lo que dijo en el versículo anterior. Se mantiene firmemente en no recibir ayuda de los corintios, para eliminar el pretexto que sus enemigos utilizarían contra él, de buscar beneficio personal de la iglesia que había fundado. Con esto desacreditaba las afirmaciones de sus acusadores.

ἵνα ἐν ᾧ καυχῶνται εὑρεθῶσιν καθὼς καὶ ἡμεῖς. Además, les impediría a los *falsos apóstoles*, ponerse en igualdad con Pablo, porque a diferencia de ellos, él no tomaría recursos de la iglesia. Los adversarios suyos querían que recibiera donativos de los creyentes, porque de ese modo estaría en igualdad de condiciones que ellos, por lo que perderían sus argumentos. Realmente el objetivo de Pablo no era tanto lo que los enemigos pudieran o dejaran de hacer, sino poner de manifiesto la pureza de sus propias acciones. De manera que, si los *falsos apóstoles* querían ponerse ante los creyentes como superiores a Pablo, tendrían que comenzar por predicar gratuitamente el evangelio como lo hacía él. El deseo de ellos era que Pablo se igualase con ellos rebajándolo a su nivel para poder destruir mejor su apostolado.

13. Porque éstos son falsos apóstoles, obreros fraudulentos, que se disfrazan como apóstoles de Cristo.

οἱ γὰρ τοιοῦτοι ψευδαπόστολοι, ἐργάται δόλιοι,
Porque los tales falsos apóstoles, obreros faudulentos,
μετασχηματιζόμενοι εἰς ἀποστόλους Χριστοῦ.
que se disfrazan de apóstoles de Cristo.

Análisis y notas del texto griego.

Análisis: οἱ, caso nominativo masculino plural del artículo determinado *los*; γὰρ, conjunción causal *porque*; τοιοῦτοι, caso nominativo masculino plural del adjetivo demostrativo *tales*; ψευδαπόστολοι, caso nominativo masculino plural del nombre común *falsos apóstoles*; ἐργάται, caso nominativo masculino plural del nombre común *obreros*; δόλιοι, caso nominativo masculino plural del adjetivo *falsos, engañadores, fraudulentos*; μετασχηματιζόμενοι, caso nominativo masculino plural del participio de presente en voz media del verbo μετασχεματίζω, *transformar, hacerse pasar por alguien, pretender hipócritamente ser alguien, disfrazarse de alguien*, aquí *que se disfrazan*; εἰς, preposición propia de acusativo *de*; ἀποστόλους, caso acusativo masculino plural del nombre común *apóstoles*; Χριστοῦ, caso genitivo masculino singular del nombre propio declinado *de Cristo.*

οἱ γὰρ τοιοῦτοι ψευδαπόστολοι, En este versículo y en el siguiente, Pablo retrata a los *falsos apóstoles*, a los que hizo alusión antes (v. 5). Los calificativos que les asigna son realmente graves y marcan el carácter perverso de aquellos que venían en su propio nombre, falsificando la condición de enviados por los apóstoles de Jerusalén. En primer lugar, les llama *falsos apóstoles*. Por tanto, no son apóstoles verdaderos, porque no han sido llamados al ministerio apostólico por Cristo y tampoco predican la verdad. A estos falsarios que aparecerán también en los tiempos finales, anteriores a la segunda venida del Señor, les llamó *falsos profetas* (Mt. 7:15). El comportamiento de éstos era idéntico al de lo que Cristo señala como pretenciosos que se manifestaban al pueblo con un mensaje que no procedía de Dios, sino de ellos mismos. Así decía Jeremías sobre ellos: *Así ha dicho Jehová de los ejércitos: "No escuchéis las palabras de los profetas que os profetizan; os alimentan con vanas esperanzas; hablan visión de su propio corazón, no de la boca de Jehová"* (Jer. 23:16), para decir también, en el nombre del Señor: *No envié yo a aquellos profetas, pero ellos corrían; yo no les hablé, mas ellos profetizaban"* (Jer. 23:21). Aunque Pablo les llama a estos perversos que habían entrado en Corinto *falsos apóstoles*, entran de lleno dentro de la categoría de los *falsos profetas*, puesto que tomaban de la Escritura, Palabra de Dios, para falsificarla dándole el sentido que no tenía, haciéndola instrumento de confusión. Estos eran falsarios, maestros hipócritas, que pretendían hacer creer a los creyentes que hablaban en nombre de Dios, pero sus enseñanzas y mandamientos eran de hombres a los que se pretendía elevar a la categoría de Palabra de Dios. Vienen vestidos con piel de ovejas, pero realmente son lobos que procuran devorar el rebaño. Presentan sus enseñanzas como concordantes con la voluntad de Dios, pero son enseñanzas mentirosas. Se titulan *apóstoles*, pero son *falsos apóstoles*. Al llamarles de este modo, el apóstol está presentándolos como engañadores, que aparentan ser lo que en realidad no son. Como dice el Dr. Lacueva: *"El hipócrita es un cabrito vestido con piel de oveja, el falso profeta es un lobo vestido de la misma manera"*[4]. Los falsos profetas, en este caso concreto *falsos apóstoles*, no están lejos de la iglesia, sino en ella misma, porque *vienen a vosotros*, y no son *enviados a vosotros*. En ocasiones, salen de la iglesia. Por esa razón Pablo exhorta a los líderes de la iglesia en Éfeso, que cuidasen del rebaño,

[4] F. Lacueva. *Matthew Henry*. Vol, I, pág. 125.

porque de entre ellos mismos saldrían hombres que hablarían perversidades, para arrastrar tras ellos a los creyentes (Hch. 20:28-30). El signo distintivo de un *falso apóstol* está en la orientación de su mensaje. El verdadero, habla de tal manera que quienes escuchan sus palabras siguen a Jesús, como el ejemplo de Juan el Bautista (Jn. 1:37). El *falso apóstol* procura que los creyentes dejen a Jesús y sigan sus enseñanzas, con lo que consigue que le sigan a él. Es sorprendente el interés que algunos tienen de llevar tras ellos a los creyentes de las iglesias. Hay quienes hablan a los creyentes mensajes en nombre de Dios, que no proceden de Él.

Estos no han desaparecido, es más, surgen aquí y allá para confusión del pueblo de Dios. El título de *apóstol* y el sentido que tienen en el Nuevo Testamento como comisionado por Cristo y enviado en Su nombre, no puede existir hoy, porque el don que respalda ese ministerio no puede estar operativo, puesto que solo los Doce y Pablo, recibieron la comisión de establecer el fundamento doctrinal de la Iglesia. Trasladada la doctrina universal a la Escritura, y cerrado el canon, no puede añadirse nada más que tenga la autoridad de ella. Los que se autotitulan a ellos mismos *apóstoles*, son engañadores que usan su tarjeta impía de presentación para engañar al pueblo de Dios. Estos son los que mentirosamente dicen haber recibido revelaciones de Dios, que no tienen sustento en texto bíblico alguno, por lo que carecen de absoluta autoridad. Son engañadores perversos que confunden a los que no tienen madurez espiritual y los separan del camino de la verdadera fe.

ἐργάται δόλιοι, Añade otro calificativo al llamarles *obreros fraudulentos*, literalmente *ladrones vestidos de obreros de Cristo*. Son los que no entran por la puerta de las ovejas, sino que escalan el muro para acceder al rebaño del Buen Pastor y hacer daño a las ovejas, a estos llamaba Jesús *ladrones y salteadores* (Jn. 10:1). Aprovechaban de cualquier medio para conseguir sus propios intereses, engañando y pervirtiendo a los creyentes. No utilizan la vía abierta de la puerta, porque su intención en relación con los creyentes no es buena. Son aquellos que pretenden *hurtar* las ovejas, por eso son *obreros fraudulentos*. Sólo el Señor es el verdadero y legítimo pastor enviado por el Padre y mientras que Él da vida y vida abundante, estos *obreros fraudulentos*, entran en medio del pueblo de Dios para matar y destruir. Así ocurría ya en tiempos de Israel, como advierte el profeta: *"Hijo de hombre, profetiza contra los pastores de Israel; profetiza, y di a los pastores: Así ha dicho Jehová el Señor: ¡Ay de los pastores de Israel, que se apacientan a sí mismos!"* (Ez. 34:2). Estos *falsos apóstoles*, *obreros fraudulentos*, estaban resentidos porque la enseñanza de Pablo les impedía las acciones perversas para apropiarse de la iglesia y beneficiarse de ella en provecho propio. Se puede entender el odio que sentían contra el apóstol.

Como ya se ha considerado antes, se trataba de meros religiosos que ocultaban su podredumbre revistiéndose de enseñadores bíblicos. No sabemos si hacían alguna señal portentosa, pero lo que si es cierto es que enseñaban *religión*, por consiguiente, en apariencia sus obras eran conforme a la Escritura. Sin embargo, por el contexto que sigue, se aprecia que no eran seguidores de Cristo, sino hijos de Satanás (v. 14). De ahí que sus obras, aunque aparentemente fuesen buenas, ellos eran, como Cristo dijo, *hacedores de maldad* (Mt. 7:23). Sin vinculación espiritual con Dios, no hay nuevo nacimiento, por tanto, la condición pecaminosa del no regenerado persistía en ellos. Sólo son obreros de justicia los que viven la justicia de Dios que es Cristo. El apóstol da testimonio de su relación personal en este aspecto cuando dice: *"Para mí el vivir es Cristo"* (Fil. 1:21), y también: *"ya no vivo yo, mas vive Cristo en mí"* (Gá. 2:20). Solo el creyente puede ser una persona de *buen obrar*, ya que vive a Cristo y anda en las buenas obras que Dios dispuso de antemano para ellos (Ef. 2:10). Cualquier otra actividad hecha en el poder del hombre, y sobre todo cuando está revestida de hipocresía que oculta la realidad de lo que es el que hace las obras, no es acepto para Dios. Siguen siendo obras de iniquidad porque son impulsadas por la naturaleza caída por medio de la carne. Son *obreros fraudulentos*, porque nunca dejaron de ser inicuos. Es la iniquidad quien mueve su forma de actuar y orienta sus vidas. Las obras pueden revestir el aspecto de la religiosidad, pero son movidas por la *iniquidad* propia y consuetudinaria del no regenerado. La mera profesión de fe no aparta de la iniquidad, por tanto, no salva. Es sorprendente que lo que los hombres llaman religión, Dios llama simplemente iniquidad.

μετασχηματιζόμενοι εἰς ἀποστόλους Χριστοῦ. En tercer lugar, dice de ellos que son unos hipócritas, puesto que *se disfrazan como apóstoles de Cristo*. Es decir, aparentan ser lo que realmente no son. Son verdaderos impostores, que cambian de piel, pero siguen siendo lobos. Se presentaban como *apóstoles* de Cristo, pero su intención y objetivo real era que el reino y la gloria de Jesús no progresaran. Estos inconversos, no regenerados, se exhibían arrogantes ante los creyentes como comisionados para la labor apostólica. Procuraban que los cristianos los considerasen como verdaderos enviados para enseñarles la verdad, superando en todo a la persona y obra del apóstol. Pretendían hacerse ver como sembradores de la verdad, pero lo que hacían era arrancar lo que había sido bien plantado.

14. Y no es maravilla, porque el mismo Satanás se disfraza como ángel de luz.

καὶ οὐ θαῦμα[1]· αὐτὸς γὰρ ὁ Σατανᾶς μετασχηματίζεται εἰς
Y no maravilla, porque el mismo Satanas, se disfraza de
ἄγγελον φωτός.
ángel de luz.

Análisis y notas del texto griego.

Análisis: καὶ, conjunción copulativa *y*; οὐ, adverbio de negación *no*; θαῦμα, caso nominativo neutro singular del nombre común *maravilla*; αὐτὸς, caso nominativo masculino singular del pronombre intensivo *mismo*; γὰρ, conjunción causal *porque*; ὁ, caso nominativo masculino singular del artículo determinado *el*; Σατανᾶς, caso nominativo masculino singular del nombre propio *Satanás*; μετασχηματίζεται, tercera persona singular del presente de indicativo en voz media del verbo μετασχεματίζω, *transformar, hacerse pasar por alguien, pretender hipócritamente ser alguien, disfrazarse de alguien*, aquí *se disfraza*; εἰς, preposición propia de acusativo *de*; ἄγγελον, caso acusativo masculino singular del nombre común *ángel*; φωτός, caso genitivo neutro singular del nombre común declinado *de luz*.

Notas. Crítica Textual. Lecturas alternativas.

[1] θαῦμα, *maravilla*, según lectura en P^{46}, a, B, D^{*}, F, G, P, 098, 0243, 0278, 6, 33, 81, 326, 365, 630, 1175, 1739, 1881, 2464, Orígenes.

Θαυμαστόν, *lo maravilloso*, conforme a D^{1}, K, L, Ψ, 0121, 104, 1241, 1505, 𝔐.

καὶ οὐ θαῦμα· Según Pablo no debe causar sorpresa, porque no es algo asombroso el comportamiento de los *falsos apóstoles*, sino todo lo contrario, propio de ellos.

αὐτὸς γὰρ ὁ Σατανᾶς μετασχηματίζεται εἰς ἄγγελον φωτός. Preparando la acusación del próximo versículo contra tales personas, hace alusión a Satanás, enseñando que se viste, es decir, se presenta como *ángel de luz*. Quien es el príncipe de las tinieblas, se disfraza de lo que no es para poder engañar mejor a quienes tienta. La posición en la luz es siempre manifestación de excelencia y de felicidad. Esta es la imagen que procura mostrar Satanás. Algunos consideran que esta referencia está tomada de la primera tentación a Eva, a la que hace mención en el pasaje (v. 3). Otros entienden esto como una referencia a los *hijos de Dios*, entre los cuales venía Satanás, cuando se presentaban todos delante de Dios (Job. 1:6). Pero no es necesario buscar un sustento bíblico concreto, porque toda la Escritura presenta a Satanás, a quien Dios le había impuesto el nombre de *Lucero* (Is. 14:12), como despojado de la luz que había puesto en él, a causa de su pecado, que lo convierte en el líder de las huestes de maldad y en el que sólo hay tinieblas (Ez. 28:18). Él hace milagros mentirosos y se presenta como digno de ser creído, pero, cuando lo hace está llamando mentiroso a Dios y negando la verdad de Su Palabra. Satanás es un ser grande e inteligente. Es un espíritu (Ef. 6:11-12) y pertenece al orden de los *querubines* (Ez. 28:14). Es el ser más perfecto salido de la mano de Dios (Ez. 28:14). Se destaca también la hermosura de que fue dotado en su creación, con una vestidura espléndida, como corresponde a un ser de su condición y al ministerio que ejercía (Ez. 28:13). Este espléndido ángel, cayó en el pecado, manifestando una condición arrogante y orgullosa delante de Dios, que descubrió su maldad cuando aún no la había manifestado. El corazón de Satanás se enalteció corrompiéndose (Ez. 28:17,18), por ese acto se convirtió en un pecador que se opone a Dios. El primer deseo impío fue el de *subir al cielo* (Is. 14:13), para levantar un trono junto al trono de Dios y gobernar a la creación angélica al margen del Creador (Is. 14:13). Ese trono debía estar rodeado de ángeles a su servicio, entonces Dios ya no sería el Soberano. Su orgullo le hizo desear subir sobre las *alturas de las nubes* (Is. 14:14). Las nubes son figura de la gloria y majestad de Dios (Ex. 40:34-38; Nm. 9:15-23; 1 R. 8:10-11). El salmista dice que las nubes son la *carroza* de Dios (Sal. 104:3; Is. 19:1). La idea del pensamiento diabólico era la de recibir mayor gloria que la que Dios le había dado. Con ello llegaría a ser *semejante al Altísimo* (Is. 14:14). La idea bíblica de *imagen* tiene que ver con la condición moral del Ser Divino, y la de *semejanza* está relacionada con el ejercicio de autoridad. En el tiempo de los hombres, Satanás peca por condición natural (1 Jn. 3:8). El pecado está arraigado en su corazón y le obliga a pecar, que es su condición natural (Is. 14:13). Satanás no es pecador porque peca, sino al contrario, peca porque es pecador. Su condición le lleva a luchar contra Dios, aun sabiendo de su derrota anunciada en las Escrituras. Es también *homicida* (Jn. 8:44), buscando la condenación del hombre y haciendo cuanto puede por evitar la salvación de los perdidos (Lc. 8:12; 2 Co. 4:4), para ello deforma el único mensaje del evangelio, convirtiéndolo en una mentira que no salva. Además, es *mentiroso*, literalmente el *padre de mentira* (Jn. 8:44). Tiene su propia doctrina a la que la Biblia llama *"doctrinas de demonios"* (1 Ti. 4:1), promovida por *espíritus engañadores*. Satanás en la expresión de su mentira y en la promoción de su engaño, se presenta como *ángel de luz*, literalmente *disfrazándose* de ese modo para tener el mejor acceso a los hombres y especialmente a los que conocen la verdad.

15. Así que, no es extraño si también sus ministros se disfrazan como ministros de justicia; cuyo fin será conforme a sus obras.

οὐ μέγα οὖν	εἰ καὶ	οἱ διάκονοι	αὐτοῦ	μετασχηματίζονται
No mucho, pues,	si también	los servidores	de él	se disfrazan

ὡς διάκονοι δικαιοσύνης· ὧν τὸ τέλος ἔσται κατὰ τὰ
como ministros de justicia; cuyo - fin será de acuerdo con las
ἔργα αὐτῶν.
obras de ellos.

Análisis y notas del texto griego.

Análisis: οὐ, adverbio de negación *no*; μέγα, caso nominativo neutro singular del adjetivo indefinido *mucho, grande*; οὖν, conjunción continuativa *pues*; εἰ, conjunción *si*; καὶ, adverbio de modo *también*; οἱ, caso nominativo masculino plural del artículo definido *los*; διάκονοι, caso nominativo masculino plural del nombre común *diáconos, servidores, ministros*; αὐτοῦ, caso genitivo masculino de la tercera persona singular del pronombre personal declinado *de él*; μετασχηματίζονται, tercera persona plural del presente de indicativo en voz media del verbo μετασχεματίζω, *transformar, hacerse pasar por alguien, pretender hipócritamente ser alguien, disfrazarse de alguien*, aquí *que se disfrazan*; ὡς, adverbio de modo, *como*, que hace las veces de conjunción comparativa; διάκονοι, caso nominativo masculino plural del nombre común *diáconos, servidores, ministros*; δικαιοσύνης, caso genitivo femenino singular del nombre común declinado *de justicia*; ὧν, caso genitivo masculino plural del pronombre relativo *los cuales, los que, cuyo*; τὸ, caso nominativo neutro singular del artículo determinado *el*; τέλος, caso nominativo neutro singular del nombre común *fin*; ἔσται, tercera persona singular del futuro de indicativo en voz activa del verbo εἰμί, *ser, estar*, aquí *será*; κατὰ, preposición propia de acusativo *conforme a, según, de acuerdo con*; τὰ, caso acusativo neutro plural del artículo determinado *los*; ἔργα, caso acusativo neutro plural del nombre común *obras*; αὐτῶν, caso genitivo masculino de la tercera persona plural del pronombre personal declinado *de ellos*.

οὐ μέγα οὖν Los *falsos apóstoles*, se disfrazaban como maestros de la Palabra, para enseñar falsa doctrina, contraria a la verdad en que los creyentes habían sido enseñados. Algunos considerarían que esto no era posible en gente que, según decían, amaban la Escritura, habían sido enviados por los apóstoles de Jerusalén y ellos mismos tenían un ministerio apostólico. Aquellos con su verborrea obnubilaban a los creyentes haciéndoles creer como verdad lo que era mentira. Pablo les hace notar que no era una gran cosa lo que aquellos estaban haciendo por la razón que apunta seguidamente.

εἰ καὶ οἱ διάκονοι αὐτοῦ μετασχηματίζονται, Esta es la acusación más fuerte que el apóstol formula para los *falsos apóstoles*, al llamarles *servidores de Satanás* y que como él se disfrazan para engañar a los creyentes. La evidencia firme de esta condición es que son instrumentos del gran engañador que es Satanás, actuando como él, y son *apóstoles,* pero no de Cristo, sino del demonio. Él se sirve de ellos para extender, no el reino de Dios, sino el de las tinieblas. Ellos se presentaban como *apóstoles* y, por tanto, hijos de Dios como creyentes en Cristo (Jn. 1:12), pero en realidad eran hijos de Satanás y seguían a su padre espiritual. Así también llamó Jesús a los religiosos de su tiempo: *"Vosotros sois de vuestro padre el diablo, y los deseos de vuestro padre queréis hacer"* (Jn 8:44). El diablo se opone y destruye lo que Dios crea y todo cuanto proviene de la verdad. Es suficiente con entender que los *falsos apóstoles* venían para predicar la mentira en contra de la verdad, por tanto, quien comete pecado, es decir, el que vive satisfecho con la práctica habitual del mal, es del diablo (1 Jn. 3:8).

Satanás es un imitador para engañar. Esas son sus artimañas (Ef. 4:14; 6:12; Lc. 22:53). Es un imitador de Dios que vive en luz inaccesible (1 Ti. 6:16). A modo de ejemplo lo hizo en Egipto con los magos, para impedir que el mensaje de Dios fuese aceptado por Faraón (Ex. 7:11, 12, 22); igualmente con Elimas en el Nuevo Testamento (Hch. 13:8-11). En los tiempos finales de la historia actual establecerá una trinidad de maldad en imitación a la Santísima Trinidad de Dios (Ap. 13:13-15). El propósito es apartar a los hombres de la fe en la verdad. Es lo que procuraba por medio de sus ministros, hacer en Corinto (v. 3). El grave problema es que usa un disfraz que le hace difícilmente reconocible.

Estos a quienes Pablo llama *servidores de Satanás*, los señala como hijos del demonio, ya que ellos seguían sus insinuaciones y practicaban sus obras. Aquellos que eran hijos del diablo estaban interesados y sentían deseo en hacer lo que era propio de él. Satanás, dijo Jesús, es *homicida*, y recordó a quienes le escuchaban que no era algo nuevo en él, sino que había ocurrido así desde el principio. El pecado es el resultado de la condición homicida del diablo, que pervierte el mensaje de Dios, proponiendo en su lugar la mentira diabólica, para generar en el que le cree una situación de alejamiento de Dios y orientarlo a la muerte eterna. Esta condición homicida del diablo le impulsa a actuar contra el mensaje del evangelio de la gracia que proclama la salvación por fe en Cristo. Estos estaban pervirtiendo el evangelio de la gracia que Pablo había predicado, para que quienes no habían creído en respuesta al mensaje, no lo hicieran y se perdieran en sus delitos y pecados, y también para que quienes habían creído, se apartaran de la verdad y perdiesen las bendiciones de Dios a causa del pecado. El mensaje de Dios es siempre verdad y vida, pero el de los *apóstoles del diablo*, en siempre mentira y ruina. Son, como se aprecia claramente en su comportamiento contra el apóstol, calumniadores y mentirosos, como Satanás es. Cuando hablan siempre lo hacen mintiendo como expresión de la naturaleza satánica.

ὡς διάκονοι δικαιοσύνης· En su astucia se presentan como *servidores de la justicia*, cuando en realidad lo eran de la iniquidad. Ellos anunciaban una justicia que satisface al hombre, advirtiendo a los que les escuchaban que el evangelio de la sola gracia y de la sola fe, es un mensaje parcial que debe complementarse con la justicia de las obras de la ley y la práctica de las normas religiosas. Como escribe Hodge: *"Estos falsos maestros decían ser predicadores de aquella justicia que es de Dios y que aprovecha para la justificación de los pecadores. Satanás no viene a nosotros como Satanás; ni el pecado se presenta como pecado, sino como una forma de virtud, y los maestros del error aparecen como adalides especiales de la verdad"*[5]. Cualquier enseñanza que sirva para exaltar las virtudes del hombre y se presente como verdad tomada de la Palabra sin serla, es actuar en el terreno del maligno contrario a la verdad de Dios, engañando a los creyentes. Cuantas veces se enseñan tradiciones de hombres como verdades de Dios, cuando solo son cadenas de esclavitud puestas sobre aquellos a quienes Dios ha hecho libres.

ὧν τὸ τέλος ἔσται κατὰ τὰ ἔργα αὐτῶν. El versículo concluye con una frase de aliento. Los hijos de Satanás, ministros y seguidores suyos, actúan impunemente en el tiempo actual, pero serán tratados por Dios como corresponde a los méritos de sus obras. Esta es la verdad bíblica. Momentáneamente parece que progresa, pero su fin es seguro (Pr. 24:12; Mt. 16:27; Ro. 2:6; Gá. 5:10; 2 Ti. 4:14; 1 P. 1:17). El mismo apóstol hace una solemne advertencia: *"Si alguno destruyere el templo de Dios, Dios le destruirá a él; porque el templo de Dios, el cual sois vosotros, santo es"* (1 Co. 3:17). Especialmente advierte del trato que debe dársele a quienes se aproximan con otra doctrina: *"Mas os ruego, hermanos, que os fijéis en los que causan divisiones y tropiezos en contra de la doctrina que vosotros habéis aprendido, y que os apartéis de ellos. Porque tales personas no sirven a nuestro Señor Jesucristo, sino a sus propios vientres, y con suaves palabras y lisonjas engañan los corazones de los ingenuos"* (Ro. 16:17-18). Estos enemigos del evangelio producen disensiones que generan en divisiones entre los creyentes. En relación con éstos llama a estar vigilantes. No solamente procuran causar divisiones, sino que ponen tropiezo contra la doctrina que habían recibido de los apóstoles. El apóstol advierte el objetivo principal de tales es servirse a sí mismos y no al Señor, estando en la obra no buscan glorificar a Dios, sino a ellos. Son, como dijo antes el apóstol, *"obreros fraudulentos, que se disfrazan como apóstoles de Cristo"*.

---

[5] C. Hodge. óp. cit. Pág. 293.

El creyente ha de tener sumo cuidado con las artimañas de Satanás y de aquellos que él trata de introducir entre el pueblo de Dios: *"Sed sobrios y velad; porque vuestro adversario el diablo como león rugiente, anda alrededor buscando a quien devorar"* (1 P. 5:8).

Los sufrimientos del apóstol (11:16-33)

Un segundo argumento que trata el apóstol en la segunda parte del capítulo tiene que ver con poner de manifiesto la fidelidad al Señor en una experiencia de sufrimientos. Para ello hace un recuento de ellos, con lo que contrasta su vida con la de quienes le acusaban falsamente. De los que se habían *gloriado* en muchos aspectos, alabándose a sí mismos, ninguno podía presentar las credenciales de compromiso y fidelidad que él podía presentar, como se aprecia en los versículos que siguen.

16. Otra vez digo: Que nadie me tenga por loco; o de otra manera, recibidme como a loco, para que yo también me gloríe un poquito.

Πάλιν λέγω, μή τίς με δόξῃ ἄφρονα εἶναι· εἰ δὲ μή γε,
Otra vez digo, no nadie a mí piense loco ser; pero si no de cierto,
κἄν ὡς ἄφρονα δέξασθε με, ἵνα καγὼ μικρόν τι
aunque como loco recibid me, para que también yo poco algo
καυχήσωμαι.
me jacte.

Análisis y notas del texto griego.

Análisis: Πάλιν, adverbio de modo *nuevamente, otra vez*; λέγω, primera persona singular del presente de indicativo en voz activa del verbo λέγω, *hablar, decir*, aquí *digo*; μή, partícula que hace funciones de adverbio de negación *no*; τίς, caso nominativo masculino singular del pronombre indefinido *nadie*, με, caso acusativo de la primera persona singular del pronombre personal declinado *a mí, me*; δόξῃ, tercera persona singular del primer aoristo de subjuntivo en voz activa del verbo δοκέω, *pensar, considerar,* aquí *piense*; ἄφρονα, caso acusativo masculino singular del nombre común *sin sentido, insensato, loco*; εἶναι, presente de infinitivo en voz activa del verbo εἰμί, *ser, estar*; εἰ, conjunción *si*; δὲ, partícula conjuntiva que hace las veces de conjunción coordinante, con sentido de *pero, más bien, y, y por cierto, antes bien, entonces*; μή, partícula que hace funciones de adverbio de negación *no*; γε, partícula enclítica que añade énfasis a la palabra con la que se asocia, *al menos, por lo menos, de todos modos, de cierto, por cierto, exactamente*, y también con encarecimiento *aún, incluso, siquiera,* en ocasiones no tiene traducción; κἄν, crasis[6] formada por la

[6] *Crasis*, palabra griega que equivale a *unión de fuerzas*, en general *unión de elementos*.

conjunción copulativa καὶ, *y*, y la conjunción ἐάν, *si*; como adverbio significa *igualmente, también, aún*; ὡς, adverbio de modo, *como*, que hace las veces de conjunción comparativa; ἄφρονα, caso acusativo masculino singular del adjetivo *sin sentido, loco, insensato*; δέξασθε, segunda persona plural del primer aoristo de imperativo en voz media del verbo δέχομαι, *recibir, acoger*, aquí *recibid*; με, caso acusativo de la primera persona singular del pronombre personal declinado *a mí, me*; ἵνα, conjunción causal *para que*; καγὼ, palabra formada por crasis[7] de adverbio καὶ, y el pronombre personal ἐγώ, y que equivale a *también yo*; μικρόν, caso acusativo neutro singular del adjetivo *poco*; τι, caso acusativo neutro singular del adjetivo indefinido *algo*; καυχήσωμαι, primera persona singular del primer aoristo de subjuntivo en voz media del verbo καύχομαι, *gloriarse, jactarse*, aquí *me jacte*.

Πάλιν λέγω, μή τίς με δόξῃ ἄφρονα εἶναι· Para introducir este largo párrafo, apela nuevamente a la *insensatez*, porque él mismo había enseñado que gloriarse en uno mismo es, no solo insensatez o necedad o locura, sino también orgullo (10:12). Por lo que va a seguir, algún lector, podría pensar que Pablo era un insensato, o un necio, que se dedicaba a jactarse de sí mismo y de sus proezas. Pero, era necesario, en la defensa personal de su apostolado, hacer una breve síntesis de su obra y sufrimientos, frente a quienes se gloriaban de sí mismos, despreciándole y no considerándole como apóstol de Cristo. De modo que se retrotrae a la misma frase con que inició el argumento anterior, usando la misma forma: *"otra vez digo"* (v. 1). Para pedir que nadie le considere como un loco arrogante. No quería que nadie le considerase como eran sus detractores, llenos de sí, pero aun si fuera así, pide un poco de tolerancia para todo lo que va a decir.

εἰ δὲ μή γε, κἂν ὡς ἄφρονα δέξασθε με, ἵνα καγὼ μικρόν τι καυχήσωμαι. Mencionar las buenas acciones es jactancia, pero puede ser defensa, como en el caso de Cristo (Jn. 10:32, 37, 38; 14:11, 12; 15:24). El apóstol imitador de Cristo, lo es hasta en su defensa. Los que le acusaban se engrandecían con su estirpe, procedencia, misión, conocimientos, etc. Pero no podían presentar las credenciales que Pablo va a presentar. No era jactancioso, pero si alguien lo considerase así, le ruega que le permitan gloriarse, literalmente *algo poco*, en sentido diminutivo: *un poquito*, como consentían con la mucha gloria de sus detractores. Está pidiendo sólo un trato igual que el que los corintios habían concedido a los arrogantes, engreídos y orgullos *falsos apóstoles*. De otro modo les decía: *ya que permitís a mis enemigos gloriarse de lo que hacen, concededme a mí contaros un poquito de lo que he sufrido.*

---

[7] *Crasis*, palabra griega que equivale a *unión de fuerzas*, en general *unión de elementos*.

Probablemente nadie de los corintios que conocían la obra del apóstol lo tomaban por un necio arrogante contando sus obras, pero es interesante apreciar el uso del pronombre indefinido *nadie*, por consiguiente, habría algunos que sí lo consideraban de ese modo y lo hacían notar a los creyentes, estos serían los judaizantes, enemigos suyos.

17. Lo que hablo, no lo hablo según el Señor, sino como en locura, con esta confianza de gloriarme.

ὃ λαλῶ, οὐ κατὰ Κύριον λαλῶ ἀλλ' ὡς ἐν ἀφροσύνῃ, ἐν
Lo que hablo no según Señor hablo sino como en locura, con
ταύτῃ τῇ ὑποστάσει τῆς καυχήσεως.
esta - confianza - de jactancia.

Análisis y notas del texto griego.

Análisis: ὃ, caso acusativo neutro singular del pronombre relativo *lo que*; λαλῶ, primera persona singular del presente de indicativo en voz activa del verbo λαλέω, *hablar*, aquí *hablo*; οὐ, adverbio de negación *no*; κατὰ, preposición propia de acusativo *según*; Κύριον, caso acusativo masculino singular del nombre divino *Señor*; λαλῶ, primera persona singular del presente de indicativo en voz activa del verbo λαλέω, *hablar*, aquí *hablo*; ἀλλ', forma escrita ante vocal de la conjunción adversativa ἀλλά que significa *pero, sino*; ὡς, adverbio de modo, *como*, que hace las veces de conjunción comparativa; ἐν, preposición propia de dativo *en*; ἀφροσύνῃ, caso dativo femenino singular del nombre común *insensatez, locura*; ἐν, preposición propia de dativo *en, con*; ταύτῃ, caso dativo femenino singular del pronombre demostrativo *ésta*; τῇ, caso dativo femenino singular del artículo determinado *la*; ὑποστάσει, caso dativo femenino singular del nombre común *confianza*; τῆς, caso genitivo femenino singular del artículo determinado *la*; καυχήσεως, caso dativo femenino singular del nombre común declinado *de jactancia*.

ὃ λαλῶ, οὐ κατὰ Κύριον λαλῶ ἀλλ' ὡς ἐν ἀφροσύνῃ, La autoalabanza no es *conforme* o *según* el Señor. Esto ha sido tratado ya antes (5:16; 10:2, 3). Una relación de acciones personales debiera omitirse desde la perspectiva de vida cristiana. De ahí que Pablo lo reconozca como *locura*. El creyente nada tiene de qué gloriarse porque todo lo ha recibido (1 Co. 4:7). El jactarse, gloriarse, enorgullecerse del creyente sólo ha de ser en el Señor (10:17). El apóstol afirma que su única gloria era la Cruz de Cristo (Gá. 6:14). Por esa razón resulta extraño que la forma de hablar, el lenguaje que va a emplear *no es según el Señor*, es decir, como característico de Cristo o de quienes son Sus discípulos. Esta expresión conduce a algunos a suponer que se trata de un párrafo *no inspirado*, sino personal suyo como hombre. Pero, si la *Epístola*, como el resto de la Escritura procede del impulso del Espíritu, conlleva necesariamente la inspiración plenaria, cuyo objetivo es garantizar la infalibilidad de la Palabra que la hace eficaz para la edificación del pueblo de Dios. Así que lo que sigue, aunque Pablo dice que *no es conforme* a Cristo, no supone que no está bajo la inspiración divina. Con todo, basta la lectura y el estudio de lo que sigue para darse cuenta de que no son frases arrogantes para ser aplaudido por los lectores, sino sencillas y humildes apreciaciones referentes a las experiencias de su vida y ministerio. No es que quisiera él hacer referencia a ellas, sino que se ve obligado a escribir así a causa de lo que sus adversarios decían de su condición y persona. La incomodidad de escribir así lo lleva a una posición tal que recuerda a los lectores que está comportándose al hacerlo como si se tratara de un *loco*, al verse obligado a hablar de su propia grandeza. Es muy interesante la frase de C. Hodge sobre el orgullo de quienes hablan de ellos mismos: *"Cuán frecuentemente los escritos, incluso los de buenas personas, son las ascuas sobre las que ellos rocían el incienso de su propio orgullo"*[8]. Pero si bien es cierto que el cristiano no está puesto para la autoalabanza, no es menos cierto que en ocasiones es necesario, para poner de manifiesto la verdad frente a quienes procuran hacer creer a otros la mentira. De ese modo las palabras del párrafo deben ser consideradas en base a la intencionalidad con que se escriben. En algunas circunstancias y bajo la dirección del Espíritu Santo, como en este caso, se ve en la necesidad de declarar lo que Dios hace por él, con él, y por medio de él. De nuevo debe entenderse que cuando dice *"no hablo según el Señor"*, está diciendo que la forma de escribir así, no es conforme a lo que Cristo enseñó, y a lo que la Biblia enseña también: *"Alábete el extraño y no tu propia boca, el ajeno, y no los labios tuyos"* (Pr. 27:2). Es más, está diciendo que esta jactancia obligada no tiene ejemplo en la forma de comportarse de la vida de Jesús. Pero, él se veía obligado a hacerlo contra su propia convicción y norma, para llamar la atención a los corintios de hechos significativos en su vida, que ponían de manifiesto su condición de apóstol de Jesucristo.

ἐν ταύτῃ τῇ ὑποστάσει τῆς καυχήσεως. Lo que sigue solo lo hace por necesidad obligada frente a sus enemigos. Pablo, muy a pesar suyo, recurre a los métodos que son propios de sus adversarios, para salvar su testimonio y por ende la obra del Señor. Lo que le interesa es que, aunque le consideren como un *loco* por lo que escribe, pueda llegar a los creyentes con el propósito de hacerles ver la equivocación en que, por lo menos algunos estaban, promovida por los *falsos apóstoles*.

---

[8] C. Hodge. óp. cit, pág. 295.

18. Puesto que muchos se glorían según la carne, también yo me gloriaré.

ἐπεὶ πολλοὶ καυχῶνται κατὰ[1] σάρκα, καγὼ καυχήσομαι.
Puesto que muchos se jactan según carne, también yo me jactaré.

Análisis y notas del texto griego.

Análisis: ἐπεὶ, conjunción subordinada *porque, puesto que, de otra manera*; πολλοὶ, caso nominativo masculino plural del adjetivo *muchos*; καυχῶνται, tercera persona plural del presente de indicativo en voz media del verbo καυχάομαι, *jactarse, enorgullecerse*, aquí *se jactan*; κατὰ, preposición propia de acusativo *en, según*; σάρκα, caso acusativo femenino singular del nombre común *carne*; καγὼ, adverbio o pronombre personal nominativo singular, palabra formada por crasis[9] de la conjunción καὶ, y el pronombre personal ἐγώ, y que equivale a *y yo*, en caso de pronombre o *también yo* en caso de adverbio; καυχήσομαι, primera persona singular del futuro de indicativo en voz media del verbo καυχάομαι, *jactarse, enorgullecerse*, aquí *me jactaré*.

Notas. Crítica Textual. Lecturas alternativas.

[1] κατὰ σάρκα, *según carne*, en la lectura de 𝔓[46], a*, D*, F, G, H, 098, 0278, 33, 81, 104, 365, 629, 1175, 1505, 1739*, 1881*.

κατὰ τήν σάρκα, *según la carne*, como se lee en [2]a, B, D[1], K, L, P, Ψ, 0121, 630, 1241, 1739[c], 1881[c], 2464, 𝔐.

ἐπεὶ πολλοὶ καυχῶνται κατὰ σάρκα, Los que se gloriaban de ellos mismos, *según la carne*, es decir, en el orgullo y arrogancia propios de la carne, no eran pocos, sino *muchos*. Estos era los que se presentaban como los *grandes apóstoles*, el grupo opositor a Pablo (v. 5). Lo que era habitual para ellos era *gloriarse según la carne*, es decir, jactarse en las obras hechas según la perspectiva o el punto de vista humano. Expresa la condición espiritual de los que se oponían al apóstol y a sus colaboradores. El carnal se jacta en lo que es y en lo que hace, como si fuera algo suyo. Por tanto, la valoración que hacían de sus obras era exagerada y, en gran medida hipócrita. La oposición a Pablo no estaba encabezada por una sola persona, aunque pudiera muy bien haber una en la iglesia que, desde esa condición de miembro de la iglesia en Corinto, asumiera también esa forma, pero, la oposición estaba formada por varios que habían entrado en la iglesia, todos ellos *falsos apóstoles* y todos ellos judaizantes. Este *gloriarse según la carne*, puede referirse también a un asunto puntual que demandaban a todos los creyentes, como era la circuncisión y el

[9] *Crasis*, palabra griega que equivale a *unión de fuerzas*, en general *unión de elementos*.

cumplimiento de las ordenanzas legales. Pero, en general se trata de vivir y funcionar según la corrupta naturaleza humana. Trataban de presentar como perfectos, espiritualmente hablando, motivos que eran indignos.

καγὼ καυχήσομαι. Pablo responde a estas *jactancias carnales* afirmando que él también podía hacerlo. Una expresión semejante aparece en otros dos escritos del apóstol (Gá. 6:13; Fil. 3:4). Pero, es necesario entender que los enemigos de Pablo se jactaban por motivos indignos, propios de la naturaleza caída, impulsados por la carne, esto es contrario a la condición espiritual de Pablo, que siendo apóstol de Cristo y escribiendo palabras inspiradas, no podía estar movido o motivado por la carne. Simplemente dice que como otros se jactan, también él lo hará, con la diferencia que esta jactancia suya corresponde a asuntos reales ocurridos en el ejercicio de su ministerio, mientras que la de sus adversarios eran absolutamente carnales para ensalzarse y ser considerados grandes por los hombres.

19. Porque de buena gana toleráis a los necios, siendo vosotros cuerdos.

ἡδέως γὰρ	ἀνέχεσθε	τῶν	ἀφρόνων	φρόνιμοι	ὄντες·
Porque de buena gana	soportáis	a los	necios,	prudentes	siendo

Análisis y notas del texto griego.

Análisis: ἡδέως, adverbio *de buena gana, con gusto*; γὰρ, conjunción causal *porque*; ἀνέχεσθε, segunda persona plural del presente de indicativo en voz media del verbo ἀνέρχομαι, *soportar, tolerar*, aquí *soportáis*; τῶν, caso acusativo masculino plural del artículo determinado declinado *a los*; ἀφρόνων, caso acusativo masculino plural del adjetivo *necios, insensatos, locos*; φρόνιμοι, caso nominativo masculino plural del adjetivo *prudentes, cuerdos*; ὄντες, caso nominativo masculino plural del participio de presente en voz activa del verbo εἰμί, *ser, estar*, aquí *siendo*.

ἡδέως γὰρ ἀνέχεσθε τῶν ἀφρόνων φρόνιμοι ὄντες· Los *falsos apóstoles*, necios, puesto que se gloriaban de sí mismos, habían sido *tolerados*, o *soportados* por los corintios, de manera que bien podían hacerlo con el *loco* de Pablo en lo que les iba a recordar. Es notable que los corintios estaban dispuestos a recibir a cualquiera que considerase capaz de enseñar, de ahí la facilidad con que entraron en la iglesia los que venían para enseñar doctrina errónea. Estaban dispuestos a soportar que su vida no fuese modelo a seguir, y que su conducta fuese abusiva, de modo que recibían *de buena gana* a estos necios.

La triste realidad es que los *sensatos* corintios estaban manifestando un alto grado de *insensatez* al soportar a quienes se auto alababan entre ellos. Los enemigos de Pablo, se habían impuesto sobre estos, de modo que, siendo coherentes con su comportamiento, no podían sino soportar la vindicación del apóstol.

20. Pues toleráis si alguno os esclaviza, si alguno os devora, si alguno toma lo vuestro, si alguno se enaltece, si alguno os da de bofetadas.

ἀνέχεσθε γὰρ εἴ τις ὑμᾶς καταδουλοῖ, εἴ τις κατεσθίει, εἴ τις
Porque soportáis si alguien os esclaviza, si alguien devora, si alguien
λαμβάνει, εἴ τις ἐπαίρεται, εἴ τις εἰς πρόσωπον ὑμᾶς δέρει.
toma lo vuestro, si alguien se enaltece, si alguien en rostro os golpea.

Análisis y notas del texto griego.

Análisis: ἀνέχεσθε, segunda persona plural del presente de indicativo en voz media del verbo ἀνέχομαι, *soportar, aguantar*, aquí *soportáis*; γὰρ, conjunción causal *porque*; εἴ, conjunción condicional *si*; τις, caso nominativo masculino singular del pronombre indefinido *alguien*; ὑμᾶς, caso nominativo de la segunda persona plural del pronombre personal declinado *a vosotros, os*; καταδουλοῖ, tercera persona singular del presente de indicativo en voz activa del verbo καταδουλόω, *esclavizar*, aquí *esclaviza*; ει, conjunción condicional *si*; τις, caso nominativo masculino singular del pronombre indefinido *alguien*; κατεσθίει, tercera persona singular del presente de indicativo en voz activa del verbo κατεσθίω, *devorar*, aquí *devora*; εἴ, conjunción condicional *si*; τις, caso nominativo masculino singular del pronombre indefinido *alguien*; λαμβάνει, tercera persona singular del presente de indicativo en voz activa del verbo λαμβάνω, *tomar, coger, agarrar, tomar posesión*, aquí *toma lo vuestro*; εἴ,conjunción condicional *si*; τις, caso nominativo masculino singular del pronombre indefinido *alguien*; ἐπαίρεται, tercera persona singular del presente de indicativo en voz media del verbo ἐπαίρω, *levantarse, mostrarse arrogante, enaltecerse*, aquí *se enaltece*; εἴ, conjunción condicional *si*; τις, caso nominativo masculino singular del pronombre indefinido *alguien*; εἰς, preposición propia de acusativo, *en*; πρόσωπον, caso acusativo neutro singular del nombre común *rostro, cara, faz*; ὑμᾶς, caso genitivo de la segunda persona plural del pronombre personal declinado *de vosotros, os*; δέρει, tercera persona singular del presente de indicativo en voz activa del verbo δέρω, *golpear*, aquí *golpea*.

ἀνέχεσθε γὰρ El versículo es hiperbólico, usado de este modo para destacar la conducta de los *falsos apóstoles* y, de forma especial, el trato que estaban usando con los corintios. Esto demuestra la tolerancia absurda de los creyentes. Usa cinco verbos de intensidad creciente para calificar esa conducta: a) son *dominadores*, porque *esclavizan*; b) son *explotadores*, porque *devoran*; c) son *avaros*, porque *toman lo de los otros*; d) son *engreídos*, porque *tratan con altanería*; e) son *crueles*, porque les *abofetean*. Esto pone de manifiesto la *insensatez* de los corintios que soportan a los *insensatos*. Bien podían soportar al apóstol cuando lo estaban haciendo con aquel grupo de tiranos, perversos y opresores, que se habían introducido en la iglesia.

εἴ τις ὑμᾶς καταδουλοῖ, Los *falsos apóstoles* estaban esclavizando a los creyentes. Se estaban enseñoreando del rebaño de Dios (1 P. 5:3). Como judaizantes habían heredado de los fariseos el espíritu de tiranía, imponiéndose sobre la congregación y reduciendo a los creyentes libres, a esclavos del sistema legalista y de las tradiciones y costumbres impuestas por los hombres. Pablo usa aquí el verbo que expresa la idea de esclavizar, de modo que estaban tolerando a quienes los convertían en esclavos. Incluso pudiera referirse también a la forma despótica con que algunos amos trataban a sus esclavos, sin miramientos y sin consideraciones, de otro modo, no eran *pastores del rebaño*, sino dueños tiranos que maltrataban a los creyentes.

εἴ τις κατεσθίει, Pablo los define también como *explotadores*. Los intrusos venidos de Jerusalén y auto-presentados como *apóstoles*, se dedicaban a saquear a los creyentes viviendo a costa de ellos. No estaban tomando un poco, estrictamente lo necesario, sino que los *devoraban*, esto es, abusaban gravemente de ellos. Así describía el Señor a los fariseos de los que dice que *"devoraban las casas de las viudas"* (Mr. 12:40). En lugar de asistir y ayudar a las personas *devoraban* sus casas. Es probable que consiguieran ganarse la confianza de los creyentes, de manera que estos perversos podían fácilmente sustraer de los bienes de los cristianos. Es una denuncia grave que pone de manifiesto la falta de escrúpulos que les permitía robar a los creyentes, aprovechándose de ellos para su enriquecimiento. La enseñanza de estos hipócritas era simplemente el pretexto que hacía creer a los sencillos que eran piadosos que buscaban el bien de ellos, procurando con esa piedad aparente cubrir la maldad de sus acciones.

εἴ τις λαμβάνει, Incrementa el carácter perverso de aquellas personas presentándolos como *avaros* de la peor condición, ya que se apropiaban de lo que no era suyo sino de los creyentes. Pablo usa el verbo *tomar*, que se traduce con el complemento *de lo vuestro*, aunque no está en el texto original. Esta expresión *toma*, se usaba para los que practicaban la pesca o la caza con lazo. Ponían trampas y *cazaban* a los que caían en ellas. Esto lo hará notar más adelante rebatiendo una acusación basada en este comportamiento (12:16).

εἴ τις ἐπαίρεται, La cuarta apreciación que hace sobre la conducta de los *falsos apóstoles*, tiene que ver con la *arrogancia* con que, no solo se presentaban, sino que también la demandaban. Habían conseguido que los corintios los considerasen como *superiores*, y los alabasen como maestros y *grandes apóstoles*. Contraste marcado con Pablo que hacía todo lo contrario: *"¿Pequé yo humillándome a mí mismo, para que vosotros fueseis enaltecidos, por cuanto os he predicado el evangelio de balde?"* (v. 7). En lugar de ser pastores que buscaban el bien del rebaño, eran asalariados que comían lo mejor de las ovejas. Es algo común entre los *falsos pastores* (Ez. 34:2-6). Un comportamiento típico del asalariado (Jn. 10:12, 13). Buscaban su bienestar y su gloria como hacen los señores de este mundo (Lc. 22:25). Pretendían predicar de Cristo, pero con sus actos contradecían Su enseñanza (Lc. 22:26). La verdadera autoridad espiritual no se busca, sino que nace en un servicio humilde y ejemplar (1 P. 5:3). El comportamiento altanero, engreído, es propio y típico de Satanás y natural de sus ministros (vv. 14, 15). Este tipo de personas está presente en la iglesia, en todos los tiempos, incluyendo el presente. Explotan a los creyentes, se apoderan de sus bienes, coaccionan para impulsar ofrendas, toman para sí los recursos de otros con el pretexto de ser *apóstoles*. Prometen bendiciones, sanidades, posiciones económicamente desahogadas, a cambio de ofrendas cuando más grandes mejor. Viven en el lujo, mientras muchos de sus fieles apenas tienen lo suficiente para comer. Todos estos son marcadamente inicuos y absolutamente perversos, cuyo final será conforme a las obras impías que practican.

εἴ τις εἰς πρόσωπον ὑμᾶς δέρει. En quinto lugar, los presenta como *crueles*, porque dice, *os abofetean*. Literalmente *golpean la cara*. Es una acusación fuerte y grave que sin duda, debe tomarse hiperbólicamente, en cuyo caso debiera tomarse como un trato rudo que la iglesia estaría recibiendo. El texto griego es claro al hablar de bofetadas, literalmente *si alguien la cara os golpea*. Algunas veces autoridades despóticas han abofeteado a otros (1 R. 22:24; Is. 50:6; Mt. 26:67, 68; Jn. 18:22; Hch. 23:2; 1 Co. 4:11). Los corintios debían discernir lo incongruente de ese comportamiento en quienes se llamaban *apóstoles* de Cristo. La situación trasciende el tiempo y alcanza a los creyentes en cualquier lugar. En ocasiones es lo que suele llamarse el *ministerio del azote*, que sin gracia alguna denuncia las acciones de otros para corregir, sin atender en ningún caso a la restauración. Son los golpes dados al rebaño de Dios por quienes se dicen pastores pero que realmente son dictadores. Generalmente denuncian pecados en otros, cuando el corazón de ellos está lleno de rencor. Son incapaces de acariciar a la oveja desalentada, de restaurar a la descarriada, de sustentar a la perniquebrada. Son los que hacen llorar a esposas bajo la sujeción dictatorial de los maridos; los que hacen la vida ingrata a los niños con la disciplina de la vara; los que espantan a los jóvenes con una supuesta ética mundana cuando simplemente actúan como corresponde al tiempo en que viven; los que en sus predicaciones no hay aliento alguno, sino golpes y reprensiones. Estos no han desaparecido de las iglesias y, lamentablemente tampoco desaparecerán en el futuro.

21. Para vergüenza mía lo digo, para eso fuimos demasiado débiles. Pero en lo que otro tenga osadía (hablo con locura), también yo tengo osadía.

κατὰ ἀτιμίαν λέγω, ὡς ὅτι ἡμεῖς ἠσθενήκαμεν. Ἐν ᾧ
Para vergüenza digo: como que nosotros hemos sido débiles. En lo que
δ' ἄν τις τολμᾷ, ἐν ἀφροσύνῃ λέγω, τολμῶ καγώ.
por cierto - alguien se atreva, en insensatez digo, me atrevo también yo

Análisis y notas del texto griego.

Análisis: κατὰ, preposición propia de acusativo *para*; ἀτιμίαν, caso acusativo femenino singular del nombre común *vergüenza*; λέγω, primera persona singular del presente de indicativo en voz activa del verbo λέγω, *hablar, decir*, aquí *digo*; ὡς, adverbio de modo, *como*, que hace las veces de conjunción comparativa; ὅτι, conjunción *que*; ἡμεῖς, caso nominativo de la segunda persona plural del pronombre personal *nosotros*; ἠσθενήκαμεν, primera persona plural del perfecto de indicativo en voz activa del verbo ἀσθενέω, *ser débil, estar débil*, aquí *hemos sido débiles*. Ἐν, preposición propia de dativo *en*; ᾧ, caso dativo neutro singular del pronombre relativo *lo que*; δ', partícula conjuntiva que hace las veces de conjunción coordinante, con el grafismo por elisión de la ἐ final ante vocal o diptongo sin aspiración, con sentido de *pero, más bien, y, y por cierto, antes bien*; ἄν, partícula que no empieza nunca frase y que da a ésta carácter condicional o dubitativo, o expresa una idea de repetición. Se construye con todos los modos menos el imperativo y acompaña a los pronombres relativos para darles un sentido general; en algunas ocasiones no tiene traducción; τις, caso nominativo masculino singular del pronombre demostrativo *alguien*; τολμᾷ, tercera persona singular del presente de subjuntivo en voz activa del verbo τολμάω, *osar, atreverse*, aquí *se atreva*; ἐν, preposición propia de dativo *en*; ἀφροσύνῃ, caso dativo femenino singular del nombre común *insensatez, locura, necedad*; λέγω, primera persona singular del presente de indicativo en voz activa del verbo λέγω, *hablar, decir*, aquí *digo*; τολμῶ, tercera persona singular del presente de indicativo en voz activa del verbo τολμάω, *osar, atreverse*, aquí *me atrevo*; καγώ, adverbio o pronombre personal nominativo singular, palabra formada por crasis[10] de la conjunción καὶ, y el pronombre personal ἐγώ, y que equivale a *y yo*, en caso de pronombre o *también yo* en caso de adverbio.

κατὰ ἀτιμίαν λέγω, ὡς ὅτι ἡμεῖς ἠσθενήκαμεν. El apóstol reconoce que, irónicamente hablando, fueron demasiado débiles. En

[10] *Crasis*, palabra griega que equivale a *unión de fuerzas*, en general *unión de elementos*.

contraste con la fortaleza de los enemigos que eran capaces de todo lo que fue dicho en el versículo anterior. No es que realmente fuese débil, pero era la idea que muchos tenían respecto a su persona. Acaso una parte de la iglesia le consideraba de ese modo, aquí reconoce que cuando estaba entre los corintios, y posiblemente, cuando hizo la visita corta y tuvo que salir de la congregación en momentos de intensa tensión, se manifestó como débil delante de ellos. Ya en la primera visita que hizo a la ciudad en la que se estableció la iglesia, testificaba de haberlo hecho con mucho temor (1 Co. 2:3). Nunca tuvo sentido de fortaleza personal, él reconocía que cuanto hizo lo debía a la gracia de Dios (1 Co. 15:10).

'Εν ᾧ δ ἄν τις τολμᾷ, ἐν ἀφροσύνῃ λέγω, τολμῶ καγώ. Por el contrario, sus adversarios se consideraban fuertes, llenos de capacidades y de poder personal. Por esa razón consideraban a Pablo como un apóstol despreciable carente de todo poder. Sin embargo, aunque afirman que es débil, es tanto como cualquiera de ellos, y esa afirmación lo dice *como insensatez*. Pero, en cualquier cosa que aquellos se atreviesen y usasen para gloriarse, él se atrevía también. La enumeración de sus éxitos y de los logros personales, aunque pareciera ser propio de un insensato que se alza sobre sus triunfos, no es así, puesto que no procede por principios naturales, sino sobrenaturales, siendo apóstol de Jesucristo y actuando en comunión con Él y el poder del Espíritu que conduce su actividad.

22. ¿Son hebreos? Yo también. ¿Son israelitas? Yo también. ¿Son descendientes de Abraham? También yo.

῾Εβραῖοι εἰσιν καγώ. 'Ισραηλῖται εἰσιν καγώ. σπέρμα
¿Hebreos son? También yo. ¿Israelitas son? También yo. ¿Descendientes
'Αβραάμ εἰσιν καγώ.
de Abraham son? También yo.

Análisis y notas del texto griego.

Análisis: ῾Εβραῖοι, caso nominativo masculino plural del nombre propio *Hebreos*; εἰσιν, tercera persona singular del presente de indicativo en voz activa del verbo εἰμί, *ser, estar*, aquí *son*, καγώ, adverbio o pronombre personal nominativo singular, palabra formada por crasis[11] de la conjunción καὶ, y el pronombre personal ἐγώ, y que equivale a *y yo*, en caso de pronombre o *también yo* en caso de adverbio; 'Ισραηλῖται, caso nominativo masculino plural del nombre propio *Israelitas*; εἰσιν, tercera persona singular del presente de indicativo en voz activa del verbo εἰμί, *ser, estar*, aquí *son*, καγώ, adverbio o

---

[11] *Crasis*, palabra griega que equivale a *unión de fuerzas*, en general *unión de elementos*.

pronombre personal nominativo singular, palabra formada por crasis[12] de la conjunción καὶ, y el pronombre personal ἐγώ, y que equivale a *y yo*, en caso de pronombre o *también yo* en caso de adverbio; σπέρμα, caso nominativo neutro singular del nombre común *descendencia, simiente*; Ἀβραάμ, caso genitivo masculino singular del nombre propio declinado *de Abraham*; εἰσιν tercera persona singular del presente de indicativo en voz activa del verbo εἰμί, *ser, estar*, aquí *son*, καγώ, adverbio o pronombre personal nominativo singular, palabra formada por crasis[12] de la conjunción καὶ, y el pronombre personal ἐγώ, y que equivale a *y yo*, en caso de pronombre o *también yo* en caso de adverbio.

Ἑβραῖοι εἰσιν καγώ. Todas las credenciales y títulos honoríficos que los adversarios de Pablo podían presentar, también él podía hacerlo. Es una auténtica confrontación con lo que los intrusos ponían delante de los corintos para impactar en ellos. El primero de ellos es el de procedencia, el origen que decían tener era el de *hebreos*. Pero, probablemente algunos, no eran de origen hebreo, sino prosélitos que fueron introducidos al pueblo por la circuncisión y la aceptación del sistema legal. Sin embargo, el apóstol lo era de descendencia, tanto de padre como de madre (Fil. 3:5; Hch. 21:39; 22:3; 23:6 ss.). Él pertenecía al pueblo del pacto, de los privilegios y las bendiciones (Ex. 19:5, 6; Nm. 23:9; Sal. 147:19, 20; Am. 3:2; Ro. 3:1, 2; 9:4, 5). Pero no solo era hebreo en cuanto a raza, sino también en cuanto a lengua. Algunos de los judíos, especialmente aquellos que procedían del mundo griego, no hablaban hebreo, sino, en el mejor de los casos, arameo, el idioma coloquial de entonces, mientras que el apóstol lo hablaba correctamente (Hch. 21:40). Mientras que la mayoría de sus detractores no podía presentar una ascendencia genealógica extensa en el tiempo, él podía remontarse hasta el patriarca de una de las tribus de Israel, la de Benjamín (Fil. 3:5). Se han buscado las razones del orgullo de Pablo en esta vinculación teniendo en cuenta que la tribu de Benjamín estaba relacionada con muchos fracasos dentro de la nación, especialmente en los días de los jueces (Jue. 19 y 20). Benjamín fue el único hijo de Jacob nacido en la tierra prometida (Gn. 35:16-19). Fue una tribu de rancio abolengo de la que procedía el primer rey de Israel que tenía el nombre que le habían puesto los padres a Pablo, *Saulo* (1 S. 9:1). Esta es la posible causa por la que tenía ese nombre. Era la tribu de la fidelidad que se había mantenido unida a la de Judá en la división del reino (1 R. 12:19-21). Si bien esa unidad con Judá no fue aceptada con el mismo agrado por todos los benjamincitas. Se la menciona asociada con Judá en la restauración después del cautiverio (Esd. 4:1). Pocos judaizantes podían presentar esa credencial de raza, es más,

---

[12] *Crasis*, palabra griega que equivale a *unión de fuerzas*, en general *unión de elementos*.

posiblemente muchos de ellos no podían presentar con certeza su procedencia vinculada con alguna de las doce tribus de Israel.

'Ισραηλῖται εἰσιν καγώ. Los judaizantes se vanagloriaban de ser *Israelitas*, con toda seguridad en relación con la religión. Aquellos falsarios se consideraban practicantes de la religión pura, no adulterada como acusaban a Pablo de enseñarla. Pero ninguno de ellos podía superarlo en esto, puesto que era *celoso guardador de la ley* (Hch. 22:3). Además, siendo de la tribu de Benjamín era de la que habían sido leales a la tribu real de Judá, y no cismáticos como los de las tribus del norte. Allí estuvo, en el reino de sur, el Templo de Dios, como lugar de adoración. Como cumplidor de los preceptos legales era *irreprensible* (Fil. 3:5-6). En cuanto a los principios de la ley, el respeto y la obediencia a ella, podía presentar sus credenciales de *fariseo*. Estar vinculado al grupo fariseo implicaba la vivencia del ideal fariseo. No solo él había sido fariseo, sino también hijo de fariseos (Hch 23:6). Estos se habían vinculado a un estilo de vida que buscaba la perfección religiosa mediante el cumplimiento estricto de la normativa legal y de las tradiciones. Pablo había sido un celoso cumplidor de todo eso, de manera que podía decir que *"en el judaísmo aventajaba a muchos de sus contemporáneos en mi nación, siendo mucho más celoso de las tradiciones de mis padres"* (Gá. 1:14). El mismo testificaba de su celo religioso ante Agripa diciendo: *"los cuales también saben que yo desde el principio, si quieren testificarlo, conforme a la más rigurosa secta de nuestra religión, viví fariseo"* (Hch. 26:5). Los fariseos eran profundos conocedores intelectuales de la Escritura. Su equivocación consistía en tratar toda la práctica religiosa como meritoria, en una observancia ritual, tradicional y religiosa que los convertía en hipócritas. Jesús los reprendió por esa forma de piedad aparente, como hipócritas y orgullosos (Mt. 6:2, 16; 23:5-7); como necios y ciegos espirituales (Mt. 23:33); como aparentes y engañadores (Mt. 23:3, 13, 15, 23, 25, 27, 29).

Pero también, en cuanto a la justicia legal era *irreprensible*. Desde el punto de vista meramente humano y religioso, en su actuación se le acreditaba esta condición. Podía confiar en su *justicia personal*, ya que alcanzaba esa condición según la enseñanza tradicional de los judíos, podía estar seguro de que en esa práctica religiosa y en ese estricto cumplimiento de la ley alcanzaría, según la enseñanza tradicional, la justificación. Ante los hombres y concretamente ante los judíos, Pablo era irreprensible porque no podían ver el corazón, pero podían testificar que no había dejado de cumplir con el sistema legal de entonces.

σπέρμα ᾿Αβραάμ εἰσιν καγώ. En tercer lugar, sc refiere a su linaje: *descendiente de Abraham.* Procedía del padre de la nación, escogido por Dios para formar de él Su pueblo, como estirpe pura. Mientras que algunos judaizantes habían sido incorporados por adhesión, él, en cambio, procedía por ascendencia de Abraham, por tanto, descendía del que Dios usó para dar origen a la nación hebrea.

23. ¿Son ministros de Cristo? (Como si estuviera loco hablo.) Yo más; en trabajos más abundante; en azotes sin número; en cárceles más; en peligros de muerte muchas veces.

διάκονοι Χριστοῦ εἰσιν παραφρονῶν λαλῶ, ὑπὲρ ἐγώ· ἐν
¿Siervos de Cristo son? Estando loco hablo, yo más; en
κόποις περισσοτέρως, ἐν φυλακαῖς περισσοτέρως, ἐν πληγαῖς
trabajos más abundantemente, en cárceles más abundantemente, en azotes
ὑπερβαλλόντως, ἐν θανάτοις πολλάκις.
excesivamente, en muerte muchas veces.

Análisis y notas del texto griego.

Análisis: διάκονοι, caso nominativo masculino plural del nombre común *siervos*; Χριστοῦ, caso genitivo masculino singular del nombre propio declinado *de Cristo*; εἰσιν, tercera persona plural del presente de indicativo en voz activa del verbo εἰμί, *ser, estar*, aquí *son*; παραφρονῶν, caso nominativo masculino singular del participio de presente en voz activa del verbo παραφρονέω, *estar loco, actuar como loco*, aquí *estando loco*; λαλῶ, primera persona singular del presente de indicativo en voz activa del verbo λαλέω, *hablar, decir*, aquí *hablo*; ὑπὲρ, adverbio comparativo *más*; ἐγώ, caso nominativo de la primera persona singular del pronombre personal *yo*; ἐν, preposición propia de dativo *en*; κόποις, casi dativo masculino plural del nombre común *trabajos*; περισσοτέρως, adverbio *más grande, más abundantemente*; ἐν, preposición propia de dativo *en*; φυλακαῖς, caso dativo femenino plural del nombre común *cárceles*; περισσοτέρως, adverbio *más grande, más abundantemente*; ἐν, preposición propia de dativo *en*; πληγαῖς, caso dativo femenino singular del nombre común *azotes*; ὑπερβαλλόντως, adverbio *excesivamente*; ἐν, preposición propia de dativo *en*; θανάτοις, caso dativo masculino plural del nombre común *muertes*; πολλάκις, adverbio de modo *frecuentemente, muchas veces, a menudo.*

διάκονοι Χριστοῦ εἰσιν παραφρονῶν λαλῶ, ὑπὲρ ἐγώ· Los enemigos de Pablo alardeaban de ser *ministros de Cristo*, aunque ciertamente eran sólo *falsos apóstoles*, ministros de Satanás (v. 15). Sin embargo, se presentaban a los creyentes en esa condición, enorgulleciéndose de ella. Ser *ministro*, *servidor* de Cristo no es una forma meritoria, puesto que todos los dones que permiten el ministerio son dados de gracia por soberanía divina, sin mérito humano (1 Co. 12:11). Recuerda nuevamente a los lectores que está hablando como si se tratara de un insensato, por consiguiente, responde a lo que los judaizantes se atribuían con un *yo más*. Lo era no solo por la elección para el ministerio, puesto que él había sido establecido como apóstol por determinación de Cristo, mientras que ellos no tenían ninguna credencial del Señor, lo era especialmente por las dificultades, riesgos y peligros que había afrontado en el ejercicio del apostolado. Aquellos alardeaban de la condición de *apóstoles*, pero no estaban autentificados en los sufrimientos y privaciones propias del servidor de Jesús. Él había señalado tres características para sus servidores: 1) Sufrir como Él (Jn. 15:20); 2) Ser mansos y humildes como Él (Mt. 11:29); 3) Hacer del servicio su objeto principal en forma entregada y desinteresada (Lc. 22:26). En base a esto Pablo afirma que es *mas ministro* que aquellos, para lo cual pasa a detallar algunos de los sufrimientos pasados en el servicio de Cristo.

ἐν κόποις περισσοτέρως, Pablo había pasado por *trabajos arduos* en el ministerio apostólico, prueba de ellos fueron todos los ocurridos en la plantación de iglesias. Durante dieciocho meses, estuvo trabajando en Corinto para establecer aquella congregación, luchando contra la oposición, y trabajando con sus manos para obtener los recursos que necesitaba, tanto él como el equipo que estaba colaborando (Hch. 20:34; 2 Ts. 3:8). Como apóstol de Cristo superó a todos los demás en cuanto a intensidad de trabajo. Pero, también en cuanto a diligencia en el trabajo, de manera que podía decir que había trabajado más que todos los otros, no sólo los que se atribuían trabajo para el Señor pero que eran *falsos apóstoles*, sino incluso en relación con los mismos apóstoles de Cristo (1 Co. 15:10). Es suficiente con la lectura de los relatos sobre su vida ministerial, para darse cuenta de cuán arduamente trabajó. Enseñaba todos los días a los creyentes de casa en casa (Hch. 20:20). No dejaba de predicar el evangelio a todos, tanto judíos como griegos (Hch. 20:21). Se ocupaba de enseñar la Escritura cada día, si era posible en la sinagoga del lugar donde estaba o en caso contrario en algún lugar, como fue la escuela de Tirano (Hch. 19:8-9). Continuamente oraba por cada una de las iglesias que había visto nacer, implorando la ayuda, cuidado y bendición de Dios sobre ellas (v. 28). Nada de ésto podían decir los que se presentaban como *grandes apóstoles*, sin serlo.

ἐν φυλακαῖς περισσοτέρως, Era también más que ellos en *cárceles*. Según sea la alternativa de lectura, aparece antes *azotes*, pero, en cualquier caso, están ambas. Pablo había estado en prisiones muchas veces más. El adverbio περισσοτέρως, que es comparativo, debe entenderse aquí como un superlativo, que indica un mucho mayor número de veces que cualquiera de los que se consideraban *apóstoles*. Aunque Lucas relata en ese tiempo el encarcelamiento de Pablo y Silas en Filipos (Hch. 16:23-30), ya que el resto que se cita ocurrieron luego de escribir la

Epístola, no cabe duda que conforme al testimonio de Pablo tuvieron que ocurrir otros en aquel tiempo. Según Clemente de Roma, el apóstol estuvo preso siete veces. Lo más probable es que ninguno de los *falsos apóstoles* estuvo preso por causa del testimonio del evangelio.

ἐν πληγαῖς ὑπερβαλλόντως, Hace mención de los *golpes* que había recibido. El sentido de la oración es *en azotes, sin medida*, tanto en la forma severa en que fueron aplicados, como en la frecuencia en que se produjeron. Del mismo modo que para los encarcelamientos, tampoco tenemos una referencia bíblica sobre estas golpizas, a las que hizo referencia antes (6:5). Acaso en esta afirmación estén comprendidos los golpes que recibió de gentiles y, sobre todo, de judíos hostiles. A estos azotes sin medida de los que Pablo podía acreditar, no podían hacer lo mismo los *falsos maestros*.

ἐν θανάτοις πολλάκις. Los peligros de muerte eran la experiencia en la vida de Pablo. Debe notarse que está en plural el sustantivo *muertes*, lo que indica una reiteración de aquella situación. El dijo antes: *"Porque nosotros que vivimos, siempre estamos entregados a muerte por causa de Jesús"* (4:11). Había estado a punto de morir cuando los judíos de Antioquía y de Iconio lo apedrearon (Hch. 14:19). Había estado continuamente en peligro de muerte, cosa que ninguno de los *falsos apóstoles* tenía como experiencia personal.

24. De los judíos cinco veces he recibido cuarenta azotes menos uno.

Ὑπὸ	Ἰουδαίων	πεντάκις	τεσσεράκοντα	παρὰ	μίαν	ἔλαβον,
De	judíos	cinco veces	cuarenta	menos	uno	recibí.

Análisis y notas del texto griego.

Análisis: Ὑπὸ, preposición propia de genitivo *de*; Ἰουδαίων, caso genitivo masculino plural del adjetivo *judíos*; πεντάκις, adverbio *cinco veces*; τεσσεράκοντα, adjetivo numeral cardinal *cuarenta*; παρὰ, preposición propia de acusativo *menos*; μίαν, caso acusativo femenino singular del adjetivo numeral cardinal *una*; ἔλαβον, primera persona singular del segundo aoristo segundo de indicativo en voz activa del verbo λαμβάνω, *recibir*, aquí *recibí*.

Ὑπὸ Ἰουδαίων πεντάκις τεσσεράκοντα παρὰ μίαν ἔλαβον, No se registra esto tampoco en el Nuevo Testamento, pero el testimonio del apóstol es verdadero, porque de lo contrario, sus adversarios hubieran podido probar que no era cierto. Quiere decir esto que cuando escribía la *Epístola* ya había sido azotado cinco veces por los judíos. Se le aplicaba este castigo a quien había cometido falta grave que no era considerada como digna de muerte en la ley. La pena máxima establecida para los azotes era cuarenta (Dt. 25:3). Habitualmente se había usado una vara para aplicar el castigo, pero, según la historia, en tiempos de Pablo se hacía con un látigo de tres cuerdas, con lo que se daban sólo trece golpes, de los cuales cuatro o cinco eran en el pecho y el resto en la espalda. Este castigo se solía practicar en la sinagoga, de ahí la advertencia de Jesús a los fariseos sobre el trato que darían a los profetas dijo: *"... y a otros azotaréis en vuestras sinagogas"* (Mt. 23:34). Esto solía ocurrir bajo el control de escribas y fariseos. El mismo Pablo da testimonio de sus acciones contra los cristianos de este modo: *"Perseguía yo este Camino hasta la muerte, prendiendo y entregando en cárceles a hombres y mujeres... y azotaba en todas las sinagogas a los que creían en ti"* (Hch. 22:4, 19). No solo había practicado ésto, sino que había presenciado la administración de esta pena en sus tiempos de perseguidor (Hch. 26:11). Para no exceder del número de azotes permitidos, se quedaban siempre en treinta y nueve azotes, aquí *cuarenta menos uno.*

25. Tres veces he sido azotado con varas; una vez apedreado; tres veces he padecido naufragio; una noche y un día he estado como náufrago en alta mar.

τρὶς	ἐρραβδίσθην,	ἅπαξ	ἐλιθάσθην,	τρὶς	ἐναυάγησα,
Tres veces	fui azotado con vara;	un vez	fui apedreado;	tres veces	naufragué;

νυχθήμερον	ἐν	τῷ	βυθῷ	πεποίηκα·
dia y noche	en	-	alta mar	pasé.

Análisis y notas del texto griego.

Análisis: τρὶς, adverbio *tres veces*; ἐρραβδίσθην, primera persona singular del primer aoristo de indicativo en voz pasiva del verbo ῥαβδίζω, *azotar, azotar con vara*, aquí *fui azotado con vara*; ἅπαξ, adverbio *una vez*; ἐλιθάσθην, primera persona singular del primer aoristo de indicativo en voz pasiva del verbo λιθάζω, *apedrear*, aquí *fui apedreado*; τρὶς, adverbio *tres veces*; ἐναυάγησα, primera persona singular del primer aoristo de indicativo en voz activa del verbo ναυαγέω, *naufragar*, aquí *naufragué*; νυχθήμερον, caso acusativo neutro singular del nombre común *día y noche*, en sentido de *veinticuatro horas*; ἐν, preposición propia de dativo *en*; τῷ, caso dativo masculino singular del artículo determinado *el*; βυθῷ, caso dativo masculino singular del nombre común *alta mar, profundo, mar abierto*; πεποίηκα, primera persona singular del perfecto de indicativo en voz activa del verbo ποιέω, *hacer, efectuar, activar, pasar*, aquí *pasé.*

τρὶς ἐρραβδίσθην, Continúa poniendo delante de los lectores algunos de sus conflictos y dificultades ocurridas en el ministerio. Hace referencia a las tres veces que fue azotado con varas. Hay un testimonio escrito de esto que había ocurrido en Filipos, donde ante el tumulto generado por los judíos, los magistrados de la ciudad ordenaron azotarle con varas (Hch. 16:22). Sufrió ese castigo, aunque como ciudadano romano no podían imponérselo sin juicio previo (Hch. 16:37; 22:25). Sin duda alguna los golpes no estaban limitados como en el caso de los judíos. Con toda seguridad no habían pasado por esto los judaizantes que le acusaban, de modo que era *mayor* que ellos en este sentido.

ἅπαξ ἐλιθάσθην, Señala también, la experiencia de ser apedreado, literalmente *lapidado*, cuyo testimonio está recogido como uno de los hechos ocurridos en la ciudad de Listra (Hch. 14:19). Esta acción fue promovida por los judíos de Antioquía y de Iconio, que persuadieron a la multitud y apedrearon a Pablo. Fue, sin duda, una auténtica lapidación, puesto que lo dejaron como muerto. Era, según la ley, el castigo máximo que se aplicaba a quienes blasfemaban el nombre de Dios (Lv. 24:16). Pablo recibió en sí mismo lo que había consentido y aprobado para Esteban (Hch. 6:11; 7:57ss.). Los judaizantes no podían presentar algo semejante en su experiencia y, en lugar de denigrar a Pablo, debieran haberle pedido perdón por lo que los indignos de su misma nación hicieron por odio con él.

τρὶς ἐναυάγησα, Tres veces estuvo náufrago. Tampoco se da ninguna referencia bíblica a este hecho, sin embargo, quien hacía muchos viajes por mar en su ministerio, no es sorprendente que hubiese naufragado tres veces. ¿Cuál de los intrusos en Corinto tenía esta experiencia de naufragio?

νυχθήμερον ἐν τῷ βυθῷ πεποίηκα· Posiblemente en uno de esos naufragios estuvo durante un día entero a merced de las olas, agarrado, con seguridad a alguno de los restos del barco naufragado. El sentido de la oración es que estuvo náufrago durante un día en *alta mar*. En el texto griego se lee *día y noche*, expresión típica de los judíos para referirse a veinticuatro horas de un día.

Los judaizantes que acusaban a Pablo procurando desprestigiarle delante de los creyentes de la iglesia en Corinto, para que no lo recibiesen como apóstol, se jactaban de su condición y ponían delante de todos, sus excelencias, pero carecían de respaldo porque no tenían las experiencias propias del trabajo apostólico y del compromiso con la fe que el apóstol podía presentar.

26. En caminos muchas veces; en peligros de ríos, peligros de ladrones, peligros de los de mi nación, peligros de los gentiles, peligros en la ciudad, peligros en el desierto, peligros en el mar, peligros entre falsos hermanos.

ὁδοιπορίαις πολλάκις, κινδύνοις ποταμῶν, κινδύνοις λῃστῶν,
En viajes muchas veces; en peligros de ríos; en peligros de ladrones,
κινδύνοις ἐκ γένους, κινδύνοις ἐξ ἐθνῶν, κινδύνοις ἐν πόλει,
en peligros de mi raza; en peligros de gentiles, en peligros en ciudad;
κινδύνοις ἐν ἐρημίᾳ, κινδύνοις ἐν θαλάσσῃ, κινδύνοις ἐν
en peligros en desierto; en peligros en mar; en peligros con
ψευδαδέλφοις,
falsos hermanos.

Análisis y notas del texto griego.

Análisis: ὁδοιπορίαις, caso dativo femenino plural del nombre común declinado *en viajes*; πολλάκις, adverbio de modo, *frecuentemente, a menudo, muchas veces*; κινδύνοις, caso dativo masculino plural del nombre común declinado *en peligros*; ποταμῶν, caso genitivo masculino plural del nombre común declinado *de ríos*; κινδύνοις, caso dativo masculino plural del nombre común declinado *en peligros*; λῃστῶν, caso genitivo masculino plural del nombre común *ladrones*; κινδύνοις, caso dativo masculino plural del nombre común declinado *en peligros*; ἐκ, preposición propia de genitivo *de*; γένους, caso genitivo neutro singular del nombre común *raza, compatriotas, mi nación, mi raza*; κινδύνοις, caso dativo masculino plural del nombre común declinado *en peligros*; ἐξ, forma escrita de la preposición de genitivo ἐκ, delante de vocal y que significa *de*; ἐθνῶν, caso genitivo neutro plural del nombre común *gentiles*; κινδύνοις, forma escrita de la preposición de genitivo ἐκ, delante de vocal y que significa *de*; ἐν, preposición propia de dativo *en*; πόλει, caso dativo femenino singular del nombre común *ciudad*; κινδύνοις, forma escrita de la preposición de genitivo ἐκ, delante de vocal y que significa *de*; ἐν, preposición propia de dativo *en*; ἐρημίᾳ, caso dativo femenino singular del nombre común *desierto, región inhabitada, lugares solitarios*; κινδύνοις forma escrita de la preposición de genitivo ἐκ, delante de vocal y que significa *de*; ἐν, preposición propia de dativo *en*; θαλάσσῃ, caso dativo femenino singular del nombre común *mar*; κινδύνοις, forma escrita de la preposición de genitivo ἐκ, delante de vocal y que significa *de*; ἐν, preposición propia de dativo *en, con*; ψευδαδέλφοις, caso dativo masculino plural del nombre común *falsos hermanos*.

ὁδοιπορίαις πολλάκις, El apóstol era un viajero incansable. En ocasiones sus viajes eran de ministerio abriendo puertas al evangelio en tantos lugares. Otras veces, viajaba *escapando* de alguna persecución. Viajar entonces era algo muy fatigoso y en momentos peligroso como menciona en lo que sigue. Los viajes entre puntos, aunque para el tiempo actual pueden parecer cortos, eran siempre largos, teniendo en cuenta que la media de distancia a recorrer a pie cada día, siempre que el camino no fuese malo y el tiempo fuese favorable, se hacían como mucho unos treinta kilómetros diarios. Pero, en ocasiones, resulta asombroso que un hombre como Pablo pudiese hacer un camino a pie en la distancia que había entre Jerusalén y Éfeso, que eran unos mil quinientos kilómetros (Hch. 18:18-23), es cierto que algunos tramos eran por mar, pero la distancia era sorprendentemente larga, por consiguiente, los viajes representaban un serio trabajo para él.

κινδύνοις ποταμῶν, Hace referencia también a los peligros en los ríos. En muchos momentos, sobre todo en tiempo de deshielo, en la primavera, los ríos venían con un aumento de caudal que en ocasiones hacía que salieran de madre, por lo que debían buscarse puntos para poder cruzarlos, ocasionando tragedias en alguna ocasión, cuando el que lo cruzaba resbalaba y caía al torrente del agua que lo arrastraba.

κινδύνοις λῃστῶν, Los romanos procuraban mantener seguras las vías que comunicaban las grandes ciudades. Con todo, había lugares peligrosos, donde se escondían salteadores, que atacaban y robaban a los viajeros. Muchas veces, la resistencia a ser robado, acababa con la vida del viajero. Eso era algo habitual entonces. No solo en las largas vías romanas, sino incluso en el territorio de Israel, donde un lugar peligroso en este sentido era el que transcurría desde Jerusalén a Jericó (Lc. 10:30). El camino entre las dos ciudades pasaba por un desfiladero rocoso. Ese tramo era peligroso porque se producían numerosos asaltos a quienes iban por él, de modo que esos actos de violencia le dieron a una parte de ese camino, el nombre de *"Ascensus Adommin"*. Sobre ese lugar y nombre, decía Jerónimo: *"una parte de ese camino se llama Ascensus Adommin, y debiera llamarse la subida roja, por la sangre de los frecuentes homicidios que allí se producían"*. Como tantos viajeros, Pablo estaba en situaciones límites recorriendo los caminos.

κινδύνοις ἐκ γένους, Como los peligros en los ríos y a causa de los ladrones, también se manifestaban con no menos intensidad muchas veces por los *de su nación*, sus compatriotas. Pablo pasó de ser un reconocido entre los ortodoxos a ser un enemigo de los judíos. Estos eran en muchas ocasiones los causantes de generar oposición contra el apóstol, y levantar a las masas contra él. Así fue en el caso de Damasco (Hch. 9:23); de Jerusalén (Hch. 9:29); de Antioquía de Pisidia (Hch. 13:50); de Iconio (Hch. 14:5); de Listra (Hch. 14:19); de Tesalónica (Hch. 17:5) de Berea (Hch. 17:13). Los corintios eran testigos de esta acción de los judíos contra Pablo, en la misma ciudad (Hch. 18:12). Entre ellos estaban los que habían venido desde Jerusalén y procuraban que fuese rechazado por los creyentes de la iglesia que él había establecido.

κινδύνοις ἐξ ἐθνῶν, Había peligro también entre los gentiles. Ellos produjeron también situaciones graves como fue el caso de los que explotaban a una mujer adivina en Filipos (Hch. 16:16 ss.). Lo mismo en Éfeso con el gran tumulto producido por los plateros (Hch. 19:23 ss.).

κινδύνοις ἐν πόλει, Los peligros estaban en las ciudades. En alguna de ellas, se había preparado a gente armada para apresarlo y darle muerte, como fue en Damasco donde el gobernador del rey Aretas, guardaba la ciudad y Pablo tuvo que salir de ella siendo bajado por el exterior de la muralla en una cesta (11:32, 33).

κινδύνοις ἐν ἐρημίᾳ, Los lugares poco habitados, *desiertos*, eran también peligrosos. Ya se ha considerado los riesgos en los caminos, donde los viajeros podían sufrir asaltos, no en lugares poblados, sino en los tramos solitarios que atravesaban.

κινδύνοις ἐν θαλάσσῃ, Mencionó antes experiencias personales de grave riesgo en los viajes por mar. No es necesario extenderse más aquí porque ya se hizo referencia a los naufragios. No era necesario que estuviese náufrago, para entender que la navegación de entonces entrañaba siempre riesgos, tanto por los temporales que se producían, como por las naves que tenían que afrontarlos.

κινδύνοις ἐν ψευδαδέλφοις, Cierra la relación de peligros que había afrontado refiriéndose a los que producían los *falsos hermanos*. Eran los que se presentaban como creyentes en Cristo, pero cuya intención no era otra que entregarlo en manos de sus enemigos. Acaso se tratara también de envidiosos contra él, como era el partido de oposición de la iglesia en Corinto. Pero, lo más consonante con el texto bíblico es que fuesen los judaizantes, que se daban el calificativo de hermanos, convivían con los cristianos, pero no eran creyentes. Se trataba de judíos que se habían hecho cristianos nominalmente. En Corinto se presentaban como *apóstoles*, pero eran emisarios de Satanás. Eran simples religiosos, pero no creyentes nacidos de nuevo y libres de las tradiciones por la acción del Espíritu Santo. Semejantes a las personas a las que el Señor hace referencia en el Sermón del Monte (Mt. 7:21-23). Jesús habló de ellos como de quienes reconocen Su señorío, considerándolo como Mesías. Es decir, eran los que usaban continuamente el nombre del Señor, pero lo desconocían personalmente como Salvador. Pudiera ser que estos pasasen entre el pueblo de Dios como parte del mismo, pero si no conocían a Jesús como Salvador, estaban en una situación de condenación eterna. Estos a quienes Pablo llama *falsos hermanos*, eran enemigos de la Cruz de Cristo (Fil. 3:18). Él los sitúa en el grupo de *peligrosos*, a quienes *resistía firme* como infiltrados en las iglesias. Eran falsificadores para quienes la libertad del evangelio no significaba nada. Procuraban atraer a los creyentes, especialmente los que procedían de la misión a los gentiles, que habían alcanzado la libertad en Cristo, a la esclavitud del legalismo, representando un serio peligro para la iglesia, pero más directamente para el apóstol que se oponía a ellos y sus doctrinas, por lo que se había convertido en su principal enemigo.

27. En trabajo y fatiga, en muchos desvelos, en hambre y sed, en muchos ayunos, en frío y en desnudez.

κόπῳ[1] καὶ μόχθῳ, ἐν ἀγρυπνίαις πολλάκις, ἐν λιμῷ καὶ δίψει,
En trabajo y fatigas; en noches en vela muchas; en hambre y sed;
ἐν νηστείαις πολλάκις, ἐν ψύχει καὶ γυμνότητι·
en ayunos muchas veces; en frío y desnudez.

Análisis y notas del texto griego.

Análisis: κόπῳ, caso dativo masculino singular del nombre común declinado *en trabajo*; καὶ, conjunción copulativa *y*; μόχθῳ, caso dativo femenino plural del nombre común *fatigas*; ἐν, preposición propia de dativo *en*; ἀγρυπνίαις, caso dativo femenino plural del nombre común *desvelos*, *noches en vela*; πολλάκις, adverbio *muchas*; ἐν, preposición propia de dativo *en*; λιμῷ, caso dativo femenino singular del nombre común *hambre*; καὶ, conjunción copulativa *y*; δίψει, caso dativo neutro singular del nombre común *sed*; ἐν, preposición propia de dativo *en*; νηστείαις, caso dativo femenino plural del nombre común *ayunos*, *falta de alimentos*; πολλάκις, adverbio *muchas*; ἐν, preposición propia de dativo *en*; ψύχει, caso dativo neutro singular del nombre común *frío*; καὶ, conjunción copulativa *y*; γυμνότητι, caso dativo femenino singular del nombre común *desnudez, falta de ropa*.

Notas. Crítica Textual. Lecturas alternativas.

[1] κόπῳ, *en trabajo*, según se lee en 𝔓[46], a*, B, D, F, G, Ψ, 0243, 1739.

ἐν κόπῳ, *en trabajo*, con la preposición precedente, conforme a [1]a, H, K, L, P, 0121, 33, 81, 104, 365, 630, 1175, 1241, 1505, 1881, 2464, 𝔐, lat, Ambrosiaster.

κόπῳ καὶ μόχθῳ, De los peligros a los desvelos, trabajos y miseria. Menciona primeramente el *trabajo*, que aquí adquiere la connotación de un *trabajo fatigoso*. El ejemplo más sencillo es que mientras predicaba el evangelio por las noches y atendía a los creyentes, dedicaba el día a confeccionar tiendas de campaña para sostenerse él y sus compañeros (Hch. 20:34; 1 Ts. 2:9; 2 Ts. 3:8). Una situación semejante producía, necesariamente, fatiga en él. Antes testificó que él trabajaba más que cualquier otro apóstol, he aquí la realidad.

ἐν ἀγρυπνίαις πολλάκις, Noches pasadas sin dormir, o haciéndolo muy poco. Aquí habla de *desvelos*, y no eran pocos sino muchos. Tenía que robar horas al sueño para poder leer y atender de la obra (Hch. 20:31). No era algo continuo, pero tampoco era algo excepcional, eran *muchos desvelos*. Un ejemplo de esto está en la noche que pasó enseñando en Troas, en el viaje a Jerusalén. En otras ocasiones por los sobresaltos de que causaban sus enemigos.

ἐν λιμῷ καὶ δίψει, A esto se añadía el *hambre* y la *sed*. Tenía que pasar por momentos de abstinencia en la comida, y esto no era cuestión de la práctica del ayuno voluntario, sino las consecuencias de la falta de recursos en que se veía en ocasiones. Él podía testificar que había sido enseñado para tener abundancia y para pasar necesidad (Fil. 4:12). Aprendió el *humillador proceso* de tener muy poco. No es fácil pasar necesidad, vivir en estrechez y sentir gozo. Sólo la escuela de Dios y el poder de Su gracia hace posible seguir trabajando cuando se pasa hambre y sed. Era capaz de enfrentar las situaciones favorables o adversas. Sin embargo, es de apreciar aquí que la enseñanza comprendía el *tener hambre*. Es algo más grave que tener necesidad. Es decir, no solo tenía escasez de lo necesario, sino que incluso le faltaba lo más imprescindible, que era la comida. Era realmente una situación de penuria.

ἐν νηστείαις πολλάκις, La falta de alimento era algo que había ocurrido *muchas veces*. Pudiera tratarse de ayunos elegidos voluntariamente para dedicar más tiempo a la oración. Sin embargo, todo lo que está mencionando no tiene nada que ver con imposiciones voluntarias que él mismo establecía, como sería el caso del ayuno para la oración, sino que está hablando de sufrimientos, por tanto, es necesario entenderlo como *ayunos por carencia de comida*. Quiere decir aquí que a menudo estaba sin comida. Pero, en estas circunstancias, no hacía saber a nadie su penuria, porque conocía al Señor y sabía que tenía poder para suplir cuanto le era necesario en el momento que en Su soberanía determinase (Fil. 4:18, 19).

ἐν ψύχει καὶ γυμνότητι· Concluye esta serie de aspectos relativos a sufrimientos haciendo referencia al clímax de la necesidad que era pasar frío por carecer de ropa suficiente. Cuantas veces los inviernos le sorprenderían sin lo necesario para mantener caliente su cuerpo. La descripción que hace de sus padecimientos sorprende y sobrecoge a cualquier lector con un mínimo de sensibilidad.

Como escribe Hodge:

"Con esto se completa el cuadro. El más grande de los apóstoles se presenta ante nosotros con la espalda lacerada por las frecuentes flagelaciones; su cuerpo rendido por el hombre, la sed y las inclemencias

del tiempo; helado y desnudo; perseguido por judíos y gentiles; en continua peregrinación de un lugar a otro, sin un hogar seguro. Este pasaje, quizás más que cualquier otro, hace que el más laborioso de los modernos ministros de Cristo se tape la cara avergonzado. ¿Qué han hecho o sufrido, alguna vez, para compararse con lo que el apóstol hizo? Es un consuelo saber que Pablo es ahora tan prominente en la gloria, como lo fue aquí en sus aflicciones"[13].

Impresiona que esto sea una constante en toda su vida. Al final de la carrera, cuando está esperando la ejecución de su sentencia a muerte, preso en la cárcel en Roma, pedía a Timoteo que le trajese *el capote* que había dejado en casa de Carpo (2 Ti. 4:13). Pide aquel manto largo, redondo y sin mangas, que cubría todo el cuerpo, sumamente útil para defenderse de la lluvia y del frío. Tremenda situación para quien había dado todo por los creyentes. No había nadie en Roma que se ocupase de saber si Pablo, en la cárcel, tenía frío o alguna otra necesidad, entre tantos creyentes como había en la ciudad. El hecho de que los cristianos estuviesen siendo perseguidos y que, en cierto modo, pudiera ser peligrosa la relación con el prisionero, no justifica la desatención que estaba pasando. Anhelaba tener consigo el capote con el que podía protegerse de las heladas noches en la prisión.

¿Cuál de los *falsos apóstoles* podía poner delante de los creyentes una vida con semejantes experiencias? Ellos no pasaban hambre ni sed porque estaban despojando a los creyentes, recibiendo ayuda de la iglesia, mientras practicaban el engaño espiritual y luchaban contra la verdad del evangelio y el reconocimiento del apóstol. Sin duda lo que dijo antes que *era más que ellos* es una verdad incuestionable. Aparentemente actuaba como si se tratase de un necio que se gloriaba en sus propias condiciones, pero había más que razón para hacerlo, porque no eran glorias, sino dificultades las que atestiguaban su condición de apóstol de Cristo y seguidor del Maestro.

28. Y además de otras cosas, lo que sobre mí se agolpa cada día, la preocupación por todas las iglesias.

χωρὶς τῶν παρεκτὸς ἡ ἐπίστασις[1] μοι ἡ καθ' ἡμέραν,
Aparte de las cosas fuera, la presión en mí - por día
ἡ μέριμνα πασῶν τῶν ἐκκλησιῶν.
la preocupación por todas las iglesias.

[13] C. Hodge. óp. cit. pág. 304.

Análisis y notas del texto griego.

Análisis: χωρὶς, adverbio *aparte, aparte de, lejos de, separado*; τῶν, caso genitivo neutro plural del artículo determinado *los*, en sentido de *las cosas*; παρεκτὸς, adverbio sustantivado *fuera, lo que queda fuera, aparte*; ἡ, caso nominativo femenino singular del artículo determinado *la*; ἐπίστασις, caso nominativo femenino singular del nombre común *presión*; μοι, caso dativo de la primera persona singular del pronombre personas declinado *en mí*; ἡ, caso nominativo femenino singular del artículo determinado *la*; καθ', forma de la preposición de acusativo κατά, por elisión y asimilación ante vocal con espíritu áspero, que equivale a *por*; ἡμέραν, caso acusativo femenino singular del nombre común *día*; ἡ, caso nominativo femenino singular del artículo determinado *la*; μέριμνα, caso nominativo femenino singular del nombre común *preocupación*; πασῶν, caso genitivo femenino plural del adjetivo indefinido declinado *de todas, por todas*; τῶν, caso genitivo femenino singular del artículo determinado *las*; ἐκκλησιῶν, caso genitivo femenino singular del nombre común *iglesias*.

Notas. Crítica Textual. Lecturas alternativas.

[1] ἐπίστασις, *presión*, según lectura en $P^{46, 49}$, a, B, D, F, G, H^*, 0243, 0278, 33, 81, 326, 1175, 1739, 1881.

ἐπισύστασισ, *que sobre... se agolpa*, conforme a H^c, I^{vid}, K, L, P, Ψ, 0121, 104, 365, 630, 1241, 1505, 2464, 𝔐.

χωρὶς τῶν παρεκτὸς ἡ ἐπίστασις μοι ἡ καθ' ἡμέραν, Los problemas externos dan paso aquí a los internos, en el corazón y en la mente del apóstol. Habla de *presión* en él. Esto no ocurría tampoco ocasionalmente, sino que era lo que cada día gravitaba sobre él. Sin duda no había extinguido totalmente las pruebas que le afectaban desde el exterior, pero no continúa mencionándolas, eran suficientes las referencias que acababa de escribir.

ἡ μέριμνα πασῶν τῶν ἐκκλησιῶν. Trata aquí de cargas íntimas que se producían por lo que estaría ocurriendo en cada una de las iglesias. Evidencia del peligro en que estaban por la presencia de los enemigos del evangelio que incidían en ellas con el propósito de destruir la obra hecha. Además de esto muchos creyentes necesitaban consejo del apóstol y acudían a él, con sus problemas y dificultades, los que gravitaban profundamente en el corazón pastoral de Pablo. Esto fue siempre una norma suya, de manera que cuando estuvo preso en Roma, recibía a todos los que venían a visitarlo (Hch. 28:30). Por otro lado, su condición de apóstol le confería el cuidado de todas las iglesias, así que dedicaba tiempo para escribir las *Epístolas* y, sobre todo, tiempo para orar por cada una de ellas. Otra gran parte del tiempo lo empleaba en enseñar a los creyentes en las iglesias, dándoles instrucciones sobre la fe y la ética (1 Co. 4:17; 7:17; 14:33; 2 Co. 8:18). Realmente se consideraba, y así actuaba, como un *padre espiritual* para cada creyente y como *pastor* para cada congregación.

¿Quién de los *falsos apóstoles* podía decir algo semejante? La preocupación de estos engañadores eran las iglesias, pero no en el sentido positivo del apóstol sino en el de Satanás, enemigo de la obra de Dios y, por consiguiente, del apóstol.

29. ¿Quién enferma, y yo no enfermo? ¿A quién se le hace tropezar, y yo no me indigno?

τίς ἀσθενεῖ καὶ οὐκ ἀσθενῶ τίς σκανδαλίζεται καὶ οὐκ ἐγὼ
¿Quién enferma y no enfermo? ¿Quién se ofende y yo no
πυροῦμαι
me inflamo?

Análisis y notas del texto griego.

Análisis: τίς, caso nominativo masculino singular del pronombre interrogativo *quién*; ἀσθενεῖ, tercera persona singular del presente de indicativo en voz activa del verbo ἀσθηνέω, *estar enfermo, estar débil*, *enfermar*, aquí *enferma*; καὶ, conjunción copulativa *y*; οὐκ, forma escrita del adverbio de negación *no*, con el grafismo propio ante una vocal con espíritu suave o una enclítica; ἀσθενῶ, primera persona singular del presente de indicativo en voz activa del verbo ἀσθηνέω, *estar débil, estar enfermo, enfermar*, aquí *enfermo*; τίς, caso nominativo masculino singular del pronombre interrogativo *quién*; σκανδαλίζεται, tercera persona singular del presente de indicativo en voz pasiva del verbo σκανδαλίζω, *escandalizar, ofender*, aquí *se ofende*; καὶ, conjunción copulativa *y*; οὐκ, forma escrita del adverbio de negación *no*, con el grafismo propio ante una vocal con espíritu suave o una enclítica; ἐγὼ, caso nominativo de la primera persona singular del pronombre personal *yo*; πυροῦμαι, primera persona singular del presente de indicativo en voz pasiva del verbo πυροόμαι, *encenderse, inflamarse*, aquí *me inflamo*.

τίς ἀσθενεῖ καὶ οὐκ ἀσθενῶ. Las cargas, problemas y aflicciones de los creyentes eran sentidas por el apóstol como propias. Es lo natural de acuerdo con su enseñanza, ya que *"si un miembro padece, todos los miembros se duelen con él"* (1 Co. 12:26). Por esa misma razón cuando un creyente *enfermaba*, en sentido espiritual, esto es cuando *era débil*, escrupuloso porque no tenía madurez espiritual (1 Co. 9:22), él sufría con ese hermano compadeciéndose de su situación y procurando que recuperase el gozo y la comunión con los fuertes.

τίς σκανδαλίζεται καὶ οὐκ ἐγὼ πυροῦμαι. Lo mismo ocurría con quienes se les hacía tropezar o se les escandalizaba. Esto producía en él una profunda indignación contra quienes eran motivo de tropiezo a los hermanos. Para referirse a este grado de indignación recurre al uso de un verbo que significa *inflamarse, arder al rojo vivo*, aplicándolo aquí figuradamente a su enojo a causa del daño hecho a otros.

El corazón pastoral del apóstol se hace notar nuevamente aquí, luchando y confrontando para ayudarles en las mismas debilidades que ellos sentían. Se hacía *débil* a los *débiles*. Así se describe la actitud del Gran Pastor de las ovejas, Jesucristo, que es capaz de compadecerse de los que son probados, de los ignorantes y extraviados (He. 5:2). Así decía Calvino: *"Ningún pastor debe despreciar las debilidades espirituales de su pueblo. Más bien debe ser muy compasivo y saber adaptarse a las necesidades de ellos"*[14].

30. Si es necesario gloriarse, me gloriaré en lo que es de mi debilidad.

Εἰ	καυχᾶσθαι	δεῖ,	τὰ	τῆς	ἀσθενείας	μου[1]	καυχήσομαι.
Si	jactarse	es necesario	las cosas	de la	debilidad	de mí	me jactaré.

Análisis y notas del texto griego.

Análisis: Εἰ, conjunción *si*; καυχᾶσθαι, presente de infinitivo en voz media del verbo καυχάομαι, *jactarse*; δεῖ, tercera persona singular del presente de indicativo en voz activa del verbo δεῖ, *ser necesario*, aquí *es necesario*; τὰ, caso acusativo neutro plural del artículo determinado *los*, en sentido de *las cosas*; τῆς, caso genitivo femenino singular del artículo determinado declinado *de la*; ἀσθενείας, caso genitivo femenino singular del nombre común *debilidad*; μου, caso genitivo de la primera persona singular del pronombre personal declinado *de mí*; καυχήσομαι, primera persona singular del futuro de indicativo en voz media del verbo καυχάομαι, *jactarse*, aquí *me jactaré*.

[1] Se omite en P^{46vid}, B, H, 1175.

Εἰ καυχᾶσθαι δεῖ, τὰ τῆς ἀσθενείας μου καυχήσομαι. La gloria del creyente está en su debilidad, puesto que sólo es posible hacer la obra de Dios con las fuerzas de Dios. En ese sentido el apóstol se gloría en su debilidad porque manifiesta la operación poderosa de la gracia (1 Co. 15:10). Todo cuanto había dicho hasta aquí, de los sufrimientos, las tribulaciones, los graves problemas, los peligros, etc. no son cosas de las que el mundo se gloría, sino todo lo contrario. Por esa razón va a concluir el largo párrafo que cierra nuestro capítulo haciendo referencia a la forma

[14] Juan Calvino. *II Corintios*, pág. 152 s.

nada loable en que comenzó su ministerio apostólico, y que redacta en los próximos versículos.

31. El Dios y Padre de nuestro Señor Jesucristo, quien es bendito por los siglos, sabe que no miento.

ὁ Θεὸς καὶ Πατὴρ τοῦ Κυρίου 'Ιησοῦ οἶδεν, ὁ ὢν εὐλογητὸς
El Dios y Padre del Señor Jesús sabe, el que es bendito
εἰς τοὺς αἰῶνας, ὅτι οὐ ψεύδομαι.
por los siglos, que no miento.

> Análisis y notas del texto griego.
>
> Análisis: ὁ, caso nominativo masculino singular del artículo determinado *el*; Θεὸς, caso nominativo masculino singular del nombre divino *Dios*; καὶ, conjunción copulativa *y*; Πατὴρ, caso nominativo masculino singular del nombre divino *Padre*; τοῦ, caso genitivo masculino singular del artículo determinado declinado *del*; Κυρίου, caso genitivo masculino singular del nombre divino *Señor*; 'Ιησοῦ, caso genitivo masculino singular del nombre propio *Jesús*; οἶδεν, tercera persona singular del presente de indicativo en voz activa del verbo οἶδα, *saber, conocer*, aquí *sabe*; ὁ, caso nominativo masculino singular del artículo determinado *el*; ὢν, caso nominativo masculino singular del participio de presente en voz activa del verbo εἰμί, *ser estar*, aquí *que es*; εὐλογητὸς, caso nominativo masculino singular del adjetivo *bendito*; εἰς, preposición propia de acusativo *por*; τοὺς, caso acusativo masculino plural del artículo determinado *los*; αἰῶνας, caso acusativo masculino plural del nombre común *siglos*; ὅτι, conjunción *que*; οὐ, adverbio de negación *no*; ψεύδομαι, primera persona singular del presente de indicativo en voz activa del verbo ψεύδομαι, *mentir, hablar mentira*, aquí *miento*.

ὁ Θεὸς καὶ Πατὴρ τοῦ Κυρίου 'Ιησοῦ οἶδεν, El apóstol se refiere a una verdad precisa. Todo cuanto antecede no es una invención suya, sino una verdad completa. Para que no haya duda alguna de ello, pone a Dios como testigo de esa verdad. Es, sin duda una fórmula de juramento. La Biblia no impide jurar, pero debe hacerse por Dios, esto es, colocándose bajo el juicio divino en caso de no ser verdad aquello que se afirma. El testigo de las palabras de Pablo es Dios, el Padre. Lo vincula con el Señor Jesús, como Su Dios y Su Padre. Es necesario entender que la relación de Jesús con el Padre eterno, es única puesto que Él es el *Unigénito*. Jesús tiene una relación con Dios que es única puesto que Él es una Persona Divino-humana, que eternamente está vinculada al Padre en el seno de la Deidad. Esta relación no es de *nacimiento*, sino de *engendramiento*. Es el engendrado eternamente del Padre. No cabe duda que nosotros somos hechos hijos del Padre por adopción en el Hijo, sin embargo, aunque viene a ser nuestro Padre, no lo es en la dimensión en que lo es del Señor Jesús. Pero, al mismo tiempo es también el *Dios* de

Jesús. En Su naturaleza humana, en que el Verbo se hizo carne (Jn. 1:14), como hombre tiene también por Dios al que es el único y verdadero Dios. Por tanto, desde Su humanidad, es Dios suyo y desde su Deidad, la relación con Él es la de hijo a Padre. Este Dios que tiene *omnisciencia*, conoce todas las cosas y Pablo dice que *sabe* sobre aquello que antes les ha escrito, esto es, conoce todo cuanto acaba de relatarles y la realidad de los hechos mencionados.

ὁ ὢν εὐλογητὸς εἰς τοὺς αἰῶνας, Ante la gloria admirable de Dios, el apóstol se detiene un momento para expresar una doxología en la que reconoce que es el único *bendito por los siglos*. Sólo a Él se debe adorar, honrar y glorificar como Dios.

ὅτι οὐ ψεύδομαι. Dios daba testimonio de la verdad de todo cuanto antes Pablo había escrito. No estaba mintiendo en nada de cuanto había hecho referencia. Los corintos podían tener seguridad de que lo que decía era cierto. Los judaizantes le acusaban de mentiroso, cobarde, indigno para ser apóstol y otros muchos despropósitos, pero nadie podía decir que lo que había descrito no era verdad. Los *falsos apóstoles* se engrandecían a ellos mismos con sus títulos y conocimientos, pero ninguno podía exhibir un curriculum de sufrimientos y dificultades causadas por el testimonio del evangelio y el seguimiento a Cristo. Quienes quedaban en evidencia delante de los creyentes eran ellos y no Pablo. Sus grandezas y sus glorias caían por falta de consistencia.

32. En Damasco, el gobernador de la provincia del rey Aretas guardaba la ciudad de los damascenos para prenderme.

ἐν Δαμασκῷ ὁ ἐθνάρχης Ἁρέτα τοῦ βασιλέως ἐφρούρει τὴν
En Damasco el gobernador de Areta del rey guardaba la
πόλιν Δαμασκηνῶν πιάσαι με,
ciudad de damascenos para prender me.

Análisis y notas del texto griego.

Análisis: ἐν, preposición propia de dativo *en*; Δαμασκῷ, caso dativo femenino singular del nombre propio *Damasco*; ὁ, caso nominativo masculino singular del artículo determinado *el*; ἐθνάρχης, caso nominativo masculino singular del nombre común *etnarca, gobernador*; Ἁρέτα, caso genitivo masculino singular del nombre propio declinado *de Areta*; τοῦ, caso genitivo masculino singular del artículo determinado *del*; βασιλέως, caso genitivo masculino singular del nombre común *rey*; ἐφρούρει, tercera persona singular del imperfecto de indicativo en voz activa del verbo ἐφρουρέω, *guardar, custodiar, proteger*, aquí *guardaba* τὴν, caso acusativo femenino singular del artículo determinado *la*; πόλιν, caso acusativo femenino singular del nombre común ciudad;

Δαμασκηνῶν, caso genitivo femenino plural del adjetivo declinado *de damascenos*; πιάσαι, primer aoristo de infinitivo en voz activa del verbo πιάζω, *prender*, aquí *para prender*; με, caso acusativo de la primera persona singular del pronombre personal declinado *a mí, me*.

ἐν Δαμασκῷ ὁ ἐθνάρχης ῾Αρέτα τοῦ βασιλέως ἐφρούρει τὴν πόλιν Δαμασκηνῶν. Acaba de escribir que le conviene gloriarse de sus debilidades, de manera que luego de haber puesto la atención en asuntos que le manifestaban como un hombre comprometido con el evangelio, pasa ahora a recordar un incidente que en cierta medida le ridiculiza. Menciona un incidente que figura también en el relato de Lucas (Hch. 9:23-25). Los judíos habían tomado consejo para matar a Pablo. De alguna manera lo que habían determinado hacer, llegó a oídos de Pablo, tal vez el mismo Señor se lo reveló. Para llevar a cabo sus propósitos vigilaban las puertas de la ciudad de Damasco cuidadosamente. Es también algo indefinido para precisar quiénes eran los que vigilaban las puertas, pero no cabe duda que el etnarca estaba en este asunto. La guardia estaba en manos del gobernador nabateo del rey Aretas. Sin duda se trataba de Aretas IV, que reinó desde el año 9 a.C. hasta el 40 d.C. Una hija suya estuvo casada con Herodes Antipas, a la que repudió para unirse a la mujer de su hermano. Con todo, Damasco era una ciudad sujeta a Roma, desde mediados del s. I a.C. La vigilancia de la ciudad sobre Pablo era grande, velando para que no pudiera salir por alguna de las puertas.

πιάσαι με, El propósito final era *prender* a Pablo. Humanamente hablando no tenía escapatoria alguna. Era un hombre contra gente armada, un *renegado* para los judíos, contra un grupo que se había conjurado para darle muerte. Sin embargo, lo que no contaban sus enemigos era que Dios tenía un propósito para él y que nadie podría hacer fracasar la determinación divina.

33. Y fui descolgado del muro en un canasto por una ventana, y escapé de sus manos.

καὶ	διὰ	θυρίδος	ἐν	σαργάνῃ	ἐχαλάσθην	διὰ	τοῦ	τείχους	καὶ
Y	por	ventana	en	espuerta	fui descolgado	por	el	muro	y

ἐξέφυγον	τὰς	χεῖρας	αὐτοῦ.
escapé	de las	manos	de él.

Análisis y notas del texto griego.

Análisis: καὶ, conjunción copulativa *y*; διὰ, preposición propia de genitivo *por*; θυρίδος, caso genitivo femenino singular del nombre común *abertura, ventana*; ἐν, preposición propia de dativo *en*; σαργάνῃ, caso dativo femenino singular del nombre común *espuerta, canasto, cesta*; ἐχαλάσθην, primera persona singular del primer aoristo de indicativo en voz pasiva del verbo χαλάω, *bajar, echar*, aquí *fui descolgado*; διὰ, preposición propia de genitivo, *por*; τοῦ, caso genitivo neutro singular del artículo determinado *el*; τείχους, caso genitivo neutro singular del nombre común *muro, muralla*; καὶ, conjunción copulativa *y*; ἐξέφυγον, primera persona singular del segundo aoristo de indicativo en voz activa del verbo εκφεύγω, *escapar, huir*, aquí *escapé*; τὰς, caso genitivo femenino plural del artículo determinado declinado *de las*; χεῖρας, caso genitivo femenino plural del nombre común *manos*; αὐτοῦ, caso genitivo masculino de la primera persona singular del pronombre personal declinado *de él*.

καὶ διὰ θυρίδος ἐν σαργάνῃ ἐχαλάσθην διὰ τοῦ τείχους Es verdaderamente irónico este final. El gran Pablo descolgado en un canasto por la muralla de la ciudad y huyendo en la noche. En la ciudad tenía enemigos, pero también hermanos, co-discípulos de Cristo. Acaso fueron algunos de los convertidos por su ministerio de predicación en Damasco. Estos son los instrumentos que Dios usó para que Su apóstol, pudiera seguir adelante en el programa trazado para él. Con mucha prudencia –según el relato de Hechos– por la noche, tomando un canasto lo hicieron descender por fuera del muro hasta ponerlo en tierra más allá de las puertas vigiladas por los enemigos. Posiblemente lo hicieron descender por una ventana de una casa que estuviese apoyada en el muro de la ciudad o, incluso, por una abertura de la misma muralla. El apóstol salió de este modo de la ciudad, pero en ella queda consolidada una comunidad cristiana. Es muy probable que el dueño de la casa desde donde hicieron bajar a Pablo, fuese también cristiano, alcanzado para Cristo por su ministerio.

καὶ ἐξέφυγον τὰς χεῖρας αὐτοῦ. La conclusión no puede ser más explícita: *"escapé de las manos de ellos"*. La razón de intercalar el relato es poner de manifiesto que él mismo, aunque grande en el ministerio y en los sufrimientos, en el trabajo y en la enseñanza, era en sí mismo un vaso frágil. Quien iba a ser llevado al tercer cielo (12:4) es el mismo que desciende en una cesta soportada por hombres. Sin embargo, él tenía a su lado el recurso de poder de Dios, para que en lo que era grande como en lo más humilde, toda la gloria fuera del Señor (Fil. 4:13).

No hay que destacar ninguna lección especial de aplicación personal. El capítulo entero ofrece el desafío del servicio comprometido con el Señor. La humildad en contraste con la altanería. El afecto entrañable frente a la intolerancia legalista. La entrega a los hermanos en contraste con el servirse de ellos. Sin embargo, hay una pregunta que queda en mi mente: ¿Quiénes fueron los discípulos que hicieron descender a Pablo por el muro y lo libraron de sus enemigos? Dios usó manos anónimas para nosotros, pero conocidas para Él, para ser instrumentos en la realización de Su programa y elementos decisivos para preservar la vida del apóstol. Cuántas veces, por nuestra mentalidad humana, estamos dispuestos a ver a los *grandes hombres* de la historia e ignoramos a quienes, siendo aparentemente muy pequeños, son instrumentos vitales en la vida de los grandes hombres. Siempre ocurre que los que sostienen las cuerdas pasan desapercibidos, pero, en el día de Cristo, recibirán la recompensa que corresponde a su fidelidad y compromiso. La iglesia poderosa en el Espíritu tiene creyentes desinteresados hacia ellos mismos, e interesados por las necesidades de los demás. El cristiano debe buscar el bien de sus hermanos. Es importante el ejemplo de estos que ayudaron a Pablo. La Escritura manda hacer y buscar el bien del otro (1 Co. 10:24). Los creyentes necesitan manos amigas que se extiendan a ellos cuando están en situaciones límites. El cristiano espiritual es, además, una persona positiva, que no busca los defectos del hermano, sino que lo considera como objeto de su amor.

CAPÍTULO XII

EXPERIENCIAS Y PROYECTOS

Introducción

La defensa del apostolado le llevó a detallar cosas que pudieran ser tomadas como una gloria personal. Todo esto confirmaba lo que había dicho de sí mismo: *"Yo también... yo más"* (11:22, 23). Sin embargo, a diferencia de los *falsos apóstoles* que buscaban su gloria personal, para ser tenidos como grandes entre los creyentes y dominar sobre la iglesia, Pablo conduce todo hacia un punto en que quedará clara su debilidad frente a la potencia de Dios. Lo que busca con ello es que toda la gloria sea del Señor y no suya (11:30). La fortaleza de Pablo era Cristo mismo y sólo Él (Fil. 4:13). La gloria suya, no era otra que la Cruz de Cristo (Gá. 6:14). En todo marcaba una notable diferencia con aquellos que se medían, comparaban y gloriaban en sí mismos (10:12).

Los oponentes del apóstol se jactaban también en visiones y revelaciones de Dios, por lo que él añadirá también esto en su argumentación. Ya desde el inicio de esta parte apologética, condujo todo para la mayor gloria de Dios, llegando al clímax supremo al señalar sus debilidades y mostrarse desprovisto de toda gloria personal.

La defensa del apostolado suyo es larga, y utiliza para ellos los dos capítulos, el anterior y el presente. Esta defensa hubiera sido innecesaria si los corintios le hubieran defendido, como debieran haber hecho, ante aquellos que, entre ellos, le acusaron y despreciaron. Pablo se había visto forzado a *gloriarse* como hacen los necios, en sus acciones y éxitos, porque aquéllos no lo hicieron frente a sus detractores. En el último tramo de su defensa, va a hacer una apelación a los propios corintios recordándoles lo que ellos mismos habían visto; las señales que probaban su condición de apóstol (v. 12).

Concluido este tema, la *Epístola* entra en su parte final con el anuncio de una próxima visita y las consecuencias que podría tener para ellos si persistían en las condiciones de pecado que fueron abordadas en lo que antecede de este escrito y en la primera parte de él.

El capítulo puede dividirse en tres partes. La primera (vv. 1-10), trata de las experiencias espirituales y revelaciones del apóstol, a las que introduce ya desde el principio (v. 1). Entra luego a explicar cómo ha sido la que relaciona con un *arrebatamiento* al paraíso (vv. 2-4). Sobre ese hombre, que es él mismo, se gloría, puesto que le fue permitido algo que no es natural para el resto de los hombres. Esa experiencia no significa que le permita enorgullecerse de sí mismo, sino que mantiene bien ciertas sus debilidades (v. 5), de modo que nadie entienda que se está gloriando él de algo (v. 6). Pasa luego a informar sobre lo que llama *aguijón en la carne*, que le había sido dado, mensajero de Satanás que le abofetea a fin de que se mantenga en humildad (v. 7). La gracia viene a suplir su deseo de que ese problema le fuera quitado, enseñándole que es en la debilidad donde se perfecciona el poder, entendiendo que es bastante la gracia de Dios en los momentos de conflictos (vv. 8-9). A esta certeza llega y expresa también (v. 10).

Un segundo párrafo pone de manifiesto el desinterés del apóstol (vv. 11-18). Indica la necedad de gloriarse a la que fue conducido por necesidad de defenderse de los enemigos que habían entrado en la iglesia (v. 11). Les hace notar que ellos conocían las *señales de apóstol* que habían sido hechas ante ellos (v. 12). Es muy probable que los adversarios intentaran demostrar a los corintios que ellos eran considerados como menores que otras iglesias, porque no les había permitido ofrendar para sus necesidades (v. 13). A esto añade que estaba determinado a hacerles una visita, pero que continuaría con su comportamiento de no recibir ofrendas de ellos (v. 14). Una admirable expresión del corazón de Pablo les indica su desinterés en todo para servirles mejor (v. 15). La apología sobre su comportamiento dejaba sin firmeza las calumnias formuladas contra él y su equipo colaborador (vv. 16-18).

Entra aquí la parte final de la *Epístola*, que se extiende hasta 13:10. El apóstol hace en esta parte un llamamiento al arrepentimiento (vv. 19-21). Recuerda que todo cuanto dijo es para la edificación de los creyentes (v. 19). De igual manera les advierte sobre la conducta interna de la congregación cuando él llegue en el viaje que promete hacerles (v. 20). Cerrando el texto con una advertencia al decirles que acaso tenga que llorar por quienes persisten en el pecado y no se arrepintieron (v. 21).

Para el comentario del capítulo se sigue el *bosquejo* que se ha presentado en la *introducción*, como sigue:

2.3. Las revelaciones del apóstol (12:1-10).
2.4. El desinterés del apóstol (12:11-18).

VII. Últimas instrucciones (12:19-13:10).

1. Llamado al arrepentimiento (12:19-21).

Las revelaciones del apóstol (12:1-10)

1. Ciertamente no me conviene gloriarme; pero vendré a las visiones y a las revelaciones del Señor.

Καυχᾶσθαι δεῖ[1], οὐ συμφέρον μέν[2], ἐλεύσομαι δὲ εἰς
Jactarse es necesario; no que conviene ciertamente; pero vendré a
ὀπτασίας καὶ ἀποκαλύψεις Κυρίου.
visiones y revelaciones del Señor.

Análisis y notas del texto griego.

Análisis: Καυχᾶσθαι, presente de infinitivo en voz media del verbo καυχάομαι, *jactarse, enorgullecerse*; δεῖ, tercera persona singular del presente de indicativo en voz activa del verbo δεῖ, *ser necesario*, aquí *es necesario*; οὐ, adverbio de negación *no*; συμφέρον, caso nominativo neutro singular del participio de presente en voz activa del verbo συμφέρω, *convenir, ser de provecho*, aquí *que conviene*; μέν, partícula afirmativa que se coloca siempre inmediatamente después de la palabra expresiva de una idea que se ha de reforzar o poner en relación con otra idea y que, en sentido absoluto tiene oficio de adverbio de afirmación, como *ciertamente, a la verdad*; ἐλεύσομαι, primera persona singular del futuro de indicativo en voz media del verbo ἔρχομαι, *venir, regresar, aparecer*, aquí *vendré*; δὲ, partícula conjuntiva que hace las veces de conjunción coordinante, con sentido de *pero, más bien, y, y por cierto*, *antes bien, entonces*; εἰς, preposición propia de acusativo *a*; ὀπτασίας, caso acusativo femenino plural del nombre común *visiones*; καὶ, conjunción copulativa *y*; ἀποκαλύψεις, caso acusativo femenino plural del nombre común *revelaciones*; Κυρίου, caso genitivo masculino singular del nombre divino declinado *de Señor*.

Notas. Crítica Textual. Lecturas alternativas.

[1] Καυχᾶσθαι δεῖ, *jactarse es necesario*, según lectura en $\mathfrak{P}^{46}$, B, D^2, F, G, H, L, P, 0243, 0278, 6, 33, 81, 104, 365, 629, 630, 1175, 1241, 1739, 1881, 2464, pm, latt, sy, sa, bo^{bo}.

εἰ καυχᾶσθαι δεῖ, *si jactarse es necesario*, conforme a ^{2}a, H, 81, 326, 1175, ar, f, vg, sa, Ambrosiaster.

δὲ καυχᾶσθαι δεῖ, *pero jactarse es necesario*, según K, 0121, 945, 1505, pm.

[2] οὐ συμφέρον μέν, *que ciertamente no conviene*, de acuerdo con $\mathfrak{P}^{46}$, a, B, F, G, 0243, 0278, 33, 1175, 1739, co.

οὐ συμφέρει, *no conviene*, lectura en D^*, 81.

οὐ συμφέρει μέν, *no conviene ciertamente*, según P.

οὐ συμφέρει μοί, *no me conviene*, conforme a D[1], H, K, L, Ψ, 104, 365, 630, 1241, 1505, 1881, 2464, 𝔐, it, vg[vg], sy[h], Ambrosiaster, Pelagio.

Καυχᾶσθαι δεῖ, οὐ συμφέρον μέν, La traducción más precisa es: *"El gloriarse es necesario, aunque no conviene"*. De este modo vuelve a incidir en la razón de cuanto está detallado sobre su persona, eso *era necesario*. La causa, como se ha dicho ya, eran las acusaciones de sus adversarios que estaban destruyendo la obra de Dios con su ataque al apóstol. Sin embargo, la advertencia es precisa: *"no conviene"*. Todo esto pone de manifiesto un contraste de intereses enfrentados *"no conviene"*, por tanto, dejando lo que pudiera ser motivo de arrogancia o que algunos usaran como tal, se orienta hacia las *visiones* y *revelaciones*.

ἐλεύσομαι δὲ εἰς ὀπτασίας καὶ ἀποκαλύψεις Κυρίου. De igual modo no por deseo sino por necesidad. Las visiones, como su nombre indica algo que se ve, mientras que las revelaciones son cosas que se oyen. Pero, tanto las visiones como las revelaciones son *del Señor*. No quiere decir que sean del propio Señor, es decir, que sea la visión de Su Persona y Su gloria, sino que son visiones y revelaciones cuya procedencia es el Señor. En general son experiencias sobrenaturales que Pablo tuvo. Las visiones permitieron a Pablo conocer aspectos celestiales, como se notará en los próximos textos.

Las *visiones* se perciben por los ojos. La vida espiritual de Pablo comenzó por una visión de Cristo glorificado (Hch. 9:3 ss.). La realidad de esa visión fue confirmada ante el rey Agripa (Hch. 26:19). En ocasiones el Señor se apareció a Pablo (1 Co. 15:8), de manera que, como todos los apóstoles, cumplió una de las condiciones para serlo que era ver al Señor resucitado (1 Co. 9:1). En Hechos se mencionan otras visiones del apóstol (Hch. 18:9; 22:17, 18; 23:11).

Las *revelaciones*, literalmente los *apocalipsis*, es aquello que se percibe por el oído. El apóstol recibió la doctrina que predicaba y enseñaba, directamente del Señor (Gá. 1:11, 12; Ef. 3:3). Sus movimientos en el ministerio obedecían a instrucciones del Señor (Gá. 2:2).

Aunque una cosa es *ver* y otra *oír*, lo que corresponde a *visiones* y *revelaciones*, las dos están relacionadas con Cristo, a quien ha visto y a quien ha oído. A estas experiencias personales se dirige en esta parte del capítulo, procurando con ello presentar otros argumentos más sólidos para la defensa de su apostolado.

2. Conozco a un hombre en Cristo, que hace catorce años (si en el cuerpo, no lo sé; si fuera del cuerpo, no lo sé; Dios lo sabe) fue arrebatado hasta el tercer cielo.

οἶδα ἄνθρωπον ἐν Χριστῷ πρὸ ἐτῶν δεκατεσσάρων, εἴτε ἐν
Conozco hombre en Cristo antes de años catorce, bien sea en
σώματι οὐκ οἶδα, εἴτε ἐκτὸς τοῦ σώματος οὐκ οἶδα, ὁ Θεὸς
cuerpo no sé; bien sea fuera del cuerpo no sé, - Dios
οἶδεν, ἁρπαγέντα τὸν τοιοῦτον ἕως τρίτου οὐρανοῦ.
sabe, que fue arrebatado el tal hasta tercer cielo.

Análisis y notas del texto griego.

Análisis: οἶδα, primera persona singular del perfecto de indicativo en voz activa del verbo οἶδα, *saber, conocer, entender*, aquí *conozco, he conocido*; ἄνθρωπον, caso acusativo masculino singular del nombre común *hombre*; ἐν, preposición propia de dativo *en*; Χριστῷ, caso dativo masculino singular del nombre propio *Cristo*; πρὸ, preposición propia de genitivo *antes de*; ἐτῶν, caso genitivo neutro plural del nombre común *años*; δεκατεσσάρων, caso genitivo neutro plural del adjetivo numeral cardinal *catorce*; εἴτε, conjunción *bien sea*; ἐν, preposición propia de dativo *en*; σώματι, caso dativo neutro singular del nombre común *cuerpo*; οὐκ, forma escrita del adverbio de negación *no*, con el grafismo propio ante una vocal con espíritu suave o una enclítica; οἶδα, εἴτε ἐκτὸς τοῦ σώματος οὐκ οἶδα, primera persona singular del perfecto de indicativo en voz activa del verbo οἶδα, *saber, conocer, entender*, aquí *sé, he sabido*; ὁ, caso nominativo masculino singular del artículo determinado *el*; Θεὸς, caso nominativo masculino singular del nombre divino *Dios*; οἶδεν, tercera persona singular del perfecto de indicativo en voz activa del verbo οἶδα, *saber, entender, conocer*, aquí *sabe*; ἁρπαγέντα, caso acusativo masculino singular del participio del segundo aoristo en voz pasiva del verbo ἁρπάζω, *arrebatar, raptar, trasladar* aquí *que fue arrebatado*; τὸν, caso acusativo masculino singular del artículo determinado declinado *al*; τοιοῦτον, caso acusativo masculino singular del adjetivo demostrativo *tal*; ἕως, preposición propia de genitivo *hasta*; τρίτου, caso genitivo masculino singular del adjetivo numeral ordinal *tercer*; οὐρανοῦ, caso genitivo masculino singular del nombre común *cielo*.

οἶδα ἄνθρωπον ἐν Χριστῷ El arrebatamiento al tercer cielo es la visión-revelación que va a dar en lo que acaba de indicar en el versículo anterior. El tipo de visión es personal: *"conozco a un hombre"*. No cabe duda que en esta expresión indefinida se oculta él mismo. Desconocemos la razón por la que se oculta de ese modo, sin embargo, lo relaciona con él más adelante, usando el pronombre personal en primera persona (v. 5), y luego cuando se refiere a la grandeza de las revelaciones (v. 7). Habla en tercera persona como si estuviese viendo lo que había ocurrido a otro. Este hombre estaba *en Cristo*, es decir, no pertenecía al judaísmo y tampoco al paganismo. Era un creyente que por esa razón estaba posicionado en Cristo. Es un hombre salvo, porque sólo lo son aquellos que están en Cristo.

πρὸ ἐτῶν δεκατεσσάρων, Precisa el tiempo en que ocurrió esa experiencia, literalmente *antes de catorce años*, lo que equivale a decir *hace catorce años*. La concreción del tiempo sitúa el relato en el plano de la realidad y no de alguna ficción, no se trata de una fábula, ni de algo supuesto. No se trata de la visión de Cristo en el camino a Damasco. Si la *Epístola* se escribió en torno al año 57, quiere decir que el traslado al tercer cielo ocurrió en el año 43-44, fechas posteriores al encuentro con Cristo cerca de Damasco. Debía ser el tiempo en que se encontraba en tareas de evangelización en Siria y Cilicia (Hch. 15:41; Gá. 1:21). Con todo, la fecha puede calcularse aproximadamente y sigue siendo indefinida en cuanto a soporte bíblico. No obstante, pueden señalarse lugares a donde, por las fechas, pudo haberse producido; uno de ellos pudo ser Tarso (Hch. 11:25), o también en Antioquía (Hch. 11:25; 13:1), incluso en Jerusalén (Hch. 14:11), aunque éste sea el menos firme de todos. Pero la fecha dada deja sin fuerza el argumento de algunos que sitúan esta experiencia en el apedreamiento en Listra (Hch. 14:19).

εἴτε ἐν σώματι οὐκ οἶδα, εἴτε ἐκτὸς τοῦ σώματος οὐκ οἶδα, ὁ Θεὸς οἶδεν, Es también una experiencia misteriosa. Nuevamente hay una indefinición en las palabras de Pablo. No sabía si la traslación había sido en el cuerpo o fuera del cuerpo, es decir, no precisa si fue arrebatado él en toda la dimensión de su persona, o se produjo a modo de éxtasis. No está dudando de si se produjo o no aquella traslación, sino si fue del alma separada del cuerpo o de ambos juntos. No se trata de ser llevado a un estado, sino a un lugar, ya que el cielo es también un lugar determinado. Él no sabía cómo se había producido, pero la realidad de que había tenido lugar es que afirma que sólo Dios sabía cómo había sido el traslado.

ἁρπαγέντα τὸν τοιοῦτον El traslado fue algo extático, llevado al *tercer cielo*. Pablo usa el mismo verbo ἁρπάζω, *arrebatar*, que emplea para referirse al *traslado* de la Iglesia a la presencia del Señor (1 Ts. 4:17). Se emplea también en relación con personas a quienes Dios movió del lugar en que estaban, como el caso de Felipe (Hch. 8:39). La acción es de Dios y no dependía de Pablo: *"Fue arrebatado"*. Queda descartada toda acción humana para destacar la única basada en la soberanía de Dios.

ἕως τρίτου οὐρανοῦ. El traslado fue al *tercer cielo*. Es un modo de expresión, en el lenguaje humano, de realidades espirituales. Los críticos se ensañan en el texto para presentar la Biblia como un escrito precientífico o, mejor según ellos, acientífico, ya que enseña un universo a modo de leyenda de tres pisos. La Biblia habla de dos cielos, en uno de ellos, figuradamente, cabalga, está Dios sobre él (Sal. 68:33). Estos cielos están sobre el cielo visible para la apreciación del hombre. Uno de estos cielos es eterno. Esta verdad revelada está ya en el Antiguo Testamento: *"He aquí, de Jehová tu Dios son los cielos, y los cielos de los cielos"* (Dt. 10:14). La misma revelación: *"Alabadle, cielos de los cielos"* (Sal. 148:4). En la cosmogonía judía, distinguían *tres cielos*; 1) El primero era el cielo atmosférico donde está el aire, las nubes y las aves (Ez. 8:3). 2) El segundo era el cielo de las estrellas, en cuyo lugar tienen asignadas moradas los ángeles, que están en la *casa del Padre* (Jn. 14:2; Jud. 6). La afirmación es que en la presencia de Dios *hay muchas moradas*. El término se refiere a una residencia permanente. 3) El *tercer cielo*, es el lugar donde Dios manifiesta Su presencia de forma plena, donde está Su trono, donde es adorado por los seres celestiales. La distinción principal es que los otros dos cielos no son eternos y están destinados a la remoción (2 P. 3:10), mientras que el tercero es eterno. El escritor de la *Epístola a los Hebreos* presenta a Cristo resucitado y ascendido, traspasar los cielos, esto es el primero y segundo, para sentarse en el trono de Dios, en el tercero (He. 4:14; 9:24).

La *visión-revelación*, no es humana, sino Divina. Es posible que Pablo no hubiera hablado antes de esta visión, ni lo hubiera hecho a no ser porque en aquel momento *era necesario*.

3. Y conozco al tal hombre (si en el cuerpo, o fuera del cuerpo, no lo sé; Dios lo sabe).

καὶ οἶδα τὸν τοιοῦτον ἄνθρωπον, εἴτε ἐν σώματι εἴτε χωρὶς[1]
Y conozco al tal hombre, bien sea en cuerpo bien sea aparte de
τοῦ σώματος οὐκ οἶδα, ὁ Θεὸς οἶδεν,
el cuerpo, no sé, - Dios sabe.

Análisis y notas del texto griego.

Análisis: καὶ, conjunción copulativa *y*; οἶδα, primera persona singular del perfecto de indicativo en voz activa del verbo οἶδα, *saber, conocer, entender*, aquí *conozco, he conocido*; τὸν, caso acusativo masculino singular del artículo determinado declinado *al*; τοιοῦτον, caso acusativo masculino singular del adjetivo demostrativo *tal*; ἄνθρωπον, caso acusativo masculino singular del nombre común *hombre*; εἴτε, conjunción *bien sea*; ἐν, preposición propia de dativo *en*; σώματι, caso dativo neutro singular del nombre común *cuerpo*; εἴτε, conjunción *bien sea*; χωρὶς, preposición propia de genitivo *fuera de*; τοῦ, caso genitivo neutro singular del artículo determinado *el*; σώματος, caso genitivo neutro singular del nombre común *cuerpo*; οὐκ, forma escrita del adverbio de negación *no*, con el grafismo propio ante una vocal con espíritu suave o una enclítica; οἶδα, primera persona singular del presente de indicativo en voz activa del verbo οἶδα, *saber, conocer*, aquí *sé*; ὁ, caso nominativo masculino singular del artículo determinado *el*; Θεὸς, caso nominativo masculino singular del nombre divino *Dios*; οἶδεν, tercera persona singular del perfecto de indicativo en voz activa del verbo οἶδα, *saber, conocer*, aquí *sabe*.

Notas. Crítica Textual. Lecturas alternativas.

[1] χωρὶς, *fuera de*, como preposición, según lectura en 𝔓[46], B, D*.

ἐκτός, *aparte de*, como preposición impropia o adverbio, según lectura en a, D[1], F, G, H, K, L, P, Ψ, 0121, 0243, 0278, 33, 81, 104, 365, 630, 1175, 1241, 1505, 1739, 1881, 2464, 𝔐, latt.

καὶ οἶδα τὸν τοιοῦτον ἄνθρωπον, Nuevamente reitera lo que dijo en el versículo anterior, refiriéndose otra vez al *hombre* que conoció, que no cabe duda, como se ha considerado antes, que es él mismo.

εἴτε ἐν σώματι εἴτε χωρὶς τοῦ σώματος οὐκ οἶδα, ὁ Θεὸς οἶδεν, Expresa otra vez la situación en que se produjo aquella *visión-revelación*, sin que pueda determinar si fue en el cuerpo, o fuera del cuerpo, recordando a los lectores que sólo Dios sabe eso. Pero, la reiteración de lo dicho antes, puntualiza que aquello que ocurrió catorce años antes, fue realidad, poniendo a Dios como el conocedor real de cómo fue trasladado al tercer cielo. Con esta repetición, el apóstol llama la atención de los lectores para que presten atención a lo que les va a relatar de la experiencia personal.

4. Que fue arrebatado al paraíso, donde oyó palabras inefables que no le es dado al hombre expresar.

ὅτι ἡρπάγη εἰς τὸν παράδεισον καὶ ἤκουσεν ἄρρητα
Que fue arrebatado al paraíso y oyó inefables
ῥήματα ἃ οὐκ ἐξὸν ἀνθρώπῳ λαλῆσαι.
palabras que no está permitido a hombre expresar.

Análisis y notas del texto griego.

Análisis: ὅτι, conjunción *que*; ἡρπάγη, tercera persona singular del segundo aoristo de indicativo en voz activa del verbo ἁρπάζω, *arrebatar, raptar, trasladar*, aquí *fue arrebatado*; εἰς, preposición propia de acusativo *a*; τὸν, caso acusativo masculino singular del artículo determinado *el*; παράδεισον, caso acusativo masculino singular del nombre común *paraíso*; καὶ, conjunción copulativa *y*; ἤκουσεν, tercera persona singular del primer aoristo de indicativo en voz activa del verbo ἀκούω, *oír, escuchar*, aquí *oyó*; ἄρρητα, caso acusativo neutro plural del adjetivo *inexpresables, inefables*; ῥήματα, caso acusativo neutro plural del nombre común *palabras, dichos*; ἃ, caso acusativo neutro plural del pronombre relativo *que*; οὐκ, forma escrita del adverbio de negación *no*, con el grafismo propio ante una vocal con espíritu suave o una enclítica; ἐξὸν, caso nominativo neutro singular del participio de presente en voz activa del verbo impersonal ἔξεστιν, *está permitido, es lícito, es posible*; ἀνθρώπῳ, caso dativo masculino singular del nombre común declinado *a hombre*; λαλῆσαι, primer aoristo de infinitivo en voz activa del verbo λαλέω, *hablar, decir, expresar*.

ὅτι ἡρπάγη εἰς τὸν παράδεισον. Ese hombre, que es el apóstol, fue arrebatado al *paraíso*. Es notable que en el versículo anterior dijo que había sido arrebatado al *tercer cielo*. Quiere decir que ambas formas son sinónimas, esto es, el *paraíso* es el *tercer cielo* y viceversa. Hay dos posiciones en relación con esta variación. Algunos entienden que Pablo se refiere a dos experiencias suyas, la primera en la que fue trasladado al *tercer cielo*, y una segunda a la que se refiere en este versículo de un traslado al *paraíso*. Sin embargo, un análisis imparcial no permite establecer estos dos traslados, sino que demanda entender ambas cosas, el *tercer cielo* y el *paraíso* como palabras sinónimas, desde el punto de vista teológico.

La llamada *teología dogmática* ha establecido filosóficamente un lugar intermedio para los creyentes después de morir. Algunos entienden que está asentado en el relato del *rico y Lázaro* en el que aparece esa expresión (Lc. 16:22). Era, según esta posición, un lugar de descanso y consuelo para los creyentes, situado en algún lugar en el centro de la tierra (Lc. 16:24). Según esa forma de pensamiento, Cristo, entre la muerte y la resurrección, descendió a ese lugar, para llevar consigo a la presencia de Dios, el *tercer cielo*, a todos aquellos que habían estado allí por tiempo (Ef. 4:8-10), Esto no tiene un firme sentido bíblico y es el resultado de una incorrecta interpretación de la frase: *"descendió a las partes más bajas de la tierra"*. El apóstol no estaba refiriéndose a un hipotético descenso de Cristo al lugar de los muertos creyentes, el *seno de Abraham*, sino que expresa el descenso del Salvador al lugar de mayor vileza que el pecador podría alcanzar, para hacer salvable a todos los hombres. De otro modo, descendió a lo más bajo para poder salvar al más caído y degradado de los hombres, siendo su sustituto potencial y virtual si cree. Hay un texto clave para entender el sentido de *paraíso*, que es recogido por Lucas en los acontecimientos de la crucifixión. En este caso concreto en el diálogo entre Jesús y uno de los dos ladrones crucificados con Él. Al ruego de que se acordara de él cuando volviera en Su reino, el Señor le contestó de este modo: *"De cierto te digo: Hoy estarás conmigo en el paraíso"* (Lc. 23:43)[1]. El ladrón era un israelita, por lo menos no pertenecía a los

[1] Biblia Textual.

discípulos de Cristo y, por supuesto a la Iglesia. Era un hombre de la antigua dispensación. Cuando Jesús le prometió que estaría con Él en ese mismo día en el *paraíso*, estaba hablándole del lugar donde los creyentes pasan concluida su vida, y que Pablo afirma que es sinónimo de *tercer cielo*. Quiere decir esto que –como se ha considerado anteriormente– el creyente que muere en Cristo pasa a la presencia del Señor que está en el lugar donde Él está, según la expresión teológica judía, el *tercer cielo*, donde la presencia de Dios se manifiesta. Los antiguos creyentes, antes del tiempo de la Iglesia, pasaban al morir a la presencia de Dios, como ocurre ahora. El creyente, ausente del cuerpo, está presente al Señor (Fil. 1:23). Se puede resumir que el *paraíso* o el *tercer cielo*, es el lugar donde está el creyente con el Señor, inmediatamente en que se produce su deceso (Fil. 1:23). No se trata, pues, de un *dormir* inconsciente del alma que espera el momento de la resurrección, sino que *partir* es estar ya con Cristo en una experiencia real de la vida a Su lado (Sal. 16:11; 17:15; Mt. 8:11; Lc. 16:25; Jn. 17:24; 1 Co. 13:12; 2 Co. 5:8; He. 12:23; Ap. 6:10; 20:4). El lugar de la presencia del Señor, a donde los creyentes están luego de morir, es absolutamente limpio y exento de toda contaminación y pecado, ya que el árbol de vida está a disposición (Ap. 2:7). Es el lugar donde los creyentes están esperando el traslado del resto de sus hermanos aún vivos y la resurrección corporal para ser dotados del cuerpo de gloria.

καὶ ἤκουσεν ἄρρητα ῥήματα ἃ οὐκ ἐξὸν ἀνθρώπῳ λαλῆσαι. Pablo dice que en esa experiencia personal *oyó palabras inefables*. El adjetivo ἄρρητος, expresa la idea de algo que no puede decirse con palabras. El término castellano *inefable*, es equivalente a *inexpresables*, que no pueden decirse. De otro modo, lo que él oyó en el *paraíso* o *tercer cielo*, no solo es imposible repetirlas en el idioma humano, sino que se le prohibió expresarlas porque no eran para ser conocidas por nadie. Dios no ha querido levantar el misterio que expresa las glorias celestiales para los creyentes que parten para estar con Cristo. Es suficiente con la revelación que tenemos sobre ese lugar. Pero, no es menos cierto que allí hay cosas que *"ojo no vio, ni oído oyó, ni han subido en corazón de hombre, son las que Dios ha preparado para los que le aman"* (1 Co. 2:9). De manera que las *revelaciones* de esa *visión* eran inexpresables en el lenguaje humano. No porque no hubiera palabras para ello, sino porque no eran para el hombre de este tiempo. Hay aquí una expresa prohibición divina para no revelar esas palabras. No le es permitido expresar al hombre. Hombre aquí es la misma referencia que ocurre antes (v. 2). A este *hombre*, Pablo, no le es permitido expresar lo que oyó. En ocasiones, las revelaciones de Dios se limitan al que las recibe, como ocurrió con el apóstol Juan cuando escribía el Apocalipsis (Ap. 10:4). Las revelaciones eran varias y grandes (v. 7). El creyente recibirá en el cielo nuevas revelaciones de Dios. Ahora sólo tiene la revelación divina que necesita para este tiempo, que es la Escritura.

5. De tal hombre me gloriaré; pero de mí mismo en nada me gloriaré, sino en mis debilidades.

ὑπὲρ τοῦ τοιούτου καυχήσομαι, ὑπὲρ δὲ ἐμαυτοῦ οὐ[1]
Del tal me jactaré; pero de mí mismo no
καυχήσομαι εἰ μὴ ἐν ταῖς ἀσθενείαις[2].
me jactaré si no en las debilidades.

Análisis y notas del texto griego.

Análisis: ὑπὲρ, preposición propia de genitivo *de, por, para bien de, en pro de, a favor de, por causa de*; τοῦ, caso genitivo masculino singular del artículo determinado *el*; τοιούτου, caso genitivo masculino singular del adjetivo demostrativo *tal*; καυχήσομαι, primera persona singular del futuro de indicativo en voz media del verbo καυχάομαι, *enorgullecerse, gloriarse, jactarse*, aquí *me jactaré*; ὑπὲρ, preposición propia de genitivo *de, por, para bien de, en pro de, a favor de, por causa de*; δὲ, partícula conjuntiva que hace las veces de conjunción coordinante, con sentido de *pero, más bien, y, y por cierto, antes bien, entonces*; ἐμαυτοῦ, caso genitivo masculino singular del pronombre reflexivo *mí mismo*; οὐ, adverbio de negación *no*; καυχήσομαι, primera persona singular del futuro de indicativo en voz media del verbo καυχάομαι, *enorgullecerse, gloriarse, jactarse*, aquí *me jactaré*; εἰ, conjunción *si*; μὴ, partícula que hace funciones de adverbio de negación *no*; ἐν, preposición propia de dativo *en*; ταῖς, caso dativo femenino plural del artículo determinado *las*; ἀσθενείαις, caso dativo femenino plural del nombre común *debilidades*.

Notas. Crítica Textual. Lecturas alternativas.

[1] οὐ, *no*, según lectura en 𝔓⁴⁶, B, D*, 0243, 0278, 6, 33, 1175, 1739, sy, co.

οὐδέν, *nada*, conforme 𝔓⁴⁶, lat.

[2] ἀσθενείαις, *debilidades*, según lectura en 𝔓⁴⁶, B, D*, 0243, 0278, 6, 33, 1175, 1739, sy, co.

ἀσθενείαις μοῦ, *debilidades de mí*, conforme a a, F, G, K, L, P, Ψ, 0121, 81, 104, 365, 630, 1241, 1505, 1881, 2464, 𝔐, lat, Ambrosiaster.

ὑπὲρ τοῦ τοιούτου καυχήσομαι, Pablo puede jactarse, gloriarse del *hombre* que unido a Cristo y llevado por Él, tuvo esas manifestaciones gloriosas. Todo lo que tiene como *cristiano*, *hombre en Cristo*, lo recibía de Él, para quien es toda la gloria. La traslación de que fue objeto era razón para jactarse, porque había sido una manifestación del poder de Dios y no suponía superioridad alguna por su parte que la hiciese posible.

ὑπὲρ δὲ ἐμαυτοῦ οὐ καυχήσομαι εἰ μὴ ἐν ταῖς ἀσθενείαις. Pero está también el *hombre natural*, que de por sí no tiene más que debilidades y flaquezas, por tanto, no tiene nada de que gloriarse. El apóstol reconoce sus flaquezas y limitaciones (Ro. 7:14-24). Se presenta aquí no una dualidad de personas, sino dos posiciones diferentes. Una la del Pablo que es trasladado al cielo y oye maravillas admirables, y otra la del Pablo que hace la obra de ministerio en la tierra en medio de conflictos y debilidades. De manera que, en lugar de jactarse de sus visiones, lo hace en sus debilidades, muchas de las cuales ha enumerado en la relación anterior (11:23-33). Con toda probabilidad, el Señor permitió a Pablo las visiones celestiales, llevándolo a Su presencia para ver y oír cosas inefables, a fin de animarlo en la ardua labor que tenía que hacer en el ministerio apostólico al que había sido llamado. Como escribe Kistemaker:

"Cuando Jesús llamó a Pablo cerca de Damasco, lo eligió para que fuera un testigo a los gentiles y le dijo cuánto tendría que sufrir por el nombre de Cristo (Hch. 9:15-16). Pablo enfrentó la derrota en Damasco y tuvo que huir a lugar seguro, amparado por la oscuridad (Hch. 9:25; 2 Co. 11:32-33). Su ministerio en Jerusalén llegó a un abrupto final cuando sus adversarios trataron de asesinarlo y sus amigos tuvieron que embarcarlo a bordo de una nave rumbo a Tarso (Hch. 9:29-30). Durante su labor estableciendo iglesias en las provincias de Siria y Cilicia, fue azotado y golpeado por judíos y gentiles (11:23-25). Sospechamos que debió haber sufrido desaliento. Sin embargo, durante el tiempo que pasó en las provincias, Dios le dio la oportunidad especial de entrar al cielo, con el propósito de fortalecer a Pablo en su apostolado. Valoró mucho las visiones y las revelaciones que continuaron alentando su espíritu mientras cumplía con su tarea apostólica. De hecho, de todos los servidores de Dios, él fue el más privilegiado"[2].

6. Sin embargo, si quisiera gloriarme, no sería insensato, porque diría la verdad; pero lo dejo, para que nadie piense de mí más de lo que en mí ve, u oye de mí.

'Εὰν γὰρ θελήσω καυχήσασθαι, οὐκ ἔσομαι ἄφρων,
Pero, si quisiera jactarme, no sería insensato,
ἀλήθειαν γὰρ ἐρῶ· φείδομαι δέ, μή τις εἰς ἐμὲ λογίσηται ὑπὲρ
porque verdad diré; pero evito, no alguien de mí suponga más
ὃ βλέπει με ἢ ἀκούει [τι][1] ἐξ ἐμοῦ
de lo que ve en mi u oye algo de mí.

[2] S. Kistemaker. óp. cit. pág. 342.

Análisis y notas del texto griego.

Análisis:'Ἐὰν, conjunción condicional *si*; γὰρ, conjunción adversativa *pero*; θελήσω, primera persona singular del primer aoristo de subjuntivo en voz activa del verbo θέλω, *querer, desear*, aquí *quisiera*; καυχήσασθαι, primer aoristo de infinitivo en voz media del verbo καυχάομαι, *enorgullecerse, gloriarse, jactarse*, aquí *jactarme*; οὐκ, forma escrita del adverbio de negación *no*, con el grafismo propio ante una vocal con espíritu suave o una enclítica; ἔσομαι, primera persona singular del futuro de indicativo en voz media del verbo εἰμί, *ser, estar*, aquí *sería*; ἄφρων, caso nominativo masculino singular del nombre común *insensato, loco*; ἀλήθειαν, caso acusativo femenino singular del nombre común *verdad*; γὰρ, conjunción causal *porque*; ἐρῶ, primera persona singular del futuro de indicativo en voz activa del verbo λέγω, *decir*, aquí *diré*; φείδομαι, primera persona singular del presente de indicativo en voz media del verbo φείδομαι, *tener consideración, renunciar a algo, perdonar, evitar*, aquí *evito*; δέ, partícula conjuntiva que hace las veces de conjunción coordinante, con sentido de *pero, más bien, y, y por cierto, antes bien, entonces*; μή, partícula que hace funciones de adverbio de negación *no*; τις, caso nominativo masculino singular del pronombre indefinido *alguien*; εἰς, preposición propia de acusativo *de*; ἐμὲ, caso acusativo de la primera persona singular del pronombre personal *mí*; λογίσηται, tercera persona singular del primer aoristo de subjuntivo en voz media del verbo λογίζομαι, *calcular, suponer, entender, pensar*, aquí *suponga*; ὑπὲρ, preposición propia de acusativo *más*; ὃ, caso acusativo neutro singular del pronombre relativo *lo que*; βλέπει, tercera persona singular del presente de indicativo en voz activa del verbo βλέπω, *ver, mirar, fijarse*, aquí *ve*; με, caso acusativo de la primera persona singular del pronombre personal declinado *en mí*; ἤ, conjunción disyuntiva *o*; ἀκούει, tercera persona singular del presente de indicativo en voz activa del verbo ἀκούω, *oír, escuchar*, aquí *oye*; τι, caso acusativo neutro singular del pronombre indefinido *algo*; ἐξ, forma escrita de la preposición de genitivo ἐκ, delante de vocal y que significa *de*; ἐμοῦ, caso genitivo de la primera persona singular del pronombre personal *mí*.

Notas. Crítica Textual. Lecturas alternativas.

[1] τι, *algo*, según lectura en $\mathfrak{P}^{46}$, ^{2}a, D*, K, L, P, Ψ, 0243, 0278, 104, 365, 630, 1241, 1505, 1881, 2464, 𝔐, f, vg^{cl}, sy^{h}, Ambrosiaster.
Se omite en a*, B, D^{2}, F, G, I, 6, 33, 81, 1175, 1739, ar, b, vgst, co.

'Ἐὰν γὰρ θελήσω καυχήσασθαι, οὐκ ἔσομαι ἄφρων, ἀλήθειαν γὰρ ἐρῶ· Si quisiera seguir jactándose en sus acciones y experiencias podía seguir haciéndolo, puesto que todo cuanto decía era verdad. Él había dicho sólo algunas de las muchas cosas que podría seguir añadiendo a la relación, todas ellas ciertas. Si decidiera seguir haciéndolo no sería un jactancioso, porque diría la verdad.

φείδομαι δέ, μή τις εἰς ἐμὲ λογίσηται ὑπὲρ ὃ βλέπει με ἢ ἀκούει τι ἐξ ἐμοῦ. Prefería dejar de relatar lo que podía enaltecerle delante de otros que sirviera a estos para engrandecerlo más allá de lo que era conveniente. No puede olvidarse que dentro de la iglesia había un partido que tomaba el nombre de *Pablo*. Estos podrían tomar las perfecciones y éxitos del apóstol para enaltecerle como superior a todos. Pero, también otros, podían tomar todas las referencias personales para pensar de él contrariamente a lo que era. El apóstol no deseaba convertirse en un hombre que acaparase la atención hacia su persona. No pretendía dar pie a la creación de un hombre legendario. De manera que, en lugar de juzgarlo por los hechos, prefería que lo hiciesen por lo que vio y oyó, es decir, por sus visiones y revelaciones, que nadie podía considerarlas como asuntos conseguidos personalmente.

7. Y para que la grandeza de las revelaciones no me exaltase desmedidamente, me fue dado un aguijón en mi carne, un mensajero de Satanás que me abofetee, para que no me enaltezca sobremanera.

καὶ τῇ ὑπερβολῇ τῶν ἀποκαλύψεων. διὸ ἵνα μὴ
Y por la grandeza extraordinaria de las revelaciones; por esa razón para que no
ὑπεραίρωμαι, ἐδόθη μοι σκόλοψ τῇ σαρκί, ἄγγελος Σατανᾶ[2], ἵνα
me enorgullezca, fue dada me espina en la carne, mensajero de Satanás, que
με κολαφίζῃ, ἵνα μὴ ὑπεραίρωμαι[3].
me abofetea, para que no me enorgullezca.

Análisis y notas del texto griego.

Análisis: καὶ, conjunción copulativa *y*; τῇ, caso dativo femenino singular del artículo determinado declinado *por la*; ὑπερβολῇ, caso dativo femenino singular del nombre común *grandeza extraordinaria*; τῶν, caso genitivo femenino plural del artículo determinado declinado *de las*; ἀποκαλύψεων, caso genitivo femenino plural del nombre común *revelaciones*; διὸ, conjunción *por causa de, por esta razón*; ἵνα, conjunción causal *para que*; μὴ, partícula que hace funciones de adverbio de negación *no*; ὑπεραίρωμαι, primera persona singular del presente de subjuntivo en voz pasiva del verbo ὑπεραίρωμαι, *enorgullecerse, exaltarse*, aquí *me enorgullezca*; ἐδόθη, tercera persona singular del primer aoristo de indicativo en voz pasiva del verbo δίδωμι, *dar, entregar*, aquí *fue dada*; μοι, caso dativo de la primera persona singular del pronombre personal declinado *a mí, me*; σκόλοψ, caso nominativo masculino singular del nombre común *aguijón*; τῇ, caso dativo femenino singular del artículo determinado declinado *en la*; σαρκί, caso dativo femenino singular del nombre común *carne*; ἄγγελος, caso nominativo masculino singular del nombre común *ángel, mensajero*; Σατανᾶ, caso genitivo masculino singular del nombre propio *Satanás*; ἵνα, conjunción causal *para que*; με, caso acusativo de la primera persona singular del pronombre personal declinado *a mí, me*; κολαφίζῃ, tercera persona singular del presente de subjuntivo en voz activa del verbo κολαφίζω, *golpear, dar puñetazos, abofetear*, aquí *abofetee*; ἵνα, conjunción causal *para que*; μὴ, partícula que hace funciones de adverbio de negación *no*; ὑπεραίρωμαι, primera persona singular del presente de subjuntivo en voz pasiva del verbo ὑπεραίρωμαι, *enorgullecerse, exaltarse*, aquí *me enorgullezca.*

Notas. Crítica Textual. Lecturas alternativas.

[1] διὸ, *por esa razón*, según se lee en a, A, B, F, G, 0243, 33, 81, 1175, 1739, sy[h], bo.

No figura en 𝔓[46], D, K, L, P, Ψ, 104, 365, 630, 1241, 1505, 1881, 2464, 𝔐, lat, sa, Ireneo[lat].

[2] Σατανα, *de Satanás*, conforme a 𝔓[46], [2]a, B, I[vid], K, L, P, Ψ, 0243, 0278, 81, 104, 365, 629[c], 630, 1175, 1241, 1505, 1739, 1881, 2464, 𝔐, ar, sy, co, Cipriano, Ambrosiaster.

Σαταν, *Satán*, según [2]a, A[c], D[1], K, L, P, Ψ, 33, 81, 104, 365, 630, 1175, 1241, 1505, 1881, 2464, 𝔐, sy[h].

No figura en a[*], A, D, F, G, 33, 629[*], lat, Ireneo[lat].

[3] ἵνα μὴ ὑπεραίρωμαι, *para que no me enorgullezca*, según 𝔓[46], [2]a, B, I[vid], K, L, P, Ψ, 0243, 0278, 81, 104, 365, 629[c], 630, 1175, 1241, 1505, 1739, 1881, 2464, 𝔐, ar, sy, co, Cipriano, Ambrosiaster.

No figura en a[*], A, D, F, G, 33, 629[*], lat, Ireneo[lat].

καὶ τῇ ὑπερβολῇ τῶν ἀποκαλύψεων. Las revelaciones y visiones que el apóstol tuvo, pudieran hacer que se exaltase más allá de lo debido. No debe olvidarse que, aunque apóstol y asistido por la gracia, no era impecable, sino humano. Las revelaciones eran de tal naturaleza que podrían llevarle al orgullo que combatía. Las distinciones que Dios concedió a Pablo, podían actuar en la carne para elevarlo indebidamente. Así recuerda Kistemaker: *"El orgullo se filtra sutilmente en el alma humana y la termina gobernando de una manera tal, que la persona no se entera de su presencia"*[3].

διὸ ἵνα μὴ ὑπεραίρωμαι, ἐδόθη μοι σκόλοψ τῇ σαρκί, Dios asiste al apóstol en una situación que pudiera exaltarle sobremanera, permitiéndole una experiencia compleja en su propia *carne*. El apóstol afirma que *le fue dada*, por tanto, si era, como dice luego, un *mensajero de Satanás*, tiene necesariamente que ser una concesión divina. Sin el permiso de Dios no podría actuar en el apóstol.

[3] S. Kistemaker. óp. cit. pág. 344.

Hay que determinar algunas cosas que resultan un tanto complejas en la interpretación del texto. Primeramente, lo que le fue dado es un *aguijón*, una *espina*, instrumento que produce daño o cuando menos dolor, en el momento de ser aplicado. Esta *espina*, dice Pablo, está *en la carne*. Algunos traducen *para mi carne*. Sea cual sea la equivalencia dinámica, es necesario determinar que se ha de entender aquí por *carne*. Como otros escritores del Nuevo Testamento, para Pablo, la acepción *de carne* es doble. Equivale a la *debilidad* propia del cuerpo humano, con sus debilidades físicas, el envejecimiento, las enfermedades y, en general el deterioro propio de la naturaleza del hombre. Refiriéndose a él mismo escribe: *"lo que ahora vivo en la carne"* (Gá. 2:20), esto es, en el decurso diario de la vida, en la forma propia de la vida humana. Pero también, *carne* es usada por Pablo y otros escritores, en sentido de la *naturaleza caída*, que produce obras contrarias y en oposición al Espíritu (Gá. 5:19-21). La *carne* establece la identidad en el sentido pecaminoso que se manifiesta en ocasiones en el creyente. Esa es también la experiencia propia del apóstol, cuando escribe que él desea hacer el bien, comportarse conforme a la voluntad de Dios, vivir una vida de santidad, pero encuentra que él, como hombre es carnal, vendido al pecado, de manera que *"lo que hago, no lo entiendo, pues no hago lo que quiero, sino lo que aborrezco, eso hago"* (Ro. 7:15). Detecta que en él hay una ley que lo lleva *"cautivo a la ley del pecado que está en mis miembros"* (Ro. 7:23). El apóstol utiliza muchas más veces el término *carne* en sentido de naturaleza pecaminosa, señalando a los creyentes que bajo su influencia están haciendo lo que desagrada a Dios (1 Co. 3:1-4). Pablo podía estar usando el sustantivo *carne* en el pasaje en cualquiera de los dos sentidos. Con todo, para un hebreo como es Pablo, *carne* significa generalmente el cuerpo vivo, es decir, el conjunto integral del hombre con su naturaleza, que incluye la *debilidad* que carece de poder personal y de la fuerza propia de Dios. Pero, con seguridad el sentido de *carne* como expresión de naturaleza caída es el que Pablo da aquí al término, es decir, Dios permite un *aguijón* en su naturaleza humana.

Si es complejo determinar el sentido de *carne*, no lo es menos establecer que es el *mensajero de Satanás*, literalmente *ángel de Satanás*, que actúa como aguijón en su carne. Se entiende que Dios permitió que Satanás actuase en *la carne* de Pablo, para que no se exaltase. Sin duda surge la pregunta: *¿Por qué puede actuar en Pablo?* La respuesta no puede ser otra que una acción de la soberanía de Dios. Satanás no puede actuar contra el creyente sin permiso divino. El ejemplo de Job es elocuente. Las acciones que el diablo produjo en la vida de quien era *perfecto, recto, temeroso de Dios y apartado del mal* (Job. 1:1), fue posible cuando Dios le concedió hacerlo: *"He aquí, todo lo que tiene está* *en tu mano; solamente no pongas tu mano sobre él. Y salió Satanás de delante de Jehová"* (Job. 1:12), y más adelante, en la segunda ocasión en que se presenta delante de Dios, le dijo: *"He aquí, él está en tu mano; mas guarda su vida"* (Job. 2:6). Del mismo modo Satanás pidió a Dios para poder zarandear a los creyentes como a trigo (Lc. 22:31).

Por esa razón las pruebas que afligen al cristiano son concesión divina (Stg. 1:2-4). Estas pueden ser diversas y diferentes, como enfermedad, persecución, etc. Satanás actúa también en la tentación procurando la caída del creyente, para lo que sólo puede acceder por las únicas tres puertas que lo permiten: *"... los deseos de la carne, los deseos de los ojos, y la vanagloria de la vida..."* (1 Jn. 2:16). Utiliza para ello nuestra naturaleza y, en ocasiones, consigue derrotarnos si no usamos toda la armadura de Dios.

El aguijón *pincha* y lastima, pero el mensajero de Satanás *abofetea*, esto es, humilla, que es lo que caracteriza a la bofetada. Por tanto, el sufrimiento y la humillación previenen el orgullo que pudiera surgir de las visiones y revelaciones que el apóstol había recibido. De ahí que las dos expresiones: *para que me abofetee* y *para que no me enorgullezca*, se complementan y explican mutuamente.

ἵνα με κολαφίζῃ, ἵνα μὴ ὑπεραίρωμαι. El apóstol dice que ese mensajero de Satanás lo *abofetea.* En el caso de Pablo, caben dos posiciones: Si se trata de *carne* como debilidad propia del hombre, pudiera tratarse de algún trastorno orgánico o de alguna enfermedad. En caso de que se trate de *carne* como naturaleza caída, estará refiriéndose a las debilidades espirituales que pueden afectar al creyente, de las que el apóstol no estaba exento. La misión del *mensajero de Satanás*, era *abofetearlo*, cuya acción se relaciona con la humillación, es decir, procuraba humillar a Pablo.

Esa indefinición del texto conduce a una larga serie de propuestas que procuran establecer el sentido del *aguijón en la carne* al que se refiere el apóstol. Baste mencionar sólo las más comunes. La patrística considera que se trata de sufrimientos causados en el ministerio apostólico, que servían también de corrección, así escribe Tertuliano: *"El derecho de tentar a los justos se le ha concedido bien como provocado o provocante de su tentación, bien para que el pecador censurado se libre de sus tormentos, como los verdugos en un castigo; así sucedió a Saúl: 'El Espíritu del Señor se había apartado de Saúl, y un espíritu malo que venía del Señor le perturbaba'*[4]. *Alguna vez también estas pruebas sirven para comenzar a corregirnos, como refiere el Apóstol que le fue dado un aguijón, cual ángel de Satanás para hacerle sufrir; pero no le está permitido al diablo humillar a los santos mediante la tribulación de la carne, excepto para ejercitar su paciencia y fortalecer su virtud mediante el sentimiento de su debilidad. Por eso, el Apóstol mismo entregó a Satanás a Himeneo y Alejandro para que aprendieran a no blasfemar*[5]*"*[6].

Así también Severiano: *"La mayoría cree que habla como teniendo un dolor de cabeza, pero en verdad se refiere a las persecuciones, porque las pruebas se producían a causa de la energía diabólica"*[7].

Agustín consideraba que se trataba de una enfermedad: *"No le quita al Apóstol el aguijón de la carne, aunque se lo pida tres veces, para que la virtud se perfeccione en la enfermedad"*[8].

Los antiguos como Tertuliano, Crisóstomo y Jerónimo hablan de fuertes dolores de cabeza y oídos. También desde Crisóstomo –e incluso modernos– se presentó como explicación al *aguijón* como las persecuciones de los judíos, suponiendo que Pablo usa simbólicamente las palabras de Dios por medio de Moisés a Su pueblo en los campos de Moab: *"Y si no echareis a los moradores del país de delante de vosotros, sucederá que los que dejareis de ellos serán por aguijones en vuestros ojos y por espinas en vuestros costados..."* (Nm. 33:55).

Los exégetas medievales se refirieron mayoritariamente a tentaciones de la concupiscencia del hombre, siguiendo a Gregorio Magno y Casiano, que presentaban como *aguijón* la concupiscencia con sus asaltos y tentaciones (Ro. 7:23).

Para los reformadores, tanto Lutero como Calvino, consideran que se trata de las tentaciones en general.

Los modernos sugieren que se trata de una oftalmía, apoyándose en la frase que dice a los Gálatas, de que si hubieran podido se habrían sacado sus ojos para dárselos (Gá. 4:15), pero ese es sin duda una hipérbole de lenguaje para expresar el afecto de ellos[9]. Otros unen a este texto el de la

---

[4] 1 S. 16:14.
[5] 1 Ti. 1:20.
[6] Tertuliano. *La huida en tiempo de persecución*, 2:7.
[7] Severiano. *Fragmentos sobre la Segunda Carta a los Corintios*.
[8] Agustín. *Carta a Vicente rogatista,* 93, 2, 4.
[9] Ver comentario al versículo en *Gálatas*, de esta misma serie.

despedida de la *Epístola a los Gálatas*, en la que Pablo se refiere a *las grandes letras* escritas por su mano (Gá. 6:11), cuando de lo que habla es de la extensión de una *Epístola* escrita totalmente por su propia mano[9]. Se ha pretendido presentar otras muchas enfermedades que supuestamente gravitaron en el apóstol además de los problemas oculares, como malaria, lepra, reumatismo, afecciones del habla (10:10; 11:6). Todas estas teorías han sido defendidas por eruditos conocedores de la vida de Pablo y del entorno del tiempo y condiciones de su ministerio, pero sin que suponga una definitiva explicación.

8. Respecto a lo cual tres veces he rogado al Señor, que lo quite de mí.

ὑπὲρ τούτου τρὶς τὸν Κύριον παρεκάλεσα ἵνα ἀποστῇ
Por esto tres veces al Señor rogué que aparte
ἀπ' ἐμοῦ.
de mí.

Análisis y notas del texto griego.

Análisis: ὑπὲρ, preposición propia de genitivo *por*; τούτου, caso genitivo neutro singular del pronombre demostrativo *esto*; τρὶς, adverbio *tres veces*; τὸν, caso acusativo masculino singular del artículo determinado declinado *al*; Κύριον, caso acusativo masculino singular del nombre divino *Señor*; παρεκάλεσα, primera persona singular del primer aoristo de indicativo en voz activa del verbo παρακαλέω, *pedir, rogar*, aquí *rogué*; ἵνα, conjunción *que*; ἀποστῇ, tercera persona singular del segundo aoristo de indicativo en voz activa del verbo ἀφίστημι, *hacer que se rebele, alejarse, apostatar*, aquí *aparte*; ἀπ', preposición propia de genitivo ἀπό, con el grafismo que adopta por elisión de la o final ante vocal o diptongo sin aspiración, que equivale a *de, desde, procedente de, por medio de, con, por*; ἐμοῦ, caso genitivo de la primera persona singular del pronombre personal *mí*.

ὑπὲρ τούτου τρὶς τὸν κύριον παρεκάλεσα ἵνα ἀποστῇ ἀπ ἐμοῦ. Ante una situación así, el apóstol pidió al Señor que apartase de él el mensajero de Satanás y el aguijón en su carne. Dice que hizo esa petición *tres veces*, posiblemente no se trata de una cifra exacta sino del modo hebreo para expresar algo en forma superlativa, lo que equivaldría a pedir con continuidad que lo apartara de él. Es una evidencia de que el apóstol lo consideraba como un obstáculo para el ministerio. El ruego está dirigido al Señor que lo había llevado antes al *tercer cielo*. Aunque muy bien pudiera ser esta la interpretación correcta, no es menos posible que las *tres veces* coincidan con tres ocasiones en que de algún modo se manifestó aspectos de carnalidad en la vida de Pablo.

Una sugerencia más, presenta este *aguijón en la carne*, como un problema de carácter. El apóstol dirá en el próximo versículo que pidió tres veces al Señor que lo sacara de él. En los datos biográficos bíblicos sobre Pablo, hay tres ocasiones en que el carácter del apóstol manifiesta una situación propia de la *carne.* 1) La primera tiene que ver con la discusión violenta que se produjo entre él y Bernabé, relacionada con llevar con ellos, en el viaje misionero que estaba a punto de comenzar, a Juan Marcos, el primo o sobrino de Bernabé que se había apartado de ellos en el viaje y regresó a Jerusalén. La intransigencia de Pablo fue de tal naturaleza que el texto bíblico habla de *paroxismo*, en las palabras entre los dos hasta el punto que ambos se separaron y cada uno siguió caminos diferentes. Realmente en aquella discusión, la argumentación de Pablo era sumamente débil, ya que Juan Marcos no era un *desertor* como le califica, puesto que no había sido llamado por el Señor a la obra misionera, sino que participó en aquel viaje por invitación de Pablo y de Bernabé. Tiempo después pedía a las iglesias que recibiesen a Juan Marcos y al final de su vida ruega a Timoteo que le traiga a Roma consigo porque le es útil para el ministerio (2 Ti. 4:11). Sin duda el mayor responsable en el incidente fue Pablo. 2) Una segunda ocasión tuvo lugar con la venida de Pedro a Antioquía. Pablo dice a los gálatas que lo reprendió públicamente, pero no se dice nada de haber tratado esa situación del apóstol Pedro en forma privada, como había ordenado al Señor para actuar con cualquiera que estuviese obrando mal, siguiendo luego con una reprensión ante testigos si persistía y terminando por decirlo a la iglesia (Mt. 18:15-17). Pablo, llevado por su carácter exigente en toda cuestión que no estuviese firmemente sujeta a la verdad, actuó desproporcionadamente con Pedro, manifestando un aspecto propio del actuar de la *carne.* 3) La *carta de las muchas lágrimas*, a la que hace mención en esta *Epístola* (2:4), que por alguna razón no es un escrito canónico y no se ha preservado en la correspondencia corintia. Debió ser sumamente duro puesto que le causó una inquietud tan grande sobre cómo había sido la reacción de los corintios ante ella que no le permitió seguir con el ministerio y salió a buscar a Tito para recibir información de él.

Cualquiera de estas propuestas y otras que no se han citado, son simplemente sugerencias con mayor o menor probabilidad, pero como en otras muchas ocasiones el Espíritu guarda silencio sobre lo que realmente era el *aguijón en la carne.*

9. Y me ha dicho: Bástate mi gracia; porque mi poder se perfecciona en la debilidad. Por tanto, de buena gana me gloriaré más bien en mis debilidades, para que repose sobre mí el poder de Cristo.

καὶ εἴρηκεν μοι· ἀρκεῖ σοι ἡ χάρις μου, ἡ γὰρ δύναμις[1] ἐν
Y ha dicho me: Basta te la gracia de mí, porque el poder en

ἀσθενείᾳ τελεῖται. ἥδιστα οὖν μᾶλλον καυχήσομαι ἐν ταῖς
debilidad se realiza. De buena gana, pues, más bien me jactaré en las
ἀσθενείαις μου[2], ἵνα ἐπισκηνώσῃ ἐπ᾽ ἐμὲ ἡ δύναμις τοῦ
debilidades de mí, para que habite en mí el poder -
Χριστοῦ.
de Cristo.

Análisis y notas del texto griego.

Análisis: καὶ, conjunción copulativa *y*; εἴρηκεν, primera persona singular del perfecto de indicativo en voz activa del verbo λέγω, *hablar, decir*, aquí *ha dicho*; μοι, caso dativo de la primera persona singular del pronombre personal declinado *a mí, me*; ἀρκεῖ, tercera persona singular del presente de indicativo en voz activa del verbo ἀρκέω, *estar contento o satisfecho, ser suficiente, bastar*, aquí *basta*; σοι, caso dativo de la segunda persona singular del pronombre personal declinado *a ti te*; ἡ, caso nominativo femenino singular del artículo determinado *la*; χάρις, caso nominativo femenino singular del nombre común *gracia*; μου, caso genitivo de la primera persona singular del pronombre personal declinado *de mí*; ἡ, caso nominativo femenino singular del artículo determinado *la*; γὰρ, conjunción causal *porque*; δύναμις, caso nominativo femenino singular del nombre común *fuerza, poder*; ἐν, preposición propia de dativo *en*; ἀσθενείᾳ, caso dativo femenino singular del nombre común *debilidad, enfermedad*; τελεῖται, tercera persona singular del presente de indicativo en voz pasiva del verbo τελέω, *finalizar, completar, realizar*, aquí *se realiza*; ἥδιστα, adverbio *de buena gana, con gusto*; οὖν, conjunción continuativa *pues*; μᾶλλον, adverbio *más, más bien, antes bien, tanto más*; καυχήσομαι, primera persona singular del futuro de indicativo en voz media del verbo καυχάομαι, *jactarse*, aquí *me jactaré*; ἐν, preposición propia de dativo *en*; ταῖς, caso dativo femenino singular del artículo determinado *las*; ἀσθενείαις, caso dativo femenino plural del nombre común *debilidades*; μου, caso genitivo de la primera persona singular del pronombre personal declinado *de mí*; ἵνα, conjunción causal *para que*; ἐπισκηνώσῃ, tercera persona singular del primer aoristo de subjuntivo en voz activa del verbo ἐπισκηνόω, *habitar*, aquí *habite*; ἐπ᾽, forma escrita de la preposición de acusativo ἐπί, con el grafismo por elisión de la ι final ante vocal o diptongo sin aspiración, que equivale a *en*; ἐμὲ, caso acusativo de la primera persona singular del pronombre personal *mí*; ἡ, caso nominativo femenino singular del artículo determinado *la*; δύναμις, caso nominativo femenino singular del nombre común *poder, fuerza*; τοῦ, caso genitivo masculino singular del artículo determinado *el*; Χριστοῦ, caso genitivo masculino singular del nombre propio declinado *de Cristo*.

Notas. Crítica Textual. Lecturas alternativas.

1 δύναμις, *poder*, según se lee en a*, A*, B, D*, F, G, latt, sa, bo^{pt}, Ireneo$^{lat.}$

δύναμις μου, *poder de mí*, conforme a ^{2}a, A^{c}, D^{1}, K, L, P, Ψ, 0243, 0278, 33, 81, 104, 365, 630, 1175, 1241, 1505, 1739, 1881, 2464, 𝔐, sy, bo^{pt}, Ireneo^{arm}.

[2] μου, *de mí*, según se lee en a, A, D, F, G, K, L, P, Ψ, 0278, 33, 81, 104, 365, 630, 1175[c], 1241, 1505, 1881, 2464, 𝔐, latt, sy[p], sa.

No figura el pronombre en B, 6, 1175*, 1739, sy[h], bo, Ireneo.

καὶ εἴρηκεν μοι· ἀρκεῖ σοι ἡ χάρις μου,ἡ γὰρ δύναμις ἐν ἀσθενείᾳ τελεῖται. Dios no retira el problema que afecta al apóstol, para que descanse sólo en la gracia divina. La gracia era el sostén y descanso de Pablo (1 Co. 15:10). Las pruebas no son dadas para probar la fe, que Dios conoce plenamente, sino para probar al creyente en relación con la fe. De otro modo, permite al cristiano saber en dónde está su confianza y descanso. Si el problema estaba relacionado con fracasos espirituales, ahí estaba la gracia proveyendo para perdón y aliento (1 Jn. 1:9). Nunca se hará bastante firmeza en la gracia. Dios desea para cada uno atención a Su gracia porque esto conduce a darle a Él toda la gloria (Fil. 4:13). Si se tratase de una prueba física, he ahí la respuesta: *"No nos ha sobrevenido ninguna tentación que no sea humana; pero fiel es Dios, que no nos dejará ser tentados más de lo que podéis resistir, sino que dará también juntamente con la tentación la salida, para que podáis soportar"* (1 Co. 10:13). La fuerza de Dios se manifiesta desde el tiempo de la resurrección, en relación con el creyente, en Cristo mismo. Cristo no solo tiene poder, sino que *es poder* en Sí mismo. Esta es la fuerza, el poder que ofrece a Su apóstol. La fuerza no es propia de *la carne*, sino del Espíritu, no es de *los hombres*, sino de Dios. Tal poder se *perfecciona*, o *se realiza*, no en sí misma, sino en su *realización* o *energía activa*.

ἥδιστα οὖν μᾶλλον καυχήσομαι ἐν ταῖς ἀσθενείαις μου, ἵνα ἐπισκηνώσῃ ἐπ' ἐμὲ ἡ δύναμις τοῦ Χριστοῦ. Dios usa los medios débiles del hombre, como en el caso de Pablo, para manifestar perfecta Su fuerza, que hace posible que un instrumento inútil en sí mismo sea eficaz en mano de Su gracia. Por esa razón el apóstol se jacta en sus debilidades, porque cuando es débil, entonces se manifiesta fuerte porque su fuerza inútil es dejada a un lado para manifestar en él la poderosa fuerza de Cristo. Esa es la única vía para que venga sobre el cristiano el poder de Cristo. Dios no usa nuestras fuerzas para hacer Su obra, sino que multiplica con las Suyas, las de aquel que no tiene ninguna (Is. 40:29). De ahí que el apóstol se gloría en su debilidad, porque es en ella donde se manifiesta la fuerza gloriosa de Dios. Es de notar que no se gloría en el sufrimiento, ni en las tribulaciones, sino en el poder de Cristo que le ayuda a superar todo ello. Dios usa a quien viene a Él sin fuerza personal alguna, para recibir la provisión de la gracia que le permite hacer por medio del poder de Dios, la obra de Dios. Es interesante notar que el verbo ἐπισκηνόω, *habitar*, es usado en otros lugares para referirse al hecho de poner una tienda de campaña, la *fuerza* de Dios en Cristo, viene *sobre* el creyente invistiéndolo de poder. Dios pone Su tabernáculo en donde se manifiesta en plenitud e invita al creyente a morar en él, por lo que siempre tendrá provisión de gracia y poder para el servicio.

10. Por lo cual, por amor a Cristo me gozo en las debilidades, en afrentas, en necesidades, en persecuciones, en angustias; porque cuando soy débil, entonces soy fuerte.

διὸ εὐδοκῶ ἐν ἀσθενείαις, ἐν ὕβρεσιν, ἐν ἀνάγκαις, ἐν
Por lo cual me complazco en debilidades, en afrentas, en necesidades, en
διωγμοῖς καὶ στενοχωρίαις, ὑπὲρ Χριστοῦ· ὅταν γὰρ ἀσθενῶ,
persecuciones y estrecheces, por Cristo. Porque cuando soy débil,
τότε δυνατός εἰμι.
entonces fuerte soy.

Análisis y notas del texto griego.

Análisis: διὸ, conjunción *por eso, por esa razón, por lo cual*; εὐδοκῶ, primera persona singular del presente de indicativo en voz activa del verbo εὐδοκέω, *complacerse en, elegir, decidir*, aquí *me complazco en*; ἐν, preposición propia de dativo *en*; ἀσθενείαις, caso dativo femenino singular del nombre común *debilidades*; ἐν, preposición propia de dativo *en*; ὕβρεσιν, caso dativo femenino singular del nombre común *afrentas*, *maltrato*; ἐν, preposición propia de dativo *en*; ἀνάγκαις, caso dativo femenino plural del nombre común *compulsión, necesidades*; ἐν, preposición propia de dativo *en*; διωγμοῖς, caso dativo masculino plural del nombre común *persecuciones*; καὶ, conjunción copulativa *y*; στενοχωρίαις, caso dativo femenino plural del nombre común *estrecheces, apreturas, opresiones*; ὑπὲρ, preposición propia de genitivo *de, por*; Χριστοῦ, caso genitivo masculino singular del nombre propio *Cristo*; ὅταν, conjunción *cuando*; γὰρ, conjunción causal *porque*; ἀσθενῶ, primera persona singular del presente de subjuntivo en voz activa del verbo ἀσθενέω, *ser débil*, aquí *soy débil*; τότε, adverbio demostrativo *entonces*; δυνατός, caso nominativo masculino singular del adjetivo *fuerte*; εἰμι, primera persona singular del presente de indicativo en voz activa del verbo εἰμί, *ser, estar*, aquí *soy*.

διὸ εὐδοκῶ ἐν ἀσθενείαις, ἐν ὕβρεσιν, ἐν ἀνάγκαις, ἐν διωγμοῖς καὶ στενοχωρίαις, ὑπὲρ Χριστοῦ· Como consecuencia de cuanto ha dicho, cierra el párrafo con una confirmación personal. No se gloría de asuntos que humanamente hablando podían exaltarle, de los que menciona aquí cosas tales como, *debilidades*, que pudieran ser tanto de enfermedad como propias de la condición del hombre; *afrentas, maltratos, insultos*, que recibía diariamente en su ministerio, tanto de los mundanos como, en alguna ocasión de los contrarios a él en las iglesias, especialmente de los judaizantes y de quienes aquellos llegaban a influenciar; *necesidades*, algunas las mencionó antes y en modo genérico, hambre, sed, frío por carecer de suficiente ropa de abrigo; *persecuciones*, una de las adversidades que eran habituales en el ministerio apostólico; *estrecheces*, sustantivo que denota también *aprietos, opresiones*. Todos estos conflictos ocurrían *por* Cristo o *por amor a Cristo*, es decir, por causa de servirle y obedecerle en el apostolado al que había sido llamado.

ὅταν γὰρ ἀσθενῶ, τότε δυνατός εἰμι. El cierre es la consecuencia lógica de lo que estuvo diciendo. Cuando el creyente es débil entonces la gracia de Dios se manifiesta operando en él. El poder de Cristo se manifiesta tanto en los creyentes como en los medios que usa para llevar a cabo Su obra. Como dice Hodge: *"Éstos son, en todos los casos, y por sí mismos, totalmente inadecuados y desproporcionados a los resultados que se persiguen"*[10]. Por esa causa la gloria de todo en el servicio es para Dios. Este tesoro está en vasos de barro para que la excelencia del poder sea de Dios. La potencia divina es contraria a la humana y opuesta a ella. Baste entender que el mensaje de salvación, la Palabra de la Cruz, es locura para los que se pierden (1 Co. 1:18). Para establecer la Iglesia fue suficiente el ministerio de doce hombres sin preparación humana en alguna escuela rabínica. Un puñado de misioneros, sin recursos, apartados de su entorno, conducidos a sitios lejanos fuera de la civilización, plantaron iglesias en centenares de países y condujeron a Cristo a miles de personas. Este es el ejemplo de cómo la *fuerza de Dios* se perfecciona en la debilidad humana.

Pero todavía más. El apóstol estaba siendo atacado por un aguijón en su carne, un mensajero de Satanás que lo abofeteaba. Él oró para que le fuese retirado aquel problema, pero Dios respondió a su oración dirigiendo su pensamiento no a la dificultad, sino a la gracia que se perfecciona en la debilidad. Esto reorientó su pensamiento de tal modo que no sólo sentía una perfecta paz y tranquilidad personal en medio del problema, sino que era capaz de *complacerse* en las debilidades. El hombre de Dios alcanza de ese modo al lugar de la bendición. Así ocurrió siempre. Esa fue la experiencia de Job, que fue doblemente bendecido cuando alcanzó la dimensión de su estado en el polvo y en la ceniza, desposeído de todo recurso, para esperar sólo en Dios (Job. 19:25-27; 42:5-6). De esa mima manera fue bendecido Jacob (Os. 12:4). A diferencia de los que se gloriaban en sí mismos, el apóstol se reduce para que Dios sea enaltecido. La realidad de su condición de apóstol queda de manifiesto frente a la mentirosa de los *falsos apóstoles*.

---

[10] C. Hodge. óp. cit. pág. 318.

El desinterés del apóstol (12:11-18)

11. Me he hecho un necio al gloriarme; vosotros me obligasteis a ello, pues yo debía ser alabado por vosotros; porque en nada he sido menos que aquellos grandes apóstoles, aunque nada soy.

Γέγονα ἄφρων[1], ὑμεῖς με ἠναγκάσατε. ἐγὼ γὰρ ὤφειλον ὑφ'
Me he hecho insensato, vosotros me obligasteis; porque yo debía por
ὑμῶν συνίστασθαι· οὐδὲν γὰρ ὑστέρησα τῶν ὑπερλίαν
vosotros ser recomendado; porque en nada fui menos de los grandes
ἀποστόλων εἰ καὶ οὐδέν εἰμι.
apóstoles, aunque nada soy.

Análisis y notas del texto griego.

Análisis: Γέγονα, primera persona singular del perfecto de indicativo en voz activa del verbo γίνομαι, *hacerse, ser hecho*, aquí *me he hecho*; ἄφρων, caso nominativo masculino singular del adjetivo *loco, insensato, necio*; ὑμεῖς, caso nominativo de la segunda persona plural del pronombre personal *vosotros*; με, caso acusativo de la primera persona singular del pronombre personal *me*; ἠναγκάσατε, segunda persona plural del primer aoristo de indicativo en voz activa del verbo ἀναγκάζω, *forzar, obligar, compeler, urgir, insistir*, aquí *obligasteis*; ἐγὼ, caso nominativo de la primera persona singular del pronombre personal *yo*; γὰρ, conjunción causal *porque*; ὤφειλον, primera persona singular del imperfecto de indicativo en voz activa del verbo ὀφείλω, *ser deudor, tener que, estar obligado*, aquí *debía*; ὑφ' forma que toma la preposición de genitivo ὑπό, por elisión y asimilación ante vocal aspirada, aquí con sentido de *por*; ὑμῶν, caso genitivo de la segunda persona plural del pronombre personal *vosotros*; συνίστασθαι, presente de infinitivo en voz pasiva del verbo συνίστημι, οὐδὲν, caso acusativo neutro singular del pronombre indefinido declinado *en nada*; γὰρ, conjunción causal *porque*; ὑστέρησα, primera persona singular del primer aoristo de indicativo en voz activa del verbo ὑστερέω, *llegar tarde, carecer de, quedarse atrás, faltar, ser inferior, ser menos*, aquí *fui menos*; τῶν, caso genitivo masculino plural del artículo determinado declinado *de los*; ὑπερλίαν, adverbio de modo *excesivamente*; ἀποστόλων, caso genitivo masculino plural del nombre común *apóstoles*; εἰ, conjunción *sí*; καὶ, adverbio de modo *también*; οὐδέν, caso nominativo neutro singular del pronombre indefinido *nada*; εἰμι, primera persona singular del presente de indicativo en voz activa del verbo εἰμί, *ser, estar*, aquí *soy*.

Notas. Crítica Textual. Lecturas alternativas.

[1] ἄφρων, *insensato*, según lectura en 𝔓[46], a, A, B, D, F, G, K, 6, 33, 81, 629, 1175, 1739, 2464, lat, co.

ἄφρων καυχώμενος, *insensato que se gloría*, conforme a L, P, Ψ, 0243, 104, 365, 630, 1241, 1505, 1881, sy.

Γέγονα ἄφρων, ὑμεῖς με ἠναγκάσατε. Pablo insiste en la necedad de su propia alabanza. Ya ha puntualizado esto antes (10:12). Sin embargo, aparentemente pareciera que había caído en lo que reprochaba en otros. La razón para este comportamiento está en que *"vosotros me obligasteis a ello"*. Los corintios tenían argumentos y evidencias suficientes para defenderlo delante de quienes procuraban desprestigiarlo y que le calumniaban para conseguirlo. Así lo presentaban como un impostor que no era apóstol y si lo era, en algún sentido, no podía compararse con los *grandes apóstoles*. Ya se ha considerado que pudiera estar hablando de quienes, viniendo como apóstoles enviados desde Jerusalén, no eran más que *falsos apóstoles* que se engrandecían a ellos mismos y se presentaban como los *grandes apóstoles*, en otro lenguaje más coloquial los *super-apóstoles*. Es lamentablemente cierto que la gratitud no es una virtud sobre todo en quienes no son espirituales, por tanto, no defendían al apóstol de los infundios contra él. Además, otra característica propia de los no espirituales es el interés por novedades. Siempre es mejor el nuevo que viene que el que ha estado atendiéndoles por tiempo. Así ocurría en Corinto, Pablo había estado enseñándoles la doctrina continuamente y siempre la misma e inalterable que contiene las verdades reveladas por Dios. De pronto, entran en la iglesia los *falsos apóstoles* que vienen anunciándoles *otra doctrina* y es a éstos que traen novedades a quienes aceptan, lo que trae como consecuencia el desprecio por el apóstol, consintiendo que los engendros del demonio hablen contra él. No cabe duda alguna que el apóstol tuvo que recordarles hechos portentosos ocurridos en su vida, así como los conflictos ocasionados por el mantenimiento de la verdad, ya que ninguno de los corintos salió en defensa de Pablo ante aquellos perversos advenedizos.

ἐγὼ γὰρ ὤφειλον ὑφ ὑμῶν συνίστασθαι· Un reproche personal aparece en el escrito: *"yo debía ser alabado por vosotros"*. Los creyentes no tenían razón alguna para permanecer callados ante el abuso que se cometía por los *falsos apóstoles* contra el apóstol. Si aquellos lo denigraban y desprestigiaban, ellos tenían motivos más que suficientes para alabarlo delante de los enemigos. Había, no solo razones, sino evidencias para hacerlo así. En su lugar dieron –por lo menos algunos– crédito a las falsedades de los enemigos de Pablo.

Lamentablemente por esta razón tuvo que hacer referencia a las muchas virtudes que adornaban su ministerio, a las victorias sobre los contrarios a Cristo, a los sufrimientos en el servicio, a las vicisitudes entre los judíos, a los conflictos con los gentiles y, lo más triste, al menosprecio de quienes habían sido alcanzados para Cristo por él mismo, durante el tiempo que estuvo en la ciudad.

οὐδὲν γὰρ ὑστέρησα τῶν ὑπερλίαν ἀποστόλων. Una afirmación contundente: *"Porque en nada he sido menos que aquellos grandes apóstoles"*. Todos aquellos mentirosos se tenían por *apóstoles más grandes* que Pablo (11:1 ss.). De igual manera ocurre con los que entienden que aquí se está refiriendo a las *columnas de la iglesia*, los apóstoles, los Doce, tampoco al lado de ellos era menor. Dos razones motivan a Pablo para escribir lo que antecede: 1) La obligación de defender *su apostolado*, no su persona. 2) La superioridad de su apostolado, que es expresión de la gracia de Dios en él.

εἰ καὶ οὐδέν εἰμι. Sin embargo, no puede dejar de manifestar lo que es propio de un creyente espiritual que sigue las huellas de Jesús: la humildad. Puede decir lo que dijo y añadir mucho más, pero no era él quien había logrado aquello, por eso dice: *"Mas no yo, sino la gracia de Dios conmigo"* (1 Co. 15:10). Él entendía perfectamente que lo que procedía de la gracia, sólo podía ser motivo de gratitud a Dios y no de complacencia personal, *"porque ¿quién te distingue? ¿o que tienes que no hayas recibido? Y si lo recibiste ¿por qué te glorias como si no lo hubieras recibido?"* (1 Co. 4:7). Otros se enaltecían y con ello obtenían beneficios monetarios de los creyentes en Corinto. El apóstol se abaja a sí mismo reconociendo la realidad de lo que era, un recipiente lleno de la gracia de Dios. El orgullo es la raíz de todos los males. Cuando un creyente se exalta a sí mismo, en igual dimensión está rebajando la gloria que corresponde a Dios. En la iglesia de Cristo sobran grandes y faltan siervos que digan: *"nada soy"*.

12. Con todo, las señales de apóstol han sido hechas entre vosotros en toda paciencia, por señales, prodigios y milagros.

τὰ μὲν	σημεῖα	τοῦ	ἀποστόλου	κατειργάσθη	ἐν	ὑμῖν	ἐν
Ciertamente las	señales	del	apóstol	fueron hechas	ante	vosotros	en

πάσῃ	ὑπομονῇ,	σημείοις[1]	τε	καὶ τέρασιν	καὶ	δυνάμεσιν.
toda	paciencia,	señales	no solo	prodigios,	sino también	milagros.

Análisis y notas del texto griego.

Análisis: τὰ, caso nominativo neutro plural del artículo determinado *los*; μὲν, partícula afirmativa que se coloca siempre inmediatamente después de la palabra expresiva de una idea que se ha de reforzar o poner en relación con otra idea y que, en sentido absoluto tiene oficio de adverbio de afirmación, como *ciertamente, a la verdad*; σημεῖα, caso nominativo neutro plural del nombre común *señales*; τοῦ, caso genitivo masculino singular del artículo determinado declinado *del*; ἀποστόλου, caso genitivo masculino singular del nombre común *apóstol*; κατειργάσθη, tercera persona singular del primer aoristo de indicativo en voz pasiva del verbo κατεργάζομαι, *completar, llevar a cabo, producir, hacer* aquí *fueron hechas*; ἐν, preposición propia de dativo *en, ante*; ὑμῖν, caso dativo de la segunda persona plural del pronombre personal *vosotros*; ἐν, preposición propia de dativo *en*; πάσῃ, caso dativo femenino singular del adjetivo indefinido *toda*; ὑπομονῇ, caso dativo femenino singular del nombre común *paciencia*; σημείοις, caso dativo neutro plural del nombre común *señales*; τε, conjunción *y*; καὶ, conjunción copulativa *y*, ambas juntas equivalen a *no solo*; τέρασιν, caso dativo neutro plural del nombre común *prodigios*; καὶ, conjunción copulativa *y*, que vinculada a la anterior τε καὶ, equivale a *sino también*; δυνάμεσιν, caso dativo femenino plural del nombre común *poderes, milagros*.

Notas. Crítica Textual. Lecturas alternativas.

[1] σημείοις τε, *señales y*, lectura en P[46], ℵ[*], B, 0243, 0278, 33, 81, 326, 630, 1175, 1739, 1881, 2464, g.

σημείοις, *señales*, conforme a A, D[*], lat, Ambrosiaster, Pelagio.

ἐν σημείοις, *en señales*, según [2]ℵ, D[2], K, L, P, Ψ, 104, 365, 1241, 𝔐, vg[cl].

καὶ σημείοις, *y señales*, como aparece en F, G, 1505.

τὰ μὲν σημεῖα τοῦ ἀποστόλου κατειργάσθη ἐν ὑμῖν Pablo era verdaderamente apóstol porque las *señales* que debían tener todos los apóstoles se habían manifestado en él. Comenzando por el hecho de la elección divina (Gá. 1:15). Ninguno de aquellos *falsos apóstoles* que se introducían como *grandes*, podían decir lo mismo y hablar de una elección divina que le alcanzó desde antes de nacer. La primera acción de la soberanía divina fue separarlo desde antes de su nacimiento para la misión que le iba a encomendar. Es algo que había hecho con otros en otros tiempos, como ocurrió con el profeta Isaías (cf. Is. 49:1), con Jeremías (Jer. 1:5), y mucho tiempo después con Juan el Bautista (Lc. 1:15). Pablo dice, al escribir a los gálatas, que Dios le *apartó*, implicando con ello una elección soberana en relación con él. Esta separación desde el vientre de su madre, es mucho más que una mera providencia divina, es una eterna determinación en relación con él. No iba a esperar Dios que el ahora apóstol manifestase su determinación de dejar todo cuanto representaba el máximo valor en su vida para abrazar a Jesucristo, a quien perseguía, aceptándolo como el Salvador de los pecadores y el Mesías prometido. Su conversión se producía por la determinación divina que lo había escogido para Sí, antes de su nacimiento. Es lo mismo que con Jeremías: *"Antes que te formase en el vientre te conocí, y antes que nacieses te santifiqué, te di por profeta a las naciones"* (Jer. 1:5). Dios consagró a Pablo separándolo del resto de los hombres para que llevase a cabo Su propósito. Junto con la elección eterna está el llamamiento divino, por el que el Padre lo conduce a Jesús, en el camino cerca de Damasco (Gá. 1:15b). A éste se le confiere una comisión divina (Gá. 1:16). Por tanto, el poder de Dios actuaba en él, al igual que en los demás apóstoles, confirmando la realidad de un Cristo vivo que predicaban y que actuaba en señales lo mismo que cuando estaba en la tierra.

ἐν πάσῃ ὑπομονῇ, Una de las manifestaciones de su apostolado consistía en *la paciencia*. El término ὑπομονῇ, traducido por *paciencia*, denota la capacidad de *perseverancia*. Es la capacidad de permanecer firme en determinadas circunstancias en las que otros hubiesen declinado. Pero, también significa estar expectante, viendo y esperando lo que sucede en el tiempo. Dios había trazado un plan para el apostolado de Pablo y él pacientemente esperaba que *cumpliese su propósito* en él. Pablo permanecía firme, diríase que *obstinadamente*, de manera inflexible, frente a los males que le acosaban, siendo una manifestación de valentía, que no procedía de su naturaleza, sino de la gracia. En sentido negativo expresa la idea de resistir a pesar del ignominioso trato a que se veía sometido, aguantando las humillaciones por la que pasaba. La paciencia, en este sentido, es provisión del *Dios de la paciencia* (Ro. 15:5). Esta paciencia está sustentada también en la esperanza de la parusía redentora que tendrá lugar en el encuentro con Cristo, o en la intervención poderosa de Él, que libra de la situación, pero, también está firmemente anclada en la fe, por la que se mantiene la firmeza en toda circunstancia, en este caso concreto, en medio de las tribulaciones. La perseverancia en Pablo es tratada como *permanencia* en Cristo en los escritos de Juan.

σημείοις τε καὶ τέρασιν καὶ δυνάμεσιν. Las tres palabras que se usan en el Nuevo Testamento para referirse a hechos prodigiosos están presentes en las últimas palabras del versículo: *señales, prodigios y milagros*. Las coloca como evidencias, como manifestaciones conocidas por los corintios que confirman el apostolado de Pablo.

Primeramente, están las *señales*, que son los milagros aplicados a la demostración de la resurrección de Cristo, como respaldo a la predicación del evangelio. El apóstol Juan utiliza el término para referirse a los milagros del Señor Jesús (Jn. 2:11). Las *señales* mesiánicas llevaban a quienes las presenciaban a la comprensión indubitable de que Jesús era el Mesías prometido (Jn. 3:2). Los apóstoles respaldaban su apostolado en la predicación del evangelio, haciendo *señales* que correspondían o eran propias del Mesías y ponían de manifiesto la realidad de Su resurrección que ellos proclamaban. Estas *señales* mesiánicas fueron manifestadas también por Pablo, que *sanó* enfermedades (Hch. 19:11, 12; 28:8, 9); sanó cojos (Hch. 14:10); resucitó muertos (Hch. 20:10); abrió puertas a presos espirituales (Hch. 16:18); predicó el evangelio a los pobres, es decir gratuitamente (11:7). Todas estas *señales* manifestaban que el Mesías había resucitado y Su apóstol era enviado por Él, con Su poder actuando de esa manera.

En segundo lugar, menciona los *prodigios*, literalmente *maravillas*. Acciones sobrenaturales hechas en el nombre y con la autoridad de Dios, en el poder del Espíritu Santo. El *prodigio* llevaba la atención de la gente hacia el *portento*, lo que permitía señalar luego hacia Dios que lo operaba. Ocurrió así en Listra, cuando sanó al cojo, y los hombres creían que eran dioses, por el *prodigio* hecho con el cojo (Hch. 14:10, 15 ss.). También en Malta, cuando la víbora clavó sus dientes en su mano y todos esperaban verlo caer muerto, considerándolo como un homicida, pero al ver que no ocurría nada, querían adorarlo como un dios (Hch. 28:1-6).

En tercer lugar, menciona como señales de apóstol *los milagros*. Literalmente *poderes*, operaciones de poder sobrenatural que sólo están en Dios. Cristo para él era *poderoso*, de modo que podía decir *"todo lo puedo en Cristo que me fortalece"* (Fil. 4:13). El Señor cumplía en él la promesa dada para la evangelización del mundo: *"estoy con vosotros todos los días"* (Mt. 28:20). Es necesario recordar que Jesús no sólo tiene poder, es el poder de Dios mismo.

Es posible que teológicamente se busque distinguir cada uno de los términos separados e independientemente, pero todos ellos se usan para describir los milagros, esto es, la acción todopoderosa de Dios que efectúa lo que humanamente hablando sería imposible. Se trata de términos que señalan a los milagros. Un mismo milagro, sin importar cuál sea su clase, puede designarse usando cualquiera de los tres términos.

13. Porque ¿en qué habéis sido menos que las otras iglesias, sino en que yo mismo no os he sido carga? ¡Perdonadme este agravio!

τί γάρ ἐστιν ὃ ἡσσώθητε ὑπὲρ τὰς λοιπὰς ἐκκλησίας,
Porque ¿qué es en que fuisteis menos que las otras iglesias
εἰ μὴ ὅτι αὐτὸς ἐγὼ οὐ κατενάρκησα ὑμῶν χαρίσασθε μοι τὴν
si no que yo mismo no fui carga a vosotros? Perdonad me el
ἀδικίαν ταύτην.
agravio este.

Análisis y notas del texto griego.

Análisis: τί, caso nominativo neutro singular del pronombre interrogativo *qué*; γάρ, conjunción causal *porque*; ἐστιν, tercera persona singular del presente de indicativo en voz activa del verbo εἰμί, *ser, estar*, aquí *es*; ὃ, caso acusativo neutro singular del pronombre relativo declinado *en que*; ἡσσώθητε, segunda persona plural del primer aoristo de indicativo en voz pasiva del verbo ἑσσόομαι, *ser más débil, ser inferior*, aquí *fuisteis inferiores, fuisteis menos*; ὑπὲρ, preposición propia de acusativo *sobre, más que*; τὰς, caso acusativo femenino plural del artículo determinado *las*; λοιπὰς, caso acusativo femenino plural del adjetivo *resto, otras*; ἐκκλησίας, caso acusativo femenino plural del nombre común *iglesias*; εἰ, conjunción *sí*; μὴ, partícula que hace funciones de adverbio de negación *no*; ὅτι, conjunción *que*; αὐτὸς, caso nominativo masculino de la primera persona singular del pronombre intensivo *yo mismo*; ἐγὼ, caso nominativo masculino singular de la primera persona del pronombre personal *yo*; οὐ, adverbio de negación *no*; κατενάρκησα, primera persona singular del primer aoristo de indicativo en voz activa del verbo καταναρκάω, *ser carga*, aquí *fui carga*; ὑμῶν, caso genitivo de la segunda persona plural del pronombre personal declinado *de vosotros, a vosotros*; χαρίσασθε, segunda persona plural del primer aoristo de imperativo en voz media del verbo χαρίζομαι, *perdonar, disculpar, tener gracia*, aquí *disculpad*; μοι, caso dativo de la primera persona singular del pronombre personal declinado *a mí, me*; τὴν, caso acusativo femenino singular del artículo determinado *la*; ἀδικίαν, caso acusativo femenino singular del nombre común *agravio*; ταύτην, caso acusativo femenino singular del pronombre demostrativo *esta*.

τί γάρ ἐστιν ὃ ἡσσώθητε ὑπὲρ τὰς λοιπὰς ἐκκλησίας, La conclusión definitiva cierra esta parte. El poder de Dios se manifestó con tanta o más eficacia en la fundación de la iglesia en Corinto que el resto de las iglesias. Acaso los enemigos de Pablo trataban de introducir en la mente de los corintios que, como él era un apóstol menor que los demás apóstoles, así también la iglesia era inferior a las otras. La ironía de Pablo se pone una vez más de manifiesto en la pregunta: *"¿En que habéis sido menos que las otras iglesias?"* Realmente había dedicado más tiempo y energía a la fundación y consolidación de esta iglesia que a las otras. Por otro lado, lo que sí le habían producido eran más problemas que el resto de las iglesias, hasta el punto de haber tenido que escribirles con dureza y enviar a Tito para resolver las cuestiones que había contra él.

εἰ μὴ ὅτι αὐτὸς ἐγὼ οὐ κατενάρκησα ὑμῶν χαρίσασθέ μοι τὴν ἀδικίαν ταύτην. En una sola cosa quedaron por debajo de las otras iglesias en que Pablo no les había pedido sustento alguno. Los maestros en el entorno romano recibían una remuneración económica por las enseñanzas que impartían. Pablo estuvo dieciocho meses enseñándoles, les había escrito ya tres epístolas, una sola canónica, y no había recibido ninguna ofrenda de ellos. Claro está que podían decir que él no lo había consentido, pero, en cualquier caso, las iglesias de Macedonia le enviaban ofrendas para que pudiera seguir con el ministerio y, cuando por necesidad le fue preciso, trabajó con sus manos. Esta verdad podía molestar a los lectores, por eso está la disculpa firme que les escribe: *"¡Perdonadme este agravio!"*.

14. He aquí, por tercera vez estoy preparado para ir a vosotros; y no os seré gravoso, porque no busco lo vuestro, sino a vosotros, pues no deben atesorar los hijos para los padres, sino los padres para los hijos.

Ἰδοὺ τρίτον τοῦτο ἑτοίμως ἔχω ἐλθεῖν πρὸς ὑμᾶς, καὶ οὐ
Mirad, tercera vez esta dispuesto estoy para ir a vosotros, y no
καταναρκήσω· οὐ γὰρ ζητῶ τὰ ὑμῶν ἀλλὰ ὑμᾶς.
seré carga; Porque no busco las cosas de vosotros sino a vosotros
οὐ γὰρ ὀφείλει τὰ τέκνα τοῖς γονεῦσιν θησαυρίζειν ἀλλὰ οἱ
porque no deben los hijos para los padres atesorar, sino los
γονεῖς τοῖς τέκνοις.
padres para los hijos.

Análisis y notas del texto griego.

Análisis: Ἰδοὺ, segunda persona singular del aoristo segundo de imperativo en voz media del verbo ὁράω, en la forma εἶδον, *mirar, mostrar, ver,* con uso adverbial equivale a *he aquí, sucedió que, ved, ahora, en esto* etc. podría traducirse como una expresión de advertencia enfática como *¡Mira!*, incluso podría leerse a modo de interrogación como *y ¿sabéis?*, es en la práctica como una partícula demostrativa, que se usa para animar el discurso avivando la atención del lector, algunos modernos la identifican como interjección; τρίτον, adverbio *tercera vez*; τοῦτο, caso acusativo neutro singular del pronombre demostrativo *esto*; ἑτοίμως, adverbio *dispuesto, preparado*; ἔχω, primera persona singular del presente de indicativo en voz activa del verbo ἔχω, *haber, tener, estar*, aquí *estoy*; ἐλθεῖν, segundo aoristo de infinitivo en voz activa del verbo ερχομαι, *venir, llegar, aparecer, ir*, aquí *para ir*; πρὸς, preposición propia de acusativo *a*; ὑμᾶς, caso acusativo de la segunda persona plural del pronombre personal *vosotros*; καὶ, conjunción copulativa *y*; οὐ, adverbio de negación *no*; καταναρκήσω, primera persona singular del futuro de indicativo en voz activa del verbo καταναρκάω, *ser gravoso, ser una carga*, aquí *seré gravoso*; οὐ, adverbio de negación *no*; γὰρ, conjunción causal *porque*: ζητῶ, primera persona singular del presente de indicativo en voz activa del verbo ζητέω, *buscar*, aquí *busco*; τὰ, caso acusativo neutro plural del artículo determinado *los*, en sentido de *las cosas*; ὑμῶν, caso genitivo de la segunda persona plural del pronombre personal declinado *de vosotros*; ἀλλὰ, conjunción adversativa *sino*; ὑμᾶς, caso acusativo de la segunda persona plural del pronombre personal declinado *a vosotros*; οὐ, adverbio de negación *no*; γὰρ, conjunción causal *porque*; ὀφείλει, tercera persona singular del presente de indicativo en voz activa del verbo ὀφείλω, *deber, tener una deuda*, aquí *debe*; τὰ, caso nominativo neutro plural del artículo determinado *los*; τέκνα, caso nominativo neutro plural del nombre común *hijos*; τοῖς, caso dativo masculino plural del artículo determinado *los*; γονεῦσιν, caso dativo masculino plural del nombre común *padres*; θησαυρίζειν, presente de infinitivo en voz activa del verbo θησαυρίζω, *guardar, atesorar*; ἀλλὰ, conjunción adversativa *sino*; οἱ, caso nominativo masculino plural del artículo determinado *los*; γονεῖς, caso nominativo masculino plural del nombre común *padres*; τοῖς, caso dativo neutro plural del artículo determinado declinado *para los*; τέκνοις, caso dativo neutro plural del nombre común *hijos*.

Ἰδοὺ τρίτον τοῦτο ἑτοίμως ἔχω ἐλθεῖν πρὸς ὑμᾶς, El apóstol anuncia su *tercera visita*. La primera fue la fundacional, donde se constituyó la iglesia y estuvo un tiempo largo enseñando a los creyentes en la doctrina, visita que duró dieciocho meses (Hch. 18:11). La segunda, fue muy breve, en la que tuvo que salir precipitadamente y originó la carta de *muchas lágrimas*. Esta tercera visita estaba siendo cuestionada por los adversarios del apóstol, diciendo a los creyentes que no vendría porque tenía un espíritu cobarde. Pablo afirma que sería inmediata *"estoy preparado"*. Muy probablemente Tito sugirió que no debía demorarse en visitar la iglesia en Corinto. El conflicto había quedado prácticamente resuelto, pero había muchos asuntos pendientes de solución que exigían la presencia del apóstol cuanto antes. Con esta frase derriba la acusación de sus adversarios. Ellos afirmaban que solamente se atrevía a reprensiones duras por carta, pero en modo alguno lo haría personalmente (7:2, 3; 10:8; 13:10). Además, procuraban hacer creer que no era digno de confianza porque incumplía sus promesas, como ocurrió con el viaje que había anunciado y que no pudo cumplir por las razones que apuntó antes (10:1, 2, 9, 10, 11; 11:6; 13; 3, 4, 9). Iría actuando con las mismas pautas que usó en las visitas anteriores.

καὶ οὐ καταναρκήσω· La misma forma que usó antes en relación con el sostenimiento suyo y de los que le acompañaban, iba a serlo también ahora. Con determinación les anuncia que *"no les sería carga"*, es decir, no iba a aceptar nada de ellos. No se trataba de orgullo, ni procuraba humillar a la iglesia, sino por necesidad, para que nadie pudiera dar a entender que él buscaba beneficiarse de la congregación. Poco antes les recordaba que cuando estuvo entre ellos, aun en su necesidad, no fue carga, recibiendo sostenimiento de las iglesias en Macedonia, para concluir afirmando: *"...y en todo me guardé y me guardaré de seros gravoso"* (11:9b). La sabiduría espiritual de Pablo hizo que la ofrenda que promovía para los necesitados de Jerusalén, no la administraba él, sino un grupo de hermanos elegidos por las iglesias, lo que evitaba cualquier sospecha de que los fondos pudieran ser usados en beneficio personal (1 Co. 16:4; 2 Co. 8:20).

οὐ γὰρ ζητῶ τὰ ὑμῶν ἀλλὰ ὑμᾶς. Una razón para esa forma de actuar en cuanto a recursos para cada día, está expresada de este modo: *"porque no busco vuestras cosas, sino a vosotros"*. No se trataba de intereses sobre lo que los corintios podían aportar. La visita tiene como objetivo los mismos creyentes. Buscaba la edificación de los santos, la resolución de problemas y la extensión del reino. No eran sus bienes, sino sus corazones lo que buscaba. No seguía el camino de los *falsos profetas* que iban buscando los bienes de los creyentes (11:20), él buscaba los beneficios espirituales de aquellos a quienes amaba.

οὐ γὰρ ὀφείλει τὰ τέκνα τοῖς γονεῦσιν θησαυρίζειν ἀλλὰ οἱ γονεῖς τοῖς τέκνοις. Concluye con una ilustración. En ella pone de manifiesto el corazón de *pastor* y de *padre espiritual* de los creyentes. En la sociedad en general no eran los hijos quienes debían acumular bienes para los padres, sino al revés. La figura del padre es utilizada en varias ocasiones por el apóstol (1 Co. 4:14, 15; Gá. 4:19). Pero junto con esta afirmación paulina, está la enseñanza bíblica: *"La casa y las riquezas son herencia de los padres"* (Pr. 19:14a). El padre que vive a costa del hijo manifiesta egoísmo, salvo que haya llegado a una condición que no le permita vivir de lo suyo y tenga que ser ayudado por el hijo (Ef. 6:2). Pablo es el *padre espiritual* de los creyentes, por tanto, es para él el privilegio de darles lo que necesitan, sin esperar recibir nada a cambio. De otro modo, en su condición de hijos dependen de él y no él de ellos.

15. Y yo con el mayor placer gastaré lo mío, y aun yo mismo me gastaré del todo por amor de vuestras almas, aunque amándoos más, sea amado menos.

ἐγὼ δὲ ἥδιστα δαπανήσω καὶ ἐκδαπανηθήσομαι ὑπὲρ τῶν
Y yo gustosamente gastaré y me gastaré por las
ψυχῶν ὑμῶν. εἰ[1] περισσοτέρως ὑμᾶς,
almas de vosotros. Si más grandemente a vosotros amando.
ἧσσον ἀγαπῶμαι
menos sea amado.

Análisis y notas del texto griego.

Análisis: ἐγὼ, caso nominativo de la primera persona singular del pronombre personal *yo*; δὲ, partícula conjuntiva que hace las veces de conjunción coordinante, con sentido de *pero, más bien, y, y por cierto, antes bien, entonces*; ἥδιστα, adverbio de modo *gustosamente, de buena gana*; δαπανήσω, primera persona singular del futuro de indicativo en voz activa del verbo δαπανάω, *gastar*, aquí *gastaré*; καὶ, conjunción copulativa *y*; ἐκδαπανηθήσομαι, primera persona singular del futuro de indicativo en voz pasiva del verbo ἐκδαπανάω, *gastar, agotar*, aquí *seré gastado, me gastaré*; ὑπὲρ, preposición propia de genitivo *por*; τῶν, caso genitivo femenino plural del artículo determinado *las*; ψυχῶν, caso genitivo femenino plural del nombre común *almas, vidas, personas*; ὑμῶν, caso genitivo de la segunda persona plural del pronombre personal declinado *de vosotros*; εἰ, conjunción condicional *sí*, en sentido de *aunque*; περισσοτέρως, adverbio de modo *más grandemente*; ὑμᾶς, caso acusativo de la segunda persona plural del pronombre personal declinado *a vosotros, os*; ἀγαπῶν, caso nominativo masculino singular del participio de presente en voz activa del verbo αγαπάω, *amar*, aquí *amando*; ἧσσον, adverbio de comparación, o caso acusativo neutro singular del adjetivo comparativo *menos*; ἀγαπῶμαι, primera persona singular del presente de indicativo en voz pasiva del verbo αγαπάω, *amar*, aquí *sea amado*.

Notas. Crítica Textual. Lecturas alternativas.

[1]εἰ, *si*, según se lee en 𝔓[46], א*, A, B, F, G, 33, 81*, co.

εἰ καὶ, *si también*, conforme a [2]א, D[1], K, L, P, Ψ, 0243, 81[c], 104, 365, 630, 1175, 1241, 1505, 1739, 1881, 2464, 𝔐, f, vg, sy.

[2] ἀγαπῶν, *amando*, según 𝔓[46], [2]א, B, D, F, G, K, L, P, Ψ, 0243, 81, 104[c]. 365, 630, 1175, 1739, 1881, 2464, 𝔐, latt.
ἀγαπῶ, *amo*, conforme a א*, A, 33, 104*, 1241, 1505.

ἐγὼ δὲ ἥδιστα δαπανήσω καὶ ἐκδαπανηθήσομαι. El verdadero amor conduce a una disposición de renuncia y entrega hacia aquello que se ama. Acaba de decir a los corintios que no pensaba serles carga en cuanto a recibir lo necesario para él y los que le acompañaban. Ahora añade algo más, no solo no iba a recibir, sino que estaba dispuesto a dar todo lo suyo. Pero todavía mayor es la entrega personal suya, no solo estaba dispuesto a gastar lo que era suyo, sino a gastarse también él mismo por amor de los corintios. Lo hace con *gusto*, el adverbio ἥδιστα, *gustosamente, con gusto*, así lo hace notar, así como las dos formas verbales: *gastaré*, referido a cosas materiales, así como el tiempo, y *me gastaré*, alusión a lo que es propio de la persona, como la vida y la salud. Si esto lo hace con *gozo, sumo gozo*, no es un sacrificio, sino una entrega gozosa. La mayor expresión del amor hacia otros está en la entrega personal gozosa. El amor divino se manifiesta en esto mismo, la entrega personal de Cristo para la salvación de quienes éramos sus enemigos por nuestras obras (Jn. 3:16; 1 Jn. 4:10). El amor cristiano se expresa en la misma calidad de amor, sin duda imposible en cuanto a dimensión, puesto que el amor de Dios es infinito, pero sí del mismo modo, como expresión de Su vida en nosotros (Fil. 2:5; 1 Jn. 3:16).

Primeramente, hace alusión al desprendimiento de los bienes: *"gastaré lo mío"*. Esto tiene que ver con los recursos que recibía de otras iglesias e incluso lo que era suyo, con mayor propiedad, por ser el salario de su trabajo (11:8, 9; Hch. 20:34). Incluía, como se dice más arriba, su tiempo. Pablo no se daba descanso en la obra (Hch. 20:31). Es una lección de entrega continua la vida del apóstol (Hch. 20:35).

En segundo lugar, está el sacrificio personal: *"Yo mismo me gastaré del todo"*. En este caso su misma persona, su salud, su propia vida expuesta en continuo riesgo, así lo entendía él: *"Pero de ninguna cosa hago caso, ni estimo preciosa mi vida para mí mismo, con tal que acabe mi carrera con gozo, y el ministerio que recibí del Señor Jesús, para dar testimonio del evangelio de la gracia de Dios"* (Hch. 20:24). Pablo era consecuente con la doctrina que enseñaba (Ro. 12:1).

ὑπὲρ τῶν ψυχῶν ὑμῶν. La orientación de ese deseo: *"por amor de vuestras almas"*. Este es un hebraísmo que equivale a *vosotros, vuestras personas*. La expresión es inclusiva, esto es, no hay nadie en la iglesia en Corinto, sean más respetuosos con el apóstol o menos proclives a él, que no estén incluidos en este deseo. Ahí también estaban aquellos que le habían ofendido directamente. La generosidad no hace acepción de personas.

εἰ περισσοτέρως ὑμᾶς ἀγαπῶν, ἧσσον ἀγαπῶμαι. El texto expresa el amor del apóstol: *"Aunque amándoos más, sea amado menos"*. En todo sigue al Maestro quien se entregó por los hombres a pesar de su rebeldía (Mr. 10:45; Ro. 5:6, 8; 2 Co. 8:9). El amor genuino no busca lo suyo, sino el bien de la persona amada (1 Co. 10:24). A los sufrimientos y desprecios recibidos, Pablo responde con amor desinteresado. El texto griego permite establecer una mayor firmeza si se construye la frase final como una pregunta retórica: *"Si os amo más, ¿seré amado menos?"*. Esto sería un desafío para los lectores de la *Epístola*, que deberían responder a la pregunta con un sí o con un no.

16. Pero admitiendo esto, que yo no os he sido carga, sino que como soy astuto, os prendí por engaño.

Ἔστω δέ, ἐγὼ οὐ κατεβάρησα ὑμᾶς· ἀλλὰ ὑπάρχων πανοῦργος
¡Pero sea! Yo no fui carga os, sino siendo astuto
δόλῳ ὑμᾶς ἔλαβον.
con engaño os tomé.

Análisis y notas del texto griego.

Análisis: Ἔστω, tercera persona singular del presente de imperativo en voz activa del verbo εἰμί, *ser, estar*, aquí *sea*; δέ, partícula conjuntiva que hace las veces de conjunción coordinante, con sentido de *pero, más bien, y, y por cierto*, *antes bien, entonces*; ἐγὼ, caso nominativo de la primera persona singular del pronombre personal *yo*; οὐ, adverbio de negación *no*; κατεβάρησα, primera persona singular del primer aoristo de indicativo en voz activa del verbo καταβαρέω, *ser gravoso, ser carga*, aquí *fui carga*; ὑμᾶς, caso acusativo de la segunda persona plural del pronombre personal declinado *a vosotros, os*; ἀλλὰ, conjunción adversativa *sino*; ὑπάρχων, caso nominativo masculino singular del participio de presente en voz activa del verbo ὑπάρχω, *estar presente, poseer*, aquí *siendo*; πανοῦργος, caso nominativo masculino singular del adjetivo *astuto*; δόλῳ, caso dativo masculino singular del nombre común declinado *con engaño*; ὑμᾶς, caso acusativo de la segunda persona plural del pronombre personal declinado *a vosotros, os*; ἔλαβον, primera persona singular del segundo aoristo de indicativo en voz activa del verbo λαμβάνω, *tomar, coger, alcanzar, recibir*, aquí *tomé*.

Ἔστω δέ, ἐγὼ οὐ κατεβάρησα ὑμᾶς· ἀλλὰ ὑπάρχων πανοῦργος δόλῳ ὑμᾶς ἔλαβον. La acusación de los adversarios se expresa aquí. Los *falsos apóstoles* no podían acusar a Pablo de haberse apropiado de nada, pero dejaban sembrada la semilla de la duda, respecto al destino de la ofrenda promovida por él.

Él es consciente que hay un sentimiento contra él, promovido por los adversarios que se habían introducido en la iglesia. De ahí la frase exclamativa con que introduce el versículo: *"¡Pero sea!"*, para situarse en la posición de quienes aceptaban la acusación vertida contra él. El rumor de que no era persona de confianza, había estado circulando entre los creyentes. Él había enviado a Tito para activar la colecta con destino a los necesitados de Jerusalén, de modo que, con el pretexto de ayuda, tanto Pablo como Tito querían beneficiarse de unos fondos muy superiores a lo que hubiera representado la ayuda que la iglesia pudiera darle en el tiempo que estuvo con ellos.

Acaso este era el argumento de sus enemigos: *Es cierto que no tomó nada antes, pero, ¿no sería con vistas a quedarse ahora con todo?* En cualquier caso, lo que estaban procurando introducir en el pensamiento de los creyentes es que el apóstol les había ganado para su causa, porque era un hombre astuto y empleaba sus malas artes para conseguir los propósitos que no había revelado. Esta acusación va a ser combatida en los siguientes versículos.

17. ¿Acaso os he engañado por alguno de los que he enviado a vosotros?

μή τινα ὧν ἀπέσταλκα πρὸς ὑμᾶς, δι' αὐτοῦ
¿Acaso alguno de los que he enviado a vosotros, mediante él
ἐπλεονέκτησα ὑμᾶς
me aproveché de vosotros?

Análisis y notas del texto griego.

Análisis: μή, partícula que hace funciones de adverbio de negación condicional *no,* aquí mejor *acaso*; τινα, caso acusativo masculino singular del pronombre indefinido *alguno*; ὧν, caso genitivo masculino plural del pronombre relativo declinado *de los que*; ἀπέσταλκα, primera persona singular del perfecto de indicativo en voz activa del verbo ἀποστέλλω, *enviar*, aquí *he enviado*; πρὸς, preposición propia de acusativo *a*; ὑμᾶς, caso acusativo de la segunda persona plural del pronombre personal *vosotros*; δι', forma contracta de la preposición propia de genitivo διά, *por, por medio de, a causa de, mediante*; αὐτοῦ, caso genitivo de la tercera persona singular del pronombre personal *él*; ἐπλεονέκτησα, primera persona singular del primer aoristo de indicativo en voz activa del verbo πλεονεκτέω, *aprovecharse, engañar*, aquí *me aproveché*; ὑμᾶς, caso acusativo de la segunda persona plural del pronombre persona declinado *de vosotros*.

μή τινα ὧν ἀπέσταλκα πρὸς ὑμᾶς, δι' αὐτοῦ ἐπλεονέκτησα ὑμᾶς. En la defensa de la acusación usa cuatro preguntas retóricas que requieren respuesta del lector. La primera formula la cuestión sobre lo que el apóstol intentaba cuando les enviaba alguno de sus colaboradores: *"¿Os ha engañado alguno de los enviados por mí?"* La respuesta no podía ser otra que un *no* rotundo. Él había enviado a Tito para iniciar el trabajo de recoger la colecta para los santos en Jerusalén (8:6, 10; 9:2). Les pregunta si hubo algún engaño entonces. Sin duda no es posible tal acusación porque cuando envió a Tito sólo hubo una propuesta de ofrendar, pero no se recogieron fondos. La pregunta tiene una respuesta negativa, ya que ni personalmente, ni por medio de otros, se había aprovechado de la buena voluntad de los corintios. Es la respuesta en forma de pregunta retórica que confirma lo que había dicho antes: *"Admitidnos: a nadie hemos agraviado, a nadie hemos corrompido, a nadie hemos engañado"* (7:2). Nadie podía acusar a Tito de connivencia con Pablo para acciones indignas. Sobre todo, en la visita que había hecho a la iglesia recientemente, donde hubo una relación afectuosa y edificante entre ellos y el enviado de Pablo (7:13b).

La segunda parte de la pregunta exige también una respuesta negativa: *"¿Por medio de él me aproveché de vosotros?"* Nadie podría responder de otro modo que no fuese negativamente. No se había aprovechado de los corintios por quien les había enviado.

18. Rogué a Tito, y envié con él al hermano. ¿Os engañó acaso Tito? ¿No hemos procedido con el mismo espíritu y en las mismas pisadas?

παρεκάλεσα	Τίτον	καὶ	συναπέστειλα	τὸν	ἀδελφόν·	μήτι
Rogué	a Tito	y	envié con	al	hermano.	¿Acaso

ἐπλεονέκτησεν ὑμᾶς Τίτος οὐ τῷ αὐτῷ πνεύματι
se aprovechó de vosotros Tito? ¿No con el mismo espíritu
περιεπατήσαμεν οὐ τοῖς αὐτοῖς ἴχνεσιν
anduvimos? ¿No con las mismas pisadas?

Análisis y notas del texto griego.

Análisis: παρεκάλεσα, primera persona singular del primer aoristo de indicativo en voz activa del verbo παρακαλέω, *pedir, rogar*, aquí *rogué*; Τίτον, caso acusativo masculino singular del nombre propio declinado *a Tito*; καὶ, conjunción copulativa *y*; συναπέστειλα, primera persona singular del primer aoristo de indicativo en voz activa del verbo συναποστέλω, *enviar junto, enviar con*; τὸν, caso acusativo masculino singlar del artículo determinado declinado *al*; ἀδελφόν, caso acusativo masculino singular del nombre común *hermano*; μήτι, partícula que se usa como interrogativa en preguntas que exigen respuesta negativa o incierta, o con suspenso: *Tal vez, quizás, acaso*; ἐπλεονέκτησεν, tercera persona singular del primer aoristo de indicativo en voz activa del verbo πλεονεκτέω, *aprovecharse*, aquí *se aprovechó*; ὑμᾶς, caso acusativo de la segunda persona plural del pronombre personal declinado *de vosotros*; Τίτος, caso nominativo masculino singular del nombre propio *Tito*; οὐ, adverbio de negación *no*; τῷ, caso dativo neutro singular del artículo determinado declinado *con el*; αὐτῷ, caso dativo neutro singular del adjetivo intensivo *mismo*; πνεύματι, caso dativo neutro singular del nombre común *espíritu*; περιεπατήσαμεν, primera persona plural del primer aoristo de indicativo en voz activa del verbo περιπατέω, *andar, conducirse*, aquí *anduvimos*; οὐ, adverbio de negación *no*; τοῖς, caso dativo neutro plural del artículo definido declinado *con los*; αὐτοῖς, caso dativo neutro plural del adjetivo intensivo *mismos*; ἴχνεσιν, caso dativo neutro plural del nombre común *pisadas, pasos*.

παρεκάλεσα Τίτον καὶ συναπέστειλα τὸν ἀδελφόν· Recuerda el modo que usó cuando envió a Tito, apelando a hechos sobradamente conocidos por ellos, no lo envió sólo. En cuyo caso podían mantenerse las sospechas que los adversarios levantaron contra él. Junto con Tito, que pudiera supuestamente ser aliado de Pablo para sustraer fondos de la colecta a las iglesias, había enviado al *hermano* que le acompañaba. De este hermano se ha considerado ya antes (8:18, 22). Todos daban testimonio favorable de él, por tanto, si acompañaba al enviado por Pablo, supone esto que Tito ni quiso ni pudo engañarlos. No fue solo, sino acompañado de alguien de reconocido prestigio espiritual. Si Tito tenía la confianza de la iglesia, de igual modo debían tenerla de aquel que lo había enviado, el apóstol.

Pablo había enviado dos veces a Tito. La primera como portador de la carta *de muchas lágrimas*, con la encomienda de que procurase resolver las cuestiones que se habían levantado en la iglesia contra Pablo (2:13; 7:6-13). La segunda con motivo de activar la recogida de la colecta para los necesitados de Jerusalén, acompañado del hermano de quien todas las iglesias daban buen testimonio, y con ellos al hermano cuya diligencia había sido probada varias veces (8:17-18, 22). Sin embargo, esta visita no había tenido lugar, pero sería ya realidad cuando se leyese la *Epístola* que enviaba con ellos.

μήτι ἐπλεονέκτησεν ὑμᾶς Τίτος οὐ τῷ αὐτῷ πνεύματι περιεπατήσαμεν οὐ τοῖς αὐτοῖς ἴχνεσιν. Las tres preguntas reflexivas del versículo sirven a los propósitos del apóstol para desmontar la acusación vertida contra él. Primero les pregunta si Tito los había engañado. A esta pregunta solo cabe una respuesta negativa: *no*. Los corintios conocían bien a Tito y sabían que no era un defraudador. Las otras dos preguntas exigen una respuesta afirmativa. El proceder fue idéntico en todos ellos. El *mismo espíritu* equivale a sincera voluntad. Los mismos pasos *o pisadas*, hablan de una misma forma de actuación. A pesar de las insinuaciones hechas por los malvados que habían entrado en la iglesia, los corintios no les podían acusar. Una lección fundamental aquí destaca la necesidad de hacer las cosas de modo que no se dé lugar a murmuraciones. Especialmente en todo lo que tiene que ver con administración de fondos o con temas de moralidad personal.

VII. Últimas instrucciones (12:19-13:10)

Llamado al arrepentimiento (12:19-21)

19. ¿Pensáis aún que nos disculpamos con vosotros? Delante de Dios en Cristo hablamos; y todo, muy amados, para vuestra edificación.

Πάλαι[1] δοκεῖτε ὅτι ὑμῖν ἀπολογούμεθα. κατέναντι[2]
Hace mucho tiempo pensáis que con vosotros nos defendemos. Delante de
Θεοῦ ἐν Χριστῷ λαλοῦμεν· τὰ δὲ πάντα, ἀγαπητοί, ὑπὲρ τῆς
Dios en Cristo hablamos. Y todas las cosas, amados, para la
ὑμῶν οἰκοδομῆς.
de vosotros edificación.

Análisis y notas del texto griego.

Análisis: Πάλαι, adverbio, *antiguamente, hace tiempo, en tiempos pasados*; δοκεῖτε, segunda persona plural del presente de indicativo en voz activa del verbo δοκέω, *pensar, considerar, parecer*, aquí *pensáis*; ὅτι, conjunción *que*; ὑμῖν, caso dativo de la segunda persona plural del pronombre personal declinado *con vosotros*; ἀπολογούμεθα, primera persona plural del presente de indicativo en voz media del verbo ἀπολογέομαι, *defenderse, disculparse*, aquí *nos defendemos* o también *nos disculpamos*; κατέναντι, preposición impropia de genitivo *delante de, frente a frente de*; Θεοῦ, caso dativo masculino singular del nombre divino *Dios*; ἐν, preposición propia de dativo *en*; Χριστῷ, caso dativo masculino singular del nombre propio *Cristo*; λαλοῦμεν, primera persona plural del presente de indicativo en voz activa del verbo λαλέω, *hablar, decir*, aquí *hablamos*; τὰ, caso nominativo neutro plural del artículo definido *los*, en sentido de *las cosas*; δὲ, partícula conjuntiva que hace las veces de conjunción coordinante, con sentido de *pero, más bien, y, y por cierto, antes bien, entonces*; πάντα, caso acusativo neutro plural del adjetivo indefinido *todos*, también puede ser nominativo neutro plural; ἀγαπητοί, caso vocativo masculino plural del adjetivo *amados*; ὑπὲρ, preposición propia de genitivo *para*; τῆς, caso genitivo femenino singular del artículo determinado *la*; ὑμῶν, caso genitivo de la segunda persona plural del pronombre personal declinado *de vosotros*; οἰκοδομῆς, caso genitivo femenino singular del nombre común *edificación*.

Notas. Crítica Textual. Lecturas alternativas.

[1] Πάλαι, *hace mucho tiempo*, según se lee en a* A, B, F, G, 0243, 6, 33, 81, 365, 1175, 1739, 1881, lat.

οὐ πάλαι, *no hace mucho tiempo*, conforme a 𝔓46.
Πάλιν, *de nuevo*, según 2a, D, K, L, P, Ψ, 0278, 104, 630, 1241, 1505, 2464.

[2] κατέναντι, *delante de*, como se lee en 𝔓46, a, A, B, F, G, 0243, 0278, 6, 33, 81, 365, 630, 1175, 1739txt, 1881, 2464.

κατενώπιον τοῦ, *delante de él*, según D1, K, L, Ψ, 104, 1241, 1505, 𝔐.

κατενώπιον, *delante de*, como aparece en D*, P.

ἐνώπιον τοῦ Θεου, καὶ ἐναντίον τοῦ, *en presencia de Dios y delante de Él*, conforme a 1739mg, Orígenes.

Πάλαι δοκεῖτε ὅτι ὑμῖν ἀπολογούμεθα. Algunos podrían pensar que el apóstol se estaba disculpando como si los corintios fuesen sus jueces. Él no consideraba a nadie capaz de juzgarle, ya que el único que puede juzgarle, porque conoce sus intenciones, es el Señor (1 Co. 4:2-5; Ro. 14:4, 10 ss.). Pudiera muy bien ser el pensamiento de algunos que el apóstol, al estilo de los *falsos apóstoles*, se estaba recomendando a sí mismo, con lo que conseguiría ponerlos a su lado y convertirlos en jueces benévolos, frente a quienes lo desprestigiaban. No tenía realmente necesidad de defenderse a sí mismo, puesto que los corintios lo conocían y eran ellos los que debían hacerlo frente a sus opositores (3:1-3).

κατέναντι Θεοῦ ἐν Χριστῷ λαλοῦμεν· Todo lo que hablaba era *delante de Dios*, y sus palabras eran verdaderas puesto que lo hacía *en Cristo*. Sus palabras estaban ante quien todo lo ve y conoce. La actuación del apóstol siendo en Cristo estaba unida a Él, por tanto, quien *vive* a Cristo, procede como Él lo hubiera hecho, con las limitaciones propias del hombre y sus imperfecciones, pero con limpia conciencia. El apóstol es alguien que se ve a él mismo siempre en la presencia del Señor, de manera que sabe bien como es él. Su forma de hablar, no solo es verdadera, sino que reviste la autoridad de quien lo envió, porque es Su apóstol a los gentiles.

τὰ δὲ πάντα, ἀγαπητοί, ὑπὲρ τῆς ὑμῶν οἰκοδομῆς. El propósito de sus palabras, o de sus escritos, es más, *todas las cosas* que hacía no eran para la defensa de su conducta ante los creyentes, sino para la *edificación* de ellos. No dejó todo para ganarse el favor hacia su persona, sino para que la iglesia fuera limpia para edificación. El adjetivo πάντα, *todos*, comprende la totalidad de cuanto hacía, hablaba y enseñaba, por esa causa se tradujo en el interlineal *y todas las cosas*, esto es, cuanto se producía en su vida al servicio del Señor, tenía como propósito la edificación de Su pueblo.

20. Pues me temo que cuando llegue, no os halle tales como quiero, y yo sea hallado de vosotros cual no queréis; que haya entre vosotros contiendas, envidias, iras, divisiones, maledicencias, murmuraciones, soberbias, desórdenes.

φοβοῦμαι γὰρ μή πως ἐλθὼν οὐχ οἵους θέλω εὕρω ὑμᾶς καγὼ
Porque me temo quizá viniendo no cuales deseo halle os y yo
εὑρεθῶ ὑμῖν οἷον οὐ θέλετε· μή πως ἔρις, ζῆλος, θυμοί,
sea hallado por vosotros tal como no deseáis. Quizá contienda, celos, iras,
ἐριθείαι, καταλαλιαί, ψιθυρισμοί, φυσιώσεις, ἀκαταστασίαι·
rivalidades, maledicencia, murmuraciones, arrogancias, disturbios.

Análisis y notas del texto griego.

Análisis: φοβοῦμαι, primera persona singular del presente de indicativo en voz media del verbo φοβέομαι, *temer, tener temor, tener miedo*, aquí *me temo*; γὰρ, conjunción causal *porque*; μή, partícula que hace funciones de adverbio de negación condicional *no*; πως, adverbio *quizá*; ἐλθὼν, caso nominativo masculino singular del participio del segundo aoristo en voz activa del verbo ἔρχομαι, *ir, llegar, venir*, aquí *viniendo*; οὐχ, forma escrita del adverbio de negación *no*, con el grafismo propio ante vocal con espíritu áspero; οἵους, caso acusativo masculino plural del pronombre relativo *cuales*; θέλω, primera persona singular del presente de indicativo en voz activa del verbo θέλω, *querer, desear*, aquí *deseo*; εὕρω, primera persona singular del segundo aoristo de subjuntivo en voz activa del verbo εὑρίσκω, *hallar, encontrar*, aquí *halle*; ὑμᾶς, caso acusativo de la segunda persona plural del pronombre personal *a vosotros, os*; καγὼ, conjunción y pronombre personal, palabra formada por crasis[11] de la conjunción καὶ, y el pronombre personal ἐγώ, y que equivale a *y yo*; εὑρεθῶ,

[11] *Crasis*, palabra griega que equivale a *unión de fuerzas*, en general *unión de elementos*.

primera persona singular del primer aoristo de subjuntivo en voz pasiva del verbo εὑρίσκω, *hallar, encontrar*, aquí *sea encontrado*; ὑμῖν, caso dativo de la segunda persona plural del pronombre personal declinado *por vosotros*; οἷον, caso acusativo masculino singular del pronombre relativo *tal como, así como*; οὐ, adverbio de negación *no*; θέλετε, segunda persona plural del presente de indicativo en voz activa del verbo θέλω, *querer, desear*, aquí *deseáis*; μή, partícula que hace funciones de adverbio de negación condicional *no*; πως, adverbio *quizá*; ἔρις, caso nominativo femenino singular del nombre común *contienda*; ζῆλος, caso nominativo masculino singular del nombre común *celos*; θυμοί, caso nominativo masculino plural del nombre común *iras, enojos*; ἐριθεῖαι, caso nominativo femenino plural del nombre común *rivalidades*; καταλαλιαί, caso nominativo femenino plural del nombre común *maledicencia*; ψιθυρισμοί, caso nominativo masculino plural del nombre común *murmuraciones*; φυσιώσεις, caso nominativo femenino plural del nombre común *arrogancias*; ἀκαταστασίαι, caso nominativo femenino plural del nombre común *disturbios*.

φοβοῦμαι γὰρ μή πως ἐλθὼν οὐχ οἵους θέλω εὕρω ὑμᾶς καγὼ εὑρεθῶ ὑμῖν οἷον οὐ θέλετε· Hay un temor natural en el apóstol que conoce bien la iglesia en Corinto, entre lo que desea para ella, la edificación, y lo que es la triste realidad de ella. El amor de Pablo le lleva a exponer el pecado existente, pero no formula acusaciones. Expresa el temor en forma de contraste. Por una parte, está lo que él piensa que puede encontrar cuando los visite, por lo que les dice: *"me temo que no os voy a hallar como deseo"*. Esto tiene aparejado otro temor y es que no podría actuar con la mansedumbre que los corintios le suponían, como que era incapaz de una reprensión enérgica o de una disciplina firme cuando estaba presente. En cierta medida, y siguiendo la ilustración de la relación de padre a hijos entre él y los corintios, se teme que los hijos no quisieran encontrar al padre que se ve obligado a disciplinarles.

μή πως ἔρις, El apóstol establece una lista de pecados que había en la iglesia. El primero de ellos es la *contienda*, que equivale también a *disputa* o *discordia*. Es la consecuencia de las *enemistades*, pecado notorio en la iglesia en Corinto. Es la hostilidad manifiesta, el detonante para las *riñas*, que se traduce también como *discordia* o *contención* (Ro. 1:26; 13:13; Fil. 1:15; 1 Ti. 6:4; Tit. 3:9). Generalmente comprenden discusiones violentas, donde el amor está totalmente ausente. Es, sin duda, el producto natural de la carne (Gá. 5:20), la hostilidad entre hermanos, creyentes que no podían relacionarse entre sí.

ζῆλος, Siguen los *celos*, aquí en singular *celo*. Es la consecuencia que producen los pleitos, especialmente cuando ya se ha tomado partido por alguien de los contendientes. La palabra *celo* no tiene siempre la connotación pecaminosa y se utiliza en la Biblia, en algunas ocasiones, para referirse a la expresión de sincero compromiso con Dios y Su gloria, como fue el caso de Finees (Nm. 25:11) y de Elías (1 R. 19:10, 14). El apóstol habla de celo de Dios, aunque equivocadamente expresado, por los judíos (Ro. 10:2). Es necesario atender al entorno para determinar si el sustantivo *celo*, tiene buena o mala connotación, como ocurre en este caso. En el sentido de una obra de la carne se manifiesta, en la iglesia, cuando se toma partido por un determinado líder, buscando confrontación con otros que no lo reconocen así. Esta manifestación se producía en la iglesia en Corinto, donde algunos seguían a Pablo, otros a Cefas, otros a Apolos y algunos a Cristo (1 Co. 1:12).

θυμοί, Señala ahora *la ira* o los *enojos*. Son enojos iracundos (Gá. 5:20). Otra manifestación de carnalidad tiene que ver con las *iras*, aquí en plural, para identificarlas con *arrebatos de ira* en distintas manifestaciones. Es la expresión violenta de la animosidad contra otros. El proceso va progresivamente desde el rencor íntimo, pasando por los celos y prosiguiendo hasta las explosiones iracundas. Es la exteriorización del rencor que se ha ido almacenando en el corazón, la excitación pasional de la ira manifestada en cólera.

ἐριθεῖαι, Entre los pecados estaban también *las divisiones* o las *rivalidades*. Las *disensiones*, o más bien *divisiones*, es el proceso carnal que produce acciones contrarias a la unidad de la iglesia. Las divisiones se producen entre los grupos sectarios que se forman en las congregaciones y que habitualmente levantan la bandera de la defensa de algún aspecto de la fe. En Romanos, el apóstol exhorta a los creyentes para que se separen de los que causan divisiones a causa de la doctrina (Ro. 16:17). Estos son los que de una u otra forma producen escándalos entre los creyentes, introduciendo enseñanzas que dividen. Esto no justifica, en modo alguno, que no haya que rectificar, en la enseñanza bíblica, todo aquello que no se esté enseñando correctamente, sobre todo en lo que tiene que ver con el mantenimiento como si fuese doctrina de los sistemas eclesiales impuestos, y de las tradiciones que sin base bíblica se han introducido. Los creyentes que viven en la carne, dentro de las iglesias y especialmente entre el liderazgo, tomarán el versículo a favor de su inmovilismo y legalismo, pero en modo alguno es esto lo que está enseñando Pablo. Estos producen las disensiones y llevan a las divisiones sobre todo cuanto no coincida con su forma de entender las cosas. Dicen ser amantes y defensores de la doctrina, pero se olvidan del mandamiento que establece el guardar la unidad en el vínculo de la paz (Ef. 4:3). Las *divisiones* o *rivalidades* eran notorias en Corinto, donde había grupos y facciones en la iglesia.

καταλαλιαί, El pecado de *maledicencia*, aparece en la relación. El significado literal del sustantivo (κατά, que significa *mal*, y λαλέω, *hablar*) denota un mal uso de la lengua. Es especialmente el pecado de hablar mal procurando el desprestigio de otro. Entre los pecados de las iglesias primitivas tenía especial incidencia la *maledicencia*. El apóstol coloca este pecado entre los que exigen la disciplina eclesial e incluso la suspensión de comunión en la iglesia (1 Co. 5:11). Los que están hablando mal de los creyentes, son otros creyentes, como se aprecia en el contexto de este versículo. El verbo modificado por la preposición como se indica antes, adquiere el sentido de orientar hacia abajo la conversación. En sentido coloquial equivale a *darle mal a la lengua*. Expresa la idea de *difamar*, es decir, hablar para desprestigiar a aquel de quien se habla. Esto lo estaban haciendo con el apóstol. Generalmente se trata de usar palabras duras y de descrédito contra quien no está delante y no puede defenderse, manifestando con ello, no solo el pecado de desprestigiar, sino el de cobardía, porque contra quien se murmura no está presente y no puede defenderse.

ψιθυρισμοί, Menciona las *murmuraciones*, literalmente *hablar al oído*. Podría traducirse por *chismes*. Comprende también la acción de criticar a otros. Este pecado está mencionado tanto en el Antiguo como en el Nuevo Testamento. En el libro de Proverbios, se lee: *"El hombre perverso levanta contienda, y el chismoso aparta a los mejores amigos"* (Pr. 16:28), ahí la palabra significa *difamador*; el murmurador es un *llevador de cuentos*. El sentido de murmurar implica la idea de un sonido suave y apacible, como el viento sobre las hojas o el de la corriente de agua que se desliza en un arroyo. Murmurar en castellano significa *hablar entre dientes, manifestando queja o disgusto contra otro*. Eso es lo que enseña el sabio cuando dice que *"las palabras del chismoso son como bocados suaves y penetran hasta las entrañas"* (Pr. 18:8). La murmuración es un veneno que se asimila con gusto. Existe el chismoso porque siempre encuentra a alguien dispuesto a oír el chisme. La murmuración es siempre un bocado envenenado. El murmurador es siempre un hipócrita, ya que *"El hipócrita con la boca daña a su prójimo; mas los justos son librados con la sabiduría"* (Pr. 11:9). La murmuración es un chisme que el chismoso propala con *el mejor deseo*, sin embargo, está impregnado de la disposición a dañar. Quien está en malas condiciones espirituales gusta de oír los males ajenos, porque en cierto modo, le ocultan su propio mal, de ahí que la Escritura diga que *"el malo está atento al labio inicuo; y el mentiroso escucha la lengua detractora"* (Pr. 17:4). El creyente que habla mal de su hermano está bajo la influencia del maligno, que es el *acusador de los hermanos* (Ap. 12:10).

φυσιώσεις, Añade también *soberbias*, o *arrogancias*. Es la expresión carnal de la vanagloria personal. Es pensar de sí más de lo conveniente (1 Co. 4:6). Por tanto, la consecuencia inmediata es el menosprecio hacia los demás. Esta expresión conduce a la insolencia, como era una de las formas propias de los *falsos apóstoles*, que insolentemente se oponían a Pablo haciéndose pasar por más grandes que él y procurando que los creyentes lo considerasen de ese mismo modo.

ἀκαταστασίαι· Cierra la relación mencionando los *desórdenes* o *disturbios*. Los desórdenes en la iglesia eran producidos por la carnalidad en el ejercicio de los dones. El apóstol dedicó una extensa porción de la *Primera Epístola* para corregir algunos de los desórdenes que se manifestaban en la iglesia, como la participación de los que hablaban en lenguas todos juntos, de los que profetizaban interrumpiéndose unos a otros, de mujeres que preguntaban en público y era una nota discordante en las reuniones de iglesia, asuntos que se han estudiado en el comentario a 1 Corintios 14[12]. Por lo que se aprecia, estos problemas persistían en aquella congregación, de ahí que las palabras del apóstol debieran servir de advertencia a los corintios. Él estaba dispuesto a visitarlos, pero no deseaba que tuviese que actuar con la autoridad apostólica entre ellos, sino que el tiempo que durase aquella visita fuese usado para edificar y no para disciplinar.

21. Que cuando vuelva, me humille Dios entre vosotros, y quizá tenga que llorar por muchos de los que antes han pecado, y no se han arrepentido de la inmundicia y fornicación y lascivia que han cometido.

μὴ πάλιν ἐλθόντος μου ταπεινώσῃ με ὁ Θεός μου πρὸς ὑμᾶς
No de nuevo llegado yo humille me - Dios de mí entre vosotros
καὶ πενθήσω πολλοὺς τῶν προημαρτηκότων καὶ μὴ
y llore por muchos de los que han pecado antes y no
μετανοησάντων ἐπὶ τῇ ἀκαθαρσίᾳ καὶ πορνείᾳ καὶ ἀσελγείᾳ
se arrepintieron de la inmundicia y fornicación y lascivia
ᾗ ἔπραξαν.
que practicaron.

Análisis y notas del texto griego.

Análisis: μὴ, partícula que hace funciones de adverbio de negación condicional *no*; πάλιν, *otra vez, nuevamente, de nuevo*; ἐλθόντος, caso genitivo masculino singular del participio del segundo aoristo en voz activa del verbo ἔρχομαι, *venir, llegar*, aquí *viniendo, llegado*; μου, caso genitivo de la primera persona singular del pronombre personal *yo*; ταπεινώσῃ, tercera persona singular del

[12] Ver comentario al capítulo citado en *1 Corintios*, de esta misma serie.

primer aoristo de subjuntivo en voz activa del verbo ταπείνω, *humillar, abajar*, aquí *humille*; με, caso acusativo de la primera persona singular del pronombre personal *me*; ὁ, caso nominativo masculino singular del artículo determinado *el*; Θεός, caso nominativo masculino singular del nombre divino *Dios*; μου, caso genitivo de la primera persona singular del pronombre personal declinado *de mí*; πρὸς, preposición propia de acusativo *entre*; ὑμᾶς, caso acusativo de la segunda persona plural del pronombre personal *vosotros*; καὶ, conjunción copulativa *y*; πενθήσω, primera persona singular del primer aoristo de subjuntivo en voz activa del verbo πενθέω, *llorar, deplorar*, aquí *llore*; πολλοὺς, caso acusativo masculino plural del adjetivo declinado *por muchos*; τῶν, caso genitivo masculino plural del artículo determinado declinado *de los*; προημαρτηκότων, caso genitivo masculino plural del participio perfecto en voz activa del verbo προαμαρτάνω, *pecar antes*, aquí *que han pecado antes*; καὶ, conjunción copulativa *y*; μὴ, partícula que hace funciones de adverbio de negación *no*; μετανοησάντων, caso genitivo masculino plural del participio del primer aoristo en voz activa del verbo μετανοέω, *arrepentirse*, aquí *se arrepintieron*; ἐπὶ, preposición propia de dativo *de*; τῇ, caso dativo femenino singular del artículo determinado *la*; ἀκαθαρσίᾳ, caso dativo femenino singular del nombre común *inmundicia, impureza*; καὶ, conjunción copulativa *y*; πορνείᾳ, caso dativo femenino singular del nombre común *fornicación*; καὶ, conjunción copulativa *y*; ἀσελγείᾳ, caso dativo femenino singular del nombre común *lascivia*; ᾗ, caso dativo femenino singular del pronombre relativo *la que, la cual, que*; ἔπραξαν, tercera persona plural del primer aoristo en voz activa del verbo πράσσω, *hacer, efectuar, llevar a cabo, practicar*, aquí *que practicaron.*

μὴ πάλιν ἐλθόντος μου ταπεινώσῃ με ὁ Θεός μου πρὸς ὑμᾶς El temor aquí es del apóstol más que de los corintios, aunque podría comprender a ambos. Pablo se refiere a sí mismo, al hablar de una segunda experiencia de humillación. Las primeras palabras del versículo μὴ πάλιν, *otra vez*, que recuerda a una situación anteriormente vivida por él en Corinto. El pensamiento del apóstol se entiende así: *"me temo que cuando os visite, otra vez me humille Dios"*. La condición de apóstol exigió una intervención anterior contra quien había cometido un grave pecado de incesto, estableciendo disciplina contra el que había cometido esa maldad, si bien entonces no estaba presente el apóstol y fue aplicada por la iglesia (1 Co. 5:3 ss.), pero, con mucha probabilidad se esté refiriendo a la visita urgente que hizo a la iglesia en el tiempo entre las dos *Epístolas*. Las lágrimas fueron la expresión de dolor al tener que actuar de aquella manera. Esas mismas lágrimas siguieron a la carta que les había enviado por medio de Tito, cuyo objetivo era que la iglesia rectificase en su conducta y que los que estaban practicando el pecado en ella se arrepintiesen (2:3, 4). El apóstol advierte del problema que podía surgir en su visita, rogándoles que se produzca un cambio de actitud de modo que evite la acción disciplinaria (10:1-2).

καὶ πενθήσω πολλοὺς τῶν προημαρτηκότων καὶ μὴ μετανοησάντων. La disciplina sería acompañada de lágrimas. El *padre* aplica la disciplina con tristeza intensa. Es la tristeza al ver a sus *hijos* inmersos en el pecado, al tiempo que le impide otra cosa que no sea la aplicación de disciplina. El amor sincero es el que corrige sin pasar por alto el pecado, pero dando siempre opción al cambio del que peca. Aunque ciertamente aplicar la disciplina es motivo de tristeza para quien lo tiene que hacer, la idea más precisa aquí es que el lloraría por quienes hace tiempo que debían haberse arrepentido y no lo hicieron. Es decir, había allí quienes habían pecado en el pasado y no se habían arrepentido de su pecado.

ἐπὶ τῇ ἀκαθαρσίᾳ, καὶ πορνείᾳ καὶ ἀσελγείᾳ ᾗ ἔπραξαν. Había allí pecados que persistían, mencionando tres de ellos, que ya habían sido puestos de manifiesto antes, especialmente en la *Primera Epístola*. El primero que menciona es el pecado de ἀκαθαρσίᾳ, *inmundicia*. Había quienes no se habían arrepentido de la *inmundicia* que practicaran. Este pecado está relacionado con todo tipo de suciedad moral, que incluyen pecados groseros. Es, en general, dar rienda suelta a prácticas licenciosas propias del pecado (cf. Ro. 1:24). Es la consecuencia de la vanidad del comportamiento humano, permitiendo que se manifieste en toda la dimensión la *concupiscencia* de sus corazones. El sentido de la palabra adquiere en Pablo el de una acción desordenada buscando la satisfacción de las perversidades personales aun a costa de los demás. En estas manifestaciones la sexualidad está presente, no en el sentido positivo de lo que ello significa como un don dado al hombre, sino como algo que conduce al comercio carnal entre personas, expresado especialmente en las relaciones íntimas fuera del matrimonio. El término tiene en Pablo el sentido primario de *desorden, confusión*, esencialmente denota un sentido de suciedad, tanto físico como moral, que implica el hecho de la sensualidad y de las falsas doctrinas unidas frecuentemente a ella. En general se trata también de todo pensamiento moralmente corrompido, deseos, conversaciones lascivas, etc. Aunque no implica necesariamente la comisión del pecado sexual, incurre en la falta moral que lo propicia. Un elocuente ejemplo de la inmundicia está expresado por Jesús en el Sermón del Monte al referirse a desear la mujer del prójimo, que convierte el deseo *impuro* en pecado potencial (Mt. 5:27, 28). Es, por tanto, una manifestación de insensibilidad espiritual (Ef. 4:19).

καὶ πορνείᾳ En segundo lugar cita la *fornicación*. Sin duda los pecados de relaciones sexuales ilícitas se practicaban en Corinto, algunos de ellos sumamente graves, como era el caso de *incesto*, actuando Pablo en disciplina y entregando a Satanás el perverso para la *destrucción de su carne* (1 Co. 5:3-5). En la *Epístola* anterior, el apóstol afirmó que *"de cierto se oye que hay entre vosotros fornicación"*. Si el caso del incesto podría muy bien ser el único en esa forma, la fornicación estaba presente en miembros de la iglesia. Las costumbres licenciosas de la Corinto romana, no habían sido limpiadas totalmente, a pesar de las enseñanzas de Pablo y de sus advertencias apostólicas. La palabra *fornicación* tiene un amplio alcance que comprende todo aquello que es moralmente reprobable y pecaminoso en las relaciones de la intimidad sexual. Este pecado puede comprender aspectos como la prostitución y, en general, cualquier actividad carnal ilegítima. El adulterio es también una manifestación de la perversidad en las relaciones íntimas contraria a la voluntad de Dios, manifestando la gravedad del quebrantamiento del pacto sagrado del matrimonio e incurriendo en perjurio delante de Dios, ya que el matrimonio es considerado como un pacto hecho ante Él (Pr. 2:17). El matrimonio es un estado sometido a juramento (Dt. 6:13). El juramento trae como consecuencia colocarse voluntariamente bajo maldición por incumplimiento. Dios, como garante del pacto matrimonial es testigo de cargo contra el que quebrante el compromiso (Mal. 2:13-14). La fornicación abarca, en general, las relaciones sexuales prohibidas por diferentes causas (cf. Mt. 5:32; 19:9; Hch. 15:20, 29; 21:25; 1 Co. 5:1). Las prácticas sexuales condenadas por la Escritura eran habituales en el mundo romano, hasta el punto que no se consideraba como un vicio reprensible, salvo que se cometieran excesos o aberraciones. Pablo no podía sino advertir de que tendría que recurrir a la disciplina de quienes no se hubiesen apartado de ese pecado, porque sobre la *fornicación* y, por tanto, sobre los fornicarios pesa el juicio de Dios (He. 13:4). Como se ha dicho antes, el sentido de *fornicación* en la Biblia tiene una extensión genérica superior al pecado del adulterio, que no se limita a la relación ilícita fuera del matrimonio de personas solteras, sino que abarca un campo mucho mayor de acepciones. Fornicación aquí tiene que ver con los aspectos y pecados que contaminan la relación matrimonial. Sin duda, el hecho puntual de intimidad entre personas solteras fuera del matrimonio, debe entenderse comprendida también aquí. Cualquier intimidad fuera de la relación matrimonial es pecado. Es sumamente grave esta situación ya que conforme a la enseñanza del apóstol *"los que practican tales cosas no heredarán el reino de Dios"* (Gá. 5:21). La santidad no es una opción de vida para el creyente, sino el único modo de vivir la vida cristiana.

καὶ ἀσελγεία. Menciona también la *lascivia*. La vida ajena a Dios se hace disoluta y se entrega al desenfreno moral. El concepto de *lascivia* es mucho más que el libertinaje sexual, es la entrega a una vida voluptuosa en la que una de las expresiones son las perversiones sexuales. En buena medida se explica esta situación por el apóstol cuando al escribir a los romanos dice: *"Por lo cual también Dios los entregó a la inmundicia, en las concupiscencias de sus corazones, de modo que deshonraron entre sí sus propios cuerpos"* (Ro. 1:24). Los corazones insensibles a la voluntad de Dios son sensibles a las pasiones pecaminosas, a causa de las conciencias cauterizadas (1 Ti. 4:2). En este estado nada les redarguye en cuanto a pecado. Las vidas endurecidas se entregan a inmoralidad, practicando responsablemente el pecado en sus más aberrantes maneras, entregándose con avidez a la práctica de la impureza, como consecuencia de una mente que no está controlada y sujeta al Espíritu Santo, por lo que pueden llegar a hacer cosas que no son convenientes. Manifiesta, por tanto, el desenfreno, la indecencia, las prácticas inmorales en alto grado. El apóstol Pedro relaciona la *lascivia* con la conducta perversa y desvergonzada de los que vivían en Sodoma y Gomorra (2 P. 2:18).

¿Eran creyentes los que estaban en esa situación pecaminosa? Algunos consideran que no y que simplemente estaban *entre los creyentes*. Pero, no hay ninguna base bíblica para afirmarlo. Además, Pablo enseñó que él no disciplinaba a los de afuera, esto es, a los del mundo, sino a los creyentes. Con todo es bueno pensar en la advertencia que el apóstol Juan hace para quienes viven practicando el pecado, afirmando que el que lo hace así, no ha nacido de nuevo (1 Jn. 3:6-9). Un creyente puede caer en el pecado una o varias veces, otra cosa en que se sienta satisfecho practicando habitualmente el pecado. Los detractores de Pablo le acusaban de incapacidad para actuar con firmeza, que solo eran fuertes sus escritos, pero no sus acciones (10:10-11). Con la actuación que anuncia para su próxima visita este argumento caería por su propio peso.

Dos conclusiones prácticas al final del comentario al capítulo. Dios llama a cada uno de nosotros a la humildad, como camino abierto para ser bendecidos. Él da mayor gracia, pero lo hace sólo con los humildes. Las dificultades, problemas y conflictos son resueltos por Dios en provisión de gracia. Del mismo modo el poder para un ministerio eficaz depende totalmente de la gracia. Por esa razón decía el apóstol a su colaborador e hijo espiritual Timoteo: *"esfuérzate en la gracia"* (2 Ti. 2:1). Pero también la Escritura advierte que una vida en el orgullo y la altivez trae la consecuencia de la acción disciplinaria de Dios que *resiste* a los soberbios. Esta es la advertencia bíblica: *"Ciertamente él escarnecerá a los escarnecedores, y a los humildes dará gracia"* (Pr. 3:34). Estos son aquellos a quienes Dios niega Su gracia, mientras persistan en su arrogancia e insolencia personal. El Señor afirma que *"no sufriré al de ojos altaneros y de corazón vanidoso"* (Sal. 101;5b). El profeta anuncia que Dios actuará sobre todo soberbio: *"Porque día de Jehová de los ejércitos vendrá sobre todo soberbio y altivo, sobre todo enaltecido, y será abatido"* (Is. 2:12). Mientras que Dios *"salvará al pueblo afligido, humillará los ojos altivos"* (Sal. 18:27). Los que viven en la iglesia de esta manera, orgullos y engreídos, deben comenzar a reflexionar sobre la acción divina a la que se están enfrentado. Es necesario recordar que *"antes del quebrantamiento es la soberbia, y antes de la caída la altivez de espíritu"* (Pr. 16:18). Pero, el que resiste al orgulloso, *da gracia a los humildes* (Stg. 4:6). Los humildes son los que, sin fuerzas propias, confían solo en las de Dios y se someten incondicionalmente a Él. Son aquellos a quienes Jesús llama *"pobres en espíritu"* (Mt. 5:3). El corazón humillado es lo único que Dios acepta, como afirma el profeta: *"miraré a aquel que es pobre y humilde de espíritu, y que tiembla a mi palabra"* (Is. 66:2). El humilde es el único que puede experimentar la libertad del *yo* crucificado (Gá. 2:20). La bendición de Dios es sólo para el que se considera a sí mismo insuficiente y descansa en la gracia, reconociendo que el poder viene y está en el Señor. Este es el que puede decir, aun en medio de situaciones adversas: *"Todo lo puedo en Cristo que me fortalece"* (Fil. 4:13).

Una segunda conclusión práctica tiene que ver con el compromiso de santidad en la vida cristiana. El creyente tiene la responsabilidad de vivir santamente en todos los aspectos de su vida (1 P. 1:14-16). Las demandas de la vida de santificación son superiores a cualquier capacidad humana para producirlas o realizarlas, de manera que el que quiere estar en santidad y vivir de ese modo, tiene necesariamente que *"andar en el Espíritu"* (Gá. 5:16). La vida permisiva de nuestra sociedad, está generando un relativismo pleno en la vivencia de la ética cristiana. Muchos de los pecados manifestados en la Palabra son considerados por algunos como asuntos del pasado, que no tienen razón de ser denunciados en el mundo actual. La permisividad en relaciones íntimas, trae como consecuencia una degradación de la vida santa, pero, algunos entienden que las formas de la sociedad de hoy las permiten. El capítulo llama a la disciplina personal de cada uno de nosotros, de modo que se produzca una verdadera limpieza espiritual que permita la comunión con Dios y el crecimiento espiritual de Su pueblo (He. 12:10b). Pero, en cualquier caso, todo cuanto se haga en la iglesia, tanto de relación como de corrección, ha de ser basado en el amor (1 Co. 13). Una corrección sin propósito es tolerancia. Una reprensión sin amor es castigo. La disciplina debe ir acompañada de lágrimas en el corazón del que la ejerce, porque no se trata de exhibir el poder de la autoridad, sino la restauración de una oveja que se había perdido.

CAPÍTULO XIII

CONCLUSIÓN

Introducción

La división de los capítulos produce en ocasiones la necesidad de vincular el principio de uno como parte final del anterior. Así ocurre en este caso ya que los diez primeros versículos del capítulo que se comenta, tratan el tema de la firmeza en el propósito del apóstol de visitar la iglesia y de actuar en relación con los problemas que había en ella. Realmente esto corresponde al tema del final del capítulo anterior.

Al concluir el escrito el apóstol apura temas que eran urgentes y necesarios para la iglesia en Corinto, rodeada de detractores suyos y de problemas internos, algunos de los cuales tenían que ver con una vida de falta de santidad, que debía ser corregida. Antes advirtió del propósito que tenía su próxima visita a la congregación, de manera que para deshacer cualquier mal entendido, les avisa de su propósito de ejercer todo su poder como apóstol de Cristo en una intervención firme con los que se manifestaban carnalmente y causaban problemas y divisiones en la congregación.

Algunos buscaban la prueba de su apostolado. No cabe duda que la influencia de los *falsos apóstoles* había minado la firmeza de algunos en relación con su condición de apóstol de Cristo. La calumnia de que era fuerte en los escritos, pero débil en sus actuaciones, iba a ser eliminada no por un escrito, sino por su presencia y actuación. Era, como él mismo reconoce, *débil* como hombre, pero en esa debilidad se manifestaba el poder sobrenatural de Cristo con que había sido investido por Él.

Por esa razón culmina el escrito con una seria advertencia final que ya indicó antes (12:20, 21). Esta amonestación se establece bajo principios bíblicos, ya que cita la normativa del Antiguo Testamento referente al testimonio acusatorio para juicio. Con esta advertencia, Pablo, indica claramente que el tiempo de su paciencia había concluido para comenzar el de la disciplina. Las críticas, murmuraciones, falsas acusaciones, insinuaciones, etc. iban a ser verificadas a la luz de toda la iglesia. Las acusaciones contra él y su apostolado, así como los graves pecados consentidos en la congregación, serían objeto de disciplina. No era posible más demora en esto. Como padre tiene la necesidad de disciplinar a los hijos rebeldes, como expresa en la amonestación. Esta estaba orientada a que se produjese una rectificación de los que andaban desordenadamente a fin de que no tuviese necesidad de ejercer el poder apostólico del que estaba investido.

Como todos los escritos concluye también este con una breve exhortación, los saludos y la bendición.

El primer párrafo (vv. 1-10). Se inicia con una advertencia solemne de que pondría delante de la congregación, en su visita a *dos testigos*, como establecía la ley para dar firmeza a las acusaciones (v. 1). Las palabras indican que en esta ocasión no iba a ser indulgente como lo fue en anteriores visitas (v. 2). Esto serviría de prueba sobre su condición de apóstol de Jesucristo (v. 3). La manifestación de su apostolado tendría que ver con una manifestación de poder que no habían presenciado antes (v. 4). Pide a los creyentes un examen personal que determine si están aprobados en la fe o reprobados en ella (v. 5). Manifestándoles que ellos que habían sido reprobados por los adversarios y por alguno en la iglesia, no estaban en esa situación delante de Dios (v. 6). El objetivo de la actuación que les anunciaba era para que fuesen aprobados ante Dios en sus acciones (v. 7). La verdad sería poderosa y se manifestaría de ese modo (v. 8). El gozo de Pablo era la perfección de los corintios, por quienes oraba (v. 9). Dios le había encomendado la edificación y no la destrucción en su ministerio, por eso deseaba que los corintios estuviesen en la situación de ser edificados y no disciplinados (v. 10).

En la segunda parte del capítulo está el cierre de la *Epístola* (vv. 11-14). Comenzando por una exhortación a una vida cristiana consecuente conforme a lo que Dios ha establecido (v. 11). Siguen dos versículos con saludos para los destinatarios (vv. 12-13). Se cierra con la bendición apostólica (v.14).

Para el análisis del texto se sigue el *bosquejo* que fue dado ya en la *introducción*, como sigue:

2. Firmeza en su programa (13:1-10).

VIII. Saludos y despedida (13:11-14).

1. Exhortación (13:11).
2. Saludos (13:12-13).
3. Bendición (13:14).

Firmeza en su programa (13:1-10)

1. Ésta es la tercera vez que voy a vosotros. Por boca de dos o de tres testigos se decidirá todo asunto.

Τρίτον τοῦτο ἔρχομαι πρὸς ὑμᾶς· *ἐπὶ στόματος δύο μαρτύρων*
Tercera vez esta voy a vosotros: Por boca de dos testigos
καὶ τριῶν σταθήσεται πᾶν ῥῆμα.
y de tres será firme toda palabra.

Análisis y notas del texto griego.

Análisis: Τρίτον, adverbio *tercera vez*; τοῦτο, caso acusativo neutro singular del pronombre demostrativo *estos*; ἔρχομαι, primera persona singular del presente de indicativo en voz activa del verbo ἔρχομαι, *venir, llegar, regresar, aparecer, ir*, aquí *voy*; πρὸς, preposición propia de acusativo *a*; ὑμᾶς, caso acusativo de la segunda persona plural del pronombre personal *vosotros*; *ἐπὶ*, preposición propia de genitivo *de, por*; *στόματος*, caso genitivo neutro singular del nombre común *boca*; *δύο*, caso genitivo masculino plural del adjetivo numerar cardinal declinado *de dos*; *μαρτύρων*, caso genitivo masculino plural del nombre común *testigos*; *καὶ*, conjunción copulativa *y*; *τριῶν*, caso genitivo masculino plural del adjetivo numeral cardinal declinado *de tres*; *σταθήσεται*, tercera persona singular del futuro de indicativo en voz pasiva del verbo ἵστηεμι, *estar en pie, estar firme*, aquí *será firme*; *πᾶν*, caso nominativo neutro singular del adjetivo indefinido *todo*; *ῥῆμα*, caso nominativo neutro singular del nombre común *palabra, dicho*.

Τρίτον τοῦτο ἔρχομαι πρὸς ὑμᾶς· El anuncio de una tercera visita, indica con claridad que el apóstol había estado ya dos veces en aquella iglesia. Como se ha hecho notar varias veces en el comentario, la primera fue la que tuvo lugar en la fundación de la iglesia (Hch. 18:1 ss.). La segunda fue más breve y triste (2:1). Esta tercera es anunciada como algo inminente. Pablo estaba ya preparado para hacer esa visita. Sus adversarios ponían en entredicho que fuera a producirse. Sin embargo, el apóstol había formulado una seria advertencia a los tales (10:11).

ἐπὶ στόματος δύο μαρτύρων καὶ τριῶν σταθήσεται πᾶν ῥῆμα. La razón de la visita estaba anunciada ya antes (10:1-2). Decidido a hacerla, apela a un texto del Antiguo Testamento para darles idea de la solemnidad que comportaba aquella visita. Apela al modo que tenían para tomar en cuenta cargos punibles en un juicio contra alguien y, de forma muy especial, cuando esos pudieran ser causa de pena capital. El testimonio de un solo testigo no podía ser contado para acusación formal (Nm. 35:30), debían ser por lo menos dos o mejor tres (Dt. 17:6), solo así podría ser mantenida una acusación (Dt. 19:15). Aunque esto tiene que ver con las regulaciones legales de la antigua alianza, el Señor la usó en

Sus enseñanzas en el Nuevo Testamento, de forma especial cuando se refería a la práctica de la disciplina contra alguien: *"Por tanto, si tu hermano peca, vé, repréndelo estando tú y él solos. Si te escucha, habrás ganado a tu hermano; pero si no escucha, toma contigo a uno o dos, para que por boca de dos o tres testigos quede firme toda palabra. Y si los desoye a ellos, dilo a la iglesia; y si desoye a la iglesia, sea para ti como el gentil y el publicano"* (Mt. 18:15-17)[1]. Por tanto, también el apóstol la usa aquí para indicar la forma de cómo actuaría.

El principio es permanente. La acusación de pecado debe ser sostenida, a lo menos, por dos personas. El testimonio de ellas ha de ser dado independientemente no juntos, de manera que concuerden plenamente entre sí. Esta normativa bíblica se debe usar en la iglesia para cualquier acusación contra alguien y, sobre todo contra un líder (1 Ti. 5:19). La Escritura relaciona esto con el pecado voluntario de los creyentes (He. 10:28, 29). El escritor de la *Epístola a los Hebreos*, señala a los creyentes en esos versículos y no a los inconversos, como se aprecia por el uso del pronombre personal en primera persona plural en el verbo al decir *pecáremos*, integrando al mismo autor en el conjunto (He. 10:26). La sangre del pacto no fue aplicada al no creyente, sino a los que creen, para santificación (He. 10:29). Además, quien está bajo juicio no son los incrédulos sino *Su pueblo* (He. 10:30). Un texto clave en el pasaje que se cita de la *Epístola a los Hebreos* dice: *"Porque si pecáremos voluntariamente después de haber recibido el conocimiento de la verdad, ya no queda más sacrificio por los pecados, sino una horrenda expectación de juicio, y de hervor de fuego que ha de devorar a los adversarios"* (He. 10: 26-27). En el antiguo pacto, el israelita tenía un sacrificio expiatorio para sus pecados de ignorancia, debilidad, inadvertencia, etc. (Nm. 15:24-29). Pero cuando el pecado era de soberbia, consciente y voluntario, *"no quedaba más sacrificio"*, es decir, quedada expuesto a la ira de Dios por el pecado cometido. Así también el creyente que peca consciente y voluntariamente no puede esperar otra cosa que el juicio de Dios sobre él (He. 10:27). Tal persona, en la antigua dispensación, debía ser cortada del pueblo de Dios (Nm. 15:30, 31). Así también el creyente ahora, podría recibir el juicio de Dios por su pecado, pero esto *no lleva aparejada la pérdida de salvación* (He. 6:4-6), puesto que es imposible la repetición del sacrificio expiatorio y redentor de la Cruz de Cristo. La experiencia de un juicio divino por el pecado, bien directamente o con la intervención de Pablo, era algo conocido en la iglesia en Corinto, bien directamente por Dios mismo (1 Co. 11:30); bien por la intervención del apóstol (1 Co. 5:4, 5). Por tanto, en la apelación a la cita del Pentateuco, está advirtiendo que la corrección se aplicaría con

[1] Biblia Textual.

toda justicia. Aunque habla de corrección, el pecado tenía que ser bien atestiguado, de ahí la presencia de dos o tres testigos. Esto atañe también a aquellos que formulaban acusaciones contra Pablo que no podían probar y que los convertía en testigos mentirosos.

2. He dicho antes, y ahora digo otra vez como si estuviera presente, y ahora ausente lo escribo a los que antes pecaron, y a todos los demás, que si voy otra vez, no seré indulgente.

προείρηκα καὶ προλέγω, ὡς παρὼν τὸ δεύτερον καὶ
He dicho antes y digo de antemano, como estando presente la segunda vez y
ἀπὼν νῦν, τοῖς προημαρτηκόσιν καὶ τοῖς λοιποῖς πᾶσιν, ὅτι ἐὰν
ausente ahora, a los que han pecado antes y a los demás todos, que si
ἔλθω εἰς τὸ πάλιν οὐ φείσομαι,
voy - - otra vez no seré indulgente.

Análisis y notas del texto griego.

Análisis: προείρηκα, primera persona singular del perfecto de indicativo en voz activa del verbo προλέγω, *hablar antes, decir antes*, aquí *he dicho antes*; καὶ, conjunción copulativa *y*; προλέγω, primera persona singular del presente de indicativo en voz activa del verbo προλέγω, *decir de antemano*, aquí *digo de antemano*; ὡς, adverbio de modo, *como*, que hace las veces de conjunción comparativa; παρὼν, caso nominativo masculino singular del participio de presente en voz activa del verbo πάρειμι, *estar presente*, aquí *estando presente*; τὸ, caso acusativo neutro singular del artículo determinado *lo*; δεύτερον, caso acusativo neutro singular del adjetivo numeral ordinal *segundo*, en sentido de *segunda vez*; καὶ, conjunción copulativa *y*; ἀπὼν, caso nominativo masculino singular del participio de presente en voz activa del verbo ἄπειμι, *estar ausente*, aquí *estando ausente*; νῦν, adverbio demostrativo *ahora*; τοῖς, caso dativo masculino plural del artículo determinado declinado *a los*; προημαρτηκόσιν, caso dativo masculino plural del participio perfecto en voz activa del verbo προαμαρτάνω, *pecar antes*, aquí *que han pecado antes*; καὶ, conjunción copulativa *y*; τοῖς, caso dativo masculino plural del artículo determinado declinado *a los*; λοιποῖς, caso dativo masculino plural del adjetivo *demás*; πᾶσιν, caso dativo masculino plural del adjetivo indefinido *todos*; ὅτι, conjunción *que*; ἐὰν, conjunción *si*; ἔλθω, primera persona singular del segundo aoristo de indicativo en voz activa del verbo ἔρχομαι, *ir*, aquí *voy*; εἰς, preposición propia de acusativo *a*; τὸ, caso acusativo neutro singular del artículo determinado *lo*; πάλιν, adverbio de modo *nuevamente, otra vez*; οὐ, adverbio de negación *no*; φείσομαι, primera persona singular del futuro de indicativo en voz activa del verbo φείδομαι, *tratar con indulgencia, ser indulgente*, aquí *seré indulgente*.

προείρηκα καὶ προλέγω, Anticipando su visita, no como una posibilidad sino como cierta, recuerda que había dicho esto antes y que la reitera ahora como una advertencia de antemano. Se está refiriendo a lo que dijo en su visita anterior. El apóstol dio un tiempo para reflexión.

Pudiera también aludir a la carta anterior que les había enviado con mucha dureza (2:1).

ὡς παρὼν τὸ δεύτερον καὶ ἀπὼν νῦν, Aparentemente reviste, a la simple lectura, una dificultad para determinar el sentido. Había estado dos veces antes y ahora su tercera visita sería inminente, de manera que la expresión *lo dije antes*, no puede referirse a otra cosa que lo que dijo personalmente a la congregación en su visita anterior, eso lo confirma esta segunda vez como si estuviese ya presente en la iglesia, aunque estaba todavía ausente. Es decir, reitera nuevamente la advertencia que había hecho con anterioridad y lo hace por escrito, que no merma en nada la determinación de lo que va a hacer y, aunque lo reciban por carta, deben entenderlo con la misma seguridad como si lo dijese personalmente, aunque no era posible porque no estaba presente.

τοῖς προημαρτηκόσιν καὶ τοῖς λοιποῖς πᾶσιν, La advertencia es general y universal. Primeramente, está dirigida a los que *han pecado antes*. No tanto en relación con la segunda visita de Pablo, sino con anterioridad. Estos son los que conocía como pecadores notorios. Habían practicado acciones pecaminosas, de las que advertía en la *Primera Epístola*, y siguieron en una transigencia contraria a la vida de santidad en el Espíritu. Probablemente también hay en esta frase una referencia directa a los que en la iglesia se habían manifestado en oposición con Pablo. Especialmente los que compartieron los conceptos antiapostólicos que los *falsos apóstoles* habían introducido. Pero, la advertencia se extiende a todos, a quienes andan desordenadamente. Pablo siente pena por los que pecaron en el pasado y lo seguían haciendo en el presente (Ro. 12:1). El pecado consentido en cualquier forma y tiempo, está bajo la rigurosa advertencia del apóstol para quienes vivían de esa manera.

ὅτι ἐὰν ἔλθω εἰς τὸ πάλιν οὐ φείσομαι, En la lectura pudiera parecer que habla de una *posible visita*, pero está afirmando su decisión de hacerla de inmediato, por tanto, está dando tiempo para que los que están en situación desordenada rectifiquen a fin de que el encuentro con el apóstol sea para edificación y no para disciplina. El tiempo de indulgencia había terminado y la precisión de la frase es firme: *"no seré indulgente"*. En la *Primera Epístola*, llamó a no mantener comunión con quienes arrogantemente quebrantan la ley de Cristo y practican el pecado (1 Co. 5:9-11). Tuvieron suficiente tiempo para poner orden a todo esto, pero, aparentemente no lo habían hecho. No podían tomar estas palabras a la ligera, puesto que ya tenían referencia del poder que como apóstol tenía, manifestado en el pecaminoso que fue entregado a Satanás para la destrucción de la carne (1 Co. 5:5). Anteriormente se ha hecho referencia a hechos históricos en que el poder del apóstol se manifestó en ocasiones puntuales. Por tanto, debían entender que se enfrentaban a una situación extremadamente peligrosa si permanecían en el pecado. Pablo anunció que las acusaciones contra los que permanecían en aquella situación, sería hecha por medio de dos o tres testigos, por tanto, la disciplina consecuente sería aplicada de inmediato.

3. Pues buscáis una prueba de que habla Cristo en mí, el cual no es débil para con vosotros, sino que es poderoso en vosotros.

ἐπεὶ δοκιμὴν ζητεῖτε τοῦ ἐν ἐμοὶ λαλοῦντος Χριστοῦ,
Puesto que prueba buscáis del en mí que habla Cristo,
ὃς εἰς ὑμᾶς οὐκ ἀσθενεῖ ἀλλὰ δυνατεῖ ἐν ὑμῖν.
quien para vosotros no es débil sino es poderoso entre vosotros.

Análisis y notas del texto griego.

Análisis: ἐπεὶ, conjunción *puesto que, ya que, porque*; δοκιμὴν, caso acusativo femenino singular del nombre común *prueba*; ζητεῖτε, segunda persona plural del presente de indicativo en voz activa del verbo ζητέω, *buscar*, aquí *buscáis*; τοῦ, caso genitivo masculino singular del artículo determinado *del*; ἐν, preposición propia de dativo *en*; ἐμοὶ, caso dativo de la primera persona singular del pronombre personal *mí*; λαλοῦντος, caso genitivo masculino singular del participio de presente en voz activa del verbo λαλέω, *hablar*, aquí *que habla*; Χριστοῦ, caso genitivo masculino singular del nombre propio *Cristo*; ὃς, caso nominativo masculino singular del pronombre relativo *el que, el cual, quien*; εἰς, preposición propia de acusativo *para*; ὑμᾶς, caso acusativo de la segunda persona plural del pronombre personal *vosotros*; οὐκ, forma escrita del adverbio de negación *no*, con el grafismo propio ante una vocal con espíritu suave o una enclítica; ἀσθενεῖ, tercera persona singular del presente de indicativo en voz activa del verbo ἀσθενέω, *ser débil*, aquí *es débil*; ἀλλὰ, conjunción adversativa *sino*; δυνατεῖ, tercera persona singular del presente de indicativo en voz activa del verbo δύνατέω, *tener poder, ser poderoso*, aquí *es poderoso*; ἐν, preposición propia de dativo *en*; ὑμῖν, caso dativo de la segunda persona plural del pronombre personal *vosotros*.

ἐπεὶ δοκιμὴν ζητεῖτε τοῦ ἐν ἐμοὶ λαλοῦντος Χριστοῦ, Algunos en Corinto demandaban pruebas del apostolado de Pablo, y de su identificación con Cristo, como Su enviado. Aquí alude a esto al decir: *"Puesto que buscáis prueba de que Cristo habla en mí"*. Ese desafío es aceptado por el apóstol para demostrar su autoridad. Lo que los *falsos apóstoles* y los que habían sido influenciados por ellos, estaban pidiendo era que probase la realidad de su condición de apóstol de Cristo, de otro modo, que probase que realmente Cristo estaba *hablando* por medio de él. La pregunta que los enemigos habían generado era esta: *¿Habla Cristo por medio de Pablo?* A los espirituales de la iglesia les había dicho que cuanto escribía, por tanto, su palabra, estaba revestida de la autoridad de

Dios y eran mandamientos del Señor (1 Co. 14:37). Se olvidaban o despreciaban las pruebas del apostolado que había hecho entre ellos, por eso, les iba a poner de manifiesto su autoridad mediante el poder de Cristo en él.

ὃς εἰς ὑμᾶς οὐκ ἀσθενεῖ ἀλλὰ δυνατεῖ ἐν ὑμῖν. El desafío de aquellos era realmente grave. Cuando negaban la realidad del apostolado de Pablo, estaban negando al que le había enviado. No era un pecado directamente cometido contra él, sino contra Dios mismo que le había llamado y enviado al ministerio. De ese mismo modo había ocurrido en el tiempo antiguo con Moisés, cuestionado por el pueblo y rechazado por él, Dios le señala que no era un problema personal con el siervo, sino con el Señor del siervo (Nm. 16:11). Si los corintios sabían que Cristo no era débil sino poderoso, como habían podido comprobar en las señales de poder que vieron hacer por medio de Pablo, en la conversión de ellos mismos y en las diversas manifestaciones que señalaban la realidad de la comisión apostólica, el rechazar ahora la autoridad del apóstol y su condición como tal, era enfrentarse al poder de Cristo que actuaba en Pablo y situarlos en una situación de gravedad. No está refiriéndose a que cuando creyeron en Cristo, Él se hizo fuerte o poderoso en ellos, sería desviar la interpretación del entorno textual del capítulo. Lo que está advirtiéndoles es que ellos tenían experiencia de que Cristo no es débil, sino que es *fuerte*, no en ellos, sino *entre* ellos. Es decir, habían visto Su poder entre los creyentes. Por tanto, no estaban desafiando a un débil como era él, sino al omnipotente Dios, que es Jesucristo y que puede e iba a manifestar ese poder.

4. Porque aunque fue crucificado en debilidad, vive por el poder de Dios. Pues también nosotros somos débiles en él, pero viviremos con él por el poder de Dios para con vosotros.

καὶ γὰρ ἐσταυρώθη[1] ἐξ ἀσθενείας, ἀλλὰ ζῇ ἐκ δυνάμεως
Porque también fue crucificado en debilidad, pero vive en poder
Θεοῦ. καὶ γὰρ ἡμεῖς ἀσθενοῦμεν ἐν[2] αὐτῷ, ἀλλὰ ζήσομεν
de Dios. Porque también nosotros somos débiles en Él, pero viviremos
σὺν αὐτῷ ἐκ δυνάμεως Θεοῦ εἰς ὑμᾶς.
con Él en poder de Dios en vosotros.

Análisis y notas del texto griego.

Análisis: καὶ, adverbio de modo *también*; γὰρ, conjunción causal *porque*; ἐσταυρώθη, tercera persona singular del primer aoristo de indicativo en voz pasiva del verbo σταυρόω, *crucificar*, aquí *fue crucificado*; ἐξ, forma escrita de la preposición de genitivo ἐκ, delante de vocal y que significa *de, en*; ἀσθενείας, caso genitivo femenino singular del nombre común *debilidad*; ἀλλὰ, conjunción adversativa, *pero, sino, sin embargo*; ζῇ, tercera persona singular del presente de indicativo en voz activa del verbo ζάω, *vivir*, aquí *vive*; ἐκ, preposición propia de genitivo *en*; δυνάμεως, caso genitivo femenino singular del nombre común *poder*; Θεοῦ, caso genitivo masculino singular del nombre divino declinado *de Dios*; καὶ adverbio de modo *también*; γὰρ, conjunción causal *porque*; ἡμεῖς, caso nominativo de la primera persona plural del pronombre personal *nosotros*; ἀσθενοῦμεν, primera persona plural del presente de indicativo en voz activa del verbo ἀσθενέω, *ser débil*, aquí *somos débiles*; ἐν, preposición propia de dativo *en*; αὐτῷ, caso dativo masculino de la tercera persona singular del pronombre personal *él*; ἀλλὰ, conjunción adversativa, *mas, pero, sino, sin embargo*; ζήσομεν, primera persona plural del futuro de indicativo en voz activa del verbo ζάω, *vivir*, aquí *viviremos*; σὺν, preposición propia de dativo *con*; αὐτῷ, caso dativo masculino de la tercera persona singular del pronombre personal *él*; ἐκ, preposición propia de genitivo *en*; δυνάμεως, caso genitivo femenino singular del nombre común *poder*; Θεοῦ, caso genitivo masculino singular del nombre divino declinado *de Dios*; εἰς, preposición propia de acusativo *en*; ὑμᾶς, caso acusativo de la segunda persona plural del pronombre personal *vosotros*.

Notas. Crítica Textual. Lecturas alternativas.

[1] καὶ γὰρ ἐσταυρώθη, *porque también fue crucificado*, según lectura en 𝔓^{46vid}, a*, B, D*, F, G, K, P, 0243, 33, 81, 104, 365, 1241, 1739, co, Eusebio.

καὶ γὰρ εἰ ἐσταυρώθη, *porque también si fue crucificado*, como se lee en ^{2}a, A, D^{1}, L, Ψ, 630, 1175, 1505, 1881, 2464, 𝔐, lat, sy, Ambrosiaster.

[2] ἐν, *en*, según lectura en B, D, K, L, P, Ψ, 0243, 0278, 33, 81, 104, 365, 630, 1175, 1241, 1505, 1739, 1881, 2464, 𝔐, ar, vg, sy^{h}, sa, Ambrosiaster.

συν, *con*, conforme a, A, F, G, r, sy^{p}, bo.

καὶ γὰρ ἐσταυρώθη ἐξ ἀσθενείας. Una de las acusaciones que habían formulado contra Pablo era de debilidad de carácter y carencia de poder (10:10). Por esta razón va a establecer un contraste entre debilidad y poder. Para ello apela al ejemplo supremo de Cristo, que fue crucificado *en debilidad*, y resucitado *en poder*. Un aspecto de esa debilidad tiene que ver con Su descenso, que en la gracia se *hizo pobre siendo rico* (8:9). En general la debilidad está relacionada con la encarnación, en cuyo hecho, asume voluntariamente la limitación de la criatura, sin dejar de ser Dios. *"Así que, por cuanto los hijos participaron de carne y sangre, él también participó de lo mismo, para destruir por medio de la muerte al que tenía el imperio de la muerte, esto es, al diablo, y librar a todos los que por el temor de la muerte estaban durante toda la vida sujetos a servidumbre"* (He. 2:14-15). La naturaleza propia de los hombres, fue asumida por el Hijo, que vino *"en semejanza de carne de pecado"*, que manifiesta la debilidad propia del hombre (Ro. 8:3). El Hijo tomó una naturaleza mortal haciéndose real y verdaderamente hombre, y participando en todos los elementos propios de una verdadera humanidad.

Él mismo participó de estas cosas, *carne y sangre*. Es necesario entender con toda claridad que el Hijo, como Persona Divina, tomó una naturaleza humana y se hizo hombre en identidad plena con la criatura. Es necesario entender con toda claridad que el Hijo, como Persona Divina, es eternamente Dios, en unidad con el Padre y el Espíritu, pero que este Hijo, Persona Divina, tomó una naturaleza humana y se hizo hombre en identidad plena con el hombre. No siempre se enfatizan las dos naturalezas en Jesucristo. Mayoritariamente, tal vez por dificultades con el humanismo radical, se hace referencia a la deidad de Jesús. Aquí es preciso, según el versículo, prestar atención al hecho de la humanidad asumida por el Hijo. La encarnación, es el resultado del hecho transcendental del *envío* del Hijo al mundo procedente del Padre (Gá. 4:4), para llevar a cabo una obra en la cual Dios pueda, por el Hijo, hacer partícipes a los hombres de su filiación y rescatarlos de la muerte y la condenación a causa del pecado. La concepción es el primer movimiento de Dios para hacer posible la humanidad del Verbo. Ese acontecimiento da comienzo al existir de Dios en carne, en un estado de igualdad de naturaleza, sometido a todas sus limitaciones y alcanzando la posibilidad de morir la muerte el hombre, viviendo en una limitación voluntaria como hombre (Ro. 1:1-4; 2 Co. 5:21; 8:9; Gá. 3:13; 4:4-5; Fil. 2:6-8). El Hijo, que eternamente está junto al Padre, por quien todas las cosas vinieron a la existencia y son sustentadas en Él y por Él (He. 1:2), ha tomado *carne y sangre* para morar entre los hombres como un hombre (Jn. 1:14). Este Hijo, se hace hombre sin deponer Su condición divina, para poder llevar a cabo la obra que se dice seguidamente en el versículo, para introducirnos en la vida y comunión con Dios. Esa introducción del Hijo en la experiencia del hombre, tiene lugar por la concepción, gestación y posterior nacimiento, de María. La encarnación exige el nacimiento de mujer y bajo la ley (Gá. 4:4). La Virgen, fue elegida soberanamente por Dios, para que fuese la madre del Redentor, en Su naturaleza humana (Mt. 1:18-25; Lc. 1:26-38). Por la encarnación comienza la existencia temporal del Hijo, pero, en modo alguno se puede considerar esto como comienzo de vida, sino como inicio de una nueva forma de vida que subsiste en Su eterna Persona, sin comienzo y sin fin. La Deidad de Jesús, nada tiene que ver con el comienzo de Su existencia terrenal, con existencia divina y, por tanto, preexistencia eterna a Su encarnación y nacimiento terrenal. La encarnación es la expresión suprema de la donación de Dios al hombre en la Persona del Hijo. En la encarnación Dios se *humana*, identificándose en todo con los hombres, salvo en el pecado y en la relación de esa humanidad, sólo la Suya, con la Deidad. La encarnación es el vehículo por el cual el Verbo se une con la humanidad en una naturaleza creada por el Espíritu Santo, que es personalizada por el Hijo, y en cuya humanidad, αἵματος καὶ σαρκός, *carne y sangre*, expresa visiblemente su filiación eterna. Esa unión entre el Hijo eterno y la naturaleza del hombre, se expresa absolutamente en Jesús, el hombre. Desde el momento de la encarnación, la humanidad es ya perpetuamente la humanidad del Hijo. En ella se manifestó durante el ministerio público y en ella se perpetúa eternamente. La encarnación no es una divinización del hombre, sino la decisión libre del Hijo que se proyecta en amor fuera de Sí mismo, para salvación. La encarnación es la autoentrega del Hijo a favor de los hombres, para llevar a éstos a la expresión máxima posible de la vivencia de lo que corresponde y pertenece a Dios, que es la vida eterna. El Hijo, como hombre, es la expresión de la vida trinitaria de Dios en una criatura, y la posición de una criatura en Dios, que se inserta en la historia humana. La criatura, en cuanto a *carne y sangre*, es acogida no sólo en el Creador, sino dentro de Él mismo, viniendo a ser elemento integrante en su Persona Divina, de tal manera que, aunque permaneciendo la diferencia entre Su naturaleza divina y Su naturaleza humana, sin mezcla ni confusión, la unión entre el Creador y la criatura se hacen inseparables ya. El sujeto de la encarnación es el Hijo, el Verbo, el Logos eterno, por tanto, la encarnación es la prolongación a la criatura subsistente en la Persona divina, de la realidad y relación eterna del Hijo en el seno de la Trinidad. De ahí que el versículo haga referencia a la acción, posible solo para Dios desde la naturaleza humana del Hijo, de destruir al opresor para liberar al hombre. La pasión del Hijo, *perfeccionado por aflicciones* (He. 2:10), es la verdadera pasión de Dios, que no es otra cosa que compasión con el hombre, que se inicia en la concepción en el seno de María y se completa en la entrega de la vida sobre la Cruz. Cristo, por tanto, llegó a ser hombre en la misma forma y con las mismas condiciones de los hombres. Distinguiéndolo de ellos en el hecho mismo de la concepción, que no se produce por relación humana, sino por acción divina. en la operación omnipotente del Espíritu Santo. El participar de *carne y sangre*, hace posible que se pueda escribir la biografía de Dios en sujeción a las limitaciones temporales de la criatura. Pero, esa encarnación del Hijo, es el vehículo instrumental para la kénosis de Dios. El participar de *carne y sangre* hace posible el descenso del Hijo a la forma de siervo. El que siendo Dios no puede sino demandar obediencia, por cuanto es Soberano, obedece desde Su condición de hombre, hasta la entrega máxima en la expresión de dar Su vida por los hombres. En esa dimensión de *carne y sangre*, el Hijo se mantiene sumiso a las condiciones del hombre, sufre bajo los poderes del mal en la tentación y asedio, pero sin contaminación alguna con el pecado, revelando a Dios como gracia absoluta y siendo para el hombre prójimo perfecto. No cabe duda alguna que el Hijo se ha encarnado para expresar la gracia, y vivir la gracia es posible porque el Hijo se ha encarnado. Con todo, es necesario entender con toda claridad que este Cristo, descendiente *"según la carne"* de los hombres, es también *"Dios bendito sobre todas las cosas, bendito por los siglos. Amén"* (Ro. 9:5).

ἀλλὰ ζῇ ἐκ δυνάμεως Θεοῦ. Por eso el apóstol avanza un paso más desde el estado de limitación y humillación al de resurrección y exaltación. En la resurrección la humanidad débil es dotada del supremo poder que le corresponde como naturaleza humana del Hijo de Dios. Pablo lo expresa de este modo: *"Por lo cual Dios también le exaltó hasta lo sumo, y le dio un nombre que es sobre todo nombre, para que en el nombre de Jesús se doble toda rodilla de los que están en los cielos, y en la tierra, y debajo de la tierra; y toda lengua confiese que Jesucristo es el Señor, para gloria de Dios Padre"* (Fil. 2:9-11). Lo que era temporal y transitorio en el estado de humillación, dio paso a lo que es permanente y eterno, Su estado de exaltación, en cuya dimensión se le ve, no limitado y mortal, sino coronado de gloria, de honra y revestido en Su humanidad, de inmortalidad. Esa situación es absolutamente irreversible, ya que fue el Padre quien lo exaltó hasta lo sumo. Sin embargo, es Señor no por adquisición, sino por derecho inherente a Su condición de Dios-hombre (Col. 2:9). Aun en los días de Su humanidad, en la limitación de su carne, era Señor (1 Co. 2:8). Pero, el ejercicio del señorío supremo se manifiesta y ejerce después de la resurrección. No sólo desde la naturaleza divina, sino también desde la humana, glorificada. Jesús, a causa de la unión hipostática es eternamente Dios-hombre. Su naturaleza humana está también *coronada de gloria y de honra*, ya que el Padre lo exaltó hasta lo sumo. La exaltación estaba ya profetizada (Is. 53:10-12). El Resucitado habló a los Suyos de la gloria de Su majestad en autoridad suprema sobre cielos y tierra (Mt. 28:18). Es necesario comprender bien, con el autor de la *Epístola*, que el marcado contraste está en el Hijo, que es Jesús de Nazaret, Dios manifestado en carne. La humanidad glorificada de Jesús permanece eternamente unida a la deidad, sin mezcla en las naturalezas, pero subsistente perpetuamente en la Persona Divina. De otro modo, la humanidad asumida en la encarnación y glorificada en la resurrección y sesión a la diestra de la Majestad, perdura perpetuamente. La humanidad del Verbo, no fue meramente instrumental, esto es, usada para un propósito divino y abandonada luego. Dios es ya para siempre encarnado, y es en esa humanidad del Hijo que una nueva naturaleza queda integrada en la realización del misterio trinitario. La humanidad de Cristo es definitivamente el lugar de encuentro entre Dios y el hombre. En la glorificación Jesús recuperó lo único de que se había despojado en Su condición de hombre limitado, en Su anonadamiento voluntario y personal, que era la gloria de Su deidad, por lo que oró a Su Padre antes de ir a la Cruz (Jn. 17:5). Luego de la ascensión, las manifestaciones de Jesús a los hombres son todas ellas gloriosas. Rodeado de gloria se apareció al apóstol Pablo en el camino a Damasco (Hch. 9:3). En esa misma impresionante dimensión se manifestó al apóstol Juan en la isla de Patmos (Ap. 1:12-16). La exaltación de Jesucristo supera cualquier otra, ya que no sólo fue promovido a la gloria, como lo serán los creyentes. Él es el Mediador que traspasó los cielos (He. 4:14); el que ha sido hecho más sublime que ellos (He. 7:26); el que subió por encima de los cielos (Ef. 4:10); el que se sentó a la diestra del trono de Dios (Mr. 16:19; Hch. 2:33; 5:31; Ro. 8:34; He. 1:3; 12:2); es el Rey sobre toda autoridad, ahora y por siempre (Ef. 1:20-22). La exaltación pasa necesariamente por tres etapas: a) Resurrección de entre los muertos (Jn. 10:18; Ro. 8:11; 10:9); b) Ascensión a los cielos (Lc. 24:26); c) Sesión a la diestra de Dios (Mr. 16:19). El sujeto de la exaltación es el Verbo en Su naturaleza humana.

El apóstol vincula el poder a la resurrección. La autoridad suprema bajo el nombre de Jesús, se pone de manifiesto en que bajo ella, *se dobla toda rodilla*, expresión que señala reconocimiento universal de Su deidad y, por tanto, de Su señorío. Quienes se inclinaron burlescamente ante Él, habrán de hacerlo ante el mismo Jesús glorificado, reconociéndole como Dios. Es algo profetizado ya en el Antiguo Testamento, en donde Dios dice, por medio del profeta: *"Por mí mismo hice juramento, de mi boca salió palabra en justicia, y no será revocada: Que a mí se doblará toda rodilla, y jurará toda lengua"* (Is. 45:23). Jesús no es un hombre elevado o un dios rebajado, sino el infinito y eterno Dios hecho hombre (Jn. 1:14). La autoridad de ese nombre, que es identificativo de la Persona, quedó evidenciada en los milagros que se hicieron bajo la autoridad de ese nombre (Hch. 3:6; 9:34; 16:18). Nadie puede resistir la soberanía de Dios y en Su presencia caerán arrodillados por quién es.

La sujeción al resucitado y glorificado Jesús es universal. En la *Epístola a los Filipenses*, el apóstol mediante tres adjetivos agrupa todos los seres creados. Por un lado, literalmente *los celestiales*. No cabe duda que tiene que ver con todos los ángeles, querubines, serafines, arcángeles y ángeles santos. Pero también con los millones de hombres salvos por gracia que están y los que estarán en el futuro en la presencia de Dios (Ef. 1:21; 3:10; 1 P. 3:22; Ap. 4:8-11; 5:8-12). También le rendirán pleitesía los que estén *sobre la tierra*, en alusión a los hombres vivos (1 Co. 15:40). Del mismo modo *los de debajo de la tierra*, forma figurada para referirse a muertos sin salvación y ángeles caídos (Mt. 16:18; Jud. 6), poderes infernales, cuyo dominio quebrantó Cristo en Su muerte. Quienes no hayan querido reconocer la deidad de Jesús y doblar sus rodillas voluntariamente, tendrán que hacerlo en el futuro en reconocimiento universal de que Jesús es Dios. Esta es la demostración cósmica de que aquel que se hizo hombre es eternamente Dios.

καὶ γὰρ ἡμεῖς ἀσθενοῦμεν ἐν αὐτῷ, ἀλλὰ ζήσομεν σὺν αὐτῷ ἐκ δυνάμεως Θεοῦ εἰς ὑμᾶς. Puesto el ejemplo de Jesús, hace la aplicación personal para quienes están demandando *señales* que confirmen el apostolado y la acción de Cristo presente en él. Cuando habla aquí de *debilidad en Él*, esto es *en Cristo*, no está refiriéndose a los muchos problemas que tuvo que pasar en su vida de ministerio, porque ese no es el contexto donde está la expresión. Se refiere a que las veces anteriores, en la identificación con Cristo, mantuvo una condescendencia propia de la gracia que da oportunidad para que el pecador retorne incondicionalmente a Dios. En esa forma de actuación no manifestaba el poder del Resucitado, sino la humildad que no le condujo a vindicar su condición de apóstol. Lo mismo que Jesús se mostró débil ante los hombres de manera que lo prendieron, juzgaron y crucificaron. Así también Pablo se mostró manso y humilde de modo que fue menospreciado y sus enemigos le acusaron de falta de poder, por tanto, de que Cristo no estaba presente en él para actuar como apóstol. Pero al igual que Cristo, esa debilidad en Pablo fue voluntaria, aunque en él estaba el poder sobrenatural del Señor que vivía en él. Ahora advierte que, *si fuimos débiles en él*, ese tiempo concluyó y en el próximo futuro manifestaría el poder de Dios que actuará *en* o *entre* los corintios. No es una referencia escatológica al futuro perpetuo del creyente transformado y glorificado a la semejanza del Señor, sino de tiempo presente en que el poder de él como apóstol iba a manifestarse. La advertencia era solemne, porque les hacía notar que actuaría con firmeza contra quienes eran dignos de ser disciplinados por su conducta.

El estado de flaqueza y poder se manifestaba en Pablo por su identificación con Cristo (Gá. 2:20). Era aparentemente *débil*, pero tenía a su disposición el recurso de todo el poder de Cristo para actuar (Fil. 4:13). Ese poder lo iba a usar en la corrección de los rebeldes: *"para con vosotros"*. Expresa así la determinación del rigor que pensaba usar y la autoridad de que estaba investido por Cristo mismo. Para algunos era débil, pero actuaría con poder (10:10).

5. Examinaos a vosotros mismos si estáis en la fe; probaos a vosotros mismos. ¿O no os conocéis a vosotros mismos, que Jesucristo está en vosotros, a menos que estéis reprobados?

Ἑαυτοὺς	πειράζετε	εἰ	ἐστὲ	ἐν	τῇ	πίστει,	ἑαυτοὺς
A vosotros mismos	haced la prueba	si	estáis	en	la	fe,	a vosotros mismos

δοκιμάζετε·	ἢ	οὐκ	ἐπιγινώσκετε	ἑαυτοὺς	ὅτι	Ἰησοῦς Χριστὸς
examinad.	¿o	no	os dais cuenta	a vosotros mismos	que	Jesucristo

ἐν ὑμῖν[1] εἰ μήτι ἀδόκιμοι ἐστε.
en vosotros a menos que reprobados estais?

Análisis y notas del texto griego.

Análisis: Ἑαυτοὺς, caso acusativo masculino plural del pronombre reflexivo declinado *a vosotros mismos*; πειράζετε, segunda persona plural del presente de imperativo en voz activa del verbo πειράζω, *ensayar, hacer la prueba,* aquí *haced la prueba*; εἰ, conjunción *sí*; ἐστὲ, segunda persona plural del presente de indicativo en voz activa del verbo εἰμί, *ser, estar*, aquí *estáis*; ἐν, preposición propia de dativo *en*; τῇ, caso dativo femenino singular del artículo determinado *la*; πίστει, caso dativo femenino singular del nombre común *fe*; ἑαυτοὺς, caso acusativo masculino plural del pronombre reflexivo declinado *a vosotros mismos*; δοκιμάζετε, segunda persona plural del presente de imperativo en voz activa del verbo δοκιμάζω, *aprobar, examinar, aceptar como acreditado*, aquí *examinad*; ἢ, conjunción disyuntiva *o*; οὐκ, forma escrita del adverbio de negación *no*, con el grafismo propio ante una vocal con espíritu suave o una enclítica; ἐπιγινώσκετε, segunda persona plural del presente de indicativo en voz activa del verbo ἐπιγινώσκω, *conocer, darse cuenta*, aquí *os dais cuenta*; ἑαυτοὺς, caso acusativo masculino plural del pronombre reflexivo declinado *a vosotros mismos*; ὅτι, conjunción *que*; Ἰησοῦς, caso nominativo masculino singular del nombre propio *Jesús*; Χριστὸς, caso nominativo masculino singular del nombre propio *Cristo*; ἐν, preposición propia de dativo *en*; ὑμῖν, caso dativo de la segunda persona plural del pronombre personal *vosotros*; εἰ, conjunción *si*; μήτι, partícula que se usa como interrogativa en preguntas que exigen respuesta negativa o incierta, o con suspenso: *Tal vez, quizás,* se asocia con otras partículas: εἵ μήτι, *a menos que*; ἀδόκιμοι, caso nominativo masculino plural del adjetivo *reprobados*; ἐστε, segunda persona plural del presente de indicativo en voz activa del verbo εἰμί, *ser, estar*, aquí *estáis*.

Notas. Crítica Textual. Lecturas alternativas.

[1] ἐν ὑμῖν, *en vosotros*, lectura en 𝔓[46], B, D[*], 33, Clemente.

ἐν ὑμῖν ἐστιν, *en vosotros está*, según a, A, D[1], F, G, K, L, P, Ψ, 0243, 81, 104, 365, 630, 1175, 1241, 1505, 1739, 1881, 2464, 𝔐.

Ἑαυτοὺς πειράζετε εἰ ἐστὲ ἐν τῇ πίστει, ἑαυτοὺς δοκιμάζετε· Cuando se anuncia una situación de disciplina se recomienda un examen personal. Pablo utilizó anteriormente esa misma exhortación (1 Co. 11:28, 31). La prueba de ese examen es determinar *si estáis en fe*. Esa es la condición propia y natural de quien realmente ha recibido a Cristo y vive conforme a Sus demandas. Pudiera comprender también el examen que determine si son realmente convertidos, ya que la condición propia de regenerado es vivir en la fe (Gá. 2:20). La identificación con Cristo produce un cambio transformador: *"y lo que ahora vivo en la carne, lo vivo en la fe del Hijo de Dios"*. La expresión carne en esta cita no tiene sentido teológico, sino fisiológico, significa vivir en el *cuerpo mortal*, el recipiente que expresa y contiene la vida del hombre y la hace visible. La existencia de la nueva vida en Cristo se realiza de una nueva forma: *"en la fe"*. El examen al que se refiere el apóstol es para cerciorarse si se está viviendo en la fe, lo que significa la manifestación de una vida que obra consecuentemente con esa misma fe (Stg. 1:14-26). Si la salvación es una resurrección espiritual después de una muerte al pecado y a la ley, tiene que manifestarse en un modo de vida que obra de forma diferente a lo que era la antigua manera de vida propia del hombre natural. Esa fe da consistencia y firmeza a la vida (1:24b). De igual modo la fe en el Hijo de Dios, es medio de compromiso, ya que los que viven ya no viven para sí, sino para el que murió y resucitó por ellos (5:15). La fe produce el compromiso de discipulado que, como Cristo renuncia a todo, porque *vive a Cristo* (Fil. 1:21; 3:7-10).

ἢ οὐκ ἐπιγινώσκετε ἑαυτοὺς ὅτι Ἰησοῦς Χριστὸς ἐν ὑμῖν εἰ μήτι ἀδόκιμοι ἐστε. El segundo aspecto del examen tiene que ver con determinar *"si Cristo está en vosotros"*. Señal inequívoca de la regeneración, con la implantación de Cristo en el creyente (Ro. 8:10; Gá. 2:20; Col. 1:27). No tener a Cristo es estar muerto en delitos y pecados y carecer de toda esperanza. Una condición propia del *reprobado* es estar al margen de la fe. Pablo demanda sumisión a los que realmente son creyentes. No se puede pedir a nadie que no sea renacido que viva como renacido. Pero, lo que desea Pablo es que en ese examen perciban que realmente Cristo está en ellos. Él mora en Su pueblo, y la presencia del Espíritu morando en el creyente es necesariamente la realidad de que Cristo está implantado en el que ha creído. Cristo está en el corazón del creyente, tanto individual como colectivamente, es más, la Santísima Trinidad ha venido a hacer morada en cada salvo y en toda la iglesia como templo de Dios en Espíritu. Una advertencia de Pablo es que quien no tiene el Espíritu de Cristo, no es de Él (Ro. 8:9). Ahora bien, si en ese examen personal se percata que Cristo no está en el que se examina, quiere decir que aún está *reprobado*, en sentido teológico indica la condición de quien está en la esfera de la condenación eterna. Sin embargo, el reprobado puede venir a la fe y ser salvo. Normalmente el creyente vive, en medio de sus caídas y dificultades espirituales en la disposición de obedecer a Dios, porque para eso fue salvado (1 P. 1:2). El que está reprobado se encuentra en condición de perdición. Esa es la evaluación que Pablo pide a los que se llaman cristianos, para determinar si verdaderamente lo son o no. El apóstol está pidiendo una introspección de cada uno. Algunos de los creyentes estaban pidiendo la demostración de si Cristo estaba en Pablo y hablaba por medio de él con Su autoridad. Pablo revierte la demanda situándola para ellos, pidiéndoles que se examinen cada uno para determinar si Cristo está en sus vidas.

6. Mas espero que conoceréis que nosotros no estamos reprobados.

ἐλπίζω δὲ ὅτι γνώσεσθε ὅτι ἡμεῖς οὐκ ἐσμὲν ἀδόκιμοι.
Pero espero que conoceréis que nosotros no estamos reprobados.

Análisis y notas del texto griego.

Análisis: ἐλπίζω, primera persona singular del presente de indicativo en voz activa del verbo ἐλπίζω, *esperar*, aquí *espero*; δὲ, partícula conjuntiva que hace las veces de conjunción coordinante, con sentido de *pero, más bien, y, y por cierto, antes bien, entonces*; ὅτι, conjunción *que*; γνώσεσθε, segunda persona plural del futuro de indicativo en voz media del verbo γινώσκω, *saber, conocer, entender*, aquí *conoceréis*; ὅτι, conjunción *que*; ἡμεῖς, caso nominativo de la primera persona plural del pronombre personal *nosotros*; οὐκ, forma escrita del adverbio de negación *no*, con el grafismo propio ante una vocal con espíritu suave o una enclítica; ἐσμὲν, primera persona plural del presente de indicativo en voz activa del verbo εἰμί, *ser, estar*, aquí *estamos*; ἀδόκιμοι, caso nominativo masculino plural del adjetivo *reprobados*.

ἐλπίζω δὲ ὅτι γνώσεσθε ὅτι ἡμεῖς οὐκ ἐσμὲν ἀδόκιμοι. El examen personal determinará quienes son aprobados o reprobados. En cualquier caso, conducirá a un cambio de orientación especialmente en cuanto al reconocimiento del apostolado de Pablo. Algunos negaban que fuese verdaderamente apóstol, y que Cristo hablase por medio de él. Pero, si consideraban que ellos eran creyentes y que el Señor estaba en ellos, no podían por menos que considerar lo mismo en relación con Pablo. Los que se examinan a sí mismos y pasan esa prueba, saben que Cristo estaba en ellos, por consiguiente, tienen que reconocer lo mismo en relación con el apóstol. Algunos que han negado el respeto a Pablo como apóstol, tienen que proceder al arrepentimiento y reconocer su autoridad como procedente del Señor, dándole el respeto que se le debe como enviado por Él y revestido con Su autoridad. El verdadero arrepentimiento demanda un cambio real (Ap. 2:5).

7. Y oramos a Dios que ninguna cosa mala hagáis; no para que nosotros aparezcamos aprobados, sino para que vosotros hagáis lo bueno, aunque nosotros seamos como reprobados.

Εὐχόμεθα[1] δὲ πρὸς τὸν Θεὸν μὴ ποιῆσαι ὑμᾶς κακὸν μηδέν,
Y oramos a - Dios no hagáis vosotros malo nada,
οὐχ ἵνα ἡμεῖς δόκιμοι φανῶμεν, ἀλλ' ἵνα ὑμεῖς τὸ καλὸν
no para que nosotros aprobados aparezcamos sino que vosotros lo bueno
ποιῆτε, ἡμεῖς δὲ ὡς ἀδόκιμοι ὦμεν.
hagáis, y nosotros como reprobados seamos.

Análisis y notas del texto griego.

Análisis: εὐχόμεθα, primera persona plural del presente de indicativo en voz activa del verbo εὔχομαι, *orar*, aquí *oramos*; δὲ, partícula conjuntiva que hace las veces de conjunción coordinante, con sentido de *pero, más bien, y, y por cierto, antes bien, entonces*; πρὸς, preposición propia de acusativo *a*; τὸν, caso acusativo masculino singular del artículo definido *el*; Θεὸν, caso acusativo masculino singular del nombre divino *Dios*; μὴ, partícula que hace funciones de adverbio de negación condicional *no*; ποιῆσαι, primer aoristo de infinitivo en voz activa del verbo πιέω, *hacer*, aquí *hagáis*; ὑμᾶς, caso acusativo de la segunda persona plural del pronombre personal *vosotros*; κακὸν, caso acusativo neutro singular del adjetivo *malo*; μηδέν, caso acusativo neutro singular del pronombre indefinido *nada*; οὐχ, forma escrita del adverbio de negación *no*, con el grafismo propio ante una vocal con espíritu suave o una enclítica; ἵνα, conjunción causal *para que*; ἡμεῖς, caso nominativo de la segunda persona plural del pronombre personal *nosotros*; δόκιμοι, caso nominativo masculino plural del adjetivo *aprobados*; φανῶμεν, primera persona plural del segundo aoristo de subjuntivo en voz pasiva del verbo φαίνω, *manifestarse, aparecer*, aquí *aparezcamos*; ἀλλ', forma escrita ante vocal de la conjunción adversativa ἀλλά que significa *pero, sino*; ἵνα, conjunción causal *para que*; ὑμεῖς, caso nominativo de la segunda persona plural del pronombre personal *vosotros*; τὸ, caso acusativo neutro singular del artículo determinado *lo*; καλὸν, caso acusativo neutro singular del adjetivo *bueno*; ποιῆτε, segunda persona plural del presente de subjuntivo en voz activa del verbo πιέω, *hacer*, aquí *hagáis*; ἡμεῖς, caso nominativo de la primera persona plural del pronombre personal *nosotros*; δὲ, partícula conjuntiva que hace las veces de conjunción coordinante, con sentido de *pero, más bien, y, y por cierto, antes bien, entonces*; ὡς, adverbio de modo, *como*, que hace las veces de conjunción comparativa; ἀδόκιμοι, caso nominativo masculino plural del adjetivo *reprobados*; ὦμεν, primera persona plural del presente de subjuntivo en voz activa del verbo εἰμί, *ser, estar*, aquí *seamos*.

Notas. Crítica Textual. Lecturas alternativas.

[1] εὐχόμεθα, *oramos*, según lectura en P^{46}, a, A, B, D*, F, G, K, P, 33, 81, 104, 365, 1175, 1241, 1505, 2464, lat, sy^{h}, co.

εὔχομαι, *oro*, conforme a D^{2}, L, Ψ, 0243, 630, 1739, 1881, 𝔐, ar, b, vg^{mss}, sy^{p}, sa^{sa}, Ambrosiaster.

εὐχόμεθα δὲ πρὸς τὸν Θεὸν μὴ ποιῆσαι ὑμᾶς κακὸν μηδέν, Aunque existían serios problemas en la iglesia, y la relación de algunos con el apóstol era tensa y prejuiciada, él no está afectado por esas circunstancias, sino que dedica tiempo a orar por todos ellos. El ruego está dirigido en intercesión por la madurez y espiritualidad de los corintios. La petición pide a Dios que aquellos a quienes ama entrañablemente *no hagan nada malo*.

οὐχ ἵνα ἡμεῖς δόκιμοι φανῶμεν, La razón de esa oración no era en cierto modo para que él apareciese como *aprobado*, es decir, no busca el reconocimiento suyo, sino el bien de sus hermanos. Su aprobación o rechazo no es lo que le importa, el interés está en quienes pasan por un momento de dificultades espirituales y que se ven afectados por la carnalidad manifestada entre ellos en la iglesia.

ἀλλ' ἵνα ὑμεῖς τὸ καλὸν ποιῆτε, A la petición negativa, sigue la positiva. Oraba para que no hiciesen nada malo, pero también lo hacía para que *hiciesen lo bueno*. La vida cristiana no es estática, sino dinámica, por tanto, sus acciones son positivas o negativas ante Dios.

ἡμεῖς δὲ ὡς ἀδόκιμοι ὦμεν. Como siempre, el desinterés personal se manifiesta de nuevo en el apóstol. No le importaba que él fuese considerado como reprobado, con tal de que sus hermanos hiciesen lo bueno y evitasen lo malo. Él les había dicho que iba a Corinto para manifestar el poder personal de su apostolado en una actuación contra los que negaban esa condición y persistían en la desobediencia a Dios. Esa era la *prueba* que podía presentar, la evidencia de su condición, pero, no importaba que no la pudiese presentar, si la razón es que el cambio en los creyentes no hacía necesario el ejercicio de la disciplina y él no pudiese demostrar su condición de apóstol. Sin embargo, si los corintios maduraban espiritualmente y se comportaban como corresponde a esa condición, ya reconocerían sin límites el apostolado de Pablo, lo que supondría una renovación de la comunión con él, demostrada también en la obediencia a lo que les demandaba.

8. Porque nada podemos contra la verdad, sino por la verdad.

οὐ γὰρ δυνάμεθα τι κατὰ τῆς ἀληθείας ἀλλὰ ὑπὲρ τῆς
Porque no podemos nada contra la verdad sino por la
ἀληθείας.
verdad.

Análisis y notas del texto griego.

Análisis: οὐ, adverbio de negación *no*; γὰρ, conjunción causal *porque*; δυνάμεθα, primera persona plural del presente de indicativo en voz media del verbo δύναμαι, *poder, tener poder*, aquí *podemos*; τι, caso acusativo neutro singular del pronombre indefinido *nada*; κατὰ, preposición propia de genitivo *contra*; τῆς, caso genitivo femenino singular del artículo determinado *la*; ἀληθείας, caso genitivo femenino singular del nombre común *verdad*; ἀλλὰ, conjunción adversativa *sino*; ὑπὲρ, preposición propia de genitivo *por*; τῆς, caso genitivo femenino singular del artículo determinado *la*; ἀληθείας, caso genitivo femenino singular del nombre común *verdad*.

οὐ γὰρ δυνάμεθα τι κατὰ τῆς ἀληθείας ἀλλὰ ὑπὲρ τῆς ἀληθείας. La vida conforme a la verdad evitaría la acción del apóstol antes anunciada contra los que no estaban caminando en ella. No podría ejercer la disciplina que había anunciado si los corintios estaban en la verdad, porque sería obrar contra ella. Frente a una iglesia plenamente en orden no había autoridad que pudiera proceder a la disciplina. El apóstol no podía usar contra quienes estaban en la verdad, lo que había advertido solemnemente antes, y que ocurriría en su próxima visita. La verdadera disciplina solo puede ser aplicada cuando descansa en la Escritura. Nadie puede establecerla fuera de la norma bíblica, ya que cuando se hace así, no se manifiesta como disciplina sino como abuso de autoridad.

9. Por lo cual nos gozamos de que seamos nosotros débiles, y que vosotros estéis fuertes; y aun oramos por vuestra perfección.

χαίρομεν γὰρ ὅταν ἡμεῖς ἀσθενῶμεν, ὑμεῖς δὲ δυνατοὶ ἦτε·
Porque nos alegramos cuando nosotros seamos débiles, y vosotros fuertes seáis.
τοῦτο καὶ εὐχόμεθα, τὴν ὑμῶν κατάρτισιν.
Por esto también oramos, por la de vosotros perfección.

Análisis y notas del texto griego.

Análisis: χαίρομεν, primera persona plural del presente de indicativo en voz activa del verbo χαίρω, *alegrarse*, aquí *alegramos*; γὰρ, conjunción causal *porque*; ὅταν, conjunción temporal *cuando*; ἡμεῖς, caso nominativo de la primera persona plural del pronombre personal *nosotros*; ἀσθενῶμεν, primera persona plural del presente de subjuntivo en voz activa del verbo ἀσθενέω, *ser débil, estar débil*, aquí *seamos débiles*; ὑμεῖς, caso nominativo de la segunda persona plural del pronombre personal *vosotros*; δὲ, partícula conjuntiva que hace las veces de conjunción coordinante, con sentido de *pero, más bien, y, y por cierto, antes bien, entonces*; δυνατοὶ, caso nominativo masculino plural del adjetivo *fuertes, poderosos*; ἦτε, segunda persona plural del presente de subjuntivo en voz activa del verbo εἰμί, *ser, estar*, aquí *seáis*; τοῦτο, caso acusativo neutro plural del pronombre demostrativo declinado *por esto*; καὶ, adverbio de modo *también*; εὐχόμεθα, primera persona plural del presente de indicativo en voz activa del verbo εὔχομαι, *orar*, aquí *oramos*; τὴν, caso acusativo femenino singular del artículo determinado declinado *por la*; ὑμῶν, caso genitivo de la segunda persona plural del pronombre personal declinado *de vosotros*; κατάρτισιν, caso acusativo femenino singular del nombre común *perfección*.

χαίρομεν γὰρ ὅταν ἡμεῖς ἀσθενῶμεν, El apóstol se goza *cuando es débil*, en el sentido de no tener que usar el poder de Cristo en él para resolver problemas y establecer disciplina contra los que vivían desordenadamente. Nuevamente es preciso establecer aquí el sentido real del adjetivo *débil*, que no se trata de una persona en situación de despreciado y perseguido, sino que es débil cuando no tiene que aplicar el poder para disciplinar.

ὑμεῖς δὲ δυνατοὶ ἦτε· τοῦτο καὶ εὐχόμεθα, τὴν ὑμῶν κατάρτισιν. La generosidad del alma de Pablo se pone otra vez de manifiesto. La oración suya es pidiendo la fortaleza espiritual de los corintios: *"que estéis fuertes"*, o mejor *que seáis fuertes*. Esto, como se dijo antes, tiene que ver con la madurez espiritual. Pablo pide al Señor que sus hermanos en la iglesia en Corinto corrijan sus errores, resuelvan sus problemas y se arrepientan de sus malas acciones, para que vivan de conformidad con el evangelio. Los corintios eran aún niños en Cristo y se comportaban como tales (1 Co. 3:1-4). De manera que la oración del apóstol es para que alcancen la madurez, no solo que actúen bien y no practiquen nada malo, sino también que crezcan espiritualmente hablando. Buscaba una congregación que dejando el infantilismo no fuese fácilmente arrastrada por todo viento de doctrina (Ef. 4:14). El apóstol oraba para que fueran completamente restaurados de aquella forma espiritual en que habían derivado, un estado de confusión, enemistades, pecado y errores doctrinales en que habían caído.

La necesaria disciplina era para edificación de todos. Así lo entendía Crisóstomo: *"Quiero que mis cartas sean estimulantes, para que se queden en amenazas y no pasen a obras... En esto también ahora dio a entender lo que ya dije; pero les dejó a ellos sacar la lógica consecuencia de que, si seguían sin enmendarse, el hecho de castigar a los que así se comportan es también para edificar"*[2]

10. Por esto os escribo estando ausente, para no usar de severidad cuando esté presente, conforme a la autoridad que el Señor me ha dado para edificación, y no para destrucción.

Διὰ τοῦτο ταῦτα ἀπὼν γράφω, ἵνα παρὼν μὴ
Por esto estas cosas estando ausente escribo , para que estando presente no
ἀποτόμως χρήσωμαι κατὰ τὴν ἐξουσίαν ἣν ὁ Κύριος ἔδωκεν
severamente haga uso según la autoridad que el Señor dio
μοι εἰς οἰκοδομὴν καὶ οὐκ εἰς καθαίρεσιν.
me para edificación y no para destrucción.

Análisis y notas del texto griego.

Análisis: Διὰ, preposición propia de acusativo *por*; τοῦτο, caso acusativo neutro singular del pronombre demostrativo *esto*; ταῦτα, caso acusativo neutro plural del pronombre demostrativo *estos*, en sentido de *estas cosas*; ἀπὼν, caso nominativo masculino singular del participio de presente en voz activa del verbo

[2] Juan Crisóstomo. *Homilías sobre la segunda Carta a los Corintios*, o.c. 81/2

ἄπειμι, *estar ausente*, aquí *estando ausente*; γράφω, primera persona singular del presente de indicativo en voz activa del verbo γράφω, *escribir*, aquí *escribo*; ἵνα, conjunción causal *para que*; παρὼν, caso nominativo masculino singular del participio de presente en voz activa del verbo πάρειμι, *estar presente*, aquí *estando presente*; μὴ, partícula que hace funciones de adverbio de negación *no*; ἀποτόμως, adverbio de modo *severamente*; χρήσωμαι, primera persona singular del primer aoristo de subjuntivo en voz media del verbo χράομαι, *emplear, hacer uso de*, aquí *haga uso*; κατὰ, preposición propia de acusativo *según*; τὴν, caso acusativo femenino singular del artículo determinado *la*; ἐξουσίαν, caso acusativo femenino singular del nombre común *autoridad*; ἣν, caso femenino singular del artículo determinado *la que, la cual, que*; ὁ, caso nominativo masculino singular del artículo determinado *el*; Κύριος, caso nominativo masculino singular del nombre divino *Señor*; ἔδωκεν, tercera persona singular del primer aoristo de indicativo en voz activa del verbo δίδωμι, *dar, entregar*, aquí *dio*; μοι, caso dativo de la primera persona singular del pronombre personal *me*; εἰς, preposición propia de acusativo *para*; οἰκοδομὴν, caso acusativo femenino singular del nombre común *edificación*; καὶ, conjunción copulativa *y*; οὐκ, forma escrita del adverbio de negación *no*, con el grafismo propio ante una vocal con espíritu suave o una enclítica; εἰς, preposición propia de acusativo *para*; καθαίρεσιν, caso acusativo femenino singular del nombre común *destrucción*.

Διὰ τοῦτο ταῦτα ἀπὼν γράφω, ἵνα παρὼν μὴ ἀποτόμως χρήσωμαι κατὰ τὴν ἐξουσίαν ἣν ὁ Κύριος ἔδωκεν μοι, Cerrando definitivamente la *Epístola*, usó el último párrafo para hacer una exhortación firme a los que andaban desordenadamente en la iglesia. Los *falsos apóstoles* le habían acusado de falta de firmeza, de debilidad cuando estaba presente para afrontar los problemas y de ausencia de poder, por cuanto no era verdaderamente apóstol. En los últimos versículos del escrito se refirió continuamente a que ese poder que Cristo le había conferido para ejercer el ministerio al que lo había llamado, iba a ser usado en la próxima visita. La exhortación a un cambio de comportamiento, le permitiría usar la autoridad apostólica para edificación de la iglesia y no para corrección, disciplinando a quienes se mantuviesen rebeldes. El apóstol estaba investido tanto de *autoridad* para ejercer el ministerio disciplinando a los que requiriesen la disciplina, como de *poder* para ejercerla. Esa autoridad no había sido tomada por él, ni recibida por algún medio, sino que procedía directamente del Señor que se la había dado. La *Epístola* está escrita para que cuando se produzca la visita que les está anunciando, no tenga que actuar con severidad.

εἰς οἰκοδομὴν καὶ οὐκ εἰς καθαίρεσιν. Les estaba escribiendo, ausente de ellos, para que cuando estuviese presente usara el poder de Cristo, para el objetivo principal para el que había sido entregado, que no era destruir, sino *edificar*. Esta última parte del versículo es prácticamente igual a otro anterior (10:8b). El poder de Cristo puede usarse como sea necesario, dado para edificar, puede también corregir, del mismo modo en la experiencia de los profetas de la antigua dispensación, como ocurrió con Jeremías: *"Mira que te he puesto en este día sobre naciones y sobre reinos, para arrancar y para destruir, para arruinar y para derribar, para edificar y para plantar"* (Jer. 1:10). Pablo usó esa autoridad para *disciplinar*, como ocurrió con el caso del incestuoso (1 Co. 5:1-5), pero, su deseo principal era usar el poder para edificar al pueblo de Dios. No debe olvidarse que Cristo vino al mundo para salvar al mundo y no para condenarlo: *"Porque no envió Dios a su Hijo al mundo para condenar al mundo, sino para que el mundo sea salvo por él"* (Jn. 3:17). El hecho redentor pone de manifiesto el amor de Dios que procura la salvación de los pecadores. Esa es la razón del *envío* de Su Hijo, al mundo (1 P. 1:18-20), hecha realidad en el momento en que el tiempo que estaba eternamente destinado para ejecutar el plan de redención, llegó a su término (Gá. 4:4). Esta era la razón de la irrupción de Dios en la historia humana. Dios no condena pretéritamente al pecador, sino que aporta gracia para hacer salvables a todos los que crean. Es necesario entender bien esta verdad para no caer en el error de la reprobación eterna. No vino Cristo para que el mundo fuese *juzgado y condenado* por el que tiene autoridad judicial para hacerlo, puesto que el Padre no juzga a nadie, sino que todo juicio lo dio al Hijo (Jn. 5:22). El amor de Dios se expresa y orienta hacia el mundo, y el don del Hijo es la manifestación del amor divino operando salvación, para que todo aquel que cree no se pierda. Por consiguiente, la misión que tiene en el mundo el Hijo de Dios, no es la de condenar al mundo. El Señor dijo de Él: *"no he venido a juzgar al mundo, sino a salvar al mundo"* (Jn. 12:47). La misión Suya es salvadora abriendo una puerta de salida a la segura condenación a causa del pecado. El Mesías es salvador (Jn. 4:42; 1 Jn. 4:14). El mismo Hijo fue presentado con un nombre, Jesús, que tiene que ver con la salvación de Su pueblo de sus pecados (Mt. 1:21). El que es enviado es el Cordero de Dios que quita el pecado del mundo. Aunque el mundo estaba convicto de pecado y Dios tenía derecho y razón para su eterna condenación y, aunque el Hijo tiene poder y autoridad para juzgar y ejecutar la sentencia de condenación, no busca ese resultado, sino la salvación a todo aquel que cree. El Juez no ha venido para pronunciar sentencia de muerte, sino para darnos oferta de vida. La salvación es la misión del enviado de Dios.

Si esto tiene que ver con la generalidad del mundo perdido, mucho más firme es el trato en gracia para quienes siendo ya Sus hijos, pueden, como el pródigo estar en la provincia apartada. El poder de Jesús en el ministerio del apóstol, le es dado, fundamentalmente, para edificación, que es su interés principal. El corazón del Gran Pastor de las ovejas debe latir en el corazón de quienes pastorean Su rebaño.

No debemos dejar pasar la enseñanza de este versículo, sin aplicarla al pastoreo de los creyentes. Este ministerio exige mucho de sensibilidad espiritual. El pastor ha de usar la verdad, conducir los creyentes a ella, denunciar el pecado, mostrar amor en la disciplina, pero, en todas las cosas debe primar el amor que motiva cada acción (Ef. 4:15, 16). El pastor debe dar tiempo para la rectificación del que anda desordenadamente. No debe correr presuroso al juicio, sino que ha de dar opción al trabajo de la misericordia. Hay quienes piensan que la Biblia es un libro de mandamientos y normas que deben ser cumplidos con la mayor literalidad, y de lo contrario tendrá consecuencias de disciplina y corrección en profundidad. El pastor debe dar aliento sin dejar la reprensión, pero no hará de esta lo principal. No tendrá una actitud agria, sino cariñosa y afectiva. Tendrá, como muestra el ejemplo de Pablo, que dar mucho tiempo a orar por los hermanos (v. 7). Oración intercesora que busque la bendición del pueblo de Dios. El pastor que principalmente disciplina y conduce a los creyentes no mediante una vida de respeto reverente hacia Dios, sino de miedo por el resultado del pecado, busca su propia gloria y no la del Señor. El objetivo pastoral no es buscar el prestigio personal, sino el bien de los hermanos. Las decisiones que no son justas no conducen al bien, sino que propician el mal. El creyente ha de ser llevado a la verdad y la santidad, que son los elementos que la iglesia tiene para la defensa del poder eclesiástico.

VIII. Saludos y despedida (13:11-14)

Exhortación (13:11)

11. Por lo demás, hermanos, tened gozo, perfeccionaos, consolaos, sed de un mismo sentir, y vivid en paz; y el Dios de paz y de amor estará con vosotros.

Λοιπόν, ἀδελφοί, χαίρετε, καταρτίζεσθε, παρακαλεῖσθε,
Por lo demás , hermanos, gozaos, sed perfeccionados, sed consolados,
τὸ αὐτὸ φρονεῖτε, εἰρηνεύετε, καὶ ὁ Θεὸς τῆς ἀγάπης καὶ
lo mismo pensad, vivid en paz, y el Dios del amor y
εἰρήνης ἔσται μεθ' ὑμῶν.
paz estará con vosotros.

Análisis y notas del texto griego.

Análisis: Λοιπόν, adverbio, o acusativo neutro plural del adjetivo *restante, que resta, lo demás*; ἀδελφοί, caso vocativo masculino plural del nombre común *hermanos*; χαίρετε, segunda persona plural del presente de imperativo en voz activa del verbo χαίρω, *alegrarse, gozarse, estar alegres*, aquí *gozaos*; καταρτίζεσθε, segunda persona plural del presente de imperativo en voz pasiva del verbo καταρτίζω, *poner en orden, arreglar, completar,* de ahí *perfeccionar*, aquí *sed perfeccionados*; παρακαλεῖσθε, segunda persona plural del presente de imperativo en voz pasiva del verbo παρακαλέω, *pedir, exhortar, consolar*, aquí *sed consolados*; τὸ, caso acusativo neutro singular del artículo determinado *lo*; αὐτὸ, caso acusativo neutro singular del pronombre personal *mismo*; φρονεῖτε, segunda persona plural del presente de imperativo en voz activa del verbo φρονέω, *pensar*, aquí *pensad*; εἰρηνεύετε, segunda persona plural del presente de imperativo en voz activa del verbo εἰρηνεύω, *conservar la paz, vivir en paz*, aquí *vivid en paz*; καὶ, conjunción copulativa *y*; ὁ, caso nominativo masculino singular del artículo determinado *el*; Θεὸς, caso nominativo masculino singular del nombre divino *Dios*; τῆς, caso genitivo femenino singular del artículo determinado declinado *de la*; ἀγάπης, caso genitivo femenino singular del nombre común *amor*; καὶ, conjunción copulativa *y*; εἰρήνης, caso genitivo femenino singular del nombre común declinado *de paz*; ἔσται, tercera persona singular del futuro de indicativo en voz activa del verbo εἰμί, *ser, estar*, aquí *estará*; μεθ', forma escrita ante vocal aspirada de la preposición de genitivo μετά, *con*; ὑμῶν, caso genitivo de la segunda persona plural del pronombre personal *vosotros*.

Λοιπόν, ἀδελφοί, La *Epístola* entra aquí en la última división, realmente es la despedida que el escritor deja registrada. El corazón pastoral y de *padre espiritual*, expresa palabras de aliento para quienes antes tuvo que reprender con dureza. El vocativo *hermanos* sitúa a todos, incluido el apóstol, en un mismo plano delante de Dios. Todos los que han sido salvos por gracia mediante la fe, son hechos hijos de Dios (Jn. 1:12), por consiguiente, *miembros de su familia* (Ef. 2:19), por tanto, hermanos unos de los otros. En ese sentido el amor fraternal debe permanecer y manifestarse.

χαίρετε, El cierre es realmente una exhortación para todos, de ahí que los verbos estén en imperativo. La primera recomendación tiene que ver con el mantenimiento del *gozo*. La situación de la iglesia con la confrontación entre hermanos, la presencia de los *falsos apóstoles*, el fraccionamiento en partidos, el cuestionamiento al apóstol, etc. tendría entristecidos a muchos. A cualquier situación de desánimo debe responderse con la experiencia del gozo, que no puede ser humano, sino en el Señor. Establece, pues, el apóstol, un mandamiento, que al expresarlo en presente de imperativo exige considerarlo como algo continuado, como si dijese: *gozaos continuamente*. El gozo es la consecuencia del libre obrar del Espíritu en el corazón cristiano, es decir, la alegría íntima del corazón. El gozo se manifestó en los discípulos de Jesús a causa de las obras admirables que Él hacía. La presencia de Cristo aplicada a la vida por el Espíritu Santo, produce Su gozo, que el mundo no puede dar (Jn. 14:27; 16:33). El gozo que se hace experiencia en el creyente es el mismo gozo que sentía Jesús, por eso, lo que se manifiesta por la acción del Espíritu es Su gozo en el cristiano (Jn. 15:11). Este se hace realidad en cualquier circunstancia o situación externa. El mundo no puede aceptar que los creyentes no sean suyos y estén bajo su control, amenazándolos con odio y persecución (Jn. 15:19; 16:2). Sin embargo, el gozo no disminuye en el conflicto porque Jesús ha vencido al mundo (Jn. 16:33; 1 Jn. 5:4), de modo que hay gozo porque nada puede hacer ya el mundo con quienes no sólo no son de él, sino que lo han vencido en Cristo. Así que el gozo de la condición cristiana sólo se puede poseer en paradójica alternancia con la tristeza, la tribulación y la inquietud, porque es ahí cuando el gozo demuestra toda la intensidad y la fuerza. La alegría por la salvación permanece en tensión con la tribulación, de manera que en medio de situaciones que el hombre considera como desalentadoras e incluso escarnecedoras, está el consuelo divino en la tribulación, descansando en el Dios del gozo y de la bendición. Pablo exhorta a los creyentes a vivir en el gozo, en cualquier circunstancia, porque es posible incluso cuando el cristiano se enfrenta a situaciones límites. Es, de todos modos, un gozo santo, porque es en el Señor.

καταρτίζεσθε, Les exhorta también a *perfeccionarse*, seguir el camino de la perfección que es también el de la madurez, progresando día a día hasta alcanzar la perfección plena cuando se llegue a la presencia del Señor. Esta madurez se alcanza por efecto de la Palabra (He. 5:11-14). El texto precisa cuál debe ser la aspiración del creyente, de modo que puede leerse: *"aspirad a la perfección"*. El sentido pasivo del verbo, determina la condición *dejaos perfeccionar*. Esto es posible cuando se acepta la Palabra como lo que es, la voz de Dios, que en el poder del Espíritu la hace viva y eficaz, que penetra en el interior y discierne los pensamientos y las intenciones del corazón (He. 4:12). El verbo καταρτίζω, expresa la idea de *poner en orden, arreglar, completar*, de otro modo, *restaurar algo hasta la plenitud*. En el contexto de la iglesia en Corinto, sería volver a la normalidad eclesial, dejando los problemas que la estaban afectando, para restaurar la plena comunión y unidad entre ellos. De otro modo, les exhorta a corregir los males que permanecían aún entre ellos.

παρακαλεῖσθε, La consolación mutua era un elemento necesario en la iglesia. Pablo establece este principio al decirles *consolaos*, o mejor aquí *sed consolados*. Los creyentes han de tener una actitud positiva los unos hacia los otros, que se convierte en *consolación*. El verbo παρακαλέω, utilizado aquí es compuesto y significa literalmente, *llamar al lado*. Tiene el sentido de animar a otros para que sigan una determinada forma de comportamiento. En ocasiones se traduce por *exhortar*, que para algunos tiene el sentido de reprender, reñir, incluso amenazar. Sin embargo, no tiene en ningún lugar de la Biblia, ese sentido. Es la acción conductora que lleva a mantener un rumbo correcto. El mandamiento del texto es sumamente claro: *sed consolados*. Cada cristiano debe animar y entusiasmar a sus hermanos, en una acción de aliento mutuo, a la permanencia en la fidelidad al Señor, de otro modo, que se animen unos a otros. El alentarse mutuamente es de gran importancia. Un cristiano aislado de sus hermanos, está más propenso a sucumbir a las tentaciones sutiles que lo presionan, pero si se unen para alentarse mutuamente, la devoción de todos se mantiene encendida. En la soledad, cada uno está propenso a ser impresionado por los argumentos aparentemente plausibles que ponen de manifiesto la sabiduría mundana, como ocurría en Corinto con los *falsos apóstoles*. En la atmósfera saludable de la comunión estos argumentos serían puestos en su justo valor y reconocidos mutuamente como falacias y engaños. Mantenerse al margen de los hermanos, alejarse de la comunión de los santos, permitir que las dudas sobre la verdadera fe penetren en la mente, es un camino al enfriamiento espiritual y a la caída. El distanciamiento entre los hermanos conduce al enfriamiento espiritual donde el fracaso forma parte natural de la vida. Falto de consuelo el corazón, es normal que se endurezca, haciéndose insensible a la voz de Dios y permitiendo retrocesos y caídas en la esfera del testimonio y de la fe.

τὸ αὐτὸ φρονεῖτε, Llama también a *pensar lo mismo*. Equivalente a *sentir lo mismo*. La frase está en otro escrito de Pablo, donde se lee: *"Haya, pues, en vosotros este sentir que hubo también en Cristo Jesús"* (Fil. 2:5). La humildad, el desinterés, la santidad, un correcto orden en la iglesia, la relación hermanable es posible para quien vive a Cristo. De ahí que el apóstol apele a este estilo de vida pidiendo a los corintios que asuman *el mismo sentir* entre ellos, es decir, *que adopten la actitud* que hubo en el Señor. La forma de pensar condiciona los sentimientos, por eso el apóstol desea que los hermanos sientan y piensen lo mismo que Cristo sobre la humildad y la sujeción. El verbo en imperativo hace de la exhortación un mandamiento, a la vez que el presente lo hace continuado. Adoptar la forma de pensar correcta, no puede ser otra que la de Jesús. Esto no es para alguna ocasión sino para todo momento, como si les dijera: *tened en todo momento la misma forma de pensar*. Los problemas personales y, especialmente las divisiones entre hermanos, se resuelven cuando en todos hay *un mismo sentir* en el Señor (Fil. 4:2). Era el camino para la solución del problema de las diferencias entre Evodía y Síntique, en la iglesia en Filipos. Era aquí en Corinto el de tantos hermanos divididos entre ellos porque no tenían el mismo pensamiento en cuanto a la unidad de la iglesia. La solución de esas divisiones no consistía en que cada uno *cediese* de su convicción personal sobre los motivos de desencuentro, simplemente era necesario que todos *sintiesen, pensasen,* lo mismo que el Señor. El hermano ofendido y las contiendas entre ellos son difíciles de solucionar ya que *"El hermano ofendido es más tenaz que una ciudad fuerte, y las contiendas de los hermanos son como cerrojos de alcázar"* (Pr. 18:19). Sin duda las divisiones en aquella iglesia eran un mal testimonio cristiano que estaban afectando la paz congregacional. Un comportamiento semejante podía dar lugar a la disciplina que el apóstol estaba dispuesto a ejercer entre ellos. La única solución es que el Espíritu controlase sus vidas y los llevase a *pensar* o *sentir* como Cristo. Las diferencias entre hermanos, las tensiones, la falta de comunión es consecuencia de lo que la carne produce en sus obras (Gá. 5:20). En Cristo, el poder de la carne concluye (Gá. 5:24). El secreto de una vida en armonía, consiste en permitir la obra del Espíritu, ya que primeramente une al creyente con Cristo (1 Co. 12:13), también reproduce el carácter del Señor en el cristiano, conformándolo a Él (Ro. 8:29). La vinculación con Cristo, obra del Espíritu, da victoria sobre la carne y sus pasiones. Cuando alguien dice vivir a Cristo debe *pensar* o *sentir* como Él, sintonizando plenamente con Su mentalidad (1 Co. 2:16). El consejo apostólico era sencillo de aplicar y producirá el efecto de resolver los problemas entre los hermanos, para lo que es necesario entregar la vida al control del Espíritu. Las bendiciones de Dios descienden sobre el pueblo unánime (Sal. 133:1). Esta es una exhortación reiterada en los escritos de Pablo; a los romanos (Ro. 12:16; 15:5); a los filipenses (Fil. 2:2); a los desunidos (Fil. 4:2). El sentir cristiano es el mismo porque es el del Señor.

εἰρηνεύετε, Les exhorta a *vivir en paz*, es decir, *mantener la paz*. Jesús lo dijo de otro modo: *"Bienaventurados los pacificadores"* (Mt. 5:9). En el mundo podrán encontrarse algunos que excepcionalmente son personas pacíficas. Esto es, los que huyen de los conflictos, los que nunca entablarían un pleito, los enemigos de las guerras y de las disputas. Este es el concepto que la sociedad tiene de lo que es *vivir en paz*. Sin embargo, es mucho más, porque *vivir en paz* es buscarla insistentemente. Tiene que ver con promover la paz en toda la extensión de la palabra. Paz en el concepto bíblico tiene que ver con una correcta relación con Dios. Es la consecuencia de la relación establecida para el creyente con Dios en Cristo. Es el disfrute consecuente de haber obtenido la reconciliación con Dios (5:18-19). El que ha sido justificado por medio de la fe, está en plena armonía con Dios y siente la realidad de una paz perfecta que sustituye a la relación de enemistad anterior a causa del pecado (Ro. 5:1). El Señor vino al mundo con el propósito de *matar las enemistades* y anunciar las *buenas nuevas de paz* (Ef. 2:16-17). La demanda para el creyente en una vida de vinculación con Jesús, no puede ser otra que su mismo sentir (Fil. 2:5). Por tanto, la paz es una consecuencia y una experiencia de la unión vital con Cristo. La identificación con Él convierte al creyente en algo más que un pacífico, lo hace un *pacificador*. Esta es la forma natural de quien vive la vida que procede del Dios de paz (1 Co. 14:33). El desarrollo visible de su testimonio discurre por una senda de paz, por cuanto sus pies han sido calzados con el apresto del evangelio de paz (Ef. 6:15). La santificación adquiere la dimensión de la vida de paz, por cuanto es una operación del Dios de paz (1 Ts. 5:23). No se trata de aspectos religiosos o de teología intelectual, sino de una experiencia vivencial y cotidiana, que se expresa en muchas formas y hace visible en ellas esa realidad. El *que vive la paz* manifiesta esa condición porque anhela la paz con todos los hombres. Hace todo cuanto le sea posible por estar en paz con todos (Ro. 12:18); siente la profunda necesidad de *seguir* la paz (He. 12:14). Éste anhela predicar a todos el Evangelio de la paz (Ef. 6:15); siente que Dios le ha encomendado anunciar a todos la paz que Él hizo en la Cruz, y procura llevarlo a cabo (5:20). Modela su vida conforme al Príncipe de paz que busca a los perdidos (Lc. 19:10); y restaura al que ha caído, ensuciando parcialmente su vida espiritual (Jn. 13:12-15). Éstos, que experimentan en ellos la nueva vida de que fueron dotados en la regeneración, buscan y viven lo que Dios hizo en ellos, esto es, la verdadera paz. Son creyentes que tal vez hablan poco de paz, pero viven esa experiencia. No son conflictivos, buscando agradarse a ellos mismos, sino que son capaces de renunciar a sus derechos con tal de mantener la paz. No transigen con el pecado, pero buscan al que ha caído para restaurarlo a la comunión con el Príncipe de paz. La paz de Dios se ha hecho vida en ellos, gozándose en esa admirable experiencia. No hay dificultad ni problema que logre inquietarlos en su vida cristiana, por tanto, al no estar ellos inquietos, no son medio para inquietar a otros, sino todo lo contrario. El que ha experimentado la realidad de la paz de Dios en su vida es un *pacificador*. Si no procura la paz y la sigue, debe preguntarse si ha tenido alguna experiencia personal con el Dios de paz. La diferencia entre un cristiano normal y uno que *vive la paz* es que el primero suele hablar de Dios y Su obra de paz, el segundo vive al Dios de paz de tal modo que no necesita palabras para hablar de Su paz.

καὶ ὁ Θεὸς τῆς ἀγάπης καὶ εἰρήνης ἔσται μεθ ὑμῶν. La consecuencia final a la obediencia de esta exhortación se expresa en la última frase del versículo. Allí los genitivos señalan la fuente de las dos virtudes y no tanto los dos atributos divinos. Primeramente, está el Dios del amor. No solo el Dios que ama, sino el que provee de amor supremo al creyente. Cada uno debe amar, no con su propio amor personal, siempre limitado y egoísta, sino con el desinteresado e infinito amor de Dios que no hace acepción de personas. Este amor se ha derramado en el corazón del salvo por la acción del Espíritu Santo (Ro. 5:5). Esto es, el infinito, eterno y glorioso amor de Dios lo ha volcado, derramado, por medio de Su Espíritu en el corazón creyente. El amor es uno de los *atributos comunicables* de la deidad. El Ser divino en las tres Personas, es amor, por tanto, el amor de Dios está en la vida comunicable de la tercera Persona de la Deidad que, con Su presencia en el cristiano, le comunica el amor de Dios en plenitud, de ahí que el apóstol se refiera aquí al *Dios de amor*, que le comunica amor de manera que el creyente queda *saturado* de él, a fin de que pueda vivir el distintivo esencial que lo caracteriza como cristiano que es el amor (Jn. 13:35). La provisión de amor que el *Dios de amor* otorga, no es pobre, sino abundantísima, para satisfacer sobradamente al creyente. Este amor no se agota ni puede *perderse*, porque quien lo produce está presente en la vida del cristiano, como Persona Divina residente que es el Espíritu. Es necesario distinguir que lo que Dios derrama en el corazón no es el amor *a Él*, sino el amor *de Él.* No cabe duda que con ese amor perfecto se ama también a Dios, pero el amor se extiende hacia todos y, en el caso concreto de Corinto a los hermanos. Al darnos Dios Su amor, nos permite disfrutar de un elemento más en el que somos hechos partícipes de la naturaleza divina (2 P. 1:4). El amor que Dios da se convierte en la virtud que hace visible a Cristo en la vida cristiana.

Menciona también a Dios, vinculándolo con la paz. Le llama *el Dios de paz*. En ningún otro lugar de la *Epístola* vendría mejor este título para Dios. El apóstol estaba exhortando a los creyentes y llamándolos a un cambio de vida que no hiciese necesario el ejercicio de autoridad en la disciplina. Ante esta situación, la bendición restauradora vendría del *Dios de paz*. Le califica así primeramente, porque *hizo la paz*, mediante la obra de la Cruz, de modo que la paz de Dios con el pecador que cree y la de éste con Dios, es una realidad (5:18-21). Ninguna sombra de inquietud puede afectar al creyente puesto que toda la responsabilidad penal del pecado ha sido extinguida para él (Ro. 8:1). El trono de Dios no es ya un trono de juicio sino un trono de gracia para quien ha recibido por la fe el don de su salvación (He. 4:16). Antes el trono de Dios era un trono de ira, a causa del pecado, pero, cargado éste sobre Jesús, nuestro Sumo Sacerdote, y extinguida la responsabilidad penal que a causa del pecado recaía sobre el pecador, se convierte en un trono de gracia para todo aquel que está en Cristo. El Sumo Sacerdote hizo la expiación personal por el pecado del creyente (1 Jn. 2:1-2), por tanto, no hay razón de temor, en sentido de miedo ante el Juez supremo porque ya se ha extinguido la responsabilidad penal por el pecado. De ese trono se otorga también la gracia salvífica que concede el perdón de pecados y la vida eterna (Ro. 5:15). Esa posición produce confianza y, por tanto, paz. Es la confianza con que en la antigua dispensación se acercaba a Dios el publicano que orando en el templo decía: *"Dios, se propicio a mí, pecador"* (Lc. 18:13).

La sangre del sacrificio de la expiación extendida sobre el propiciatorio permitía esa oración confiada. Dios era propicio al pecador a causa de la muerte del animal inocente que figurativamente representaba lo que sería el perfecto sacrificio del Cordero de Dios. El Sumo Sacerdote está sentado en el trono celestial interesado y capacitado para *compadecerse* de las debilidades y flaquezas personales (He. 1:3; 4:15). Los dones perfectos y la gracia abundante descienden del Padre de las lumbreras (Stg. 1:17) que está sentado en el trono y se hacen realidad por el único Mediador entre Él y los hombres que es Jesucristo hombre (1 Ti. 2:5). La actividad de Dios para Sus hijos es siempre una actividad de bien. El Dios de gracia se dio a sí mismo al dar a su Hijo, por tanto, con el don supremo se dan también los demás dones (Ro. 8:32). Por otro lado, los dones de la gracia son *perfectos*, es decir, *completos*, abundantes para la superación de la necesidad más acuciante que pueda presentarse. La gracia de Dios siempre es mayor que la mayor de la necesidad del creyente (Stg. 4:6). Dios mismo otorga los dones de la gracia en la dimensión de la gracia misma, que es inagotable. En la situación del apóstol y en la inquietud que las noticias podrían producir en los creyentes, el *Dios de paz* hace posible la quietud íntima, aunque fuera se produzcan conflictos.

Pero además Dios, es *Dios de paz*, porque hace posible la experiencia personal de la paz. Así dijo Jesús: *"La paz os dejo, mi paz os doy"* (Jn. 14:27). Aquella paz personal que Jesús experimentaba, mientras los discípulos estaban inquietos (Jn. 14:1), se traslada a la experiencia del cristiano que vive a Cristo en el poder del Espíritu.

El deseo del apóstol es que el *Dios de paz* sea experimentado personalmente por los creyentes. Que no sea una mera aceptación mental de que Él puede dar paz, sino que Su presencia llene de paz cada día en la trayectoria del creyente. Esa es la promesa, que no deja de ser una bendición del apóstol: *"estará con vosotros"*. Significa que habrá una verdadera vinculación con Él. Esta comunión libre con Dios, permite a todos los creyentes experimentar la verdadera paz y vivir en ella. Haciendo realidad el deseo de Pablo concluirían en la iglesia los problemas entre creyentes.

Bien podemos cada uno, al finalizar este versículo considerar delante de Dios cual es nuestra situación en relación con la paz. Determinar si las inquietudes de la vida pueden conturbar la experiencia de paz que se alcanza en la plenitud de comunión con el *Dios de paz*. En cualquier circunstancia, la paz debe llenar nuestro corazón al descansar nuestras inquietudes en el mismo Dios que a cambio nos da Su paz. El conocimiento de Dios y la comunión con Dios, son la única manera de sentir la paz, vivir en paz y ser un pacificador.

Saludos (13:12-13)

12. Saludaos unos a otros con ósculo santo.

'Ασπάσασθε ἀλλήλους ἐν ἁγίῳ φιλήματι.
Saludaos unos a otros con santo beso.

Análisis y notas del texto griego.

Análisis: 'Ασπάσασθε, segunda persona plural del aoristo primero de imperativo en voz media del verbo ἀσπάζομαι, *saludar*, aquí *saludaos*; ἀλλήλους, caso acusativo masculino plural del pronombre recíproco *unos a otros*; ἐν, preposición propia de dativo *en, con*; ἁγίῳ, caso dativo neutro singular del adjetivo *santo*; φιλήματι, caso dativo neutro singular del nombre común *beso*.

'Ασπάσασθε ἀλλήλους ἐν ἁγίῳ φιλήματι. El apóstol cierra la *Epístola* exhortando a los creyentes al saludo típicamente cristiano en aquel tiempo que era el beso. No se trataba simplemente de besarse en el saludo final de una reunión de creyentes, o del encuentro con alguno, debía ser un *beso santo*, que comprende también el *amor sano y sincero* entre hermanos que mencionó antes. En medio de la corrupción de la sociedad corintia, el saludo cristiano es *santo*. Es una muestra de comunión y afecto entrañable. El saludo puede cambiar en el tiempo o en las distintas sociedades y culturas, pero su condición es la misma, un saludo *santo*. El beso tenía que ser una forma de saludo genuino que salía del interior de un corazón que ama y respeta a sus hermanos, como el que saluda fue amado por Cristo.

El saludo fraterno del *beso santo*, era símbolo de amor hermanable y de comunión real. La importancia del saludo cristiano es evidente al mencionarse varias veces este mandamiento en el Nuevo Testamento (cf. 1 Co. 16:20; 1 Ts. 5:26; 1 P. 5:14). El beso cristiano es señal de armonía y de paz. El apóstol sabe que la *Epístola* sería leída en la celebración del culto cristiano, cuando la iglesia estaba reunida, de modo que exhorta a todos al saludo fraterno del *beso santo*, o del beso entre santos.

Nuevamente se destaca que el beso debía ser *santo*, esto es, el amor de Cristo compartido con todos los demás. Nadie debe ser excluido del saludo sincero. Quien desprecia a un hermano no está *"discerniendo el cuerpo de Cristo"* (1 Co. 11:29) y no entiende nada de lo que significa el amor fraterno y la comunión hermanable. La enemistad entre hermanos que niega el saludo, incapacita al que así vive para una correcta relación con Dios. Este saludo pasó con el tiempo a la liturgia eucarística. A mediados del s. II ya se había incorporado plenamente como práctica del culto cristiano[3].

13. Todos los santos os saludan.

᾿Ασπάζονται ὑμᾶς οἱ ἅγιοι πάντες.
Saludan os los santos todos.

> Análisis y notas del texto griego.
>
> Análisis: ᾿Ασπάζονται, tercera persona plural del presente de indicativo en voz media del verbo ἀσπάζομαι, *saludar*, aquí *saludan*; ὑμᾶς, caso acusativo de la segunda persona plural del pronombre personal declinado *a vosotros, os*; οἱ, caso nominativo masculino plural del artículo determinado *los*; ἅγιοι, caso nominativo masculino plural del adjetivo *santos*; πάντες, caso nominativo masculino plural del adjetivo indefinido *todos*.

᾿Ασπάζονται ὑμᾶς οἱ ἅγιοι πάντες. Todos los hermanos que estaban con Pablo cuando terminó de escribir la *Epístola*, envían saludos fraternales a los corintios. El saludo es natural de todos los que se sienten identificados como miembros en el cuerpo de Cristo, como hijos del mismo Padre, como familia de Dios. No hay excepción aquí. Posiblemente algunos como Tito y Timoteo, tenían experiencias difíciles con los corintios, pero eso no es causa para retirarles el saludo. No hay, en el verdadero cristiano, resentimiento ni distanciamiento alguno.

Bendición (13:14)

14. La gracia del Señor Jesucristo, el amor de Dios, y la comunión del Espíritu Santo sean con todos vosotros. Amén.

῾Η χάρις τοῦ Κυρίου ᾿Ιησοῦ Χριστοῦ[1] καὶ ἡ ἀγάπη τοῦ Θεοῦ
La gracia del Señor Jesucristo, y el amor - de Dios,
καὶ ἡ κοινωνία τοῦ ῾Αγίου Πνεύματος[2] μετὰ πάντων ὑμῶν[3].
y la comunión del Santo Espíritu, con todos vosotros.

> Análisis y notas del texto griego.
>
> Análisis: ῾Η, caso nominativo femenino singular del artículo determinado *la*; χάρις, caso nominativo femenino singular del nombre común *gracia*; τοῦ, caso genitivo masculino singular del artículo determinado declinado *del*; Κυρίου, caso genitivo masculino singular del nombre divino *Señor*; ᾿Ιησοῦ, caso

[3] Justino I. *Apologética,* 65, 2.

genitivo masculino singular del nombre propio *Jesús*; Χριστοῦ, caso genitivo masculino singular del nombre propio *Cristo*; καὶ, conjunción copulativa *y*; ἡ, caso nominativo femenino singular del artículo determinado *la*; ἀγάπη, caso nominativo femenino singular del nombre común *amor*; τοῦ, caso genitivo masculino singular del artículo determinado *el*; Θεοῦ, caso genitivo masculino singular del nombre divino declinado *de Dios*; καὶ, conjunción copulativa *y*; ἡ, caso nominativo femenino singular del artículo definido *la*; κοινωνία, caso nominativo femenino singular del nombre común *comunión*; τοῦ, caso genitivo neutro singular del artículo determinado declinado *del*; ῾Αγίου, caso genitivo neutro singular del adjetivo *Santo*; Πνεύματος, caso genitivo neutro singular del nombre divino *Espíritu*; μετὰ, preposición propia de genitivo *de, con*; πάντων, caso genitivo masculino plural del adjetivo indefinido *todos*; ὑμῶν, caso genitivo de la segunda persona plural del pronombre personal *vosotros*.

Notas. Crítica Textual. Lecturas alternativas.

[1] Κυρίου ᾿Ιησοῦ Χριστου, *Señor Jesucristo*, según se lee en 𝔓[46], a*, A, B, F, G, 0243, 6, 33, 81, 630, 1175, 1241, 1739, 1881, sa, bo[bo], Ambrosiaster.

Κυρίου ᾿Ιησοῦ, *Señor Jesús*, conforme a B, Ψ, 323, 1881.

[2] τοῦ ῾Αγίου Πνεύματος, *del Santo Espíritu*, según 𝔓[46], a*, A, B, F, G, 0243, 6, 33, 81, 630, 1175, 1241, 1739, 1881, sa, bo[bo], Ambrosiaster.

τοῦ Πνεύματος, *del Espíritu*, como aparece en P[46].

[3] Se añade ἀμήν, *amén* en ²a, D, K, L, P, Ψ, 104, 365, 1505, 2464, 𝔐, at, sy, bo.

Pablo cierra la *Epístola* con una bendición de corte trinitario, en la que están presentes las tres Personas Divinas, como fuente de bendición: el Señor Jesucristo en relación con la gracia, el Padre vinculado al amor, y el Espíritu Santo unido a la comunión.

῾Η χάρις τοῦ κυρίου ᾿Ιησοῦ Χριστοῦ. Esta es la despedida habitual de los escritos de Pablo, con la bendición para todos los lectores. La gracia como don de Dios se comunica al creyente por Cristo, de ahí que en algunas otras salutaciones se acompañe el mediador en la gracia que es el Señor Jesucristo (Ro. 16:24; 1 Co. 16:23; Gá. 6:18; 1 Ts. 5:28; 2 Ts. 3:18). La gracia, como expresión de amor divino y provisión para salvación determinada en la eternidad, cuando se estableció el Plan de Redención (2 Ti. 1:9), viene con Cristo y en Él (Jn. 1:17). Esta gracia se otorga al hombre por el único Mediador que es también Jesucristo (1 Ti. 2:5). Es la razón, causa y fundamento de la salvación y, por tanto, de su seguridad. Cristo Jesús, nuestro Señor, expresó plenamente la gracia, hasta el punto de cautivar a quienes estuvieron con Él (Jn. 1:14). La gracia comunica el poder para la vida cristiana victoriosa ya que el trabajo eficaz sólo es posible en ella (1 Co. 15:10).

Pero, en el contexto de dificultades especialmente relacionadas con las falsas enseñanzas que pretendían introducir algunos en la iglesia, la gracia suplirá toda la necesidad y superará cualquier aspecto en el conflicto. No solo esto, también las dificultades y persecuciones por ser cristiano estaban presentes en la experiencia de los corintios, como en la de otros muchos hermanos suyos en todo el mundo, pero, en medio de las pruebas, la gracia permitiría superarlas. De ahí la gran promesa del escrito de Santiago: *"Pero él da mayor gracia"* (Stg. 4:6). Si la gracia sobreabundó para salvación, superando en todo la dimensión del pecado del hombre, así también esa gracia es mayor que cualquier dificultad que ocurra en el tiempo de la santificación. Es el recurso divino para toda ocasión y circunstancia. El cristiano descansa confiadamente en la provisión de la gracia y sigue el camino de su peregrinación siguiendo las pisadas del Maestro y poniendo su vista en Él (He. 12:2). Esta admirable gracia de Dios no hace distinción entre creyente y creyente, porque no hay acepción de personas en Él, de ahí que Pablo diga *"la gracia... con vosotros"*. Había creyentes débiles, vacilantes en la fe; otros estaban siendo influenciados por herejías provenientes de falsos maestros; algunos serían fuertes; pero todos sin duda necesitaban de la gracia. El apóstol desea para ellos la mejor de las bendiciones: una continua experiencia en la gracia y una constante provisión de ella.

El versículo hace notar también la permanencia de la bendición: *"la gracia... con vosotros"*. Es una situación permanente. No está puntualmente, sino que *es* una provisión continua de bendición en la vida cristiana. No habrá un solo momento en que no esté a nuestra disposición, no solo en cuanto al alcance que comprende a todos, sino en cuanto a bendición continuada para todos. Siempre hay gracia, siempre hay aliento, siempre hay comprensión, siempre hay ayuda, siempre hay todo cuanto sea necesario como provisión de Dios. Es posible que sepamos poco acerca de la gracia, pero, lo más importante es que la experimentemos cada día.

La gracia es el favor transformador de Dios en Cristo para cada creyente. La *Epístola* que comenzó con gracia y paz (1:2), concluye ahora del mismo modo. Esta frase final resume el tema general del escrito. La salvación de los corintios, como la de todos los hombres, es del mismo modo, por gracia mediante la fe (Ef. 2:8-9). Los *falsos apóstoles*, *judaizantes*, estaban proponiendo a los corintios otras vías para alcanzar la plenitud del conocimiento y de la experiencia en la vida. Pablo indicó los peligros que eso suponía. Ahora cierra la enseñanza con esta frase que advierte a todos sobre la necesidad de un camino de fe en dependencia de la gracia.

καὶ ἡ ἀγάπη τοῦ Θεοῦ. La Persona Divina del Padre, está también presente en la bendición para los corintios. En este caso, como ya ocurrió antes, vinculado con el amor. La extensión del tema es tal que requeriría un largo espacio para considerarlo, lo que excede el propósito de este comentario. Baste recordar algún aspecto de ese amor. La primera evidencia es la falta de mérito de quienes son destinatarios del amor divino. No es una correspondencia al amor de la criatura, sino todo lo contrario. El apóstol Juan dice que *"nosotros no le amamos"*. Pero Él nos amó hasta enviar a Su Hijo *"en propiciación por nuestros pecados"* (1 Jn. 4:10). La gran evidencia del amor del Padre es precisamente esto, que entregó a Su Hijo por nosotros, es decir la falta de mérito está presente en quienes son destinatarios del amor divino. Ninguno de ellos se había distinguido por amar a Dios y, por ello, no eran merecedores de que se les correspondiese amándolos. El amor a Dios no es distintivo del pecador. La Biblia califica al pecador delante de Dios como *débil, impío, transgresor, enemigo* (Ro. 5:6-10). Estos que tienen tales características, que de por sí los hace indignos de ser amados son, además, alejados de Él y sin interés alguno en buscarle, como ocurrió desde el principio de la historia humana: *"No hay justo, ni aun uno; no hay quien entienda, no hay quien busque a Dios"* (Ro. 3:10-11). Los destinatarios del amor divino son injustos. La injusticia es manifiesta al no encontrar a nadie que haga permanentemente el bien, por tanto, hacer el mal es una forma de comportamiento injusto, por cuanto está en contradicción con la ley de Dios. Eclesiastés hace una afirmación firme: *"Ciertamente no hay hombre justo en la tierra, que haga el bien y nunca peque"* (Ecl. 7:20). Pero, además, conforme al texto de Pablo, el pecador es *ignorante*, ya que *"no hay quien entienda"*. El salmista dice que *"Jehová miró desde los cielos sobre los hijos de los hombres, para ver si había algún entendido, que buscara a Dios"* (Sal. 14:2). Se destaca primeramente la insensatez del hombre, que no entiende las cosas de Dios porque el pecado le ha hecho incapaz para discernirlas. El apóstol Pablo enseña esta verdad: *"Pero el hombre natural no percibe las cosas que son del espíritu de Dios, porque para él son locura, y no las puede entender, porque se han de discernir espiritualmente"* (1 Co. 2:14). Las palabras del mensaje de Dios son verdades espirituales, expresadas con palabras espirituales, claras y comprensivas, es decir, *entendibles* en cuanto a significado por la mente del hombre. No percibirlas equivale a no recibirlas, o lo que es igual, a rechazarlas. Las palabras de Dios no tienen valor para él porque proceden de una sabiduría contraria a la del hombre pecador. Tal ocurre con la proclamación del mensaje de la Cruz (1 Co. 1:18), que para el pecador es algo insípido y absurdo. Sin otra ayuda, el hombre no regenerado no comprende ni acepta la revelación divina en la que están contenidos los propósitos divinos para él. Pero, la última consecuencia del pecado es el alejamiento de Dios. El pecador huye del Dios santo, que es incompatible con su pecado. Lo hizo desde el mismo momento en que afectó su vida. La historia lo confirma: En la caída, Adán no buscó a Dios, para confesar su fracaso y restaurar la relación rota por el pecado, hizo todo lo contrario: esconderse de Dios (Gn. 3:8). Alguien podrá sugerir que este momento en la historia de Adán le impulsó a esconderse por miedo a Dios y a la reacción Suya ante la desobediencia en que había incurrido (Gn. 3:10). Sin embargo, la tónica sigue igual en la historia del hombre, como escribe Isaías: *"Todos nosotros nos descarriamos como ovejas, cada cual se apartó por su camino"* (Is. 53:6). Es el resultado al que conducen todos los *caminos* que el hombre emprenda, ninguno de ellos le conducirá a Dios, sino todo lo contrario, lo alejará de Él porque *"hay camino que al hombre le parece derecho; pero su fin es camino de muerte"* (Pr. 14:12). La condición natural del hombre, a causa del pecado, le lleva a repudiar a Dios (Jn. 3:19-20). Algunos podrán ampararse en el espíritu religioso, pero no en la búsqueda de Dios. La primera oración del versículo conduce al lector para que entienda la grandeza de un amor que está orientado hacia quienes no tienen derecho alguno de ser amados y, aún más, no tienen razón alguna para no ser condenados.

A pesar de la condición del pecador, Dios tomó la iniciativa en la comunión de Su amor. Este es el amor original, el *primer amor* que se manifestó en la eternidad (Jer. 31:3; Ef. 1:4-5). Sin mérito alguno Dios ama por pura manifestación de lo que Él es. Ama a quienes no tienen razón alguna para ser amados porque *"Dios es amor"*.

La realidad de ese amor es que Dios, al amarnos, *"envió a su Hijo en propiciación por nuestros pecados"*. Lo envió con el propósito de que muriera por el pecador, para que los que le ofendieron puedan vivir de la propia vida de Dios en ellos. La propiciación asegura la posibilidad de salvación para todo el que crea, porque ya Dios es propicio a causa del sacrificio de Su Hijo. El pecador no está llamado a persuadir a Dios por lágrimas, ni súplicas, para que esté bien dispuesto. La propiciación fue hecha para todos por el Hijo de Dios, al morir en la Cruz. Por esa razón, la ira divina queda desviada de todo aquel que cree. El medio de la propiciación fue la sangre, esto es, la vida de Cristo, *"a quien Dios puso como propiciación por medio de la fe en su sangre"* (Ro. 3:25). La idea es que Dios designó al que había de redimir. En el decreto de redención

Dios tuvo en cuenta todo esto, de modo que la salvación es el resultado de la soberanía divina, sin atender a circunstancias humanas y determinado antes de la creación (2 Ti. 1:9). El apóstol Pedro enseña que el Cordero Redentor, había sido *destinado*, literalmente *predestinado* para ello antes de la creación del mundo (1 P. 1:18-20). Quiere decir, que la salvación que es de Dios, (Sal. 3:8; Jon. 2:9), quedó determinada y establecida en todos sus detalles y alcance en razón a la soberanía divina.

Dios puso a Cristo como *propiciación*, lo que comprende todo lo relativo con esa operación salvadora, por tanto, es también *propiciatorio*. El término sorprende, en cierta medida, porque se habla del lugar en que se exhibía delante de Dios la sangre del sacrificio de expiación por el pecado. Sin duda el propiciatorio quedaría sin efecto alguno sin el sacrificio de la propiciación. El término indica aquello que aplaca la ira mediante una ofrenda. La ofrenda se colocaba en un determinado lugar que recibía el nombre de *propiciatorio*. En el concepto pagano la propiciación consistía en ofrecer a un dios enojado un regalo que devolvería al oferente el contentamiento, cancelando el enojo existente. Siempre la ofrenda procedía del esfuerzo del ofensor. Este concepto es absolutamente contrario a la verdad bíblica. En el Antiguo Testamento, Dios había establecido un sacrifico anual de expiación por el pecado del pueblo (Lv. 16:9). La sangre del sacrificio era llevada por el sumo sacerdote al interior del lugar santísimo y colocada sobre la plancha de oro en la cubierta del arca, por lo que se llamaba *propiciatorio* (Lv. 16:9, 14-15). Sobre el propiciatorio, en la cubierta del arca, había dos querubines, cuyos rostros miraban a la cubierta (Ex. 25:20). Los querubines son ángeles que velan por la santidad y justicia de Dios, impidiendo que todo pecador pueda acceder a Su presencia a causa del pecado que lo contamina (Gn. 3:24). La ley de Dios, que acusa al hombre de pecado, estaba guardada en el interior del arca, bajo esa cubierta. Los querubines, simbólicamente hablando, miraban continuamente el propiciatorio y la sangre del sacrificio de la expiación que *cubría* el pecado del pueblo. En base al sacrificio expiatorio, Dios era propicio al pueblo (He. 8:12).

En el Nuevo Testamento, el sacrificio de la Cruz satisface todas las demandas de Dios en cuanto al juicio por el pecado. Así leemos en Hebreos: *"porque seré propicio a sus injusticias, y nunca más me acordaré de sus pecados y de sus iniquidades"* (He. 8:12). La obra del Sumo Sacerdote, Jesucristo, lleva a cabo en plenitud el sacrificio de propiciación delante de Dios. Es más, como se dice antes, Jesús es tanto *propiciación*, en cuanto a que es sacrificio, como *propiciador*, ya que es el sacerdote que ofrece el sacrificio, como *propiciatorio*, puesto que Él mismo penetró en los cielos y se sentó a la diestra de Dios para interceder por los salvos. La Ley de Dios, que acusa al hombre de pecado, estaba guardada en el interior del arca, bajo su cubierta. En base al sacrificio expiatorio, Dios era propicio al pueblo y en esa base oraba y fue justificado el publicano (Lc. 18:13). El sacrificio de la Cruz satisface todas las demandas de Dios en cuanto al juicio por el pecado. Cristo mismo es, como se dice más arriba, *propiciación, propiciatorio y propiciador*. El Resucitado tiene en sí las señales del sacrificio realizado (Lc. 24:40; Jn. 20:20, 27; Ap. 5:6). Para el creyente, el trono de juicio se transforma por el sacrificio de Cristo, en un trono de gracia (He. 4:16). Al encontrarse con Dios en Cristo, el creyente experimenta completa confianza (Ro. 8:33). La propiciación pone de manifiesto dos aspectos: Por un lado, el *potencial*, en el sentido que Dios es propicio a todo pecador sobre la base de la redención y expiación provista por Cristo. Por otro lado, el *virtual*, en cuanto a que la propiciación es eficaz para todo aquel que cree. El creyente tiene derecho a acercarse a Dios y entrar confiadamente en Su presencia (He. 4:16). El creyente que haya pecado puede acercarse a Dios en confianza para confesar y obtener la restauración a la plena comunión con Él (1 Jn. 1:9), ya que al trono de gracia ha de llegarse en limpieza espiritual (He. 10:19-22). La muerte de Cristo como acto de obediencia plena a la Ley que los pecadores quebrantaron, constituye una propiciación o satisfacción de todas las justas demandas que Dios estableciera sobre el pecador por su pecado (1 Jn. 2:2; 4:10). Por la redención y propiciación hay plena seguridad para el creyente en el sentido de que la deuda por su pecado, y con ello la responsabilidad penal del mismo, ha sido plenamente cancelada, y no hay ya para él ninguna condenación (Ro. 8:1). El perdón pleno se expresa con toda claridad: *"Y nunca más me acordaré de sus pecados y de sus iniquidades"*. No acordarse o acordarse del pecado era algo más que un asunto mental; llevaba aparejada una determinada actuación divina. Bajo el antiguo pacto había un sacrificio anual como consecuencia de la *memoria* que Dios tenía de los pecados, trayéndolos simbólicamente a juicio en la figura de ese sacrificio anual (He. 10:3). Tanto pecados como iniquidades no estarán más *presentes* delante de Dios para el salvo, en sentido de responsabilidad penal, como consecuencia del sacrificio de Cristo (He. 7:27). La ira divina por el pecado queda fuera para quienes entran en el vínculo del Nuevo Pacto. Cristo fue *exhibido* por Dios como ofrenda de propiciación y como Resucitado pone de manifiesto eternamente que Dios puede ser propicio al pecador en base al sacrificio propiciatorio que Él hizo, entregándose a Sí mismo en precio del rescate por todos.

La justificación se otorga al pecador por medio de *"la fe en su sangre"*. La sangre representa la vida (Lv. 17:11; Mt. 20:28), de modo que el derramamiento de sangre equivale al sacrificio voluntario de la vida que Cristo entregó en lugar de los pecadores que creen (Is. 53:10-12). Cuando la propiciación se realiza, la ira de Dios queda extinguida para quien está en Cristo. Él dio Su vida por nosotros soportando la ira en lugar de los salvos para que pudiésemos ser reconciliados con Dios. Un gran número de pasajes enseña esta verdad en las Escrituras (cf. Is. 53:4-8, 12; Mt. 20:28; 26:28; Mr. 10:45; 14:24; Lc. 22:20; Hch. 20:28; 1 Co. 10:16; 11:25; 2 Co. 5:20, 21; Ef. 1:7; 2:13; Col. 1:20; 1 P. 1:18, 19; 2:24; 1 Jn. 1:7; 5:6; He. 9:11, 12, 15, 23-28; Ap. 1:5; 5:9; 7:14; 12:11; 13:8). El sacrificio de Cristo entra en vigor, sólo para quien cree, de ahí la expresión *"por la fe en su sangre"*. La fe como instrumento en la salvación ya se ha considerado antes y será nuevamente recordada más adelante. Es evidente que sin fe no es posible agradar a Dios (He. 11:6).

La finalidad que Dios tuvo para poner a Cristo como sacrificio propiciatorio, es la *manifestación de Su justicia*. Esa justicia que justifica al impío se otorga en base a la obra redentora de Jesucristo. Dios *puso* a Jesús como *propiciación*, en el sacrificio de Su vida, para que por Su muerte, los que estaban muertos en delitos y pecados, ajenos de la vida y gloria de Dios, la retomen por vinculación con el Resucitado, por medio de la fe. Dios, con esa obra redentora pone de manifiesto que puede justificar al impío, porque otro ocupó su lugar, murió por él y extinguió con Su muerte la responsabilidad penal que existía por el pecado, cuya sentencia definitiva es la muerte (Ro. 6:23). Él murió para que los muertos tengamos vida y vida en abundancia (Jn. 10:10). Nadie podrá acusar a Dios de injusto porque el sacrificio propiciatorio, que expía el pecado, está manifestado en el altar de la Cruz, donde Jesús fue puesto en sacrificio propiciatorio por nuestros pecados. No fue una obra oculta, sino la obra admirable de la gracia, que brilla diáfana ante el cosmos, demostrando con ello que Dios es justo cuando justifica al pecador que cree. Dios quiso mostrar en este tiempo que era justo y que, sin menoscabo a Su justicia, podía justificar a todo aquel que cree en Cristo.

Lo asombroso de ese amor al que se refiere el apóstol en la bendición final de la *Epístola* es que Dios entregó a la muerte a Su Hijo Unigénito por amor de los perdidos para darles vida eterna, perdón de pecados, comunión con Él y relación como hijos (Is. 53:10a; Jn. 3:16; Hch. 4:27-28). Al considerar el versículo, se aprecia que no hay posible parangón entre el amor nuestro, aunque se manifieste por la obra del Espíritu, y el amor de Dios. Mientras que nosotros amamos impulsados por el amor de Dios, el Suyo es un amor sacrificial y de entrega por quienes no éramos dignos de ser amados.

Un segundo aspecto en este vasto tema del amor de Dios, se manifiesta en la bendición que concede al que ha creído de ser hecho su hijo, adoptado en el Hijo (Jn. 1:12). Dios llama hijos Suyos a quienes son objeto de Su amor y, por estar en comunión con Él, lo experimentan (2 P. 1:4). *Ser llamados* por Dios mismo *hijos*, significa que lo somos verdaderamente. No importa *cuántos* sean los que han creído, pocos o muchos, son declarados *hijos de Dios*. No hay para esto condiciones, ni de nación, ni de condición social. A éstos les concede un privilegio y un derecho: *"ser llamados hijos de Dios"*. Nótese que no es un derecho que pueda ser exigido, sino una manifestación de la gracia, como se aprecia, ya que la razón para ser constituidos hijos es el amor *"que nos ha dado el Padre"*. El término *hijos* no es la palabra υἱός, sino τέκνα, en el sentido de alguien que ha sido engendrado por un padre, lo que es un hecho en cada creyente. Es interesante notar que en el Nuevo Testamento la palabra υἱός, se aplica a Cristo, mientras que para los creyentes se usa generalmente τέκνα, aunque se enseña también que el que cree llega a ser υἱός, *hijo*, por la adopción en el Hijo (Gá. 4:4-5). El creyente está unido al Padre en una relación filial, como corresponde a un derecho concedido. Es el Padre que en libre acción adopta a los salvos por fe en Cristo. Juan llama aquí a los hijos usando el sustantivo τέκνα, *hijo*, que procede de la misma raíz que τικτω, *engendrar*, estos son hijos por *nuevo nacimiento*. La salvación para Juan es la comunicación de la vida eterna mediante la operación de *engendrar* al creyente de forma que la consecuencia no pueda ser otra que la realidad de ser hijo (1 Jn. 2:23; 3:9).

Es interesante dedicar unas líneas para recordar el concepto bíblico del título *hijos de Dios*, que es el que alcanza una nueva posición. Este calificativo aparece veinte veces en la Biblia, cuatro de ellas en el Nuevo Testamento. Todas las del Antiguo Testamento se refieren a los ángeles. Solo los creyentes somos *hijos de Dios*, el resto de los hombres son *hijos del diablo*. Esta nueva relación se alcanza mediante la fe (Gá. 3:25-26). Según la teología de Pablo, esta relación es el resultado de la adopción (Gá. 4:4-5). Por ella Dios vincula consigo al pecador en un proceso de amor que comienza por la obra de redención y sigue con la adopción. Redimir es comprar algo, sacándolo del lugar en que estaba para trasladarlo a otro. Es muy elocuente cuando se aplica a la compra de un esclavo. La dimensión de ese amor se pone de manifiesto en el precio pagado para hacerlo posible en el pecador que cree (1 P. 1:18-20). Estos *hijos de Dios*, por fe en Cristo, tienen todos los derechos que corresponden a un hijo (Gá. 3:25-26). Es introducido en la familia de Dios (Ef. 2:19), y Él mismo da testimonio de que tenemos esa condición (Ro. 8:16). La vinculación de familiaridad con Dios es plena (Ro. 8:15). Esto da al hijo adoptado y reconocido como tal, el derecho de acceso al Padre en Cristo

(Ef. 2:18); derecho de acceso al trono de gracia (He. 4:16). Recibe en la regeneración una vida concordante con la del Padre que le ha engendrado, en una manifestación de una naturaleza que obedece y ama, sin límite alguno. Mantiene la vida eterna que le ha sido dada por unión vital con Cristo (Jn. 10:27-30), teniendo una nueva orientación de vida (Col. 3:1-4); además, puesto que ha dejado de ser del mundo, su ciudadanía es celestial (Fil. 3:20-21). Estos *hijos de Dios*, tienen una nueva posición siendo un cuerpo en Cristo (Jn. 11:52), desarrollando su vida en un admirable reino de libertad y seguridad (Col. 1:13-14). Cristo se hace para ellos una nueva esperanza de gloria (Col. 1:27). Son también titulares de una nueva herencia (1 P. 1:3-4), ya que son herederos por la condición de hijos (Ro. 8:17). A éstos que han sido regenerados y llegaron a una nueva relación con el Padre, reciben también un nuevo poder (Fil. 4:13), siendo la fuente de ese poder resultado de la unión vital con Cristo (Jn. 15:5). No solo es asombroso el amor de Dios manifestado en Su propósito, sino aún más la realidad. Solo esta manifestación del asombroso amor divino se cumple en el creyente ya que solo él recibe el derecho de ser llamado *hijo de Dios* (Jn. 1:12-13).

καὶ ἡ κοινωνία τοῦ ῾Αγίου Πνεύματος. La bendición que se recibe de la tercera Persona Divina, Dios el Espíritu Santo, está relacionada con la *comunión*. Él es el que hace posible la comunión con Dios produciendo la unidad de los creyentes por medio de Cristo, al bautizarlos a todos *en un cuerpo* (1 Co. 12:13). Sobre esto se ha considerado ya en el comentario a la *Primera Epístola*, a donde se remite al lector para mayor extensión del tema[4]. Esta unión vital con Cristo permite al cristiano la comunión con Dios, es más, le concede la bendición del disfrute de la vida eterna, que es la vida comunicativa de Dios en el que cree, viniendo a ser hecho *participante de la divina naturaleza* (2 P. 1:4). La comunión que hace posible el Espíritu es, como dice el apóstol Juan, *"verdaderamente con el Padre y con su Hijo Jesucristo"* (1 Jn. 1:3).

Pablo estuvo recordando en la *Epístola* los problemas de falta de comunión entre los creyentes, que se produce cuando la comunión con el Espíritu está limitada por causa de pecado interno sin confesar. De ahí el continuo llamamiento al arrepentimiento que formula en el escrito. En la bendición expresa el disfrute de algo en común. Es el resultado de la experiencia en común de la vida eterna en Cristo. La comunión entre creyentes es posible en razón de la comunión con Dios en Cristo. Requiere una semejanza de naturaleza que transcienda a las diferencias externas y temporales. La verdadera comunión sólo puede existir entre creyentes

[4] Ver comentario al texto en *1 Corintios* de esta misma serie.

verdaderos, los que tienen la misma *vida eterna*. El propósito de Pablo es que los creyentes en Corinto tengan comunión íntima, compañerismo de testimonio. Comunión de vida, es también de fe. De otro modo, la comunión del Espíritu es que todos los cristianos, tengan parte en la vida que vino en el Hijo de Dios y fue transmitida por Él a los que creen en Su nombre. Se trata de una relación común con Cristo y auténtica tanto de los apóstoles como del resto de los creyentes (Gá. 2:9; 6:6; 1 Ti. 6:18; Tit. 1:4; Flm. 6; 1 P. 4:13; Jud. 3).

La comunión a la que Pablo se refiere no es tan solo horizontal, esto es, entre los creyentes incluidos los apóstoles, sino vertical, con el Padre y con Su Hijo Jesucristo. Se trata de una unión común con la fuente de la *vida eterna*, que no solo está en el Padre y en el Hijo, sino que se participa de ella en la medida en que se les *conoce*. Así lo enseñó Jesús: *"Y esta es la vida eterna: que te conozcan a ti, el único Dios verdadero, y a Jesucristo, a quien has enviado"* (Jn. 17:3). Es, pues, en palabras de Jesús, el *conocimiento* de Dios y de Cristo. Conocer no tiene en la Biblia una exclusiva relación intelectual, aunque la comprende, sino vivencial. Se trata de un conocimiento de intimidad que genera la participación en la vida *eterna*, común en las Personas Divinas y comunicada a los creyentes por vinculación personal con Cristo en quien estaba la vida (Jn. 1:4). Entender este aspecto de lo que es la vida eterna, requiere entender la experiencia de la salvación. En la Cruz, Jesús hace la obra de salvación muriendo por el pecado del hombre y abriendo la experiencia del perdón de pecados y vida eterna para todo el que cree. Este llamamiento a salvación *operación del Padre*, se proclama hoy en el mensaje del evangelio, que es hecho comprensible, no tanto intelectualmente sino como mensaje vital, por la obra de convicción del Espíritu Santo (Jn. 16:7-9). Por esa operación iluminadora del Espíritu, el mensaje de la Cruz, que es locura para los que se están perdiendo, se transforma en poder de Dios para los que creen (1 Co. 1:18). El evangelio es, por tanto, poder de Dios para salvación al que cree (Ro. 1:16). En la aplicación de la salvación, Dios toma la iniciativa en todo. El hombre natural, no regenerado, enemigo de Dios en malas obras, ni quiere ni puede buscar a Dios, por cuya razón la obra de salvación es aplicada al pecador que va a creer buscándole en el lugar de perdición en donde se encuentra. La unión vital con Cristo, produce la unión vital con el Padre, comprendida en lo que Jesús dice en la oración *"que te conozcan a ti... y a Jesucristo"*. Nadie puede conocer al Padre sin conocer al Hijo, por consiguiente, la vinculación existencial con Dios es sólo posible por el único Mediador entre Dios y los hombres que es Jesucristo, hombre. La consecuencia de esta unión con Dios en Cristo es la *comunión* con las Personas Divinas (2 P. 1:4). La vida eterna, *común* a todos los creyentes, consiste en el conocimiento vivencial, experimental y personal de Dios y de Jesucristo, quien murió para *llevarnos a Dios*. Por esa razón, puesto que cada miembro del cuerpo de Cristo, tiene la misma vida eterna dada por Dios al creer en Cristo, la comunión de los creyentes entre sí, debido a este vínculo común, procede de la comunión con el Padre y con Su Hijo Jesucristo. La conclusión es evidente, la comunión horizontal es el resultado de la comunión vertical, no se puede tener comunión entre hermanos si no descansa en la comunión con Dios, de donde procede toda relación espiritual entre los creyentes. La *comunión del Espíritu*, bendice realmente al cristiano que vive en esa esfera. La comunión vertical con el Padre y con el Hijo, se traslada a la experiencia horizontal por la presencia trinitaria en cada creyente que la hace, no sólo posible, sino también necesaria y todo ello por la unidad vital con Dios que el Espíritu hace.

μετὰ πάντων ὑμῶν. El corazón admirable del apóstol extiende esta bendición no a algunos, sino a todos los creyentes. Entre ellos estaban aquellos que le habían despreciado. Probablemente alguno se había levantado contra él y negaba su condición y su autoridad. Pero, la bendición no queda limitada en el deseo de Pablo, sino que quiere que alcance a todos. No hay nadie que haya sido salvo para quien no esté dispuesta de parte de Dios esta bendición. Tan solo requiere que no haya obstáculo personal a ella, manteniendo limpio el canal de la comunión con Dios, viviendo en la plenitud del Espíritu.

Al concluir el comentario, que las reflexiones hechas a lo largo del mismo, en el poder de Espíritu de Dios, sirvan para fortalecer nuestras vidas. Que cada uno de nosotros tomemos la determinación de vivir conforme a la voluntad de Dios expresada en la *Epístola*. Que podamos experimentar la bendición de una vivencia diaria con Jesús, para que podamos ser llevados continuamente en triunfo (2:14). Nada hay en el pasado que pueda impedirnos la bendición del presente y la gloria del futuro. El compromiso con Cristo es también compromiso con Su Iglesia. De modo que, si Él la edifica, no seamos elemento de interferencia en esa obra. La mejor manera de proseguir adelante y ser instrumentos útiles en Su mano es una vida de humildad. Al mismo tiempo, que el Espíritu conduzca nuestro deseo para guardar solícitos la unidad que Él hace, en el vínculo de la paz.

SOLI DEO GLORIA

BIBLIOGRAFÍA

Auer, Johann. *Jesucristo Salvador del Mundo*. Editorial Herder, Barcelona1990*.

Banks, Robert. *La idea de comunidad de Pablo*. Clie. Viladecavalls, 2011

Barnes, A. *Notes on the New Testament, Explanatory and Practical*. Grand Rapids, 1951.

Berkhof, L. *Teología Sistemática*. Editorial T.E.L.L. Mexico D. F. Grand Rapids, 1949.

Bruce, F. F. *Hombres y movimientos en la iglesia primitiva*. Mundo Bíblico 2002.

Bruce, F. F. *El canon de la Escritura*. Terrassa, 1988.

Bruce, F. F. *Pablo*. Las Palmas de Gran Canaria, 2003.

Brown. Raymond E. *Introducción a la Cristología del Nuevo Tesamento*. Editorial Sígueme. Salamanca 2001.

Calvino, Juan. *Institución de la Religión Cristiana*. Fundación Editorial de Literatura Reformada. Rijswijk. Países Bajos. 1968.

Carson, D. A. y Moo, Douglas J. *Una introducción al Nuevo Testamento*. Clie. Terrassa, 2008.

Coutsoumpos, Panayotis. *Comunidad, conflicto y eucaristía en la Corinto romana*. Clie. Viladecavalls, 2010.

Chafer, Lewis Sperry. *Teología Sistemática*. Publicaciones Españolas. Georgia. 1974.

Erdman, Carlos R. *La segunda Epístola de Pablo a los Corintios*. Grand Rapids, 1929.

Eusebio. *Historia Eclesiástica*.

Expósito, Felipe. *Segunda Carta a los Corintios*. Buenos Aires.

Farrar. F. W. *History of Interpretation*. Nueva York, 1870.

Fasold, Jaime. *Con precisión*. Edición personal. 2016.

Fountain, Thomas. *Claves de interpretación bíblica*. Casa Bautista, 1977.

Figueras, Pau. *Introducción al Cristianismo Primitivo*. Terrassa, 2016.

Finney, Charles. *Teología Sistemática*. Bethany House Publishers. Grand Rapids, 2010.

Gnilka, Joachim. *Pablo de Tarso*. Herder. Barcelona 1998.

González de Cardedal, Olegario. *Dios*. Editorial Sígueme, Salamanca, 2004*.

González de Cardedal, Olegario. *Cristología*. Edit. BAC. Madrid, 2001*.

Gutiérrez, Pastor. *Segunda Carta a los Corintios*. BAC. Vol. 211. Madrid 1965.*

Harbour, Brian. *2 Corintios*. Casa Bautista, 1989.

Harrison, Everet. *Introducción al Nuevo Testamento*. Subcomisión de Literatura Cristiana. Grand Rapids, Michigan, 1980.

Hodge, Charles. *Teología Sistemática*. Clie. Terrassa, 1991.

Hodge, Charles. *Comentario a II Corintios*. Edit. Estandarte de la verdad. Edimburgo.

Holzner, Josef. *San Pablo Heraldo de Cristo*. Herder. Barcelona 1955.

Hovey, Alvah. *1 Corintios-2 Teslonicenses*. Casa Bautista, 1973.

Joachim Jeremias. *Teología del Nuevo Testamento*. Ediciones Sígueme. Salamanca, 1980.

Keener, Criag S. *Comentario del contexto cultural de la Biblia, Nuevo Testamento*. El Paso, 1993.

Kinstemaker, Simón. *Segunda Corintios*. Libros Desafío. Grand Rapids, 2004.

Lacueva, Francisco. *La Persona y la Obra de Jesucristo*. Clie. Terrassa, 1979.

Lacueva, Fancisco. *Comentario Bíblico Matthew Henry, 2 Corintios-Hebreos*. Clie. Terrassa, 1991.

Ladd. G. *Teología del Nuevo Testamento*. Clie. Terrassa, 2002.

Latourette, Henneth Scott. *Historia del Cristianismo*. Casa Bautista, 1979.

Lightfoot, J. B. *Los padres apostólicos*. Clie. Terrassa, 1990.

MacArthur, John. *Comentario del N.T. 1 y 2 Corintios*. Edit. Portavoz. Grand Rapids, 2012.

Martínez, José María. *Hermenéutica Bíblica*. Clie. Terrassa, 1984.

Millard, J. Erickson. *Teología Sistemática*. Clie. Terrassa, 2008.

Milner, José. *Historia de la Iglesia de Jesucristo*. Londres, 1827.

Padres de la Iglesia. *La Biblia comentada por los Padres de la Iglesia*. Ciudad Nueva. Madrid ,2002.

Pérez Millos, Samuel. *Síntesis de nuestra Fe*. Clie. Terrassa, 1995.

Pérez Millos, Samuel. *Hechos*. Clie. Terrassa, 2013.

Pérez Millos, Samuel. *Segunda Corintios*. Clie. Terrassa, 1994.

Robertson, Archibald Thomas. *Imágenes verbales en el Nuevo Testamento*. Clie. Terrassa, 1985.

Roloff, J. *Neues Testament*. Neukirchen, 1977 *

Rossier, H. *Estudios sobre la Segunda Epístola a los Corintios*. California.

Sauer, Erich. *El triunfo del Crucificado*. Mexico, D. F., 1959.

Sauer, Erich. *La aurora de la redención del mundo*. Madrid, 1967.

Schenke, L. *Die Urgemeinde. Geschichtliche un theologische Entwicklung*. Stuttgart, 1990. *

Scofield, C. I. *Biblia Anotada*. Spanish Publications, Inc. Miami, 1966.

Seeberg, Reinhold. *Historia de las Doctrinas*. Casa Bautista de Publicaciones, 1968.

Strong, Augustus H. *Systematic Theology*. Editorial Pickering. Londres.

Tellería Larrañaga, Juan María. *La Interpretación del Nuevo Testamento a lo largo de la historia*. Edit. Mundo Bíblico. Las Palmas de Gran Canaria, 2014.

Tellería Larrañaga, Juan María. *El método en teología*. Mundo Bíblico. Las Palmas de Gran Canaria, 2011.

Tenney, Merrill C. *Nuestro Nuevo Testamento*. Portavoz Evangélico. Grand Rapids, 1984.
Turrado, Lorenzo. *Epístolas Paulinas*. Biblia Comentada. Vol. VIb. Madrid, 1975.*
Wickham, Pablo. *Segunda Epístola a los Corintios*. Grand Rapids, 1985.
Wuest, Kenneth S. *West's Word Studies*. Editorial Eerdmans. Grand Rapids, 1994.
Yamauchi, Edwin. *Las Excavaciones y las Escrituras*. Casa Bautista de Publicaciones, 1977.

DICCIONARIOS Y MANUALES TÉCNICOS

Analytical Concordance to theHoly Bible. Robert Young, LL.D. United Society for Christian Literature. London, 1977.
Concordancia Analítica Greco-Española del N. T. J. Stegenca, A. E. Tuggy. Editorial Libertador. Marcaibo, 1975.
Chantrailne Dictionnaire Etymologique Grec. Pierre Chantraine. Sorbonne, 1968.
Diccionario Bíblico Arqueológico. Editorial Mundo Hispano, 1982.
Diccionario de la Biblia. Editorial Herder. Barcelona, 1981.
Diccionario Exegético del Nuevo Testamento. Horst Balz-Gerhard Schneider. Salamanca, 1998.
Diccionario Expositivo de Palabras del Nuevo Testamento. Vine, W. E. Clie. Terrassa, 1984.
Diccionario Griego Español. Editorial Ramón Sopena, S.A. Barcelona, 1972.
Diccionario de Teologia. Everett F. Harrison. Editorial T.E.L.L. Grand Rapids, 1985.
Dictionnaire étymologique de la langue grecque. Klincksieck, 2009
Gran diccionario enciclopédico de la Biblia. Alfonso Ropero. Clie. Terrassa, 2013.
Le garnd Bailly: Dictionnaire Grec-Français. París, 2000.
Nuevo Diccionario Bíblico. Editorial Certeza, 1991.
**Catecismo de la Iglesia Católica.* Versión oficial de la Santa Sede, 1992. Editorial Sígueme. Salamanca, 1996.

TEXTOS BÍBLICOS

A Biblia. Editorial SEPT. Vigo, 1992.
Biblia Anotada. Charles Ryrie. Editorial Portavoz. Grand Rapids, 1996.
Biblia de Jerusalén. Editorial Desclée de Brouwer. Bilbao, 1975.
Biblia de las Américas. Editorial Fundación. Anaheim.
Biblia Textual. Sociedad Bíblica Iberoamericana, 1999.

Biblia de Estudio RVR. Harper Collins Christian Publishing, 2018.
Nuevo Testamento Interlineal. Francisco Lacueva. Clie. Terrassa, 1984.
Sagrada Biblia. Juan Straubinger. Libros Básicos S.A., 1958.
Sagrada Biblia. Cantera-Iglesias. Editorial BAC. Madrid, 1975.

TEXTOS GRIEGOS

The Greek New Testament. Deutsche Biblelgesellschaft. Stuttgart, 2012.
Nuevo Testamento Trilingüe. Bover-O'Callaghan. Editorial BAC. Madrid, 1977.
A Reader's Greek New Testament. Richard J. Goodrich, Albert L. Lukaszewki. Editorial Zondervan. Grand Rapids, 2003.
Septuaginta. Deustche Biblgesellschaft Stuttgart. Stuttgart, 1979.